CHINA COSCO SHIPPING
CORPORATION LIMITED
YEARBOOK

中国远洋海运集团有限公司

年鉴

中国远洋海运集团有限公司 / 编

人民交通出版社股份有限公司
北 京

内 容 提 要

本书是中国远洋海运集团有限公司组织编写的专业年鉴，全面、系统记录了2020年中国远洋海运集团有限公司在疫情防控、改革创新、生产经营、企业管理、党建和企业文化等诸方面的基本情况和重大事项，是记录中国远洋海运集团有限公司主要发展情况的权威性大型资料性工具书。年鉴中披露的各类资料和数据翔实、准确，向广大读者全面展示了集团在2020年积极应对全球疫情影响、全球经济调整及产业链重塑的新挑战，在危机中育先机，于变局中开新局，深度链接双循环、链接新生态、链接创一流，在疫情防控、创新创效、坚持高质量发展之路上所作出的努力和取得的成就。

本书可供社会各界特别是企业界、航运界的读者阅读，也可作为社会各界特别是航运界专家、学者、研究人员、工作人员及相关人士重要的参考工具书。

图书在版编目(CIP)数据

中国远洋海运集团有限公司年鉴. 2021 / 中国远洋海运集团有限公司编. — 北京：人民交通出版社股份有限公司, 2022.7
ISBN 978-7-114-17939-6

Ⅰ. ①中… Ⅱ. ①中… Ⅲ. ①海运企业—企业集团—中国—2021—年鉴 Ⅳ. ①F552.6-54

中国版本图书馆CIP数据核字（2022）第068587号

Zhongguo Yuanyang Haiyun Jituan Youxian Gongsi Nianjian 2021

书　　名：中国远洋海运集团有限公司年鉴2021
著 作 者：中国远洋海运集团有限公司
责任编辑：李　刚
责任校对：席少楠　魏佳宁
责任印制：刘高彤
出版发行：人民交通出版社股份有限公司
地　　址：（100011）北京市朝阳区安定门外外馆斜街 3 号
网　　址：http://www.ccpcl.com.cn
销售电话：（010）59757973
总 销 售：人民交通出版社股份有限公司发行部
经　　销：各地新华书店
印　　刷：北京印匠彩色印刷有限公司
开　　本：889 × 1194　1/16
印　　张：54
字　　数：1451 千
版　　次：2022 年 7 月　第 1 版
印　　次：2022 年 7 月　第 1 次印刷
书　　号：ISBN 978-7-114-17939-6
定　　价：386.00元

2020 年，面对百年不遇的新冠疫情，中远海运集团坚决贯彻习近平总书记重要指示精神和党中央决策部署，同舟共济、奋勇拼搏，全力以赴打好疫情防控阻击战。

一份整洁，一份舒适，一份宽容，一份和谐，这是我们共同的家！
生命重于泰山 疫情就是命令 防控就是责任

CSP Spain
武汉加油
中国加油

6 月 4 日，中欧班列开出首列中国发往法国的防疫物资专列。

6 月 10 日，中远海运成功发运武汉—德国防疫物资专列。

4 月 13 日，海南自由贸易试验区（港）建设两周年集中开工和签约活动举行，中远海运集团应邀参加活动并签署四项协议。

6 月 4 日，“中远海运兴旺”轮成为首艘获“中国洋浦港”船籍证书货船。

9 月 28 日，中远海运集运运营的海南自由贸易港首条洲际航线——“洋浦—南太平洋—澳洲”集装箱航线在洋浦小铲滩码头开通运营。

10月15日，在第十一届泛北部湾经济合作论坛暨2020北部湾国际门户港合作峰会上，中远海运启动钦州国际集装箱码头统一运营模式。

12月28日，北部湾港集装箱破500万TEU，首次跻身中国前十、世界前四十行列。

2020年，中远海运能源LNG船舶总规模达到41艘，总舱容694.36万立方米。

1月16日，中远海运散运接入“远千海”轮，至此，公司10艘第二代40万吨矿砂船全部入列。

12月16日，中远海运散运接入首艘325 000吨矿砂船定制船“南沙荣耀”轮。

2 月 26 日，由中远海运散运“衢山海”轮承运的中铝几内亚博法项目的首船铝土矿接卸仪式在日照港石白港区举行。

7月3日，中远海运散运、日照港"中—西非"件杂货班轮航线开通。

12月9日，青岛中远海运700客位客滚船"新香雪兰"轮命名交付。

1 月 10 日，由中远海运集团主办的“中远海运集团暨海洋联盟 2020 年港航交流会”在海南博鳌举行。其间，17 家港航企业共同发布“博鳌合作倡议 2020”。

当地时间 2 月 11 日，中远海运港口参股的意大利瓦多集装箱码头启动商业运营。

5 月底，中远海运港口参股的意大利瓦多集装箱码头二期土建工程完工。

当地时间 2 月 25 日，希腊比雷埃夫斯港邮轮码头深水新泊位开工。

11 月 17 日，中欧陆海快线双向货物运输高效通畅。

当地时间 9 月 10 日，秘鲁总统马丁·比斯卡拉考察秘鲁钱凯码头建设现场。

3 月 24 日，中远海运物流中俄国际班列开通。

3 月 25 日，中远海运特运重吊船再次刷新世界纪录。

4 月 14 日，中远海运空客项目第 500 架次飞机大部件成功运抵天津。

4 月 17 日，天津中远海运空运圆满完成世界最大运输机包机出口业务。

4 月 20 日，由大连中远海运物流自主开发的我国北方地区最大海上风电运输项目正式启动。

4 月 23 日，中远海运与中国邮政开通海运邮路。

6月8日，首列中国发往俄罗斯莫斯科的地铁设备专列——“中远海运号”中欧班列从南昌发运。

8月28日，中远海运物流“岳阳—深圳”集装箱海铁联运专列首发运营。

9月7日，西部陆海新通道中远海运“东南亚冷链海陆快线”班列首发运营。

9 月 22 日，大连中远海运物流完成三峡新能源沙扒二期首台风电机组运输任务。

10 月 12 日，中远海运特运完成首台中国出口欧洲超大直径泥水平衡盾构机全程物流运输。

11 月 2 日，中远海运成功完成大型液压罐出口孟加拉国项目运输。

11 月 10 日，中远海运工程携手大连中远海运重工完成巴西国家石油压缩机模块装载任务。

11 月 28 日，中远海运特运“大富”轮装载首批供印度尼西亚雅万高铁建设使用的钢轨从广西防城港启航，这是中国首次大批量出口长定尺钢轨，也是中国高铁“整体出口”第一单。

8 月 13 日，大连中远海运重工云交付 N596 自升式钻井平台。

8 月 28 日，大连中远海运川崎建造的最新一代 VLCC 交付。

10月19日，南通中远重工完成科尼公司（Konecranes）18台RTG项目建造。

11月10日，扬州中远海运重工建造的首艘21万吨散货船命名。

12月10日，上海中远海运重工交付FPSO MV34项目。

2020年，中远海运服务第三届进博会再升级，邀请67家展商，参展面积2133平方米，一站式全程物流服务，承运展品500余吨。

中国国际进口博览会
CHINA INTERNATIONAL IMPORT EXPO

中央企业交易团

第三届中国国际进口博览会现场活动
ON-SITE SUPPORTING EVENTS OF THE THIRD CHINA INTERNATIONAL IMPORT EXPO
COSCO SHIPPING
中远海运集团与合作伙伴采购协议
签约仪式
Signing Ceremony
2020年11月6日 November 6th ,2020
Shanghai , China

中远海运 伴您同行
COSCO SHIPPING
中远海运为进博会提供
全程物流运输服务
We are ready
中远海运中国进口博览会韩国展品出运
CIIE exhibits of the Korean shipped by COSCO SHIPPING

中远海运中国进口博览会波兰展品出运
CIIE exhibits of the Poland shipped by COSCO SHIPPING

中远海运 伴您同行
We are ready
中远海运中国进口博览会德国展品出运
CIIE exhibits of Germany shipped by COSCO SHIPPING

5 月 11 日，中远海运与中国移动、东风公司联合举行“5G+ 无人驾驶赋能智慧港口”云发布会，共同见证全国首个 5G 全场景应用智慧港口在厦门远海码头由试验阶段进入落地使用阶段。

7月6日，中远海运集团与阿里巴巴、蚂蚁集团签署三方战略合作协议，共同推动航运物流区块链合作和应用。

7 月 23 日，上海寰宇启东箱厂举行 G7 物联网平台数字货舱批量交付仪式。

9 月 8 日，中远海运与东风商用车、中国移动联手打造的无人驾驶集装箱卡车首批前 3 台交付。

11 月 4 日，中远海运和中国银行、蚂蚁集团联手打造的全球首个“航运提单 + 贸易单证区块链平台”发布。

10月22日，由中远海运重工与中国船舶集团第十一研究所联合主办的2020船舶工业智能制造论坛在上海举办。

12月7日，中远海运港口“自动化码头技术交通运输行业研发中心”揭牌。

4 月 18 日，上海中远海运“金海涛”轮靠泊福州江阴建滔码头。

5 月 29 日，中国船燃完成广西北部湾港首单出口退税低硫船用燃油供应。

5 月 6 日，上海亿升海运仓储有限公司揭牌。

6 月 2 日，上海中远海运建造的被称之为西南地区“史上最大船舶”13 800 载重吨不锈钢化学品船开工。

6月29日，大连中远海运洲际酒店会议中心奠基。

8月26日，天津中远海运金风新能源有限公司成立。

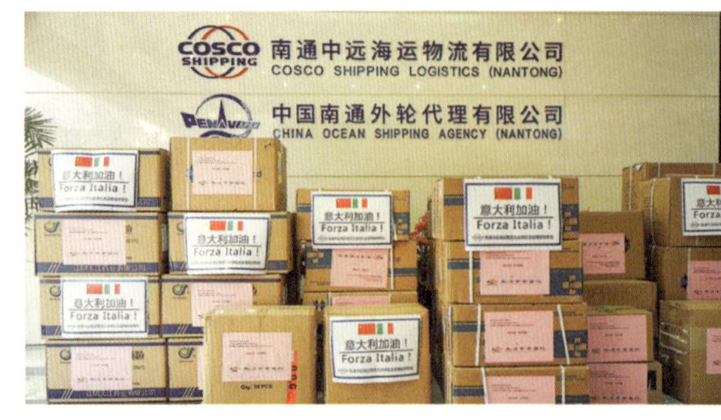

COSCO SHIPPING
南通中远海运物流有限公司
COSCO SHIPPING LOGISTICS (NANTONG)
中国南通外轮代理有限公司
CHINA OCEAN SHIPPING AGENCY (NANTONG)
意大利加油！
Forza Italia！

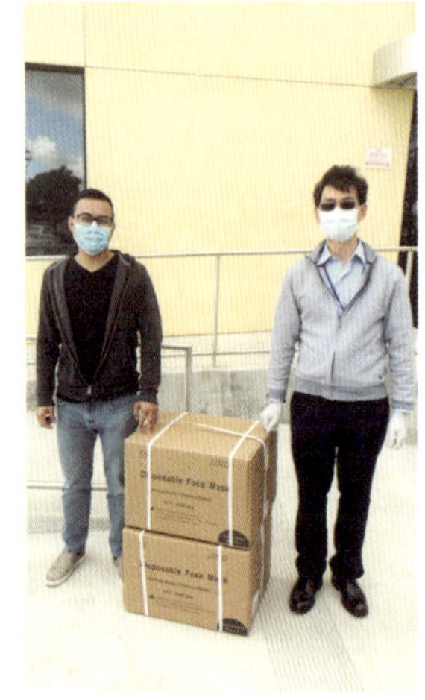

COSCO Shipping Lines
South Africa
ΟΡΓΑΝΙΣΜΟΣ ΛΙΜΕΝΟΣ ΠΕΙΡΑΙΩΣ Α.Ε.
PIRAEUS PORT AUTHORITY S.A.
中远海运比雷埃夫斯港口有限公司

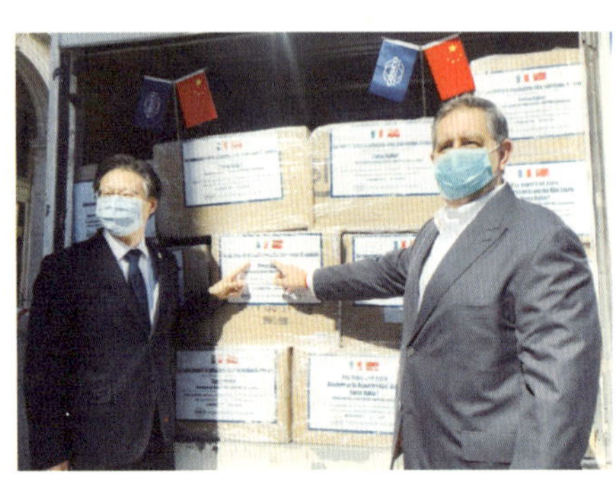

谢谢你们
都 安

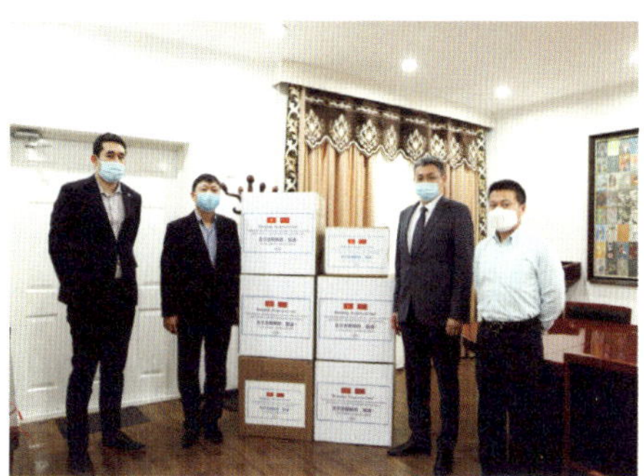

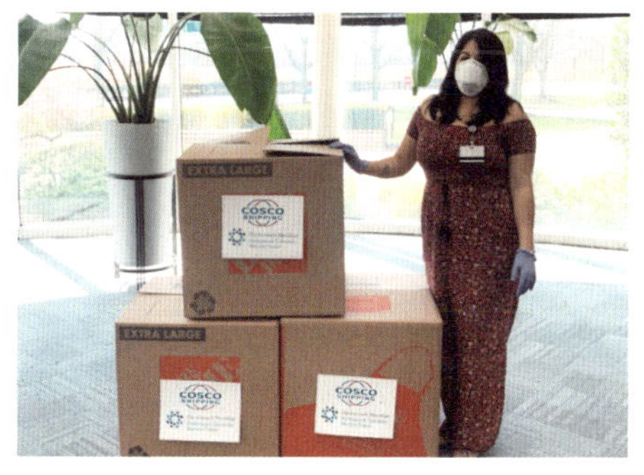

新冠肺炎疫情全球蔓延形势下，中远海运集团发扬国际人道主义精神，向全球多个国家和地区捐赠抗疫物资。

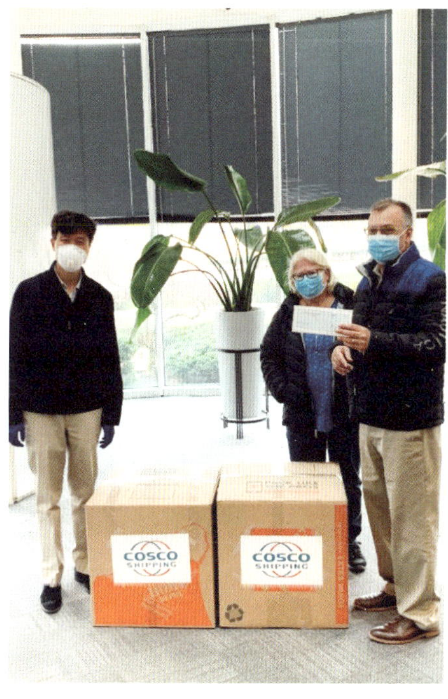

7月3日，中国远洋海运大学（人才发展院）在青岛成立。

12月30日，中国远洋海运大学（人才发展院）新校区建设开工。

9月18日，中远海运船舶政委第一期集中轮训班学员开展拓展活动。

9月25日，中远海运陆岸人员挂职船舶政委培训班学员和国旗合影。

武汉中远海运集运总经理吴士泉被授予“全国抗击新冠肺炎疫情先进个人”荣誉称号。

中远海运船员轮机长程邦武被授予“全国劳动模范”荣誉称号。

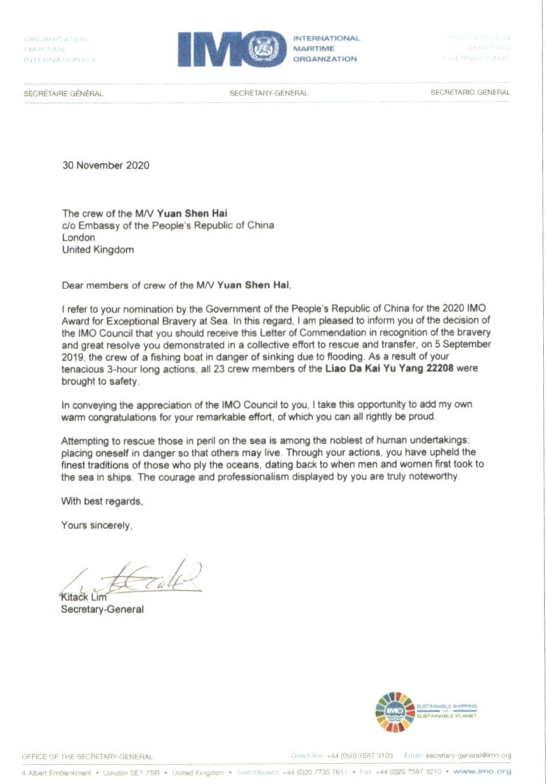

IMO INTERNATIONAL MARITIME ORGANIZATION

SECRÉTAIRE GÉNÉRAL SECRETARY-GENERAL SECRETARIO GENERAL

30 November 2020

The crew of the M/V **Yuan Shen Hai**
c/o Embassy of the People's Republic of China
London
United Kingdom

Dear members of crew of the M/V **Yuan Shen Hai**,

I refer to your nomination by the Government of the People's Republic of China for the 2020 IMO Award for Exceptional Bravery at Sea. In this regard, I am pleased to inform you of the decision of the IMO Council that you should receive this Letter of Commendation in recognition of the bravery and great resolve you demonstrated in a collective effort to rescue and transfer, on 5 September 2019, the crew of a fishing boat in danger of sinking due to flooding. As a result of your tenacious 3-hour long actions, all 23 crew members of the **Liao Da Kai Yu Yang 22208** were brought to safety.

In conveying the appreciation of the IMO Council to you, I take this opportunity to add my own warm congratulations for your remarkable effort, of which you can all rightly be proud.

Attempting to rescue those in peril on the sea is among the noblest of human undertakings; placing oneself in danger so that others may live. Through your actions, you have upheld the finest traditions of those who ply the oceans, dating back to when men and women first took to the sea in ships. The courage and professionalism displayed by you are truly noteworthy.

With best regards,

Yours sincerely,

Kitack Lim
Secretary-General

OFFICE OF THE SECRETARY-GENERAL Direct line: +44 (0)20 7587 3100 Email: secretary-general@imo.org

4 Albert Embankment • London SE1 7SR • United Kingdom • Switchboard: +44 (0)20 7735 7611 • Fax: +44 (0)20 7587 3210 • www.imo.org

中远海运“远神海”轮荣获国际海事组织“海上特别勇敢奖”。

1月4日，中石化中海燃供举办迎新活动。

6月29日，青岛中远海运与胶州市政府、集团驻青单位共建“中远海运集团爱国主义教育基地”，打造互联互通、共建共享的区域党建工作新格局。

7月1日，上海寰宇广州箱厂庆祝中国共产党成立99周年。

7月1日，中远海运集运党员干部赴中共四大纪念馆开展党日活动。

7月13日，海南港航召开第一次党代会。

11月27日，海南港航隆重举行首届企业文化月暨重组一周年晚会。

《中国远洋海运集团有限公司年鉴 2021》编纂机构

《中国远洋海运集团有限公司年鉴 2021》编审委员会

主　任：万　敏

副主任：付刚峰　王海民

委　员：孙云飞　黄小文　刘鸿炜　冯　波　傅向阳　叶红军　张善民
翁　羿　韩　骏

《中国远洋海运集团有限公司年鉴 2021》编纂工作委员会

主　任：刘海涛

副主任：海　峡　徐永上

委　员：朱雪峰　郭庆东　吴彦红

总部机关（按姓氏笔画排列）

王振东　白培军　朱昌宇　任永强　刘一凡　关育德　许　超
纪海东　杨　磊　吴　迪　章晓彤　陈　冬　陈永生　周祥勇
周崇沂　郝文义　是　铮　钱　萍　陶卫东　黄　坚

直属单位（按姓氏笔画排列）

王玉洲　王金山　王振波　王　雷　王　瑾　尹天笑　卢　晖
朱春辉　刘孔明　刘　剑　刘　萌　刘福阁　许丽华　孙正阳
孙明霞　孙　轶　孙　涵　严妙群　李文娜　李怀东　李　辉
杨大义　杨宏文　杨　健　吴春增　张向光　张　猛　张　鹏
陈建飞　欧阳木林　周媛媛　柯成钢　闻运钢　祝孝福　姚　炯
顾菊根　钱　江　徐陶然　高宝明　郭　伟　郭梁梁　黄　莉
黄爱新　黄瑞正　龚韶明　梁　静　蒋玉生　蔡春华　潘　奕

《中国远洋海运集团有限公司年鉴2021》编辑部

组　长：佟成权

成　员：柳邦声　于庆恩　龚浩明　朱文樵　王树军　相熔钢

《中国远洋海运集团有限公司年鉴2021》主要特约撰稿人

（按姓氏笔画排列）

丁　羿　于　炯　卫　影　马　嵘　王庆标　王钰涛　王续伟
王鹏飞　卢向峰　史京军　白昌中　朱月芳　任梦婕　刘旭阳
刘清卿　孙津生　孙　梅　李永生　李晓春　李晓燕　李锦绣
吴　罡　吴勤范　张文明　张希南　张　洁　张　磊　陈史奇
陈晓波　陈晓艳　周　明　周家恺　周敏励　郑　斌　赵燕青
胡柏青　柳　芳　姚兆羽　贾津津　徐　飞　徐帮林　翁　羽
郭　静　唐继云　黄奇萃　黄奉洁　傅源源　蔡　萍　裴　凯
薛　堃　陈　珺　周涵聪　王　芳　曾　涛

编辑说明

一、《中国远洋海运集团有限公司年鉴2021》(以下简称《年鉴》),是中国远洋海运集团有限公司组织编撰的专业年鉴,全面、系统记录了2020年中远海运集团的主要发展情况。这一年,集团在党中央、国务院和国资委的正确领导下,聚焦高质量发展、一体化发展、突破性发展,一手抓疫情防控,一手抓生产经营,经济效益实现了"逆势增长",迈上了高质量发展新台阶。这一年,集团牢牢把握经济复苏机遇,企业经济效益超双百,全球化发展取得新突破。在齐心协力抗击疫情中,集团上下政治站位有高度、精准防控有速度、落实"六稳""六保"有力度。集团突出企业创新发展,在发展战略上,编制完成"十四五"规划;在发展动能上稳步推进深化改革;在发展模式上,着力推动产业链协同;在发展机遇上,积极服务国家战略。集团注重全面提高保障效能,防控风险全面系统,安全工作有序展开,党建工作扎实有力。

二、《年鉴》编撰的指导思想:坚持以习近平新时代中国特色社会主义思想为指导,全面贯彻党的十九大和十九届二中、三中、四中、五中全会精神,紧紧围绕企业发展主线,坚持辩证唯物主义和历史唯物主义的观点和态度,尊重历史、实事求是,全面、真实、客观地记述年度重大历史事件、重大工作成就和重要历史人物,以期达到存史、资政、育人的目的。

三、《年鉴》采用"模块式"结构,分类编辑,点面结合,分为类目、分目、条目三个层次,设有专文、概况、产业集群、船队建设、国际化经营、安全生产、企业管理、投资者关系、科技信息、企业党建、群团工作、企业文化、企业社会责任、直属单位概览、代管公司、大事记、光荣册、统计资料十八个篇目。为便于读者查阅和检索,文前附英文目录,文后附索引。

四、《年鉴》所引用的各种数据和资料,截至2020年年底。除说明外,数据来源于中远海运统计数据。卷中货币单位除另有说明外,均为人民币。

五、《年鉴》的稿件、资料全部由中远海运机关各部门、各直属单位提供,条目内容、数据、彩图等均由撰稿单位校核及审定。各单位的主管领导对稿件进行了审阅。

六、《年鉴》所涉及企业、机构、文件、航线等名称,在首次出现时使用全称,并括注简称,其后一般使用简称,个别地方酌情使用全称。

七、遵照年鉴编撰的规范要求,编辑部对撰稿人提供的稿件进行必要的编辑和加工。主要是依据编写大纲与撰稿要求,统一全书体例,规范专业名词术语,删除明显重复,补充部分资料,理顺语言文字,力求做到资料翔实、叙述简洁、数据准确。由于年鉴编辑出版时限性强,疏漏和欠缺之处在所难免,恳请读者批评指正。

八、本卷《年鉴》编辑、出版,得到中远海运机关、各直属单位领导、专家及撰稿人的大力支持与帮助,在此谨向为《年鉴》提供稿件和资料、审查稿件,以及提供各种帮助的人士,致以诚挚的谢意。

《中国远洋海运集团有限公司年鉴2021》编撰组

2022年2月

目　录

第一篇　专文／001

工作报告……………………………………………………………………………………………… 003

应势谋变　奋楫笃行　全面开启高质量发展新航程
——集团董事长许立荣在 2020 年中远海运工作会、党建工作会暨一届四次职代会上的讲话（摘要）……………………………………………………………………… 004

坚持三个聚焦　强化质效提升　努力在世界一流企业征程上实现新跨越
——集团总经理付刚峰在中远海运 2020 年工作会议上的工作报告（摘要）……………… 014

准确识变　科学应变　主动求变　努力实现集团高质量发展新跨越
——集团董事长许立荣在 2020 年年中工作会暨人才工作会上的讲话（摘要）…………… 025

擘画战略蓝图　强化价值创造　奋力开创高质量发展新局面
——集团总经理付刚峰在中远海运 2020 年年中工作会上的工作报告（摘要）…………… 034

专论…………………………………………………………………………………………………… 043

不忘来时路　砥砺新征程
——集团党组书记、董事长许立荣在集团党组中心组（扩大）集体学习暨《中国远洋海运发展史》首发式上的讲话……………………………………………………… 044

当前物流畅通的首要节点：“知变应变”
——集团董事长许立荣在 2020 年中国航海日活动上的演讲（摘要）………………………… 047

集团总经理付刚峰在第三届“智能航运与新基建”峰会上的演讲（摘要）………………… 050

要事特辑……………………………………………………………………………………………… 053

海洋联盟发布 2020 年航线产品 ……………………………………………………………… 054

17 家港航企业再聚博鳌 ……………………………………………………………………… 054

中远海运与中国邮政开辟新邮路……………………………………………………………… 055

《中国远洋海运发展史》正式出版…………………………………………………………… 055

中远海运世界 500 强排名提升 15 位 ………………………………………………………… 056

中远海运积极支持参加第三届进博会………………………………………………………… 056

集团荣获“上海航运建设特别贡献企业奖”………………………………………………… 057

集团出席金砖国家工商理事会会议…………………………………………………………… 057

集团参加浦东开发开放 30 周年庆祝大会 …………………………………………………… 058

中远海运出席中国—东盟博览会……………………………………………………………… 058

集运联合发布“航运提单区块链平台” …… 059
集团出席首届“丝路友好使者”盛典 …… 059

疫情防控专辑 …… **061**

中远海运向疫情防控重点地区捐款 …… 062
船舶疫情潜在风险防控系统上线 …… 062
紧急承运海外采购的支援武汉物资 …… 062
集团武汉地区公司加快复工复产 …… 063
比港公司向希腊医院捐赠防疫物资 …… 063
中远海运向海外多地捐赠防疫物资 …… 064
助推中欧班列常态化运营 …… 064
发运法、德防疫物资专列 …… 064

专记 …… **066**

八千里路云和月
——中国远洋海运集团坚决打赢疫情防控阻击战纪实 …… 067
把援藏项目做到群众的心坎上
——中远海运集团 18 年援藏工作纪实 …… 073

第二篇　概况 / 081

集团概述 …… **083**

集团简介 …… 084
历史沿革 …… 084
经营业绩 …… 085
生产经营 …… 085
服务国家战略 …… 085
职工队伍 …… 085

组织结构 …… **086**

集团领导 …… 087
集团组织机构 …… 087

战略规划 …… **089**

发展愿景 …… 090
发展四个维度 …… 090

"6+1"产业集群 …… 091

集团董事会 …… 092

董事会及专门委员会会议 …… 093

董事会制度建设 …… 093

投资决策与管理 …… 094

直属企业董事会建设 …… 094

国企改革 …… 095

市场化选聘 …… 096

职业经理人制度改革 …… 096

薪酬分配差异化 …… 096

国有资本投资 …… 097

混合所有制改革 …… 097

供给侧结构性改革 …… 097

第三篇　产业集群 / 099

概述 …… 101

航运产业集群 …… 103

主要业务 …… 104

中远海运港口获"最佳港口运营商"等6奖项 …… 105

"中腾海"轮装载几内亚铝土矿起航回国 …… 105

中远海运特运开辟巴西钢材准班轮航线 …… 105

首艘"中国洋浦港"船籍港货船交付启航 …… 106

中远海运集装箱吞吐总量持续全球第一 …… 106

"天恩"轮开启2020年的北极航行 …… 106

中远海运10万吨级集装箱船起航钦州港 …… 107

中远海运能源31.9万吨VLCC（超大型油轮）命名交付 …… 107

中远海运能源开启成品油班轮运输新模式 …… 107

中远海运散运首艘32.5万吨矿砂船命名交付 …… 108

航运金融产业集群 …… 109

主要业务 …… 110

集团与上交所签署战略协议 …… 110

财务公司实体资金池上线…… 111
中远海运发展投资项目上市…… 111
中远海运发展发行超短期融资券…… 111
中远海运发展发行 10 年期公司债券 …… 111

物流产业集群…… 112

主要业务…… 113
中远海运物流首发中俄国际班列…… 114
中远海运物流进军大商所期货交割业务…… 114
中远海运特运承运斯里兰卡“豪华小火车” …… 114
中远海运物流为世界最大运输机提供包机服务…… 115
海南港航物流集团有限公司成立…… 115
中远海运打通巴拿马物流服务“最后一公里” …… 115
“贺州—北部湾港”海铁联运班列成功首发…… 116
中远海运“东南亚冷链海陆快线”班列首发运营…… 116
中远海运特运“天”字号船舶首装超大驳船…… 116

装备制造产业集群…… 117

主要业务…… 118
中远海运重工成功交付 N808 FPSO 项目 …… 118
大连中远海运重工“云”交付钻井平台…… 119
大连中远海运川崎最新一代 VLCC 建成交付…… 119
中远海运重工创新项目入选全国创新成果名单…… 119
大连中远海运重工交付 FPSO 改装船舶…… 119
扬州中远海运重工建造的首艘 21 万吨散货船顺利命名 …… 120

航运服务产业集群…… 121

主要业务 …… 122
中国船燃首创零接触供油方式…… 123
中国船燃广西公司助力北部湾海域搜救…… 123
青岛远洋船舶供应公司中标海油项目…… 123
中国船燃与广西签订战略合作协议…… 123
中远海运船员建设“五十百千”人才库…… 124

社会化产业集群…… 125

主要业务…… 126

中远海运博鳌公司中标深圳前海项目…… 127
上海海运物业 BIM 系统一期顺利落地…… 128
中国远洋海运大学在青岛成立…… 128
中远海运博鳌服务保障 6000 人规模会议 …… 129
中远海运博鳌做好深圳 40 周年大会服务保障 …… 129

“互联网 +”产业……130
主要业务…… 131
上海船研所打造卫星通信与综合服务平台…… 131
中远海运科技首创车载智能养护系统上线…… 132
中远海运与蚂蚁集团签署战略合作协议…… 132
集运上海分部发展智慧航运和电商业务…… 132
中远海运云计算平台荣膺工信部典型案例…… 133
中远海运科技获高速公路信息化大奖…… 133
首批 5G 无人驾驶集卡在厦门远海码头运营 …… 133
中远海运打造航运贸易区块链平台…… 134

第四篇　船队建设 / 135

概述……137
船队综述…… 138
新造船接收…… 138
新造船投资计划…… 139
淘汰老旧运力…… 139

集装箱船队……140
中远海运集装箱船队概述…… 141
中远海运集运…… 141

油、气船队……143
中远海运油、气船队概况…… 144
中远海运能源运输股份有限公司…… 145
能源公司船队建设规划…… 145
能源公司船队运力规模…… 145
能源公司新造船订单…… 145

主要船型介绍…………………………………………………………………… 145

干散货船队…………………………………………………………………… 147

中远海运干散货船队概述…………………………………………………… 148

中远海运散货运输有限公司………………………………………………… 149

杂货特种船队………………………………………………………………… 153

中国远洋海运杂货特种船队概述…………………………………………… 154

中远海运特种运输股份有限公司船队……………………………………… 154

中波轮船股份公司船队……………………………………………………… 156

客轮船队……………………………………………………………………… 157

中远海运客运有限公司船队简介…………………………………………… 158

海南海峡轮渡运输有限公司船队简介……………………………………… 159

客运合营公司船队…………………………………………………………… 160

第五篇　国际化经营 / 163

概述………………………………………………………………………… 165

“一带一路”建设…………………………………………………………… 167

区域海上运输……………………………………………………………… 168

沿线港口经营……………………………………………………………… 168

陆海综合物流……………………………………………………………… 169

沿线项目投资……………………………………………………………… 169

境外业务管理……………………………………………………………… 171

境外资产管控……………………………………………………………… 172

境外人事管理……………………………………………………………… 172

境外财务管理……………………………………………………………… 172

调整风险区域相关产业…………………………………………………… 172

加强中波公司中方管理…………………………………………………… 173

抓好境外疫情防控………………………………………………………… 173

国际交流与合作…………………………………………………………… 174

重要外事会见……………………………………………………………… 175

重要出访…………………………………………………………………… 176

主要签约活动…… 176
参与重要论坛及国际组织…… 177

第六篇 安全生产 /179

概述…… 181
安全生产责任制…… 181
安全制度体系建设…… 181
成立安全管理专家队伍…… 181
重点管控…… 181
安全活动…… 182
防台防汛工作…… 182
防海盗工作…… 183
安全检查…… 183
职业健康…… 183
安全文化建设…… 183

第七篇 企业管理 /185

概述…… 187

财务管理…… 190
资金管理…… 191
预算管理…… 191
财税管理…… 192
会计管理…… 193
其他财务工作…… 193

人力资源管理…… 195
领导班子和干部队伍建设…… 196
人才队伍建设…… 197
总部员工管理…… 198
派驻境外员工管理…… 198

薪酬与绩效管理…… 199
船员管理…… 199
离退休人员管理…… 200

资本运营管理…… 201
推进资本运作项目…… 202
集团保赔险续保工作…… 203
“处僵治困”专项工作 …… 203
夯实集团产权管理基础…… 205
加强金融股权管理 …… 205

采购管理…… 207
集采制度建设…… 208
完善供应链系统功能…… 208
推进专项集中采购…… 208

审计监督…… 210
概述…… 211
集团党组审计委员会召开第二次会议…… 211
集团完善内部审计制度…… 211
统筹实施内部审计项目…… 211
健全审计整改工作机制…… 212
开展违规责任追究工作…… 212
推进审计信息化建设…… 212
加强审计人才库队伍建设…… 212
审计理论研讨与审计论文获奖…… 212

法务与风险管理…… 214
合同管理…… 215
案件管理…… 215
公司律师管理…… 216
法律服务机构管理…… 216
法律研究与规章制度梳理…… 216
普法宣传…… 217
风险管理…… 217

第八篇　投资者关系 / 219

概述…… 221

上市公司股票代码及上市地…… 223

上市公司大事记…… 225

中远海控…… 226

中远海能…… 226

中远海发…… 226

中远海特…… 227

中远海科…… 227

海峡股份…… 227

中远海运港口…… 227

中远海运国际香港…… 227

中远海运国际新加坡…… 228

中远海运比港（PPA）…… 228

资本市场荣誉…… 229

中远海控市场荣誉…… 230

中远海运港口市场荣誉…… 230

其他公司市场荣誉…… 230

上市公司业绩…… 232

上市公司市值…… 235

第九篇　科技信息 / 237

概述…… 239

科技创新…… 242

科技发展战略…… 243

重大科技攻关…… 243

科技创新管理…… 244

科技创新成果…… 245

新技术推广应用…… 246

信息化建设……247
编制信息化建设规划……248
集团总部信息化系统建设……248
机房网络及硬件运维……249
完善网络安全保障体系……249
技术中心……251
技术创新体系建设……252
技术创新活动……252

第十篇　企业党建 /255

综述……257
党建工作……259
工作规划……260
贯彻落实……260
党组会议……261
民主生活会……261
长效机制建设……262
健全制度……262
党建入章程……262
基层党建……263
“三会一课”……264
述职考核……264
党内培训……264
统战工作……265
党建工作会……265
“三做”理念见效……266
信息化平台建设……266
直属党委工作……266
机关党委工作……267
退休党员社会化管理……268
党务信息……268

宣传思想工作……269
党组理论学习中心组学习……270
贯彻党的十九届五中全会精神……272
“四史”学习教育……274
形势任务教育……275
宣传工作……275
意识形态工作……276
思想政治工作……277
宣传思想工作……278
研究会工作……278
“学习强国”平台……280
培育选树典型……281
中央媒体理论文章……282
综治信访和维稳工作……283
信访维稳工作……284
综治内保工作……284
党风廉政建设……286
党风廉政建设和反腐败工作会议……287
监督检查……287
深化纪检监察体制改革……288
一体推进“三不”……289
作风建设……290
队伍建设……290
内部巡视工作……291
概述……292
召开巡视工作领导小组会议……292
深化中央巡视整改工作……292
推进巡视巡察上下联动……292
落实巡视工作规划和任务……293
强化巡视整改落实和成果运用……293
推进巡视巡察信息化建设……293
建立集团巡视人才库……293

举办全系统巡视业务培训…… 293

第十一篇　群团工作 /295

工会工作…… 297

概述…… 298
疫情防控和复工复产…… 298
企业民主管理…… 298
职工劳动竞赛…… 299
关心关爱职工…… 299
自身建设…… 300
扶贫援藏工作…… 300

共青团和青年工作…… 302

概述…… 303
组织建设…… 303
理想信念教育…… 303
创新实践活动…… 303
选树先进典型…… 304
志愿服务活动…… 304

第十二篇　企业文化 /305

概述…… 307

企业文化理念…… 309

总体规划…… 310
理念建设…… 310
核心价值理念…… 310
“三舱精神”与“四个坚守”…… 310

企业文化活动…… 312

精神文明建设…… 313
企业文化建设活动…… 313

企业文化产品…… 313
跨文化建设…… 314
文明单位创建…… 315
集团展示厅…… 315

品牌建设…… 317
制定集团“十四五”品牌战略规划…… 318
借重大活动平台推广集团品牌…… 318
舆情管理与外宣品牌建设…… 318

文化传媒…… 320
报纸…… 321
杂志…… 322
新媒体…… 325
图书、音像制品…… 326

第十三篇　企业社会责任 / 331

概述…… 333

扶贫工作…… 335
扶贫工作概况…… 336
中远海运慈善基金会…… 336
西藏定点扶贫…… 337
云南定点扶贫…… 337
湖南定点扶贫…… 338

低碳环保…… 339
健全完善环境管理机制…… 340
建设绿色港口…… 340
做好减排工作…… 340
打造花园船厂…… 341
保护海洋生物…… 341
加强船舶压载水管理…… 342
加强海洋废物与废水管理…… 342

推动水性油漆改造…… 342
推进环保数字化、智能化…… 342

海上救助…… 344
“岫玉海”轮救起 2 名英国帆船遇险人员 …… 345
“中远马来西亚”轮成功营救遇险帆船…… 345
“远神海”轮救起 23 名遇险人员 …… 345

第十四篇　直属单位概览 / 347

中远海运控股股份有限公司…… 349
中远海运集装箱运输有限公司…… 355
中远海运能源运输股份有限公司…… 365
中远海运散货运输有限公司…… 374
中远海运特种运输股份有限公司…… 383
中远海运发展股份有限公司…… 392
中远海运投资控股有限公司…… 398
中远海运物流有限公司…… 402
中国外轮代理有限公司…… 418
中国外轮理货有限公司…… 421
中远海运重工有限公司…… 425
中远海运资产经营管理有限公司…… 434
中远海运（广州）有限公司…… 441
中远海运（上海）有限公司…… 451
中远海运客运 / 中远海运（大连）有限公司 …… 463
中远海运（天津）有限公司…… 469
中远海运（青岛）有限公司…… 479
中远海运大连投资有限公司…… 487
中远海运船员管理有限公司…… 494
海南港航控股有限公司…… 500
中远海运（厦门）有限公司…… 507
中国船舶燃料有限责任公司…… 512
中石化中海船舶燃料供应有限公司…… 517
中国远洋海运大学…… 524

上海船舶运输科学研究所 / 中远海运科技股份有限公司 …… 533
中远海运集团财务有限责任公司 …… 544
中远海运港口有限公司 …… 550
中远海运财产保险自保有限公司 …… 560
中远海运（香港）有限公司 …… 565
中远海运博鳌有限公司 …… 578
中远海运（日本）株式会社 …… 585
中远海运（比雷埃夫斯）港口有限公司 …… 594
中远海运（南美）有限公司 …… 600
中远海运（非洲）有限公司 …… 606
中远海运（澳洲）有限公司 …… 618
中远海运（北美）有限公司 …… 627
中远海运（韩国）有限公司 …… 637
中远海运（欧洲）有限公司 …… 645
中远海运（西亚）有限公司 …… 651
中远海运（东南亚）有限公司 …… 654

第十五篇　代管公司 / 659

中波轮船股份公司 …… 661
中国—坦桑尼亚联合海运公司 …… 667

第十六篇　大事记 / 671

一月 …… 673
二月 …… 673
三月 …… 673
四月 …… 673
五月 …… 673
六月 …… 674
七月 …… 674
八月 …… 674
九月 …… 675

十月……675
十一月……675
十二月……676

第十七篇　光荣册 / 677

2020 年中国远洋海运集团获得荣誉奖项……679
2020 年中国远洋海运集团获省部级及以上先进集体荣誉一览表……681
2020 年中国远洋海运集团获省部级及以上先进个人荣誉一览表……688
中国远洋海运集团 2020 年度钻石团队、劳动模范、先进集体、先进个人、抗疫先进集体、抗疫先进个人名单……694
钻石团队（7 个）……695
劳动模范（49 个）……695
先进集体（99 个）……696
先进个人（100 名）……698
抗疫先进集体（60 个）……701
抗疫先进个人（80 个）……702
中国远洋海运集团 2020 年度船舶“金牌三长”表彰名单……705
五星“金牌三长”（77 人）……706
四星“金牌三长”（184 人）……706
三星“金牌三长”（514 人）……707

第十八篇　统计资料 / 709

船队统计……711
2020 年中国远洋海运集团集装箱船队自有船舶名录……712
2020 年中国远洋海运集团干散货船队自有船舶船名录……725
2020 年中国远洋海运集团油、气船队原油及成品油运输船队自有船舶船名录……742
2020 年中国远洋海运集团油、气船队 LNG/LPG 自有船舶船名录……751
2020 年中国远洋海运集团杂货特种船队自有船舶船名录……754
2020 年中国远洋海运集团客轮船队自有客船船名录……761

2018—2020 年中国远洋海运集团货运量统计表 …… 763
2018—2020 年中国远洋海运集团运输及生产统计表 …… 766
2007—2020 年中国远洋海运集团世界 500 强排名一览表 …… 768
2020 年末中国远洋海运集团员工队伍统计表 …… 770
2020 年末中国远洋海运集团船员队伍统计表 …… 772
2018—2020 年中国远洋海运集团社会责任投入统计表 …… 774

年鉴索引总稿 / 779

Contents

Part 1 Feature Articles / 001

Work Reports ··· **003**

Work Together to Start a New Voyage of High-quality Development - Speech by Chairman Xu Lirong at the 2020 Work Conference, Party Building Work Conference and 4th Session of the 1st Workers Congress of COSCO SHIPPING (Abstract) ··· 004

Strive to Take a New Leap Forward on the Journey of Becoming a World-Class Enterprise-Work Report of President Fu Gangfeng at the 2020 Work Conference of COSCO SHIPPING (Abstract) ··· 014

Accurately Identify Changes, Scientifically Adapt to Changes, and Proactively Seek Changes to Achieve High-quality Leapfrog Development - Speech by Chairman Xu Lirong at the 2020 Mid-Year Work Conference and Talent Work Conference (Abstract) ··· 025

Draw a Strategic Blueprint and Strengthen Value Creation to Break New Ground in High-quality Development - Work Report of President Fu Gangfeng at the 2020 Mid-Year Work Conference of COSCO SHIPPING (Abstract) ··· 034

Speeches ··· **043**

Remain True to the Original Aspiration and Embark on a New Journey - Speech by Chairman Xu Lirong at the Workshop of the Party Group and the Launching Ceremony of the *History of COSCO SHIPPING* ··· 044

The Primary Link of Unimpeded Logistics: Understand and Adapt to Changes - Speech by Chairman Xu Lirong at the China Maritime Forum 2020 (Abstract) ··· 047

Speech by President Fu Gangfeng at the 3rd "Intelligent Shipping and New Infrastructure" Conference (Abstract) ··· 050

Event Highlights ··· **053**

Ocean Alliance Releases Route Services in 2020 ··· 054

17 Shipping and Port Enterprises Meet Again in Boao ··· 054

COSCO SHIPPING and China Post Launches New Postal Service Route ··· 055

The History of COSCO SHIPPING Officially Published ··· 055

The Ranking of COSCO SHIPPING in Fortune Global 500 is Up 15 Places ··· 056

COSCO SHIPPING Supports and Participates in the Third China International Import Expo ··· 056

COSCO SHIPPING Wins the "Special Contribution Award for the Development of Shipping Industry" ··· 057

COSCO SHIPPING Attends the BRICS Business Council Meeting ······ 057

COSCO SHIPPING Attends the Celebration of the 30th Anniversary of the Development of Pudong ······ 058

COSCO SHIPPING Attends the China-ASEAN Expo ······ 058

COSCO SHIPPING Lines Jointly Releases the "Bill of Lading Blockchain Platform for Shipping" ······ 059

COSCO SHIPPING Attends the First Silk Road Friendship Award Ceremony ······ 059

COVID Prevention and Control ······ 061

COSCO SHIPPING Makes Donations to Key Areas of Pandemic Prevention and Control ······ 062

The Potential Pandemic Risk Prevention and Control System on Ships Launched ······ 062

COSCO SHIPPING Delivers Emergency Supplies Purchased from Overseas to Wuhan ······ 062

COSCO SHIPPING Regional Subsidiaries in Wuhan Speeds up Resumption of Production ······ 063

PPA Donates Pandemic Prevention Supplies to Greek Hospitals ······ 063

COSCO SHIPPING Donates Pandemic Prevention Supplies to Overseas Countries and Regions ······ 064

COSCO SHIPPING Boosts Normal Operation of China-European Railway Express ······ 064

COSCO SHIPPING Launches Special Train Service for Pandemic Prevention Supplies to France and Germany ······ 064

Special Reports ······ 066

A Report on the Battle of COSCO SHIPPING for Pandemic Prevention and Control ······ 067

Put People First in Aid Projects for Tibet - A Report on COSCO SHIPPING's 18 Years of Aid Work in Tibet ······ 073

Part 2 Corporate Profile / 081

Corporate Overview ······ 083

About the Corporation ······ 084

History ······ 084

Operation Performance ······ 085

Production Management ······ 085

Serve National Strategies ······ 085

Workforce ······ 085

Organizational Structure ······ 086

Top Management ······ 087

Organization Structure ······ 087

Strategic Planning ········ **089**

Development Vision ········ 090

Four Development Dimensions ········ 090

“6+1” Industrial Clusters ········ 091

Board of Directors ········ **092**

Meeting of the Board of Directors and Specialized Committees ········ 093

Board System Development ········ 093

Investment Decision and Management ········ 094

Board System Development of Directly Affiliated Companies ········ 094

Reform of State-owned Enterprise ········ **095**

Market-oriented Talent Selection and Recruitment ········ 096

Reform of Professional Manager System ········ 096

Differentiation of Salary Distribution ········ 096

Investment of State-owned Capital ········ 097

Reform of Mixed Ownership System ········ 097

Supply-side Structural Reform ········ 097

Part 3 Industrial Clusters / 099

Overview ········ **101**

Shipping Industrial Cluster ········ **103**

Main Business ········ 104

COSCO SHIPPING Ports Wins Six Awards including “Best Port Operator” ········ 105

COSCO SHIPPING M.V. Zhong Teng Hai Returns to China with Bauxite Ore from Guinea ········ 105

COSCO SHIPPING Specialized Carriers Launches Quasi-liner Service for Brazilian Steel ········ 105

The First Cargo Vessel Registered at Yangpu Port Delivered ········ 106

COSCO SHIPPING Lines Continues to Rank First in the World in Terms of Total Container Throughput ········ 106

M.V. Tian En Starts the Arctic Voyage in 2020 ········ 106

COSCO SHIPPING 100 000-DWT Container Ship Sets sail at Qinzhou Port ········ 107

COSCO SHIPPING Energy’s 319 000-DWT VLCC Named and Delivered ········ 107

COSCO SHIPPING Energy Launches a New Mode of Liner Transportation for Refined Oil Products ········ 107

COSCO SHIPPING Bulk's first 325 000-DWT Ore Carrier Named and Delivered ········ 108

Shipping Finance Industrial Cluster ···· **109**

Main Business ···· 110

COSCO SHIPPING Signs Strategic Agreement with SSE ···· 110

COSCO SHIPPING Finance Launches Physical Capital Pool ···· 111

COSCO SHIPPING Development's Investment Projects Listed ···· 111

COSCO SHIPPING Development Issues Super & Short-term Commercial Papers ···· 111

COSCO SHIPPING Development Issues 10-Year Corporate Bonds ···· 111

Logistics Industrial Cluster ···· **112**

Main Business ···· 113

COSCO SHIPPING Logistics Launches the First China-Russia International Train Service ···· 114

COSCO SHIPPING Logistics Starts MCX Futures Delivery Business ···· 114

COSCO SHIPPING Specialized Carriers Delivers Luxury Trains from Sri Lanka ···· 114

COSCO SHIPPING Logistics Provides Charter Service for the World's Largest Transport Aircraft ···· 115

Hainan Harbor & Shipping Logistics Group Established ···· 115

COSCO SHIPPING Completes the "Last Mile" of Logistics Service in Panama ···· 115

"Hezhou-Beibu Gulf Port" Sea-rail Intermodal Liner Successfully Launched ···· 116

COSCO SHIPPING Launches the Southeast Asia Cold Chain Sea-Land Express Train ···· 116

COSCO SHIPPING Specialized Carriers M.V. Tian En Loaded with Ultra-large Barges ···· 116

Equipment Manufacturing Industrial Cluster ···· **117**

Main Business ···· 118

COSCO SHIPPING Heavy Industry Successfully Delivers the N808 FPSO Project ···· 118

COSCO SHIPPING Heavy Industry Dalian Delivers the Drilling Platform on Cloud ···· 119

NACKS Delivers the Latest Generation of VLCC ···· 119

COSCO SHIPPING Heavy Industry's Innovation Projects Listed as National Innovation Achievements ···· 119

COSCO SHIPPING Heavy Industry Dalian Delivers Converted FPSO Vessel ···· 119

COSCO SHIPPING Heavy Industry Yangzhou Names Its First 210 000-DWT Bulk Carrier ···· 120

Shipping Services Industrial Cluster ···· **121**

Main Business ···· 122

CHIMBUSCO Pioneers Zero-contact Oil Supply ···· 123

CHIMBUSCO Guangxi Offers Support to the Search and Rescue Operation in Beibu Gulf ···· 123

Qingdao Ocean-going Shipping Supply Wins the Bidding of Offshore Oil Project ···· 123

CHIMBUSCO Signs Strategic Cooperation Agreement with Guangxi Zhuang Autonomous Region ······ 123

COSCO SHIPPING Seafarer Management Builds Talent Pool ······ 124

Social Services Industrial Cluster ······ 125

Main Business ······ 126

COSCO SHIPPING Boao Wins the Bidding of Shenzhen Qianhai Project ······ 127

Shanghai Property Management BIM System Phase I Successfully Implemented ······ 128

COSCO SHIPPING University Established in Qingdao ······ 128

COSCO SHIPPING Boao Provides Service for a Conference with 6 000 Participants ······ 129

COSCO SHIPPING Boao Provides Service for the Celebration of the 40th Anniversary to the Establishment of the Shenzhen Special Economic Zone ······ 129

"Internet Plus" Industrial Cluster ······ 130

Main Business ······ 131

Shanghai Ship and Shipping Research Institute Builds Satellite Communication and Integrated Service Platform ······ 131

COSCO SHIPPING Technology Launches the First Vehicle Intelligent Maintenance System ······ 132

COSCO SHIPPING Signs Strategic Cooperation Agreement with Ant Group ······ 132

COSCO SHIPPING Lines Shanghai Develops Intelligent Shipping and E-commerce Business ······ 132

COSCO SHIPPING's Cloud Computing Platform Honored as Outstanding Use Case by the Ministry of Industry and Information Technology ······ 133

COSCO SHIPPING Technology Wins China Expressway Informatization Award ······ 133

The First 5G Self-driving Container Truck Starts Operation in Xiamen Ocean Gate Container Terminal ······ 133

COSCO SHIPPING Develops Blockchain Platform for Shipping Trade ······ 134

Part 4 Fleet Construction / 135

Overview ······ 137

Fleet Introduction ······ 138

New Ships Received ······ 138

New Ship Investment Plan ······ 139

Elimination of Old Fleet Capacity ······ 139

Container Fleet ······ 140

Overview ······ 141

COSCO SHIPPING Lines Co., Ltd. ······ 141

Oil and Gas Fleet ········ **143**

Overview ········ 144

COSCO SHIPPING Energy Transportation Co., Ltd. ········ 145

Energy Fleet Development Plan ········ 145

Fleet Capacity ········ 145

New Shipbuilding Orders ········ 145

Major Vessel Types ········ 145

Dry Bulk Fleet ········ **147**

Overview ········ 148

COSCO SHIPPING Bulk Co., Ltd. ········ 149

General Cargo Special Fleet ········ **153**

Overview ········ 154

Fleet of COSCO SHIPPING Specialized Carriers Co., Ltd. ········ 154

Fleet of Chinese-Polish Joint Stock Shipping Company ········ 156

Passenger Fleet ········ **157**

Fleet of COSCO SHIPPING Ferry Co., Ltd. ········ 158

Fleet of Hainan Strait Ferry Co., Ltd. ········ 159

Passenger Transport Joint Venture Fleet ········ 160

Part 5 International Operations / 163

Overview ········ **165**

The Belt and Road Construction ········ **167**

Regional Maritime Transportation ········ 168

Port Operation in the B&R Regions ········ 168

Integrated Land-sea Logistics ········ 169

Project Investment in the B&R Regions ········ 169

Overseas Business Management ········ **171**

Overseas Asset Management ········ 172

Overseas Personnel Management ········ 172

Overseas Financial Management ········ 172

Adjustment of Related Industries in Risk Areas ········ 172

Strengthening of Management on the Chinese-side in the China-Poland Joint Venture ········ 173

Strict Supervision on Overseas Pandemic Prevention and control 173
International Exchange and Cooperation 174
Important Foreign Affairs Meetings 175
Important Visits 176
Major Agreement-signing Events 176
Participation in Major Forums and International Organizations 177

Part 6 Work Safety / 179

Overview 181
Work Safety Responsibility System 181
Construction of Safety System 181
Establishment of Safety Management Expert Group 181
Key Management and Control 181
Safety Education Campaigns 182
Typhoon and Flood Prevention 182
Pirate Defense 183
Safety Inspection 183
Occupational Health 183
Safety Culture Development 183

Part 7 Corporate Management / 185

Overview 187
Financial Management 190
Capital Management 191
Budget Management 191
Fiscal and Taxation Management 192
Accounting Management 193
Other Financial Work 193
Human Resource Management 195
Leadership and Cadre Development 196
Talent Pool Development 197

Headquarters Staff Management ··· 198
Overseas Staff Management ··· 198
Compensation and Performance Management ··· 199
Seafarer Management ··· 199
Retiree Management ··· 200
Capital Operation Management ··· 201
Advancement of Capital Operation Projects ··· 202
Renewal of the Group P&I Insurance ··· 203
Special Work on "Dealing with Zombie Enterprises and Enterprises with Operation Difficulties" ··· 203
Consolidation of the Foundation of Group Property Rights Management ··· 205
Strengthening of Financial Equity Management ··· 205
Procure Management ··· 207
Collective Procurement System Construction ··· 208
Improvement of Supply Chain System Functions ··· 208
Promotion of Special Centralized Procurement ··· 208
Supervision through Auditing ··· 210
Overview ··· 211
COSCO SHIPPING Party Group Audit Committee Holds the Second Meeting ··· 211
Improvement of the Internal Audit System ··· 211
Coordinated Implementation of Internal Audit Projects ··· 211
Improvement of Audit Rectification Work Mechanism ··· 212
Non-compliance Responsibility Investigation ··· 212
Promotion of Audit Informatization ··· 212
Strengthening of the Construction of Audit Talent Pool ··· 212
Audit Theory Studies and Award-winning Papers ··· 212
Legal Affairs and Risk Management ··· 214
Contract Management ··· 215
Case Management ··· 215
Corporate Lawyer Management ··· 216
Legal Service Organization Management ··· 216
Legal Studies and Regulations Management ··· 216
Law Education ··· 217
Risk Management ··· 217

Part 8 Investor Relations / 219

Overview ········· **221**

Stock Codes and Listing Locations of Listed Companies ········· **223**

Chronicle of Events of Listed Companies ········· **225**

COSCO SHIPPING Holdings ········· 226

COSCO SHIPPING Energy ········· 226

COSCO SHIPPING Technology ········· 226

COSCO SHIPPING Specialized ········· 227

COSCO SHIPPING Development ········· 227

Hainan Strait Shipping ········· 227

COSCO SHIPPING Ports ········· 227

COSCO SHIPPING International (Hong Kong) ········· 227

COSCO SHIPPING International (Singapore) ········· 228

Piraeus Port Authority (PPA) ········· 228

Capital Market Honors ········· **229**

Market Honors of COSCO SHIPPING Holdings ········· 230

Market Honors of COSCO SHIPPING Ports ········· 230

Market Honors of Other Companies ········· 230

Performance of Listed Companies ········· **232**

Market Capitalization of Listed Companies ········· **235**

Part 9 Information Technology / 237

Overview ········· **239**

Sci-tech Innovation ········· **242**

Sci-tech Development Strategy ········· 243

Major Sci-tech Projects ········· 243

Sci-tech Innovation Management ········· 244

Sci-tech Innovation Results ········· 245

Promotion and Application of New Technology ········· 246

Informatization ········· **247**

Informatization Planning ········· 248

Informatization of COSCO SHIPPING Headquarters ······ 248
Server Room Network and Hardware Operation and Maintenance ······ 249
Improvement of Network Security Protection System ······ 249
Technology Center ······ **251**
Technological Innovation System Construction ······ 252
Technological Innovation Activities ······ 252

Part 10 Party Building / 255

Overview ······ **257**
Party Building Work ······ **259**
Work Planning ······ 260
Execution of Plan ······ 260
Party Group Meetings ······ 261
Democratic Life Meetings ······ 261
Construction of Long-term Mechanisms ······ 262
System Improvement ······ 262
Party Building Written into the Articles of Incorporation ······ 262
Grassroots Party Building ······ 263
Party Member General Meetings, Party Branch Committee Meetings, Party Group Meetings and Party Lectures ······ 264
Work Report and Assessment ······ 264
Internal Training ······ 264
United Front Work ······ 265
Party Building Work Meetings ······ 265
Party Building Concepts ······ 266
Information Platform Construction ······ 266
Work of Directly Affiliated Party Committees ······ 266
Work of Party Committees of Party and Government Offices ······ 267
Socialized Management of Retired Party Members ······ 268
Party Affairs Information ······ 268
Publicity and Ideological Work ······ **269**
Study of the Central Group for Theory Studies ······ 270
Implementation of the Spirit of the Fifth Plenary Session of the 19th CPC Central Committee ······ 272

Study of and Education on "Four Histories" 274
Education on Current Situations and Tasks 275
Publicity Work 275
Ideological Work 276
Ideological and Political Work 277
Publicity Ideological Work 278
Research Meetings 278
"Xuexi.cn"Platform 280
Selection and Cultivation of Exemplars 281
Theoretical Articles Published on Central Media 282

Public Complaints, Integrated Administration, and Stability Maintenance 283
Public Complaints and Stability Maintenance 284
Integrated Administration and Internal Security 284

Build Good Party Conduct and Uphold Integrity 286
Meetings on Building Good Party Conduct, Upholding Integrity and Fighting Corruption 287
Supervision and Inspection 287
Deepened Reform of the Discipline Inspection and Supervision System 288
Promotion of Anti-corruption Work 289
Work Conduct Improvement 290
Team Building 290

Internal Inspection Tour 291
Overview 292
Meeting of the Inspection Work Leading Group 292
Further Rectifications Required by the Central Inspection Tour 292
Deepened Coordination in Disciplinary Inspections Conducted at Different Levels 292
Implementation of the Inspection Work Plans and Tasks 293
Strengthening of the Rectifications and Application of Disciplinary Inspection Results 293
Informatization of Disciplinary Inspections 293
Establishment of an Inspection Officer Talent Pool 293
System-wide Training on Disciplinary Inspection 293

Part 11 Work of Mass Organizations / 295

Work of Labor Union ······ **297**

Overview ······ 298

Pandemic Prevention and Control & Resumption of Work and Production ······ 298

Corporate Democratic Management ······ 298

Labor Competition ······ 299

Caring for Employees ······ 299

Self-construction ······ 300

Poverty Alleviation and Aid to Tibet ······ 300

Work of the Communist Youth League ······ **302**

Overview ······ 303

Youth League Organization Building ······ 303

Education on Ideals and Beliefs ······ 303

Innovation Practice ······ 303

Selection of Youth Models ······ 304

Volunteer Activities ······ 304

Part 12 Corporate Culture / 305

Overview ······ **307**

Corporate Culture Concept ······ **309**

Overall Planning ······ 310

Concept Building ······ 310

Core Value Concept ······ 310

Key Spirits ······ 310

Corporate Cultural Activities ······ **312**

Promotion of Cultural and Ideological Progress ······ 313

Corporate Culture Development Activities ······ 313

Corporate Culture Products ······ 313

Cross-cultural Construction ······ 314

To Be a Role Model in Cultural Progress ······ 315

COSCO SHIPPING Exhibition Hall ······ 315

Branding 317

Formulation of COSCO SHIPPING Strategic Branding Plan for the 14th Five-year Plan Period 318

Brand Promotion through Major Event Platforms 318

Public Opinion Management and Brand Building for Public Relations 318

Cultural Media 320

Newspapers 321

Magazines 322

New Media 325

Books and Audiovisual Products 326

Part 13 Corporate Social Responsibility / 331

Overview 333

Poverty Alleviation 335

Poverty Alleviation Overview 336

COSCO SHIPPING Charity Foundation 336

Poverty Alleviation in Tibet 337

Poverty Alleivation in Yunnan 337

Poverty Alleviation in Hunan 338

Low-carbon Environmental Protection 339

Improvenment of the Environmental Management Mechanism 340

Green Ports 340

Emission Reduction 340

Garden-style Shipyards 341

Protcction of Marine Life 341

Ballast Water Management of Ships 342

Marine Waste and Wastewater Management 342

Promotion of Water-based Paint 342

Digitized Intelligent Environmental Protection 342

Marine Rescue 344

M.V. Xiu Yu Hai Rescues Two Britons from a Sailboat in Distress on the Atlantic 345

M.V. COSCO SHIPPING Malaysia Rcscucs a Sailboat in Distress 345

M.V. Yuan Shen Hai Rescues 23 People in Distress at Sea 345

Part 14 Affiliated Companies / 347

COSCO SHIPPING Holdings Co., Ltd. ······ 349
COSCO SHIPPING Lines Co., Ltd. ······ 355
COSCO SHIPPING Energy Transportation Co., Ltd. ······ 365
COSCO SHIPPING Bulk Co., Ltd. ······ 374
COSCO SHIPPING Specialized Carriers Co., Ltd. ······ 383
COSCO SHIPPING Development Co., Ltd. ······ 392
COSCO SHIPPING Investment Holdings Co., Ltd. ······ 398
COSCO SHIPPING Logistics Co., Ltd. ······ 402
China Ocean Shipping Agency Co., Ltd. ······ 418
China Ocean Shipping Tally Co., Ltd. ······ 421
COSCO SHIPPING Heavy Industry Co., Ltd. ······ 425
COSCO SHIPPING Property Co., Ltd. ······ 434
COSCO SHIPPING (Guangzhou) Co., Ltd. ······ 441
COSCO SHIPPING (Shanghai) Co., Ltd. ······ 451
COSCO SHIPPING Ferry Co., Ltd./ COSCO SHIPPING(Dalian)Co., Ltd. ······ 463
COSCO SHIPPING (Tianjin) Co., Ltd. ······ 469
COSCO SHIPPING (Qingdao) Co., Ltd. ······ 479
COSCO SHIPPING Investment Dalian Co., Ltd. ······ 487
COSCO SHIPPING Seafarer Management Co., Ltd. ······ 494
Hainan Harbor & Shipping Holding Co., Ltd. ······ 500
COSCO SHIPPING (Xiamen) Co., Ltd. ······ 507
China Marine Bunker (PetroChina) Co., Ltd. ······ 512
China Shipping & SINOPEC Suppliers Co., Ltd. ······ 517
COSCO SHIPPING University ······ 524
Shanghai Ship and Shipping Research Institute/COSCO SHIPPING Technology Co., Ltd. ······ 533
COSCO SHIPPING Finance Co., Ltd. ······ 544
COSCO SHIPPING Ports Limited ······ 550
COSCO SHIPPING Captive Insurance Co., Ltd. ······ 560
COSCO SHIPPING (Hong Kong) Co., Ltd. ······ 565
COSCO SHIPPING Boao Co., Ltd. ······ 578
COSCO SHIPPING (Japan) Co., Ltd. ······ 585

Piraeus Port Authority S.A. 594
COSCO SHIPPING (South America) Co., Ltd. 600
COSCO SHIPPING (Africa) Pty Ltd 606
COSCO SHIPPING (Oceania) Pty Ltd 618
COSCO SHIPPING (North America) Inc. 627
COSCO SHIPPING (Korea) Co., Ltd. 637
COSCO SHIPPING (Europe) GmbH 645
COSCO SHIPPING West Asia FZE 651
COSCO SHIPPING (South East Asia) Pte. Ltd. 654

Part 15 Companies under Authorized Management / 659

Chinese-Polish Joint Stock Shipping Company 661
Chinese-Tanzanian Joint Shipping Company 667

Part 16 Chronicle of Events / 671

January 673
February 673
March 673
April 673
May 673
June 674
July 674
August 674
September 675
October 675
November 675
December 676

Part 17 Awards and Honors / 677

Honors and Awards Received by COSCO SHIPPING in 2020 679

List of Advanced Collective Honors Won by COSCO at Provincial and Ministerial Level or Above in 2020 ······ **681**

List of Advanced Individual Honors of COSCO Group at Provincial and Ministerial Level and Above in 2020 ······ **688**

List of Diamond Teams, Model Workers, Outstanding Groups, Outstanding Individuals, Outstanding Groups in Fighting the Epidemic and Outstanding Individuals in Fighting the Epidemic in 2020 ······ **694**

Diamond Teams (7) ······ 695

Model Workers (49) ······ 695

Outstanding Groups (99) ······ 696

Outstanding Individuals (100) ······ 698

Outstanding Groups in fighting the epidemic (60) ······ 701

Outstanding Individuals in fighting the epidemic (80) ······ 702

List of Gold-medal Captains, Political Commissars and Chief Engineers of COSCO SHIPPING in 2020 ······ **705**

Five-star Gold Medalists (77) ······ 706

Four-star Gold Medalists (184) ······ 706

Three-star Gold Medalists (514) ······ 707

Part 18 Statistics / 709

Fleet Statistics ······ **711**

COSCO SHIPPING Container Fleet Self-owned Ships in 2020 ······ 712

COSCO SHIPPING Dry Bulk Fleet Self-owned Ships in 2020 ······ 725

COSCO SHIPPING Energy Crude Oil and Refined Oil Fleet Self-owned Ships in 2020 ······ 742

COSCO SHIPPING Energy LNG/LPG Fleet Self-owned Ships in 2020 ······ 751

COSCO SHIPPING Specialized Carrier Fleet Self-owned Ships in 2020 ······ 754

COSCO SHIPPING Passenger Liner Fleet Self-owned Ships in 2020 ······ 761

COSCO SHIPPING Cargo Volume (2018-2020) ······ **763**

COSCO SHIPPING Transportation and Production Statistics (2018-2020) ······ **766**

COSCO SHIPPING Rankings in the Fortune Global 500 (2007-2021) ······ **768**

COSCO SHIPPING Workforce Statistics at the end of 2020 ······ **770**

COSCO SHIPPING Seafarer Statistics at the end of 2020 ······ **772**

COSCO SHIPPING Social Responsibility Investment Statistics (2018-2020) ······ **774**

Index / 779

CHINA COSCO SHIPPING
CORPORATION LIMITED
YEARBOOK

中国远洋海运集团有限公司

年鉴

第一篇

专文

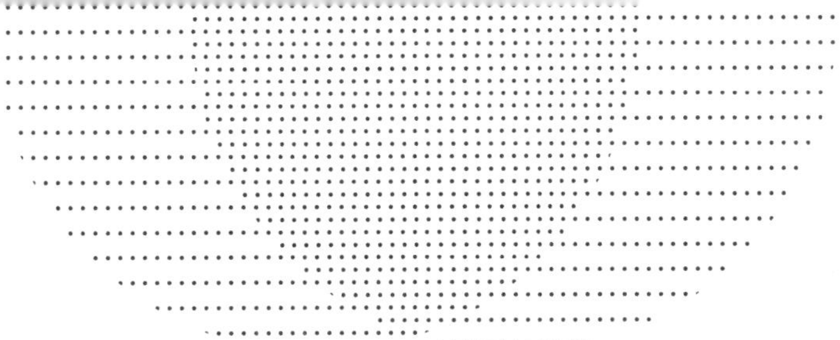

工作报告

应势谋变　奋楫笃行　全面开启高质量发展新航程

——集团董事长许立荣在 2020 年中远海运工作会、党建工作会暨一届四次职代会上的讲话（摘要）

2020 年 1 月 9 日

为期一天半的集团工作会、党建工作会暨一届四次职代会就要结束了，这次会议是在全国上下认真贯彻落实党的十九届四中全会、中央经济工作会议精神的重要时期召开的一次重要会议。会议对集团去年工作进行了全面总结，对当前形势进行了认真分析，对今年工作做了全面部署，内容非常丰富、时间非常紧凑、效果非常显著。

昨天，我们听取了各小组的汇报。大家在讨论中踊跃发言，谈到 2019 年所取得的优秀成果时都豪情满怀，谈到今年虽然面临很多不确性因素，但仍然信心百倍。可以说，这次会议反映出我们中远海运集团“一以贯之”的求真务实精神，展现出我们中远海运人良好的精神风貌，也在三个方面体现出我们的发展理念：

一是上下同欲者胜。总结去年工作，无论从经济效益到深化改革，还是从全球化发展到安全生产，我们都取得了卓越的成果。今天的成果，体现了集团人心齐、泰山移的精神风貌。只要上下团结一致，我们想干的事就一定能干成，这就是上下同欲者胜，是我们弥足珍贵的经验。

二是发展是硬道理。我们重组不到四年，还有很多工作没有完成，还有不少历史遗留问题需要下力气解决，还要面对发展过程中各种各样的矛盾困难。矛盾和问题不可能回避，唯有坚定信心，通过坚定不移的改革，通过发展来解决。事实证明，过去一年，我们面临错综复杂的国际国内形势，面临不断出现的新矛盾、新困难，通过持续的改革发展，都得到了有效的解决。

三是滚石上山、不进则退。2020 年，全球经济形势和国内经济形势存在非常大的不确定性，我们今天的体量规模已经发展到了世界航运第一的地位。无论前面是刀山还是火海，我们都必须勇往直前，没有任何退缩的余地。面对新的困难、新的挑战，我们必须团结一致、迎难而上、砥砺前行，只有这样，才能顺利完成今年的工作目标。

下面，我讲几方面意见。

一、充分认清当前形势和存在的困难

务虚会上，我们对今年的形势做了认真研判，从总体来看：

1. 全球经济乏力与不确定性因素增加并行

近期，权威机构如国际货币基金组织（IMF）、世界银行、经济合作与发展组织（OECD），都对全球经济做了预测。虽然各家略有不同，但总体来看，都预测 2020 年全球经济增长率将在 2.5% ~ 3.4%。这也是全球经济危机以来最低的水平，反映出全球经济增长的乏力。中美经贸摩擦、美伊冲突、英国脱欧、美国大选、长臂管辖等一些地缘政治和社会动荡的影响，都会对全球经济带来不确定因素。因此，我们必须清醒地认识到集团面临的全球经济形势并不乐观。

2. 我国经济长期稳中向好与短期叠加压力并存

2019 年，我国经济实现了稳步增长，预计全年经济增长在 6% 左右，在世界主要经济体中仍然位居前列。但同时，我国的结构性问题、体制性问题、周期性问题相互交织，三期叠加影响持续深化，经济下行的压力持续加大。高科技的产业供应链风险在上升，中小企业经营困难，2020 年就业问题将非常突出。中央经济工作会

议强调，经济下行压力持续加大，但从我国经济发展总基调来讲还是稳中求进。市场普遍预测中国经济今年增长会在 6% ~ 6.1%。我们也希望中美第一阶段经贸协议文本达成一致，能够给中国经济带来一些正面影响因素。从集团来讲，经济下行压力增大，将对我们的沿海运输、国内综合物流业务、金融业务带来一定的风险。

3. 航运供需矛盾缓解与风险成本加大并立

比较庆幸的是，2020 年航运供需矛盾将趋于缓和，处于相对平衡状态。特别是集装箱运输的供需平衡，相比其他板块还要更好一些。全球海运贸易量将会增长 2.8%，比 2019 年 1.4% 有明显增长。但是，地缘政治和突发事件给航运带来的风险依然存在。美国不断加大对俄罗斯、伊朗、古巴、委内瑞拉、朝鲜的制裁，包括近期高度发酵的美国“定点清除”伊朗“圣城旅”指挥官苏莱曼尼事件，更是点燃了中东的火药桶，后期走势如何，还存在很大不确定性。这些都将对我们造成影响。

全球航运业已经基本形成稳定的格局。三大航运联盟中，海洋联盟是最重要的一极，我们在海洋联盟中占据了主导权。从这个角度来看，我们拥有足够的话语权，这对我们应对整个市场风险以及避免突发影响，都是有利条件。

从集团内部来看，虽然我们取得了非常好的成绩（昨天付刚峰在报告当中，对去年经营、改革取得的各项突出成效，以及很多单位的亮点都予以表扬），但我们仍然需要清醒地看到存在的问题。

一是企业经营面临的合规性风险日益增大。集团是一个充分参与竞争的企业，航运业也是全球化的行业。随着我们的资产规模越来越大，海外投资越来越多，全球化布局越来越快，我们面临的合规性经营风险也越来越大。比如大连油运突发事件，虽然有政治因素，但也暴露出我们合规经营思想和行为上存在的一些问题。不少三、四级公司对于集团布置的重要防风险工作要求置若罔闻，没有深刻地理解，也不认真地执行，导致风险不断扩大。

二是部分员工能力素质跟不上集团快速发展步伐。我们今天能够取得这么好的发展速度和成效，得益于我们的团队，得益于我们的干部和广大船岸职工努力拼搏。但随着企业发展速度越来越快，我们的产业链越来越长，部分人的思维和能力还停留在重组前的模式上，无论是从认识还是具体工作中，都显现出能力不足的问题。效率低下、工作缺乏激情，纪律松弛、自我感觉良好，如果这些不良的思想传导开来，我们的发展就会受到影响。

三是低硫油成本对生产经营带来巨大挑战。国际海事组织（IMO）2020 新规实施后，有七成以上船舶需要使用低硫油，需求量将超过两亿吨，但目前市场预计只有 5000 万吨的供应量。由于产能有限，低硫燃油的供应缺口很大，这导致高、低硫燃油的差价越发突出，接近 400 美元/吨，燃油支出成本持续高涨。

四是资本经营和资产经营的能力还有上升空间。随着集团快速发展，我们的资产和重组前相比接近翻倍，每年投资的额度也在继续扩大，前几年都是几何级数的增长。投资规模持续扩大必然带来我们的带息负债、财务费用居高不下。所以，在继续发展的过程中，我们还必须认真控制带息负债，优化债务结构；必须认真研究，谋划好资产、资本经营。要通过产融结合，进一步提升我们的资产经营效率和效益，通过强化上市公司市值管理来提高上市公司价值。

二、坚持学深悟透，全面贯彻落实党的十九届四中全会和中央经济工作会议精神

党的十九届四中全会的核心内容可以理解为：要实现国家治理能力现代化，实际上就是需要解决好“三大机制”问题，即：动力机制、平衡机制和治理机制。中央经济工作会议的主要精神可以概括为“一二三四五”，一是“稳”、二是“统筹”、三是“连续性”、四是“改革开放”、五是“高质量发展”，5 个方面、15 个字。“三大机制”和 15 个字的要义逻辑内在统一。

动力、平衡、治理三大机制阐述了现代化发展的规律。集团未来发展的关键就是要处理好“三大机制”，着力解决企业发展的内生动力、平衡

协同和科学管治问题。

对于集团来讲，“稳”，既是方式也是目标，就是要稳中求进、稳定增长、稳控风险。“统筹”，就是要统筹短期任务和长期战略、中国市场和全球市场、专业公司和区域公司、航运板块和其他业务板块的发展，促进协同平衡。“连续性”，就是我们的工作要具有连续性，努力实现“三个不低于目标”，继续保持经营业绩考核A级。“改革开放”，就是要深化改革、全球发展，在我们去年改革的基础上真刀真枪地落实好具体改革措施。“高质量发展”，就是坚持新发展理念，按照“三个聚焦”的任务部署抓好落实。

三、强化管理经营，全面实现效益稳步增长

“管理”是正确地做事，关注的是效率；而“经营”是做正确的事，关注的是效益。管理的效率和经营的效益，是我们企业发展的根本，必须认真遵循这个规律。

2019年，我们各个单位在创造效益方面都取得了非常好的成绩。去年净利润排名前五位的单位分别是：东方海外、中远海运港口、中远海运发展、中远海运集运和香港中远海运；增利排名前五位的单位分别是：东方海外、中远海运重工、中远海运能源、中远海运金控、中远海运集运。特别是重工，虽然还在亏损，但减亏幅度非常大。

从2020年来说，指标已经发给大家，关键还是要抓好落实。

1. 压实责任，全面完成效益指标

2020年，集团定的目标非常高，而大家勇挑重担的精神非常好。董事会通过预算时，外部董事都说，给下面的压力太大了。但我们设定目标还是应该要有一点压力，要能够跳一跳够得着、蹦一蹦抓得住，而不是设一个简单的目标，在年初就让大家觉得轻飘飘，不以为然，假如真是这样，我们就会缺乏昂扬的斗志。指标要有压力。要完成指标，我们就要统一思想。签了责任书，拿了军令状回去，就要紧盯目标，撸起袖子加油干，要把目标分解，明确时间表、责任人，将压力从会议之后就开始层层传导。同时，也要完善监督保障机制，做好阶段性盘点，积小胜为大胜，努力实现目标。务虚会是统一思想，工作会是压实责任，两个会议性质不同，目标一致。

2. 分门别类，做好亏损企业治理

目前，集团还有230家亏损企业，今年一定要拿出真本事，对亏损企业进行全面清理。这230家亏损企业主要分为三类：第一类属于经营性亏损。对此，二级公司要进行梳理，看这些经营性的亏损公司是不是符合战略方向，业务是不是符合市场发展。对于既不符合战略也不符合市场需要，而且扭亏无望的公司，我们就要采取措施，清理关闭整顿，不能眼巴巴看着持续亏损。第二类是因为历史遗留问题没有处理。有些企业已经歇业了，但是由于一些诉讼没有完成，所以还挂在企业的账上持续亏损。对于这些企业，各二级公司的法务部门和专业部门，要定一个时间表，看看诉讼能否打赢，金额不大且明明打不赢的，就不要拖下去了，要想尽一切办法把它彻底关掉，从注册上消灭掉。如果能够打赢的就要抓紧。第三类是因为业务安排不合理导致的管理性公司、特殊目的公司、项目公司亏损。二级公司要对这些公司的业务架构，重新进行梳理重组、合理安排。集团整体上的重组整合非常成功，但在一些具体的二级公司的细枝末节上，也还有需要研究处理的地方。如果每个板块的重组，都能把所有涉及的三级、四级公司理清楚，这些公司就不应该再存在。对于这类亏损企业，要靠我们持续深化重组去解决。希望各单位领导切实负起责任，认真拉出清单，扎实做好处理。集团战企部、财务部要牵头，对230家亏损企业治理紧盯不放，拿出时间表和任务书。

3. 清产核资，盘活存量资产，加强资本和资产经营

刚才提到，我们现在的带息负债不断上升，这是投资发展的需要，但上升也要在合理的范围。集团资产总额不断增长，全球化投资业务越来越多，还会涉及重大投资项目。去年，我们的收购兼并做得非常好。出售东方海外长滩码头，收回了我们收购东方海外三分之一的费用，可以说非常成功。收购胜狮货柜下属造箱资产，和集团整

体战略相吻合，集团造箱产能迅速提升至行业第二位，更重要的是为我们1000万箱船队目标的实现打下了坚实基础。还有收购海南港航控股等重大投资都需要资金，这一定程度上也会影响我们的资产负债率。尽管企业发展需要投资，但我们还是要强调严格控制资产负债率。

企业可持续发展需要健康的债务结构。在资产、资本经营方面，我们要通过航运金融体系释放新的活力，增加新的盈利能力。应该说，2019年我们的一些工作做得还不错，比如：对于重工30亿元债转股项目，财务部和重工一起努力，花费了许多精力，很好地完成了工作。这给我们带来了信心。在董事会上，董事们认为债转股非常好，建议把这种做法复制扩大到其他相关企业。这个建议非常好，相关企业要认真研究，可以提出一揽子意见，和集团财务部、资本部共同研究如何通过金融手段，扩大我们的债转股范围。

4.做大市场份额，提升客户服务，大力拓展第三国市场

从经营角度来说，我们一定要提高市场份额。我们的规模已经是全球最大，全球市场份额就要与此相匹配。扩大市场份额必然要提高竞争力，提高竞争力的核心就是提升服务的能力和水平。我们一直号召学习华为，学华为就要学到华为服务理念的精髓。华为成功的关键之一，就是坚持“以客户为中心，为客户创造价值”，坚信“客户在，华为的魂就永远在”。这和我们航运回归服务本质的理念不谋而合。航运回归服务本质就是服务，比如博鳌公司，连续19届博鳌论坛服务都得到了中央的认可和表扬。每次博鳌论坛之后，我们都会收到大量感谢信。不仅如此，博鳌公司已经把博鳌的服务品牌输出去，输到了进博会。很多人可能没有想到，进博会的会务活动安排都是我们博鳌团队做的，500多人已经连续两届到上海为进博会服务。钓鱼台国宾馆愿意和博鳌公司连续合作，说明我们的服务已经得到了广泛认可。我们一定要牢固树立服务意识，所有的营销人员、具体操作人员都要把客户视为上帝。

除了服务，我们还要为客户提供优质的产品。服务是理念，要做好价值挖掘，就要做好与理念相吻合的产品，为客户创造最大的价值。在这方面，我们有很好的传统，比如：为上汽、一汽提供定制服务，我们开出航线为他们量身定制物流服务，满足他们生产线作业的需求，帮助他们实现库存大幅下降甚至零库存，依赖的就是我们提供的优质航线产品。正因为有了优质服务，他们才会真心实意把所有的运输交给我们。还有散运的准班轮服务等。这些都是我们的产品。要体现服务理念和能力，就必须依赖这些优质的产品。

中欧陆海快线团队被评为钻石团队，就是因为打造了一个好的产品，这使得中欧陆海快线真正成为中东欧的重要交通线。目前，这一快线连通到9个国家3500万人的市场，未来的业务会越做越大，这些都是我们不断创新设计出来的产品，体现出为客户提供优质服务的经营理念。

有了服务理念，产品还要与时俱进。现在客户对全程物流供应链的需求在不断上升，我们的专业团队就要帮助所有客户设计最佳的物流运输解决方案。如果能够帮助客户提升价值、降低成本、提高效率，我们的市场拓展就会一往无前。全程物流供应链的一个典型案例，就是我们为空客提供的物流整体运输方案。在飞机部件从法国、西班牙、英国集中到德国汉堡后，空客公司就将成套飞机部件交给我们进行全程运输，从汉堡用驳船上岸，通过我们的海上团队运到天津，在天津用我们的汽车直接送达装配车间，一整套时间、效率、成本最佳的方案，让客户感到非常满意。这个项目竞争者很多，但拿出所有的方案来比，我们的方案最优、最有实效、最节约成本，最终我们继续拿到合同。好比装修要有一个设计，尽管这个设计费用不低，但好的设计和产品可以赢得客户。所以，我们一定要以端到端服务为抓手，创新商业模式，不断拓展我们的市场份额，保持我们的领先地位。

5.艰苦奋斗，千方百计降本增效

要弘扬艰苦奋斗的精神。李克强总理在中央经济工作会议上强调，“坚守节用、裕民正道”，提出要在去年降费减税2.3万亿元基础上，进一步压减财政预算。税还要降、费还要减、收入没有增长，国家运转就要收紧开支。集团70年发展历程非常艰苦，从一艘船到多艘船，从近洋到远洋，几代人艰苦奋斗，才有了今天的规模。在世界规模最大的时候，我们更不能忘记艰苦奋斗精神。创业艰难，败家容易。要始终弘扬艰苦奋斗的精神，保持勤俭节约的作风，要坚持过紧日子的思想。集团现在家大业大，花钱的地方很多，一定要把握好一般性开支。大的战略规划、大的项目研究可以请中介帮忙研究，其他自己能做的应该自己做，专业公司、职能部门都要破除“家大业大、不差钱”的思想，全面压缩各项行政运营成本支出。要抓好运营成本管控。坚持“节省就是增效”的理念，做好成本临界预算，将成本压到“临界值”。抓好港口费、货物费、箱管费等运营费用的管控，设立成本管控目标，对每个工作流程、每项成本制定警戒线，强化考核约束，坚决不能突破。要管控好低硫油成本。今年效益目标能否完成关键在于是否能处理好低硫油问题，要坚定信心、统一思想，发挥海洋联盟的作用，积极推进燃油附加费的征收，争取按照百分之百的标准收，努力降低成本。在此，特别表扬中国船燃和中石化中海燃供。一年多来，两家公司顾全大局，为船队保供保质精细策划，拿出了到位的措施，确保了航运企业用油。这就是我们产业链的优势。

6. 抓好预算和考核，处理好两者的关系

要全面发挥预算功能。各单位自觉按照“三个不低于”原则，自我加压，提出了全年预算目标。其中，能源、特运等航运公司，体现出了良好的责任担当，预算目标增幅超过 10%；重工连续三年逐步减亏，今年预算目标减亏 16%；集运、港口、散运、中远海运科技等单位也都给自己加码；三个区域公司，虽然非常困难，但还是先把集团的要求领回去。这些充分体现了我们敢担当、敢作为的思想境界。要抓好预算执行，要从年初就抓起。一年之计在于春，有了年初开始的“负重前行”，才能有年底的“岁月静好”。指标必须有压力，要将各项指标分解好，明确时间表、责任人，将压力层层传导，让每个员工感到有压力，并和员工的激励挂钩，最终形成自下而上的创效合力。要制定预算执行保障措施，抓好进度监督和过程管理，努力实现目标。要发挥考核作用。华为有一句话“不让雷锋、焦裕禄吃亏，不让焦裕禄累出肝病，不让雷锋穿破袜子，不能让老实人吃亏”。要坚持“效率优先、兼顾公平”的原则，注重创新效益分配机制，多干多得、少干少得，凡是超过奋斗目标的就有奖励。要正确理解“公平”含义。世上没有绝对公平合理的指标，也没有绝对公平合理的分配。我们要严格按照预算进行考核，但是当市场发生重大变化，不能完成“三个不低于”，也会实事求是进行适时调整。除了考核指标，集团还会进行第二次分配。要看自己是不是增长，不要总盯着拿高薪的人。对于尽了全力又没有完成指标的，集团会有所考虑，但不能打乱整个分配体系。所以，大家一定正确理解预算和公平关系。

四、坚持三个聚焦，以三大机制推进改革发展

今年，集团的工作指导方向是聚焦高质量发展、聚焦突破性发展、聚焦一体化发展。

1. 高质量发展的核心是做强做优，推动可持续发展

航运做强做优，重点解决抗周期问题。船运的传统问题就是周期性问题。重组近四年，集团已经慢慢走出了“市场好效益好、市场坏效益坏”的怪圈。要达到集团的高质量发展水平，必须解决传统航运的周期性问题，实现可持续发展。要加强产业链经营。增强上下游产业的协同合作，重点加强船货、港航合作和海洋联盟合作。“6+1”战略本身就是通过产业链互补平抑周期性。要坚持全球化拓展。要将第三方市场份额和转移替代市场份额越做越大。去年在中美经贸摩擦的背景下，面对前期货量下降 18% 的不利局面，集运提前布局全球市场，收缩美国航线，在东南亚、墨西哥等替代市场实现了 35% 的增长，弥补美国货量不足，产生新的供给平衡，实现盈利。未来要继续加强重点市场和第三方市场的开发力度，加快从全球承运向承运全球转变，进一步扩大海外资产比例，从目前的 57% 扩大到 60% ~ 70%。要不断增加美元收入，同时也要

做好美元结算风险的应对。要深化产融结合。航运金融要围绕航运业开展产融结合，强化资本运作，扩大产融覆盖面，加大上市公司市值管理。要依托国家战略，要深度融入“一带一路”倡议。国家主席习近平到希腊比雷埃夫斯港（简称“比港”）视察时指出，比雷埃夫斯港的前景不可限量[①]。要复制比港项目，建设好阿联酋阿布扎比码头、秘鲁钱凯码头。要持续深化中欧陆海快线、中欧班列建设。还要主动对接区域发展战略，在长三角一体化、粤港澳大湾区、京津冀协同发展上，不断构建和提升区域服务能力，在区域发展战略中把握机遇。要强化战略引领，尽快研究“十四五”规划，明确发展方向。要加快推进海南自贸区建设、国际陆海新通道建设。作为集团大家庭的新成员，港航控股“四个一”的理念已经充分体现，3500多名干部职工的向心力、凝聚力正在不断迸发，干事创业的精气神得以充分体现。要充分利用港航控股的资源，在海南自贸港的发展过程中发挥龙头作用。

当然，在集团实现高质量发展稳步向前的过程中，还有很多的工作要做，全系统要互相支持，共推发展。

2. 突破性发展的核心是推动改革创新

一是在董事会授权方面取得突破。目前集团正在研究出台新的董事会授权方案，也就是改革3.0版。要按照试点方案做好授权，同时确保董事会治理规范有序，能够承接好授权。集团总部要集中精力想战略、干大事、做引领，具体的事务工作由各二级单位董事会承接。集团各位董事非常专业、非常尽责，意见建议都非常中肯，对于我们提升管理、创造价值非常有意义。二级单位董事会要学习集团董事会建设，进一步提升上市公司治理水平，非上市公司的单位要按照上市公司治理体系来运行，真正发挥好董事会的决策权。要进一步坚持外部独立董事、专职董事和内部董事的董事会构成结构，从各单位、各岗位挑选出具有一定工作经验、能够发挥积极作用的员工担任专职董事。同时，要加强对董事的培训，确保能够履职尽责。

二是在完善市场化经营机制方面取得突破。金控平台、自保公司职业经理人试点成效明显，已有经市场化考核认为不合格者退出了职业经理人。物流正在全面实施市场化选聘，未来混改企业的上千名骨干将全部实行市场化选聘职业经理人。下一步，要继续扩大职业经理人范围，特别是要积极探索海外职业经理人制度。只有理顺用人机制，才能顺利推进其他改革。

三是在推动混改加大员工持股方面取得突破。集团在泛亚实行了混改，引入战略投资者复星实业，实现职工出资持股。去年整个中国内贸集装箱没有一家盈利，但泛亚实现了较大盈利，由此可以看出混改对公司经营的重大意义。我们要加大混改力度，引进好的战略投资者，既要带来资本，更重要的是引入优秀的管理机制。要根据企业发展实际，打破持股比例上限，特别是在海外，可以保留外方的股份，不一定非要控股，可以利用外方在当地的人脉和社会关系，开拓市场，同时实现对企业治理的监督和体制的补充。

四是在数字化助力改革方面取得突破。集团的数字化建设已经取得了较好的成果，尽管有些还在试运营过程中，但产业经营的全过程已经在发挥数字化的作用。集团总部正在建设数据集成平台；平台集成了集团在全球的人、财、物，集团的财务、金融、经营、船舶、航线、货流等全球资源已经实现了数据可视化。要继续做好集团数据集成平台完善工作。集运IRIS-4（Integrated Regional Information System-4）系统上线后，数字化效率明显提升，新系统处理的订舱量已占集运外贸订舱的80%。要进一步解决好数字运营能力，提升集团的服务水平和竞争能力。要继续推进智能船舶、5G港口，以及GSBN（全球航运商业网络）产品的试点工作，不断推进集团的改革发展。在这方面，我们也已经取得积极成效。

① 《习近平和希腊总理米佐塔基斯共同参观中远海运比雷埃夫斯港项目》，新华网，2019年11月12日，http://www.xinhuanet.com//politics/leaders/2019-11/12/c_1125219291.htm.

3. 一体化发展的核心在于统筹协调、共享共赢

一要胸怀全局，形成一体化发展的整体意识。各单位要从集团利益最大化的大局出发，不能各自为政，只看到自己的“一亩三分地”，要坚决摒弃本位主义、单打独斗的思维方式和行为方式，切实做到思想统一、行动一致。

二要坚持产业链发展，构建一体化发展轨道。船舶、航运是集团最好的不可或缺的资源。过去仅仅注重船舶运输，今天提出“6+1”产业集群，目的就是要挖掘航运两端的市场和资本价值，形成新的产业。在产业链经营方面，我们已经取得了很多成果。比如：完成收购比雷埃夫斯欧亚铁路物流公司（PEARL），签署匈牙利必优刻（BILK）铁路场站15%股权协议，使我们具备了在欧盟运营铁路的资质，这些都是产业链经营的发展方向。下一步，我们要通过供需导向、产权导向、契约导向三种模式，与上下游合作伙伴加强合作。

三要放大协同效应，挖掘内生价值。在内部协同方面，去年，集运和东方海外两个品牌相互协同，在航线网络、供应商采购、箱子管理等形成了内部协同机制，成本大幅下降，效益大幅上升。要把“集团内部资源优先使用”作为政治要求和经营纪律，不能以各种借口回避内部协同。在海内外协同方面，欧洲公司做得很好，成立钻石快航公司，开展配套支线业务，已经成为欧洲第二大支线公司，效益显著。东南亚新鑫海支线也取得不错成绩。北美公司开辟了加勒比支线，特运和南美公司积极推进构建纸浆大客户联盟。中坦公司与集运联动后市场规模不断扩大，企业扭亏为盈。从这些案例可以看出内部协同和海内外联动的重要性。在主辅业协同方面，航运与港口、物流、修造、燃供等产业之间要加强协同合作，形成一个拳头。航运金融产业要围绕主业积极推进产融结合，同时，也要为地区公司转型发展提供金融支持。地区公司自己更要思考“破局之道”，集团也会大力支持。在上下协同方面，要强化集团总部与各二级单位之间协同，强调的不是管与被管的关系，是放大系统功能的关系，目的是要形成合力。

四要构建合作共赢的一体化发展模式。比港项目的成功实践，就是国家主席习近平讲的“多予少取、先予后取、只予不取”[①]，是集团践行“共商共建共享”理念、坚持“义利并举”的结果。合作需要共赢、需要让利，不能只算自己的小账，要强调共赢，只有这样，才能把合作项目做成。无论内部还是外部，合作共赢是全球化发展的核心前提，我们必须做到。

五、坚持全球化发展，切实提升全球化风险防范能力

全球化是集团长期发展的战略，目前集团境外资产、境外收入、境外利润占比达到了50%～60%的水平，未来要达到70%～80%。特别是两头在外的市场比重要超过50%～60%，这样才能成为全球化公司。随着集团全球化不断发展，全球化风险愈加显现出来，这个问题必须引起全集团的高度关注。一要强化合规管理，切实防范全球化风险。全球发展已到了最重要的时期，合规管理必须放在首位，要强化合规管理，切实防范风险。集团各单位必须总结经验教训，认真加以梳理，必须清醒地把合规管理放在重要的位置。二要思想敏锐。参与全球化经营，反应一定要快，特别是重大事件、重大问题要第一时间做好预判。作为集团高级管理人员必须敏锐地看到问题的本质，要不断增强政治敏锐性，不能让小事情变成大问题。三要遵守规则。全球发展最大的问题是遵守当地法律法规。我们要按照中央精神，依法合规扎实做好海外工作。四要强化执行力。仅有合规管理还不行，必须不折不扣地对规章制度加以落实与执行。特别是对集团已确定的基本原则，有些单位、个人不执行，导致发生了重大问题，上升到政治高度，就是违反政治

① 《携手共命运　同心促发展——在二〇一八年中非合作论坛北京峰会开幕式上的主旨讲话》，《人民日报》，2018年09月04日02版.

纪律、违反经营纪律的问题。

六、坚持履行责任，做好扶贫（援藏）工作

精准扶贫是国家三大攻坚战之一。集团扶贫援藏工作主要有四个亮点：一是投资实。2019年，我们共投入扶贫资金6000万元，4年来扶贫援藏资金年平均增长超过30%，累计无偿投入帮扶资金超过1.7亿元，向中央企业贫困地区产业投资基金投入4.36亿元。二是干部优。2019年我们向扶贫（援藏）地区派遣了7名优秀干部，获得地方嘉奖24次。截至2019年年底，集团累计派出扶贫（援藏）干部104人。三是工作精。参与易地扶贫搬迁，完善供水设施，发展集体产业，发动各方资源购买地方特色产品，在贫困地区招募并培训技术工人。四是效果佳。集团援助的类乌齐县、洛隆县、安化县已成功脱贫，集团连续两年获评国务院认定的中央单位定点扶贫工作成效考核最高等级“好”，成为17家荣获此优异成绩的央企之一。

对于集团扶贫援藏工作，集团工会和慈善基金会做了大量工作。各单位在集团统筹下出资金、做项目。今年我们必须把脱贫攻坚工作继续做好，因为今年是全面脱贫攻坚年，明年将全面脱贫奔小康。习近平总书记曾讲过，“小康不小康，关键看老乡”①。在扶贫工作上，要精心更要精准。慈善基金会要拿出更多自有资金向对口援助单位倾斜，精心设计、因地施策，把每一笔钱花在刀刃上。各挂职干部要深入调查研究，注重扶持对象精准、项目安排精准、资金使用精准、措施到位精准、脱贫成效精准。要输血更要造血。要充分利用集团自身产业优势，探索实施物流及仓储合作等产业对接扶贫，继续开展扶贫特色产品采购和销售，变“输血”为“造血”。同时要在当地专项招募适龄船员，为集团扩大船员队伍。要扶贫更要扶智。要利用系统内培训资源，为相关单位培训中青年干部。

七、坚持以奋斗者为本，激发员工干事创业内生动力

去年，我们学习华为，华为的成功在于“以奋斗者为本”的文化体系。如何“以奋斗者为本”，我想有以下几点：

1. 要正确认识以奋斗者为本

随着集团规模的不断发展壮大，我们每个人都要有一种“本领恐慌”的思想和意识，我们不能被企业推着走，而是要主动学习创新，积极融入企业发展，跟上集团发展步伐。我们每个人都要有一种紧迫感、压力感和责任感，要倡导“以奋斗者为本”，发现人、选对人、用好人、激励人，让用真情、讲实话、出真招、下真功夫的优秀人才脱颖而出，为他们搭建施展本领的舞台，激发各类人才的内生动力。

2. 要完善机制，营造以奋斗者为本的良好环境

现在，我们都在讲打造营商环境。环境是靠人打造的，首先要给打造营商环境的人创造良好环境，唯如此，他们才能打造营商环境。如果打造营商环境的人本身环境没有解决，他怎么可能帮你去打造营商环境。其次我们一定本着“以奋斗者为本”的理念去创造平台，解决他们的后顾之忧。

3. 要抓好奋斗者激励机制建设

我们常常讲用事业留人、用感情留人和用待遇留人。既讲精神激励，又讲物质激励；既讲个人激励，又讲团队激励。只有形成这样一种激励机制，我们才能干成大事业。今年，大家都争先恐后评比钻石团队，因为钻石团队代表的不是个人荣誉，而是团队荣誉，荣誉感非常强，说明大家把个人荣誉与团队荣誉有机结合在一起，形成了合力。要做好船员的激励机制建设，海上运输是我们永不割舍的主业，船员是我们不可或缺的战略资源。今天，集团成为世界最大规模的综合航运企业，靠的是一支英勇善战的船员队伍。去

① 《“这件事我要以钉钉子精神反反复复地去抓”——记习近平总书记在重庆专题调研脱贫攻坚》，新华网，2019年04月19日，http://www.xinhuanet.com//politics/leaders/2019-04/19/c_1124386249.htm.

年，国务院批准了船员减税计划，减税幅度基本达到 85% ~ 90%，有的甚至是百分之百，这对我们船员来讲是一个非常大的喜讯。我们还实施了船员薪酬制度改革，集团每年还将拿出 5 亿多元增加船员收入，切实提高船员薪酬水平，激励大家为航运事业开好船。

4. 要抓好容错纠错机制建设

干事创业难免出现失误，难免与政策有冲突、打“擦边球”。对年轻干部在创业过程中出现的一些问题，我们要有容错的胸怀，不能“一棍子打死”，要让我们的年轻干部有一个轻松干事的环境，激励大家干事创业。要善于运用容错纠错机制保护人的原生动力，鼓励年轻干部在企业改革创新中大胆闯、大胆试。

八、坚持底线思维，切实做好安全管理工作

集团船队规模超过 1300 艘，每天航行于中国沿海、狭水道及全球防海盗重点区域的船舶近 500 艘，每天运送旅客、学生和装载油品 /LPG（液化石油气）/LNG（液化天然气）、危化品、易流态货物的船舶约 150 艘，每年受台风影响的船舶在 1000 艘次以上，面临的海上安全、生态环保风险多、压力大。在这样巨大的安全管理压力之下，去年集团未发生一般以上等级事故，保持了安全生产形势的总体平稳，今年要重点从以下五个方面继续落实好安全工作。

1. 要落实“党政同责、一岗双责、齐抓共管”的要求，发挥领导干部的引领作用

各单位主要负责人要持之以恒地带头履职尽职，带头担当作为，亲自参与安全生产、生态环保工作的布置，引领全体员工营造良好的氛围；分管领导要切实加强安全生产、生态环保工作的组织领导和督促落实，其他领导干部要坚持“一岗双责、齐抓共管”，抓好职责范围内各项工作。

2. 要强化过程管控，保障安全体系的有效运行

要加强顶层设计，建立健全安全风险分级管控体系，把隐患排查治理作为一项长期性工作，形成一线详细自查、公司全面检查、集团总部严格督查为一整体的检查监督机制。要加强隐患数据分析，对整改不力、问题重复发生的单位进行通报，挂牌督办，以“零容忍”促“零隐患”保“零事故”。各单位必须在制度和责任落实上下功夫，强化安全生产法规、制度的刚性执行。安全工作要落实在行动上，抓安全生产工作不能简单把已安排、已部署等同于已落实，更不能把已开会、已发文就当作已落实。

3. 要坚持问题导向，抓好安全专项工作

要继续推进驾驶台班组和现场工班组专项活动，保持强化驾驶台专项检查力度不放松，加强现场工班组建设，强化现场直线监督，打通安全生产“最后一公里”。要不断提升一线员工素养，培养工匠精神，传承良好的安全传统，加强船舶管理人员与船舶的互动交流。要不断强化分承包方的管理，选用值得信赖的、高质量的分承包方，将承包方纳入本单位安全管理体系，杜绝“以包代管、包而不管”的现象。要强化海外安全管理的实施和举措，对当地时局变动和社会影响有敏锐的判断和掌控，制定切实有效的措施，提高自我保护意识，切实保障人员和资产安全。

4. 要善用高科技手段，提升管控效能

要继续优化、提升集团应急指挥中心功能，持续推进集团应急指挥中心系统的优化，发挥安全专家在安全管理的集体智慧，提高集团应急指挥和应急处置能力和水平。要利用人工智能、物联网和大数据等新技术，加快推进航运标准化信息平台的优化，做好现有模块的应用，通过数据看效果、找差距、定措施、补短板，尽快发挥新技术的辅助管理作用。

5. 要盯紧重点，抓好今冬明春季节性安全生产

春运已经开始，重点要抓好船舶航行安全。要落实好关键时段的值班值守制度，严格执行领导干部带班、关键岗位 24 小时值班和信息报告制度。要保持通信联络畅通、应急预案科学有效、应急物资完备有序、值班人员状态良好，确保度过一个祥和快乐的春节。近期，澳大利亚火灾不断蔓延，影响巨大。冬天，天气干燥，易爆易燃，各单位要提高警惕，切实肩负起安全责任，抓好

季节性安全工作。

九、坚持党的领导，加强党的建设引领企业改革发展

1. 抓好政治建设这个根本，增强领导经济工作能力

我们要坚持把政治建设放在首位，各级党组织要坚持统揽全局，把方向、谋大局、定政策、抓班子、带队伍，坚决落实党中央重大决策部署，坚决落实习近平总书记对本行业本企业重要批示指示精神，着力深化“一带一路”建设，应对中美经贸摩擦，服务国家主场外交等，将其作为检验“两个维护”的“试金石”。各级班子要加强自身建设，成为引领企业改革发展的坚强领导集体。

2. 抓好主题教育这个永恒课题，激发党员干部使命担当

1 月 8 日，“不忘初心、牢记使命”主题教育总结大会在北京召开，习近平在大会上发表重要讲话。我在海南省委聆听了总书记讲话，并于当晚召开党组会进行了传达。集团将在 1 月 16 日召开主题教育总结大会，深入学习贯彻大会精神，部署巩固提升主题教育工作。去年，集团党组按照中央部署，分两批集中开展了“不忘初心、牢记使命”主题教育，得到中央指导组和中央巡回督导组高度肯定。习近平总书记强调，不忘初心、牢记使命，必须作为加强党的建设的永恒课题和全体党员、干部的终身课题常抓不懈①。“不忘初心、牢记使命”主题教育不是一阵子的事，而是一辈子的事。各级党组织和广大党员干部要用“不忘初心、牢记使命”来武装头脑。

3. 抓好基层基础这个关键，推动“三做”党建理念落地

重组以来，集团坚持“三做”理念，深化“三基建设”，促进党建和生产经营深度融合。集团获国务院国资委党委 2018 年度党建工作责任考核 A 级，并多次在中组部、国务院国资委党委重要会议和中央重要媒体上交流。考核优秀的关键是基础党建工作做得怎么样。基础党建工作在于各单位的领导层。我们要把基层党建工作做得更好，做得更有特色。昨天，三个单位介绍了他们党建工作的经验，值得大家借鉴。

4. 抓好思想政治工作这个法宝，凝聚企业改革发展合力

要围绕党的重要思想、方针路线、改革发展目标加强正面宣传。

5. 抓好监督执纪这个利器，营造企业发展良好环境

各级党组织要进一步压紧压实全面从严治党的责任，加强对监督执纪的领导，推进治理体系现代化，要把纪检检察审计贯穿起来，深化标本兼治。坚持巡视和审计同步进行，提高企业管治能力。各级党组织廉政建设要常抓不懈，绝对不能放松。尽管我们的待遇增长幅度非常大，但可能依然会有人小贪小腐，违反中央八项规定，利用工作职权谋取私利，最终必然受到严惩。体面的生活要靠正常合法的收入，不要动歪脑筋，占公司便宜。我们一定加强这方面的教育，杜绝小贪小腐、“三观”不正等不良思想。

2019 年，我们以“三个跑赢”诠释了奋斗的价值，已经站在了国际航运舞台的中央。昨天的成功是身后的荣光，明天的辉煌需要今天去奋斗。2020 年，我们要坚守星辰大海，牢记使命担当，聚焦高质量发展、聚焦突破性发展、聚焦一体化发展，只争朝夕，不负韶华，“把好舵、定好锚、拧紧绳、扬起帆”，开启高质量发展新航程。

① 《在“不忘初心、牢记使命”主题教育总结大会上的讲话》，求是网，2020-06-30，http://www.qstheory.cn/dukan/qs/2020-06/30/c_1126171670.htm.

坚持三个聚焦　强化质效提升
努力在世界一流企业征程上实现新跨越

——集团总经理付刚峰在中远海运 2020 年工作会议上的工作报告（摘要）

2020 年 1 月 8 日

一、2019 年工作回顾

2019 年 11 月 11 日，国家主席习近平亲临比港参观，他指出“中国倡议的‘一带一路’不是口号和传说，而是成功的实践和精彩的现实”“比雷埃夫斯港项目是中希双方优势互补、强强联合、互利共赢的成功范例”[①]，并对比港发展提出希望。习近平的肯定和期望，让集团广大干部职工深受鼓舞，倍感自豪，深切感受到党中央对中远海运集团的关心厚爱，进一步坚定了加快比港建设的决心信心，增添了深化“一带一路”建设，深化集团改革发展的前进动力。2019 年，在党中央、国务院的正确领导下，集团坚持跑赢市场、跑赢变革、跑赢时代，跑出了改革发展的加速度、高质量和新成就。回顾 2019 年工作，主要表现为跑在前列、干在实处、赢在关键三大特点。

（一）跑在前列，集团发展跑出了加速度

1. 经营创效逆势加速

2019 年，面对航运市场持续低迷、中美经贸摩擦、低硫油的即将推行等考验，集团上下同舟共济、奋勇拼搏，生产效益逆势增长，跑赢市场优于同行。集团全年累计实现营业总收入 3085 亿元，同比增长 9.48%；利润总额 231 亿元，同比增长 14.96%；净利润 166 亿元，同比增长 13.70%，全面完成国务院国资委年度业绩考核目标。

2. 业务拓展快速推进

围绕应对中美经贸摩擦，着力优化收益结构。加大对新兴市场、第三国市场和区域市场的运力倾斜，降低美线运力在总运力中的占比。注重转移替代，增加东南亚等其他地区到美国的货流占比。2019 年，集运承运东南亚 / 南亚出口美国货量同比增长 50.0%。新兴市场实现箱量同比增长 9.3%。在第三国市场开发上，全年货量同比增长 10.2%；第三国货量占外贸总箱量的比例，由上年同期的 29.4% 提升至 31.4%。散运通过大力拓展第三国市场，全年外贸基础货源占比达到 42.7%，第三国运输占外贸货量比例达到 31.8%。

围绕市场机遇把握，着力提升企业质效。散运克服巴西矿难对市场的冲击，积极把握大豆、粮食货源从美国向南美、俄罗斯、乌克兰市场转移机遇，坚持以大项目引领新增长，中铝几内亚项目于 12 月 15 日启动了首船装运。能源抓住新一轮市场上升周期，通过加强中东、西非和美湾加勒比等市场的船舶摆位，提高了经营灵活性和竞争力，全年实现利润颇丰，其中 LNG 板块创效能力进一步释放，贡献利润超过 50%。香港中远海运发挥区位优势，积极融入粤港澳大湾区建设，支持海南自贸区发展，创造可观的经济效益。

围绕转型发展，着力提升企业竞争力。港口继续推进全球码头资源战略布局，努力从码头投资到码头运营转变，2019 年计费箱量同比上升

① 《习近平和希腊总理米佐塔基斯共同参观中远海运比雷埃夫斯港项目》，新华网，2019年11月12日，http://www.xinhuanet.com//politics/leaders/2019-11/12/c_1125219291.htm.

7.2%，效益稳步增长。物流从业务和资产端同步入手，多措并举加速转型，积极推进改革发展。特运不断深化“特”字战略，创新推动转型升级，2019年平均运价同比增长12.7%，效益增幅可观。重工完成了债转股项目，有效降低了资产负债率。中远海运科技／上海船研所围绕数字化应用，大力推进集团智慧航运和信息化建设，2019年创造较好的经济效益。广州中远海运发力医疗健康产业，积极拓展养老刚需市场，保持盈利势头。

围绕服务航运主业，着力推进产融结合。金控／发展在航运租赁、集装箱租赁、集装箱制造、船舶保险方面，为集团船队发展提供了优质服务。积极推进资本运作，回购A、H股股份共1.55亿股，占公司总股本的1.32%，成为资本市场首家成功实施两地股份回购的上市公司。

3. 深改迈上快车道

一是重点抓好国有资本公司试点改革，加速推进从“管企业”向“管资本”转变。试点方案已获国务院国资委批复，试点改革全面启动。集团形成了深化国企改革“2+N”框架方案，并举办3场深化改革政策宣贯会。目前，共计36家单位提交了改革方案，各单位均涵盖了董事会建设和三项制度改革两项必选动作，结合自身实际选择了合适的改革工具。

在规范董事会建设上，2019年，集团直属公司董事会共决策“非受限”事项72项，董事长授权事项共行权94项，总经理办公会授权事项共行权582项。

在推进三项制度改革上，积极推广职业经理人改革、多元化激励机制、科技公司分红激励。总结金控平台试点经验，不断完善政策措施，推进集运、宁波物流职业经理人试点，做好能源、特运、资产、博鳌4家公司职业经理人方案制定。在海控、东方海外、能源、港口、特运、比港6家上市公司完成股权激励授予，实现了上市公司股权激励全覆盖。积极推进上海船研所、南京船配2家科技型企业分红激励。完成船员薪酬体制改革方案。

在混合所有制改革上，集运、宁波物流“双百行动”各项任务取得积极进展，中远海运物流成为国家发展改革委第四批混改试点单位。

二是重点抓好后续整合重组。在地区公司改革方面，大连、青岛、天津3家地区公司先后挂牌成立，相关股权、资产划转工作顺利推进。在财务公司整合方面，组建中远海运集团财务公司，形成了多柜台运作的组织架构。在教育资源改革方面，已完成方案编制，正在推进相关工作。青岛船院、中海党校等单位讲政治、顾大局积极支持教育改革。此外，能源、物流进行了总部机构改革，总部效率不断提升。

三是重点抓好供给侧结构性改革。在压减上，集团累计完成压减户数554户，压减率达30.6%，管理层级由7级压缩至4级，提前超额完成了国务院国资委布置的任务目标。在去产能上，参与组建海工装备资产管理平台——国海海工资产管理有限公司，完成第一批3个海工项目的划转。

（二）干在实处，集团发展干出了新成就

1. 聚焦“一带一路”，全球发展快速推进

发挥比港示范效应，推进“一带一路”节点建设。比港建设取得历史性突破，2019年完成集装箱吞吐量同比增长16.7%，实现净利润同比增长9.3%，已成为地中海第一大港，在全球港口排名位居32位。以比港为模板，大力打造“一带一路”沿线枢纽，阿布扎比码头运营8个月集装箱吞吐量增幅可观。收购秘鲁钱凯码头，有效弥补了集团在拉美市场的投资空白。完成了海南港航控股重组，海南港航正式成为集团大家庭一员。海南港航全年集装箱吞吐量同比增长13.7%，整体成功扭亏为盈。

整合集团资源优势，推进国际物流通道建设。中欧陆海快线迅猛发展，全年箱量同比增长66%，超额完成全年7.6万TEU的目标。成功开辟里耶卡辅助通道，完成收购比雷埃夫斯欧亚铁路物流公司（PEARL），签署匈牙利必优刻（BILK）铁路场站15%股权协议。中欧班列快速提升，全年货量同比增长109%。国际陆海贸易新通道积极推进，集团加大在海南、广西、重庆和四川等地的港口、物流等相关领域投资，新通道班列全年完成货量同比增长 81%。冰上丝绸之路持续拓宽，特运深化北极商业化航行，全年完成 9 个北极航次，取得了良好的经济效益。

提升海外公司能级，推进全球发展持续深化。北美公司全力推进设备租赁、仓储物流、码头业务和集装箱支线网络等战略项目，2019 年完成投资建造冷箱 9500 台，底盘车 1000 台，成功开辟东加勒比支线，市场份额不断提升。欧洲公司全年揽货量同比增长 10%。支线业务实体化工作积极推进，钻石快航公司正式成立。澳洲公司大力提升综合物流供应链能力，为集团专业公司在大洋洲地区拓展业务提供平台，特种货揽货实现零的突破，干散货货量大幅提升。东南亚公司把握全球产业链转移机遇，推进高昇控股资源整合，拓展东南亚当地物流网络和基础设施资源，完成箱量同比增长 9.5%。韩国公司深入开拓当地市场，销售箱量取得两位数以上增长。日本公司大力开发区域市场，集装箱冷特危高值货销售箱量同比增长 14.5%。

2. 聚集系统合力，协同价值显著提升

在产业协同上，双品牌协同成效超出预期。去年双品牌箱量同比增长 2.7%，收入同比增长 7.1%，全年实现协同效应显著，超过预期目标。港航协同成效显著。在港口控股码头，2019 年集运箱量增长 42%，东方海外箱量增长 248%，增幅显著。其中，在希腊中远海运比雷埃夫集装箱码头有限公司（PCT），集运增长 18%，东方海外增长 70%。保供协同平稳有效，中国船燃、中石化中海燃供多措并举掌控低硫船燃资源，为应对低硫油新政做好了资源和技术储备。“集团船集团造”深入开展，2019 年集团共签署新造船 25 艘，其中重工承建 20 艘。在去年市场脱硫订单极度饱满情况下，保障了集团船舶脱硫改装需求。

在产融协同上，圆满完成胜狮项目。金控 / 发展完成收购胜狮货柜下属造箱资产，集团造箱产能迅速提升至行业第 2 位，市场占有率从 16% 提升至 35%，强化了集团造箱板块规模效应。邮轮产业正式启航。金控平台、厦门中远海运推进产融结合，整合资金和专业优势，顺利完成“鼓浪屿”号接船，并成功在厦门、香港、上海、深圳举办首航仪式。

3. 聚力数字赋能，创新转型成效初显

智慧航运方面，牵头开展的工信部首个智能船舶顶层设计项目成功落地，13 500TEU“荷花”轮和 21 000TEU“行星”轮相继交付运营。成立“5G 智慧港口实验室”，与中国移动共同推进 5G 试点，厦门远海码头港区实现 5G 网络全覆盖。

数字化应用方面，集团数据集成分析平台一期完成建设，平台将实现数据在集团层面共享，为各级领导提供决策支持。全球航运商业网络（GSBN）建设持续深化，积极构建业内多方参与、协作共赢的区块链平台，目前已对危险品证书上链和进口放货产品进行了研究和测试。集运 IRIS-4 系统切换有序推进，截至年底新系统处理的订舱量已占集运外贸订舱的 80%。集运和东方海外协同，做好用户培训和流程宣贯，保障了系统成功上线。

4. 聚合资源优势，服务外交再立新功

在服务博鳌亚洲论坛年会上，集团作为论坛年会核心服务商，连续 19 年为论坛提供优质服务保障。受到中外领导人、外交部、海南省、论坛秘书处和参会嘉宾的高度赞赏，展示了集团“金字招牌”良好形象。博鳌公司为论坛服务保障作出了重大贡献。

在服务第二届进博会上，认真贯彻习近平总书记“越办越好”①指示精神，举全集团之力打造服务“升级版”。超额完成招展任务，合计展览面积达到 1857 平方米；共计为 108 个国家（地区）及国际组织的 687 家展商提供主场运输服务，在主场运输服务商中负责展区数量最多、面积最大、服务参展商数量最多；签署了 7 个采购协议，采购金额折合人民币 56 亿元；主办了

① 《习近平在首届中国国际进口博览会开幕式上的主旨演讲（全文）》，新华网，2018年11月05日，http://www.xinhuanet.com/politics/leaders/2018-11/05/c_1123664692.htm.

最大配套活动——国际海运年会，参会嘉宾超过1000人，其中外方嘉宾超过三分之一；承接了展会信息技术服务项目12个，合同额1.2亿元。

（三）赢在关键，保障了集团发展行稳致远

2019年，全集团上下同欲，积极应对突发事件、低硫油保供、风险管控，抓早赶前争主动，确保了集团经营平稳有序。

1. 坚持党的领导，为改革发展提供坚强保障

2019年，集团党组以政治建设为统领，推进党建工作与改革发展深度融合，为企业发展提供了坚强政治保障。一是把方向、管大局、保落实。全面贯彻落实习近平总书记对本行业、本企业重要指示批示精神，以及党中央的重大决策部署，特别是沉着应对美国制裁，发挥了党的坚强领导作用。二是开展两批“不忘初心、牢记使命”主题教育。把学习教育、调查研究、检视问题、整改落实贯穿始终，促进各级干部守初心、担使命、找差距、抓落实，推动集团党的建设取得显著成效。三是加强干部人才队伍建设。调整优化直属单位班子，加强后备队伍建设，探索海外人员管理新模式，推进实施多元化激励机制，干部队伍建设持续推进。四是深化纪检监察体制改革。整合监督资源，优化大监督格局，颁布“五条禁令”和船舶发生严重违纪违法问题追责十项规定等，开展反对形式主义、官僚主义专项整治等，全面从严治党更加有力。五是开展新中国成立70周年主题宣传活动。进一步激发了爱党、爱国、爱企热情，营造了共建世界一流企业的良好氛围。

2. 沉着冷静，坚定稳妥应对大连油运突发事件

第一时间向党中央和国务院汇报了有关情况，得到了党中央和国务院，以及国家发展改革委、交通运输部、商务部、国务院国资委等有关部委的大力支持。启动应急机制，迅速成立突发事件应对小组，多次召开专题会议，统筹内外部资源，切实做好应对。加强运营管理，在全系统进行全面排查梳理，同时，加强了与客户的沟通和解释，取得了客户的信任与理解，帮助能源最大程度恢复正常经营。加强内部协同，发扬同舟共济的团队精神，在合规的前提下，各单位、各部门在风险管控、燃油加装、船舶修理、保险理赔等方面密切配合、相互支持，相关工作有序开展。做好法律应对，运用法律手段，有理有利有节争取合法权益。目前，中国液化天然气运输（控股）有限公司（CLNG）及其所属12艘受影响液化气（LNG）船舶成功移出制裁范围。其余45艘油轮已取得普遍豁免许可。

3. 落实“三保”，主动做好低硫油应对

成立低硫油应对工作小组，按照保价、保质、保供的“三保原则”做好低硫油应对工作。目前，低硫油采购量达到预期，同时积极推进燃油附加费征收，与客户共担成本。

4. 重在防范，抓好重点领域风险防控

突出重点领域、重点环节、重点时段、重点船舶和重点岗位，全面推进安全生产“一岗双责”责任落实。2019年，集团各单位、船舶未发生较大及以上等级事故，一般等级事故和小事故同比“双下降”，确保了总体安全生产形势平稳。积极履行海上救助责任，完成36起海上搜救任务，共成功救起或协助救助104名遇险人员，为近年来成功救助人数最多的一年。同时，集团加强投资、汇率、财务、市场、案件等风险管理，实施重大案件“挂牌督办”专项管理机制，督办的10件重大案件中9件胜诉，挽回了经济损失。

5. 防微杜渐，扎实做好监察审计工作

集团成立了审计本部，并与党组巡视办合署，推动成立总部机关党委、机关纪委，有力提升了纪检监察工作的质效。盯住重点问题，不断深化中央巡视整改监督，彻底清理公款购买高尔夫球卡。认真做好年度审计，2019年全集团各级审计机构共完成各类审计项目751项，促进增收节支，挽回经济损失。

二、2020年形势与总体要求

从经济大势看，百年未有之大变局正在改变全球经济大格局，世界多极化正在深入发展。中美经贸摩擦导致2019年经济增速创下金融危机以来3%的新低。随着中美第一阶段经贸协议的达成，全球经济下行压力有所缓解。IMF预计，

2020 年全球经济增速为 3.4%。我国经济将继续保持稳定增长，仍是全球经济增长的引擎。但中美战略博弈没有发生根本性变化、国际地缘政治动荡有所增加等因素，为全球经济带来了较大的不确定性。从航运态势看，今年航运市场形势总体好于 2019 年。今年全球海运贸易量将达到 123 亿吨，增速为 2.8%，较 2019 年的 1.4% 有明显提升，供需平衡将有所改善。但受中美经贸摩擦、低硫油新政等因素影响，货源结构、产业布局都将产生新的变化，整体运力大于需求的特征仍将持续，市场根本性好转依然任重道远。

基于以上判断，结合今年实际工作，集团 2020 年工作总体要求是：以习近平新时代中国特色社会主义思想为指引，全面贯彻中央经济工作会议和央企负责人会议精神，坚持三个聚焦，落实“三个不低于”要求，再创双百效益，争创 5A 目标，持续深化改革，做强做优国有资本，努力在高质量发展上不断取得新突破。

对照上述要求，2020 年的总体经营目标是：净利润继续保持较高增长，且不低于行业平均水平。其中，航运单位力争达到行业领先水平，利润总额与净利润增长同步，营业收入利润率、资产负债率、科技研发投入强度进一步改善。

为实现全年目标，推进集团实现高质量、突破性、一体化发展，我们要聚焦短板，突出四个导向，提升四个能力。

1. 突出价值导向，进一步提升价值创造能力

聚焦“高质量发展”，一定要紧紧抓住经营创效高质量这一核心。集团船队规模位居世界第一，航运物流全产业链要素齐备，提升经营创效水平，需要在主业创效贡献和产业链经营上持续突破。要不断提高主业经营能力和水平，提高生产性盈利能力，产出要与投入相匹配。做好产业链经营，强化内部协同，形成创效合力；拓展外部产业链协作，为客户提供最好服务。

2. 突出效率导向，进一步提升资产、资本运营能力

资本投入要有效益，资产运营要有效率。集团规模实力处于行业领先，但与其他行业的龙头企业相比，我们的资本回报水平、市值、资产运作效率都有较大的增长空间。集团多数上市公司市净率（PB）小于 1，市场价格与账面净资产倒挂。国有资本投资公司，强化了资本回报对资源配置的约束，对我们的资本运作能力提出了更高的要求，同时，也为我们完善股权投资管理体系和制度，切实改变“重投资、轻管理”现状提供了契机。

3. 突出客户导向，进一步提升数字化运营能力

航运的本质是服务，航运产业具有链条长、环节多的特征，要实现“以客户为中心”的目标，为客户提供高质量全程供应链物流服务，就必须有数字化支撑。行业竞争、跨界竞争者的数字化能力不断重新塑造新的商业模式，也迫使我们必须加快数字化变革。集团科技投入占收入比约 0.4%，航运企业普遍投入偏低。当前，新技术对产业的推动已经是时代潮流，航运也正在经历从渐变到质变的过程，要跟上时代的发展，就一定要在技术推动、在数字化运营上有更大的突破。

4. 突出系统导向，进一步提升风险防范能力

随着集团规模不断增长、全球化深入发展，面临的风险挑战也越来越多、越来越复杂。我们必须站在全球化的高度，以产业链经营和一体化发展的思维来应对。要强化底线意识，突出系统导向，致力于打造高度安全的集团。特别是大连油运突发事件，给我们敲响了警钟，我们要进一步强化风险意识，完善风控制度体系，增强防范、化解重大风险的能力。

三、2020 年工作部署

2020 年，要坚持目标引领，突出主业经营，注重效率提升，强化考核管理，构建完善的闭环管理体系，努力实现高质量发展。

（一）突出价值创造，实现集团效益稳定增长

1. 要明目标

今年的经营责任书，KPI（关键绩效指标）做了相应调整，重点聚焦经营效益、深化改革、战略执行和行业对标等，突出经济增加值等资本

回报类考核，减少了生产经营过程类指标，使之更加符合国有资本投资公司的职能定位，促进集团改革措施落地到位。要将集团各项改革发展工作，嵌入到对二级公司的年度经营业绩考核。要强化执行力考核，将战略和改革举措转化为具体项目。要强化对标考核，查找短板不足，提升综合竞争能力。各单位要拿出硬措施，责权利相结合，确保目标层层分解，压力层层传递，责任层层落实。

2. 要抓主业

要紧紧围绕航运主业发力攻坚。集运要继续推进全球发展，提升价值营销能力，2020 年，集运第三国货量占外贸比例继续提升，新兴市场货量保持增长。散运要继续以 “大项目”为依托，努力将货源增量转化为效益增量，2020 年第三国货量占比、基础货源占比、战略客户货量占比保持增长。能源要进一步发挥境外网点、内外贸兼营、大小船齐备等资源优势，提升船队经营能力，2020 年战略客户货量占比保持增长，沿海内贸市场占有率不低于我们的指标要求。特运要以纸浆、模块运输、木材为突破，全力构建差异化发展优势，做强盈利。港口要强化全球化布局，加强与航运的协同，最大限度提升创效能力。2020 年吞吐量增长不低于我们的指标要求。

物流要加快推动战略转型，着力改变有点无网和小、散的格局，复制成功的商业模式和运作模式。要打造依托集团航运、港口、海外网络等优势的核心竞争能力，适度加大资源投入，注重整合外部资源，建立内部协同机制，建设数字化运营管控平台。金控 / 发展要依托集团主业发展航运金融，要充分认识并高度重视金融业务的高风险特性，正确处理好杠杆和发展的关系、风险和收益的关系。

3. 要重效率

效益创造是日积月累、持续深耕的结果。要注重价值导向。资产要有价值，经营要有效益。要围绕客户需求，从解决客户痛点入手，聚焦核心客户、大客户，不断提升企业价值。要注重过程控制。各单位一定要将目标导入过程管理之中，分解落实举措和责任单位，形成操作性强的细化方案。集团也将着手建立机制，定期公布各单位效益进展、重大项目进展，梳理阶段性实现情况，督促各单位按时按质完成目标。要注重执行力管理。一分部署，九分落实。要强化决策和制度执行力，各级领导干部要带头遵守、执行制度和决策，真正以制度管人、管事，通过有效的管理进一步提升集团管理水平。

4. 要严考核

要切实发挥考核“指挥棒”作用，以实绩论英雄、用实绩兑奖惩。要强激励硬约束，不能只讲激励，没有约束，更不能只要权力，不担责任。到年底兑现时，做好的就要奖，没有完成的就要减。指标的落实要形成闭环，既要有目标，也要看结果，还要重过程。各单位要以全面预算管理为抓手，强化预算刚性约束，进一步完善预算、考核、薪酬联动机制，确保各项任务指标按期完成。

（二）聚合优势资源，打造全程物流供应链平台

1. 坚持“产业链经营”之道

一要深挖内部协同潜力。在双品牌协同上，集运与东方海外要立足一个船队、一个箱队、一个系统，以 IRIS-4 上线为契机，推进航线网络、端到端物流网络、信息系统网络“三网合一”，提升双品牌竞争合力。在港航协同上，航运公司要进一步加大对集团控股码头在航线、货量上的倾斜，港口要加大重要节点资源的掌控，为船公司提供更有竞争力的服务。在船航协同上，要继续加强“集团船集团造、集团修”工作。上海船研所、重工要加大在船型设计、智能船舶上的协同，为航运公司建造更有成本竞争力、更适合未来市场的船舶。在物流协同上，要发挥集团产业链优势，吸附各种社会资源，通过真正为客户提供全程物流服务，增强客户黏性，打造核心竞争优势。

二要强化外部协同合力。以供需关系为纽带，以服务客户为核心，推进与产业链其他企业的深层次合作。要总结亚马尔 LNG 项目经验，积极参与俄罗斯北极 LNG 二号项目，实现货主、船东、

金融、船厂等更加紧密地联结，推进集团LNG运输业务再上新台阶。要落实好上海港海铁多式联运项目，加强与港口、铁路及上海市的合作，推进端到端服务延伸。要深化海洋联盟合作，利用好港航合作交流平台，大力提升供应链运营效率和服务质量。

2. 把握“一体化协同”之要

要聚焦“一体化发展”，通过立机制、提能力、建平台，加速推动集团内部关联企业、关联业务整体协同效应的释放。

要建立协同机制。集团当前的协同，在“点”的突破上较多，但在“共”性机制的提炼、总结和推广上发力不足。要总结近年来协同发展的经验，提炼项目协同的“共”性化特点，在内部协同机制上作出更多制度化安排，通过制度推动各企业共谋协同、共享协同。

要提升协同能力。内部产业协同不是简单的帮扶，而是各产业都要拿出自己最具竞争力的产品和服务，实现整个产业链的倍增效应。要在集团利益最大化原则下，提升自己的能力，体现自身的价值。内部协同要做成加法甚至乘法，不能做成减法和除法，否则，就失去了内部协同的价值。

要推广协同平台。继续做好比港项目上各产业协同，不断完善中欧第三条通道运作能力，面向全球扩大服务客户数量。运营部与有关公司要总结比港经验，在其他港口项目、客户营销、物流运作上复制推广，推动集团产业抱团出海。在海南项目上，海南港航要有序推进洋浦、马村和新海等重点港区建设，借助集团内部产业协同和资源优势，围绕物流、仓库、冷链、集装箱服务等领域加快布局，延伸港口产业链，提升供应链服务能级。积极强化与集团客运和邮轮业务的合作，促进集团客运和邮轮产业的发展。

（三）深挖改革红利，重塑集团发展新格局

1. 以国有资本投资公司试点为契机，实施综合改革

要按照规定动作与自选动作相结合的“2+N”模式，全面实施综合改革。

一是切实做好规定动作。在董事会建设方面，要在董事会授权2.0版本基础上，研究出台3.0版本，加大董事会授权力度，收放结合，不断优化授权效率和质量。要通过完善评价机制、加强审计和巡视工作等，确保直属公司董事会规范运作。要进一步扩大专职外部董事队伍，提高董事会决策科学化水平。在三项制度改革方面，要完善职业经理人管理制度，建立配套的市场化激励约束机制。对职业经理人要严格实行契约化管理，强化业绩考核与市场对标，建立与市场接轨的激励制度和差异化薪酬体系，建立明晰可执行的定期考核和退出机制，解决“三能”问题。在此基础上，积极开展职业经理人选聘工作，支持各二级公司在三、四级公司内推广职业经理人制度，全面开展三项制度改革。

二是切实用好自选动作。各单位要依法合规、自主选择，用好、用足改革工具包，深度释放改革红利。鼓励符合条件的科技型企业实施科技人员股权和分红激励。对于非上市公司，要因企施策导入岗位分红、项目跟投、超额利润分红等分配制度，有效激发干事创业的再生动力。

2. 以“十四五”规划编制为重心，推进后续整合发展

一要启动“十四五”规划编制。要结合国家最新政策要求，中美经贸摩擦动态及集团改革发展需要，启动集团“十四五”规划编制工作。要结合集团愿景和战略，重点围绕全程物流供应链能力建设，对专业公司进行系统性梳理，明确各产业集群边界分工、任务目标，明确集团2025年主要发展指标、产业经营策略、布局思路和战略举措。要清晰描述业务协同的基本逻辑，协同落地的具体安排。要注重“十四五”规划与专业规划的衔接，为集团人才规划、数字化规划、科技规划、品牌规划等提供支撑。

二要进一步理顺业务。要按照集团利益最大化原则，推进各项业务加快从“相加”迈向“相融”。要进一步理顺租船、租箱、造箱和船队的业务关系，充分发挥对航运主业的支撑保障作用；建立可操作的杂货特种运输联合体经营机制，提升特运、中波、厦门公司的业务协同合力；天津、青岛、大连三家地区公司要进一步明晰战略定位，

做好业务风险防范；重工要进一步压减产能，明确各子公司专业定位，提高技术研发创新能力和市场竞争力；物流、散运要进一步深化改革，根据外部商业环境的变化，及时理顺股权关系，压缩管理层级，压减法人数量。此外，我们还要大力推进教育资源整合，做好宣传引导，确保各项工作不断不乱。

（四）服务“一带一路”，实现全球承运向承运全球转变

1. 以比港建设为龙头，强化枢纽港战略布局

要以习近平总书记视察比港为契机，加快落实比港总体规划。比港、集运、港口、欧洲公司等单位要进一步强化业务协同，在 2 月开始比港集装箱码头的统一经营，不断释放码头吞吐能力，确保码头吞吐量持续增长。集运要加强干支线网络投入，主导海洋联盟航线加大在比港挂靠力度。比港要加强客户营销，吸引更多中转货挂靠比港，做到箱量增长与能力增长同步。港口要结合“一带一路”倡议和集团全球航线布局，在抓好比港、阿布扎比哈里发港、秘鲁钱凯码头建设的同时，积极研究开拓南美、非洲及东南亚地区有增长潜力的码头项目，不断提升支点服务能力，努力打造世界一流港口运营商。

2. 以三个市场开拓为重点，优化全球网络布局

要充分发挥航线辐射带动作用，加密第三国市场、区域市场网络，填补新兴市场空白。集运要牵头海洋联盟，继续加大在“一带一路”沿线航线投入，持续加强全球集装箱网络构建。2020 年，要进一步优化东西航线、南北航线、区域航线运力结构，使布局更加均衡。散运要积极开拓“一带一路”沿线新兴市场，以及南美、印度等第三国市场。能源要发挥美国、英国、新加坡等境外网点的属地优势，以三角航线为抓手，提高西行航线比例，大力开拓欧美市场，不断提高国际竞争力。特运要重点开发以东南亚、印度为起点的第二国航线，搭建南美经营平台，推进航线、货源、市场结构调整优化。海外公司要发挥区位优势，积极拓展三个市场货源。

3. 以综合业务开发为核心，深化全球供应链布局

集运、物流和欧洲公司要深化中欧陆海快线能力建设，不断提升沿线关键节点资源运营能力。欧洲公司收购比雷埃夫斯欧亚物流公司（PEARL）后，要提高陆海快线的通行能力，做好双向运输安排。2020 年，中欧陆海快线必保目标要求。要进一步加强中欧班列运营，提升班列效能。在国际陆海贸易新通道建设上，要继续完善钦州、海南洋浦港的航线网络，提升陆海联动的综合服务能力。要加强全程供应链建设，主动整合“一带一路”沿线区域航运物流产业链，深入推进霍尔果斯无水港、新加坡高昇物流公司、阿布扎比码头集装箱场站等重大物流项目，为集团全球供应链布局提供支持。各海外公司要围绕全程物流供应链平台，适度加大资源投入，积极寻找当地合作伙伴，延伸当地物流服务链条，加快打造本土化公司。要不断完善专业公司与海外区域公司的协同机制，推进集团专业化能力在海外更好落地。

（五）坚持创新驱动，加快推进数字化变革

1. 突出顶层设计，着力推进数字化转型

全系统要充分认识数字化赋能产业发展的重要性，加快推进集团数字化建设。要坚持以客户为中心，准确把握客户需求，体现需求与创新的融合；深度把握数字技术，体现技术和价值的融合。2020 年，集团要启动数字化转型专项规划，把数字化规划与“十四五”规划融合，统筹谋划、合并编制。要重点推进集团数据集成平台和管理驾驶舱建设，以集成平台为抓手，汇集各板块运营、财务、投资、人力资源等数据，打通自下而上数据链条，加快构建数据管理体系，为决策提供支持。

2. 聚焦问题短板，加快推进信息资源优化

要针对信息碎片化、信息孤岛多等问题，抓紧推进集团信息资源整合，推进数据中心机房建设、云资源共享等工作。2020 年，要推动人工智能、区块链、物联网（IoT）及 5G 等技术在航运领域的应用，形成“技术 + 场景”的融合，

逐步实现互联互通、资源共享。重点推动5G港口、智能船舶和新一代数字化全程物流供应链平台建设。

3. 加强区块链研发，加快推动 GSBN 建设

区块链是数字化转型的重要领域。要适时成立合资公司，加快推动 GSBN 建设，加强全产业链物流资源和金融服务资源的整合利用，不断优化客户体验，为客户创造价值。要积极推动新标准、新平台的创建和完善，抢抓规则制定先机，增强 GSBN 联盟在行业内的影响力，推动产业链经营。

（六）强化提质增效，不断提升企业管理效能

国务院国资委将在 2020 年开展提质增效专项行动，集团要按统一要求抓好落实，确保经济效益稳定增长，运行效率稳步提升，资本回报稳中有进，经营风险可控在控，实现高质量发展。

1. 强化对标管理

总部和各单位要结合国有资本投资公司改革，建立和完善对标体系，强化横向对标、过程管理，指标要科学、合理，既要有衡量工具，也要有落地效果。在横向对标上，坚持三个跑赢，遴选行业优秀企业作为对标对象，着重在创效能力、管理水平、资产质量、发展能力等方面开展对标，重在查找差距和不足，制定完善计划，明确举措，不断追踪。在纵向对标上，对照历史数据，在收入、净利润、EVA（经济附加值）、成本费用利润率、资本负债率等指标上，看到成长和进步。要通过横向、纵向两方面对标，全面提升管理水平和竞争实力，推动集团实现高质量发展。

2. 强化成本管理

关注航运链的成本变化趋势，切实做好成本减法。要把精益管理理念贯穿于成本动因管理全过程，最大限度降低成本。今年，低硫油的实行将大幅增加燃油成本，我们要按照“三保”原则，有效控制燃油成本，同时要切实抓好燃油附加费的征收。在降杠杆减负债上，各单位要通过提升盈利能力、拓展融资渠道，有效降低财务成本。另外，其他成本项也要严格控制，坚决不能突破预算指标。各单位要精益求精，拧紧成本“毛巾”，强化成本执行力。

3. 强化亏损企业治理

要制定亏损企业治理专项行动方案，有关部门牵头，各相关单位“一把手”负责，定时定人定目标，明确机制，压实责任，制定针对性减亏扭亏措施。除集团战略明确外，对于长期无法扭亏的企业，必须制定关闭计划。

4. 强化历史遗留问题解决

做好“三供一业”分离移交收尾工作，要跟进工作进展，协调、协助有关单位解决重点困难；要按照国务院国资委、财政部要求，做好“三供一业”财政补贴清算工作，5 月底前向国务院国资委报送清算报告。做好厂办大集体改革后续工作，在各方努力下，集团最后 1 家厂办大集体企业已于 2019 年 10 月完成改制，厂办大集体改革任务已全部完成。接下来，要继续做好后续处置工作，做好工作总结。有序推进退休人员社会化管理，要加强组织领导和思想引导，强化责任落实，确保社会保障服务管理有效衔接。要做好党员组织关系转移接收、人事档案属地集中管理、分类处理统筹外费用等工作，确保有序移交、平稳过渡。

5. 强化“总部机关化”问题专项整改

积极推动总部职能转变，优化总部的组织机构和岗位编制，聚焦战略引领、资源配置、资本运营和风险管控。积极推动工作方式转变，健全总部部门间以及总部部门与所属单位间高效沟通协调机制，推行一类事项由一个部门牵头办理，提供“一站式”服务，按照管理制度化、制度表单化、表单信息化的方向，集成共享各类信息，提升工作效率。

（七）强化资本运作，拓展资本价值创造空间

1. 股权管理要加强

要全面梳理集团参股控股企业，定期分析跟踪参股控股项目，提出可行性资本运作方案，提升主动管理能力。要合理评估参股项目的未来经营、效益，有效运用增持、减持或退出等方式加

强价值管理，推动资本高效流动，不断提高国有资本配置效率。对于控股上市公司，要跟踪政策法规，积极开展资本运作，有效提升市值和市场影响力，充分发挥上市平台功能。同时，要将市值管理纳入对标，有效提升上市平台市场地位。上半年，要完成中远海运能源 A 股非公开发行。对于暂不具备上市条件的公司，要协助其引入各类战略投资者，实现投资主体多元化，为其下一步成为公众公司创造条件。

2. 产融结合要深化

2019 年，集团在邮轮、地区公司转型及海工等项目中，积极推进产融结合，取得了很好的成效。下一步，要明确战略定位和发展思路，深化产融结合，进一步推进航运金融产业的发展。要不断拓展融资渠道和方式，增加权益资金融入，进一步夯实产业发展基础。

（八）坚持系统推进，全力夯实企业发展基础

1. 立足全局坚守安全底线

经济政治高度联系，中央企业体现得尤为明显。在生产经营中，我们一定要始终保持高度的政治敏锐性。集团全球化经营不断迈进，越来越处于国际化矛盾的风口浪尖，要树立合规、风控、法治方面的意识，建立风险思维和文化，更重要的是要强化执行，建立法务部门和人员在业务合同的一票否决机制。集团点多线长面广，要打造好“隔离舱”，严防局部风险蔓延成全局风险。大连油运突发事件后，集团各单位同舟共济，共渡难关，积极应对，取得了成效。此类事件暴露了集团三、四级公司有令不行、有禁不止的问题，对集团产生重大负面影响，各单位要按集团要求，认真排查各类风险，集团要建立严格的责任追究制度，确保此类事情不再发生。

2. 抓好重点领域风险管控

一是管控好投资风险。投资要精准，加强对各项目的投前分析、过程跟踪、结果考核等全周期评估，对可能存在的风险做好预测，并提前制定应对措施。二是管控好金融风险。要加强资金监管，合理安排资金使用，保障集团现金流始终处于健康水平；要推进外币结算多元化，降低对特定货币的高度依赖。要加强各类金融衍生业务的统一管理，关注货币类金融衍生业务，以及燃油贸易、重工钢材采购等相关金融业务风险。三是管控好海外风险。要遵守当地法律、适应当地环境、融入当地社会，全面提升“走出去”的综合管控能力。

3. 切实发挥审计保障功能

2020 年，审计工作要以提升执行力为重点，促进政策落实和战略落地，坚决纠正有令不行，有禁不止，打折扣、搞变通的行为；以价值创造为核心，进一步促进企业提质增效；以审计整改为抓手，加强协同和督促检查，强化审计成果运用；以防止国有资产流失为目标，坚持依法依规和容错纠错并举，进一步推进违规经营投资追责工作。

4. 确保生产经营安全平稳

安全是我们生产经营的基础，要“严”字当头，“细”处着力，以“实”为本，保持“恒”心，保障集团安全的总体持续平稳。要充分发挥党支部战斗堡垒作用和党员先锋模范作用，保障好所辖范围的安全稳定。要始终坚持“高标准投入”，加强船舶和设备设施的维护保障，从本质上保障安全。要加大对各项安全要求、规章制度落实情况的检查力度，从制度、流程、规范等环节进行分析、抓好整改。要通过持续开展安全培训等手段，培养高素质船员队伍、岸基管理队伍和陆岸员工队伍，确保人员安全意识到位、安全技能到位，保障集团的安全稳定。

（九）坚持政治引领，促进企业高质量发展

要以习近平新时代中国特色社会主义思想为指导，紧扣“三个聚焦”中心任务和改革发展目标，持续加强党的建设。

1. 要深入学习贯彻落实习近平总书记讲话精神

坚持政治建设统领，继续深入学习贯彻习近平视察比港重要讲话精神，落实党的十九届四中全会精神，强化使命担当，加强对企业改革发展的坚强领导。

2. 要深入推进主题教育活动

要巩固“不忘初心、牢记使命”主题教育成果，推进主题教育长效机制建设；要突出基层“三基建设”，制定集团 2020—2022 年基层党建工作规划并强化落实，促进党建与业务深度融合，把党的组织优势转化为企业竞争优势。

3. 要深入推进干部人才队伍建设

突出机制变革，持续优化干部队伍结构，如期完成“十三五”人才发展规划任务目标，着力抓好“十四五”人才发展规划谋篇布局；紧紧抓住干部人才体制机制改革这个核心，有效激发企业改革发展活力。

4. 要深入推进全面从严治党

贯彻落实十九届中央纪委四次全会精神，始终保持惩治腐败的高压态势；坚持巡审结合，持续深化中央巡视整改，坚定不移深化内部政治巡视；落实各项审计计划，推动全面从严治党向纵深发展。

“日日行，不怕千万里；常常做，不怕千万事。”2020 年，我们要以习近平新时代中国特色社会主义思想为指引，在跑赢 2019 年的基础上，坚持“三个聚焦”，坚持价值创造，勠力同心，接力奔跑，推动集团在高质量发展上不断实现新跨越，在建设世界一流企业上不断取得新进展，在海洋强国、航运强国建设上不断展现新成就。

准确识变 科学应变 主动求变 努力实现集团高质量发展新跨越

——集团董事长许立荣在2020年年中工作会暨人才工作会上的讲话（摘要）

2020年7月8日

一、上半年工作的总体认识和评价

当前的疫情对交通、物流的冲击最大。天上飞的和地上跑的，航空、铁路、公路都遇到了很大的困难，企业经营亏损，效益大幅下滑，现金流出现非常严重的问题。我们也碰到了很多困难，但总体仍然可以持续发展。这不是一个偶然现象，有一些规律可以探索。鉴于此，我想从上半年的总体情况来讲几点体会。

体会之一：落实党中央疫情防控部署是我们战胜疫情的“制胜之根”。疫情暴发以来，集团坚决贯彻落实习近平总书记和党中央、国务院部署，注重四个方面疫情防控工作：一是密切关注湖北武汉、北京及海外等地区职工和船员的疫情防控。对于海外的疫情防控形势，尽管现在比国内严重，但依然平稳。5万余名船员，到目前为止没有一例感染。这样的疫情防控成绩单得到了中央纪委副书记杨晓渡的充分肯定，并两次作出重要批示。二是疫情防控期间组织发动各海外公司献爱心，同舟共济、相互支持。疫情初期，国内严重，美国、欧洲、澳洲、日本、意大利等海外各公司积极支持集团总部、支持武汉。疫情后期，国内疫情平稳，我们又全力支持海外。在这一过程中，我们有很多令人感动的典型，中波公司离休干部陈令晨等一些职工和老同志，发自内心地拿出自己的工资和积蓄进行个人捐赠。这些捐款对一个老同志、对一个家庭来讲都不是小数字，反映出老同志、老干部和广大职工的精神境界。三是积极落实复工复产。在航运企业中，集团是最早复工复产的。面对如此严重的疫情，从国家层面讲，必须要保障物流交通顺畅，我们发挥供应链优势，为猪肉、粮食、防疫药品等紧缺的救灾物资运输保供提供保障，这是我们应该承担的央企责任。从企业层面来讲，必须抢抓先机，提前一步把握客户。谁能率先打通运输瓶颈，谁就赢得了市场。现在来看，我们的市场占有率高且业务稳固就是很好的证明。在确保疫情防控的前提下，全面复工复产，为我们今天的胜利打下了非常好的基础。四是纪检监察组监督到位。对海外、湖北武汉、北京地区、船员公司等各单位的疫情防控和复工复产工作进行多次检查，提出20余项整改意见，确保集团统筹疫情防控和复工复产各项要求落到实处。

体会之二：规模优势是我们的“制胜之基”。集团成立四年多，实现了“六个世界第一”和多个世界前列，成为引领全球航运的重要力量。航运是一个大起大落的产业。在没有重组前，1998年发生的东南亚金融危机、2008年的全球金融危机，每次碰到这样的危机，我们都处在极端困难的状况下，亏损巨大。这次疫情带来的危机超过了历史上任何一次，如果没有重组，恐怕我们上半年会出现大幅亏损。重组之后，集团规模实力不断增强，我们能够善于应用、配置市场资源，真正把规模优势转化成效益优势，效果非常好。

体会之三：产业链经营是我们的“制胜之道”。实践证明，集团“6+1”产业集群发展的战略是正确的。坚持产业链经营，是我们提升抗风险能力、提升综合实力的有效方式。重组到现在，我们每年会用四个维度检视，这四个维度就体现出我们产业链经营和抗风险能力的水平。今年上半年，这四个维度又发生了变化。在规模增长和盈利能力方面，均高于国际同行水平；在抗周期性方面，非周期性资产占总资产比重在预期目标内；在全球公司方面，境外资产占总资产的比重、境外收入占比、境外净利润占比均达到预期水平，成为具有全球竞争力的综合性航运企业。

体会之四：危中寻机是我们的“制胜之要”。每次突发危机，我们都能够冷静应对，找出方案，化危为机。比如：积极应对大连油运突发事件，从去年 9 月 26 日开始，到今年 1 月 31 日解除，整整历时 129 天。在此期间，能源公司全体干部员工和集团法务部一起研究，并肩作战，不仅生产自救，还通过法律途径和相关方进行直接对话。在每个环节中，都展示出我们合规管理的有效性。在突发事件发生后的短短 10 天，30 万吨油轮运价飙升 10 倍，从中也可以看出我们的规模、影响和品牌。集团共 62 艘船受到影响，直接掀起了全球能源运输的危机，制约了能源各大出口商，也影响到有关能源国家能源出口的战略。该能源国家去年希望把能源作为最大的输出战略，但大连油运突发事件，引发了运输危机，等于每桶油涨了 10% 的贸易价格，使该国的能源出口受到非常大的打击。恢复常态后，全球油价大跌，各国大量抢购石油，又造成一波运力紧张。能源公司把受影响的所有运力，第一时间投入到最佳的市场，上半年盈利颇丰，是我们危中寻机的典型案例。再比如：积极应对中美经贸摩擦。据我们测算，美国对大量中国商品增加关税，将可能造成集团损失 24 亿美元的收入。但我们通过优化全球布局，在产业链转移替代市场中抢占了先机。集运在东南亚、印度、墨西哥等新兴市场、替代市场货量大幅增长，盈利空间也大大提升。这次疫情，美国、欧洲等国家和地区将责任“甩锅”中国，声称要制造业回归、与中国经济脱钩，但集运和美洲公司共同努力，美线累计完成签约货量 110 万 TEU，同比增长 4.8%，美线出现爆舱，实现了逆势增长，目前的运价创造了历史最好水平。所以，看似危机，但如果我们应对得当，方式把握得好，战略掌控得好，经营措施布置得好，对我们而言就是一个机会。

体会之五：以客户为中心是我们的“制胜之源”。华为任正非说过，客户在，华为的魂就在。航运业是充分竞争的市场，没有为客户服务的思想和意识，没有良好的客户体验，企业就不能发展成功。疫情期间，各单位都非常注重客户需求，无论线上还是线下，都积极响应客户需求，为客户提供最优的物流解决方案。公路走不通，我们设计改水；铁路不通，我们设计改水；连续推出了“陆改水”“陆改铁”，中央电视台多次报道过我们的物流解决方案。特别是我们创造性实现了“空改水”，疫情发生后，邮政包裹无法传送，在交通运输部的要求下，开展“物流专班”，有效打通了特殊时期的出运瓶颈，得到了客户广泛好评。在各种情况下，能够为客户提供最佳的物流解决方案，客户就会永远跟你走。

体会之六：干事创业的优秀团队是我们的“制胜之本”。全集团 14 万职工，坚定信心，鼓舞士气，把各项工作做得非常扎实。每个干部职工充分发挥了作用，各级领导班子都满腔热情，充满着担当精神，充满着克服困难的信心和决心。在这样困难的时期，集团总部、共享中心、二级单位、海外各公司，以及船员队伍，团结一致，努力克服困难，拼搏经营效益，最终取得今天的胜利。

体会之七：企业党建是我们的“制胜之魂”。在整个疫情和复工复产“两手抓、两统筹”的过程中，党建发挥了非常大的作用。集团召开“不忘初心、牢记使命”主题教育总结大会，贯彻习近平总书记对本行业本企业重要指示批示精神和党中央重大决策部署，学习贯彻全国两会精神。开展基层党建教育，按照中央要求，部署开展“四史”学习教育，党建主体责任层层压紧压实。干部人才队伍活力有效提升。今年选拔了 25 名党组管理干部，其中 70 后占比 72%，年轻干部进一步发挥了作用。从严治党向纵深发展，加强党风廉政建设，贯彻落实中纪委全会精神，重点抓好政治监督等“八项监督”，积极探索巡审结合。在学习党史的过程中，我们还完成了《中国远洋海运发展史》出版工作。我们只有不断回顾我们的历史，回看我们走过的路，才能看清今天的路，才会走好未来的路。

二、后疫情时代应对变化的思考

上半年过去了，疫情还在持续，市场也会有新变化。下半年的路怎么走？应该要有所思考。

一是怎么看疫情防控和经济衰退的双重挤压？从发展趋势分析，全球疫情防控已步入常态化，从运动战转为持久战，彻底改变了世界格局。IMF 已将今年经济增长预期从疫情前的 3.3% 下调至萎缩 4.9%。世界贸易组织（WTO）认为今年世界贸易将暴跌 11.9%，这是二战以来全球贸易陷入的最低点。这种双重挤压严重冲击了航运业，2020 全年海运量下滑 5.3%，超过金融危机时下滑 4.9% 的水平，创下近 35 年来的最低水平。随着复工复产加速和经济刺激政策效应的显现，全球经济有望在下半年逐步转好，明年有望恢复。我们要从挤压中看到机遇，挖掘市场。我们切身体会到欧美的消费在增长、订单在持续增加。经济衰退是不争的事实，大部分的发达国家 GDP 到年底可能会是负数。但还会有很多的市场机遇，关键要通过科学研判，从中发现机遇、把握机遇。

二是怎么看后疫情时代的逆全球化？近年来，逆全球化愈演愈烈，特朗普“退群”、英国脱欧、贸易保护主义不断加深，美国、欧洲等西方国家甚至将疫情责任“甩锅”中国。逆全球化导致“黑天鹅”“灰犀牛”事件频现，美国长臂管辖、中美博弈或常态化，这对全球产业链供应链发展产生重大影响。短期看，逆全球化可能会导致各国的合作机制、经贸往来发生波动和调整，会影响到整个的合作格局。但从历史来看，绝大多数的经济体都是在全球化发展当中得益的，其中包括美国、欧盟。所以，我们要坚信，全球化是不可逆转的。未来，中国和欧洲间的贸易联系将进一步加强，中国与东南亚的产业联系将更加紧密，各大洲的区域内贸易合作将更加活跃，需求的韧性也更强，全球化不会更改。

三是怎么看全球产业链供应链的发展趋势？欧美日等国出台政策鼓励本国企业回归本土，甚至扬言要与中国经济脱钩。后疫情时代，全球产业链供应链可能将趋于区域化、本地化，行业将加速重构。一个以国内大循环为主体、国内国际双循环相互促进的新发展格局正在形成。全球跨国企业将进一步强化供应链弹性化和资源布局区域化，这对运输距离、货种、货量和方式，带来深远影响。从中国来讲，供应链在中国的全面退出是不可能的，中国的供应链是全世界最全面、最深刻的，但又会产生一些区域市场的替代。我们要看清产业链供应链的发展趋势，顺应趋势，加快推进从全球承运向承运全球的转变。从现在来看，整个亚洲区域内航线需求的降幅最小，仅为 4.7%，是市场整体降幅 9.4% 的一半，这也验证了亚洲区域依然是产业链供应链的重要区域，未来将发挥重要作用。

四是怎么看我国经济发展的韧性和庞大的国内消费市场？习近平总书记多次指出，中国是个大国，韧性强，潜力大，回旋余地大①。这为我们正确认识中国经济走向指明了方向、坚定了信心。从物质基础来看，2019 年我国经济总量已经接近 100 万亿元，占世界的比重超过 16%，我国经济增长对世界经济增长的贡献率达到 30%。从内需潜力方面来看，我国人口超过 14 亿，人均国内生产总值超过 1 万美元，中等收入群体近 4 亿，拥有世界最大规模的中等收入群体，雄厚的经济基础和庞大的消费市场支撑着中国经济的发展，这些因素都体现了我国经济发展的韧劲。从我们自身的发展也可以看出，困难当中逆势增长，发挥中国市场的优势，用好国内国际两个市场，是值得我们总结的一方面。全球离不开中国的经济和消费，跨国公司更不会放弃中国市场。

五是怎么看数字化趋势是未来航运发展的重要推动力？阿里巴巴在短短 20 多年成为全球最大的互联网巨头之一，关键是在 2003 年非典之后，阿里巴巴搭上了互联网发展的快车，成为互联网巨头。新冠肺炎和非典有很大的相似之处。我们应该看清楚，本轮疫情明显加速了数字化进

① 《在中央政治局常委会会议研究应对新型冠状病毒肺炎疫情工作时的讲话》，求是网，2020年02月15日，http://www.qstheory.cn/dukan/qs/2020-02/15/c_1125572832.htm.

程。疫情防控中，催生了在线消费、无人配送等新产业、新业态，包括航运业纷纷推出线上询价、线上订舱、线上跟踪、线上支付，线上线下一体化，满足了疫情下非常复杂、困难的供应链需求。集运运用数字化、区块链进行线上服务，赢得了客户的好评。相信疫情会改变我们过去很多的生活、习惯、消费乃至于思维，我们要跟上节奏，推动数字化发展。

六是怎么看航运业在产业链供应链中的作用？航运业是经济发展的基础性产业，据统计，我国的外贸运输 85% ~ 90% 是通过水路来实现的。航运业对于维系经济正常运转，保障国际供应链安全具有十分重要的意义。这次疫情更加凸显了航运在产业链供应链中的作用。春节期间，集团 1300 多艘船，“人歇船不歇”；疫情期间，除了主动调整运力外，做到了“人船都不歇”，有效支撑了复工复产。我们在国内率先推出“陆改水”“陆改铁”模式，打通了供应链断点。面对疫情导致航空运输中断和运力紧张的局面，我们与中国邮政等机构开发了物流专班。从经营模式的多样化来看，航运在稳产业链过程中发挥着更加突出的作用，这说明，航运业的价值和发展前景是不可估量的。

七是怎么看后疫情时代我们应具备的价值取向和能力素质？疫情是一个大考，考验我们的干部职工。后疫情时代，应当具备什么能力素质，我们要思考。我想，重点要提升四种能力。

要增强相机而动能力。全球疫情仍存在诸多不确定性，对全球经济格局的影响难以估量；中美经贸摩擦、美国长臂管辖仍存在诸多变数，我们要应势而变。任何危机当中，我们都要学会把危险控制住，把机会发挥好，在变化的过程中，抢抓机会。

要增强产业链供应链经营能力。产业链的经营能力对企业发展来说至关重要。我们的周期性非常强，产业链布局非常广，我们能取得今天如此好的业绩，核心就是因为我们的产业链经营能力不断提升，才使得“东方不亮西方亮”，使得整体抗风险能力不断增长。所以，在疫情考验下，集团未来的产业链经营要做得更强。

要增强治理管控能力。在应对疫情中，也看到我们存在的一些漏洞。制度不执行、管理没效果、基层不落实，有禁不止、有令不行，合规意识淡薄、风险管理不严、安全管理两张皮、收益管理松散等；有些管理问题我们经常讲，但是，在具体工作中却不断重复出现。这些问题，我们必须正视。不仅要看取得了什么成果，更要看存在什么样的问题，只有这样才能不断取得进步。

要增强员工的职业素养。应对疫情，干部和职工队伍发挥了很好的作用，但职工的素质不平衡，思想境界也不一致。我们现在是全球最大的航运企业，从硬实力来讲，已经站在行业的顶峰，但是要成为全球最强的航运企业，始终保持龙头地位，需要有强大的软实力支持。软实力最大的体现，就是职工个人的职业素养、职业操守。从集团来讲，我们的文化目标很鲜明，就是爱国奉献的红色基因，同舟共济的企业精神，“四个一”的文化目标，创造价值、连接梦想的企业使命。这些如何传承？需要通过每个职工的职业精神来传承。我们要树立正确的世界观、人生观、价值观，坚持职业操守，提升职业素养。有些员工“三观不正”，争福利薪酬多，争工作少；争名争利多，争事业少。有些人贪图小便宜，将公司财产占为己有，有些人甚至涉及犯罪。集团总部每个部门通过组织生活进行剖析，以违纪违法事件敲响警钟。我参加了资本运营部的组织生活，很多员工讲得非常好。他们既认为不可思议，但也觉得是一个非常好的警示，对个人来讲也是非常好的教育。在船上也有一些需要警示的问题和案件，如盗卖燃油、物资，这都说明，基层员工队伍建设还存在较大薄弱环节。我们必须提升职工素养，坚守职业操守，这是企业未来发展的重要支撑。

三、行稳致远，实现集团高质量发展新跨越

关于下半年工作，我这里讲几点要求。

一要稳。今年上半年的效益非常好，但是各企业完成目标不平衡，有些企业还处在亏损状态。各单位要肩负起稳增长的责任，稳住效益这个基本盘，努力完成全年任务目标。二要变。我们要

直面变化，着力在商业模式创新、数字化转型上有突破。三要快。快是效率的体现，特别是在战略规划、重要改革、经营管理上要加快步伐，提高效能。对企业来说，效率就是生命。四要实。实干为要，行胜于言。效益是干出来的，不是喊出来的。有指标必须有落实，有计划必须有行动。

具体到下半年工作，我想重点谈七个方面内容。

（一）坚持稳中求进，抓好“两个机遇四个加强”

上半年，在39家单位中，有29家盈利，16家同比增利，成效非常好。海外一些公司增长也很大，欧洲、澳洲、非洲、西亚公司，效益增长幅度都在50%以上；有些更大，在这样困难的情况下，获得这样的成绩很不容易。下一步，要着力在“两个机遇四个加强”上下功夫。

两个机遇：一是把握政策机遇。前期，财务部一直在梳理国家出台的很多政策，《政府工作报告》也给出很多的“政策红利”，有些与我们关系很大，比如：交通运输等服务增值税及港口建设费等。集团全年核算，享受各项费用减免约25亿元。当然这是从理论计算，每个单位都要紧紧盯住政策红利，抓好落实。

二是把握战略机遇。要落实好海南自贸港战略。去年，我们收购了海南港航控股，今年，国家宣布了海南自贸港建设的重大政策，引发了海南投资热。对我们来说，我们已经抢占了先机，我们有了海南自贸港建设的最大平台。目前，海南港航控股各项工作成效非常显著，正在按照集团和董事会制定的战略全面推进。下一步，要把海南自贸港的先机转化为经济发展的效能。未来三年，集团还有18艘船舶在洋浦港相继注册。同时，在当地注册航运公司，可以免征所得税15%和个人税。下一步，我们要把海南的政策用好用足，加快推进琼州海峡一体化、新海港客运枢纽建设和洋浦小铲滩项目，为我们在自贸港建设中创造更大的发展机会。

四个加强：一是加强客户服务。我们要抓战略客户。中铝几内亚项目已经运载5船87.3万吨货物。疫情期间我们特事特办，组织了大批船员赴几内亚，目前运行非常正常，对散运今后的发展发挥了重要支撑作用。要继续抓好顺达矿业、国电投项目等重要战略客户。如果我们将基础货源比例推进到很好水平，散运的效益很快会提升。特运的纸浆大合同也签了不少，很多港口都非常关心未来特运纸浆船运输的模式。要抓服务质量。集运已经启动2022服务战略，提出七项服务提升计划。这些做法需要各航运企业、物流板块共同学习。服务标准的提升无止境，要追求服务品质，以工匠精神提供服务，确立竞争优势。要抓产品创新。我们要发挥网络优势，不受固有模式的束缚，打造端到端数字化集成服务产品。

二是加强全球布局。各航运公司要密切关注全球产业链区域性转移的趋势，根据货物流向及时调整航线运力。要巩固传统航线和差异化航线的领先优势，加强区域市场、新兴市场、第三国市场开发，加快从全球承运向承运全球转变。要复制比港模式，加快推进钱凯码头建设。

三是加强成本管控。上半年，集团成本增幅1.9%，小于营业收入增幅0.1个百分点。比较突出的是，上半年燃油成本同比减少幅度较大，一些船公司已经通过批量锁定等手段，对后期的燃油成本做了一定规模的锁定，对平衡成本很重要。各单位要把握当前油价机会，控制好燃油成本；要在压缩各项费用支出上体现刚性，有效控制一些不应该支出的费用。

四是加强亏损企业治理。目前，集团亏损子企业共232户，环比减少96户，减亏成效明显。但从集团整体目标来讲，距离亏损面和亏损下降30%的目标还有差距。各相关单位还要认真梳理亏损子企业，加大力度治理。

（二）汇聚改革创新合力，全面激活集团发展新动能

国家已经审议通过了《国企改革三年行动方案（2020—2022年）》，我们要遵循行动方案切实抓好改革。

一是加强董事会建设。董事会建设制度和充分授权正在积极推进，集团最近也扩大了一些专

职董事的聘用，把一些有专业知识，有战略眼界、格局的董事选聘到一些重要企业。下一步，要继续加大授权放权力度，开展授权直属单位董事会管理经营班子副职试点工作。各直属单位要加强三、四级单位董事会建设，培养党政复合型企业负责人。

二是深化混合所有制改革。物流是国家发展改革委抓的混改典型，宁波中远海运物流已经做得比较成功，成功引入普洛斯旗下的隐山资本。我们要深入推进混改工作，合理设计股权，提升战略协同度，打破战略投资者的持股比例上限，宜控则控、宜参则参，不能被旧思维束缚住。特别是对于集团三、四级企业开展的混改，要进一步调动积极性、解放生产力，这一点非常重要。

三是加快创新变革步伐。要在航运数字化上迈出新步伐，加快推动区块链技术应用，深入推进 GSBN 建设。自 2019 年 11 月区块链项目启动以来，集运已在国内多个口岸超过 1 万个集装箱通过区块链完成放货，为客户提供无纸化提货的便捷服务。双品牌会同上港集团、特斯拉公司，共同完成了航运业首批通过区块链技术实现实时货运数据交换的试点应用项目，航运数字化发展迈出新步伐，成为航运区块链技术应用的引领者。要继续做好 5G 港口、集团数据集成平台建设，实现管理数据与运营数据的融合对接和共享分析。要在线上引流、线下服务上建立新模式。疫情期间，集运开创航运电商直播带货新模式，两天内外贸线上成交额突破 1 亿元。我们要借势发展，为更多中小客户提供更具个性化的运输方案。要在产融结合方面蹚出新路子。产融结合的原则是内部市场化、外部集团化。下半年，要进一步理顺船队与金融平台的租船业务关系，抓好产融合作项目，加强我们与国新国际的产融合作。

四是抓好教育资源改革落实工作。2月25日，集团教育资源板块整合正式启动。7月3日，集团党校 / 企业大学 / 研究院 / 青岛船院挂牌仪式在青岛举行，这是“功在当代，利在千秋”的企业大事。筹备组全体人员奋发有为、敢于担当，在短短三个多月的时间内，完成了重组整合，各项工作做得非常圆满、非常平稳，重组工作成效显著。集运、能源、特运、天津、青岛、发展、资产等单位，顾全大局、相互配合，广大干部职工充分理解、支持和拥护，保证了整合的顺利推进。在此，对筹备组和各相关单位予以表扬。接下来，我们要抓住党校 / 企业大学成立之契机，落实好改革后的三件大事：一是教育改革。新校区建成前，各项教育改革、陆岸员工培训、船员培训、干部培训工作不能放松，要尽快制定计划。二是新校区建设。时间不等人，我们要加快新校区建设步伐，2 年后要看到一个全新的景象。三是老校区搬迁。明年 9 月，老校区要搬迁至新校区，各项工作计划要落实好。党校 / 企业大学是我们培养人才的重要基地，我们加大党校 / 企业大学投入，就是为了提升全员素质，真正与我们的硬实力相匹配。这是我们育人、育才、育思想、育品德、育理论的大摇篮，是我们未来成就千万年轻干部的最好学校。

（三）坚持产业链经营，构建一体化发展新格局

从集团现在来看，产业链经营发挥了作用，但进展也有一些摇摆，我们必须坚定产业链经营之道，推动产业链上下游的合作，不断提升产业链经营效能。

战略要准。集团正在编制“十四五”规划，产业链经营作为航运的解决之道，是集团未来发展的重要战略主题之一，我们首先要把这个战略定位定好。

格局要大。为什么要讲产业链经营，因为我们航运业总是在市场波动中前行，不可能总是一路平稳向上。历史证明，航运发展总是在全球经济波动中起伏震荡，更会大起大落。所以，只有确立产业链经营大格局，才能平抑市场波动。要站在集团发展的高度，不能算自己的小账，要算集团大账；不能只看眼前利益，还要看长远发展，要有格局。

竞争要强。产业链经营的目的，是要提升整个集团的竞争能力，通过产业链的互补，增强集团在全球的竞争能力。我们不能只是想着培养自己的“自留地”，或者说是集团养着某个产业。

我们要切实做到“门到门、端到端”的服务，强化竞争意识，使我们每个产业链在发展过程中不断增强竞争能力。

市场要广。目前海外疫情仍在持续，我们要借鉴物流专班的经验，发挥特殊时期海运的优势，发挥产业链的上下游、内外部互补作用和整体优势，目的是通过产业链经营获得更大的市场份额。

服务要精。产业链发展能否加快拓展，服务是核心，我们要做到环环相扣、精准服务。

（四）坚持系统防控，确保集团发展长治久安

一是慎终如始抓好疫情防控。当前疫情仍在全球蔓延，全球感染病例已超千万。我们要坚持“内防反弹，外防输入”，抓好国内疫情防控不添乱。高度关注海外疫情变化，保持疫情防控不疏漏。各海外公司要结合当地疫情形势变化，细化优化前期制定的防控预案。对于疫情严峻的国家和地区，居家办公要继续坚持执行，确保业务正常有序。要把外派员工和家属的防疫工作作为重中之重，同时，做好外籍员工防疫工作。加强联防联控，确保船员防控不松懈。继续按照“病例零上船、感染零输入、疫情零输出”的标准，抓住关键环节，抓准重点地域，做到全覆盖。继续坚持“一人一计划”“一船一方案”和“一港一疏通”的举措，做好船员换班工作。

二是抓好合规风险防范。当前中美博弈、美国长臂管辖仍存在诸多不确定因素，我们要对涉及敏感地区的相关业务、海外投资、海运业务合同认真梳理，做好突发事件应急管理预案，筑牢防火墙。法务部和相关部门要做好合规管理的指导，不能再发生类似大连油运的突发事件。

三是抓好流动性风险。手中有粮，心中不慌。目前，有些企业经营比较困难，要通过改善经营、盘活存量资产、优化债务结构，确保资金链安全。财务部要支持一些经营困难的企业，帮助他们解决困难并降低财务费用。同时，要加大对财务合规管理的检查，集团已经确定要进行全系统的财务大检查，希望各级领导班子，特别是“一把手”要认真对待。现在，各公司财务漏洞不少，不符合管理规定的也有很多。要通过财务大检查，促进财务管理水平不断提升，各单位要高度重视，集团要组织专人进行检查。

（五）落实安全责任，营造安全稳定环境

上半年，集团安全生产形势总体稳定，但小事故仍有发生，安全隐患不容小觑。要强化责任落实。健全安全生产责任制，做到安全责任层层传递、层层落实。要把握规律特点，抓住重点难点。集团每天在世界各个港口进出的船舶将近115艘，每天在危险区域、狭水道航行的超过45艘，每天在海盗区域航行的超过40艘，每天在中国沿海航行的船舶高达350艘，船舶航行安全是集团安全的重中之重。要开展好船长和驾驶员安全意识和避碰能力提升培训，不断提高船舶操纵和避碰技能；要规范、严格驾驶台值班纪律，确保正规瞭望。要强化风险管控，深化隐患排查治理。加强对船舶、工业制造、危化品储运等重点行业、重点场所的安全检查，避免出现重大隐患和重复性隐患。要聚焦问题，精准施策。做好防海盗、防污染、防台防汛季节性安全等重点工作，扎实开展好安全生产专项整治三年行动。要加快安全生产信息化建设，充分发挥视频监控在安全生产的作用。

（六）坚持选优配强，着力构筑人才发展新高地

今天的会议既是集团年中工作会，也是人才工作会，人力资源部对人才队伍建设做了比较全面的发言。我这里再强调几点：

一是加大年轻干部培养力度。目前，集团已经选拔了一大批干部担任总部职能部门的部门长和二级公司的“一把手”，很多都是70后，在干部队伍年轻化方面迈出了新步伐。下一步，我们还要加大力度培养年轻干部。要及早发现培养。从大学招入开始，为年轻干部设计职业生涯，把年轻干部的培养作为重要战略举措，要大力推广集运的"菁英计划"和"英才计划"，通过大浪淘沙式的选拔，选聘年轻干部。要加强实践锻炼。对纳入培养计划的年轻干部，要推动多岗位交流，

丰富任职经历，让其经受严格的思想淬炼、政治历练和实践锻炼。今年，要完成“三个一批”任务，挑选一批年轻干部到集团党校参加启航、远航等年轻干部培训班。集团已经从往届启航、远航班挑选了不少优秀的年轻干部，下一步，各单位要主动把具有培养潜力的年轻干部推举出来，不能因为业务工作忙，耽误了年轻干部的个人发展。要选派一批集团总部和直属单位的机关干部担任船舶政委，进行固定时间的挂职锻炼。今年，要在集团总部、共享中心、各单位，选调 100 人上船，担任 1 ~ 2 年政委，作为干部锻炼的履历和经历。要选派一批具有发展潜力的年轻干部到海外艰苦地区进行 1 ~ 2 年的锻炼。要加大使用力度。对年轻干部要用当其时、用在其位，加大对 75 后、80 后干部的使用力度，对在抗击疫情和复工复产一线表现突出的干部要大胆使用，树立在急难险重任务中锤炼队伍、选拔干部的鲜明导向。

二是加强职业经理人选聘。我们正在全面推进职业经理人制度，事实证明，很多选聘的职业经理人是非常优秀的，特别是在金控、自保等公司，都选拔了非常好的人才，这些人才在工作中都发挥了非常大的作用。选聘过程中，也发现了一些问题。我们讲“德才兼备，以德为先”，自己培养的干部，“德”是可以看得到的。但市场化选聘的人，“德”用什么方法体现就要研究，通过简单的面试、考试是看不到的。所以，我们要认真研究制定职业经理人具体选聘的指导意见，各级单位都必须严格把关。我曾经说海外有猎头公司进行推介，这些知名的猎头公司做得非常到位，他们用自己的诚信担保选聘人的品德，对被推荐的人尽职调查充分，历史上不能有污点、不能有不良行为，否则是不可能被推荐的。为了把职业经理人的选聘，特别是市场化职业经理人的选聘做得更好，我们应该制定出具体指导意见。

三是加强船员队伍建设。要深化船员管理体制改革。任何改革都有利有弊，船员公司改革和船舶公司改革，都是在利大于弊的情况下推进的。但我们不能忽视“弊”，不能让“弊”发酵。所以，我们要建立有效的沟通协调机制，在实际工作中主动对接、加强沟通。虽然有职责分工，但是船员管理、船舶管理不能“一刀切”。大家要互相担当，不能互相推诿。“船舷为界”是一把尺，但是管理协同上不能以“船舷为界”，要共同担当，才能把船舶船员管好。要加强船舶政委队伍建设。“支部建在船上”是集团的优良传统和政治优势，政委是船舶党建工作的第一责任人。现在船上发生一些问题，也反映出船舶管理、思想政治工作弱化。要选调一批年轻干部，上船挂职锻炼，发挥党支部战斗堡垒作用和党员先锋模范作用，关键要加强政委队伍建设。我们要把政治素质作为配备船舶政委的首要标准，加强对政委队伍的培训、管理与考核，着力建设一支思想好、素质优、业务精、作风硬的政委队伍。要选拔优秀船舶政委到机关工作，打通政委职业发展的上升通道，建立健全船舶政委队伍长效机制。要加大对船员的关爱力度。积极维护船员的合法权益，广泛听取船员意愿和诉求，为在船船员工作减负；抓好船舶伙食管理、文化建设、船务公开等关系到船员切身利益的工作；积极为船员排忧解难，做好慰问、帮扶等一系列关爱工作，增强船员的归属感；及时掌握一线船员思想动态，关注船员心理健康，引导船员释放工作压力，保持良好的心态。

四是建立向奋斗者、奉献者倾斜的正向激励机制。要持续深化分配制度改革。以贡献和业绩合理确定各类人员薪酬水平，合理拉开薪酬激励差距，树立“凭业绩、靠能力、看贡献”取酬的鲜明导向，切实做到薪酬能增能减。要建立完善中长期激励机制。集团有关部门要指导海南港航制定海峡股份股权激励计划；指导有关单位研究制订 2020 年科技型企业分红激励工作计划，鼓励符合条件的企业开展分红激励工作。全面放开深化国企改革工具包，非上市公司因企施策导入岗位分红、项目跟投、超额利润分红等分配制度。

五是强化两级总部建设。“去总部机关化”讲了很长时间，我们要调整优化职能，切实解决总部错位越位，又管得过多过细问题。要调整优化机构，切实解决机构设置不科学、人员配置不合理等问题。下一步，对重组以来总部运行效果要进行评估，对职能定位、定编、人员选择都要进行评估。要以评估结果为导向，安排好我们的职责、编制和人员。要转变工作方法，切实解决办事效率的问题，真正为企业服务。

（七）坚持党的领导，汇聚高质量发展的磅礴力量

一是着力加强政治建设，全面推动中央决策部署贯彻到位。要坚定不移加强领导班子政治建设，持续推动贯彻落实习近平总书记对本行业本企业8个方面重要指示批示精神。形成及时报送、定期报告、督导检查的工作闭环。分级分批举办党的十九届四中全会轮训班。要坚决履行航运强国责任担当，各级党组织要把方向、管大局、保落实，积极融入国家战略，落实党组织在公司重大决策中的决定权、把关权、监督权。积极融入“一带一路”、落实“六稳”“六保”要求，在服务大局中抢先机、在应对危机中育新机。要深入开展“四史”学习教育，做到知史爱党、知史爱国、知史爱企，进一步增强“四个意识”、坚定“四个自信”、做到“两个维护”。要把“四史”作为党员必修课、理论学习中心组学习、“三会一课”和党员干部教育培训重要内容。

二是着力加强组织建设，全面推动基层党建工作质量提升到位。要进一步做强基层党组织，贯彻“中央企业党建巩固深化年”要求，落实集团2020—2022年基层党建工作规划，稳步推进混合所有制企业、股权多元化企业党建工作。举办基层党支部书记培训班，加强外派党员教育管理，做好派前培训、回国述职和集中轮训。积极推进党建信息化平台建设，实现年底境内运行全覆盖。要进一步做优船舶党建工作，做好船舶党建宣传教育，提升船舶党建质量；要加强船舶政委履职能力，打造素质优良的船舶带头人队伍；科学制定船舶党建和政委履职考核标准，确保考核结果真实并得到有效应用。

三是着力加强企业文化建设，全面推动宣传思想引领到位。做好重大主题宣传鼓舞士气，重点围绕集团疫情防控、“四史”学习教育、扶贫攻坚、改革发展、“一带一路”建设等内容开展宣传。要推动企业文化建设内涵提升，深入践行“四个一”理念，发扬“钻石团队”“三舱精神”“四个坚守”精神。坚持以“客户为中心、以奋斗者为本”文化驱动。要强化企业品牌建设良好形象，展现集团境外单位抗击疫情良好精神风貌和全球化服务、全心全意为客户服务的良好形象。

四是着力加强全面从严治党，全面推动监督执纪落实到位。以“八项监督”为抓手，对常态化疫情防控和生产经营部署落实、扶贫援藏等开展监督。持续深化船舶盗卖燃油物资、靠企吃企等问题专项整治，持之以恒正风肃纪。用好用足“四种形态”，特别是第一种形态，经常咬耳扯袖，深化以案促改，在推进“三不”体制机制建设上要有新突破。抓好内部巡视和审计各项工作，把握特点和规律，推进巡视、审计与其他监督的协同配合，实现贯通融合。要发挥监督服务作用，强化成果运用，在推动巡视、审计工作价值创造上有新提升。

五是着力加强扶贫援藏，全面推动脱贫攻坚执行到位。今年是脱贫攻坚决胜之年，集团统筹协调各方资源，已拨付定点扶贫及对口支援资金7000万元，同比增加16.7%。5月16日，永德县实现脱贫摘帽，至此，集团定点扶贫及对口援藏的5个县均已实现脱贫摘帽目标，提前完成党和国家交给我们的重任。我们要继续按照中央要求，“扶上马送一程”，持续加大扶贫力度，扎实做好扶贫援藏工作。

站在后疫情时代的新起点，我们要始终保持上半年奋力拼搏的良好精神风貌，积极面对变化，在危机中育新机，于变局中开新局，砥砺奋进、逆势奔跑，努力实现高质量发展新跨越。

擘画战略蓝图　强化价值创造
奋力开创高质量发展新局面

——集团总经理付刚峰在中远海运 2020 年年中工作会上的工作报告（摘要）

2020 年 7 月 8 日

一、 上半年工作回顾

今年以来，新冠肺炎疫情骤然暴发，全球经济调整下行，集团深入贯彻落实党中央、国务院决策部署，坚持“三个聚焦”不动摇，坚持做强做优做大国有资本不动摇，积极落实年度工作会议各项工作任务，在抗疫、创效、突破和护航之路上取得了新成效。

（一）坚持“两手抓、两手硬”，抗疫之路实现“两手赢”

新冠肺炎疫情暴发后，集团第一时间成立以许立荣董事长、党组书记为组长的疫情防控应急指挥领导小组，坚持“两手抓、两手硬”，全面部署疫情防控和复工复产工作。

一是靠前站位，构建联防联控机制。今年以来，集团先后召开了 10 次党组会，及时成立武汉、北京现场工作组，下发了 21 项通知，研究制定 80 多项措施要求，取得了境内单位疫情防控阶段性胜利。海外疫情暴发后，先后 5 次召开全球视频会议，指导海外公司启动一至三级响应机制，全面开展海外疫情风险排查整治工作。集团人力资源部作为疫情防控办公室，按照上级和集团要求，全力做好疫情防控日常工作。集团有关单位积极配合，共同为疫情防控做出了积极贡献。特别值得肯定的是，集团在武汉的各公司、在京的各公司和中心为这次疫情防控做出了巨大努力。海外公司面对当前严重的海外疫情仍在做艰苦努力，在此，也向海外各公司致以慰问。

二是靶向施策，把握重点防控。对境内外各单位加强复工复产人员返程管理和疫情监测，加强办公场所通风消毒、餐饮卫生管理、配备医护人员等防控措施。针对武汉、北京、海外等重点地区，制定预案、严防死守，切实织密疫情防控网。船员公司和各船公司把做好船舶、船员防疫作为重中之重，采取有力措施，严防疫情通过船舶、船员输出输入。集团 5 万名船员无一例感染，守住了“病例零上船、感染零输入、疫情零输出”的工作底线。针对船员换班，运营部、船员公司积极与各上级、地方、港口公司沟通协调，实现了船员的有序换班，保障了船员的身心健康。

三是爱心救助，保障物资畅通。疫情期间，集团强化使命担当，成立专项工作组，确保各项物资以最快速度运到湖北、武汉等疫情防控前线。截至目前，集团共承运防疫医疗物资及原材料、保供生活物资，共计集装箱 6751TEU，非集装箱货物 15 万吨。疫情发生后，集团对外捐款捐物合计 4 741.79 万元。国内疫情暴发后，海外公司充分发挥海外网络优势，第一时间全力采购防疫物资驰援国内；海外发生疫情后，集团国内单位，积极向海外公司提供防疫物资。集团也通过相关渠道向意大利、希腊、乌拉圭等国家、机构、合作伙伴捐款捐物，充分体现了集团守望相助、同舟共济的精神。

四是统筹推进，助力复工复产。物流行业对恢复经济正常运行起着重要作用，在确保疫情防控的前提下，集团全力推进复工复产工作。早在 2 月底，集团所属生产型子企业全部实现复工，做到了“能复尽复，应复早复”。发挥产业链优势，全力提高船舶进出港、物资中转、仓储、配送等各环节工作效率，开拓“陆改水”“陆改铁”“物流专班”等业务，实现不停滞、高效率门到门服务，助力复工复产。能源未雨绸缪，提前布局安排货载，在1月31日美国解除制裁后，受限的26条大型油轮第一时间投入运营，创造了很好的经济效益。

（二）坚持三个聚焦，创效之路实现“稳中有进”

上半年，集团顶住疫情和经济衰退的压力，积极落实“六稳”“六保”任务，经营实现了“稳中有进”。稳的是：主要经营指标基本保持平稳，全系统内广大干部员工共同努力，集团稳住了效益基本盘。上半年，实现营业收入同比增长2%，累计实现净利润同比增长3%。在国务院国资委统计的前五个月央企效益排名中位居第12名，效益增量排名第8名。进的是：盈利质量得到改善。上半年，集团经营性现金净流入同比增长可观。39家单位中，29家盈利，16家同比增利，25家完成预算时间进度。经营性现金净流入的有26家，同比增加的有28家。净利润排名前五位的单位为：能源、港口、发展、东方海外和集运。增利排名前五位的单位为：能源、重工（减亏）、财务、船研所和中国船燃。具体来说，上半年生产经营呈现以下七个亮点：

一是航线运力持续优化。集运发挥双品牌联动优势，积极调整运力，开发市场，取得积极成效。上半年，第三国货量356万TEU，在外贸货量中占比达到38.6%，提升了1.5个百分点。散运充分利用内外贸兼营运力优势，增量收益可观，积极拓展细分市场和第三国货量，承运印度、越南进出口货量同比增长115%、83%。能源把握大连油运解除制裁、国际油价暴跌、油轮储油需求大增等有利因素，加大市场高点时的运力投放和期租力度，航次期租水平大幅高于同期市场。上半年实现净利润同比增长395%。

二是客户市场持续开拓。今年，我们利用云签约等多种形式，与光大银行、交通银行、天津港等9家企业签署战略合作协议，制定重点战略客户营销开发方案。继续加大与大客户战略合作，重点做好上海华谊、中国邮政、国药集团等战略客户的营销工作。上半年，集团完成战略客户货量1.18亿吨，收入同比增加10%。物流抓住防疫物资进出口和电商发展机遇，空运物流业务实现逆势增长，累计操作进出口货量6万吨，同比增长2.2%；操作电商业务703万单，同比增长36.5%。特运半潜船完成3个远期大项目合同谈判，并取得2个现货合同，包括SEAGREEN的海上风电导管架运输项目，合同金额超过1亿美元。广州中远海运强化产品线上直销，积极推动差旅业务复苏，成效显现。上海中远海运化学品运输平台首次实现整体盈利，企业毛利率等核心指标均处于市场领先水平。天津、青岛、大连等地区公司深挖企业内在潜力，主动寻找效益增长点，统筹推进新能源产业开发、LNG罐箱以及长兴岛危化品物流园、LPG产业链等重点项目开拓，落实转型发展产业新布局。北美公司抓好美线签约工作，累计完成签约货量110万TEU，同比增长4.8%；其中，美东实现了逆势增长。欧洲公司深耕区域市场，完成区域内箱量20.2万TEU，同比增长12%。东南亚公司上半年，公司完成操作箱量224万TEU。澳洲公司经营效益逆势增长，上半年实现净利润同比增长33.55%，完成指标进度78.87%。日本公司积极拓展第三国货源，加大“一带一路”及陆海快线揽货，中欧陆海快线箱量同比增长19.1%。韩国公司发挥协同效应，强化营销能力，上半年散货揽货196万吨，同比增长23.1%。

三是内外协同持续发力。集运、东方海外与港口公司相互协同，大力开设重点航线。上半年，阿布扎比码头引进赫伯罗特3条航线，比港引进2M（马士基航运MSK，地中海航运MSC）的4条航线；厦门远海码头引进新鑫海公司航线，实现东南亚航线的突破。金控平台充分发挥产融结合优势，为特运提供船舶设计和船舶投融资等定制服务，参与优化集运集装箱采购模式，保障集团航运主业用箱供应。落实“集团船集团造”原则，重工连续获得东方海外5艘2.3万TEU集装箱船和特运8艘纸浆船建造订单。

四是承运全球持续增强。上半年，比港箱量累计完成269.3万TEU，其中1号集装箱码头吞吐量同比大幅上升44.3%，继续保持地中海第一大港的地位。中欧陆海快线共发运 856 列，完成箱运量 5.27 万 TEU，增长 43%。中欧铁路班列共发运 428 列，箱量 2.33 万 TEU。钻石快航正式对外营运，代理协议变更、新老提单转换、系统切换等相关工作未受疫情影响顺利完成。

五是持续服务国家战略。积极参与海南自贸港建设。上半年，集团在海南已运营 13 组航线，箱量 75.8 万 TEU，同比增长 219.37%；海南港航完成吞吐量 120.37 万 TEU，同比增长 1%。6 月，集团成立海南港航物流公司。"中远海运兴旺"轮成为首艘"中国洋浦港"船籍货轮。加快推进洋浦小铲滩码头改造工程，积极推动琼州海峡港航一体化，取得初步成效。积极参与长江经济带和京津冀地区发展。跟进落实武汉市、上海港深化合作协议，推动武汉铁水联运二期项目。与天津市、天津港签署战略合作协议，推动控股天津码头合作。继续与上海港、山东省港口集团推动落实战略合作和项目合作。

六是重点成本持续管控。牢固树立"过紧日子"思想，制定专项工作措施。抓住政策机遇，新增政策性优惠贷款，调整存量债务，大幅降低了集团资金成本。上半年，集团财务费用同比降幅 20.45%，营业总成本增幅小于营业收入增幅 0.1 个百分点。燃油成本是集团最重要的成本项，受益于国际油价大幅调整，各航运公司积极作为，集团上半年燃油成本同比降低 3.5%。中国船燃和中石化中海燃供积极把握低油价机遇，控制成本，分别为集团船队加油 96.6 万吨和 45.8 万吨，批量锁价操作 80.85 万吨。

七是亏损企业持续治理。尽管受疫情影响，但集团 6 月末亏损子企业（单户汇总口径）共 232 户，与上季度环比减少 96 户，与去年同比减少 27 户。

（三）坚持改革创新，突破之路实现"弯道超车"

一是全面深化改革。国有资本投资公司改革试点稳步推进。制定下发董事会授权 3.0 版本，扩大授权范围，提高授权额度，实现被授权单位董事会责权利的统一，赋能企业内生发展。宁波物流"双百行动"混改工作取得阶段性成果，成功引入战略投资者。船研所被确认为国务院国资委科改示范单位。能源、船研所等单位陆续被批准实施上市公司股权激励。教育资源整合顺利完成。2 月 25 日，集团正式启动实施教育资源整合，筹备组与相关单位做了大量工作，各单位讲政治顾大局，为整合作出了积极贡献。7 月 3 日已举行党校 / 企业大学 / 研究院 / 青岛船院的挂牌仪式。此外，境外燃油采购平台整合于 7 月 1 日基本完成。大连投资、能源顺利完成股权与资产转让工作。

二是创新商业模式。充分发挥全球端到端运输网络，因地制宜，先后推出了"水水中转、水铁联运""物流专班"等服务新产品，打通客户供需两端的连接，在助力客户尽快复工复产的同时，用服务的融通创新，塑造了优质的品牌形象。截至目前，与中国邮政、国家国际发展合作署的物流专班合作量已达 349TEU，借此推进海外物流服务的延伸。

三是推进数字化转型发展。按照"业务数据化、数据业务化和服务平台化"的数字化转型方针，重点开展了基于中台的数字化转型探索工作。集团数据集成平台已基本完成大屏数据展示系统的初步研发。以"船视宝""船货易"等创新平台为载体，持续推进数字化转型场景落地，以及业务场景与数据价值的融合。GSBN 已在上海港完成通用上线，完成了航运业首批通过区块链技术实现实时货运数据交换的试点应用项目，现正在青岛港、广州港、林查班港等推广运行。发挥先发优势，积极参与国家发展改革委、交通运输部就区块链在港航领域的试验性应用标准起草。此外，疫情期间为客户提供了服务全程数字化操作，实现了线下服务与线上服务无缝衔接。把握航运电商直播带货新模式，外贸电商平台 2 天累计成交 2 万 TEU，成交金额突破 1 亿元大关，打造了从寻找贸易到创造贸易的良好开端。

四是强化资本运作。结合集团战略制定，深入研究集团资本运作规划，有序落实资本运作方案。能源引入大连船舶重工集团、沪东中华造船集团作为战略投资人，成功完成非公开发行项目，资产负债率由年初的55.7%下降至6月底的47.9%。香港中远海运积极运作美洲租赁项目，完成鼎晖基金项目投资。

（四）坚持主动应变，护航之路实现“平稳有序”

一是坚持现金为王。盘活存量资金，提升公司整体资金效益；增加公司备用贷款额度，解决短期资金压力；与合作金融机构充分沟通，争取信贷优惠条件，确保公司投资和运营资金需求。上半年，发行疫情债，取得各类政策性低利率优惠融资。二是积极调整投资规模。根据外部环境变化，严格控制投资项目，上半年完成投资是半年计划的79.91%，下半年继续压减投资。运用投资管理信息系统，对现有项目进行评估，控制投资节奏。三是积极防范商务风险和金融衍生风险。针对疫情影响，做好商务违约风险、金融衍生风险等防范预案，采取必要措施减少损失。加大高风险应收账款和存货的清理，截至6月末，集团应收账款和存货分别较年初下降11.6%、3.4%，分别低于收入增幅13.6个百分点、5.5个百分点。四是狠抓安全管理。以“抓预控、强落实”为重点，聚焦重点单位、重点船舶、重点时段，认真部署、开展“安全生产专项整治三年行动”“安全生产月”活动和生态环境保护自查、督查，落实企业安全生产主体责任，抓实抓细抓牢安全工作，发生责任性一般等级事故1起（另有2起等级待定），安全生产形势总体保持平稳。

二、下半年工作部署

实现国有资产保值增值是国企的首要职责，为客户创造价值也是为了实现自身价值创造。尽管新冠肺炎疫情影响和全球经济下行的压力还在持续，下半年，我们仍要围绕年初工作会各项要求，坚持“三个聚焦”，按照“三个不低于”目标的要求，实现各项目标任务。要牢牢抓住疫情过后产业链供应链转移、产业要素重新聚集的新机遇、产业数字化加速转型的大趋势，坚持价值创造，创新商业模式，深化结构调整，不断改善资产运营效率，跑赢市场、跑赢变革、跑赢时代，努力构建韧性足、发展稳、结构优的全球物流综合服务生态，实现集团高质量发展。

（一）强化价值创造，全力打赢创效攻坚战

1. 顶住压力，确保完成全年任务

我们要坚决落实“六稳”“六保”，按照上级对我们“目标不降、任务不减”的要求，逆势发力、逆势增效，坚决完成净利润必保目标和奋斗目标。上半年，集团取得可观利润，总体良好，但各产业集群之间、各细分业务之间盈利水平不均衡，一些业务盈利基础不牢，容易受到外部变化影响。今年，按照高质量发展要求，国务院国资委提出了“两利三率”（净利润、利润总额以及资产负债率、营业收入利润率、研发经费投入强度）五个主要经营指标，更加注重营业收入质量和研发投入，更加注重盈利能力和技术创新能力。按照国务院国资委要求，集团对各公司考核指标也做了相应调整，已下发给各二级公司。各单位要将集团考核指标细化分解，真正落实到具体单位、个人，制定有效措施，完成任务目标。超目标进度企业要继续努力、多作贡献，未达进度企业更要加倍努力。集团和各单位都要发挥考核指挥棒的作用，注重创新效益分配机制，激发干部员工的活力和动力。

2. 效益专精，努力提升经营质效

今年，国务院国资委组织开展提质增效专项行动，集团已经下发了具体行动方案。针对疫情影响，国家出台了很多优惠政策，更大力度地减税降费，我们要在前期取得政策红利的基础上，继续做好政策跟踪和落实，真正把政策红利体现到集团效益中。特别是中远海运客运、厦门中远海运、博鳌公司等客运、酒店业务受疫情影响较重，要积极寻求政策支持，尽快恢复经营水平。

要以战略客户为重点，稳住效益基本盘。要把握“两新一重”建设、产业基础再造的实施机遇，强化与央企客户、核心客户的长期战略合作，密切跟进长约客户的履约、出货情况，稳固基础货源比例。各海外公司也要发挥区域优势，努力寻找海外战略客户，积极开拓海外市场。要抓住中美落实第一阶段经贸协议和第三届进口博览会等

契机，扩大客户来源，扩大市场基础。要关注中铝几内亚、空客、中粮等重大项目。集运和散运要高度关注全球物流供应链变化，关注国家推动形成以国内大循环为主体、国内国际双循环相互促进的新发展格局变化趋势。进一步梳理航线布局和运力发展，在区域间市场、“一带一路”沿线、第三国市场，以及高收益的特定航线、细分市场寻找新的增长点。要关注内贸、进口市场。能源要全力推动和开发 LNG 中石油国事、莫桑比克、诺瓦泰克等项目，促进集团 LNG 运输业务发展。各公司要准确了解客户在特殊时期的特殊需求，不断创新商业模式，为客户提供相应的服务产品和解决方案。特别是要利用电商平台将过去过多依赖中介的中小客户转化为直接客户，提高中小客户比例和贡献率。

要以价值创造为导向，进一步提高分析能力，推动精益管理落实落地。要强化投资分析。集团对现有投资项目进行了压缩调整，对有关项目进行了后评估，集团投资管理能力将得到进一步提升。新的投资机会的价值仍要积极把握，项目选择要立足于战略导向，受投资回报约束，投资报告要对市场、客户、竞争对手等风险进行深入分析，特别注重要加强数据分析。要细化经营分析。各公司要构建经营分析体系，以科学的分析指导我们的经营活动，提升经营决策的科学性，细化船队、航线、客户、业务等的分析维度，找到经营管理中的提升空间。要完善对标分析。各公司要结合经营分析开展对标分析，精准选择对标对象，与先进企业的对标，找出自身的短板和比较优势。跑赢市场、跑赢同行，是我们最基本的要求。要明确目标，强化对标体系建设，集团层面要从战略牵引的角度推动，各单位要从微观更贴近市场化的角度去推动，细化对标单元，通过对标查找弱项，提出改进的办法和措施。要加强对标数据库建设，注重企业内部和外部数据的收集，研究选取行业对标关键数据，支撑对标体系建设。

3. 精益运营，着力严控成本

要以预算为指针。把全面预算与精细经营相结合，做好预算与实际完成情况的跟踪分析，实施成本动态管理，及时预警纠偏，严控经营和管理成本的发生进度。要以考核为手段。今年集团经营受疫情影响较大，要完成工作目标，必须下大力气控成本。年底，集团将加大对成本项目的定量考核，各单位、各部门要牢固树立“过紧日子”思想，设法降控成本费用，确保成本增幅小于收入增幅，确保销售费用、管理费用、财务费用分别同比下降 10%、5%、2%。要以重点成本为抓手。燃油是集团最大的成本项，要充分利用集团集中采购的规模优势，通过集中采购平台的建设，明晰采购流程，规范采购管理，完善燃油采购全过程的闭环管理，进一步细化燃油采购数据分析和燃油成本分析，找出成本优化的环节、流程，着力提升成本竞争优势。此外，还要不断优化债务结构。通过统筹资金债务管理，深化银企合作，抓住政策和市场窗口期，落实长期限、低利率贷款的降息方案，实施低成本融资，着力降低财务成本、优化债务结构，提高资金集中率及使用效益。财务公司要结合股权结构调整和增资工作，稳健推进自营信贷业务，为集团降低整体资产负债率作出积极贡献。

（二）强化战略引领，加快全球承运向承运全球转变

1. 高质量完成“十四五”规划，为集团打造世界一流的全球综合物流供应链服务生态提供战略引领

目前，集团正在编制“十四五”规划。在编制过程中，要关注弥补物流业务短板、支持码头业务布局优化以及推动集团重大项目落实等问题，重点思考如何产生、如何提升企业的效益，如何实现集团产业链的价值最大化。要根据规划中拟定的重要战略举措和行动计划，细化分解任务，精准发力，统筹实施。要强化战略规划的管理功能，加大战略指标考核力度，保证战略执行的稳定性，确保战略实施，推动各单位为集团产业生态贡献价值，赢得主动、赢得优势。各单位负责人必须将“十四五”规划编制工作作为“一把手工程”，深入思考研究、亲自参与推进、全力落实执行。

2. 围绕比港龙头，打造中东欧辐射圈

要积极协调希腊政府部门、社区、行业协会等组织，加快落实比港总体规划，从战略层面和企业投资回报要求，统筹推进比港强制性投资建设和二阶段股权按时交割。集运要携手海洋联盟各成员方，围绕比港不断完善干支线网络，强化和优化第三国航线布局，提升比港整体产能，为比港冲刺全年箱量610万TEU的目标做努力。欧洲公司要依托中欧陆海快线，加大中东欧物流辐射力度。要在完成比雷埃夫斯欧亚铁路物流公司（PEARL）60%股权收购的基础上，不断提升实体化运营的资源掌控能力。此外，北美公司要克服中美关系不利影响，做好后期客户履约工作，同时要做好特斯拉等战略客户的服务工作。澳洲公司要关注货物流向和流量，不断加强高附加值客户揽货力度，提高各条航线舱位利用率，力争实现量价齐升。日本公司要充分发挥日本合作伙伴的资源优势，做好进口市场业务开拓。其他海外公司也要发挥海外优势，积极揽取货源，为集团全球化发展作出积极努力。

3. 以洋浦港为中心，积极参与海南自贸港建设

要利用海南自贸港建设的有利时机，对接海南省西部陆海新通道建设重点任务实施方案，加快推进琼州海峡一体化和洋浦港小铲滩码头扩建项目。要积极构建"水水中转"航线网络，加大在海南的货物中转，努力实现全年目标货量265万TEU。要充分利用以"中国洋浦港"为中转港，从事内外贸同船运输的境内船舶允许加注保税油的政策，进一步降低运营成本，增强相关航线的竞争力。海南港航要积极落实、协调各方，确保完成年度任务目标。

4. 坚持承运全球，优化产业链供应链布局

要在"航运+物流+港口"三大核心业务驱动的模式下，强化业务组合间的协同效应，服务客户在全球的原材料采购、生产运输及分销等全价值链的运输和物流需求。港口要聚焦"一带一路"，加快推进秘鲁钱凯码头建设，继续做好吉达港以及与达飞的合作项目。要继续做好天津港、武汉阳逻港、南通通海码头项目。要进一步推动业务模式创新，努力拓展业务边界，不断放大港口资源价值。物流要重点关注国家物流枢纽体系建设，掌控供应链核心节点资源，不断提升粮食供应链、冷链物流等服务能力。要继续做好仓储资源建设，做好空客二期增量项目的投标。要按照"十四五"规划，积极发展第三方物流，做好货代、合同物流、工程物流、危化品园区物流等业务开发，与海外区域公司共同做好海外布局，强化数字化驱动的发展方式。

（三）强化产融协同，增强价值创造的合力

金控平台要坚持航运金融发展方向，以融促产，围绕集团核心主业共创产品，共推运营，不断提升盈利能力和产业链整体价值。要控制非航租赁业务风险，积极引入战略投资者，加快公司的治理机制变革。要积极推动存量船、新造船产融合作方案，以及市场化债转股项目等落地。散运要坚持以货定船的原则，从战略层面上做好船舶资产结构优化，对融资租赁方案进行综合分析，妥善解决好船队减值压力和市场化经营。资本部要牵头完成集运、中远海运发展74艘集装箱租赁船舶的新协议安排。财务部、运营部要会同散运深入分析指定项目的FFA交易操作风险，认真吸取前期经验教训，制定完备的操作流程规范，确保不发生新的风险。要支持地区公司发展。各地区公司要围绕集团产业链延伸发展，整合强化航运服务业务，探索战略定位和主营业务，不断适应经济新形态，推动商业模式转型升级。重工要完成海工平台划转后的债转股各项工作，想方设法去产能、调结构、减负债，深化改革，深刻反思自身的接单问题，杜绝再次发生相关风险。自保公司要积极跟进能源船管职业责任险业务、胜狮集装箱箱厂转保、物流仓储保险统保项目，以及海南港航船舶险业务等重点项目。资产公司要聚焦经营效益，全力推进世界路、城安国项目园区营销等重点工作。

（四）强化改革动力，全面提升价值创造活力

1. 多维度推进“2+N”改革

要继续推动董事会授权工作，完善董事会建设。各直属单位要积极配合，勇于担当，敢于行权用权，同时也要避免对下属公司过度转授权。要加快三项制度改革，以激发企业内生动力和活力为核心，完善市场化激励和人事制度，切实解决不能下、不能出、不能低的问题。各单位要根据自选动作的改革任务目标、时间节点和负责人对照检查进度，避免方案策划和落地实施出现两张皮现象。集团要加强考核引导，在增量分配上强激励、硬约束，为二级公司改革措施担当背书，按“三个区分开来”全力推进改革，收获改革红利。要总结改革成功经验，扩大职业经理人、股权激励、混合所有制改革、超额利润分红等改革覆盖面。物流要着力做好混合所有制改革；船员公司要会同船公司继续深化船员管理体制改革，着力解决管理中的难点、痛点，加强协调，强化协同，把自有船员优势转化为船公司经营竞争优势，精细培训培养使用船员，做好船员全生命周期管理。香港中远海运要做好股权激励计划后续相关工作，推进科技型企业分红激励方案；船研所、重工所属单位要做好超额利润奖励改革。教育资源板块等业务重组改革，要按照许立荣董事长在班子宣布会上的讲话要求，做好后续收尾工作。

2. 深层次推进亏损企业治理、压减和“三供一业”等工作

要统筹推进亏损企业治理、处僵治困、企业户数、层级压减等专项工作，确保完成企业办社会各项职能的移交。集团已下达了亏损企业治理专项指标，年内集团亏损子企业户数减少 143 户，比 2019 年减少 38%，亏损额减少 58%，对有考核指标的公司按 0 ～ 3 分实施加 / 扣分。要根据 2020 年压减清单，加大力度督办信息资源整合、香港中远海运机构整合，以及海外网络整合等项目中涉及压减的未完成事项，确保年内关闭 71 户、力争多减 47 户。在“三供一业”方面，要按照国务院国资委要求，今年 8 月底前，做好财政补贴清算工作。各公司要按要求确保年内实现退休人员社会化管理。

（五）强化数字化变革，着力赋能产业集群发展

数字化既是目的，也是手段，企业要从生存、竞争的角度全面审视数字化工作，各公司主要负责人应亲自抓、整体抓，用数字化解决当下问题和未来发展。

1. 科学规划，从借助外脑为主转向自我主导为主

集团目前正在编制“十四五”数字化规划，相关部门要统筹考虑各统建平台、燃油、集采、自保等业务平台建设，以及安全领域的数字化管理，根据集团实际情况梳理数字化发展脉络，主导发展规划。在此基础上，利用外部咨询机构技术、方法和理念加以完善。

2. 客户至上，注重客户体验、为客户创造价值

各单位数字化工作要坚持服务于业务、服务于客户，梳理明确各业务系统的核心需求、目标和架构，加快推进“技术 + 场景”应用。要开放协作，大力引进各类合作伙伴，积极推进 GSBN 平台建设，加强与国家相关部委的沟通，在国家政策层面取得支持，确定竞争优势。要明确时间表、任务书，加快 GSBN 在国内各港口、客户的推广运行，充分发挥数字化在提升用户体验、提高运营效率的驱动作用。要统筹做好管理驾驶舱等系统的开发工作，充分发挥集团数据平台的综合、集成作用，集团各部门要着眼管理效率的提升，着力破解“总部机关化”的需要，认真梳理部门职能管理内容，提出具体需求，开展定制化服务。

3. 应用创新，注重系统的运用效果，以成效检验系统功能

集团已开发及待开发的统建信息系统包括航标平台、投资系统、人力资源管理系统、党建信息化平台等，要对照系统立项报告，不能只开发不应用，要加大数据的协同和分享，加快用户培训和使用推广，尽可能在做好涉及上市公司盈利等核心数据脱敏的基础上全面开放，满足集团管理和一线业务需求，为科学决策保驾护航，要用数字、指标衡量统建系统的作用。各单位要抓好数字化转型工作，明确时间表、责任人。

（六）强化执行力建设，提升企业管理效能

1. 注重过程管理，提高执行力

“三分战略，七分执行”，不管决策多好、思路多清，如果不付诸实施，不执行到位，一切都会成为纸上谈兵。要从制度建设上抓执行。2016年到现在，集团制定的行政规章有113件。通过巡视、审计、检查看，各级单位在执行时做选择、搞变通、打折扣的事例屡见不鲜，缺乏制度执行的刚性。要完善推进制度落实的体制机制，制定制度时就必须考虑可执行，把各项制度作为工作标准和业务流程的基本遵循，真正把集团的制度优势切实转化为管理优势，创造价值优势。要从督查考核上抓执行。为有效落实集团年度会议重点工作，董事长、领导班子、部门已召开多层次的专题会、调研会。要建立会议成果的督查工作机制，用督查检查工作成效、检验工作作风，促使各单位、各部门落实精神、承担责任、解决问题。要强化考核导向，将考核结果作为评优评绩、提拔用人的重要依据，对落实有力、成效显著的要给予表扬奖励，对工作不到位的予以追责，确保各项工作有效开展。

2. 注重事后评估，加强监督审计

对工作的落实，要有事后反馈和评估。要通过对重要事项、重大项目的审计，检验执行效果。要优先开展集团重大决策部署保障项目和巡审结合项目，发挥好以点带面的作用。要深化审计成果运用，通过年度评价、“回头看”和“回访回查”等形式，从价值创造的高度检验整改成效，提升系统性整改的能力水平。

（七）强化系统防控，确保集团发展长治久安

1. 抓好疫情防控工作

我国疫情防控已进入常态化防控新阶段，但海外疫情依然严重，确诊病例已超千万，而且，国内也有反复，防控警惕性不可降低。要慎终如始，针对关键环节和风险点，按照防控预案，继续抓紧抓实抓细各项防控举措，将精准防控和应急处置相结合。海外各公司要在做好疫情防控的前提下，切实做好生产，真正做到“两手抓、两手硬”。船员公司和各船公司要做好船员换班工作，继续守好“三零”底线。物流、中国船燃和共享中心要继续按照北京市要求做好相关防疫工作。

2. 抓好重点风险防控

要继续做好疫情和经济下行引发的各类风险隐患的排查，深入分析可能产生的合同商务风险、法律合规风险，及时拟定应对预案，依法有效应对各类风险。要明晰风险管理责任。集团总部要重点加强对现金流、投资、汇率利率、类金融产品等风险的跟踪和防控。疫情冲击下的中美博弈，将广泛、持久地对集团产业链生态产生影响，各公司要坚守底线思维，增强法律、风险意识，防患于未然。财务部、法务部要定期统计分析集团风险敞口。对于历史遗留问题，要继续加大处置力度，努力减小风险敞口。

3. 抓好安全生产管理

一是细化安全生产责任制。要以“安全生产专项整治三年行动”为契机，细化各级、各岗位安全责任，逐级传导压力，做到责任清晰、要求明确、监管到位。二是抓好船舶驾驶安全工作。严格落实驾驶台纪律，加强船长和驾驶员责任心教育，保持对避碰规则的敬畏之心；要继续开展好船长和驾驶员安全意识和避碰能力提升培训，不断提高操纵和避碰技能。要做好对台风、强对流等灾害性天气的跟踪，做到早准备、早行动。要继续做好防海盗工作。三是加强危化品安全管理。认真吸取国内典型事故教训，举一反三、对照自查，重点梳理危险货物海上运输及装卸码头、危化品仓储及陆路运输等环节的现状和存在的风险，坚决杜绝无资质经营、无证上岗。四是开展隐患排查治理。组织开展好集团2020年第二、第三阶段安全检查，注重从管理上查找问题、分析不足。一线详细自查，二级单位全面检查，集团总部重点督查，各有侧重、互为补充。

惟其艰难，才更显勇毅；惟其笃行，才弥足珍贵。后疫情时代带给我们的是全新的机遇与挑战，我们一定要坚持三个聚焦，强化价值创造，事不避难，实干为要，全力完成全年目标任务，为集团实现高质量发展不懈努力。

专论

不忘来时路　砥砺新征程

——集团党组书记、董事长许立荣在集团党组中心组（扩大）集体学习暨《中国远洋海运发展史》首发式上的讲话

2020 年 7 月 1 日

同志们：

今天是伟大的中国共产党成立 99 周年纪念日，作为已有 99 年历史的世界第一大党的一分子，我们既为党团结带领中国人民不懈奋斗的光辉历程而骄傲，更为自己能够投身党和人民事业发展的辉煌前程而自豪。在此，我代表集团党组向全集团各级党组织和广大党员致以节日问候和崇高敬意！

刚才，中国社科院武力教授为以《深入学习新中国史，汲取新时代奋进力量》为题，为我们作了一堂精彩生动的“四史”辅导报告，武教授的授课立意高远、内涵丰富、史料翔实、思想深邃，令人深受启发。我们隆重举行了《中国远洋海运发展史》首发仪式，回望集团70年发展之路，那些敢为人先的气魄、呕心沥血的奉献、砥砺前行的豪情，让人感慨感叹、感动感激、骄傲自豪！

历史是一面镜子，鉴古知今，学史明智。5000 年的中华文明史，180 年的近现代史，99 年的党领导人民伟大社会革命史，71 年的新中国史，42 年的改革开放史，这些代代累积的昨天的实践，塑造着今天的社会景观和面貌，也为明天的中国勾勒出璀璨的轮廓。习近平总书记指出，历史是最好的教科书，也是最好的清醒剂①。党史、新中国史、改革开放史、社会主义发展史就是中国共产党领导中国人民为了实现中国梦的探索史、奋斗史、创业史和发展史，是中华民族发展史上的壮丽篇章，也是中国人民和中华民族继往开来、奋勇前进的现实基础。

刚刚首发的《中国远洋海运发展史》，8 卷 628 万字，记录了中远海运集团扬帆远征的传奇和家国天下的史诗。在中国共产党的领导下，中远海运集团始终与新中国建设事业一起蓬勃发展，始终与祖国改革开放宏伟实践一起劈波斩浪，始终与中华民族伟大复兴一起矢志不渝。中远海运集团发展史是一部艰苦卓绝的革命斗争史，是一部披荆斩棘的不懈奋斗史，是一部锐意进取的开拓创新史，是一部精忠报国的爱国奉献史。集团 70 年辉煌历程，是我们党和国家以及社会主义改革发展的缩影，也是集团发展史上的重要里程碑，更是一个续写集团新时代发展辉煌的新起点。在集团发展史编纂过程中，交通运输部、集团历任老领导、老同志给予了倾力支持，党工部、编史办全体同志付出了大量心血与智慧。让我们掌声向为发展史编撰付出辛劳与智慧的全体同志表示衷心的感谢！

同志们，铭记历史才能走向未来。走好新时代的长征路，必须回望来时的路，看清脚下的路，坚定前行的路。当今世界正经历百年未有之大变局，形势环境变化之快、矛盾风险挑战之多、对我们考验之大，前所未有。新冠肺炎疫情和世界经济形势复杂严峻，进一步加剧了变局之变。越是困难，越要在历史比较中清醒把握大局大势，越要从历史经验中汲取智慧力量，越要从历史思考中坚定责任担当。集团党组开展“四史”学习

① 《在纪念全民族抗战爆发七十七周年仪式上的讲话》，新华网，2014年07月07日，http://www.xinhuanet.com/politics/2014-07/07/c_1111497611.htm.

教育，是深入贯彻落实习近平总书记指示批示精神的重要部署，是建立健全“不忘初心、牢记使命”长效机制的具体举措。广大党员干部要认真学习党史、新中国史、改革开放史、社会主义发展史，认真学习中远海运发展史，观成败、知兴替、明规律、鉴是非，厚植对马克思主义、中国特色社会主义的坚定信仰，坚持以人民为中心、人民至上的价值引领，夯实实事求是、敢为天下先的实践品格，做到知史爱党、知史爱国、知史爱企，真正做到不忘来时路，砥砺新征程。

不忘来时路，砥砺新征程，就是要坚定理想信念，牢记初心使命。坚定理想信念是新时代党的建设总要求的重要内容。习近平总书记指出，对马克思主义的信仰，对社会主义和共产主义的信念，是共产党人的政治灵魂，是共产党人经受住任何考验的精神支柱①。我们党之所以能够经受一次次挫折而又一次次奋起，归根到底是因为我们始终坚定对马克思主义的信仰不动摇。从诞生之日起，我们党就把马克思主义写在自己的旗帜上。在中华民族从站起来到富起来再到强起来的历史进程中，马克思主义充分展示出强大的真理力量和实践伟力。为中国人民谋幸福，为中华民族谋复兴，是中国共产党人的初心和使命，也是激励一代又一代中国共产党人接续奋斗的根本动力。集团广大党员干部要在新时代新征程上，进一步坚定前行方向，进一步锚定精神坐标，进一步筑牢思想根基，做马克思主义的忠诚信奉者和坚定实践者，进一步坚定对中国特色社会主义的信念、增强实现中华民族伟大复兴中国梦的信心，强化“海运即国运”的使命担当，做到信仰如山、信念如铁、信心如磐，让初心薪火相传，把使命永担在肩，不断增强开拓前进的强大勇气和力量。

不忘来时路，砥砺新征程，就是要加强理论武装，真正学懂弄通做实。理论创新每前进一步，理论武装就要跟进一步。习近平新时代中国特色社会主义思想是当代中国马克思主义、21 世纪马克思主义，是新时代中国共产党的思想旗帜，是国家政治生活和社会生活的根本指南。集团广大党员干部要坚持不懈用习近平新时代中国特色社会主义思想武装头脑、指导实践、推动工作。把深入学习贯彻习近平总书记对本行业本企业 8 个方面重要指示批示精神作为重大政治任务，作为指导中远海运发展的强大思想武器，进一步丰富完善集团全面深化改革的战略谋划，狠抓任务落实，在真学、真信、真用中练就硬脊梁、铁肩膀、真本事，以企业跨越发展、开拓创新的实际行动，作为增强“四个意识”、坚定“四个自信”、做到“两个维护”的具体体现。

不忘来时路，砥砺新征程，就是要实干担当有为，打造世界一流企业。大道至简，实干为要。那些在烽火硝烟中挺立不屈的灵魂、那些在干事创业中实干兴邦的模范、那些在改革发展中敢闯敢拼的典型，无一不是我们增进信仰、信念、信心的精神食粮。集团广大党员干部要做敢攻坚、敢担当的“领头羊”和“风向标”，着力破除与新时代要求、高质量发展不相适应的思想观念和思维定式，胸怀两个大局，牢记习近平总书记对国企应当成为“六种力量”②的谆谆期许，牢记“经济强国必定是海洋强国、航运强国”③的重要论断，牢记“一帆风顺、前途不可限量”的殷切期望，切实担负起做强做优做大中央企业、打造世界一流航运企业的光荣使命，以深化国有资本投资公司改革试点为抓手，以做好集团“十四五”发展规划编制为契机，向改革要动力、向创新要活力、向管理要潜力，推动集团在高质量发展征程中向着世界一流目标奋楫扬帆、驶向卓越。

不忘来时路，砥砺新征程，就是要坚定必胜

① 《习近平在十八届中共中央政治局第一次集体学习时的讲话》，新华网，2012年11月19日，http://www.xinhuanet.com//politics/2012-11/19/c_123967017_3.htm.

② 《习近平在全国国有企业党的建设工作会议上强调:坚持党对国企的领导不动摇》，新华网，2016年10月11日，http://www.xinhuanet.com/politics/2016-10/11/c_1119697415.htm.

③ 《习近平在上海考察》，新华网，2018年11月07日，http://www.xinhuanet.com/politics/leaders/2018-11/07/c_1123679389.htm.

信心，坚决实现疫情防控和效益攻坚“双胜利”。艰难困苦，玉汝于成。在以习近平同志为核心的党中央坚强领导下，全党上下直面抗疫斗争中的复杂问题，万众一心、众志成城，协力协同、沉着应对，常态化疫情防控和经济社会发展“双统筹”稳步走向“双胜利”，书写了“中国之治”的辉煌篇章。集团广大党员干部要大力弘扬中国共产党人在抗疫斗争中展现出来的英勇无畏、顽强拼搏、守望相助、同舟共济的伟大精神和坚毅品格，按照党中央要求部署，以“咬定青山不放松”的韧劲和“不破楼兰终不还”的拼劲，扎实做好“六稳”工作、全面落实“六保”任务，做好与病毒长期斗争的思想准备，做足在持续疫情防控条件下落实集团各项改革发展任务的措施准备，坚持目标导向、问题导向和结果导向，压紧压实责任，坚决打赢集团疫情防控阻击战和提质增效攻坚战“双线战役”，奋力实现“三个聚焦”“三个不低于”年度目标任务，在大战中践行初心使命，在大考中交出合格答卷。

不忘来时路，砥砺新征程，就是要始终坚持党的领导，加强党的建设。船行万里，党建稳航。坚持党的领导、加强党的建设，是国有企业的光荣传统和独特优势，是国有企业的“根”和“魂”。当今世界正经历百年未有之大变局，我国正处于实现中华民族伟大复兴关键时期，更需要把党的领导、党的建设这个国有企业最大优势坚守好、发挥好。集团广大党员干部要按照新时代党的建设总要求，坚持党要管党、全面从严治党，全面贯彻落实新时代党的组织路线、国有企业基层组织工作条例和中央企业党建巩固深化年要求，牢固树立党的一切工作到支部的鲜明导向，继承发扬“支部建在船上”优良传统，践行“三做”理念，弘扬“三舱”精神，做到“四个坚守”，持续推动党的领导和企业法人治理结构深度融合、党建工作与生产经营深度融合，充分发挥党委领导作用、基层支部战斗堡垒作用和党员先锋模范作用，为集团做强做优做大、打造世界一流企业筑牢根基、厚植优势，以高质量党建引领集团高质量发展。

同志们，一百年前，中国共产主义运动的先驱、中国共产党的主要创始人李大钊先生曾振聋发聩地说道：“历史的道路，不全是坦平的，有时走到艰难险阻的境界。这是全靠雄健的精神才能冲过去的。”今天，习近平总书记谆谆告诫我们，实现伟大的理想，没有平坦的大道可走①。集团各级党组织、广大党员干部要以习近平新时代中国特色社会主义思想为指导，不忘初心、牢记使命，担当实干、砥砺奋进，从历史中开阔眼界、在历史中延展思维、于历史中培育精神，为决胜全面建成小康社会、建设社会主义现代化强国、实现中华民族伟大复兴作出中远海运人应有的贡献！

① 《习近平：在纪念红军长征胜利80周年大会上的讲话［2］》，人民网，2016年10月21日，http://politics.people.com.cn/n1/2016/1021/c1024-28798453-2.html.

当前物流畅通的首要节点："知变应变"

——集团董事长许立荣在2020年中国航海日活动上的演讲（摘要）

2020年7月11日

今年年初以来，一场疫情严重地打乱了全球经济与贸易的发展节奏，国际货币基金组织（IMF）6月最新预测，2020年全球经济将萎缩4.9%、贸易将萎缩11.9%，陷入二战以来最严重的衰退。

近年来，全球经济、贸易格局地深度调整，产业链、供应链地持续重构，新技术、新规则地不断涌现，这些既定因素再叠加新冠疫情，给航运及相关产业带来了前所未有的影响与不确定性。

作为国际贸易最主要载体，航运物流业唯有了解变化，才能积极应对，必须知变、应变，才能保证国际物流供应链的稳定畅通。我认为，后疫情时代，海运物流领域将有以下六大主要变化：

一、产业技术之变：即"线上线下组合运作"

数字化、智能化是近年来航运物流领域的重要趋势之一，本轮疫情则明显加速了这一进程。

一方面，线上服务正在成为行业标配。当前，人工智能、区块链、云计算、大数据、5G、物联网等数字技术在航运物流领域正进入大规模应用阶段，航运物流企业纷纷推出了线上询价、线上订舱、线上跟踪、线上支付的服务平台。这使得即使在疫情最为严重的时期，大部分全球供应链仍能维持运转。

另一方面，线上与线下的融合正在深化。线上平台离不开线下业务的支撑，因此要真正发挥线上优势，需要将线上数字化服务与线下实体运输有机结合，把线上信息流、资金流的快速流转，人工智能和大数据对物流信息的分析决策，转化为更加迅速的单证处理、更加便捷的交易方式、更加优化的运输路径，从而形成线上线下一体化的、满足客户日趋复杂要求的供应链网络。今年中远海运就与特斯拉、上港集团共同开展了机遇区块链技术的试点应用，提升了货物放行效率。

二、发展路径之变：即"存量业务聚焦质量"

2009年金融危机之后，全球开始了第四次产业转移，世界经济、贸易增长中枢开始下移；今年的疫情更是对海运物流需求造成了严重冲击。当前，行业的发展环境正在从"增量竞争"向"存量竞争"转变，竞争的内容也在从"量"向"质"转变。对物流企业而言至少有两重含义：

对外来说，意味着更高的服务质量。因此在后疫情时代，海运物流行业需要更加贴近客户，理解客户需求的新变化、新趋势，推出更具针对性的服务。例如，针对跨境电商的发展，设计交付时间更短的航线产品；针对特定地区、特定行业的要求，推出保证运输时间、保证设备可用性的服务；针对卫生健康标准的提高，提升供应链全程可视化与溯源能力。

对内来说，意味着更高的管理质量。也就是综合运用管理与技术手段，推进精益管理，降低全供应链成本。比如，利用数字化技术，简化、优化业务流程，进而重塑业务逻辑，从根本上降低整个供应链上的各类成本；再比如，利用智能船舶技术，有效降低能耗与碳排放，并主动为客户提供运输过程中的"碳足迹"信息。今年5月，中远海运就联合中国移动、东风公司在厦门远海码头实现了中国首个5G智慧港口的落地应用，提升了码头作业的精准性、安全性。

三、货流格局之变：即"区域贸易再受关注"

疫情正促使企业重新思考全球布局，寻求更加接近产业集群或消费市场，这将给区域贸易带来新的发展机遇；同时，"一带一路"和中国进一步扩大开放，也将催生新的航线与贸易模式。以下有三个关注：

关注制成品市场。尽管保护主义抬头、地缘政治风险频发，但经济与产业链全球化的历史大势不可阻挡，中国与欧洲间的贸易联系将进一步加强，中国与东南亚的产业联系将更加紧密，各大洲的区域内贸易将更加活跃，需求的韧性也更强。今年各主要集运市场中，亚洲区内航线需求的降幅最小，为 4.7%，是市场整体降幅 9.4% 的一半。

关注原材料市场。中国对疫情的快速控制及未来良好的发展前景，仍然是市场的重要支撑。预计今年中国铁矿石进口将增长 4%，铝土矿进口将增长 16%；同时，中国的进口来源正愈发多元化，非洲地区的原材料出口已经开始从中获益。

关注新能源市场。随着全球范围内环保呼声的日益高涨，LNG、氢能、可再生生物燃料、风电等更加清洁、更加绿色的燃料将获得广泛青睐。当前，中国 LNG 进口正快速增加，今年预计增长 5%，明年再增长 17%；未来，新的绿色能源和随之形成的市场格局也将带动特种船型和新的区域市场不断涌现。

四、工具选择之变：即“运力结构突出中小”

全球贸易和供应链的变化也正在影响航运市场对船型的选择，运力大型化的趋势将进一步放缓，而适合灵活部署、满足市场需求的中小型船，或许再度受到货主和租家的青睐。

在灵活性方面，相比于 2 万箱的集装箱船和 40 万载重吨的超大型矿砂船，中小船型不受限于特定市场，更能抵御市场波动。对于集装箱船，18 000TEU 以上大船的订单，已经从两年前占总订单量的 42%，降至今年 6 月初的 38%；而 14 000TEU 左右的新巴拿马型船的订单占比，则从 22% 提升至 27%。散运市场，疫情期间，中等船型更受欢迎，比如 8.2 万吨的卡姆萨尔型，今年前 4 个月的海运周转量逆势增长 6%。

在针对性方面，中小型船往往针对特定市场、特定货种、特定客户进行了定制化设计，能获得稳定的长期收益。在集运市场，4000TEU 以下的支线船订单占比从 2018 年 6 月初的 15%，升至了今年 6 月初的 18%。在 LNG 船市场，由于中国和印度内陆河道较浅，已经有 LNG 贸易商开始利用中型船开拓新市场。

五、应对需求之变：即“全程服务加倍提速”

本轮疫情，令供应链的“弹性”——也就是应对突发风险和中断的能力受到空前重视。未来企业的采购来源将因此而更加广泛，运输模式也将更加多元；全球供应链则将更加网络化，结构更加复杂。这将促进全程服务在以下两个方向加速发展：

首先是运输过程力求覆盖。即通过整合航线、码头、场站、仓库等各类物流资源，构建包括海运、内河、铁路、公路，乃至空运等服务在内的多元化运输模式，从而使物流服务更加灵活、更加可靠，更有能力抵御突发事件对供应链的不利影响。今年 5 月，中远海运就推出了天津至蒙古国乌兰巴托国际海铁联运服务，实现了从装港到最终目的地的全程海铁联运服务。

其次是服务内容力求覆盖。客户将不再仅仅满足于单纯的海运物流运输，而是需要单一接口的、“一站式”的解决方案。为此，海运物流企业需要打破业务领域界限，与客户建立长期且深度的合作，整合海运、物流、金融、保险、信息等多元化的服务资源，开展产业链经营，为客户构建量身定制的全方位服务产品。

六、经营空间之变：即“内贸市场再受聚焦”

后疫情时代，各国将更加重视国内产业链和供应链的稳定和安全，更多地转向内地市场。今年，我国提出了“构建国内国际双循环相互促进的新发展格局”，内贸经营将迎来新的增长空间。

从市场容量看，内贸市场规模大，是产业链、价值链和供应链安全的重要保障。当前的中国，是全球最大、也最有潜力的市场：依托 14 亿人口，中国 2019 年社会消费品零售总额已达 41 万亿元，是全球第二大消费市场；在 2019 年 99 万亿元的 GDP 总额中，消费对 GDP 增长的贡献率已达 57.8%，远高于投资的 31.2% 及货物和服务净出口的 11%。

从发展潜力看，首先，随着中国经济“东南”向发展的区域格局越发明显，粤港澳大湾区、海南自贸港建设等，将继续促进东南区域的经济发展和内贸需求，效率高、运距长、成本低的沿海运输将会持续获益。其次，今年“新基建”预计投资 3.3 万亿元，同比增长 26%；未来 5 年，“新基建”投资额将接近 30 万亿元，到 2025 年都将保持 15% 的年均复合增速，这也将促进沿海运输保持快速增长。

各位业界同仁，越是面对“大起大落，大风大浪”的产业变局，越需要我们拿出同舟共济、开拓进取的航海人精神。只有紧密合作、携手同行、把握变化、适应变化，才能维护全球产业链、供应链的畅通。

集团总经理付刚峰在第三届“智能航运与新基建”峰会上的演讲（摘要）

2020 年 12 月 11 日

中国是航运大国，智能航运又是当前航运业发展的前沿方向和大势所趋。把握住智能航运的发展时机，突破技术、创新发展，将有助于我国航运业在国际上竞争力的提升，也有助于我国从航运大国向航运强国目标的实现。

去年 5 月，交通运输部等 7 部委联合发布了《智能航运发展指导意见》，首次对智能航运作出明确定义，智能航运是传统航运要素与现代信息、通信、传感和人工智能等高新技术深度融合形成的现代航运新业态，包括智能船舶、智能港口、智能航保、智能航运服务和智能航运监管五方面基本要素。

今年 10 月，党的十九届五中全会审议通过了《中共中央关于制定国民经济和社会发展第十四个五年规划和二〇三五年远景目标的建议》，提出要坚定不移建设制造强国、质量强国、网络强国、数字中国，要统筹推进基础设施建设，加快建设交通强国，推进能源革命，加快数字化发展。

当前新一轮的数字化浪潮正在对航运业产生广泛而深刻的影响。随着物联网、大数据、人工智能、区块链、5G 等新技术的突破性发展，以及在航运领域的应用，航运业也涌现出智能船舶、智慧港口、智能制造、大数据分析、供应链可视化等众多数字化技术应用。数字化正成为航运产业链突破提升的重要方向。

以下谈两方面思考：

一、产业“硬件智能化”是推动基础

首先是船舶智能化。智能船舶是信息化、数字化技术与船舶技术深度融合的产品，是实现船舶安全、经济航行、船岸间实时便捷管理和高效协同运营的基础，是智能航运的关键载体。基于智能船舶相关技术探索船队的数字化管控和智能化运营相结合，在能效、安全、准班等方面将显著提升，而依托大数据基础实现数据的开放共享，为各相关方拓展自身的数字化服务、管理也提供了有力支撑。构建新的商业模式，可实现以数据服务赋能现代航运。

去年 5 月，中远海运所属上海船研所牵头研制的 13 500TEU 智能集装箱船——“中远海运荷花”轮交付运营，为我国大型远洋集装箱船开启了智能发展的新篇章。“中远海运荷花”轮率先提出了“1+N”智能应用体系框架。在中国国际海事会展上，中远海运举行了全球首艘大型集装箱智能船商用发布仪式，通过搭建汇集各类功能系统的集成平台，实现智能机舱、智能能效、智能航行等功能，利用船舶状态感知、大数据和人工智能等技术手段，为船员操作提供辅助决策支持，实现船岸联动的智能管控，提高航运安全，降低船舶能耗，提升运营效率。

其次是港口智能化。智慧港口是充分借助 5G、物联网、人工智能、云计算、决策分析优化等技术手段进行透彻感知、广泛连接，深度挖掘港口操作业务环节中的核心信息，实现港口服务链上各种资源和各参与方之间的无缝连接和协调联动，从而对港口运营和服务做出智慧响应，形成信息化、智能化、最优化的现代港口，改变港口人工作业条件，提高港口作业效率，码头泊位、堆场利用安全、节能，并可形成具有“线上信息广泛互联、线下资源优化配置、线上线下协同联动”的新运作模式。

今年 5 月，中远海运与中国移动、东风集团就 5G+ 无人驾驶赋能智慧港口签署了深化合作协议，并在厦门远海码头首次实现5G技术在港口码头的集成应用。目前已投入的5G技术应用主要包括：基于5G的无人驾驶集卡、5G港口专网、5G港机远程控制、5G智能理货、5G+AGV通信管理、5G司机行为管理，以及5G+VR等全业务场景。5G全场景应用智慧港口对进一步提升作业效率，降低人工成本，实现由劳动密集型产业向自动化、智能化、无人化的转变，具有重要的实践推广意义。5G技术的集成应用预计每年可为远海码头节约人力成本近3000万元。在5G技术加持下，今年第三季度远海码头完成集装箱吞吐量56.79万TEU，同比逆势增长9.4%；完成散杂货吞吐量90.06万吨，同比逆势增长16.36%。

二、产业“服务智能化”是价值体现

智能航运服务作为智能航运的基本要素之一，与传统航运服务相比，具备流程高效化、管理智能化与航运交易平台化等特征，服务更为科学规范、高效合理。培育智能航运服务新业务、新模式已经成为智能航运发展的重点任务。国家支持成立智能航运信息服务机构，鼓励大型航运集团建立电子商务平台，实现航运服务交易线上操作。

首先是数据集成化。数据集成是提升“数字化”能力的重要途径。而区块链作为数据管理与协作的新型底层技术为数据集成和数据隐私保护提供了全新方案，不仅可以有效促进数据共享和创新，也有助于实现数据的管理和保护，助力数据流通，进而深度挖掘数据价值。

2018年11月，中远海运牵头九家港航企业成立了全球航运商业网络（GSBN），打造行业区块链联盟，成为航运区块链的先行者。GSBN为航运产业链各相关方管理一个安全且可信任的数据交换平台，为各方引入多样化的创新服务和应用产品，促进优化运营流程、提高整体的协作效率，为各利益相关方创造价值。特别是在此次新冠肺炎疫情期间，平台充分展现了全天候、一站式、零接触的线上优势。在上海港实现无纸化进口放货应用，客户可以在区块链上一次完成贯穿船公司和港口方的操作流程，实现进口放货全流程无纸化和操作零延时。与上港集团、特斯拉公司合作，中远海运率先在上海港完成了航运业首批通过区块链技术实现实时货运数据交换的试点应用项目，目前正在多个港口（青岛港、广州港、林查班港等）推广运用。中远海运在区块链领域持续深耕，在政府各部门、中国银行、阿里等多方合作机构的协同配合下，近期又研发推出了航运提单区块链平台，利用区块链技术不可篡改、可追溯、可信任的优势，实现物权凭证提单等单据的上链，让客户能够同时在链上看到真实、一致、及时的全套单据，享受航运提单+贸易单证无纸化的新体验。集团旗下两艘集装箱班轮运载货物参加了试运行，试运行货物的提单首次通过区块链签发和流转，相关贸易单证也完整上链，为客户提供了高效、便捷、可信、无接触的服务；通过将实体货物流、单证信息流、金融资金流紧密结合在一起，为国际贸易也提供可信的数字化基础。

其次是服务一体化。当前全球供应链网络化趋势明显，结构更加复杂，运输模式更加多元。以航运业为例，需要船公司与货主、港口、物流、仓储等相关方把单点合作串成完整的链条，使货流、信息流、资金流在链条上顺畅流转，满足“一站式”服务的需求，实现物流业全程服务。新冠肺炎疫情的发生也进一步催生了以数字化为主要手段和目标的新模式，整个航运业不断突破传统观念、发展瓶颈、思维模式和经营模式。

中远海运推出的可视化外贸航运电商平台（Syncon Hub），为客户提供全流程在线综合物流解决方案，提供实施询价、即时订舱、自助单证、在线结算等一站式便捷服务，并推行进口放货全流程的无纸化、零接触，确保了客户服务安全。作为新生代航运电商平台，Syncon Hub在系统集成性上实现了重大突破，不仅与中远海运内部交易系统实现实时数据交换，同时与外部结算平台、报关平台也进行无缝衔接，实现了全流程在线闭环操作。中远海运希望能够通过数字化为客户提供更为高效的服务，通过区块链把支付体系运用到航运贸易当中。

下面关于数字化提三点具体的思考建议：

一是推进航运数字化重点技术应用。包括航运重点前沿技术的研发和应用，包括船端物联网的形成和数据平台的搭建，岸端数据中心的建设和大数据、人工智能的应用和实践、智能制造基础投资、智慧港口建设，以及智能避碰和航线规划，船舶的远程控制等。

二是推进产业链数字化基础设施联通。重点解决各企业之间、企业与政府之间的数据连接问题。具体包括数据标准、数据接口技术标准、接口平台等方面，解决好企业与企业、企业与政府之间的数字流动问题，最终实现信息流与物流同步发展。

三是推动有关行业规则与标准建设。包括推动基于区块链的国际贸易及航运相关标准的制定，完善溯源存证功能，推动国际运输征信体系建设等。

中远海运集团承担了交通强国建设项目，涉及智能船舶、区块链、数据集成、绿色航运等6项任务。我们将以此为契机，顺应航运业数字化、智能化、绿色环保的潮流，依托长三角区域一体化等国家战略，支持长三角区域港航一体化协同发展，共同建设智慧港航应用新生态，积极助力航运强国建设，为全面推进交通强国建设当好先行。

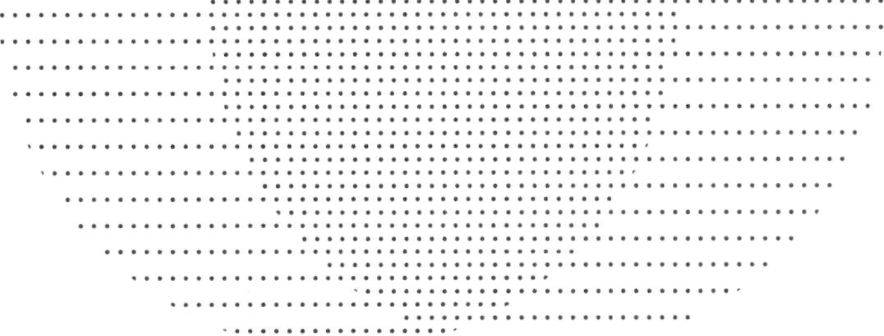

要事特辑

要事特辑

【海洋联盟发布 2020 年航线产品】

2020 年 1 月 9 日，海洋联盟在 2019 年的基础上继续完善与优化航线布局，共投入约 320 艘船舶，合计约 376 万 TEU 运力。海洋联盟在以下区域提供覆盖更广、品质更优、交货更快、服务更稳的航线产品。海洋联盟 2020 年的服务航线包括：7 条亚洲往返西北欧航线，4 条亚洲往返地中海航线，19 条跨太平洋航线（包含 12 条美西航线、7 条美东及美湾航线），3 条跨大西洋航线，4 条远东往返波斯湾航线，2 条远东往返红海航线，4 条远东往返地中海航线。

（马晓静）

【17 家港航企业再聚博鳌】

2020 年 1 月 10 日，由中远海运集团主办的“中远海运集团暨海洋联盟 2020 年港航交流会”在海南博鳌举行。其间，17 家港口、航运企业举行主题为“服务全球贸易、创造客户价值”的港航合作座谈会，共同发布《博鳌合作倡议 2020》。17 家港航企业包括：中远海运集团、达飞集团、长荣海运、东方海外、上港集团、浙江省海港集团 / 宁波舟山港集团、山东省港口集团、广州港集团、天津港集团、厦门港务控股集团、连云港港口集团、珠海港控股集团、海南港航、安徽省港航集团、和记港口集团、PSA 国际港务集团和迪拜环球港务集团。

中远海运集团董事长许立荣，中远海运集团董事、总经理付刚峰，上港集团董事长顾金山，长荣海运董事长张正镛，浙江省海港集团 / 宁波舟山港集团董事长毛剑宏，PSA 国际港务集团总裁陈聪敏，山东省港口集团董事、总经理李奉利，法国达飞海运集团 APL 总裁斯蒂芬尼 · 库尔坎（Stéphane Courquin），广州港集团副董事长、总经理黄波，和记港口集团董事总经理叶承智，天津港集团总裁梁永岑，厦门港务控股集团总经理缪鲁萍，中远海运集团副总经理王海民，连云港港口集团董事长丁锐，东方海外首席营运官叶建平，珠海港控股集团董事长欧辉生，迪拜环球港务集团亚太区首席执行官及董事总经理何敖骏（Andrew Hoad），海南港航董事长王善和，安徽省港航集团董事长丁庆领，上港集团董事、总裁严俊，浙江省海港集团 / 宁波舟山港集团总经理宫黎明，山东港口青岛港（集团）董事长贾福宁，中远海运集运董事长、总经理杨志坚，中远海运港口董事会主席冯波鸣等出席了会议。

许立荣在致辞中表示，港航企业要继续秉持为全球贸易服务、为全球客户服务的核心宗旨，进一步拓展合作空间，开展产业链合作，抓住“一带一路”沿线陆海联通、贸易畅通等有利契机，带动西部陆海贸易新通道建设、中欧铁路班列、中欧陆海快线等更高效率贸易业态的快速发展，通过加强港口与航运等关键节点的协同合作，将海上业务、码头业务向堆场、仓库、铁路、公路等领域进行延伸，打造产业链，为客户提供全程服务。同时，以客户为中心，遵循开放、共建、共享理念，推进航运业区块链联盟——全球航运商业网络（Global Shipping Business Network，简称 GSBN）服务协议，共同探讨创新国际贸易便利化平台，为客户提供智能服务。

会议发布了《博鳌合作倡议 2020》。与会各方一致认为，当前全球港航业正面临复杂多变的发展环境，面对巨大的挑战和机遇，港航企业要顺应行业发展趋势，拓展港航产业链的合作协同，加强全球供应链服务体系建设，服务全球贸易，为广大客户创造更大价值。与会各方特此向全球港航界发出以下四点倡议：

一是打造产业链，为客户提供全程服务。改变传统的服务模式，抓住“一带一路”沿线陆海联通、贸易畅通等有利契机，带动西部陆海贸易新通道建设、中欧铁路班列、中欧陆海快线等更高效率贸易业态的快速发展，通过加强港口与航运等关键节点的协同合作，将海上业务、码头业务向堆场、仓库、铁路、公路等领域进行延伸，做到全程设计、无缝链接，为客户提供端到端的解决方案，降低客户成本，共同为客户创造价值。

二是聚焦新环保，为客户提供绿色服务。港航业共同努力，大力发展绿色航运、智慧港口、智能船舶，全面落实 IMO 2020 限硫令等减排法规，在节能环保、技术创新等方面发挥行业示范引领作用；从环境和可持续发展角度建立环境共生型港航服务模式，为客户提供高效、低碳的绿色服务。

三是推进数字化，为客户提供智能服务。航运业数字化正在重新定义港航业的商业模式，港航数字化要着眼于以客户为中心，遵循开放、共建、共享理念。2019 年 7 月，9 家港航业运营商签署了航运业区块链联盟——全球航运商业网络（GSBN）服务协议，GSBN 将通过广泛联结，为供应链提供可靠的数字化平台。各方将共同探讨创新国际贸易便利化平台，建立港航业数字化服务流程，加速物流供应链相关产业的数字化智能升级，主动、安全、精准地满足客户需求。

四是港航联动，回归产业服务本质。提高服务品质是港航合作的根本目的。港航单位将共同致力于提升服务效率和拓展服务能力，不断增进客户利益。港口协同配合航运公司提升准班率，共同提升服务质量，切实改善客户的服务体验，促进港航业良性发展。（侯雨佳　马晓静）

【中远海运与中国邮政开辟新邮路】

中远海运网站 4 月 23 日报道，搭载着中国邮政国际邮件的中远海运集装箱船，陆续从上海出发驶往日本、新西兰、中东等国家和地区。这是中远海运与中国邮政携手开辟的国际邮件运输新通道，将极大缓解因新冠肺炎疫情导致的国际邮件运输紧张局面，有力保障国际邮路和防疫物资运输渠道畅通。

随着新冠肺炎疫情在全球蔓延，海外个人物资特别是医疗防疫物资寄送需求激增，而同时航空公司大范围减航，导致国际邮件运输面临紧张局面。为保证国际邮件正常发运，中远海运与中国邮政携手推出了国际邮件海运服务。

国际邮件运输对于时间和安全性都有较高的要求。特别是个人物资寄送地点相对分散、物资种类多样，对运输服务提出了诸多个性化的需求，考验着海运服务的组织协调能力。中远海运下属中远海运集运为此组建了“物流专班”专项工作组，全面统筹中国邮政国际邮件海运业务的开展。在收到中国邮政发来的由上海到日本横滨、新西兰奥克兰的订舱需求后，专项工作组精心制定运输方案，第一时间快速响应，迅速完成了订舱、预配、提箱等工作。虽然时值清明假期，但中远海运集运制定的专属操作方案，及时解决了操作过程中的一系列问题，使服务丝毫不受假期影响。

上海到日本的首批邮包于 4 月 15 日成功运抵目的港横滨。而根据船期，上海到新西兰的首批邮包将于 5 月 2 日到达奥克兰，上海到中东地区的首批邮包将于 5 月 24 日抵达海法。在上海口岸的成功运行，为中远海运进一步做强国际邮件海运业务奠定了基础，更多由上海发往新西兰、中东地区的邮包已陆续完成订舱，发往巴西的邮包按计划也将在 4 月底起运。这些案例，也为广州、天津等其他口岸的国际邮件海运业务提供了成功的样板。（马晓静）

【《中国远洋海运发展史》正式出版】

7 月 1 日，由中国远洋海运集团组织编纂的新中国第一部立体式、体系化航运发展史《中国远洋海运发展史》正式出版发行。当日，中远海运集团在上海隆重举行新书出版首发式。中远海运集团党组书记、董事长许立荣，董事、总经理付刚峰共同为《中国远洋海运发展史》首发揭幕，并共同为编纂组代表颁发荣誉纪念证书。

中远海运集团党组书记、董事长许立荣在仪式讲话中指出，《中国远洋海运发展史》是一部披荆斩棘的不懈奋斗史，是一部锐意进取的开拓创新史，是一部精忠报国的爱国奉献史。中远海运70年发展历程，撑起了新中国航运史，是党和国家以及社会主义改革发展的缩影，是集团发展的重要里程，更是续写集团新时代辉煌发展的新起点。许立荣强调，铭记历史才能走向未来。中远海运集团要继续做敢攻坚、敢担当的“领头羊”和“风向标”，向改革要动力、向创新要活力、向管理要潜力，推动集团在高质量发展征程中奋楫扬帆、驶向卓越。

《中国远洋海运发展史》以1949—2015年为时间轴，分成8卷、合计628万字。全套史书首次全景展现了新中国远洋海运与祖国共成长共发展的恢宏历程。在当天的仪式上，还同步发布了《中国远洋海运发展简史》。

中远海运集团是新中国航运事业的开创者，参与了新中国航运70年从近海到远洋、从追随到领跑的历史进程，并亲历了改革开放40年波澜壮阔的伟大变革。为弘扬“爱国奉献、开拓进取”的航海精神，教育引导全系统不忘初心、牢记使命，传承历史、继往开来，中国远洋海运集团于2017年年底组织行业内外专家和资深航海从业者成立了《中国远洋海运发展史》编委会和编纂组，历时两年多编撰完成。（陶广昭）

【中远海运世界500强排名提升15位】

2020年8月10日下午，2020年《财富》世界500强排行榜发布，中远海运集团排名第264位，比上一年度提升15位。自2016年重组以来，中远海运集团连续上榜《财富》世界500强，排名逐年提升，已累计上升201位。（马晓静）

【中远海运积极支持参加第三届进博会】

11月4日，第三届中国国际进口博览会开幕式在上海举行，国家主席习近平以视频方式发表主旨演讲。习近平指出，新冠肺炎疫情使世界经济不稳定不确定因素增多，但中国扩大开放的步伐仍在加快，各国走向开放、走向合作的大势没有改变。各国要携手致力于推进合作共赢、合作共担、合作共治的共同开放。中国将秉持开放、合作、团结、共赢的信念，坚定不移全面扩大开放，让中国市场成为世界的市场、共享的市场、大家的市场，推动世界经济复苏，为国际社会注入更多正能量。①

中远海运集团董事长、党组书记许立荣，董事、总经理、党组副书记付刚峰，董事、党组副书记王海民，副总经理、党组成员黄小文等在国家会展中心（上海）出席开幕式，聆听了习近平总书记的主旨演讲。

时隔一年，第三届中国国际进口博览会如约而至。中远海运第三次作为进博会核心支持企业之一，深度参与进博会，从招展参展、服务保障到交易组织，全方位做好进博会各项工作。

在招展方面，中远海运集团继续以进博会服贸展区为重点，积极发挥全球网络优势，邀请境外参股企业、合作伙伴、供应商、货主企业参展，并充分发挥下属公司的航运、物流业务优势，适当开展其他展区招展。本届进博会集团共邀请67家展商，参展面积2133平方米，招展企业数量和面积均超过前两届。

在参展方面，中远海运集团汇集包括中远海运（比雷埃夫斯）港口有限公司、西班牙码头有限公司、泽布吕赫码头、阿布扎比码头等港口码头公司，东方海外、钻石快航等航运公司，高昇控股、中欧陆海快线等物流公司和易孚（IQAX）国际科技公司等12家企业，参展面积666平方米，展台均位于服贸展区。各参展企业在本届展会上突出服务贸易特色，展现国际航运物流企

① 《习近平在第三届中国国际进口博览会开幕式上发表主旨演讲》，新华网，2020年11月04日，http://www.xinhuanet.com/politics/2020-11/04/c_1126698325.htm.

业在保障全球贸易物流通道畅通、促进各国经贸往来、维护全球产业链供应链稳定中发挥的重要作用。

在海运服务保障方面，作为进博会唯一推荐的国际段运输商，中远海运已连续三年为进博会展品提供海运服务保障。针对 2020 年的特殊情况，中远海运克服海外疫情依然蔓延的影响，依托全球服务网络，为进博会展品量身定制个性化方案，提供从运输到场馆搭建、覆盖全程的一站式全程物流服务。

在空运会展服务保障方面，此次进博会，中远海运集团所属中远海运航空货运代理共为 27 家企业的31个展台提供了设计搭建一站式服务，以个性化设计展现了各企业的品牌形象。自 10 月 24 日进场施工以来，在受疫情影响展商未到场监工的情况下，中远海运航空货运代理高质高效完成全部展位的特装搭建工作，得到了客户的一致好评。

在会务服务保障方面，本届进博会，中远海运集团所属中远海运博鳌公司组建了 170 人的服务保障团队，全面提升会议服务技能，继续为进博会会议和现场配套活动提供全面的会务服务保障。

在信息技术保障方面，中远海运积极参与进博会安保相关集成系统的建设和服务工作，进一步发挥了旗下中远海运科技在人脸识别、增强现实、人工智能、大数据分析等信息技术方面优势，在服务前两届进博会的基础上，持续优化应急响应机制和运维方案，为进博会相关视频监控、数据验证、应急指挥、数据展示等系统提供了可靠的技术保障。 （马晓静　黄奇萃）

【集团荣获“上海航运建设特别贡献企业奖”】

11 月 6 日，2020 年 Seatrade 海贸国际海事颁奖典礼在上海举办，中远海运集团受邀参加了典礼，并获颁“上海航运建设特别贡献企业奖”。中远海运集团副总经理冯波代表集团领取了荣誉奖杯。中远海运集团作为总部设在上海的全球化航运企业，始终积极致力于为上海国际航运中心建设贡献力量。此次荣获“上海航运建设特别贡献企业奖”，体现了国际航运界对集团在推动上海国际航运中心建设中所发挥的积极作用的肯定和认可。

海贸国际海事颁奖典礼创办于 1989 年，是全球航运界规格最高、最具影响力的年度海事航运颁奖典礼之一，往届典礼在英国伦敦举行，本届典礼由英国海贸集团（Seatrade）和上海国际港务（集团）股份有限公司（简称“上港集团”，英文简称 SIPG）联合主办，这也是该奖项首次在中国大陆举办颁奖典礼。 （马晓静　黄奇萃）

【集团出席金砖国家工商理事会会议】

11 月 10 日，金砖国家工商理事会 2020 年度会议以视频形式举行，来自中国、俄罗斯、巴西、印度、南非的工商理事会成员视频出席了本次会议。中远海运集团董事长许立荣作为金砖国家工商理事会中方主席，中方四位理事中粮集团董事长吕军、中国通用技术集团总经理陆益民、中国工商银行董事长陈四清、中国石油集团董事长戴厚良等共同在北京出席了视频会议。

许立荣代表中方在会上发言并签署年度报告。许立荣表示，虽然今年的疫情给金砖五国带来了各种挑战，但在工商理事会的携手努力下，各项工作仍旧稳步推进，为金砖五国联合抗疫贡献了力量，推动了五国经济复苏和经贸合作。特别是在数字科技创新合作、绿色转型可持续发展，以及经贸财经合作方面都取得了不错的成绩。希望金砖五国工商界能够继续加强沟通与合作，积极建言献策，在金砖国家合作机制中发挥更大的作用。

本次会议是今年金砖国家俄罗斯峰会的系列活动之一，也是金砖国家工商理事会本年度最重要的会议。会上，九个工作小组分别对本年度的小组工作进行了汇报。五国理事对年度报告进行了审议，并由五国主席在年度报告上签字。

（周正）

【集团参加浦东开发开放 30 周年庆祝大会】

11 月 12 日，浦东开发开放 30 周年庆祝大会在上海市举行。中共中央总书记、国家主席、中央军委主席习近平在会上发表重要讲话。习近平强调，浦东要抓住机遇、乘势而上，全面贯彻党的十九大和十九届二中、三中、四中、五中全会精神，科学把握新发展阶段，坚决贯彻新发展理念，服务构建新发展格局，坚持稳中求进工作总基调，勇于挑最重的担子、啃最硬的骨头，努力成为更高水平改革开放的开路先锋、全面建设社会主义现代化国家的排头兵、彰显“四个自信”的实践范例，更好向世界展示中国理念、中国精神、中国道路[①]。

中远海运集团董事长、党组书记许立荣，董事、总经理、党组副书记付刚峰参加庆祝大会。

一直以来，中远海运集团积极投入到上海社会经济发展，特别是上海国际航运中心建设当中，积极为浦东新区的发展建设贡献力量。2016 年 2 月 18 日，中国远洋海运集团有限公司在上海正式宣告成立，集团总部注册地即在浦东新区。2018 年 5 月 28 日，中远海运集团总部入驻浦东新区滨江大道 5299 号中远海运大厦，象征着一艘世界级的航运旗舰在浦东滨江扬帆起航，开启崭新的航程。

集团成立后，不断持续提升上海总部服务功能，助力上海国际航运中心建设，持续促进航运要素、功能和业态向上海集聚。下属集装箱运输、能源运输、航运金融、装备制造、航运服务、航运科技、社会化产业等业务板块在内的 12 家二级单位总部在上海落户。2016—2019 年，中远海运在上海地区累计完成投资 900 亿元。

中远海运集团持续加强与上海市、上海本地企业的全面合作。2017 年，中远海运集团与上海市政府签署战略合作协议；在此基础上先后与上港集团、上汽集团、华谊集团、绿地集团、申能集团、浦发银行、建工集团、太平洋保险、临港集团、上海期交所等多家上海本地企业及金融机构建立了战略合作关系。

中远海运集团在上海港共投入 100 组航线，持续助力上海港的全球枢纽港地位。2019 年，集团在上海港共完成集装箱吞吐量 771 万 TEU，占上海吞吐总量的 18%，在上海港历年排名始终保持第一。此外，中远海运牵头成立全球最大航运联盟——海洋联盟，积极推动联盟在上海港开设航线。2019 年，海洋联盟对上海港集装箱吞吐量贡献为 1480 万 TEU，占上海港总吞吐量的 34%。

2018—2020 年，中远海运集团作为中国国际进口博览会核心支持企业之一，连续三年深度参与进博会，充分发挥集团下属公司业务和全球网络优势，从招展参展、提供优质运输服务、全面服务保障到交易组织，积极为进博会的圆满召开贡献力量。（候雨佳　朱江）

【中远海运出席中国—东盟博览会】

11 月 27 日，第十七届中国—东盟博览会和中国—东盟商务与投资峰会（简称“东博会”）在广西南宁开幕。中远海运集团董事、总经理、党组副书记付刚峰应邀出席开幕式并参加相关活动。在广西期间，付刚峰还与广西壮族自治区代主席蓝天立进行了会晤，并调研了钦州国际集装箱码头。

本次第十七届东博会，适逢中国—东盟自由贸易区全面建成 10 周年，同时又恰逢以东盟为核心推动的区域全面经济伙伴关系协定（RCEP）刚刚签署，对推动中国—东盟经贸合作具有重要的意义。中远海运集团积极参与博览会活动，并在北部湾国际门户港展区中设置独立展示区，展示了集团服务全球贸易往来、服务中国—东盟经贸发展的实力与成效。

在与广西壮族自治区代主席蓝天立会晤时，

① 《习近平：在浦东开发开放30周年庆祝大会上的讲话》，新华网，2020年11月12日，http://www.xinhuanet.com/politics/leaders/2020-11/12/c_1126732554.htm.

付刚峰向蓝天立介绍了集团积极参与国际陆海贸易新通道建设，推进在广西投资及业务发展的情况，感谢广西对集团在桂业务的有力支持和优质服务，并表示将发挥自身优势，与广西携手合作，加快北部湾港集装箱业务发展和航线网络布局，构建现代化港口物流体系，为共建西部陆海新通道贡献力量。

11月26日，付刚峰一行还专程前往钦州，现场调研了钦州国际集装箱码头，听取了港口规划投资、工程建设、航线铺设与业务开展等情况的工作汇报，对进一步推进钦州国际集装箱码头建设，服务打造北部湾枢纽港提出了工作要求。

中远海运集运、中远海运港口及集团在广西企业相关负责人，集团行政事务部、战企部、运营部、公关部相关负责人等参加了上述活动。

（马晓静）

【集运联合发布“航运提单区块链平台”】

据中远海运网站12月2日报道，由中远海运集运与中国银行等合作伙伴携手打造的“航运提单+贸易单证区块链平台”在上海举行发布会。沙特基础工业公司（SABIC）、上海汇众汽车制造有限公司作为首批试用该平台的客户出席了发布会。“航运提单+贸易单证区块链平台”充分利用区块链技术不可篡改、可追溯、可信任的优势，为客户提供无纸化服务。首批试用客户的提单通过区块链签发和流转，贸易单证也完整上链，整个服务过程高效、便捷、可信、无接触。货流、信息流、资金流紧密结合在一起，为国际贸易提供可信任的数字基础，得到试点客户的高度认可。蚂蚁链为平台提供智能科技支持。中远海运持续以客户为中心，不断应用数字化技术，推动航运产业链上下游实现货流、信息流和资金流的无缝衔接，持续加深与中国银行等合作企业的合作关系，为广大客户和供应链参与方打造场景、升级服务，推动航运业数字化转型升级，让航运更简单、让全球贸易更高效，为广大客户创造价值。

（吉轩）

【集团出席首届“丝路友好使者”盛典】

12月21日，由中国国际文化交流中心主办，人民日报《环球人物》杂志社承办的2020首届“丝路友好使者”盛典在北京举行。中远海运集团副总经理冯波作为颁奖嘉宾出席典礼。中远海运集团下属中远海运港口所属中远海运比雷埃夫斯集装箱码头有限公司（PCT）商务经理塔索斯·瓦姆瓦基季斯获评为首届“丝路友好使者”之一。全国政协副主席、交通运输部党组书记、中国国际文化交流中心理事长杨传堂等领导和来自丝路沿线的30多个国家和地区的驻华使节出席典礼。

比雷埃夫斯港是希腊最大的港口，也是“一带一路”倡议在欧洲的重要实践项目。塔索斯16岁开始就在比雷埃夫斯港工作，至今已经47年。2009年，他加入刚成立的中远海运比雷埃夫斯集装箱码头有限公司（PCT），并担任商务经理。10多年来，他见证了比港在中远海运集团的经营下，年吞吐量由接管之初的68.5万TEU增长到565万TEU，全球排名由2010年的第93位跃升至2019年的第25位，成为地中海第一大港，为当地创造大量的就业机会和经济贡献。在港口的飞速发展中，塔索斯积极将“东方管理智慧”与西方管理技术结合在一起，在自己的岗位上不断开拓进取，不仅成为独当一面的业务骨干，同时，作为“一带一路”倡议的受益者、实践者和推动者，积极为中国与希腊的经济文化交流合作贡献自己的力量。他曾参加2017年的“一带一路”国际合作高峰论坛，并把一首希腊民谣《比雷埃夫斯的孩子》读给了全世界。在比港，他和同事们一同为了比港的成功而紧密配合、努力工作，他们不仅是“比雷埃夫斯的孩子”，更是推动中国和希腊交流合作的友好使者。

本届“丝路友好使者”盛典共评出10名个人及1个团体，均为助力和深度参与“一带一路”的杰出外籍友好人士，主要包括“一带一路”倡议具体项目的建设者、参与者、传播者、奉献者、受益者等。盛典的举办，旨在表彰他们为推动“一带一路”国际合作作出的重要贡献，宣传“一带一路”建设共商共建共享的发展理念，展示构建人类命运共同体的伟大创举。

盛典主办单位中国国际文化交流中心（CICEC）成立于1984年，是从事民间国际文化交流的全国性、非营利性、具有社团法人资格的社会团体，也是开展国际文化交流合作的重要平台。承办单位《环球人物》杂志社是人民日报社所属媒体，旗下拥有全国发行量最大、最具影响力和权威性的综合时政类期刊《环球人物》杂志。

（黄奇萃）

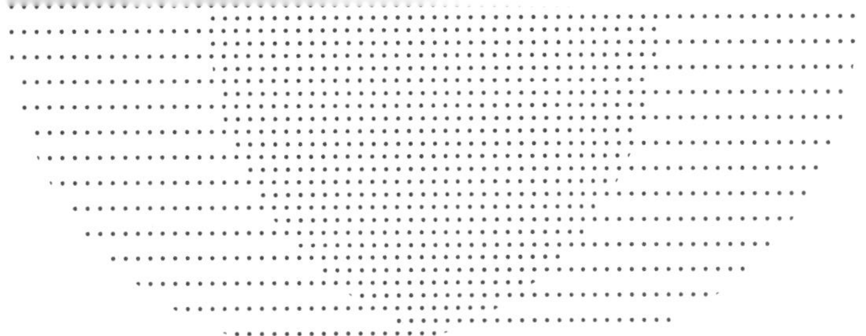

疫情防控专辑

疫情防控专辑

【中远海运向疫情防控重点地区捐款】

继中远海运集团向武汉慈善总会捐赠3000万元人民币用于武汉疫情防控工作之后，2020年2月13日，中远海运慈善基金会向中国红十字基金会捐赠300万元人民币，定向用于“医务人员人道救助金”项目。该项目由中国红十字基金会发起，用于向武汉市收治重症患者的定点医疗机构的一线医务工作者发放人道救助金。除此之外，应安化县、沅陵县紧急请求，中远海运集团还向两县紧急拨付疫情防控专项资金100万元，用于缓解两县在疫情防控方面的资金压力。疫情防控期间，集团始终关心着定点帮扶的5个县疫情防控情况，通过在地方的挂职干部与地方保持着密切联系。特别是湖南省安化县和沅陵县，由于距离湖北省较近，人员往来频繁，加上当地医疗卫生条件落后，基础设施薄弱，疫情防控压力较大。（马晓静　张进）

【船舶疫情潜在风险防控系统上线】

据中远海运网站3月11日报道，随着“船舶疫情潜在风险防控系统”正式上线，中远海运集团一千多艘自有船舶都拥有了自己的“健康码”，为船舶精准疫情防控与安全生产提供了大数据支持。为助力打赢疫情防控阻击战，坚持精准防控，中远海运科技结合全球疫情数据，充分运用自身在物联网技术、航运数据中台、航运算法平台、航运区块链平台等方面的积累，快速研发并上线了一套“船舶疫情潜在风险识别系统”。该系统依托航运数据中台汇聚的船舶及船员数据，通过对船舶近期靠港情况、船员上下船动态、船员来源地及每日疫情动态四个维度的数据分析，自动提取船舶全球航行轨迹及港口靠离泊信息，融合各国实时疫情等级，对船舶生成红色、黄色和绿色三种不同防疫风险的“健康码”。经识别，14天内到过被标记国家（地区）或者船员有体温异常等症状的船舶标记为红色，14天以上至1个月内到过上述国家（地区）的为黄色，其余船舶为绿色。该系统已全面覆盖中远海运集团自有船舶。

【紧急承运海外采购的支援武汉物资】

加拿大当地时间3月12日，随着载箱量为9572TEU的中远海运“新洛杉矶”轮驶离加拿大温哥华港，由中粮集团从加拿大紧急采购的首批支援武汉防控一线的保供冰鲜猪肉从加拿大顺利起航。此次中远海运承运的冰鲜猪肉共4个40英尺冷高箱，是中粮集团从加拿大紧急采购的第一批援汉生鲜副食品。作为中粮集团支援疫区保供物资的重要物流供应商，中远海运将为其每周提供一批4～5箱的全程冷链运输服务。这批冰鲜猪肉的发货地位于加拿大中南部的曼尼托巴省，是加拿大乃至北美地区重要的猪肉生产和加工地区，距离太平洋东岸最近的出海口温哥华港约2300千米。在接到承运任务后，中远海运集运协同北美公司，主动联系当地发货商，详细了解出货计划和用箱需求，全面梳理服务流程，协同各方在内陆运输、仓储堆放、货物装船等各个环节上进行了细致严格的过程控制，保证了首批冰鲜猪肉的顺利装船。中远海运“新洛杉矶”轮于3月27日抵达上海。到港后，中远海运将第一时间以海铁联运的方式将该批冰鲜猪肉运到武汉铁路货运站，并安排拖车运抵武汉储备库，实现门到门的全程物流，确保身处防疫一线的湖北武汉人民的生鲜物资的及时供应，为湖北保卫战和武汉保卫战的胜利提供坚实的保障。

（马晓静）

【集团武汉地区公司加快复工复产】

4月8日，武汉市解除了离汉通道管控措施。经历了76天的等待，重启的武汉正在逐渐恢复往日的生机活力。身在武汉的中远海运人，不仅在武汉按下“暂停键”的76个日夜中同舟共济、守望相助，在武汉重启后更是快马加鞭，积极推进复工复产。

中远海运集运武汉公司在收到解封消息后，立即着手公司全面复工复产工作。前期，因管控要求，各项工作基本上都是远程进行。在保持远程办公能力的前提下，按照属地政府的要求，继续严格做好疫情防控工作。武汉集运重点关注武汉乃至整个重庆、四川、江西、湖南以及湖北所有客户的复工复产，并致力于提供最优质的服务。中核孟加拉全程物流项目是武汉集运在全国疫情联防联控时期中标的全程物流运输项目。随着各地疫情好转，项目发运工作开始“快马加鞭抢工期”。4月6日，武汉集运接到中核紧急发货的通知，项目组立即梳理上海到孟加拉国的集装箱船资源，落实上海港集港环节的细节衔接，跟踪国内厂家生产组织和物流配送计划，仅仅利用3天时间完成国内物流接货、港口集并、出口项目备案、海关报关、装船发运工作。

4月5日，泛亚航运“九江—上海外高桥”直航服务正式开通。“翔集909”号轮船装载318TEU从九江城西港集装箱码头离泊驶往上海外高桥码头。九江至上海外高桥航行时限缩短至60小时以内，九江至洋山港缩短至64小时以内。确保江海直达船的航期准班、准点，有效提升了服务品质。随即，泛亚航运在九江已投入运营洋山、外港两条直达上海班轮运输航线。

中远海运集运下属鑫三利公司武汉分公司助力武汉当地重点企业和通道的复工复产，参与武汉市委、铁路局、汉新欧班列疫后的3月28日首发班的货源组织和筹备工作，组织了一大批供往欧洲的医疗、防疫物资，发往欧洲各地。联运业务板块密切联系交易客户和主要供应商，工作有效、有序推动起来。经过两周的细致布置和准备，武汉鑫三利主营业务在武汉解封前已经恢复到2019年平均水平，全部网点复工复产。

经历70多天的码头现场监护和“云办公”后，中远海运港口武汉码头于3月23日正式复工，公司全力推动国家重点铁水联运设施建设——武汉阳逻国际港集装箱铁水联运二期项目报批报建工作。4月8日，码头勘察设计单位进场，启用6台设备开展勘探工作。伴着码头现场勘察钻机的阵阵轰鸣，武汉码头公司全体员工齐心协力，向时间要效率，力保铁水联运二期项目2020年开工，将武汉这座“英雄城市”的爱，接力送达人们的手里和心底。

3月25日，中远海运仓配武汉分中心12名员工全部到岗，投入疫情防控和复工复产工作。为创造良好的安全生产环境，有效应对中石油供应商送货时间集中造成人员密度大的问题，武汉分中心积极与中石油各家供应商沟通，确定了错峰送货时间，并严格控制前来送货的人员数量。同时经多方沟通，武汉分中心提前掌握送货人员信息，并安排专人及时对外来人员做好各项防疫检查工作。截至4月15日，武汉分中心共完成中石油客户1300余吨配送任务，全力保障了中石油疫情期间保供商品的及时配送。

（马晓静）

【比港公司向希腊医院捐赠防疫物资】

在向希腊海岸警卫队捐赠防疫物资后，中远海运比港再次向希腊社会捐赠防疫物资以支持当地抗击疫情。希腊当地时间3月23日下午，中远海运比港向希腊比雷埃夫斯公立医院Tzaneio捐赠了500套防护服、840副护目镜和1500对鞋套等防疫物资，以支持希腊公共医疗机构应对新冠肺炎疫情。希腊新闻网站iefimerida.gr、zougla.gr、naftemporiki.gr等报道称，中远海运比港又一次捐赠防疫物资，这一次他们向比雷埃夫斯公立医院Tzaneio捐赠防疫物资，以用于支持该医院为专门接治新冠肺炎患者而新设的重症监护病房（ICU）的运营保障。希腊比雷埃夫斯 Tzaneio 公立医院成立于 1873 年，是比雷埃夫斯市最大、距离比港最近的公立医院，近日新设了重症监护病房（ICU），专门接治新冠肺炎（COVID-19）患者。

希腊当地时间 4 月 9 日下午，中远海运比港向比雷埃夫斯 Metaxa 公立医院捐赠了 4000 只外科医用口罩，支持该院应对新冠肺炎疫情。希腊比雷埃夫斯 Metaxa 公立医院成立于 1959 年，是比雷埃夫斯市第二大公立医院。

（马晓静）

【中远海运向海外多地捐赠防疫物资】

当地时间 3 月 19 日上午 11 时，中远海运集团向意大利利古里亚大区捐赠的包括 5 万只口罩、200 件防护服等，总价值 45 万元人民币的抗疫物资准时抵达利古里亚大区政府办公楼前的法拉利广场。另据报道，当地时间 3 月 29 日，中远海运集团向意大利利古里亚大区捐赠的 975 件专业防护服，总价值 10 万元人民币的防疫物资，这批物资顺利交付给该区热那亚圣马蒂诺（San Martino）医院。这也是意大利暴发新冠肺炎疫情以来，中远海运集团向意大利捐赠的第二批防疫物资。

当地时间 3 月 26 日，中远海运集团向比利时安特卫普港捐赠的 2 万只口罩顺利到达比利时。

4 月 3 日，中远海运支援乌拉圭抗击新冠肺炎疫情防疫物资捐赠仪式在乌拉圭驻上海总领事馆举行。中远海运向乌拉圭驻上海总领事馆捐赠了包括 10 000 只一次性医用口罩、20 套防护服、20 副护目镜在内的防疫物资，以支持乌拉圭政府的疫情防控工作。

4 月 30 日上午，中远海运向多米尼加共和国驻华大使馆捐赠 10 000 只一次性医用口罩用于支持当地抗击疫情。

5 月 14 日，中远海运非洲公司向南非国家运输公司（Transnet）捐赠 1 万只医用口罩和 200 瓶手部免洗消毒液，以支持当地港口企业抗击新冠肺炎疫情。

当地时间 5 月 15 日，中远海运（欧洲）有限公司向汉堡市卫生与消费者保护局捐赠了 N95 型 3M 防护口罩 5000 只，用于支持汉堡市医疗、检测等专业机构的疫情防控。

5 月 20 日上午，中国远洋海运集团在北京向吉尔吉斯共和国驻华大使馆捐赠 10 000 只一次性医用口罩和 30 副护目镜用于支持当地抗击疫情。

（马晓静）

【助推中欧班列常态化运营】

自新冠肺炎疫情暴发，中欧班列凭借其独特优势，发挥着重要的国际贸易通道作用。中远海运旗下相关单位在全面做好疫情防控工作前提下，稳中有序推动中欧班列常态化运营，保证了国际贸易大通道的畅通。疫情期间，持续开行、“双向带货”的中欧班列，也为推动复工复产、推进经济贸易发展提供了动能。

5 月 20 日 10 时许，随着一声汽笛长鸣，X9202 次中欧国际班列（天津—乌兰巴托）满载着装有汽车、配件、食品、服装等货物的 54 个 40 英尺中远海运集装箱，在中铁天津集装箱中心站发车，驶往蒙古国。这是天津自贸区首次开行铁水联运中欧国际班列。该趟班列出发后，从二连浩特口岸出境转扎门乌德至蒙古国乌兰巴托，全程 1583 千米，运行 5 天左右。中远海运集运推出的天津至蒙古国乌兰巴托国际海铁联运服务，为客户提供了从装港到蒙古国最终目的地的全程海铁联运服务，满足了客户全程无缝运输服务的需求。而一天前，5 月 19 日，满载着 41 个 40 英尺集装箱共 900 吨货物的“穗满俄”中欧班列，也缓缓抵达广州白云大朗基地，这是广州开通中欧班列以来的首列回程班列。

（马晓静）

【发运法、德防疫物资专列】

6 月 4 日，一趟满载着防疫物资的中远海运南昌中欧班列由南昌向塘国际陆港驶向法国巴黎，这是全球疫情蔓延以来，首列从中国发往法国的防疫物资专列。本次专列运载了2000万只口罩、4500万副手套、130万只水溶袋，以及一些免触碰的消毒液机等产品，总价值达1000多万欧元。这批物资3周内穿越7个国家/地区，行驶近1.4万千米，到达法国巴黎，直接用于法国防疫一线。这批防疫物资由法国外交部委托运输，中远海运结合自有平台——南昌中欧班列的特点，向法国采购方提出了中欧班列运输模式。中欧班列运输模式以其经济性和时效性得到了法国采购方的认同，他们对中远海运的服务表达了充分的信任。为保障防疫物资专列顺利开行，中远海运集运统筹安排武汉集运和集运法国公司协同，与当地政府、海关、企业对接，协调防疫物资运输各项操作事宜，开启通关绿色通道，保障专列货物优先审单，优先查验，优先放行。历经一个多月，在6月3日晚顺利完成了41车产品的海关放行工作，确保了专列货物快速验放、准时开行，实现了通关零延时。

6月10日上午9时，满载着50车湖北省企业生产货物的中远海运“武汉—德国防疫物资专列”从武汉吴家山站开出驶往德国。该专列经阿拉山口出境，15天后将抵达德国杜伊斯堡及汉堡。专列运载的货物包括口罩、纱布、隔离衣、手术衣、光缆、碳粉、童车、轮椅等物资。其中的35个40英尺集装箱共装载303.8吨口罩、隔离衣、手术衣等防疫物资，将直接为德国和欧洲地区防抗疫提供有力支持。此次班列由武汉集运和武汉鑫三利负责组织货源。由于疫情原因的影响，在了解到部分客户对时效性的迫切需求后，武汉集运协同武汉鑫三利积极联系并配合铁路局、中心站、汉欧国际等相关企业及部门共同统筹协调运输资源，成功申请到一列本地医疗企业产品专列，并提前做好专列全程运输组织工作，紧盯各个环节，最终成功完成班列的发运。该班列的发运为中远海运客户开辟了物资运输快速通道，为恢复本土企业进出口贸易提供了有力保障，助力企业复工复产；同时也为欧洲地区的疫情防控提供了有力支持。（傅婷婷　许诗朦）

专记

八千里路云和月

——中国远洋海运集团坚决打赢疫情防控阻击战纪实

什么是同舟共济？航海人最能体会。

在这场防抗疫情的人民战争、总体战、阻击战中，中远海运不会退缩，正和全国人民一起，风雨同舟、驶向光明。

航运连着国运。

新冠肺炎疫情来势汹汹，蔓延全国，波及全球，作为世界最大航运企业、最大规模航运央企，中远海运风雨出征。

号令一声众志成城。党中央、国务院连续部署，国务院国资委党委紧急布置，中远海运闻令而动，迅速进入战时，全面动员、全面部署，全力投入坚决打赢疫情防控阻击战。

大考当前同舟共济。中远海运启动应急管理体系，畅通决策指挥体系，集团党组统一指挥、统一协调、统一调度，一级抓一级，层层抓到底，确保号令上下贯通、持续推动。

危难之际　出征之时

航运，以其贸易量占全球贸易总量83%的体量，承载着全球经济往来桥梁和国家战略物资运输的重任；航运，以其全球化属性和运载优势，一直是应对国际突发事件的重要后备力量。危难时刻，便是“国家船队”出征之时。

全球化运输，从未因中国节假日停止过一天。

往年的春节，万家灯火、阖家团圆之时，中远海运的海员、物流和码头人员和往常一样，航行在茫茫海上，奔波在高速路上，辗转在枢纽港上。2020年的春节，一样的舟车劳顿，却是不一样的壮怀激烈。

武汉告急、湖北告急、祖国和人民告急！

半个月内，集团召开7次党组扩大会议，认真学习习近平总书记重要讲话精神，快速落实国务院国资委党委部署，启动一级响应机制，发布9个通知，部署70项举措，动员一切力量，调动一切资源，大国重器，全副武装，剑指武汉。

正月初三开始，集团党组书记、董事长许立荣，党组副书记、总经理付刚峰，党组副书记孙家康，其他党组成员，每天坐镇集团总部，现场指挥。

集团所属各单位主要领导和部门负责人早早结束春节休假，返回工作岗位。

集团16楼，应急指挥中心，从除夕前到年后的今天，日夜灯火通明，全球船舶所向和码头运转在硕大的屏幕上尽收眼底。

航运、物流、港口、码头吹响集结号，陆海相连、火线接力，一条条防疫物资和民生物资运输“绿色通道”在海内外开启。

海上“摆渡人”争分夺秒

中远海运集运所属上海泛亚航运航线覆盖全国沿海、长江、珠江，其中在长江沿线地区码头79个、船舶143条。危急时刻，泛亚航运上下同心，密切跟踪湖北省和长江沿线港口码头动向，全力优先保障，杜绝服务延迟，全程不断不乱。1月27日，泛亚航运收到中石油口罩原材料聚丙烯产品紧急运送任务后，第一时间成立项目组。为确保充足箱源，泛亚航运迅速集结可能箱源，保证中石油医疗原料物资无障碍装箱。同时，根据货物流向，动态调整船期，提前预留舱位，做好中转衔接，保障船舶运输一路顺畅。1月28日，泛亚航运接紧急通知，一批口罩和防护服生产辅料抵达南通港。泛亚航运决定加急送货，调度“皖宏远集19”轮提前复航，船员两小时内到船，同时在集团系统内各单位协同下落实中转、靠泊、拖车等全程配套，以最快速度将医疗物资送达客户工厂和仓库。

1月28日凌晨3时，寒潮席卷，风高浪急。装载有从安特卫普进口的34.88吨进口医用防护服生产原料的“中远海运人马座”集装箱船抵达宁波。在多方通力协作下，船舶艰难靠泊北仑港，并迅速接卸，运往浙江黄岩求新旅游用品厂，送到正在开足产能的医用防护服生产线，比原计划提前 20 多个小时。1 月 29 日下午，“中远海运巴拿马”集装箱船装载从越南进口的口罩、防护服等 80 余万件防控物资抵达青岛，这是青岛口岸首次通过海运渠道进口疫情防控物资。青岛中远海运集运业务部门协同配合，保障客户第一时间完成提货，缓解国内燃眉之急。

“扬帆远航，世界就在你眼前。”疫情期间，中远海运巨轮成为海上的一道风景线。

陆上“直通车”使命必达

截至 2 月 10 日，中远海运物流共为 2196 万只口罩、76 万套防护服、181 万副手套等总计 437 吨防疫医疗物资提供物流服务。

集团所属中远海运空运向社会承诺，为来自全球各地抗击疫情捐赠物资提供免费空运清关服务。1 月 28 日以来，上海空运、青岛空运、天津空运、大连空运持续为捐赠物资提供免费清关。1 月 29 日、2 月 1 日，广州空运两次为从马来西亚运往湖北省慈善会、火神山、雷神山的近 10 万只口罩提供免费清关服务，并以最快速度安排货物装车发运。

2 月 2 日凌晨 3 时，3 万只由日本鹿儿岛县萨摩川内市捐赠的防疫口罩由常熟中远海运物流监管车顺利运抵常熟。2 月 2 日 9 时、2 月 3 日 20 时，重庆中远海运物流两辆载有共计 15 吨无纺布的运输车辆，自山东淄博发车后历时 2 天时间，一路途经河南、陕西、四川，分别抵达重庆江津区和南岸区，完成运输任务。

为全力保障疫情防控时期粮食供应，泸州中远海运联众物流全力配合农业复工的加工、运输、配送环节衔接。1 月 30 日，15 辆载有 1200 多吨成品米的运输车分别运抵成都、重庆等地超市仓库。1 月 27 日—2 月 2 日早 8 时，营口中远海运百丰泰物流公司完成装箱 125 个，中转作业 6126 吨，确保了北粮南运通道畅通。

受国务院国资委委派，中远海运为中粮集团对湖北米面粮油保供任务提供运输保障。双方集团领导亲自指挥，集团运营部牵头协调，武汉集运执行货运。2 月 11—16 日，紧急调运 81 个集装箱、合计 2012 吨冻猪肉至武汉中央储备库。

中远海运工程海外项目团队协调物流资源，对接海外捐赠物流环节，为海外华人爱心捐赠开辟顺畅通道。截至 1 月 31 日，中远海运工程协调 5 个海外华人团体和公司顺利运回物资，并联合志愿者团队共同完成包括美国 20 万只口罩和 2 万套防护服、马来西亚两个批次共计 6 万只口罩和 4000 套手术服、迪拜线约 10 吨物资等在内的捐赠物资运输任务。

港口“大枢纽”日夜运转

疫情之下，集团全力提高船舶进出口港提货效率，打开绿色通道，确保疫情防控物资和应急原材料第一时间抵达。

1 月 31 日，载有 3 个 40 英尺和 1 个 20 英尺集装箱医用口罩的“鸭绿江”轮靠泊大连集装箱码头 17 号泊位。大连集装箱码头立即实行“优先直靠”，靠泊后优先卸船，并及时通知客户岸边直提，第一时间快速通关放行。船舶“零待时进出港”“零待时作业”，货物“零待时交付”，码头在最短时间内保障了防疫物资运往疫情防控第一线。

中远海运港口厦门远海码头自 2 月 1 日起，对外贸进出口普通重箱减免 10 天库场使用费，如有涉抗疫救援物资，全力配合，优先提运，费用减免，保障救援物资第一时间输送到抗疫前线。

2 月 1 日下午，满载 110 吨瓜果蔬菜从三亚始发的 11 辆大货车到达海口秀英港码头。海南港航即时响应、即时就位，开通专门服务窗口，并免除全部过海费用。瓜果蔬菜第一时间由海南港航下属公司海峡股份船舶“凤凰岭”轮运往广东徐闻海安港，其后途经广东、广西、湖南三省区，运送至湖北武汉，全力供给武汉“菜篮子”。截至目前，海南港航已累计免费运送至武汉达 221 辆次，共 7 316.8 吨防疫应急物资，均采取了零等待、零费用的特例特办，确保各类物资及时抵达湖北武汉。

“我们相信，爱和希望比病毒蔓延得快！”2 月 3 日，武汉封城后的第 12 天，中远海运港口武汉码头公司在汉员工仍在码头值班巡逻。

截至2月25日，集团承运防疫重要物资约8.4万吨；运输口罩1175.8万只、防护服192.4万余套、护目用品8.6万个、手套365.2万副、护士帽27.7万个；免费清关口罩1725万只，防护服43.5万套，护目用品2.2万个……

非常时刻　非凡之策

“经济强国必定是海洋强国、航运强国。”疫情蔓延为百姓生活按下了“暂停键”，但经济社会发展必须保持“运行键”。非常之时需要非凡之策，更要担起非常之责。作为拉动全球经济的支柱企业，中远海运早已进入“后疫情”时期的未雨绸缪。

如果说疫情防控是一场大战，那么疫情下的经济社会发展就是一次大考。

2月10日，习近平总书记在北京调研指导新冠肺炎疫情防控工作时强调，要统筹推进经济社会发展各项任务，在全力以赴抓好疫情防控同时，统筹做好“六稳”工作①。

当天，中远海运集团召开2020年新春全球视频会，集团党组书记、董事长许立荣提出：我国在全球供应链的中心地位不能被改变，只有确保库存充分盈余，才能给人民生活和疫情防控提供最根本的保障，才能打赢疫情防控阻击战。在2月17日集团第9次党组扩大会上，许立荣再次提出：航运物流企业贯通产业链上下游，是国家重要物资运输的主力，只有集团先动起来，才能更好地带动全社会各产业、各行业动起来。

集团董事、总经理、党组副书记付刚峰提出：疫情对物流供应链影响巨大，将进一步推动中国乃至全球产业布局调整。我们要绷紧效益这根弦，经营效益目标没有“暂停键”。

坚持“底线”思维，将应对考虑到面

当疫情对各行业的影响不断显现，航运经营挑战重重。同时，世界卫生组织将疫情确定为“国际关注的突发公共卫生事件”，90多个国家和地区已在口岸采取了入境管制措施。

把疫情带来的影响考虑得更充分一些；

把问题和挑战分析得更深入一些；

把应对措施准备得更全面一些……

中远海运坚持底线思维，推出应急预案，合理配置各类资源，聚合各业务板块协同力量，致力回归正常生产、稳定发展的轨道。

2月10日，集团总部所有人员正式上班。其后，除湖北和疫情严重地区单位，集团1035家生产型子企业中，1025家全面复工复产。

2月17日，集团总部和各单位生产经营会议恢复正常。

各部门、各企业进入战斗状态。

集团1300余艘船舶是国之重器，也是民生所系，纵有千重山万重浪，船不能停。“万花敢向雪中出，一树独先天下春”，各航运企业预判市场热点，提前统筹布局，合理安排航线。集团部署“确保船员身体健康不受侵害，确保船队安全运营不受影响，确保船员队伍管理平稳有序”（“三个确保”）要求，领导带班值守，重点跟踪寒潮、大风、浓雾天气，重点监控防海盗、警戒区船舶，保障集团船舶全球航行安全稳定。

集团装备制造产业吹响开工号角。中远海运重工保持节日期间持续开工状态，日均出勤率超万人。集团航运服务集群企业制定严密防控措施，做好生产经营全力保障，集团所属中国船燃节日期间完成704艘船舶海上燃料供应。集团各客运单位加强春运和水路客运安全监管，中远海运客运运送旅客51航次，厦门中远海运47航次，海南港航控股888航次，均实现了春运期间的安全平稳运行。

坚持“抱团”作战，为客户负责到底

集团党组副书记孙家康在2月14日集团疫情防控信息报送工作专题会上提出要求：加强客户服务，为客户分忧解难，特殊时期绝不能涨价。

“唯应遥料得，知我伴君行”，越是严峻复杂时刻，越是对“以客户为中心”理念的真实检验。

1月24日，除夕夜。武汉集运四川公司接

① 《统筹兼顾做好“六稳”》，人民网，2020年02月14日，http://industry.people.com.cn/n1/2020/0214/c413883-31586706.html.

客户通知，有三票NAC合约铁海联运一体化大通关货物因疫情受阻。由于大通关货物操作要求特殊，四川公司立即启动营销客服联动机制，最终在上海集运帮助下，共计15TEU货物于正月初二下午全部装船。正月初四，武汉“封城”期间，武汉集运客户服务部收到客户紧急赶交货期请求，希望将26个高箱的欧洲流向货物更换航线改港出运。出行不便，但服务不变，公司客服部迅速响应，集中订舱、单证、一站式团队紧急联动，高效处理改港业务，确保了顺利装船。

1月28日，中远海运物流大连仓配汽运部收到客户急函：生产线告急。大连仓配汽运部素来是一支能打硬仗的铁汉团队，疫情当前，更是选择冲在时间前面。1月31日，在大雪纷飞中，首批六台集装箱拖车发出，率先运抵生产厂家，保证了急需配件准时上线生产。

1月底，“东南亚—江西”海铁联运第二批进口橡胶木在疫情期间抵达中远海运港口厦门远海码头。为保障该批橡胶木在非常时期快速通关，码头商务部客户服务团队为货物到港做足准备，并协助海关逐一对橡胶木进行尺寸区分、量尺、测算、排查，最终快速查验完成并快速放行。客户对厦门远海码头的快速响应高度赞许，并发来了感谢信。

中远海运物流向海内外客户发布了《客户服务指引》，全力维护国际贸易正常开展。为确保中铝几内亚项目春节期间正常运营，项目实验室检测员主动留守几内亚。春节期间是厄瓜多尔铜精矿物流项目出货集港高峰期，中远海运物流驻地项目员工坚守港口，确保了项目平稳运营。集团所属中国外代、中外理、中联理货在疫情期间坚持7×24小时作业和服务，其中理货船舶艘次达4115艘。

疫情当前，既要有责任担当之勇，又要有科学防控之智；既要有统筹兼顾之谋，又要有组织实施之能。节后第一周，中远海运抓住时机，大力推进数字化转型、信息化“加持”、“云端”密织服务网，让温馨服务始终在线。

中远海运集运泛亚航运在网络平台发出“服务承诺书”，通过内贸EP平台和泛亚电商在线订舱服务，让客户足不出户，安全订舱。泛亚电商与超200家客户进行了线上沟通，推出疫情期间优惠政策，延长“箱信宝”产品的免息天，从资金压力方面释放客户的潜能，提供客户各项便利。中远海运能源开发新版客户服务App，制定业务解决方案，排定需求处理时间表，为公司客户及时提供相关动态。

坚持“狼性”精神，让创效目标落地

作为国家能源运输的主力船队，中远海运能源公司所属船舶24小时执行航运任务，持续精益经营管理“颗粒度”，把“长航线摆位”作为最优选择，努力实现内贸收入和利润大幅提升。

疫情阴霾下，中远海运特运船队稳健前行。1月23日，扬州，重吊船“大良”轮装载着60片出口澳大利亚的风电叶片起航；2月1日，天津，汽车船“常荣口”轮装载着1000辆奔驰南下；2月1日，海口，沥青船“木兰湾”轮解缆起航，驶往新加坡；2月2日，重达13 000吨的“招商海龙6号”平台于天津离岸60海里的作业区顺利坐墩，再次展现特运船队“举重若轻的实力、举轻若重的精神”。

2月6日下午，一趟满载26组玻璃纤维的班列从小南垭车站开出，驶向钦州。这是武汉集运重庆公司在庚子鼠年开行的首趟陆海新通道下行班列。

2月10日下午，X8074次中欧班列吉利号，装载着86个标准集装箱，从义乌西站鸣笛启程，驶向白俄罗斯明斯克。疫情防控期间，“义乌—明斯克”中欧班列全面恢复常态化开行。

2月17日上午，满载41车40英尺集装箱的中欧班列由南昌国际陆港驶向俄罗斯莫斯科、白俄罗斯明斯克，标志着由中远海运运营的“南昌—莫斯科、明斯克”中欧班列全面恢复常态化开行，拉响驶向春天的汽笛。

虽然疫情对国民经济和航运物流企业生产经营带来重大影响，但中远海运把稳舵、定好锚、拧成绳、扬起帆，紧盯“三个聚焦”，协同攻坚克难，1月集团实现净利润11.4亿元，生产经营持续平稳，显示出“大国船队”的坚强战斗力。

堡垒之坚　必胜之战

疾风知劲草，烈火炼真金。在发挥大国重器和顶梁柱作用的能力检验面前，在党的领导力、战斗力严峻大考面前，中远海运筑造坚强的战斗堡垒，向着疫情最前线驶出了“越是艰险越向前”的“诺亚方舟”。

习近平总书记指出，坚持党的领导、加强党的建设，是我国国有企业的光荣传统，是国有企业的“根”和“魂”[①]。在与疫情水火抗争的“战疫”中，中远海运党组织独特优势不断彰显和升华，充分展现了党员干部队伍的召之即来、来之能战、战之必胜，有力夯实了国有企业的守土有责、守土负责、守土尽责。

一个组织就是一座堡垒

1月28日，中远海运集团党组向驻武汉各单位及全体员工发出慰问信，鼓励大家充分发扬“越是艰险越向前”的斗争精神，告诉他们，集团党组永远是他们强大的后盾。

2月1日，集团党组印发《关于加强党的领导、为打赢疫情防控阻击战提供坚强政治保证的通知》，号召全体党员干部筑牢阻击疫情的钢铁长城。

集团第一时间成立武汉现场工作组，统筹协调武汉地区各单位的疫情防控工作。疫区党组织成立135个防抗疫情“党员突击队”，加强职工、家属联系，发放防范物资，积极协助职工和家属入院治疗，积极配合当地政府、社区开展工作……“党员突击队”成为疫区职工的主心骨。节后，集团党组积极组织发动总部和各直属单位党组织向武汉地区单位捐赠特殊党费，截至2月5日，237.5万元特殊党费已转入武汉地区单位专用账户。

集团党组按照国务院国资委党委统一部署，第一时间向武汉市慈善总会捐赠3000万元，并转入其设立的“新型冠状病毒肺炎捐款专户”。2月13日，集团再次通过中远海运慈善基金会向中国红十字基金会捐赠300万元，定向用于“医务人员人道救助金”项目。

疫情防控期间，集团党组始终关心着定点帮扶的5个县疫情防控情况，并向基础设施薄弱、防控压力较大的湖南安化县、沅陵县紧急拨付专项资金100万元，以打赢疫情防控阻击战，巩固脱贫攻坚战成果。

中远海运值得信赖的全球品牌优势和战胜疫情的坚定决心感召了全球合作伙伴，来自世界各地的爱心善款和物资源源不断汇集。截至目前，中远海运慈善基金会已收到来自意大利、比利时、希腊、乌克兰、土耳其、西班牙、罗马尼亚等多个国家的集团海外机构当地合作方捐赠善款，用于支援武汉疫情防控。“我们的心始终同中国人民的心连在一起！”比利时安特卫普副市长安妮可·德丽黛尔深情地说。

一道难关就是一方阵地

集团所属海南港航有一支由13名姑娘组成的“电波小队”，她们便是公司客服中心。2020年的旅客咨询比往年成倍增多，大年初二中心就接听了1366通电话。高强度的工作下，“电波小队”从未懈怠，每一通咨询来电都能认真答复，每一起投诉都能高效办理。她们是旅客的“万能小助手”，也是旅客的“情绪收集站”。

1月27日，中远海运仓配所属武汉分中心开始加入全国调配防疫物资入库工作，同时保障防疫物资调配湖北全省，尤其是武汉周边。武汉分中心4名当地职工说服家人，克服交通封闭困难，当天返岗工作。在快递不送货的情况下，分中心负责人自驾车去快递点寻找救护物资。为了降低交叉感染风险，4名职工坚持不换岗，操作进出库物资达72 592PCS[②]，用实际行动践行“我的城，我守护”的承诺。

一名党员就是一面旗帜

政治引领，初心感召，党员在前。一封封“请战书”、一份份“军令状”、一个个义无反顾的

① 《习近平在全国国有企业党的建设工作会议上强调：坚持党对国企的领导不动摇》，新华网，2016年10月11日，http://www.xinhuanet.com//politics/2016-10/11/c_1119697415.htm.

② PCS，PIECES的缩写形式，个、件的意思。

党员身影，让党旗在疫情防控第一线高高飘扬。

在海上，中远海运散运船舶在防控疫情中提出党员干部亮身份，设立了党员疫情防控先锋岗，铸造海上生命线。“远智海”轮 1 月 27 日在广西铁山港卸货期间，接到第 153 航次去湛江港装运铁矿的任务。由于该轮一直承运煤炭，更换货种必须要清舱。从铁山到湛江航程仅 20 小时，清舱时间紧、任务急。“我有经验，我先上！”“我是党员，我先上！”该轮张爱党、杨海锋、倪庆联等党员冲锋在前。

党员先行！ 2 月 1 日，集团所属广州新海医院党委发出抗击疫情最强动员令。医务人员进入抗击疫情紧急状态。2 月 3 日，医院党委召开支部书记会议，内科第一党支部书记曹海霞表示，自己2003年曾参与抗击非典一线临床救治护理，如今疫情肆虐全国，身为党员医务工作者，当发扬“若有战，召必回，战必胜”精神，随时应战！因防疫工作需要，新海医院领导坚守值班，多名医护人员临时退票，放弃与家人团聚，留下来坚守临床一线。

为了守护长者的健康，广州中远海运健康公司下属江南颐养苑的工作人员放弃休假，坚守岗位。集团劳模凌淑芬曾是 2003 年广州市抗击非典先进个人、三等功获得者，她运用丰富的防抗疫情经验，迅速在苑内规划布置了观察室、隔离室等场所。

……

疫情肆虐，让我们看到，每个中国人都在中华民族这艘大船上，狂风暴雨总是不期而遇，惊涛骇浪总是形影相随。

什么是同舟共济？航海人最能体会。

在这场防抗疫情的人民战争、总体战、阻击战中，中远海运不会退缩，正和全国人民一起，风雨同舟、驶向光明。（朱雪峰）

（本文原载于《学习时报》2020 年 2 月 28 日“特别专题”）

把援藏项目做到群众的心坎上

——中远海运集团18年援藏工作纪实

中远海运集团积极响应党中央关于援助西藏的号召，自2002年派出首批援藏干部，对口支援西藏昌都市洛隆县；2016年，又增加对口支援昌都市类乌齐县。18年来，中远海运集团认真贯彻落实中央关于西藏工作的重大决策部署，深入学习贯彻习近平总书记治边稳藏思想，先后选派10批20名干部奔赴受援地，投入援藏资金2.695亿元，实施援藏项目140项，为洛隆县、类乌齐县实现脱贫摘帽作出了积极贡献。在雪域高原，中远海运集团的援藏干部不忘初心、牢记使命，大力发扬“老西藏”精神和援藏精神，带着忠诚、热心、细心、爱心、诚心，把党的关怀和温暖送到西藏群众最需要的地方，与洛隆、类乌齐结下了深厚的友谊……

带着对党的援藏事业的忠诚，中远海运集团的援藏干部奔赴祖国最需要的地方，奋斗在雪域高原，把党的关怀和温暖送到藏东大地，在艰苦磨砺中书写山海相连的援藏华章。

2017年3月19日晚上，中远海运集团第九批援藏干部张登波在县公安值班室里值完班后，写下了《心声》的歌词：

座座高山连绵成雪域高原哎／我站在德嘎拉山巅／看风卷云腾／心随经幡澎湃起伏哎／党啊，祖国／是您的召唤／千万援友来到这前线。

条条哈达凝结／流淌着藏汉亲情哎／我在这过藏历新年／跳起欢乐的锅庄／心和藏族同胞连一起哎／党啊，祖国／是您的胸怀／我们无悔付出和奉献……

正如歌曲所唱的那样，一批批中远海运集团的援藏干部，在党的援藏政策感召下，带着初心使命，带着对雪域高原的向往，带着对藏族同胞的深厚感情，来到祖国的边疆，用忠诚书写华章，用奉献记录时代，用真情温暖高原，让寂静的大山和国际化的航运央企连接起来，谱写了一曲曲动人的援藏之歌。

“好的，我马上回来报到！”2020年正月初四，正在浙江绍兴老家过年的集团第十批援藏干部胡桅接到洛隆县的电话。当时全国的疫情防控工作十分严峻，洛隆县也全面加强疫情防控，胡桅作为分管医疗卫生工作的县委常委、常务副县长，需要尽快回到工作岗位。其实，胡桅早在大年初一就做好了赶回洛隆的准备，并曾给县委主要领导打电话请示，县领导觉得他难得回家过年，让他等候通知。如今接到电话，胡桅迅速订好机票，日夜兼程赶回洛隆。

在接下来的日子里，胡桅全身心投入疫情防控工作，深入医院、社区、乡镇、学校等督导检查工作，确保把各项防控措施做得实之又实、细之又细；慰问医护人员和值班干部，及时协调解决疫情防控过程中存在的问题，所有进出洛隆县的人员他都要逐一审批签字。

“那段时间压力很大，加上工作量大，体重减少了10斤。”胡桅说。虽然面临巨大考验，但他全力以赴，确保疫情防控万无一失，不辜负全县人民的期望。

当地干部开玩笑说胡桅打破了“三个纪录”：一是“晒得黑”。这个来自江南的汉子到洛隆后经常四处调研走访推动工作，一年下来，肤色与藏族同胞很接近。二是“走得远”。胡桅几乎跑遍了洛隆县的乡镇村庄，还经常深入到村卫生室检查工作，包括很多当地干部都没有去过的海拔4000多米的新荣乡克多村、白托村卫生室。三是“来得早”。援藏干部有统一的60天假期，但因抗击新冠肺炎疫情需要，他是第一个正月初六就报到上班，在县里过藏历新年的援藏干部，创造了又一个“小纪录”。

“这是以前的照片，是一个很破旧的小木桥，董县来了之后帮我们建了现在这个坚固漂亮的新桥。”在类乌齐县伊日乡采访期间，乡党委书记昂旺曲珍说起中远海运援建的项目如数家珍，在她的手机上还存着以前伊日乡入口处的老照片。在伊日乡政府附近，一座新建的钢筋水泥桥梁极大地方便了当地群众的出行，桥下水流湍急，桥上高山峡谷、蓝天白云，景色秀丽。昂旺曲珍说的董县就是和胡桅同一批的中远海运援藏干部董建华，挂职昌都市类乌齐县委常委、常务副县长。他非常珍惜援藏机会。一年来，他已熟悉了类乌齐县的每个村镇、每条山路，为群众挖井打水、建桥修路，为学校建宿舍，为搬迁群众建房子。他按部就班地推进实施着每个项目，希望在自己的任期里能为类乌齐的群众多做一些事情。

第八批援藏干部李奕钊，曾任西藏昌都市政府副秘书长，洛隆县委常委、县人民政府副县长。他在工作总结中写道：“我作为援藏干部只有从政治上、思想上、行动上、感情上融入当地，才能完成好中央交办的各项援藏任务。因为有了更深的民族情结，我与当地各族干部和群众结下了深厚的感情，收获了更多的友谊，得到了当地干部群众的认可，也使自己更加成熟。”

“中远海运集团的干部经常来到农牧民群众中，老百姓有什么困难、有什么需要，他们就帮助解决什么问题。”洛隆县原副县长嘎松扎西曾与多位中远海运集团的援藏干部共事，他觉得中远海运的援藏干部“不一样”，普遍工作实、作风好、效率高、要求严，给他留下了深刻的印象。说起中远海运，老人反复竖起大拇指。

热心服务农牧民群众，帮助群众解决困难，哪里有需要，就把工作延伸到哪里。让洛隆县、类乌齐县的群众过上好日子，是中远海运集团援藏的不懈追求。

“中远海运集团 18 年来援助洛隆的工作，用一个词来形容就是‘雪中送炭’。”洛隆县委书记吴剑这样评价，“18 年来，洛隆与中远海运集团结下的深厚友谊说也说不完……”吴剑书记来洛隆工作已有 8 年，见证了中远海运集团援助洛隆带来的巨大变化。“今年中远海运集团参与援建的县应急水源发挥了重要作用。”吴剑书记在交流中谈到了疫情期间县城的供水工作。事实上，集团的所有援建项目，吴剑都了如指掌，也对项目实施后的效果有着深切的体会。

2002 年，中远海运集团第一批援藏干部张清海、樊华来到洛隆后，看到小学、中学没有食堂，孩子们冬天吃饭要拿到宿舍，不然就蹲在教室的屋檐下吃，阵阵寒风吹来，冻得瑟瑟发抖。他们立即申请为学校建造食堂。经过前期项目考察论证，投资 300 万元建设了当时昌都最好的小学、中学食堂，可容纳 650 多名学生同时就餐。

以前，洛隆的村子里条件十分艰苦，没有活动场所，村委会开会都没有地方，一般是到房子比较大的村干部家里开会。集团就建立了村民活动室，不仅解决了开会的问题，还配备电脑满足村委会的日常办公所需。集团曾连续三年共投入 380 万元用于 13 个村委会建设。

在康沙镇，有一排中远海运援建的二层楼移民搬迁小区康沙新村。益西江措一家是从山上搬迁到新房子的。宽敞明亮的二层楼民居和以前山上低矮潮湿的土房子形成了鲜明的对比，他和家人非常高兴。益西江措今年 35 岁，有 3 个孩子。他不仅搬进了新房子，还买了大货车和挖掘机，在不同季节轮流开大货车和挖掘机赚钱，一家人生活得很幸福。他说，现在的心愿是开好自己的车，希望孩子们好好学习，毕业了有个好工作。

65 岁的洛桑多吉是康沙镇康沙村的老村主任。他说以前生活很艰苦，住的是土房子，中远海运集团建了很好的房子，让村民免费居住。现如今，家里都可以洗热水澡了，卫生院就在对面，看病方便。他十分感谢党的好政策。

18 年来，中远海运集团先后投入 6790 万元，实施西藏农牧民安居工程、新农村建设、易地扶贫搬迁等工作。2016 年以来，先后完成洛隆县硕督新村、康沙新村、八里新村、加日扎新村、马利镇夏玉村和类乌齐县协塘、卡玛多、桑多镇等 8 个搬迁安置点建设，让广大边远山区住房困难群众住上了宽敞明亮、安全舒适、环境优美的新居。其中洛隆县硕督镇扶贫搬迁安置点于 2016 年 8 月 15 日全部实现入住，成为昌都市第一个建成并入住的示范点。

“这个宿舍楼就是我们援建的，2004 年建成。我们刚来的时候，县里没有干部宿舍，我们建了 43 户干部安置房。”2020 年 7 月，中远海运集团第一批援藏干部樊华回到“新的故乡”洛隆，看到这里已经大变样，但集团援建的这些周转房还在发挥着应有的作用。

2002 年以来，集团共投入 2810 万元用于洛隆县干部职工居住用房和办公用房建设，先后建成了机关干部周转房、医院职工周转房，以及科教文化活动中心、农牧民培训中心、广播电视综合楼、政府招待所等一系列重点工程，从根本上解决了干部职工住宿难、办公难等问题，为基层干部扎根洛隆、建设洛隆发挥了重要作用。

水是生命之源，能用上纯净的自来水，曾经是洛隆人民的一个梦想。“我们刚来的时候，把这里的水接到玻璃杯里，开始看着也是清澈的，但是放置一会，就会有沉淀。”樊华这样描述当时的水质情况。于是，让当地群众喝上健康的饮用水就成了中远海运集团援藏干部的一个心愿。

2005—2012 年，中远海运集团先后投资 2855 万元改扩建洛隆县自来水厂，实施自来水净化工程和无动力给水工程，让广大群众喝上了干净安全的饮用水，洛隆县成为昌都地区第一个实现 24 小时全天候供应符合饮用水标准自来水的县。为逐步解决边远乡村的安全饮水问题，2018 年又投入资金 500 万元，在洛隆县俄西乡和类乌齐县吉多乡、伊日乡、卡玛多乡、岗色乡实施安全饮水工程，彻底解决 2000 多名农牧民的饮水安全问题。2019 年继续投入资金 2100 余万元，在洛隆县新建潜流坝、减压池、放空阀、排气阀，铺设饮水管线 8850 米，解决了县城周边近 2 万人的饮水问题，并同时在类乌齐县长毛岭乡、岗色乡实施安全饮水工程。2020 年，将再投入 965 万元对洛隆县自来水厂实施改扩建。

近年来，中远海运集团进一步科学制定援藏规划，大幅提升援藏资金，坚持资金和项目向基层倾斜、向农牧区倾斜、贴近贫困群众，确保 80% 以上的资金用于改善民生，助推当地生产生活条件的改善。2019 年，援藏资金已达 3910 万元，是 2015 年的 3.3 倍；购买及帮助销售西藏产品 500 余万元，帮扶力度持续加大，援藏资金不断升级，合作项目不断扩展。

带着细心把援藏项目实施好，精耕细作，一张蓝图绘到底，一个项目惠永久。既要把大项目做扎实，也要把小项目做暖心。求真务实，接续奋斗，水滴石穿，落地见效，是中远海运援藏工作的突出特点。

“援藏工作要援得精准，就是要把有限的援藏资金、有限的时间精力用在受援地最需要的地方，最大程度地发挥经济社会效益。”第九批援藏干部余贵兵对“精准援助”深有体会。中远海运集团在援藏工作中，始终坚持“精准援助”，坚持“项目化”管理，实现目标全程化、路径明细化、管理科学化。每年编制项目预算，每个项目都有详细方案，重大项目稳步推进，品牌项目接续实施，保证了援藏工作的“精准化”“持续性”和“高质量”。

中远海运集团实施援藏项目时，特别注重项目质量，第四批援藏干部左振永、王文胜在加强援藏项目质量监控方面，多措并举，颇有心得：一是依法取得“一书两证”，依法依规推进援藏项目建设，确保项目的合法性；二是认真组织施工图设计，加强施工预算审核；三是规范项目招投标，严格审核施工合同，加强风险防范；四是坚持工程监理制度，促进监理发挥作用；五是加大业主监督力度，对所有援藏项目做到心中有数。2008 年，他们对每个援藏项目的选址放线、基础工程、隐蔽工程、主要附属工程等工序，都多次赴现场进行了过程监督。尽管西藏有着特殊的施工条件，但通过以上一系列的措施，有力地保障了援藏项目的质量和进度。

中远海运集团于 2008 年投资 200 万元援建了糌粑加工厂，购入先进设备 7 套，着眼于帮助洛隆发展特色产业，实现援助工作由“输血型”向“造血型”转变。十多年过去了，洛隆糌粑加工厂已经发展成长为特色产品开发公司，年产值 600 多万元，直接带动 1000 多个青稞种植户增收 45 万元，实现 207 个建档立卡贫困户户均增收 600 多元，是西藏自治区级扶贫龙头企业、自治区 3A 企业、洛隆县纳税第一大户，拥有西藏自治区著名商标，并获得了地理标志产品认证。

2011 年 8 月 30 日，中远海运集团援建的洛隆县给水项目全面竣工验收，生活在古老县城的干部群众第一次喝到了 24 小时供应的清澈洁净的自来水，那种从内心沁透出的喜悦和兴奋，让集团第六批援藏干部张进和叶勇永生难忘。投资 2000 多万元的给水项目是中远海运集团对口支援洛隆县十年来投资额最大、惠及面最广的项目。他们把这项工程建设作为援藏期间的头等大事，经常深入工地检查指导工作，了解工程进度，督查工程质量，倾注了大量的心血，确保了工程按时、保质保量交付使用。从项目启动之初的地勘定点、确定取水口、设备厂家的协调，再到管道线路的铺设、主体工程的实施和厂房外观的美化，376 天的建设工期，组织召开相关会议近 20 次，考察工地近百次，12 千米的管道线路，他往返了 10 余次。

中远海运集团所属中远海运物流有限公司与自治区国资委所属西藏中兴商贸集团在业务合作基础上，成功开启“西藏号”出藏班列，发运“西藏好水”1500 余吨至江浙地区，为西藏特色产品走出西藏、走向内地、走向世界，提供了成功典范。为进一步深化合作，2018 年，本着优势互补、互惠共赢，央企帮扶地方优势国企的“帮、传、带”合作理念，双方共同投资组建了合资公司——西藏中远海运物流有限公司。合资公司以股权为纽带，集资金、人才、业务和管理为一体，打造双方深度业务合作、资源共享、产业发展的市场平台，助推西藏物流产业升级和南亚陆路大通道的最终连通。

类乌齐冬季气候寒冷，最冷时低于 –20℃。全县中小学生全部住校就读，但大部分学生由于没有保温水杯，无法在学习期间喝到热水和酥油茶。学生经常喝凉水，极易感染病毒罹患胃肠道疾病，健康卫生难以保证。于是，中远海运集团实施了“中远海运 – 格桑美朵”暖心水杯项目，给全县近 8000 名中小学生每人配备一个保温水杯，孩子们非常高兴。援藏干部余贵兵在看望结对帮扶对象时发现，当地有些贫困群众冬衣匮乏，一些小孩子甚至冬季只有秋装裹身。余贵兵便与重庆援藏干部一起发起“冬衣温暖类乌齐”募捐活动，共收到内地义捐到类乌齐的冬衣 2 万余件，在乡村干部的支持下，翻山越岭送到困难群众手中。这些项目给西藏的百姓带去了温暖和关爱，受到了广泛好评。

2013 年的初秋，中远海运集团第八批援藏干部李奕钊到洛隆县马利镇久修小学调研，听学校校长介绍，全校共有 175 名小学生。其中 22 名学生是孤儿，其余大部分属于低保家庭或困难家庭。进入 10 月初，由于学校地处在海拔 4100 米，白天气温已在 0℃左右，冬天气温最低会到 –20℃以下。为了使学生能有一个温暖的冬天，他利用带领洛隆县干部人才到云南培训机会回到原单位昆明中远物流公司，举行了“中远洛隆共助学、雪域高原献爱心”的助学捐款捐物活动。公司员工都积极主动献爱心，为当时马利镇久修小学 175 名小学生每人购买了一套崭新的羽绒服、羽绒裤、雪地靴以及学习用品。这些总价值 5 万余元的物品，为严寒冬天在高原上课的小学生送上了爱心和温暖。在捐赠现场，学生代表激动地说：“感谢叔叔阿姨给我们温暖，我决心在今后的学习生活中，立志成才，用优异的成绩回报社会。”

带着爱心帮助需要帮助的人，把教育帮扶摆在十分重要的位置。10 多年来，很多受到帮助的优秀学子回到西藏家乡，成为德才兼备的建设者，也成为爱心事业的传播者。播下美丽的“格桑美朵”，收获无限的希望。教育帮扶铸就了中远海运援藏的闪亮名片。

在洛隆和类乌齐的教育系统，“中远海运 – 格桑美朵”助学基金是个几乎家喻户晓的项目，格桑美朵基金为帮助孩子们实现梦想、人生出彩插上了翅膀。

“我家里有兄弟姐妹 9 个孩子，我排行老二，家庭困难。2005 年，我考上了拉萨师专。当时哥哥打工挣钱勉强维持家用，由于难以筹集上学费，我差点退学。有格桑美朵助学金的资助，我才能够顺利完成学业。”洛隆县中亦乡小学教师斯朗曲扎，立志用知识改变命运，在校期间是公认的好学生、好榜样，以优异的成绩考上拉萨师范高等专科学校，但由于家庭贫困，一度准备放弃学业。中远海运援藏干部走进他的家里，深入了解情况并给予真情帮扶。在“中远海运－格桑美朵”助学基金的资助下，他顺利完成学业并返回家乡担任基层一线的教师，投身洛隆教育事业。

“回想过去，爱的暖流在我心头涌动。在我最无助的时候，是党和政府，是中远海运集团送来了关怀与援助，解决了我的困难，使我在艰难的求学路上重拾信心，更让我真切地感受到了党的关怀和社会主义大家庭的阳光、甘露和温暖。”斯朗曲扎如是说。他现在经常给学校的孩子们讲格桑美朵基金帮自己上学的故事，勉励他们好好学习。

“当时，我考上了西藏内地班，对于学费生活费等很发愁，正在犹豫要不要去上的时候，格桑美朵助学基金帮助了我，同时中远海运集团的援藏干部张叔叔给了我很多帮助和关心。”四郎卓玛现在是山东师范大学的学生，在国家的好政策及格桑美朵助学金的帮助下，她的上学之路很顺利。

“特别感动的一件事是在 2016 年，我当时在天津上高中，因为张叔叔一直资助我学习，对我很关心。我在去学校途经北京的路上给张叔叔发了微信，本来想他在上海工作挺忙的，回北京的家也不容易，就是报告一下。结果，我到北京火车站的时候，他已经在车站等我了。”四郎卓玛说的张叔叔，是中远海运集团第六批援藏干部张进。他在援藏期间资助了 2 个学生，四郎卓玛是其中的一个。很多中远海运的援藏干部及爱心职工和张进一样，默默资助和关心着西藏的孩子成长成才，但平时很少提及。

“我考上大学的那年，爸妈不幸遭遇车祸。当时整个家庭遇到了巨大的困难，幸好有格桑美朵助学基金，在最困难的时候帮助了我。”次仁措姆 2011 年以优异的成绩考入中国青年政治学院，在“中远海运－格桑美朵”助学基金的帮助下，走进了大学校园。除了经济上的帮助，让次仁措姆更难忘的还有中远海运大家庭的温暖。

“刚上大学，家庭变故、陌生环境、学习压力，让我感到挫折和迷茫。那段时间，中远海运的李耿玉等阿姨和叔叔们给了我很多关心和鼓舞，让我慢慢走出来了。”次仁措姆通过刻苦努力，学习成绩不断提高，还在学校光荣入党。毕业后，通过参加公务员考试，次仁措姆回到洛隆县工作。为了让格桑美朵助学基金倡导的爱心更广传递，她还组建了“知行洛隆”爱心公益小组，通过与中远海运和社会各界的爱心人士联络，多次开展帮助农牧民孩子的爱心活动，为他们捐赠图书、学习用品、衣物等。

2002 年由中远海运集团在洛隆出资设立“中远海运－格桑美朵”助学基金，旨在缓解贫困学生家庭经济压力，解决农牧民困难家庭子女上学难等问题，通过教育阻断贫困代际传递，帮助青少年读书成才，支持西藏洛隆教育事业发展。2018 年起，“中远海运－格桑美朵”助学基金的实施范围扩大至类乌齐县。截至目前，集团累计投入专项基金达 1156 万元，受助人数达到 9700 余人次。该基金的持续实施，有效促进了农牧民群众送子女入学的积极性，激发了广大教师安心教育、奉献教育的事业心和责任感。目前，“中远海运－格桑美朵”助学基金已成为洛隆县、类乌齐县、昌都市乃至西藏自治区教育的一个独特品牌和名片，并在 2018 年第七届中国公益节上获评 2017 年度公益项目奖。受益的学生不少已经走上工作岗位，在各行各业努力工作，有的带着感恩之心回到家乡从事教育工作，让“格桑美朵”的精神传承发扬。

在帮助学子圆梦的同时，中远海运集团还先后出资 60 万元组织教育系统骨干人员赴内地考察学习，学习内地教学管理和新课改培训内容，让他们开阔了眼界，学到了先进的教育管理及教学工作新理念、新方法，推动西藏洛隆教育教学管理水平不断提升。18 年来，中远海运集团先后投入 5264 万元，实施项目 32 个，在校园软硬件建设、教师队伍拴心留人、困难学生资助帮扶、干部人才培训培养等方面开展了富有成效的工作。投资 4114 万元建设和改造学校 14 所（含教学点 11 所），有效改善了学校的硬件设施，并在全市开创了教学点整合先例，在全县形成了资源配置高效、管理规范、布局合理的教育发展新格局。目前，洛隆县中学生入学率已由 2001 年的 42% 上升到 2019 年的 98.58%。

带着诚心分忧解难，既把援藏项目实施好，也把政策落实好、衔接好。既注重解决“最后一公里”的问题，也努力解决“起步一公分”和“最后一公分”的问题。急群众之所急、想群众之所想，中远海运把援藏项目做到群众的心坎上。

“中远海运集团援助以来，每年都是真金白银投入，就是在企业遇到困难的时候，也没有停止。集团有十多万人，光养活这么多的人就不容易，还给我们做了这么多的好事，真是太感谢了！”洛隆的乡亲们曾这么议论。

正如当地父老乡亲们所说，他们需要什么，中远海运集团就建设什么；他们有什么困难，中远海运集团就帮助解决。

行路难，是当地的一个历史难题。“外地的司机来洛隆，面对怒江边上、悬崖峭壁间的小路，有的甚至不敢开车。”县委书记吴剑如此描述历史上洛隆地区的“行路难”问题。在援藏早期，中远海运集团重点项目用于基础设施建设，如：投资 750 万元援建了洛隆县城环城公路，投资 350 万元开展乡村路、桥、渠建设，极大缓解了干部群众出行难、畅通难的问题。

中远海运集团第八批援藏干部徐步，在第一个援藏任期结束后，主动请求增加 3 年援藏任期，是中远海运集团援藏时间最长的干部。他学藏语、吃糌粑、住帐篷、睡卡垫，和洛隆农牧民群众结下亲密无间的友谊，给当地群众留下了深刻的印象。大家说起他来都会竖起大拇指。徐步总是满腔热忱对待群众，只要碰上群众遇到困难，他就会真心实意地帮着解决。在下村调研期间，他转遍了所有中远海运援建的项目建设点。这个时期，他基本上每天都是披着夕阳的余晖，拖着疲惫的身体返回县城宿舍里的。他随身带着的工作笔记本上的内容也空前增加，不同日期下，记录下了各种地名和密密麻麻的数字，划了又写、写了又划的工作要点和工作思路。基于这样广泛深入细致的调研，他精心规划出了 19 个援藏项目，编制了《“十三五”经济援藏规划》。

经过一个时期的努力，基础设施建设取得一定成效之后，中远海运集团又根据当地经济社会发展和群众的新期盼，加强社会事业的投入。2008 年 8 月，36 名洛隆县五保老人喜迁新居，入住洛隆示范敬老院。五保老人代表西拉姆激动地说：“共产党好！党的政策好！以前做梦都没有想过这辈子还能住上这么好的房子，感谢共产党！”洛隆示范敬老院是中远海运集团援建的重点项目，包括住房、餐厅、活动室、办公室、多用途房，布局合理，设施完善，为老人颐养天年创造了温暖舒适的生活环境。集团先后投资 180 万元新建了洛隆县敬老院和硕督镇社会福利院，实现了全县孤寡老人、五保户老有所居、老有所养、老有所乐。

近年来，为了帮助藏族青年掌握一技之长，顺利就业，中远海运集团和洛隆县工会组织了短期技能培训班，通过每年组织缝纫机培训班、建筑班、绘画班等，帮助当地青年掌握一技之长，解决就业问题。这样的培训很受欢迎，越来越多的青年、企业、村镇主动联系，积极参加就业短期培训班。为了帮助困难职工群众过好藏历年和春节，中远海运集团对困难职工边缘户等每年开展慰问，让困难职工深受感动。

2016 年，中远海运集团第九批援藏干部张登波组织开展了针对医疗服务保障能力建设的专项调研。根据专项调研结果，群众在疾病治疗后，通过新型农牧区合作医疗、大病医院保险、商业医疗保险和民政医疗救助统筹保障后，就医保障基本满足群众诊疗需求，但部分群众反映，在入院治疗前期资金压力较大，特别是特、重、大、急疾病的应急诊疗，因资金不足广大群众很难到大医院看病治疗，甚至有部分群众因交不起住院费产生放弃治疗的念头。

如何填补政策的“空白点”，畅通政策的“衔接点”，既解决好“最后一公里”的问题，也解决好“起步一公分”和“最后一公分”的问题，着力解决群众“看不起病、看不了病”的问题？为此，集团决定设立洛隆县“中远海运 – 岗拉美朵”医疗救助基金。该基金于 2017 年正式投入运行，中远海运集团计划外安排专项资金 60 万元，县财政配套 30 万元，由中远海运挂职干部任基金管理委员会主任。该基金主要用于洛隆群众因病入院前期经费不足时借支，待群众治疗结束报销后归还，如新农合和大病保险等医疗惠民政策报销后群众治疗经费仍有较大缺口时，群众可以填写减免申请表，由基金管理委员会审核后确定减免额度。

牧民次旺四郎有 7 个兄弟姐妹，家庭比较困难，13 岁的弟弟 2018 年 9 月不幸得了白血病，病情严重时浑身乏力、发热、下肢肿痛。次旺四郎带着弟弟到成都看病，却拿不出需要交纳的 10 万元住院费。“中远海运 – 岗拉美朵”医疗救助基金及时介入，仅用一天时间就办理了 10 万元的住院借款，让次旺四郎的弟弟顺利住院治疗。经过一年的集中治疗，目前已基本康复，次旺四郎后来通过医疗惠民政策报销了医疗费，还了借款，他十分感谢“中远海运 – 岗拉美朵”医疗救助基金的帮助。

自“中远海运 – 岗拉美朵”医疗救助基金正式运行以来（截至 2020 年 6 月），累计借款群众达 103 人次，借款资金达 216 万元，减免群众 3 名困难群众医疗费 8 万元，有效减轻了贫困群众疾病救治的经济压力，遏制了因病致贫返贫问题的发生。“中远海运 – 岗拉美朵”医疗救助基金被当地干部群众称为“老百姓的救命钱”。

为解决当地医护人才不足的问题，集团还设立了“中远海运 – 色钦美朵”医护人才培养基金，全部用于医护人员的培养、培训和引进，并建立行之有效的激励机制。截至目前已投入 300 万元，安排医护人员培训 126 人次，对获得国家级和自治区级荣誉和资质的 9 名医护人员进行了奖励，促进了医护队伍培养建设。

洛隆县为大骨节病重病区，也是全国大骨节病的一个重要监测点。中远海运集团先后投入资金 150 万元，采取换粮、改水、搬迁、投药等各种措施，使患病人群发病症状得到明显改善，大骨节病的流行趋势逐步缩小。

为有效提升医院的管理和服务水平，中远海运集团先后投资 100 万元购买先进诊疗设备，开展医疗卫生信息化管理系统建设，帮助医院较早步入了规范化、科学化、信息化的轨道，为洛隆县顺利创建全区首批、全市首家二级甲等综合医院发挥了重要支撑作用。

十八载砥砺奋进，十八载春华秋实。在这片离太阳最近的地方，正发生着日新月异的变化，梦想的种子已经生根发芽，一个美丽、和谐、充满希望的社会主义新西藏正以前所未有的活力屹立于世界屋脊。洛隆、类乌齐如璀璨的高原明珠在藏东大地熠熠闪光，怒江、澜沧江昼夜奔腾不息，回应着山与海的交响，讲述着中远海运 18 年援藏过程中民族团结一家亲的温暖故事……

（吴彦红）

CHINA COSCO SHIPPING
CORPORATION LIMITED
YEARBOOK

中国远洋海运集团有限公司

年鉴

第二篇

概况

集团概述

集团概述

【集团简介】

中国远洋海运集团有限公司（简称“中国远洋海运”或“中远海运”），成立于 2016 年 2 月 18 日，总部设在上海，是中央直接管理的特大型国有企业。中远海运秉承“一个团队、一个文化、一个目标、一个梦想”的理念，向着打造“更规模化、更全球化、更有竞争力、更具价值”的优秀企业前行，努力成为国家战略更好的践行者、客户更好的服务提供商、供应商更好的合作伙伴、广大员工更好的事业发展平台。围绕“规模增长、盈利能力、抗周期性和全球公司”四个战略维度，中国远洋海运着力布局“6+1”产业集群，即航运、物流、金融、装备制造、航运服务、社会化产业和基于商业模式创新的“互联网 +”，进一步促进航运要素的整合，全力打造全球领先的综合物流供应链服务商。同时，集团积极打造全球化服务铸就网络服务优势与品牌优势，其码头、物流、航运金融、修造船等上下游产业链形成了较为完整的产业结构体系。2020 年，中远海运连续第四年获得国务院国资委中央企业业绩考核 A 级。

（周家恺）

【历史沿革】

中国远洋海运集团有限公司由原中国远洋运输（集团）总公司和原中国海运（集团）总公司合并重组建立。

原中国远洋运输（集团）总公司（简称“中远集团”）最早前身可追溯到 1961 年在北京成立的中国远洋运输公司。1961—2015 年，在中远五十余年的发展进程中，中远集团历经数次变更，反映出新中国海洋运输事业的发展壮大和对外贸易运输的沧桑巨变。企业变化经历了四个阶段，即：成立初期的政企一体化——交通部远洋运输局和中国远洋运输公司合署办公阶段（1961—1966 年）；“文化大革命”期间的铁、交、邮合并期——交通部水运组主管阶段（1967—1971 年）；国营企业转型期——中国远洋运输总公司自主经营阶段（1972—1993 年）；改革开放大发展期——中国远洋运输集团市场化经营阶段（1993—2015 年）。1993 年 2 月 16 日，中国远洋运输（集团）总公司成立，由原隶属交通部管理的中国远洋运输总公司、中国外轮代理总公司、中国汽车运输总公司、中国船舶燃料供应总公司 4 家企业组建。到 2015 年年末，中远集团拥有船舶 577 艘、4496 万载重吨；货运量 3.83 亿吨，货物周转量 16 485 亿吨海里；总收入 1 443.2 亿元，总资产 3 613.2 亿元。

原中国海运（集团）总公司（简称“中国海运”）于 1997 年 7 月 1 日在上海成立。中国海运在整合上海海运（集团）公司、广州海运（集团）有限公司、大连海运（集团）公司、中国海员对外技术服务公司、中交船业公司五家公司基础上而成立。其中，上海海运（集团）公司的前身是 1872 年成立的轮船招商总局，广州海运（集团）有限公司的前身是轮船招商局广州分公司，两家公司在新中国成立后都经历了军管、公私合营、现代企业制度改革的过程，成为中国沿海的主力航运集团；大连海运（集团）公司的前身是 1949 年成立的大连轮船公司，在渤海湾航线具有较强的竞争力；中国海员对外技术服务公司成立于 1984 年，是中国第一家海员劳务外派公司；中交船业公司成立于 1993 年，主业从事二手船贸易及拆船业务。1997—2015 年的 18 年间，中国海运实现了跨越式发展。到 2015 年年末，中国海运拥有船舶 544 艘、4047 万载重吨；货运量 5.46 亿吨，货物周转量 11 298 亿吨海里；总收入 799.41 亿元，总资产 2 321.59 亿元。

（周家恺）

【经营业绩】

面对全球百年未有之大变局，中远海运集团积极应对全球新冠疫情暴发、中美经贸摩擦等新挑战，深度链接“双循环”新发展格局，持续做强做优航运主业，不断提升全球市场竞争力，生产效益实现可观增长。截至 2020 年年底，中远海运资产总额 8 498.90 亿元，所有者权益 3 106.89 亿元，全年实现营业总收入 3 311.89 亿元，利润总额 326.77 亿元，净利润 219.33 亿元，连续第四年被评为国资委考核 A 级企业。在 2020 年全球 500 强企业排名中，位居 264 名，较 2019 年提升 15 位，排名连续两年超越马士基集团，成为全球排名最高的航运企业。

（周家恺）

【生产经营】

截至 2020 年年底，中远海运集团经营船队综合运力 11 138 万载重吨 /1387 艘，排名世界第一。其中，干散货船队运力 4270 万载重吨 /445 艘，油轮船队运力 2785 万载重吨 /218 艘，杂货特种船队 472 万载重吨 /153 艘，均居世界第一；集装箱船队规模 307 万 TEU/536 艘，其他船队的集装箱位为 10 万 TEU，居世界第三。此外，集团还有客轮及客箱船 13.27 万载重吨 /35 艘。集团全年货运量为 13.43 亿吨，货运周转量为 37 097.96 亿吨海里，船舶营运率 97.10%。在 2020 年的货物运输中，煤炭运输为 2.63 亿吨，原油运输 1.47 亿吨，金属矿石运输 1.49 亿吨，粮食 1 845.84 万吨；集团的集装箱重箱运输为 4 228.86 万 TEU。在“一带一路”建设中，集团沿线的集装箱班轮航线共开辟 189 条，投放集装箱船舶运力按装箱量计算占比达到 65.8%；中欧陆海快线箱运量达到 12.2 万 TEU，同比大幅劲升 47%。

截至 2020 年年底，集团在全球投资码头 58 个，集装箱码头 51 个，集装箱码头年吞吐能力 12 940 万 TEU，总吞吐量 13 355 万 TEU，居世界第一。全球船舶燃料销量超过 2770 万吨，居世界第一。集团装备制造板块中新造船交付量为 60 艘 /579 万载重吨，其中海洋工程船舶 6 艘。

（周家恺）

【服务国家战略】

中远海运集团积极融入双循环新发展格局，助力我国产业链、供应链稳定，用实际行动诠释了托起海运强国梦的使命担当。积极助力“一带一路”建设。以比雷埃夫斯港为支点做好纽带连接和物流面延伸，推进中欧陆海快线、中欧班列业务，构筑了通往中东欧的第三条物流大通道。持续助力海南自贸港建设；继收购海南港航控股后，2020 年集团在海南港开辟内外贸航线 30 条，海南港航全年完成箱量 284.4 万 TEU，同比增长 14.5%，占海南港口箱量的 94.8%，创业局面一片大好。积极助力国家区域经济发展；集团通过加大在海南、广西、重庆等地的港口、物流等相关领域投资，积极参与长三角一体化发展、粤港澳大湾区建设，助力上海国际航运中心建设。

【职工队伍】

截至 2020 年年底，中远海运集团员工总数 13.59 万人，其中陆岸员工 8.6 万人，船员 4.99 万人；境内员工 11.45 万人，境外员工 2.14 万人；中级职称以上专业技术人员 1.93 万人。在船员队伍中，自有船员 2.40 万人，派遣制船员 2.59 万人，派遣制船员中的外聘船员 1.78 万人；高级船员 2.51 万人，普通船员 2.48 万人。

组织结构

组织结构

【集团领导】

中远海运集团实行董事会领导下的总经理负责制。2020年任职的集团领导及总助级领导：

董事长、党组书记：许立荣

董事、总经理、党组副书记：付刚峰

董事、党组副书记：王海民

副总经理、总会计师、党组成员：孙云飞

副总经理、党组成员：黄小文

纪检监察组组长、党组成员：刘鸿炜

副总经理、党组成员：张　为

副总经理、党组成员：冯　波（2020年9月任职）

董事会秘书：傅向阳

总法律顾问：叶红军

工会主席：张善民

安全总监：翁　羿

总经理助理：韩　骏

【集团组织机构】

中远海运集团总部设行政事务本部／董事会事务部、行政事务本部（北京）、战略与企业管理本部／深化改革办公室、运营管理本部、安全监管本部／应急指挥中心、财务管理本部、人力资源本部／组织部、资本运营本部、公共关系本部、法务与风险管理本部、科技与信息化管理本部、审计本部／党组巡视办、党组工作部、纪检监察组、工会等部门。另设研究咨询中心／技术中心、人力资源中心／社会保险管理中心、新闻媒体中心、财务服务中心、集采中心、审计中心等机构。

集团境内设有直属单位，包括：中远海运控股股份有限公司、中远海运集装箱运输有限公司、中远海运散货运输有限公司、中远海运能源运输股份有限公司、中远海运特种运输股份有限公司、中远海运发展股份有限公司、中远海运重工有限公司、中远海运船员管理有限公司、中远海运资产经营管理有限公司、中远海运博鳌有限公司等。境外设有直属单位，包括：中远海运（香港）有限公司、中远海运投资控股有限公司、中远海运港口有限公司、中远海运（北美）有限公司、中远海运（欧洲）有限公司、中远海运（西亚）有限公司、中远海运（非洲）有限公司、中远海运（南美）有限公司、中远海运（比雷埃夫斯）港口有限公司等。

图2-1是集团组织结构图。

中国远洋海运集团有限公司
总部职能部门15个
行政事务本部/董事会事务所
行政事务本部（北京）
战略与企业管理本部/深化改革办公室
运营管理本部
安全监管本部/应急指挥中心
财务管理本部
人力资源本部/组织部
资本运营本部
公共关系本部
法务与风险管理本部
科技与信息化管理本部
审计本部/党组巡视办
党组工作部
纪检监察组
工会
共享中心6个
研究咨询中心/技术中心
人力资源中心/社会保险管理中心
新闻媒体中心
财务服务中心
集采中心
审计中心
其他1家
中远海运慈善基金会
境内直属公司24家（含全资、控股企业）
航运产业集群6家
中远海运控股股份有限公司
中远海运（厦门）有限公司
中远海运集装箱运输有限公司
中远海运散货运输有限公司
中远海运能源运输股份有限公司
海南港航控股有限公司
物流产业集群3家
中远海运特种运输股份有限公司
中远海运物流有限公司
中远海运（上海）有限公司
航运金融产业集群3家
中远海运发展股份有限公司
中远海运集团财务有限责任公司
中远海运财产保险自保有限公司
装备制造产业集群1家
中远海运重工有限公司
航运服务产业集群1家
中远海运船员管理有限公司
社会化产业集群10家
中远海运资产经营管理有限公司
上海船舶运输科学研究所
中远海运科技股份有限公司
中远海运（广州）有限公司
中远海运客运有限公司
中远海运（大连）有限公司
中远海运（天津）有限公司
中远海运（青岛）有限公司
中远海运大连投资有限公司
中远海运博鳌有限公司
境外直属公司13家（含全资、控股企业）
中远海运（香港）有限公司
中远海运投资控股有限公司
中远海运港口有限公司
中远海运（北美）有限公司
中远海运（欧洲）有限公司
中远海运（东南亚）有限公司
中远海运（澳洲）有限公司
中远海运（日本）有限公司
中远海运（韩国）有限公司
中远海运（西亚）有限公司
中远海运（非洲）有限公司
中远海运（南美）有限公司
中远海运（比雷埃夫斯）港口有限公司
对等持股的合资公司2家
中国船舶燃料有限责任公司
中石化中海船舶燃料供应有限公司
非企业单位2家
中远海运大学
中远海运驻台湾代表处
代管单位2家
中国坦桑尼亚联合海运公司
中波轮船股份公司
其他企业2家
中国远洋运输有限公司
中国海运集团有限公司

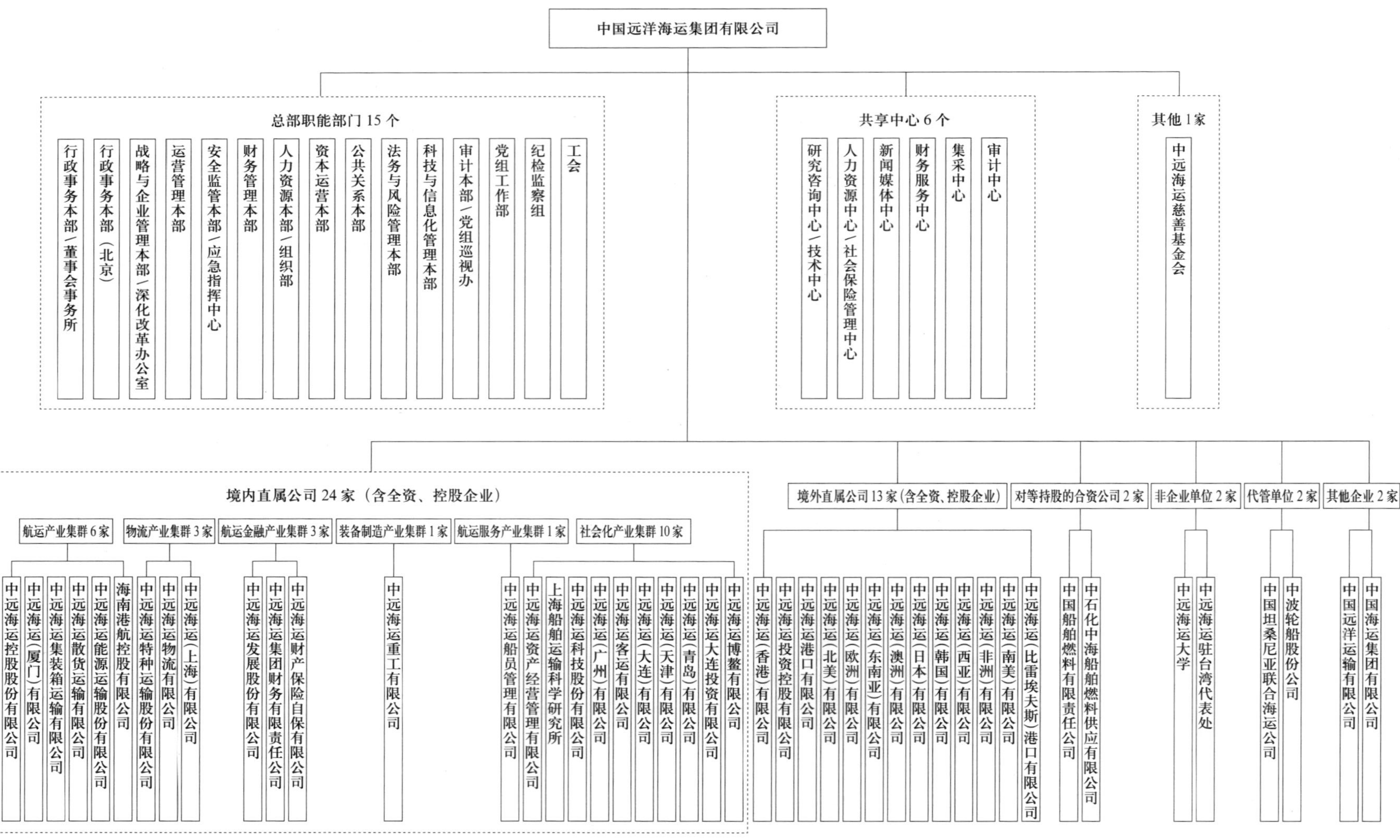

图2-1　集团组织结构图

战略规划

战略规划

【发展愿景】

集团“十三五”期间的发展愿景是：承载国家使命、服务世界贸易、构建全球网络，打造以航运、物流及相关金融服务为基础，多产业集群、世界一流的全球化供应链综合服务平台。集团发展愿景的基本内涵是：①承载国家使命。积极融入国家战略，在中国企业全球化布局过程中，以全球综合供应链服务支持中国资本海外扩张，同时以集团多年植根海外积累的本土化优势积极支撑中国企业海外发展。②塑造世界一流。着重强调“规模增长、盈利能力、抗周期性、全球公司”四个维度均衡发展，努力塑造服务一流、人才一流、管理一流的综合性物流服务企业。③着眼全球化经营。基本完成集团核心业务板块的全球化布局，加大第三国业务开发力度，逐步实现海外经营人才的本土化。④打造供应链综合服务平台。整合集团优势资源，形成航运、物流、航运金融为基础，多产业集群及业务板块的协同互动，借助互联网等先进工具，构建端到端供应链服务能力。（张希南）

【发展四个维度】

四个维度即规模增长、盈利能力、抗周期性、全球公司。中远海运规划实施以来，各项改革发展工作推进有序、战略举措项目执行比较到位，四大维度关键目标在 2020 年末得到基本实现。

1. 规模增长

集团“十三五”规划设定的规模增长目标为：集团在规划期内实现年均收入增速 12.5%，2020 年当年实现总收入 4 403.6 亿元（加总口径，合并口径约为 3600 亿元），进入全球企业 500 强排名前三百位。2016—2020 年，得益于两大集团重组整合及对东方海外（国际）有限公司（简称“东方海外”）的并购，中远海运集团在营收、资产规模方面实现显著成长，成为全球最大的航运公司。2020 年当年合并口径实现收入 3 311.8 亿元，年均收入增速 16%，位列世界 500 强企业第 264 名。

2. 盈利能力

中远海运“十三五”规划设定的盈利能力目标为：集团在规划期内实现盈利水平稳步增长，2020 年当年实现利润率（当年利润总额 / 当年总收入）6.2% 左右，接近行业领先水平。2016—2020 年，集团重组整合红利得以充分释放，主营业务的盈利水平显著提升，集团连续五年利润率均保持在 7% 以上，平均利润率为 8.2%，居于业内领先水平。

3. 抗周期性

中远海运“十三五”规划设定的抗周期性目标为：集团在规划期内实现非周期性业务资产总额占比持续提升，2020 年当年非周期性业务资产总额占集团总资产 61.8% 左右，达到行业领先水平。2016—2020 年，集团加大了对非周期业务（港口、物流、航运金融、社会化业务）的投入比重，非周期性业务资产占总资产的比重平均为 54.3%，稳健抗压能力不断提升，经营效益行稳致远，集团连续四年被国务院国资委评为 A 类企业及任期“业绩优秀企业”。

4. 全球公司

中远海运“十三五”规划设定的全球公司目标为：集团在规划期内实现海外收入占比持续提升，2020 年当年海外收入占集团总收入 40% ~ 45%，接近中国领先企业的全球化水平。2016—2020 年，集团克服了世界经济“去全球化”的不利影响，进一步拓宽国际网络，加大海外布局力度，“十三五”期间海外收入占比平均为56%，在中央企业中居于领先水平。

（张希南）

【“6+1”产业集群】

中远海运“十三五”规划确立了“6+1”产业集群，具体为：航运、航运金融、物流、装备制造、航运服务、社会化产业和基于商业模式创新的“互联网＋”。

（1）航运产业集群。作为核心产业集群，涵盖集装箱运输、干散货运输、油气运输、码头运营等业务板块，以及对台客货运输业务。核心使命是保障国家基础物资全球海上运输生命线的高效畅通，打造中国企业全球化经营新名片。

（2）航运金融产业集群。作为核心产业集群，涵盖租赁、金融股权投资、自保险和财务公司等业务板块。核心使命是突出“产融结合、以融促产、支持主业”的产业功能和业务侧重，构建规范、严格的金融风险防范体系。

（3）物流产业集群。作为核心产业集群，涵盖特种货物运输、综合物流、船舶代理、专业物流、液体储运，以及理货检验等业务板块。核心使命是成长为经营能力能够与集团核心产业地位相匹配的支柱产业。

（4）装备制造产业集群。作为重要产业集群，涵盖修船、造船、海洋工程、集装箱制造等业务板块。核心使命是推动我国船舶工业调整转型升级，促进制造业向绿色化、智能化、高端化转型发展。

（5）航运服务产业集群。作为支持产业集群，涵盖船舶管理和船员管理、船舶燃料供应、船舶物资供应，以及通信导航、油漆生产和贸易、一般贸易等业务板块。核心使命是成为“中国最强、世界一流的综合型航运服务公司”。

（6）社会化产业集群。作为支持产业集群，涵盖不动产投资管理、医疗康复养老、教育培训等业务板块。核心使命是打造集团产业结构调整的孵化器、平衡周期性产业的稳定器。

（7）“6+1”中的“1”是指基于商业模式创新的“互联网＋”，核心使命是推动集团信息系统资源整合，强化大数据获取、分析和处理能力，推动集团商业模式创新。（张希南）

集团董事会

集团董事会

2020 年，中远海运集团第一届董事会有成员 8 名，分别是集团董事长、党组书记许立荣，总经理付刚峰，党组副书记王海民，何庆源、钟瑞明、徐冬根、罗建川 4 名外部董事及职工董事杨志坚。2020 年 5 月 29 日，任命王海民为中国远洋海运董事，免去孙家康董事职务（退休）。

根据国务院国资委反馈的考核评价结果，集团董事会评价等级为优秀，在 9 家央企考核优秀董事会中排名靠前。

【董事会及专门委员会会议】

2020 年，中远海运集团第一届董事会共召开 7 次会议，现场 5 次、书面 2 次，共计审议 25 项议案，听取 6 项重大事项通报；主要审议集团公司年度投资及调整计划、财务预算决算、内部控制评价和风险管理报告、“十四五”发展规划等，对于董事会职权范围内的重大事项、重要投资及战略等及时作出决策。

中远海运第一届董事会设立 5 个专门委员会，分别为战略发展委员会、提名委员会、薪酬与考核委员会、审计委员会和风险管理委员会，委员会由 4 ~ 5 名董事组成，外部董事占多数。2020 年，中远海运第一届董事会各专门委员会共计召开 12 次会议，评议 12 项议题，听取 4 项报告，讨论评议的议题形成的专项意见均提交董事会审议。

2020 年 7 月 8 日召开的董事会第 41 次会议，根据新的董事会成员对风险管理委员会成员进行了调整，最终的各专门委员会见表 2–1。

中远海运集团第一届董事会各专门委员会成员 表 2–1

专门委员会	主任	具体组成名单
提名委员会	许立荣	许立荣、付刚峰、何庆源、钟瑞明、罗建川
战略发展委员会	付刚峰	付刚峰、许立荣、何庆源、徐冬根、罗建川
薪酬与考核委员会	何庆源	何庆源、钟瑞明、徐冬根、罗建川
审计委员会	钟瑞明	钟瑞明、何庆源、徐冬根、罗建川
风险管理委员会	徐冬根	徐冬根、王海民、何庆源、钟瑞明、罗建川

（李锦绣）

【董事会制度建设】

中国远洋海运董事会始终注重建章立制，规范运作，制定了“公司章程”“董事会议事规则”“各专门委员会议事规则”“董事会授权规则”“总经理工作规则”和“董事会秘书工作规则”等一系列董事会治理文件。2020 年 4 月，为了更好地体现党的领导和公司治理相结合，进一步规范集团公司总经理和其他领导人员的工作、议事和决策程序，对《中国远洋海运集团总经理工作规则》进行了修订，对于党组前置作了进一步明确，并进一步优化会议管理程序。为进一步深化直属公司董事会授权改革、提升董事会运作效率，对直属公司董事会运作管理办法进行了修订。

（李锦绣）

【投资决策与管理】

中远海运董事会坚持对重大投资项目严格把关，同时鼓励经理层积极开拓市场，强化营销工作，提升风险防控，努力实现增产增收。集团制定了投资项目后评估管理规定，对投资评估和决策、项目建设与运营等投资全过程进行检视和回顾，通过发现问题、总结经验及吸取教训等，持续优化、完善和调整集团投资管理运营体系。2020 年，在第 41 次董事会上，董事会就 2018—2019 年度投资项目后评估工作情况进行报告，并持续做好后续项目整改建议的跟踪落实工作。集团董事会进一步完善投资经营责任追究工作体系，确保合法合规；对现行违规投资经营责任管理办法进行修订完善，规范工作处置流程；建立问题线索管理机制，编制投资经营责任追究问题线索管理台账，对线索实行集中管理、动态更新、定期核对汇总；强化工作协同机制，加强集团总部部门之间横向协同，以及集团与直属单位上下贯通的一体化管理。（李锦绣）

【直属企业董事会建设】

在规范公司治理方面， 2016 年，中远海运集团正式启动了规范建设直属公司董事会工作。充分授权是董事会制度建设的核心内容之一，因此，集团除了制定直属公司董事会运作管理办法外，还制定了授权清单，按照“战略统筹、分类管理、额度控制、权责统一、防范风险”的原则，对 39 家直属公司董事会、董事长及总经理办公会进行了授权。同时，集团坚持“小总部、大产业”的思路，着力构建战略管控型组织体系，一方面集团总部实现人员精简、运作高效；另一方面，通过开展直属公司董事会规范建设，促进企业建立有效制衡的法人治理结构，使直属公司有能力承接集团给予的各项授权，从而推动企业形成灵活高效的市场化经营机制。加强董事会建设是全面贯彻落实国企改革三年行动方案的重要举措。集团坚持两个“一以贯之”，建设规范高效董事会，把加强党的领导和完善公司治理有机统一起来。2020 年，合计授权事项行权共 711 项、金额 836 亿元。通过实施直属公司董事会授权，集团各直属公司董事会在公司治理中的作用不断增强，直属公司的责任担当意识进一步强化，市场反应速度进一步提高。

（易都娃）

国企改革

国企改革

2020 年，中远海运按照国务院国资委要求，启动国企改革三年行动，制定了《中国远洋海运集团有限公司改革三年行动实施方案（2020—2022 年）》和实施方案工作清单；结合“十四五”战略规划和“2+N”改革举措，共明确改革三年行动 9 个领域的 42 项重点任务、131 项具体工作措施，涵盖了集团改革工作的各个层面。主要包括：深入学习贯彻习近平新时代中国特色社会主义思想，特别是习近平总书记关于国有企业改革发展和党的建设的重要论述；推进完善中国特色现代企业制度建设；推进布局优化和结构调整；深化混合所有制改革；健全市场化经营机制；形成以管资本为主的国有资产监管体制；抓好国企改革专项工程；加强国有企业党的领导党的建设；加强组织保障和宣传交流。

三年行动作为改革的顶层设计方案，是集团构建国有资本投资公司平台，实现以管资本为主改革国有资本授权经营体制的重要举措；是集团下阶段所有改革工作的总抓手、施工图和路线图，涵盖集团正在推进的“2+N”等各项改革举措和计划。集团要通过开展改革三年行动，加快构建具有核心竞争力的国有资本投资市场主体，在建立界面清晰、精简高效、运行专业的管控模式方面实现破局出新，在创新引领、提升产业链供应链水平、保障社会民生和应对重大挑战、维护国家经济安全方面作出应有的贡献，力争实现在“十四五”期间“打造世界一流的全球综合物流供应链服务生态”的战略愿景。

【市场化选聘】

中远海运建立完善市场化选聘机制。各级子企业全面推行经理层成员任期制和契约化管理，加快建立和实施以劳动合同管理为关键、以岗位管理为基础的市场化用工制度。在条件成熟的企业推进职业经理人制度，强化业绩考核与市场对标，严格执行退出标准和程序，有效推动管理人员能上能下。探索将优秀驻外干部转化为职业经理人，选聘当地优秀人才以职业经理人身份进入管理层。

【职业经理人制度改革】

集团积极推进职业经理人制度，市场机制取得新突破。在中远海运集运、宁波物流两家“双百企业”推行职业经理人制度，指导能源、重工、物流、资产、北美、南美等直属单位研究制订职业经理人制度实施方案；指导金控平台做好 2019 年度职业经理人履职考核、薪酬兑现及 2020 年绩效合约签订工作，严格实行契约化管理；以推动职业经理人制度落地为突破口，选取集运、特运、广海、青岛、欧洲、日本、港口 7 家直属企业，试点开展董事会管理经营班子副职工作，探索董事会对经营班子副职行使提名和聘任权、考核和薪酬分配权，实现权责一致。

【薪酬分配差异化】

强化考核挂钩，实现强激励、硬约束。严格考核兑现，按照企业经营业绩考核结果和个人考核评价结果核定薪酬，实现了“业绩升、薪酬升，业绩降、薪酬降”的有效联动。同时，不断完善薪酬奖励方案，对超额完成奋斗目标的单位给予加奖，进一步强化目标奖励与企业效益挂钩力度，鼓励、引导各直属单位多创效益。

市场对标，加强职业经理人薪酬管理。按照

“市场化选聘、契约化管理、差异化薪酬”原则，对照个人业绩合同，结合业绩完成情况及对标结果，逐人核定职业经理人薪酬。同时，强化市场对标结果运用，指导相关直属单位修改完善职业经理人薪酬方案。

多措并举，加大中长期激励实施范围。按照国企改革三年行动方案相关要求，全面放开深化国企改革工具包，根据增量激励原则，指导各单位用足、用好各项激励政策，进一步激发企业活力。

【国有资本投资】

中远海运积极落实国有资本投资公司试点的各项要求，打造国有资本市场化运作的平台及相匹配的管控模式，全面深化国企改革，充分发挥综合试验区的作用。根据国有资本投资公司治理结构的要求，中远海运着力构建“战略管控型”组织体系，塑造集团总部作为“战略管控＋资本运营”层，直属公司作为“运营管控”层，三级及以下层级公司作为“业务运营”层的三层战略管控架构。

优化完善集团“2+N”改革方案，增强总部引领能力。2019 年印发《关于集团全面深化国企改革工作的指导意见》后，集团结合国务院国资委对国有资本投资公司试点改革的要求，在整合各直属公司“2+N”综合改革方案基础上，2020 年对集团全面深化改革方案进行了细化完善，增强国有资本投资公司总部引领能力，突出总部战略引领、资源配置、资本运营规划职能，贯彻总部产业链经营理念，落实数字化转型战略，推动集团内外协同发展。

制定党委（党组）前置研究讨论重大经营管理事项清单，厘清权责边界。集团党组 2018 年修订党组会议事决策办法，明确了党组会研究讨论重大经营管理事项的事项清单。同时，2019 年研究通过了总经理工作规则，并于同年制定了集团党组会前置董事会、总经理办公会决策事项清单。2020 年，进一步全面梳理集团“三重一大”决策事项清单，厘清党组会、董事会、总经理办公会研究决策的权责边界。

推进董事会规范运作，加大授权放权。在董事会建设方面，全部实现董事会应建尽建且外部董事占多数。在董事队伍建设方面，建立了专职外部董事和外聘董事人才库。通过不断加强专职外部董事队伍和外聘董事人才库建设，基本满足直属单位董事会运作需要。在董事会授权方面，授权制度实施以来，直属公司的责任担当意识进一步强化，市场反应速度进一步提高。

【混合所有制改革】

集团积极参与国务院国资委相关试点工作，积累丰富的混改经验。集团下属公司泛亚航运参加了国务院国资委首批混合所有制企业员工持股试点，于 2017 年 6 月 29 日完成改革工作。宁波中远海运物流是国务院国资委“双百企业”，于 2020 年 4 月引入普洛斯背景的非公资本隐山基金持股 15%，员工持股占 15%，持股员工共 160 人，占全体员工的 20%。中远海运物流有限公司是国家发展改革委、国务院国资委第四批混改试点单位，结合“十四五”规划，细化混改方案。此外，集团还有多家单位自主选择推动混改和股权多元化项目，2020 年正式启动并积极推进。

【供给侧结构性改革】

持续推进“三去一降一补”，优化产业结构。集团成立以来，共拆解老旧船舶 131 艘 /761.6 万载重吨，接入新船 109 艘 /1178 万载重吨，船队平均船龄下降到 8.27 年，平均吨位上升到 8.57 万载重吨。在去产能方面，积极响应国家号召，造船设计产能从 1155 万载重吨压缩到 788 万载重吨，压减比例 31.8%；海工设计产能从 18 个压缩到 6 个。在去库存方面，通过产融结合，成功交付 8 艘 PSV（油田服务船），海工项目去库存工作取得积极进展。在处僵治困方面，集团 7 家僵尸、特困企业中，已有 6 家完成治理。集团亏损企业户数为 116 户，同比减少 115 户。截至 2020 年年底，集团应收账款净额同比下降 16.8%，存货净额同比下降 4%。集团继续推进压减工作，进一步缩短集团法人层级，有效控制法人户数；截至 2020 年年底，累计压减 628 户。（王易）

CHINA COSCO SHIPPING CORPORATION LIMITED YEARBOOK

中国远洋海运集团有限公司

年鉴

第三篇

产业集群

概述

概　述

“十三五”期间，中远海运集团初步形成多元化产业布局，称之为“6+1”产业结构，即以航运、航运金融、物流产业为核心，以装备制造、航运服务、社会化产业为支持，以“互联网 +”为商业模式创新方式。通过打造新的产业布局，大力提升集团的国际竞争力与综合实力。

航运产业集群作为集团核心产业集群，按业务类型划分为集装箱运输、油气运输、干散货运输、码头运营 4 大业务板块，以及对台客货运输业务。截至 2020 年年底，航运产业集群资产总额 3 553.20 亿元，当年实现收入、净利润分别为 2 113.31 亿元、107.03 亿元。

航运金融产业集群作为集团核心产业集群，按业务类型划分为租赁、金融股权投资、保险和财务公司 4 大业务板块。主要包括中远海运发展、中远海运投资、中远海运财务及中远海运自保 4 家业务主体。截至 2020 年年底，航运金融产业集群资产总额 2 571.91 亿元，实现收入、净利润分别为 220.98 亿元、115.23 亿元。

物流产业集群作为集团核心产业集群，按业务类型划分为特种货物运输、综合物流、船舶代理、专业物流、液体储运，以及理货检验 6 大业务板块。截至 2020 年年底，物流产业集群资产总额 431.29 亿元，当年实现收入、净利润分别为 457.44 亿元、2.74 亿元。

装备制造产业集群作为集团重要产业集群，按业务类型划分为船舶修理改装、船舶制造、海洋工程装备制造，以及集装箱制造 4 大业务板块。截至 2020 年年底，装备制造产业集群资产总额 535.99 亿元，当年实现收入、净利润分别为 220.99 亿元、−36.36 亿元。

航运服务产业集群作为集团支持产业集群，按业务类型划分为船员与船舶管理、船舶燃料供应、船舶物资供应（润物料、水、伙食等物资供应、备件供应、海图销售），以及通信导航（主要以通信导航设备维修业务为主）、油漆生产和贸易 5 大业务板块。截至 2020 年年底，航运服务产业集群资产总额为 227.45 亿元，当年实现收入、净利润分别为 834.69 亿元、7.77 亿元。

社会化产业集群作为集团支持产业集群，承担了服务其他产业集群、孕育新兴产业、进行地区管理等多项综合职能。综合各种历史沿革及资源存续，社会化产业集群呈现出企业众多、业务分散、盈利能力不强的特点。目前共有不动产投资、高速公路、交通科技、教育、医疗康复养老和酒店邮轮旅游 5 大业务板块。截至 2020 年年底，社会化产业集群资产总额为 1 301.54 亿元，当年实现收入、净利润分别为 39.83 亿元、−20.97 亿元。

在“互联网 +”业务方面，集团积极开展技术创新和商业模式创新，着力构建集团科技创新支撑平台、大数据应用管理平台和科技信息产业化平台，加强集团信息化建设，支撑集团航运主业发展，努力把企业发展成为智慧交通、智慧航运、智慧物流、智能船舶和环境工程等领域领先的解决方案供应商和平台运营商。

航运产业集群

航运产业集群

【主 要 业 务】

航运产业集群作为集团核心产业集群，其业务范围涵盖了集装箱运输、油气运输、干散货运输、码头经营、对台运输业务和海外业务等。

集装箱运输业务 主要通过中远海运集装箱运输有限公司（以下简称“中远海运集运”）、东方海外（国际）有限公司（以下简称“东方海外”）两家公司专业经营集装箱运输业务。中国远洋海运集团集装箱船队的主力船队是全集装箱船队，除此之外，杂货特种船队和客轮船队也提供少量的集装箱运力。中国远洋海运集团集装箱的总运力为 317 万 TEU。截至 2020 年年底，集团全集装箱船队自有船舶 245 艘、载箱量为 213 万 TEU；租入船舶 291 艘、载箱量为 94 万 TEU；控制运力为 536 艘船舶、载箱量为 307 万 TEU；占集团集装箱总运力的 96.9%。此外，集团杂货特种船队拥有 97 048TEU 的运力，客轮船队具有 1173TEU 的运力；这些船舶集装箱运力占集团集装箱总运力的 3.1%。

油气运输业务 主要通过中远海运能源运输股份有限公司（以下简称“中远海运能源”）专业营石油、液化天然气（LNG）等液体散货运输业务。按运力规模统计，中远海运能源运输船队是全球第一大能源运输船队。截至 2020 年年底，中远海运能源船队拥有和控制油轮运力 174 艘、2453 万载重吨，其中自有运力 163 艘、2178 万载重吨；租入运力 11 艘、275 万载重吨。LNG/LPG 运输船队拥有船舶 44 艘、330 万载重吨，总舱容为 633 万立方米；在沿海原油运输领域，船队一直保持着行业龙头地位和 55% 以上的市场份额。

干散货运输业务 主要通过中远海运散货运输有限公司（以下简称“中远海运散运”）专业经营金属矿石、煤炭、粮食等干散货运输业务。2020 年，中远海运集团旗下拥有和控制各类散货船 445 艘、4267 万载重吨，其中自有船舶 368 艘、1989 万载重吨；租入船舶 77 艘、598 万载重吨；航线覆盖国内沿海和世界主要港口，服务网络遍布全球。干散货船运力规模继续世界第一的位置。

码头业务 主要通过中远海运港口有限公司（以下简称“中远海运港口”）、东方海外、海南港航控股有限公司（以下简称“海南港航”）、中远海运（比雷埃夫斯）港口有限公司（以下简称“中远海运比港”或 PPA）、中远海运（北美）有限公司（以下简称“中远海运北美”）经营码头及相关业务。截至 2020 年年底，集团参与投资并拥有权益的海内外码头 58 个，其中集装箱码头 51 个，全年集装箱吞吐量 1.34 亿 TEU，在全球码头运营商中吞吐量排位第一。其中中远海运港口吞吐量为 1.24 亿 TEU，东方海外 331 万 TEU，海南港航 284 万 TEU。从码头布局看，在境内环渤海、长三角、东南沿海、珠三角、西南沿海、长江中下游等主要经济区域均有布局，在境外希腊、美国、西班牙、比利时、荷兰、意大利、阿联酋、新加坡、秘鲁、埃及、土耳其、韩国、中国香港、中国台湾等地区分散布局，已经初步构建起以中国市场为主、国际市场持续增长的全球码头经营格局。

对台运输业务 集团主要通过中远海运（厦门）有限公司（以下简称“厦门中远海运”）从事大陆与台湾间的旅客和货物运输业务。集团积极发挥厦门中远海运地处海峡西岸的区位优势，在两岸海上交流实践中做了大量首创性工作，实现了真正意义上的两岸客货直航，先后主导开通和运营泉州—金门、厦门—金门等海上客运航线，厦门—台中、厦门—基隆、厦门—高雄、大麦屿—基隆等闽台、浙台海上客货直航航线，为提升闽台经贸合作水平、加强两岸产业合作和文化交流、方便两岸人民往来、促进两岸互利共赢作出积极贡献。

海外区域公司 “十三五”期间，集团在海外主要国家和地区设立了中远海运（北美）有限公司（以下简称“中远海运北美”）、中远海运（欧洲）有限公司（以下简称“中远海运欧洲”）、中远海运（东南亚）有限公司（以下简称“中远海运东南亚”）、中远海运（西亚）有限公司（以下简称“中远海运西亚”）、中远海运（非洲）有限公司（以下简称“中远海运非洲”）、中远海运（南美）有限公司（以下简称“中远海运南美”）、中远海运（澳洲）有限公司（以下简称“中远海运澳洲”）、中远海运（日本）株式会社（以下简称“中远海运日本”）、中远海运（韩国）有限公司（以下简称“中远海运韩国”）9 家海外区域公司，主要承担起集团的全球业务协同、信息共享、新兴业务孵化、区域服务支持、国际人才培养五大平台作用。

【中远海运港口获“最佳港口运营商”等 6 奖项】

2020 年 2 月底，凭借优秀的码头运营能力，中远海运港口接连荣膺两项运营类大奖：连续三年荣获 *International Business* 杂志“2020 年度最佳港口运营商”、蝉联 *Finance Derivate* 杂志“2020 年最佳码头运营商”奖。中远海运港口致力于打造全球化码头网络，发挥与母公司下属中远海运集装箱船队及海洋联盟的协同效益，进一步巩固公司作为全球领先港口运营商的市场地位。自整合重组以来，中远海运港口在持续提升业绩的同时，注重加强同投资者的沟通互动，企业价值创造能力为越来越多的投资者所认同。新年伊始，中远海运港口接连荣获重要荣誉和奖项，彰显了市场对公司综合实力、品牌影响力和价值创造能力的充分肯定。

除荣膺“最佳港口运营商”“最佳码头运营商”奖之外，中远海运港口首度荣获 *International Business* 杂志颁发“2020 年度最佳投资者关系（航运组别）”奖、“最佳可持续发展公司（码头组别）”及“最佳企业社会责任公司（码头组别）”奖。在 *Finance Derivate* 杂志的年度评选中，中远海运港口同步蝉联“2020 年最佳投资者关系企业”奖。这表明公司可持续发展工作与投资者关系管理水平，尤其是积极将环境、社会及管治等议题融入业务模式，赢得了市场的认可。（钟远海）

【“中腾海”轮装载几内亚铝土矿起航回国】

当地时间 4 月 20 日，中远海运散运 18 万吨级好望角型船舶“中腾海”轮驶离几内亚博法锚地，满载着 17.5 万吨铝土矿起航回国。这是首艘参与中铝几内亚项目运输的 18 万吨级船舶，也是该项目第一艘采取从矿山到码头直装方式装货的船舶。装货过程中，中远海运散运旗下益丰船务企业有限公司（以下简称“益丰船务”）克服因疫情期间几内亚机场关闭而造成的部分国内工作人员无法抵几等困难，从在几内亚工作人员中挑选具备相关资质的 12 名船管人员分别到浮吊和拖轮上工作，确保项目驳运高效进行，为顺利完成装载任务打下了坚实基础。此外，益丰船务、“中腾海”轮与项目运营方密切配合，不断优化装运方案、设备调度以及操作流程等环节，提高装运效率，顺利完成装载任务。“中腾海”轮经过约 11 600 海里的航行，40 多天后抵达广西防城港卸货。（黄炳）

【中远海运特运开辟巴西钢材准班轮航线 】

4 月 30 日，在巴西南圣弗朗西斯科港，“中远海运开拓”轮安全顺利卸下从国内运抵当地的近 15 000 吨钢材，宣告中远海运特运巴西钢材准班轮航线正式启动，为全球客户提供稳定优质的海运服务。此前，中远海运特运积极开拓纸浆市场，已经在南美东回远东方向上形成了稳定的准班轮纸浆运输业务。为了给出口南美东客户同样提供稳定优质的服务，在经过前期市场调研后，中远海运特运美洲线以出口巴西南圣弗朗西斯科港钢材为基础货源逐步推出准班轮运输服务。“中远海运开拓”轮是特运新造 62 000 吨系列专业纸浆船的首制船，该型船是特运巴西钢材准班轮航线的主要执行船，航速较快，该轮本航次平均航速达到 14 节，有效确保了货物及时送达。同时该型船舱型方正，是完全的箱型舱型，没有“腰窝”，不仅能极大提高装卸货的效率和质量，还有利于货物的运输安全。

（单国洋）

【首艘“中国洋浦港”船籍港货船交付启航】

6 月 12 日，在大连中远海运重工造船厂东区船台第九区码头，中远海运集团为载重 6.2 万吨多用途纸浆船——“中远海运兴旺”轮举行交付仪式。“中远海运兴旺”轮首航从上海出发，装载风电设备、高铁配件等出口货物前往澳大利亚及巴西，再从巴西运回纸浆。

“中远海运兴旺”轮是海南省出台海南自贸港国际船舶登记制度落地后，第一艘以“中国洋浦港”为船籍港注册的货轮。6 月 1 日，海南海事局给“中远海运兴旺”轮签发船舶国籍证书；6 月 4 日，为其颁发船籍证书等 16 本相关的船舶证书。“中远海运兴旺”轮的交付启航，为深化海南改革开放、推进海南自贸港建设注入强大动力。该轮总长 201.8 米，型宽 32.26 米，型深 19.3 米，结构吃水 13.3 米，航速 13.5 节，续航能力 2.2 万海里，悬挂中国国旗。船舶设有 6 个箱型货舱，船舶具有绿色牌照，主机、辅机均配备 SCR（选择性催化还原技术）系统，可中和燃油燃放过程中产生的氮氧化物，能满足防止船舶污染国际公约最高要求。（柳芳　单国洋）

【中远海运集装箱吞吐总量持续全球第一】

据《中国远洋海运报》8 月 7 日报道，根据全球航运咨询公司德鲁里（Drewry）最新发布的《全球集装箱码头运营商年度回顾与预测 2020/21》（*Global Container Terminal Operators Annual Review and Forecast 2020/21*）报告，中远海运旗下港口集装箱吞吐量持续录得优于行业均值的增长，总吞吐量持续保持全球第一，权益吞吐量上升至全球第二位。报告显示，2019 年，中远海运完成集装箱总吞吐量 1.098 亿 TEU，同比增长 3.8%，连续四年排名全球第一。在权益吞吐量上，中远海运 2019 年集装箱权益吞吐量为 4860 万 TEU，同比增长 5.4%，全球排名由 2018 年的全球第三升至全球第二，超越和记黄埔港口和马士基码头。（钟远海）

【“天恩”轮开启 2020 年的北极航行】

7 月 27 日凌晨 00:48，中远海运特运 36 000 吨冰级船“天恩”轮从连云港码头踏上前往北极的旅程。此前的 7 月 24 日，中远海运特运携手连云港在码头举行了简朴的欢送仪式。“天恩”轮是特运 3 艘 36 000 吨冰级多用途船之一，2017 年建造，为 CCS Ice Class B1 冰级，相当于劳氏船级社 LR Ice Class 1A，可通行 0.8 米厚的当年冰航区。此次是该轮 2020 年的首次北极航行，也是该轮第四次北极航行。2018 年，“天恩”轮和另外两艘冰级姊妹船一起首次执行北极航行任务；2019 年，“天恩”轮作为公司当年北极航行的首发船，圆满完成双向航行任务。

从 2013 年“永盛”轮首航北极至 2019 年，中远海运特运共派出 17 艘船舶完成了 31 个航次的北极东北航道航行任务。此次“天恩”轮装载着 3 万多立方米风电设备前往欧洲，总航程约 7600 海里，航行时间约 26 天，较走传统的马六甲—苏伊士航线节省大约 12 天，而且能规避目前恶劣的印度洋气候和亚丁湾海盗风险；卸货后在欧洲装载合适货物，再次航经北极东北航道回国。“天恩”轮离开连云港后，“冰雪三姐妹”中的“天惠”轮紧接着靠上了连云港同样的泊位，在本港完货后将到国内其他港口加载设备，然后启程同样经北极东北航道前往欧洲；而另一艘“天佑”轮在欧洲港口装载农产品及风电设备后东行取道北极回国。

北极东北航道大部分航段位于俄罗斯北部沿海的北冰洋离岸海域。该航道从中国出发，向西穿过白令海峡、楚科奇海海域、新西伯利亚海、拉普捷夫海、喀拉海、巴伦支海直到北欧。北极东北航道也被称为北极最经济航道。据统计，中远海运特运以往执行的 31 个北极航次总共节省航行里程 122 792 海里，节省船期 409 天，减少燃油消耗 12 149 吨，减少二氧化碳排放 46 687 吨，取得良好的社会和经济效益，为客户提供了更多更好的选择。

（黄冬海　林举德　李冬明　贾启蒙）

【中远海运 10 万吨级集装箱船起航钦州港】

7 月 30 日，由中远海运集团、广西北部湾办、交通运输厅、钦州市人民政府、北港集团共同举办的“钦州港 10 万吨级集装箱船通航暨钦州港东航道扩建一二期调整工程开工仪式”在钦州港隆重举行。当天上午，满载集装箱的中远海运集团所属“中远太仓”轮在钦州港鸣笛起航。“中远太仓”轮最大载箱量 10 020TEU，此次靠泊，刷新了钦州港最大集装箱船舶进出港靠离泊历史记录，标志着钦州港 10 万吨级集装箱船成功通航。此次起航，是中远海运落实国家西部陆海新通道总体规划的具体体现，为广西北部湾开通更多国际远洋班轮航线，以及加快西部陆海新通道国际门户港建设创造了有利条件。当天下午，中远海运集团、广西北部湾办、北港集团还举行了三方会谈，就加强后续合作，加快实现北部湾三港良性互动等议题充分交换了意见。

（雷镇豪　杨滨语）

【中远海运能源 31.9 万吨 VLCC（超大型油轮）命名交付】

9 月 23 日，中远海运能源新一代节能环保、防泥沙型 31.9 万吨 VLCC“远华洋”轮命名暨交接船仪式在大连大船集团举行，标志着目前国内登记的最大载重吨船舶正式入列“中国洋浦港”船籍序列。“远华洋”轮总长约 333 米，型宽 60 米，最大载重量约 31.9 万吨，在设计吃水 20.5 米可正常装载 220 万桶原油通过马六甲海峡，续航里程超过 26 000 海里，可在全球范围航行。该轮符合协调共同结构规范（HCSR）、氮氧化物排放 Nox Tier Ⅲ的要求，按欧盟法规提供有害物质清单，满足中国船级社（CCS）的智能能效符号 i-Ship(E) 要求。该轮有着先进的船体型线，配以更节能的 G 型主机和新型大直径高效螺旋桨，并配置了具有自主知识产权的桨前节能装置，节能效果明显，体现了新的设计理念和工艺追求。

（王月）

【中远海运能源开启成品油班轮运输新模式】

2020 年第四季度，中远海运能源在原油班轮运输的基础上，正式开启了中国石油成品油直炼资源班轮运输新模式。班轮运输是将船舶按事先制定的船期表，在特定海上航线的若干固定港口之间，定期为货主提供运输服务的一种船舶经营方式。作为 2020 年中远海运能源推进提质增效的关键举措之一，成品油班轮运输模式被寄予了厚望，通过固定船舶、固定船期、固定装港、固定卸港的“四固定”安排，预留装港资源和泊位，预留下游卸货库容和泊位，以达到提高船舶效率、确保上游炼厂后路畅通和下游资源稳定供应的共赢目标。为确保班轮模式有效落地，中远海运能源与中国石油东北销售公司开展多次现场协调，结合近些年炼厂生产、销售企业排库和港口码头的运行大数据，共同编制了以自有船舶为试点运行主体的班轮运输模式推进方案。在方案中，双方明确充分借鉴吸收前期开展的诚信交接管理经验，以航线“点对点”“一次交接”为关键词的运行新模式，双方对班轮模式实现运行综合优化、创效能力提升、服务保障到位等预期目标充满了期待。11 月 11 日，“昆仑油 202”轮顺利完成南京金翔码头成品油卸货，至此，大连石化码头至南京金翔码头的中国石油成品油直炼资源班轮运输完美开局。（滕若菲）

【中远海运散运首艘 32.5 万吨矿砂船命名交付】

12 月 16 日，中远海运散运第一艘定制矿砂船“南沙荣耀”轮命名交付仪式在天津新港船舶重工举行。这是天津新港船舶重工为中远海运散运建造的 4 艘新一代矿砂船中的首制船，也是中远海运散运与巴西淡水河谷深化合作而量身定制的专用矿砂船，对推动中远海运散运“以货定船”转型升级具有重要意义。“南沙荣耀”轮船长 340 米，型宽 62 米，设计吃水 21.4 米，载重量约 325 000 吨，服务航速 14.6 节，续航力 25 500 海里，入级中国船级社。该系列船的船型对标国际先进水平，秉持节能减排、低碳环保和绿色船舶的理念建造，是中国到巴西航线上经济性较好、最有竞争力的船型。船舶交付后主要承担从巴西到中国航线的铁矿石运输保障任务。（李晓燕）

航运金融产业集群

航运金融产业集群

【主要业务】

航运金融产业集群作为集团核心产业集群，主要有中远海运发展股份有限公司(以下简称“中远海运发展”)、中远海运投资控股有限公司(以下简称“中远海运投资”)、中远海运集团财务有限责任公司(以下简称“中远海运财务”)和中远海运财产保险自保有限公司(以下简称“中远海运自保”)4 家业务主体，以及由集团持有的部分金融股权。主要涉及租赁、金融股权投资、保险和财务公司 4 大业务板块。

租赁业务 集团租赁业务包括船舶租赁、集装箱租赁、非航租赁 3 个业务领域，主要通过中远海运发展以及旗下的专业公司经营。在船舶租赁方面，截至 2020 年年末，中远海运发展经营租赁租出船舶共 84 艘，包括 81 艘自有船舶和 3 艘期租转租船舶，较 2019 年末自有船舶增加了 3 艘，期租转租船舶减少了 10 艘；融资租赁租出船舶共 94 艘，较 2019 年末增加了 5 艘。在集装箱租赁业务方面，中远海运发展坚持创新经营模式，拓展新箱贸易和流动仓储业务，于剧烈波动的市场环境中实现良好收益，营业收入达 43.63 亿元，较上年同期较大幅度增长 28.12%。截至 2020 年年末，箱队规模为 378 万 TEU，较 2019 年末增加了 12 万 TEU，继续保持全球租箱公司规模第二大的地位，市场份额 17%。在其他产业租赁业务方面，主要从事医疗健康、教育、清洁能源、工业装备、建设和商业保理等领域的融资租赁业务；中远海运发展当年累计投放金额 221.27 亿元，较 2019 年全年累计投放金额增加 38.65 亿元。

投资业务 从事投资业务的经营主体较多，除原中远(集团)总公司直接投资持有金融股权以外，中远海运发展、中远海运投资、中远海运(广州)有限公司(简称“广州中远海运”)、中远海运(上海)有限公司(简称“上海中远海运”)等均持有一定规模的金融股权，主要投资参股了招商银行、招商证券、光大银行和渤海银行等股权。

保险业务 主要通过中远海运自保开展各类保险业务。2020 年，中远海运自保实现保险业务收入 6.32 亿元，其中船舶保险(含远洋船舶险和增值险、战争保险、集装箱保险等)5.73 亿元，占总保费收入的 90.6%。责任保险保费收入 2317 万元，企业财产险保费收入 1908 万元。全险种整体保费分出比例为 91%。当年投资收益 1.05 亿元，净利润 1.12 亿元。截至 2020 年 12 月，公司连续 13 个季度获得监管机构风险综合评级 A 级评定，贝氏国际信用评级第 3 个年度保持 A 级卓越。

财务公司 集团主要通过中远海运财务从事财资管理业务，负责为集团成员单位提供资金管理、交易结算、内部贷款、承兑汇票、开具保函等金融服务，发挥“集团资金归集平台、集团资金结算平台、集团资金监控平台、集团金融服务平台”四项功能。截至 2020 年年末，集团财务公司总资产 821.12 亿元，总负债 733.68 亿元，所有者权益 87.43 亿元；全年营业总收入(含投资收益)19.32 亿元，实现利润总额累计 6.52 亿元，净利润 5 亿元。

【集团与上交所签署战略协议】

5 月 14 日下午，中远海运集团与上海期货交易所在上海签署战略合作框架协议。上海期货交易所理事长姜岩、总经理王凤海，中远海运集团董事长许立荣、副总经理黄小文出席签约仪式。上海期货交易所副总经理陆丰、中远海运集团总经理助理韩骏分别代表双方签约。双方在签约仪式前的会谈中表示，将本着平等互利、共同发展的原则，在多领域开展务实合作，努力构建金融业与航运物流协同发展的战略伙伴关系。上海期货交易所相关部门负责人，中远海运集团战企部、运营部，中远海运物流相关负责人参加了上述活动。（王楷越）

【财务公司实体资金池上线】

5月28日，中远海运财务与中远海运物流有限公司（简称“中远海运物流”）在上海签署了中远海运集团财务有限责任公司资金池服务协议。此次推出的实体资金池产品，可帮助集团下属企业进行系统内公司的账户资金集中管理。通过资金池的归集功能，可提高资金整体使用效率，降低融资及税务成本；通过资金池的下拨功能，母公司可以实现对下属公司资金使用的统一调配，提高资金计划统筹能力，降低系统运营风险；通过资金池的监控功能，可以切实加强对下属公司账户动态信息的掌控，为资金活动的实时监控提供有效抓手。实体资金池项目于2019年10月启动，历时半年时间，先后完成资金池10余个版本的修订、近百个需求点的测试评估，于2020年5月7日实现系统功能上线。（陈丕雄）

【中远海运发展投资项目上市】

7月中旬，中远海运发展参股投资项目分别在香港联交所、上海证券交易所成功上市。

7月16日，渤海银行成功在香港联交所上市，中远海运发展作为股东方之一，受邀派出代表出席了上市仪式。本次渤海银行股份发售价为每股4.8港元，募集资金总额约为134.70亿港元，成为2020年国内银行的首个IPO项目。渤海银行H股IPO共获得9名基石投资者认购，其在当时市场条件下获得超额配售凸显资本市场看好其发展预期。

7月17日，全球三元软包动力电池领军企业之一孚能科技（赣州）股份有限公司（简称“孚能科技”）在上海证券交易所科创板挂牌上市，成为动力电池行业科创板上市第一股。中远海运发展秉持“以融助产”理念，着力探索新能源在航运物流业的应用，2018年，通过兰溪宏鹰动力基金投资了孚能科技。截至首日收盘，孚能科技股价上涨75.85%。（王昊轩　吴伟良）

【中远海运发展发行超短期融资券】

2020年8月，中远海运发展在银行间市场发行了四期超短期融资券，第七期发行规模为人民币10亿元，期限160天，票面利率为1.80%；第八期发行规模为人民币20亿元，期限90天，票面利率为1.48%；第九期发行规模为人民币10亿元，期限240天，票面利率为2.25%；第十期发行规模为人民币10亿元，期限240天，票面利率为2.18%。在本次发行过程中，中远海运发展在银行间市场受到高度认可，投资机构踊跃认购。超短期融资券的发行将有效降低中远海运发展融资成本，进一步丰富融资渠道，助力公司可持续发展。（韦午悠）

【中远海运发展发行10年期公司债券】

11月，中远海运发展在上海证券交易所成功发行了2020年第一期面向专业投资者公开发行公司债券，发行金额为10亿元人民币，期限10年，票面利率为4.46%。本期公司债券全场认购倍数为1.87倍，投资人踊跃认购，为公司在债券市场树立了良好的品牌形象。本次10年期公司债券的成功发行，有利于优化公司债务结构，平衡公司债务久期，锁定长期限债务融资成本，拓宽筹资渠道，助力公司可持续发展。（韦午悠）

物流产业集群

物流产业集群

【主要业务】

物流产业集群作为集团核心产业集群，按业务类型划分为特种货物运输、综合物流、船舶代理、专业物流、液体储运，以及理货检验6大业务板块。

特种货物运输业务 主要通过中远海运特种运输有限公司（以下简称“中远海运特运”）专业经营特种货及杂货运输业务。截至2020年年底，集团拥有和控制特种运输船舶153艘、472万载重吨，载箱量9.7万箱，车位数为2.5万个。其中自有船135艘、405万载重吨。期租租入船舶18艘、67万载重吨。特种船队综合规模世界第一，多个细分船队世界领先，其中，多用途船队规模世界第一，半潜船队和沥青船队规模都位居世界前列，亚洲第一。从船型结构和航线网络来看，集团控制运营重吊船、多用途船、半潜船、沥青船、汽车船、木材船、纸浆船7类专业化船型，在远东至地中海、远东至欧洲、远东至波斯湾、远东至美洲、远东至非洲等航线上，形成了稳定可靠的班轮运输优势，牢固树立了项目设备等特种货物运输市场的领军地位。

综合物流业务 主要通过中远海运集运和中远海运物流专业经营货代、仓储等综合物流业务。其中，货代业务方面，集团从事的货代业务主要包括无船承运人（NVOCC）、海运货代、陆运代理、航空货代等，拥有境内外网点600余家，在境外60多个国家和地区设立了业务机构，与88个海外的货运代理企业签订了长期合作。在海运及陆运货代方面，散货物流业务以港前服务为主，聚焦铁矿石、煤炭、有色矿、纸浆等行业，2020年全年实现货量5.13亿吨，营业收入43.9亿元；集装箱物流全年实现货量356万吨，营业收入161.66亿元；北京、青岛、宁波区域冷链业务累计操作货量2.02万TEU，陇海线、蓉沪、蓉甬、西部陆海新通道等多条冷链铁路开行线路进入常态化运行，全年操作货量1132TEU。在空运物流方面，2020年全年实现营业收入26.55亿元。仓储业务方面，截至2020年年底，中远海运物流控制运营仓储面积351.31万平方米，按仓储性质分，仓库、堆场面积分别为182.52万平方米（包括参股9万平方米）、168.79万平方米；按所有权归属分，自有、租赁面积分别为155.42万平方米（包括参股9万平方米）、195.89万平方米。主要分布在我国江苏、辽宁、浙江、山东、上海等东部沿海省市。

船舶代理业务 主要通过中远海运物流所属中国外轮代理有限公司（简称“中国外代”）、中海船务代理有限公司（简称“中海船务”）专业经营船舶代理业务。2020年全年实现班轮代理箱量1388万TEU，非班轮代理货量13.89亿吨。船舶代理业务实现营业收入10.43亿元。船舶代理业务2020年先后受到国内、国外受疫情影响，叠加中美贸易摩擦，自业务量2月开始下滑，5月以后逐步上升趋于平稳；第三季度累计业务量才全面超过2019年同期。

专业物流业务 集团主要通过中远海运物流专业经营工程物流、合同物流等专业物流业务。其中，工程物流业务方面，紧随国家战略，不断增强参与“一带一路”建设的自觉性和主动性，聚焦十大战略核心行业，抢抓机遇、凝心聚力、乘势而上；抓住双循环新格局构建机遇，拓展国内工程物流市场，抢抓跨境工程物流业务，提升全球物流整体解决方案服务能力，深入挖掘客户全周期物流需求，为综合货运、仓干配物流等创造交叉销售。2020年，工程物流参加投标项目

194 个，累计中标项目 110 个，累计实现签约额超过 15 亿元，同比增长 35%。工程物流 2020 年全年实现货量 230.6 万计费吨，实现全额营业收入 16.88 亿元。

液体储运业务 集团主要通过上海中远海运专业经营液体仓储、码头接卸、油污水处理及环保等液体储运业务。其中，液体仓储业务，涵盖液体化学品接卸、仓储、分拨，以及污水处理等综合服务。目前共拥有储罐 128 个，总罐容达 47.22 万立方米，其中上海地区两家库区仓储容量 11.5 万立方米；投资控股福州江阴建滔化工码头有限公司，目前已完成一期工程建设，拥有 1 个 5 万吨级石化泊位及一个内侧 3000 吨级泊位，码头岸线长 325 米，以及 38 个储罐，仓储总容量 18.1 万立方米；在上海浦东建有 3 万吨级液化码头，码头岸线长 430 米，是上海地区唯一船舶污水陆岸处理单位，年处理能力达到 30 万吨。已经初步搭建起液体储运产业链。化学品运输业务，下属中海化工运输有限公司（以下简称“中海化运”）是集团内目前唯一液体化学品运输船公司；截至 2020 年年底，中海化运自有“金海涛”轮、“金海澜”轮 2 艘 7900 载重吨五星红旗不锈钢化学品船，期租“泓广 1”轮、“丰海 23”轮、“丰海 30”轮 3 艘化学品船，合计运力 3.47 万载重吨。

理货检验业务 集团主要通过中远海运物流专业经营理货及检验业务。该项业务发展依照“服务产品化”理念，加强鞍钢、沙钢合作，开发驳船监控、新船理货、资产盘点、加固绑扎等理货产品；开发智能理货项目，推进模板协助口岸公司加快智能理货推进，2020 年完成 9 个口岸 55 台集装箱智能理货验收，加持数字化管理的传统理货业务，营业成本进一步下降。2020 年，理货检验业务全年实现营业收入 4.20 亿元，营业毛利 1.68 亿元。

【中远海运物流首发中俄国际班列】

3 月 24 日 16 时，首趟中远海运物流中俄国际班列 41 节车厢满载着各类货品，从广州大朗班列平台开往俄罗斯，标志着中远海运物流中俄国际班列正式开通。中远海运物流中俄国际班列是中远海运物流与广物集团携手合作的重点国家级项目，也是中远海运物流自行运营管理及全揽货源的新路线，对推动粤港澳大湾区建设及“一带一路”国际贸易通道建设发挥积极作用。班列从广州大朗经满洲里或二连浩特两条线路出境到达俄罗斯，全程覆盖彼尔姆、新西伯利亚、叶卡捷琳堡、明斯克、莫斯科等多个站点。在业务营销前期，中远海运物流所属广州区域公司克服疫情带来的各种困难，研判市场动态，紧随客户需求，成功运作本次国际班列。为保证首趟班列顺利发运，班列项目小组多渠道组织货源，抢抓配货时效，同时制定科学完善的班列操作流程，整合自有物流平台资源，发挥全程物流供应链运输优势，在较短时间内组织 82 个标准集装箱货源，实现首发班列揽货量 100%。（程璐）

【中远海运物流进军大商所期货交割业务】

3 月 31 日，大连商品交易所（以下简称“大商所”）发布业务通知，公布中远海运物流所属大连区域营口中远海运百丰泰物流成为大商所玉米和玉米淀粉指定交割仓库。这标志着中远海运物流抢抓与大商所战略合作平台和入口方面获得了重要突破，向大宗散货物流、期货（交割）物流转型迈出了重要一步。营口中远海运百丰泰项目是中远海运物流的战略示范项目。营口中远海运百丰泰期货交割库位于辽宁省营口市鲅鱼圈区，交割库占地 12.8 万平方米，总计仓容 27 万吨。期货交割库资质的取得，可贯通期现货服务，为中远海运物流打造“铁公水联运 + 仓储 + 粮食加工 + 供应链金融 + 期货交割 + 期货物流链 + 配送”的粮食物流供应链提供有力保障。

（张浩）

【中远海运特运承运斯里兰卡“豪华小火车”】

4 月 13 日，斯里兰卡科伦坡港，中远海运特运“卧龙松”轮顺利卸下中国中车出口斯里兰卡的4列火车，共计42件货物。加上之前同样由中远海运特运“大虹霞”轮承运的3列火车，本次斯里兰卡铁路局车辆更新购买的9列火车中的7列都由特运船舶安全运抵。受新冠肺炎疫情影响，“卧龙松”轮此行经历了不少波折。该轮原计划先靠印度港口，却在航行途中，印度政府因疫情迅速发展而采取了严格的管控设施。面对突发状况，特运经营团队携手中远海运斯里兰卡公司紧急应对，临时调整计划，安排该轮先靠斯里兰卡卸货，并赶在当地新年假期前两天抵港。由于港序变化，舱内货物需要倒舱，而当地新年长假将至，卸货工人人手不足，于是“卧龙松”轮船员就与码头工人一起奋战，圆满完成倒舱任务。最终，在各方的共同努力下，“卧龙松”轮48小时内安全顺利完成科伦坡港全部货物卸货交付，赢得货主和港方的一致好评。据悉，这批中国制造的“豪华小火车”在斯里兰卡著名的高山茶园线运行。（张纯　张爱国　孟海嶕）

【中远海运物流为世界最大运输机提供包机服务】

4月17日，经过10天的前期准备和17小时的装机操作，满载130吨、850立方米防疫物资的世界最大运输机AN–225从天津滨海国际机场顺利起飞，并于当地时间19日抵达法国。中远海运物流所属天津中远海运空运为此次运输提供了优质高效的装机方案设计、地面操作和报关服务，刷新了AN–225在天津的运载纪录，也刷新了天津机场的地面装载纪录。为全力保障防疫物资的快速出运，天津中远海运空运成立了AN–225包机项目组。各方积极协作，统筹推进，客服小组多次调整装载方案，为客户节约了近五分之一的运输成本；报关小组积极与海关协调，采取提前评估、集中审单、精准报关的清关流程，压缩了近三分之一的操作时间；仓储小组采取库门全开，边进边出，循环作业的运转模式保证了物资进出库的高效周转，圆满完成了此次包机任务。AN–225运输机是全世界最重、尺寸最大的飞机，其最大起飞重量640吨，货舱最大载重量250吨，是名副其实的“空中巨无霸”。

（唐胜楠　刘文博）

【海南港航物流集团有限公司成立】

6月16日上午，海南港航物流集团有限公司（以下简称“物流集团”）成立仪式在海南洋浦港举行。海南省发展改革委、海南省交通运输厅、海南省船舶引航站、洋浦海事局、海南洋浦出入境边防检查站、洋浦港海关等相关领导莅临成立仪式。海南港航控股有限公司相关领导、海南省相关协会的领导，以及中远海运集团兄弟单位领导及物流集团客户们共同见证了公司成立。

物流集团作为中远海运集团在海南省唯一的区域性综合物流平台，充分发挥中远海运集团品牌、港口、航线、物流供应链等资源优势，服务海南自贸区（港）建设；以港口为支撑，利用产业链优势拓展物流、仓储等延伸业务，形成“海上”“港口”“园区”“供应链服务”的无缝衔接，为客户提供“一站式”全程物流解决方案，并将延伸业务链，打造价值链，将海南港口建设成为物流综合服务基地和临港外向型产业发展的新高地；助力推进海南物流产业结构和模式调整，推动海南临港现代物流和供应链业务发展。

（邱云妃）

【中远海运打通巴拿马物流服务“最后一公里”】

据《中国远洋海运报》7月24日报道，2020年，中远海运集运巴拿马公司正式成立巴拿马大陆桥物流有限公司，在海运服务基础上，以独立品牌为客户提供本地“端到端”物流服务，打造全程供应链服务平台，为客户解决“最后一公里”难题。大陆桥物流公司业务范围包含拖车、清关、仓储等，可提供巴拿马城和科隆自贸区门到门运输，为客户提供量身定制一站式服务，并将陆续推出更多物流业务板块，构建更高标准的服务体系，帮助客户提升效率、降低成本，为客户创造更大价值。以巴拿马大陆桥物流有限公司为新物流平台，整合各方资源，为客户提供多元、高效、集成的全程物流解决方案，优化供应商、提升服务质量，助力集团服务在中美洲不断延伸。

巴拿马是中远海运集运区域枢纽所在，在航线服务方面，目前以 4 条远洋干线和 3 条区域航线构建起完整的航线网络，为巴拿马铺起连接世界的纽带。中远海运作为全球最大的综合航运企业集团，与巴拿马结缘已久，在巴拿马开展业务已有 30 多年历史。截至 2020 年 7 月，中远海运是巴拿马运河第三大用户，每年有 300 多艘货轮通过运河，平均每天都有一艘船通过巴拿马运河。

（吉轩）

【“贺州—北部湾港”海铁联运班列成功首发】

7 月 22 日上午 9 时 30 分，一列装载着中远海运集运 50 个集装箱碳酸钙矿石货物的列车驶离贺州钟山站，经由北海铁山港海运到浙江宁波，代表着西部陆海新通道“贺州—北部湾港”桂东海铁联运班列成功首发。贺州是全国重钙之都，年产量超过 1000 万吨。在此之前，桂东地区货源主要通过西江水运接驳海运的方式运输，物流选择单一、运力受限。中远海运积极参与通道建设，与广西壮族自治区政府部门、北部湾港、铁路局等加大沟通协调，主导货源开通“贺州—北部湾港”海铁通道，为客户提供高效、稳定、规模化的运输通道，也进一步丰富了新通道海铁联运产品。该班列的成功首发，为西部陆海新通道开辟了一条全新的班列线路，为桂东地区货源提供了一条更为便捷的运输通道，进一步扩大北部湾港与内陆地区货源腹地的联系互动，使西部陆海新通道建设又向前迈出关键一步。

（印才伟　梁东孟）

【中远海运“东南亚冷链海陆快线”班列首发运营】

9 月 8 日，搭载 8 个冷链集装箱的西部陆海新通道重庆江津首班冷链专列顺利运抵江津珞璜铁路综合物流枢纽，标志着中远海运“东南亚冷链海陆快线”班列首发圆满成功。该专列装载约 300 吨东南亚水果、本土海虾、芬兰猪肘等冷链食品，从广西防城港发运，历经 1400 千米到达重庆江津区后，将分拨至重庆主要农贸冻品市场和成都地区水果市场，更好地满足重庆本地及周边川渝地区居民高质量消费需求。

西部陆海新通道中远海运“东南亚冷链海陆快线”班列由中远海运集团和重庆国际物流集团合作经营。该项目整合海、铁、公等多种运输方式，为东南亚途经广西北部湾至西南内陆地区的“一站式”全程冷链多式联运服务产品，为渝川桂地区冷链市场提供了全新物流解决方案。中远海运将以班列首发为契机，加强东南亚网络建设、航线优化、全程物流服务、海铁联运精品班列运营、国际分拨中心建设等，打造西部陆海新通道上双循环的精品冷链海陆快线，助推冷链经济协同发展。该专列实行每周两班的常态化运行。

（吴佳佳）

【中远海运特运“天”字号船舶首装超大驳船】

11 月 13 日，中远海运特运“天恩”轮在江苏南通成功装载 4 艘大尺寸驳船，其中最长一艘 135 米，最重 1656 吨，均为超长超重的“大块头”。这是中远海运特运“天”字号船舶首次承运该项目货物，“天恩”轮以安全高效的作业赢得客户高度肯定。“天”字号船舶全船装货面积达 14 000 多平方米，适货性强，普遍覆盖各类特种货物。据悉，这些驳船将投放于欧洲市场，以满足当地水上交通运输需求。随着限硫令在全球的推行和绿色航运观念的普及，欧洲驳船运输也迎来“更新换代”的高峰期。“十三五”时期，中远海运特运多次执行一次承运多艘驳船任务，积累了丰富作业经验。中远海运特运遍布全球的服务网络和船舶广泛的适货性，更为大型驳船等船体的海上运输提供了有力支撑和极大便利。

（黄一剑　王剑　杜鸣强）

装备制造产业集群

装备制造产业集群

【主要业务】

装备制造产业集群作为集团重要产业集群，按业务类型划分为船舶修理改装、船舶制造、海洋工程装备制造及集装箱制造 4 大业务板块。

船舶修理改装业务 主要通过中远海运重工有限公司（简称“中远海运重工”）专业经营船舶修理改装业务。集团以船舶修理为起点，快速实现从常规修船产品向高附加值、高技术含量特种船、大型改装船等高端产品的升级，具备改装世界各类复杂船型的能力。

船舶制造业务 主要通过中远海运重工专业经营船舶制造业务，坚持“引进－消化－吸收－再创新”的发展道路，全面提升高效造船和信息化总装造船能力，在技术上确立了国内领先地位。集团在大连、南通、扬州等地建有大型船厂，截至 2020 年 12 月底，年造船能力约 750 万载重吨；共承接新造船订单 77 艘，合计 806 万载重吨，造船接单量（载重吨）全球第三；全年完工交付新造船 60 艘，合计 579 万载重吨。

海洋工程装备制造业务 主要通过中远海运重工专业经营海洋工程装备制造业务。集团海工业务已跻身国际高端市场，产品几乎覆盖从近海到深海的全部类型，并向系列化、规模化发展，自主设计并交付世界首座超深水海洋石油钻井平台 Sevan Driller、半潜式海洋钻井平台 GM4000、海洋铺缆船改装超深水海洋铺管船“凯撒号”等多个世界首制和国际尖端产品，成为中国海工装备建造行业的领军企业。2020 年，新承接海工项目 9 个，海工浮式生产储油卸油船（FPSO）改装量继续保持国内领先；完工交付海工项目 14 个（含库存项目），手持海工项目订单 33 个，在建海工项目 19 个。

集装箱制造业务 主要通过中远海运发展所属上海寰宇物流装备有限公司（以下简称“上海寰宇”）专业经营集装箱制造业务。2019 年，中远海运投资从香港胜狮货柜企业有限公司收购获得青岛箱厂、启东箱厂和宁波箱厂并委托上海寰宇代管。连同上海寰宇下属锦州、连云港和广州南沙箱厂，当年集装箱制造能力达到 132 万 TEU（含冷箱），按制造能力排名世界第一、中国第二。2020 年，受新冠疫情影响，上海寰宇在 2 月处于停产状态；从 3 月开始全部复工复产，全力降低疫情对企业生产经营的影响；当年生产干货集装箱 76.6 万 TEU，冷藏集装箱 8.7 万台。

【中远海运重工成功交付 N808 FPSO 项目】

4 月 3 日上午 8 时，中远海运重工为希腊船东建造的海上浮式生产储卸油船 N808 FPSO 船体建造项目顺利交付。该项目主船体全长 227 米、型宽 50 米、型深 27.0 米，最大吃水 19.5 米，储油量 90 万桶，系统日外输能力为 40 万桶，定员 75 人，设计寿命 35 年，采用多点系泊定位方式，入 DNV-GL 船级社，能够满足西亚、地中海等地区的海洋环境条件。该项目由中远海运重工旗下上海中远海运重工和舟山中远海运重工联合建造。上海中远海运重工负责设计、总包建造、现场管理，舟山中远海运重工分包建造。自 2018 年 11 月项目开工建造以来，两家企业的项目团队严格按照海工装备规范、HSSE（健康、安全、安保和环境）管理体系、质量全生命周期保证体系要求，密切沟通、精诚协作、攻坚克难，取得了一项又一项突破，成功实现 500 万工时无损工伤害纪录，项目建造质量标准和安全生产管理得

到了船东的高度认可。（肖雪莲　郭秋旺）

【大连中远海运重工“云”交付钻井平台】

8月13日，由大连中远海运重工建造、国海海工资产管理有限公司管理的SUPER 116E型自升式钻井平台N596以“云”形式顺利交付。

N596作为国海公司首个海外客户租赁项目，其成功交付进一步拓宽了中央企业海工装备资产处置渠道，提振了疫情和市场双重巨大压力下国内海工装备制造业不断参与国际竞争的信心和影响力。N596是符合美国船级社（ABS）和IMO组织规范要求的世界先进高效节能和环保安全新型钻井平台，总长74.09米，型宽62.8米，型深7.92米，工作水深106.68米，钻井深度9144米，最大可抵御100节强风，适用于印度洋海域、中东海域、墨西哥湾海域。平台主船体为三角形，配置3根正方形单面齿条桁架桩腿，桩腿下端安装桩靴，通过桩腿和桩靴立于海床上。生活区可居住120人，设有厨房、餐厅、医护室、单元房、电影室、健身房等，完全可以满足船员的海上生活娱乐需求。大连中远海运重工建造并已交付的N596同型钻井平台N527和N581在中东油田开创了多个良好运行纪录，得到了国际市场的高度好评，为企业和同型产品赢得了良好声誉，也为N596在严峻形势下赢得承租方青睐打下了坚实基础。（宝巍　张善殊）

【大连中远海运川崎最新一代VLCC建成交付】

8月28日，大连中远海运川崎为中远海运能源建造的30.8万载重吨VLCC“YUAN KUN YANG 远昆洋”轮圆满命名、交付。该船总长333米、型深30米、设计航速15.5节，在前期VLCC船型的基础上进行了大量优化，是大连中远海运川崎建造的最新一代节能环保智能型VLCC。通过优化线型及船体结构，合理减少空船重量，最大程度地实现轻量化设计，实现了舱容最大化。通过这些新优化以及该船型原本具有的设计优势，“远昆洋”轮实际载重吨比市场同期设计的相同主尺度船舶高出数千吨；主机燃油消耗比市场上同类船型降低了约6%，每船每年可节约运营成本约50万美元。（马嵘）

【中远海运重工创新项目入选全国创新成果名单】

据《中国远洋海运报》10月10日报道，中远海运重工3项创新成果成功入选2020第四届全国设备管理与技术创新成果名单，分获管理类创新成果二等奖1项、技术类创新成果二等奖2项。

管理类创新成果《论修造船行业设备的全生命周期管理》针对修造船企业生产设备特点，将设备从选型至报废的全生命周期纳入设备管理体系，鼓励全员参与管理活动，实现设备全寿命周期精细化管理，有效降低备品备件库存资金占有率，实现降本增效。

技术类创新成果《基于提高船舶管子加工效率的智能制造设备应用研究》基于新一代信息技术的智能制造，促进管子加工智能化、设备管理网络化、生产管理信息化。

技术类创新成果《舟山中远压缩空气系统节能研究及技改》采用遗传算法结合历史数据建立容量与台数优化模型，实现安全生产与节能减排，可在造船、桥梁/建筑钢结构、建材、纺织、钢铁等大规模应用压缩空气的企业推广。

此3项成果是中远海运重工成立后首次在设备管理和技术创新领域获得荣誉；该领域创新成果的研发是探讨重工在修造船装备设备数字化智能化转型升级的有效实践，对于进一步提升重工在修造船行业装备设备管理创新能力具有促进作用，也为进一步提升中远海运重工在业界的知名度夯实基础。（夏冬莺）

【大连中远海运重工交付FPSO改装船舶】

11月13日，大连中远海运重工为日本三井海洋开发公司（MODEC）公司改装的第10

艘海上浮式生产储油卸油船（FPSO）MV30 正式交付开航。该项目是在 2020 年全球持续受到新冠疫情冲击情况下，第一艘交付的 FPSO 产品。截至年底，大连中远海运重工累计交付 15 艘 FPSO 改装项目，该项目的成功交付，彰显大连中远海运重工在 FPSO 改装领域的领先地位和卓越实力。MV30 船长 332 米、型宽 58 米、型深 31 米，排水量 30.6 万吨。作为世界最新型 FPSO，集生产处理、储存、卸载、人员居住、生产指挥于一体，作业水深 2200 米、日处理原油 28 600 立方米、日处理天然气 600 万立方米、日处理生产水 24 000 立方米，船上生活区满足美国船级社和巴西 NR 技术标准，可同时容纳 160 人工作生活。项目能够在海上油田连续作业 26 年不进坞检修，是一座名副其实的“巨型海上石油加工厂”。

大连中远海运重工负责全船船壳改装及部分上部功能模块建造整合，项目含全船 1.4 万吨钢结构修理改装、95 万米电缆铺设、2.3 万根管系安装及 54 万平方米涂装。全船约 3 万个 EITR 交验。34 个上部功能模块吊装总重超过 5 万吨，是 MODEC 系列 FPSO 改装中模块功能最全面、总重最大的项目。

MV30 项目采用了大量新材料、新技术、新工艺，实现了多个首次：公司首次承接 MODEC 项目的管理工程，各专业全区域首次采用 100%3D 建模，首次将功能模块的进口料件全部以进料加工方式进口海关通关。公司根据以往项目外协经验，制定了外协施工产品质量管理规定，指定专人全流程跟踪、监督，确保产品质量；同时与大连海关通力协作，优化加工贸易作业流程，允许大型模块采用过驳直取、码头验货的方式进口，实现了手册备案零等待，货物报关即报即过，产品质量控制及物资通关速度得到了 MODCE 船东的高度好评。

MV30 上部模块吊装适逢国内海吊资源紧张、海吊窗口期较短的瓶颈期，在此情况下，大连中远海运重工统筹协调船东模块、海吊及相应资源，安全、高效地完成了所有模块的吊装工程，多次在短期内完成多个大型模块的连续吊装工程，并完成最大起吊重达 3050 吨 6S 模块吊装。同时针对 MV30-4P 分子筛吸收反应器 B 罐与 C 罐单次采取双吊的创新方法，大大节约了海吊及辅助拖轮资源。

2020 年，受到疫情影响，MV30 项目面临劳动力回流放缓，以及船东、服务商不能及时进厂等诸多困难挑战。大连中远海运重工积极与船东沟通协商，采取“云办公、云会议”的形式克服疫情带来的见面难问题；同时根据疫情防控要求，精心组织、策划人员的回流、防疫、施工等措施，降低疫情对项目的影响，最终保证了项目的按期交付。（宝巍）

【扬州中远海运重工建造的首艘 21 万吨散货船顺利命名】

11 月 18 日，扬州中远海运重工为中远海运散运建造的 8 艘 21 万吨散货船首制船 N946 在扬州顺利命名。21 万吨纽卡斯尔型散货船，船舶总长 299.95 米，型宽 50 米，型深 25 米，设计航速 14.5 节，具有“智能、绿色、环保、节能和安全”的优势特点，是技术领先的新一代大型散货船。21 万吨系列散货船作为集团重大项目，全面采用川崎设计管理体系、运用川崎精益设计理念。该系列船在分段划分、分段制作、搭载工艺、舾装流程等环节均有重大改善。建造过程中，焊接质量、进水前完成度、一次报验合格率等方面达到历史最高水平，赢得船东认可。（马嵘）

航运服务产业集群

航运服务产业集群

【主 要 业 务】

航运服务产业集群作为集团支持产业集群，按业务类型划分为船员与船舶管理、船舶燃料供应、船舶物资供应（润物料、水、伙食等物资供应、备件供应、海图销售），以及通信导航（主要以通信导航设备维修业务为主）、油漆生产和贸易5大业务板块。

船员管理业务 集团所属的中远海运船员管理有限公司（以下简称“中远海运船员”），是集团内从事船员管理、船员劳务派遣的专业公司。截至2020年年底，集团共拥有和控制船员47 918人，其中自有船员23 964人，占50.01%；派遣制船员23 954人，占49.99%；派遣制船员中的外聘船员17 794人，占37.14%。高级船员24 115人，占50.33%，普通船员23 803人，占49.67%。

船舶燃料供应业务 集团主要通过中国船舶燃料有限责任公司（以下简称“中国船燃”）、中石化中海船舶燃料供应有限公司(以下简称“中石化中海燃供”）专业经营船舶燃料供应业务，中远海运日本、中远石油有限公司、远华（新）私人有限公司、新峰航运服务有限公司、中海新加坡公司5家公司也从事境外燃油加注业务。截至2020年年底，集团各级业务主体共完成船舶燃料销售量2770万吨。

中国船燃是国内最大的水上供油供水专业性公司，是由原中远集团和中国石油天然气股份有限公司对等持股在北京出资组建的合资公司，拥有国内外成员企业30余家，在国内主要港口（含中国香港）和新加坡、韩国、荷兰、美国等国外港口设立了专业公司和网点。公司在内拥有各类船舶近70艘，储油库19座，总库容达145万立方米，以及设施完备的油码头和火车装卸线，是目前中国网点分布最广、销售规模最大的水上专业供油企业，经营规模位居亚洲第一，全球第三位。2020年，中国船燃完成船舶燃料销售量1942万吨。

中石化中海燃供是由原中海集团和中国石油化工股份有限公司对等持股在广州出资组建的合资公司。1998年以来，中石化中海燃供负责原中海集团系统内船舶燃料和润物料备件的统一供应及相关服务，在香港和沿海15个主要港口城市设分（子）公司。中海燃供主要经营燃料油、成品油、保税油、润滑油和化工等石油产品的销售、仓储和运输，同时在沿海港口为船舶提供各种燃料油、柴油、保税油、润滑油、物料、备件和淡水供应，以及专业的船舶救生筏和消防系统检修、舱容鉴定等配套服务。中石化中海燃供的“为船服务”电商平台已试运行。2020年，中石化中海燃供完成船舶燃料销售量近349万吨。

船舶物料供应、通信导航、油漆生产和贸易、一般贸易业务 中远海运（香港）有限公司（以下简称“香港中远海运”）所属的中远海运国际（香港）有限公司（以下简称“中远海运国际香港”）构建了包括船舶贸易代理、船舶保险代理、船舶设备及备件供应、涂料生产和销售，以及相关产品贸易及供应等综合服务的航运服务产业集群，为航运企业、修造船企业以及集装箱制造商等客户提供多元化及专业化的航运相关服务和产品，业务网络遍及中国内地、中国香港、新加坡、日本、德国及美国等地。2020年，香港中远海运航运服务产业集群保持良好发展势头，其中船舶物料备件供应、通导服务实现收入11.49亿元，同比增长4%；油漆生产贸易实现收入9.78亿元，同比增长9.5%。

【中国船燃首创零接触供油方式】

为做好船舶供油环节的疫情外防输入、为国家把住输入风险关口，中国船燃结合自身实际和现场供油特点，在疫情期间积极大胆探索“零接触供油”方法。经过周密地设计与安排，2020年3月10—12日，中国船燃所属青岛公司“青油9”轮连续奋战，完成3艘来自韩国的船舶供油任务，供应低硫燃油1200吨、保税柴油100吨。“青油9”轮先后为“长锦深圳”轮供低硫燃油300吨、保税柴油50吨；“意春”轮供低硫燃油700吨；“天王之星”轮供低硫燃油200吨、保税柴油50吨。4月，中国船燃又成功地为在锚地等待数周无法靠泊的外轮“MARAN TRUST”轮和“MARAN HAPPINESS”轮实施供油。

在经过大量探索的基础上，9月，中国船燃在全球率先编印了《保税油业务疫情防控零接触供油操作指南》（以下简称《指南》），并录制实操视频，及时在全系统进行宣贯，指导供油现场根据疫情态势采取绝对零接触（无接触）或相对零接触（做好防护前提下的有限接触）方式，做好供油操作和防控。全系统严格按照《指南》进行供油作业规范操作，守住了疫情“零感染”的底线。（郭静）

【中国船燃广西公司助力北部湾海域搜救】

中国船燃广西公司先后于2020年4月1日、2日及时为执行搜救任务的“中国海监1117”艇、“海巡10382”艇补给燃油，助力北部湾海域搜救任务顺利执行。

3月29日晚上到30日凌晨，广西北部湾海域刮起6～7级北风，阵风8级。受此影响，在广西北部湾海域先后有4艘钓鱼船因风浪大遭遇险情。由中国海监防城港市支队、防城港市渔政支队和防城港海事局组成的搜救队紧急开展搜救。中国船燃广西公司接到中国海监防城港市支队和防城港海事局紧急供油订单后，立即调整作业计划，提前做好供油准备，分别于4月1日16时30分、4月2日11时30分顺利完成两艘船舶燃油补给任务。（庞清芳）

【青岛远洋船舶供应公司中标海油项目】

据《中国远洋海运报》4月10日报道，青岛远洋船舶供应公司经过多轮竞标，成功中标海洋石油工程（青岛）有限公司防火漆配送服务项目，并重新进入该公司的油漆供应商——阿克苏诺贝尔国际油漆（中国）有限公司“国际油漆”合格供应商名单。海洋石油工程（青岛）有限公司是青岛远洋船舶供应公司的重要客户。供应公司前期通过认真深入研究竞标文件，根据客户需求并结合公司实际，反复斟酌制定服务方案。节后复工以来，供应公司项目组人员远程保持对该项目的持续跟进，并充分利用各种机会对“国际油漆”客户进行拜访，就项目使用的防火漆转运、供应等一系列配套服务事宜进行洽谈，最终在竞标中成功中标。（毕强）

【中国船燃与广西签订战略合作协议】

6月6日，2020年中国（广西）自由贸易试验区云推介、云招商、云签约活动在南宁举行。签约仪式上，作为第一批重大项目签约单位，中国船舶燃料有限责任公司（简称“中国船燃”）与广西壮族自治区政府签订《战略合作框架协议》，同广西自贸办、自治区北部湾办、钦州市政府、广西中石油国际事业有限公司签署了《关于推进北部湾港保税燃油供应基地建设工作备忘录》。根据战略合作协议，双方将遵循“合作互动、优势互补、互利共赢、共同发展”的宗旨，推动更大范围、更广领域、更深层次的战略合作，为实现加速建设国际陆海贸易新通道门户港、促进广西与东盟等国家在交通物流贸易等方面深度融合、实现“一带一路”有机衔接，提供专业优质高效的保税燃油保障。

据悉，5月29日，广西北部湾港首单出口退税低硫船用燃料油3250吨顺利接卸，其中750吨已顺利供应日本川崎汽船株式会社的“樱花角”轮，开启了中国船燃在广西北部湾港出口退税燃料油供应国际航线船舶的新开端，标志着北部湾港保税燃油供应基地正式运营。

（郭静　刘小杰）

【中远海运船员建设“五十百千”人才库】

6月9日，中远海运船员有限公司召开第一次“五十百千”人才选拔评审会。经选拔审核，最终1092人入选“五十百千”人才库。此次选拔评审由中远海运船员总部相关职能部门负责人及各直属单位书记等共15人组成评审组。在前期大量资料收集、资格审核、意见征集、统一标准等基础工作上，评审组严格按照《“五十百千”人才工程实施方案》选拔程序和入库标准，逐一审核资质、多轮比较筛选，最终有1092名船员入选“五十百千”人才库。评审组还从入库人员中评选出547名顶尖人才，其中名家4人、名人31人、名匠512人。通过此次“五十百千”人才选拔评审，公司构建了航海、机电、党务、通用和产业后备五大人才库，推选了一批名家、名人、名匠。

“五十百千”人才工程是中远海运船员着眼于全面实施人才强企战略、聚焦关键核心人才、突出“高精尖缺”导向、造就一批具有全球视野和行业领先水平的海上人才提出的人才工程。作为公司干部人才战略的总抓手，“五十百千”人才工程紧密围绕集团产业集群布局，主动对接集团海上人才需求，建设和加强五类海上人才基地，构筑“五大”高端人才集群（航海500人、机电500人、党务300人、通用200人、产业后备人才和干部500人），培育“十百千”顶尖人才，即十名左右对标国际知名且享有盛誉、影响深远的“名家”，百名左右对标行业领军且较高声望、业绩突出的“名人”，千名左右对标大国工匠且敬业乐群、精益求精的“名匠”。（夏兴刚）

社会化产业集群

社会化产业集群

【主 要 业 务】

社会化产业集群作为集团支持产业集群，承担了服务其他产业集群、孕育新兴产业、进行地区管理等多项综合职能。目前共有不动产投资、高速公路、交通科技、教育、医疗康复养老、旅游会展和地区公司 7 大业务板块。

不动产投资管理业务 不动产投资管理业务，特指从事不动产开发及物业投资的公司。目前集团内从事该项业务的公司有中远海运资产经营管理有限公司（以下简称“中远海运资产”）及香港中远海运旗下的中远（香港）置业有限公司。其中，中远海运资产主要从事集团境内存量土地的开发和建设，以及存量资产的经营等业务。截至 2020 年年末，公司资产总额 139.06 亿元，净资产 96.745 亿元，营业收入 2.96 亿元，利润总额 3 539.36 万元；至 2020 年年底，中远海运资产建设项目共计 10 个，分布在上海、广州、海南博鳌、青岛、天津等城市。香港中远海运目前在香港持有十四层中远大厦、三层三湘大厦，以及三层九龙贸易中心写字楼物业，同时还持有永丰大厦、益丰花园、广丰台等住宅物业；在内地持有江门中远大厦和在深圳的少量住宅物业。

高速公路业务 香港中远海运共参股四家高速公路公司，拥有京石高速公路、京哈高速公路天津段、津沧高速公路和济菏高速公路的经营权。四条高速公路共计全长 457.209 千米。

交通科技业务 上海船舶运输科学研究所（以下简称“上海船研所”）所属中远海运科技股份有限公司（以下简称“中远海运科技”），是国内最早进入智能交通系统集成领域的企业之一，主要从事智能交通、智能交通产品、工业及港航电气自动化、智慧城市和安防、软硬件系统运营维护等领域技术研发和系统集成。除此之外，上海船研所长期从事国内交通运输和造船行业的共性技术、前瞻性技术的开发研究。作为国内唯一面向航运业的综合应用研究机构，上海船研所在船舶水动力、船舶运输控制系统等航运技术领域及环境工程领域均有特殊的行业地位。

医疗康复养老业务 集团从事医疗康复养老业务的机构为广州中远海运所属广州新海医院和广州中远海运健康管理有限公司（以下简称“远海健康”）。广州新海医院为一所集医疗、教学、保健为一体的综合性国家二级甲等医院，实际开放床位 510 张，全年累计诊疗业务量超过 41.5 万人次。远海健康是广州中远海运依托自身医疗资源优势、突出医养结合特色而设立的健康养老专业公司，运营管理 2 家五星级养老机构和 1 个社区居家养老服务平台，并利用广州市长期护理险定点机构资质提供居家养老服务，目前可供开放机构养老床位 276 张，床位使用率 78%。2020 年，新海医院大力推进航海远程医疗，全年为在航船员提供医疗诊治和指导服务 1500 余次，提供船舶配药服务 270 余船次。

教育业务 2020 年 6 月，集团完成了教育资源的整合，由新成立的中国远洋海运大学（以下简称“中远海运大学”）承担集团内的教育培训、战略品宣、文化传承、科技创新工作。在教育资源整合前，集团拥有 11 家以实体方式运行的教育培训机构，主要承担全集团的党校教育、干部人才培训、船员培训和航海学历教育职能，具体包括 2 家集团直属院校青岛船院（含中远党校）、中海党校，9 家二级单位所属以船员培训为主的机构。机构人员近千人。至整合时，11 家教培机构年均线下培训集团各类干部人才和船员 5.5 万人次，集团外船员及其他技术技能人才 7.5 万人次。教育资源整合后，中远海运大学主要承担“五大定位”，即集团培养党员领导干部的“主阵地”、实现战略的“助推器”、汇集创新要素的“集成站”、促进变革的“策动源”、传承文化的“大舞台”。

旅游会展业务 中远海运博鳌有限公司（以下简称“中远海运博鳌”）是中远海运集团为服务博鳌亚洲论坛专门设立的公司，是博鳌亚洲论坛年会的核心服务单位。自2001年博鳌亚洲论坛正式成立以来，中远海运博鳌有限公司至2020年已圆满服务了19届博鳌亚洲论坛年会，接待了党和国家领导人，以及国内外政要贵宾2.7万人次，细致周到的服务得到了国内外宾客的广泛赞誉。中远海运博鳌依托博鳌亚洲论坛品牌的影响，积极抓住海南发展机遇，发挥战略引领职能，充分开发自主经营模式，打造自主管理服务输出、会议组织和旅游度假品牌的建设。年均接待会议200多场、千人以上会议30余次，接待酒店住客14万人次，接待景区游客80万人次。截至2020年年底，中远海运博鳌总资产为22.63亿元，当年实现营业收入1.67亿元。

中远海运客运有限公司（以下简称“中远海运客运”）主要经营渤海湾客滚运输业务，并与港中旅邮轮投资（深圳）有限公司、中交海洋投资控股有限公司、三亚国际邮轮发展有限公司合资设立三沙南海梦之旅邮轮有限公司，主要经营南海旅游航线。截至2020年年底，中远海运客运有客滚船9艘（含合资公司2艘、光租船舶2艘），总客位12 182个，总载车线12 033米，分别占渤海湾运力总量的34.6%、35.9%和26.8%；完成客运量71.57万人，同比下降64.35%；客运周转量0.68亿人海里，同比下降64.57%；完成车运量39.66万辆，同比下降8.94%；截至年底，公司资产总额25.15亿元，所有者权益12.83亿元。

海南港航充分发掘海南省丰富的旅游资源，开展具有特色的水上旅游业务。一是西沙旅游业务稳步发展。2013年，海峡股份作为全国首家经营西沙旅游航线的企业正式开通西沙生态旅游航线。2017年，公司新造豪华客滚船舶“长乐公主”轮投产三亚至西沙航线，并与中远海运客运的“南海之梦”轮建立联合营销机制，单航次上座率增加显著。2017年8月1日，正式开通海口滨海旅游航线，累计运营200多个航次。2017年4—6月，公司与首航直升机公司合作先后开通了海口新海港至徐闻海安港、新海港至湛江吴川直升机航线。2018年，公司与幸福运通用航空有限公司共同合作筹建的海口水上飞机空中游览航线正式开通运营。2020年，海南港航下属的上市公司海峡股份启动新海客运枢纽项目承接及工程后续建设。该项目总投资规模约14.5亿元，占地面积约36.64公顷，总建筑面积约8.3万平方米，年设计通过能力为旅客2200万人次，汽车320万辆次；计划2022年底建成。

地区公司 “十三五”期间，为落实国家区域发展战略，增强集团在重要地区的产业布局，并配合集团船员体制改革、船管体制改革和教育体制改革任务的协同推进，集团于2019年新设立了中远海运（天津）有限公司（以下简称“天津中远海运”）、中远海运（青岛）有限公司（以下简称“青岛中远海运”）和中远海运大连投资有限公司（以下简称“中远海运大连投资”）三家地区公司。其中，天津中远海运是集团在京津冀地区发展社会化产业的重要平台，重点发展物业、新能源开发、物联网开发、船舶管理、航运服务等业务；截至2020年年底，天津中远海运资产总额49.5亿元，当年实现营业收入8.13亿元。青岛中远海运是集团在山东、中原、东陇海地区的社会化产业的重要平台，LNG产业链业务；截至2020年年底，青岛中远海运资产总额38.37亿元，当年实现营业收入9.05亿元。中远海运大连投资是集团在东北地区发展社会化产业的重要平台，重点发展LPG海上运输业务；截至2020年年底，中远海运大连投资拥有6艘LPG船，共计18万载重吨；资产总额18.86亿元，当年实现营业收入2.78亿元。

【中远海运博鳌公司中标深圳前海项目】

据《中国远洋海运报》3月27日报道，中

远海运博鳌有限公司正式中标深圳前海国际会议中心管理输出项目，这是继圆满完成两届中国国际进口博览会管理服务输出项目后的又一重大突破，为企业进一步实现转型升级奠定了基础。

深圳前海项目业务涵盖会务服务产业链营销、安保、工程、采购仓储、开荒保洁、后勤服务等各个环节，中远海运博鳌公司抓住机遇、瞄准市场、精准发力，着力攻坚深圳项目。公司抽调骨干组建攻坚团队，围绕项目基本情况、项目运营、周边市场、产业现状等进行调研，科学高效制定方案。2020 年 2 月接到前海项目即将开标信息后，项目团队成员克服新冠肺炎疫情带来的不利影响，克服种种困难，坚定不移地推进项目攻坚。最终，中远海运博鳌凭借着丰富的大型高端综合性会议会展经验成功中标。深圳前海项目的中标使中远海运博鳌实现了从单一会议服务管理输出的“借船出海”模式，向会议会展全产业链综合管理服务输出的“驾船出海”模式的转变，为企业转型升级提供了重要支撑。

（杨大义）

【上海海运物业 BIM 系统一期顺利落地】

据《中国远洋海运报》6 月 5 日报道，上海中远海运按照“左手架构、右手治理”的工作策略，加大力度推进信息化建设；旗下的海运物业 BIM 置业系统完成正式验收。据统计，截至 6 月初，系统完成线上流程 315 条，包括：财务收款流程 288 条、人事招聘流程 12 条、人事调动流程 7 条、人事离职流程 6 条、安全与风险管理督查流程 2 条，累计使用人数超 80 人次。

BIM 系统搭建前，上海海运物业的物业审批流程均为线下纸质审批流程，由于物业项目点多、地域分散，导致审批周期长、效率低下，且各部门基础信息分散没有系统管理，信息反馈滞后，不利于企业大步发展。BIM 系统上线后，公司借助置业管理系统，建立了物业服务、房产租赁、客户供应商、合同管理等基础信息库，并搭建线上流程，有效实现资产管理和物业管理部分可视化，相较以往大大提高了工作效率。目前，BIM 置业管理系统已实现与 OA 系统的实时对接，合同台账数据、客户信息库、供应商信息库等信息均可根据业务需求获取实时数据，为业务基础信息的建立提供了有力支撑，同时也有效保障了数据的准确性和完整性。各物业项目点一改往常线下纸质流程审批的弊端，打破纸质化办公固有壁垒，结合 OA 系统已全面开启了线上办公的新模式，实现了一体化管控，有效提升了公司精细化管理水平。

（周慧敏）

【中国远洋海运大学在青岛成立】

7 月 3 日，中国远洋海运集团党校 / 企业大学 / 研究院 / 青岛船院在青岛西海岸新区举行揭牌仪式。中国远洋海运集团董事长、党组书记许立荣，青岛市委常委、副市长薛庆国，中国远洋海运集团董事、总经理、党组副书记付刚峰，中国工程院院士、山东第一医科大学校长、上海交大附属瑞金医院院长宁光，青岛市委常委、西海岸工委、黄岛区委书记孙永红，大连海事大学党委书记郑少南，山东省港口集团党委书记、董事长霍高原，山东省港口集团党委副书记、董事、总经理李奉利，以及中国远洋海运集团董事、党组副书记、党校校长王海民，副总经理张为等出席揭牌仪式。青岛市有关部门领导、交通海事部门领导、港航单位代表、中国远洋海运集团相关职能部门和直属单位的领导等应邀参加仪式。

中国远洋海运集团作为中央直接管理的特大型国有企业，在上海、天津、广州、大连、青岛等地共拥有 11 家教育培训院校和机构。此次改革的目标是整合中国远洋海运集团各地教育培训资源和资质，依托青岛远洋船员职业学院，在青岛组建中国远洋海运集团党校 / 企业大学 / 研究院 / 青岛船院。企业大学按照“一套班子、四块牌子”方式统一运作，根据对内对外实际需要，分别使用“中共中国远洋海运集团党校”“中国远洋海运大学”“中国远洋海运研究院”“青岛远洋船员职业学院”四个名称。企业大学致力于建设世界一流企业大学，努力打造成企业高端人才培养的新平台、航运人才培养和航运科技创新的新高地。

企业大学校区设在青岛西海岸新区古镇口，按照打造“具有鲜明中远海运特色、世界一流水平企业大学”的总体要求进行规划建设。校区规划与建设将坚持高定位、高标准、高质量，充分展示出集团“全球最大航运企业、多项世界第一”的形象，未来形成“南有博鳌、北有青岛”的“一南一北”高端资源布局。未来将把新校区打造成一个集党性锻炼、人才培养、科技研发、文化传承、战略助推、宣传展示等功能为一体，国际化、高水平的一流校区，成为全球企业大学的新标杆。集团计划用两年左右的时间完成新校区规划建设，力争在2021年9月完成新校区一期建设，并完成老校区搬迁。（姜丽莉　孙梅）

【中远海运博鳌服务保障6000人规模会议】

8月13—17日，2020中国健康产业生态大会——西普会连续第八年在中远海运博鳌举办。今年西普会的主题为“逐日者毅行——启幕全生命周期健康管理新时代”。与会正式代表超过6000人，层次、规模再创历史之最，叠加新冠肺炎疫情影响，以及博鳌亚洲论坛大酒店大修后重开，大会的接待服务给中远海运博鳌带来了前所未有的压力和挑战。

在疫情防控方面，中远海运博鳌严格落实各项管控措施，全体员工对客服务过程中佩戴口罩，配备消毒手套等物品；餐饮部门积极配合政府部门做好食品安全监督检查；安保部门在培兰桥、金海岸1号岗等重要进出关口开展体温检测与身份核查，严禁体温超过37.3℃及无关人员进入东屿岛区域；酒店前台工作人员按要求登记，核查客人健康码、轨迹码，符合疫情防控条件方可办理入住，多措并举做好疫情防控。

在硬件方面，经过4个多月的努力，博鳌亚洲论坛大酒店及国际会议中心大修工程、金海岸大酒店别墅提质改造工程陆续完工。开展酒店客房试住检查4批次、456房次，发现问题及时整改销项，增强了服务保障硬实力。在软件方面，经过“旺工淡学”集训，全体服务人员精神面貌焕然一新，服务技能得到强化和提升。启动VIP服务机制，抽调具有论坛年会接待及进博会服务保障经验的联络员21人，组织国宾团队40人，为重要嘉宾提供“一对一”增值礼遇服务，每日为客人准备新鲜热带水果、海南咖啡、椰子糖等海南特色产品，进一步提升客人入住体验。

（王庆标）

【中远海运博鳌做好深圳40周年大会服务保障】

10月14日，深圳经济特区建立40周年庆祝大会在深圳前海国际会议中心隆重举行。中远海运博鳌圆满完成了深圳经济特区建立40周年庆祝大会服务保障任务，得到了有关单位的高度肯定和认可，展示了博鳌团队风采，擦亮了集团“金字招牌”。东屿岛旅游度假区运营管理中心提前抽调骨干组建了187人的项目攻坚团队，一方面强化培训演练，开展了制度学习、安保消防、工程建设、VIP接待、保洁维护、物资管理、财务知识、物资采购8个大类105个小类累计140余小时的专项培训；另一方面围绕场馆筹备，开展了SOP制定、物资需求统计、开荒规划、施工检查、重大活动筹备等工作，制定天气、消防、停水电、困梯等预案25项，配合有关单位开展消防、排爆、摆台等演练数十次，为活动顺利举行奠定基础。大会过程中，项目团队全程值守，做好嘉宾入场、离场指引、设备保障等服务保障工作；国宾班队员为VIP嘉宾提供个性化服务，得到参会嘉宾的一致夸赞，展示了中远海运博鳌的服务标准及形象。（王庆标）

“互联网 +”产业

“互联网 +”产业

【主 要 业 务】

业务集中于上海船研所、中远海运科技。除此之外，集团内各板块、各公司也广泛建立、使用“互联网 +”的业务平台，如中远泛亚电商、一海通公司、中远 e 环球、无界电子商务等平台。

2018 年 2 月 2 日，中远海运集团科技与信息化平台正式成立。平台企业是以转制科研院所上海船研所为依托、以上市公司中远海运科技为载体，通过整合中远海运集团旗下主要的科技和信息化公司组建而成。平台承载着集团科技信息产业发展和“互联网 +”战略落地的职能，以数据应用和智能科技助力技术和管理升级，投身新商业模式和产业生态系统建设，推动中远海运集团“数字化转型”。上海船研所 2020 年营业收入 21.38 亿元，实现净利润 2.68 亿元（剔除转让股权收益影响调整后的净利润 2.00 亿元），与“十二五”末比较，年复合增长率分别为 10.67%、25.52%。截至 2020 年年底，公司总资产 58.78 亿元，净资产 28.91 亿元，与“十二五”末比，年复合增长率分别为 16.54%、11.51%。“十三五”期间，公司财务指标稳步增长，智慧交通、智慧航运、智慧物流、智能船舶和环境工程等业务板块实现协调发展，与行业领先企业的产业战略合作不断加强；通过股权合作，与行业优势企业建立利益共同体，充分实现优势互补、信息共享、互利共赢，共同做大做强科技产业。

【上海船研所打造卫星通信与综合服务平台】

据《中国远洋海运报》2020 年 1 月 3 日报道，为推进“智慧航运、智能船舶”建设，实现航运业“数字化”转型，上海船研所利用新一代高通量卫星技术，构建船岸一体通信网络，打造了国家智慧航运卫星通信与综合服务平台（以下简称“平台”），平台于 2019 年 12 月 24 日上线试运行。平台根据船舶航线分布特点，利用多家卫星服务商通信覆盖范围的互补性，以“一家为主、多家互补”的方式，与卫星服务商进行合作，实现船舶卫星通信网络的统一管理和智能切换，构成覆盖全球航线的卫星通信网络，集中处理各类卫星通信业务，实现船舶卫星宽带资源共享，降低船舶卫星通信成本，实时监控卫星通信网络中的异常流量和安全漏洞，防止病毒感染和恶意攻击，提高船舶卫星通信的信息安全。该平台为航行在世界各个角落的船舶提供与公众电信网、互联网、企业专用网之间互联互通的通信链路，为“智能船舶”提供低延时、低成本、小功耗、数据轻量化传输的船岸交互。此外，它还可以满足航运企业的安全管理需求、船员的现代体验需求、国家通信监管要求，具有加强通信产业链协同效应、降低卫星带宽使用成本等优势。平台已接入 4 家卫星运营商、66 艘船舶小站数据，基本达到项目建设目标。

在物联网、大数据、云计算、人工智能和高通量卫星等新一代技术不断涌现的当代，越来越多的行业以信息化发展为引领，推动全方位的科技创新。上海船研所积极打造覆盖航运完整产业链的科技创新生态圈，推动科技创新向“互联网 +”和“智慧航运”迈进；通过大数据和智能科技的应用，积极推进技术和管理的不断升级，从而构建更具有竞争力的商业和管理模式。

（吉诚）

【中远海运科技首创车载智能养护系统上线】

据《中国远洋海运报》3 月 27 日报道，中远海运科技自主研发的“智慧公路”车载智能养护系统在浦东公路署和城道中心上线。该系统以较低成本快速甄别路面“病害”，提升路面预防性养护水平，大幅度降低路面大、中修和重建比率，对病害类型及成因进行分析、处理，有效减少因病害扩大而导致道路使用寿命减少并危及交通安全的事件发生。

“智慧公路”车载智能养护系统是人工智能物联网（AIoT）技术的典型应用，为国内首创。系统将前沿的 AI 深度学习技术和经典的图像测量技术相结合，利用高清高速运动摄像机获取的数据通过边缘计算进行快速分析与鉴别，实时检测路面裂纹、坑槽、窨井盖高差、标志牌遮挡、标线不清等路面病害。该系统改变了依靠人工排查和专业道路检测车等传统粗放式、高成本、低效率的监测方式，养护人员仅需在车内开启平板检测器，即可查看实时路面信息，并将问题信息通过 4G/5G 网络发送至后台中心进行确认，适配操作简单、对道路交通影响小、数据标准化程度高，极大地提高了路面病害检测的效率，降低了道路养护的成本。更加贴心的是，系统还配备一套完善的“道路养护数据综合管理平台”，可实现车辆实时位置查看、病害数据详细查看、实时视频查看、设备管理等功能，方便养护人员后期维护查询，并根据病害类型、病害事件等查询相应道路病害数据。（金育）

【中远海运与蚂蚁集团签署战略合作协议】

2020 年 7 月 6 日，中国远洋海运集团与阿里巴巴、蚂蚁集团签署三方战略合作协议，共同推动航运物流区块链合作和应用，开展未来基于全球航运物流网络的深度合作。根据协议，中国远洋海运联合蚂蚁集团共同研究和推动航运物流区块链在中国的部署落地，携手推动航运、港口、物流、金融等领域以区块链技术为基础的战略连接，通过跨链合作实现数据互联互通，为产业链上下游系统合作创造平台。在国际航运物流和贸易的业务场景下，双方合作持续拓展区块链的应用场景，开展基于区块链的应用基础数据格式规范研究，推动相关领域数据标准的制定。双方还将加强在智慧航运、智慧港口和供应链金融方面的合作，共同推动航运操作流程和单证数字化。

蚂蚁集团在区块链业务布局上世界领先，区块链专利申请数和授权专利数均位列全球第一，在交易性能、隐私保护、跨链互联等关键技术领域多有突破，并拓展出商品溯源、司法、版权、公益、供应链金融、资产证券化、电子票据等 50 个多场景的规模化商用。

作为全球最大的综合航运企业集团，中国远洋海运集团在致力于打造全球领先的综合物流供应链服务平台的同时，积极把握数字化发展趋势，利用大数据、区块链、超级计算等新技术与航运物流行业深度融合，推进数字化技术在航运物流领域的应用，不断提升服务安全性和效率，推动航运业数字化转型升级，为广大客户提供可靠的数字化服务。（钟远海）

【集运上海分部发展智慧航运和电商业务】

据《中国远洋海运报》 8 月 7 日报道，作为航运数字化的“先行者”之一，中远海运很早就踏足外贸电商领域，着力推进船东垂直营销。中远海运集运上海分部依托集运丰富的航线网络与通道产品，不断在外贸电商领域打造更高质量的全程物流服务，为华东地区的广大客户创造更大价值内涵。2020 年年初的新冠肺炎疫情使国际贸易形势、航运市场格局发生了重大变化，集运上海分部危中取机、打破格局，上半年电商业务量实现了大幅增长，local 箱量和销售箱量均同比实现了三位数的增长。

为进一步夯实责任，做好相关揽货工作，年初集运上海分部联合各片区以及航线运管主要负责人，抽调精兵强将，调整与明确电商工作小组成员；定期召开视频会，建立微信群组，搭建统一的信息平台；辅之以“远期航线产品”“优选箱”“A 类箱”等灵活的线上产品，积极引导中小直客的注册和订舱。截至 8 月上旬，平台累计注册客户数达 768 家，周活跃客户数保持在 100 余家。5 月底，首届“航运直播带货节”更是掀起一波售卖高潮，通过前期预热，直播当天上海口岸下单量占总成交量的 23%，综合排名第二，各条航线均取得较好效果。不仅在营销端发力，工作小组还狠抓服务质量，通过进一步梳理、规范业务操作流程，结合 Syncon Hub 平台强大的交互功能，构建信息直通车，确保客户在订舱、箱柜、结算等各操作层面上的及时、畅通、准确传递。（金维）

【中远海运云计算平台荣膺工信部典型案例】

据《中国远洋海运报》8 月 28 日报道，工业和信息化部公布了“2019 年企业上云典型案例”评选结果。中远海运云计算管理平台获评工业和信息化部“2019 年企业上云典型案例”。

为落实《国务院关于促进云计算创新发展培育信息产业新业态的意见》《推动企业上云实施指南（2018—2020 年）》，按照《工业和信息化部办公厅关于组织开展企业上云工作情况报送及典型案例征集工作的通知》要求，经由上海市经济和信息化委员会、上海市云计算产业促进中心推荐，通过工业和信息化部组织的形式审查、专家评审和网上公示等环节，中远海运云计算管理平台最终荣获“2019 年企业上云典型案例”称号。

中远海运云计算管理平台于 2019 年 8 月 15 日正式上线，是中远海运科技云数据中心围绕中国远洋海运集团“十三五”信息化规划自主建设的集私有云、公有云及容器云为一体的企业级混合云计算平台。平台颠覆了传统 IT 资源管理模式，以中远海运云数据中心为基础，以云计算服务为核心，通过规模化、标准化和智能化的软硬件设备，采用混合云部署模式，与业界各主流公有云平台互联互通，为集团各产业集群提供“一体化、服务型、开放式”的云计算服务。（郭磊）

【中远海运科技获高速公路信息化大奖】

2020 年 8 月 27 日，第 22 届中国高速公路信息化大会在山城重庆国际博览中心召开。大会开幕式上，由中国公路学会组织评选的“2020 中国高速公路信息化奖”揭晓。为表彰对我国高速公路信息化建设和发展作出重要贡献的单位和个人，全国共评选出突出贡献类奖（11 个）、创新技术类奖（19 个），以及优秀集成商类奖（10 个）三类大奖。中远海运科技股份有限公司一举囊括 3 个奖项，实现三类大奖“大满贯”：中远海运科技股份有限公司荣获 2020 中国高速公路信息化奖（优秀集成商类），“高速公路收费综合业务平台 ITSN”荣获 2020 中国高速公路信息化奖（创新技术类），徐延军荣获 2020 中国高速公路信息化奖（突出贡献类）。

2019 年，中远海运科技先后承担了青海、宁夏全省（区）路网和贵州、河南、上海、云南、重庆、广东、浙江、安徽等部分高速公路取消省界收费站系统工程情况。2020 年，中远海运科技按照交通运输部统一部署的“取消高速公路省界收费站 ETC 费显和清分结算系统优化工程”要求，克服重重困难，最终实现了“一次通行、一个账单、一次扣费、一次告知、一张票据”的既定目标，为取得全国高速公路取消省界收费站工作的实质性胜利作出了贡献。（强春辉）

【首批 5G 无人驾驶集卡在厦门远海码头运营】

2020 年 9 月 16 日，中远海运 5G 智慧港口建设再进一步，首批共 6 台 5G 无人驾驶集装箱卡车在湖北东风商用车厂顺利交付，车辆在中远海运港口厦门远海码头的作业现场编组调试后，正式开启运营。港口无人驾驶集卡是智慧港口的重要组成部分，对于智慧港口而言，无人驾驶集装箱卡车可以提供安全、可靠、高效的作业保障，是智慧港口建设的基石。此次交付的 5G 无人集卡，是在 2020 年 5 月 11 日“5G+ 无人驾驶赋能智慧港口云发布会”上所展示的 5G 全场景应用的一部分，车辆由东风商用车公司基于港口集装箱装卸作业工况打造，采用无驾驶室纯电动底盘，双电机直驱、双向转向系统，配备激光雷达、高精定位惯导等技术，并根据港口运营需求，将车管平台和港口 TOS 平台对接，实现车辆远程监控、智能化管理，最大程度降低运营成本，提升运营效率。（姜传鹭）

【中远海运打造航运贸易区块链平台】

据《中国远洋海运报》12 月 4 日报道，由中远海运集运与中国银行等合作伙伴携手打造的“航运提单 + 贸易单证区块链平台”在上海举行发布会。沙特基础工业公司（SABIC）、上海汇众汽车制造有限公司作为首批试用该平台的客户出席了发布会。“航运提单 + 贸易单证区块链平台”充分利用区块链技术不可篡改、可追溯、可信任的优势，为客户提供无纸化服务。首批试用客户的提单通过区块链签发和流转，贸易单证也完整上链，整个服务过程高效、便捷、可信、无接触。货流、信息流、资金流紧密结合在一起，为国际贸易提供可信任的数字基础，得到试点客户的高度认可。蚂蚁链为平台提供智能科技支持。

（吉轩）

CHINA COSCO SHIPPING CORPORATION LIMITED YEARBOOK

中国远洋海运集团有限公司

年鉴

第四篇

船队建设

概述

概　　述

中国远洋海运集团有限公司（以下简称“中国远洋海运”或“中远海运”）由中国远洋运输（集团）总公司与中国海运（集团）总公司于2016年2月18日重组整合而成，总部设在上海，是中央直接管理的特大型国有企业，有着排名世界第一的庞大运输船队。

【船队综述】

中国远洋海运拥有种类齐全的运输船队，船队由集装箱船队、干散货船队、油气船队、杂货特种船队和客轮船队五大专业化运输船队构成。截至2020年12月31日，中国远洋海运经营船队综合运力11 135.01万载重吨/1387艘，排名世界第一。其中船队的自有运力规模为9 011.33万载重吨/987艘，租入运力规模为2 123.69万载重吨/400艘。

五大专业化运输船队中，全集装箱船队规模为3 597.18万载重吨/307.37万TEU/536艘，另外特种运输船舶及客箱船等的集装箱运力14.82万TEU，集团集装箱的总运力达317.19万TEU，居世界第三；干散货船队运力4 270.6万载重吨/445艘，油、气船队运力2 784.52万载重吨/218艘，杂货特种船队运力472.6万载重吨/153艘，均居世界第一。客轮船队规模13.27万载重吨/35艘。集团船队运力基本情况见表4-1。（徐帮林　于炯）

中国远洋海运集团船队运力基本情况统计表（截至2020年12月31日）　表4-1

船队		自有运力		租入运力		控制运力	
		艘数	载重吨	艘数	载重吨	艘数	载重吨
集装箱船队		245	24 161 355	291	11 810 433	536	35 971 788
油、气船队	油轮船队	163	21 784 343	11	2 751 311	174	24 535 654
	LNG船队	38	3 291 518	—	—	38	3 291 518
	LPG船队	6	18 028	—	—	6	18 028
干散货船队		368	36 690 899	77	5 987 131	445	42 678 020
杂货特种船队		135	4 048 638	18	673 848	153	4 722 486
客轮船队	邮轮	1	6715	—	—	1	6715
	客滚、客箱船	31	111 762	3	14 203	34	125 965
合计		987	90 113 258	400	21 236 926	1387	111 350 174

【新造船接收】

2020年，集团新交付船舶22艘、322万载重吨，其中，散货船3艘、93万载重吨，油气船（含LNG船）13艘、197万载重吨，纸浆船5艘、31万载重吨，客滚船1艘、6500载重吨。2020年中远海运集团接新船的基本情况见表4-2。

（杨煜）

2020 年中国远洋海运集团接收新船情况表

表 4-2

序号	中文船名	船型	船舶性质	交付时间	建造国家或地区	船旗	载重吨
1	远荷湾	油轮	自有	2020-04-17	中国	中国	114 000
2	远樟湖	油轮	自有	2020-04-24	中国	中国	64 825
3	远桉湖	油轮	自有	2020-07-10	中国	中国	64 898
4	远棠湾	油轮	自有	2020-07-31	中国	中国	113 684
5	远昆洋	油轮	自有	2020-08-28	中国	中国香港	308 000
6	远东海	油轮	自有	2020-08-30	中国	中国	158 677
7	远华洋	油轮	自有	2020-09-23	中国	中国	319 786
8	远贵洋	油轮	自有	2020-11-12	中国	中国	319 701
9	远兰湾	油轮	自有	2020-11-19	中国	中国	110 000
10	远南海	油轮	自有	2020-12-01	中国	中国	158 694
11	天璇星	LNG	自有	2020-01-09	中国	中国香港	80 155
12	天玑星	LNG	自有	2020-08-31	中国	中国香港	80 155
13	天权星	LNG	自有	2020-10-31	中国	中国香港	80 155
14	中远海运长青	特种	自有	2020-04-15	中国	中国	62 003
15	中远海运新旺	特种	自有	2020-06-12	中国	中国	62 003
16	中远海运鹏程	特种	自有	2020-07-15	中国	中国	62 002
17	中远海运辉煌	特种	自有	2020-11-20	中国	中国香港	61 962
18	中远海运荣耀	特种	自有	2020-12-21	中国	中国香港	62 000
19	新香雪兰	客船	自有	2020-12-09	中国	中国	6500
20	惠智海	干散货	自有	2020-12-18	中国	中国香港	210 919
21	远千海	干散货	自有	2020-01-16	中国	新加坡	398 199
22	南沙荣耀	干散货	自有	2020-12-16	中国	新加坡	324 294
合计							3 222 612

【新造船投资计划】

2020 年，集团计划投资新造船 99 艘，实际履行集团决策程序后下单订造船舶 21 艘，分别是东方海外订造 7 艘 23 000TEU 型集装箱船、中远海运能源运输成立中石油国事合资公司订造 3 艘 LNG 船舶、中远海运特运新造 8 艘 62 000 载重吨多用途纸浆船、中远海运客运新造 2 艘 3000 米载车线货滚船，以及中海化运新造 1 艘 8000 吨内贸化学品船。上述 21 艘船舶计划 2022—2024 年陆续交付营运。（杨煜）

【淘汰老旧运力】

2020 年，集团报废处置船舶 9 艘，淘汰老旧运力约 17 万载重吨。（吴罡）

集装箱船队

集装箱船队

【中远海运集装箱船队概述】

中国远洋海运集团的集装箱船队的主力船队是全集装箱船队，除此之外，特种运输船队和客轮船队也提供少量的集装箱运力。集团集装箱的总运力为 3 171 905TEU。

截至 2020 年 12 月 31 日，集团全集装箱船队自有船舶 245 艘，载箱量为 2 133 179TEU，24 161 355 载重吨；租入船舶 291 艘，载箱量为 940 505TEU，11 810 433 载重吨；控制运力为 536 艘船舶，载箱量为 3 073 684TEU，35 971 788 载重吨。上述这些船舶集装运力占集团集装箱总运力的 96.9%。

集团杂货特种船队拥有 97 048TEU 的运力，客轮船队具有 1173TEU 的运力。这些船舶集装箱运力占集团集装箱总运力的 3.1%。

中国远洋海运集团全集装箱船队主要包括中远海运集运、中远海运（发展）、中远海运英国和东方海外（Orient Overseas (International) Limited）旗下的东方海外货柜航运有限公司（Orient Overseas Container Line）。2018 年 7 月，东方海外加入中国远洋海运集团，使集团的全集装箱船队规模进一步扩大。中国远洋海运集团全集装箱船队的组成见表 4–3。

中国远洋海运集团全集装箱船队运力表（截至 2020 年 12 月 31 日）　　表 4–3

公司	自有运力			租入运力			控制运力			
	艘数	载重吨（吨）	载箱量（TEU）	艘数	载重吨（吨）	载箱量（TEU）	艘数	载重吨（吨）	载箱量（TEU）	船龄（年）
中远海运集运	103	10 940 361	969 635	242	9 604 335	761 975	345	20 544 696	1 731 610	11.18
中远海运发展（集装箱）	74	6 774 762	581 603	—	—	—	74	6 774 762	581 603	12.32
中远海运英国	7	483 507	38 122	—	—	—	7	483 507	38 122	19.09
东方海外	61	5 962 725	543 819	49	2 206 098	178 530	110	8 168 823	722 349	12.06
小计	245	24 161 355	2 133 179	291	11 810 433	940 505	536	35 971 788	3 073 684	11.62

【中远海运集运】

中远海运集运是中国远洋海运集团全集装箱船队最大的公司，是专门从事集装箱运输的专业船队。

1. 中远海运集运船队概况

截至 2020 年 12 月 31 日，中远海运集运拥有和控制船舶 432 艘，总运力 2 404 663 TEU。其中，自有船 103 艘、运力 969 635TEU；租入船 329 艘（实际对外租船 242 艘，租用中远海运发展、东方海外等集团内部单位的船舶 87 艘），运力 1 435 028TEU；扣除出租在外的船舶 9 艘 /112 758TEU（包括自有船 7 条、租入船 2 条，全部租给东方海外）的运力，中远海运集运实际营运船舶 423 艘、运力 2 291 905TEU。船队自营运力包括了 10 000TEU 型以上船舶 69

艘、1 012 949TEU，8000 ~ 10 000TEU 型船舶 45 艘、404 036TEU，4000 ~ 8000TEU 型船舶 124 艘、594 857TEU，4000TEU 以下型船舶 185 艘、280 063TEU。船队中有 126 艘船舶、304 882 TEU 运力在内贸航线服务。与 2019 年相比，中远海运集运 2020 年共计增加船舶 20 艘、运力 57 553 TEU，运力增幅 2.6%。

2020 年无新交付船舶，无退役船舶。

2. 中远海运集运船队建设情况

船队结构特点。中远海运集运 7500TEU 以上船舶约占 60%，船舶大型化走在行业前列；新船订单绝对值居行业第一；规模扩张能力强，租船比例超过 70%，高于行业平均水平约 20 个百分点；平均船龄比较年轻。根据集团航运产业集群的总体战略部署，中远海运集运将继续通过合理租造船和有效并购，稳健扩大运力规模。

重点发展船型。根据公司“十四五”运力发展规划，结合与合作方共同投船开辟新兴市场航线的需求，中远海运集运重点开展了 14 000 ~ 16 000TEU 船型的方案研究。除了追求最大装载能力和最低能耗水平以外，还针对 IMO 提出的 2030—2050 年碳达峰、碳中和目标，对常规船型和 LNG 双燃料船型分别做了技术方案论证、经济性分析和风险评估，为公司提供决策依据。

船队结构变化。2020 年，中远海运集运控制自有船舶单船平均箱位已达 5940TEU；自有船舶平均船龄降至 7 年，单船平均箱位及平均船龄方面均在同业中处于中上水平，有效减少安全风险，释放船舶管理资源。

3. 船舶租赁情况

2020 年，受春节传统淡季和新冠疫情的叠加效应影响，许多国家采取封锁措施和边境限制，对集装箱航运带来剧烈冲击，影响了需求端，市场需求断崖式下跌的 1 ~ 2 季度，集运果断退租船舶，运力减少约 20%，有效控制成本。下半年，随着海外市场变化，分地区取消隔离政策，防疫物资需求增加，海外电商迅速发展，补交货补订单需求增加。6 月开始，集运通过主动出击与船东逐船争取低于即期市场的续租租金，特别是以历史低位的租金价格锁定了 5 艘 9500TEU、6 艘 9000TEU 宽体型、4 艘 8500TEU、5 艘 6500TEU 和 21 艘 4250TEU 等船舶，将最优资源揽入旗下，既满足了公司运力增加的需求，又降低了船队船舶成本，为各航线正常经营提供了强有力保障。

同时，2020 年调整了与中远海运发展合作的租船模式，奠定后续租船成本优势。按照集团集运板块重组统一安排，自 2016 年 3 月 1 日起海发公司将其自有船陆续期租给集运经营。集运船队中海发船舶共 74 艘、合计运力约 58 万 TEU，占集运租入船运力的 41%。根据双方现行租约，大部分船舶最早将于 2020 年 12 月 31 日到期。因此以公允的租金价格续租这批船舶，对集运整个租入船船队至关重要。通过调整海发租船模式，将海发公司 74 艘船舶由期租改为光租模式后，有利于集运提升自营船队规模、降低运营成本，同时提升船队运力和航线服务的稳定性；可大幅降低自管船舶成本，提升公司的创效能力。

4. 联营公司船队建设情况

中远海运集运与达飞轮船、长荣海运、东方海外共同组建的海洋联盟，英文名称为 OCEAN Alliance，于 2017 年 4 月正式投入运营。

截至 2020 年 12 月 31 日，联盟各家船公司运力情况如下：

达飞轮船：570 艘，3 006 955TEU（不包括订单 21 艘，327 568TEU）

长荣海运：195 艘，1 278 390TEU（不包括订单 64 艘，472 316TEU）

东方海外：113 艘，781 779 TEU（不包括订单 12 艘，276 000TEU） （刘清卿）

油、气船队

油、气船队

【中远海运油、气船队概况】

中远海运油、气船队主营业务为从事国际和中国沿海原油及成品油运输、国际液化天然气运输以及国际化学品运输。中远海运油、气船队由油轮运输船队和 LNG/LPG 运输船队组成。油轮运输船队由中远海运能源本部、洋浦公司、海南能源运输、中远海运石油运输公司、三鼎公司、北海船务所属的船舶组成。LNG/LPG 运输船队主要由中国液化天然气运输（控股）有限公司（简称 CLNG）、上海中远海运液化天然气投资有限公司（简称“上海 LNG”）及深圳中远龙鹏 3 家公司所属的船舶组成。按运力规模统计，中远海运油、气船队是全球第一大能源运输船队。截至 2020 年 12 月 31 日，中远海运油、气船队拥有和控制油轮运力 174 艘、24 535 654 载重吨。其中，自有运力 163 艘、21 784 343 载重吨，租入运力 11 艘、2 751 311 载重吨。LNG/LPG 运输船队拥有船舶 44 艘、3 309 546 载重吨，总舱容为 6 336 867 立方米。中远海运油、气船队也是中国沿海原油和成品油运输领域的龙头企业。在沿海原油运输领域，船队一直保持着行业龙头地位和 55% 以上的市场份额。中远海运油、气船队的组成情况见表 4–4。

中国远洋海运集团油、气船队运力表（截至 2020 年 12 月 31 日）　　表 4–4

公司		自有运力			租入运力		控制运力			
		艘数	载重吨	容积（立方米）	艘数	载重吨	艘数	载重吨	容积（立方米）	船龄（年）
油品	中远海运能源本部	86	10 486 605	0	10	2 746 785	96	13 233 390	0	10.72
	洋浦公司	2	133 917	0	—	—	2	133 917	0	21.20
	海南能源运输	44	9 776 752	0	—	—	44	9 776 752	0	8.28
	中远海运石油运输有限公司	16	422 445	0	—	—	16	422 445	0	13.03
	三鼎公司	2	150 968	0	—	—	2	150 968	0	8.13
	北海船务	13	813 656	0	1	4526	14	818 182	0	9.23
	油船小计	163	21 784 343	0	11	2 751 311	174	24 535 654	0	10.28
LNG/LPG	CLNG	21	1 889 238	3 369 892	—	—	21	1 889 238	3 369 892	4.80
	上海 LNG	6	504 129	1 044 056	—	—	6	504 129	1 044 056	3.43
		11	898 151	1 901 006	—	—	11	898 151	1 901 006	2.84
	深圳中远龙鹏	6	18 028	21 913	—	—	6	18 028	21 913	15.24
	LNG/LPG 船小计	44	3 309 546	6 336 867	—	—	44	3 309 546	6 336 867	5.55
小计		207	25 093 889	6 336 867	11	2 751 311	218	27 845 200	6 336 867	9.33

【中远海运能源运输股份有限公司】

中远海运油气船队主要由中远海运能源运输股份有限公司（以下简称“中远海运能源”）所经营管理的船队组成，该公司是中国远洋海运旗下从事油品、液化天然气等能源运输及化学品运输的专业化公司，由原中国远洋、中国海运两大集团能源运输板块重组而成，2016 年 6 月 6 日成立于上海。中远海运能源聚焦油轮运输和 LNG 运输两大核心主业，拥有多年丰富的经验以及较高的品牌知名度，在业界树立了良好的公司形象。

中远海运能源油轮船队运力规模世界第一，覆盖全球主流的油轮船型，是全球油轮船队中船型最齐全的航运公司。公司大力发展 VLCC POOL 的运营模式，提升船队经营效率和效益，全力打造客户与船东之间、船东与船东之间的多方共赢新局面。

中远海运能源是中国 LNG 运输业务的引领者，是世界 LNG 运输市场的重要参与者。公司所属全资的上海 LNG 和持有 50% 股权的 CLNG 是中国目前仅有的两家大型 LNG 运输公司，主要服务于中国从澳大利亚、巴布亚新几内亚和俄罗斯进口 LNG 的项目，已经成为影响世界 LNG 运输市场的重要力量。

【能源公司船队建设规划】

油轮运输业务紧紧围绕“船队规模全球领先、业务结构全球领先、安全营销全球领先、商业模式全球领先”的四个“全球领先”主线，牢牢抓住市场结构调整的机遇期，立足中国市场、加快海外布局、引领模式创新、整合行业资源，同时坚持“实施高标准管理、订造高标准船舶、配备高标准船员”的理念，打造一支规模领先、结构合理、竞争力强的油轮船队，力争成为全球最具影响力和竞争实力的油轮运输服务商，成为服务于国家“一带一路”建设、海运强国和海洋强国战略，为国家能源运输安全提供有力保障的国有骨干船队。

LNG 业务“以坚持大客户战略、加快 LNG 业务布局”为杠杆，强化与中国石化企业的战略合作，以中国进口 LNG 项目为基础开展 LNG 船舶投资，保持在中国 LNG 运输领域的绝对领先地位；“以降低业务风险水平、实现稳健有序扩张”为方向，积极参与国际 LNG 船舶投资项目的竞争，进一步扩大业务规模，成为国际 LNG 运输领域的重要力量。

“十四五”期间，中远海运能源将继续以保持运力规模全球领先为目标，在更新老旧运力的基础上，重点发展有市场前景与货源保障的优势船型，坚持以货定船，增加包运租船合同（COA）比重，并以 POOL 模式扩大经营运力规模，在细分市场迅速形成规模优势；以低成本发展运力为纲，用好新造船与二手船两个市场、常规发展与非常规发展两种方式，兼顾行业低碳环保趋势，谋求新增运力的成本和技术优势。

【能源公司船队运力规模】

截至 2020 年年底，中远海运能源油轮船队运力规模排名全球第一，共控制油轮船舶 174 艘、运力为 2 453.9 万载重吨；自有船平均吨位 15.6 万载重吨，平均船龄 9.4 年；共控制经营 LNG 船舶 38 艘、运力为 631.5 万立方米。

【能源公司新造船订单】

截至 2020 年年底，中远海运能源油轮船队持有新造船订单 7 艘、127.6 万载重吨；LNG 船队持有新造船订单 3 艘、52.2 万立方米。

【主要船型介绍】

超大型油船（VLCC） 截至 2020 年年底，中远海运能源油轮船队拥有超大型油船（Very Large Crude oil Carrier，VLCC）47 艘、合计 1 437.67 万载重吨。该船型船舶的载重吨通常在 20 万 ~ 32 万载重吨，服务航速一般在 15 节左右。2020 年 12 月 14 日新造的“远福洋”就是一艘典型的 VLCC 船舶。该轮总长 333 米、型宽 60 米、型深 30.52 米，载重吨为 319 667 5 吨，夏季吃水 22.5 米，设计航速 15.53 节，主机推进功率 22 500 千瓦；另有在建项目 2 艘，其中 1 艘为全球首艘 LNG 双燃料 VLCC。

苏伊士型油船（SUEZMAX） 截至 2020 年年底，中远海运能源油轮船队拥有苏伊士型油船 5 艘、合计 79.52 万载重吨。该船型以苏伊士运河通航条件为上限，载重吨在 12 万 ~ 20 万吨。2020 年 8 月 30 日新造的“远东海”就是一艘典型的 SUEZMAX 船舶。该轮总长 274.3 米、型宽 48 米、型深 23.4 米，载重吨为 158 677.2 吨，夏季吃水 17.15 米，设计航速 15 节，主机推进功率 15 700 千瓦；另有在建项目 1 艘。

阿芙拉型油船（Aframax） 截至 2020 年年底，中远海运能源油轮船队拥有阿芙拉型油船 16 艘、合计 176.61 万载重吨。该船型平均运费指数 AFRA（Average Freight Rate Assessment）最高、经济性最佳，是适合白令海（Bering Sea）冰区航行油船的最佳船型，载重吨通常在 8 万 ~ 12 万吨。2020 年 7 月 16 日新造的“远棠湾”就是一艘典型的 Aframax 船舶。该轮总长 249.99 米、型宽 44 米、型深 21.5 米，载重吨为 113 684 吨，夏季吃水 15.1 米，设计航速 15.4 节，主机推进功率 11 494 千瓦，另有在建项目一艘。

巴拿马型油船（Panamax） 截至 2020 年年底，中远海运能源油轮船队拥有巴拿马型油船 29 艘、合计 211.67 万载重吨。该船型以巴拿马运河通航条件为上限，载重吨通常在 5.5 万 ~ 8 万吨。2017 年 12 月 4 日新造的“连松湖”就是一艘典型的 Panamax 船舶。该轮总长 220 米、型宽 36 米、型深 20 米，载重吨为 72 745.4 吨，夏季吃水 13.5 米，设计航速 15 节，主机推进功率 8820 千瓦。

灵便型油船 截至 2020 年年底，中远海运能源油轮船队拥有灵便型油船 33 艘、合计 152.25 万载重吨。该船型特点是灵活性强，吃水浅，载重吨通常在 1 万 ~ 5 万吨。2013 年 12 月 4 日新造的“荣池”就是一艘典型的灵便型船舶。该轮总长 185 米、型宽 32.2 米、型深 18.6 米，载重吨为 48 698 吨，夏季吃水 12.4 米，设计航速 14.8 节，主机推进功率 9960 千瓦。

通用型油船（Coastal） Coastal 油船一般是指 3000 ~ 10 000 吨的沿海油船，通常用于沿海水域的油品运输并能在较浅水域靠泊，主要运输煤油、加热油、燃料油和化学品等。2013 年 1 月 8 日建造的“华川”轮就是一艘典型的 Coastal 型油船。该轮总长 110 米、型宽 17.6 米、型深 10.1 米，载重吨为 6 323 吨，夏季吃水 6.5 米，设计航速 14.3 节，主机推进功率 4440 千瓦。

液化天然气（Liquefied Natural Gas，LNG）**运输船** 该型船舶是在 –162℃的低温环境下运输 LNG 的专用船舶，按舱容分为四大类。小型：舱容在 10 万立方米及以下；中型：舱容 10 万 ~ 14.9999 万立方米；大型：舱容 15 万 ~ 20 万立方米；超大型：包括 Q–Flex 型和 Q–Max 型，为满足卡塔尔 LNG 出口而开发的船型，因此船型冠以“Q”（卡塔尔 Qatar）。Q–Flex 型舱容 20 万 ~ 25 万立方米；Q–Max 舱容 25 万 ~ 30 万立方米。上海 LNG 分别于 2020 年 1 月 9 日、2020 年 8 月 31 日及 2020 年 10 月 31 日建成的 Yamal 常规项目三艘 LNG 运输船“LNG Merak”“LNG Phecda”“LNG Megrez”都属于大型 LNG 运输船舶。该系列船舶的总长 295 米、型宽 45 米、型深 26.25 米，载重吨 91 712 吨，舱容 17.4 万立方米，夏季吃水 11.5 米，设计航速 19.5 节，推进功率 26 530 千瓦。

液化石油气（Liquefied Petroleum Gas，LPG）**运输船** 主要运输以丙烷和丁烷为主要成分的石油碳氢化合物或两者混合气，包括丙烯和丁烯，还有一些化工产品，近年来乙烯也列入其运输范围。依据载运各种气体的不同液化条件而分为全压式（装载量较小）、半冷半压式（装载量较大）和全冷式（装载量大）。液化气船因其特殊用途而产生了各方面的特殊要求，其技术难度大，代表当今世界的造船技术水平，船价为同吨位常规运输船的 2 ~ 3 倍，是一种高技术、高附加值的船舶。深圳中远龙鹏所属的 6 艘船舶就是液化石油气运输船舶。（傅源源）

干散货船队

干散货船队

【中远海运干散货船队概述】

2020 年，中国远洋海运集团旗下的干散货船队，拥有和控制各类散货船 445 艘、42 678 020 载重吨。其中自有船舶 368 艘、19 894 715 载重吨，租入船舶 77 艘、5 987 131 载重吨，装载铁矿石、煤炭、粮食、散杂货等全品类散装货物，航线覆盖国内沿海和世界主要港口，服务网络遍布全球。干散货船运力规模位居世界第一。船队的骨干企业为中远海运散货运输有限公司。2020 年中国远洋海运集团干散货船队的运力情况见表 4–5。

中国远洋海运集团干散货船队运力表（截至 2020 年 12 月 31 日）　　表 4–5

公　司	自有运力			租入运力			控制运力		
	艘数	载重吨	船龄（年）	艘数	载重吨	船龄（年）	艘数	载重吨	船龄（年）
中远海运散运本部	226	22 678 887	9.51	68	5 443 049	9.35	294	28 121 936	9.47
中国矿运	15	5 900 826	3.14	—	—	—	15	5 900 826	3.14
天津远华	—	—	—	1	42 025	30.36	1	42 025	30.36
中远发展	1	67 681	9.14	—	—	—	1	67 681	9.14
中远新加坡	3	163 484	15.80	—	—	—	3	163 484	15.80
湖南远洋	2	149 374	15.51	—	—	—	2	149 374	15.51
上海时代航运	28	1 662 648	11.86	—	—	—	28	1 662 648	11.86
友好航运	3	140 351	7.75	—	—	—	3	140 351	7.75
上海银桦	2	97 256	6.87	—	—	—	2	97 256	6.87
广州京海	4	34 780	5.13	—	—	—	4	34 780	5.13
中海华润	9	439 715	7.56	—	—	—	9	439 715	7.56
嘉禾航运	3	126 811	15.32	—	—	—	3	126 811	15.32
广发航运	5	286 550	10.52	—	—	—	5	286 550	10.52
海宝公司	8	1 439 348	8.44	—	—	—	8	1 439 348	8.44
神华中海	40	2 154 636	8.00	—	—	—	40	2 154 636	8.00
国投海运	9	512 909	8.75	—	—	—	9	512 909	8.75
上海远望	2	151 809	7.22	—	—	—	2	151 809	7.22
中远海运（天津）有限公司	—	—	—	8	502 057	6.00	8	502 057	6.00
中远海运发展（干散货）	5	464 763	3.72		—	—	5	464 763	3.72

续上表

公司	自有运力			租入运力			控制运力		
	艘数	载重吨	船龄（年）	艘数	载重吨	船龄（年）	艘数	载重吨	船龄（年）
中国—坦桑尼亚联合海运公司	1	67 681	11.27	—	—	—	1	67 681	11.27
广东省远洋运输有限公司	2	151 380	9.43	—	—	—	2	151 380	9.43
小计	368	36 690 889	9.16	77	5 987 131	9.27	445	42 678 020	9.18

注：中远海运散运本部226艘船舶主要包括：中远海运散运120艘、中远海运（广州）1艘、中海散运（香港）维利公司10艘、香港航运94艘和大唐航运1艘，与后面公司统计的301艘统计口径不一致。

【中远海运散货运输有限公司】

中远海运散货运输有限公司（简称“中远海运散运”）隶属于中国远洋海运集团有限公司，是一家主营干散货运输的国有大型航运企业。中远海运散运由原隶属于中远集团的中远散货运输（集团）有限公司和原隶属于中国海运的中海散货运输有限公司重组整合而成，于2016年6月16日正式挂牌运营。公司运输货物覆盖铁矿石、煤炭、粮食、散杂货等全品类，经营航线覆盖全球100多个国家和地区的1000多个港口。

截至2020年年底，公司拥有和控制船舶418艘、4 102.8万载重吨，干散货船运力规模位居世界第一。其中自有运力301艘、3269万载重吨；租赁船舶73艘、592.8万载重吨；其他合资航运公司自有运力44艘、241万载重吨。

1. 中远海运散运自有运力情况

2020年底，中远海运散运自有运力301艘、3269万载重吨（含控股管理合资航运公司船舶62艘、423万载重吨）。其中，4.5万吨级以下小灵便型散货船27艘、90万载重吨；4.5万～6.5万吨级大灵便型散货船144艘、792万载重吨；6.5万～12万吨级巴拿马型散货船56艘、474万载重吨；12万～22万吨级好望角型散货船35艘、653万载重吨；22万吨级以上超大型矿砂船39艘、1260万载重吨。2020年，中远海运散运接入新造船3艘、93万载重吨（包括自有船：“远千海”轮、“南沙荣耀”轮；长期期租船：“惠智海”轮）。中远海运散运船队自有运力情况见表4–6。

中远海运散运船队自有运力表（按船型分类情况统计） 表4–6

船型（按载重吨分类）	2019年底	2020年底
小灵便型（DWT ＜ 4.5万）	12艘/46.1万载重吨	15艘/56万载重吨
大灵便型（4.5万≤ DWT ＜ 6.5万）	95艘/530万载重吨	111艘/642.1万载重吨
巴拿马型（6.5万≤ DWT ＜ 12万）	42艘/338万载重吨	56艘/474万载重吨
好望角型（12万≤ DWT ＜ 22万）	33艘/617万载重吨	35艘/653万载重吨
VLOC（DWT ≥ 22万）	33艘/1097万载重吨	39艘/1260万载重吨
合计	215艘/2 628.1万载重吨	256艘/3 085.1万载重吨

2. 中远海运散运新造船情况

截至2020年年底，中远海运散运在建船舶3艘、98万载重吨。

3. 中远海运散运租入运力情况

截至2020年年底，中远海运散运租入船舶73艘、592.8万载重吨。其中，期租租入船舶67艘、

556.2 万载重吨；光租租入船舶 6 艘、36.6 万载重吨（其中租入集团内其他兄弟公司持有的船舶 4 艘、25.4 万载重吨，均为中远海运发展持有）。公司船舶租赁情况见表 4–7、表 4–8。

船舶租赁情况表 表 4–7

租赁方式	2019 年底	2020 年底
期租	42 艘 /390.8 万载重吨	67 艘 /556.2 万载重吨
光租	7 艘 /39.9 万载重吨	6 艘 /36.6 万载重吨
合计	49 艘 /430.7 万载重吨	73 艘 /592.8 万载重吨

光租租入船情况表 表 4–8

序号	船名	载重吨	建造日期	船龄	船　东
1	新瑞海	56 092.0	2012–10–10	8.23	集团外单位
2	新祥海	56 111.0	2012–07–24	8.44	
3	清平山	63 474.0	2015–10–28	5.18	中远海运发展（干散货）
4	清云山	63 441.5	2016–03–01	4.84	
5	清华山	63 457.4	2016–08–15	4.38	
6	清泉山	63 472.73	2016–11–02	4.09	

4. 合资航运公司船队建设情况

截至 2020 年年底，公司共有下属合资航运公司 15 家，自有运力共 107 艘、672.1 万载重吨。其中控股管理合资航运公司 8 家，自有运力 62 艘、422.7 万载重吨；其他合资航运公司 7 家，自有运力 45 艘、249.3 万载重吨。2020 年，广东海电船务有限公司到期报废“新靖海”轮、7 万载重吨，以二手船转让方式处置“新平海”轮、“新红海”轮、14 万载重吨。合资航运公司自有运力情况见表 4–9。

合资航运公司自有运力按船型分类情况表 表 4–9

所属公司	2019 年底	2020 年底
时代航运	28 艘 /166.3 万载重吨	28 艘 /166.3 万载重吨
友好航运	3 艘 /14.0 万载重吨	3 艘 /14.0 万载重吨
银桦航运	2 艘 /9.7 万载重吨	2 艘 /9.7 万载重吨
嘉禾航运	3 艘 /12.7 万载重吨	3 艘 /12.7 万载重吨
中海华润	9 艘 /44.0 万载重吨	9 艘 /44.0 万载重吨
京海航运	4 艘 /3.5 万载重吨	4 艘 /3.5 万载重吨
广发航运	5 艘 /28.7 万载重吨	5 艘 /28.7 万载重吨
香港海宝	8 艘 /143.9 万载重吨	8 艘 /143.9 万载重吨
神华中海	40 艘 /215.5 万载重吨	40 艘 /215.5 万载重吨
中远大唐	1 艘 /5.8 万载重吨	1 艘 /5.8 万载重吨
中发航运	1 艘 /7.2 万载重吨	1 艘 /7.2 万载重吨
远华公司	—	—
海电公司	3 艘 /21.1 万载重吨	—
上海远望	2 艘 /15.0 万载重吨	2 艘 /15.0 万载重吨
合计	110 艘 /693.2 万载重吨	107 艘 /672.1 万载重吨

注：神华中海、远华公司、海电公司、中远大唐、中发航运是非并表合资航运公司，上海远望是代管公司。

5. 干散货船队主要船型

2020 年，中远海运干散货船队典型船型主要有小灵便型散货船、大灵便型散货船、巴拿马型散货船、好望角型散货船及超大型矿砂船 5 种船型。

小灵便型散货船 主要为 4.5 万吨以下船舶，船舶型深较小，配有船吊，对港口适应性强。几款代表性船舶有：3.5 万吨散货船。2012 年 6 月 15 日—2013 年 12 月 27 日，山海关造船重工有限责任公司建造的“七仙岭”等 3 艘船舶交付。该型船舶总长 179.9 米、型宽 28.8 米、型深 14.6 米，载重量 3.46 万吨，航速 13.6 节，主机功率 6480 千瓦，配有 4 台 30 吨起重机。4.0 万吨散货船。2015 年 9 月 2 日—2015 年 12 月 29 日，天津新港船舶重工有限责任公司建造的“珍珠海”等 4 艘船舶交付。该型船舶总长 179.99 米、型宽 30 米、型深 15 米，载重量 4.0 万吨，航速 14 节，主机功率 6050 千瓦，配有 4 台 30 吨起重机。公司成立以来，先后接入“安定海”“珊瑚海”“绿松海”“建国海”“岫玉海”“复兴海”“德胜海”共 7 艘船舶，3.88 万吨散货船，船长 179.95 米、船宽 32 米、型深 15 米，满载吃水 10.5 米，共有 5 个货舱，可为国内外客户提供干散货运输服务。

大灵便型散货船 主要为 4.5 万 ~ 6.5 万吨船舶，对港口适应性较强。代表性船舶有：4.8 万吨散货船。2013 年 11 月 1 日—2015 年 10 月 29 日，中海工业（江苏）有限公司建造的“宝月岭”等 13 艘船舶交付。该型船舶总长 189.9 米、型宽 32.26 米、型深 15.7 米，载重量 4.77 万吨，航速 13.7 节，主机功率 7948 千瓦。5.6 万吨散货船。2004 年 3 月 28 日—2009 年 4 月 30 日，南通中远川崎船舶工程有限公司建造的“远宁海”等 9 艘船舶交付。该型船舶总长 189.9 米、型宽 32.26 米、型深 17.8 米，载重量 5.56 万吨，航速 13.5 节，主机功率 6970 千瓦，配有 4 台 30.5 吨起重机。5.7 万吨散货船。2009 年 1 月 10 日—2012 年 7 月 5 日，中海工业（江苏）有限公司建造的“中海昌运 1”等 22 艘船舶交付。该型船舶总长 199.82 米、型宽 32.26 米、型深 18 米，载重量 5.78 万吨，航速 14.27 节，主机功率 8510 千瓦。6.4 万吨散货船。2015 年 11 月 30 日—2016 年 11 月 28 日，中船黄埔文冲船舶有限公司建造的“丰德海”等 13 艘船舶交付。该型船舶总长 199.9 米、型宽 32.26 米、型深 18.5 米，载重量 6.38 万吨，航速 14.4 节，主机功率 8050 千瓦，配有 4 台 30 吨起重机。公司成立以来，先后接入“清华山”“宁静海”“丰和海”“丰秀海”“清泉山”等 13 艘船舶。该船型是目前市场主推的优秀船型之一，可满足当今市场的最新需求，绿色环保，并具有超低油耗、适港性强、适货性广、运营灵便等特点。

巴拿马型散货船 主要为 6.5 万 ~ 12 万吨船舶，多数是通用型船舶。代表性船舶有：7.6 万吨散货船。2010 年 8 月 18 日—2013 年 3 月 13 日，江南造船（集团）有限责任公司建造的巴拿马型船“日观峰”等 11 艘船舶交付。该型船舶总长 225 米、型宽 32.26 米、型深 19.6 米，载重量 7.56 万吨，航速 13.82 节，主机功率 8833 千瓦。8.2 万吨散货船。2014 年 1 月 23 日—2014 年 2 月 18 日，广州中船龙穴造船有限公司建造的巴拿马型船“中粮 1”等 2 艘船舶交付。该型船舶总长 229 米、型宽 32.26 米、型深 20.2 米，载重量 8.2 万吨，航速 15.13 节，主机功率 10 260 千瓦。11.5 万吨散货船。2012 年 5 月 25 日—2014 年 6 月 19 日，上海江南长兴重工建造的巴拿马型船“桃花海”等 8 艘船舶交付。该型船舶总长 254 米、型宽 43 米、型深 20.8 米，载重量 11.5 万吨，航速 14.92 节，主机功率 13 080 千瓦。6.5 万吨散货船。2013 年 1 月 18 日—2014 年 1 月 18 日，广州黄埔船厂建造交付的 6.5 万吨散货船“鹏锦”“鹏利”等 4 艘船舶。该型船舶总长 225 米、型宽 32.96 米、型深 17.5 米，载重量 6.5 万吨，航速 15 节，主机功率 12 730 千瓦，是根据国内港口特点建造的内贸船舶。公司成立以来，先后接入“华兴”“华盛”2 艘船舶。

好望角型散货船 主要为 12 万 ~ 22 万吨船舶。代表性船舶有：17.5 万吨散货船。2003 年 10 月 28 日—2006 年 9 月 28 日，上海外高桥造船有限公司建造的 17.5 万吨好望角型船“新旺海”等7艘船舶交付。该型船舶总长289米、型宽45米、型深24.5米，载重量17.5万吨，航速16.5节，主机功率16 850千瓦。17.8万吨散货船。2008年9月19日—2009年9月2日，上海外高桥造船有限公司建造的17.7万吨好望角型船“百安海”等4艘船舶交付。该型船舶总长292米、型宽45米、型深24.8米，载重量17.8万吨，航速14.36节，主机功率16 860千瓦。20.8万吨散货船。2011年1月18日—2011年11月18日，南通中远川崎船舶工程有限公司和大连中远川崎船舶工程有限公司各建造和交付了的4艘20.8万吨好望角型船。其中“中兴海”“天发海”等4艘船舶，该船型总长300米、型宽50米、型深24.7米、载重量20.80万吨，航速14.8节，主机功率17 950千瓦；“恒盛”“恒顺”等4艘船舶，该船型总长295米、型宽50米、型深24.7米、载重20.80万吨，航速14.2节，主机功率17 950千瓦。18万吨散货船。2014年3月18日—2015年7月7日，上海江南长兴重工有限责任公司建造的18万吨好望角型船“中海祥和”等4艘船舶交付。该型船舶总长295米、型宽45米、型深24.8米、载重量18.04万吨，航速15.53节，主机功率17 880千瓦。公司成立以来，先后接入“新达海”“新丽海”“广元海”“广亨海”“广利海”“新昌海”“新富海”7艘船舶。

超大型矿砂船 主要为22万吨以上船舶。代表性船舶有：29.7万吨矿砂船。2008年12月16日—2010年4月9日，南通中远川崎船舶工程有限公司建造的29.7万吨矿砂船“合恒”等6艘船舶交付。该型船舶总长327米、型宽55米、型深29米，载重量29.75万吨，航速14.5节，主机功率16 680千瓦。2009年2月13日—2010年12月20日，日本船厂Universal Shipbuilding Corporation，Ariake Shipyard建造的29.7万吨矿砂船“新鞍钢”等4艘船舶交付。该型船舶总长327米、型宽55米、型深29.25米，载重量29.75万吨，航速15节，主机功率16 934千瓦。23万吨矿砂船。2010年2月5日—2011年11月11日，广州中船龙穴造船有限公司建造的23万吨矿砂船“中海兴旺”等4艘船舶交付。该型船舶总长324.99米、型宽52.5米、型深24.3米，载重量22.90万吨，航速15.61节，主机功率22 500千瓦。30万吨矿砂船。2011年12月27日—2013年8月10日，大连船舶重工集团有限公司建造的“中海荣华”等6艘依次交付。该型船舶总长330米、型宽57米、型深28.6米，载重量31.5万吨，航速14.89节，主机功率25 200千瓦。公司成立以来，先后接入14艘40万吨超大型矿砂船和2艘32.5万吨定制船。其中，40万吨超大型矿砂船是迄今世界最大的干散货船型。该系列船为单桨低速柴油机驱动的无限航区的矿砂船，总长362米、型宽65米、型深30.4米，具有经济、绿色、环保、节能、安全的特点，是一款中国领先、世界先进的船舶产品，主要设备全部实现了国产化。

（李晓燕）

杂货特种船队

杂货特种船队

【中国远洋海运杂货特种船队概述】

中远海运杂货特种船队主要经营管理半潜船、多用途重吊船、汽车船、木材船和沥青船等各类型特种船舶。截至 2020 年年底，集团拥有和控制特种运输船舶 153 艘、4 722 486 载重吨，载箱量 97 048TEU，车位数为 24 552 个。其中自有船 135 艘、4 048 638 载重吨，车位数为 24 552 个。期租租入船舶 18 艘、673 848 载重吨，载箱量 95 306 TEU。船队规模和综合实力居世界第一。中远海运特种运输股份有限公司（以下简称“中远海运特运公司”）船队是中远海运杂货特种船队的主力船队，2020 年年底控制 109 艘船舶、3 430 726 载重吨，占集团杂货特种船队运力的 71.2%（按船舶艘数计算，下同）。其余中波轮船股份公司、厦门远洋运输公司、中国远洋物流有限公司等单位的船舶共 44 艘，占 28.8%。中远海运杂货特种船队总体情况见表 4-10。

中远海运杂货特种船队运力表（截至 2020 年 12 月 31 日） 表 4-10

公　司	自有运力				租入运力			控制运力			
	艘数	载重吨	载箱量	载车量	艘数	载重吨	载箱量	艘数	载重吨	载箱量	载车量
中远海运特运本部	96	2 829 199	55 863	24 552	13	601 527	0	109	3 430 726	55 863	24 552
中波公司本部	14	430 275	26 716	0	1	24 984	—	15	455 259	26 716	0
弘发公司（中波）	12	379 936	11 407	0	1	28 309	1742	13	408 245	13 149	0
厦门远洋本部（特种）	7	253 810	1320	0	—	—	—	7	253 810	1320	0
中远海运发展（特种）	2	120 432	—	—	—	—	—	2	120 432	—	—
中远海运物流	2	19 172	0	0	—	—	—	2	19 172	0	0
上海海运 / 中海化工	2	15 814	0	0	3	19 028	0	5	34 842	0	0
合计	135	4 048 638	95 306	24 552	18	673 848	1742	153	4 722 486	97 048	24 552

【中远海运特种运输股份有限公司船队】

1. 中远海运特运公司简介

中远海运特运公司主营特种船运输及相关业务。公司目前拥有规模和综合实力居世界前列的特种运输船队，经营管理半潜船、多用途船、重吊船、纸浆船、汽车船、木材船和沥青船等各类型船舶约 109 艘 3 430 726 载重吨。中远海运特运公司的船队结构合理，船舶运载能力和适货性强、节能环保，能够承运包括钻井平台、机车及火车车厢、风电设备、桥吊、成套设备等超长、超重、超大件、不适箱及有特殊运载和装卸要求的货物，以及纸浆、木材等大宗商品 。承运能力从 1 吨至 10 万吨全覆盖。

中远海运特运公司的航线覆盖全球，船舶航行于 160 多个国家和地区的 1600 多个港口之间。以远东为依托，在欧洲航线、美洲航线、非洲航线、泛印度洋航线、泛太平洋航线上，已经形成了较强的优势，并开拓了来往于欧洲、地中海和南美之间的大西洋航线等第三国航线。同时，中远海运特运公司是全球唯一的具备北极和南极两个极地航线成功运营经验的航运公司。公司凭借着超群实力，打造了数百个国际重大项目的经典运输案例，频频刷新“超极限”运输纪录。（柳芳）

2. 中远海运特运公司船队

中远海运特运公司是全球最大特种船公司，经营管理半潜船、纸浆船、多用途重吊船、汽车船、木材船和沥青船等各类型特种船舶。截至 2020 年年底，中远海运特运拥有和控制船舶 111 艘、355 万载重吨的运力[①]。其中自有特种船 96 艘、283 万载重吨，平均船龄 9.1 年。2020 年，中远海运特运共接入 3 艘船舶计 18.6 万载重吨，退役 10 艘老旧船舶计 17.3 万载重吨。（张朝辉）

①用途重吊船队

中远海运特运多用途及重吊船在全球设备运输市场举足轻重。以“大”字系列、“松”字系列、“天”字系列为代表的多用途及重吊船，具有舱口大、抬吊能力强、箱型货舱、多层甲板、装载能力多样化等特点，充分满足各类型机械设备、项目货、纸浆运输的需要。截至 2020 年年底，公司拥有多用途船共 32 艘计 95.2 万载重吨，重吊船 24 艘计 64 万载重吨。（张朝辉）

②半潜船队

中远海运特运在半潜船运输和海工安装领域实力雄厚，是全球平均船龄最低、船舶安全记录最好的经营者，载货能力实现从 2 万 ~ 10 万吨级的普遍覆盖，可为全球客户提供各个层级的“运输 + 安装”高端服务。截至 2020 年年底，公司拥有 7 艘半潜船，计 32 万载重吨，包括：“泰安口”“康盛口”“祥云口”“祥瑞口”“祥和口”“新光华”“致远口”轮。（张朝辉）

③汽车船队

中远海运特运汽车船队拥有和控制 24 132 自有车位的运输能力，船型覆盖 4100 ~ 5380 车位；提供中国内贸沿海汽车船班轮运输服务，以及外贸出口不定期航线船舶服务及舱位服务，已形成整车海运、仓储、集港、分拨配送一条龙的全程整车物流服务。截至 2020 年年底，公司拥有 5 艘汽车船，计 6.9 万载重吨，包括：“中远盛世”“中远腾飞”“玉衡先锋”“常安口”“常荣口”轮。（张朝辉　黄世武）

④木材船队

中远海运特运拥有国内最大的木材船队，船型主要为 28 000 载重吨与 32 000 载重吨木材船，航线遍及全球各主要木材运输区域，在非洲至中国原木运输航线上占据领先地位，澳洲、北美至中国木材航线也不断拓展。截至 2020 年年底，公司拥有 8 艘木材船，计 25.5 万载重吨，包括：“金广岭”“金远岭”“金兴岭”“金旺岭”“中远武夷山”“中远井冈山”“中远太行山”“中远昆仑山”轮。2020 年，公司退役 3 艘木材船，为“西昌海”“瑞昌海”“金达岭”轮，计 8.4 万载重吨。（张朝辉）

⑤沥青船队

中远海运特运致力发展国际国内沿海液态沥青海上运输业务，大部分 TMSA（国际油轮管理行业标准）评估要素达到 3 级，管理能力达到亚洲领先水平，与壳牌（Shell）、埃克森美孚（Exxon Mobil）、韩国 SK 集团、中石化、中石油等国际顶级石油公司建立了良好的战略合作伙伴关系。公司沥青船队包括 6000 载重吨级、7500 载重吨级和 13 000 载重吨级三个主力级别船型。截至 2020 年年底，公司拥有 12 艘沥青船，计 9.3 万载重吨，包括：“珍珠湾”“澎湖湾”“平海湾”“安海湾”“星海湾”“宁海湾”“泰华湾”“荣华湾”“康华湾”“盛华湾”“广州湾”“金

① 其中包括租入中远海运集团内部公司中远海运发展股份有限公司的两艘纸浆船“中远海运辉煌”和“中远海运荣耀”，从中远海运集团层面算自有船。

州湾”轮。2020年，公司退役4艘沥青船，为“亚龙湾”“木兰湾”“大鹏湾”“福宁湾”轮，计2.4万载重吨。（张朝辉　孙德起）

⑥纸浆船队

作为全球最大特种船公司，中远海运特运近年来着力打造一流纸浆船队，先后签约订造20艘62 000吨多用途专业纸浆运输船。截至2020年年底，公司拥有或以融资性租赁、经营性租赁等方式长期运营管理10艘纸浆船，计62万载重吨，包括：“中远海运开拓”“中远海运创新”“中远海运进取”“中远海运卓越”“中远海运锦绣”“中远海运长青”“中远海运兴旺”“中远海运鹏程”“中远海运荣耀”“中远海运辉煌”轮。其中，“中远海运长青”“中远海运兴旺”“中远海运鹏程”“中远海运荣耀”“中远海运辉煌”轮为2020年新接入的5艘纸浆船，计31万载重吨。该型船全长201.8米、宽32.26米、型深19.3米，结构吃水13.3米，航速13.5节，续航能力22 000海里，载重吨约62 014吨，货舱舱容约72 470立方米，船舶主机满足Tier Ⅲ排放要求，具有绿色护照。船舶设置6个货舱，均采用箱型结构；船舶舱盖设计分为液压折叠式和背载式两种，密性更好，非常适合装运纸浆。货舱配备除湿设备，可满足全船纸浆的除湿要求，保证纸浆运输质量。船舶设置2台75吨单臂起重机和一台75吨 ×2的双起重机，最大吊重可达150吨。装卸货起重机速度快并配备专业的全自动化纸浆吊梁和旋转钩头，除了非常适合纸浆运输外，还可适用于设备货和重大件的运输。作为世界先进的专业纸浆船和特运服务高端纸浆客户的核心船舶，该型船投入使用后，其优越的适货性能得到世界主要纸浆供货商等货主的高度赞誉。该系列船舶首制船“中远海运开拓”轮入选英国皇家造船师学会2019年名船录（Significant Ships 2019）。

2020年接入的“中远海运兴旺”轮还是第一艘注册登记“中国洋浦港”船籍的船舶，受到国内主流媒体广泛关注。《人民日报》、央视等权威媒体对其进行了大篇幅报道。作为“中国洋浦港”的第一颗明星，它的交付起航，不仅进一步提升了“中远海运”品牌形象，更为深化海南改革开放、推进海南自贸港建设注入强大动力。

（张朝辉）

⑦散货船

中远海运特运公司管理的两艘散货船舶“鲲鹏海”和“鲲麟海”轮，由广东省远洋运输有限公司经营。该公司是广州远洋运输有限公司和广东省粤电集团有限公司强强联合的电煤专业运输企业，通过两大公司的战略联盟，发挥各自的行业优势，为广东省各大电厂电力煤炭提供运输服务，以满足新增机组的电煤运输需求。2010年接入的广东省远洋运输有限公司首制76 000吨新型巴拿马型散货船“鲲鹏海”轮长225米、宽32.26米，主机为B&W5S60MC型，配置3台副机，服务航速14.5节，适装煤、矿物、散装水泥、谷物等各种干散货。（柳芳）

【中波轮船股份公司船队】

中波轮船股份公司（简称“中波公司”）船队主要由多用途件杂货重吊船组成。截至2020年年底，中波公司自有船舶26艘、810 211载重吨，载箱量为43 210箱（包括上海弘发航运有限公司船舶）。租入外单位船舶1艘“黄海前进”、28 309载重吨，载箱量为1742箱。

（陈晓波）

客轮船队

客轮船队

截至 2020 年年底，中远海运客轮船队控制运力为船舶 35 艘、132 680 载重吨，客位 33 740 个，载箱量 1173 箱，车位 2282 个。其中自有船舶 32 艘、118 477 载重吨，光租租入船舶 3 艘、14 203 载重吨。这些船舶分别属于中远海运客运有限公司、海南港航控股有限公司及中远海运集运、厦门远洋运输公司、中远海运（大连）投资公司、中远海运（青岛）公司所属的联、合营公司经营的船舶。中国远洋海运集团客轮船队运力情况见表 4-11。

中国远洋海运集团客轮船队运力表（截至 2020 年 12 月 31 日） 表 4-11

公　司	自有运力					租入运力					控制运力				
	艘数	载重吨	载箱量	载客量	载车量	艘数	载重吨	载箱量	载客量	载车量	艘数	载重吨	载箱量	客位数（个）	车位数（个）
星旅远洋邮轮	1	6715	0	2014	0	—	—	—	—	—	1	6715	0	2014	0
邮轮小计	1	6715	0	2014	0	—	—	—	—	—	1	6715	0	2014	0
闽台轮渡	1	10 326	256	683	0	—	—	—	—	—	1	10 326	256	683	0
中远海运客运本部	7	39 361	0	9456	1001	2	10 699	0	2726	329	9	50 060	0	12 182	1330
南海客轮	1	5995	0	893	197	—	—	—	—	—	1	5995	0	893	197
港航控股	18	41 465	0	16 139	816	—	—	—	—	—	18	41 465	0	16 083	755
厦门远洋本部（客船）	1	47	0	322	0	—	—	—	—	—	1	47	0	322	0
烟台中韩轮渡	1	6526	293	392	0	—	—	—	—	—	1	6526	293	392	0
大仁轮渡	—	—	—	—	—	1	3504	145	510	—	1	3504	145	510	—
中日国际轮渡	2	8042	479	661	—	—	—	—	—	—	2	8042	479	661	—
客滚 / 客箱船小计	31	111 762	1028	28 546	2014	3	14 203	145	3236	329	34	125 965	1173	31 782	2282
合计	32	118 477	1028	30 560	2014	3	14 203	145	3236	329	35	132 680	1173	33 740	2282

【中远海运客运有限公司船队简介】

1. 中远海运客运有限公司简介

中远海运客运有限公司为中远海运（大连）有限公司全资子公司，主要经营大连至烟台、大连至威海、旅顺至东营（独家经营）航线。

截至 2020 年年底，中远海运客运拥有客滚船 10 艘（含自有船舶 5 艘、合资公司 3 艘、光租船舶2艘)，主要经营大连至烟台、大连至威海、旅顺至东营航线。其中，“南海之梦”轮，由合资公司三沙南海梦之旅邮轮有限公司所有，中远海运客运作为股东之一，投资入股占34%，经营管理权也归属三沙南海梦之旅邮轮有限公司。中远海运客运实际经营客滚船9艘，客位12 182个，载车线12 033米，分别占渤海湾营运船舶总艘数的39.13%、总客位的37.88%、总载车线的34.01%。

“龙兴岛”轮和“永兴岛”轮属于合资公司中海港联航运有限公司。因中海港联航运有限公司不具备海上运输经营资质，两轮由中远海运客运租赁经营，其经营管理权完全归属中远海运客运。

2020年度，客运船队运力无变化，具体情况见表4-12。

中远海运客运有限公司船队运力表（截至2020年12月31日） 表4-12

序号	船名	船舶性质	船型	建造日期	建造国家或地区	船旗	总载重量（吨）	载客量（客位）	载车线（米）
1	棒棰岛	自有	客滚船	1995-09-03	荷兰	中国	4228	1200	835
2	海洋岛	自有	客滚船	1995-12-07	荷兰	中国	4228	1200	835
3	普陀岛	自有	客滚船	2005-04-21	中国	中国	3873	1428	835
4	葫芦岛	自有	客滚船	2005-08-29	中国	中国	3873	1428	835
5	长山岛	自有	客滚船	2012-06-10	中国	中国	7671	1400	2000
6	南海之梦	自有	客滚船	2011-12-05	中国	中国	5995	1400	2000
7	龙兴岛	自有	客滚船	2010-12-01	中国	中国	7744	1400	2000
8	永兴岛	自有	客滚船	2011-03-22	中国	中国	7744	1400	2000
9	万通海	租入	客滚船	2010-11-29	中国	中国	7447	1618	1993
10	万荣海	租入	客滚船	2008-06-02	中国	中国	3252	1108	700

2. 中远海运客运船队建设

中远海运客运公司制定了“三步走”的运力滚动更新计划。新造船项目于2019年2月获得集团批复开工建设，预计2021年上线运营。新造货滚船的投资计划已获集团批准。新造船项目不仅是公司时隔十年重启运力更新，标志着公司进入新一轮发展周期，也是集团对渤海湾客滚运输市场投资价值和公司价值创造能力的认可。

（刘福阁）

【海南海峡轮渡运输有限公司船队简介】

海南海峡轮渡运输有限公司成立于2002年12月6日，是隶属于海南港航控股有限公司旗下的海南海峡航运股份有限公司独立的上市航运企业。该公司自设立以来一直以客滚运输为主营业务，拥有18艘客滚船，分别投入海口至海安、海口至北海2条客滚运输航线，以及西沙旅游航线的运营。海南海峡轮渡运输有限公司船队基本情况见表4-13。

（曾涛）

海南海峡轮渡运输有限公司船队基本情况表（截至2020年12月31日） 表4-13

序号	中文船名	船型细分	建造日期	建造国家或地区	船旗	总载重量（吨）	车位数（个）	客位数（个）
1	信海11号	客滚船	2002-12-15	中国	五星旗	989	38	499
2	铜鼓岭	客滚船	2014-03-14	中国	五星旗	2393	46	999
3	尖峰岭	客滚船	2014-01-17	中国	五星旗	2404	46	999

续上表

序号	中文船名	船型细分	建造日期	建造国家或地区	船旗	总载重量（吨）	车位数（个）	客位数（个）
4	鹦哥岭	客滚船	2014-01-14	中国	五星旗	2555	46	999
5	黎母岭	客滚船	2014-02-18	中国	五星旗	2546	46	999
6	五指山	客滚船	2013-12-27	中国	五星旗	2513	46	999
7	白石岭	客滚船	2013-12-24	中国	五星旗	2529	46	999
8	六连岭	客滚船	2014-12-08	中国	五星旗	2556	46	999
9	棋子湾	客滚船	2009-10-28	中国	五星旗	3200	69	844
10	长乐公主	客滚船	2017-01-10	中国	五星旗	2191	0	466
11	凤凰岭	客滚船	2014-11-25	中国	五星旗	2641	46	999
12	海棠湾	客滚船	2014-12-30	中国	五星旗	2764	46	999
13	信海 12 号	客滚船	2004-12-31	中国	五星旗	1404	40	790
14	信海 16 号	客滚船	2007-09-21	中国	五星旗	2298	41	963
15	信海 19 号	客滚船	2011-12-27	中国	五星旗	2511	41	972
16	宝岛 12 号	客滚船	2010-01-25	中国	五星旗	2238	41	986
17	宝岛 16 号	客滚船	2012-06-20	中国	五星旗	2511	41	972
18	海峡一号	客滚船	2012-01-18	中国	五星旗	1222	30	600
合计						41 465	755	16 083

【客运合营公司船队】

1. 中日国际轮渡有限公司

中远海运集运所属的中日国际轮渡有限公司（简称“中日轮渡公司”），是原中远集团与日本日中国际轮渡株式会社创办的合资企业，成立于 1985 年 5 月 30 日。2020 年 9 月 28 日，中日轮渡公司以租赁方式开始运营“苏州号”轮。12 月 21 日，中日轮渡公司顺利完成收购“苏州号”轮。截至 2020 年年底，公司共运营“新鉴真”和“苏州号”轮两艘船舶。

2020 年，“新鉴真”轮共完成 100 个航次，其中进口 51 航次，出口 49 个航次；完成集装箱重箱运量 9 100.5TEU，完成旅客运量 327 人次，完成散货运量 400.72 立方吨。因受新冠疫情影响，自 2020 年 1 月 28 日起，“新鉴真”轮停止接载旅客。“苏州号”轮完成 26 个航次，其中出口 14 航次，进口 12 航次；完成集装箱重箱运量 2059TEU。全年两轮未发生机损、海损、火灾及旅客和船员伤亡事故。两轮安全营运面达到 100%，防抗台成功率 100%，设备完好率 100%；全年实现利润总额 1281 万元。

2020 年 5 月 23 日，“新鉴真”轮在做了完备的防疫措施后，顺利将唐招提寺文物回运日本。10 月 8 日，应日本文化厅、日本驻上海领事馆、日本日经社、日本奈良博物馆的请求，“新鉴真”轮顺利将 1300 年前的日本国宝文物——金龟舍利塔回运日本。（王琳）

2. 烟台中韩轮渡有限公司船队

中远海运（青岛）有限公司管理的烟台中韩轮渡有限公司（简称“中韩轮渡”），成立于 1995 年 10 月，是经营中国烟台至韩国仁川海上客货集装箱班轮航线的中韩合资企业，中韩双方出资比例各为 50%。公司具体股东及投资构成包括：中远海运（青岛）有限公司 45%、中国烟台外轮代理有限公司 5%、韩国株式会社鲜光 17%、韩国现代海运株式会社 9%、韩国株式会社国宝 9%、韩国林光开发株式会社 9%、韩国金永润6%。

中韩轮渡原先主要经营中国烟台至韩国釜山和群山航线。2000年，中韩轮渡抓住市场机遇，开通烟台至仁川航线，并将釜山和群山航线相继关停。船期安排是每周三个往返航次，周一、三、五自烟台开航，周二、四、六自仁川返程。用于航线运营的“香雪兰”轮，集装箱舱位293TEU，载客定员392人，是1996年由德国建造的豪华客箱船。2020年，中韩轮渡“香雪兰”轮完成国际班轮运输296个航次，货运量35 749TEU（重箱），旅客3905人次（因新冠疫情，客运自2020年2月份起停运），完成利润总额168万美元。

中远海运（青岛）有限公司投资建造的“新香雪兰”轮，于2020年12月出厂，12月25日驶抵烟台港，2021年年初正式取代“香雪兰”轮上线运营。新船可载客700人，载箱量为312TEU，船舶整体性能优异，处于同类航线领先水平。（高原）

3. 厦门远洋运输公司及其合营公司客运船队

厦门远洋运输公司直接经营的“新五缘”轮主要航行于厦金航线。2020年，由于受疫情影响，厦金航线从2月1日起减少班次、2月10日全面停航，厦门远洋运输公司“新五缘”轮共运营124个航次，载客1.14万人次。

厦门远洋运输公司还通过合营公司经营一艘客滚船“中远之星”轮和一艘邮轮“鼓浪屿”轮。

①厦门闽台轮渡有限公司

厦门闽台轮渡有限公司（以下简称“闽台轮渡”），是厦门市首家直航台湾海峡两岸的国有航运企业，总部设在厦门，在浙江台州玉环设有分公司。闽台轮渡经营海峡两岸间唯一一条以厦门为母港往返于海峡两岸之间的滚装班轮航线，投入船舶为“中远之星”轮。“中远之星”轮全长186米、宽25.5米，航速22.85节，26 847总吨、8054净吨，载客配员683名。船舱自下而上共计8层，1～3层可同时容纳150辆小汽车，4～5层是256个标准集装箱舱容设计的货舱层（其中包含有80个冷藏箱插位），6～7层是经改装后拥有640个旅客卧铺的客舱层，第8层则是供旅客活动的公共区域。

2020年，由于受疫情影响，“中远之星”轮从2020年1月29日起停止客运业务，仍保留货运业务。2020年，该轮共载客1571人；运载集装箱17 280 TEU、散件杂货4 576.7吨、车辆216台，同比分别增长14.5%、38.8%、19.3%，货运业务逆势增长。

②星旅远洋国际邮轮有限公司

星旅远洋国际邮轮有限公司（以下简称“星旅远洋邮轮”），由中国远洋海运集团和中国旅游集团共同出资设立，于2018年6月8日在英国成功购入“鼓浪屿”号邮轮。该公司在2019年6月14日完成了工商注册手续，正式在厦门设立国内运营总部。2019年8月12日，“鼓浪屿”号邮轮在英国完成了实体交接；同年的9月26日，该轮在厦门首航，正式开启了中国母港运营，迈出了中国豪华邮轮运营管理的第一步。

2020年，受新冠疫情影响，“鼓浪屿”号自1月29日起暂停运营，本年度共累计完成7个航次，运载旅客11 388人次。

星旅远洋邮轮面对新冠肺炎疫情对邮轮行业的巨大冲击，积极战“疫”，始终保持“零疑似、零疫情”。公司在第一时间建立船岸应急防疫机制和每日“零报告”机制，启动全流程防控措施及船岸防疫应急预案编制，出台退改保障政策并劝退疫区客人，并及时做好遣返和安抚船员工作。星旅远洋邮轮是国内首个疫情后船员下地及外籍船员休假回家、外籍船员入境换班试点并圆满实施的邮轮公司，极大缓和了船员长期封闭在船的压抑情绪。同时，公司员工苦练内功、降低成本，做好邮轮复航的各项准备。（姚兆羽）

CHINA COSCO SHIPPING CORPORATION LIMITED YEARBOOK

中国远洋海运集团有限公司

年鉴

第五篇

国际化经营

概述

概　述

集团自 2016 年组建后，在全球成立 10 大区域公司，海外网络重组整合涉及 104 个国家和地区，185 家海（境）外代理；收购东方海外后，又增加了 33 家代理和 41 家子公司及分部。企业已成为引领国际航运发展的重要力量。中远海运根据产权关系将境外企业分为 4 大类：

境外区域公司。在不断完善和强化总部“定战略、配班子、调资源、抓考核、控风险”五大核心管理职能的基础上，以规范董事会建设为抓手，逐步赋予海（境）外区域公司董事会和董事长相当范围的决策事项和行权额度，打造“放得下、接得住、管得好”的管控体系，构建以“管控上移，经营前移”为基本特征的集团“战略管控型”组织体系和运营模式。

境外上市公司。2020 年，集团在境外上市的公司有 8 家。在管控形式上，集团严格遵守当地上市规则和法律法规，主要通过股东会、董事会及委派管理人员等方式，对上市公司的生产经营进行日常管理，维护股东利益。

境外区域公司在境外设立的公司。由境外区域公司按照股权比例，行使出资人管理。其中，对全资子公司，由海外区域公司通过董事会直接履行经营管理职能；对控股 / 参股公司，由境外区域公司依据股比，通过董事会履行管理职能。

境内专业公司在境外设立的公司。由海（境）外区域公司和境内专业公司共同对其行使矩阵式管理。生产经营主要是根据行业特点以境内专业公司业务条线管理为主；海外区域公司作为“管理服务支持平台”，主要侧重于人力资源管理、内部监督管理、法律管理、行政管理、企业文化、公共关系及品牌管理、党务管理等职能。

集团重组初期的境外产业收购与兼并，其形成的规模优势在 2020 年得到充分显现。继成功收购东方海外，集装箱船队成为全球第三大班轮公司后，中远海运于 2019 年又成功收购香港胜狮货柜，使得集装箱制造市场占有率从 16% 提升至 35%，跻身全球第二大集装箱制造商。面对 2020 年疫情冲击下集运市场“一箱难求”的情况，集团自己的造箱板块，为集团全球集装箱运输提供了强有力的支持，效益也实现新突破。2020 年，收购胜狮货柜的效应得以充分显现，集团造箱产业链布局进一步强化，造箱市场占有率从全球行业第三上升至第二，为全球承运向承运全球打下坚实基础。在港口布局上，收购比港 67% 股权，新加坡从小码头置换为大码头，收购阿联酋阿布扎比码头、西班牙 Noatum、比利时泽布吕赫、荷兰鹿特丹 Euromax，以及秘鲁钱凯等码头，给集团的全球码头业务发展及国际化经营增添了新的优势。此外，集团还收购比港亚欧铁路物流公司，拥有了在欧盟运营的铁路资质，产业链的协同效应进一步彰显。

“一带一路”建设

“一带一路”建设

在推动“一带一路”建设的过程中，中远海运始终聚焦关键通道、关键城市、关键项目，连接陆上公路、铁路、道路、网络和海上港口网络，在构建“点、线、面”传统物流供应链布局的基础上，通过数字化赋能和开拓冰上新丝路，为推动“一带一路”建设发挥积极作用。

中远海运集团积极开拓北极航道，编织冰上新丝路。“冰上丝绸之路”是穿越北极圈，连接北美、东亚和西欧三大经济中心的海运航道，具有重要的社会意义。集团是全球唯一一家运营北极航线的航运企业，是“冰上丝绸之路”的先行者，推动北极东北航道实现常态化、规模化运营。

【区域海上运输】

“一带一路”贯穿亚欧非大陆，连接东亚经济圈和欧洲经济圈。中远海运集团以“21 世纪海上丝绸之路”为主线，优化全球航线布局，相继开通远东至欧洲、远东至地中海、远东至黑海、远东至中东、远东至红海等多条集装箱班轮航线。在加密航线服务频率的同时，把“海上丝绸之路”上的航线与美洲、非洲、南亚、加勒比等区域市场连接起来，提升全球航线网络的连通性。集团牵头成立全球最大班轮联盟——海洋联盟，为“一带一路”提供优质服务，持续放大经营能力。2020 年，集团在“一带一路”沿线布局集装箱班轮航线 189 条，投入运力 206 万 TEU，占集团总运力的 67.3%。2020 年度，集团旗下双品牌集装箱船队在“一带一路”沿线完成集装箱运输量 1303 万 TEU。

油轮、干散货也都得到了快速发展，“一带一路”沿线油品、干散货海运量每年分别在 6500 万吨和 4000 万吨以上。突出物流面延伸，集团推进中欧陆海快线、中欧班列业务，构筑了通往中东欧的第三条物流大通道。

【沿线港口经营】

海运通道的建设，除了开辟新航线外，还包括航线上港口码头的投资和建设，这是保障海运通道畅通、安全和高效的重要环节。码头建设是集团布局“一带一路”的核心。自倡议提出以来到 2020 年年底，集团在“一带一路”沿线完成投资 627 亿元，投资集装箱码头 18 个，主要控股码头包括希腊比雷埃夫斯港、比利时泽布吕赫码头、西班牙瓦伦西亚及毕尔包鄂码头、阿联酋阿布扎比码头、新加坡巴西班让码头、中国香港亚洲货柜码头和秘鲁钱凯码头等。其中希腊比雷埃夫斯港受到国内外的高度评价，自集团 2016 年收购比雷埃夫斯港务局以来，累计实现净利润 1.08 亿欧元(PPA 2016—2020 年净利润累计数)，港口排名提升至全球第 25 位，被誉为中希合作的典范。2019 年 11 月 11 日，国家主席习近平在视察比港项目时表示，“中国倡议的‘一带一路’不是口号和传说，而是成功的实践和精彩的现实”“比雷埃夫斯港项目是中希双方优势互补、强强联合、互利共赢的成功范例”①。

① 《习近平和希腊总理米佐塔基斯共同参观中远海运比雷埃夫斯港项目》，新华网，2019年11月12日，http://www.xinhuanet.com//politics/leaders/2019-11/12/c_1125219291.htm.

【陆海综合物流】

“一带一路”沿线国家的经贸发展，为海铁联运业务的发展带来了机遇。“一带一路”倡议提出以来，中远海运集团加大对亚欧海铁联运、亚欧国际班列业务的投入。在陆路上，先后开通渝深班列、蓉深班列、“连云港—哈萨克斯坦—欧洲”班列、“印尼—深圳—赣州”海铁联运通道、“西藏号”班列等近10条班列；同时在海路上，推进“中欧陆海快线”建设，将希腊比雷埃夫斯港作为枢纽港，开通远东经海运至比港，再由比港铁路至欧洲内陆的海铁联运路径。中欧陆海快线是“海上丝绸之路”的欧洲内陆延伸段，也是“匈塞铁路”的升级版，陆上铁路段南起希腊比雷埃夫斯港，北至匈牙利首都布达佩斯，沿途辐射人口3200多万。

集团持续推进中欧陆海快线建设，在2016年拥有中东欧路径的稳定客户索尼、惠普等全球知名的厂商基础上，中欧陆海快线资源收购和融合阶段工作取得关键性进展；2020年4月30日，中欧陆海快线公司又完成希腊PERL公司60%股权的收购款支付。在“一带一路”沿线地区累计完成箱量846.9万TEU，同比增长0.7%。“三个市场”开拓积极有效。2020年，中欧陆海快线完成箱量12.2万TEU，同比增长47%。

2020年，集运新兴市场货量461.2万TEU，同比增长0.14%。第三国市场货量419.1万TEU，同比增长3.8%；第三国货量占外贸总箱量的比例由上年同期的31.5%提升至32.2%，其中，承运东南亚出口美国货量51.6万TEU，同比增长31.95%。散运第三国货量达5612万吨，占外贸货运量的31.9%。能源第三国货运量3050.7万吨，占外贸货运量的33.68%。特运第三国货量354万计费吨，占外贸货运量的21.7%。发挥本地优势，海外公司开拓持续有力。北美公司完成FOB签约货量110万TEU，同比增长4.8%。

【沿线项目投资】

2020年，集团完成境外投资223亿元，其中在“一带一路”沿线投资的重点项目包括：

提升比港产能和第二阶段股权交割等工作 希腊比雷埃夫斯港是欧洲前十、世界前五十的港口，是欧洲大陆地中海沿线距离苏伊士运河至直布罗陀主航线最近的港口之一。比港海运条件优越，拥有深水港区及维护良好的港口，可全天候提供高质量的海运服务；比雷埃夫斯港务局拥有集装箱码头、邮轮码头、汽车船码头、渡轮码头、修船和仓储五大业务板块，同时，可通过铁路连接至中东欧腹地，发展机遇广阔。集团收购比港后，采取边生产边提升产能战略，2020年，根据集团确定的比港发展目标，推进比港产能提升和第二阶段股权交割等重点工作，包括1号集装箱码头翻新、中心港区疏浚、汽车船码头建设等项目通过环评；指导PPA制定4号集装箱码头建设、特许经营权延期，以及第二阶段股权交割一揽子谈判方案，为下一阶段与政府谈判做进一步准备；协助PPA召开7次董事会，审议财务报告、分红方案、对外捐赠等重要事项。同时，协调中远海运重工和PPA按产业链发展思路，以推进修船板块业务复苏。2020年，比港完成吞吐量443.7万TEU，同比基本持平。

秘鲁钱凯码头工程建设 该项目是港口公司当时最大的海外绿地建设项目，工程投资额较大，项目面临的自然环境和政治经济环境复杂。港口公司成立专项小组统筹协调，当地委派团队全力跟进落实，2020年完成海侧临时围堤、隧道陆侧洞口、营地工程建设及隧道工程招标，年内获得项目环评许可。码头施工招标计划在2021年初完成，为明年港口和隧道大规模施工奠定基础。

沙特阿拉伯吉达港RSGT码头项目 吉达港是沙特阿拉伯最大集装箱港口，在吉达港原有三个集装箱码头（RSGT、SCT及NCT）。2020年4月1日，沙特港务局将NCT移交RSGT统一经营（特许经营期30年）。合并后RSGT设计吞吐能力达520万TEU，未来吞吐能力将进一步增加至880万TEU。RSGT邀请中远海运港口参与项目20%股权。考虑到该项目有利于进一步完善公司在红海区域的码头网络布局，中远海运港口与 RSGT 进行了多轮会谈。目前双方已完成尽职调查及内签署协议。

德国汉堡港 CTT 码头项目 根据集团和德国港务及仓储公司HHLA 签署的战略合作框架，集团积极推进收购 CTT 码头 35% 股权项目。CTT 码头目前由 HHLA 全资持有，吞吐能力约 137 万 TEU。经过多轮谈判，双方除交易对价和估尚需进一步商讨，其主要商务条款已原则上达成一致。

杜伊斯堡港多式联运场站项目 2020 年 1 月，由中远海运物流（欧洲）有限公司参股的杜伊斯堡门户场站有限公司正式成立，由合资公司着手进行杜伊斯堡港多式联运场站项目建设。杜伊斯堡港多式联运场站项目是中远海运物流布局海外“仓干配”关键节点资源项目，通过多式联运场站改造建设，充分发挥杜伊斯堡港水铁陆联运优势，进一步强化中欧班列重要节点资源建设和布局，进一步巩固中欧班列稳定运行，推动国内如重庆、武汉、苏州、义务等重点出口贸易城市与欧洲地区的货物流通，强有力地促进物流系统内外协作和发展。

境外业务管理

境外业务管理

【境外资产管控】

截至2020年年末，中远海运相继发布了《集团公司投资管理办法》《集团公司投资授权管理细则》《集团公司投资项目后评估管理规定》《集团公司买造船投资管理规定》《控制与风险管理办法》《集团直属单位利润分配管理规定》《集团资金管理规定》《集团重大经营风险及重大经营风险事件报告管理规定》《境外公司安全管理规定》等相关制度。全球化一直是中远海运战略的重要维度，坚持整体规划、谨慎决策、协同发展是控制境外经营风险的源头和关键。集团明确要求境外重大投资经营项目要遵循“三同步”的工作原则，即项目立项与风险评估工作同步启动，项目负责人及风险责任人同步明确，以及可行性报告与风险评估报告同步上报。针对境外企业上报的重大投资经营项目，集团在审核时重点关注项目是否符合企业的境外发展战略，强调风险控制关口前移，明确风控责任要落实到岗、到人。

【境外人事管理】

积极适应海外业务发展需要，抓好关键人才库建设。2020年9月，集团组织开展2次海外后备库内人员补充工作，坚持人员标准，严格入库程序，有144人通过考核入库。大力培养年轻干部，改善境外业务骨干队伍结构。举办首期驻外后备人员能力素质培训班，陆续选派40名年轻干部到海外艰苦地区和新兴市场进行锻炼。

【境外财务管理】

为防范化解重大风险，有效保障平稳健康发展，2020年进一步深入推进境外资金集中管理。分步实施境外资金集中，完成中国香港和欧美地区的资金集中管理，并逐步推进澳洲和新加坡地区资金集中工作。优化境外资金集中银行系统，通过加大与中国银行总行合作力度，进一步推广中行系统在境外资金集中的应用范围。充分发挥集团跨境资金池功能，实现集团资金跨境统筹调配运用。截至10月末，香港远吉已集中境外资金159亿元。

针对美国单方面终止美港航运协定，深入研究政策，做好应对预案，评估政策影响，指导北美公司拟定应对方案。组织各相关航运公司参照美国相关税法要求，进行数据梳理和分析测算，提前掌控有关影响。召开专题工作会统一部署，减少不利影响，保障生产经营平稳运行。

【调整风险区域相关产业】

2020年，根据国家部委相关要求，集团相关职能部门结合集团海外风险管控需要，全面梳理在风险区域资产、机构及业务情况，分析在风险区域资产类别及风险，研究制订在风险区域资产的处置以及存量资产的调整应对方案，包括对于在风险区域企业持有的非在风险区域企业的股权研究转让方案。推进中远海运集运所属巴西公司、墨西哥公司、智利公司、阿根廷公司、秘鲁公司和乌拉圭公司6家企业的股权转让工作，规避对风险区域风险敞口。同时，向各部委报送集团在风险区域产业、经营风险等情况，做好应对预案。及时向各专业公司传达国家部委的相关要求，指导其做好风险防控应对工作。

【加强中波公司中方管理】

做好中波公司中方经营管理委员会的报批和组建工作。1 月 8 日正式成立中方经营管理委员会。在此基础上，中波公司召开中方经营管理委员会第一次会议，会议审议通过《中波轮船股份公司中方管理办法（试行）》及《中波公司中方经营管理委员会及中方管理层授权清单》，进一步规范了中波公司中方管理。

【抓好境外疫情防控】

自年初新冠疫情暴发以来，集团统一部署，坚持每日值班和“零报告”制度，随时掌握防控工作动态，分别编发境内和境外疫情防控工作动态 40 期。参与国务院国资委 24 场境外疫情防控远程视频巡检，自行组织 4 次境外疫情防控视频检查，指导境外重点单位，船员和驻外员工等重点人群做好防控工作。

国际交流与合作

国际交流与合作

【重要外事会见】

IBM 大中华区首席执行官到访中远海运集团

2020 年 7 月 30 日，中远海运集团总经理付刚峰、副书记王海民在集团总部会见了 IBM 大中华区首席执行官包卓蓝一行，双方就现有业务合作情况及未来数字化领域发展等话题进行了交流。

新加坡驻上海总领事到访中远海运集团

2020 年 9 月 3 日，新加坡驻上海总领事蔡簦合先生到访中远海运集团总部。中远海运集团董事、党组副书记王海民与对方进行会见，双方就中远海运在新加坡业务发展、数字化经济、疫情防控等相关话题进行了交流。中远海运集团战企部、运营部、公关部相关负责人参加了会见。

秘鲁总统马丁·比斯卡拉考察中远海运港口秘鲁码头

当地时间 9 月 10 日上午，秘鲁总统马丁·比斯卡拉(Martín Vizcarra)、交通运输部部长、环境部部长、住房建设部部长等一行考察中远海运港口秘鲁钱凯码头建设现场。

中远海运港口秘鲁钱凯码头总经理陈铿向总统一行详细介绍了钱凯码头项目的设计、工程进度及施工情况。在今年新冠疫情的大背景下，CSP 钱凯码头隧道口工程等已在做好预防措施的前提下完全复工，码头工程相关招投标工作也在持续有力地推进当中。

比斯卡拉总统在听了介绍之后，对码头整体设计情况又进行了深入了解。他指出，秘鲁政府对钱凯码头项目的建设高度重视并积极支持，希望项目的主要工程能够在短期内动工建设、顺利推进。

普华永道亚太及大中华区主席到访中远海运集团

2020 年 9 月 16 日，普华永道亚太及大中华区主席赵柏基到访中远海运集团总部。中远海运集团董事长许立荣，副总经理、总会计师孙云飞与对方进行了会见，双方回顾业务合作情况，并就国际化、数字化、绿色航运和智能航运等相关话题进行交流。中远海运集团战企部、财务部、公关部、科信部相关负责人参加了会见。

毕马威亚太区及中国主席到访中远海运集团

2020 年 11 月 2 日，毕马威亚太区及中国主席陶匡淳到访中远海运集团总部。中远海运集团董事长许立荣与对方进行了会见，双方回顾了业务合作情况，并就国际形势、税务优化、数字化等话题进行了交流。

希腊驻华大使到访中远海运集团

2020 年 11 月 4 日，希腊驻华大使乔治·伊利奥普洛斯先生到访中远海运集团总部。中远海运集团董事长许立荣与对方进行了会见，双方回顾了希腊比雷埃夫斯港和中欧陆海快线业务的发展，并就双方未来进一步深化合作进行了交流。中远海运集团战企部、运营部、公关部、中远海运集运、中远海运港口相关负责人参加了会见。

乌克兰驻华大使到访中远海运集团

2020 年 11 月 4 日，乌克兰驻华大谢尔盖·卡梅舍夫先生到访中远海运集团总部。中远海运集团董事、总经理付刚峰与对方进行了会见，双方回顾了中远海运在乌克兰的业务开展情况，并就中乌经贸发展、乌克兰投资环境、乌克兰基础设施建设等话题进行了交流。中远海运集团战企部、运营部、公关部、中远海运集运相关负责人参加了会见。

秘鲁驻华大使到访中远海运集团

2020 年 11 月 6 日，秘鲁驻华大路易斯·克萨达先生到访中远海运集团总部。中远海运集团董事、总经理付刚峰与对方进行了会见，双方回顾中远海运在秘鲁的业务发展，并就进一步加强钱凯码头项目的合作进行沟通。中远海运集团战企部、运营部、公关部、中远海运集运、中远海运港口相关负责人参加了会见。

【重 要 出 访】

2020 年 10 月 28 日，中远海运集团董事长许立荣作为金砖国家工商理事会中方主席应邀参加了为期四天的金砖国家工商论坛 2020 年视频会议的闭幕式，并代表中方工商界就金砖五国工商界如何进一步加强合作、共同助力五国经济复苏等相关话题与来自其他四国的嘉宾进行了交流。

许立荣认为，面对新冠疫情和恢复经济的双重挑战，金砖国家企业间应从基础设施的互联互通、产业链的合作拓展延伸、行业规则的沟通兼容三个维度来增进合作。此外，许立荣还就后疫情时代数字化应用如何助力金砖国家经济复苏的问题进行了交流。

本届金砖国家工商论坛的主题为“金砖国家工商伙伴关系：实现可持续发展的共同愿景”。金砖国家轮值主席国俄罗斯政府代表、金砖国家工商理事会五国理事会主席、新开发银行行长及来自金砖五国工商界的百余名嘉宾在线参加了论坛，对各行业领域的不同主题进行了深入的讨论。

【主要签约活动】

GSBN 迈出关键一步　股东已签署股东协议书

2020 年 2 月，中远海运集运与达飞轮船（CMA CGM）、中远海运港口、赫伯罗特（Hapag-Lloyd）、和记港口集团（Hutchison Port Holdings）、东方海外（OOCL）、青岛港集团、新加坡国际港务集团（PSA International）和上海国际港务集团完成全球航运业务网络 (Global Shipping Business Network，简称 GSBN）股东协议书签署。

该协议书的签署标志着各方之间的合作进一步加强，也是 GSBN 正式成立前迈出的关键一步。一旦完成所有监管部门批准手续并正式成立后，GSBN 将引领行业创新应用开发，为供应链各利益相关方创造价值。

由九家股东签署的股东协议书明确规定了 GSBN 的治理结构和业务性质。GSBN 将作为一个非营利联合体，为供应链上各个利益相关方运营并管理一个安全及可信任的数据交换平台。该联盟鼓励广泛的联接，为各方引入多样化的创新服务和应用产品，促进优化运营流程，提高整体协作效率。货讯通将为 GSBN 提供技术解决方案和平台运营服务。

中远海运与普洛斯签署合作备忘录

2020 年 11 月 25 日，普洛斯集团创始人、首席执行官梅志明一行到访中远海运集团，与中远海运集团董事长、党组书记许立荣等进行会谈。普洛斯是专注于物流、不动产、基础设施、金融及相关科技领域全球领先的投资管理与商业创新公司。中远海运与普洛斯进一步在产业链、物流链等多个领域开展全方位合作，有利于充分发挥各自优势，实现协同发展。会后，在双方领导的见证下，普洛斯中国区首席战略官、隐山资本董事长东方浩，中远海运集团总经理助理、中远海运物流董事长韩骏分别代表双方签署了合作备忘录。隐山资本合伙人及有关负责人，中远海运集团董事、党组副书记王海民，集团战企部、中远海运物流有关负责人参加了上述活动。

中远海运集团与巴西金鱼集团签署战略合作框架意向书

2020 年 12 月 11 日，中远海运集团与巴西金鱼集团通过视频方式签署战略合作框架意向书。巴西金鱼集团首席执行官沃尔特，中远海运集团董事、总经理付刚峰出席签字仪式并分别致辞，沃尔特与中远海运集团副总经理黄小文分别代表双方签署了意向书。

双方同意，将在巩固前期良好业务合作基础上，进一步发挥各自主营业务优势，通过扩大双方在集装箱运输、散杂货运输、综合物流、船舶代理等领域的业务合作空间，促进双方增强市场地位和综合竞争力，实现互利共赢。

巴西金鱼集团相关负责人，中远海运特运、中远海运集运、集团公关部、运营部相关负责人参加了签字仪式。

【参与重要论坛及国际组织】

中美工商领袖和前高官云对话

2020 年 6 月 18 日，应中国国际经济交流中心的邀请，中远海运集团董事长许立荣参加了在“中美工商领袖和前高官对话”框架下举办的“中美工商领袖‘云对话’”线上视频会。国经中心理事长曾培炎和美国商会会长托马斯·多诺霍分率双方代表出席会议，就“推动第一阶段贸易协议落实：促进中美在金融、农业、能源和医疗健康方面的合作”和“去全球化带来的挑战：如何管控中美在产业链、科技‘脱钩’方面的摩擦”等议题展开交流。许立荣董事长在会上发言时表示，全球化带来的“共同利益”“产业分工”是不可逆的，在当前全球疫情的影响下，中美企业应发扬同舟共济的合作精神，筑牢民心相通的根基。

上合“一带一路”央企“国际客厅”网上视频发布会

2020 年 6 月 29 日，由青岛市人民政府主办，青岛市委副书记、市长孟凡利主持的上合“一带一路”央企“国际客厅”网上视频发布会以“视频 + 现场”的方式在青岛国际会议中心举行。山东省委常委、青岛市委书记王清宪在会上发表主旨演讲。会上还介绍了上合“一带一路”央企“国际客厅”的建设方案及招商项目的发布。中远海运应青岛市人民政府国有资产监督管理委员会的邀请参加视频发布会。中远海运集团董事、总经理付刚峰全程参加了视频会。

2020 年中国航海日论坛和系列活动

2020 年 7 月 11 日，由上海市推进上海国际航运中心建设领导小组、中国航海学会、交通运输部水运科学研究院联合主办的“2020 年中国航海日论坛和系列活动”在上海北外滩举行，活动包括启动仪式和论坛两大部分，其中论坛主题为“携手同行，维护国际物流畅通”。交通运输部副部长刘小明、上海市人民政府副市长汤志平、中远海运集团董事长许立荣、交通运输部安全总监李天碧、上海市人民政府副秘书长黄融等参加了系列活动。

变局中的中国与世界座谈会

2020 年 9 月 26 日，由中国国际发展知识中心主办的“变局中的中国与世界——习近平主席宣布设立国际发展知识中心五周年”座谈会在北京举行。参与座谈会的在华多双边机构代表、跨国企业代表在会上共同交流了发展理论和发展实践。中远海运集团董事、总经理付刚峰受邀参加本次活动，同与会嘉宾共同探讨当前形势下的中国与世界。

Seatrade 颁奖活动

2020 年 11 月 6 日，由上港集团与 Seatrade 联合主办的首届 Seatrade 国际海事颁奖典礼在上海外滩举行，典礼旨在表彰过去一年来全球航运业杰出的企业及个人成就。中远海运集团副总经理冯波出席典礼并代表集团接受由上港集团颁发的“上海国际航运中心建设特别贡献企业奖”荣誉。该奖项旨在表彰在航运界具有一定影响力，能积极对接我国“一带一路”倡议、“长江经济带”等国家发展战略，在上海国际航运枢纽港建设等方面发挥积极作用，为上海国际航运中心建设作出突出贡献的企业。

第十届亚洲物流航运及空运会议

2020 年 11 月 17—18 日，由香港特别行政区政府与香港贸易发展局共同举办的第十届亚洲物流航运及空运会议以视频的方式举行。论坛以“掌握机遇、迎变起航”为主题，聚焦探讨如何在新常态下重整供应链及亚洲在全球供应链中的角色演变，以及科技与创新推动环球物流业的发展。国际海事组织（IMO）秘书长林基泽、国际航运公会主席 Esben Poulsson、中远海运集团副总经理黄小文等嘉宾在会上进行了发言。

参与金砖国家工商理事会 2020 年系列活动

2020 年，中远海运集团圆满完成金砖国家工商理事会中方理事会的组织安排及秘书处各项事务，并协调中方理事会各工作组以视频、电邮等远程工作方式，保持与其他四国的密切沟通，完成理事会各项工作。其中，于 7 月 22 日组织五位中方理事共同参与了理事会视频会议，并与其他四国理事会共同发表了《金砖国家工商理事会联合抗疫宣言》，代表五国工商界发出共同助力抗击新冠肺炎疫情之声。

此外，中远海运集团先后协调并组织中方全体单位参加了 6 月 12 日在京召开的中方理事会秘书处扩大会和 10 月 13 日召开的金砖国家解决方案大赛新闻发布会。集团董事长许立荣代表中方工商界出席了 10 月 20—28 日举办的金砖国家工商论坛，组织中方理事会全体理事、秘书处成员与工作组成员参加了 11 月 10 日召开的金砖国家工商理事会年度视频会议、月度工作组电话、视频会等多场重要会议及活动。

2020 年 11 月 10 日，经报中央批准，中方理事会五位理事、中方秘书处、工作组代表共同在北京远洋大厦出席了理事会年度视频会议，这既体现了中方对金砖合作机制的重视，也代表着中国抗击新冠疫情的显著成效，受到了各国理事会的赞誉和肯定。在 2020 年的《金砖国家工商理事会年度报告》中，中方各工作组成员积极参加五国工作组的讨论，传递中方多边合作之声，在推进数字技术创新、产业绿色转型等内容中提出中方观点；多项中方提出的建议得到了其他四国理事会认可，写入了今年给五国领导人的年度报告中，对促进金砖五国合作，彰显中国在农业、数字、能源等领域的高端实力具有积极意义。

（胡彧）

CHINA COSCO SHIPPING CORPORATION LIMITED YEARBOOK

中国远洋海运集团有限公司

年鉴

第六篇

安全生产

【概　　述】

2020年，集团认真学习贯彻习近平总书记关于安全生产重要论述，坚持“始终把人民生命安全放在首位”的核心理念，认真贯彻落实上级的决策部署和工作要求，聚焦高质量发展、突破性发展和一体化发展，紧紧围绕年初制定的安全工作目标，抓好疫情防控和安全生产工作，以“抓预控、强落实”为重点，深入开展安全生产专项整治三年行动，保持安全管理不松懈、安全标准不降低、安全监管不脱节，保持安全生产和生态环境保护形势的持续稳定，顺利完成年初制定的各项目标。（裴凯）

【安全生产责任制】

2020年，集团以“安全生产责任制”为抓手，与各直属单位签订《安全生产工作责任书》，明确安全生产考核指标与要求，逐级落实责任人，有效传导安全压力。集团主要领导多次对疫情防控复工复产安全、防台防汛及危化品安全等进行布置，亲自主讲安全大讲堂，对安全生产专项整治三年行动进行动员、部署；各单位主要领导认真履行自身安全职责，定期组织召开安委会会议，研究、部署安全工作，深入一线单位、船舶开展安全检查；各单位根据集团有关部署及要求，制定年度安全工作目标清单和任务清单，逐项细化分解措施、要求，逐级落实责任人及完成期限，层层压紧压实责任，保障了2020年各项工作任务的顺利完成。（裴凯）

【安全制度体系建设】

2020年，集团持续完善安全制度体系，制定、印发了《安全生产法规管理细则》和《消防安全工作指南》，修订完善了《安全生产风险管理规定》和《船舶润滑油集中采购管理细则》，为集团专项安全工作提供依据和指导。（裴凯）

【成立安全管理专家队伍】

2020年，由各单位推荐、经集团审核、评选，正式组建了24人的安全管理专家队伍。专家队伍组织开展船舶防碰撞、防火防爆、陆岸防工伤/分承包方管理等专项研究，研究分析存在的问题和短板，形成专题报告和重点工作计划；对黎巴嫩贝鲁特港口区硝酸铵爆炸和长江口外油轮碰撞起火等事故进行了研讨交流，参加了对部分重点单位的现场督查，有效发挥了决策参谋和技术支撑作用。（裴凯）

【重 点 管 控】

2020年，集团克服新冠肺炎疫情带来的不利影响，保障复工复产安全有序，强化重点船舶、关键时段、重点行业和重点项目安全管控。各单位、各级领导认真履行安全职责，做到“规定动作做到位、自选动作有亮点、创新动作有特色”。

疫情防控安全生产方面：受疫情影响，2020年春节假期较长，集团认真研究评估突发疫情对安全生产带来的风险，多次对复工复产安全工作进行部署，保障工作平稳衔接，复工复产工作安全有序；按照疫情常态化工作要求，先后5次对重点安全工作进行了布置，保持力度不松、尺度不减、标准不降，确保在常态化疫情防控下顺利有效开展各项安全工作。

重点船舶方面：2020 年，集团航经长江、珠江、马六甲 / 新加坡海峡等重点航区的船舶 9045 艘次，航经波斯湾水域的船舶 4219 艘次，装载旅客、院校实习生、危化品和易流态货物的船舶 3330 艘次，对装载镍矿、大风浪航行等船舶进行重点监控。

关键时段方面：认真做好国家法定节假日及全国两会、十九届五中全会、第三届进博会等重大活动期间的安全工作，组织开展安全检查、值班值守等工作，尤其是严格落实疫情防控期间安全工作要求，确保一方平安。

重点行业方面：组织各单位对照上级通报的危化品企业检查问题清单，逐项对照自查，消除隐患，规范管理，持续推进危险化学品领域安全生产专项治理；全面梳理汇总集团集装箱船载运主要危险货物品名，推进危险货物属性、应急处置、消防应对等资料的收集、整理，完善应急响应数据资料库，不断提高集团应急响应能力。

重点项目方面：2020 年，集团共有 11 艘次船舶完成北极航行任务，其中东行 6 艘次、西行 5 艘次，有 3 艘船舶完成往返航行；重点监控窗口期期间北极冰况、气象及航行安全情况，航行总里程 87 079 海里，运载货物 199 917 吨。相比传统航线，节省航程 40 122 海里，节约船期 134 天，节约燃油 3354 吨。（裴凯）

【安 全 活 动】

2020 年，集团认真组织开展安全生产专项整治三年行动，研究、制定《中国远洋海运集团安全生产专项整治三年行动实施方案》，重点聚焦长期以来反复出现、反复治理的安全管理难点和重点工作，确定“学习贯彻习近平总书记关于安全生产重要论述”“落实企业安全主体责任”“深入推进安全风险分级管控和隐患排查治理双控机制建设”“强化船舶航行安全”“强化防工伤 / 分承包方管理”“强化防火安全管理”和“强化危险化学品安全管理” 7 个专题任务；重点聚焦长期以来反复出现、反复治理的安全管理难点和重点工作，完成了动员部署和排查整治阶段工作，梳理了“问题隐患”清单和“制度措施”清单，制定 2021 年集中攻坚阶段工作计划，持续改进和提高重点领域的安全管理水平。

2020 年，集团以“消除事故隐患，筑牢安全防线”为主题，组织各船岸单位开展“安全生产月”活动。活动期间，各单位、船舶因地制宜，着重加强疫情防控常态化条件下安全生产和专项整治三年行动排查整治工作，紧紧围绕企业复工复产、隐患排查整治、安全风险管控等工作重点，扎实开展安全宣传教育活动；认真开展党委 / 党支部集中学习，提高各级领导的履职尽责意识；组织安全大讲堂、安全知识竞赛、劳动技能比武、应急演练等活动，增强安全教育实效；积极探索媒体公众号、安全信息平台等技术和手段，扩大安全宣传覆盖面，普及安全知识，提高员工主动参与的积极性和主动性，有效提高广大船岸员工的安全意识和技能，进一步夯实安全生产基础。

（裴凯）

【防台防汛工作】

2020 年，西北太平洋共生成台风 23 个，有 14 个台风登陆中国或对中国沿海产生影响，集团共有 662 艘次船舶、45 家陆岸单位受到影响。尤其是 9、10 两个月内连续生成多个台风，集团及各船岸单位坚持“以防为主，适时早避，留足余地”的方针，认真做好台风动态跟踪、及时调整航线、加强防台值班等工作，确保船岸单位防台工作平稳有序。

2020 年，全国降水较往年偏多，部分地区遭遇强度超过 1998 年的特大洪涝灾害，长江流域防汛形势严峻。中远海运重工荻港船厂、中国船燃江苏公司和南京公司受影响尤为严重。为此，集团及各单位认真做好洪汛跟踪，积极采取防范措施，定期开展巡查排查，及时消除隐患，平安度过长江特大洪汛。（裴凯）

【防海盗工作】

2020年，受政治经济形势及疫情因素影响，全球尤其是西非几内亚湾海域海盗活动日益猖獗，连续发生海盗袭击及船员被劫持事件，全球海盗形势非常严峻。集团及时研究分析形势变化，修订相关制度，调整警戒区范围，新设5个防海盗提醒区；优化和升级防海盗信息模块，利用大数据对进入防海盗警戒区、提醒区的船舶进行警示提醒。

2020年，集团共有2924艘次船舶航行于防海盗警戒区，其中印度洋、亚丁湾水域船舶1366艘次，西非几内亚湾水域船舶139艘次，菲律宾南部水域船舶927艘次，其他海区492艘次，有240艘次船舶武装保安护航。各单位、船舶强调主动避离，按照“预防为主、及早行动、拒之舷外”的方针，加强风险评估、管控，科学制定航次计划，确保船舶、船员平安，集团船舶防海盗工作保持平稳。（裴凯）

【安全检查】

2020年，集团深入推进隐患排查治理工作。集团及各单位克服疫情的不利影响，加强收集各国、地区检查的重点及动态，认真总结分析内外部检查信息，对照自查、举一反三，确保船队处于良好的运营状态；结合季节性安全生产特点，分阶段组织开展2020年度安全大检查工作，包括第一阶段（3—5月）、第二阶段（6—9月）和第三阶段（10月—2021年1月），持续加强隐患排查治理；认真吸取国内外典型事故教训，组织从船舶危险货物运输和陆上油品、危险化学品运输、仓储和使用等方面进行排查和梳理。集团总部全年共检查船舶294艘次，发现缺陷3495项，共评选出8艘重点督查船舶和6艘优秀船舶；检查陆岸单位34家，发现问题缺陷172项，提出整改建议179项，内外部检查情况总体平稳。（裴凯）

【职业健康】

2020年，集团以宣传落实《职业病防治法》《国家职业病防治规划（2016—2020年）》为主线，坚持正面宣传、贴近员工，通过开展系列宣教活动，进一步落实职业病防治工作责任，普及职业健康知识，营造全集团全员关心关注支持职业病防治的浓厚氛围，切实保障劳动者的职业健康权益。各单位认真贯彻“教育培训在岗前”的理念，认真组织各企业开展职业健康宣传教育和培训工作，全面提高全员职业防治素质；按照国家法律法规对职业危害场所每年至少一次职业病危害因素检测并向职工公示检测结果，不断改善现场作业环境；有职业危害因素的企业积极组织开展健康体检，建立职业健康档案，并全面做好接触职业危害职工的岗前、岗中和离岗的体检工作。（裴凯）

【安全文化建设】

2020年，集团努力打造安全品牌，助力航运强国责任担当，组织有关安全管理人员和一线船长、驾驶员，汇编出版涵盖全球290多个港口、93万字的《港口与航道参考指南》。《港口与航道参考指南》是对航路指南、进港指南等常规航海出版物的有效补充，是总结集团航海经验和传承航海文化传统的重要成果，对一线船长、海务管理人员带来启示和借鉴。

2020年，集团积极组织参加交通运输部“平安交通”创新案例征集评选活动。中远海运特运报送的“船舶目视化管理研究与实践”案例、中远海运科技报送的“车载道路病害智能检测系统”案例，被评为“重点推荐”项目；中远海运船员公司报送的“船员安全互动体感训练新模式”案例，被评为“优秀案例”项目。

2020年，集团有效发挥《中远海运安全》杂志和中国航海学会驾驶专业委员会平台作用，不断总结积累航海经验，积极传播集团安全理念，为“航运强国”“海洋强国”提供安全支撑。《中远海运安全》杂志共出刊12期，刊载文章

338 篇，主要内容涉及安全信息、船舶驾驶、船舶保安、航道与港口介绍、机务管理、通讯导航、劳动与陆岸产业安全、案例分析、安全文化等，成为集团安全文化建设、展示和交流的重要平台。（裴凯）

CHINA COSCO SHIPPING CORPORATION LIMITED YEARBOOK

中国远洋海运集团有限公司

年鉴

第七篇

企业管理

概述

概　述

2020 年，中远海运集团按照年度工作会总体部署，扎实做好“六稳”工作（“六稳”指稳就业、稳金融、稳外贸、稳外资、稳投资、稳预期），落实“六保”任务（“六保”指保居民就业、保基本民生、保市场主体、保粮食能源安全、保产业链供应链稳定、保基层运转），一手抓经营管理，一手抓疫情防控，确保集团平稳健康高质量发展。

财务管理方面，紧紧围绕全年效益指标，做好降本节支，挖潜增效，加大费用管控力度；聚焦重点难点问题，切实做好亏损企业治理；多措并举“降杠杆、减负债”，有效降低融资成本；加强财务监督职能，着力防控资金、金融衍生业务及应收账款风险；稳步推进财务信息化建设，提升会计信息质量。在认真落实疫情防控的基础上，继续以职能本部和各产业集群作为核心客户，不断提升专业水平和服务质量，助力集团“三个跑赢”改革发展目标的顺利实现，扩大内部资金融通规模。截至 2020 年年末，集团营业收入同比增长 7%；应收账款净额 267.5 亿元，较年初下降 14.6%；存货净额 194.8 亿元，较年初下降 7.6%；经营现金流 607 亿元，同比增长 52.9%；“两金”（存货和应收账款）压降效果突出。

人力资源管理方面，围绕“三个聚焦”（聚焦高质量发展、聚焦突破性发展、聚焦一体化发展），不断激发干部人才队伍活力使改革攻坚向纵深推进。年初新冠疫情暴发后，认真抓好集团疫情防控办公室日常工作，坚持每日值班和“零报告”制度，随时掌握防控工作动态，编发境内和境外疫情防控工作动态，着力抓好武汉、北京等重点地区、境外重点单位、船员和驻外员工等重点人群的防控工作。

资本运营管理方面，争创双百效益，争创 A 级考核目标，持续深化改革，做强做优国有资本，努力在高质量发展上不断取得新突破。积极推进集团重大资本运营项目、开展上市公司再融资、增持、资产出售等资本运作，推动落实各项专项工作，不断夯实产权管理基础，不断改善资产运营效率；围绕“三个跑赢”（跑赢市场、跑赢变革、跑赢时代），构建韧性足、发展稳、结构优的全球物流综合服务生态。集团的业绩在资本市场上得到投资者充分认可，旗下主要上市公司股价普遍上涨。

采购管理方面，按照国家“构建国内国际双循环相互促进的新发展格局”的要求，坚持疫情防控与复工复产“两手抓、两不误”，完善采购制度体系，发力采购重点项目，持续推进战略合作，狠抓集中采购信息系统建设，在 2020 年国务院国资委公布的中央企业采购管理对标评比排名中，取得排名第四的好成绩。

内部审计管理方面，紧紧围绕改革发展中心任务，积极铸造“忠诚、严谨、务实、创新”的团队精神，努力打造“四个平台”（即审计工作标准执行的示范平台、审计业务培训和人才培养平台、审计成果运用的支持平台、数字化审计的推广应用平台），有效提升审计价值创造力，重点在完善审计管理体系、提高审计质量、加强成果运用、提升审计价值等方面开展工作，为促进集团高质量发展提供了支持保障作用。

法务和风险管理方面，以突出提升风险管理、加强内部控制、推进依法治企、强化合规管理等重点，全面系统加强风险防控，积极应对长臂管辖，积极开展跨国危机公关，取得明显成效；加强重点管控投资风险，积极应对疫情和经济下行挑战，主动压减投资计划，保障企业现金流健康，有效控制汇率风险；持续深化“法治央企”建设，将推进法治建设第一责任人履职工作与法人治理相结合，发挥各单位领导层引领企业法治建设作用，从党委、董事会和管理层三个层面推进直属单位法治建设第一责任人制度职责落实，重点推动各单位董事会风险委员会和总法律顾问、法律风控机构的组织建设，推进法治工作长效机制的形成。

财务管理

财务管理

【资金管理】

（一）加大低成本债务融资力度

面对疫情冲击，抓住金融政策变化机遇，适时调整债务融资策略，扩大低成本融资规模，降本成效显著。充分利用上半年直接融资市场利率下行的有利时机，累计发行超短融、中票公司债、资产支持债券等直接融资产品 352 亿元，较上年发行规模增加 135 亿元，平均发行成本率 2.35%，较上年下降 1.09%，年内节约利息支出 3 亿元。主动调整贷款结构，累计提前还款 1280 亿元，通过低成本对高成本债务置换，有效压减债务规模。2020 年末，集团带息负债余额较年初减少，减幅 11.8%；平均带息负债成本率 3%，下降 1 个百分点。积极与金融机构协商调整存量贷款，提前归还或下调利率的长期贷款 348 亿元，年内节约利息支出 9500 万元，贷款期内节约利息支出超过 10 亿元。取得各类政策性低利率优惠贷款 158 亿元，置换存量贷款，年内节约财务费用 1 亿元。2020 年，集团利息费用 120 亿元，同比减少 47 亿元，降幅 28.1%。（赵丰年）

（二）多措并举推进降杠杆工作

持续引入保险等权益资本，完成 30 亿元 10 年期永续债权投资计划提款，降低集团负债率 0.34 个百分点；集团累计募集保险类权益资金 152 亿元。落实重点公司降杠杆，完成能源 51 亿元定向增发，募集战投资金 9 亿元，对重工增资 120 亿元，年内到位 93 亿元，降低重工负债率 24.2 个百分点。通过增加现金积累、加大内部资金融通、提高资金周转效率等方式，有效压减债务规模。截至 12 月末，集团带息负债 3831 亿元，较年初减少 512 亿元，降幅 11.8%；年末资产负债率 63.44%，同比下降 1.46 个百分点，低于央企平均值 1.06 个百分点，扣除收购东方海外因素，资产负债率为 61.01%，圆满完成国务院国资委 61.8% 的降杠杆目标任务。

（赵丰年）

（三）推进境外资金集中管理

以境内财务公司、境外香港远吉为资金平台，持续推进境内外资金集中工作。分步实施境外资金集中，完成中国香港和欧美地区的资金集中，逐步推进澳洲和新加坡地区资金集中工作。优化境外资金集中银行系统，通过与中国银行总行协商，进一步加大与中行合作力度，积极推广中行系统在境外资金集中的应用范围。进一步发挥集团跨境资金池功能，实现集团资金跨境统筹调配运用。（赵丰年）

【预算管理】

（一）强化预算管控

围绕集团“三个聚焦”和提质增效工作要求，按时完成年度预算编制和报送工作，向直属单位分解下达年度预算目标。加强预算滚动监测，持续跟进疫情影响；实施全集团按月开展效益滚动测算，各单位认真落实提质增效各项措施，勇于危中寻机，强化降本增效，千方百计“稳增长”。聚焦集团专项工作情况、高质量发展重点指标，强化各单位的经济运行分析，开展燃油成本、绩效指标对标等专题分析。按时布置开展 2021 年度预算编制工作，坚决贯彻“稳增长”工作要求，组织开展预算约谈，助力集团再获国务院国资委考核 A 级单位称号。

强化经济运行情况分析和效益预测，建立健全经济运行分析体系，加强行业对标分析，找准问题、采取措施，不断提升经营质量和盈利能力。组织航运单位对燃油、润滑油等重点支出项目，开展量价分析和对标分析，深挖采购、使用、库存各环节降本增效的潜能和空间；紧盯市场变化，每月开展全年效益滚动预测，围绕年度经营目标，制定并落实具体举措。（陈史奇）

（二）开展提质增效专项行动

针对复杂多变的国际政治经济局势和经贸形势，制定集团《2020 年提质增效专项行动方案》；明确专项工作组织机构和行动目标，制定并下达六大类 27 项专项工作措施；对专项工作跟踪督促，提炼、推广优秀经验和典型案例，强化激励约束机制，确保提质增效工作举措有效落实、达成专项目标。深入推进降本节支、挖潜增效；根据国务院国资委经济运行分析会部署，下发《关于进一步加强降本节支、挖潜增效工作的通知》；要求各部门和单位深入开展降本节支工作，提出成本管控目标和重点单位降本增效工作要求。加强降本节支执行监控力度，强化预算的刚性约束机制，严格各项支出的审批审核程序，为集团降本节支、挖潜增效工作把好关。统一规范疫情防控费用核算管理，全面梳理疫情防控费用使用情况，下发通知进一步规范专项费用列支渠道，确保资金使用畅通及时；通过久其系统汇总防控费用使用情况，支持集团防控工作组通过数据统计分析，掌握工作进展、统一调配资源、完善防控措施。（陈史奇）

（三）亏损子企业治理

根据国务院国资委《关于开展中央企业重点亏损子企业专项治理工作的通知》有关工作要求，结合国务院国资委关于开展中央企业 2020 年提质增效专项行动方案，全面开展亏损企业治理专项工作；全面梳理集团所属各单位亏损子企业情况。结合各单位实际情况及历史因素，分门别类拟定亏损企业治理原则和工作目标，逐家分析原因、约谈重点单位，实现到 2021 年年底亏损面和亏损额整体下降的工作目标。落实治亏责任，下达专项考核指标，建立执行情况的动态监控和定期报告制度，推动长效治理。2020 年，集团亏损子企业 129 户，较上年的 231 户减少 102 户；合计亏损额 141.5 亿元，较上年的 189.4 亿元减亏 47.9 亿元，减亏幅度分别为 44.2% 和 25.3%。（陈史奇）

【财税管理】

（一）落实财税金融优惠政策

主动争取国家政策支持，提前做好意见建议的归集整理和数据收集，积极提出政策诉求。为集团复工复产和提质增效争取更好的政策支持，提出适时试点船舶吨税制、减免 2020 年度车船使用税和船舶吨税、免征娱乐业文化事业建设费等政策诉求，其中免征文化事业建设费政策诉求已在财政部税务总局的 2020 年 25 号公告中实现。

推进船员个人所得税减免政策落地。督促指导船员公司，推进个税减免优惠落到实处。做好政策宣贯，整理远洋船员减税政策宣传提纲，深入宣传远洋船员个人所得税减免政策，引导船员做好申报配合工作。主动与税务局、海事局等主管部门沟通协调，落实 2019 年个人所得税汇算清缴退税，确保船员个税优惠落地。（赵杰）

（二）落实财政补贴

按照财政部和国务院国资委管理要求，组织完成集团 2020 年“三供一业”“离休干部医药费”等国资经营预算支出申报，共计申领财政资金 2 亿元。其中，客运燃油价格改革专项补助 1 亿元，中央基建投资专项资金 4879 万元，“处僵治困”等国有资本预算补助资金 2958 万元，高技术船舶研发费 1146 万元；及时下拨财政专项资金，支持相关项目单位改革发展。（赵杰）

（三）严格资本收益管理

切实履行出资人权利，加强直属单位收益分

配管理，按照分类管理，应收尽收的管理原则，督促各单位做好利润分配。2020年批复收取直属单位利润9.4亿元，其中，境内单位7.6亿元，境外单位1.8亿元。严格履行国有资本收益上缴义务，2020年集团上缴国有资本收益9.22亿元。通过收益分配制度刚性管理，确保资本收益收缴和上缴基本匹配。（赵杰）

（四）推进增值税云平台系统建设

截至2020年年底，增值税云平台累计完成销项364家单位上线、进项526家单位上线。完成航运在线通电票审核平台的开发与对接联调，重点实现增值税电子发票配合升级、增值税纳税申报表自动生成等功能。通过增值税云平台的实施，实现增值税业务自动化处理，提高业务运行、税务处理和会计核算的效率，有效提升了财务税务信息质量和企业税务管理功能。（赵杰）

【会计管理】

（一）完成2019年度财务决算

提早布置年度决算和审计各项工作，在疫情高峰到来前，完成所有二级以下单位现场审计工作。2月疫情集中暴发后，会同会计事务所，采取网络视频、影像传输、交叉协审等特殊方式，克服人手少、时间紧等重重困难，按计划完成外部审计和会审工作，确保决算编报不断不乱，决算质量不打折扣。在集团董事会审议通过后，先于其他央企上报决算报告。财政部发文对2019年度国有企业财务会计决算工作成绩突出的单位进行了通报表扬，集团获得通报表扬，位居中央企业前列。（杨新远）

（二）推进集团会计核算标准化

梳理分析集团总部和各单位会计核算现状和需求，制定集团新会计科目表和科目释义，编写会计核算手册总册和5本行业分册。对现金流量表等12个专题进行研究分析，同步推进系统整合高阶方案。项目着力于优化财务系统基础架构，落实分层管理的财务管控模式，着眼合并报表的前瞻设计，规范财务系统的数据与技术标准，推动财务职能向价值创造型财务转型。（杨新远）

【其他财务工作】

（一）坚持不懈压控“两金”

持续推动“两金”压控工作。完善长效机制，优化应收账款、存货管理制度及流程，从源头上减少不合理“两金”占用。明确工作目标，根据各产业集群特点，分类制定压减方案及考核指标，分解责任、传导压力。牵头规范会计核算，不断夯实应收账款及存货价值，进一步提升周转率，低效无效资产和逾期应收账款显著下降，经营活动现金流明显改善。截至2020年年末，集团营业收入同比增长7%，但应收账款净额较年初下降14.6%，存货净额较年初下降7.6%；经营现金流同比增长52.9%，“两金”压降效果突出。截至2019年年底，集团应收账款净额同比下降16.8%，存货净额同比下降4%。（王易）

（二）提升SAP财务系统应用功能

进一步提高报表填报效率和质量，增强集团对会计信息质量的管控能力。加大快月报项目推广力度，完成物流341家、船员公司19家所属单位的推广实施，香港特别行政区92家单位和上海海运13家单位正在实施上线工作。持续扩大SAP财务系统应用范围，完成港口、物流等所属40家单位上线实施工作；完成广州、上海、青岛、大连、天津五家区域公司，以及海南港航（所属各级单位92家）的需求调研和实施方案。2020年年底，SAP上线率超过80%。（王易）

（三）落实经济责任审计要求

审计署9月起对集团开展经济责任审计工作。对此，集团制定审计配合工作方案，成立审计配合工作组、建立审计联系人机制，明确工作职责和流程。规范审计资料报送流程，累计完成450份审计需求、约1300项审计事项的资料提供工作。统一反馈审计取证单，开展对反馈意见的指导、审核、沟通工作，累计反馈审计取证单248 份；制作每日简报、每周通报，汇总审计配合工作情况、审计进度、重大事项或问题。

（王易）

（四）开展财务检查工作

为进一步提高集团整体财务管理水平，提升各单位财务合规意识，开展 2020 年度财务检查工作。结合集团风险管控要求，明确以管理销售费用核算、资金债务管理为重点检查内容，通过各单位自查、集团抽查相结合的检查方式，覆盖境内外各级子企业 2019 年至 2020 年 6 月的财务管理工作。由财务部成立 5 个检查组，结合疫情防控要求，通过现场、视频、交叉检查等方式对全部直属单位、部分三级及以下单位进行抽查。按照边查边改原则，指导、监督各单位制定明确的整改措施、目标、责任人和时间表，确保整改落实到位，进一步夯实集团财务管理基础，提高集团财务风险防范能力。（王易）

（五）应对美港航运协定变化

针对美国单方面终止美港航运协定，深入研究政策，做好应对预案，评估政策影响，指导北美公司拟定应对方案。组织各相关航运公司参照美国相关税法要求，进行数据梳理和分析测算，提前掌握有关动态。召开专题工作会统一部署，减少不利影响，保障生产经营平稳运行。（王易）

人力资源管理

人力资源管理

【领导班子和干部队伍建设】

（一）集团党组管理干部基本情况

截至2020年12月，集团党组管理干部共计280人，其中：总部部门（中心）、特设机构负责人及以上干部53人、直属单位领导班子成员209人、直属单位专职外部董事18人。中共党员271人，民主党派3人，无党派3人，群众3人。从年龄结构看，平均年龄52岁，40岁及以下3人，占1.07%；41～50岁99人，占35.36%；51岁以上178人，占63.57%。从学历结构看，研究生及以上学历87人，占31.07%；本科学历169人，占60.36%；大专及以下学历24人，占8.57%。从职称结构看，高级职称140人，占50%；中级职称112人，占40%；初级及以下职称28人，占10%。（张铁程）

（二）直属单位领导班子及干部调整

落实好干部标准，严把人选政治关、品德关、廉洁关和能力关。新组建中远海运大学领导班子；对27家直属单位和4个总部部门共43位负责人进行了调整，其中正职21人、副职22人；提任26人，平级调整17人。推动干部任职交流，集团总部与直属单位干部交流9人次，直属单位之间干部交流7人次，境内外交流2人次。开展2019年度综合考核评价，加强考核结果运用，推进干部“能上能下”，对工作中不担当、不作为甚至出现失职情况的3名干部进行调整。从严监督和管理干部，对船员、财务、自保3家公司开展选人用人监督检查。对40家直属单位开展选人用人“一报告两评议”工作，牵头开展集团化公为私专项整治工作，严格执行领导干部报告个人有关事项规定和干部“凡提必核”工作要求，对14名干部个人事项进行重点抽查。（张铁程）

（三）直属单位董监事管理

完善规范董事会建设，董事队伍得到新的加强。推动直属企业董事会应建尽建，集团境内外38家直属企业全部建立规范董事会。特运、客运、自保等8家单位实行董事长、党委书记“一肩挑”。截至2020年年底，已有20家直属单位实行董事长、党委书记“一肩挑”。直属企业专职外部董事人数由14人增至17人，新聘11名原国企负责人和行业专家担任直属单位外部董事。选配和调整19家直属企业的董事51人次、监事15人次，初步形成外部董事占多数的董事会结构。适时召开专职外部董事交流座谈会，开展外部董事专题在线培训，严格董事年度考核和薪酬分配，有效提升了董事履职能力。（张铁程）

（四）推进职业经理人制度

在中远海运集运、宁波物流两家企业推行职业经理人制度，指导能源、重工、物流、资产、北美、南美等直属单位研究制订职业经理人制度实施方案；金控平台积极做好2019年度职业经理人履职考核、薪酬兑现及2020年绩效合约签订工作，严格实行契约化管理；以推动职业经理人制度落地为突破口，选取集运、特运、广海、中远海运青岛、中远海运港口，以及欧洲控股、日本控股7家直属企业，试点开展董事会管理经营班子副职工作，探索董事会对经营班子副职行使提名和聘任权、考核和薪酬分配权，实现权责一致。（张铁程）

（五）选拔培养年轻干部

着眼加强年轻干部思想淬炼、政治历练、实践锻炼、专业训练，开展年轻干部培养工作。举办挂职政委培训班，遴选71名集团和二级单位陆岸管理人员到船舶一线挂职政委；挑选52名优秀年轻干部到集团党校参加启航班、远航班；举办首期驻外后备人员能力素质培训班，陆续选派40名年轻干部到海外（境外）艰苦地区和新兴市场进行锻炼。加大年轻干部使用力度，优先提拔经过关键岗位锻炼、业绩突出的年轻干部；在2020年新提拔的26名集团管理干部中，70后12人、75后6人、80后1人，优化了干部梯队结构。激发干部干事创业内生动力。加强年轻干部培养，坚持市场化激励机制改革创新，全面推进“三项制度”改革，持续推进职业经理人、股权激励、科技分红等，有效激发干部人才队伍活力。（张轶程）

（六）干部监督和基础管理工作

从严监督和管理干部，对中远海运船员、中远海运财务、中远海运自保、天津中远海运、中远海运大连投资5家单位开展选人用人监督检查。对40家直属单位开展选人用人“一报告两评议”工作。牵头开展集团内化公为私专项整治工作。严格执行领导干部报告个人有关事项规定和干部“凡提必核”工作要求，组织260名集团管理干部开展个人有关事项报告集中填报工作，按要求开展年度随机抽查、重点抽查、查核验证工作。开展干部信息和档案管理提升工作，补充更新164名干部有关信息，对36名干部档案进行审核，补充完善相关材料。（张轶程）

（七）扶贫、援藏和干部挂职

根据中央有关部委和集团党组工作部署，选派5名年轻干部分别到国务院国资委、云南、海南自贸区等地挂职。同时，加强与地方干部交流，接收广东、广西、云南、西藏、山东青岛等地15名干部到集团总部和下属单位挂职。

（张轶程）

【人才队伍建设】

（一）制定人才发展规划

集团成立规划编写小组，由人力资源本部负责人牵头，组织“3+4”业务板块重点单位人员开展规划编写工作。提出“十四五”期间集团人才发展的指导思想和总体目标，将“全球发展、高端引领、市场导向、创新驱动、开放共享”原则贯穿人才发展的各领域和全过程，着力培养、造就、吸引、凝聚、用好、用活各类优秀人才，为集团打造世界一流的全球综合物流服务生态提供坚强的人才保障。（陈晶星）

（二）在线招聘

加大疫情一线地区招聘力度，重点面向湖北省等疫情一线地区招聘生源，要求各单位不得以来自疫情严重地区为由拒绝招录相关人员；积极参加国务院国资委组织的“春暖花开国聘行动”，在国投“国聘网”和中智“育才网”发布用人需求，涉及法人单位70家、招聘岗位234个、计划招聘604人，联合“央视频”融媒体平台，开展集团在线直播宣讲；启动陆岸单位2020届离校未就业高校毕业生招聘工作，通过网络平台等招聘渠道，面向2020届离校未就业的高校毕业生发布招聘岗位245个，招录53人。（陈晶星）

（三）校园招聘

加大优质高校毕业生招聘力度，组织相关单位赴清华大学、北京大学等13所985高校和航海类院校开展宣讲会。2020年，集团境内陆岸岗位招聘应届高校毕业生597人，其中硕士及以上学历215人，占比36%。制定集团“管理培训生计划”，明确管培生的选拔、培养、考核、使用等各项工作要求，组织开展管培生选拔面试，最终选拔确定32人入选集团首批管培生，集运、能源、散运、特运、物流、港口等公司作为首批试点单位与管培生签约。（陈晶星）

（四）人才培养和储备

首次举办面向全集团新员工的新入职员工培训，培训班学制 3 周（2 周线下 +1 周线上），课程分 8 大模块 16 门课程，培训共分 3 批在上海和青岛举办，共 488 人参加培训。落实集团与上海交通大学战略合作框架协议，推动双方高层次人才培养合作。2020 年，集团与上海交通大学联合培养工程博士 6 人。突出抓好关键人才库建设，加大年轻人才储备力度。积极适应海外业务发展需要，9 月组织开展 2 次境外后备库内人员补充工作，坚持人员标准，严格入库程序，共 144 人通过考核入库；指导船员公司制定《2020 年度“五十百千”人才选拔评定工作方案》，选拔首批 1073 名优秀船员人才进入船员高级人才库，其中 560 名顶尖人才进入船员专家人才库。

（陈皛星）

（五）员工职称评审管理

中远海运集团根据国家职称管理相关办法，结合企业实际情况，制定并下发《中国远洋海运集团有限公司专业技术职务任职资格评审管理规定》。2019 年 11 月 12 日，人力资源社会保障部批准中远海运集团具备工程系列正高级和自然科学研究系列正高级评审资质。2020 年，共有 167 人获得高级职称。其中，经集团高级职称评审委员会评审并获得高级职称人员共计 164 人，包括正高级工程师 8 人、高级工程师 60 人、高级经济师 48 人、高级会计 31 人、高级政工师 15 人、研究员（自然科学）2 人；委托大连海事大学教师系列高评会评审并获得教育研究系列职称 3 人，包括副教授 1 人、研究员 1 人、副研究员 1 人。

（陈皛星）

【总部员工管理】

（一）总部员工基本情况

截至 2020 年 12 月，集团总部职能部门共有员工 228 人。其中，总部部门负责人及以上干部 38 人，处室负责人 71 人，员工 119 人。中共党员 203 人。平均年龄 44.7 岁；本科及以上学历 223 人，占 97.81%；高级职称 67 人，占 29.39%。

（陈坤）

（二）落实国务院国资委“总部机关化”问题专项整改

落实国务院国资委《关于中央企业开展“总部机关化”问题专项整改工作的通知》中“央企要注重从基层企业选拔优秀人才，加大总部与基层企业的人员交流力度”要求，研究起草《集团职能部门员工补充方案》，提出总部人员补充工作原则、人选条件。开展总部与基层单位间员工交流，2020 年从下属公司选拔 5 位优秀年轻干部、外派干部到总部各岗位工作，9 人从总部各部门调到下属公司和境外单位工作。

（陈坤）

【派驻境外员工管理】

（一）境外员工基本情况

截至 2020 年 12 月底，集团境外员工共计 477 人，其中中共党员 400 人。从年龄结构看，平均年龄 46 岁，30 岁及以下 8 人，占 1.7%；31 ~ 40 岁 103 人，占 21.6%；41 ~ 50 岁 236 人，占 49.5%；51 岁及以上 130 人，占 27.3%。从学历结构看，研究生以上学历 100 人，占 21%；本科学历 335 人，占 70.2%；大专学历 38 人，占 8%；中专学历 4 人，占 0.8%。从职称结构看，高级职称 86 人，占 18%；中级职称 242 人，占 51%；初级及以下职称 149 人，占 31.2%。

（陈坤）

（二）优化驻外员工管理模式

印发《驻外员工管理若干事项调整方案》，在除中国船燃、中石化中海燃供 2 家公司之外的全系统范围内全面实施，将驻外员工管理权限下放，由用人单位承担管理主体责任，深化改革集团驻外员工管理模式，完成从集团总部“统管”到用人单位“专管”的切换。各公司按照集团要求履行驻外员工管理主体责任，在人员选派、职务调整、境外交流等驻外员工管理事项中，严格按照调整方案明确的条件进行人员管理。

（陈坤）

（三）加强境外后备人才库建设

举办外派后备人员能力提升培训班，集团总部及直属单位的 40 名拟外派人员进行为期 2 周的集中脱产培训。其中，东方海外公司首次派 2 名员工参加。培训内容共设有政治思想、海外财务管理、海外行政人事与跨文化管理、海外业务、管理能力提升 5 个模块、28 门课程，帮助学员了解和适应境外事务。继续做好后备人员选拔工作，2020 年 9 月，随着国内疫情防控情况好转，及时开展后备库内人员补充工作，坚持人员标准，严格执行入库程序，通过英语及综合素质两轮测试后，共 69 人通过考核入库。（陈坤）

【薪酬与绩效管理】

（一）工资总额管理

2020 年，集团认真贯彻落实国务院国资委考核分配局工资总额管控要求，平稳有序做好工资总额预算管理。一方面，按照企业高质量发展原则，要求各单位强化过“紧日子”意识，逐级压实管理责任，合理安排工资发放时序、进度，进一步加强工资总额及人工成本管理。另一方面，根据各单位经济效益，区分企业盈利状况，差异化实施工资总额管理，并充分考虑新冠肺炎疫情影响，给予工资总额支持，保障企业落实好“六稳”“六保”任务，坚决打赢疫情防控攻坚战。

（刘飞）

（二）领导人员薪酬管理

认真贯彻上级有关中央企业负责人薪酬管理规定，做好集团领导班子薪酬日常管理工作。按照国务院国资委相关通知要求，认真编制中远海运集团企业负责人 2019 年度薪酬兑现方案，并做好兑现工作。（刘飞）

（三）积极推进上市公司股权激励

2020 年 1 月，中远海运国际香港、发展、科技、国际新加坡 4 家上市公司股权激励计划获国务院国资委批复，集团 10 家上市公司实现股权激励全覆盖。年内，4 家上市公司分别克服新冠肺炎疫情影响，在国务院国资委批复范围内完成股权激励授予工作。当年 6 月和 12 月，中远海运港口、能源首期授予的股票期权分别达到解锁条件，按照约定启动行权工作。（刘飞）

（四）推进科技型企业分红激励

2020 年，中远海运重工所属威海科技、香港中远海运所属江门铝业按照“增量激励”要求，研究制订本单位的分红激励方案，经集团批复同意后实施。同时，首批实施单位上海船研所、中远海运重工所属南京船配根据业绩完成情况，分别开展了 2019 年度激励兑现工作，实现激励向科技人员重点倾斜，进一步激发了科技骨干的工作积极性和创造性。（刘飞）

【船 员 管 理】

（一）开展陆岸人员挂职船舶政委工作

制定印发《中远海运集团陆岸人员挂职船舶政委工作实施方案（试行）》。在集团全系统选拔年轻优秀陆岸人员，开展挂职船舶政委专项培训。董事长、党组书记许立荣亲自为培训班作开班动员并专题授课。经过为期 2 个月的培训，集团总部及下属单位的 71 名学员均顺利通过各项专业考试，并符合政委上船履职标准，在培训结束两周内陆续履职。（傅敏）

（二）开展理顺借用船员劳动关系工作

印发《关于制定理顺借用船员劳动关系专项工作方案的通知》，明确“尊重历史、实事求是，专项解决、问题清零，统筹兼顾、稳妥有序，协同配合、平稳推进”的工作原则，开展理顺借用船员劳动关系专项工作。（傅敏）

（三）推进船员人才库建设

实施“五十百千”船员人才工程，根据集团《专业人才库建设管理办法》，通过建设五个专业化船员人才库，构筑“五”大高端船员人才集群；通过选拔培养十名左右国际“名家”、百名左右行业“名人”、千名左右海上“名匠”，培育“十百千”专家级顶尖船员人才。首批选拔1073人进入船员高级人才库，其中560名顶尖人才进入船员专家人才库，为进一步推进船员人才库建设奠定基础。（傅敏）

【离退休人员管理】

（一）离退休人员基本情况

截至2020年年底，集团共有离退休人员66 820人，其中离休干部360人。离退休人员中党员27 115人，其中离休人员党员315人、退休人员党员26 800人。设有离退休干部党委1个、离退休干部党支部33个，其中离休干部党支部20个、退休干部党支部13个。（张华）

（二）稳步实施退休人员社会化管理

集团所属退休人员遍布全国30个省区市238个地区，户籍地、常住地与企业所在地分离的情况尤为突出，社会化管理移交工作情况特殊，任务重、难度大。集团坚决贯彻落实党中央、国务院的决策部署，以中共中央办公厅、国务院办公厅印发的《关于国有企业退休人员社会化管理的指导意见》文件为指引，坚持稳中求进的总基调，确保移交工作平稳有序，扎实推进退休人员社会化管理落实落地。截至2020年10月底，已全部实现退休人员社会化管理，提前两个月完成任务。国务院国资委《国有企业改革动态》第99期刊登消息《中国远洋海运退休人员社会化管理取得积极进展》，对集团高度重视退休人员社会化管理工作取得积极成效给予充分肯定。（张华）

（三）引导离退休干部发挥积极作用

传达落实全国离退休干部“双先”表彰大会和全国老干部局长会议精神，是2020年集团老干部工作的重要任务。中远海运特运王颂汤被评为全国离退休干部先进个人，中远海运集运离退休党工委被评为上海市先进集体，上海中远海运胡林鑫被评为上海市先进个人。深入开展“四史”学习教育，组织各单位刊发“向英雄的志愿军老战士致敬”系列报道，集中编撰17名入朝参战的志愿军老战士回忆文章，弘扬伟大的抗美援朝精神，缅怀先烈，铭记抗美援朝战争的艰辛历程和伟大胜利。（张华）

（四）做好离退休老干部服务

做好元旦春节慰问工作，集团领导亲自带队慰问各地老干部，在上海、北京、广州、大连、天津、青岛和深圳七个城市组织举办老干部春节团拜会。走访慰问健在的抗日战争时期及之前参加革命工作的老同志，做到不缺一户、不漏一人，重点加强与高龄、体弱和独居等人员的沟通联系。协调各方资源，为离退休老同志寄送口罩、消毒液、酒精等防疫用品，切实做好关心关爱和服务工作。（张华）

资本运营管理

资本运营管理

【推进资本运作项目】

（一）编制集团“十四五”资本运营规划

按照国务院国有资本投资公司“管资本”的要求，为提升集团总部“战略管控＋资本运营”的能力建设，承接集团“十四五”整体战略，编制完成集团资本运营专项规划。该项规划详细分析了境内外资本市场走势，对标并借鉴了全球范围内行业领先企业资本运作经验，紧密围绕“十四五”战略规划，对整体资本结构的优化调整、核心主业板块的资本布局、资本运作具体可行性方案等进行分析与论证，最终形成集团短期（1～2年）、中长期（3～5年）资本运作项目路线图，作为集团“十四五”期间的资本运营指引。（邵伟）

（二）完成中远海运能源A股非公开发行

克服疫情冲击、国际能源运输市场大幅波动，以及大连油运国际突发事件等一系列不利因素影响，引进优质战略投资人，获得证监会对发行申请的核准，以高于市场价格的每股净资产定价完成中远海运能源A股非公开发行工作，共募集资金50.76亿元（扣除发行费用）。发行完成后，中远海运能源负债率显著降低，规模和实力得到提高，可持续发展能力进一步加强，股价与市值也得到提升。（邵伟）

（三）推进中远海运发展A股出售中集集团股份工作

自2019年“百合花”项目一期完成后，中远海运发展一直努力消除市场中同业竞争的质疑，积极寻找处置中集集团股权的可执行方案。2020年8月，在深圳市国资委表达收购意向的基础上，经多轮谈判，最终确定由中远海运发展向其出售部分中集集团股份的安排。根据安排，中远海运发展以中集集团2019年末每股净资产9.83元/股价格，向深圳市资本集团出售A股350 000 000股，对应的交易价格约34.41亿元；出售H股295 010 617股，对应的交易价格约28.99亿元；两项合计约人民币63.40亿元。（邵伟）

（四）加强市值管理工作

中远海运控股在二级市场增持或选择以股代息方式对中远海运港口持续实施增持操作，稳健提升对中远海运港口的持股比例，提高集团投资回报，并为后续资本运作预留空间。2020年授权的增持价格上限为5.22港元/股，增持数量上限12 287.73万股（含以股代息），增持金额上限约6.41亿港元。截至2020年11月17日，已完成增持114 670 000股（含以股代息），增持后合计持股比例上升至50.04%。

香港中远海运在二级市场增持中远海运国际，以稳定公司股价，改善市值与价值匹配度；同时抓住有利时机，适度提升集团持股比例。授权增持价格上限为3.4港元/股，增持数量上限5900万股。截至2020年11月30日，完成增持3143万股，增持总金额6837万港元，增持均价约合每股2.18港元，合计持股比例已上升至68.17%。公司股价从年初最低1.61港元稳步提升至年末的2.7港元，显著提升了公众投资者的信心。（邵伟）

（五）明确控股上市公司合理持股

根据国务院国资委的要求，组织开展所属控

股上市公司合理持股比例确定工作。集团在前期上报10家控股上市公司的合理持股比例的基础上，完成收购海南港航控股有限公司的工商变更程序后，研究拟定了上市公司海南海峡航运股份有限公司的合理持股比例方案。上述方案经集团审议通过后，按照国资监管规定向国务院国资委履行备案程序，并将作为未来集团对所控股上市公司实施资本运作的审核责权边界。（熊雯靓）

（六）做好招商证券配股工作

根据集团参股公司招商证券发布的关于配股公开发行证券的公告，经认真分析研究，集团参与配股，此举可进一步巩固对招商证券的战略投资地位，有效避免所持有权益被大幅摊薄，维护国有资本权益，实现国有资本保值增值。招商证券对外发布A股配股和H股配股发行结果公告，顺利完成此次配股发行工作。集团作为招商证券第二大股东，全额参与此次配股，A+H股共计出资约14.96亿元，认购股份A+H合计2.01亿股，配股完成后持股比例10.02%，维持第二大股东地位。（邵伟）

（七）做好持股上市公司议案研究

2020年内对集团控股的11家上市公司和参股的招商银行、招商证券、上港集团、平安人寿、平安财产、东方航空、广州港、秦港股份、览海投资等上市公司的各项董事会、股东大会、专业委员会审议议案进行研究。完成控股公司2019年度分红事项的审批，做好持股企业的年报季报信息、监管机构需求信息工作。合计收到控股、参股公司分红56.79亿元，其中控股公司分红10亿元（含中远海运港口以股代息），参股公司分红46.79亿元。（邵伟）

（八）做好上海农商银行股权管理工作

上海农商银行2019年度分红款1.52亿元已于2020年按时入账。集团资本部积极配合上海农商银行IPO进程，协调有关部门提供并审阅申报材料，维护集团股东权益。同时，根据第三届董事会换届选举安排，顺利完成集团推荐的第四届董事人选提名任职工作，认真做好董事会及股东大会议题的研究分析工作，积极参与上海农商银行重大投资经营决策事项，推动参股公司持续稳健发展。11月26日，上海农商银行IPO申请获证监会发审委审核通过。（薛珊珊）

【集团保赔险续保工作】

2020年1月17日，由运营部牵头组织召开集团2020年度保赔险续保工作会，集团主要船公司、保险经纪公司，以及邀请的5家保赔协会参加会议。会上各公司充分与各保赔协会沟通、磋商。因受疫情影响，船东、经纪公司与各互保协会的多场会议转而通过视频、电话等方式进行。在船东和经纪公司的共同努力下，如期按计划完成续保工作。

2020年度集团保赔险整体续保保费对比续保前基本持平，四家主要船队的船东责任险、租船责任险等基本实现续保费率维持上年水平，实现保险成本管控目标。当年共计完成682艘船舶（4500万总吨）的船东保赔险（P&I险）的续转，年化保费比续保前增加保费约6.5万美元；完成333艘租入船舶（568万总吨）的租家保赔险（TCL险）的续转，年化保费合计285.66万美元；完成舱位保险（SLOT险）的续转，平均费率6.69美元；完成414艘船舶的抗辩费用保险（FD&D险）的安排，年化保费合计86.51万美元。最终共计增加保费支出约6.5万美元。（刘磊）

【“处僵治困”专项工作】

（一）推进“僵尸企业”、特困企业治理工作

2020年，主要开展四项工作：一是落实国家相关补助和税收优惠政策。根据财政部、税务总局有关“僵尸企业”、特困企业房产税和城镇土地使用税退税优惠政策，在做好有关房产、土地资料统计汇总的基础上，于2020年5月初向

国务院国资委上报了所属“僵尸企业”和特困企业房产、土地统计表。二是根据各“僵尸企业”和特困企业治理完成情况，于4月初正式上报国务院国资委有关集团处置“僵尸企业”和治理特困企业的工作总结报告。三是迎接国务院国资委组织的专项检查。9月国务院国资委派工作组对厦门远海及上海远宾进行了现场审计检查，认为两家企业截至2019年年底已达到基本完成治理标准，全面完成了治理任务。四是根据国务院国资委工作要求及决算布置会精神，持续开展“回头看”。结合集团亏损企业治理专项工作，跟踪中海工业、扬州中远海运重工两户亏损较为严重的企业，以及受疫情影响严重、重新出现亏损的上海远宾，落实减亏措施，控制亏损金额，确保6户特困企业2020年经济效益符合基本完成治理标准。（陆学领）

（二）开展重点亏损子企业专项治理

集团列入国务院国资委名单的所属重点亏损子企业共计24户，其中国务院国资委挂牌督导治理的企业8户，集团自行组织治理的企业16户。截至2019年年底，24户企业中有16户完成了阶段治理任务，其中2户企业分别通过清算关闭和股权转让方式完成治理。

2020年，集团启动由财务部牵头开展的亏损企业专项治理工作，分批约谈了各家重点直属单位，把重点亏损子企业治理作为重中之重，逐户细化分解考核目标，落实治理责任，建立月度跟踪机制，争取提前体现减亏成效。截至2020年9月，集团又有2户企业通过清算关闭及无偿划转方式完成治理任务，其余20户重点亏损子企业合计利润总额为 -1.11亿元，较2019年同期大幅减亏，在受疫情影响市场形势十分不利的情况下仍较好地控制住了亏损势头的扩大。该20户重点亏损子企业中，有12户企业实现累计盈利，盈利户数比2019年增加6户。（陆学领）

（三）完成闲置海工项目资产划转

根据集团闲置海工项目情况，集团董事会于2019年10月底审议通过了集团海工项目划转整体方案，涉及划出海工项目10项，净资产值合计约120.38亿元。该10项海工项目计划分二批进行划转，第一批3项海工项目已于2019年年底完成划转，其中有2项海工项目已在国海海工平台支持下获得外部租约。截至2020年11月，第二批7项海工项目已完成了划转工作。（陆学领）

（四）开展全民所有制企业改制收尾工作

根据国务院国资委要求，截至2017年12月底，集团拟改制的23户全民所有制企业中，除上海船研所因相关教育资质的承继问题暂缓改制外，其余22户全部完成公司制改制。拟清算关闭的7户全民所有制企业，2020年12月底已完成了5户企业清算关闭工作。2020年10月，国务院国资委下发通知要求各中央企业加快完成公司制改制任务。据此，结合集团国企改革三年行动方案要求，继续推进落实上海船研所改制工作。（龚诗媛）

（五）完成大连投资股权资产整合收尾工作

按照集团确定的地区公司转型发展方案的统一要求，在中远海运能源和中远海运大连投资协商一致基础上，完成大连油运非航运资产、股权的剥离审批工作，并督促双方及时交割，全面完成大连地区公司组建收尾工作。同时，为支持大连投资亏损企业治理工作，将中远集团所持大连昌盛100%股权无偿划转至大连投资。（龚诗媛）

（六）推进A5项目

为解决中远海运集运租赁中远海运发展的74艘自有集装箱船现有租约到期后的续租问题，集团成立由资本运营部牵头的A5项目工作小组。经研究分析，项目小组最终提出全生命周期经营性光租解决方案，于2020年10月底就整体方案正式批复中远海运发展和中远海运控股。（王少亮）

【夯实集团产权管理基础】

（一） 加强产权制度建设

2020年，按照集团资产评估管理有关规定，制定并正式下发了《中国远洋海运集团有限公司资产评估项目专家评审细则》，进一步加强集团资产评估管理，保证专家评审工作有序开展，提高资产评估项目评审质量，夯实产权管理的制度基础。为进一步加强制度建设，制定《集团公司国有资产流转管理办法》。（王少亮）

（二）优化下属公司资产处置授权工作

完成集团对直属公司董事会相关授权事项清单（3.0版本）的下发工作，对授权事项内容和金额判定进行了明晰和简化，调整规范金融股权投资、金融资产投资授权事项的范围，增加所属单位内部资产处置审批额度，进一步提升了所属单位资产处置决策审批效率和应对市场变化的能力。（王少亮）

（三）推进集团内部股权调整工作

2020年，共推进集团内部股权协议转让项目87项，涉及标的公司账面净资产值合计约20.75亿元。具体包括：中远海运港口向领航控股增资及转让中远海运港口阿布扎比股权、中远海运能源转让大连油运所持股权至中远海运大连投资、海南物流资源股权整合、海南中远海运能源收购中远海运能源所持寰宇船务股权、中远海运散运调整67家境外公司股权等。

2020年，共推进所属单位上报的清算关闭及吸收合并事项8项，共注销标的公司8户，涉及账面净资产值约184.31亿元。具体包括：清算关闭中远海运散运所属广东海电船务有限公司、中远海运能源吸收合并上海油运、中远海运散运关闭2家境外公司、海南中远海运能源吸收合并大连油运等。（龚诗媛）

（四）开展集团资产评估相关工作

着眼于集团改革发展大局，全力做好集团产权整合优化、重大投资并购、股权对外转让，以及资产盘活处置等事项所涉及的资产评估报告的审核、备案工作，确保相关经济事项后续工作的顺利开展。2020年，根据集团资产评估机构选聘管理细则，协同集团集采中心完成对集团入库16家资产评估机构年度工作质量的考评工作，并及时完成集团新一届评估机构备选库的续建工作，确保集团所属单位后续机构选聘工作有序开展。2020年，共审核资产评估项目68个，完成备案手续59个，全部为集团备案项目，主要为内部股权整合调整、资产股权盘活处置、外部股权收购项目等。（周明）

（五）做好产权登记相关工作

2020年内，共审核并上报国务院国资委产权登记事项820项，已完成产登记716项，国务院国资委待审核104项，确保了相关经济事项后续操作的顺利开展。（周明）

【加强金融股权管理】

（一）做好集团金融业务风险防控工作

为有效应对新冠疫情影响，支持复工复产，集团组织所属金融子企业全面评估疫情对金融业务产生的影响，并分析应对措施，促进金融业务服务集团主业发展。根据国务院国资委《关于加强中央企业金融业务管理和风险防范的指导意见》的要求，组织所属金融企业开展金融业务专项风险自查，主动排摸集团金融业务重大风险及防控措施，形成专项报告。

为推动融资租赁业务规范有序开展，认真组织相关企业开展融资租赁业务自查并接受国务院国资委专项检查，切实摸清融资租赁业务实际运营情况，梳理存在的风险隐患，提出整改措施，提高合规经营的自觉性和风险防控能力。

认真学习落实国务院国资委下发的《关于加强中央企业基金业务风险管理的指导意见》，组织相关单位对照检查基金业务管理中存在的问题，确保基金业务管理合规、风险可控。全面梳理集团参股金融类企业股权情况，夯实数据基础，不断提升金融股权投资管理工作的精度和准度。完善集团金融业务定期报告机制，通过中央企业金融业务季报，监测分析金融子企业经营及风险状况。（代涛）

（二）强化集团金融股权管理

强化市值管理，提升资产经营的效率和效益，密切跟踪行情走势，抓住市场有利时机，及时处置全部新集能源、央企结构调整 ETF 两只股票，累计处置现金收入 17.66 亿元，实现投资收益 1.86 亿元。中远海运发展、中远海运物流、海南港航控股等公司积极行权，通过处置参股上市公司股票，2020 年累计获得现金收入 8.77 亿元，实现投资收益 8700 万元。为支持上市公司盘活证券资产，优化资产负债结构，中远海运发展利用中油资本、五矿资本两只存量股票作为委托资产，确立三个单一资产管理计划并于年内开始运作。（薛珊珊）

（三）推进集团对外资本合作项目

积极维护金融市场稳定运行，保障国有资产安全，提升央企整体信用，研究并参投央企信用保障基金，签署认购协议并完成首期出资 2 亿元，同时配合做好咨询委员会委员提名工作。结合年初集团和国新国际共同推进项目合作的意向，由资本部联合财务部、中远海发 / 中远海运投资、中远海运散运、中远海运港口等单位与国新国际投资团队进行对接，对多个潜在合作项目进行多轮研讨。截至 2020 年年底，已就中远海运特运纸浆船售后回租项目达成合作，中远海运散运境外船舶资产引战等项目合作也在密切洽谈中。（代涛）

采购管理

采购管理

【集采制度建设】

修订《供应商管理办法》《非招标采购基础规程》《采购评审专家管理规范》三项制度。通过制度修订，完善集团采购业务制度体系，使得集团的供应商管理、非招标采购、评审专家管理接轨新政策，指导新应用，符合新需求，在制度层面为集团采购的管理和实施夯实基础、巩固根基。（王璐）

【完善供应链系统功能】

2020 年，集团着力打造完善供应链系统平台，提高服务能力。集团 SRM 系统、智能优选商城、集采专栏等为一线人员新增抗疫防疫与复工复产等采购功能。按照集团与联通集成的合同约定，完成对智能优选有关功能模块使用效果的评价。梳理商城现存问题，结合实际运行与使用情况，对商城功能开发完善提出计划安排。梳理有关采购制度并提出修改建议，从智能优选供应商管理和采购全流程完成对相关廉洁风险点的梳理，同时进行整改；完成智能优选集团签约外部供应商年度评价，库内供应商全部合格并留用；组织成立智能优选供应商遴选小组，就新增供应商的准入和库内供应商续约事项开展工作，规范内部供应商的准入开店程序。（唐伟）

【推进专项集中采购】

根据集团一级集中采购目录，由集采中心负责组织实施集中采购，内容包括燃油、滑油集中采购、港口服务集中采购、保险集中采购、办公用品集中采购、乘用车辆集中采购、信息化统建系统采购，以及集团战略合作协议涉及项目的集中采购。

（一）燃油集中采购

燃油集中采购继续按照集团船用燃油集中采购管理细则的有关制度规定执行，明确境内外平台公司的保障职责。

2020 年作为全球限硫令全面执行元年，集团层面自 2019 年上半年即部署 2020 年度的低硫油保供工作。其中境内部分由船公司与两家燃供签署保供协议，境外部分提早进行资源锁定工作，顺利完成高低硫切换工作。

集团层面推进平台公司整合，推进集团内部燃油采购业务资源整合；成立中远海运新加坡石油公司，作为集团境外燃油集中采购的平台，于 2020 年 7 月 1 日正式运营。

（二）燃油 SRM 线上采购

集团燃油采购是 SRM 一期项目的重点品类，按照由浅入深、先易后难，逐步推进和完善的应用推广思路，自 2020 年 1 月 1 日起在上年的工作基础上将燃油采购全部纳入线上操作，同时将保税油和境外燃油采购上线作为年度重点推进任务。上半年，对航运公司、平台公司、供应商用户保税油、完税油采购业务系统方面存在的困难和问题进行调研分析。结合调研，分别从进行系统性能优化、提升系统访问速度、完善系统功能、打通燃油采购“计划 – 询价 – 报价 – 订单 – 交货 – 检验 – 对账”的完整流程、加强系统操作用户日常使用指导等方面入手，完成 14 项功能优化和性能调优，使用户对系统操作的熟练程度逐步提高。保税油采购于 9 月全面上线，境外燃油采购于 11 月全面上线。（俞艳）

（三）燃油集中采购数据分析

为落实集团年度工作会议的任务部署和燃油采购管理专题会、对标体系建设专题会工作要求，进一步强化集团航运燃油成本控制，集采中心加强对航运公司燃油集中采购数据的分析工作，形成一整套燃油数据分析报表，有利于实现燃油数据集成，数据分析成果也有助于业务的提升。

（俞艳）

（四）保险服务采购

集团船壳险续保机制建立并有效落地，从集团整体利益最大化原则出发，基于行业和自保公司历史数据，以及对未来情景反复模拟测算后，由自保公司提出集团船壳险续保机制方案。在集团运营部和集采中心的牵头督导下先后召开多次续保机制研讨会，集团、各航运公司和经纪公司就方案细节展开充分沟通，会下自保公司与各方逐一答疑交流，充分听取航运公司及各方意见和建议，调整续保机制方案，最终达成了一致意见。12 月 3 日召开船舶保险业务工作专题会议，集团运营部、集采中心，以及主要航运公司、自保公司参会，统一了思想，明确了任务要求，集团船壳险续保机制正式确定并落地实施。

（史海鹰）

（五）防疫物资采购

新冠疫情期间，集团与各内部供应商、外部供应商、集团所属需求单位在防疫物资预订、下单、物流、售后等方面密切配合，就需求端与供给端及时进行沟通，无缝对接，全力组织口罩、体温枪等紧缺防疫物资货源，并通过各单位及时下单，在防疫物资普遍短缺的情况下基本满足了集团各单位的防疫物资需求。4 月，因境外疫情失控，集团境外单位防疫物资缺口较大；对此，集团紧急动员，加强调运，完成两大批次境外防疫物资采购及相关配送工作，涉及 40 个国家和地区。在防疫物资保供工作中，内部供应商表现出色。

（汪家茶）

审计监督

审 计 监 督

【概　　述】

2020年，内部审计在集团党组领导下，紧紧围绕集团改革发展中心任务，积极克服疫情不利影响，着力“练内功、求实效”，重点在完善审计管理体系、提高审计质量、加强成果运用、提升审计价值等方面开展工作，为促进集团高质量发展提供了支持保障作用。

【集团党组审计委员会召开第二次会议】

2020年1月14日，集团党组审计委员会召开第二次会议。集团党组书记、董事长、党组审计委员会主任许立荣，集团党组副书记、总经理、党组审计委员会副主任付刚峰出席会议并讲话；集团副总经理、总会计师、党组审计委员会副主任孙云飞主持会议。

会议听取了集团审计本部关于2019年集团内部审计工作情况及2020年工作计划的汇报，审议通过了集团2020年内部审计项目计划和《关于建立集团公司审计协同配合机制的指导意见》。会议认为，2019年集团审计工作卓有成效。会议要求，集团各级审计机构要认真学习贯彻习近平总书记对审计工作作出的重要指示精神，紧紧围绕集团改革发展大局，扎实勤勉工作，全面履行职责。要着力服务发展全局，在督促集团战略落地上取得新成效；要着力助推创新创效，在提升审计价值创造能力上取得新突破；要着力保障深化改革，在推进企业管控模式转型上取得新成果；要着力防控重大风险，在增强防范化解风险能力、推动形成合规文化上取得新提升；要着力发挥协同效应，在项目开展、人员配置、整改落实等方面取得新效果；要着力做实审计整改，在强化审计成果运用上取得新进展；要着力提升素质能力，在加强审计队伍建设上取得新进步。（徐飞）

【集团完善内部审计制度】

2020年，集团重新梳理了内部审计业务制度，制定和修订了《内部审计管理办法》《领导人员经济责任审计工作规定》《审计整改工作管理规定》《内部审计基础工作规程》《集团公司联网审计工作规程》《集团公司联营、参股企业内部审计工作规程》《审计人才库建设管理实施细则》等10项制度。修订后的《内部审计管理办法》将集团公司实行党组、董事会集中统一领导下的内部审计领导体制予以固化，明确向党组和董事会报告内部审计重要工作、重大事项的范围和程序。（徐飞）

【统筹实施内部审计项目】

2020年，集团及各级单位深刻领会习近平总书记关于航运强国的重要讲话精神，紧扣集团中心工作任务，推进审计全覆盖，将“一带一路”建设相关内容、数字化转型、产业链经营、境外企业监管与发展、防范化解重大风险等作为审计重点。受疫情影响，现场审计工作开展受到限制，集团各级审计机构转变理念、思维和方式，运用信息化、大数据手段，加强远程审计、在线审计工作实践。积极推动数字化审计方式与传统方式相结合，探索建立审计实时监督平台，提高审计工作的精准度、灵敏度。牢固树立质量立审、质量强审意识，在提高工作质量上下功夫。同时，建立审计项目工作标准，明确管理流程、内容要素和工作要求，为项目实施确立“标尺”。

2020年，集团全系统共完成审计项目639项，计划完成率100%，审计发现问题共3900余个，提出意见建议2600余条，挽回损失约4亿元。集团对全系统审计项目进行分类跟踪和动态管理，一类审计项目共55项实行集团总部全过程管理，二类审计项目584项实行“审计单位自主实施，本部把控总体进度”的管理模式。

（张晖）

【健全审计整改工作机制】

2020年，集团将成立以来审计发现的1.9万个问题建立台账并实行整改动态管理。制定整改核销程序及标准，严格核销复核环节，至年底审计问题整改措施落实率为100%。其中1.6万个问题已产生或阶段产生了成效，整改成效产生率达84%；其中1.3万个问题评价后给予核销，整改核销率为68%。年内对6家直属单位进行审计整改检查回访，对16家直属单位年度审计问题整改情况开展后续审计，分3批组织24家直属单位召开审计成果运用季度座谈会；各单位累计向企业经营管理层呈送管理建议书31份，提出意见建议84条，建议采纳率达100%。持续深化“双整改、双督办”的机制，就12个审计项目、39个审计问题，向8个职能部门开展整改协同43次。

（陈洁）

【开展违规责任追究工作】

2020年，集团修订完善了《集团公司违规经营投资责任管理办法》。各直属单位均成立了责任追究工作领导小组和工作小组，并制定了责任追究管理规定。集团建立工作报告机制、问题线索管理机制，以及工作协同机制，实行重大问题线索实时报告、工作开展情况定期报告，通过责任追究问题线索管理台账对线索实行集中管理、动态更新、定期核对汇总，强化与投资管理等上游部门和纪检监察、组织人事等下游部门之间的协同，加强与直属单位上下贯通的一体化管理。

（陈洁）

【推进审计信息化建设】

2020年4月，集团联网审计系统二期建设完成验收，实现了对集团境内外二、三、四级1000余家单位财务数据的联网，以及对总部及直属单位27个业务、管理系统的联网。同期，启动联网审计作业系统三期建设，进一步拓展系统在各直属单位的覆盖范围，提升系统在数据采集、数据集成、数据分析等方面的能力，为审计人员提供更有力的业务支持和稳定安全的操作环境。

（方郑亮）

2020年10月，集团启动了包括内部审计、巡视巡察、监事会事务和责任追究等功能于一体的管理信息系统开发工作。2020年12月，完成了计划编制、项目管理、审计整改、成果运用、综合运用、责任追究等11个基本功能模块设计、开发准备工作。

（徐飞）

【加强审计人才库队伍建设】

2020年，集团制定《集团公司审计人才库建设管理实施细则》，明确人才库“择优纳入、分类管理、培用兼顾、统筹发展”的管理原则，建立了“双培养、双共享”的人才库运作基本工作机制。年内，集中组织对审计人才库进行了动态调整，调整后人员322人，增长约4%。2020年，集团累计抽调审计人才库64人次参加集团审计项目、2人参加其他直属单位审计项目，通过审前集中培训、以审代训、短期轮岗等多种形式，发挥集团和在库人员所在单位的“双重”培养作用。

（徐飞）

【审计理论研讨与审计论文获奖】

2020年，集团8篇理论研讨论文在中国内部审计协会获奖，其中三等奖4篇、提名奖4篇；26篇理论研讨论文在中国内部审计协会交通分会获奖，其中一等奖1篇、二等奖6篇、三等奖12篇、提名奖7篇；集团荣获中国内部审计协会交通分会的论文组织奖。集团审计本部审计管理室荣获2017—2019年“全国内部审计先进集体”称号，集团审计中心综合室张岫荣获2017—2019年“全国内部审计先进工作者”称号。（徐飞）

法务与风险管理

法务与风险管理

【合 同 管 理】

（一）严把法律审核关

年内审核集团为签约主体的合同 146 份、签报事项 29 份、协办事项 60 份；规范直属单位规范合同管理，完善海南港航制定合同管理规定，解决中石化中海燃供处理合同管理中的相关问题；加强合同管理，以防范合同风险管理为主线，开展对合同全周期的管理，对合同事前、事中、事后各类风险点开展深入排查，梳理规范合同审批管理工作流程，提升各个内控环节的有效性。开展范式合同文本库体系化建设，确定 2020 年范式合同制订计划，审核入库范式合同 70 份；参与比港产能提升项目等专项工作，做好法律支撑服务工作。

研究落实法务审核机制。根据集团领导关于“建立法务部门和人员在业务合同的一票否决机制，建立风险思维和文化”的指示要求，研究法务审核在业务合同一票否决中的工作机制，下发《关于加强法务审核相关工作的通知》，推动各单位加强合同法律审核；所属单位根据实际情况，通过修订制度、重点风险领域施行等方式建立法律审核的否决机制，积极发挥法务人员在项目与合同的法律审核方面的把关作用。（孙津生）

（二）开展合同全生命周期风险管理

2020 年，围绕合同签订、履行、评估归档三个阶段，集团开展合同全生命周期风险点排查识别和整改工作，针对前期梳理出的 42 个风险点开展风险排查，查找问题隐患，开展整改。各直属单位均进行全面梳理工作，为下一步制度完善、流程优化、重点环节风险防控工作的开展奠定了基础。

（三）开展疫情防控法律风险防范

积极落实国务院国资委要求，集团坚持把依法防控疫情作为突出重要工作来抓，转发国务院国资委、商务部关于依法防控疫情的相关通知要求，及时下发《关于依法防控疫情加强法治保障的通知》。建立疫情防控期间法律风险排查周报、重大法律风险事件即时报的工作机制，编撰《关于新型冠状病毒感染的肺炎疫情援引不可抗力事由的法律问答》，编纂依法防疫工作信息简报 43 期。从劳动用工、客户信用、合同签订、合同履行、工程进度、担保情况、诉讼案件等方面开展疫情相关法律研究，防范法律风险。

（四）制定及优化范式合同文本

2020 年，集团审核入库范式合同 81 份。范式合同文本库总计有范式合同 690 余份，分为 11 大合同板块，基本做到了专业类业务合同齐全，综合类业务合同充足。

（五）重大项目法律服务

根据希腊比雷埃夫斯港经营需要，深入研究希腊国家反垄断合规政策，为比港业务协同专项工作排除法律障碍，促进比港产能提升。对中远海运租赁引战项目开发，强调法律管控与风险防控，进一步完善引战方案。（孙津生）

【案 件 管 理】

（一）应对处理大连油运国际突发事件

2019 年，大连船舶管理公司、大连油品运输公司两家企业遭遇“国际突发事件”。对此，集团法律团队积极与国际有关方面进行沟通，经多方努力最终取得成效。2020 年 1 月 31 日，国际有关方面发布公告，将大连油运从制裁名单中移除。从实施制裁到解除制裁，前后历时 129 天。

（二）优化案件管理系统

实施“7+1”系统优化升级方案，启动案件管理信息系统二期开发，新增英文界面和多张统计报表细化统计分析维度，更好地满足各单位案件管控工作需求。

（三）督办重大案件和纠纷事件

加强重大案件和纠纷事件督办力度，将建立重大案件管理机制列入年度考核。处置中远海运物流葛洲坝项目纠纷案、海岸石油破产风险事件等重大案件和纠纷事件；处置中远海运租赁汽车项目融资租赁纠纷；召开华晨集团破产重整突发事件处置研究专题会议，研究确定处置方案。

（四）提升“以案为鉴”工作成效

抓好“以案为鉴”，堵塞管理漏洞，促进管理提升。开展第四届“以案为鉴”典型案例撰写活动，深入分析法律纠纷处理的经验教训，挖掘案件产生的内外部原因，针对反映出的管理薄弱环节提出改进建议。强化落实结案分析制度，选取燃油业务、金融业务和社会化业务三个板块的 5 家二级单位，跟踪督办“以案为鉴”整改措施落实执行情况，提升“以案为鉴”工作成效。（孙津生）

【公司律师管理】

集团对全系统 38 名公司律师进行 2019 年度履职考核，激励促进各单位律师在重大经营决策法律意见出具、规章制度建立、合同管理、案件管理，以及法律综合事务等方面发挥作用，防范法律风险。（孙津生）

【法律服务机构管理】

完成集团法律服务供应商库建库工作，共 354 家国内外律师事务所经审核入库。法律服务供应商按照专业特长分类入库，设有海事海商、公司商事、劳动与社会保障、证券与资本市场等 16 个专业类别。通过开展法律服务评价，提高法律服务采购管理的效率和效果。（孙津生）

【法律研究与规章制度梳理】

（一）开展“立改废释”工作

对标一流管理，开展“立改废释”（即新立、修改、废止解释）工作，进一步完善集团规章制度体系，及时梳理评估、调整修改规章制度，落实制度改进要求，多措并举强化制度执行；在制度制订阶段广泛征求意见，从源头上保障制度执行；加强制度宣贯培训，通过合规简报、制度讲堂开展企业新制度的宣贯培训；完善执规工作机制，各职能部门分工合作，业务部门承担执规直接责任，法务部门开展合规监督，审计部门负责独立监督和违规追责，促进制度有效执行；强化基层单位制度执行力，加强对制度执行情况的考核、评价、检查，逐级压实执规责任，努力将集团的制度优势转化为经营效能优势。2020 年，集团及各直属单位完善公司章程、“三重一大”决策制度等治理文件 42 项，制定集团董事会建设、职业经理人、薪酬激励等改革相关制度 51 项，投资经营、风险控制、监督追责等制度 600 余项，为集团从“向重组要红利”到“向改革要红利”的转变提供制度保证。

以制度执行为重点，总结思考集团制度工作。总结集团重组以来的制度工作理念和实践，分析问题和对策，从强化制度意识、压实执规责任、加强专业监督、提升执规能力、完善考核问责等方面，研究提出下一步工作措施。

加强对直属单位的制度监督，督促各单位结合业务特征、管理范围等制定本单位制度，确保集团各项制度在各单位具体操作执行上得到落实。突出问题导向，梳理形成直属单位制度核查清单（涉及65项制度问题），审核清单项目，实施“一企一策”的针对性指导，对39家直属单位提出审核意见253项。建立健全集团规章制度备案机制，从下级单位制度制定的源头，抓好集团规章制度的贯彻落实；围绕集团战略管控定位，研究制定《集团公司规章制度备案管理规定》，推动集团治理从事项审批向规则管理进行转变。

强化各部门协同联动，促进提升集团制度执行力。组织各部门围绕监督发现的普遍性问题，研究制定规章制度的宣贯、推行和监督检查计划安排，严格业务条线制度执行监管。针对客户资信和应收账款管理方面存在的问题，结合新冠疫情风险防控需要，由法务部会同运营部、财务部，就《集团公司客户资信和应收账款管理办法》落实情况开展专项执规检查，查找和整改问题和风险隐患。紧盯重大风险，加强海发、物流等重点单位制度执行监督，指导海发制定《制度体系建设规划方案》，提高金融风险防范能力。

（二）推动管理提升

各单位将约束性要求、关键控制融入重大风险领域规章制度管控。33家从事涉外业务的直属单位修订完善国际制裁风险管理制度，集团航运金融单位制定制度工作专项方案，提高金融风险防范能力。针对境外监管不断趋严、外部风险日益凸显的态势，加强境内外合规资源的统筹协调，以“三重一大”决策及投资、采购、资金等领域为重点，组织督促海外公司补齐制度短板。探索加强合资合营企业制度管控，联合对方股东开展执规检查，消除制度管理死角，保障高质量发展。

（孙津生）

【普法宣传】

11月中旬—12月中旬，中远海运集团组织开展2020年法治宣传月活动，活动秉持“法治伴你远航，风控创造价值”，围绕“深入学习宣传习近平法治思想　大力弘扬宪法精神”主题内容，重点开展学习习近平法治思想、党的十九届五中全会精神、宪法与民法典、疫情防控等主要内容，展示法治风控工作支撑保障和价值创造作用，促进广大员工形成学法尊法守法用法的良好习惯。

集团各单位踊跃参加法治宣传月活动，开展普法宣传。上海中远海运、财务公司举办合规主题辩论赛，中远海运集运设立模拟法庭，企业大学等公司组织开展习近平法治思想、民法典学习等专题讲座。集团法务部组织开展年度总法律顾问/首席风险官述职交流、海事海商行业法律研讨会，在《中国远洋海运报》刊发法治专版；升级“COSCO SHIPPING 法治宣传活动”线上分享平台成为普法宣传平台。活动期间，集团向各直属单位统一印发法治宣传海报，集团及各直属单位于12月18日举办了年度法治宣传活动集中汇展。

（孙津生）

【风险管理】

（一）组织年度风险评估

组织开展年度重大风险评估，修订集团公司2020年度风险框架，发布《集团2020年度前十大风险管理任务分解清单》，将风险管理责任分解落实到职能部门和相关单位。明确责任主体和风控责任。实施年度重大风险季度监测和报告机制，要求各部门、各单位动态评估监测风险变化，及时排查发现新增风险和风险事件。对60个重大投资项目出具了风险评估审核意见。落实风控新要求新标准，以“强内控、防风险、促合规”为目标，组织更新内控缺陷认定标准、风险评估标准及合规评价标准，修订建立集团风控“三项标准”，以指导推动各直属单位建立完善符合自身管理实际的评价标准，形成全系统体系化的内控缺陷认定、风险评估及合规评价标准。建立全系统重大风险报告制度，发布《集团重大经营风险及重大经营风险事件报告管理规定》。

2020年，集团排名前列的风险为经营活动合规风险、经济波动风险、政治政策风险、汇利率波动风险、竞争对手风险、投资决策风险、海外公司管控风险、战略规划实施风险、客户信用风险、安全生产风险。结合内外部环境变化因素，辨识新增两项重大风险：疫情引发的系统性风险和网络安全风险。

（二）发布风控工作要点

为统筹推进集团 2020 年度风控体系建设，提高集团经营风险防控能力，按照国务院国资委和集团工作会议要求，组织力量系统研究，发布《集团 2020 年度风控工作要点》，明确风险管控要求和标准，从 10 个方面对年度风控工作进行安排，并指导所属各单位落实风控各项工作。

（三）建立风险事件监测和报告机制

2020 年 7 月，集团发布《集团重大经营风险及重大经营风险事件报告管理规定》，对重大风险信息报告工作的职责分工、报告内容、报告程序及时限要求等进行了明确规范，进一步增强防范化解重大风险能力。集团将所评估出的重大风险纳入 2020 年度监测范围，组织总部各部门、所属单位每季度分析并及时反馈风险及风险事件监测、管控及处置情况。按要求向国务院国资委报送重大风险信息。

（四）开展重点领域专项风控管理

依法防范新冠疫情风险。根据集团领导关于加强依法防疫、防范商务风险的要求，法务部第一时间下发《关于依法防控疫情加强法治保障的通知》，建立工作机制。研究涉疫情法规政策，编发依法防疫工作周报 37 期，指导直属单位全面排查风险隐患和风险事件。组织研究疫情引发风险规律，撰写专题报告，提供决策支持，并组织要求各单位建立风险预案，落实防范措施。指导海外机构开展劳动用工、客户信用、合同履行、诉讼案件、慈善捐赠等方面的法律合规管理及风险排查工作。

开展投资风险防控。梳理集团境外重点经营投资项目风险防控和内控管理情况，境外单位广泛开展重点投资项目风险排查。根据反馈的问题，从投资项目风评报告入手，梳理投资项目风险评估的流程、方法，开展重点单位和重点项目投资项目风险评估工作的专项评估，发现投资项目风险评估及风险管控过程中可能存在的薄弱环节和管理漏洞，从制度和流程管理方面提出改进优化建议。

开展油品业务风险防范专项工作。受新冠疫情及国际原油市场供需关系影响，国际油价剧烈波动，“黑天鹅”事件频发，涉油业务风险迅速增长。4 月下旬，集团有关单位就集团涉油业务开展了风险排查，并结合业务实际及市场研判，深入评估分析各类涉油业务风险形态，研究本单位涉油业务的风险策略。集团总部职能部门研究、分析、制订相应管理制度，以制度预防风险。为避免因能源市场风险高度积聚，且有可能通过产业链互相传导，5 月下旬，集团进一步组织相关重点单位开展涉油业务风险调研，各单位结合业务实际及市场研判，深入评估分析各类涉油业务风险形态，研究本单位涉油业务的风险策略。同时，集团有关职能部门系统研究、深入分析，制定管理制度，加强对金融衍生品的全面管理，以制度预防风险。

（五）开展内控评价及缺陷整改工作

2020 年，集团董事会审议通过了《中国远洋海运集团 2020 年度内控体系工作报告》。集团范围内共发现内控缺陷 572 项，均为一般缺陷，主要涉及采购业务、销售业务、合同管理、人力资源管理及信息系统管理等领域。全面开展内控监督评价工作，书面复核直属单位 2020 年度内控评价情况，并抽取 10 家直属单位开展现场检查。按照年度计划安排，结合国务院国资委要求，各单位启动实施 2020 年度内控评价，明确重点评价的业务领域和业务板块，对海外公司年度内控评价工作提出具体要求。着力推动内控缺陷整改工作；各单位认真落实历年缺陷整改工作，加强内控缺陷整改，并于年底前报送 2016—2019 年缺陷整改情况报告及 2020 年缺陷整改计划。

（孙津生）

CHINA COSCO SHIPPING
CORPORATION LIMITED
YEARBOOK

中国远洋海运集团有限公司

年鉴

第八篇

投资者关系

概述

概　　述

截至 2020 年年底，中远海运集团在境内外共有 11 家控股上市公司，包括：中远海控、中远海能、中远海发、中远海特、中远海科、海峡股份、中远海运港口、中远海运国际香港、东方海外国际、中远海运国际新加坡、中远海运比港（PPA）。集团控股上市公司秉持最大程度回报股东、社会的理念，持续完善与市场投资者等利益相关方多层次、多方位的沟通渠道，优化合规、诚信的对话机制，打造资本市场良好形象。

（杨玲）

上市公司股票代码及上市地

上市公司股票代码及上市地

集团控股上市公司股票代码及上市地　　表 8–1

上市公司	股票代码	上 市 地
中远海控 A 股 中远海控 H 股	601919.SH 1919.HK	上海 香港
中远海能 A 股 中远海能 H 股	600026.SH 1138.HK	上海 香港
中远海发 A 股 中远海发 H 股	601866.SH 2866.HK	上海 香港
中远海特	600428.SH	上海
中远海科	002401.SZ	深圳
海峡股份	002320.SZ	深圳
中远海运港口	1199.HK	香港
中远海运国际香港	0517.HK	香港
东方海外国际	0316.HK	香港
中远海运国际新加坡	F83	新加坡
中远海运比港（PPA）	PPA（英文代码）/ OLP（希腊语代码）	希腊雅典

上市公司大事记

上市公司大事记

【中 远 海 控】

2020 年 3—5 月，公司调整股票期权激励计划，将董事（不含独立董事）纳入激励对象范围，并向股票期权激励计划激励对象授予预留股票期权，以 2020 年 5 月 29 日为授予日，授予 39 名激励对象 1 697.52 万份预留股票期权，行权价格 3.5 元 / 股。通过股票期权计划，公司中长期激励机制得到进一步完善，有利于促进企业价值提升和长远发展。特别是将东方海外中高层和关键岗位员工纳入激励范畴，对于稳定东方海外队伍，调动核心人才积极性，促进两家班轮公司深度协同，发挥了积极作用。（杨玲）

【中 远 海 能】

2020 年 3 月，公司完成非公开发行 A 股，发行对象包括中国远洋海运集团有限公司、大连船舶重工集团有限公司、沪东中华造船（集团）有限公司共计 3 家，新增股本约 7.31 亿股，募集资金约 51 亿元，中远海运集团直接及间接合计持股数量由 1 554 631 593 股增加至 2 156 350 790 股，持股比例由发行前的 38.56% 增加至发行后的 45.28%。（杨玲）

【中 远 海 发】

2020 年 3 月 5 日，公司召开 2020 年第一次临时股东大会，审议通过有关公司股票期权激励计划相关议案。3 月 30 日为首次授予日，向 124 名激励对象授予 78 220 711 份股票期权，行权价格 2.52 元 / 股。股权激励计划为进一步建立、健全公司长效激励机制，吸引和留住优秀人才，充分调动公司高级管理人员、核心及骨干人员的积极性，形成利益共享和风险共担机制，促进业务创新与拓展，促使公司长远战略目标的实现，从而实现股东价值的最大化和国有资产保值增值。

2020 年 10 月 29 日，公司召开 2020 年第二次临时股东大会，审议通过重大资产出售相关议案。公司间接全资子公司中远工业拟通过协议转让方式分别向深圳资本集团、深圳资本香港出售所持有的中集集团 350 000 000 股 A 股股份和 264 624 090 股 H 股股份；同时，公司间接全资子公司长誉投资通过协议转让方式向深圳资本香港出售其所持有的中集集团 30 386 527 股 H 股股份。转让股份合计 645 010 617 股，约占中集集团总股本的 17.94%。该重大资产出售交易有效促进了中远海发进一步优化资产结构，集中聚焦自身主营业务发展，提升持续经营能力和核心竞争力。2020 年 12 月 18 日完成过户登记。

2020 年 12 月 28 日，公司召开 2020 年第六次临时股东大会，审议通过关于全资子公司股权转让及引入战略投资者增资的相关议案。中远海发通过非公开协议转让方式以 18 亿元人民币的价格向中国国有企业混合所有制改革基金有限公司转让中远海运租赁有限公司（以下简称“中远海运租赁”）35.22% 股权；在实施本次转让的同时，中远海运租赁通过在上海联合产权交易所公开挂牌的方式实施增资扩股，获得战略投资者 10 亿 ~ 30 亿元人民币的增资。通过本次转让及增资交易，有利于公司进一步促进航运租赁业务主业发展，更加聚焦于航运租赁业务、集装箱制造、投资及服务业务，降低公司资产负债率，改善公司资本结构，也有利于中远海运租赁平稳可持续发展。（杨玲）

【中远海特】

2020年5月22日，公司召开第七届董事会第十四次会议和第七届监事会第八次会议，审议通过了向激励对象授予预留部分股票期权的议案，向12名激励对象授予期权376.6万份，行权价格为3.12元/股，授予日为2020年5月22日。公司实施股权激励计划有助于公司进一步完善公司法人治理结构，促进公司建立、健全激励约束机制，充分调动公司董事、高级管理人员、中层管理人员和核心骨干人员的积极性，有效地将股东利益、公司利益和经营者个人利益结合在一起，使各方共同关注公司的长远发展。

2020年11月16日，公司召开2020年第二次临时股东大会，审议通过关于公司10艘新造多用途纸浆船进行经营性租赁的关联交易议案，将在建的10艘新造纸浆船船舶所有权的权利义务转移给中远海运发展股份有限公司的全资子公司东方富利纸浆01有限公司（Oriental Fleet Pulp 01 Limited）及海南中远海运发展有限公司，并以经营性租赁的方式期租经营15年。本次交易有利于公司拓宽船舶发展模式，有效应对市场环境变化，加速公司船队及船舶技术更新，最大限度发挥融资优势。（杨玲）

【中远海科】

战略增资贵州中南交通科技有限公司（以下简称“贵州中南交科”）。2020年2月，公司通过公开摘牌方式以公司持有的贵州新思维科技有限责任公司（以下简称“贵州新思维”）30%股权及现金合计人民币8 120.00万元，参与贵州高速公路集团有限公司下属子公司贵州中南交通科技有限公司增资项目。交割完成后，公司继续持有贵州新思维30%股权、新增持有贵州中南交科20%股权，贵州新思维、贵州中南交科为公司的参股公司。

完成2019年限制性股票激励计划授予登记。2020年1月，国务院国资委批复原则同意公司实施限制性股票激励计划。公司分别于2020年2月21日和2020年12月29日完成两批次授予登记，授予对象合计119人，合计6 902 300股限制性股票在深圳证券交易所上市。限制性股票授予完成后，公司股份总数由原来的309 400 100股增加至310 142 300股。（杨玲）

【海峡股份】

2020年11月3日，公司第三次临时股东大会审议通过新海轮渡投资建设新海综合客运枢纽项目的关联交易议案。全资子公司海口新海轮渡码头有限公司（以下简称“新海轮渡”）将投资建设海口新海滚装码头客运综合枢纽站工程，投资总额为14.51亿元，资金来源拟为自有资金占30%，银行贷款占70%。新海客运枢纽项目原由海口市政府按PPP模式投资建设，公司控股股东海南港航控股有限公司是该项目PPP合同解除后的承接主体和项目土地所有权人。现拟由新海轮渡作为建设主体继续投资建设新海客运枢纽项目，原项目涉及的资产待PPP项目清算完成及合同解除后由新海轮渡承接。（杨玲）

【中远海运港口】

收购广西北部湾国际集装箱码头有限公司之权益。2020年10月，公司完成订立增资协议，通过所持广西钦州国际集装箱码头有限公司（以下简称“钦集司”）之全部40%股权（按于基准日钦集司之经评估资产净值计算，归属价值为人民币389 062 800元）注入广西北部湾国际集装箱码头有限公司（以下简称“北集司”）及现金代价人民币486 824 000元，认购北集司之26%股权。（杨玲）

【中远海运国际香港】

2020年4月9日，公司股东特别大会批准有关采纳股票期权激励计划决议案。4月28日，公司向71名激励对象授予2383万份股票期权，行权价格2.26港元/股。股票期权激励计划将进一步完善公司法人治理结构，统一公司股东、决策层和执行层的利益均衡机制，建立健全长效激励约束机制，进一步加强公司凝聚力，促进公司长期战略目标的实现，为公司的长远发展提供原动力。（杨玲）

【中远海运国际新加坡】

2020 年 2 月 14 日，公司完成收购四家马来西亚物流公司（Guper Integrated Logistics Sdn. Bhd., Gems Logisticss Sdn. Bhd., Dolphin Shipping Agency Sdn. Bhd.，和 East West Freight Services Sdn. Bhd）的 80% 股份，并主动整合原有鑫陆物流公司、高昇马来西亚西港公司、北港公司和新收购业务，提高了资源利用效率，提升了客户服务能力，扩大中远海运在马来西亚的影响力，整合效果很快得以显现，取得了当地大客户信赖和支持。

2020 年 6 月 25 日，公司特别股东大会审议通过了 2020 年股权激励计划的议案。7 月 3 日，公司股权激励计划的方案正式实施，将公司核心人员个人利益与企业长期业绩提升紧密结合，充分调动核心人员积极性，实现企业可持续性发展。（杨玲）

【中远海运比港（PPA）】

2020 年 4 月 1 日，公司委托 PCT 经营 1 号集装箱码头。中远海运比港（PPA）与中远海运比雷埃夫斯集装箱码头有限公司（PCT）签署委托管理协议并制定合规手册，完成集装箱码头管理架构、操作系统、生产模式的统一，优化人员配备和用工方式，产能效果取得了明显的提升。2020 年，尽管受新冠疫情冲击，比港全年集装箱吞吐量仍达 544 万 TEU，其中 1 号集装箱码头保持了相对良好的成绩，吞吐量同比增长 10.5%。（杨玲）

资本市场荣誉

资本市场荣誉

【中远海控市场荣誉】

2020 年 1 月，中远海控获第四届“金港股”评选“最佳基建及公共事业股公司”“最具社会责任上市公司”奖；2020 年 5 月，获《证券时报》第 11 届上市公司投关天马奖“最佳投资者关系公司”奖；2020 年 7 月，《财富》杂志公布 2020 年中国企业 500 强排行榜，中远海控排名第 70 位；2020 年 8 月，获 2019 年度财新资本市场成就奖“最佳 A 股非公开发行”奖；2020 年 8 月，获《证券时报》主办第 14 届（2020）中国上市公司价值评选“中国上市公司社会责任”奖；2020 年 12 月，获新浪财经 2020 中国企业 ESG“金责奖”年度可持续发展奖；2020 年 12 月，在第十六届中国上市公司董事会“金圆桌奖”评选中获“最佳董事会”奖；获得上海证券交易所 2019—2020 年度信息披露综合考评 A 级。

2020 年 4 月，中远海控向上海证券交易所报送的征文《中远海控：统筹协调推进投资者关系管理工作》发表在“上交所投教”公众号上，并入选中国证监会投保局和上交所联合推出的《“春风化雨，融润八方”——A+H 公司投资者关系管理案例集》，并出版，成为仅有的 15 家入选案例集的 A+H 公司之一。11 月，上海证券交易所和清华大学五道口金融学院研究团队合作编写关于沪市上市公司利用资本市场做大做强案例集，中远海控入选为案例集中 20 家上市公司之一。（杨玲）

【中远海运港口市场荣誉】

中远海运港口荣获 *International Business* 杂志颁发的“最佳港口运营商（码头组别）”“最佳投资者关系（码头组别）”“最佳可持续发展公司（码头组别）”及“最佳企业社会责任公司（码头组别）”；荣获 *Finance Derivative* 杂志颁发的“最佳码头运营商”及“最佳投资者关系企业奖”；荣获 *International Finance* 杂志颁发的“最创新港口运营商”；荣获 *Global Business Outlook* 杂志颁发的“最佳集装箱运营商奖”及“最佳社会责任港口运营商”；荣获 *Business Tabloid* 杂志颁发的“最佳港口运营商”；荣获法律界知名杂志 *Asian Legal Business* 颁发的“最佳运输及物流企业法律团队”；荣获中国《商法》杂志颁发的“合规—年度卓越法务团队”及获该杂志评选为“空运、航运、物流—优秀法律团队”之一；荣获香港管理专业协会颁发的“环境、社会及管治资料披露嘉许奖”及“优秀 H 股及红筹股公司年报奖”；荣获《亚洲企业管治》杂志颁发的“最佳投资者关系企业奖”“亚洲最佳 CEO（投资者关系）”及“最佳投资者关系专员奖”；获得由 InnoESG 颁发的“InnoESG 奖”；荣获本识咨询有限公司颁发的“最佳 ESG 报告嘉许奖——中型市值”“最佳 GRI 报告嘉许奖”“卓越 ESG 管治嘉许奖”及“卓越环境正面影响大奖”；荣获香港会计师公会颁发的“可持续发展及社会责任报告奖（特别表扬）”；荣获《财资》杂志颁发的“最佳环保、社会责任及企业管治钛金奖”。（杨玲）

【其他公司市场荣誉】

中远海能荣获《证券时报》主办第 14 届中国上市公司价值评选社会责任奖；荣获新浪财经主办金麒麟 ESG 分论坛暨 2020 中国企业

ESG“金责奖”奖最佳社会责任奖。

中远海发2020年10月，再次入选由中国上市公司百强高峰论坛组委会颁发的“2020年中国上市公司百强排行榜”；2020年12月，荣获“金蜜蜂2020优秀企业社会责任报告·环境责任信息披露奖”；荣获上海证券交易所2019—2020年度信息披露综合考评A级。

中远海特荣获《董事会》杂志社评选的第十六届“优秀董事会”奖；荣获《上海证券报》评选的“精锐董秘”等荣誉称号；荣获上海证券交易所2019—2020年度信息披露综合考评A级。

海峡股份荣获深圳证券交易所2020年度信息披露综合考评A级。

东方海外国际2020年7月荣获香港环境卓越大奖（HKAEE）颁发交通及物流业界别的金奖；2020年10月荣获中银香港企业环保领先大奖评选的服务业金奖；2020年10月荣获IDC香港区数字化转型大奖“2020 Information Visionary”。

中远海运国际香港荣获香港投资者关系协会颁发的卓越证书（Certificate of Excellence in 2020 HKIRA’s Award）；荣获第三十四届国际ARC年报大奖“年报：航运服务”金奖和“财务数据：航运服务”铜奖。

中远海运比港（PPA）继续提高对当地经济的贡献。根据希腊持续发展研究中心的研究结果，企业产值占希腊GDP比重从2019年的0.68%增加到2020年的0.78%。2020年7月，公司荣获国际港口协会（IAPH）颁发的“2020年世界港口可持续发展奖”。（杨玲）

上市公司业绩

上市公司业绩

2020 年集团控股上市公司业绩 表 8–2

上市公司	货币	2019 年净利润	2020 年净利润	同比变化
中远海控	人民币（元）	67.64 亿	99.27 亿	46.8%
中远海能	人民币（元）	4.32 亿	23.73 亿	449.7%
中远海发	人民币（元）	17.43 亿	21.31 亿	22.2%
中远海特	人民币（元）	1.01 亿	1.25 亿	24.3%
中远海科	人民币（元）	0.97 亿	1.93 亿	99.5%
海峡股份	人民币（元）	2.19 亿	2.49 亿	13.8%
中远海运港口	美元	3.08 亿	3.47 亿	12.8%
中远海运国际香港	港元	3.31 亿	3.39 亿	2.4%
东方海外国际	美元	13.49 亿	9.03 亿	–33.0%
中远海运国际新加坡	新加坡元	738 万	834 万	13.0%
中远海运比港（PPA）	欧元	3545 万	2641 万	–25.5%

注：东方海外国际2019年净利润中包括出售长滩码头的一次性收益；如果不计该项一次性收益，东方海外国际2020年持续营运业务实现的净利润（9.03亿美元）较2019年（1.95亿美元）增长363%。

2020 年集团控股上市公司股价表现 表 8–3

上市地	上市公司	货币	2020 年 12 月末收市价	市账率 (P/B 倍数)	股价较上年末变化
中国内地	中远海控 –A	人民币（元）	12.21	3.84	131.7%
	中远海能 –A	人民币（元）	6.68	0.88	4.7%
	中远海发 –A	人民币（元）	2.97	1.89	14.7%
	中远海特	人民币（元）	4.55	1.01	21.7%
	中远海科	人民币（元）	12.97	3.62	14.8%
	海峡股份	人民币（元）	9.11	3.40	–28.8%
	上证指数	—	3473	—	13.9%
中国香港	中远海控 –H	港元	9.30	2.46	194.3%
	中远海能 –H	港元	3.05	0.34	–17.1%
	中远海发 –H	港元	1.26	0.68	37.0%
	中远海运港口	港元	5.39	0.43	–15.5%
	中远海运国际香港	港元	2.37	0.46	15.6%
	东方海外国际	港元	77.50	1.29	105.0%
	恒生指数	—	27 231	—	–3.4%

续上表

上市地	上 市 公 司	货币	2020 年 12 月末收市价	市账率 (P/B 倍数)	股价较上年末变化
新加坡	中远海运国际新加坡	新加坡元	0.28	1.17	−15.2%
	海峡指数	—	2844	—	−11.8%
希腊	中远海运比港（PPA）	欧元	19.05	1.96	−10.8%
	雅典证券指数	—	809	—	−11.7%

注：1. 市账率：指的是每股现价除以每股账面值（即净资产）所得的比率，又称市净率。由于航运股的盈利波动性较大，航运股的估值水平通常以市账率来衡量，而不是市盈率；

2. 海峡股份2019年年度权益分派方案包括以资本公积金向全体股东每10股转增5股。如果按照复权后价格计算，年内股价上涨6.8%。

上市公司市值

上市公司市值

截至2020年12月末，集团控股上市公司的市值规模合计约2856亿元人民币，较上年末上升60.5%（见表8–4、图8–1）。

2020年集团控股上市公司市值　　表8–4

上市公司	A股市值（人民币，元）	港股市值（港元）	市值合计（人民币，元）	较上年末变化
中远海控	1 181.80亿	240.00亿	1 383.79亿	+137.3%
中远海能	231.58亿	39.53亿	264.84亿	+21.9%
中远海发	235.58亿	46.32亿	274.57亿	+16.5%
中远海特	97.67亿	—	97.67亿	+21.7%
中远海科	40.23亿	—	40.23亿	+17.4%
海峡股份	135.37亿	—	135.37亿	+6.8%
中远海运港口	—	178.69亿	150.40亿	−16.8%
中远海运国际香港	—	36.33亿	30.58亿	+8.6%
东方海外国际	—	484.99亿	408.19亿	+92.6%
中远海运国际新加坡	新加坡市值6.27亿（新加坡元）		30.92亿	−19.1%
中远海运比港（PPA）	希腊市值4.88亿（欧元）		39.12亿	−8.4%
合计	—		2 855.67亿	+60.5%

注：以按期末汇率折合为人民币的市值计算。

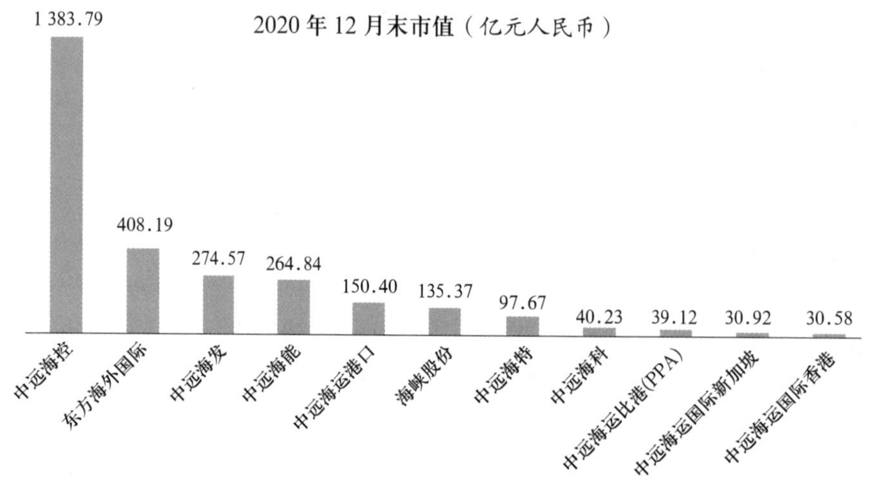

图8–1　上市公司市值

（杨玲）

CHINA COSCO SHIPPING
CORPORATION LIMITED
YEARBOOK

中国远洋海运集团有限公司

年鉴

第九篇

科技信息

概述

概 述

2020 年，中远海运集团坚持“自主创新、重点跨越、支撑发展、引领未来”的方针，大力实施科技创新战略。围绕集团发展战略和产业发展目标，以平台型企业加速科技创新和技术迭代、成果转化应用，致力于创建智慧航运新生态，推动集团“数字化、网络化、智能化”转型，迎接大数据时代的科技变革。

在基础研究和应用基础方面，集团作为中国航运事业的主力军，以平台型企业加速科技创新和技术迭代、成果转化应用，致力于创建智慧航运新生态。结合《集团科技发展专项规划》重点研发方向任务，集中资源、重点突破，优先解决集团主业关键核心需求，围绕数字化、区块链和 5G 技术领域开展重大专项研究和实施，提出区块链应用、大数据分析、5G 技术和智能化 4 个方向技术需求，形成区块链平台、数据集成平台、5G 智慧港口、智能船舶数据应用和智能制造五个重大专项指南。上海船研所作为集团唯一的科研机构，拥有一个国家重点实验室和一个国家工程研究中心，长期从事共性技术、前瞻性技术研究。2020 年，上海船研所持续加大科研投入，为国家重大项目实施落地、打破国外技术垄断发挥重要作用。

在重大科技任务攻关方面，2020 年，中远海运集团及所属公司牵头承担和参研的国家级科研项目 31 项，其中牵头科技部国家重点研发计划 2 项、工信部高技术船舶科研计划 8 项，参研国家级项目 21 项。其中包括“绿色修船表面处理关键装备研制”“极端条件下北极安全航行”“IMO 船舶温室气体减排初步战略及技术措施研究”“船舶压载水管理系统实船符合性验证研究”“在航船舶安全风险辨识与防控平台研究”“海工装备用长寿命耐腐蚀液压元件及系统关键技术研究”等重大科研项目。

在技术创新体系建设方面，集团拓展船舶技术科技合作平台建设，在上海成立航运技术联合创新工作室，借助交通强国大背景和上海国际航运中心建设的有利条件，继续在“未来、创新、合作、机制、管理”上下功夫，做好“船型、能耗、排放、智能”各项研发工作，努力提升创新能力，推动整个产业链的能力聚合及成果转化。聚焦行业需求，打造交通运输行业研发中心；中远海运港口研发中心积极探索智慧港口研发成果应用商业模式创新，抓住传统码头自动化升级改造、智慧港口建设的契机，为研发中心创造新的收益。2020 年，中远海运港口研发中心获得“自动化码头技术”交通运输行业研发中心认定通过。

在协同创新方面，一是坚持以行业研发中心为平台，加强产业创新联盟建设，共同打造 5G 智慧港口。2020 年，与中国移动、东风汽车等中央企业战略合作协议落地实施，集团联合中国移动、东风汽车、华为公司、上港集团、海南港航等单位，依托厦门远海码头开展 5G 智慧港口应用研究和试点，形成集团 5G 智慧港口建设路线图，发布《5G 智慧港口实施方案和线路》等企业联合标准。二是推进 LNG 产业链协同发展，加强与中船集团、中海油等央企合作。集团的装备制造板块，围绕 LNG 产业链，对船舶建造进行全方位地调研和分析，推动集团相关产业板块融入国家 LNG 产业链提升发展战略，开展球罐形 LNG 项目论证研究和相关低温核心技术研发，建立国内大型 LNG 船修船基地，推动集团装备板块修理业务向高技术和高附加值领域发展。三是充分发挥区块链作用，强化产业联盟战略优势。集团组织牵头中远海运集运、东方海外、中远海运港口，联合达飞轮船、赫伯罗特、上港集团、青岛港集团、PSA 国际港务集团等港航企业，以开放和协作的方式打造行业内第一个区块链联盟——全球航运商业网络（GSBN）。

在科技成果转化方面，着力加强智能船技术应用及数字化船队建设，进一步迭代研究制定营运船舶技改方案，根据需求增设智能船舶集成平台、智能能效、智能机舱等功能模块；开展全船能效监测与优化控制，优化以机舱综合能效为中心的能源管理模块。大力推进基于物联网北斗智能应用；通过集装箱物联网技术研究开展天空地海一体化资源的深度融合应用，包括冷藏箱、普通箱、船用设备和货包设备的研究；推动交通运输与空天资源的体系化融合发展，加快提升行业对突发事件的快速响应和应急处置能力，在全球范围内推广物联网北斗卫星的应用。积极开展大型海洋平台性能监测和安全预警关键技术及应用，与上海交通大学共同研制国际水平的多信息融合实景再现支持系统和基于位置修正的测量设备，实现多体相对位置的厘米级海上高精度定位，同时在项目完成过程中给予安装调试等关键技术支持，发挥了不可替代的安全保障作用。

在网络安全保障方面，全力以赴做好网络安全技术防范。建立各级网络安全责任制和联动机制，建立预警机制和应急机制，完成网络安全态势感知平台建设，提升监测预警能力。成立集团网络安全技术专家队伍，开展实战演练。组织修订《集团网络安全管理规定》，制定网络安全技术防护系列基线标准。加大宣贯力度，强化安全意识。

在信息化系统建设方面，逐步推动信息资源整合。完成金融衍生品系统核算，启动“三重一大”、审计系统、IPv6、财企直连等7个项目建设。完善财务信息系统、投资系统、采购和供应商管理系统、航标管理平台，做好HR与财务系统对接，提高对境内成员单位的资金分析和管控能力，实现增值税数据集中管控，推动集团资金管理的建设。优化系统功能，推动业务数据化，发挥数据价值。

在科技发展方面，统筹布局重点科研，持续推进集团科技发展。积极推动科技规划落地，牵头组织国家科研计划申报，加强国家部委重点科研项目管理。聚焦“交通强国建设”重点研究，推动“两智”技术应用。健全科技创新机制，规范科研项目管理和研发费用统计。加快科技创新步伐，提高集团整体科技创新能力，充分发挥科技对产业发展的价值贡献。

科技创新

科 技 创 新

【科技发展战略】

积极推动科技规划落地。围绕集团科技规划确定的各产业集群目标和重点任务，组织各单位从“建机制、搭平台、育人才、倡文化”等角度，制定本单位科技规划，截至2020年年底，已完成21家单位《科技规划》初稿审查和意见反馈。

（吴罡）

【重大科技攻关】

2020年，集团组织上海船研所、中远海运重工等单位，参加工业和信息化部“十四五”科研计划申报，由启东中远海运海工牵头的“海上天然气大流量处理工艺关键技术研究”最终获得工业和信息化部批准，获批国家财政资金支持。

2020年，上海船研所在航运安全关键技术研究领域，参研国家自然科学基金“大型跨海桥梁的船撞风险评估、智能监控与安全防护研究”项目，开展面向国家重大工程需求的桥隧防撞、海事安全等应用基础研究，在通航安全评估、船舶航行安全评估、航海安全模拟技术、海损事故应急技术、结构安全监测技术、矿物液化智能监控技术、海上大件安全运输技术、船舶碰撞风险评估技术、碰撞动力仿真技术、防撞消能技术等应用基础科研领域取得丰硕成果，为国家重大工程项目实施、打破国外技术垄断发挥重要作用。

上海船研所在航运效率及节能技术研究领域，针对国际社会限制温室气体排放、国家节能减排要求和航运企业提高船舶营运效益需求，对标国际先进技术，强化能力建设，完善研发手段，关注技术突破，在数值水池开发与应用、综合水动力性能测试与预报技术、船舶能效评估与验证技术、船桨节能附体一体化优化设计技术、螺旋桨和节能技术评估与验证技术、实船性能测试与分析技术等方面取得丰硕成果，并实现科研成果转化应用，为降低船舶营运油耗、提高经济效益发挥重要作用。特别是基于IMO船舶能效指数（EEDI）强制性实施的现实要求，着眼未来船舶能效智能化管理和MRV机制应对，针对典型主流营运船舶开展基于EEDI验证状态实船测试及航速预报技术研究，形成的实船营运性能监测、分析、预报方法，能够实现实船营运性能和航行环境的实时监测、动态修正、准确评估，综合技术水平达到国际先进。

2020年7月，南通中远海运船务组织召开项目启动会，明确项目研究目标和任务、研究方案和技术路径、重点工作、科研节点计划和里程碑。截至年底，项目按计划已完成液压缸、活塞杆、密封装置成套技术开发，先后完成相应的图纸和研究报告，申请发明专利7件、实用新型专利1件，发表学术论文8篇。

2020年，集团参与的工业和信息化部高技术船舶项目《IMO船舶温室气体减排初步战略及技术措施研究》，以船舶温室气体减排战略及新技术措施为研究对象，通过开展船型的船舶能效设计指数（EEDI）的技术评估、新燃料和新能源的适用性、船舶设计能效传导效应评估等研究，形成我国参与国际船舶温室气体谈判的总体策略，力争在2019—2023年国际船舶温室气体战略制定中体现我国航运业和造船业的利益诉求。集团已组织完成有关咨询调研和数据采集，执行项目预算经费。项目在2020年12月完成为期两年度的相关研究，达到交付验

收条件。 （赵科）

【科技创新管理】

（一）以区块链为纽带，打造行业合作新模式

主动对接国家部委和上海市交委，开展区块链合作交流， 区块链项目已列入交通强国项目。组织有关板块与蚂蚁金服、阿里巴巴等多次讨论战略合作方向，聚焦物流数字化、供应链金融服务、物流供应链标准等方面开展合作交流，组织签署集团与蚂蚁金服、阿里巴巴战略合作协议。基于区块链技术的无纸化进口放货应用，已陆续在上海、厦门远海、青岛、宁波、广州南沙、天津等港口上线应用，在疫情期间提供零接触服务，大幅提升操作效率。 （崔志鹏）

（二）以集成平台为抓手，奠定数字化转型基础

搭建“一体两翼 N 个应用”的统一技术框框架。平台集成了集团在全球的人、财、物，集团的财务、金融、经营、船舶、航线、货流等全球资源已经实现了数据可视化。按照集成、共享、决策支持、产业链分析的思路，实现集团“十三五”四个维度盈利、规模、全球化和抗风险的数字展示，开启机关部室从“要数据”到“用数据”的模式。

提炼了覆盖运营、财务、投资等职能领域的 300 多个指标，集成总部及二级公司内外共 26 个数据源，建立了 70 多个数据模型，申请了 2 个专利，打通了从总部到板块纵向、运营至财务的横向数据链，实现问题追踪、运价对标、经营分析等。与上海航运中心、上海交大、海事大学及华为等机构对接，研究数据服务。疫情期间，以中欧陆海快线为例，挖掘客户运输偏好，引导优化供应链资源协同，形成“面向中欧陆海快线的客户画像和应急响应优化技术应用”方案。作为推动复工复产的案例，已被科技部纳入重点专项“科技助力经济 2020”。 （金颖）

（三）应用 5G 新基建，开展智能港口示范

2020 年，集团与中国移动、东风汽车签订战略合作协议，组建 5G 智能港口实验室，形成央企创新联盟，赋能码头升级发展。集团港口公司协同中国移动、东风汽车、华为等单位，依托厦门远海码头开展 5G 智慧港口应用研究和试点，落实集团战略合作协议，建设联合创新实验室。形成集团 5G 智慧港口建设路线图；发布《5G 智慧港口实施方案和线路》等企业联合标准，完成无人驾驶集卡改装样车单车生产作业运行和智能远控、智能理货、智慧安防等场景试点应用；中国国际通信展上实现了在北京对厦门远海码头门式起重机的远程控制，11 月底，基本完成码头生产系统改造。这是码头行业平面运输的一次重大革命。由集团港口公司牵头，联合海南港航、上海港、天津港、中移动联合申报国家发展改革委、工业和信息化部新基建“5G 智慧港口”建设项目。该项目已获批复，是港口行业唯一入选项目。

根据交通运输部要求，中远海运港口“5G 智慧港口研发中心”等三个项目分别申报交通运输部行业研发中心。最终中远海运港口研发中心获得“自动化码头技术”交通运输行业研发中心认定，这是新集团成立以来第一个经国家主管部委认定的行业科研平台。 （周晓梅）

（四）应用 IoT 技术，打造冷箱服务新模式

中远海运集运与上海海事大学合作，研发上海市科技项目“基于北斗的远洋海事冷链集装箱物流监测系统研发与示范应用”，将传统航运物流要素与高新技术深度融合，研发和设计智能终端冷链物联网设备（IBOX），孵化了航运物联网应用商业实体——海联智通，向行业提供集终端智能设备、数据平台、商业应用、AI 产品及服务于一体的完整的智能物联网解决方案、大数据服务和专业咨询服务。终端冷链物联网设备（IBOX）采集回传包括 GPS/ 北斗定位、温度和湿度等在内的数据项，并兼具数据存储功能，向货主提供 MY REEFER 服务平台，研发基于 AI 的 SMART PTI 预测模型，既可以减少货物

作业费用又可以提高冷箱周转率。产品填补了国内市场的空白，具有国际竞争优势。

海联智通参与国际标准编制。已于2020年6月完成ISO“认证安全型”集装箱设备标准草案递交IMO审议。将于2021年2月参与UN/CEFACT Cross Industry Track & Trace标准化工作白皮书的发布。将于2021年3月参与COA冷箱IoT UDM项目，公开发布IoT设备与冷机和终端用户之间的数据交互模型标准。（周福祥）

【科技创新成果】

2020年，集团所属单位共获得专利387件，其中发明专利138件，获得授权专利194件。集团所属南通中远海运川崎的“高技术船舶开发团队”荣获2020年度中国航海科技突出贡献团队奖，上海船研所智能船舶研究课题骨干韩冰研究员荣获2020年度航海青年科技奖。集团荣获第四届全国设备管理与技术创新成果推选活动优秀组织奖。集团2020年获奖情况见表9-1。

中国远洋海运集团2020年获奖情况表 表9-1

序号	获奖项目名称	奖项等级	奖项类型	颁发机构	第一完成单位/集团参加单位
1	深远海多功能原油转驳船自主开发与工程应用	一等奖	中国航海学会科学技术进步奖	中国航海学会	南通中远海运船务工程有限公司
2	圆筒型浮式海上油气生产储卸平台设计与制造	一等奖	中国航海学会科学技术进步奖	中国航海学会	南通中远海运船务工程有限公司
3	深水海底油气工程船设计与建造关键技术研究与应用	二等奖	中国航海学会科学技术进步奖	中国航海学会	大连中远海运重工有限公司
4	基于EEDI验证状态实船测试及航速预报技术研究	二等奖	中国航海学会科学技术进步奖	中国航海学会	上海船舶运输科学研究所
5	液力耦合传动的大功率柴油机双机并车控制系统研究	二等奖	中国航海学会科学技术进步奖	中国航海学会	上海船舶运输科学研究所
6	超级节能型62 000DWT多用途纸浆船研制	二等奖	中国航海学会科学技术进步奖	中国航海学会	中远海运特种运输股份有限公司
7	深圳至中山跨江通道工程航道通航条件影响评价关键技术研究与应用	二等奖	中国航海学会科学技术进步奖	中国航海学会	深中通道管理中心/上海船舶运输科学研究所
8	基于软件无线电技术的海上气象传真系统关键技术的研究与应用	二等奖	中国航海学会科学技术进步奖	中国航海学会	交通运输部东海航海保障中心/中海电信有限公司
9	海上设施中高压电力设备安全监测关键技术研究及应用	二等奖	中国航海学会科学技术进步奖	中国航海学会	西南交通大学/南通中远海运船务
10	绿色智能型2万箱级集装箱船关键技术研发及应用	三等奖	江苏省科学技术奖	江苏省科学技术厅	南通中远海运川崎船舶工程有限公司
11	桥梁船撞安全设计理论与防护、预警技术	特等奖	中国公路学会科学技术奖	中国公路学会	同济大学/上海船舶运输科学研究所
12	阿布扎比集装箱码头无人集卡关键技术研究与应用	二等奖	中国港口协会	中国港口协会	中远海运港口有限公司
13	基于全面质量管理的2万箱级超大型集装箱船设计与建造关键技术	优秀奖	中国质量协会质量技术奖	中国质量协会	南通中远海运川崎船舶工程有限公司
14	基于智能物联技术的模块化冷链仓储整体解决方案	创新成果一等奖	第四届全国设备管理与技术	中国设备管理协会	中远海运物流（香港）有限公司
15	混矿设备选型与改进	创新成果二等奖	第四届全国设备管理与技术	中国设备管理协会	日照港中远海运物流

在第四届全国设备管理与技术创新成果推选活动中，集团荣获优秀组织奖，中远海运港口、中远海运重工、中远海运物流及所属 7 个单位分别荣获二等奖和三等奖。南通中远海运川崎和厦门中远海运物流在第三届中央企业 QC 小组成果发表赛中荣获三等奖。（吴罡）

【新技术推广应用】

2020 年，集团加快自主研发的智能船舶系统在大型散货船、矿砂船、大型油轮、大型集装箱船等船型中推广应用。截至年底，已在集团 38 艘新造船安装智能系统，23 艘船进行了智能系统预埋预留，便于后续技术升级。2020 年底已交付智能船 5 艘，21 000TEU“行星”号试装辅助靠离泊态势感知系统，700 客位客滚船配置专用智能客服管理系统。

2020 年，中远海运集运通过与上海海事大学和鑫三利集装箱服务公司校企合作研发迭代智能终端硬件产品，通过与中远海运集团旗下货讯通公司合作研发大数据平台和软件应用产品，由上海海联智通信息科技公司作为产品研发平台和商业应用落地平台，实现科技成果转化商业化运作。克服疫情带来的不利影响，截至年底，中远海运集运和东方海外 IBOX 产品已装箱 2 万余套。

2020 年，中远海运特运应用与上海交通大学联合开展的大型海洋平台性能监测和安全预警关键技术研究成果，先后承揽完成全球所有八项动力定位浮托安装工程，累计安装海上平台超过 12 万吨，得到各相关方高度认可好评，创造外汇收入超 9200 万美元，约合人民币 6.4 亿元。该项科技成果荣获 2020 年上海市科技进步一等奖。（赵科）

信息化建设

信息化建设

【编制信息化建设规划】

以规划为引领，开展数字化转型设计。编制集团“十四五”数字化转型暨网信工作专项规划是集团2020年度工作会重点任务之一，也是集团总部推进国有资本投资公司试点工作、对标世界一流管理提升行动等的重点改革举措。

全年的数字化转型规划工作主要包括：一是以内为主，形成集团数字化转型思路纲要，履行项目相关签报及招标流程，邀请华为作为规划咨询服务商；9月正式启动项目，2020年已完成一阶段主要调研工作，形成技术洞察和差距分析报告。二是组织集团内、外多次交流集团数字化转型思路，转变观念。三是按照国务院国资委《关于加快推进国有企业数字化转型工作的通知》要求，根据领导指示和精神要求，衔接集团“十四五”发展规划，完成集团“十四五”数字化转型规划体系，围绕“客户驱动、效率驱动、技术驱动”，形成规划思路：一要通过顶层设计，完成数字化规划，贯彻上级要求；二要注重客户体验，为客户创造价值；三要精益管理，降低管控成本，提升运营管理效率；四要创新融合，借力新技术，打造航运业务生态圈，主要抓好GSBN和船货易平台建设应用、数据集成、5G港口、智慧航运、云计算、IoT等在新技术融合应用；五要加强保障，完善保障体系，助力集团数字化转型，借“数字化”赋能和创造价值。（何峰）

【集团总部信息化系统建设】

1. 梳理系统现状，逐步推动信息资源整合

加强现有系统的整合，在组织梳理集团统建系统现状，理清家底的基础上，协调推进信息系统整合。截至2020年年底，系统整合为645套，减少了51套。加强安全防护，推进网站、邮件和VPN的集中使用，数量由155套降至121套。

2. 完善统建项目，推动业务数据化

一是完善财务信息系统。推进会计科目标准化建设项目，目前处在需求分析阶段，多次组织协调SAP协助德勤设计技术方案，尽量确保系统实施时的平滑切换。多次组织研讨财务系统整合、业财融合，研究财企直连（支付）等技术和实现路径，提高对境内成员单位的资金分析和管控能力。推进税控平台使用，解决集团及下属单位税控专用设备统一管理，实现增值税数据集中管控，提供电子发票查重及验证服务。以中远海发展资金管理项目建设为试点，推动集团资金管理的建设。

二是做好人力资源（HR）系统与财务系统对接。召开沟通会，统一认识，明确两系统的集成原则。目前已经完成集运、散运总部集成，正在开展集运、散运下属单位集成。同时，协调集团审计巡视系统、物流数据平台、燃供ERP系统与集团HR系统数据对接，发挥数据价值。

三是完善投资系统功能。协调SAP研究解决系统运行缓慢等问题，提高性能；协调海科持续进行系统功能优化、报表完善、集中培训等支持工作。准备投资系统二期技术方案。

四是完善采购和供应商管理系统。结合集团实际业务，对系统规划进行重新梳理。组织中远海运石油公司、海科项目组，梳理了燃油线上操作存在的需求问题共18项，组织海科北京等技术团队多次讨论，提出解决方案。

五是优化航标管理平台。梳理项目建设目标和完成情况，协调安全责任范围内船舶的安装工作，推进海南港航控股20艘船舶的安装使用，

并结合其使用情况推进其他在长江航行船舶的安装工作。组织召开调研会6次，针对收集的63项优化升级需求和问题，制定优化升级方案。下一步将继续开展系统数据对接，在试点的基础上，协调扩大使用面。

六是完成了金融衍生品系统核算，启动“三重一大”、审计系统、IPv6、财企直连、职称评审等7个项目建设；推进党建平台上线，实现境内25家下属单位全部使用，完成集团年度重点工作任务。推进中央企业聘用第三方服务机构管理系统建设，组织研究系统搭建思路和方案，编制《主数据－供应商标准》。（高伟燔）

【机房网络及硬件运维】

2020年，持续推进信息化资源集约化管理工作。一是9月完成了集团境内广域网专线整合二期项目，优化集团境内专线布局，实现环网内各节点网络设备、安全设备的集约化管理。通过线路集中采购、统一建设，优化了集团广域网布局，提高了线路利用率，降低了线路采购成本，加强了网络安全防护，提升了运维管理水平。至此，集团MPLS网络共有2个数据中心节点、86个分支节点，覆盖国内15个省区市。所有集团境内专线节点统一采用防火墙安全策略，加强广域网专线各线路节点的安全统一管理和监控。二是组织全系统各级单位科学梳理数据中心机房现状，为“十四五”基础资源规划方向和资源设施逐步集约化做好准备。三是结合“十四五”数字化转型规划的调研编制工作，邀请华为技术团队对集团基础设施资源、技术框架进行现状洞察和问题分析，研究集团数据中心、网络线路布局，以及云计算应用的“十四五”技术架构和集约化管理方向，明确集团信息“新基建”布局。

（何峰）

【完善网络安全保障体系】

一是组织政策学习，做好总体部署。组织召开集团网络安全工作专题会，开展党组党委网络安全主题学习。集团党组和领导班子多次将网络安全工作纳入重要议事日程，带领全员意识不断增强，组织体系逐步健全，防护水平有效提高。

二是认真履行责任和义务，加强安全保障。牢固树立底线思维，做好重大活动安全保障，按照“谁主管谁负责，谁运行谁负责”的原则，以重要信息系统和网站为防护重点，全力以赴做好网络安全技术防范、应急处置和信息通报工作，期间未发生重大网络安全事件。

三是修订基础制度，规范体系标准。组织修订《集团网络安全管理规定》，制定网络安全技术防护系列基线标准。

四是组织全面评估，明确防护重点，升级技术防护。升级集团数据中心的互联网防火墙、上网行为管理等安全设备，加强内外网边界防护；强化入侵检测能力，测试部署蜜罐系统3套104个探针、主机EDR产品581个；组织定期查扫各单位公网应用系统漏洞，及时修复整改，高中危漏洞数/域名有效控制在0.03左右；以筹保工作为契机，梳理出集团重点保护对象，布置重点保护；调整密码规则，提升系统安全性；完成网络安全态势感知平台建设，提升监测预警能力。

五是通过查漏补缺，加强整体防护。组织各单位加强内外网边界技术防护，组织专业技术团队每月对公网远程检测扫描；加强漏洞管理，及时升级补丁；建立预警机制，加强态势感知监测、预警信息共享和组织协同处置；结合演习众测工作，深挖现有系统的安全漏洞和风险隐患，查漏补缺。

六是建立应急机制，提高处置能力。为建立健全集团网络安全事件应急机制，年初下发《关于做好2020年网络安全应急演练相关工作的通知》，组织各单位梳理资产和重点，修订完善应急预案，制定年度应急演练计划，开展实战演练，达到检验预案有效性、锻炼应急队伍、提高实战能力的目的。同时压实责任，建立和完善各级网络安全责任制和联动机制，明确应急组织和职责，落实责任到岗，增强应急处置能力。参与国家网络攻防演习，守住了参演目标系统，全集团成绩较好，达到“以战促练、以战促改、以战促建”

的演练目的。

七是加大意识宣贯力度，强化安全意识。修订完善《员工网络安全意识手册（2020版）》，面向全员分发；通过钓鱼邮件测试、宣贯视频播放等方式，向员工宣贯普及网络安全日常注意事项，提升意识；组织全集团1407名网信工作人员共同学习，通过在线答题、全员考核等，保证学习宣贯效果。

八是统筹调配，做好人才培养。统筹调配集团优秀网络安全人才资源，选拔出9名核心骨干，成立集团网络安全技术专家队伍；以赛促学、以赛促练，在公安部主办的2020中央企业“新基建”网络安全技术大赛中，荣获团队赛三等奖、制造与建造行业TOP6中的第一名和第四名。

（何峰）

技术中心

技术中心

中国远洋海运集团有限公司技术中心（以下简称“技术中心”）是1996年由原国家经贸委、国家税务总局、海关总署联合认证的第四批国家级企业技术中心，具体管理职能由原中远集团研究发展中心承担，为一套机构两块牌子。2016年中国远洋海运集团成立后，更名为中国远洋海运集团有限公司研究咨询中心/技术中心，具体管理职能继续“合二为一”。

技术中心经过二十多年的建设和发展，已拥有18家技术分中心，由13家集团内分中心、5家集团外分中心组成。技术资源主要分布在船舶制造、海工制造、船舶修理、船舶设计、航运技术、物流技术、码头技术、IT技术、船用燃料、船用设备涂料、船型开发优化、水运安全研究、智能航运研究、航运战略研究、多式联运研究等领域。

【技术创新体系建设】

整合资源提升科研实力。技术中心按照“内聚外联”的原则，建设面向产业链的科技与信息平台。组织有关单位与国内外一流科研机构合作，建设航运技术与安全国家重点实验室，成立国家重点实验室学术委员会，指导、开展智能船研发、船舶技术、配套装备节能减排等技术研究。联合国内7家重点单位，对标国内外智能船舶发展趋势，研究和编制《集团智能船三年行动方案》，明确智能船舶发展目标和重点任务，实现关键智能技术突破和应用。整合船舶建造研发设计能力，挂牌成立中远海运重工设计研究院，进一步贴近航运市场需求，加大新船型研发力度，同时作为设计开发和技术供给平台、科技创新平台、科技人才队伍建设平台、技术交流合作平台、设计相关信息化及大数据建设平台和技术产业化促进平台，推动重工整体研发能力提升、团队成长和技术储备。

拓展船舶技术科技合作平台建设。集团与中国船级社在前期合作的基础上，为共同促进高新船舶技术研发，推进海运业高质量发展，2020年4月，双方在上海成立了航运技术联合创新工作室。创新工作室借助交通强国大背景和上海国际航运中心建设的有利条件，继续在“未来、创新、合作、机制、管理”上下功夫，做好“船型、能耗、排放、智能”各项研发工作，努力提升创新能力，推动整个产业链的能力聚合及成果转化。

打造交通运输行业研发中心。2020年，中远海运集团组织中远海运港口“5G智慧港口研发中心”参加交通运输部行业研发中心认定申报。经多方努力，先后向交通运输部行业重点科研平台和交通运输部科技司进行专题汇报。经交通运输部科研平台秘书处资料审核、专家组评审和交通运输部现场评审，中远海运港口研发中心终于获得“自动化码头技术”交通运输行业研发中心认定通过。作为新集团成立以来第一个经国家主管部委认定的行业科研平台，技术中心正积极探索智慧港口研发成果应用商业模式创新，研究成立合资公司，抓住传统码头自动化升级改造、智慧港口建设的契机，为研发中心创造新的收益。

【技术创新活动】

技术中心坚持“开放、合作、共享”的科技创新模式，借助企业、院校、科研机构等各类创新主体的积极性和创造性，跨学科、跨部门，甚至跨行业组织实施深度合作和开放创新，加快集团科技创新链各环节的技术融合与技术辐射，助推集团成为行业的引领者。

2020年，中远海运集团组织策划多项重大会议。主要包括："集团暨海洋联盟2020年港航合作座谈会"，发布了《博鳌合作倡议2020》；"2020北外滩国际航运论坛"，根据集团领导要求及上海市交委的部署，牵头协助完成"北外滩论坛"的筹备工作；中远海运集团"集中研发资源，增强疫情期间市场研判"线上研讨会，充分利用集团内外部的研究资源，邀请了5位业内知名专家，集团13家直属单位、300余名人员视频参会，通过专家讲座、互动提问、书面交流相结合的方式，对全球疫情对中国及全球经济的影响、对航运及相关产业的影响进行深入分析探讨，取得了很好的效果。

"十三五"时期，中远海运港口与中远海运科技、中移智行、中移（上海）产研院联合成立"5G智慧港口联合实验室"，稳步推进5G技术应用试点，推动5G赋能垂直行业，在厦门远海码头开展了基于智慧港口的应用研究和试点，先后实现了基于5G技术的司机驾驶行为分析、AGV控制指令5G传输、高精度定位和高精度地图采集和5G智能理货系统的上线。2019年年底，全球首个基于5G SA+MEC端到端切片网络建成。2020年5月，形成集团5G智慧港口建设路线图，发布《5G智慧港口实施方案和线路》等企业联合标准，先后研发完成了无人驾驶集卡改装样车单车生产作业运行和智能远控、智能理货、智慧安防等场景试点应用，对传统码头向自动化、智能化改造升级，具有重要的指导意义。

2020年，为贯彻国家创新驱动发展战略，技术中心集中资源、重点突破，优先解决集团主业关键核心需求，围绕数字化、区块链和5G技术领域开展重大专项研究和实施。经充分征求意见，研究技术发展趋势对集团主业的影响，结合交通强国试点要求，提出区块链应用、大数据分析、5G技术和智能化四个方向技术需求，形成区块链平台、数据集成平台、5G智慧港口、智能船舶数据应用和智能制造五个重大专项指南，并组织集团相关单位牵头申报。

集团多家单位参加工业和信息化部"十四五"科研计划申报，推荐中远海运重工牵头开展"远洋运输船舶混合动力系统研制"、启东中远海运海洋工程牵头开展"海上天然气大流量处理工艺关键技术研究"，推荐上海船研所参研"绿色生态环保船工程专项"和"智能技术试验船开发关键技术研究"项目。其中，由启东中远海运海工牵头的"海上天然气大流量处理工艺关键技术研究"最终获得工业和信息化部批准。（刘会纳）

CHINA COSCO SHIPPING
CORPORATION LIMITED
YEARBOOK

中国远洋海运集团有限公司

年鉴

第十篇

企业党建

综述

综　述

2020 年，集团党组以习近平新时代中国特色社会主义思想为指导，深入贯彻党的十九大和十九届二中、三中、四中、五中全会精神和党中央重大决策部署，全面贯彻新时代党的建设总要求和新时代党的组织路线，坚持党的全面领导，以党的政治建设为统领，以“中央企业党建巩固深化年”为载体，全面巩固全国国有企业党的建设工作会议精神落实成果和“不忘初心、牢记使命”主题教育成果，围绕集团“三个聚焦”“三个不低于”年度工作目标，践行“三做理念”、弘扬“三舱精神”、做到“四个坚守”，深入开展“四史”学习教育，持续深化全面从严治党，持续推进党建工作和企业中心工作深度融合，努力把党的建设优势转化为竞争优势、发展优势，把制度优势转化为治理效能，进一步增强“四个意识”、坚定“四个自信”、做到“两个维护”，以高质量党建引领高质量发展，为集团取得疫情防控和生产经营稳步发展成果提供了坚强政治保证。

集团接受国务院国资委党委 2019 年度党建工作责任制考核，再次获评 A 级企业。

党建工作

党建工作

【工作规划】

2020 年，集团党组以全面建成小康社会之年为契机，以实现集团“三个聚焦”“三个不低于”年度目标为依托，全面巩固全国国有企业党的建设工作会议精神落实成果，深化破解集团基层党建高质量发展瓶颈问题，重点加强基层党组织标准化规范化建设，优化基层党组织设置，完善党建工作机制和制度体系，选优配强党务工作队伍，着力提升党务人员能力素质，抓好党建信息化平台常态长效管理使用，推动党建工作向强基础、高质量全面提升。

根据《中国共产党章程》《中国共产党支部工作条例（试行）》《中国共产党国有企业基层组织工作条例（试行）》《中国共产党党员教育管理工作条例》《党委（党组）落实全面从严治党主体责任规定》等党内规章制度要求，结合集团基层党建工作实际，集团党组制定印发《中国远洋海运集团有限公司党组 2020 年党建工作要点》《中国远洋海运集团有限公司 2020—2022 年基层党建工作规划》等系列文件，通过实施集团基层党建工作“巩固深化”“融合发展”“成果运用”三年行动，推动集团各级党组织领导更加坚强，政治引领更加突出，体制机制更加完善，党支部建设更加规范，党务干部队伍建设更加系统，党员教育管理更加精准，党员先锋模范作用发挥更加充分，基层党组织保障更加有力，党的基层组织建设全面进步、全面过硬，打造与世界一流企业相匹配的一流党建工作品牌。（郭燕萍）

【贯彻落实】

集团党组把贯彻落实习近平总书记对本行业本企业 8 个方面重要指示批示精神作为增强“四个意识”、践行“两个维护”的重要政治责任，组织开展“回头看”，及时向党中央上报“回头看”情况。以贯彻落实习近平总书记重要指示批示精神为契机，积极主动服务和融入国家战略，在航运强国建设和共建“一带一路”上取得重大成效，在全球行业竞争力、影响力、话语权方面显著提升，经济效益持续创新高。比港成为地中海第一大港，以比港为枢纽码头的中欧陆海快线建设已覆盖中东欧腹地 9 个国家 1500 个网点，正加快形成中欧第三条贸易大通道。持续深化船员管理体制改革，加快打造世界一流船员队伍；成功挂牌成立中远海运企业大学，为全集团船员培训和素质提升提供了重要平台；隆重表彰长期服务集团的金牌船长、政委、轮机长，增强海员职业荣誉感；关心关爱船员，远洋船员获国家个人所得税减免；新冠肺炎疫情发生以来，全力保障船员身心健康；以船员为重点，千方百计为船员办实事。持续投入北极航道建设，“冰上丝绸之路”建设不断实现新突破。阿联酋阿布扎比哈里发码头成为集团继投资和成功运营希腊比雷埃夫斯港后，在“一带一路”沿线投资经营的又一重要战略支点。全力支持海南自贸港建设，推动优势资源向海南聚集，在琼州海峡一体化、全省港口资源整合中发挥龙头作用，为海南自贸港建设建功立业。积极支持中波公司继承发扬两国友谊合作的优良传统，融入集团全球化发展大局，深耕中东欧市场，实现中波双方共赢，开启合作新篇章。（窦文金）

2020 年，党组始终把政治建设放在首位，旗帜鲜明讲政治，把深入学习贯彻习近平新时代中国特色社会主义思想作为党组会和各级党委会、中心组学习第一议题，组织党组中心组集体学习18次，深入学习贯彻习近平总书记关于抓好新冠肺炎疫情防控系列重要讲话精神、《习近平谈治国理政》第三卷、十九届中央纪委四次全会、党的十九届五中全会、中央经济工作会议精神等，用党的创新理论武装头脑，增强“四个意识”、坚定“四个自信”、做到“两个维护”。不断提高政治判断力、政治领悟力、政治执行力，自觉融入和服务国家战略，立足新发展阶段、贯彻新发展理念、构建新发展格局，发挥大国重器作用，在“六稳”“六保”、促进双循环、保障产业链供应链安全等方面体现使命担当。严肃政治规矩政治纪律，全年向党中央请示报告12次，包括集团党组贯彻落实习近平总书记重要指示批示精神“回头看”情况、学习贯彻落实习近平总书记对海南自由贸易港建设重要指示精神情况，学习贯彻习近平总书记在企业家座谈会、全国抗击新冠肺炎疫情表彰大会、浦东开发开放30周年庆祝大会、党的十九届五中全会、中央经济工作会上重要讲话，学习贯彻《习近平谈治国理政》第三卷，以及2019年工作总结和2020年工作安排、美国国务院解除对集团大连油运制裁情况、领导班子成员分工调整等重大事项，确保让党中央知道、听从党中央指挥。

（窦文金）

【党 组 会 议】

2020年，党组把方向、管大局、促落实，坚决贯彻落实党中央重大决策部署，全年召开36次党组会，研究议题102个，其中前置讨论董事会、总经理办公会议题40个。深入谋划集团“十四五”发展规划，积极融入双循环新发展格局。持续推动深化“一带一路”建设、航运强国战略、海南自由贸易港建设等重点项目落实，切实把党的路线方针政策贯穿到企业发展战略、重大决策部署、经营管理各个方面，引领企业发展行稳致远。

（窦文金）

【民主生活会】

根据中共中央纪委机关、中共中央组织部《关于认真开好2020年度县以上党和国家机关党员领导干部民主生活会的通知》精神，经报请中央第四十四督导组同意，2021年1月26日集团党组召开2020年度党员领导干部民主生活会。党组书记、董事长许立荣主持会议，代表集团党组班子作对照检查发言，并作总结讲话。集团领导班子成员付刚峰、王海民、孙云飞、黄小文、刘鸿炜、冯波参加会议。中央第四十四督导组组长，中央纪委国家监委第十六审查调查室二级巡视员、纪检监察员孙晓卿到会指导并作点评。

许立荣首先代表党组班子，紧扣民主生活会“认真学习贯彻习近平新时代中国特色社会主义思想，加强政治建设，提高政治能力，坚守人民情怀，夺取决胜全面建成小康社会、实现第一个百年奋斗目标的伟大胜利，开启全面建设社会主义现代化国家新征程”的主题，对照习近平总书记关于严肃党内政治生活的重要指示精神，对照党章党规党纪，对照初心使命，从5个方面查摆党组班子存在的问题。针对这些问题，领导班子深刻剖析原因，实事求是地提出努力方向和整改措施。同时，许立荣聚焦主题，联系思想工作，实际带头进行检视剖析，提出了相应改进措施。党组班子其他成员逐一进行深刻检视剖析，班子成员之间严肃认真开展了批评和自我批评，达到了统一思想、增进团结、互相提醒、强化监督、共同提高的目的。

孙晓卿对集团领导班子民主生活会的各项工作予以充分肯定：一是会前准备比较充分。组织开展12次集体学习研讨，广泛征求11个方面56条意见建议。班子成员认真撰写对照检查材料，全面查找问题，认真剖析原因，提出改进措施。二是查找问题比较客观深入。力求把问题查深查细、讲明摆透，整改措施明确。三是开展批评和自我批评严肃认真。坦诚相见，开门见山，批评意见讲得比较具体、比较清楚，既有辣味的批评，也有善意的提醒，起到批评–团结–批评的作用。四是整改措施比较明确具体。提出6个方面19

条整改措施，方向明确，措施务实。针对集团党组下一步工作，孙晓卿强调，2021 年是中国共产党百年华诞之年，也是“十四五”规划的开局之年，中国远洋海运集团党组要带头学习领会习近平新时代中国特色社会主义思想和党的十九届五中全会精神，带头落实中央经济工作会议部署的重点任务，把企业党的建设、科技创新、深化改革、强化监管等各项工作放在进入新发展阶段、构建新发展格局的战略决策中去谋划和推动，以实际行动展示国之重器的责任和担当。

（郭燕萍）

【长效机制建设】

集团党组坚持以习近平新时代中国特色社会主义思想为指导，坚决贯彻落实习近平总书记系列重要讲话精神和党中央重大决策部署，贯彻落实中共中央《关于巩固深化“不忘初心、牢记使命”主题教育成果的意见》精神，在健全完善中心组学习、“三会一课”、主题党日、民主生活会、组织生活会等已有制度的基础上，坚持问题导向，突出针对性和实效性，推进机制创新、制度创新，推动集团各级党组织将“第一议题”制度、查摆问题清单制度、党章学习教育等有效做法，在主题教育中形成的好做法和基层首创探索出的好经验固化下来，形成长效机制。召开“不忘初心、牢记使命”主题教育总结大会，持续深化整改落实和长效机制建设。开展党史、新中国史、改革开放史、社会主义发展史“四史”学习教育，强化政治理论教育、党的宗旨教育、党章党规党纪教育和革命传统教育，结合实际就近就便用好红色资源、爱国主义教育基地、党性教育基地，以及集团展示厅，教育督促集团党员干部时刻牢记初心、担当使命。

2020 年 11 月，集团党组印发《中国远洋海运集团有限公司关于巩固深化“不忘初心、牢记使命”主题教育成果的工作措施的通知》，就全系统巩固深化主题教育成果作出具体安排，同时以“钉钉子”精神抓好各类问题整改，巩固深化主题教育成果。2020 年，集团“不忘初心、牢记使命”专题民主生活会提出的 8 个方面 45 个问题，大部分完成整改；降低核心板块资产负债率、传统业务存在同质化竞争的问题 2 项体制机制和重点难点问题破解也取得重大进展并持续改进。党组专项整治工作台账中 17 个具体问题、52 项整改措施所有任务全部按期完成整改，“不忘初心、牢记使命”主题教育成果得到不断巩固深化。

（郭燕萍）

【健 全 制 度】

集团党组落实两个“一以贯之”要求，把党的领导与公司治理结构相统一，积极构建中国特色现代企业制度。党组修订下发《中国远洋海运集团党组会、董事会、总经理办公会“三重一大”决策事项清单》，梳理 78 项事项清单，明确党组前置研究讨论企业重大经营管理事项清单，厘清党组会、董事会、总经理办公会决策的权责边界。党组讨论修订《总经理工作规则》《直属公司董事会运作管理办法》《集团投资授权管理细则》等重要规章制度等，推动直属公司完善公司治理，灵敏快速规范参与市场竞争。党组加强董事会人才建设，加大选聘外部董事力度，使董事会组成结构进一步优化。对所有专职外部董事开展综合考核评价，并将考核结果与收入分配、履职单位调整结合起来，充分激发外部董事的工作积极性。积极支持董事会、经理层行权履职，“三会”衔接运作高效。

（窦文金）

【党建入章程】

认真贯彻中共中央《关于加强党内法规制度建设的意见》，强化改革精神和法治思维，加强基层党建工作制度顶层设计。积极开展调研，加强对集团所属不同业态、不同板块企业党建工作的分类指导，增强党建工作的针对性和有效性，促进党建工作与中心工作深度融合。在教育板块整合和财务公司重组中坚持“四个同步”“四个对接”，健全党的组织体系和工作体系。针对集团绝对控股、相对控股和简单参股等不同企业情况，以及企业产权多元化、所有者和经营者分离等具体问题，进一步研究加强混合所有制企业党建工作，形成指导意见，推动控股企业党委落实主体责任。对新成立或兼并收购单位及时督促完成党建工作要求入章程工作，指导集团下属中远海运物流、中远海运发展、中远海运港口所属混合所有制单位制定党建工作方案，落实“四个同步”“四个对接”要求。

集团党组持续规范和优化基层党组织设置，确保基层党组织应建尽建，着力形成设置科学、管理规范、动态完善、运转高效的基层党组织体系。抓好《中国共产党国有企业基层组织工作条例（试行）》《党委（党组）书记抓基层党建工作述职评议考核办法（试行）》贯彻落实，压实党建工作责任。按照《中国共产党支部工作条例（试行）》要求，进一步提升支部建设标准化规范化水平，做好第二批中央企业基层示范党支部培育和推荐工作。集团所属中远海运能源“远大湖”轮被评为第二批中央企业基层示范党支部。

按照“一地一策、一企一策、一事一议”原则，理顺境内党组织属地化管理关系，创新区域党建工作模式，促进属地企业党建工作协同。开展党建工作融入生产经营典型宣传，总结推广有效做法，推动直属单位完善抓党建促改革强发展的体系架构、工作思路、措施安排，组织动员集团各级党组织和广大党员坚决打赢疫情防控的人民战争、总体战、阻击战。进一步落实集团船舶管理和船员教育专题工作会议精神，督促船公司和船员公司强化船舶党建工作管理协同，建设“浮动国土”上的坚强战斗堡垒。

加强对纳入2020年换届计划的各直属单位党委换届工作指导，严格执行基层党组织按期换届制度，落实换届提醒督促机制，确保基层党组织换届“应换必换”全覆盖。海南港航控股有限公司于2020年7月13日召开第一次党员代表大会，选举产生海南港航新一届党委委员和纪委委员。集团党组书记、董事长许立荣参加会议，充分肯定海南港航党委一年来团结带领广大党员和职工群众攻坚克难、开拓进取，在各方面所取得的显著成绩，并对海南港航改革发展工作提出具体要求。

（郭燕萍）

【基层党建】

2020年，集团党组认真贯彻落实新时代党的建设总要求和新时代党的组织路线，严格落实“四个同步”“四个对接”要求，持续推进基层党组织应建尽建、应换尽换的全覆盖。截至2020年年底，集团共有党组织3049个（不含海外党组织）。其中，党组1个，党委206个，党总支134个，党支部2708个（其中船舶党支部770个、公休船员党支部211个），海外党组织76个；党员34 955名（其中船员党员10 771人）；专职党务干部3209人（其中船舶政委1314人）。2020年，集团围绕改革发展、生产经营，以及疫情防控、复工复产等重点任务，积极发挥党组织和党员作用，推动党建工作与生产经营深度融合。

一是在疫情防控、防汛救灾等急难险重任务中充分发挥基层党支部战斗堡垒作用和党员先锋模范作用。集团党组先后印发中共中央《关于加强党的领导、为打赢疫情防控阻击战提供坚强政治保证的通知》和中共中央组织部《关于在防汛救灾中充分发挥基层党组织战斗堡垒作用和广大党员先锋模范作用的通知》，推动领导班子和领导干部在疫情防控和防汛救灾等急难险重任务中坚守岗位、靠前指挥，引导党员、干部关键时刻冲得上去、危难关头豁得出来、重大斗争中经得住考验。大战大考面前，集团各基层党组织广泛设立党员先锋岗、责任区，使党旗在疫情防控和防汛救灾第一线高高飘扬。集团统筹推进疫情防控和复工复产工作取得重要阶段性成果。

二是深入践行集团“三做”党建理念，持续推动基层党建和业务深度融合。围绕2020年集团“三个聚焦”“三个不低于”年度目标和实现高质量发展中心任务，党组大力倡导“党建工作做实了就是生产力、做细了就是凝聚力、做强了就是竞争力”的“三做”理念，深入开展创建特色党支部、党员责任区、党员示范岗活动，持续推动党建工作与生产经营同频共振、紧密融合。

三是坚持发扬“支部建在船上”优良传统，建强“浮动国土”上的战斗堡垒。开展船舶党支部标准化规范化建设，积极发挥船舶党建在安全运输生产上的管理优势和竞争优势，将船舶党建与船舶安全管理、船员队伍建设、船舶文化建设相融合。结合船员管理和船舶政委队伍建设中出现的新情况、新问题开展集团船舶党建工作专题调研会，与船公司、船员公司共同组织召开船舶政委座谈会，研究加强改进措施。着力加强船舶政委队伍建设，制定加强船舶政委队伍建设指导意见，从择优选拔机制、培训培养机制、考核评价机制、褒奖激励机制、追责惩处机制、服务保障机制六个方面，明确加强和改进船舶政委队伍建设的途径和方式。举办船舶政委集中轮训班，用两年时间对全部现职船舶政委集中轮训全覆盖，2020 年度累计培训在职船舶政委 3 批 149 人。开展机关干部挂职船舶政委工作，从集团总部及直属单位选拔 71 名机关干部上船挂职政委。深化公休船员支部和船员家属站“红色堡垒 + 蓝色港湾”建设，让下船公休船员始终感受到组织的温暖，为出海船员解决后顾之忧，凝聚同舟共济正能量。（郭燕萍）

【“三会一课”】

集团党组认真落实《中国共产党党员教育管理工作条例》《2019—2023 年全国党员教育培训工作规划》，根据《2019—2023 中央和国资委党员教育培训计划》要求，制定《2020 年党支部“三会一课”和主题党日学习教育工作安排》《2020 年党员教育培训工作计划》，对 2020 年度党员教育培训工作进行总体安排，聚焦企业改革发展中心任务，提高党员教育管理工作质量。抓好“三会一课”、组织生活会、民主评议党员、谈心谈话等制度落实，扎实开展主题党日，发挥重温入党誓词、入党志愿书，以及党员过“政治生日”等政治仪式浸润作用，依规稳妥处置不合格党员。推进中央企业党建信息化系统、集团党建信息化平台上线运行，推动基层党建传统优势与信息技术深度融合。做好党内关怀帮扶工作，让党员感受到党的关怀和组织温暖，切实增强广大党员的荣誉感、归属感、使命感。（郭燕萍）

【述职考核】

集团党组切实履行党建工作主体责任，完善党建工作考核机制，围绕强化主体责任抓党建工作落实。认真做好集团 2019 年度中央企业党建工作责任制考核迎检工作，组织实施好集团直属单位党建工作责任制考核，将各单位组织抗击疫情的工作情况纳入党建工作考核内容，考核结果与企业领导人员薪酬奖惩挂钩。修订完善党建工作责任制考核评价办法，优化考核指标和评价机制，更好推动党建考核与经营业绩考核有机衔接。进一步完善实施各直属单位党委向集团党组报告党建工作、党委负责人抓基层党建工作述职制度。2020 年 3 月 11 日，集团党组以视频形式召开 2019 年度直属单位党组织书记抓基层党建述职评议会议，8 家直属单位党组织书记在视频分会场分别进行述职，实现现场述职评议三年全覆盖。健全“述评考用”有效贯通的工作机制。坚持务实高效的原则统筹党建工作检查考核，避免多头重复检查，减轻基层单位负担。同时，做好考核结果综合运用和信息共享，提高考核的科学性、准确性、系统性。（郭燕萍）

【党内培训】

坚持把政治能力贯穿党员教育培训全过程，持续巩固“不忘初心、牢记使命”主题教育成果，深入开展“四史”学习教育，教育广大党员知史爱党、知史爱国、知史爱企，引导干部敢于担当作为、锐意改革创新、努力拼搏奉献，在履行“航运强国”使命任务中展现新气象新作为。

根据《2019—2023 中央和国资委党员教育培训计划》要求，集团党组于 2020 年 4 月制定《2020 年党支部“三会一课”和主题党日学习教育工作安排》《2020 年党员教育培训工作计划》，对本年度党员教育培训工作进行了总体安排。一是全面开展船舶政委集中轮训。从 2020

年开始，集团党组决定用两年时间对全部958名现职船舶政委进行集中轮训（每期集中轮训时间为1个月）。2020年度已累计培训在职船舶政委3批149人。二是实行挂职政委制度。2020年，集团从总部机关及所属单位中选拔71名机关干部上船挂职政委两年，这是集团落实新时代党的建设总要求和党的组织路线的重要举措，是提升政委履职能力、优化政委队伍结构、强化干部队伍建设的重要举措，有力拓宽了船舶政委队伍来源，提高了船舶政委队伍质量。三是广泛深入举办基层党支部书记培训班。2020年10月，集团党组在天津举办集团基层党支部书记示范培训班，来自全系统各基层单位党支部书记74人参加培训。集团各直属单位党组织、基层单位党组织也纷纷结合“四史”学习教育和学习贯彻国有企业基层组织工作条例，举办了支部书记和党务干部轮训班，做到党组织书记和党务干部培训全覆盖。（郭燕萍）

【统 战 工 作】

掌握思想动态，凝心聚力加强政治引领。集团党组把党外人士思想政治教育作为党建工作的重要内容。2020年4月以来，集团认真部署开展党外人士思想政治工作调研，采用视频座谈会、问卷调查、个别谈话和与所在单位党组织负责人交流等方式进行线上线下调研，重点了解全系统党外人士的思想工作状况、在疫情防控和复工复产中的表现和认识、集中反映的问题和建议，以及党外人士队伍建设中搭建平台、开展活动、选树典型等方面的经验和应重点把握的问题等。

创新载体方式，畅通渠道搭建交流平台。由于集团境内企业高度分散，人员流动相对频繁，统一战线工作点多、线长、面广，统战工作开展受到一定局限。集团各直属单位主要利用职代会、座谈会等形式开展党外人士建言献策活动，认真听取、充分征求党外人士意见建议，办理党外人大代表提出的议案建议，支持党外人士在企业民主管理和经营管理中发挥作用。但现有的专业交流平台较少。经调研，集团所属中远海运能源运输股份有限公司党外代表人士力量较强。集团党组于2020年上半年创立“中国远洋海运党外人士建言献策中远海运能源工作室”，工作室由党外人士担任工作室主要负责人，目前共有16名成员。工作室的创立为党外人士建言献策、学习交流、建功立业搭建了平台，有利于培育党外代表骨干队伍。

优化人员结构，选人育人，建强党外队伍。根据中共上海市委统战部有关无党派代表人士队伍建设的精神要求，集团党组结合集团在沪单位无党派代表人士队伍状况作出相关部署，对集团所属重点联系单位进行深入调研，认真梳理集团在沪单位党外人士队伍结构，掌握无党派人士基层情况。针对当前集团无党派人士队伍数量偏少、人员年龄结构偏老化，与上海市无党派代表人士队伍建设的规划要求还存在差距的问题，集团党组通过调研及初步摸排，与集团内部单位加强沟通联系，从集团所属重点单位严格选育一批符合资格的人员，并于2020年底前发展认定10名无党派人士，建强无党派人士队伍，促进统一战线工作高质量发展。（郭燕萍）

【党建工作会】

集团党组于2020年1月8—9日在海南博鳌召开2020年集团党建工作会议、境外企业党建工作会议，与直属单位党委签订年度党建工作责任书。贯彻落实《党委（党组）落实全面从严治党主体责任规定》，修订集团党组落实全面从严治党主体责任实施细则，明确全面从严治党责任清单。完善“三重一大”议事决策程序，细化党组研究讨论和前置程序清单。集团党组开展集团直属单位党组织书记2019年度述职评议考核，实现现场述职评议三年全覆盖。

2020年，集团党建工作会议发布《强化党建引领、践行初心使命，奋力开创新时代集团改革发展新局面——中远海运集团2020年党组工作报告》。党组书记许立荣在会议讲话中对2020年党建工作作出部署。一是抓好政治建设这个根本，增强领导经济工作能力；二是抓好主题教育这个永恒课题，激发党员干部使命担当；三是抓好基层基础这个关键，推动“三做”党建理念落地；四是抓好思想政治工作这个法宝，凝聚企业改革发展合力；五是抓好监督执纪这个利器，营造企业发展良好环境。（郭燕萍）

【“三做”理念见效】

集团党组结合企业特点，从基层党建实践中总结提炼出“三做”理念（即“党建工作做实了就是生产力、做细了就是凝聚力、做强了就是竞争力”）等具有鲜明航运特色的党建工作理念，推动党建工作促进发展、体现价值。2020年，集团党组通过党建工作会、年度工作会、党务干部培训等多种契机及集团内部各种媒体，详细阐述党建“三做”理念的重要意义、思路措施和工作载体，并将践行党建“三做”理念的具体要求细化到年度党建工作要点、基层党建工作三年规划和年度党建工作责任制考核评价指标中。“三做”理念已成为集团各级党组织和广大党员干部的思想共识和行动自觉。（郭燕萍）

【信息化平台建设】

落实习近平总书记“各级党委要高度重视信息化发展对党的建设的影响，做到网络发展到哪里党的工作就覆盖到哪里，充分运用信息技术改进党员教育管理、提高群众工作水平，加强网络舆论的正面引导”① 的指示精神，推动集团党建信息化建设。按照集团党组基层党建规划要求，由集团党组工作部、科技与信息化管理本部牵头，中远海运科技配合参与，通过前期项目启动和平台系统模块搭建、测试优化、试运行等筹备工作，集团党组于2020年5月印发《关于集团党建信息化平台正式上线运行的通知》，全面启动对直属单位的平台上线培训工作。按照培训一家、上线一家、使用一家、督导一家的原则，截至2020年年底，集团总部机关党委、在京共享中心及25家集团直属单位党组织上线培训工作顺利完成。

集团党建信息化平台提供PC端、移动端和OA单点登录三种入口方式。通过党建门户、个人中心、组织管理、组织生活、党员管理、发展党员、组织关系、党费管理、学习教育、党建看板、党建工作考核、日常工作、船舶党建、系统管理14个功能模块，与集团人力资源系统、航标系统等实现数据交互，有助于实现基层党支部组织生活、发展党员、党统数据、党费管理等信息化、规范化管理，推动党建工作督导、考核常态化，进一步促进基层党建标准化、规范化。以集团党建信息化平台上线使用为契机，推动集团党建传统优势与信息技术深度融合，有序推进线下工作向线上平移，做到线上线下有机结合，确保基层党组织和广大党员用好、用活党建信息化平台。充分运用党建信息化平台，持续完善基层党组织和党员基础信息库，建立基于党建大数据的决策分析辅助体系，为各级党组织提供实时、智能化的党务工作支撑。运用信息化手段加强和改进基层党建工作，把集团党建信息化平台的使用作为提高党建工作水平的重要抓手，作为提升基层党建工作质量和效率的重要渠道。将党建信息化平台的使用情况纳入党组织书记抓基层党建述职评议考核内容和党建工作责任制考核，形成常态长效的党建信息化工作机制。（郭燕萍）

【直属党委工作】

加强党费收缴使用管理。为疫情防控，向武汉中远海运集运拨出130万元党费，专项用于新冠肺炎疫情防控工作，印发《关于划拨国资委下拨党费用于支持新冠肺炎疫情防控工作的通知》。组织开展党员支持新冠肺炎疫情防控工作捐款活动，上海及北京地区和境外10 229名党员共捐

① 《习近平点出加强基层党组织建设的关键》，人民网，2018年07月17日，http://politics.people.com.cn/n1/2018/0717/c1001-30152190.html.

款 1 214 532.35 元，全额汇到上海市委组织部账户，由其汇总后上交中组部。《中国远洋海运报》等新闻媒体对捐款中涌现的中波公司离退休干部陈令晨捐款 20 万元等先进事迹进行报道。将中组部统一印制的捐款收据发放到各单位，强化广大党员的党员意识和自豪感。

春节期间组织开展走访慰问活动。集团和上海及北京地区各单位共走访慰问生活困难党员、老党员、老干部 654 人，使用党费 134.71 万元。加强党员学习教育，先后使用党费订购廉洁教育答题活动奖品及“四史”学习教育有关书籍、《习近平谈治国理政》第三卷、《中国制度面对面》《党的十九届五中全会〈建议〉学习辅导百问》《论党的宣传思想工作》《党建研究》等，供党员学习使用。组织在沪单位参加“学四史　迎百年——2020 我的电影党课”活动。

做好发展党员工作。把发展党员工作作为加强基层组织建设的重要措施，向直属党委所属上海及北京地区党组织分解下发 2020 年度发展指标，统计上报 2021 年发展需求，对中远海运集运、中远海运能源等单位进行专题培训。在做好防疫措施、确保安全的前提下，统筹安排集团党校举办两期积极分子培训班、一期发展对象培训班，并委托有条件的单位利用自身和社会资源办班，同时吸收其他单位的入党积极分子和发展对象参加。直属党委所属各级党组织克服疫情带来的不利影响，2020 年共计发展党员 347 人，较好完成了年初制定的发展指标。（赵中博）

【机关党委工作】

加强总部机关基层党组织和党员队伍建设。突出政治功能，推动总部机关党组织全面进步全面过硬。以党的政治建设为统领，在总部机关党建中坚决贯彻党的基本理论、基本路线、基本方略，坚决落实党中央决策部署和习近平总书记对本行业本企业重要指示批示精神，做到“两个维护”。先后组织召开两次总部机关党委会，研究审议发展党员工作和违法违纪党员处分事宜。以落实党支部工作条例为抓手，统一布置推进总部机关党支部换届选举工作，17 个支部全部完成换届选举。以推动机关党建和业务工作深度融合、相互促进为目标，批准成立两批共 8 个巡视审计组临时党支部和第三届进博会专项工作组临时党支部，为圆满完成集团党组重要任务提供组织保障。严格执行“三会一课”等制度，组织开展“增强廉洁意识，守住职业底线，当好系统表率”“进博先锋・党员行动”“学习宣传党的十九届五中全会精神”等一系列主题党日活动，运用正反两方面典型案例加强党员教育引导，强化基层党组织功能，提升组织力。推动退休党员组织关系转地方工作，加强与集团人力资源本部 / 组织部和人力中心的沟通协调，起草通知，制作表格，有序推进总部机关退休党员转地方工作，并指导在京共享中心党委做好相关工作，确保了转移工作按时完成。

做好党组第四巡视组巡视反馈意见整改落实工作。根据集团党组统一部署，2020 年 7 月 20 日—8 月 7 日，集团党组第四巡视组对总部机关党委开展常规巡视。10 月 28 日，集团党组巡视工作领导小组会议听取巡视情况汇报，集团党组书记、董事长、党组巡视工作领导小组组长许立荣主持会议，对本轮巡视情况进行评价，并要求被巡视单位党委要强化整改落实，进一步做好巡视“后半篇文章”，发挥标本兼治的战略作用，把巡视整改成果转化为全面从严治党和推动企业高质量发展的实际成效。11 月 13 日，集团党组第四巡视组向总部机关党委反馈巡视情况，集团党组副书记、董事王海民对抓好巡视整改工作提出了要求。总部机关党委认真对照集团党组第四巡视组反馈指出的 3 方面突出问题和 6 点整改意见，强化责任担当，坚持问题导向，切实担起巡视整改主体责任，举一反三，标本兼治，不折不扣推进 3 类 15 项 29 个问题的整改落实，扎实做好巡视“后半篇文章”，取得积极进展和阶段性成果。48 项整改措施均有效落实，集团总部各部门建立完善规章制度 6 项。集团党组第四巡视组移交的 1 件信访件，为反映诉求类，按规定予以办结。（赵中博）

【退休党员社会化管理】

根据中共中央办公厅、国务院办公厅印发的《关于国有企业退休人员社会化管理的指导意见》精神以及集团党组要求，集团党组工作部于 3 月印发《关于进一步加强退休人员党组织关系转移至街道和社区工作的通知》，就进一步加快推进各单位退休党员组织关系转移工作提出具体要求，并先后印发 8 期工作提示、采用每周一报等方式协调推进。各直属单位党委坚持将退休人员党组织关系转地方工作作为一项重要政治任务，指导和督促相关职能部门和所属基层单位党组织结合实际落实各项工作措施，层层压实责任，全面部署推进，为退休党员组织关系转社区工作落实落地提供了坚实的领导保障和组织保证。

集团各直属单位党委根据常住地接转组织关系的原则，组织专人对 2019 年 12 月 31 日前退休的党员全面开展信息核查，并与退休党员本人一一取得联系，逐一核实信息，全面掌握退休党员常住地址、交纳党费和参加组织生活、外出流动情况等情况，建立退休人员党员组织关系移交管理花名册，做到人员无遗漏、信息无差错。截至 2020 年 12 月底，全系统各级党组织 30 013 名离退休党员全部组织关系转社区 / 街道工作。

（郭燕萍）

【党 务 信 息】

2020 年，集团编发 13 期《中国远洋海运党建要情》，作为集团党建工作信息发布和工作交流重要平台，设立了领导讲话、党组月度大事记、党组月度工作小结、理论学习、基层动态、反腐倡廉、群团工作等栏目，并不定期编发专栏专刊。

（窦文金）

宣传思想工作

宣传思想工作

【党组理论学习中心组学习】

为深入学习贯彻习近平新时代中国特色社会主义思想，落实《中国共产党党委（党组）理论学习中心组学习规则》，进一步抓好集团党组、各直属单位党组织理论学习中心组学习，按照国务院国资委党委总体工作部署，集团党组制定《2020 年中国远洋海运党组、各直属单位党组织理论学习中心组专题学习重点内容安排》，在深入学习国务院国资委党委安排的 9 个方面学习重点内容的基础上，增加“习近平总书记关于新冠肺炎疫情防控工作的重要讲话和指示批示精神，坚决打赢疫情防控的人民战争、总体战、阻击战”“习近平视察中远海运比雷埃夫斯港重要讲话精神”“习近平总书记关于海洋强国、航运强国、‘一带一路’重要论述”等学习内容，主要包括 12 个方面的学习重点，并列举部分党员领导干部自学的党内法规和参考书目。同时印发了2020年集团党组理论学习中心组学习计划表。

面对 2020 年疫情防控的严峻形势，集团党组把“第一时间”用于学习习近平新时代中国特色社会主义思想，学习习近平总书记最新发表的重要讲话、重要指示批示精神，并将这些内容作为党组中心组学习的“第一议题”。认真学习党的十九届五中全会精神、中央经济工作会议精神等，结合巩固“不忘初心、牢记使命”主题教育成果，深入推进“四史”学习教育，以政治学习为根本，努力掌握和运用马克思主义立场、观点、方法，坚持围绕中心、服务大局、学以致用，为推动集团改革发展提供坚强的理论支持。

落实学习制度，提高思想认识。集团党组把理论学习中心组学习作为加强各级领导班子和领导干部在职理论学习的重要组织形式，作为严肃党内政治生活、强化党性修养的重要内容，在集团党建工作会、集团宣传思想工作会暨政研会上作出部署、提出要求，把全系统各级党委理论学习中心组学习情况纳入党建工作考核。集团党组率先垂范，结合“四史”学习教育，学习贯彻党的十九届五中全会精神，在学深悟透做实上下功夫。2020 年，集团党组共组织党组中心组学习 18 次，其中党组中心组（扩大）集体学习 5 次，编印《中心组学习》内部资料 16 期。通过学习，进一步增强“四个意识”、坚定“四个自信”、做到“两个维护”。

突出学习重点，加强研讨交流。2020 年，集团党组精心设计学习主题，深入开展研讨交流，放大中心组学习示范带动效应，进一步把握规律、探索创新，建立健全更有时代感、吸引力的理论学习体系。持续深入学习习近平新时代中国特色社会主义思想，认真学习党的十九届五中全会精神，深入学习习近平视察中远海运比雷埃夫斯港重要讲话和习近平在巴拿马与“中远海运玫瑰”轮船长通话内容，编辑《学习与行动——中远海运深入学习贯彻习近平总书记视察希腊比雷埃夫斯港重要讲话精神体会文章选编》，把学习成果转化为推动企业改革发展、建设航运强国的强大动力。在学习指定书目的基础上，增加学习集团编写的《思想领航——中国远洋海运集团深入学习习近平总书记重要论述材料选编》。结合集团疫情防控、复工复产，开展国有资本投资公司改革试点，研究制定集团“十四五”规划等，深入学习、深度研讨、深化交流，学出对党忠诚、坚定信念、自觉自信、责任担当、能力水平。

注重联系实际，推动改革发展。2020 年，集团党组坚持学以致用、知行合一、学用相长；通过学习，树立“党建工作做实了就是生产力、做细了就是凝聚力、做强了就是竞争力”的“三做”理念；坚持把方向、管大局、保落实，稳中求进，积极贯彻新发展理念，扎实推进供给侧结构性改革；聚焦“三个跑赢”“三个切换”“三个聚焦”，强化工作落实，推动高质量发展，在航运强国和“一带一路”建设等方面取得重要进展。全系统各级党组织坚持全面系统学、深入思考学、联系实际学。集团定期检查并通报。（朱雪峰）

党组理论学习中心组 2020 年学习情况见表 10–1。

党组理论学习中心组 2020 年学习情况一览表　　表 10–1

序　号	日　期	学习内容
1	1 月 8 日	学习中央“不忘初心、牢记使命”主题教育总结大会精神
2	1 月 19 日	学习十九届中央纪委四次全会精神
3	1 月 26 日	学习贯彻中央政治局常务委员会会议精神
4	2 月 5 日	学习贯彻中央企业加强新型冠状病毒感染肺炎疫情防控工作视频会精神
5	2 月 17 日	学习习近平总书记 2 月 12 日在中央政治局常务委员会会议上的重要讲话精神
6	2 月 24 日	学习习近平总书记 2 月 23 日在统筹推进新冠肺炎疫情防控和经济社会发展工作部署会议上的重要讲话精神
7	3 月 16 日	传达学习贯彻习近平总书记在决战决胜脱贫攻坚座谈会上的重要讲话精神、郝鹏在中央企业决战决胜脱贫攻坚视频会议上的讲话精神
8	3 月 18 日	党组中心组（扩大）集体学习，传达学习全国两会精神
9	3 月 23 日	1. 传达杨晓渡批示精神 2. 学习《中国共产党国有企业基层组织工作条例（试行）》 3. 学习《党委（党组）落实全面从严治党主体责任规定》
10	5 月 18 日	传达学习 2020 年全国巡视工作会议暨十九届中央第五轮巡视动员部署会精神、中纪委《关于贯彻落实党中央决策部署 紧紧围绕统筹疫情防控和经济社会发展跟进监督精准监督全程监督的工作意见》通知精神
11	6 月 1 日	党组中心组（扩大）集体学习，传达学习贯彻习近平总书记在全国两会期间的重要讲话精神和全国两会精神
12	7 月 1 日	党组中心组（扩大）集体学习，学习习近平总书记关于学习党史、新中国史、改革开放史、社会主义发展史重要指示精神，邀请中国社科院武力教授为党员干部作“四史”学习教育专题辅导报告
13	7 月 23 日	1. 传达学习贯彻习近平总书记在企业家座谈会上的重要讲话精神 2. 学习贯彻中央企业负责人会议精神
14	8 月 31 日	党组中心组（扩大）集体学习，集中学习《习近平谈治国理政》第三卷
15	9 月 14 日	学习贯彻习近平总书记在全国抗击新冠肺炎疫情表彰大会上的重要讲话精神
16	10 月 9 日	传达学习贯彻 9 月 27 日全国国有企业改革三年行动动员部署电视电话会议、9 月 29 日中央企业改革三年行动工作动员部署视频会议精神
17	11 月 3 日	党组中心组（扩大）集体学习，传达学习贯彻党的十九届五中全会精神
18	11 月 16 日	党组中心组（扩大）集体学习，传达学习贯彻习近平总书记在浦东开发开放 30 周年庆祝大会上的重要讲话精神

（窦文金）

党组理论学习中心组（扩大）集体学习。为扩大学习范围、增强学习效果，集团党组理论学习中心组集中组织开展了 5 次扩大集中学习研讨。

第一次：6 月 1 日党组中心组（扩大）集体学习，传达学习贯彻习近平总书记在全国两会期间的重要讲话精神和全国两会精神。全国人大代表、全国人大外事委员会委员、集团党组书记、董事长许立荣传达两会精神，通报全国两会概况，传达全国两会主要精神和重要成果，传达上海代表团相关会议情况，就学习贯彻落实两会精神，作出 8 个方面的要求部署。

第二次：7 月 1 日党组中心组（扩大）集体学习，采取视频形式召开，集团领导和全系统 4000 名党员干部分别在主会场和 200 个分会场参加会议。中国社科院武力教授以《深入学习新中国史，汲取新时代奋进力量》为题作“四史”学习教育专题辅导报告。会上举行集团编纂完成的8卷本、合计628万字的《中国远洋海运发展史》首发仪式。党组书记、董事长许立荣和董事、总经理付刚峰共同为《中国远洋海运发展史》首发揭幕，并为编纂组代表颁发荣誉纪念证书。许立荣最后作了《不忘来时路，砥砺新征程》主题讲话。讲话中指出，中远海运发展史是一部艰苦卓绝的革命斗争史，是一部披荆斩棘的不懈奋斗史，是一部锐意进取的开拓创新史，是一部精忠报国的爱国奉献史。希望全集团广大党员干部认真学习“四史”和中远海运发展史，从历史比较中清醒把握大局大势，从历史经验中汲取智慧力量，从历史思考中坚定责任担当，知史爱党、知史爱国、知史爱企，做到不忘来时路，砥砺新征程。

第三次：8 月 31 日党组中心组（扩大）集体学习，集中学习《习近平谈治国理政》第三卷。集团党组成员结合分管工作，选取重点篇目，围绕习近平总书记关于推动经济高质量发展、防范化解重大风险；结合贯彻落实新时代党的组织路线，加强党的建设；结合提质增效、服务双循环新格局、“一带一路”建设；围绕形成全面开放新格局、服务海南自由贸易港建设；围绕坚持以习近平新时代中国特色社会主义思想指导审查调查工作；结合深化改革、促进经营管理提升，交流学习体会等重点内容，深入学习研讨，并对集团全系统进一步抓好学习贯彻提出新的要求。

第四次：11 月 3 日党组中心组（扩大）集体学习，传达学习党的十九届五中全会精神。党组成员交流学习体会，对抓好贯彻落实作出 8 个方面安排部署。党组把学习、宣传、贯彻十九届五中全会精神和习近平总书记重要讲话精神作为当前和今后一个时期的重大政治任务，作为集团党组会、各级党委会和中心组学习的第一议题，第一时间制定方案，通过专家辅导、集中轮训、领导宣讲、媒体宣传、课题研究和集中学、自主学，线上学习、线下研讨等方式，迅速掀起学习宣传贯彻十九届五中全会精神的热潮。

第五次：11 月 16 日党组中心组（扩大）集体学习，传达学习习近平总书记在浦东开发开放 30 周年庆祝大会上的重要讲话精神。党组成员交流学习体会，就抓好学习贯彻作出五个方面部署和安排。一是坚持创新引领，大力推进企业数字化转型和科技创新；二是坚定不移全面深化改革，加快“重组红利”向“改革红利”转变；三是坚持服务新发展格局，坚定不移走全球化发展道路；四是坚持融入上海发展大局，担当建设全球航运枢纽主力军；五是加强党的建设，为集团改革发展领航护航。（朱雪峰　吴彦红）

【贯彻党的十九届五中全会精神】

中远海运集团党组把传达学习贯彻党的十九届五中全会精神作为首要政治任务。2020 年 11 月 3 日，在参加“中央企业传达学习贯彻党的十九届五中全会视频会议”之后，集团党组书记、董事长许立荣第一时间主持召开党组（扩大）会议，传达学习党的十九届五中全会精神，组织党组成员交流学习体会，对抓好贯彻落实作出总体部署。11 月 9 日，集团总部和四级（含）以上单位领导班子成员、部门负责人、党员代表通过视频连线参加了国务院国资委“学习贯彻党的十九届五中全会精神中央宣讲团报告会”。会后，党组书记、董事长许立荣再次主持召开党组专题会，按照郝鹏的讲话要求，就全系统抓好党的十九届五中全会精神作出进一步的安排。11 月 11 日，集团党组印发《关于做好党的十九届五中全会精神学习宣传的通知》，从精心组织学习培训、广泛开展宣传宣讲、认真谋划贯彻落实 3 个方面进行部署，并启动全系统宣讲。

集团党组充分认识党的十九届五中全会重大意义，把思想行动统一到习近平总书记重要讲话精神上来，切实抓好党的十九届五中全会精神的传达学习和贯彻落实。

一是迅速行动、周密部署，在全集团掀起学习贯彻热潮。党组把学习、宣传、贯彻五中全会精神和习近平总书记重要讲话精神作为集团党组会、各级党委会和中心组学习的第一议题，按照中央和国务院国资委要求，第一时间制定全系统传达学习贯彻党的十九届五中全会精神工作方案，通过专家辅导、集中轮训、领导宣讲、媒体宣传、课题研究和集中学、自主学，线上学习、线下研讨等方式，迅速掀起学习宣传贯彻五中全会精神的热潮。

二是深刻理解党的十九届五中全会精神核心要义，与国家“十四五”规划对标对表。集团党组以推动高质量发展为主题，以深化供给侧结构性改革为主线，以改革创新为根本动力，以落实党中央重大决策部署、服务国家战略为己任，准确把握党的十九届五中全会对国有经济、国有企业工作要求，把中远海运的各项工作与国家2035年远景目标、“十四五”主要目标对标对表，制定实施集团“十四五”发展规划，在落实国家战略中找准地位、实现企业的健康发展，做落实国家经济发展规划的主力军、先锋队、践行者。

三是坚持走高质量发展之路，加快由最大向最强转变。“加快建设交通强国”是我国进入高质量发展阶段的必然要求。中远海运牢记建设航运强国、交通强国使命担当，集中精力办好自己的事情，以航运、港口、物流等为基础和核心，打造世界一流的全球综合物流供应链服务生态，实现世界一流的业绩表现和引领行业的企业影响力，努力实现从行业重要参与者向行业引领者转变，由全球最大向最强转变，在做强做优做大上有新成效。

四是牢牢把握构建新发展格局，在促进双循环中发挥作用。充分发挥行业优势和航运龙头地位，在构建以国内大循环为主体、国内国际双循环相互促进的新发展格局中当好交通运输先行官，强化全球物流链供应链安全保障水平，确保粮食、能源、矿产资源等关系国家安全、国民经济命脉和国计民生的物资运输通道高效畅通，维护产业链、供应链、创新链的安全可控，成为顺畅国内国际双循环相互促进新发展格局的关键，助力国民经济稳健运行和改革开放政策全面落实。积极研究判断扩大内循环对内陆和沿海运输市场增长趋势，提前谋划加大内贸市场开发，促进南北货流畅通。积极融入长江经济带、长三角一体化、京津冀一体化、海南自由贸易港建设等国家区域经济发展战略，抓好重点市场开发，在新发展格局中展现新作为。

五是把握国家实行高水平对外开放政策方向，坚定不移建设全球化企业。深刻理解党中央关于“当前和今后一个时期，我国发展仍然处于重要战略机遇期，但机遇和挑战都有新的发展变化”重要判断，保持建设全球化公司战略方向不动摇，继续当好对外开放、国际合作的先行官。以落实共建“一带一路”为抓手，持续优化海外产业布局，加快拓展区域市场、新兴市场、第三方市场，强化“一带一路”沿线重要战略支点建设，不断深化和海外大客户的合作共赢，不断提高全球资源配置能力，全面实现从全球承运到承运全球的历史飞跃。在集中精力办好自己的事的同时，强化底线思维，防范各种风险，保障企业平稳健康发展。

六是坚持不懈推进全面深化改革，不断激发企业活力。落实创新驱动战略，以市场为导向，坚持不懈全面深化改革，加快实现由重组红利向改革红利转变，不断激发企业内生动力。把落实国家“十四五”规划和国务院国企改革三年行动相结合，做好三年行动方案顶层设计，进一步突出重点，明确目标、时间表、路线图，以钉钉子精神狠抓落实，推动改革向纵深发展。围绕国有资本投资公司试点，积极尝试企业机制体制变革，积极推进下属多家子公司深化改革，成为国有资本转型突破的典型示范。持续推进董事会建设、“三项制度”改革、职业经理人、混改、“双百行动”，综合运用有利于激发企业活力、提高运营效率的改革举措，在提高企业活力和效率上取得明显成效，力争成为中央企业创新模式探索者、可持续发展推动者和国资改革试行者。

七是加强党的建设，提升各级班子引领企业高质量发展的能力。以习近平新时代中国特色社会主义思想为指导，以政治建设为统领，深入推进全面从严治党，坚决贯彻落实习近平总书记对本行业本企业重要指示批示精神和党中央重大战略决策部署。不忘初心、牢记使命，持续开展“四史”学习教育，深入学习《习近平谈治国理政》第三卷。贯彻新时代党的组织路线，加强干部人才队伍建设，促进各级领导干部思想大解放、理念大更新、能力大提升，提高开拓创新意识，强化全球视野，提升战略运作能力。弘扬“支部建在船上”光荣传统，加强基层党务干部培训和素质提升，抓好集团 2020—2022 年基层党建三年工作规划落地落实。

八是抓好 2020 年“十三五”规划的各项收官工作，促进“十四五”规划开好局起好步。坚持一手抓长远、一手抓当前。抓好常态化疫情防控不懈怠，坚守“病例零上船、感染零输入、疫情零输出”底线。抓好安全生产经营不放松，确保完成全年奋斗目标。12 月，集团召开务虚会、政研会，进一步深入贯彻落实党的十九届五中全会精神，分析研判 2021 年经济形势，早部署、早行动，为集团“十四五”规划开好局起好步奠定了坚实基础。（窦文金　朱雪峰）

【“四史”学习教育】

集团党组于 2020 年 5 月印发《关于广泛深入开展党史、新中国史、改革开放史、社会主义发展史学习教育的通知》，在全系统各级党组织中统筹部署、深入开展“四史”学习教育。集团党组成员充分发挥“头雁效应”，以上率下，示范领学。通过发掘集团历史文化资源、编纂《中国远洋海运发展史》等工作，促进“四史”学习教育，进一步推动集团广大党员干部增强“四个意识”、坚定“四个自信”、做到“两个维护”，让广大党员干部深刻理解建设海洋强国、航运强国的重大意义和迫切要求，进一步强化使命担当，坚定信仰信念推动高质量发展、建设世界一流企业。

一是在全系统广泛深入开展“四史”学习教育，凝聚坚决打赢疫情防控和提质增效“双线战役”的正能量。按照中央统一部署，集团党组广泛组织开展“四史”学习教育，掀起学习教育热潮。7 月 1 日，集团党组以全系统视频方式举行中心组（扩大）学习暨《中国远洋海运发展史》首发仪式，特邀当代中国研究所原副所长、中国社会科学院研究生院博士生导师武力作《深入学习新中国史，汲取新时代奋进力量》的专题辅导报告。集团全系统各单位通过组织开展党委中心组学习、党委会专题学习、专题党课、参观红色教育基地、党委书记讲党课、党委书记与青年员工座谈交流等形式，广泛开展“四史”学习教育。树立“党的一切工作到支部”的鲜明导向，组织各级党组织以支部为单位深入开展“四史”学习教育。5 月，上海地区各单位党支部开展了以“从历史中汲取精神力量、汲取经验智慧、汲取坚守人民立场的定力，为奋力夺取疫情防控和实现经济社会发展目标双胜利提供强大思想保障”为主题的“四史”学习教育主题党日活动。各船舶、项目、网点、车间、班组党支部通过“三会一课”、主题党日活动等广泛开展“四史”学习教育。各单位通过组织广大党员干部参观红色教育基地，了解我们党领导人民进行艰苦卓绝的斗争历程。全年“四史”学习教育中，集团领导班子和在沪单位领导班子成员参加所在党支部组织生活会 358 次，前往党支部在工作联系点以面对面座谈、参加组织生活、讲专题党课等形式深入调研指导 266 次，到分管单位、远洋船舶等基层单位（含党支部联系点）或所在党支部讲专题党课 136 次。基层党支部围绕“四史”学习教育开展主题党日活动共 1995 次。各基层党支部组织党章专题学习交流共 276 次，开展“党课开讲啦”活动 970 次。广大党员干部在学习“四史”中，进一步坚定了理想信念，强化了使命担当，做到知史爱党、知史爱国、知史爱企，并汲取坚决打赢疫情防控和提质增效“双线战役”的勇气和力量。

二是发掘中远海运七十年创业发展的历史，铭记“为祖国远航”的光辉历程把“四史”学习教育引向深入。在7月1日举行的《中国远洋海运发展史》首发式上，集团党组书记、董事长许立荣和董事、总经理付刚峰共同为史书首发揭幕，并为编纂组代表颁发荣誉纪念证书。《中国远洋海运发展史》由人民交通出版社股份有限公司出版，共8卷、628万字，记录了中远海运集团扬帆远征的航路里程和家国天下的壮丽史诗，还原了一代代中远海运人不忘初心、牢记使命的艰苦创业史和光荣奋斗史。当天同步发布《中国远洋海运发展简史》。集团党组要求全系统广大党员干部认真学习“四史”，结合中远海运发展史，从历史比较中清醒把握大局大势，从历史经验中汲取智慧力量，从历史思考中坚定责任担当，做到不忘来时路，在新的征程砥砺前行。牢记习近平总书记对国企应当成为“六种力量”的殷切期许，牢记“经济强国必定是海洋强国、航运强国”的重要论断，牢记“一帆风顺、前途不可限量”的殷切期望，向改革要动力、向创新要活力、向管理要潜力，奋楫扬帆推动集团在高质量发展征程中驶向卓越。

三是把“四史”学习教育融入企业文化血脉，转化为推动集团高质量发展的强大动力。集团党组把开展“四史”学习教育作为建立“不忘初心、牢记使命”学习教育长效机制的重要内容，把“四史”学习教育纳入党员干部日常学习教育，抓实抓好。7月3日，中国远洋海运集团党校/企业大学/研究院/青岛船院在青岛举行揭牌仪式。集团把“四史”学习教育作为新建企业大学教育培训研究的“必修课”，组织编写培训课程课件，在干部教育培训、学生培养、教学研究等过程中，上好“四史”学习教育课。集团还将在青岛企业大学建设大型航海文化博物馆，目前正在制订建设规划，把该博物馆建设成为“四史”学习教育的重要阵地，建设成为激励广大干部职工和航海人才“不忘初心、牢记使命”的精神家园。

（朱雪峰　吴彦红）

【形势任务教育】

2020年，集团党组将学习宣传贯彻中央大政方针和习近平总书记重要讲话精神、行业发展趋势宣传、企业面临的国内外政治经济形势和意识形态宣传、企业党政中心工作任务宣传、企业取得的重大改革发展成就宣传等为主要内容，大力开展形势任务教育。

一是全系统传达。召开年度和年中工作会、党建会，对中央精神和上级任务部署进行学习传达，对企业面临形势进行系统分析；召开务虚会，对企业面临形势进行全面分析，制定对策；召开宣传思想工作会和党建思想政治工作研究会，对重大宣传任务和重大思想政治课题进行部署。

二是专题宣传。集团党组充分利用中心组学习、党组会、党组碰头会、各项专题会，对最新政治热点和突发国际形势问题，结合集团业务进行专题研究，并请专家作深入解读。七一期间，党组书记许立荣带头讲党课。

三是媒体传播。运用集团报刊、网络、微信全媒体宣传平台，实时进行形势任务宣传和教育。同时，集团注重外部媒体宣传，集团领导亲自撰文，发表文章，增强企业的影响力。

四是组织大型活动。通过全面参与航海日、海员日活动，参展上海国际航运中心建设成果展等各类展览，加强航海知识普及，激发全社会海洋意识。

（朱雪峰）

【宣 传 工 作】

2020年是决胜全面建成小康社会的收官之年和决战新冠病毒疫情防控的攻坚之年。中远海运集团党组以习近平新时代中国特色社会主义思想为指导，全面贯彻落实党的十九大和十九届二中、三中、四中、五中全会精神，深入贯彻落实全国宣传思想工作会议精神、《中国共产党宣传工作条例》、中央企业宣传思想工作会精神等，坚持党管宣传、党管意识形态、党管媒体原则不动摇，高举旗帜、政治引领，宣传思想工作主动作为，紧扣决胜全面建成小康社会、决战脱贫攻坚、决战疫情防控，聚焦集团高质量发展、突破性发展、一体化发展，着力加强宣传引导，唱响时代主旋律、壮大发展正能量。

一是新冠肺炎疫情大战大考面前，宣传思想战线迅速行动，第一时间作出宣传部署、策划宣传行动，及时宣传党和国家关于疫情防控的大政方针，广泛宣传公司防疫战疫、复工复产的措施和成效，全方位展示“大国船队”的责任担当；制作发布《为远征扬帆》电子书，制作战疫宣传片《同舟共济》《同心抗疫》，开辟“身边的战疫者”专栏，对抗疫先进典型展开系列宣传；协助中宣部、国务院国资委完成《我们的战疫》《战疫中的国企担当》《中央企业战疫图鉴》等多部抗疫作品。策划“保产业链供应链稳定”“守望相助、共同抗疫”境外捐赠等系列主题宣传，组织集团境外战疫摄影及短视频作品大赛，展现海内外员工精神面貌，反映集团对员工的关心关爱，稳人心、鼓士气、树形象，主动奏响“战疫”最强音。

二是主动呼应“全面小康央企行动”主题宣传活动，策划“决战决胜脱贫攻坚”主题宣传报道，加大扶贫援藏和社会责任宣传，出版脱贫攻坚报告文学集《此爱跨越山海——脱贫攻坚中的央企情怀》，制作《春华秋实》《山高水长》《海拔》等多部宣传视频作品。

三是围绕集团国企改革三年行动，发挥集团宣传阵地资源协同性，持续开展深化改革、协同经营、全球布局、服务国家战略宣传，开展全国两会集团发展成就主题宣传，有效展示企业护航产业链供应链、服务全球贸易的良好形象。

四是协同中央媒体，就防疫抗疫、助力交通强国、构建双循环格局、央企扶贫等话题在《学习时报》等党报党刊发表理论、通讯近 10 篇。加强社会媒体宣传互动，积极宣传集团品牌形象。全年共组织中央媒体采访 20 余次，社会媒体刊发集团各类宣传稿件合计 4800 余篇。其中，《人民日报》、新华社、央视等中央主流媒体刊发、播出报道 500 余篇，境外媒体刊发、播出报道 2000 余篇。

五是带动全系统开展立体化宣传。中远海运集运积极围绕促进国内国际双循环，持续开展水铁联运、区块链、信息化发展等主题宣传活动，打响优质服务品牌，提升企业精气神；中远海运特运、中远海运物流持续开展重大件运输、综合物流等国际合作宣传；中远海运散运立足保障重要物资运输、中远海运港口着眼境内外港口运营效益等开展宣传，展现集团责任担当和综合实力；中远海运能源策划标杆船舶深度宣传，推出应对制裁船舶典型，展现企业正能量；上海中远海运在危化品码头和液化品罐区等生产一线强堡垒、树典型；广州中远海运着力打造优秀宣传队伍，抗疫宣传接地气、聚人气；大连中远海运 / 中远海运客运制作《抗“疫”航迹》专题片，团结凝聚抗疫力量；中远海运大连投资发动职工群策群力，开展战略定位大讨论，确立企业战略定位和主业方向；中波公司持续开展“历史上的今天”主题宣传活动，讲好发展故事；中石化中海燃供开展“战疫保供”“奋战 120 天”提高效益等主题宣传，营造拼搏奋进浓厚氛围。欧洲、北美、比港等海外公司围绕向驻在地捐赠防疫物资、保障当地供应链稳定，并组织外宣等，进一步提升集团在海外的社会形象。（朱雪峰）

【意识形态工作】

2020 年，中远海运集团党组抓好《党委（党组）意识形态工作责任制实施办法》修订后的贯彻落实。进一步推动各级党委履行好主体责任，全面落实意识形态工作各项任务，形成意识形态年报工作机制，定期分析意识形态形势，做好意识形态工作责任制落实情况监督检查并及时通报。认真解决工作中的重大问题，牢牢掌握意识形态工作领导权。

推进意识形态领域问题持续整改，强化意识形态工作责任制落实。落实集团党组制定的《贯彻落实意识形态工作责任制实施细则》《理论学习中心组学习实施细则》，每年制定党组中心组学习计划，加强对所属各类意识形态阵地的管理，坚持党管宣传、党管意识形态、党管媒体的原则，树立办报、办刊、办网站的政治意识。在政治方向、舆论导向、价值取向上立场坚定。在教育资源重组改革、组建中远海运集团党校、中远海运大学的过程中，以“党校姓党”原则抓好“阵地”建设。

始终秉持党校的政治属性和政治功能，致力于发挥好党性教育主渠道、主阵地作用。在集团党组内部巡视过程中，把意识形态工作作为重要内容，加强督查。

加强舆情引导和舆情管理，积极营造稳定客观的舆论环境，为集团各项生产经营顺利开展保驾护航。集团积极提前部署，抓好实时监测，做好内部信息沟通与口径协调，稳妥地将舆情处置在萌芽状态。编制《每日舆情要点》240余期、专项舆情监测报告20余期，处置突发舆情风险13起。就疫情形势下邮轮运营、船舶挂港、船员换班、船员健康、疫情防控等热点问题，以及美国制裁、船员体制改革等舆情及舆情风险进行迅速处置，有效防范经营风险。

面向国内国际，品牌传播塑造企业形象。充分利用集团参与的金砖国家工商理事会、中国航海日、第三届进博会、中国—东盟博览会、中国国际服务贸易交易会、亚洲物流航运及空运会议等高层次国际组织和高水平展会论坛，统筹各方资源，凝聚全系统合力，推进集团品牌在国内国际广泛深入传播，努力释放集团品牌效益，服务生产经营创造价值。抓住集团制定“十四五”规划契机，制定品牌战略规划，推动集团品牌工作由实践向战略提升。调研制定集团品牌海外推广方案，确定试点地区和公司，加强品牌工作的针对性、实操性，积极提升集团品牌海外知名度、美誉度。完善集团VI手册，制作英文版本，进一步加强集团品牌规范化管理服务工作体系。

创新体制机制，放大媒体平台融合之效。紧紧围绕集团改革发展和党建工作，报、刊、网、微、号全媒体平台融合发展，多渠道讲好集团故事，传播集团声音。立足突出集团国际化形象，从行业和集团特点、重点出发，结合当前互联网发展趋势和网民阅读习惯等，初步完成集团新版官网的测试版工作。加强海外社交媒体账号建设。北美公司协助做好集团、集运脸书、推特账号的日常发布维护；希腊比雷埃夫斯港开通脸书、推特账号；中远海运港口公司积极推动西班牙港口、阿联酋阿布扎比码头、比利时泽布吕赫码头等海外项目社交平台建设；集团研究开设西班牙语、日语等外语语种海外社交媒体账号，全面加强集团海外新媒体平台建设。基于集团品牌、外宣和舆情管理工作的迫切需要，积极推进对外宣传工作、舆情管理与处置、新媒体平台管理等制度建设。建立集团新闻通气会、重大专题策划会制度，积极推进集团外宣品牌工作协同联动机制建设。2020年，集团先后组织系统新闻通气会3次，深入剖析当前宣传形势和对外宣传要点，强调对外宣传要求，针对敏感话题，统一宣传口径、确定宣传策略。 （朱雪峰　马晓静）

【思想政治工作】

2020年，中远海运集团深入学习贯彻习近平总书记关于宣传思想工作的重要论述，深入贯彻落实全国宣传思想工作会议和中央企业宣传思想工作会议精神，聚焦集团深化改革、提质增效、服务“六稳”“六保”，加强思想引领、注重策划谋划、推进协调联动，取得了一系列成果，为建设世界一流企业、服务航运强国建设凝聚了强大正能量。

聚力起航，抓好顶层设计。集团高度重视加强思想政治工作的顶层设计，把思想政治工作与企业发展战略、发展规划、年度计划同步研究、同步部署。坚持长远规划、精心策划、周密计划。注重着眼大局谋划思想政治工作，围绕中心抓实抓细思想工作。坚持全系统上下联动，活动环环相扣，有机结合，丰富多彩。

思想领航，确定方向。集团坚持把政治建设放在首位，深入组织学习宣传贯彻习近平新时代中国特色社会主义思想，引导党员干部职工切实在学懂弄通做实上下功夫。特别是认真学习贯彻习近平视察中远海运比雷埃夫斯港重要讲话精神、习近平总书记与“中远海运玫瑰”轮船长通话精神，深入学习贯彻习近平总书记对本行业本单位8个方面的重要指示批示精神，通过学习，提高政治判断力、政治领悟力、政治执行力。

理论续航，加强焦点研究。集团党组高度重视理论研究工作，发挥政研会平台作用，开展针对性强的专题研究、重点课题研究，由广泛研究

向出成果、出精品转变，全系统政研论文成果质量显著提升。（朱雪峰）

【宣传思想工作】

2020 年 12 月 10 日，集团首次与务虚会同步召开宣传思想工作会暨政研会一届四次会员大会。会上表彰 2020 年度优秀政研课题成果，中远海运集运、中远海运能源、青岛中远海运、海南港航、中远海运重工、企业大学 6 家单位作了交流发言。

集团党组书记、董事长许立荣对 2021 年集团党建宣传思想工作进行部署。要求以习近平新时代中国特色社会主义思想为指引，以政治建设为统领，以庆祝建党 100 周年为主题，坚持“三做理念”“三舱精神”“四个坚守”，落实党建“融合发展年”要求，促进“四个融合”：党的领导与公司法人治理结构融合；与集团“十四五”规划实施融合；与落实国企改革三年行动方案和对标世界一流企业实现管理提升融合；与应对百年未有之大变局和重大风险挑战融合，以高质量党建为集团“十四五”规划开好局起好步提供坚强保证。重点抓好七项工作：抓好党的十九届五中全会精神学习贯彻；开展庆祝建党 100 周年重大主题宣传；推动基层党建全面加强、全面过硬；提升企业文化引领认同感；发挥政研会理论研究平台作用；持续推进全面从严治党；坚持党对群团工作领导。（朱雪峰）

【研究会工作】

2020 年初，集团党建思想政治工作研究会印发年度集团党建思想政治工作课题研究计划，明确以习近平新时代中国特色社会主义思想为指导，深入贯彻落实国务院国资委党委关于加强中央企业党建思想政治工作的部署要求，深入研究集团面临的新情况、新问题，形成新思路、新成果，为加强新时代集团党建思想政治工作提供理论支撑和智力支持。2020 年，政研会研究课题计划主要包括 10 项重点课题和 20 项参考选题。

各单位坚持以习近平新时代中国特色社会主义思想和党的十九大精神为指导，围绕集团 2020 年主要任务，把课题研究与坚持“三个聚焦”推进改革发展结合起来，坚持问题导向，扎实开展重大理论和实践问题研究，共上报 128 篇研究成果。

2020 年，集团政研会加强自身建设，推进年初课题立项机制、年底总结表彰机制。办好会员大会，加大会员单位之间的经验交流，编印课题研究成果合集，加大课题成果转化应用。加大与中国政研会、全国党建研究会、中央企业政研会、中国交通政研会等上级政研机构沟通联系，加强与《学习时报》等理论宣传阵地合作，推动集团理论研究和实践性研究上台阶。

部分获奖课题论文名单

1. 中国政研会

中国思想政治工作研究会印发《关于表彰中国政研会 2019 年度一、二、三类优秀研究成果和评选活动组织工作先进单位的决定》，集团 1 篇论文获“一类研究成果”。

《弘扬航海文化、建设航运强国的央企担当——中国远洋海运集团打造航海特质文化的思考和探索》

作者：中远海运集团党组工作部　朱雪峰

2. 全国党建研究会国企专委会

全国党建研究会国企专委会印发《关于表彰全国党建研究会国有企业党建研究专业委员会 2019 年度优秀课题研究成果的通知》，集团 2 篇论文分别获一等奖、三等奖。

一等奖：

《航运企业“支部建在船上”党建实践与创新研究》

作者：中远海运散运　刘孔明、苗圣英、张志新、方鹏

三等奖：

《围绕中心、服务大局，在国有企业改革发展中提升共青团工作价值》

作者：中远海运集团团委　海峡、唐闻星、

张艳、朱辰初

3. 中国交通政研会

中国交通政研究会印发《关于表彰2018—2019年度全国交通运输行业优秀政工论文的决定》，集团2篇论文获二等奖，3篇论文获三等奖，23篇论文获优秀奖。

二等奖：

（1）《激扬航海文化　引领百年航程》

作者：中远海运集团党组工作部　朱雪峰

（2）《构筑强化新时代国有企业党委领导作用发挥的“作用力体系”——中远海运特运党委党建实践模型分析》

作者：中远海运特运党委课题组

三等奖：

（1）《强“根”铸“魂”，实现国企党建与改革发展同频共振——新时代国有企业党建工作的思考与实践》

作者：上海泛亚航运　徐诚诚

（2）《把握“根”和“魂”，全面发挥好国有企业的独特“政治优势”，提升国有企业党建水平研究》

作者：中远海运集运　宋其平

（3）《坚持支部建在船上，勇当新时代基层党建机制创新排头兵》

作者：中远海运船员党委课题组

优秀奖：

（1）《把定航行之舵，提升基层组织力，为党建领航发展集聚动能——以中远海运集运改革重组以来实践为例》

作者：中远海运集运党委工作部

（2）《发挥党组织把方向、管大局、保落实的领导作用，为论坛年会保驾护航的实践和思考》

作者：中远海运博鳌党委中心组

（3）《深化推进分承包方党建工作长效机制的探索与实践》

作者：舟山中远海运重工党委课题组

（4）《提高站位把准定位，强化监督完善服务，切实开创企业内部审计工作新局面》

作者：中远海运集团审计本部　纪海东

（5）《以文聚心、融以共赢——关于国有企业在“一带一路”建设中加强跨文化融合的思考》

作者：中远海运散货　刘孔明

（6）《在深化国有企业改革中坚持思想建党——加强党的思想建设研究》

作者：中远海运集团党组工作部　海峡，集团纪检监察组　吴腾

（7）《学思践悟笃行，推动改革发展——国有企业推动学习贯彻习近平新时代中国特色社会主义思想往深里走的路径方法研究》

作者：中远海运集团党组工作部　吴彦红

（8）《守初心　担使命　学先进　做表率　践行“三个跑赢”　做新时代合格共产党员》

作者：中远海运集运　钱卫忠

（9）《基层网点落实中央八项规定精神存在的问题及对策》

作者：中远海运集运　张德华、韩青菊

（10）《培育创客文化　助推企业发展》

作者：中远海运货运　金阳

（11）《持续深化“转职能、转方式、转作风”推进全面从严治党向纵深发展的思考和研究》

作者：上海中远海运　许婷婷

（12）《浅谈如何提升青年干部的领导力与执行力》

作者：上海中远海运　赵炜

（13）《适应新时代党的建设总要求，推动基层党的建设质量实现新跨越——关于持续改进加强基层党建工作实践的思考研究》

作者：上海中远海运　周敏励

（14）《广州中远海运船舶工程有限公司“五个融入”提升党组织组织力的实践与探索》

作者：广州中远海运　刘闯

（15）《关于加强基层党组织建设的思考》

作者：广州中远海运　梁翠梅

（16）《国有企业文化建设和品牌形象建设研究》

作者：广州新海医院党建课题研究组　钱慧平、邵昆、马海雁

（17）《理论学习中心组学习制度化规范化的探索与实践》

作者：广州中远海运　陈晓艳

（18）《关于广州海运大厦灾后重建项目廉洁风险防控的思考》

作者：广州中远海运　陈军

（19）《船舶政委套派考核探索与管理思考》

作者：中远海运客运　张浩

（20）《以开放式创新，推动企业实现新发展》

作者：中远海运客运　宫晶

（21）《新时期国有航运企业党建思想政治工作策略探析》

作者：中远海运客运　任鹏

（22）《新时期开展船舶政治思想工作研究》

作者：中远海运客运　刘伟

（23）《增强健康管理意识，维护人力资本效能》

作者：中远海运客运　杨洪友

4. 中远海运集团政研会

集团政研会印发《关于表彰中国远洋海运集团 2020 年度党建思想政治工作优秀研究成果的决定》，表彰一等奖论文 10 篇、二等奖论文 21 篇、三等奖论文 31 篇。

一等奖：

（1）《新时代国有企业三项制度改革探索实践与思考——以中远海运特运推进三项制度改革为例》

作者：中远海运特运组织部 / 人力资源部　詹文明

（2）《国有企业共青团组织在新时代加强青年思想引导中的对策研究——以中远海运散运为例》

作者：中远海运散运党委工作部　张艳

（3）《信念坚定“压舱”责任落实“满舱”精神迸发“爆舱”——中远海运集运在疫情防控中加强党的领导实践探索及经验启示》

作者：中远海运集运党委工作部

（4）《构筑新时代中国船燃基层党组织标准化建设体系，以党建领航企业高质量发展》

作者：中国船燃党建课题组

（5）《基于“三项制度”改革背景下国有企业激发干部人才队伍活力的实践路径和探索经验——舟山中远海运重工干部人才队伍建设的实践案例》

作者：舟山中远海运重工　徐如林、郭秋旺、刘宏涛

（6）《党建“三做”理念在国有企业基层党组织的产品化路径研究——以昆明物流党委典型做法为例》

作者：中远海运物流　韩耀东、吴炳辉、张晓莉

（7）《打造引领高质量发展的“发展型”文化生态——关于中远海运发展“卓实”企业文化建设的实践与思考》

作者：中远海运发展党委

（8）《基于习近平担当论述，谈如何完善担当作为的激励机制》

作者：青岛中远海运党委课题组

（9）《学习焦裕禄精神　强化“七种能力”建设——浅谈对学习贯彻习总书记在 2020 年秋季学期中央党校（国家行政学院）中青年干部培训班重要讲话精神的思考》

作者：天津中远海运　王然

（10）《国有上市企业政治责任和社会责任的融合履行研究》

作者：中远海运能源党委课题组

二等奖、三等奖（名单略）

（朱雪峰）

【“学习强国”平台】

“中远海运”学习强国号于 2020 年 7 月 1 日正式上线运行，由中远海运集团党组主管，集团党组工作部主办，集团新闻媒体中心负责运营维护，内容资源主要依托于中远海运集团党组领导下的全系统宣传力量和政研资源。

在“中远海运”学习强国号的实践中，中远海运集团党组以习近平新时代中国特色社会主义思想为指导，以建立健全更有时代感、吸引力的理论学习、新闻宣传和舆论引导体系为要求，抓

住举旗帜、聚民心、育新人、兴文化、展形象的使命任务，为企业改革发展和党的建设提供坚强思想保证和强大精神力量。

强国号在运行初期设定四个常设栏目——“新闻航标”“理论航向”“海韵扬帆”“印记航迹”，涵盖新闻报道、典型事迹、纪实通讯、理论研究、经验总结、观点探讨、行业分析、海运文化、副刊文体、口述历史等内容。

强国号自2020年7月上线至2020年12月31日共发布各类型图文、音视频380篇。

（白昌中）

【培育选树典型】

集团党组高度重视先进典型培育工作，认真研究选树典型的发现机制、推荐机制、培育机制、激励机制、传播机制；重视在船员群体、创效群体、创新群体、改革团队中树典型、立标杆；开展年度先进评选、船舶“三长”表彰，推选“抗疫先锋”“感动人物”等先进典型，培育行业性、国家级典型。同时发挥典型示范作用，在《中国远洋海运报》开辟专栏，运用视频制作、网络媒体等手段和平台，推出系列宣传，用榜样的力量激励广大职工崇德向善、见贤思齐，让忠诚、实干、创新在全集团蔚然成风。

1. 上级荣誉

（1）全国抗击新冠肺炎疫情先进个人：

武汉中远海运集装箱运输有限公司总经理吴士泉

（2）国务院国资委中央企业抗击新冠肺炎疫情先进集体：

中远海运集团北京地区疫情防控工作小组及办公室

（3）国务院国资委中央企业抗击新冠肺炎疫情先进个人：

中远海运船员公司船员管理部总经理　董新

大连中远海运重工副总经理（主持工作）王彧

中远海运（东南亚）公司副总裁　孙晓艳

（4）2020年感动交通年度特别致敬人物：

中远海运散货运输有限公司“远神海”轮

（5）上海市先进基层党组织：

上海泛亚公司党委

2. 集团2019年度钻石团队、先进集体、先进个人

集团党组印发《关于表彰中国远洋海运集团2019年度钻石团队、先进集体、先进个人的决定》，授予7个团队“钻石团队”称号、100个集体“先进集体”称号、100名同志“先进个人”称号。

（名单见第十七篇　光荣册）

3. 集团2020年度船舶“金牌三长”

2020年，为进一步激励广大船员强化坚守船舶、服务航运的坚定信念，砥砺为国远航、同舟共济的航海情怀，树立突出长期、重在业绩的双重导向，集团党组对长期坚守船舶生产一线、岗位表现优良、作出重要贡献的船舶“三长”进行表彰奖励，增强职业归属感和荣誉感，培养造就高素质航运人才队伍。党组工作部按照集团党组要求，成立专项工作小组，启动“三长”评选表彰专题研究。基于2018年制定的《中国远洋海运集团长期担任船舶“三长”评选表彰办法》，通过广泛深入调研和征求意见，经修订和优化，党组印发《中国远洋海运集团船舶“金牌三长”评选表彰管理办法（试行）》。新“办法”共分7个章节25条，在原“办法”基础上对“金牌三长”的荣誉称号、评选条件、评选程序、评选范围、评定标准，以及荣誉管理等多个方面的内容进行了调整和优化。

2020年下半年，依据《中国远洋海运集团船舶“金牌三长”评选表彰管理办法（试行）》，经组织推荐、严格评审和全集团公示，集团党组决定对长期坚守船舶一线、岗位表现优良、作出重要贡献的船舶“三长”进行表彰，授予77人“五星金牌三长”称号、184人“四星金牌三长”称号、514人“三星金牌三长”称号。

（名单见第十七篇　光荣册）

4. 突发事件应对典型船舶和船员

为激励船舶船员先进典型，树立集团航海文化精神标杆，集团党组决定，授予大连油运8艘船舶“突发事件应对突出贡献船舶”称号；授予其他35艘船舶“突发事件应对重要贡献船舶”称号；授予8位船员“突发事件应对突出贡献船员”称号；授予22位船员“突发事件应对重要贡献船员”称号。（朱雪峰）

【中央媒体理论文章】

（1）《八千里路云和月——中国远洋海运集团坚决打赢疫情防控阻击战纪实》（《学习时报》2020年2月28日）

（2）《风雨同舟再出征——中国远洋海运集团开辟抗击疫情“绿色通道”》（《学习时报》2020年2月21日）

（3）《为坚决打赢“双线战役”远航护航》（《学习时报》2020年5月6日）

（4）《将产业扶贫作为央企长期历史责任》（《学习时报》2020年5月22日）

（5）《助力交通强国：航运业的新航程》（《学习时报》2020年6月5日）

（6）《传承红色基因，凝聚道德力量》（中宣部2020年《宣传工作》）（朱雪峰）

综治信访和维稳工作

综治信访和维稳工作

【信访维稳工作】

2020 年，集团信访维护稳定工作坚持以习近平新时代中国特色社会主义思想为指导，贯彻习近平总书记关于信访工作的重要指示批示精神，紧紧围绕集团深化改革重组实际，认真贯彻以人民为中心的发展思想，坚持抓早抓小抓源头，落实稳定风险排查评估，依法分类调处矛盾，积极推进积案化解，有力保障集团深化改革重组工作顺利推进，有效维护企业办公生产经营正常秩序。全年未发生进京聚集上访事件、个人极端上访事件和因信访问题处理不当引发的舆情炒作事件。全年，集团接待职工群众上访 280 批次 /324 人次，处理职工群众到总部上访 60 批次 /63 人次，协调化解信访矛盾 25 件次。

着重做好四方面工作。一是全力做好疫情防控和复工复产期间信访工作，确保防疫与化解矛盾、“零感染”“两不误”。及时下发《关于做好新冠肺炎疫情防控期间信访维稳工作的通知》，强调接待场所防疫工作、接待职工来访注意事项及来信办理等具体工作要求，拟制《复工复产后信访接待和维稳处置工作预案》，努力实现职工群众合理诉求 “最多访一次”的工作目标。2020 年接待初信初访 33 件 /40 人次，圆满调处 3 件涉及防疫工作信访事项。

二是落实中央要求，积极推进治理化解专项工作。部署下发《关于开展集中治理重复信访、化解信访积案专项工作的通知》，根据国务院国资委、上海市信访办信访事项交办要求，梳理并交办了 17 件重复信访、信访积案，涉及 9 家直属企业。要求相关单位落实包案领导，研究制定化解方案，积极推进治理专项工作。

三是积极化解信访矛盾，解决职工合理诉求。结合船员薪酬改革中部分船员反映的诉求，组织召开专题会议，下发会议纪要，抓好跟踪督办，确保船员队伍的稳定。加强对退休职工社会化管理、集团教育资源板块整合等重大问题稳定风险调研评估，及时协助有关单位化解矛盾。针对上海川崎、广州新海医院涉及转改的情况，有的放矢指导工作，确保企业和谐稳定。

四是加强信访干部队伍建设，不断提升能力素质。2020 年初，集团党组表彰 28 名先进信访工作者。11 月，集团在浙江诸暨举办以“学习枫桥经验、推动积案化解”为主题的信访工作培训班，受训人员 50 名，有效提高信访工作人员实际工作能力。（刘辉华）

【综治内保工作】

坚持以任务为牵引、以目标为导向，加强企业内保工作。认真落实每季度一次稳定风险排查和重点时段重点排查机制，指导监督各单位抓好治安隐患治理和矛盾化解工作，确保经常抓、抓经常，将矛盾隐患消除在萌芽状态。重点抓好全国两会、党的十九届五中全会、第三届进博会等重大期间信访维稳保障工作，落实“零报告”制度，实现了“三个确保”目标。加强疫情防控期间总部机关内保工作的巡查，根据任务需要，加强安保力量，组织保安培训，及时治理隐患，确保集团重大外事活动和办公秩序安全有序。以争创平安单位为抓手，加强基层单位内保工作检查指导，完善内部治安管理机制，组织对 21 家申报上海市平安示范单位、24 家申报平安单位进行检查验收，进一步提升基层治理能力。加强与边防和港航公安分局联系联防，积极参

与内保协会活动，巩固提升共建共创质量，全年有多名个人和多家单位受到分局表彰。（刘辉华）

2020 年集团全系统党组织、党员数据统计见表 10-2。

2020 年中远海运集团全系统党组织、党员数据统计表 表 10-2

<table>
<tr><th>序号</th><th colspan="3">项　目</th><th>数量</th><th>序号</th><th>项　目</th><th>数量</th></tr>
<tr><td>1</td><td colspan="3">党组</td><td>1</td><td>8</td><td>在岗职工总数（不含外协等）</td><td>99 257</td></tr>
<tr><td>2</td><td colspan="3">党委</td><td>206</td><td>9</td><td>外协等其他类型用工</td><td>31 946</td></tr>
<tr><td>3</td><td colspan="3">党总支</td><td>134</td><td>10</td><td>发展党员</td><td>1211</td></tr>
<tr><td>4</td><td colspan="3">党支部</td><td>2708</td><td>11</td><td>发展一线党员</td><td>951</td></tr>
<tr><td rowspan="7">5</td><td rowspan="7">党员</td><td colspan="2">总数</td><td>34 955</td><td>12</td><td>发展工人党员</td><td>203</td></tr>
<tr><td rowspan="6">党员组成结构</td><td>非企业单位党员</td><td>79</td><td>13</td><td>发展本科学历党员</td><td>626</td></tr>
<tr><td>本科生学历党员</td><td>16 003</td><td>14</td><td>发展研究生学历党员</td><td>49</td></tr>
<tr><td>研究生学历党员</td><td>2762</td><td>15</td><td>发展高级专业技术职务党员</td><td>139</td></tr>
<tr><td>高级专业技术职务党员</td><td>2090</td><td>16</td><td>发展特殊人才计划党员</td><td>1</td></tr>
<tr><td>女党员</td><td>6524</td><td>17</td><td>发展女党员</td><td>279</td></tr>
<tr><td>35 岁及以下党员</td><td>8451</td><td>18</td><td>发展 35 岁及以下党员</td><td>681</td></tr>
<tr><td rowspan="2">6</td><td colspan="2" rowspan="2">在岗职工党员</td><td>总数</td><td>33 795</td><td>19</td><td>发展离退休（退职）党员</td><td>0</td></tr>
<tr><td>其中：在岗工人党员数</td><td>7805</td><td>20</td><td>离退休（退职）党员</td><td>563</td></tr>
<tr><td>7</td><td colspan="3">职工总数（不含外协等）</td><td>103 901</td><td>21</td><td>其他党员</td><td>597</td></tr>
</table>

党风廉政建设

党风廉政建设

2020 年，中国远洋海运集团纪检监察组在中央纪委国家监委和集团党组的正确领导下，以高质量发展为引领，认真贯彻落实十九届中央纪委四次全会部署，统筹做好疫情防控、复工复产监督和纪检监察各项工作。紧扣党中央重大决策部署加强政治监督，以“八项监督”为抓手做实日常监督。持续深化纪检监察体制改革，健全配套制度，完善监督格局。精准执纪问责，一体推进不敢腐、不能腐、不想腐。坚持纠治“四风”，巩固拓展作风建设成效。持续加强纪检监察干部队伍建设，充分发挥监督保障执行，促进完善发展作用。2020 年，中国远洋海运集团纪检监察组在中央纪委国家监委网站、《中国纪检监察报》等中央纪委媒体刊发 26 篇文章和消息，从不同角度反映集团纪检监察工作的探索创新情况和经验成效。

【党风廉政建设和反腐败工作会议】

2020 年 2 月 10 日下午，中国远洋海运集团党组召开 2020 年党风廉政建设和反腐败工作会议，传达贯彻十九届中央纪委四次全会精神，部署集团2020年党风廉政建设和反腐败各项工作。在疫情防控特殊时期，会议以视频形式召开。在集团总部主会场，集团党组书记、董事长许立荣出席会议并讲话。集团党组副书记、董事、总经理付刚峰主持会议并就贯彻落实会议精神提出要求。集团党组成员、纪检监察组组长刘鸿炜传达了十九届中央纪委四次全会精神，并作了题为《监督保障执行，助力行稳致远，持续推动集团纪检监察工作高质量发展》的工作报告。报告从 6 个方面回顾总结了 2019 年集团纪检监察工作取得的成效，对做好 2020 年集团纪检监察工作提出 6 个方面的要求：一是坚守政治监督根本定位，全面增强“两个维护”的政治自觉；二是精准有力开展专责监督，强化对权力运行的制约和监督；三是深化纪检监察体制改革，不断完善监督体系，提升监督效能；四是驰而不息纠治“四风”，持续巩固拓展作风建设成效；五是坚持“三不”一体推进，持续巩固反腐败压倒性胜利；六是打造忠诚干净担当的高素质干部队伍，做敢于善于斗争的战士。集团境内外各直属单位和代管单位党委书记、董事长、总经理、纪委书记及在京共享中心党委书记、纪委书记共 106 人在 41 个分会场参会。

【监 督 检 查】

2020 年 4 月，集团纪检监察组制定印发《中国远洋海运集团纪检监察组关于开展监督工作的指导意见》，强化监督职责，重点提出抓好“八项监督”：政治监督、中央巡视和审计整改监督、形式主义官僚主义整治监督、纪检监察体制改革制度落实和执纪办案及执行中央八项规定精神监督、集团重大部署落实监督、扶贫援藏和疫情防控部署落实监督、“关键少数”、关键岗位和“一带一路”投资项目监督、监察对象监督，指导和要求集团各级纪检监察机构切实履行监督首要职责，做深做实做细各项监督工作。

科学精准、稳慎有效地开展疫情防控和复工复产监督。集团纪检监察组把做好统筹疫情防控和经济社会发展监督作为“两个维护”的实践检验，印发了《关于进一步加强对疫情防控和复工复产部署落实情况监督工作的通知》，制定了《关于开展贯彻落实党中央关于疫情防控和复工复产各项决策部署情况监督检查的方案》，紧盯学习贯彻习近平总书记关于新冠肺炎疫情防控工作的重要讲话和指示批示精神、船员船舶、船舶修造单位、各单位客轮、在京单位、境外单位及做好防疫物资应急运输保障 7 个方面的监督重点，持续跟进监督，先后对境内外 40 家直属单位开展 3 轮全覆盖监督检查，深入船舶、船厂、码头、项目工地等 20 余家基层单位进行现场检查。集团纪检监察组刘鸿炜组长高度重视疫情防控监督。2 月 5 日，刘鸿炜组长赴停靠在上海北外滩的“苏州”轮和上海中远海运重工长兴厂区了解落实集团防疫措施情况；2 月 27 日，对中远海运船员上海分公司、上海中远海运外高桥仓储公司进行现场监督检查。纪检监察组根据不同阶段防控重点，8 次发出工作提示，组领导约谈直属单位负责人、纪委书记 125 人次，压紧压实防控责任、监督责任，推动了疫情防控工作的不断完善和深入。

紧扣党中央重大决策部署加强政治监督。集团纪检监察组对 18 家二级单位、9 家三级单位学习《习近平谈治国理政》第三卷情况进行检查；通过专题座谈会、常规约谈等形式推动相关部门和单位做好“六稳”工作、落实“六保”任务；对 17 家直属单位学习贯彻党的十九届五中全会和中央经济工作会议精神、落实“十四五”规划、推进集团改革三年行动方案实施等情况开展监督检查，推动党中央重大决策部署落到实处；聚焦脱贫攻坚决战决胜重点任务，对集团扶贫办、中远海运慈善基金会，以及集团定点扶持的云南永德县和湖南沅陵县、安化县开展专项检查，针对发现的问题，提出改进建议；贯彻习近平总书记关于坚决制止餐饮浪费行为的重要指示精神，组织全系统开展制止餐饮浪费监督检查，紧盯单位食堂、所属酒店、工厂餐厅等重点场所，聚焦公务活动用餐等重点事项，严查违规吃喝、餐饮浪费等突出问题。

强化对“关键少数”、重点领域和关键环节的监督。集团纪检监察组和各单位纪委约谈各级领导班子成员、关键岗位人员 2920 人次，层层压实责任，及时咬耳扯袖。把好干部入口关，纪检监察系统回复党风廉政意见 277 人次，开展任前廉政谈话 414 人次。紧盯重点领域和关键环节，组织开展公务宴请、集中采购专项监督检查，推动相关部门制定业务招待管理规定，完善采购领域廉洁风险防控措施。持续抓好 2018 年中央巡视反馈问题整改的监督，对两年来的整改情况进行梳理，紧盯尚未解决的难点，督促落实整改。落实境外国有资产监管制度要求，总结境外监督经验做法，撰写“一带一路”沿线国家（希腊）国别研究报告报送国务院国资委，积极助推“一带一路”建设。

2020 年 10 月 26 日—11 月 2 日，集团党组成员、纪检监察组组长刘鸿炜到中远海运科技北京公司、天津中远海运、集团集采中心、中远海运对外劳务、中坦公司北京办事处、北京鹏达环球物流等单位进行调研、检查，深入了解学习贯彻习近平新时代中国特色社会主义思想和落实全面从严治党、开展监督执纪问责情况。要求各单位抓好全面从严治党和党风廉政建设，推动企业纪检监察工作高质量发展。督促各单位把中央关于企业党建工作的决策部署和集团党组关于加强基层党建的各项要求真正落到实处。督促各单位纪委全面、精准履行职责，敢于监督、敢于执纪、敢于问责，善于监督、善于执纪、善于问责，精准监督、精准执纪、精准问责。强调纪检监察干部始终做到忠诚、干净、担当，始终保持昂扬向上、奋发有为的精神状态，完成好艰巨繁重光荣的任务。

【深化纪检监察体制改革】

2020 年，集团纪检监察组严格执行纪律检查工作双重领导体制，全年向中央纪委国家监委书面请示报告 160 件，向集团党组书面请示报告 202 次。全年召开组长办公会 29 次、组务会 18 次，研究讨论有关干部党纪处分、纪检干部提任、纪委书记履职专项考核等重要事项。协助集团党组部署分解、督促落实年度党风廉政建设和反腐败工作任务，实现主体责任与监督责任良性互动。加强对各直属单位纪委的领导和指导。2020 年 11 月 13 日上午，纪检监察组组织召开直属单位纪委书记会议，总结部署阶段性工作，分析问题不足，推动工作落实。全年约谈指导直属单位纪委书记 53 人次；对直属单位纪委报送的问题线索处置和查办案件报告严格把关；规范对下指导工作，发布指导、答复直属单位纪委 60 项咨询事项清单。

不断健全完善改革配套制度。纪检监察组坚持以制度建设为主线，在实现改革突破、取得良好效果的基础上，及时做好工作经验的总结提炼，推动建立长效机制。2020 年研究制定了《中国远洋海运集团有限公司纪检监察组关于用好用足“第一种形态”的实施办法（试行）》《中国远洋海运集团有限公司纪检监察组纪检监察建议工作办法（试行）》《关于集团纪检监察组和各级纪委严格依规依纪依法办事的意见》《中国远洋海运集团有限公司纪检监察组线索处置、审查调查工作规程（试行）》《中国远洋海运集团有限公司纪检监察组关于推进以案促改工作的指导意见（试行）》等 14 项规章制度，进一步规范监督执纪执法权力运行机制和工作流程。

推动完善大监督格局。充分发挥集团党风廉政建设和反腐败工作协调小组平台作用，分别于 2020 年 5 月 21 日和 12 月 23 日两次召开协调小组会议，协调各成员部门通报情况，分析问题，提出解决问题的意见建议。加强与集团内部巡视、审计的衔接协调，制定《关于集团审计部门向纪检监察机构移送问题线索工作的意见》，协助集团巡视组更全面掌握被巡视单位党风廉政建设和反腐败工作整体情况，办理集团巡视办所移送的问题线索 21 件。

【一体推进“三不”】

2020 年，集团各级纪检监察机构坚持“严”的主基调，一体推进不敢腐、不能腐、不想腐。全系统共受理信访举报 498 件。其中集团纪检监察组受理 297 件，下属单位纪委受理 201 件；处置问题线索 412 件，其中初步核实 296 件次，谈话函询 89 件次，给予诫勉谈话 79 人，提醒谈话 77 人；立案 72 件，党纪处分 75 人。运用“四种形态”批评教育帮助和处理 505 人。其中第一种形态 397 人，占 78.6%；第二种形态 59 人，占 11.7%；第三种形态 35 人，占 6.9%；第四种形态 14 人，占 2.8%。坚持精准有力问责，全年全系统问责领导干部 10 人、党组织 1 个，给予党纪处分 8 人。强化对检举控告的综合分析、专题分析和个案分析，协助党组动态掌握集团政治生态，向党组提出意见建议 28 条，推动解决信访突出问题。各级纪检监察机构认真落实失实检举控告澄清工作，全年全系统为干部澄清正名 26 人次。持续推动船公司和船员公司深化船舶、船员突出问题专项整治，查办了一批违纪违法船员，形成有效震慑。在集团政委轮训班上，开展案例教学，加强以案促改、以案促治和警示教育。针对监督执纪中发现的问题，集团各级纪检监察机构及时发出纪检监察建议书 97 份，推动落实整改，堵塞制度漏洞，促进管理提升。

开展警示教育和集体廉政谈话。2020 年 7 月 15 日上午，集团纪检监察组组织召开党风廉政建设警示教育暨新任职领导干部集体廉政谈话会。会议以视频形式召开。集团总部设主会场，各直属单位设立 28 个分会场。集团总部各部门、共享中心负责人、2019 年以来新提任的 C3 级以上人员，以及境内各直属单位和代管单位党政主要负责人、纪委书记、分管人财物的副职领导、新进领导班子成员、重点领域关键岗位人员共 800 余人参加会议。集团党组成员、纪检监察组组长刘鸿炜主持会议并讲话。刘鸿炜组长通报了近年来集团系统内发生的违反中央八项规定精神等 7 个方面的 30 个典型案例，指出了这些典型案件反映出的个别单位、个别党员领导干部和职工在思想上、行动上存在的 8 个方面的不足，并对党员干部深刻吸取典型案例教训，找出病灶、举一反三，加以改进提出要求。

开展案件质量评查。2020 年 8—11 月，集团纪检监察组对党的十九大以来集团各单位纪委办理的违纪案件和初核问题线索开展了案件质量评查工作。共对 24 家下属单位纪委办理的 99 件立案件、19 件初核件进行现场评查，累计发现 7 个方面 24 类问题共计 913 项。案件质量评查坚持问题导向，坚持以查促改，以查代训，把推动问题整改与提高纪检干部执纪水平结合起来，实现了执纪办案质量和执纪人员素质“双提升”。

【作风建设】

2020 年，集团纪检监察组持之以恒开展纠治“四风”、树新风工作。坚持元旦、春节、五一、端午、中秋、国庆等重要节假日发布廉洁提示，开展提醒教育。紧盯公款吃喝、超标准接待等易发多发问题，对集团及有关单位公务宴请情况开展专项检查，发现拆分发票、虚列接待事项等多种不规范问题，对 19 人进行诫勉谈话、批评教育，推动有关部门和单位完善审批审核和财务报销制度。严格执行提级审核工作机制，对直属单位纪委上报的处理意见从严把关。2020 年，全系统查处违反中央八项规定精神问题 69 件，处分处理 86 人。

推动形式主义、官僚主义集中整治不断深化。把纠治贯彻落实党中央和集团党组决策部署中的形式主义、官僚主义问题作为“八项监督”的重要内容进行部署推进。组织开展整治信访举报处理工作中的形式主义、官僚主义问题。纪检监察组带头转变会风文风，纪检监察组组务会会议纪要同步印发直属单位纪委书记。红头文件印发数量同比减少 46.7%，合并监督检查事项，着力减轻基层负担。

【队伍建设】

2020 年，集团纪检监察组和各单位纪委坚持把学习贯彻习近平新时代中国特色社会主义思想摆在首位，认真部署《习近平谈治国理政》第三卷专题学习，全年开展政治理论学习 239 场次。同时，克服疫情影响，深化全员培训，纪检监察组选派参加上级纪委各类培训 30 人次，为下级纪委刻录中央纪委国家监委制发的业务课程光盘 270 套，发放业务教材 1000 余册。抽调 6 名基层纪检骨干到纪检监察组结对帮带、实战练兵、帮助工作。强化纪检监察干部监督管理。会同组织部门提名考察直属单位纪委书记 1 人，副书记（纪委工作部部长）6 人，对有关单位上报的提名人选明确提出不同意见，严把纪检干部入口关。建立集团纪检监察专家人才库，打造优秀纪检干部“蓄水池”。完成与中央纪委国家监委内网的连接，出台保密管理规定，组织开展保密教育，加强自我约束和监督。对 2020 年 1—9 月“四种形态”数据为零的直属单位纪委书记进行集中约谈，督促落实监督责任。全系统接收涉及纪检监察干部信访件及问题线索 19 件，均认真核实办理，诫勉谈话 2 人，坚决整治“灯下黑”。

内部巡视工作

内部巡视工作

【概　　述】

2020 年，集团党组坚持以习近平新时代中国特色社会主义思想为指导，认真贯彻习近平总书记关于巡视工作重要论述精神，全面落实中央巡视工作方针，紧紧把握中国远洋海运工作实际，聚焦巡视监督重点，构建内部上下联动格局，切实加大内部巡视巡察工作力度，推动巡视成果运用，整体工作呈现出稳中求进、巩固提升、深化发展的良好态势。

【召开巡视工作领导小组会议】

2020 年 1 月、5 月、10 月，集团党组巡视工作领导小组召开 3 次会议，组织学习贯彻全国巡视工作会议精神，听取内部巡视工作汇报，研究部署内部巡视工作，统筹谋划巡视巡察全覆盖任务；组织召开 2 次巡视项目启动会，积极稳妥推进党组巡视项目。（卢翔）

【深化中央巡视整改工作】

2020 年 4 月，按照集团党组要求，推动持续深化中央巡视整改日常工作职责由党组工作部转移到党组巡视办。党组巡视办构建完善中央巡视整改工作机制，加强总部部门之间、总部与所属单位之间的协同，及时总结报告持续整改工作成效，研究建立沟通协同、检查评估、日常监督等工作机制，不断深化整改长效机制建设。落实中央巡视整改台账定期对账督办机制，推动、督促总部相关职能部门进行对账自查和评估，定期更新持续深化中央巡视整改工作台账，不断巩固和深化中央巡视整改成果。强化对标对表工作，对十九届中央第三轮巡视整改通报情况（含 3 个中央单位和 42 家中管企业）进行了梳理分析，形成专题报告，从中汲取经验、获得启示，更好地领会中央对中央企业巡视整改的要求，以便进一步做好自身工作。加强巡视整改日常监督，以专项检查、巡视整改回访、贯通协同其他内部监督形式等为抓手，持续跟踪问效，推动本质整改，共对 8 家单位开展中央巡视整改回访检查。突出重点任务开展专项巡视，对中远海运散运开展高租金船问题整改长效机制建设专项巡视，进一步了解重点问题整改情况和整改成效，推动整改任务落实。将中央巡视整改情况纳入常规巡视重要内容，年内开展的常规巡视项目中，均对持续深化中央巡视整改情况进行了重点监督检查，促进取得整改实效。尤其是对总部机关党委的巡视，加强对各部门持续深化中央巡视整改的监督了解，进一步增强各部门持续深化中央巡视整改的思想自觉和行动自觉，推动各部门把持续深化中央巡视整改与日常工作结合起来，与推进集团各项工作部署落实结合起来，不断巩固扩大巡视整改成果。（卢翔）

【推进巡视巡察上下联动】

2020 年 5 月，集团党组下发《2020 年集团内部巡视工作计划》，统筹协调全系统的巡察项目，推进上下一体的巡视巡察监督体系的建设；印发《集团内部巡察监督重点参考》，指导各单位把握内部监督工作的重点，提高工作针对性和实效性。同月，党组巡视办下发《关于加强巡察项目计划管理的通知》和《关于规范巡视巡察报告问题底稿编制工作的通知》等，强化对各单位巡察计划和巡察项目执行的跟踪管理和监督检查，不断提升巡视报告质量。年内，党组巡视办结合年度巡视项目，先后对中远海运船员、中远海运财务、中远海运天津和中远海运大连投资 4 家直属单位党委开展内部巡察工作专项检查。

（卢翔）

【落实巡视工作规划和任务】

坚持把推动企业改革发展作为内部巡视巡察工作的出发点和落脚点，把巡视工作放到推动改革发展大局中去定位谋划，对照习近平总书记在听取十九届中央第三轮巡视综合情况汇报时指出中央企业存在“四个有差距”突出问题，针对集团改革重组 4 年来，在落实党中央决策部署、推进企业深化改革、加强全面从严治党、抓好中央巡视整改等工作方面存在的短板和不足，突出重点开展监督，着力推动解决影响和制约企业改革发展的深层次问题，努力把集团改革发展所取得的成绩巩固好、发展好。2020 年，集团党组开展两轮巡视工作，共巡视 7 家直属单位党委及集团总部机关党委，其中，巡审结合项目 6 个，巡视全覆盖完成率达 62.3%。集团二、三级单位党委开展巡察项目 170 个（巡审结合项目 56 个），其中，常规巡察 139 个、专项巡察 9 个、“回头看”21 个、机动式 1 个。（卢翔）

【强化巡视整改落实和成果运用】

2020 年，集团党组巡视办以视频、现场形式分别向 2019 年第二轮巡视的 4 家单位党委和 2020 年第一轮巡视的 4 家单位党委反馈巡视情况。2020 年，集团党组巡视办派员 4 人次视频参加各单位巡视整改专题民主生活会，对重点问题进行定期跟踪，协同相关部门合力推动整改落实，累计协同督办整改问题 23 项。巡视整改问题整改完成率、措施整改完成率均达到 90% 以上。

年内共对 7 家单位开展了巡视整改回访，指导、评估、督促被巡视单位进一步夯实整改责任，落实好各项整改措施，不断巩固整改成果。对每轮巡视发现的典型问题在全系统进行通报，要求各级单位党组织对照检查、举一反三，构建长效机制、堵塞漏洞，用好巡视成果，年内共印发巡视发现典型问题通报 2 期，起到较好效果。

（卢翔）

【推进巡视巡察信息化建设】

2020 年 10 月，集团党组巡视办协同科技与信息化管理本部、中远海运科技研究开发巡视工作信息化管理工具，涉及巡视巡察作业和巡视巡察管理等模块，强化数据综合、统计、比对、分析，规范业务流程，进一步统一巡视巡察工作标准。

（卢翔）

【建立集团巡视人才库】

2020 年 6 月，经集团党组批准，集团建立巡视人才库，21 家直属单位和总部 8 个职能部门的 116 人入库，专业涵盖纪检监察、综合党务、组织人事、财务投资、法务风控、巡察审计等领域。构建人才库“双共享、双培养”机制，通过统筹调用、以干代训等方式培养锻炼干部，2020 年，抽调 60 余人次参加集团巡视工作，推荐 1 名人才库人员参加中央巡视锻炼。（卢翔）

【举办全系统巡视业务培训】

2020 年 6 月 28 日—7 月 10 日，集团在总部大楼举办 2020 年第一轮内部巡视暨有关经济责任审计项目专题培训，巡视审计组 36 人集中参训。11 月 10—20 日，集团在中远海运大学上海校区举办 2020 年巡视巡察业务培训暨第二轮内部巡视审计专题培训，巡视审计组 40 人在现场集中参训，直属单位巡察工作负责人及业务骨干共 372 人在分会场视频参训。培训课程涵盖巡视和审计相结合的工作任务、方式方法、巡视和审计报告起草、党建工作检查要点、选人用人监督重点、法治风控建设等方面；培训中邀请上一轮巡审组长讲课，分享工作经验和体会。

（卢翔）

CHINA COSCO SHIPPING CORPORATION LIMITED YEARBOOK

中国远洋海运集团有限公司

年鉴

第十一篇

群团工作

工会工作

工 会 工 作

【概　　述】

2020 年，中远海运集团工会认真学习贯彻党的十九大和十九届二中、三中、四中、五中全会精神，按照集团党组各项工作部署，落实疫情防控和复工复产，推进企业民主管理，开展职工劳动竞赛，关心关爱职工群众，把集团党政领导的要求转化为服务企业、服务职工的各项具体措施，团结广大职工为围绕集团高质量发展作出新的贡献。

【疫情防控和复工复产】

中远海运工会在疫情防控和复工复产中发挥重要作用，重点做好四项工作：一是迅速行动，安排防疫专项资金落实到位。2020 年初，新冠肺炎疫情发生后，集团工会坚决贯彻集团党组和上海市总工会的决策部署，在春节小长假期间以最快速度发起动员，第一时间向疫情最严重的集团武汉地区各单位工会拨付专项资金 50 万元。中央召开统筹推进新冠肺炎疫情防控和经济社会发展工作部署会议后，集团工会及时印发《关于在统筹推进新冠肺炎疫情防控和企业改革发展中充分发挥工会组织作用的通知》，向直属各单位下拨 300 万元防疫资金。下半年，集团工会又向船员公司、集运、重工、物流等一线防疫任务重的单位追加 100 万元专项资金，并上下动员全力以赴参与疫情防控、推动企业安全有序复工复产、加强劳动关系协调，充分发挥工会组织的优势作用，为完成全年生产目标作出积极贡献。二是精准、及时做好关心关爱疫情防控一线职工工作。加大慰问一线员工力度，用好工会的资源，送去组织的关心关怀。组织在沪各单位对受疫情影响的低收入家庭职工进行排查，并对 6 家直属单位的 102 名受疫情影响造成家庭困难的职工进行送温暖慰问，投入慰问经费 10.2 万元；及时帮助总部和所属各单位协调解决口罩、恒温枪、消毒用品等防疫物资，特别是在春节期间，通过各种渠道，为境内外各单位复工复产提供口罩 76 余万只；集团工会领导深入一线、加强调研，及时反映企业和职工的意见诉求。三是在集团范围内征集抗疫文学作品，广泛组织书法、文学、集邮、摄影四个协会开展疫情期间文艺作品创作，凝聚抗疫力量。2020 年共收集到 85 幅书画作品、103 篇文学作品、247 幅摄影作品。积极宣传推广摄影协会、文学协会、书法协会防疫抗疫作品展示；协助集邮协会开展“武汉加油、中国加油”义卖活动。在敦煌召开的全国集邮联会议上，中国海员集邮协会获“抗击疫情　集邮人在行动”特别奖。四是根据疫情防控实际情况统筹推进工作。认真谋划、调整全年工作目标、任务，有序有节奏开展好各项工作。坚持有所为、有所不为，减少人员聚集性的大型文体活动，充分运用视频、网络、微信群等媒体介质，开展网上、线上活动，更加注重抓好基层工会基础工作，更加注重发挥基层工会主观能动性。（陈珺）

【企业民主管理】

2020 年，中远海运工会为进一步保障职工群众的合法权益，经广泛征求意见建议，多次修订完善，并报集团党组会审议，印发了《中国远洋海运集团有限公司厂务公开管理规定》，并同步成立集团厂务公开工作相关机构。集团工会推荐中远海运重工有限公司和上海泛亚航运有限公司申报“2017—2019 年度上海市厂务公开民主管理工作先进单位”。2020年，集团一届四次职代会召开。会议听取党组工作报告，审议总经理工作报告，通报集团2019年度企业负责人履职待遇、业务支出情况和集团一届三次职代会职工代表提案的征集处理情况；集团职工董事向大会作了述职报告。会议共收到11家直属单位29件提案；工会认真做好提案的处理工作，向9个总部职能部门分送承办，研究并提出处理意见；职工代表对29项提案38条承办处理意见均表示满意，满意率为100%。2020年10月，集团工会召开职工代表联席会议。会议听取集团战企部/深改办关于集团“十四五”规划编制原则、整体架构、发展思路和目标等方面内容的介绍。与会职工代表围绕“十四五”规划主要内容，结合本企业工作，就企业定位、战略实施路径、船员队伍建设等相关问题提出意见和建议。战企部/深改办就代表们关心的问题作了进一步的阐述和说明。集团工会进一步规范履行民主程序，在集团教育板块整合中高度关注各单位按规范履行民主程序，根据不同单位的实际情况进行分类指导，切实维护职工合法权益，确保改革有序实施。（陈珺）

【职工劳动竞赛】

广泛开展劳动竞赛。2020年，集团工会下发通知，开展以“保安全、稳生产、提素质”为主题的职工技能竞赛活动，促进职工整体素质提升。全集团共开展各类劳动竞赛874次，4.84万人次参加；组织技术比武274次，2.1万人次参加。11月，举办第四届“中远海运杯”职工技能竞赛叉车司机、门式起重机司机大赛，9家直属单位共35支代表队136名选手参加了比赛，共有62名选手获得大赛一、二、三等奖。根据上海市总工会《关于“第一批资助晋升技师高级技师职工、带教师傅和奖励授权发明专利一线职工”实事项目申报的通知》的要求，集团工会组织各单位积极申报上海市技师、带教师傅和发明专利等项目，共有1名技师、2名带教师傅和3项发明专利、1项合理化建议、3项先进操作法获得上海市技协奖励。

组织参加2020—2021年度全国“安康杯”竞赛活动。集团内共有100余家单位报名参加，订阅安全生产相关图书2700余册，2.6万人次参加“安康杯”竞赛答题。向上海市推荐“安康杯”竞赛典型案例3个，推荐全国“安康杯”竞赛安全文化先进单位、安全文化先进个人、优秀组织单位、优秀组织个人各5个（人）。

认真做好先进典型选树培养工作。1名个人获评全国劳模；6个先进集体、9名先进个人获评上海市模范集体和劳动模范；2家集体荣获上海市巾帼文明岗，1名个人荣获上海市巾帼建功标兵称号。结合全国劳模评选工作，与《工人日报》《劳动报》《远洋海运报》等媒体接洽，大力宣传劳模事迹，弘扬劳模精神、工匠精神，在职工群众中不断掀起学习和争当劳模的热潮。集团内17家劳模创新工作室在上半年正式挂牌命名，集团工会向其拨付专项资金，用于扶持工作室深化创建工作。

加强安全劳动保护。印发《关于完善集团工会系统职工因工伤亡事故报告制度的通知》，及时将各单位上报的相关信息填报录入“申工通工作”平台，并结合事故暴露的问题与相关单位加强沟通，提出相关改进意见；各单位组织职工代表开展安全巡视3.8万余次；在夏季高温来临之际，印发《关于组织开展2020年夏季劳动保护和防暑降温工作的通知》，各单位共组织防暑降温、劳动保护培训约5万人次，慰问企业、船舶1230家（艘次），发放慰问金和清凉饮料等防暑降温劳防用品2278万元，慰问职工12.75万人次，投入专项体检费用407万元，为1.38万名职工进行体检；举办集团2020年工会劳动保护干部培训班，来自集团总部和境内26家直属单位的81名劳动保护干部参加培训。（陈珺）

【关心关爱职工】

中远海运工会组织各级工会开展多层次、全方位的慰问活动。2020年元旦春节和高温期间，集团工会主席带队在上海、海南、厦门、广州、天津、青岛、大连等地慰问船舶和一线车间、班组，以及劳模、困难职工等，共计发放慰问金160余万元。集团各级工会全年共慰问一线职工29万余人次，发放慰问金6088万元。开展金秋助学工作，集团工会向58名困难职工家庭子女发放助学资金19万元。为加强对一线员工的关心关爱，同时助力消费扶贫，采购了一批定点帮扶县的扶贫茶叶，分放至各基层工会和"海嫂联络站"。做好劳模先进关心关爱工作，协助发放上海地区劳模、中央企业在京全国劳模春节慰问金，为153名劳模发放160万余元慰问金；组织62名省部级及以上劳模到博鳌等地疗休养。

做好上海工会会员服务卡年度注册和新办工作。指导上海地区各单位在"申工通工作"平台及时更新会员信息，为1126名会员新办会员卡；组织集团在沪69家单位、20 334名职工办理2020年度上海工会会员专享基本保障；为在沪各单位8名职工申请去世补助。为服务职工精神文化需求。集团工会评选命名了52家集团工会职工书屋，并向其赠送图书价值67万元。推荐中远海运财产保险自保有限公司为全国工会职工书屋示范点建设单位。集邮协会举办2020庚子年生肖一框邮集全国邀请展；摄影协会多部作品在《中国远洋海运报》及学习强国App上发布；中远海运集团职工创作的6部作品在2020中国航海音乐榜获奖。（陈珺）

【自身建设】

中远海运做好工会组织工作。以视频会的形式召开集团工会一届八次全委会，传达上级工会会议精神，审议2019年集团工会经费决算和2020年集团工会经费预算，总结2019年集团工会工作，并对全年的重点工作进行了布置；在年中召开了集团工会一届九次全委会，对集团工会常委、委员进行调整；按程序指导帮助直属单位做好工会选举工作，批复同意新建工会4家、新任职工会主席5人、工会副主席3人、经审会主任5人；协助31家所属工会完成法人资格证书到期更新（延期）工作，保证工会工作的规范运转。集团工会表彰了2018—2019年度模范职工之家、职工小家，以及2019年度工会先进工作者和工会积极分子，通过评先活动，不断夯实工会基层基础工作。

举办工会主席、财务经审和基层工会干部等培训班，提升工会干部队伍整体素质。认真做好工会财务和经审工作。加强经费预决算，以服务大局、服务基层、服务职工为重点，合理安排经费支出，优化工会经费支出结构，确保经费使用向基层、向一线倾斜，结合疫情防控工作，加大向各单位回拨经费的力度。组织了集团工会财务和经审工作规范化建设考评，对直属各单位工会预算进行审批，开展审计项目5项；接受了上海市总工会对集团工会2019年度工会经费审计，对审计提出的问题认真做好整改工作，进一步规范和完善工会经审工作。（陈珺）

【扶贫援藏工作】

中远海运分解落实《中央单位定点扶贫责任书（2020年度）》。在全集团通报国务院扶贫办和国资委2019年中央企业定点扶贫工作考核成效。在抓好自查整改的基础上，按季督办，落实2020年责任书各项指标。2020年，集团共向5个对口帮扶县无偿投入帮扶资金9505万元，帮助引进资金1 046.62万元，培训基层干部428人次、技术人员1434人次，购买帮扶地区产品1 134.5万元，帮助销售帮扶地区产品360.71万元，完成扶贫助困2813人次，购买其他地区扶贫产品80.61万元，购买武汉地区滞销产品55.61万元，全面超额完成各项指标。

全面部署脱贫攻坚任务。集团工会年初完成编制2020年度对外捐赠预算和扶贫援藏资金计划，并提交集团党组会、总经理办公会、董事会审议通过。3月印发了《2020年扶贫援藏工作要点》，明确了21项重点工作、7项任务指标，对消费帮扶指标进行了分解。年末召开集团扶贫援藏工作会议，深入学习贯彻习近平总书记关于扶贫援藏工作的重要论述，认真贯彻落实党中央、国务院、国资委决策部署，对党的十八大以来集团扶贫援藏工作进行系统性总结，从坚持政治引领、坚持统筹兼顾、坚持严格管理、坚持廉洁高效、坚持“四个不摘”5 个方面，对阶段性工作进行全面部署。修订并完善扶贫援藏挂职干部差旅费报销程序；印发了《关于规范扶贫援藏挂职干部差旅费报销等相关事宜的通知》，进一步规范内部管理工作。

深化与对口帮扶地区高层沟通往来。3 月 31 日—4 月 2 日，集团党组书记、董事长许立荣赴临沧市和永德县进行考察；4 月 13—16 日，党组副书记、董事孙家康赴怀化市和沅陵县进行考察；5 月 12—14 日，党组副书记、董事、总经理付刚峰赴安化县进行考察；10 月 8—10 日，党组副书记王海民赴西藏昌都参加“昌都解放 70 周年大庆活动”并进行援藏考察，召开援藏座谈会，慰问援藏干部。集团分别组织接待了临沧市委书记杨浩东一行、临沧市市长张之政一行、益阳市委书记瞿海一行、永德县委书记宋正垠一行、永德县县长杨世年一行。

确保扶贫防疫两手抓。贯彻落实集团党组会决议，协调向武汉慈善总会捐赠 3000 万元疫情防控资金，并实施跟踪集团防抗疫情捐赠及接受捐赠情况。实时掌握挂职干部健康状况，并通过挂职干部与地方保持密切联系，协调各县尽快部署 2020 年度项目。紧急向安化和沅陵拨付疫情防控专项资金 100 万元。协调各方为永德、安化、沅陵三县各捐赠负压救护车一辆。同时迅速调动境外资源，紧急通过中远海运土耳其公司采购 6 万只医用口罩，运往沅陵防控一线。

推动消费扶贫。编制《中国远洋海运帮扶地区特色产品清单》，收录集团各帮扶地区的特色产品 298 种，供集团内部采购和销售。根据《中央企业定点扶贫责任书》，将集团 2020 年消费扶贫任务予以分解，并召开 2020 年视频会议，对消费扶贫、劳务扶贫等工作进行再动员、再部署，积极联系各县落实集团帮扶地区产品在央企消费扶贫电商平台上线工作。集团上下动员，提前全面超额完成了消费扶贫任务。

加强扶贫援藏宣传。向《中国扶贫开发年鉴 2020》提供集团定点扶贫的文字材料和照片资料；向国务院国资委办公厅报送《中国国有资产监督管理年鉴（2020）》中集团履行社会责任情况；补充推荐集团和中波公司的陈令晨为参评十一届“中华慈善奖”捐赠企业、捐赠个人；协调集团内外媒体大力宣传报道集团扶贫援藏工作，申报中国企业精准扶贫优秀案例（2020），协助党工部完成扶贫援藏采访报道活动，向国务院扶贫办上报“我所经历的脱贫攻坚故事”征集展示展播活动材料；组织 18 篇论文参与“2020 年度学习习近平总书记关于扶贫工作的重要论述征文”活动。组织“10・17”扶贫日系列活动，在集团媒体开展扶贫日宣传系列活动，并参与国务院国资委央企的“中国扶贫地图”活动。

（陈珺）

共青团和青年工作

共青团和青年工作

【概　　述】

2020年，集团团委紧紧围绕集团工作会“三个聚焦”工作部署，深入学习宣传贯彻党的十九大精神和团的十八大精神，按照2020年度共青团工作要点，有序开展各项工作，团结带领广大青年为企业提质增效和高质量发展作出积极贡献。（马洪进）

【组织建设】

加强规范管理，持续推动直属团组织换届。年初，集团团委对各直属团组织换届情况进行了梳理，并下发《关于做好集团直属团组织按期换届的通知》，加强对直属单位团组织按期换届加强工作指导。集团团委积极与所属单位党组织加强工作沟通，认真抓好所属基层单位团组织换届工作；制定基层团组织换届工作推进表，指导中远海运博鳌团委、中远海运散运团委、中远海运发展团委召开团代会，中远海运大连投资团委、青岛中远海运团委、中远海运资产团支部、厦门中远海运团委、天津中远海运团委召开团员大会，确保基层团组织换届工作规范有序进行，实现基层团组织“应建必建”“应换必换”。加强基层团组织建设，严格执行落实“三会两制一课”制度，组织团干部全面深入学习《中国共产主义青年团国有企业基层组织工作条例（试行）》，定期开展集团系统内团建工作交流，互促互进，全面提升公司共青团工作规范化水平。（马洪进）

【理想信念教育】

强化思想引领，把握青年正确价值导向。深入学习贯彻党的十九届五中全会精神，全系统团组织团员青年通过青春故事会、青年大讲堂、青春留言簿、心愿分享会等多种形式，努力扩大覆盖面，以点带面、由表及里，突出学习宣传的针对性实效性。各级团组织充分运用团中央“青年大学习”平台，组织全体团员开展网上团课学习；开展主题团课学习习近平总书记五四寄语精神、全国青联十三届全委会精神及习近平总书记贺信精神，推动团员青年政治学习制度化、日常化。集团团委响应集团党组“四史”学习教育部署，在全系统开展青年“四史”学习教育活动；各级团组织通过“宣讲一次团课”“组织一次升旗”“设计一条线路”“成立一支小组”等多种方式同步开展。集团团委在上海举行“践行新思想　奋斗明初心”中远海运青年学“四史”主题团日活动，在渔阳里广场举行升旗活动，开展红色经典寻访和“四史”学习教育知识竞赛活动；通过开展“四史”学习教育，引领广大团员青年学好用好历史，坚定理想信念，在学习中汲取智慧、勇气和力量，转化为实干的能量，勇挑企业改革发展重担。（马洪进）

【创新实践活动】

助力提质增效，团结带领青年岗位建功。集团团委向全系统团组织、广大团员青年发出《倾力提质增效，勇当青年先锋》青年倡议书，各单位团组织团结带领团员青年，积极向所在单位党组织“请战”，主动参与提质增效专项任务，主动承担“急、难、险、重、新”任务。各级团组织成立“青年突击队”“青年攻关小组”，抢抓市场先机，积极开展岗位创新创效，积极参与企业技术攻关，在提质增效专项行动中发挥共青团组织的特有优势。

参与疫情防控，坚决打赢防控阻击战。自2021年年初新冠肺炎疫情暴发以来，集团团委积极落实集团党组部署，立即行动，组织动员各级团组织、团干部和团员青年，有序参与防控工作，发起疫情防控倡议书，成立疫情防控突击队和志愿队，团员青年志愿者承担测量体温、物资发放、车辆引导等工作，科学有序投身疫情防控阻击战；积极响应中央企业团工委号召，依托中国青少年发展基金会发起抗疫捐款活动，组织集团各级团干部和广大船岸团员青年踊跃捐款，25家直属团组织募得善款341 459.6元，全部捐助给中国青基会抗击疫情特别关爱行动；前期全系统广大团干部、团员青年参与党组织捐款及其他渠道捐款合计4399人次，合计314 362元。

（马洪进）

【选树先进典型】

在全系统开展五四两红两优先进评选，下发《关于开展中国远洋海运集团2018—2019年度五四红旗团组织、优秀共青团员、优秀共青团干部评选活动的通知》，评选表彰一批先进团组织、先进青年，并通过《中国远洋海运报》等刊物、微信，进行宣传。同时，推荐选拔在沪团组织和团干部、团员青年参加“上海市青年五四奖章”“上海市优秀共青团员”“上海市优秀共青团干部”“上海市五四红旗团组织”的评选，以青年先进典型的榜样力量感召团员青年，引导广大青年崇尚先进、学习先进、争当先进，为实现各项任务目标贡献青春力量。2020年7月，共青团中央、人力资源和社会保障部联合印发了《关于命名表彰第20届全国青年岗位能手的决定》，南通中远海运船务/启东中远海运海工青年员工赵明正荣获第20届“全国青年岗位能手”称号。

（马洪进）

【志愿服务活动】

持续开展“浪花心愿”爱心助学活动，为对口支援的云南永德、西藏洛隆近370名贫困学生搭建一对一助学平台，新学年募集爱心助学款77万余元。上海地区一部分团员青年参与筹备第三届中国国际进口博览会暨虹桥国际经济论坛开幕式活动，从6月到11月近半年工作中，不畏难、不推诿，承担开幕式嘉宾入场参会组织工作，获得相关部门的充分肯定，展现企业优秀青年形象。

（马洪进）

CHINA COSCO SHIPPING
CORPORATION LIMITED
YEARBOOK

中国远洋海运集团有限公司

年鉴

第十二篇

企业文化

概述

概　　述

中远海运集团紧密围绕改革重组，全面推进重组期间企业文化建设，坚持“四个一”理念，积极构建文化体系，推动文化落地，力促文化融合，确保各项工作的合心、合力、合拍，广大干部员工同舟共济、凝心聚力，呈现出“共同绘制新蓝图、一道成就新梦想”的高昂士气，为落实“深改、快改”，确保重组后集团的改革顺利推进提供了强大文化支撑。

2020 年，集团认真总结梳理集团重组四年来企业文化建设规律性经验和文化融合系统性理念，不断深化文化融合；贯彻落实《新时代公民道德建设实施纲要》《新时代爱国主义教育实施纲要》，强化社会主义核心价值观引领，不断丰富企业文化核心价值理念体系内涵。

在“创造价值、连接梦想”企业使命的价值传播中，集团融入“航运即国运”的行业地位和习近平总书记在上海考察时指出的“经济强国必定是海洋强国、航运强国”[①] 的重要论述，深刻认识航运与全球经济、航运与国家战略的关系。作为开创新中国航运历史的航运央企和世界规模最大的航运企业，中远海运应坚守初心、矢志不渝，向着打造“更规模化、更全球化、更有竞争力、更具价值”的优秀企业前行，为祖国和人民远航，为全球经济贸易搭设桥梁。（朱雪峰）

① 《习近平在上海考察》，新华网，2018年11月07日，http://www.xinhuanet.com/politics/leaders/2018-11/07/c_1123679389.htm.

企业文化理念

企业文化理念

【总 体 规 划】

2020 年是国家层面决胜全面建成小康社会的收官之年和决战新型冠状病毒疫情防控的攻坚之年，是集团层面坚持“三个聚焦”、落实“三个不低于”要求、再创双百效益、争创 5A 目标、持续深化改革、推动高质量发展的关键之年。集团党组加强对企业文化和精神文明建设作出总体谋划。一是为党和国家立心，通过开展“国企公开课”“大国顶梁柱”等活动，推进习近平新时代中国特色社会主义思想入脑入心；二是为伟大时代立传，通过广泛开展群众性文化活动，营造集团以高质量发展助力全面建成小康社会的浓厚氛围；三是为中国形象立言，通过讲好集团全球化故事，全面落实意识形态工作各项任务，进一步扩大企业全球影响力；四是为典型引领立标，重视在基层和重大项目一线培育选树先进典型，用榜样的力量激励广大职工崇德向善、见贤思齐，让忠诚、实干、创新在全集团蔚然成风；五是为驶向卓越立魂，完善和发展企业文化体系，推出有筋骨、有温度、有航运企业特质的文艺作品。

（朱雪峰）

【理 念 建 设】

确立“四个一”文化引领。集团重组前夕，党组书记、董事长许立荣首提“一个团队、一个文化、一个目标、一个梦想”的“四个一”理念，在集团全系统引起文化共鸣。集团党组工作部印发《关于开展“四个一”主题活动的通知》，对“四个一”进行释义，策划制作了“四个一”形象广告招贴、动画宣传片等文化产品，加大内部传播。各级党组织围绕“四个一”策划了各类主题活动，以各种生动的形式、丰富的载体，使“四个一”在全体干部员工中快速落地生根。

【核心价值理念】

（1）“四个一”文化目标：一个团队 、一个文化、 一个目标 、一个梦想。

（2）企业使命：创造价值，连接梦想。

（3）企业愿景：承载经济全球化使命，整合优势资源，打造以航运、综合物流及相关金融服务为支柱，多产业集群、全球领先的综合性物流供应链服务集团。

（4）企业价值观：客户为上，人才为本，安全为基，创新为魂。

（5）企业精神：同舟共济。

（6）企业作风：务实、高效、协调、融合、智慧。

（7）企业广告语：We are ready。

（朱雪峰）

【“三舱精神”与“四个坚守”】

在“同舟共济”企业精神不断深化中，集团不断汲取基层实践经验，拓展精神内涵，凸显航海特质，衍生出“三舱精神”和“四个坚守”。

“三舱精神”：

理想信念坚定“压舱”

工作责任落实“满舱”

精神状态迸发“爆舱”

“四个坚守”：

把稳舵，坚守航运强国的理想信念

定好锚，坚守脚踏实地的实干作风

扬起帆，坚守战风斗浪的奋斗勇气

拧成绳，坚守同舟共济的团队精神

2020 年，在与新冠疫情战斗的 365 天里，集团聚焦奋斗主题：“聚焦高质量发展、聚焦突破性发展、聚焦一体化发展”，在市场的风云变幻中不断做强做优，不断改革创新，构建合作共赢的一体化发展模式，在疫情中全面突围、再创佳绩。（朱雪峰）

企业文化活动

企业文化活动

【精神文明建设】

文明单位创建。2020年，集团坚持文化建设和文明创建两手抓，广泛开展群众性文明创建活动，组织好文明单位评选申报工作。集团总部、中远海运特运、中远海运发展所属上海寰宇锦州箱厂获本届全国文明单位。截至2020年年底，集团累计共8家获全国文明单位，2018—2019年度获全国交通运输行业文明单位有2家，2018—2019年度获全国交通运输行业文明示范窗口2家；截至2020年年底，集团累计共22家获上海市文明单位。（朱雪峰）

【企业文化建设活动】

2020年，集团所属各企业文化建设活动精彩纷呈。中远海运散运加强媒体建设，创新开展职工文艺作品云展播，开展第四届企业文化月系列活动，编制《企业文化核心价值理念视觉传达手册》，推动理念入脑入心入行；中远海运特运以"筑梦光华"企业文化展厅为平台，讲好"特运故事"；中远海运发展发布企业文化微视频《同行》，展现企业"卓实"形象；中远海运资产制定文化纲要，打造"专业、敬业、创业"企业精神；青岛中远海运推进企业文化重塑，通过"二上二进"（上墙上网，进册进厅）工程，加快文化落地；中远海运大学打造"智慧校园、绿色校园、人文校园"，致力建成全集团员工的"精神家园"；中远海运自保科学构建"航海＋金融"特质企业文化体系；海南港航借重组一周年之际，开展"企业文化月"系列活动，深化文化融合。（朱雪峰）

【企业文化产品】

集团持续企业文化精品工程，完善文艺文化产品创作和传播的引导激励机制，组织好重大历史题材、重大改革题材、重大项目题材创作，推出有筋骨、有温度、有航运企业特质的文艺作品。聚焦决战决胜，紧扣新冠肺炎疫情大战大考，广泛宣传公司防疫战疫、复工复产的措施成效，全方位展示"大国船队"的责任担当，制作战疫宣传片《同舟共济》，协助中宣部、国务院国资委完成《我们的"战疫"》《战疫中的国企担当》《中央企业战疫图鉴》等多部抗疫作品；加大扶贫援藏和社会责任宣传，出版脱贫攻坚报告文学集《此爱跨越山海——脱贫攻坚中的央企情怀》，制作《春华秋实》《山高水长》《海拔》等多部宣传视频作品。助力航海特质文化繁荣，提前谋划建党百年重大文化活动，持续跟踪推进。

集团全程参与策划及主讲国务院国资委发起央视网"2020国聘行动"中远海运专场直播。集团多部微电影、短视频在中宣部第四届社会主义核心价值观主题微电影展播活动和"视觉新国企"融媒体作品展中获奖。参拍交通运输部纪录片《大国交通》《中国船谱》。参展上海国际航运中心建设成果展。拍摄《从平乡城到海上巨无霸》《和祖国一起乘风破浪》两部微党课视频教材，被集团党组作为集团党建学习平台必学课程，其中《从平乡城到海上巨无霸》参评中国文化管理协会主办的"建党100周年企业党建巡礼"优秀党建作品评选，获"企业微党课优秀成果特等奖"。支持上海市"跨越太平洋的交流与合作——上海纪念中美建交40周年"展览及相关活动，收到上海市人民对外友好协会感谢信。支持中国航海博物馆开馆十周年展览活动，收到该馆感谢

信。集团被评为“十三五”中国企业文化建设“行业旗帜”。（朱雪峰）

【跨文化建设】

集团被国务院国资委确定为第二批跨文化传播专项试点企业，公关部积极落实专项试点要求，致力提升品牌文化，全力做好跨文化传播试点，推进相关工作开展。

加强海外社交媒体账号建设。做好希腊比港脸书、推特账号日常发布维护，与专业机构协商，研究开设西班牙语、阿拉伯语等外语语种海外社交媒体账号，全面加强集团海外新媒体平台建设。

组织开放日活动。利用比港参加进博会展览时机，安排比港进博会展区“比港云视频媒体交流会”，与境内外媒体充分交流，着力讲好中远海运进博故事。积极筹划比港“一带一路”中央企业云开放日活动，加强与国务院国资委宣传局沟通联络，接受活动指导，策划详细方案，着力讲好比港“一带一路”典范故事。

推进与智库的合作。与中国社会科学院接洽，就集团与其开展海外智库合作事宜进行研究沟通，推动双方战略合作。双方立足比港建设和战略发展实际需要，就比港对希腊经济社会发展贡献、比港有关产业发展前景等议题开展研究，并在此基础上积极拓展合作空间。

策划出版《数星星的孩子》中文版。积极推动中希文化交流活动，与比雷埃夫斯港一起做好希腊书籍《数星星的孩子》中文版的出版工作。在比港与作者和版权方商定版权协议后，积极与中国外文局旗下新世界出版社合作，推进中文翻译及出版发行。图书出版后，结合集团慈善事业开展赠书活动。

认真组织开展2020年春节文化走出去活动。结合集团境外单位多、全球业务分布广、境内外文化融合等特点，积极参加中央统战部、文化和旅游部、教育部、广电总局、中国侨联、驻外使领馆、国家汉办及中央和地方主要媒体策划的系列春节文化走出去重要项目和活动。结合企业特点策划组织开展了丰富多彩的文化活动。同时，境外公司迅速行动，发挥全球资源优势，采购医疗物资、捐款捐物，迅速向国内运送物资，积极为打赢新冠肺炎阻击战贡献力量。

一是境外公司组织开展春节文化活动传播中华文化。境外公司积极举办和参与“春节文化周”“媒体交流年”“团拜会”等活动，开展与外籍员工和国外合作方的联欢联谊活动。鹿特丹、洛杉矶、泽布吕赫、新加坡、巴拿马城、阿布扎比、休斯敦等地机构精心布置中国年味装饰。中外员工一起写春联、挂“福”字、包饺子，吃“团圆饭”。邀请外籍员工身着盛装，跳中国舞蹈，外籍员工录制视频，向公司同仁拜年。通过组织春节文化活动，积极传递中国企业和谐发展理念，促进跨文化管理，凝聚中外员工共同奋斗的文化氛围。

二是“浮动国土”开展春节文化活动传递中华文明。春节期间，船舶开展写春联、挂灯笼、编织中国结、集体拜年等活动，广大船员手持国旗、春联、祝福语，集体拜年，祝福祖国繁荣昌盛。《中国远洋海运报》、微信、网站策划专栏，广泛开展宣传报道。

三是境外单位助力打赢抗击新冠肺炎阻击战。面对新冠肺炎疫情，集团海外公司积极行动，发挥全球资源优势，紧急采购各类防疫物资。北美、东南亚、欧洲、澳洲、韩国、日本等公司一共采购口罩 20 万只、测温枪 45 支、血氧含量测试仪 5 台，缓解国内重点区域的燃眉之急。海外公司积极协调海外客户捐赠，欧洲公司协调安特卫普港通过中远海运慈善基金会向疫区捐赠 8000 欧元。考斯里奇意大利公司家属向疫区捐赠 10 万欧元。中远海运集运“人马座”轮承运 35 吨从安特卫普进口的医用特殊面料直达宁波。“中海巴拿马”轮承运 80 余万件越南进口防疫物资缓解国内燃眉之急。泛亚航运配合中石油承运 3654 吨聚丙烯医疗物资运输。集运公司为江陵汽车运输救护车零件 12 个集装箱，等等。在第一时间，各公司把重要物资运到防抗疫情的重要区域。按照外交部、国务院国资委紧急通知要求，海外公司认真落实好暂停驻外员工轮换与回国休假，以及暂停出差、出访工作。海外

公司坚决贯彻防疫决策部署，发挥整体优势，有效防止疫情输出。（马晓静　黄奇萃）

【文明单位创建】

2020年，集团坚持文化建设和文明创建两手抓，广泛开展群众性文明创建活动，组织好文明单位评选申报工作。集团总部、中远海运特运、中远海运发展所属上海寰宇锦州箱厂获本届全国文明单位。

1. 截至2020年年底，集团累计共8家全国文明单位

（1）集团总部

（2）中远海运集装箱运输有限公司

（3）中远海运能源运输股份有限公司

（4）中远海运物流有限公司

（5）中远海运发展股份有限公司

（6）中远海运特运股份有限公司

（7）上海船舶运输科学研究所

（8）中远海运发展所属上海寰宇锦州箱厂

2. 2018—2019年度全国交通运输行业文明单位

（1）中远海运博鳌有限公司

（2）中远海运（青岛）有限公司

3. 2018—2019年度全国交通运输行业文明示范窗口

（1）中远海运能源运输股份有限公司“连喜湖”轮

（2）中远海运发展所属上海寰宇锦州箱厂

4. 截至2020年年底，集团累计共22家上海市文明单位

（1）中远海运重工有限公司

（2）上海中远海运重工有限公司

（3）中远海运（上海）有限公司

（4）上海海运海事技术有限公司

（5）上海中远海运仓储有限公司

（6）华东中远海运散货运输有限公司

（7）中石化中海船舶燃料供应有限公司上海物资分公司

（8）上海海运物业管理有限公司

（9）中远海运能源运输股份有限公司

（10）中远海运船员管理有限公司

（11）中远海运船员管理有限公司上海分公司

（12）上海船舶运输科学研究所

（13）中海电信有限公司

（14）中远海运发展股份有限公司

（15）中远海运租赁有限公司

（16）上海中远海运物流有限公司

（17）中远海运船务代理有限公司

（18）中远海运集团财务有限责任公司

（19）中远海运资产经营管理有限公司

（20）中波轮船股份公司（本部）

（21）中远海运集装箱运输有限公司

（22）上海远洋运输有限公司

（郭庆东）

【集团展示厅】

2020年，集团展示厅全年接待各类参观访问及学习交流人员共160批次/3000余人次。其中包括接待中央委员、上海市委副书记、市长龚正一行；国务院国资委副主任、中华全国总工会副主席翁杰明一行；国务院国资委总会计师白英姿一行；国务院国资委监事会领导一行；国务院国资委改革局领导一行；全国人大调研组；国务院国资委调研组；中组部检查组；中宣部调研组；审计署；银保监会调研组；安徽省副省长一行；湖南省政府代表团；上海市文明办；海口市委书记一行；青岛市市政府访问团；常州市委访问团；扬州市市长一行；连云港市市政府访问团；湖南益阳市委书记一行等国家部委、省市、机关领导共计40余次，其中省部级以上领导16人。

接待浦东干部学院全国县处级以上定点现场教学8批次/450余人。接待团中央上海市委团校；上海市社科院访问团；上海交通大学、大连海事大学、上海海事大学、集美大学等各类专业院校机构的交流访问10余次。多次接待新华社、《人民日报》、《求是》杂志、新华网等中央媒体来访参观。接待国家及各地海事局、救捞局、海关、国家安全局、上海市交通委、中华企业联合会、中国企业文化研究会、国企书记评审委员会、大连口岸等行业相关机关机构领导。接待包括中铁集团、东方航空、招商集团、首钢集团、航交所、广东省航运集团、天津港务集团、宁波港务集团、青岛港集团、上海市期货交易所、上汽集团、海尔集团、正大集团、连云港港务集团、华为集团、建工集团、阳光集团、彩虹雨集团、荣盛集团等相关行业客户来访参观 40 余次。（傅奇）

品牌建设

品牌建设

【制定集团“十四五”品牌战略规划】

2020 年，结合集团制定“十四五”战略规划契机，制定品牌战略规划，推动集团品牌工作的战略提升。集团“十四五”品牌战略规划主要内容包括：阐述集团品牌建设的重要意义、总体任务、核心要义、战略目标，梳理集团品牌的总体架构，规划集团品牌建设的实施路径、保障体系等。从年初立项，到年中对集团职能部门、二级单位大规模调研访谈，到最终形成文本，整个规划深入对接集团“十四五”战略规划，凝结了集团品牌工作过往经验，规划了今后工作重点，对集团“十四五”期间乃至更长时间开展品牌工作具有重要的指导意义。

【借重大活动平台推广集团品牌】

充分利用高端平台，协调协同各方资源，推进品牌效益释放。2020 年，集团组织参与和服务第三届进博会，协调各单位做好招展、运输、特装搭建、会务服务、防疫保障等基础性工作，组织做好参与虹桥论坛、新闻宣传、外宾来访等工作，加强与国务院国资委、进博局、上海市、交通运输部等的沟通联络。在全集团共同努力下，集团第三届进博会各项工作顺利展开，在集团全球化品牌形象推广和提升上取得良好成效。

组织参与中国—东盟博览会。集团公关部作为主要负责部门，与广西各相关部门全面对接，做好集团参会、参展等工作，借助这一平台加大集团在广西、东盟的品牌推广力度，为集团开发西南市场、东盟市场拓展了机遇。此外，还参与中国服贸会。集团受上海市邀请参加上海主宾市参展和交易团，集团协助拍摄上海服务贸易宣传片，为上海主宾市展区提供展品、音视频和图文资料等，参加上海市主题日活动，充分展示了集团品牌形象。

【舆情管理与外宣品牌建设】

紧抓热点，积极联系外部媒体开展宣传工作。一是利用全国两会热点，代表行业发声。两会期间，许立荣董事长先后接受新华社、人民网、求是网、《21 世纪经济报道》等主流媒体的专访，就集团应对疫情举措、保供应链稳定、履行社会责任、改革发展，以及全球产业链发展大势、航运业数字化趋势等议题发表了观点，受到大量的关注和反响。其中，新华社刊发的《全国人大代表许立荣：全球供应链阶段性调整不改开放合作趋势》一文，仅在新华社客户端的浏览量就超过 110 万，在社会和业界引起热议。二是利用浦东开发开放 30 周年契机，宣传集团贡献。许立荣董事长参加纪念大会，会后迅速组织感想稿件，展现集团为上海国际航运中心建设所作贡献，在《解放日报》显要版位刊发，取得良好宣传效果。此外，在集团领导参加中央企业家座谈会、第三届进博会后，也迅速组织感想稿件，《人民日报》等媒体作了刊登。三是利用海南自贸港建设机遇，宣传集团实力。抓住集团深度参与海南自贸港建设的机遇，大力宣传集团服务国家战略，建设“一带一路”的成效，相关稿件获得了大量转载。全年共组织集团自有媒体平台刊登稿件合计 590 余篇；组织中央媒体采访 20 余次；社会媒体刊发集团各类宣传稿件合计 4800 余篇，其中，央视、新华社、《人民日报》等中央主流媒体播出、刊发报道 500 余篇，境外媒体播出、刊发报道 2000 余篇。集团外宣和品牌影响力不断提升。

加强舆情监测，积极开展舆情管理及突发舆情应急处置。强化舆情监测应对，做好外宣舆论引导，保驾护航生产经营。疫情对全球产业链供应链造成巨大冲击，也给集团生产经营工作带来挑战，导致出现不少新的舆情风险。公关部敏感意识到这一点后，积极提前部署，抓好实时监测，与集团职能部门和下属单位做好信息沟通与口径协调，稳妥将舆情处置在萌芽状态。全年共编制《每日舆情要点》240 余期、专项舆情报告 20 余期，处置突发舆情风险 13 起，为集团生产经营营造了较好的舆论氛围。

基于集团品牌、外宣和舆情管理工作需要，制定《中国远洋海运集团有限公司对外宣传工作管理办法》《中国远洋海运集团有限公司舆情管理与处置实施细则》《中国远洋海运集团有限公司新媒体平台管理规定》三项制度。研究制定《关于进一步提升集团外宣品牌形象的工作方案》和《关于推进比港品牌形象建设的工作计划》，针对集团外宣品牌工作体系不够健全、海外宣传有待深化等问题，提出了差别化、精准化的工作方案。建立集团新闻通气会、重大专题策划会制度，对集团二级单位品牌管理与对外宣传工作人员信息进行了统计整理，在此基础上建立“品牌与外宣工作”微信群，积极推进集团外宣品牌工作协同联动机制建设。（马晓静　郭婧　黄奇萃）

文化传媒

文化传媒

【报　纸】

2020 年，集团共有两份公开发行的报纸，分别是《中国远洋海运报》和《广州海运报》。

1.《中国远洋海运报》

《中国远洋海运报》由《中国远洋报》和《海运报》两家报纸重组整合而成，国内统一连续出版物号 CN 31-0116。《中国远洋海运报》出版内容分纸媒和新媒体两大部分。纸媒部分《中国远洋海运报》对开 8 版，逢周五出版，每期印刷基本数 23 000 份；新媒体部分《中国远洋海运报》微信公众号为工作日每天更新，每天发文 4 ~ 6 篇。

《中国远洋报》是原中远集团的企业报。1994 年 1 月 24 日，《中远集团报》社成立。1996 年 3 月 27 日，北京市新闻出版局批准《中远集团报》更名为《中国远洋报》，成为“国字号”报纸。1998 年 9 月 9 日，经国家新闻出版总署批准，《中国远洋报》实现由内部报刊向公开发行报刊的历史性转变。当年 9 月 2 日，北京市新闻出版局正式办理《中国远洋报》报刊证，国内统一刊号为 CN 11-0261。2002 年 1 月 4 日，《中国远洋报》荣获企业报评选最高奖——“第三届中国先进企业报”称号。

《海运报》是原中国海运集团的企业报。该报前身《上海海运报》1956 年由上海海运局创办。1998 年，该报转由中海集团主管、主办，改名为《海运报》，国内统一刊号为 CN 31-0050，由创刊时的 4 开 4 版，改为对开 8 版，仍为周刊，每周五出版，成为反映集团员工工作、学习、生活和为集团广大海员提供新闻阅读及服务的专业性报纸。《海运报》始终坚持符合海运企业特点的办报方针，扎根于广大海员职工之中，1998—2015 年多次被评为上海市优秀企业报。

2016 年 2 月 18 日，中国远洋海运集团成立后，按照集团改革重组相关工作的推进，集团新闻媒体中心迅速启动了一系列更名、变更工作。2016 年 3 月，经上级主管部门批准，原《中国远洋报》更名为《中国远洋海运报》。2016 年 10 月，《中国远洋海运报》注册地由北京转至上海，国内统一刊号 CN 31-0116。更名后的《中国远洋海运报》以崭新形象在博鳌亚洲论坛 2016 年年会上亮相，得到了参会的集团领导、中外嘉宾的认可和赞赏。随后，集团新闻媒体中心完成了《中国远洋海运报》更改主管、主办单位和中国远洋海运报社的工商变更等工作。2016 年 4 月，经上海市新闻出版局批准，《海运报》正式休刊。

2020 年，《中国远洋海运报》坚持正确舆论导向，牢牢把握集团改革重组的脉络与内涵，围绕深化改革这一主线，按照集团“疫情防控和生产经营两手抓、两手都要硬”、“十四五”规划、改革三年行动方案等总体工作部署，坚持履行好“激发干事创业精气神、树立中远海运新形象”的任务要求，围绕新闻宣传、舆论引导、融媒体建设、新闻宣传队伍培养等重点工作，明确思路、凝心聚力，营造良好氛围，为集团深化改革和党建工作提供了强有力的舆论引导。

《中国远洋海运报》牢牢把握正确的政治方向，将思想引领贯穿始终。推动深度融合，加大重点主题活动宣传力度。开辟“四史”学习教育、“不忘初心、牢记使命”党建主题教育专栏，展示集团全力以赴投入疫情防控复工复产、深化改革、脱贫攻坚、“一带一路”、积极融入“双循环”新格局、高质量发展等系列举措和成功实践，彰显使命担当、奋斗实干，为集团改革发展营造良好的舆论氛围。聚焦抗击疫情主战场，报道疫情最新动态，书写集团抗“疫”一线感人事迹，展示集团疫情防控，以及复工复产再立新功的正能量。

《中国远洋海运报》自2020年2月7日起，根据当时疫情发展变化的不同阶段，分主题连续推出9个抗疫专版，包括众志成城防控疫情、抗疫情稳经营、战“疫”有她、八千里路云和月、抗“疫”到底全力以“复”等，防控疫情相关报道共计600余篇、约67万字。

在报纸显著位置开辟“走向我们的小康生活——决战决胜脱贫攻坚”专栏，刊出文章、图片、视频等报道100余篇，形成集中强势。

结合行业特点，重点围绕“六保”“六稳”展开报道。刊载有关新闻报道1600余篇次，总计170万字以上；新媒体平台刊载有关新闻报道400余篇次。其中，统筹海外企业宣传报道，挖掘有价值的素材，共完成“海外瞭望”专栏8个，发布报道消息22篇，展现集团行业领军形象，加大主流媒体报道力度，掌握新闻宣传主动权。

积极参加国际论坛，助力集团品牌形象宣传。加强融媒体平台建设，大力推动短视频在新闻报道中的应用和创新。开设集团“学习强国”官方账号，做好日常运维工作，向中央企业学习平台推送稿件。

2.《广州海运报》

《广州海运报》1966年5月7日由广州海运局创刊，1967年8月18日因“文化大革命”停刊，1985年9月25日复刊。广东省画院院长、广东美术家协会主席、著名老画家关山月，闻《广州海运报》复刊的消息，欣然命笔，为《广州海运报》题名。1987年8月31日，新闻出版署发给《广州海运报》报刊登记证，国内统一刊号CN 44-0093，批准《广州海运报》的刊期、发行范围和主编人选。1992年7月，经新闻出版署批准，国内统一刊号换为CN 44-0128。《广州海运报》随着企业的改革发展，不断进步和成熟，报纸由原来的旬刊发展为周报，4开4版，周三出版。进入21世纪后，亚丁湾海域和印度洋海域事件是全球性新闻热点，企业船舶常年在此海域执行生产任务，在防抗海盗的工作中，广大海员作出积极的贡献，涌现出许多先进人物和可歌可泣的英雄事迹。为此，《广州海运报》动员组织一批通讯员开展新闻报道，刊发一系列的消息、通讯、图片等不同新闻体裁的稿件。如“嘉宁山”轮击退海盗的武装袭击后，《广州海运报》及时开展报道，推荐在该事件中涌现出的先进人物参加广东省、广州市先进人物评选。行业特色鲜明的报道在读者和同行中受到广泛关注，《广州海运报》的多篇新闻报道也因此在全国企业报好新闻评比中获奖。1997年，《广州海运报》荣获全国企业报晋京展一等奖。《广州海运报》是广州地区出版物新闻工作者协会副会长单位，2020年有32篇作品被协会评为好新闻。2020年，《广州海运报》在讲好企业发展故事、传播企业发展好声音的同时，及时对疫情防控、复工复产，以及涌现出来的先进典型、感人事迹等进行宣传报道，刊发战“疫”新闻报道140余篇和文学文艺作品20余篇，为打赢疫情防控阻击战、复工复产攻坚战和生产经营保卫战营造了良好的舆论氛围。

（严妙群　陈晓艳）

【杂　　志】

2020年，集团有《中国远洋海运》《上海船舶运输科学研究所学报》《青岛远洋船员职业学院学报》《中国海员》和《航海》5本正式出版的杂志。

1.《中国远洋海运》

《中国远洋海运》于1995年1月创刊，原名为《中国远洋航务》，2016年3月更名为《中国远洋海运》，由中国远洋海运集团有限公司主管、主办，国内统一连续出版物号为CN 31-2140/U，国际标准连续出版物号为ISSN 2096-3890，国内外公开发行。

《中国远洋海运》创刊二十多年来，始终坚持创刊理念，即关注全球航运业热点，发布行业前沿信息；搭建与国际航运业界良性互动与交流的平台，提升中国企业品牌形象；引导舆论导向，提升中国航运业的国际话语权；反映中远海运集团各业务板块关切，为航运企业提供资讯服务。

在办刊实践中，杂志依托集团雄厚的品牌和资源优势，瞄准航运市场及相关产业链，以行业视角，及时捕捉航运、物流、经贸、港口、修造船、海事服务等业务资讯；通过与国际行业组织、知名咨询机构及国际媒体合办栏目，广交四海朋友，服务八方客商，努力成为有影响力和美誉度的行业主流媒体；紧密围绕集团发展思路、工作部署和各阶段的重点工作，不断提高新闻舆论传播力、引导力、影响力、公信力，助力集团品牌形象宣传；策划组织行业会议并积极参与国际论坛展会，整合产业链智库资源，促进集团系统内外的思想交流，为行业发展提供智力支持。杂志已成为政府和业界相关机构的案头参考资料。中央政策研究室、社科院、国务院发展研究中心、中国贸促会、国家发展改革委宏观经济研究院、商务部研究院、交通运输部水科院等研究员主动索取每期杂志；杂志应邀每期寄送联合国国际海事组织（IMO），作为中文资料供相关处室参考；杂志定期为新华社、央视、第一财经等社会主流媒体的专业记者提供所需的行业信息；杂志赠送各大院校图书馆，受到广大师生的热烈欢迎。

2020 年，针对疫情暴发，杂志密切跟踪报道行业主管部门、国际组织、行业协会发布的最新资讯，第一时间在网站、微信、微博上进行解读，数十条原创内容被社会媒体及行业媒体转发；在纸质版率先推出“抵‘疫’前行”和“寻‘机’突破”两个专题，充分体现了杂志的权威性和前瞻性，受到读者及相关部门的好评。

2.《上海船舶运输科学研究所学报》

《上海船舶运输科学研究所学报》创刊于 1978 年，系船舶科学和船舶运输领域的综合性学术期刊，国内统一刊号为 CN 31–2023/U，由上海船舶运输科学研究所主管、主办，国内外公开发行。该刊曾用名《交通部上海船舶运输科学研究所学报》，2005 年更名为《上海船舶运输科学研究所学报》，2012 年由半年刊改为季刊，国际标准连续出版号为 ISSN 1674–5949。

该刊自创刊以来，始终坚持党的基本路线，坚持“百花齐放、百家争鸣”和“理论联系实际”的办刊方针，突出理论与学术服务于丰富的实践，充分发挥科技期刊在成果转化方面的交流和传播作用，助推行业科技进步。刊登的内容主要反映船舶运输系统、船舶设计、船舶控制、交通工程、环保工程、港口工程、工业自动化、电子信息、船舶动力机械和水运经济等方面的科研成果，同时刊登具有一定学术水平的试验报告和科研管理研究报告。经过数十年的办刊历程，期刊的影响力指数逐年提升，现已成为行业知名的专业学术刊物，是中国核心期刊（遴选）数据库来源期刊、中国学术期刊（光盘版）全文入编期刊、中国学术期刊综合评价数据库来源期刊，同时被国家图书馆、上海图书馆、中国知网、万方数据库和维普数据库等数据库收录。该刊刊登的论文质量较高，曾多次在中国航海学会等专业学术机构的论文评比中获奖。除了收录行业内各高校、科研院所及其他企事业单位科研人员的论文以外，集团航运板块每年都会依托该平台刊登高质量的科技论文，为集团相关科研成果的推广起到了较强的支撑作用，有效提升了集团相关业务在行业的影响力。2020 年，该刊共刊登 60 余篇论文，其中具有国家级、省部级和市级基金支持的项目论文 7 篇，占比约 10%，为交通运输行业科技成果的转化和传播作出了重要贡献。同时，该刊紧扣时代脉搏，优先刊登了诸如 5G 技术在航运业的应用和新冠病毒疫情对我国航运业发展的影响等方面的论文。（胡奕）

3.《青岛远洋船员职业学院学报》

《青岛远洋船员职业学院学报》创刊于 1980 年 7 月，原名《远洋科技》，由中国远洋海运集团直属青岛远洋船员职业学院主办。1980 年 7 月，青岛远洋船员进修学院刊物《远洋科技》创刊。1986 年 10 月，青岛远洋船员学院刊物《远洋教育研究》创刊。1996 年 1 月，经中国远洋运输（集团）总公司报交通部同意，并经山东省新闻出版局批准，决定自 1996 年起，青岛远洋船员学院原来主办的《远洋教育研究》和《远洋科技》并刊，改为综合性学报《青岛远洋船员学院学报》。从 1999 年第 1 期起，《青岛远洋船员学院学报》公开发行。2012 年 2 月，经新闻出版总署批准，更名为《青岛远洋船员职业学院学报》，国内统一连续出版物号为 CN 37-1489/U，国际标准连续出版物号为 ISSN 2095-3747。2014 年 12 月，《青岛远洋船员职业学院学报》入选国家新闻出版广电总局第一批认定学术期刊。该刊每 3 个月出版 1 期，为季刊。

自创刊以来，学报始终坚持编辑刊载学术论文和科研报告，为发展我国远洋科研事业服务的办刊宗旨，面向远洋，突出航运特色，主要设置航海技术、船舶通信与信息工程、轮机管理与船舶工程、船舶电子电气、海事法律管理与公约、航运物流、航海（高职）教育等栏目。中远海运集团成立后，《青岛远洋船员职业学院学报》密切关注集团航运各大业务板块，充分发挥科技期刊的媒介作用，架起行业产业和高校科研之间沟通的渠道和桥梁。经过 40 余年的发展，学报办刊质量不断提高，社会影响力不断扩大，已被重庆维普《中文科技期刊数据库》、清华知网《中国学术期刊（光盘版）》《中国学术期刊综合评价数据库》、万方数据库《中国核心期刊（遴选）数据库》全文收录。2008 年，学报被评为“全国高职高专优秀学报”。

2020 年，学报共组稿 155 篇，发文 76 篇，自然科学论文 24 篇，社会科学论文 52 篇，均为航海技术、轮机管理与船舶工程、船舶信息工程、航运物流和航海（高职）教育 5 大栏目论文，充分体现了学报航运特色。2020 年，学报办刊质量和社会影响力稳步提高，刊载基金论文 23 篇，国内外机构用户达 4900 多个，期刊综合影响因子学科平均值 0.296，全年文献下载量 5500 多次，增长平稳。（孙宸）

4.《中国海员》

《中国海员》杂志创刊于 1926 年，创办者是成立于 1921 年 4 月 6 日的中华海员工业联合总会。在不同的历史时期，中国海员工会曾四次出版《中国海员》杂志。在改革开放的新时期，中国海员工会全国委员会决定第四次出版《中国海员》杂志。经过半年筹备，《中国海员》杂志于 1985 年 6 月正式出版。是年 6 月 20 日，该杂志由交通部和中国海员工会全国委员会委托上海海运局编辑出版，为综合性双月刊。杂志主要面向全国水运系统职工，初时发行量 5 万份。2004 年，其主管单位变更为上海海运。该杂志是中国水运系统具有光荣传统且有重要影响的刊物之一，受到全国水运系统职工欢迎。

2019 年 9 月，经由新闻出版总署批准，《中国海员》杂志的主管单位更改为中国远洋海运集团有限公司，主办单位更改为中远海运船员管理有限公司，国内统一连续出版物号为 CN 31-1034/C，国际标准连续出版物号为 ISSN 1005-9067。

《中国海员》杂志面向交通职工、面向社会、面向海内外，讲述海运、远洋、内河、港口、筑港等广大航运企业职工身边的事情，讲述交通系统职工海内外的见闻，报道全国交通系统发生的重大事件，交流工会工作的经验，发表工会领导人的重要文章。

2020 年，中国海员建设工会举办“在全国水运系统开展职工岗位创新成果征集活动”，《中国海员》杂志完成承办工作，在全国水运系统进一步扩大了影响力。《中国海员》杂志新开辟了“同心战疫”“知识问答”等新栏目，进一步丰富了杂志的内容。（严永强）

5.《航海》

创刊于 1979 年的《航海》杂志，国内统一连续出版物号为 CN 31-1121/U，国际标准连续出版物号为 ISSN 1000-0356，是中国航海界向国内外公开发行的综合性科技期刊，由上海市航海学会主办，上海市科学技术协会主管。它是中国学术期刊综合评价数据库统计源期刊，被中国核心期刊（遴选）数据库全文收录。

《航海》杂志融航海学术交流、科技信息传播、航海文化发掘、航海知识普及、航海生活展示等为一体，成为社会各界朋友了解航运发展态势、开拓航海科技视野的窗口，航海爱好者的文化园地，中外航运界同仁交流信息、情感的渠道。

《航海》杂志开本为大 16 开，全彩印，国内邮发代号 4-272，国外发行代号 BM517。

2020 年，《航海》杂志发表业界学术论文 147 篇。报送的两篇科技论文分获中国航海学会二、三等奖。围绕推进区域航运经济发展，促进“一带一路”倡议实施、“长江三角洲区域一体化”“兴海强国”等议题，以增刊的形式，编辑出版“苏浙闽粤桂沪”五省（区）一市航海学术研讨会论文集。《航海》重点关注经受新冠肺炎疫情冲击的航运发展态势，以封面人物介绍的方式，刊发了防疫先锋——中远海运“新厦门”轮船长王小强的先进事迹和船舶防疫经验；特邀交通运输部原副部长、首任国际海事组织（IMO）大使徐祖远，发表了励志文章《宅家》；刊载了海事监管、船舶管理等领域撰写的关于疫情防控之策的科技论文。同时，也注重弘扬航海精神和文化，制作了庆祝第十六个中国航海日和中国航海博物馆成立十周年专版；以封面人物介绍的方式，宣传全国优秀海员家属、中远海运船员上海分公司船舶政委陈建华妻子陈鸿的感人事迹；介绍国际海事组织（IMO）“海上特别勇敢奖”获得者、交通运输部东海救助局林友国船长的舍生忘死、逆行救援的英勇壮举。（罗斌）

【新　媒　体】

集团新媒体主要包括集团网站和中远海运新媒体平台等。

1. 集团网站

中国远洋海运集团有限公司网站设立于2016年，域名为http:// www.coscoshipping.com，是中远海运集团官方主办的网络平台。网站分中文、英文两个版本，主要承担对外发布集团信息、宣传集团业务情况、传播集团价值理念等功能，是集团面向社会和公众展示企业品牌形象的重要窗口。

网站成立以来，遵从“服务企业价值创造”核心理念，坚持易用性、安全性原则，注重从航运业特色和企业特点出发，结合当下网站发展流行趋势和新媒体环境下网民阅读习惯，推进版式、内容和功能等方面与时俱进、持续创新。网站设有“关于我们、新闻中心、业务领域、社会责任、人才招聘、信息公开、订舱平台”等常备栏目，可系统展示集团核心业务和主要工作；同时，可通过飘窗、临时栏目和链接等，实现重要内容的临时性展示。经过近年来地持续运营和维护，网站包括客户、投资者、业务伙伴、内部职工等在内的受众群体不断扩大，已经发展成为业内知名、社会关注的企业网站。

加强主题宣传策划。一是加强防疫抗疫履行社会责任主题宣传。自新冠肺炎疫情发生以来，集团汇聚全系统合力，围绕集团防控措施落实，积极展现集团保障全球产业链供应链畅通成效。先后组织了集团国内捐赠、集团海外捐赠、全系统全力打造防疫物资绿色通道、信息化支持远程办公确保全球服务不间断、携手中国邮政开辟海上国际邮件运输新通道、外保国际防疫民生物资运输、内助企业全面复工复产等系列稿件，有力展现了集团积极履行社会责任、关心关爱员工、保障全球物流运输的良好形象。二是加强复工复产服务客户主题宣传。疫情防控进入常态化后，助力客户克服疫情挑战，保障供应链有序畅通，成为以客户为核心服务意识的核心体现。公关部组织中欧陆海快线、集运钻石快航公司、西班牙港口、阿布扎比码头等境外公司保障全球供应链稳定的宣传稿件，有力传递了集团与全球员工与合作伙伴守望相助、坚持服务、共同抗疫的中远海运故事，有效展现了集团信息化及国际化大企业的品牌实力。此外，还积极组织集团成立四周年、上市公司一季度业绩、5G港口等主题的对外宣传稿件，有力提升了集团务实创新、锐意进取的良好企业形象。三是加强决战脱贫攻坚主题宣传。围绕集团对口帮扶地区全部脱贫的优异成绩，大力宣传集团扶贫举措、投入和先进人物等，积极展现对口地区新生活新面貌，向上级部门报送集团扶贫典型案例，展现了集团和干部员工的责任担当。

做好集团新闻日常发布。包括集团官网中英文新闻发布和集团官微新闻发布工作。截至2020年11月底，官网发布中文新闻221篇、英文新闻154条；官微发布新闻281条，总点击量达到超过100万次。发布内容涉及集团内外往来、经营活动、社会责任等各个方面，较为系统地展现了集团改革发展、服务客户、创新创业等各方面工作成效。

推进集团官网改版工作。对集团官网版式、功能、内容等进行系统梳理，立足行业和集团特点、重点，结合当前网站发展趋势、网民阅读习惯等，对集团网站进行了改版，重点增加了绿色发展、社会责任等内容，设置了更多的图片内容，并就网站英文进行了详细比对，以突出集团国际化形象。（马晓静　黄奇萃）

2. 中远海运新媒体平台

中远海运新媒体平台包括集团官方微信公众号“中远海运”，以及以集团名义开办的“COSCO SHIPPING”英文脸书账号和推特账号。三者均于2016年设立，是集团在新媒体发展形势下，结合业务拓展需要和品牌传播需求设立的新型网络传播平台。集团新媒体平台包含“最新动态”“走近我们”等栏目，内容涵盖集团业务介绍、新闻信息、品牌标识、船海知识、人才招聘等，是集团对外推广品牌、传播行业知识的重要窗口。

集团新媒体平台设立以来，以“服务企业价值创造、紧跟媒体发展潮流”为工作方针，坚持在版式设计上突出活泼性、在内容编排上突出时新性、在运营维护上突出互动性，持续打造全媒体时代下，能够展现集团品牌、适应受众需求的新型对外传播窗口。

新媒体平台自2020年1月27日起，就对集团在疫情高发区域的网点单位和员工的防抗疫情情况进行跟踪报道，开辟“疫线故事”“青春战疫”“身边的战疫者”等微信专栏，报道各单位全力攻坚抗击疫情的先进事迹，复工复产、维护全球供应链稳定等稿件129篇。

微信显著位置开辟“走向我们的小康生活——决战决胜脱贫攻坚”专栏，刊出文章、图片、视频等报道100余篇，形成集中强势。在国家扶贫日推出的专题微信“山海相连　携手同心”、采写“脱贫后，我们的帮扶还会继续”等通讯文章，报道脱贫攻坚中的“四个不摘”（摘帽不摘责任，摘帽不摘政策，摘帽不摘帮扶，摘帽不摘监管）情况，突出宣传习近平总书记“脱贫摘帽不是终点，而是新生活、新奋斗的起点”[①]的指示精神，引起广泛关注。

2020年，共制作集团官微274篇，总阅读量105万。集团官微关注用户73 781人，比2019年同期增长17 037人。共推送新闻超过230条，推荐浏览数超过800万次。

（马晓静　侯雨佳）

【图书、音像制品】

1.《中国远洋海运发展史》

这套书全面而翔实地记录了在国家经济建设和航运市场起伏变化的大背景下，中国远洋海运集团的成长经过与发展历程，展示了中远海运人砥砺奋进、争创一流的精神风貌与奋斗足迹。这其中，既有非凡的业绩与成就，也有深刻的启示与反思。该书时代特征明显、航运特色突出、内容翔实丰富、历史脉络清晰，既是一部全面记录企业发展的历史书籍，也是涵盖发展战略、船队建设、市场营销、船舶管理、企业经营管理、企业文化建设等各个方面的航运企业“大全”。

这套书由人民交通出版社股份有限公司出版发行，共8卷，共计628万字。8卷分别为中远、中海两个部分；其中中远发展史分为四个阶段：初创时期（1949—1978年）、自主发展时期（1979—1992年）、改革重组时期（1993—2004年）、全球化发展时期（2005—2015年）；中海发展史分为四个部分：上海海运发展史（1949—1997年）、广州海运发展史（1949—1997年）、大连海运发展史（1949—1997年）、中国海运集团发展史（1997—2015年）。

《中国远洋海运发展史　第1卷》展现了从1949年新中国成立到1978年改革开放前夕这一历史时期，新中国远洋运输事业创建和发展的光辉历程，记录了新中国远洋运输船队从无到有、从小到大的发展过程。这一时期，中远人艰苦创业、开拓前进，为中国远洋运输事业的开创、发

① 《习近平：在全国脱贫攻坚总结表彰大会上的讲话》，新华网，2021年03月03日，http://www.xinhuanet.com/world/2021-03/03/c_1211049315.htm.

展和壮大作出了重要贡献。中远人在奋斗中凝结而成的“艰苦创业、爱国奉献”的优良传统，更成为COSCO永不褪色的企业本色，铸就中远人攻无不克的制胜法宝。

《中国远洋海运发展史　第2卷》记录了中远集团在1979—1992年的发展历程。在此期间，中远坚决贯彻党的十一届三中全会精神，解放思想、转变观念、抢抓机遇、奋力拼搏，航运主业快速发展，陆地产业初具规模，境外事业逐步拓展，党的建设坚强有力，两个文明建设卓有成效；经过30多年发展，中远已经成为拥有中国最大远洋船队、国内最完善的国际船舶代理体系和国际船舶燃料供应体系的大型国际海运运输联合企业。

《中国远洋海运发展史　第3卷》记录了中远集团“改革重组时期”的改革发展历程，对集团的创立、体制与机制改革、企业经营管理、国内外战略合作、党建及精神文明等方面作了充分阐述。1993—2004年是中远集团大变革、大重组、大发展时期。面对风起云涌的形势，中远集团与时俱进，抢抓机遇，改革创新，不断创造出新时期的中远速度、中远质量、中远品牌和效益。

《中国远洋海运发展史　第4卷》记载了2005—2015年中远集团的发展历程。在此期间，中远集团走过了一段不平凡的发展历程，既有全球化视野下的高歌猛进，也有航运严冬中的步履蹒跚；既有融贯全局、层出不穷的闪光点和大手笔，也有特殊历史时期的阵痛与反思。但永恒不变的，是中远人敢为人先的干事创业气魄和图强报国的耿耿赤诚。

《中国远洋海运发展史　第5卷》完整记录了上海海运1949—1997年接管新生、艰苦创业、改革开放和创新发展的光辉历程，反映了上海海运作为国家骨干航运企业在新中国航运事业发展中作出的卓越贡献，系统地总结了企业在各个时期取得的成就和经验。

《中国远洋海运发展史　第6卷》展现了广州海运1949—1997年的发展历程。作为新中国的同龄企业，广州海运经历了起义回归、抗美援越、开辟南北航线等艰苦创业历程；改革开放后，广州海运不失时机地壮大运输船队，转换经营机制，扩大经营领域，运输生产连创新高，企业实力日益增强，务实进取，勇立潮头，成为全国百家现代企业制度试点企业之一，为祖国海运事业和国民经济发展作出了重要贡献。

《中国远洋海运发展史　第7卷》记述了大连轮船公司1949—1997年这一时期的发展历程，介绍了公司在新中国经济建设初期艰难曲折的发展及改革开放后的跨越式发展过程。特别是改革开放后，公司发展步入正轨。根据国家航运事业发展定位，公司始终保持服从国家大局为第一要务，自强不息、不断创新，为中国海运事业发展作出重要贡献。

《中国远洋海运发展史　第8卷》紧紧围绕中国海运集团在国家改革开放、经济建设，以及航运市场动荡变化大背景下所走过的道路，全面记录了1997—2015年企业在深化改革、发展战略、市场开拓、经营管理、企业党建与企业文化、社会责任等各个方面取得的成就与发展历程。中国海运集团的发展，是中国国有航运企业深化改革的重大成果，是中国航运业及中国经济砥砺前行的缩影，是中国的民族企业走向世界的成功范例。18年里，中国海运集团的快速崛起，在中国航运史及世界航运史上留下了浓墨重彩的一笔。18年历程，是中海人的创业史、成长史、奋斗史。

2.《中国远洋海运发展史（简本）》

这本书是《中国远洋海运发展史》简化版本，集中收录了《中国远洋海运发展史》8卷书中1949—2015年共66年的大事记部分。全书共75万字，分为两个部分：第一部分为中远集团发展简史（1949—2015年），第二部分为中国海运发展简史（1949—2015年）。与《中国远洋海运发展史》8卷套书比较，浓缩版的简史增加了更多第一手珍贵历史照片、题字和有关资料，便于携带和随手查阅。

3.《此爱跨越山海——脱贫攻坚中的央企情怀》

这本书由中国远洋海运集团党组主编，集团作家协会会员创作，人民交通出版社股份有限公司正式出版发行。

全书以报告文学的形式真实回顾了中国远洋

海运集团多年来对口援助西藏昌都市洛隆县、类乌齐县，对口帮扶云南永德县和湖南安化县、沅陵县的艰辛历程。讲述了集团选派优秀挂职干部投身到决战决胜脱贫攻坚的历史洪流，主动对接对口帮扶地区的实际需求，在基础设施建设、产业扶贫、教育扶贫、消费扶贫、人才扶贫、就业扶贫、生态扶贫、医疗扶贫、党建扶贫等方面积极开展工作的生动故事，展现了中远海运集团忠实履行政治责任、 经济责任、社会责任的生动实践。也从一个侧面反映了五个县经济社会全面发展，人居环境全面提升，贫困群众收入持续增加，生产条件极大改善，乡村面貌焕然一新，生活质量全面提高，幸福指数大幅提升，全部实现脱贫摘帽的重大变迁。

该书秉承“为时代画像、为时代立传、为时代明德”的创作理念，以不同视角选择眼底和心中的风景，以多彩笔墨为读者呈现出山乡巨变的图景、有血有肉的人物，以及平凡感人的故事。该书是中国远洋海运集团正式出版的第一部由内部员工创作的反映集团援藏扶贫工作的精品力作，也是第一部全景展现十多年来央企援藏扶贫的报告文学作品集，更是一本激励党员干部职工不忘初心、牢记使命、担当作为的有益教材。

4.《学习与行动》

当地时间 2019 年 11 月 11 日下午，正在希腊进行国事访问的国家主席习近平在希腊总理米佐塔基斯的陪同下，共同视察中远海运比雷埃夫斯港项目。习近平与比港员工亲切交谈，并就比港未来发展发表重要讲话，作出战略部署，为中远海运在新的历史起点上推进高质量发展指明了前进方向、注入了强大动力。按照集团党组要求，集团党组工作部牵头举办学习贯彻习近平视察比港重要讲话精神征文活动，面向集团各部门和所属单位主要负责人征集学习报告和理论解读，面向全体职工征集学习体会和感言，收到理论和体会文章近 300 篇，于 2020 年 6 月选录 120 篇汇编成书《学习与行动——中远海运深入学习贯彻习近平总书记视察希腊比雷埃夫斯港重要讲话精神体会文章选编》，推动习近平重要讲话精神进一步贯彻落实。

5.《为远征扬帆》

鼠年新春，疫情暴发，快速蔓延。随后，一场没有硝烟的疫情防控的人民战争、总体战、阻击战在全国打响。国家危难之际，作为世界最大航运企业，中远海运迎着风雨出征，开辟海陆联运绿色通道，向着疫情最前线驶出了“越是艰险越向前”的“诺亚方舟”。为做好疫情防控、复工复产的宣传教育和舆论引导工作，讲好抗击疫情故事，更好强信心、暖人心、聚民心，集团党组工作部开展“风雨同舟，为中国加油”抗击疫情主题文学文艺作品征集活动。短短两周内，收到文学文艺作品近 500 篇 / 幅 / 首，在此基础上精选 100 件作品，制作《为远征扬帆——中国远洋海运集团防疫抗疫文艺作品集》电子书。本书以朴实的文字述说心灵感悟，以动情的语言歌颂医者仁心，以家国的情怀激励央企担当，以昂扬的旋律展现大国力量。

6.《同舟共济》

《同舟共济》微纪录片时长 5 分 59 秒，记录了新冠肺炎疫情暴发以来中国远洋海运集团迎着风雨出征，开启陆上物资“直通车”，构建陆海联运“大枢纽”，筑造情系疫区“连心桥”，负重前行、闯关夺隘，为保障社会运输平稳有序执着坚守，为防疫物资运输打通“绿色通道”，为经济社会秩序全面恢复勇立潮头的“战疫”行动，展现了中央企业在聚力打赢疫情防控阻击战中的“大国顶梁柱形象”。

7.《山高水长》

《山高水长》微纪录片时长 16 分 20 秒，记录了中国远洋海运集团援助西藏昌都洛隆县、类乌齐县的感人故事。18 年来，10 批 20 名干部挂职援助，投入资金 2.5 亿元，实施援藏项目 122 个，惠及农牧民群众 20 万人。18 年里，援藏干部们无数次地穿越一望无际的邦达草原，无数次地盘旋迂回险要的九曲山路，见证了洛隆和类乌齐这两座高原县城在新时代的脱贫摘帽和展露芳华。本片以徐步、张登波、余贵兵三位现任挂职干部为主角，以一个个项目故事生动展现了央企援藏干部的大爱情怀。

8.《海拔》

《海拔》微纪录片时长 3 分 8 秒，以纪实讲述的手法，真实记录了中央企业扶贫干部的一员——中远海运第九批援藏干部、洛隆县委常委、政府常务副县长张登波挂职西藏洛隆的心路历程。片中重点展示了中央企业责任的“海拔”、洛隆百姓心灵的“海拔”、援藏干部思念的“海拔”、主人公援藏三年所达到的生命的“海拔”。逻辑上层层递进，情感上步步升华，内心独白所体现的援藏情结、家国情怀让人感动。

9.《春华秋实》

《春华秋实》微纪录片时长 7 分 30 秒，以写实和故事的手法展示了党的十八大以来，中国远洋海运集团以坚定的政治责任担当投身脱贫攻坚战，实现 5 个对口帮扶贫困县脱贫摘帽的案例。片中发布多个历史性数据：在援藏扶贫中，累计投入帮扶资金 4.59 亿元，募集职工捐款 594.74 万元，实施帮扶项目 691 项，帮助近 184 万人实现脱贫。

（朱雪峰）

CHINA COSCO SHIPPING
CORPORATION LIMITED
YEARBOOK

中国远洋海运集团有限公司

年鉴

第十三篇

企业社会责任

概述

概　　述

中国远洋海运集团始终注重履行社会责任，充分发挥央企的表率作用，在做强做大做优航运央企过程中，坚持可持续发展，坚持绿色发展，将善尽社会责任作为企业价值观和文化根基，获得客户、员工、社区等相关方面的信赖和支持，彰显中央企业的社会责任担当，获得政府部门、相关团体颁布的诸多荣誉奖项。

集团发扬原中远集团、中国海运集团长期注重社会责任的传统，逐步完善履行全球契约和社会责任的管理体系和长效机制。担负起作为全球最大的社会责任国际组织——联合国“全球契约”组织的成员单位的职责，积极践行联合国提出的人权、劳工、环保、反腐等方面的原则要求，每年发布可持续发展报告，成为亚洲唯一一家连续十年以上荣登联合国全球契约典范榜的企业。报告连续多年获得 GRI 认证 A+ 评级。

2020 年，中远海运深入开展生态环境保护专项督查，加强生态环保投入，推动企业节能减排、低碳运行，努力降低自身经营活动对生态环境的不利影响，共同守护赖以生存的家园。集团积极履行海外社会责任，参与海上国际救援，2020 年，中远海运共参与 16 起海上搜救和救助任务，协调指挥集团所属船公司派出船舶共 25 艘次。

扶贫工作

扶贫工作

【扶贫工作概况】

脱贫攻坚是党中央向全国人民作出的庄严承诺，也是央企的政治任务和社会责任，是企业精神的具体展现。作为国家央企骨干的中国远洋海运紧紧围绕习近平总书记在决战决胜脱贫攻坚座谈会上的讲话精神，发扬同舟共济、团结协作的传统，在扶贫工作中，先后召开 4 次党组会、1 次总经理办公会、1 次董事会、2 次视频会、9 次座谈会，分解落实《中央单位定点扶贫责任书（2020 年度）》，研究扶贫援藏工作。在全集团通报国务院扶贫办和国资委 2019 年中央企业定点扶贫工作考核成效，抓好自查整改的基础上，按季督办，加强协同合作，落实 2020 年责任书各项指标，较好地完成了责任书相关指标任务。2020 年，集团共向西藏洛隆和类乌齐、云南永德、湖南安化和沅陵 5 个对口帮扶县无偿投入帮扶资金 9505 万元；帮助引进资金 1 046.62 万元；培训基层干部 428 人次；培训技术人员 1394 人次，完成率 774.44%；购买帮扶地区产品 1 134.5 万元；帮助销售帮扶地区产品 360.71 万元；完成帮助 2813 人次；购买其他地区扶贫产品 80.61 万元；购买武汉地区滞销产品 55.61 万元，全面超额完成责任书各项指标。

是年，帮扶的 5 个县已全部实现脱贫摘帽，集团圆满完成了脱贫攻坚任务。（刘悦　张希南）

【中远海运慈善基金会】

中远海运慈善基金会（前身为中远慈善基金会，2017 年 1 月 20 日经民政部批准正式更名），由中国远洋海运及成员单位捐资 1 亿元人民币作为原始基金发起，经国务院批准、民政部注册登记，于 2005 年 12 月 20 日正式设立，是全国性的慈善基金会。2017 年 2 月，该基金会被民政部认定为慈善组织；2018 年，被民政部评定为 4A 级社会组织；是我国首批由中央企业发起设立的非公募、非营利性慈善机构，是中远海运集团履行企业社会责任的重要平台；多次荣获“中华慈善奖”“慈善透明卓越组织”等荣誉。

集团充分运用中远海运慈善基金会窗口与平台，积极参与国家扶贫的各项工作，也使得该基金会成为集团履行企业社会责任、加强公益慈善事业一张名片。截至 2020 年年底，中远海运慈善基金会向上述 5 个定点扶贫县拨付扶贫援藏资金 6400 万元，启动项目 33 个；扶贫援藏累计投入 4.32 亿元，实施项目 307 个。

基金会在西藏洛隆、类乌齐等地开展援助工作，范围覆盖基础设施建设、民生工程、教育扶持、医疗卫生、产业扶持、干部培训、特困帮扶等领域。其中，新农村示范点建设项目有效改善了当地群众的生活环境；无动力饮水项目为当地群众提供了清洁便利的饮水条件；学校基础设施建设有效改善当地师生的教学环境；“中远海运 – 格桑美朵”助学基金为贫困学子圆求学之梦助力；“中远海运 – 冈拉美朵”医疗救助基金帮助病患解决燃眉之急；特色产业扶持为当地特色产品提供了生产加工平台并一定程度解决了就业问题；农民技能培训项目为当地群众提供了新的就业可能；中青年干部培训为当地培养本地化人才。

基金会在湖南安化、沅陵，云南永德积极落实中央关于精准扶贫的指示精神。自定点扶贫以来，基金会组织实施产业开发、劳动力转移培训、教育、养老、民生、基础设施、旅游开发、医疗卫生等项目，以产业帮扶等创新模式支持茶农扩大茶园规模，拓宽增收渠道，加快了当地群众脱贫致富的步伐，为维护社会和谐稳定和公平正义，促进经济社会各项事业发展作出了积极贡献。

（刘悦　张希南）

【西藏定点扶贫】

编制扶贫援藏计划。根据国务院扶贫办和国资委对2019年中央单位定点扶贫工作成效考核的通报精神，全面部署脱贫攻坚任务。年初完成编制2020年度对外捐赠预算和扶贫援藏资金计划。年中召开集团扶贫援藏工作会议，深入学习贯彻习近平总书记关于扶贫援藏工作的重要论述，认真贯彻落实党中央、国务院、国资委决策部署，对党的十八大以来集团扶贫援藏工作进行系统性总结，从坚持政治引领、坚持统筹兼顾、坚持严格管理、坚持廉洁高效、坚持"四个不摘"5个方面对下阶段工作进行了全面部署。2020年，集团共计划在5县投入帮扶资金6400万元，比2019年增长28%；年中，根据各县脱贫攻坚情况，集团又决定追加投入2500万元。扶贫办积极协调中远海运慈善基金会及各直属单位，确保计划资金按时拨付各县，各帮扶项目按计划落实开展。

扶贫援藏工作会。10月19日，中国远洋海运集团2020年扶贫援藏工作会议在集团总部召开。集团董事长、党组书记许立荣在会上作讲话，集团董事、总经理、党组副书记付刚峰主持会议。许立荣对集团扶贫援藏工作给予充分肯定，强调指出，脱贫摘帽不是终点，而是新生活、新奋斗的起点，中远海运要继续和帮扶地区干部群众携手并进，为决战决胜脱贫攻坚作出新的更大的贡献。付刚峰强调，要把巩固脱贫成果和企业自身改革发展结合起来，努力实现自身业务拓展和助力帮扶地区发展共赢的局面，让共赢发展成果惠及更多群众。中远海运集团董事、党组副书记王海民在会上作了集团2020年扶贫援藏工作报告。中远海运集运党委书记钱卫忠和挂职干部代表陈奇光分别作了交流发言。

捐赠西藏两县民生项目资金。10月8—10日，中远海运集团董事、党组副书记王海民带队赴西藏自治区昌都市参加昌都解放70周年大庆活动，出席西藏自治区代表团与援昌省市企业领导人座谈会，并代表集团向对口援助的洛隆县、类乌齐县分别追加捐赠民生项目资金200万元。在援藏工作座谈会上，洛隆县委书记吴剑、类乌齐县委书记达瓦分别介绍了地方经济社会发展情况，对中远海运集团长期无私援助表示衷心感谢。王海民回顾了中远海运集团18年来的援藏工作，并表示，中远海运集团将把更多援藏资金及项目向民生倾斜，助力地方巩固脱贫成果，实现乡村振兴，努力建设团结富裕文明和谐美丽的社会主义现代化新西藏。

（刘悦　张希南）

【云南定点扶贫】

追加云南永德县1000万元扶贫资金。永德县实现脱贫摘帽后，中远海运仍继续贯彻落实党中央的决策部署，按照"四个不摘"的原则，承诺持续把扶贫工作做好做实，以产业扶贫稳固造血功能，实现互利共赢。2020年3月31日，集团董事长、党组书记许立荣赴临沧市和永德县进行考察时宣布，在原计划投入1200万元扶贫资金的基础上，再向永德县追加1000万元扶贫资金、认购800万元扶贫产品，并由中远海运慈善基金会向永德县医共体总医院捐赠负压救护车一辆。

为产业扶贫直播带货。6月19日晚，"海星旅游直播间"热闹非凡，广州海星国际旅游有限公司总经理刘超和广州中远海运核算中心三科黄家秀现身视频带货主播，曾在云南永德县挂职的中远海运集团扶贫干部莫韦嶙也走进直播间，共同为云南永德县扶贫产品——普洱茶推广吆喝。三位主播热情自然地讲述，让永德县的普洱茶与网友"线上见"，加之产品本身过硬的品质及全网最大的优惠力度，直播间的浏览次数达千余次，点击量逾22 000次。海星旅游于2018年6月起开始协助集团对口扶贫点——云南永德县进行其特色大叶茶（生普、熟普）的推广，两年间，共协助推广特色产品超80万元，为脱贫攻坚工作贡献出一份力量。

深化与对口帮扶地区高层沟通往来。3月31

日—4月2日，集团董事长、党组书记许立荣赴临沧市和永德县进行考察；4月13—16日，董事、党组副书记孙家康赴怀化市和沅陵县进行考察；5月12—14日，董事、总经理、党组副书记付刚峰赴安化县进行考察；10月8—10日，副书记王海民赴西藏昌都市参加“昌都解放70周年大庆活动”并进行援藏考察、慰问援藏干部。此外，集团还分别组织接待了临沧市委书记杨浩东一行、临沧市市长张之政一行、益阳市委书记瞿海一行、永德县县长杨世年一行。

5月底，云南永德县委县政府给中远海运集团发来感谢信，信中通报了永德县正式退出贫困县序列的喜讯。至此，中远海运集团定点扶贫的湖南省安化县、沅陵县和云南省永德县，以及对口支援的西藏自治区昌都市洛隆县和类乌齐县全部实现了脱贫摘帽。

荣获临沧市脱贫单位和个人攻坚奖。在10月13日召开的“云南省临沧市脱贫攻坚奖表彰大会暨脱贫攻坚先进事迹报告会”上，中远海运集运荣获临沧市“脱贫攻坚先进单位”荣誉称号，集团派驻永德县德党镇忙见田村第一书记常雷被授予临沧市“脱贫攻坚先进个人”荣誉称号。自2006年以来，中远海运集运累计派出挂职干部10名、支教老师9名，并在教育帮扶、产业发展、消费扶贫、党建带动等多方面为永德县经济发展和社会稳定作出了积极贡献。常雷自2019年4月赴永德县挂职以来，全身心地投入到忙见田村的脱贫攻坚；他争取“中远海运茶厂”在忙见田村落地，带动村民种植烤烟，想方设法自筹资金开展阿面寨自然村引水工程，修建何家大塘自然村水池等，有效地激发广大村民内生动力，忙见田村各方面水平显著提升，得到了村民的广泛认可和好评，为地方如期实现高质量脱贫作出了贡献。（刘悦　张希南）

【湖南定点扶贫】

深化湖南沅陵县定点扶贫工作。4月13—16日，中远海运集团董事、党组副书记孙家康带队赴湖南省怀化市及沅陵县进行定点扶贫工作调研。中远海运向沅陵县追加帮扶资金500万元、认购扶贫产品100万元，并向沅陵县借母溪乡中心卫生院捐赠救护车辆。中远海运集团自2010年开始定点帮扶沅陵县以来，共派出干部6批6人挂职担任县委常委、副县长，另有2批2名干部派任驻村第一书记，累计投入资金5590万元，带动地方资金8000万元，实施项目81项，在基础设施建设、教育医疗、产业发展、培训就业等方面进行积极有效的帮扶，为当地经济社会发展作出实实在在的贡献，助推沅陵县于2019年实现脱贫摘帽。

紧急支援两县防控疫情专项资金。湖南省安化县和沅陵县因距湖北较近、人员往来频繁，加上当地医疗卫生条件落后，基础设施薄弱，因而防控疫情压力较大。在1月29日向武汉慈善总会捐赠3000万元用于武汉疫情防控工作之后，中远海运集团应安化县、沅陵县紧急请求，于2月上旬向两县紧急拨付疫情防控专项资金100万元，用于缓解两县在疫情防控方面的资金压力。

做好扶贫教育培训。为做好疫情防控期间复工复产、人才培养工作，2020年6月15—19日，中远海运船员上海分公司培训与证书管理部到湖南株洲海事学校开展2020年第一期“海员就业扶贫班”的入司培训，有39名见习水手和见习机工参加了本次培训。此次培训在全国安全生产月的背景下，联系船舶航行实际，结合工伤案例和最新颁布的法律法规，从学员的心理辅导到基本技能的实操培训，全方位、多层次开展培训；邀请高级船长、轮机长及“全国交通技术能手”等5位培训师现场教学，他们将自己多年工作中的经验传授给了新员工。

6月28日，中远海运慈善基金会启动湖南沅陵一中新校区（芙蓉学校）教学楼项目，投入资金500万元，援助沅陵一中新校区（芙蓉学校）修建一座教学楼。（刘悦　张希南）

低碳环保

低 碳 环 保

【健全完善环境管理机制】

中远海运坚持绿色发展，不断完善环境管理体系，将环境保护观念融于企业经营管理之中。2020 年元月 3 日，集团公司召开“2020 年安全生产、生态环境保护工作会暨安委会会议”，党组书记、董事长许立荣对 2020 年集团安全和生态环保工作提出了工作要求；2020 年，集团制定并发布《生态环境保护检查标准》《生态保护管理指南》和《企业挥发性有机物治理专项检查指南》等环境管理规章制度，组织各单位开展自查；根据重点行业企业管理计划，结合法律法规要求及上级督察督导情况，开展“节能低碳促进绿色发展、高质量发展”节能宣传周和全国低碳日专题活动；对 5 家下属单位进行现场督查，对 8 个单位进行生态环境保护“回头看”督查；按照“边督查、边培训”的原则，对相关重点单位主管人员从法律法规、制度建设、污染源和风险点排查等方面进行专题培训。2020 年，集团各项能耗及减排情况均达到国务院国资委考核标准。

此外，集团还对国际海事组织（IMO）现有船舶温室气体减排措施《现有船能效指数（EEXI）计算导则和验证导则（草案）》进行详细研究、评估和核算；与中国船级社联合编写《EEXI 相关导则草案的评论》，作为中国代表团在国际海事组织（IMO）2020 年海运温室气体减排会间会上提案之一，此提案被国际海事组织（IMO）秘书处采纳。（裴凯）

【建设绿色港口】

中国远洋海运以绿色发展理念为指导，不断致力于建设环境健康、生态保护、资源合理利用、低能耗、低污染的新型港口；将港口发展和资源利用、环境保护有机结合，走能源消耗少、环境污染少、增长方式优的可持续发展之路。中远海运港口大力发展岸电系统，船舶停靠港口间连接岸电系统提供电力，降低靠港停泊间有害物及温室气体排放量。2020 年，中远海运集运克服疫情影响，在深圳、天津等集装箱码头使用岸电 130 次，累计 324 万千瓦时，走在国内主要班轮公司前列。厦门远海码头实现自有船舶靠泊自有码头使用自主研发设备测试和使用岸电。南通通海码头实现岸电常态化使用，替代标准油 980 吨。中远海运港口附属晋江太平洋码头、连云港新东方码头、广州南沙码头先后完成共 3 套岸电设施改造项目。广州南沙码头外贸新建岸电系统成功投用“中远美洲”轮，船电与岸电实现无缝切换。中远海运（比雷埃夫斯）港口有限公司参与欧盟的绿色港口项目（THE GREEN PORTS）获得国际港口协会（IAPH）“2020 年世界港口可持续发展奖”。2020 年，中远海运港口下属国内控股公司均已安装船舶岸电系统。

中远海运散运 2020 年新交付的 10 艘 40 万吨和 4 艘 32.5 万吨矿砂船安装岸电设备。上海船研所参与编写的《港口船舶岸基供电系统操作技术规程》行业标准公开发布，上海船研所参与编写的《国际航行船舶岸电安全操作导则》已被国际海事组织（IMO）采纳。（胡冰）

【做好减排工作】

气候变化问题是航运业可持续发展的重大课题。在“双碳”目标的大背景下，为应对国际海事组织（IMO）温室气体减排要求，中国远洋海运积极开展降碳行动，持续通过技术与管理创新，控制企业运营中的二氧化碳排放，开展绿色船舶、替代船用燃料等研究，发挥专业优势，作应对气候变化行动者。中远海特公司运营部门在新货种和新航线开发设计中积极选用先进的节能减排技术；根据欧盟要求，对航行于欧盟水域的5000总吨以上船舶实施二氧化碳排放监测、报告和验证制度，减少温室气体排放。中远海能坚持船队的“绿色发展”，创新开展液化天然气（LNG）双燃料超大型油轮（VLCC）研究，2020年完成89%的审图任务，为行业绿色发展作出积极努力。

中远海运严格遵守国际海事组织（IMO）2020新规，减少硫氧化物等污染物排放，降低对环境的负面影响。集团参与的工业和信息化部“IMO船舶温室气体减排初步战略及新技术措施研究”，旨在应对国际海事组织（IMO）船舶温室气体减排战略和减排新技术，研究船舶温室气体减排技术综合评估方法，对典型船舶温室气体减排技术进行分析，为确定我国短、中、长期船舶温室气体减排技术发展导向提供决策参考，为我国参与国际海运温室气体减排国际机制构建提供支持。中远海特积极响应新规，在全球业务范围内采购及使用0.5%m/m低硫油（VLSFO），并在特定水域内使用0.1%m/m低硫油（ULSFO），降低自身业务造成的硫氧化物排放，减少船舶废气对大气造成的污染。中远海运集运对10艘4250TEU、8艘14 000TEU和5艘19 000TEU三种船型共23艘船舶进行安装开环脱硫塔改造，确保船舶满足限硫要求。中远海运集运完成12艘船舶压载水处理装置改造和13艘船舶加装脱硫塔工程。集团有72艘船舶通过了船舶环境指数ESI年度内2次循环认证。

集团与境内、境外燃供公司签署低硫燃油保供框架协议及低硫油浮动价合约谈判，为实现低硫油“保供、保质、保价”目标奠定基础。东方海外严格遵守欧盟、北美及国际海事组织（IMO）规定，于所有硫氧化物排放管制区域使用含硫量0.1%或更低的燃料，并在停靠欧盟指定港口时，使用含硫量0.1%的燃料。同时，严格遵守亚洲第一条空气污染管制。2020年，东方海外航运的燃料平均含硫量仅为0.47%。（张希南）

【打造花园船厂】

近年来，企业创造绿色环保型花园船厂的阶段性成果得到了地方政府和社会各界高度认可。中远海运贯彻绿色发展理念，加快新技术和新工艺的研发，加大新设备和新手段的应用，逐步探索出一条创新驱动、科学引领、绿色转型的建设花园式船厂之路。舟山中远海运重工坚持花园船厂建设，为解决喷砂除锈产生的扬尘污染，舟山重工开展“喷砂除锈替代工艺改革”，成功研发制作一套国产化超高压水除锈设备，提高单位作业效率，同时大大改善生产环境。为响应国家利用清洁能源号召，舟山中远重工建设屋顶光伏电站，截至2020年第三季度，屋顶光伏电站安装面积达19.5万平方米，年发电量约1800万度，减少了资源消耗和碳排放；同时，舟山中远重工还增加园区绿化面积，美化生产环境。该企业编制的“绿色船舶修理企业规范管理”成功入选国家自贸区第六批改革试点经验复制推广项目。

（张希南）

【保护海洋生物】

航运业与海洋生物多样性息息相关，船舶航行、货物运载会对海洋生物多样性带来负面影响。中远海运长期遵守《中华人民共和国海洋环境保护法》《中华人民共和国固体废物污染环境防治法》《中华人民共和国水污染防治法》《中华人民共和国海洋环境保护法》等相关法律法规及公约，并制定《船舱压载水管理须知》《压载水管理计划》等制度，推动旗下各单位强化海洋生态保护，降低航运对海洋生物可能带来的影响。中远海运集运致力于保护海洋环境和海洋生物，为减少鲸鱼与船舶撞击的事故，在航经圣芭芭拉海峡区域和旧金山湾区（San Francisco Bay Area）严格限制船舶航速，既有效保护蓝鲸等海洋生物，也有效降低温室气体与悬浮粒子等污染物的排放，保护了清洁海洋和蔚蓝天空。2020

年，中远海运集运被美国环保署授予 2019 年度“保护蓝鲸　保护蓝天”项目综合金奖。同时，中远海运集运还将 18 000 美元奖励捐赠给推动该项目的环保组织，以资助 2020 年环保项目的顺利开展。（张希南）

【加强船舶压载水管理】

2004 年，国际海事组织（IMO）制定《2004 年国际船舶压载水及沉淀物控制和管理公约》严格规范深海压载水置换管理，以减低从船舶压载水及沉淀物中引入有害水生物和病原体的风险。2019 年 1 月，此公约在中国正式生效。2020 年，中国远洋海运所属航运企业均严格遵循公约，重视压载水管理。中远海能制定《压载水管理计划》《油轮压载水操作》等管理制度，在船舶配备压载水处理装置，对压载水内微生物、病原体等存货生物含量进行监控，确保压载水达标排放，避免外来物种入侵。中远海特严格遵守《船舶压载水和沉积物管理监督管理办法》相关要求，规定船舶在陆地距离与水深达标的水域实施压载水置换，致力于降低业务运营对生物多样性造成的负面影响。中远海运集运针对船舶管理制定并实施《船舶压载水管理须知》《压载水管理计划》等制度文件，禁止出现违反压载水公约的行为，并通过压载水操作、更换、安全检查等环节，对压载水进行管理。（张希南）

【加强海洋废物与废水管理】

为更好应对海洋废物及垃圾污染，降低海洋生态系统破坏造成的经济和生态损失，中国远洋海运制定并开展控而有效的新方案，积极践行海洋生态文明理念。中远海特全面实施《垃圾管理规定》《船舶污染清除协议管理办法》等针对废弃物、污油水排放与处置的管理办法，形成由收集、加工、贮藏和排放组成的船上垃圾处理流程，并甄别处理可重复使用的废弃物与非重复使用的废弃物。东方海外采用船上废物管理系统，设有焚化炉、实物分配器和垃圾捣碎机等废物处理设施；时刻监测污泥量，采用如燃油均质机和净油器等专门设备，减少污泥产生，把对环境造成的负面影响降到最低。

在废水管理方面，中国远洋海运严格遵守相关法律，建立严格内部排放标准，保障废水实现达标排放。中远海能严格生活污水排放，生活污水一律禁止擅自排放入海；其生活污水须在《国际防止生活污水污染证书》规定范围内，经生活污水粉碎和消毒系统处理后方可排海处理；船舶垃圾全部采用排岸处理方式。集团港口企业遵守《污水排入城镇下水道水质标准》的处理流程，严格监测污染物质排放量，确保废水安全处理。（张希南）

【推动水性油漆改造】

传统集装箱制造业使用油性漆进行集装箱涂装作业，生产过程中产生大量的 VOCs 严重危害环境与人体健康。中远海运将绿色环保理念融入产品生产加工的每个环节，积极推动旗下公司完成水性油漆改造，降低集装箱制造过程中对环境的影响。上海寰宇联合中集集团、马士基等同行企业共同推进冷箱油性漆改为水性漆的工作，上海寰宇旗下连云港箱厂、广州箱厂、锦州箱厂自觉履行《中国集装箱行业协会 VOCs 治理自律公约》，持续推进“油改水”涂装工艺普及创新，以低 VOCs 含量的涂料代替生产过程中使用的有机溶剂和高 VOCs 含量的油漆、油墨，积极推动集装箱制造产业绿色发展。该项目从源头减少 60% 左右 VOCs 排放，远远高于国家标准要求。2020 年，上海寰宇下属东方国际连云港箱厂、广州箱厂、锦州箱厂已全面完成水性漆改造。（张希南）

【推进环保数字化、智能化】

作为大型中央企业的中远海运，在自身践行环保理念的同时，还助力行业推进节能环保，依托国家能源转型，深刻领悟数字化发展与绿色发展存在的内在关系，顺应航运领域数字化、智能化、绿色环保的趋势，加大智能化探索研究，不断扩大数字化在环保领域的应用范围和应用深度，推动企业产业链绿色转型升级。集团以智慧环保板块数字化转型为契机，为政府部门、工业园区、生产企业提供多层次环保信息化服务。在政府层面，2020 年在 2019 年建成的浦东新区智慧环保大数据平台的基础上，开展环保大数据分析应用，开发了浦东城市大脑重点企业污染物监管平台应用场景，实现企业排污智能化、精进化、协同化管理，提高了政府部门的环保管理水平。在企业层面，围绕“绿色制造”，以工业环保服务为抓手，研发出企业数字化环保管家系统，并在中远海运重工进行试点应用，取得良好效果。

（张希南）

海上救助

海上救助

2020年，集团公司共参与19起海上搜寻和救助任务，成功救助35人。其中，中远海运能源“远惠湖”轮在印度尼西亚爪哇海成功救起10名遇险落水的印度尼西亚籍渔民；中远海运散运“岫玉海”轮在大西洋成功救助2名帆船遇险人员；中远海运能源“连桂湖”轮在大连海域协助救助9名遇险外轮船员；中远海运散运“远神海”轮2019年成功救起遇险船舶船员23名，获得2020年国际海事组织（IMO）“海上特别勇敢奖”表扬信，是集团公司获得的IMO最高荣誉奖。中远海运散运“远平海”轮在10月15日荣获2019年度国家海上搜救奖励金，以表彰该轮在2019年8月10日对失控的外籍油轮成功实施紧急救援。（裴凯）

【“岫玉海”轮救起2名英国帆船遇险人员】

2月7日12时5分，正航行在北大西洋上的中远海运“岫玉海”轮突然接到法兰西堡海上搜救协调中心（MRCC Fort-de-France）的电话及邮件，称有一艘名为Locomocean的帆船在海上遇险，通过船上紧急无线电示位标（EPIRB）发出了SOS求救信号。“岫玉海”轮船长第一时间上报了船舶遇险消息，并着手准备救助事宜。在公司岸基部门的全力协助下，“岫玉海”轮改变航向，驶向遇险船只。经过6个多小时的航行，驾驶台瞭望人员发现遇险船Locomocean。彼时船舶已无动力，无法用车舵靠泊大船。为确保遇险人员安全，“岫玉海”轮船长决定调整航向，将帆船置于“岫玉海”轮右舷，再顶风慢慢接近遇险船。经过20多分钟的营救，2名遇险人员顺利登上“岫玉海”轮主甲板。据了解，遇险人员为英国一对夫妇，年龄都在60岁左右，是帆船运动爱好者。至获救时，2人已在大风浪中经历了近12小时的危险期。当地时间2月10日，“岫玉海”轮抵达特立尼达和多巴哥利萨斯角（Point Lisas）港，由代理安排2名被救人员下船。在离开船舶时，这对英国夫妇对全体船员表示深深的感谢，对中国海员的国际人道主义精神和船员良好的职业素养给予了高度赞扬。（韩伟远　时渭良）

【“中远马来西亚”轮成功营救遇险帆船】

美国东部时间9月13日，在位于美国佛罗里达州坦帕港以西130海里的墨西哥湾海域，中远海运集运所属“中远马来西亚”轮成功营救一艘遇险帆船及船上4名人员。当日上午8时22分，正在航行中的“中远马来西亚”轮收到遇险帆船的求救信号，该帆船因遭受热带风暴在墨西哥湾造成的恶劣天气及大风浪而遇险。“中远马来西亚”轮船长立即与当地美国海岸警卫队联络，并即刻组织船员展开对遇险帆船救援，布置相关后续工作。上午11时，经过“中远马来西亚”轮船员们的努力，遇险帆船上的4名人员成功获救，并通过引水梯安全登上“中远马来西亚”轮。船上为获救人员准备好热水、食物、干净衣物等，同时严格遵守包括社交疏离等在内的防疫规定，保障船上人员的安全和健康。晚上9时左右，4名获救人员被安全送抵佛罗里达州坦帕港。

（吉轩）

【“远神海”轮救起23名遇险人员】

2019年9月5日，受大风浪影响，木质渔船“辽大开渔养 22208”在成山头东北约 47 海里处发生机舱进水，失去动力，随时有可能沉没；船上有 23 人面临生命危险。中远海运散运所属 40 万吨级散货船“远神海”轮接到山东省海上搜救中心搜救指令后，面对夜间能见度不良、海况恶劣、通信不畅等复杂情况，采取释放救助艇、吊篮等方式，成功将 23 名遇险人员全部救起。

（梁栋）

CHINA COSCO SHIPPING
CORPORATION LIMITED
YEARBOOK

中国远洋海运集团有限公司

年鉴

第十四篇

直属单位概览

中远海运控股股份有限公司

中远海运控股股份有限公司

中远海运控股股份有限公司（简称“中远海控”，英文简称 COSCO SHIPPING Holdings），原中国远洋控股股份有限公司，成立于 2005 年 3 月 3 日，2005 年 6 月 30 日在香港联交所主板成功上市（股票编号：01919.HK），2007 年 6 月 26 日在上海证券交易所成功上市（股票编号：601919）。2015 年 12 月，按照中国远洋运输（集团）总公司和中国海运（集团）总公司两大集团重组的整体部署，公司同步实施重大资产重组，集中资源重点发展集装箱运输和码头业务，并于 2016 年 11 月 4 日更名为“中远海运控股股份有限公司”。公司注册资本人民币 12 259 529 227 元，注册地：天津空港经济区，法定代表人：许立荣。截至 2020 年 12 月 31 日，中国远洋海运集团有限公司及其所属公司合并持有该公司股份共计 46.22%。

【主营业务】

集装箱航运业务。中远海控主要通过全资子公司中远海运集运和控股子公司东方海外国际，经营国内国际海上集装箱运输服务及相关业务。

码头业务。中远海控主要通过中远海运港口从事集装箱和散杂货码头的装卸和堆存业务。中远海运港口的码头组合分布于中国沿海的五大港口群，以及欧洲、南美洲、中东、东南亚及地中海等主要海外枢纽港。中远海运港口致力在全球打造有意义的控股网络，从而为客户提供成本、服务及协同等各方面具有联动效应的完善网络。

【发展战略】

2020 年，中远海控在防范化解新冠疫情风险、保障全体船岸员工生命健康、克服外界不利因素的同时，秉持“以客户为中心”的经营理念，坚持以“三个聚焦”（聚焦高质量发展、突破性发展和一体化发展）为战略指引，以打造运力航线网络、端到端服务网络、数字化信息网络“三网合一”为战略目标，聚合竞争优势，注重市场挖潜，创新商业模式，强化协同联动，全力保障全球集装箱物流供应链平稳运行，大幅提升公司经营业绩。

发挥整体规模优势，各业务板块实力大幅提升。通过重大资产重组，中远海控作为间接控股股东专注于发展集装箱航运服务供应链的上市平台，集中了优势资源，各板块业务规模均实现大幅提升。集装箱船队运力排名跃升至世界第三，集装箱码头年总吞吐量全球排名第一。随着规模优势的持续释放，公司对全球资源的优化配置能力得到有效增强，整体竞争力不断提升。

网络覆盖优势，全球化布局得到持续加速推进。中远海控坚持以全球眼光和国际化思维，在扩大业务规模的基础上，努力提升企业的盈利能力和为客户创造价值的能力；把握改革重组契机，充分整合并优化网络资源，加速全球化布局。

中远海控旗下两家集运公司经营的集装箱船队规模达到 536 艘、307.37 万 TEU。两家集运公司共经营 278 条国际航线（含国际支线）、54 条中国沿海航线及 80 条珠江三角洲和长江支线，所经营的船队在全球约 105 个国家和地区的 352 个港口均有挂靠。

中远海控所属中远海运港口的码头组合分布于中国沿海的五大港口群，以及欧洲、南美洲、中东、东南亚、地中海等。中远海控持续推进码头全球化布局，通过优化全球码头组合，不断增强抗风险能力。截至 2020 年 12 月 31 日，中远海运港口在全球36个港口营运及管理357个泊位，其中210个为集装箱泊位，年处理总量达约1.18亿TEU。

推动行业数字化变革，客户服务能力持续提升。公司进一步加快自身数字化转型升级步伐，构建行业数字化生态体系，实时高效的线上服务能力持续提升。

公司将推动端到端与数字化技术的深度融合，打造端到端专业化系统平台，支撑更为高效的智能物流网络与端到端标准化产品，为客户提供定制化解决方案，有效提升端到端增值服务内涵。

公司将继续强化内部信息系统建设，助力运营提效和流程优化，同时依托物联网专业公司平台，积极推动集装箱物联网（IoT）技术标准落地。在获得全球相关监管机构的审查批准后，全球航运商业网络（GSBN）在香港成功组建并正式运营，通过加快区块链技术与产业融合创新，努力完善行业数字化生态体系。

强化品牌协同，提升服务能力。中远海控集装箱航运与码头经营两大业务板块之间，有着明显的协同效应，通过持续推动两大板块的业务联动、资源共享和全球化布局，致力于为客户提供集装箱全程物流服务解决方案，助力集装箱物流供应链竞争力升级。

中远海控依托全球化网络布局优势，以铁路通道建设为核心，强化中欧陆海快线与西部陆海新通道建设，进一步健全完善全球端到端运营网络，使之与全球运力航线网络互联互通，构建起覆盖更广、效率更高的陆海一体化服务通道。

【经营效益】

2020年，中远海控实现归属于母公司所有者的净利润为99.27亿元，2019年同期为67.64亿元。

2020年，中远海控实现营业收入1 712.59亿元，同比增加202.02亿元，增幅13.37%；发生营业成本1 469.25亿元，同比增加120.95亿元，增幅8.97%；实现营业毛利增加120.95亿元，增幅8.97%；营业毛利243.34亿元，2019年同期为81.07亿元。

2020年，中远海控管理费用支出95.88亿元，同比减少1.77亿元，主要是因新冠疫情和相关单位获得社保、税收、房租等减免。

2020年财务费用支出41.32亿元，同比减少8.83亿元。

2020年投资收益28.62亿元，同比减少71.16亿元。

【内部控制】

公司按照企业内部控制规范体系的规定，有效实施内部控制，评价其有效性，严格履行公司董事会的责任，如实披露内部控制评价报告。监事会对董事会建立和实施内部控制进行监督。经理层负责组织领导企业内部控制的日常运行。公司董事会、监事会及董事、监事、高级管理人员保证本报告内容不存在任何虚假记载、误导性陈述或重大遗漏，并对报告内容的真实性、准确性和完整性承担个别及连带法律责任。

公司内部控制的目标是合理保证经营管理合法合规、资产安全、财务报告及相关信息真实完整，提高经营效率和效果，促进实现发展战略。由于内部控制存在的固有局限性，故仅能为实现上述目标提供合理保证。此外，由于情况的变化可能导致内部控制变得不恰当，或对控制政策和程序遵循的程度降低，根据内部控制评价结果推测未来内部控制的有效性具有一定的风险。

【社会责任】

2020年，公司全力打通防疫物资出口“绿色通道”，从货物装卸、船舶进出港、单证流转等环节全方位提高货物运输效率，确保疫情期间急需的口罩、医疗设备等防疫物资和应急生活物资第一时间运抵相关地区。公司高度重视船员身体健康，有效落实防疫措施，协调各方安排船员换班共计1.3万人次，并积极推进船员疫苗接种工作。

2020 年，国际海事组织（IMO）2020 限硫令正式生效，公司严格执行低硫油政策，持续推广和应用多项先进的节能减排技术，并通过优化船队结构、优化航路设计、提高船舶在港操作效率等管理手段，有效降低油耗，从而降低业务运营对环境的影响。中远海运集运于 9 月再次被授予由美国环保署颁发的“保护蓝鲸保护蓝天”激励项目综合金奖。

公司充分发挥国际人道主义精神，积极开展遇险船舶救援行动。2020 年 9 月，公司所属“中远马来西亚”轮在位于美国佛罗里达州坦帕港以西 130 海里的墨西哥湾海域成功营救一艘遇险帆船及船上 4 名人员。

【公司治理】

2020 年，中远海控严格按照《中华人民共和国公司法》《上市公司治理准则》《关于在上市公司建立独立董事制度的指导意见》《上市公司股东大会规则》《上市公司章程指引》等法律法规的要求，不断完善公司治理，提升规范运作水平。公司结合改革重组状况，修订完善《公司章程》《股东大会议事规则》《董事会议事规则》《监事会议事规则》《独立董事工作细则》等规章制度并严格执行，发挥董事会及专业委员会作用，确保股东大会、董事会、监事会的职能和责任得以充分履行，维护股东和公司利益。

2020 年，公司按照最佳治理标准，强化内部治理，通过健全公司治理结构，推进合规管理长效机制建设，规范“三会运作”，提升运作效率；通过搭建沟通协作平台机制，建立协同配合的工作流程和运行机制，提高各项工作的计划性和前瞻性；通过内控管理体系建设，完善内控制度和风险管理流程，清晰主体责任，明确管理责任，做到职责清晰、措施到位；通过加强任职培训、监管法规推送、权益信息管理、定期信息报告、现场调研考察、发挥独立董事及中介机构作用等多种措施，有效促进董事、监事、高管履职尽责。

2020 年，公司依据《中华人民共和国公司法》（2018 年 10 月修订），中国证券监督管理委员会《上市公司治理准则》（2018 年 9 月修订）、《上市公司章程指引》（2019 年 4 月修订）及国务院《关于调整适用在境外上市公司召开股东大会通知期限等事项规定的批复》等法律法规的有关规定，对中远海控《公司章程》及其附件（《股东大会议事规则》《董事会议事规则》《监事会议事规则》），以及《信息披露管理办法》进行了修订，调整了召开股东大会书面通知的期限、股份回购适用范围，实施公司总法律顾问制度并将相关规定纳入《公司章程》等。本次修订已经审批备案后生效，进一步完善了公司治理结构，中小股东权益得到了加强维护。

【员工队伍】

薪酬政策。为使全体员工共享企业发展成果，中远海控结合企业实际和内外部环境，不断改革和完善薪酬分配、福利和保险制度，以满足企业自身的经营发展和人才队伍建设需要。同时，公司严格遵守国家相关法律法规，切实保障弱势劳动群体的基本合法权益。境内企业方面，公司按照不低于所在省（区、市）标准的原则，制定了员工最低工资标准，让所有员工参加了养老保险、医疗保险、工伤保险、生育保险、失业保险社会统筹，建立了住房公积金制度。境外企业方面，严格遵守驻在国或地区的薪酬有关法律法规和政策。

培训计划。2020 年，中远海控围绕企业中心工作和改革发展稳定大局，坚持以人为本，增强教育培训工作的系统性、针对性和有效性，加快推进教育培训工作的改革创新，不断提高教育培训的科学化水平，为企业健康稳定可持续发展提供保障。2020 年，中远海控的培训工作一是抓好重点岗位、关键领域人员培训，统筹开展好各级各类人员培训；二是不断创新改进培训工作的体制机制，进一步提高培训工作的科学化水平。

疫情防控。中远海控高度重视船员身体健康，有效落实防疫措施，协调各方安排船员换班共计

1.3 万人次，并积极推进船员疫苗接种工作。

【企业文化】

在推进改革重组的实践中，中远海控党委高度重视企业文化融合工作，自始至终按照集团提出的“一个团队、一个文化、一个目标、一个梦想”的“四个一”目标为引领，大力推进文化和团队融合。一方面，坚持增强企业凝聚力的导向，通过“学习党史，探寻美好家园”“活力五月”徒步及“六一”亲子等主题活动载体，为员工交流融合搭建平台，展示了广大职工的精神风貌，营造了团结奋进的企业文化。另一方面，坚持“内聚人心、外树形象”要求，加强宣传阵地建设，以创智微信平台、集团《党建要情》《中国证券报》为平台，继续做好海控内外宣传和企业文化工作，营造良好的企业氛围。

各支部结合自身实际，针对青年员工特点，组织开展了“护滨江美好，展海控风采”等公益活动，增进员工之间的相互信任协作，营造积极向上的企业文化氛围。

【党群工作】

中远海运控股党委班子由 6 人组成。公司党委直属党支部共 2 个，共有党员 30 人。2020 年，面对突如其来的新冠疫情，面对全球经济贸易不确定性不稳定性所带来的挑战和风险，中远海控党委认真贯彻落实习近平新时代中国特色社会主义思想，在集团统一部署和正确领导下，积极贯彻落实集团“三个聚焦”“三个不低于”总目标总任务，紧紧围绕“促协同、稳发展、防风险、优管理”的工作基调，充分发挥把方向、管大局、保落实的领导作用，履行全面从严治党主体责任，践行党建“三做”理念，广泛弘扬“三舱”精神，做到“四个坚守”，积极融入生产经营，为公司实现疫情防控和提质增效“双战双赢”提供了坚强的政治保证。具体做好五方面工作：

一是强化党的政治建设，把稳高质量发展之舵。公司党委认真履行主体责任，坚持疫情防控和提质增效“两手抓”“双战并重”。始终把政治建设摆在首位，落实“第一议题”制度，不断完善“个人领学、集体研讨”学习机制，全年公司党委与集运党委开展 8 次中心组联组学习，组织 2 次专题研讨，3 次连线参加集团扩大学习，积极引导全体党员进一步增强“四个意识”、坚定“四个自信”、做到“两个维护”。严格党内政治生活，坚持民主集中制，执行好“三重一大”决策制度、党委议事决策规则、领导班子分工负责和工作协调等制度，加强班子凝聚力建设。2020 年共召开 19 次党委会，深入研究战略发展、深化改革、重大投资、选人用人、党风廉政建设等重要事项，保证了企业发展的正确方向。

二是强化人才队伍建设，凝聚高质量发展之力。制定“三项制度”改革方案。完善《干部管理办法》《员工考核管理办法》，积极探索拓宽员工岗位交流渠道，按期完成了股权激励预留部分的授予工作，并及时做好激励对象的宣传工作。结合疫情实际，以在线或视频培训为主，先后组织培训 31 场，培训 426 人次，送外培训 12 批 17 人次，有效提升干部人才队伍的专业能力素质。结合工作需要及年度考核情况，开展干部提拔及非领导职务晋升工作，提升公司管理干部 3 名，晋升非领导职务 2 名。根据共享部门人员在集运职务调整情况，今年共调整退出共享 9 人，新增共享 9 人。通过公开招聘、实地开展组织考察、选聘第三方机构进行能力素质测试，开展了证券事务部总经理岗位人选的选聘工作，并稳妥完成了人员调入和委任程序，确保工作不断不乱。

三是强化基层组织建设，夯实高质量发展之基。各支部以推进集团党建信息化平台上线为契机，积极落实“三会一课”制度，全面提高支部建设规范化水平。深入开展“学四史、悟初心”等主题党日活动，进一步激发基层支部工作活力。以提质增效专项活动为平台，围绕市值管理、合规管理、投融资管理等主题开展特色支部建设，将党建工作与生产经营有机结合，为改革创效献计出力，推动形成党建共建新格局。行政人事党支部以“效率 + 效果”为主线，助力人力资源管理水平提升，打造“董监高优质服务窗口”；财务证券党支部与交通银行总行公司第二党支部开展“不忘初心，扬帆未来”联学联建活动，有效构建资源共享互补、相互促进、共同提高的党建工作新格局。

四是强化党风廉政建设，筑牢高质量发展之堤。召开 2020 年党风廉政建设和反腐败工作会议，细化分解全年工作为 6 大类 32 项具体任务，签订全面从严治党责任书和廉洁承诺书，推动责任层层落实，压力层层传导。制定下发《关于加强全面从严治党“四责贯通”机制建设的实施办法》，促进“四责”协调联动、同步推进、同向发力。开展“八项监督”，聚焦关键少数共发现问题 18 个，提出 6 个方面的意见建议，下发纪律检查建议 4 份，有效促进治理提升。深入推进廉洁风险防控，研究出台了《公司廉洁风险防控实施办法》，并在集团纪检系统获转发学习；编发《廉洁风险防控清单》，推动廉洁风险防控工作融入公司经营管理各领域各环节，确保权力规范运行。完成航线与码头协同效益审计，发现协同方面问题 5 个，提供有价值的管理建议 2 条。不断加强作风建设。精准运用“四种形态”，约谈党员干部 15 人次。继续加大对形式主义、官僚主义集中整治的监督检查，督促各党支部、党员干部针对前期排查的问题，逐条销号，确保整改成效。加强廉洁教育，以“‘四史’学习守初心，清正廉洁筑防线”为主题组织开展廉洁教育月活动，紧扣上市公司定位，突出工作纪律提醒，在公司年报和季报发布之际，主动宣传《中华人民共和国证券法》中有关监管要求，提升廉洁从业教育的针对性、有效性。

五是强化文化引领作用，扬起高质量发展之帆。着力推进以职工大会为主要形式的民主管理工作机制建设，召开公司一届四次职工大会，不断提高工会依法治会和民主管理的能力。认真落实职工节假日慰问，建立困难职工保障机制等实事项目，为 35 名会员购买专项保险，切实维护职工合法权益和切身利益。注重加强媒体沟通与舆论引导，会同集运等单位，确保了舆论环境相对平稳。荣获第 11 届中国上市公司投资者关系天马奖，品牌软实力建设不断走深走实。

（王振波　沈小霞　黄奉洁）

中远海运集装箱运输有限公司

中远海运集装箱运输有限公司

中远海运集装箱运输有限公司（以下简称“中远海运集运”，英文简称 COSCO SHIPPING Lines。过渡期2016年3—12月亦称“新集运”），由原中远集团旗下原中远集装箱运输有限公司（以下简称“原中远集运”）与原中国海运旗下原中海集装箱运输有限公司（以下简称“原中海集运”）集装箱业务及其服务网络整合而成，于2016年3月1日正式运营。

【公司沿革】

20世纪90年代，原中远集团结合世界航运业普遍由专业化分工向集约化经营发展的新趋势，对远洋船队经营管理体制实施改革，组建专业化船队。1993年4月底，原中远集团对集装箱船队实行改革，将原来分散在广州、上海、天津等几大远洋公司集装箱船实施集中经营、分散管理。1997年10月21日，交通部批复同意原中远（集团）总公司和中远对外劳务合作公司共同出资，组建原中远集装箱运输有限公司；同时上海市人民政府函复原中远集团，同意在上海市浦东新区注册成立原中远集运。同年11月11日，原中远集运在北京成立；12月29日，原中远集运搬迁至上海，地点为长阳路1555号。1998年1月27日，原中远集运在浦东外高桥保税区举行成立揭牌仪式，时任中共中央政治局委员、国务院副总理吴邦国为原中远集运揭牌。2001年10月10日，原中远集运完成“债转股”工商变更，并领取新营业执照。注册资本由原来的10亿元增至61亿元。股东在原中远（集团）总公司、中远对外劳务合作公司基础上，增加中国东方资产管理公司。2002年1月28日，位于上海市东大名路378号的远洋大厦落成，原中远集运搬迁至此。2004年9月，上海远洋实施重组，以船员和船舶管理为重心，拓展多元化产业经营。该公司由原中远集团授权原中远集运管理。2005年6月30日，原中国远洋控股有限公司（2005年3月3日注册成立）在香港联交所主板成功上市（股票编号：1919），继而于2007年6月26日在上海证券交易所成功上市（股票编号：601919）。作为原中远集团上市的资本平台，拥有原中远集运100%的权益。原中远集运由此进入境外和境内两个资本市场。2010年，原中远集运作为原中远集团所属专门从事国内国际海上集装箱运输的核心企业，亦为上市公司——原中国远洋控股股份有限公司的重要组成部分。公司主要经营国内国际海上集装箱运输，接受订舱、船舶租赁、船舶买卖、船舶物料备件、伙食燃油供应及与海运有关的其他业务，以及陆上产业、国内沿海货物运输及船舶代理、通信服务、船员劳务外派业务、仓储及货物多式联运。截至2015年年底，原中远集运拥有集装箱船舶174艘、88.28万TEU。

原中海集运成立于1997年8月28日，是原中国海运所属从事集装箱运输及相关业务的多元化经营企业，经营业务以国内外海洋集装箱运输为主，同时涉及船舶代理、揽货订舱、运输报关、仓储、集装箱堆场、集装箱制造、修理、销售等多个相关行业。公司本部设在上海，成立初期注册资金总计18.01亿元，其中原中国海运持有40.06%的股份，原中海发展持有25%的股份，原广州海运持有15.44%的股份，原上海海运持有19.5%的股份。2002年9月，原中海发展将其持有的该公司25%股权转让给原中国海运；2004年1月，原上海海运和原广州海运亦将所持有的该公司股权转让给原中国海运。至此，原中国海运成为原中海集运的唯一股东，持有该公司 100% 股权。同年 6 月 16 日，公司在香港联交所主板上市；2007 年 12 月 12 日，原中海集运 A 股在上海证券交易所成功上市。原中海集运业务涉及集装箱运输、码头经营、仓储物流等领域。而船队、码头、集卡、仓储、铁路、空运等供应链资源整合，更产生了“1+1>2”的集群效应；海铁联运、海空联运、水水联运、水陆联运等综合物流供应链经营，极大地增强了集装箱运输以及集团整体市场竞争力。截至 2015 年年底，原中海集运拥有集装箱船舶 172 艘、90 万 TEU。

2016 年新成立的中远海运集运（简称“新集运”）系中远海运控股股份有限公司（简称“中远海控”）全资子公司，注册资本 2 366 433.716 5 万元，注册地：中国上海自由贸易区。公司主要经营国际国内海上集装箱运输服务及相关业务，是集团核心业务板块。截至 2016 年年底，新集运共有集装箱船舶 346 艘（包括非营运及计划处理船舶）、178.18 万 TEU。

新集运成立之初在本部设立整合管理办公室 / 流程优化部、总经理办公室、美洲贸易区、欧洲贸易区、亚太贸易区、拉美 / 非洲贸易区、航线网络规划部、全球销售部、全球海运操作中心、战略发展部、收益管理部、供应链发展部、箱管中心、采购管理部、法务及风险管理部、企业资讯发展部、客户服务部、财务部、财务共享中心、安全技术管理部、党委工作部、组织 / 人力资源部、人力资源服务中心、纪委工作部 / 审计监督部、工会和陆上产业事业部 26 个职能部门。在全国设立大连、天津、青岛、上海、宁波、厦门、华南、海南和武汉 9 个口岸分部，以及中货公司和中远海运货柜等公司，从事货运和船舶代理业务。并拥有上海泛亚航运有限公司、上海远洋运输有限公司、上海中远资讯科技有限公司和中远海运集装箱运输信息服务有限公司等。并在美洲地区、欧洲地区、东南亚地区、澳洲地区、日本地区、韩国地区和非洲地区设立区域公司或区域分部。

2020 年，中远海运集运领导班子成员为：董事长、总经理、党委副书记杨志坚，党委书记、副总经理钱卫忠，副总经理张炜，副总经理隋军，副总经理辜忠东，副总经理萧启豪，副总经理陈帅，副总经理于涛，纪委书记袁健，总会计师郑琦，副总经理冯振奋，副总经理朱涛，副总经理钱明。

【发展战略、经营创效】

2020 年，中远海运集运深化战略统筹，编制公司“十四五”发展规划，为谋求高质量发展明确目标任务。

面对疫情严重冲击，公司聚同化异，坚持“一个船队”理念，深化联盟合作，积极扩大双品牌之间、海洋联盟之间的“最大公约数”，提高了航线网络的全球竞争力。面对市场骤变，第一季度果断退租运力，控制经营风险；在 6 月之后的市场迅速恢复期，果断利用低位，租入市场运力，全年公司外贸航线运力增幅业界领先，为创效打下坚实基础。面对行业竞争新形势，着眼长远，坚决实施供给侧结构性改革，与东方海外获造新船，有力保障了未来 5 年规模化持续发展。

坚定不移实施全球化战略，升级联盟服务。巩固东西干线优势，2020 年发布的 DAY4 产品，覆盖面更广，交货更快，服务更稳。加大新兴市场战略转移力度，发展南北航线，外向拓展全球。紧随国家战略，抢占全球经济新增长极。依托集团比雷埃夫斯港战略，打造比港独特竞争优势。依托海南自贸区建设，独立开设首条挂靠海南洋浦的跨洲际航线，为开发南太平洋新兴市场增加了战略支点。

2020 年，全球贸易呈“V”形动荡，对集装箱运输带来严重冲击。公司围绕核心营销指标，策划实施系列营销活动。围绕运输需求链结构性调整，加强全球营销资源联动，确保份额不流失、货源有增量；围绕核心客户、央企客户、行业客户和高值货，强化分层分类营销，发挥“营销 + 客服”双轮驱动效应；围绕第三届进博会，加强精准营销，为扩大外贸进口打下坚实基础。

围绕客户需求，创新解决运输链中的痛点、难点。2020 年，公司立足解决疫情期间全球供应链不畅的“痛点”，在中国本土和海外先后推出“水水中转、水铁联运”服务，打通客户供需两端，同时也收获了发展新机遇。其中，钻石快航公司开辟的欧版“水水中转”新通道，成为新的业务增长点，中欧陆海快线全年完成箱量增长。立足优化客户供应链效率、提高供应链弹性，与中铁深化合作。中欧铁路班列实现箱量与收入并驾齐驱。西部陆海新通道着力打造西南地区港、航、货一体化的海铁联运大型综合物流平台。公司参股投资的霍尔果斯东门无水港项目在中欧班列带动下，业务量和利润快速提升，一举扭亏为盈。上海港海铁联运项目顺利启动运营。

经营创效方面，2020 年，公司系统累计实现提单箱量 1800 万 TEU，比上年增长 1.3%；实现运输收入 138 亿美元，比上年增长 14%；发生运输成本 118 亿美元，同比基本持平；单箱运费收入达到 777 美元 /TEU，比上年增长 12%。全年实现营业收入 1122 亿元，比上年增长 14%；发生营业成本 1011 亿元，基本持平。EBIT 率达到 6%。实现净利润 50 亿元，超额完成集团下达的必保指标和奋斗指标，连续 4 年实现盈利，并创造新集运成立以来的最高纪录。

【服 务 客 户】

夯实全球服务网络，回归航运本质。2020 年，中远海运集运通过提高服务标准、完善客服体系，不断提升服务的及时性、可靠性、满意度。通过实施 2022 服务战略，从实时报价、即时订舱、提单准确、费用及时准确、货物跟踪准确、交付准时安全、需求快速响应 7 个方面的服务提升，以及 KA（关键客户）服务中心、区域操作中心 2 个服务网络配套，计划用 3 年时间，实现全球服务水平与船队规模相匹配。2020 年底，除个别地区外，全球服务标准完成情况较好，尤其是下半年，多项 KPI（Key Performance Indicator，关键绩效指标）数据同比稳中有升，海外地区尤其提升明显。其中，全球 2 小时订舱确认率超过 98%，2 小时制单及时率始终保持 99% 以上，到货通知、中转信息维护以及改港操作及时率全部达标。全年综合准班率 95%，行业准班率排名全年保持在前 2 位。

指导全球客服团队应对疫情。根据武汉及中国其他地区疫情应对实际情况，编制疫情期间应急服务方案，梳理远程办公期间的服务方案，发布联系人清单，汇编《中远海运集运关于进一步加强市场营销和客户服务工作的情况周报》上报集团。海外疫情暴发后，编制下发疫情应对 check list，指导海外公司制订疫情期间的服务方案 60 个。根据本部及海内外各项疫情应对工作情况，及时发布各类客户公告、战疫推文 40 条，确保服务信息及时透明。

运营“中远海运集运”微信平台。截至 2020 年年底，“中远海运集运”公众号全年推送文章 279 篇；微信点击量超过 110.6 万次，微信用户关注总量超过 9.0 万人，较上年同期增长 19.7%。继续完善官微服务功能，包括优化客服引导菜单、升级部分中英文服务功能、新建非工作时间“联系客服”功能。特别针对节假日客户在线问询场景，引导客户一键直达各自助服务功能和值班表（中英文），总体实现了官微 7×24 小时不间断服务。服务功能应用方面，微信各项功能查询总量达 28.8 万次，货物主动推送 1.61 万次，2020 年新上线的非工作时间“联系客服”功能受理咨询 892 次。

强化客户回访机制。根据口岸分部 2019 年满意度调查反映服务问题的提升措施反馈，安排第三方机构进行客户电话回访，了解客户对改进措施的满意程度。中国地区共回访 72 家客户，其中 50 家客户对改进措施表示满意或认为有改善。针对回访中仍不满意的客户，本部客服部指导相关口岸进一步优化服务方案，做好客户沟通，经二次回访，获得全部客户认可。

【企 业 管 理】

2020 年，中远海运集运不断完善公司制度，加强企业管理，重点做好以下工作：一是持续推进深化改革。根据集团《关于全面深化改革工作指导意见的通知》精神和工作要求，制订深化改革框架方案，重点围绕健全集运公司治理体系、推进下属单位劳动人事分配制度改革和稳妥推进多元化改革措施等方面展开工作。二是做好公司层面规章制度管理工作。至年底在管公司层面规章制度 264 个，发布公司规章制度名录（2016—2020）。三是对清单企业逐一分析、倒排时间表，最终形成中远海运集运“压减”清单，并将注销指标分解到各直属单位。截至 2020 年年底，已完成 8 户企业工商注销，超额完成年度压减指标。四是夯实会计基础工作。不断健全、完善财务规章制度，加强财务管理；加大盘活内部单位存量资金力度，确保公司生产经营和投资资金需求，提高整体资金使用效率；降低财务成本，加强海外各上线单位未清项及未完业务清理的跟踪与监督；推进全面预算管理，公司预算工作与战略目标、年度工作计划的契合度进一步提高。五是重点围绕“一盘棋、两条线、五张表”整体思路，结合新时代审计“四个促进”要求，创新审计手段、拓宽审计内涵、提升审计成效，以改革应对变局，践行审计新理念。六是围绕公司改革发展目标，为公司经营管理提供法律意见，有效控制公司经营管理过程中的法律风险。

2020 年，公司通过与东方海外强化协同融合，持续加强低成本领先优势。箱管领域，在箱量增加、供应链不畅的情况下，全年单重箱箱管成本仍然同比微降，双品牌发挥协同效应；燃油采购领域，把握低位时机，实现保质、保供基础上的成本最优；燃油使用领域，全年持续压缩船舶在港时间；港口码头采购领域，实施协同谈判；财务领域，充分把握全球政策红利和利率、汇率市场机遇，实施债务置换，优化债务结构。

【安全生产】

2020 年，中远海运集运坚持安全第一、预防为主、综合治理的安全管理方针，不断强化风险意识，始终把抓落实、重实效作为安全管理的核心，保持了安全生产形势的整体稳定。

针对 2020 年突发疫情，采取各种行之有效的措施，克服由于疫情带来的各种影响，通过强化基层单位安全管理，开展以班组和基层单位为主的安全管理活动等措施，提升公司安全生产的稳定性。通过不懈努力，公司安全生产形势保持稳定有序的状态，全年未发生等级以上生产安全事故，事故发生率为新集运成立以来最低的一年。

航行安全方面，2020 年跟踪指导大风浪航行船舶 153 艘次、冰区航行船舶 32 艘次、雾航船舶 214 艘次，跟踪重点船舶 1083 艘次，转发重要气象信息 62 次、航行警告 58 次，发布各类安全提示和工作要点 207 期。公司全年先后对受西北太平洋 23 个台风影响的船舶进行跟踪，指导相关船舶航行、滞航、绕航、锚泊共 309 艘次。同时还跟踪其他洋区热带风暴 / 飓风 74 个，指导 12 艘次船舶落实防避措施，确保冬防、防避台风 100% 成功率。

不断增强应急力量建设。针对各种安全生产风险，加大力度，通过引入风险管理，结合安全生产重点和主要风险，不断完善应急预案、强化应急队伍建设，以实战化要求锻炼和培养公司应急能力。2020 年，公司克服疫情带来的各种影响，先后组织举行 11 次各类演习，其中包括 3 次船岸联合演习。通过实战化演习，检验公司应急指挥、组织、预案和人员应急能力，进一步提高公司应急管理水平。

不断完善企业安全文化的核心内容。把培养学习型员工队伍作为企业安全文化建设的重要内容之一，不断加大员工培训方面的投入，持续组织开展内容丰富、形式多样的安全培训活动。针对安全生产重点和关键岗位，通过组织开展精准培训和专项培训，进一步提高员工安全意识和工作技能。2020 年，公司共开展各类安全培训 2100 次，参加培训人员达 144 106 人次。通过开展企业安全文化建设活动，有效促进公司安全生产和安全管理水平的提升。

【风险管理】

2020 年，疫情冲击下的国际贸易环境纷繁复杂，特别是疫情在海外出现大规模的二次暴发，以及公司收入激增和美国大选等因素影响，中远海运集运应收账款管理遭遇巨大冲击和挑战。面对复杂局面，中远海运集运进一步强化以客户信用管理为中心，围绕国务院国资委、集团和公司年度目标和规划，严控信用风险，加快运费回收，采取严格控单、控货等措施，确保公司应收账款规模得以有效控制；同时，提高资金周转效率，增强客户信用风险管控能力，确保经营成果的最终实现。积极防控美港协定终止的税务风险（由于美国单方面宣布美港航运免税协定终止，使得公司在中国香港的期租船业务，面临较大税务风险），研究美国航运收入税的相关政策、细则，在集团统一指导下，作为航运公司代表，与税务中介积极讨论政策细节和筹划措施，最终确定风险解决方案，有效化解了制裁措施对公司的不利影响。

中远海运集运纪委不断增强廉洁风险的防控力。2020 年，中远海运集运系统实施巡察项目 34 个，共发现问题 342 个，提出建议 180 条，新建及完善制度 81 项，巡察累计覆盖率达 65.25%，较好地体现了巡察效果、权威、治本的“三统一”。完成审计项目 152 项，其中常规审计项目 70 项、工程审计项目 41 项、机务审计项目 41 项，累计提出审计意见 597 条。抽查审核船舶航次修理费用 2446 艘次；完成物料、备件、通导费用抽审船舶 1199 艘次。2020 年，公司增收节支共计 1.62 亿元；完善各项规章制度 84 项；发现违纪违规问题 14 个，移送审计发现问题线索 27 件，责任追究 88 人次，个人违规退赔、追责处罚款资金 15.61 万元。

组织开展以“廉洁集运、干净船舶”为主题的 2020 年廉洁从业主题教育月活动，全系统组织集中学习、专题研讨 1431 场次；邀请专家授课 6 场次；参观爱国主义教育基地 74 次；组织观看廉洁教育片 337 场次；征集廉洁作品 465 幅、廉洁警句 659 条，实现船岸联动、宣教并举，打造多元化、立体化的廉洁教育阵地。

【疫情防控】

2020 年，新冠肺炎疫情突如其来，根据集团统一部署，中远海运集运第一时间成立组织机构，扎实推进疫情防控工作。一方面，为所属 200 多艘船舶、5000 多名在船船员提供各类防疫物资，协同中远海运船员公司共同解决船员换班难题，做实做细关心关爱船员工作。另一方面，跟踪指导国内口岸、境外分部和营销服务网点，扎实做好疫情防控各项工作。对于部分外派员工过年期间因疫情原因无法回国的，从各方面给予关心和帮助。

在抓好疫情防控的同时，积极响应中央和集团尽早复工复产号召，全系统于 2 月 9 日全面复工，成为最早开班的航运班轮企业。与此同时率先行动，发挥自身资源优势，解决防疫物资运输中的痛点、难点问题，推出了陆改水、铁改水、空改水等模式，及时运输防疫物资、食品物品到武汉等疫情一线，为国家抗疫作出应有贡献。此外，及时抢占市场先机，为后来的市场增长奠定了基础。

公司党委迅速反应、主动作为，切实担负起疫情防控主体责任。一是坚持靠前指挥，信念坚定“压舱”，确保中远海运集运系统上下“一盘棋”。以“三个从严”“三个到位”“三个带头”“四个始终坚持”要求，细化防控措施、健全工作机制、层层落实责任，坚持加强境内境外疫情防控统一指挥和协同联动，全力确保员工生命安全和身体健康。二是各级党组织坚持守土负责，责任落实“满舱”，上下贯通拧成“一股绳”，切实担负起本单位疫情防控主体责任，坚定站在疫情防控和复工复产第一线。各基层党支部主动承担起疫情防控“第一道防线”责任，充分发挥了战斗堡垒作用。三是各级党员领导干部、广大党员、全体员工坚持守土尽责，凝聚起全员防疫“一条心”。全系统成立 62 个党员突击队，共有 422 个基层党组织、3580 多名党员战斗在一线，展现出敢于斗争、勇于担当的政治品格和响应号召、无私奉献的优良作风。公司党委专门下拨 120.5 万元党费支持各单位开展疫情防控工作，公司拨付 341 万元专项奖励一线职工、20 万慰问新冠患者，全系统 4695 名党员通过各种途径为疫情捐款 48 万余元。

面对新冠肺炎疫情的严峻挑战，公司工会第

一时间配合行政协同保障一线职工的口罩、消毒液、洗手液等防护用品调配，第一时间为海外员工购买全程C-反应蛋白测定试剂盒，为广大职工创造卫生、健康、安全的工作环境。向各直属工会拨付疫情防控专项资金共计123万元，用于疫情防控保障和一线慰问。及时编发系统内各级工会防抗疫情信息，宣传在疫情防控、复工复产中涌现出的先进个人和先进集体，凝聚正能量。在抗击新冠疫情的过程中，武汉分部吴士泉获全国抗击新冠肺炎疫情先进个人荣誉称号，泛亚航运被评为上海市抗击疫情先进集体。

【境外业务】

2020年，中远海运集运积极应对中美贸易摩擦，认真部署，把握市场机遇，加强三个市场的开拓：开辟美湾、墨湾、巴西运力市场，开设地东、美东航线；依托比港打通地东（大致包括巴尔干半岛、小亚细亚、埃及等地）、黑海、亚得里亚海，完善大西洋、第三国航线布局；增加东南亚、澳洲运力投入，加速东南亚出入澳洲的服务行列。

对部分中、南美洲国家公司实施股权调整。为降低美国单边制裁影响，化解公司潜在经营风险，北美公司将所持集运中、南美国家公司股权转移至中国香港公司及巴西公司。年初根据前期调研情况，完成中、南美公司股权调整框架方案，项目第1批股权交易公司（巴西公司、阿根廷公司、乌拉圭公司）在年内完成审批和付款交割。第2批股权交易公司（墨西哥公司、智利公司、秘鲁公司）的转股准备工作也在持续推进。

设立巴拿马大陆桥物流公司。为大力拓展巴拿马当地综合物流业务，进一步契合航线布局，提升供应链服务能力。巴拿马大陆桥物流公司于2020上半年正式运营，公司将借助巴拿马优异的区位条件，形成公司和物流公司优势互补、资源有效整合的局面，提升公司全程物流服务能力，为客户提供多样化的物流产品和全方位的物流解决方案。

遵照中远海运集团关于海外地区“压减”工作的总体要求，完成清算关闭鑫海公司事宜。向集团东南亚公司支付鑫海公司49%股权交易过渡期损益款项80.33万美元，完善鑫海公司49%股权交易流程。同时为推进鑫海公司在新加坡的清算关闭，完成鑫海公司商务部投资证书注销工作，并协助鑫海公司开展清算关闭相关工作。

【陆上产业】

2020年，中远海运集运陆上产业围绕集团“三个聚焦”“三个不低于”，突出“一手抓疫情防控，一手抓生产经营”，采取有效措施，确保生产经营正常运行，全力以赴完成各项目标。重点落实新冠肺炎疫情防控，认真抓好复工复产和季节性安全工作。对陆上产业事业部及直属单位实施现场安全巡查26次，提出安全管理工作建议128项，全面推进企业安全生产主体责任落实，保障陆产系统安全生产态势的平稳有序。

完成各直属单位资产盘点工作，对相关问题提出整改意见，并跟踪各单位整改落实情况。积极推进落实陆产系统协同效应的挖掘和发挥，对各单位提高经营效率、提升资源利用效率、降低成本起到促进作用。全年共开展可量化陆产系统内部协同效应项目10个，涉及业务、办公用房、库房、车辆协同等方面。通过专业化经营、精细化管理，优化房地产资源配置，利用自主开发的房产管理系统，进一步推进资产盘活工作，提高房屋整体经营效益。年内完成军工路400弄1号楼、2号楼、5号楼装修及8号楼维修工作，并克服新冠疫情影响完成出租，实现盘活租赁经营目标。

陆产系统各企业落实协同效益的挖掘和发挥，提升资源利用率，有效降低成本。供应公司克服疫情困难，积极做好船舶防疫物资、物料备件的配送，保障中远海运集运主船队的防疫物资供应和航行安全，维护船员生命安全和身体健康。同时，为进一步提升船供业务板块的市场竞争力，成立集装箱高保封业务专项工作领导小组、工作小组，积极开拓新业务。通导、越洋和海图3家公司认真开展疫情防控工作，保障船舶日常维修保养及设备正常运行，为船舶安全准班提供支持和保障。国贸公司顺利引入“两鲜”商贸入驻公司所属电商平台，不断推动模式创新，优化经营结构，改变传统的一般贸易经营方式，以全新的管理者视角转活平台。按照中远海运集运“压减”工作要求，实业公司配合推进南昌外代清算工作，年内顺利完成工商注销。

【队伍建设】

2020 年，中远海运集运坚持以十九大精神为指引，认真贯彻落实集团人才工作会议要求，坚持专业化、年轻化、全球化“三位一体”的人才发展战略，紧紧围绕深化改革和提质增效两项中心任务开展工作，为建设具有国际竞争力的世界一流班轮企业提供坚实的组织与人才保障。重组以来，通过内部调剂、合理安置、费用管控、向兄弟单位输送等方式严控用工总量，境内员工与整合初期相比净减少 1722 人，降幅达 9.12%。其中 2020 年净减少 207 人，降幅 1.69%。开展人才招聘，2020 年集团核定公司 148 人的招录名额。其中，校园招聘按照“总量控制、好中选优”原则，招录 63 人；社会招聘通过市场招聘、集团系统内调入等方式，招聘 30 人；扶贫招聘共发布招聘信息 3 次，为有关贫困地区提供了 20 多个就业岗位。

实施干部人事制度改革。2020 年，公司按照“综合改革”“双百企业”实施方案和“示范企业”等各项要求，深入推进干部人事改革。一是完成公司职业经理人管理制度研究和设计。在借鉴金控、泛亚及其他试点企业的经验基础上，结合自身需求和实际情况，按照“市场化选聘、契约化管理、差异化薪酬、市场化退出”的原则，研究形成公司职业经理人管理方案、绩效管理方案、薪酬管理方案。二是积极推进各直属单位“三项制度”改革，要求各直属单位本部全部实施“三项制度”改革，网点公司同步实施，条件成熟一家推行一家。截至 12 月底，各直属单位已全部实施“三项制度”改革。

人才培训方面。遵照“新视野、新思路、新格局”的要求，着眼公司长远可持续发展，强化高素质人才队伍培育建设，开展专项培训，深化培训转型。全年组织各类培训，其中集运本部 96 场、3052 人次；国内直属单位 996 场、18 001 人次。6 月 23 日，以在线形式召开主题为“内容 + 运营 + 平台，让培训更高效”的培训管理团队学习交流会，既增进了培训管理团队各成员间的沟通交流，也为后续培训管理提升拓宽了思路。对“集智荟”学习平台实施版面升级，引入任务流管理，简版英文管理后台等 18 项功能优化和升级，使得平台运行能够更好地适应和满足疫情常态防控、网络安全管理提升、培训管理转型升级等背景下的培训管理需要，同时更好地提升学员使用体验，助力全员自我学习和能力提升。

【党群工作】

中远海运集运党委班子由 11 人组成。公司直属党委 17 个，挂靠党组织 1 个，所属各级基层党组织共计 591 个。其中党委 36 个、党总支 24 个、党支部 526 个（含船舶党支部 186 个），共有党员 4914 人。

2020 年，在中远海运集团党组正确领导下，公司党委坚持以习近平新时代中国特色社会主义思想和党的十九大和十九届二中、三中、四中、五中全会精神为引领，围绕集团“三个聚焦”“三个不低于”工作总要求总目标，以及公司“三网合一、五位一体”战略新格局，大力践行党建“三做”理念、广泛弘扬“三舱”精神，落实全面从严治党各项部署，积极发挥把方向、管大局、保落实作用，为集运统筹推进常态化疫情防控、提质增效工作，取得全线盈利的成绩，超额完成集团下达的全年各项任务目标提供了坚强政治保证。

公司党委坚持把加强党的领导和完善公司治理有机结合，认真执行党委议事决策规则，坚持重大事项决策党委前置程序，全年召开党委会 22 次，研究议题 42 项，围绕推动公司战略落地、深化改革发展、选人用人、政治巡察等“三重一大”事项进行专题研究，保证企业发展的正确方向。坚持中心组学习制度，2020年通过邀请专家学者授课、专题交流研讨、观看专题展览等多种方式，组织开展14次党委中心组（扩大）学习，重点学习统筹推进疫情防控和经济社会发展、贯彻落实全面从严治党主体责任、国有企业基层组织工作条例、“四史”学习教育、“双循环”发展战略等相关内容。开展《习近平谈治国理政》第三卷学习交流，60多名船岸党员干部分享心得体会，在全系统内掀起了学习热潮。及时传达党的十九届五中全会精神，结合实际就贯彻落实新发展理念进行专题解读，为提质增效和改革发展注入信心和动力。

公司工会在全系统深入开展合理化建议征集活动，共收到各二级工会择优上报的合理化建议162条，内容涵盖经营模式创新、管理效率提高、服务细节改善、工作流程优化、数字航运建设等诸多方面；组织开展“质跑当下，效赢未来”成果展示大赛，海内外16个分会场视频连线参与，择优选拔15个“质跑”项目进行舞台成果展示，分享经验、比拼创意。各级团组织强化思想引领，以网格化团建助力业务工作开展，深化“青春战疫”和“号、手、岗、队”创先争优活动，涌现了大批先进集体和个人，充分展现了当代青年爱党爱国、爱企爱岗的精神风貌；继续深化“奋斗吧·远YOUNG”拓展活动，船岸青年凝聚力向心力有效提升。

【企业文化】

2020年，在中远海运集团“四个一”理念和“同舟共济”企业文化框架下，中远海运集运进一步构建企业文化体系。结合“三网合一、五位一体”战略格局和“新思路、新格局、新视野”“稳中求进、稳中求效、稳中求变”工作理念，丰富企业文化内涵，提炼核心理念体系，通过各类载体，及时宣传企业文化及战略布局，不断提升“We Deliver Value价值·因运而生”品牌理念的社会影响力。依托集运轩、一周要闻、楼宇视频等载体开展战“疫”宣传，推进落实“六稳”“六保”任务、常态化疫情防控、复工复产等方面宣传，营造疫情防控和生产经营“两战赢”的浓厚氛围。以全国抗击新冠疫情先进个人吴士泉、上海市抗疫新冠疫情先进集体泛亚公司等为重点，加大对疫情防控、复工复产中涌现的先进典型宣传，广泛征集抗击疫情典型案例与感人故事，组织开展“说身边人、讲身边事”演讲展示活动，全面展示全系统同舟共济、守望相助的企业精神。

配合集团开展品牌调研，策划品牌推广方案，积极参加西部物流展、东亚海洋博览会、中意建交50年等展会及媒体活动。自改革重组整合以来，中远海运集运坚持以打造世界一流的国际综合物流供应商为愿景，在全球化布局、数字化建设，以及端到端全程物流品牌建设上不断取得重要进展。特别是在参与西部物流网络建设上，依托遍布全球的国际集装箱班轮航线，精心打造海铁联运、陆海联运等多式联运体系，并积极与港口、铁路、公路等单位和企业精诚合作，大力开发中欧、中亚、中蒙俄等跨境班列，推动西部内外贸发展，集运品牌知名度、美誉度进一步提升。

2019—2020年中远海运集运主要情况见表14-1。

2019—2020年中远海运集运主要情况表 表14-1

类别	项目	2019年	2020年	备注
船队	艘数	403	423	扣除出租
	箱量（万TEU）	223.4	229.1	扣除出租
	船舶租赁（万TEU）	126.6	141.8	—
	新船订单（万TEU）	0	27.6	—
运量	货运（万TEU）	2394	2515	—
	周转量（亿箱海里）	868	878	—

续上表

类　别	项　目	2019 年	2020 年	备　注
财务状况	总资产（亿元）	996.38	1 202.61	—
	净资产（亿元）	170.42	219.50	—
	总收入（亿元）	985.63	1 121.37	—
员工队伍	年末员工总数（人）	1.72 万 （不含船员）	1.7 万 （不含船员）	船管体制改革后， 不含船员人数

（金佳慧　林欣　范祝莲）

中远海运能源运输股份有限公司

中远海运能源运输股份有限公司

中远海运能源运输股份有限公司（简称“中远海运能源”，英文简称 COSCO SHIPPING Energy），成立于 2016 年 6 月 6 日，依托原中海发展股份有限公司（01138HK，600026）上市平台，由中海油轮运输有限公司、大连远洋运输有限公司和中海集团液化天然气投资有限公司等组建，总部设在上海。公司注册资本 403 203.286 1 万元，注册地：中国上海自贸区。主要从事油品、液化天然气等能源运输及化学品运输，是集团核心业务板块。截至 2020 年年底，公司油轮船队运力规模排名全球第一，共控制经营油轮船舶 174 艘、2 453.9 万载重吨；持有订单 7 艘、127.6 万载重吨；自有船平均吨位 15.6 万载重吨，平均船龄 9.4 年。公司还将中国仅有的两家 LNG 运输公司股权整合到了同一平台上，共控制经营 LNG 船舶 38 艘、642.1 万立方米；持有订单 3 艘、52.2 万立方米。

【改 革 重 组】

为整合公司油轮业务资源、优化组织架构、防控经营风险，促进能源板块的整体深化改革，提高运营效率，助力长期高质量发展。2020 年度，中远海运能源完成了大连地区相关股权资产转让以及全资子公司上海中远海运油品运输有限公司（简称“上海油运”）的吸收、合并和注销，并推进了大连中远海运油品运输有限公司（简称“大连油运”）和大连华昌船务有限公司（简称“华昌公司”）的吸收合并。

为深度整合业务资源，实现船舶集约化管控，依据 2018 年中远海运能源深化改革方案，将上海油运整体吸收合并至中远海运能源，主体工作于 2020 年底前完成。本次吸收合并是公司加快落实船舶管理体制改革方案的体现，促进了“一个标准、一个体系、一个 DOC”的集约化船舶管理模式的实现。启动并推进大连油运和华昌公司吸收合并。公司于 2020 年 7 月完成大连地区资产股权交割后，第一时间启动大连油运和华昌公司改革，统筹考虑践行海南战略，最终制定以海南中远海运能源运输有限公司（简称“海南公司”）为主体，对大连油运和华昌公司进行吸收合并，2020 年全面推进了两家公司改革方案的实施。大连油运和华昌公司的注销符合国务院国资委对中央企业深化改革、“瘦身健体”的要求，同时为践行海南战略，促进海南公司的业务发展创造了条件。

截至 2020 年年底，公司所属各级公司、分支机构共计 133 家，包括单船公司 93 家、分支机构 / 非法人独立核算单位 9 家、法人经营实体单位 31 家。公司直接持股的二级公司 17 家，主要为经营油轮和 LNG 业务的航运企业。持续推进所属公司的股权结构优化，上海油运已经提交注销申请，洋浦公司已上移至能源公司持股，大连油运、货轮分公司正在吸收合并或清算关闭过程中。截至 2020 年年底，公司直接持股的二级公司由 4 家海外网点公司、4 家与大货主合资公司、4 家 LNG 公司（其中 2 家为项目公司）、海南子公司、财务公司（参股）组成，股权结构更加明晰、股权层级更为扁平。

【发展战略、经营效益】

“十三五”期间，中远海运能源坚持“四个全球领先”的战略目标，围绕“规模增长、盈利能力、抗周期性、全球化”四个战略维度，持续推动企业高质量发展。经过“十三五”的发展，公司巩固了重组后油轮运力规模全球第一的领先优势，在保持内贸原油市场绝对主导地位的同时，通过并购一举成为内贸成品油市场的领军者；LNG 运输业务加快步入收获期，营运船舶和效益贡献成倍增长，公司整体抗周期性进一步增强；在中远海运集团领导下，完成油轮船队经营机制、船舶管理体制、船员管理体制、地区公司和教育资源等一系列改革，实现了船队经营管理的集中统一和深度融合，整体运行机制更具竞争力；完成老旧油轮计提减值，改善了公司资产与资本公允价值，为未来经营打好基础、轻装上阵。

“运力规模领先”和“业务结构领先”的统筹兼顾 “十三五”期间，公司很好地兼顾了“规模增长”“盈利能力”和“抗风险能力”三方面战略考量，实现了运力发展与市场节奏匹配、与自身能力匹配、与业务结构匹配的“三个匹配”，不仅保持油轮运力规模全球第一的领先优势，盈利能力在经历“十三五”期间国际油运市场波峰和低谷的检验后，表现出优于国际主要竞争对手的总体水平。外贸油轮船队实施了逆周期造船和“双轮驱动”发展，通过大幅降低新增运力成本水平，实现运力规模增长与盈利能力提升双重目标；内贸油运实施“强强联合”战略下的船队并购，实现了油运稳定收益业务的跨越式增长；LNG 业务坚持依托“中国因素”拓展新的长约项目，为“十四五”稳定收益的增厚奠定了重要基础。

“安全营销领先”“商业模式领先”等软实力提升。“十三五”期间，公司在集团领导下持续全面深化改革，实现油轮船队经营管理的高度集中和深度融合，推进了国内国际两个营销网络建设。“十三五”期间先后建立了英国、南美、日本三个海外网点，改造了美国、中国香港、新加坡网点，构成较为完善的全球营销网络，整体运行机制更具竞争力；实施“五个转变”向“全程油轮运输服务商”战略转型，完成了 POOL 模式创新的前期工作；实现安全管理体系和机制的全面提升，成功应对 IMO 限硫公约的实施；在企业软实力建设方面取得了长足进步。

与改革同步实现了安全管理体系和机制的全面提升。到 2020 年年底，公司油轮主营船队共完成货运量 15 243 万吨，货物周转量 5063 亿吨海里；2020 年度，公司合并口径实现营业收入 163.8 亿元，发生营业总成本 136.1 亿元，实现利润总额 29 亿元，超额完成集团下达的考核指标。在外贸经营方面，克服特殊事件的影响，抢抓市场机遇，把握市场高点波段操作，同时坚持多元化战略，积极开拓大西洋航线市场，经营水平跑赢市场，VLCC 代表航线 TD3C 平均定载指数 WS57.98，TD15 平均定载指数 WS66.55，平均水平高于市场。在内贸市场方面，整合行业资源，引领模式创新，优化运力配置，提升服务质量，内贸原油市场占有率为 57.02%，巩固了行业领军者地位。成本管控收效良好，成本增幅低于收入增幅 14.7 个百分点。

【风险管控】

中远海运能源法务与风控工作紧紧围绕发展战略和年度经营目标，牢固树立“风控创造价值”的风险管理理念，坚决贯彻落实公司“防疫情、抓运营、领导干部挂帅 25 项重点工作”部署要求，确保完成“风控合规工作不留死角、不发生意外情况”的目标任务。

在疫情防控中，公司冲锋疫情防控一线，筑牢能源“防疫墙”。年初，公司第一时间启动了公司疫情风险依法防控工作，团队成员积极发挥先锋模范作用，筑起坚强的战斗堡垒。提高站位，同心协力，全力服务防控工作，及时印发《关于成立新型冠状病毒防范工作领导小组和工作小组的通知》，印发了能源公司《依法防控疫情切实防控风险工作实施方案》。组织相关部门成立了公司新冠疫情风险评估小组，识别、分析和评估了 16 项风险，完成并发布专项风险评估报告，逐一制定风险防控措施，指定专人月度跟踪措施落实情况；组织各部门及所属公司对正在履行的合同（共计 738 份）进行了全面风险排查，共梳理出 39 处疫情影响合同正常履行的情况，进行合同条款复核、提出风控意见；发布《新冠病毒疫情可能带来的合同法律风险分析》，系统梳理疫情下修造船、采购服务、期租合同等各类合同风险，有针对性地制订措施和预案，指导业务部门防控风险。对于疫情期间新签订的租约和合同，法务和业务团队密切协作，加大租约中装货时间、检疫费用、滞期费等条款的谈判和审核力度，力求在合同中并入对公司有利的不可抗力条款、传染病条款、船员换班条款等，最大限度地维护公司利益。截至目前，全体船岸职工“零感染”，确保船岸员工队伍生命健康和生产经营不受影响。

在法务工作上，公司按照“全力处理遗留案件，扎实推进其他案件”的管理思路，通过压实主体责任，优化管理流程，健全周例会、周报告机制，切实提高案件处理质量和效率。今年以来公司新发生涉诉案件 3 起，结案 7 起。在遗留问题案件处理方面，不断强化各级领导干部的责任担当和履职能力；在保险理赔案件方面，2020 年结案 223 件，同比提升 137%（比 2019 年增加 129 件）；其中在保险公司、保赔协会、第三责任方的事故理赔取得较好效果，共结案 157 个，同比提升 274%（比 2019 年增加 115 件），获偿金额共计 2923 万元人民币，同比提升 386%（比 2019 年增加 2322 万元），结案数及获赔金额均较 2019 年同期显著提升。在内控体系建设与评价方面紧紧围绕公司今年推进 POOL 建设和加强全球化经营两个战略重点，着手建设 POOL 风控体系和海外公司风控体系，完成香港公司、新加坡公司风控体系的建设，正在按计划推进英国公司和美国公司的风控体系建设，确保年内能源系统“风控合规工作不留死角、不发生意外情况”的结果。重点研究策划了能源板块 2020 年度内控评价工作。

在风险管理上，公司 2020 年初出台新版制裁风控手册和制裁风险管理办法，建立健全并严格执行四项机制，即风险预警排查机制、业务尽职调查机制、重点操作监控机制和特定风险评估机制，在确保制裁风控手册得到严格执行、制裁风险得到有效防范的前提下，充分发挥业务“一道防线”和法务“二道防线”的合力作用，使风险防控和业务运作有机融合。2020 共研究形成制裁相关分析报告 4 份、发布风险提示函 24 份、组织开展业务排查 15 次、监控航次合规情况 244 次；明确了“租约中必须并入经法律审核通过的制裁条款”的原则，制定发布了能源公司制裁标准条款，强化对租约中制裁条款的法律审核。组织对公司原有租约中的制裁条款进行全面排查，并指导业务团队与法务团队密切协作，加强与租家的谈判以修改合同条款。对应收账款逐笔进行风险评估，运用发法务部函、律师函，提起仲裁等法律手段加大回收力度。2020 年通过上述法律手段回收账款约 750 万美元。对提高公司应收账款回收率发挥了关键作用；加强无单放货风险管控，组织对航次无单放货管理情况开展排查，加大无单放货条款、提单条款、保函等的审核力度，以风险提示函的形式明确风险防控措施，确保不出现无单放货引发的纠纷；分别针对新加坡兴隆集团申请破产保护、丹麦 Dan-bunker 涉嫌违反欧盟制裁等风险事件，发布风险提示函、开展风险排查并提供风控建议。

公司纪委以习近平新时代中国特色社会主义思想为指导，全面贯彻十九届中央纪委四次全会、集团 2020 年党风廉政建设和反腐败工作会议精神，坚持利剑高悬、关口前移，一体推进不敢腐、不能腐、不想腐，实现了陆岸不发生严重违纪违法案件、船舶违纪违法案件少于 2019 年的目标，初步构建“三结合”监督工作格局，基本建成公司廉洁风险防控体系，企业政治生态更加风清气正。

公司强化监督第一职责和基本职责，精心策划和扎实推进“8+2 监督”，推进政治监督具体化。开展学习贯彻习近平新时代中国特色社会主义思想，落实疫情防控和复工复产及公司党委重要决策部署的监督检查，保障重大决策部署贯彻落实。聚焦重点任务，对安全管理和运营管理两个“三位一体”运行机制进行后评估，开展落实全面从严治党主体责任、制止餐饮浪费行为、基层党组织建设和规范党内政治生活、总部及所属企业规章制度建设情况等专项检查；突出政治定位，对中远海运石油党委、上海 LNG 党总支开展常规巡察，对广州三鼎开展“回头看”；坚持审计创造价值，开展审计项目 22 项，促进增收节支3200余万元。初步构建起全面与重点、专责与协同、日常与专项相结合的监督工作格局。

公司突出船岸两个重点，加强廉洁风险防控。深入开展船舶盗卖燃油物资专项整治，组织123艘船舶开展专项整治自查自纠。赴船舶一线调研，与职能机关就共同打击走私犯罪、防范船舶廉洁风险进行深入交流。提升重要业务领域廉洁风险防控能力，将廉洁风险防控措施、业务流程图与禁止性规定相结合，梳理公司10个重要业务领域、26个细分业务领域、59个关键控制环节，制定《重要业务领域廉洁风险防控手册（试行）》和《廉洁风险防控管理办法（试行）》。梳理51项规章制度中近300条禁止性规定，列出“负面清单”，真正让制度“长牙”“带电”。借鉴全面风险管理理念，运用内部控制方法，初步建立起以《廉洁风险防控管理办法（试行）》《反商业贿赂管理办法（试行）》两个办法和《重要业务领域廉洁风险防控手册（试行）》《船舶廉洁风险防控手册（试行）》《反商业贿赂手册》三本手册为主要内容的具有能源特色的廉洁风险防控体系。

扎实推进“三不机制”重点项目，坚持不敢腐的震慑，严肃查处“洋美湖”船员盗卖油品案、“遵义潭”船员盗卖润滑油案；对1名陆岸员工违纪违法问题进行调查，给予党纪行政处分。强化不能腐的体制机制，贯彻落实集团纪检监察体制改革要求，及时向集团纪检监察组和公司党委请示汇报重点事项，制定纪检监督制度11项，先行先试制定《违法违规行为处分工作管理规定（试行）》，为查处违法违规行为提供依据。多层面开展廉洁从业教育，在全系统召开典型案例警示教育大会，不断拓展廉洁宣传教育渠道，增强不想腐的思想自觉。

【公司治理】

中远海运能源按照境内外监管要求，规范运作。依据《中远海运能源运输股份有限公司章程》（简称《公司章程》）、相关法律法规和公司上市地证券监管规则等规定并结合公司实际情况，不断制定、完善和有效执行董事会及所属各专门委员会的各项工作制度和相关工作流程。2020年，为响应《国务院关于调整适用在境外上市公司召开股东大会通知期限等事项规定的批复》，使本公司的《公司章程》及《股东大会议事规则》的有关条款符合《中华人民共和国公司法》的有关要求，以及为了更好地描述董事会及董事会战略委员会有关可持续发展、环境、社会及企业管治方面的职责，并进一步提升本公司的企业管治水平及进一步提高股东大会决策效率，本公司对《公司章程》《股东大会议事规则》和《董事会议事规则》进一步进行修订。通过股东大会、董事会以及相应的专门委员会、监事会和总经理负责的管理层协调运转，有效制衡，加之实施有效的内部控制管理体系，公司内部管理运作进一步规范，管理水平不断提升。

2020年进一步健全公司规章制度体系的搭建和优化，完成行政类规章制度55项、党群类规章制度7项。一方面配合2020年公司“总管团队改革”和“三项制度改革”两方面改革的推进，重点制定和修订船舶船员管理和人力资源管理方面的规章制度，为改革落地提供制度保障。另一方面根据管理实际填补原有制度体系的空白和完善不健全之处，使规章制度体系更趋完善。此外，指导所属全资和控股公司在搭建规章制度体系的基础上，进一步完成规章制度建设任务。对非绝对控股的3家合资合营企业，联合对方股东开展了规章制度执行情况的检查，提出了整改意见并跟踪落实。

【安全管理】

中远海运能源全面贯彻落实党中央国务院、中远海运集团关于安全和生态环境保护工作的战略部署，贯彻“以人为本、安全第一、预防为主、综合治理”的安全方针，坚持“党政同责、一岗双责、齐抓共管、失职追责”的原则，坚持目标和问题导向，实施缺陷管理，注重措施落地，在船岸全体员工的不懈努力下，保持了公司总体平稳的安全局面，顺利完成集团下达的各项安全任务指标，为公司经营创效奠定了坚实的基础。

2020 年，公司领导干部既挂帅又出征，卓有成效地实施全面安全风险管控和自检、迎检工作。根据公司“防疫情、抓运营、领导干部挂帅25项重点工作”要求，从优化机制、完善制度体系、突出日常“五防”重点、提升机务管理和党建引领、打造“关爱船员、守护航船”等几个方面，制定了 6 个安全工作项目方案，部署安全管理 50 项细化工作，将“精益管理”理念渗透到日常工作，项目进度和效果符合预期目标。2020 年公司领导访船、慰问、检查 50 余艘次；安全大检查组克服酷暑严寒的恶劣环境，实施 80 艘次现场安全大检查，44 艘次“云登轮”检查；海务、机务管理人员共访船 252 艘次，跟船 6 艘次，驻船 57 艘次，船岸共同努力，全方位了解安全管理现状，查难点、补短板，为公司安全发展奠定基础。

2020 年，公司船岸一心，卓有成效地实施“关爱船员、守护航船”行动纲领，实施疫情期间的“九项措施、十件实事”，完成了 755 艘次船员换班，6000 多名船员上下船，687 艘次境内外防疫物资供应等举措。克服疫情影响，积极协调沟通，及时安排并完成石油公司检查官登轮检查，保证船舶检查报告（SIRE）的有效性；完成 39 艘次船舶初次、附加和临时审核；顺利通过 DOC 年度审核和美国埃克森美孚公司（Exxon Mobil）、英国石油公司（BP）石油公司的 TMSA 评审，保证了公司正常运营。

2020 年，进一步完善安全管理体系建设，优化“三位一体”管理部门职能和管理流程，全面落实安全生产责任制。全年共完成 4 次体系文件的修改工作，修改体系文件 101 个、记录 83 个；完成船舶管理和作业相关 229 个风险评估模板和 35 个关键设备及系统识别风险评估模板；完成质量、职业健康安全和环境管理体系等其他知识业务培训 643 人次，安全管理体系运行良好有效。扎实推进安全生产标准化建设，初评得分 977 分，顺利获得安全标准化一级证书。

2020 年，深入推进安全风险分级管控和隐患排查治理双控机制建设。加强船舶动态监控和季节性重点安全工作的防范意识，指导船舶做好航行安全、雾航、防台防汛、防海盗、冬防和节假日的安全防范工作。跟踪 23 个台风动态，指导、监督 55 艘次受台风影响船舶的防台工作，防台成功率 100%。监控防海盗高危警戒区船舶 765 艘次；参加海军护航编队 15 航次，雇用武装保安护航 39 艘次，未发生船舶安保事件，防海盗成功率 100%。

2020 年，强化精益机务管理，增强环保意识。落实全生命周期计划保养，提升机务管理水平。把握市场机遇，发扬专业和担当精神，卓有成效地组织实施大批量船舶坞修工作。公司专门成立修船小组，科学决策、精准评估、逐船论证、抢抓市场高点，完成了 63 艘次船舶坞修和 10 艘新船接船任务，增加 VLCC 高点营运天 333 天，充分体现了机务团队的专业精神、担当精神。持续夯实机务基础管理，完善计划保养体系，提升设备保养水平。加强老旧船管理，防范重大结构和设备风险。细化老旧船技术状态评估，在船体结构，压载舱涂层，机电设备和重要系统，关键备件库存，主要部件结构参数和关键数据等方面进行认真全面的单船评估。进一步加强能效管理，助力绿色发展。细化燃油精益管理和生态环境绩效管理，加大船舶节能降耗管理力度，万元产值能耗同比降低 2.65%。

2020 年，公司未发生责任性一般及以上等级事故；防台、防海盗成功率 100%；接受石油公司检查 313 艘次，通过率 100%；接受 PSC 检查 49 艘次、无缺陷批注 44 艘次，无缺陷批注率 89.80%，无滞留船舶；接受 FSC 检查 71 艘次、无缺陷批注 15 艘次，无缺陷批注率 21.13%，无滞留船舶；ISPS 检查通过率 100%；社会管理综合治理全面达标。

【队伍建设】

截至 2020 年年末，中远海运能源系统总人数为 721 人。公司坚持以“建设世界领先干部人才队伍”为目标，扎实做好队伍建设工作，不断深化三项制度改革，提升人力资源管理水平。

加大考核力度，实现“薪酬能增能减”。坚

持业绩考核导向，深化业绩付薪理念。制定全员年度、季度绩效考核方案，分职级分类别组织全员绩效考核，按照业绩拉开得分差距，考核结果与奖金分配挂钩，薪酬分配差异化，合理拉开部门、个人收入差距。坚持考核激励导向，突出重点岗位考核。按照“导向型三位一体”管理模式，制定《总管团队管理办法（试行）》和《绩效考核细则（试行）》，规范总管团队管理，构建总管团队人员职业发展路径，发挥考核激励导向作用，安全管理水平持续提升。坚持精准激励导向，突出重点工作考核。对生产经营、安全管理、风险防控、降本增效等重点工作，制定专项考核方案，建立正向激励机制。

践行“干部能上能下”。对总部干部员工综合表现给予全面精准的考核评价，突出业绩导向，在2020年年度综合考核工作中，进行人员强制分档，对排名靠后的人员组织个别谈话和征求意见，并组织针对性组织谈话，量身制定年度任务书，加强管理监督和业绩考核。明确干部优先选拔任用人员的对象和条件，树立鲜明的用人导向。完成12名部门正副职、9名处室正副职的选拔任用工作，2名处室正职实职调整为虚职，以及公开竞聘1名公司团委书记。完成13名部门正副职和9名处室正副职的轮岗交流工作，以及选调8名总部干部挂职担任船舶政委。推进职业经理人制度，完善市场化经营机制。先后在上海LNG和中远海运石油两家下属公司推进职业经理人制度，形成文件初稿。促进董事会职能规范到位；坚持对标理念，“一企一策”精准考核；建立薪酬与业绩联动机制。

严把招聘关口，逐步壮大青年人才队伍。2020年，公司择优录取了国内“双一流”大学或专业、国际排名前100院校的应届硕士毕业生13名，优化了人才队伍结构，研究制定了《“三能人才”培优计划实施方案》，加强对青年员工和优秀人才的培养力度，为公司“十四五”战略规划转型提供了坚强有力的人才支持和组织保障。

注重员工培训，全面提升员工素质。强化“奔跑”的企业核心价值观，坚持以围绕人才梯级的岗位胜任力（“5+N”培训模型）为目标，优化原有培训项目、开发新项目，积极寻求机构和师资资源。先后组织新员工入职培训班、转岗员工培训班、青年骨干培训班、上市公司知识网络学习等培训班，为公司长远发展奠定坚实的基础。创新培训方式方法，与知学云合作搭建推出“卓越领航”在线平台教育，解决工学矛盾。全年在线人数达500人，在线累计学习近6000课时，实现了能源系统员工全覆盖。

【党群工作】

中远海运能源党委下属2个党委、2个党工委、3个党总支，全系统共有33个党支部。截至2020年年底，公司共有党员469名。公司坚持“支部建在船上”，每艘船舶均建立党支部，政委负责船舶党建工作。

公司党委坚持以习近平新时代中国特色社会主义思想为指引，全面贯彻落实党中央和集团党组部署要求，守正创新、培根铸魂，全面加强党的建设，坚守初心使命，融入中心发力，推动党建工作与生产经营互学互融互促，团结带领广大干部职工奋力拼搏、攻坚克难，为公司高质量发展提供了坚强政治保证。

强化政治引领作用。推动“不忘初心、牢记使命”主题教育常态化制度化，将习近平新时代中国特色社会主义思想、党的十九届四中全会和十九届五中全会精神作为重要内容，开展党委会第一议题和党委中心组学习。推进“四史”学习教育，组织开展一次在线知识竞赛、两次主题党日、三次党课学习、开设一个宣传专栏，利用线上线下等丰富载体，系统内475名党员参加学习，实现了“四史”学习教育全覆盖。修订《中远海运能源决策事项权限清单》，全面实现从制度机制、决策流程上保障党组织在公司治理中领导作用的发挥。

强化战略引领作用。研究制定“防疫情、抓运营、领导干部挂帅25项重点工作”，运用“导向型三位一体”管理模式，以清单化引领责任分解、项目化推进责任落实，创造性实施“挂帅领战、挂图作战、挂牌督战”的“三挂”工作机制，以点带面推动全年工作。主动融入国家发展大局，落实航运强国建设、“一带一路”建设等中央重要决策部署，前瞻布局企业发展方向，科学制定“十四五”规划，系统推进数据化转型，积极对接海南自贸区建设，持续优化关爱船员、守护航船行动纲领，统筹协调船员换班。

强化组织引领作用。制定《中远海运能源2020—2022年基层党建工作规划》《2020年党建工作要点》《党员教育培训工作计划》和《党支部工作手册》。与各支部、各单位签订党建工作责任书，严格落实党建工作责任制。组织基层党支部书记和党务干部培训班。督导完成广州三鼎党支部、上海LNG党总支换届选举工作，设立组建洋浦公司党支部，落实船舶党建“盲区”整改工作。开展“一支部、一品牌”特色党支部创建活动，成立“中国远洋海运党外人士建言献策中远海运能源工作室”，深化与舟山港等上下游企业的党建共建，助推党建工作与生产经营的有效融合。组织开展公司“标杆船舶”选树活动，落实公司领导船舶联系点、船岸党支部结对“两项制度”，在全船队形成“崇尚先进、学习先进、争当先进”的浓厚氛围。制定出台《船舶党支部管理办法》《船舶政委管理办法》《船舶绩效考核办法》《TOP+船员履职考核办法》等管理制度，建立健全船舶党支部建设、政委队伍建设的长效机制。实施船舶“百人计划”和船员“赋能计划”，加快推进骨干船员队伍建设，推动船舶党建质量全面提升。

强化宣传引领作用。以正能量主导抓好阵地建设和管理，坚决防控错误言论传播。围绕公司党委中心工作，通过OA、微信公众号、客户App、外网及展示厅等各种形式，扎实开展“防疫情、抓运营”形势任务教育，设立“为战疫注能”“战役党旗红”“能源疫线情”等主题专栏，宣贯集团和公司重要会议精神和关键部署，引领广大员工统一思想、凝聚共识、形成合力。提炼公司企业文化核心价值理念纲要，拍摄企业文化宣传片，制作《跑赢2019》《团聚薪火、奏响青春》主题宣传片。注重载体建设，扩大“能源影响力”，持续加强重大活动、重点工程、重要成就的宣传力度，加强先进典型培育和宣传，在公司树立一批业务能手、工作标兵，营造对标先进、崇德向善、岗位建功的浓厚氛围。

强化廉洁引领作用。大力推动全面从严治党“两个责任”贯通协同，实施“利剑高悬、关口前移，陆岸不发生违纪违法案件，船舶违纪违法案件少于2019年”项目，认真执行中央八项规定、集团“五条禁令”及公司“四个零容忍”，狠抓干部作风建设。大力提升船舶盗卖燃油物资、油污水等重点领域和船舶“三长”等“关键少数”的监督质效，精心策划、做深做实“8+2监督”，开展对境外腐败、利益输送、设租寻租、化公为私和关联交易等问题的专项整治和督查。初步建立起以《廉洁风险防控管理办法（试行）》《反商业贿赂管理办法（试行）》两个办法和《重要业务领域廉洁风险防控手册（试行）》《船舶廉洁风险防控手册（试行）》《反商业贿赂手册》三个手册为主要内容的廉洁风险防控体系。召开典型案例警示教育大会，对下属单位班子、新提任干部和新员工开展廉洁谈话教育。

强化群团引领作用。持续深化民主管理工作，深入推进厂务公开、船务公开，通过“能源工会e家”“工会小组长及伙委会工作微信群”“船舶工会主席工作微信群”“思思信箱”解决船岸职工合理诉求。开展以“坚守初心做先锋、勇担使命建新功”为主题的劳动竞赛系列活动和“安康杯”竞赛，400多名船岸职工参加竞赛。常态化开展“创新管理、提质增效”职工合理化建议活动，全年征集800余条船岸职工合理化建议。加大关心关爱员工力度，全年慰问劳模、困难职工等1000余人次、船舶近80艘。落实船岸员工健康行动计划，配备船岸健身娱乐器材198套、图书1000余册。积极解决外地来沪员工的落户、子女入学等问题。稳妥完成733名退休党员组织关系属地化。发挥青年生力军和突击队作用，组织开展“青春战‘疫’、团旗飘扬”主题志愿活动、“学习寄语精神，展现青春担当”活动“让青春在船舶闪光”主题实践活动和五四先进评选表彰，深化集团青字号品牌创建活动、“浪花·心愿”

爱心助学活动以及系列文体交流活动，树牢奋斗成才、创新创效的价值导向。

【社 会 责 任】

2020 年，中远海运能源继续跟进、落实具有挑战性的环境管理目标，严谨分析、精细管理船舶全生命周期、航运全过程的环境影响，为应对气候变化、保护海洋生物多样性积极努力；营造多元和谐的工作环境，助力每位员工的发展，让员工获得归属感与幸福感；进一步完善“三位一体”安全管理模式，全面识别、智能防控船舶安全风险，开展安全大检查，践行依法合规、敬畏责任，守护航船、敬畏海洋，关爱船员、敬畏生命等系列主题活动；心系社区，为巩固脱贫成果、衔接乡村振兴努力贡献；积极承担海上人道主义救援的责任，为世界“船”递能量。

（傅源源）

中远海运散货运输有限公司

中远海运散货运输有限公司

中远海运散货运输有限公司（简称“中远海运散运”，英文简称COSCO SHIPPING Bulk），是中远海运集团旗下的全资子公司，由原中远集团旗下的中远散货运输（集团）有限公司（简称“中散集团”）和原中国海运旗下的中海散货运输有限公司（简称“中海散运”）整合而成，于2016年6月2日在广州南沙自贸区注册成立，6月16日正式挂牌运营。

【公司沿革】

2011年6月7日，中远集团的控股子公司——中国远洋控股股份有限公司（以下简称“中国远洋”，H股代码：1919，A股代码：601919）董事会执行委员会批准通过进一步推进散货体制改革基本原则和基本框架。根据中国远洋第三届董事会第二次会议决议，决定独家出资设立中散集团，实现对中国远洋旗下中远散货运输有限公司（中远散运）、青岛远洋运输有限公司（青岛远洋）、中远（香港）航运有限公司/深圳远洋运输股份有限公司（中远香港航运/深圳远洋）3家散货公司生产经营、企业管理、人力资源、财务策划、发展战略等全方位的整合。中散集团于2011年10月26日取得企业法人营业执照，注册资本为人民币10亿元，注册地为天津市东疆保税区，中国远洋持有其100%的股权。2011年12月13日，中国远洋以其持有的中远散运100%股权、青岛远洋100%的股权以及深圳远洋51.72%的股权对中散集团增资，金额为106.97亿元。增资后中散集团注册资本变更为116.97亿元。2012年3月31日，中国远洋以其持有的对中散集团的债权对中散集团增资，金额为142.71亿元，增资后其注册资本变更为人民币259.68亿元。中散集团的经营范围包括：国际船舶普通货物运输；国内沿海及长江中下游普通货船运输；船舶租赁、买卖、管理及相关信息咨询；货运代理；企业管理。截至2015年年底，拥有和控制干散货船舶213艘、2 125.8万载重吨。其中包括自有船164艘、1 678.34万载重吨。

1998年4月22日，中海集团的控股子公司——中海发展股份有限公司（以下简称“中海发展”，H股代码：01138，A股代码：600026），在广州市南沙区成立中海发展股份有限公司货轮公司（以下简称“中海货运”）。中海货运拥有中海集团下属的中国沿海最大的货轮运输船队，由上海海运集团公司（简称“上海海运”）、广州海运（集团）有限公司（简称“广州海运”）、大连海运集团公司（简称“大连海运”）所属的三家专业货运公司组建而成。2011年11月，中海集团着手进行干散货运输资源的再次整合，决定设立新的独立法人——中海散运，将其作为中海集团干散货船队统一经营管理平台，逐步将中海集团所属的干散货船舶的资产、业务（含中海货运）及中海发展所属散货联营公司的股权划转到中海散运。中海散运于2012年6月12日取得企业法人营业执照，注册地为广州市南沙区，注册资本5亿元，中海发展持有中海散运100%股权。2012年6月30日，中海发展以其持有的对中海散运的债权对中海散运增资，金额为11.67亿元，增资后其注册资本变更为16.67亿元。2012年9月28日，中海发展向中海散运增资26.33亿元，其中货币资金出资797 240 200.00元，以其所持有的中海散货运输（上海）有限公司100%股权和天津中海华润航运有限公司51%股权出资

1 835 759 800.00 元，变更后中海散运注册资本为 43 亿元。中海散运的经营范围包括：国际船舶管理；国内船舶管理；国际船舶运输；内贸普通货物运输；水上运输设备租赁服务；水上货物运输代理；国际货运代理；水上运输设备批发；船舶修理；船舶零配件销售；船舶、海上设施、岸上工程的技术检验；煤炭及制品批发；谷物、豆及薯类批发；金属及金属矿批发（国家专营专控类除外）；钢材批发；钢材零售；非金属矿及制品批发（国家专营专控除外）；货物进出口（专营专控商品除外）；建材、装饰材料批发。截至 2015 年年底，中海集团控制和拥有干散货船舶 265 艘、2 053.68 万载重吨，其中自有船舶 248 艘、1 921.65 万载重吨，租船 11 艘、132.03 万载重吨。中海集团旗下的中海散运拥有和控制船舶 106 艘、927.35 万载重吨，其中自有船舶 95 艘、835.43 万载重吨，租入船舶 11 艘、91.92 万载重吨。其余船舶为中海集团下属的其他公司或合营公司的船舶。

2015 年下半年，为了加快推进中远集团和中海集团散运板块业务的整合工作，中散集团、中海散运分别派人参加筹备工作，进行深入调研，拟写整合重组方案，并协助散运资产从上市公司剥离，为后续改革重组做好前期准备。2016 年 2 月 18 日，中远海运集团成立。2 月 24 日，集团召开了散运整合工作会，宣布集团散运改革重组工作组成立。会上介绍了整合背景、宣布整合基本原则及分工、整合方案内容及时间表等。重新组建的散运改革重组工作小组在前期方案的基础上，结合集团成立后的新形势和新要求，在经营体制上深度创新，在方案论证上精雕细琢，前后修改 83 稿，最终完成《中国远洋海运集团散货运输板块业务整合总体建议方案》，并经集团 4 月 18 日第 11 次总经理办公会审议通过。3 月 30 日，集团召开大会，宣布任命公司领导班子。4 月 20 日，公司召开第 2 次总经理办公会，决定成立筹备工作领导小组和 13 个专项筹备组。筹备工作领导小组和专项筹备组成立后，制定工作计划及进度表，严抓工作进度，严格时间节点，严控质量效率，按照倒排时间进度的要求，确定十项重点任务，包括新公司工商注册、总部“三定”（定岗、定责、定编）、总部人员选配、业务切换方案、基本规章制度、信息系统切换和上线、办公及后勤保障、新公司总部开业仪式、方案宣贯、履行民主程序等，每项工作均指定分管领导负责推进。重点工作的按时完成到位，确保重组筹备工作的整体推进，保证公司按期注册、挂牌成立并平稳运行。6 月 30 日，公司获得水路运输许可证、国际船舶运输经营许可证，并成功启动业务切换工作。11 月 19 日，公司完成海南海盛 100% 股权的收购工作。12 月 28 日，公司在完成自身增资 66.12 亿元的同时，通过对中散集团增资扩股，成为其股东并拥有 56.5% 表决权。

截至 2020 年年底，中远海运散运拥有各级公司 / 单位 300 多家，总资产 905 亿元，建有跨国、跨地区的全球营销网络，散货运力规模位居世界第一。公司紧紧围绕“三个跑赢”“三个聚焦”，以“全面深化改革、激发协同效能、推动价值成长”为工作主线，直面挑战、承压奋进，全力应对短周期下行压力，主动把握长周期发展机遇，持续推动全面深化改革向纵深化发展，单点创新转型向系统性发展，经营管理格局向内涵式升级，构建了更具竞争力的价值服务体系，占据了更富影响力的行业市场地位，保持了稳定健康发展，向“世界一流”的目标又迈出了坚实的一步。中远海运散运管控架构图见图 14–1。

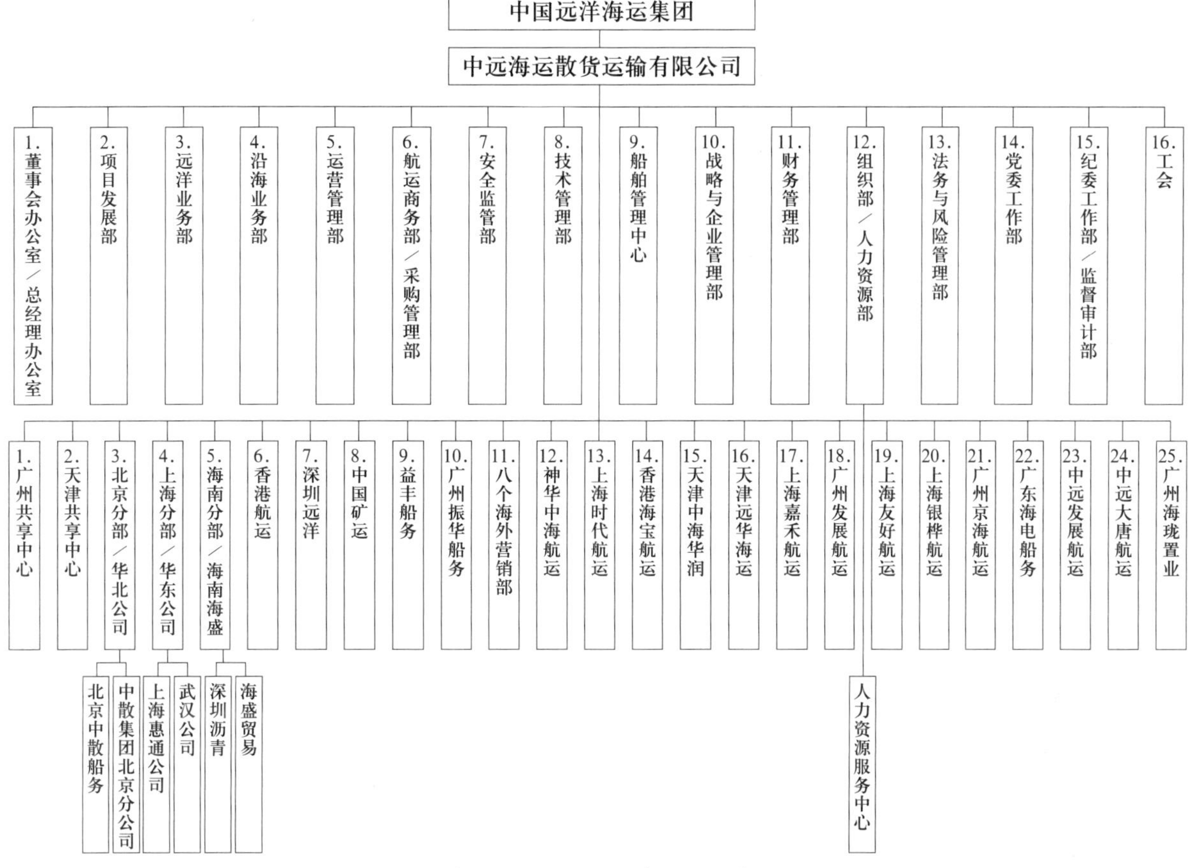

图14-1 中远海运散货运输有限公司管控架构图

【企业管理】

2020年，中远海运散运成立“十四五”规划编制领导小组和工作小组，在总结“十三五”的基础上，研判外部宏观形势、把握行业发展趋势、强化内部管理对标，高质量完成了“十四五”规划编制，明确战略实施路径，厘清未来五年的发展思路，锚定了未来发展方向。在中远海运集团的指导下，基于16艘21万吨新造船，与中远海发签署经营租赁合同，标志着散运的产融合作模式取得重大突破，对于结构优化、运营降本、项目投标都有着积极的意义。同时，在集团的指导和支持下，稳步推进54艘船舶减值计提，为“十四五”期间实现轻装上阵奠定了基础。全面贯彻落实集团对标提升工作要求，制定对标提升行动工作方案和工作清单，通过对标世界一流企业和行业先进企业，查找公司经营管理存在的短板和弱项，有针对性地采取务实管用的工作措施。根据集团统一部署要求，形成公司初步对标方案和对标数据库，确定公司对标体系框架。结合新形势，治理结构优化升级。在治理制度完善上，全年制定完善制度38项，夯实管理基础。在股权结构优化上，2020年完成所属70家境内外公司的股权变更，进一步理顺股权关系和管理关系，有效提升资产质量与管理效率。在供给侧结构性改革上，清理关闭深圳沥青等5家公司，完成了年度压减任务。

2020年初，中远海运散运完成了生产经营板块组织架构和部门职责优化，构建起敏捷响应、高效协同的经营体系，有效对冲了疫情和市场等不利因素的影响。2020年，主船队各船型经营水平均跑赢市场，经营规模逆势提升，营运天、货运量分别同比增长2.6%、0.9%。2020年年末，又在年初改革的基础上，进一步深化了经营板块改革和业务流程优化，构建起职责清晰、效益为先、稳健为本、灵活运作、协调有序的经营管理新架构。通过实施差异化授权，激活营销动能，海外营销部年度揽货量达 2080 万吨，同比大幅提升。通过扩大租船授权，内外贸租船规模达 874 航次，同比增加 22%，市场活跃度显著提升。通过强化船货共享，合资航运公司依托双方股东优势，借力“船货易”平台化运作，严控成本，逆势创效，实现利润总额 3.96 亿元，折合散运投资收益 2.7 亿元，充分发挥了效益“稳定器”的作用。

围绕“价值货源”，外贸基础货源比例达 40.1%，高于集团考核指标；内贸货运量突破 1.14 亿吨，再创新高，控货能力稳步提升，国内各分部充分发挥桥头堡作用，克服市场影响，提升合同兑现率，租船揽货量均实现提升。香港航运积极开展拼装货业务，实现增量效益 1270 万元。围绕“价值市场”，第三国运输比例为 31.9%，高出集团指标 1.9 个百分点；承运“一带一路”沿线货量 7350 万吨，占外贸比例 41.7%；在印度、越南等新兴市场取得突破，承运进出口货量分别同比增长 68%、33%。围绕“价值客户”，战略客户比例达 37.1%，同比提升 0.6 个百分点，大客户合作稳步提升；新开发直客近 50 家，客户群和货源进一步壮大。

2020 年新冠疫情全球暴发，全球经济陷入衰退，干散货市场遭受巨大冲击，波罗的海干散货指数（BDI）全年均值 1066 点，同比下跌 21.3%，比中远海运集团下达指标所对应的指数 1604 点低 33.5%；中国沿海煤炭运价指数（CBCFI）全年均值 682 点，同比下跌 8.8%。中远海运散运全力应对短周期下行压力，持续推动全面深化改革向纵深化发展，单点创新转型向系统性发展，经营管理格局向内涵式升级，构建了更具竞争力的价值服务体系，占据了更富影响力的行业市场地位，保持了稳定健康发展，为“十四五”发展打下坚实基础。全年完成货运量 3.65 亿吨（含合资合营航运公司），完成货物周转量 1.19 万亿吨海里（含合资合营航运公司），实现营业总收入同比下降 9.3%。考虑其他损益项目和考核剔除因素后（不含计提船舶资产减值准备），效益实现 V 型大逆转。

【风险管控、疫情防控】

2020 年，中远海运散运全力做好疫情下的法律合规风险防控，全面排查合同风险，有效处理租约纠纷，制定疫情期间客户资信风险防控措施，将新冠疫情的影响降低到最低。妥善应对国际经济制裁风险，研究国际制裁相关法律法规、政策和管理体系，结合公司业务实际开展风险评估与专项培训，以风险为导向制定并发布《国际制裁风险控制程序》。开展公司年度风险评估，落实风险管理责任，建立重大风险的季度跟踪监测机制和重大突发事项的及时上报机制。完善公司制度体系建设，修订《租船揽货业务管理办法》和《航运主业客户信用管理办法》，将分支机构纳入公司综合管理体系的范围并保持管理体系认证证书的有效性。加强顶层设计，将法治、合规和风控体系建设规划纳入公司“十四五”规划。

深入贯彻十九届中央纪委四次全会精神，持续压紧压实“两个责任”，坚决落实全面从严治党各项决策部署，量化分解年度党风廉政建设和反腐败工作任务，坚持监督季度例会、全面从严治党主体责任落实情况考核、中层干部述廉议廉等制度，推动形成良好管党治党局面。坚持问题导向，深入组织开展“八项监督”，扎实完成规定动作，创新完成自选动作，发现问题 279 个，制定整改措施 180 条，堵塞管理漏洞，提升廉洁风险防控水平。研究制定《关于加强几内亚项目廉洁风险防控工作的指导意见》《中远海运散运纪委问题线索管理办法》等 7 项纪检制度，提高纪检工作制度化、规范化水平。多方位构建监督协同机制，与中远海运重工、中远海运集运、中远海运船员、天津中远海运等兄弟单位开展廉洁共建活动。深入落实中央八项规定精神、坚持不懈纠治“四风”，深入开展坚决制止餐饮浪费行为专项监督，将制止餐饮浪费专项整治活动推进落实到公司所管 251 艘船舶。把解决“高租金船”问题作为政治监督的重点内容，协调研究工作推进方案，推进高租金船问题整改项彻底关闭。

全年船员派前廉洁从业教育6796人次，同1244人开展廉洁从业集体谈话，同4名外派人员、22名中层干部、27名新提拔室经理及47名岗位交流和新入司（借调）人员开展岗前廉洁谈话，持续强化船岸员工廉洁从业意识。

坚决贯彻落实上级对疫情防控的部署要求，成立了中远海运散运疫情防控工作领导小组和工作小组，层层压实责任、科学宣传引导、保障设备物资，积极推动公司疫情防控工作扎实有效、生产经营工作不断不乱。公司召开党委会、专题会10余次进行研究布置。各级班子靠前指挥、率先垂范，发挥党纪工团组织优势，合力做好疫情监控、物资发放、监督管理、宣传引导等各项工作。关心关爱船员，克服困难积极协调推进船员换班，成功开创了海上“船转船”等新途径，开辟欧洲等枢纽港口换班通道，妥善解决船员“换班难”问题，完成换班21 054人次。对5658名在船船员进行心理健康情况排查和分析，开展针对性的心理疏导。针对“远平海”轮船员感染新冠肺炎事件，深刻吸取教训，制定整改方案，开展船舶疫情防控专项检查，确保各项防疫措施落实到位。各级党组织共下拨疫情防控专项党费37.5万元，广泛发动党员和青年员工参与抗疫捐款，共募集款项14.9万元。发放船员超期津贴1200万元，慰问超期船员家庭3909户。开展“同心抗疫保安康”活动，保障船员身心健康。上海分部武汉网点位于疫情重灾区，严格落实疫情防控措施，为武钢集团等客户提供保供服务，确保疫情防控和经营创效两不误、两促进。益丰船务积极应对疫情防控风险，确保中铝几内亚项目顺利投产运营，在国务院国资委组织的中央企业驻几内亚单位/项目疫情防控巡检中获得好评。

【安全稳定风险管理】

2020年，中远海运散运整合系统资源，建立协同联动机制，密切关注疫情期间、经营架构优化调整和退休人员社会化管理过程中员工思想动态，抓早抓小，做好安全稳定风险隐患排查评估和化解工作。做好全国两会、党的十九届五中全会等重点时段维护稳定工作，全年未发生影响稳定的事件和群体性上访事件，未发生影响稳定的治安案件和安全事故，和谐稳定局面持续巩固。在制度建设方面，不断完善安全规章制度体系，形成了以1套安全管理体系、1个办法、7个规定、5个细则、1个规程、1个应急预案为主体的安全管理规章制度体系。安全保障方面，以开展“安全生产专项整治三年行动集中攻坚年”“双碳”行动等为抓手，狠抓安全环保措施落实，各项安全、能耗及减排指标均控制在集团指标范围内。疫情防控方面，成立了疫情防控工作领导小组和工作小组，层层压实责任、科学宣传引导、保障设备物资，积极推动公司疫情防控工作扎实有效、生产经营工作不断不乱。船员换班方面，成功开创了海上“船转船”等新途径，开辟欧洲等枢纽港口换班通道，妥善解决船员“换班难”问题。2020年，完成2159艘次、21 054人次船员换班，轮换进度与往年持平。突出超前意识，抓好经营风险防控。对于已签合同，全面排查涉疫风险，聚焦履约异常、修造船脱期、融资能力下降、境外工程及投资风险加剧等突出风险，制定专项应对预案，有效规避商业风险。对于拟签合同，灵活采用BIMCO的传染病条款、疫情船员换班条款等，防范船东履约风险，解决船员因疫情管控导致的超期服役问题。

【市场引领、创新发展】

2020年，中远海运散运以指数优化为突破点，对于沿海散货运价指数，提出的船型吨位和航线构成优化等建议，已被上海航交所采纳。以合同范本为发力点，结合年度合同执行情况，修订完善内贸标准合同范本，在合资航运公司及市场船东中推广，已成为市场上使用最广泛的内贸合同格式。以平台合作为着力点，召开沿海船东合作研讨会，“维护生态、合作共赢”的倡议得到与会船东的积极响应，助推第四季度内贸行情迭创新高。积极对接国际航运组织，在波罗的海国际航运理事会（BIMCO）文件委员会、合同修订委员会等全球性大会上发出中国声音，多次提出符合我国海运发展的规则修订建议，维护了中国船东利益，提升了散运的市场影响力。积极对接国内航运组织，就远东干散货指数，成功推动增设几内亚回中国铝土矿航线，以及中国粮食进口运价指数，有效提升了"远东指数"影响力。面对干散货市场长期低迷的态势，通过行业主流媒体等渠道，发表文章15篇，以精准有力的分析，积极引导市场正面情绪，维护市场健康理性发展。

2020年，中远海运散运全程物流服务体系的核心竞争优势不断强化，赢得众多客户的青睐。中铝项目方面，益丰公司克服疫情影响、人员紧缺等困难，装运铝土矿21船378万吨，超额完成年内任务。国家电投项目方面，签署了10年期驳运和海运合同，标志着产业链经营由"量变"走向"质变"。首钢项目方面，既解决了历史遗留问题，又持续深化了战略合作关系。中粮项目方面，从产业链、数字化合作等层面，完成深化战略合作的建议报告。同时，在正在努力推进的项目上加以复制推广。围绕经营数字化，"船货易"平台取得可喜成绩，2020年平台交易流量1.18亿吨，同比增长12.5%。围绕运营数字化，BMS项目组圆满完成生产经营系统的升级改造，业务处理的规范化、自动化、智能化大幅提升。围绕分析数字化，自主开发经营分析数据平台，为公司生产经营决策、运营监控分析、即时数据查询等，提供了多维度的数据可视化展示和有力支持。"定制化"发展模式日趋成熟。中铝项目方面，"惠智海""惠信海"轮两艘21万吨定制船陆续交付运营。淡水河谷（VALE）项目方面，新接入第二代40万吨矿砂船"远千海"轮和32.5万吨首制船"南沙荣耀"轮。

【队伍建设】

中远海运散运紧紧围绕认真贯彻落实集团干部人才工作部署，以深化三项制度改革为路径，逐步推进干部人才工作体制机制创新。对"十三五"及三年人才发展滚动规划落实效果进行总结评估，编制"十四五"人才发展规划，明确"3+5+N"人才队伍建设体系目标（聚焦领导人才、年轻干部、海外干部3类管理人才队伍，经营、航运支持、船舶管理、综合管理、党群工作5类专业人才队伍，以及职业经理人、董监事、数字化人才、金融分析师、内训师等各类人才）。建立完善《驻外员工管理规定》《总部员工劳动合同管理规定》等制度，为三项制度改革深入推进奠定基础。全年提拔任用31人，其中近半数为80后干部，干部队伍年龄结构进一步优化。推动经营部门机构调整、职能优化与人员选配，深化管理、业务序列"双通道"转化，15名管理序列干部转为业务序列。探索推进船岸双向交流，做好集团启航班和借调陆岸共23名船员的使用培养，选派8名陆岸优秀年轻干部挂职船舶政委，有序安排驻外干部轮换，及时补充海外后备人才库。持续完善绩效考核体系，强化目标运行监控与结果运用，将员工收入与企业效益、业绩贡献紧密挂钩，员工考核分差达40%，实现压力有效传导，有效激发干事创业的内生动力。构建"全方位、多层次、开放性、多元化"的"大培训"格局，注重内部培训，首次聘任内训师62人，举办各类内部培训216期、9500人次。以数字化推动人事系统建设，推动散运系统SAP-HR数据复核完善，启动人事档案数字化工作，以完整、准确的信息为决策提供支持参考。

【党群工作】

2020年，中远海运散运把学习贯彻党的十九大、十九届四中、五中全会精神和习近平总书记系列重要讲话精神、《习近平谈治国理政》第三卷、中央经济工作会议精神作为学习重点，召开党委中心组（扩大）集体学习会15次。结合"不忘初心、牢记使命"主题教育和"四史"学习教育，深入学习领会重大理论观点、重大战略部署，坚持学以致用，推动中央和集团各项决策部署在散运落地见效。严格执行"三重一大"决策制度，制定党委会议事内容清单，落实议事决策规则。抓好中央巡视发现问题整改落实，制定公司《企业主要负责人履行推进法治建设第一责任人职责规定》，促进法治建设水平不断提高。

制定《公司党委落实全面从严治党主体责任实施细则》《党建工作责任制考核评价指标体系》，与9家单位党组织签订《2020年度党建工作责任书》，抓好党建工作责任考核和党组织书记抓基层党建述职评议考核，把考核结果作为各单位领导班子考核和各类先进评选的重要依据。制定《中远海运散运落实集团2020—2022年基层党建工作规划实施意见》，结合公司组织机构优化调整，及时建立完善基层党组织。落实党员领导干部基层联系点制度，公司班子成员深入基层联系点和下属单位调研63人次，讲党课13人次。制定《公司使用集团党建信息化平台管理办法》，下发《关于做好新版航标平台船舶党建模块运行维护工作的通知》，提升基层党建规范化、信息化水平。召开船舶党建工作专题会，传达学习集团领导在陆岸人员挂职船舶政委培训班暨船舶政委集中轮训班开班仪式上的讲话精神和集团党组关于船舶党建工作的部署要求，推动船舶党建工作改进提升。抓好海外企业基层党建，加强对益丰船务党支部的工作指导。深入开展软弱涣散基层党组织整顿工作，发展党员12名，377名退休党员组织关系顺利移交地方。启动党建工作品牌创建活动，选定34个项目建立党建品牌创建项目库，把党建工作品牌创建作为各单位党组织“书记项目”，召开活动推进会。各级党组织积极开展“特色支部”创建、党员示范岗评选等活动，引导党员立足岗位创先争优，充分发挥先锋模范作用。

公司工会广泛开展主题劳动竞赛，推动87个参赛项目取得积极成效。弘扬劳模精神，举办“劳模大讲堂”，开展节日和高温慰问，慰问船舶695艘次、员工及家属4000多人次，举办退休职工生日会。开展精准扶贫和对外捐赠工作，使云南永德等定向扶贫点实现脱贫摘帽目标。公司团委开展青年“五小”（小发明、小革新、小改造、小设计、小建议）创新活动，举办成果推介评比，提升青年发展“含新量”。开展纪念五四运动“五个[illegible]”主题团日活动，依托线上线下开办“青年大讲堂”，组建青年“翻译志愿服务团队”，组织青年积极参与抗疫志愿服务，提升青年成长“含养量”。召开公司第一次团代会、举办团干部培训班、落实团课制度，团建根基进一步夯实，青年活力进一步激发。

【宣传及企业文化】

2020年，中远海运散运严格落实意识形态工作责任制，制定《新闻宣传管理办法》《先进典型评比表彰管理办法》，推动宣传文化工作规范化、制度化。加强融媒体建设，巩固“大宣传”格局，创新阵地建设，推动内刊、微信、外网、展厅等改版优化，提高宣传效能，运用“新媒体”，在微信“原创出品·视频散运”栏目推出10部原创视频作品，取得良好宣传效果。开展“云培训”，创立“写”平台、“摄”平台微信交流群，加强全系统宣传资源管理，提升宣传文化专兼职队伍的业务能力。公司连续4年获评集团“新闻报道优秀组织奖”。成立公司政研会，围绕年度中心工作，集中力量开展课题攻关，论文质量持续提升，政研课题《航运企业“支部建在船上”党建实践与创新研究》荣获全国党建研究会国有企业党建研究专业委员会优秀课题研究成果一等奖，9篇研究成果在集团2020年优秀政研论文评选中获得一、二、三等奖。组织开展公司2019年度优秀政研成果评选，编印《党建思想政治工作研究优秀论文集》，发挥政研成果指导实践、推动工作的作用。

2020年，中远海运散运编制了公司“十四五”企业文化建设规划，明确今后五年企业文化建设的工作目标和实施路径。以“凝心聚力 赋能成长”为主题开展第四届企业文化月活动，结合疫情防控情况，在活动形式和内容上积极创新，开展职工文艺作品云展播等系列活动，激发了员工拼搏创效的热情和干劲。精心制作企业文化核心价值理念海报和品牌口号“为您远航”LOGO标识，编制《企业文化核心价值理念视觉传达手册》，用特殊的视觉符号来传达文化元素和文化信息，推动理念入脑入心入行。发布中英文版宣传片《为您远航》，助力业务开展和对外形象展示。抓好《船舶文化建设指导意见》落实，开展征集船舶文化建设案例等活动，助力船舶安全生产。公司获评“2020 年度全国交通运输优秀文化品牌”“2020 年度新时代党建 + 企业文化优秀单位”“‘十三五’中国企业文化建设优秀单位”等荣誉称号。弘扬“钻石团队”精神，大力选树宣传先进典型，“远神海”轮被评为集团“钻石团队”，公司全系统共有 16 个集体和 12 名个人荣获集团 2020 年度劳动模范、先进集体、先进个人、抗疫先进集体和抗疫先进个人等荣誉称号。

【社会责任】

中远海运散运积极传播“正能量”，履行企业社会责任。“远神海”轮成功救助 23 名遇险船员，荣获 IMO“海上特别勇敢奖”“2020 年感动交通年度特别致敬人物”。此外，“远平海”轮荣获中国海上搜救中心颁发的“海上特别勇敢奖”，“铭德”轮荣获香港海事处颁发的“英勇表现奖”，充分展现了中远海运散运责任意识、职业道德和人道主义精神。公司捐资 80 万元援建云南省永德县忙见田村完全小学教学设施和 14 个自然村路灯照明工程，捐赠教学电脑 35 台。相关直属单位每月坚持实地走访结对扶贫点，捐资 41 万元援建海南儋州市和庆镇木排村路灯亮化工程。与帮扶地小学共建航海教室，被天津市教委列入 18 个科普教育立项。认真贯彻落实集团要求，提前超额完成 108 万元消费扶贫采购任务。大力宣传扶贫工作，挖掘典型事例，其中海南分部《“脱贫又脱单”黎家阿华叔遇见晚年“爱情佳话”》被集团评为优秀作品，入选光明网刊登。公司工会船岸职工发出厉行勤俭节约倡议书，从“树牢忧患意识，守护粮食安全”“珍惜劳动成果，弘扬勤俭美德”“重视宣传教育，打造勤俭文化”三个维度，号召全体职工做节俭风尚的践行者、示范者、宣传者和监督者。

中远海运散运 2020 年主要情况见表 14–2。

2020 年中远海运散运主要情况表

表 14–2

类　别	项　目	2020 年
运力	艘数（艘 / 万吨）	418/4103
	自有船舶（艘 / 万吨）	301/3269
	其他船舶（艘 / 万吨）	117/834
	新船订单（艘 / 万吨）	3/93
运量	货运（亿吨）	3.65
	周转量（亿吨海里）	11 900
财务状况	总资产（亿元）	778.86
	净资产（亿元）	128.88
	总收入（亿元）	198.29
	利润总额（亿元）	3.02
员工队伍	年末员工总数（人）	1758

（缪易　李晓燕　李冰峰　黄天翔　刘烨）

中远海运特种运输股份有限公司

中远海运特种运输股份有限公司

【公司概况】

中远海运特种运输股份有限公司（简称“中远海运特运”，英文简称 COSCO SHIPPING Specialized），系中国远洋海运集团有限公司控股子公司，为上交所上市公司（股票代码：600428）。公司前身为新中国第一家国有远洋运输企业广州远洋运输公司，成立于 1961 年 4 月 27 日，被誉为新中国远洋运输事业的摇篮和发源地。公司前身为中远航运股份有限公司，于 2016 年 12 月 7 日正式更名为中远海运特种运输股份有限公司。

公司主营特种船运输业务，拥有规模和综合实力居世界前列的特种运输船队，经营和管理半潜船、多用途重吊船、汽车船、木材船和沥青船等各类型船舶 100 多艘、近 300 万载重吨。2020 年，公司进一步推进船队结构调整优化，全年新接入 5 艘纸浆船，退役 10 艘老旧船共（计 17.3 万载重吨，包括 3 艘多用途船、3 艘木材船和 4 艘沥青船），并创新开展融资租赁和经营性租赁，扩大运力获得渠道和融资模式。截至 2020 年 12 月 31 日，公司及控股子公司共拥有和控制各类船舶共 98 艘，同比减少 5 艘；自有船队平均船龄 9.0 年，同比减少 0.3 年；总计 295.3 万载重吨，同比增加 14.2 万载重吨，船队结构进一步向大型化、专业化方向发展。

2020 年，面对新冠疫情和经济衰退带来的双重冲击，中远海运特运在中远海运集团党组和董事会的正确领导下，全体船岸员工团结一心、勇往直前，成功取得“三个零”疫情防控的阶段性胜利，经营效益同比实现逆势增长，提前打赢彭村扶贫攻坚战，荣获“全国文明单位”称号。

【战略调整】

在集团“十四五”发展规划指引下，中远海运特运通过全面调研、广泛征求和充分听取意见建议，圆满完成“十四五”规划编制工作。公司“十四五”发展愿景为：打造全球领先的特种船公司，实现向“产业链经营者”和“整体解决方案提供者”转变，将全面融入集团打造的世界一流综合物流供应链服务生态。

2020 年，公司顺势而为、乘势而上，着眼纸浆和项目物流，加快产业链经营布局。一是组建专业团队，培育延伸服务能力。公司抽调骨干力量，分别组建纸浆和项目物流小组，在不到半年时间里均实现了较大突破。其中，纸浆物流小组整合资源，灵活运用“集改散”和“散改集”等多种模式，创新开辟西部陆海新通道纸浆分拨整体解决方案，获得客户青睐，巴西公牛 21 000 吨纸浆分拨项目顺利启动。项目物流小组发力全程物流项目营销，新签塞班 turtle 等 10 个项目，全年共执行项目 13 个。二是创新运力掌控模式，释放创效潜能。为满足纸浆业务快速发展需要，公司将经营性租赁引入纸浆船队建设，降低融资成本，平抑投资风险，并利用期租等手段掌控市场运力，缩小与对手差距，扩大份额。纸浆船创效潜力不断释放，无论是单船还是船队整体都交出了出色答卷；2020 年公司累计承运纸浆同比增长 29%，纸浆运费收入占公司总运费的比重达到 14%。三是聚焦客户痛点，提升问题解决能力。公司创新服务理念，根据客户需求将客户远东货源成功置换到大西洋区域，不仅解决了客户的痛点，也解决了大西洋航线北上拼货难题，提升了客户体验；紧跟市场热点，及时推出“集改散”营销方案，切中客户“一箱难求”的痛点，得到客户积极响应；多部门联动全方位提升货运质量，并通过周例会将整改成果及时反馈客户，有效提振客户合作信心。纸浆货损案件数量同比下降61%，多用途船货损索赔金额下降94%。四是聚焦“链”式发展，加快数字化转型。公司围绕提升客户服务体验和提高生产效率，制定“十四五”数字化发展战略，启动智慧运营数字化一期建设项目，初步具备E-Pricing和E-Cargo Tracing的服务能力；完成全业务流程的数字化基础平台搭建，初步实现专题数据分析和决策支持；建立物流信息系统，定向服务于全程物流业务。

【公司治理】

中远海运特运严格遵守《中华人民共和国公司法》《中华人民共和国证券法》《上市公司治理准则》《上海证券交易所股票上市规则》等相关法律法规，形成权责明确、相互协调、有效制衡的治理结构。2020年，根据最新法律法规要求和公司实际情况，修订《公司章程》《股东大会议事规则》《董事会议事规则》《监事会议事规则》《独立董事议事规则》《董事会战略决策委员会工作细则》《董事会提名委员会工作细则》《董事会审计委员会工作细则》和《董事会薪酬与考核委员会工作细则》9个制度，进一步完善公司治理制度体系，促进公司管理水平进一步提升；设立了战略与决策、审计、薪酬与考核和提名4个董事会专门委员会，各委员会各司其职，凭借专业知识和管理经验，充实董事会知识结构，发表有价值的意见，促进提升董事会决策质量。2020年，公司荣获《董事会》杂志社评选的第十六届“优秀董事会”奖，以及《上海证券报》评选的“精锐董秘”等荣誉称号。

2020年，公司严格履行信息披露义务，主动披露“ESG及社会责任报告”，强化公司在社会责任指标方面的披露质量；继续通过官网、微信公众号等新媒体渠道，反路演、业绩发布会、电话说明会、投资者电话、上证E互动平台问答等多种交流机制，主动加强与投资者沟通，增进投资者对公司长远战略决策及生产经营现状的了解和认同。

公司坚持高站位，用好集团改革“工具包”：精心组织、率先完成教育资源整合，妥善安置51名职工，保障集团改革顺利实施；成立洋浦公司，7艘船舶顺利完成注册，“中远海运兴旺”轮作为集团首艘船落户海南洋浦港，引起广泛关注；聚焦国企改革三年行动，积极推进董事会扩大授权试点，加强董事会制度建设，稳步推进职业经理人改革试点，股权激励圆满落地。

公司提前实施资产盘活，积极为亏损船队减负，下属沥青公司改变经营思路，拓展欧美市场，圆满完成国务院国资委亏损企业治理任务；同时根据市场变化果断退租“力雅”轮，及时止损，促进公司健康发展。

为化解疫情带来的成本增加和营收减少难题，公司牢固树立“过紧日子”思想，严控成本支出，总成本大幅下降14.8%，圆满完成集团四项重点成本考核指标。其中，财务费用下降9.4%，管理费用下降6.18%，港口费下降21%，燃油成本整体下降14%。同时，公司积极争取地方港航政策支持和抗疫税费减免，获得部分营业外收入，也为促进效益增长发挥了重要支撑作用。

截至2020年年底，公司所属全资及参股企业13家，即：上海公司、天津公司、滚装公司、特运欧洲公司、特运美洲公司、半潜船欧洲公司、特运南美公司、特运东南亚公司、香港公司、洋浦公司、远鑫投资、德利新能源公司以及通过上海公司持股的南华物流公司。另外，管理广州远洋运输有限公司、代管广州远洋投资有限公司。公司通过广州远洋运输有限公司出资管理全资及参股企业7家：沥青公司、香港天星船务、远洋宾馆、东海大厦、船技工程、供应公司、船电科技。通过广州远洋投资有限公司出资管理全资及参股企业6家：远海建设、广州海特、物业公司、广远职校（金桥学院、海员学校）、湛江供应公司、广东省远洋。通过滚装公司代管公司2家：中海汽车船运输有限公司、中海汽车船（香港）有限公司。根据国务院国资委的要求和集团总体部署，公司积极推进低效无效资产处置和“压减”工作，年内完成中海川崎汽车运输有限公司、大连中海汽车船运输有限公司的注销，并按计划处置相关低效无效资产。

【航运经营】

2020 年，受新冠肺炎疫情影响，中远海运特运完成总货运量 1 271.3 万吨，同比减少 153.5 万吨，下降 10.8%。在货量和收入受疫情影响下降的情况下，公司净利润逆势增长 1.05 倍，超额完成集团下达的奋斗指标。各项财务指标也保持稳健，资产负债率下降 1.13 个百分点。经营上的良好表现，不仅提升了员工的获得感，也赢得了资本市场的认可。2020 年第四季度，公司股价先后 5 次涨停，大幅上涨 40.4%，跑赢大盘 7.9% 的涨幅。

公司聚焦双循环强化营销，全球经营水平不断提升。一是全球经营网络不断完善。公司顺应全球产能向东南亚转移的大趋势，组建东南亚公司，统筹开发以东南亚为起点的新航线；组建南美合资公司，进一步贴近客户、贴近市场，打造拓展纸浆产业链经营的前沿支点。至此，公司成功搭建本部与欧洲、东南亚、南美协调联动的全球经营网络。与此同时，第三国航线建设多点开花，货量占比提升至 21.7%，超考核指标 6.7 个百分点。二是创新航线服务引领市场。针对项目货全球分布的特性，公司加快推进全球大三角航线建设，努力摆脱本土依赖，规避单一方向缺货短板，实现船队整体效益最大化。“中远海运创新”轮执行首个大三角航次，并实现较好盈利。三是项目货源开发成效显著。公司营销人员克服疫情阻隔，加强线上互动营销，揽货量逆势增长，基础货源比重提升至 32.7%，“一带一路”货量增长 6.7%，均超额完成考核指标。风电营销小组继续领跑各小组，完成货量同比增长 11%，并成功中标西门子歌美飒 2021 年度 COA。海工营销小组揽获 Seagreen 海上风电导管架项目，锁定未来收益。四是战略合作根基不断夯实。在公司积极推动下，集团成功与全球最大纸浆公司 Suzano 签署战略合作协议，为公司掌控货源，扩大竞争优势奠定坚实基础。同时，公司相继与海洋浦港航、江苏阳光集团、山鹰纸业等客户建立战略合作关系，并加快推进与上汽安吉、中林集团的深度合作。全年战略客户货量贡献占比达到 16%，优于集团考核指标。

【项目建设】

随着“致远口”轮 8 月 18 日在芬兰顺利交付最后一个模块，中远海运特运圆满完成全球最大油气开发项目——TCO 项目所有模块的海上运输任务，为这一公司历史上具有里程碑意义的重大运输项目画上完美句点。这是公司首次以海运总包商的身份执行全球最大油气工程项目。项目历时 4 年，期间公司管理 6 家中日韩分包商，共组织投入近 20 艘各类型船舶运力，执行 60 多个航次，安全高效地完成了近 200 个模块的运输任务，服务质量获得业主雪佛龙高度肯定，荣获项目金奖，突出展现了特运参与全球重大工程建设的卓越实力，极大提升了特运半潜船的品牌声誉。

2020 年，公司以 11 个航次再次刷新单年北极航行记录，并全部实现无破冰船引航、无第三方引航员在船的自主航行，扩大了“冰上丝绸之路”品牌效应。

【安全生产】

2020 年，中远海运特运认真履行安全生产主体责任，克服新冠疫情影响，加强安全管理，全年没有发生一般及以上等级安全环保责任事故 / 事件，疫情防控实现“三零”目标，为企业改革发展、经营创效提供了坚实保障。

强化基础管理，安全管理绩效稳中向好。公司坚持以季节性安全工作为主线，强化“四重船舶”跟踪指导，加强驾驶台班组管理，有效运行双重预防机制，航行安全保障能力不断提高。全年远程视频监控“四重船舶”14 248 艘次，跟踪指导船舶大风浪航行 703 艘次、防避台风 89 艘次、雾航 222 艘次、进出港 5645 艘次，复杂航区4456艘次，圆满完成北极航行任务11艘次，防抗台成功率100%；坚持防海盗“四早”原则，强化对航经海盗活动“高危海区”船舶的跟踪指导，全年跟踪指导船舶861艘次，安排武装护航130艘次，防海盗跟踪布置100%，船舶没有发生保安事件；积极推进精细化管理，PSC管理绩效明显改进，全年接受PSC检查船舶208艘次，无缺陷批注184艘次，无缺陷通过率89.46%，同比增加0.27%；船舶未发生PSC滞留事件；严格风险评估和管控，强化作业现场监管，火灾风险得到有效控制，全年跟踪指导货物绑扎动火作业船舶2262艘次，没有发生火灾事故；持续加强货运安全质量管控，全年收到货方提出货损货差案件数量74起，同比减少11起/12.94%；陆岸安全持续稳定向好，全年没有发生上报等级事故或事件，远海建设被评为2019年度全国“安康杯”竞赛安全文化宣传工作先进单位。

科学精准防疫，实现疫情防控“三零”目标。为贯彻落实党和国家关于坚决打赢疫情防控阻击战的指示精神，公司攻坚克难，做了大量卓有成效的工作：先后制定发布了《船舶防控新型冠状病毒疫情工作方案》等10个防疫文件，发布各类相关指导性文件30份，为做好疫情防控工作奠定制度基础。创建船舶疫情防控“一船一港一案”新思路，狠抓工作落实“三到位”（“一船一港一案”审核指导要到位，船舶执行检查监督要到位，岸基保障支持要到位），科学精准有序开展船舶疫情防控工作。强化岸基支持，全力守护船员弟兄生命安全，全年为船队配送防疫用品618艘次，共配一次性医用口罩约47.6万只、N95口罩4.9万只、新冠肺炎试剂近264盒、新冠肺炎治疗药箱近100个、红外线测温仪320台、隔离衣、防护服8790多套、护目镜3140多副、医用手套近21 000副、消毒液5000多升、紫外线消毒车79台，以及其他足量的辅助物资，共计费用338万元；共发送包裹1034个，快递费用6.8万元；应急处理船员因病离船就医39人次，有效治疗船上病例136人次。与此同时，为防止风险叠加，公司积极创新管理手段适应疫情防控船舶管理新常态，包括借助各种先进网络工具，在实践中逐渐建立和实施远程管理检查、船员教育培训、实时现场监控和远程指导等多措并举的船舶管理新方法；在总结前期疫情防控工作的基础上，建立和实施《疫情防控常态化下船舶管理操作指引》等。利用现代化远程监控手段，全年管船小组远程管理检查船舶66艘次，参加船舶工前会、航前会及安全会共558艘次，参与船舶应急演练272艘次，以云课堂、视频等形式培训船员3000多人次，及时发现问题、主动干预、防患未然。受疫情影响，船员管理工作遇到诸多困难，公司不等不靠，主动作为，船员管理工作有序开展。针对疫情防控期间船员换班审批困难问题，主动与船员公司沟通协调，先后11次召开船舶疫情防控和船员换班工作视频会议，充分利用港口及各方资源，积极推进疫情防控条件下的船员换班工作，全年有序组织实施船员上船接班445艘次，审批安排船员2678人次上船工作，2836人次离船休假，截至年底，超期服役船员基本清零；全力协同船员公司不断完善特运船员库建设，提高外聘船员老手返船率，重新启动船员纳优工作，目前特运船员库总人数为2818人（自有船员1619人、协作船员453人、外聘船员746人），船员队伍数量、质量持续向好；积极践行“上了特运船就是特运人”理念，加大船员成本资金投入，耐心细致解决船员关注的难点热点问题，不断增强船员获得感、归属感和幸福感。

完善管理机制，制度体系建设进一步加强。2020年，公司投入大量人力，完成了QHSE体系第六版改版工作。新版体系围绕公司“十四五”规划，在顶层设计上满足公司发展战略，为公司开拓新业务、揽取高端客户、承揽重大运输项目奠定制度基础；针对疫情防控新常态、内外部环境变化、内外部审核和体系运行发现的问题进行有的放矢地修订，共修订手册文件18份、程序文件14份、操作须知295份、岗位职责328份，新增操作须知23份、梳理记录表格324份，从制度上解决管理中存在的问题，赋予了体系新的生命力。与此同时，按照集团部署要求，公司积极推进“风险分级管控+隐患排查治理”双重预防机制建设，编写发布《船舶风险分级管控和隐患排查手册》，并以开展“专项整治三年行动”为契机，积极推动和规范双重预防机制的试运行，全年完成11艘次北极航行船舶的风险评估工作，管船小组现场检查船舶207艘次，远程检查66艘次，督导组现场检查船舶196艘次，陆岸单位排查隐患468项，全部缺陷已完成整改。

强化创新引领，安全管理水平再上新台阶。公司坚持科技兴安，突出创新引领，着力推进“双示范”船舶建设，不断提高安全管理水平。2020年，公司申报的“船舶目视化管理研究与实践”案例，被评选为交通运输部“重点推荐”案例。强化标准化、国产化建设，组织制定了船舶润滑油最低库存量及备件最低最高库存量指导性文件；积极开展备件管理标准化、国产化及全生命周期管理研究；加强燃油管理，借助航标系统能效模块有效控制燃料消耗，共计节约航行燃油27 372.82吨，节省约8 365.3万元人民币；借助航标系统润料管理模块上线，全面实现船舶润滑油库存化管理。推进船舶信息化工作落地，对全船网络信号覆盖、视频监控覆盖进行升级、优化，已完成“祥云口”轮等20艘船舶全船网络信号覆盖，完成20艘船舶视频监控覆盖优化，实现船岸零距离对接。

【风险管理】

中远海运特运不断增强危机意识，着力防范经营风险：制定了制裁合规手册，组织签署合规承诺书，加强合规管理；建立重大经营风险应急报告管理制度，梳理114项疫情风险点，并开展针对性培训，提高业务人员风险防范意识和能力；加强客户资信管理，一次性调整174家客户信用评级，建立应收账款熔断机制，设定应收账款余额红线，加大催收力度，管控资金风险；提高汇率管理能力，创新融资手段，确保现金流始终稳定可控。与此同时，层层压实信访综治维稳工作责任，关注重要改革、重点群体，开展重复信访、化解积案集中专项治理，细致做好风险排查。2020年，共接待职工群众来访11次、来电13次，办结信访件9件（含积案），在集团教育资源整合、特运船员薪酬调整、退休人员社会化管理等重要改革中，公司保持总体稳定，未发生涉稳事件。

【队伍建设】

2020年，中远海运特运贯彻落实集团干部人才工作要求，围绕战略落地，统筹“选育管用”，多渠道优化干部选用管理：全年新建修订干部人事管理制度、须知14项；调整同一岗位超年限任职干部；加强人才选拔，全年校招12人、社招4人，市场化选聘项目总监、项目经理各1人；加大交流力度，调整驻外干部12人次，安排船员挂职8人、借调岸基工作1人；岸基人员上船任实职4人，8名陆岸管理人员挂职船舶政委。

以干部年轻化、能力复合化为导向，启动人才盘点与发展项目，加强人才库动态建设，完善人才库建设配套机制，多平台加快落实“青年接力”，年内39名青年员工纳入职业生涯管理；培养提拔本部副经理及以上干部27人（含总助级以上13人），其中70后19人，80后5人；交流副经理及以上干部15人；推进干部退出机制常态化，年内共7名干部退出部门负责人或经理岗位。着眼匹配战略，多方位深化人事制度改革：远洋宾馆职业经理人试点顺利落地；成立项目物流、纸浆物流小组，项目制管理实质推进；扩大股权激励受益干部范围，12名符合条件激励对象被授予预留股票期权；开展第二批次专业技术专家评审，聘任高级专家1名、专家1名、专才2名，有效畅通专业技术人员成长双通道；分类施策，攻坚克难，稳妥有序推进8814名退休人员全部完成移交社会化管理，公司退休人员社会化小组获评集团先进集体。

公司完善全方位立体式培训体系，突出组织调训，分层分类推进干部培养。综合运用线上、线下课程相结合，专题讲授、现场教学相结合，业务能力提升、理想信念教育相结合等多元立体培训方式，提高干部参与培训的广度和深度。2020年，分层分级分类组织干部职工参加中山大学管理能力提升、井冈山中青年骨干培训、经理层及后备人才履职力提升网络培训班等各类线上线下培训77项，参培人数共2386人次，总时长29 649小时，进一步拓宽了干部视野、增强了履职能力。

【党群工作】

中远海运特运党委隶属中远海运集团党组，同时属地广东省国资委党委管理。1月初，党委领导班子由张莉、陈威、翁继强、张庆成、李宏祥、吴亮明、吴亚春、郑斌8人组成。4月，吴亚春届龄退休，不再担任党委委员；7月，张莉届龄退休，陈威接任公司党委书记。至年底，公司党委领导班子由陈威、翁继强、张庆成、李宏祥、吴亮明、董宇航、郑斌7人组成。公司党委下设党委工作部、组织部、纪检工作部等工作部门。是年年底，中远海运特运党委本部及所属党委7个，党总支0个，党工委2个，党支部50个，党员732人。2020年，公司党委切实发挥把方向、管大局、促落实领导作用，团结带领全体员工攻坚克难、争创效益，为统筹推动深化改革、转型发展、经营创效、疫情防控和党的建设各项工作提供了坚强的政治保证。

充分发挥党委领导作用。持续加强思想政治建设，深入学习贯彻习近平新时代中国特色社会主义思想、党的十九届五中全会精神，扎实开展“四史”学习教育，及时跟进学习习近平总书记的重要讲话、重要指示批示精神，积极引导各级党组织把思想行动统一到中央决策部署上来，全年聚焦“一带一路”、数字化转型、国企改革等专题组织中心组学习23次，学懂吃透中央和上级的决策部署，确保公司改革发展正确方向；把关定向重大决策部署，修订完善《党委议事决策规则》，梳理党委前置研究事项清单，健全集体领导与个人分工负责相结合的制度，全年召开党委会33次，研究审议议题百余项，坚决贯彻落实疫情防控、复工复产、船员薪酬改革、教育资源整合等上级重大决策部署，在全面从严治党、重要人事任免、重要经营决策、重大投资安排中充分发挥领导作用；认真落实党中央、集团党组和广东省疫情防控工作部署，加强组织领导、力量调度和资源调配，统筹做好疫情精准防控与企业生产经营，研判防范改革发展各类风险。

扎实推进巡视整改工作。先后召开5次巡视整改工作领导小组会议、11次工作小组会议，研究推动巡视整改工作，明确时间表、路线图，挂图作战、对账销号；各部门、各单位按照时间节点，高标准、严要求、全方位落实整改任务，整改工作方案所明确的163项整改措施，除1项持续整改外，全部按期完成整改，完成整改率100%。在抓好具体问题整改的同时突出长效治理，巡视整改期间先后新建制度34项，完善修订制度32项，为以整改为契机推动公司高质量发展提供了坚强有力保障。

持续提升基层党建质量。一是抓实基层基础，健全组织体系。在企业重组、资源整合、职业经理人等改革过程中，坚持“四同步四对接”，组织覆盖及工作延伸有效保证；创新设立船舶管理船队支部，船舶、海务、机务、政调形成合力；主动作为、克服困难，退休人员社会化管理党组织关系转接圆满完成；举办两期党组织书记培训班、一期党务干部培训班、一期中青年骨干党性教育培训班，党员干部党建党务培训超200人次，培训教育效果不断增强。二是提升规范管理，强化组织功能。完善党建工作考核机制，拓宽党建考核应用场景，本部部门支部书记纳入述职评议，党建工作责任进一步压实；新建、修订船舶《政委队伍建设实施细则》《党支部工作实施细则》《经常性思想工作实施细则》等工作制度12项，船舶党建工作主责进一步落实细化；编纂党建工作实务口袋书，上线党建信息化平台，党建工作规范性、科学性不断提升。三是实施书记项目，引领示范提升。实施“一书记一项目”活动，深化“党建示范工程”，以项目制带动党建与中心工作相融合，28个基层组织选题立项，围绕解决基层突出问题，探索改进支部建设新方法、新路径。一批务实管用的支部工作法得到总结，党组织和党员在疫情防控、生产经营等重大任务考验中冲锋在前、勇挑重担，党支部和党员的作用不断彰显。

不断夯实全面从严治党基础。一是积极推进体制改革和制度建设，完成了纪检体制改革，完善了审计、巡察工作机制，修订《全面从严治党主体责任实施细则》，更新《廉洁风险防控手册》和各部门“一书一单”，新建、修订纪检巡察审计工作制度 19 项。二是全面开展“8+2”监督，聚焦疫情防控、复工复产、巡视整改、扶贫工作等开展重点监督，推动全面从严治党主体责任落实到位。三是深化专项整治和审计监督，开展履职待遇及业务支出方面自查自纠，抓好专项整治和“总部机关化”问题整改，发挥审计监督“探头”作用，开展各类审计 15 项，完成检查项目 2 项，发现问题 93 个，提出审计、管理意见和建议 71 条，内部审计“治已病、防未病”的作用较好发挥。四是持续加强和改进巡察工作，全年完成对沥青公司党委的常规巡察，发现问题 14 个，提出建议 8 项；完成对直属党委的专项巡察，发现问题 11 个，提出建议 5 项；对远海建设党委、船舶管理部党工委、供应公司党委的巡察整改进行了“回头看”监督检查，提出进一步改进建议 7 项。

加强群团工作领导，服务企业发展大局。充分发挥工会桥梁纽带作用，认真践行“上了特运船就是特运人”理念，用好“节日送温暖、夏日送清凉、生日送祝福”等载体，落实落细关心关爱员工举措。疫情期间第一时间为职工配发口罩、消毒液等防疫用品，主动关心慰问重点疫区职工及家属、超期在船工作船员，发放慰问品 900 多人次、发放慰问金 60 余人。年内到船慰问 180 多艘次，为船舶配置文体器材 31 艘次、送果蔬 217 艘次，广受船岸职工肯定和好评。积极引导团青工作与企业改革发展相融合，先后开讲“青年大学习”网上主题团课，开展“战疫有我、青春担当”主题活动，举办“十四五”规划青年座谈会，举行“E 路营销　我有高招”金点子征集活动，引导广大船岸青年立足本职、创新创效、岗位建功，贡献青春力量。

【企业文化】

中远海运特运深入学习习近平总书记对新时代宣传思想工作的重要指示和部署要求，贯彻《中国共产党宣传工作条例》，落实意识形态工作责任制，坚持守正创新、主动作为，以政治建设为统领，稳妥应对美国挑起意识形态对立、实施长臂管辖、开展超常规检查等敏感事件，有效处置船员薪酬改革、疫情期间船员换班等舆情风险。把企业文化建设融入公司发展大局，建成“筑梦光华”展厅，举办“话出一个最特运”企业文化宣传员比赛，建设“星火计划”先进典型库，编写《“永盛”轮手册》，组织多层次企业文化参观培训，开展多频次“筑梦故事”“企业文化故事”“永盛精神”主题宣传，推动企业文化核心价值理念入脑入心，营造船岸学习先进、崇尚先进、争当先进的良好氛围，巩固了公司上下共同奋斗的思想基础。深化与集团内外媒体的对接与合作，持续创新文化产品产出，积极讲好“特运故事”，展示“特运精神”，提升“特运形象”。“一核多元”宣传矩阵融合发力，2020 年，累计发布微信 300 多期 630 多篇、官网新闻 80 多条；集团媒体转载公司报道近 200 篇，集团各新媒体平台转载公司报道 90 多条。公司船员换班、复工复产、融入海南自贸港建设等 70 余条信息被央视、《人民日报》、《人民日报》新媒体客户端、学习强国、国务院国资委官微等重要媒体宣传报道。2020 年，公司被评为“‘十三五’中国企业文化建设优秀单位”。

【社会责任】

为完成好党中央和广东省的脱贫攻坚决策部署，2016—2020 年，中远海运特运统一先后选派两批素质过硬、年轻有为的驻村工作队，定点帮扶广东阳江彭村，自筹和引进社会扶贫资金 2200 万元，创新推动产业扶贫，村集体收入实现质变，贫困户收入增长 3 倍多，提前一年完成户、村双脱贫的攻坚任务。一是村集体与贫困户收入持续增长。帮扶建设了“光伏 + 水电站”的绿色清洁产业，村集体收入实现从千元到十万元级别的质变；帮扶打造了“电商 + 农产品流通中心”带动农业基地的产业发展模式，提振贫困户和农户种养殖的信心，有劳动能力户人均可支配收入从帮扶前2016年的5454元逐年增长到2020年的20 485元。二是乡村治理能力和水平持续提升。2020年6月，公司发动职工捐款22.8万元，作为启动资金在彭村启动成立彭村“远航”助学奖学基金，形成教育帮扶长效机制；全村各自然村成立理事会，完善村规民约，建设智慧乡村信息平台推动乡村治理化，逐步实现“共建共治共享”。彭村不仅摘掉了帮扶前“软弱涣散村”的帽子，还获得广东省“民主法治示范村”称号，彭村华地村获得“广东省卫生村”称号，彭村乡村治理能力和水平得到明显提升。

公司坚持践行绿色发展理念，狠抓节能减排措施落实，2020年全年能源总耗67.670 1万吨标准煤，周转量燃油单耗6.632千克/千吨海里，SO_2排放强度0.558千克/千吨海里，氮氧化物排放强度0.400千克/千吨海里，全面满足国家能耗和排放指标要求。积极推进生态环境保护管理机制建设，成立生态环保工作领导小组和工作小组，设立生态环保办公室，配备新的管理岗位人员，新建《生态环境保护监管办法》《生态环保指标监控体系》《生态环保突发事件应急预案》等生态环境保护管理制度；按照地方政府和集团要求，及时做好生态环保监控指标的数据收集、统计分析和上报工作，各项环保指标监控到位。船队履约工作扎实推进，全年63艘计划开赴欧洲船已获得符合证明COC（EU），48艘2018年以后已赴欧盟的船舶已通过2019年度EU-MRV排放报告验证，获得CCS签发的2019年度欧盟DOC；80艘现有营运船已获得船舶能效管理计划第II部分（IMO）履约的监测计划评估报告副本和符合证明，也全部获得CCS签发的2019年度SOC；7艘2020年计划加装、升级压载水处理装置的船舶，已按安装计划备好设备，并进行船级社审核报验，“中远盛世”轮等4艘船舶已完成安装；60艘船有害物质清单履约，先后完成59艘次船舶初次检验。

2020年面对新冠疫情，公司响应号召，捐献防疫物资2.1万件，减免租金1900万元，为全社会抗疫贡献积极力量。

2019—2020年中远海运特运主要情况见表14-3。

2019—2020年中远海运特运主要情况表　　表14-3

类　别	项　　目	2019年	2020年
船队	艘数（艘）	103	98
	载重吨（万吨）	281.1	295.3
运量	货运量（万吨）	1 424.7	1 271.3
	周转量（亿吨海里）	810.5	746.7
财务状况	总资产（亿元）	222.49	215.76
	归属于上市公司股东的净资产（亿元）	96.42	95.42
	营业收入（亿元）	82.66	70.40
	归属于上市公司股东的净利润（亿元）	1.00	1.25
员工队伍	年末员工总数（人）	4270	3906

（柳芳　张朝辉　普枝培）

中远海运发展股份有限公司

中远海运发展股份有限公司

【公 司 概 况】

中远海运发展股份有限公司（以下简称“中远海运发展”，英文简称 COSCO SHIPPING Development），是中国远洋海运集团有限公司（以下简称“中远海运集团”）所属专门从事供应链综合金融服务的公司，前身是成立于 1997 年的中海集装箱运输股份有限公司。公司总部设在上海，是一家在香港、上海两地上市的公司，企业注册资本 116.08 亿元，2020 年底在职职工（含劳务工）7964 人。

公司致力于以航运金融为依托，发挥航运物流产业优势，服务于上下游产业链；打造以航运及相关产业租赁、集装箱制造、投资及服务业务为核心的产业集群；以市场化机制、差异化优势、国际化视野，建立产融结合、融融结合、多种业务协同发展的“一站式”航运金融服务平台。

公司船舶租赁业务船队运力规模和集装箱租赁业务箱队规模都位居世界前列，截至 2020 年 12 月 31 日，公司集装箱船队规模 77 艘，总运力 58.75 万 TEU；散货船 5 艘，总运力 46.69 万载重吨；纸浆船 2 艘，总运力 12.39 万载重吨；液化天然气船、重吊船、油化船等各类型船舶 90 余艘；集装箱保有量约为 378 万 TEU；其他产业租赁方面，公司致力于发展医疗、教育、新能源、建设和工业装备等多个领域的融资租赁业务。集装箱制造业务方面，公司下属上海寰宇物流装备有限公司（以下简称“上海寰宇”）年产能达 55 万 TEU。公司还致力于发展投资及供应链金融服务业务，充分利用航运业的产业经验、金融服务业的既有资源促进产融结合，优化商业模式，取得航运金融业务的协同发展。

公司秉承“卓实”理念，以“金融助力实业，发展创造价值”为使命，以“诚信、高效、进取、共赢”为核心价值观，致力于打造成为卓越产业金融服务商。

【企 业 改 革】

2020 年是“十三五”规划实施推进的收官之年。“十三五”期间，公司调整战略，致力于打造以航运租赁、集装箱租赁及相关产业租赁、集装箱制造、金融投资与服务为核心的产业集群；以市场化机制、差异化优势、国际化视野，建立产融结合、融融结合、多种业务协同发展的一站式航运物流金融服务平台。在集团总部关心和指导下，以“产融结合、以融助产”为主旨的一站式航运金融服务体系初具雏形，以“市场机制、多元化来源”为特色的专业团队规模初具，以“追求卓越、务求实效”为核心的企业文化初步建立，为打造卓越产业金融服务商奠定基础。

“十三五”期间，在严监管、降杠杆的大背景下，公司坚定选择高质量发展道路，业务突破喜报频传。集装箱租赁市场份额从行业第三晋升行业第二；集装箱制造市场份额从行业第四晋升行业第二；航运租赁晋升国内非银租赁公司船舶资产第一；多元化产业租赁完成了从期初创业到实现“融资租赁业第二梯队领先”的凤凰涅槃。（中远海运发展作为航运金融板块的旗舰上市平台，在 4 家“十三五”初期战略转型的央企大型上市公司中，在缺少控股特许金融牌照、严监管、降杠杆的大背景下，坚持高质量发展道路，坚持围绕航运主业，不断创新拓展金融业务范围及模式，成功实现净利润增速最快，净资产收益率改善幅度最大，去杠杆、减负债工作推进的最好工作目标，较好地完成提升集团整体盈利、平抑航运周期波动的战略要求。）

【经营效益】

公司经营情况明显改善，很好地完成协助集团平抑航运周期的战略要求。在经营业绩方面，“十三五”期间，公司抗周期性资产比重有所提升，净利润率由重组第一年2016年的2.59%提升至2020年的11.22%，负债率由2016年的89.19%降至2020年的83.31%。

中远海运发展克服起步晚、底子薄的困难，整体业绩已初步具备持续盈利的能力，较好地完成提升集团整体盈利、平抑航运周期波动的战略要求，在盈利性、规模性、抗风险能力、国际化水平等方面取得明显成绩。“十三五”期间，公司扭亏为盈，净利润增加了6倍，为股东价值带来明显贡献。在规模方面实现总资产规模稳步增长，过去4年平均复合增长率为4%。同时，公司积极增强集团抗风险能力，重组时溢价收购佛罗伦国际有限公司、中集集团、光大银行、渤海银行等资产，支付超320亿元现金，带息负债增加超660亿元，投资航运资产，保障主业装备需求，有效降低主业负债率，平抑周期性风险，资产负债率在过去4年稳步下降超6%。另外，公司国际化能力稳步增强，海外收入结构占比超过67%，海外员工人数达210人，有效配合了集团国际化发展要求。

“产融结合、以融助产”的一站式航运金融服务体系初步成型。在航运金融服务体系方面，形成了“租赁、保理、产业基金、财务及战略投资”等多维度产业金融布局，多项市场排名跃升，市场影响力大幅提升。

截至2020年年末，中远海运发展总资产1 460.39亿元。其中：船舶相关资产约386亿元，集装箱相关资产约363亿元，航运物流特色资产超过中远海运发展总资产的50%。航运租赁管理船舶约170艘，非银行系租赁公司在租船舶资产排名第一，集装箱租赁管理378万TEU，集装箱租赁管理和造箱业务世界排名第二；集装箱租赁、航运租赁和集装箱制造等主营板块专注为主业提供优质服务同时，不断提升外部市场创效能力。供应链金融资产约20亿元，商业保理、保险经纪、产业基金，为集团内外及上下游伙伴提供金融服务，降低成本，增加客户黏性。多元化租赁和金融投资组合弥补航运金融周期性不足。

【疫情防控】

关心关爱职工健康　2020年，公司始终将员工的健康安全置于首位。在新冠疫情暴发期间，公司制定疫情防控应对措施和处置预案、生产经营工作预案，以远程办公、灵活办公等方式降低员工感染新冠病毒风险；定期对办公区域进行全面消毒，采购测温枪、消毒液、口罩等物资保障员工防疫物资供应；动态跟踪员工健康状况，加强防疫知识科普宣传，确保员工身心健康。公司所属上海寰宇作为劳动密集型的制造业企业，疫情防控成为公司关注的焦点。为确保员工安全健康返岗，避免聚集性感染事件。上海寰宇严格开展员工筛查和隔离观察、每日更新员工健康信息，努力实现“零确诊、零疑似”；在日常防控中，利用数字网络，对各个工厂开展远程云安全检查，同时加强对厂区、食堂、集体宿舍的消毒杀菌，通过实施宿舍、居家双重管理办法，实现全过程、全方位、全覆盖的网格化管控，织密疫情防控网，全力保障企业复工后每一位员工的生命安全和身体健康。

服务企业复工复产　在新冠疫情发展初期，中远海运发展高度重视、迅速响应、多措并举筑牢内部防疫屏障，在保证员工安全的前提下率先恢复各项业务，支持和服务航运物流产业链上下游企业复工复产，充分发挥自身资源优势为抗击疫情贡献力量。面对疫情对正常生产经营秩序产生的影响，中远海运发展全力做好内部疫情防控、组织安全平稳生产的同时，主动对接航运物流产业链上下游企业，利用融资优势支持和服务企业复工复产。积极响应中国人民银行、银保监会等五部委联合发布的《关于进一步强化金融支持防控新型冠状病毒感染肺炎疫情的通知》号召，帮助影响民生的小微企业解决资金难题，汇聚金融力量助力疫情防控。公司通过“远海易融”平台，在线为核心企业上游供应商提供安全、简单、便捷的无接触式保理金融服务，保障平台上供应商的应收款项按时结算，满足供应商复工复产的资金需求；通过追加投放保理融资款为集装箱卡车运营平台企业提供资金支持，助力交通运输和外贸产业复工复产；与蚂蚁金服“双链通”平台深度合作，创新将区块链技术应用于保理业务场景，实现足不出户便可为客户提供全线上审批融资服务。2020 年 4 月，公司所属海汇保理顺利拨付首笔在线保理融资款，帮助四川省某民生消费企业及其上下游供应商走出资金困境，顺利实现企业复工复产。

【环 境 保 护】

中远海运发展把气候变化风险与机遇纳入公司风险管理与投资决策考量，在各业务板块与相关环节积极实施应对举措。在集装箱制造业务中，持续通过技术和管理手段，提高能源效率和清洁能源使用比例，不断向更绿色、更可持续的生产方式迈进，努力减少集装箱制造板块碳足迹。在航运及相关租赁、投资产业及服务业务中，将承租人、被投资方应对气候变化的表现纳入投资决策，积极识别其决策和活动对环境造成的已有或潜在的负面影响，努力降低环保风险。2020 年，公司所属上海寰宇联合中集集团、马士基等同行企业共同推进冷箱油性漆改为水性漆工作，该项目可从源头减少 60% 左右 VOCs 排放，远远高于国家要求，上海寰宇所属连云港箱厂、广州箱厂、锦州箱厂全面完成水性漆改造。2020 年 12 月 3 日，由可持续发展经济导刊、中国可持续发展工商理事会、金蜜蜂智库主办，瑞典驻华使馆 CSR 中心联合主办的第十三届中国企业社会责任报告国际研讨会在北京召开，中远海运发展荣获“金蜜蜂 2020 优秀企业社会责任报告 · 环境责任信息披露奖”。该报告是中远海运发展自 2016 年重组转型以来面向各利益相关方发布的第四份企业社会责任报告，报告披露了中远海运发展秉持的绿色让发展可持续的理念，充分展示中远海运发展为最大化降低环境负面影响、参与全球气候治理所做的努力。

【服 务 社 会】

中远海运发展以服务国计民生为己任，支持地方经济社会发展，严格做好疫情防控，确保员工健康；主动应对气候变化，打赢蓝天保卫战；积极开展精准扶贫，践行公益慈善；助力企业复工复产，服务国家发展战略，以实际行动履行企业社会责任。

服务经济社会发展 中远海运发展秉持以融助产理念，发挥资金、技术、信息等优势，针对城市领域、交通领域、文化领域、教育领域、医疗卫生领域在发展建设过程中存在的资金短缺问题，通过融资租赁为主的各类金融服务方式提供设备购置、建设发展所需的资金，努力让更多人民享受优质的公共服务；坚定不移支持清洁能源发展，通过为光电、水电、风电及独立电网在建期融资、再融资等综合解决方案，助力国家能源结构调整、环境质量改善，满足人们对美好生活的向往。2020 年 7 月 17 日，公司参与投资的全球三元软包动力电池领军企业之一孚能科技（赣州）股份有限公司在上海证券交易所科创板挂牌上市，成为动力电池行业科创板上市第一股。

参与社会公益活动 中远海运发展始终把精准扶贫作为分内之事、应尽之责，积极参与集团的精准扶贫项目，扶持贫困地区发展，助力脱贫攻坚决战决胜。2020 年，中远海运发展投入 1000 万元支持对口帮扶的云南永德县，在云南、湖南等定点帮扶地区通过消费扶贫的方式采购 92.26 万元特色产品，助力当地产业发展。长期关注社会弱势群体和儿童福祉，组织并鼓励员工参与社区公益和慈善捐赠活动，用实际行动传递爱心，勉力营造良好的社会氛围。公司连续多年开展“公益童行”爱心捐款活动，帮扶“宝贝之家”儿童救助中心的孩子。在新冠肺炎疫情暴发初期，公司紧急赶制 CT 检查专用箱，捐赠给辽宁（锦州）传染病区域集中救治中心，助力当地疫情防控；向广州新海医院捐赠医用外科口罩，向抗疫一线的医护人员传递关怀与温暖；组建交通执勤志愿服务队，义务维持路口交通秩序，将“爱心安全”理念带出厂区、带向社会。

【员工队伍】

中远海运发展秉持以人为本的理念，以“广聚贤才”的人才观打造航运金融专业团队，帮助员工从工作中收获成长与幸福，携手员工共同发展、共创美好未来。通过持续健全航运金融人才培养、选拔和使用机制，完善员工教育与培训体系，加强员工能力建设，畅通员工成长发展通道，帮助每一位员工不断挖掘自身潜力，推动员工成长和企业高质量发展。公司制定多元化的人才发展路径，畅通职业发展通道，鼓励员工结合公司发展需求与自身优势拓展职业发展空间，为员工提供展示自我、创造个人价值的舞台，实现员工和公司的共同成长。细化管理岗位和专业技术岗位晋升路径，构建员工职业发展双通道，优化管理制度，缩短晋升层级，帮助员工更好地规划个人发展路径。2020 年，公司制定“十四五”人才规划，在中国远洋海运集团专业人才库建设体系的框架下，开展高级人才库的建设，按照公司新增的《中远海运金控平台高级人才库建设管理暂行办法》，明确人才入库和退出机制，致力于打造与企业高质量发展相适应的产业金融类复合化人才，充分发挥每一位人才的创造力。注重结合员工的个人潜能和职业发展规划，为不同职业发展阶段的员工提供针对性的培训，丰富教学资源，拓展培训方式，满足员工职业能力提升需求，助力员工成长。

稳步推进民主管理，加强职代会制度建设，拓宽员工参与民主管理的渠道，积极倾听员工意见，了解和回应员工合理诉求，加深与员工的沟通交流，为员工提供更多参与公司发展建设的机会。2020 年 12 月，公司举办首届“发展面对面”——中远海运发展价值论坛。论坛开拓思路、创新形式，采用公司领导和员工面对面宣传、近距离讲解、互动性问答的交流方式，向员工宣讲公司“十四五”战略规划，解答广大员工对企业未来发展和个人职业发展最关心的疑问和困惑。论坛的举办标志着公司民主管理工作进入新的阶段，帮助员工进一步了解公司发展理念，落实员工的知情权、参与权、表达权和监督权，让沟通更畅通、更有效。

【企业文化】

中远海运发展根据自身改革重组实际和所处的航运金融产业定位，提炼并搭建以“追求卓越，务求实效”为核心理念的“卓实”企业文化体系。自 2018 年以来，中远海运发展围绕构筑“发展型”企业文化生态，以解决企业转型过程中的突出问题为导向，持续开展企业文化深植建设，打造富有行业特色的企业文化品牌，推动企业文化体系在全系统范围内的落实落地、入脑入心，把企业文化建设作为促进企业发展、提高管理水平的重要驱动，形成独特的企业精神内核。

2020 年，公司克服新冠肺炎疫情带来的不利影响，在做好常态化疫情防控的基础上，千方百计开展各类企业文化活动，以文化引领，凝聚人心，助推企业高质量发展。公司总部设立“企业文化主题墙”，统一设计企业文化理念、企业大事记、企业荣誉墙等专题版面，营造浓厚的企业文化氛围，使企业文化精髓在日常的潜移默化中深植于员工心中；组织在沪单位职工夜览浦江活动，让员工感受上海金融中心的独特魅力，激发员工干事创业的使命感和成就感；丰富职工业余生活，定期开展“音你而来”——音乐文化沙龙、“花 YOUNG 年华”——插花艺术教学，并在总部大楼办公场地资源十分紧张的情况下，单独辟出职工书屋和爱心妈咪小屋，体现企业对职工的人文关怀。

【党群工作】

2020 年，中远海运发展党委在集团党组的正确领导下，坚持以习近平新时代中国特色社会主义思想为指引，围绕“三个跑赢”“三个切换”“三个聚焦”和企业高质量发展中心任务，坚持弘扬

"三做"理念和"三舱"精神，充分发挥国有企业党委领导作用，带领全系统干部职工积极应对新冠肺炎疫情影响，深入开展"四史"学习教育，聚力中心全面提升党建工作质量，坚决扛起全面从严治党主体责任，持续推进公司党的建设和企业改革创新向纵深发展。

扛起疫情防控政治责任。新冠疫情发生后，公司党委深入贯彻习近平总书记关于疫情防控工作的重要指示批示精神，严格落实集团党组的部署要求，从讲政治的高度突出重点、深入细致地落实好各项防控工作，全面部署指导疫情防控期间防疫物资筹措、人员动态排查、办公场所消杀和复工复产各项工作，并动员广大党员干部冲锋在前、战斗在前，坚决服从党组织分配的工作任务，确保思想、工作、措施"三到位"。

坚持思想引领，认真开展"四史"学习教育。中远海运发展党委把开展"四史"学习教育与建立"不忘初心、牢记使命"长效机制紧密结合，牢牢把握正确方向，努力创新内容形式，充分发挥各方资源优势，积极构建内部学习平台，灵活运用各种载体方法，开展"四史荟萃"线上答题等形式多样的"四史"学习教育主题党日活动。

持续规范优化，提升基层党组织组织力。公司党委结合集团关于持续深入整顿软弱涣散基层党组织的有关工作部署，全面对标支部工作条例、国有企业基层组织工作条例，聚焦企业改革发展中基层党建的弱项和短板，推动党建工作从强基础向高质量全面提升。以"做示范、促规范、带模范"为目标，坚持"四同步、四对接"，规范基层党建工作台账，督促指导基层党支部按期换届选举，全力推进集团党建信息化平台上线运用，从严做好党员发展工作。党员领导干部理论基础和制度规范意识进一步夯实，基层党组织工作规范化水平有了提升。

以党建带团建，凝聚青年力量。2020年，特别是疫情期间，公司党委充分发挥群团组织广泛联系群众的桥梁纽带作用，形成党建引领、群团跟进的良好局面。其中，公司团委结合实际，组织全系统团员青年按照年初公司工作规划和任务目标，努力克服疫情影响，投身提质增效专项行动；开展"有'智'青年"争霸赛线上脑力答题活动，融入党史、团史、航运发展史、企业发展史等方面内容，在竞技中汇聚青年的热情和能量。在规范团的自身建设的基础上，于2020年11月18日胜利召开公司第一次团代会，进一步夯实基层团建基础，充分发挥共青团的助手生力军作用，有效促进企业的和谐稳定与健康发展。

中远海运发展企业经营数据见表14–4。

企业经营数据 表14–4

类　别	项　目	单　位	数　据
生产情况	经营租赁船舶	艘	84
	融资租赁船舶	艘	94
	集装箱租赁	TEU	3 780 000
	其他产业租赁业务	亿元	221.27
	集装箱制造	TEU	368 500
	金融投资及服务板块	亿元	225.92
财务情况	总资产	亿元	1 460.39
	归属于上市公司股东的净资产	亿元	243.7
	总收入	亿元	189.83
	利润总额	亿元	24.49
人力资源	员工人数（含劳务工）	人	7964

（任梦婕）

中远海运投资控股有限公司

中远海运投资控股有限公司

【公司概述】

中远海运投资控股有限公司（简称“中远海运投资”，英文简称COSCO SHIPPING Investment），是中国远洋海运集团有限公司的二级单位。2016年，中远海运金控与中远海运发展通过资产重组和业务转型，形成以租赁、金融投资、保险等业务为主的金控平台，涵盖船舶融资租赁、集装箱租赁、非航租赁、金融投资、保险等多项业务，重组整合顺利完成，金控平台雏形显现。为贯彻中远海运集团以融助产的战略，坚持央企金融业服务主业，2020年6月1日，中远海运金融控股有限公司正式更名为中远海运投资控股有限公司。截至2020年年末，公司总资产为349.79亿元，同比增长11%；净资产为131.19亿元，同比增长26%。

【发展战略】

2020年，中远海运投资以打造航运租赁、集装箱租赁及相关产业租赁、集装箱制造、金融投资、保险中介及自保服务为核心的产业集群为发展战略，“十三五”期间成效明显：以“产融结合、以融助产”为主旨的一站式航运金融服务体系雏形初现，以“市场机制、多元化来源”为特色的专业团队规模初具，以“追求卓越、务求实效”为核心的企业文化初步建立，较好地完成提升集团整体盈利、平抑航运主业周期波动战略要求，为“十四五”规划开启高质量发展新征程，奠定坚实基础。

截至“十三五”末，中远海运投资总资产规模稳步增长，各业务板块布局持续优化，盈利水平、抗风险能力、市场影响力、国际化水平显著提升。集装箱制造业务方面，收购香港胜狮货柜精华资产；集装箱租赁业务方面，业务网络遍及全球，管理总箱量378万TEU，全球行业地位由第三上升至第二；航运租赁业务方面，业务涵盖集装箱船舶、散货船舶、多用途纸浆船、LNG、邮轮等多类型船舶，管理船舶载重吨约1400万吨，规模位居国内非银行系船舶租赁第一；多元化租赁业务方面，行业地位不断提升，跻身国内融资租赁第二梯队上游；整合产业链资源，促进产业结构升级，产业基金业务相继落实，成为集团资本生态链的重要组成部分。

强化战略引领，编制“十四五”规划。中远海运投资结合集团的战略定位，通过对标分析行业领先企业，立足航运金融，形成以航运租赁、集装箱租赁和集装箱制造为核心，拓展航运及物流业相关金融服务为辅助，以投资为手段的产融投一体化业务模式，打造具有中远海运特色的卓越航运产业金融运营商。

【业务经营】

集装箱租造业务。中远海运投资自2019年成功收购香港胜狮货柜精华资产以来，并购红利持续释放，做强干货集装箱制造，加强特种集装箱、冷藏集装箱业务发展，探索研发智慧集装箱。2020年，面对疫情冲击引发的全球“空箱短缺”状况，公司充分发挥集装箱制造、集装箱租赁板块“租造协同”的优势，从稳定和促进外贸的战略大局出发，提升造箱效率、释放产能，在2020年全球航运市场“一箱难求”的情况下，优先保障集团航运主业用箱，为集团全球集装箱运输提供了强有力的支持。

航运租赁业务。经营性租赁业务上实现新突

破，助力集团航运主业公司轻装上阵、优化航运公司债务结构，增强了核心竞争力。

多元租赁业务。股权多元化、混合所有制改革方面取得重大突破，践行国务院国资委“降杠杆、减负债”的要求，类金融业务的持股比例进一步降低。

产业链金融业务。把握2020年下半年市场机会，盘活金融存量资产，多个投资项目取得较好回报；远海AMC优化集团存量资产，实现资产的盘活变现，助力提升产业发展质量、运营效益。

【经营效益】

2020年，中远海运投资面对新冠肺炎疫情影响和全球经济持续下行的双重压力，保持战略定力，抓住市场机遇，实现逆势增长。2020年，公司实现净利润19.39亿元，剔除招商证券转为权益法核算产生的一次性营业外收入8.03亿元，完成考核净利润11.36亿元，同比增加126%，为集团下达考核指标的160%，超额完成集团下达的考核指标。

截至2020年年底，公司存量金融资产包含财务性投资7只股票、6只基金、2只优先股，战略性投资5只股票，战略性投资组合主要以金融服务类企业为主，疫情对金融行业的总体影响小于对实体行业的影响。截至2020年年底，持仓股票总体走势稳定，市场风险可控，金融投资业务板块实现净利润16.49亿元，同比增加7.84亿元；集装箱制造业务板块，自2020年下半年开始，集装箱市场需求旺盛，箱厂订单持续增加，盈利稳健增长，全年实现净利润2.99亿元。

【企业管理】

公司聚焦主业，秉承瘦身健体、优化资源配置及防范投资业务风险等原则，不断强化营销，开拓业务，压减亏损企业。鹏达船务（深圳）有限公司于2020年8月4日完成注销，截至2020年年底，已完成关闭清算。公司高度重视亏损企业治理工作，2020年全面完成集团下达的亏损企业户数和亏损金额考核指标，完成年度减亏20%的治理目标。

公司结合外部法律法规变化、关键业务和重点领域经营管理实际及内控缺陷整改要求，全面梳理、充分研究规章制度体系存在的欠缺和制度执行过程中出现的问题，加强内控体系建设，根据新业务、新变化、新问题，及时对制度制定计划进行调整。2020年，公司新建、修订制度34项，其中内控、风险和合规管理类制度3项；完成内控手册更新并于12月发布《内控手册》2.0版本。

公司围绕“严格防控流动性风险，积极盘活货币资金，全力控制带息负债规模”主旨，部署融资策略和方案，境内外协同，在确保公司正常生产经营活动资金需求的情况下，合理配置境内外资金结构，节约融资成本，提高存量资金收益，将管理口径带息负债规模控制在集团下达的管理目标之内。截至2020年年底，中远海运投资资产负债率为62.50%，同比下降4.6个百分点。

【风险管控】

2020年，新冠疫情暴发并发展为全球蔓延态势，全球金融市场急剧波动，公司启动和有效执行应急管理机制，并对疫情风险执行动态监测、分析、应对与报告机制，在2020年开展多轮疫情风险专项风险排查，对排查中发现的重要风险隐患、重点关注项目均制定应急风险处置预案。公司整体收紧风险偏好，采取更加审慎的风险管理政策，有效降低疫情对经营管理带来的负面影响，提升产业链经营抗风险能力。

国际政治经济形势日益复杂，大国博弈持续升级，地缘冲突多发，随着公司涉外业务的不断发展，为有效应对国际制裁风险，提高公司制裁风险管理水平，公司本年度提前筹划和实施国际制裁合规管理体系全面建设专项工作，制定《制裁合规管理办法》《操作细则》及《员工手册》，明确制裁合规评估的标准和流程，构建较为完善的制裁合规管理体系和防控机制。为提高公司财务管控能力，强化预算控制、履职标准控制，公司开发并使用费控系统，推进集约化管理，通过业务、财务系统的无缝接口，使管控环节不断前移。

【疫情防控】

面对2020年度突如其来的新冠肺炎疫情挑战、香港本地疫情持续反复压力，中远海运投资认真贯彻落实集团疫情防控工作要求，持之以恒筑牢疫情防线，实时关注国家、香港特别行政区政府信息及预警发布，及时评估地区疫情趋势，在防疫重点环节配套防控措施，有效解决疫情初期物资紧张问题，保障全年防疫物资供应；制定并落实符合境外疫情防控特点的生产经营工作预案、办公方案，及时响应境内外业务需求。截至2020年年底，中远海运投资及金控平台在港各直属单位顶住四波香港本地疫情暴发压力，始终保持“零疑似、零确诊”记录，境外“带疫解封”环境下生产经营工作有序推进。

中远海运投资境内下属寰宇东方国际集装箱（宁波）有限公司（以下简称“宁波箱厂”）、寰宇东方国际集装箱（启东）有限公司（以下简称“启东箱厂”）、寰宇东方国际集装箱（青岛）有限公司（以下简称“青岛箱厂”）扎实做好重点区域、重点部位疫情防控工作，确保安全生产，深入学习贯彻落实国家“六稳”“六保”政策，在疫情期间积极探索特种箱业务，发挥集装箱模块化及可移动式优点，结合检测隔离治疗需求，以智能设备为基础，以5G网络为支撑。2020年5月初，启东箱厂成功研制出国内首个负压隔离病房集装箱，为打赢疫情防控阻击战贡献力量。

【员工队伍】

截至2020年年底，中远海运投资及金控平台在港下属4家单位在港员工总数为169人，其中内派人员11人，当地员工158人；中远海运投资本部员工总数49人，金控平台下属子公司在港员工总数为120人。另境内寰宇科技、宁波箱厂、启东箱厂、青岛箱厂在岗职工合计1097人。

“十三五”期间，金控平台率先试点推行职业经理人制度，中远海运投资秉承“尊重行业、地区人才特点，从发挥用人效能出发，配置差异化的人才”的理念，持续推动市场化选聘、契约化管理向纵深迈进。截至“十三五”末，符合各业务板块战略定位、规划目标、所处生命周期、自身管理策略等行业特点的职业经理人制度已基本建立，公司高度重视年轻干部选拔任用，多渠道充实年轻干部队伍，进一步优化干部队伍结构，打造出一支责任感强、积极性高的高素质干部人才队伍，为公司干事创业注入新血液。

【企业文化】

为加强中远海运投资企业文化建设，凝聚团队力量，激发拼搏动力，公司及金控平台在港下属单位联合组建公司足球队，参加中远海运驻港单位足球联赛，公司足球队在赛场上团结协作，于2020年1月取得团体季军的好成绩。2020年2月新冠肺炎疫情暴发，在遵守香港特别行政区政府防疫政策、减少流动、减少聚集、减少集体活动、做好全年疫情防控工作的同时，公司将企业文化建设融入日常，聚焦疫情防控这一年度主题，讲好中国抗疫故事，引导员工理性看待疫情，从防疫及生活物资、安心午餐、心理疏导等多个维度关心关爱员工，为员工日常工作、生活提供坚实的物资保障和心理保障，切实提升员工安全感、归属感，真正转化为广大员工的工作动力和行动自觉，将具有中远海运特色的企业文化融入香港当地，努力打造成为“同心抗疫有温度，生产经营有干劲”的企业。（刘旭阳）

中远海运物流有限公司

中远海运物流有限公司

【公司概况】

中远海运物流有限公司（简称“中远海运物流”，英文简称COSCO SHIPPING Logistics），是中国远洋海运集团三大核心支柱产业——物流产业核心成员企业之一，由中国远洋物流有限公司、中海集团物流有限公司、中海船务代理有限公司和中国外轮理货总公司重组整合而成。中远海运物流于2016年12月21日正式挂牌运营。作为中远海运集团全面转型升级的关键支撑、产业链经营的重要构件、航运主业的流量支撑和集团营收、利润增长的新源头，中远海运物流以航运物流为核心，着力为海内外客户提供现代化、专业化的第三方物流供应链服务。拥有遍及中国、辐射全球的服务网络系统，在行业内具有良好的口碑和服务能力，是政府、港口、铁路、空港以及大型跨国企业的重要合作伙伴。

中远海运物流与中国外代、中国外理为一套人马、三块牌子，全系统共有职工10 812名，劳务派遣用工2897名。

2020年，公司荣获“2018—2020年度首都文明单位标兵”，通过第四届“全国文明单位”第二次复核；中远海运集团总经理助理兼中远海运物流董事长、党委书记韩骏入选由物流时代周刊发起的“物流时代2019年度名人榜”。

【发展战略】

2020年是中远海运物流“十三五”规划的收官之年，也是公司转型升级的关键之年。为更好承接集团“十四五”战略规划，实现集团赋予中远海运物流的使命，公司从国家战略、行业趋势、集团使命和自身实际四个维度着眼，以改革重组四年来深入学习研究和艰苦实践探索成果为基础，2020年编制完成了公司“十四五”战略规划，并获得了集团的高度认可。在编制“十四五”规划的过程中，以战略为出发点和落脚点，按照国家发展改革委和集团对混合所有制试点工作的总体要求，对公司混合所有制改革开展了可行性研究和混改总体方案的设计，方案总体思路获得了国家发展改革委、国务院国资委和集团领导的一致认可。2020年，公司在“十四五”规划、组织运营体系方案设计、混改总体方案编制初步完成后，多渠道、多层次组织总部公司领导层面、总部中层以上干部、系统内业务骨干层面宣贯，积极推动系统上下统一思想、达成共识、形成合力。

明确战略目标 凭借强大的股东背景、强劲的综合业务实力、庞大的国内外服务网络和高质量的客户合作关系等竞争优势和行业地位，中远海运物流将在“十四五”期间，承接集团战略和愿景，公司发展战略定位为集团三大核心业务之一和产业链经营转型的重要支撑，发展成为特色优势鲜明、业务覆盖全面、市场地位领先的第三方物流服务提供商。为实现上述战略目标，中远海运物流立足合同物流、综合货运、产业物流地产、全周期工程物流、口岸公共服务及空运六大主业，通过总部赋能、数字化赋能及供应链金融赋能三大举措，凭借组织运营体系变革和跨越式增长两大关键抓手，抓住混合所有制改革等契机，补足公司欠缺的能力和资源，完成多业务主体的集团化公司的转型，打造综合第三方物流业务的持股和管理平台。实现以“七大变革”破解“十大瓶颈”，打造“六化能力”突出的“三型组织”的战略目标。

组织架构调整 根据“十四五”规划，组织运营体系变革的四大核心原则，即：扁平化架构＋穿透式管控、总部赋能一线、专业能力集约、网络化高效协作，中远海运物流将实施组织运营体系重构，完成新的组织机构改革，彻底打破以区域和口岸网点公司为经营管理主体的垂直式分散型运营管理体系，全面构建以总部事业部、能力中心、共享中心为后端能力平台，以各城市公司为前端服务平台、以大区实现集约共享和业务协同的“矩阵式＋扁平化”运营管理体系。实现总部对整个系统的专业化赋能式集约管控，实现“城市公司－大区公司－总部”三层集约化管控目标，匹配产业链经营需求，真正发挥中远海运物流“一张网”功能，实现跨业务、跨区域的深度、高效协作。

业务结构调整 为提升公司市场竞争优势，改变以代理、仓储、运输为主的传统业务结构向现代物流企业转型，中远海运物流不断提升产品化意识及服务质量，在现有业务基础上致力于打造六大主业体系。一方面，通过合同物流、综合货运和产业物流地产打造全程物流和供应链主体业务；另一方面，通过工程物流、口岸公共服务和空运业务形成差异化特色服务。

业务模式调整 为实现集团产业链经营中的重要支撑的战略目标，中远海运物流以客户为中心，不断强化产品研发能力，加快核心资源建设，努力打造专业能力突出，枢纽、通道、网络系统强大的综合物流供应链体系，推进从过去形成的以口岸（网点）公司作为经营、管理主体的业务运营管理模式向适应大型现代化物流供应链企业发展需求的业务模式逐步转变。

一方面，通过“七大变革”，彻底打破现有的多层级、有点无网、缺少协同、缺少产品、低水平重复建设严重的业务模式，全面构建“前端客户化、后端平台化”的扁平化、专业化、赋能型高质、高效的集约化运管体系。对标一流企业，以“总部＋大区＋城市公司”构建“矩阵式＋扁平化”组织架构，从而实现向数字化引领的综合物流供应链业务模式的转型目标。物流总部定位为战略性、专业化、集约化、赋能型的运营管控核心，通过“事业部＋能力中心＋职能部门”实现战略引领、创新区域、专业赋能、集约管控、战略客户营销、资产资本运营、风险管控、服务保障八大职能；大区分公司作为总部派出机构，负责对辖区内公司提供共享服务、市场和社会资源开发维护、跨事业部和跨城市公司的协同营销等；城市公司作为一线作战单元，承接现场操作服务、客户洞察、市场开拓、产平营销、社会资源开发维护、企业品牌形象宣传维护等职能。

另一方面，将通过公司内外部路径积极寻求轻资产模式运营的物流业务资源支持和重资产模式运营的仓储资源支持，搭建轻重两个平台，业务模式通过轻重两个平台的发展规划加以实现。

功能定位调整 基于六大主业的业务体系规划，为有效承接后续混合所有制改革的各项政策工具，同时解决仓储资源的发展瓶颈问题，公司将通过对全系统各级公司股权和资产重组实施轻重分立，搭建物流运营平台和仓储平台。

其中运营平台定位为公司第三方物流业务的运营载体，具备相应的业务储备和盈利能力，具有清晰的上市前景和引战潜力。运营平台以合同物流业务为核心，同时开展综合货运、工程物流、口岸公共服务、空运等业务；后续将引入战略投资人，实施员工持股，最终实现上市。

仓储平台则定位为公司产业物流地产运作主体，负责投资、开发、运营管理仓储资源，同时面向集团内部和外部第三方客户提供仓储租赁服务。未来将紧随国家战略布局及规划指引，一方面匹配运营平台以合同物流及综合货运等业务的仓储需求，另一方面同时兼顾外部市场需求、顺应行业发展趋势，以高度专业化、市场化的资源网络支撑中远海运物流第三方物流服务体系的发展。

成功完成宁波物流“双百行动” 经过20个月的努力，宁波物流“双百行动”圆满落地，成功引入普洛斯隐山资本作为战略投资者，设立员工持股平台，以市场化形式选聘了新的经营班子，实施了三项制度、职业经理人等改革举措，实现了产权主体多元化，激发了企业发展内生动力，为系统持续深化改革积累了经验、打造了样板。

【主营业务】

2020年，公司散货物流、集装箱物流、工程物流、化工物流、空运物流业务量同比增长，其中空运物流业务快速增长。船代、理货等传统业务受疫情影响，年内业务量有所下降。仓储物流部分业务下滑，是业务结构性调整缩减所致。

由于疫情影响以及市场竞争的加剧，大多数业务线的全额收入利润率都比2019年有所下降。但由于中远海运物流提质增效内控管理工作落实到位，绝大多数业务线2020年净额收入利润率比2019年反而有所提高，除理货检验和供应链业务板块之外，其他业务线净额收入毛利率均高于2019年。

（一）以产品化为手段，不断提升供应链服务能力

散货物流 2020年全年实现货量5.1亿吨，同比增加4%；实现全额收入43.9亿元，同比增加18.6%；实现净额收入4.34亿元，同比增加7%；实现毛利2.19亿元，同比增加10.6%。散货物流业务目前以港前服务为主，聚焦铁矿石、煤炭、有色矿、纸浆等行业。

集约系统内外部资源，搭建物流服务平台。规范和拓展系统现有大宗散货内贸水路运输业务，并以此为资源入口向全程物流业务延伸发展，按照"前端客户化、后端平台化"的集约管理模式，推进搭建公司大宗散货内贸水路运输资源平台，初步解决了系统散货内贸水运业务船/货集约化匹配和风控管理提示，为公司散货业务实现完全的集约化管控走出了第一步。按照公司"紧随铁路"的战略部署，结合"十四五"发展规划方向，利用公司与神华集团长期良好的合资合作关系，向神华表达了希望参与黄骅港铁路装车系统建设和成立铁路运输合资平台的合作意向，为后续双方在铁路平台上的战略合作打下了一定的基础。该平台的建立可成为一个连接渤海湾到西部地区重要的大宗散货物流通道。

以中标中铝防城港项目为契机，探索铝土矿服务产品化之路。该项目建立了由总部牵头，以城市不同公司为执行单位的联合项目组制的运管模式，通过与船代板块有效协同，协助散运提高船舶周转效率。建立了中国铝土矿物流供应链方案资源库，为更好地聚焦跟踪摩纳哥资源几内亚铝土矿项目、顺达矿业几内亚铝土矿项目、印度阿夏普拉几内亚铝土矿等项目，打造散货物流铝土矿产品做好准备。

其他项目亮点：大连区域在年初代表恒力石化与中远海运散运签订煤炭COA运输合同基础上，进一步与相关四方签署"准班列—准班轮"运输组织协议，打造了煤炭海铁联运新模式，年货量超过600万吨；上海区域开拓纸浆物流细分市场，在通海码头成功打造纸浆"集改散"供应链新模式。

集装箱物流 2020年全年实现货量356万吨，同比增加4%；实现全额营业收入161.66亿元，同比增加9.2%；实现净额收入8.47亿元，同比增加5.8%；实现毛利4.4亿元，同比增加26.4%。2020年，集装箱物流业务的订舱业务净额营业收入占集装箱业务33.4%，毛利占34.2%。直客自揽货业务、班列业务以及陆上集装箱业务，推动了集装箱物流业务向高质量发展。

加力推动战略落地，强化物流通道建设。持续强化中欧陆海快线项目的管理和维护，适时梳理和分析客户结构、货流情况及存在问题，关注重点大客户的开发和营销，发布《中欧陆海快线管理办法》，阐明奖惩机制，提升营销和服务等标准，惠普中欧陆海快线成功续约两年。2020年，中欧陆海快线完成箱量2.28万TEU，同比增长14.3%。其中惠普箱量1.28万TEU、非惠普箱量1万TEU。紧跟西部陆海新通道国家战略，于4月成立西部陆海新通道工作组，逐步扩大业务类型和覆盖范围，加强营销力度，同时结合政策支持，立足客户需求，设计定制化产品，与集运、港口公司等集团内部单位充分协同，积极引导客户采用西部陆海新通道运输路径。重点推进的东南亚冷链班列项目，在9月完成首班冷链快线测试后，于10中旬开始常态化的冷链班列运营工作。2020年，西部陆海新通道开行17条，累计发运865班，累计发运量4.3万TEU，同比

增长 258.5%。

其他项目亮点：北京区域保障疫情期间客户供应链稳定，增强了客户黏性，连续中标中储棉国内多港口进口物资清关运输业务；厦门区域加强直客开发，中标厦门建发多式联运项目和中铜、福建联德等有色金属“散改集”全程物流项目。

冷链物流 2020 年，冷链业务累计操作货量 2 万 TEU（统计范围包括北京区域天津公司、青岛区域河南公司、宁波区域宁波冷链分公司），同比增长 61.90%。陇海线、蓉沪、蓉甬、西部陆海新通道等多条冷链铁路开行线路进入常态化运行，全年操作货量 1132TEU，同比增长 143.97%。

通过打造具有中远海运物流特色的服务产品，为国内大型肉类生产加工企业提供进口一站式冻品服务的模式初见雏形，聚合了双汇、雨润、恒都、中粮、首农、越秀等核心客户，为冷链仓网布局提供了基础货源保障。

2020 年，公司首座现代化冷库——宁波冷链物流园冷库建成，并实现当年盈利，于年初投入运营，历时一个半月实现冷库满仓，创造冷链物流历史之最。同时抓住疫情对冷链物流需求增加的机会，租入上海华辰仓库于 5 月正式运营，且保持高仓位运转，周平均库存 1.5 万吨，并以此为依托，优化冷链海铁联运产品，实现海铁联运箱量快速增长。

空运物流 2020 年全年实现全额营业收入 26.55 亿元，同比增加 33.6%；实现净额收入 4.19 亿元，同比增加 4.1%；实现毛利 1.39 亿元，同比增加 8.5%。

出口电商业务取得突破。广州中远海运空运成功开发跨境进口保税业务港到仓项目，突破了电商业务原来在机场保税仓的单一模式，拓展了海港相关业务领域。持续推进美线、巴西线、韩线等产品优化，获得了巴西邮政钻石会员折扣，推出低于 500G 包裹巴西普速慢线，与快速产品组合，为商家提供多项选择；美国专线快速产品完成了实单测试及虚拟海外仓产品的 API 接口对接。

2020 年接连中标宝马摩托车、中芯国际深圳和北京工厂、中兴通讯南京保税仓、富士康准时达、安利空运海运、香港赛马会、广州飞机清关维修、苏宁易购上海和天津口岸清关、中鲁果汁运输等新项目、新业务，夯实了空运进出口增长的基础。

积极布局空港物流枢纽建设，继重庆、天津之后，广州白云机场项目开工，打造立足广州辐射华南的空运物流供应链平台，为医药、服装、汽车、跨境电商等领域客户提供物流供应链和解决方案式服务。青岛胶东机场项目立项后，将形成链接华北、华东、华南、西南空港物流枢纽。

圆满完成了第三届进博会主场运输任务。本次进博会，中空为 310 家展商的 380 票货物提供了入场运输服务，运输量共计 1747 立方米；提供国际空运服务 12 票，合计 2171 千克。展商分别来自美国、日本、加拿大、英国、捷克和奥地利。

工程物流 2020 年，工程物流全年实现货量 230.6 万计费吨，同比增加 1.13%；实现全额营业收入 16.88 亿元，同比增加 5.6%；实现净额收入 3.46 亿元，同比降低 16.5%；实现营业毛利 1.55 亿元，同比减少 14.2%。2020 年，工程物流合同签约额 15 亿元，较上年同比增幅 35%。

全周期工程物流抓住双循环新格局构建机遇，拓展国内工程物流市场，抢抓跨境工程物流业务，提升全球物流整体解决方案服务能力，深入挖掘客户全周期物流需求，为综合货运、仓干配物流等创造交叉销售。2020 年，工程物流参加投标项目 194 个，累计中标项目 110 个，累计实现签约额超过 15 亿元，同比增长 35%。光电物流业务线中标京东方集团全部工厂的液晶面板产成品物流服务项目及重庆京东方 OLED 光电工厂建厂物流项目，金额合计 1.1 亿元；核电业务线扛起央企担当，助力复工复产，首创集约化操作模式，三大区域性操作平台和租船平台，在核电市场抢占 85% 的市场份额，中标 1.3 亿元核电大项目。石化业务线连续中标并完成操作俄罗斯阿穆尔天然气处理厂项目（AGPP）一期至五期大件运输，服务国家双循环的新发展格局，实现物流业 + 制造业 + 工程建设，两业一建三融合发展，签约额达 1.3 亿元。

中远海运物流与中远海运特运共同致力于将南华物流打造成为能够充分挖掘供给侧需求，实现股东双方业务互为入口的合资平台，并逐步建立成为高效集约协同的共赢平台。合资公司成立后，中远海运物流与中远海运特运积极协同开发和运营全程物流项目，成功中标或顺利运营项目15个，主要包括“中电装沙特智能电表项目”“中交三航局孟加拉国军港项目”等，2020年全年为中远海特揽货25.4万方，同比增长63.5%。

化工物流 2020年，实现货量360万吨、7.8万TEU，同比分别增长12%和16.1%；实现全额收入4.72亿元，同比增加6.1%；实现净额收入1.81亿元，同比增加2.6%；实现毛利8278万元，同比增加16.5%。安全生产形势总体保持稳定、可控、有序，未发生重大安全、环境、职业健康事故，未发生人员伤亡事故，未发生责任以上安全事故。

加快核心资源获取，推进重点项目建设。金港化工：2020年11月18日正式投入运营，建立了国内首个具有团标、国标性质的化工园区停车场管理产品，项目采用可视化、数字化、智能化等科技手段，为本地注册在途的1500多辆危化品车辆提供停靠、加油、罐洗、维修、检测、仓储等一体化、规范化、科学化安全管理综合服务，切实解决危化品运输车辆乱停、乱放、乱清洗现象，最大程度地解决政府在城市运营安全方面的痛点与难点。苏州化工：2020年11月18日，集团董事、总经理付刚峰宣布三期项目正式开工，项目将通过研究建设丙一类危化品自动立体库，引领行业标准，进一步巩固市场地位。天津南港项目：与天津经济技术开发区管委会签订战略合作协议，投资建设天津南港危险化学品道路运输综合服务中心项目，共同创建天津南港“智慧园区”示范区，推进“金港产品”复制升级，已正式上报总部申请立项。

国际班列 惠普项目成功开发以重庆、西安、成都为核心节点的服务模式，2020年累计完成5088TEU，并将惠普项目的成功经验复制到博世项目，新中标博世项目中欧班列年货量3000FEU。2020年，依托惠普项目建立了“长安号”中欧班列集约化产品，在系统内取得了初步集约化的效果，全年累计完成765TEU。助力公司多式联运战略落地，提升产品控制力和市场影响力。

根据货物流向和客户需求，上海区域推出了“淮安—上海”“泰州—洋山”海铁联运班列，广州区域推出了“岳阳—深圳”海铁联运班列，重庆区域推出了东南亚冷链海陆快线，打造了中欧班列“信息化有箱承运人”新模式。

期货物流 不断深化与三大交易所和重要期货运营商的战略合作，加强战略营销，到2020年底，与三大期交所合作库容同比提升93.5%，达到30万吨。中远海运仓配实现了与郑商所合作的突破，纯碱业务稳定运行并延伸了门到门配送服务，同时在上期所橡胶期货业务上拓展了进口集装箱全程物流服务；大连区域营口百丰泰正式成为大商所玉米、淀粉指定交割库，业务量不断攀升；北京区域、上海区域与上期所合作实现零的突破，分别拓展了天津锌、上海外高桥国际铜期货交割库业务；重庆区域上期所有色金属期货交割业务进一步增加了库容。

船代业务 2020年，全年实现班轮代理箱量1388万TEU，非班轮代理货量13.89亿吨，同比分别下降2.1%和增加1.5%。船舶代理业务实现净额营业收入10.43亿元，同比减少3.5%；实现营业毛利6.17亿元，同比减少2.4%。船舶代理业务2020年先后受到国内、国外疫情影响，叠加中美贸易摩擦，自业务量2月开始下滑，5月以后才逐步上升趋于平稳。直至第三季度，累计业务量才全面超过2019年同期。

船代业务线以客户为中心，与北海船务公司共同创新服务和优化代理服务产品，构建代理与中远海运能源、货主、海事“四位一体”的涠洲模式，着眼服务于客户的客户，搭建四方沟通平台，发挥代理的桥梁和纽带作用，提高了作业运营效率，提升了客户体验度，增加了客户黏性。自建立以来到目前为止，北海船务单点艘次上涨50%以上，净额收入增幅增加约3倍。

船代业务线把握进口原油、中转油品等产品业务量大幅增加的机会，开发油品客户，油轮代理业务量上升。受矿石船舶大型化影响，增加超大型矿砂船 VALEMAX 代理业务，铁矿石代理货量大幅增加。

加快船代物流化发展，加强产品复制推广，中远海运船务与中远海运散运共同搭建散货租船平台，推出了北煤南运服务；上海区域散杂货外贸租船平台稳定运行，完成了出口德班设备全程物流运输等重点项目。

检验业务 2020 年，实现营业收入 4.2 亿元，同比增加 3.2%；营业毛利 1.68 亿元，同比降低 4.9%。

理货检验业务线依照“服务产品化”理念，全力推进理货产品研发推广，加强鞍钢、沙钢合作，开发驳船监控、新船理货、资产盘点、加固绑扎等理货产品。开发智能理货项目，推进模板协助口岸公司加快智能理货推进，2020 年完成 9 个口岸 55 台集装箱智能理货验收，加持数字化管理的传统理货业务，营业成本进一步下降。

紧随“一带一路”，持续深耕几内亚检验市场。借助中远海运散运在几内亚的资源，积极对接中铝，成功中标中铝几内亚项目。随后以几内亚为起点，获得几内亚矿产品检验全资质，巩固中铝几内亚项目成果，中标双铝、印度阿夏普拉矿业、国家电投等 4 个矿山的检验检测业务，正在筹备建设第三个快检实验室。

（二）以网络化为目标，不断提升资源掌控能力

加速推进仓储资源布局 主要业务是通过自建、收购、参股等方式积极获取核心仓储资源，快速构建陆上节点资源网络，为集团向“全球综合物流供应链服务平台”全面转型起到关键支撑作用。截至 2020 年年底，控制运营仓储面积 351.31 万平方米，按仓储性质分，仓库、堆场面积分别为 182.52 万平方米（包括参股 9 万平方米）、168.79 万平方米；按所有权归属分，自有、租赁面积分别为 155.42 万平方米（包括参股 9 万平方米）、195.89 万平方米。主要分布在我国江苏、辽宁、浙江、山东、上海等东部沿海省市。

2020 年，公司成功入股山东高速青岛物流公司，与临沂经济开发区达成战略合作，共同谋划布局智慧物流园领域；以金港项目为样板，确立了天津南港危化品储运中心项目；推动集团与普洛斯签署合作备忘录，推进仓储资源领域的全方位深度合作；与日照综保区签署合作意向书，加强冷链物流资源等领域的合作。当年竣工验收项目 6 个，投资总额 12.15 亿元，占地面积 48.4 万平方米，仓库面积 14.3 万平方米，堆场 1.6 万平方米，酒罐 4.8 万立方米。主要有：沈阳仓配中心二期项目、镇江综保区项目、中远宁波电商物流园项目、宁波中东欧贸易保税仓库项目、泸州酒罐项目、张家港市危化品道路运输综合服务中心项目。

加速推进铁路班列资源整合 深化与山东高速战略合作，合资经营的齐鲁号欧亚班列公司正式投入运营，新开行欧亚班列 1506 列，同比增长 42.9%；与江苏海企集团签署战略合作协议，共同出资设立江苏国际货运班列公司，打造了江苏地区的多式联运综合服务平台；以重庆国际物流集团为入口，整合南向通道资源，成功入股陆海新通道运营公司。

【境外发展与管理】

2020 年，中远海运物流协同境外公司合资方，不断完善境外公司的管理体制，完善网络布局，建立代理资源共享机制，促进境内外业务协同。

2020 年 1 月，由中远海运物流（欧洲）有限公司参股的杜伊斯堡门户场站有限公司正式成立，该合资公司将进行杜伊斯堡港多式联运场站项目建设。杜伊斯堡港多式联运场站项目是中远海运物流布局海外“仓干配”关键节点资源项目，通过多式联运场站改造建设，充分发挥杜伊斯堡港水铁陆联运优势，进一步强化中欧班列重要节点资源建设和布局，进一步巩固中欧班列稳定运行，推动国内如重庆、武汉、苏州、义乌等重点出口贸易城市与欧洲地区的货物流通，强有力地促进物流系统内外协作和发展。

同年 4 月，建立海外代理资源共享机制，印

发关于中远海物流全系统海外代理及分包方资源情况的通知，将集团非集装箱板块代理、物流系统集装箱业务单元代理、物流系统非集装箱业务单元代理、物流海外机构情况等海外代理及分包方资源情况印发给各境内直属单位。

9月，中远海运物流（非洲）有限公司在南非约翰内斯堡的仓库正式投入运营，运营当年实现盈利。该仓库地处南非最大内陆干港约翰内斯堡 CITY DEEP 核心区域，紧邻高速公路，并具备非常稀缺的2条铁路专用线，紧邻铁路编组场，距离中心铁路货运站 1.3 千米，区位优势明显，兼具保税和非保税功能。中远海运物流将以此仓库堆场资源为依托，着眼非洲矿产资源优势，加大内外协同，加快由营销思维向产品思维转变，加强客户分析、货流分析，大力发展全程物流供应链业务，全力打造矿产资源类全程物流供应链服务产品。

【经 营 效 益】

面对新冠疫情的巨大冲击，中远海运物流全系统各单位上下一心，以“变革·创新·赋能”和“梦想·创新·实干”为主线，认真落实总部党委“四早三抢三稳”工作方针，迎难而上，外拓市场，内强管理，保持传统业务相对稳定，实现现代合同物流业务逆势增长，推动企业经营质量效率不断提升，实现了全年效益的稳中有升。2020 年实现全额营业收入 387 亿元，同比增长 11.8%；营业毛利总额 21 亿元，同比增长 1.1%；实现净利润 1.45 亿元，同比增长 168.7%，超过集团必保指标 15.9 个百分点。

稳生产，强化业务开拓和运营 一方面，抓住核心矛盾，稳定传统板块贡献。抢抓复工复产机遇，强化客户营销和产品化服务，船代业务触底回升，营业收入同比增长 10%，营业毛利贡献恢复到 2019 年的 97.6%；巩固港口和客户合作，全力推进智能理货建设，理货业务市场份额保持稳定，营业毛利贡献恢复到 2019 年的 97.5%。另一方面，抓住市场机遇，加快拓展现代合同物流业务。集装箱物流加大直客自揽货力度，扭转订舱业务下滑局面，营业收入同比增长 9.2%；散货物流稳住煤炭、铁矿石等主力货源，营业收入同比增长 18.6%；仓储物流紧随国内消费升级，家电仓储、场站运营业务逆势增长，营业收入同比增长 3.3%；工程物流业务在受海外疫情影响部分项目停滞情况下，强化业务线集约运营和客户二次开发，营业收入同比增长 5.6%；空运物流抓住防疫物资进出口和电商发展机遇，全力开发直接客户，营业收入同比增长 33.6%；化工物流深耕重点客户，强化仓干配全程物流服务，营业收入同比增长 6.1%；供应链物流冷链业务持续发展，粮食供应链业务不断做大，营业收入同比增长 84.6%；第三方检验三大核心业务稳步提升，大客户合作成效显著，营业收入同比增长 44.3%。

稳客户，拓展和巩固战略合作 在战略客户拓展方面，聚焦转型发展的全程物流供应链领域，强化战略营销和产品设计，集约系统比较优势，实现与国内三大期交所的全面合作，中标博世集团国际物流分拨中心中欧班列项目及科思创综合物流项目，与国家电网等 11 家客户和合作伙伴签署战略合作协议。在战略客户巩固方面，克服疫情影响，发挥系统资源整合优势和专业服务能力，倾斜优质资源，推进“三化”经营，推出海铁联运、陆改水、陆改铁等服务模式，保证核心客户供应链畅通，蝉联中标惠普、哈飞空客、壳牌石油等客户业务，与中铝集团、神华黄骅港务等合作持续深化。

提质效，深化企业精益管控 加强成本控制和资金管理，提高管理效能，实施系统性成本控制方案。全年降控人工成本 5442 万元，减少招待费、会议费、差旅费等行政费用支出 7332 万元；强化资金归集，上线资金池平台，累计归集资金 31 亿元，推动财务费用较期初预算降低 3500 万元，资产负债率较期初降低 3%；积极落实疫情优惠政策，累计获得政府补贴 2.7 亿元；共完成项目投资 20.4 亿元，投资完成率为 78.77%。持续推进提质增效专项行动，超额 11 家完成集团下达的亏损企业控制目标，超额 5 家完成集团下达的企业压减必保任务；积极盘活低效无效资产，实现处置收益 1.17 亿元；深化历史遗留问题处理，建立工作长效机制和风险识别机制，退出项目 177 个，涉及融资余额 19 亿元；加强应收账款管理，强化超一年期项目催收，葛洲坝等重点风险项目处理取得突破性进展，一年以上应收账款净额同比下降 54%，应收账款周转率提升 9%。

【公司治理】

2020 年 7 月，中远海运物流完成公司章程修订，主要包括如下内容：一是根据集团党组印发的《关于推进党建工作总体要求纳入国有企业公司章程工作的通知》文件要求，结合十九大精神，对党建总体要求入公司章程内容进行修订。二是根据《中国远洋海运集团有限公司直属公司董事会运作管理办法》《加大直属公司董事会授权试点工作方案（试行）》《企业主要负责人履行推进法治建设第一责任人职责实施办法》等文件精神，对出资人、董事会、监事会、法定代表人、总经理、总法律顾问的权利义务内容进行修订。

中远海运物流为独资企业，由单一股东（中国远洋海运集团有限公司）直接管理，不设股东会。

董事会建设 2020 年度中远海运物流第一届董事会成员共 7 人，董事长为韩骏，董事为蒋恺，外部董事为吕靖、刘新权、高名湘，专职外部董事为胡兵、曹斌，职工董事暂缺。董事会秘书为高伟。全体董事会成员认真履行忠实义务和勤勉义务，为公司重大战略和重要事项作出科学决策。董事会设立审计与风险管理委员会、战略与投资委员会、提名与治理委员会三个专门委员会；审计与风险管理委员会主任委员为刘新权董事，战略与投资委员会、提名与治理委员会主任委员为韩骏董事长。

公司董事会严格执行《中国远洋海运集团有限公司直属公司董事会运作管理办法》和新授权范围，不断规范董事会治理。2020 年，董事会深入贯彻落实新发展理念，不断清晰公司发展战略，紧紧围绕集团各项工作要求，在推进公司深化改革和转型发展的同时，坚持合规、高效的议事决事机制，充分发挥董事会在公司治理中的核心作用，确保了公司经营发展质量提升，国有资产保值增值。2020 年度共召开 14 次董事会，其中 4 次现场会议、10 次通讯会议，共审议 50 项议案。2020 年度各专门委员会总计召开 5 次，审议 6 项议题。

监事会建设 白石任监事会主席，张清海任监事，李斌任职工监事，日常工作职能设在纪委工作部/监督审计部。2020 年，中远海运物流二届监事会按照法律法规和集团《关于规范直属单位监事会运行的意见》要求，认真贯彻落实，充分发挥监督、制衡、服务、评价职能，促进公司治理主体规范化运作。

2020 年下半年，监事会组织开展对上海中远海运物流、中远海运船务、中联理货、中远海运空运、中远海运工程及北京中远海运物流 6 家直属单位的调研，了解基层企业董事会建设、企业治理和生产经营情况，集团及物流总部决策事项落实执行情况，涉及物流总部管理的有关重大经营风险和需要物流总部解决的事项等；对完善内控体系建设、加强风险管理、提升规范化管理提出了明确要求，对 6 家直属单位反映的相关问题和困难及时协调物流总部相关职能部门予以推动解决。

召开监事会二届一、二、三次现场会议，共审议通过 6 项议案，完成监事会主席选举、监事更换工作。监事列席公司董事会会议 10 次，对《物流公司“十四五”发展规划》等重要议案，从监事履职角度提出加强合规管理、防范风险等方面的意见 7 条，提出参考性建议 10 条。专项审议物流公司 2019 年财务决算和 2020 年财务预算报告，针对公司 2019 年“存贷双高”“应收账款质量”两项问题提出意见建议。

领导班子建设 公司始终将班子建设放在第一位，不断抓紧抓牢抓实，充分发挥党委班子把方向、管大局、保落实的领导核心和政治核心作用，坚持好班子是“配”出来的，更是“练”出来的理念不放松。物流实行董事会领导下的总经理负责制，截至 2020 年年底，领导班子成员共9名。

成功完成宁波物流“双百行动”。经过20个月的努力，宁波物流“双百行动”圆满落地，成功引入普洛斯隐山资本作为战略投资者，设立员工持股平台，以市场化形式选聘了新的经营班子，实施了三项制度、职业经理人等改革举措，实现了产权主体多元化，激发了企业发展内生动力，为系统持续深化改革积累了经验、打造了样板。

【组织结构】

物流总部机构设置 新总部共设置了19个部门，分别为董事会/总经理办公室、党委工作部、直属机关党委、散货物流部、集装箱物流部、供应链物流部、船务部、理货检验部、仓储物流部、战略与企业管理部、运营管理部、海外发展部、安全监管部、财务管理部、人力资源部/组织部、法务/风险管理部、信息化管理部、监察审计部/纪委工作部、工会。另根据实际情况设置了党委巡查办公室、发展研究中心、上海营销中心等特设机构。总编制192人，各部门负责人职数设置不超过1正2副。整合后实际占编人数180人（含借调人员），不含公司领导、工会主席。办公地址设在北京市朝阳区八里庄北里220号中远海运物流大厦。

企业管理层级情况 截至2020年年底，公司管理层级最多为4级。母公司所属二级子企业34家、三级子企业214家、三级分公司188家。二级子企业中包括16家境内直属企业（大连、北京、青岛、上海、宁波、厦门、广州、重庆8个区域公司和中空、仓配、化工、工程、供应链、船务、中联理货、国投8个专业公司）。

企业法人层级情况 截至2020年年底，按照企业法人层级划分，中远海运物流系统合并范围内子公司共计249家，一级法人企业1家（中远海运物流）、二级法人企业40家、三级法人企业200家，四级法人企业8家；分公司共125家。截至2020年年底，中远海运物流境外子公司共7家，分别为中远海运物流（日本）有限公司、中远海运物流（欧洲）有限公司、中远海运物流（香港）有限公司、中远海运物流（非洲）有限公司、中远海运（香港）船务代理有限公司、中海物流香港有限公司、中理检验几内亚有限公司。

压缩管理层级、减少法人单位工作目标及落实情况 2020年，公司完成16家法人单位压减工作，超额完成集团下达确保完成10家压减任务的指标。

【信息化建设】

为实现集团“十四五”战略规划对物流业务成为“数字化驱动的第三方物流平台企业”的新定位，落实“十四五”战略规划数字化赋能战略举措，加快以数字化为引领的业务转型升级步伐，中远海运物流在IBM的专业支持下，结合系统信息化现状，借鉴行业先进经验，顺利完成《中远海运物流数字化规划》编制，并在获得公司董事会批准的基础上上报集团。

积极为客户服务 推动三大产品平台的设计与实施：智慧化工园区项目，是贯彻落实“五高”标准、深化六化能力，全面打造最具核心竞争力的产品和孵化器，是始终以产品化服务、平台化运营融合园区痛点、化工物流特色、数字化技术、安全管理经验为一体的创新型应用，并通过行业内外部调研，定义、设计了智慧化工园区产品并组织实施完成，编制了智慧化工园区产品白皮书，为后续打造以产品为核心向市场进行推广复制奠定了基础；冷链物流数字化综合服务平台，是以“构建国内领先的冷链物流服务资源整合、协同、调度枢纽”为发展目标，强化集团内部资源深度协同，探索物流新科技应用的典范项目，该项目于2020年完成业务调研、系统原型设计，实现了与中远海集运、OOCL的系统对接，协助集运进行IBOX产品的冷藏班列应用测试，完成了各种功能开发和产品白皮书的编写工作；港航通内贸港口数字化服务平台项目，是船代业务响应“新思维、新动能、新模式”的创新型产品化服务平台，并于2020年进行了迭代升级，全方位提升了港口的管控能力和数字化服务水平，截至 2020 年 10 月底，该平台实现了报港作业全部线上化，港使费结算约 1.7 亿元，预装吨位约 2.6 亿吨，此外，该平台的推广工作在曹妃甸码头、神华粤电珠海煤码头等地已经初见成效，正在进行后期推进。

信息化建设成果 2020 年共获得省部级奖项 1 项、协会优秀案例奖项 4 项，取得软件著作权 1 项：阿西莫夫计划——单证自动化项目获得了中国物流与采购联合会颁发的科技进步三等奖（省部级）；港航通内贸港口数字化服务平台项目获得了中国物流与采购联合会 2020 年度物流服务平台优秀案例奖和中国交通运输协会颁发的优秀智慧物流信息平台优秀案例奖；集中式船代系统项目获得了中国物流与采购联合会颁发的 2020 年度物流服务平台优秀案例奖；冷链物流数字化综合服务平台获得了中国交通运输协会颁发的优秀智慧物流信息平台优秀案例奖；智慧航运物流大数据平台项目取得了中国版权保护中心颁发的软件著作权。

【风险管控】

公司依法合规经营，具有完善的风险管理和控制体系，采取有效措施防范投资、财务、金融、法律、知识产权、安全质量环保等方面重大风险，未出现重大资产损失。

防范疫情带来的商务、财务风险，严格客户资信和应收账款管理，规范合同管理，在疫情初期即编写法律指引，率先对新签署合同增加适用疫情不可抗力条款，得到集团认可和书面表扬。

持续深化“五统一”审计机制，落实“双整改、双督办”机制，健全责任追究工作机制，组织实施审计项目 80 项，抓好重大资产损失风险事项初核，促进企业运行规章制度的不断完善，助力经济损失挽回。

加强应收账款管理，强化超一年期项目催收，葛洲坝等重点风险项目处理取得突破性进展，一年以上应收账款净额同比下降 54%，应收账款周转率提升 9%。

防范国际制裁风险，加强对系统各单位的工作指引和敏感业务排查，制定了风险管控指导性文件和示范性合同条款，强化了合规管理。严格落实“三做三不做”要求，对高风险业务持续保持高压态势。

深化历史遗留问题处理，建立工作长效机制和风险识别机制，退出项目 177 个，涉及融资余额 19 亿元。

【安全管理】

中远海运物流深入践行“三个必须”“四不放过”原则，紧盯关键领域、关键时期，持续抓好隐患整改，保障了安全稳定大局，全年全系统未发生任何生产安全事故和生态环境保护事件。中远海运物流安全生产管理系统于 2020 年 10 月 14 日正式上线运行并在全系统各级单位推广使用。

强化管理体系建设，推进人员本质安全 2020 年，全系统有 1 家单位通过了 HSE 体系认证，4 家单位通过了安全生产标准化评审，6 家单位通过了安全生产标准化复审，全系统完善了 48 家单位的安全生产责任制。2020 年，全系统共 20 名员工取得注册安全工程师证书，87 名员工通过了部分考试科目。2020 年，统一组织 104 名在京单位及 25 名在沪单位企业主要负责人及安全生产管理人员参加培训并取得安全生产培训合格证书，其中物流总部按照高标准实现了安委会、安委办全员持证，持证范围远高于法律要求。在受疫情影响的情况下，2020 年全系统仍组织了 976 场安全生产培训及典型事故案例分享，全年共计 43 291 人 / 次参训。开展安全管理理念和技术交流，推进安全生产管理专业知识的推广和应用，在《中远海运安全》杂志发表论文 18 篇，在《水上消防》《消防界》发表论文 3 篇。

加强安全生产检查，完善应急处置流程 2020 年，物流全系统共辨识风险 2482 项，其中较大风险 50 项、一般风险 686 项、低风险 1746 项。推动安全生产监督检查及隐患排查无责备文化，鼓励推进隐患发现奖励机制。2020 年，物流各级单位共开展 6204 次安全生产自查，发现隐患 1769 项，已整改 1657 项，整改完成率 93.67%。2020 年，全系统共新增 38 项应急预案，修订 46 项应急预案，开展了 537 次安全生产应急演练，总计参演人数 13 065 人次。

建立完善安全生产标准 在团体标准领域，中远海运化工参与编制了团标《化工园区危险品运输车辆停车场建设标准》；在企业标准领域，编撰并印制了《普通仓库安全生产标准》，建立了普通仓库全面、全过程的安全管控标准，作为系统仓库安全运营的指导性、规范性文件。在输出安全标准化产品方面，张家港危化品道路运输综合服务中心按照中远海运化工参与编制的《化工园区危险品运输车辆停车场建设标准》，秉承“本质安全、安全发展”理念，引进了全球领先的安全设备和管理模式，打造了基础设施管理、数字化管控与应急等一体化的安全管理方案，其安全生产设计标准和方案获得了当地政府、安科院、石化联合会等政府主管部门和客户的认可，将安全作为该项目的核心以产品的形式推向市场。

荣获安全生产专利及安全生产管理奖项 浙江中联消防检测自主研发的消防实验室信息管理系统、泸州中远海运物流有限公司罐区监控管理系统、分布式灌装监控系统成功获得软件著作权。中远海运化工、宁波物流、泸州物流等单位共获得 7 项安全生产管理奖项。

【队伍建设】

系统提升领导班子综合能力 物流领导班子持续强化政治引领，不断加强理论学习，学懂弄通党中央各类决策部署和党内制度文件，集中学习 16 次，编发自学材料 11 期，不断提升班子成员自身素质和决策能力。举办“深化新时代国企改革”专题培训，引导全系统各级领导班子主动适应形势，把握企业发展趋势，提高落实企业改革的能力。严格执行领导干部双重组织生活会及基层调研等制度，提高领导班子发现和解决问题的能力。

全面加强领导班子队伍建设 以“党管干部、党管人才”为原则，以“对党忠诚、勇于创新、治企有方、兴企有为、清正廉洁”为标准，于 2020 年 3—5 月组织开展了境内 16 家直属单位领导班子及班子成员 2017—2019 年任期大考核，以视频形式组织谈话 650 人次，发放并回收测评表 4000 余份，全面评估了领导人员队伍现状，为系统深化改革工作做好干部人才评估及准备工作。加强干部岗位轮换，进一步畅通干部交流渠道。强化干部人才选配，全年共调整司管干部 52 人次，其中提拔使用 13 人次，平行调整 22 人次，降职使用 2 人次。探索市场化用人机制，宁波物流共有 7 名司管干部被聘为高级职业经理人。举办中远海运物流首期“启航班”培训，强化干部人才储备。

持续打造后备干部梯队 不断强化人才选拔、培养、锻炼力度，根据《中远海运物流有限公司领导人员后备人选管理办法》有关规定，组织开展了 2019 年度后备人才库的推荐工作。2019 年度共收到各直属单位推荐的领导人员后备人选共计 183 人，其中推荐使用时间为短期的共 74 人，使用时间为长期的共 109 人。通过专项深度考察，对其中短期使用的 54 名各直属单位中层后备干部人选的综合情况进行了专门了解，并形成专项考察报告。综合专项深度考察情况和综合分析研判情况，组织部提出了 182 人的入库建议，为下一步建立系统全面的“第一资源”仓储及配置中心，做好充分的人才准备。

【党工团建设】

中远海运物流党委在集团党组的正确领导下，深入学习贯彻习近平新时代中国特色社会主义思想和党的十九届四中、五中全会精神，坚持不懈贯彻新发展理念，带领全系统各级党组织和党员领导干部突出抓好重点任务，在引领企业高质量发展中发挥了党委把方向、管大局、保落实的领导作用。

党组织情况 中远海运物流党委班子由 9 人组成。公司党委所属基层党组织 375 个，其中党委 38 个、党总支 23 个、党支部 314 个；其中直属法人单位党委 15 个，直属法人单位党总支 1 个，直属机关党委 1 个。共有中共党员 4168 名，其中在职党员 4130 名，离退休党员 38 名。各直属单位党组织在接受中远海运物流党委领导的同时，遵循属地化管理原则，接受属地上级党组织的管理。

坚持顶层设计 研究制定了《中远海运物流 2020—2022 年基层党建工作规划》，通过实施基层党建工作三年行动和"六大工程"，全面提升基层党组织"六力建设"。积极研究《在深化改革中加强和改进党的建设的实施办法》，围绕混合所有制改革，聚焦"十四五"战略规划，对全面提升企业党的建设质量作出部署和安排。

严把舆论导向 坚持内外联动，全方位为物流改革发展和价值贡献积极发声。对外借助今日头条、学习强国、物流时代等多媒体平台策划推出战"疫"系列主题宣传 22 篇。对内依托集团一网三微一报一刊以及物流自有宣传平台，聚焦物流"十四五"战略规划重要成果，服务"双循环"有效举措，在集团官媒刊登相关报道 70 余篇。中远海运物流抗疫故事《为民众"菜篮子"保供跑出"加速度"》，经国务院国资委宣传局和人民网联合评选，荣获优秀奖。

强化责任担当 系统各级工会共安排 262.3 万余元工会经费用于开展防疫工作，组织广大职工投身疫情防控阻击战。始终坚持以职代会为基本形式的企业民主管理制度，组织召开一届三次职代会，引领广大职工参与民主决策、民主管理和民主监督。认真开展职代会提案答复处理工作，职工代表满意度达 100%。制定印发《中远海运物流厂务公开实施细则》，在混改过程中深入推进厂务公开制度化、规范化。组织开展以"心系职工，温暖进家"为主题的"两节"送温暖活动，发放慰问款物总金额 329.5 万元。

聚焦青年成长 中远海运物流团委班子由 1 名书记、6 名委员组成。截至 2020 年年底，全系统 35 周岁以下青年共 4583 名，28 周岁以下青年共 1528 名，团员 1275 名（含保留团籍的党员 256 名），分属 17 个团委、8 个团总支、111 个团支部。

公司团委积极组织全系统广大团员青年学习习近平总书记五四寄语、在中央党校中青年干部培训班开班式上的讲话等重要讲话精神，切实用习近平新时代中国特色社会主义思想理论武装头脑。举办"物流青年讲堂"，通过系统内优秀案例的分享交流，实现学学相长，互相赋能。以"雷锋月"为契机，开展"打赢疫情防控阻击战，物流青年学雷锋在行动"主题活动，组织青年员工迅速投入到疫情防控和复工复产中来，全系统爱心青年向"抗击疫情、希望同行"项目捐款 6 万余元。开展"提质增效 青年先行"活动，系统各单位组建了 30 余支"青年突击队""青年攻关小组"，在物流方案产品研发和精益管理方面效果明显。开展五四评选活动，以青年先进典型的榜样力量引领团员青年"比、学、赶、超"，全系统 30 个集体、29 名个人分别荣获集团、物流五四先进表彰。

【廉 政 监 督】

中远海运物流纪委严格落实新形势下全面从严治党的新要求，深入推进公司以混改为前提的深化改革等重点任务的监督保障工作，一体推进不敢腐、不能腐、不想腐，推动党风廉政建设和反腐败工作向纵深发展。

着力推进"三不"一体化建设 强化学习教育，依托《纪检信息》、党建网等及时推送党风廉政建设新动态，发布违反中央八项规定精神和群众身边典型案例。印发《关于加强党纪案件协同审理工作的意见》《厂务公开监督办法》等多项制度，紧跟公司改革步伐，做到同步设计、同步制定、同步实施。全系统开展各项监督工作共发现问题 1042 个，推动新建制度 123 项、修订制度 147 项。从严查处问责，运用"四种形态"问责处理 126 人次，其中批评教育、提醒谈话、诫勉谈话等第一种形态处理 111 人次，占 88.1%。

持续深化作风建设 重点关注常态化疫情防控、节假日等关键节点，部署开展"四风"问题专项检查。开展为基层减负和集中整治形式主义、官僚主义“回头看”工作，推动整改落地见效。贯彻落实习近平总书记关于坚决制止餐饮浪费行为的重要指示精神，倡导浪费可耻、节约为荣的新风尚。严肃查处违反中央八项规定精神问题，2020 年办理涉嫌违反中央八项规定精神的问题线索 17 件，党纪处分 5 人，诫勉谈话 10 人，提醒谈话 12 人，岗位降级 1 人，退回违规款项 41.47 万元。

充分发挥监督合力 贯彻集团“八项监督”意见，建立完善重大事项通报机制，通过干部座谈、调研督导等方式，强化对直属单位政治建设情况的监督和指导。组织召开 3 次深改工作监督会议，提出监督意见 22 条，参与 14 次中介招标监督工作，赋能公司混改变革。强化疫情防控监督，提出“十要十不得”防疫监督要求，做实做细疫情防控常态化监督。加强政治巡察，全系统开展 50 个巡察项目，发现 536 个问题，提出 293 条意见建议，对开展的巡察项目实行“双对账”销号管理，督促做好巡察整改“后半篇文章”，助推了全系统管理水平提升。发挥审计监督协同作用。成立党委审计委员会，重点抓好审计工作一体化、科学化、规范化和数字化的落实，组织实施审计项目 80 项，共发现问题 875 个，提出意见和建议 366 条，挽回经济损失 71.62 万元。

【企业文化】

中远海运物流于 2020 年 10 月荣获“2018—2020 年度首都文明单位标兵”，11 月通过第四届“全国文明单位”第二次复核，11 月荣获中国企业文化研究会颁发的“十三五中国企业文化建设优秀单位”。

确定文化核心理念 中远海运物流以深化改革和转型发展为主线，坚持文化兴企战略，以“四个一”（一个团队、一个文化、一个目标、一个梦想）文化目标为遵循，逐步形成了以市场为导向、以客户为中心、以奋斗者为本的企业价值体系。公司主动适应物流行业市场竞争态势和发展趋势的同时，努力把握为客户创造价值的服务本质，全力推动产品思维向客户思维的转变，把满足客户需求、为客户创造新价值作为各项工作的出发点和落脚点。同时，全系统对标先进、比学赶超蔚然成风，“以数字化引领、以市场为导向、以客户为中心、以奋斗者为本”在全系统正由一种理念逐渐转化为主流价值标准和行为准则，成为企业文化的核心内容。

推动廉洁文化建设 实现廉洁文化建设成果化，开展廉洁文化核心理念评选。全系统共 4449 名员工参与，评选出“阳光物流、廉洁致远”为现阶段公司核心廉洁文化理念，“自信、透明”“风清、气正”“赋能、生机”成为廉洁文化内涵，积极推进核心廉洁文化理念“上桌面、上墙面、上页面”。

营造奋斗者文化氛围 公司党委持续深入开展对标学习昆明工程物流党委、嘉兴外代活动，以典型引领思想解放，推动转型发展。做好典型选树工作，2020 年共评选出集团先进典型 12 个集体和 13 名个人，物流先进典型 38 个集体和 58 名个人。开展“奋斗者风采”主题宣传活动，弘扬在落实“四早”“三抢”“三稳”方面的典型事迹，进一步强化“以客户为中心，以奋斗者为本”的文化自觉。积极鼓励员工创作抗疫文学及艺术类作品，撰写并报送《防疫物资运输绿色通道的建设者》《驻村扶贫干部的抗疫坚守》等多篇抗疫纪实，收集摄影、书画等作品 50 份，展现中远海运物流人勇于担当的奋斗精神。

【战略合作】

2020 年 5 月 14 日，中远海运集团与上海期货交易所在沪签署战略合作框架协议。上海期货交易所理事长姜岩、总经理王凤海，中远海运集团董事长许立荣、副总经理黄小文出席签约仪式。上海期货交易所副总经理陆丰、中远海运集团总经理助理韩骏分别代表双方签约。双方将本着平等互利、共同发展的原则，在多领域开展务实合作，努力构建金融业与航运物流协同发展的战略伙伴关系。

7 月 3 日，中远海运物流与神华黄骅港务签署深化合资合作战略协议。韩骏一行赴河北省黄骅市拜访神华黄骅港务并出席战略协议签署仪式。神华黄骅港务公司李洪军总经理和中远海运物流高伟副总经理分别代表双方就延长合资公司经营期限、深化合资合作签署了《继续合作经营黄骅港中远海运物流有限公司的协议》。

8 月 19 日，中远海运物流与国家电网在宁夏银川签署电力物流服务平台战略合作协议。双方将发挥各自领域的资源和技术优势，在物流配送、智慧供应链和物流基础设施建设等方面进一步深化合作，提升物流数字化和市场化服务水平，为电力基础设施建设提供高效物流保障。

11 月 9 日，中远海运物流与西藏地球第三极在拉萨签订战略合作框架协议。双方围绕西藏第三极各类产业物流体系打造、西藏饮用天然水及特色产品销售等进行全面合作，发挥中远海运全球物流网络资源，为自治区品牌产业保驾护航。

11 月 19 日，中远海运物流与台州城投集团签署战略合作协议并与临海市人民政府签署三方合作备忘录。蒋恺与台州城投集团党委书记、董事长俞宏代表股东双方与临海市人民政府签署三方合作备忘录。三方将通过供应链管理、信息技术和风控服务等手段，积极探索各类新的合作模式，借助大数据中心、人工智能、工业物联网等新技术，形成“政府 + 金融 + 核心龙头企业 + 专业化物流 + 数字化技术”的五位一体的发展新模式。

11 月 25 日，普洛斯集团创始人、首席执行官梅志明一行到访中远海运集团，与中远海运集团董事长、党组书记许立荣等进行了会谈。普洛斯中国区首席战略官、隐山资本董事长东方浩，中远海运集团总经理助理、中远海运物流董事长韩骏分别代表双方签署了合作备忘录。中远海运与普洛斯将进一步在产业链、物流链等多个领域开展全方位合作，有利于充分发挥各自优势，实现协同发展。

12 月 4 日，中远海运物流与南非 AMG 集团在北京签署框架合作协议。蒋恺、马晓东、AMG 集团总经理李桦等出席签约仪式。马晓东和李桦分别代表双方签约。双方将发挥各自优势，进一步加强合作，通过整合南非锰矿至国内的全程物流链，建立国际产融结合的供应链服务模式，打造中国进口锰矿产业链的全程物流与供应链服务平台。

12 月 8 日，中远海运物流与日照综合保税区在物流总部签署合作意向书。韩骏、蒋恺热情接待了日照市委副书记、代市长李在武一行来访。段永桓与日照市综合保税区管理服务中心主任郑悦分别代表双方签署意向书。中远海运物流将围绕工业制造、民生消费等领域，加强物流体系建设，扩大资源投入，强化供应链资源整合，打造行业一流产品，更好地服务于当地经济社会发展。

【社会责任】

落实精准扶贫政策　中远海运物流以党的十九大精神和习近平总书记扶贫开发重要战略思想为指导，在集团党组坚强领导下，始终不忘履行中央企业的政治责任和社会责任，积极协助和参与集团和地方政府做好扶贫援藏工作，为打赢脱贫攻坚战和服务当地经济建设贡献力量。2016 年以来，主要承担了集团定点帮扶西藏类乌齐县、云南永德县的扶贫任务，以及广东湛江市欧家村等地方政府援藏扶贫项目，2020 年扶贫及对外捐赠金额为 419.35 万元。积极参与消费扶贫，采购云南、湖南、西藏等集团定点扶贫地区，以及湖北地区等扶贫产品 111 万元，为贫困地区的社会稳定、民族团结、经济建设作出了积极贡献，树立了企业良好的社会形象。

推进污染防治工作　按照《固定污染源排污许可分类管理名录》，中远海运物流系统无排污许可重点管理、简化管理企业，两家登记管理企业均按照国家相关法律法规进行排放，在地方生态环境保护部门督查中未发现问题。

做好保居民就业工作　公司 2020 年共计招聘 243 人，其中校招 38 人、接收退伍士兵 1 人、社会招聘 204 人。2020 年，因疫情影响，全国各地就业压力急剧增加，中远海运物流除日常校招、社招工作外，积极响应并参与国务院国资委“关于新冠肺炎疫情防控期间扎实做好稳岗扩就业工作”要求，多次向定点扶贫县、西藏青海高校、退役士兵等提供招聘岗位，并对湖北地区和湖北籍应届生制定专门的招聘计划。此外将2020届离校未就业高校毕业生纳入招聘范围，为未就业应届毕业生提供更多就业机会。在疫情期间，公司主动承担起央企的社会责任，为国家稳岗扩就业工作作出了自己应有的贡献。

【疫情防控】

在疫情防控过程中，公司党委始终把广大员工的生命安全和身体健康放在首位，认真履行领导责任，统筹做好疫情防控的各项工作。先后召开14次党委会、16次专题会，下发5项通知，部署疫情防控事项14项，确保中央及上级的各类防疫部署得到及时贯彻落实。制定《疫情防控操作指南》和《疫情防控应急预案》，先后发布10次通知强化疫情防控各项要求，始终把各项疫情防控措施往细了做、往实里落。系统各级党组织成立94支党员突击队投身疫情防控和复工复产工作，2121名党员积极投身船代外勤和现场理货一线工作，在急难险重任务中冲在前、干在前，充分发挥了党员先锋模范作用。

在抓紧抓实抓细自身疫情防控工作的同时，全力保障物资运输通道畅通，疫情期间共完成3835万只口罩、227万套防护服、597万副手套及其他防疫医疗物资总计7.83万吨的物流服务，为多地政府部门、多家知名企业提供了14.58万吨民生物资运输服务；中国外代、中外理始终保持7×24小时不间断优质港口综合服务，确保国际贸易通道畅通；推出“沪太通”“陆改水”业务模式，最大限度降低了陆上运输瓶颈对物流链的影响，全面助力复工复产工作。此外，中远海运物流于5月20日代表中远集团在北京向吉尔吉斯共和国驻华大使馆捐赠1万只一次性医用口罩和30个护目镜用于支持当地抗击疫情。

中国外轮代理有限公司

中国外轮代理有限公司

【公司概况】

中国外轮代理有限公司（简称“中国外代”或PENAVICO）原为中国外轮代理总公司，成立于1953年1月1日，是中国国际船务代理和国际运输代理行业的领导者，其专业经验和市场地位被业界所公认，PENAVICO作为其注册商标，代表着准确、及时、文明、周到的服务。中国外代总部设在北京，下设80多家口岸外代，有遍布全国的300多个业务网点，在美国、欧洲、日本、韩国、新加坡、中国香港设有代表处，具有完善的服务网络。

1992年年底，随着中远总公司更名为中国远洋运输（集团）总公司，在经过了31年一套机构、两块牌子体系之后，外代总公司从中远总公司分离出来，恢复了企业法人独立运作体制，成为中远集团的重要一员。2004年2月19日，中国外轮代理总公司更名为中国外轮代理有限公司，从2002年起与中远海运物流为“一套人马、两块牌子”。

【经营效益】

在新冠疫情暴发、国际经贸摩擦加剧、航线调整频繁等不利情况下，中国外代紧随公司战略、坚持目标导向、深化创新举措，确保了船代业务的基本稳定：2020年（全口径）船代业务板块共代理船舶7.94万艘次，同比下降30.14%；代理箱量3100万TEU，同比下降10.92%；代理货量14.9亿吨，同比下降4.18%；实现船代业务收入17.9亿元，同比下降5.56%。2020年（财务口径）代理船舶4.96万艘次，同比下降15.19%；代理箱量1405万TEU，同比下降5.95%；代理货量12亿吨，同比下降5.77%；实现船代业务收入10.5亿元，同比下降5.26%。由于公司财务统计口径等原因，有部分收入不划归船代业务板块进行统计。

【业务发展】

固本强基，专业化支撑方面：充分发挥总部集约优势，牵头各口岸公司完成协议签署、价格协商和战略谈判，稳定客户资源。抢抓疫情前后的宝贵时机，通过专项访问、集中推介、业务座谈会等方式，了解客户需求，提高服务水平，巩固合作关系。密切紧随政府，增强了解与互信，及时掌握市场管理、疫情防控等方面的政策信息，以便于对口岸公司的指导与服务。严控法商风险，避免经营风险。优质发展，集约化管控方面：加强服务标准化、服务专业化方面工作。同时，为继续强化细分业务线、提炼服务纯度，成立新项目组，持续推进集约化创新举措。塑造优势，产品化服务方面：提炼服务产品，推进业务转型。补足短板，数字化引领方面：船代信息系统上线工作有序推进，内贸港口数字化服务平台不断优化并复制推广。聚焦宣传，品牌化赋能方面：利用新媒体拓展宣传途径；统一对外形象，展现员工风采；激励一线员工，弘扬奋斗精神，培树系统典型。

【品牌建设】

开设“中国外代”公众号 自2020年3月16日开通至当年年底，发布139期外代新闻、重大事件及历史类小文章，集中展现各地外代工作亮点、突出成绩和优秀团队个人风采；开辟了外代历史小课堂专栏，展现外代历史沿革和企业底蕴，相关内容被航运界等多个颇有影响力的公众号相继转载，极大提升了外代的企业形象和品牌价值。

开展年度系统评先评优工作 牵头组织物流系统内船代业务线 2019—2020 年度优秀外勤评选活动，评选出“中国外代”品牌优秀外勤 20 名、“中远海船务”品牌优秀外勤 10 名，并从中甄选出在抗疫期间表现尤为突出的 7 名同志参选并获评由《中国航务周刊》举办的港航物流业最美逆行者——最美船代外勤业务员评选，在更大的舞台讲述船代人和船代事，提升品牌影响力。

中国外轮理货有限公司

中国外轮理货有限公司

【公司概况】

中国外轮理货有限公司（简称“中国外理”或 COSTACO）原为中国外轮理货总公司，成立于 1961 年，是经交通部批准、国家工商管理总局登记专门从事船舶理货业务的国有重要骨干企业。先后隶属交通部、中央企业工委、国务院国资委管理；2005 年，根据国务院国资委国企改革精神，成为中远集团所属全资子企业；2017 年，与中远海运物流整合重组，并完成了公司制改制，名称变更为中国外轮理货有限公司。重组后，中远海运物流与中国外理为“一套人马、两块牌子”。

中国外理经营范围为：国际国内航线船舶货物及集装箱的理货、理箱；集装箱装、拆箱理货；货物计量、丈量；船舶水尺计量；监装、监卸；货损、箱损检验与鉴定；出具理货单证及理货报告；理货信息咨询相关业务；易流态化固体散装货物取样、监装等业务；石油化工品、农产品、矿产品、木材、设备等商品的检验鉴定、检测服务，海事鉴定服务，保险公估服务。

中国外理以“严守公正立场，遵循实事求是原则，维护委托方合法权益”为公司从业准则，所属各口岸合资合营公司在全国有 70 余家，主要是以参股为主（且股比较低），公司遍布我国沿海、沿江对外开放口岸，通过股东会、董事会、监事会“三会”实施管理，向广大客户提供全方位、全天候的理货、检验等第三方公正服务。

中国外理始终以客户为中心，努力提高理货服务质量，不断改进服务手段和服务技能，借助理货第三方公正性和 24 小时无间断工作在货物进出口交接现场的优势，积极协助海关监管，成为维护国家经济贸易安全的一支重要力量。近年来，中国外理以优质的理货服务品牌为基石，大力拓展检验等第三方公正业务，以研发理货大数据平台与智能理货产品为创新驱动，逐步从以投资管理为主，向物流产业链中第三方公正经营人转变，着力打造一流的综合性第三方公正服务平台。

【经营效益】

2020 年，中国外理克服新冠疫情挑战，锐意进取、拼搏创新，全系统各单位和广大职工全力奋战在疫情防控第一线，全力打好全年的疫情防控阻击战的同时，加快固本强基与转型升级，公司快速协调发展取得了良好的成绩。

理货业务：全系统 2020 年理货收入 23.1 亿元。其中，集装箱业务收入 16.92 亿元，占比 73.22%；件杂货业务收入 3.79 亿元；延伸业务收入 1.11 亿元。从业务量来看：全系统累计完成理货船舶 44.31 万艘次，完成理箱量 1.56 亿 TEU，完成理货量 20.71 亿吨，完成装拆箱理货 236.03 万 TEU。

检验业务：中理检验 2020 年实现收入 1.28 亿元，同比增长 44%。其中，大宗商品检验业务收入 5679 万元，政府贸易保障业务收入 4977 万元，海事服务业务收入 2136 万元。

【政策维护与业务拓展】

（一）坚持固本强基，巩固理货行业地位

优化理货政策环境 中国外理与交通运输部、国家发展改革委、海关总署、市场监管总局、国家口岸办和各级地方交通运输主管部门加强沟

通，提出了多项深化港口理货行业改革的意见和建议。高度关注市场监管总局开展涉企违规收费专项整治，参与《港口法》《港口经营管理规定》的修订，持续引领并优化理货行业发展环境。

嵌入港口价值链条 延伸服务触角，充分发挥理货与物流、船代、拖轮等协同效应，不断嵌入港口价值链条，提升服务价值。公司根据市场发展需求，完善了系统理货单证的修订。支持理货协会修订《进出境件杂货船舶理货业务规程》行业标准，推进理货职业技能等级证书项目申报，提升系统标准化水平。

（二）推进科技创新，提升理货价值

推进智能理货建设 系统各口岸公司不断加大新技术、新设备的应用，助力理货工艺向自动化、智能化创新升级。全国沿海沿江港口、码头约有集装箱桥吊1261台，涉及中国外理系统的作业桥吊1060台。截至2020年年底，全系统28家口岸公司实施了智能理货建设，共安装智能理货桥吊689台，智能桥吊覆盖率已达65%，总投资2.6亿元。

重视理货数据产品化 各口岸公司更加重视数字化发展，疫情常态化影响加快了各口岸公司数字化转型速度。上海外理积极实施智能理货，在产品工艺革新、扩容、服务升级方面创新实践；青岛外理实现了5G网络在全国理货行业商用试点零的突破，开发并上线“船理同屏”App；宁波外理探索远程化、无纸化和实时化签证模式，成功研发船岸交互平台，推广RFID铅封技术，实现物流环节下多场景的电子数据读写与通信，提高集卡进场效率；厦门外理加速推进与船公司、代理等的电子舱单、装卸船理货数据融合共享等。

（三）加快检验转型，取得发展突破

加强战略引领，加快资源建设 引领中理检验进一步清晰战略定位、发展目标和实施举措：确立了大宗商品检验、政府贸易保障、海事服务三大核心产品线。2020年加强资源能力建设，新增中国合格评定国家认可委员会（CNAS）资质90项、中国计量认证（CMA）资质92项，有序推进实验室能力建设，开展船用燃料油硫含量、金属含量、煤炭常规项目、铝土矿常规项目等检测，夯实检测技术能力。

依托中远海运资源，实现跨越式发展 先后中标中铝、国电投几内亚铝矾土海外检验项目，拓展印度阿夏普拉、双铝等矿山检测业务，初步形成规模效益；成为唯一一家获得几内亚矿产品检验全资质的中国检验企业，打造物流供应链全程检验服务模式。

加强赋能口岸公司，转型初见成效 2020年，中国外理以资质建设为抓手，共支持23家口岸公司申请了海关总署申请进出口检验许可资质，对部分公司在实验室建设、客户资源共享等方面提供了支持帮助，彰显了中国外理总部的引领价值。

【企业管理】

截至2020年年底，中国外理系统合资公司72家，除部分固定收益和托管给中联的企业，总部实际召开56场次年度董事会，其中现场会议14场次，通讯会议42场次。

中国外理依据《中华人民共和国公司法》及公司章程，全面加强“三会”管理。一是加强对各合资公司董监事调整、换届聘用、利润分配等管理。二是通过合资公司董事会管理，全面推进系统各公司的经营管理、稳固传统业务、拓展延伸业务、转型升级、智能理货建设及投入、成本费用控制、人才队伍培养、经营风险应对、党群建设。三是加强系统经验分享交流，提炼各公司生产经营和改革发展亮点，提高系统集约化管理水平。

【品牌建设】

传承公正文化，持续深化品牌价值。

开展年度系统评先评优工作 授予来自口岸公司的30个集体、70名个人，中国外理系统2019—2020年度“文明示范窗口”“优秀理货员”

与“优秀理货组长”称号。在公司官微发布“抗疫守岗——中国外理人‘疫’线纪实”系列报道；向《中国理货》《中国远洋海运》等刊物推送防疫守港事迹；向《中国航务周刊》等媒体推荐理货业“最美逆行者”候选人。

搭建中国外理新闻宣传平台。及时准确反映口岸公司转型发展的新进展、新成就；推广先进事迹、先进经验，内强文化、外树形象；为中国外理 60 周年主题宣传预热，设立“外理小史”专栏，关注外理文化历史传承。公司官微关注人数年内增长近一倍，为提升中国外理品牌的影响力贡献了力量。

2020 年中远海运物流生产经营情况见表 14–5。

2020 年中远海运物流生产经营情况表 表 14–5

类　别	项　目	单　位	数　据
生产情况	集装箱揽货量	TEU	3 155 833
	铁路箱运量	TEU	346 723
	铁路散货运量	车皮（节）	128 311
	散杂货货量	万吨	21 579
	空运代理货量	吨	165 752
	电商业务 / 中远 E 环球	票	19 719 592
	工程物流操作量	FT	1 240 046
	代理船舶艘次	艘	82 246
	代理船舶净吨	万吨	127 784
财务情况	总资产	亿元	217.36
	净资产	亿元	60.68
	总收入	亿元	387.04
	利润总额	亿元	3.7
人力资源	职工人数	人	10 812

（贾津津　燕阳　黄研）

中远海运重工有限公司

中远海运重工有限公司

【公司概况】

中远海运重工有限公司（简称“中远海运重工”，英文简称 COSCO SHIPPING Heavy Industry），是世界最大航运公司中国远洋海运集团有限公司旗下的装备制造产业集群。是世界知名航运公司和海洋石油服务商在中国的重要业务合作伙伴。公司致力于振兴中国船舶与海洋工程装备制造产业，为国际航运和海洋开发提供一流装备和服务，努力打造中国领先、世界一流的船舶和海洋工程装备制造企业。

2020 年，公司按照集团的决策部署，在“三个跑赢”和“三个聚焦”理念引领下，围绕“学川崎强管理、去产能调结构、去杠杆控风险、保交付增效益”的年度工作主线，统筹推进疫情防控和生产经营，改革发展和各项业务均取得新的业绩。

【经营情况】

2020 年，受新冠疫情以及地缘政治等多重因素影响，国际航运市场延续低迷态势，全球新造船市场需求严重不足，油价暴跌并持续低位。中远海运重工围绕“继续大幅减亏，争取早日实现整体盈利”的中心任务，遵循经营工作“六项原则”，积极应对市场变化，防疫、接单两手抓，全力拼搏订单，夯实内部管理，基本完成年度任务目标。

修船业务方面：实施大客户战略，稳定修船基本盘。高度重视大客户的专项营销和分级管理，实现了较好的回报。2020 年全年，公司排名前十的大客户实现修船产值占完成总量的 56.57%，大客户营销的价值充分凸显。修理改装业务再创佳绩，继续保持业内领先地位，全年完工 1176 艘，完成年度任务的 137.36%。南通中远海运船务抢抓修船机遇，年修理船舶首次突破 200 艘；舟山中远海运重工、广东中远海运重工积极开展对外合作，盘活厂内闲置资源，经营业绩大幅攀升；上海中远海运重工承修首艘 17.4 万方 NO.96 薄膜型 LNGC“中能温州”轮和姊妹轮“中能连云港”轮，高附加值产品修造再获突破，海工修造逆势上扬。

持续提升接单质量，拼抢稀缺优质订单。2020 年以来，LNG、豪华邮轮、半潜船改装等高附加值修理和改装项目持续突破，有力提升接单质量。截至年底，实际进厂执行的大型改装项目 5 个，局部系列改装项目 5 个，LNG 船修理 3 艘，豪华邮轮修理 2 艘，销售收入约占总销售收入的 9.3%。

造船业务方面：全力承接项目，力促项目生效。2020 年共签订合同 16 艘，确保公司造船生产的连续性，稳定了企业的生产运营。提升项目质量，助力提质增效。在建造成本不断攀升的不利形势下，2020 年共承接新造船订单 77 艘，合计 806 万载重吨，新承接海工项目 9 个；造船新接订单平均边际贡献率同比提升了 40.6%。截至年底，公司手持造船订单 104 艘，共计 1170 万载重吨，在建船舶 48 艘，合计 566 万载重吨；手持海工项目订单 33 个，在建海工项目 19 个。

2020 年，中远海运重工合计交付船舶 60 艘、579 万载重吨，完工交付海工项目 14 个（含库存项目）。其中，南通中远海运川崎成功交付一艘悬挂日本船旗的 31.1 万吨油轮，开创我国船厂建造日本旗船舶的先河；大连中远海运川崎建成交付最新一代节能环保智能型 VLCC 30.8 万载重吨“远昆洋”轮；扬州中远海运重工建造的首艘21万吨散货船“惠智海”轮实现提前交付；大连中远海运重工建造的液化天然气（LNG）运输船“中技伟能环球”轮正式交付，该轮是目前中国船厂建造的单舱最大C型液货舱LNG运输船；由大连中远海运重工建造、国海海工资产管理有限公司管理的SUPER 116E型自升式钻井平台N596以“云”形式顺利交付。

加大国内拜访沟通，扩大信息来源。受新冠疫情影响，国外拜访活动受限，2020年重点开展了针对国内客户、机构及国外驻国内办事机构的拜访，尤其加大了对国内融资租赁公司的拜访和交流，促进了项目的深入沟通乃至落地。

海工业务方面：2020年以来，全球浮式生产类订单生效13个、改装项目订单生效4个，公司承接其中的3个，取得了国内同类船厂的最佳成绩。中石油管道局的Cyprus FSRU改装项目，更是成功打破韩国三大船企的长期垄断，为公司进军FSRU/LNG市场奠定了基础。承接新客户成达工程有限公司的纯碱模块，并积极跟进其他类似项目，助力公司在陆上LNG模块项目领域的拓展。2020年，公司还进一步稳定与MODEC、KNOT等伙伴的合作关系，参与世界排名第一的总包商客户SBM的FPSO船壳新造项目。

配套与非船业务：坚持大客户营销，推动钢结构制造向装备制造转型，承接了世界知名起重机制造和维修服务提供商芬兰科尼公司18台轮胎门式起重机（RTG）订单；推动与麦基嘉在海工项目上的业务合作，获得了全球首制、技术最先进、单体最大的抱桩器及转运系统订单；推动企业调整营销思路，关注国内产业“内循环”，争抢国内市场订单，取得西南海运、浙江航运、宁波远洋等数十家国内知名船东、船厂90余艘船压载水管理系统订单；推进马士基美国APM分公司的洛杉矶24套冷藏箱支架制作项目的执行。

配套企业产品创新赢得客户信赖。南通中远重工圆满完成Konecranes RTG项目；南通远洋配套继船用脱硫业务方面成功合作之后，与德国Saacke公司在船用锅炉项目再次牵手。南京船配自2019年9月自主制造的低速机排气阀杆实现国产首台套装机以来，不到一年已累计交付低速机排气阀杆20余台套，一次交验合格率100%，获得客户高度肯定。威海科技获防爆型海盾压载水系统美国海岸警卫队（USCG）认证，压载水管理系统改装全程服务能力迈上新台阶；大连海事工程、威海科技、南京船配、中兴海陆盈利水平均迈上新台阶。

此外，新产品、新业务转型升级取得进展。船舶内装业务不断升级，实现了从多种常规船型、大型海工平台、高端客滚船到豪华邮轮全覆盖；自主研发的绿色环保船舶高压岸电设备，在海运船队实现安装实绩。

【防疫复产】

新冠疫情暴发以来，中远海运重工在集团党组的坚强领导和正确指导下，深入学习贯彻习近平总书记关于新冠肺炎疫情防控工作的重要讲话和指示批示精神，认真贯彻党中央、国务院的决策部署和集团相关要求，始终把职工群众生命安全和身体健康放在第一位，把疫情防控工作作为当前最重要工作，按照“内防反弹、外防输入、海外防感染”总思路，通过强化疫防组织领导、助力武汉攻坚战、推进疫后复工达产、实施精准常态防控、打好大连等地疫情歼灭战、强化秋冬季疫防工作、强化隐患排查和应急演练、开展高风险岗位新冠疫苗接种等措施，统筹推进疫情防控和生产经营，全力打响打赢新冠疫情阻击战、攻坚战和歼灭战。全年投入抗疫经费4657万元，取得了新冠疫情“零感染”的阶段性胜利，确保全体员工生命健康安全和企业生产经营稳定。

疫情初期，中远海运重工于武汉封城前第一时间印发《关于进一步做好关心关爱员工身体健康工作的紧急通知》，要求在全系统启动新冠疫情预防工作。1月23日，成立由主要领导担任组长的“重工防控新型冠状病毒感染肺炎工作小组”，迅速构建起党政领导靠前指挥、各部门分工协作、各单位层层落实的高效疫防体系，统筹指导全系统抗疫工作。1月26日，启动重大突发公共卫生事件应急响应，要求全系统执行最严格的科学防控措施，做好全员疫情防控工作，并召开多场专题会研究部署应对工作。2 月 3 日，印发《防控新型冠状病毒肺炎预案（试行）》等系列文件，指导各部门、各单位科学高效开展疫防工作。2 月 10 日，公司总部和所属企业陆续恢复上班。截至 3 月 12 日，全系统员工复岗率达 93.5%，复工复产工作稳步推进。其间，认真落实新冠疫情日报制度、疫情防控每周例会制度、办公场所定期消杀制度、疫防物资采购与发放制度、全员每日健康监测制度、人员流动管控制度、高风险地区员工关怀、疫防应急演练制度、定期核酸检测制度，以及取消聚集性群体活动、取消堂食、暂停互访等商务活动等疫防措施，保障了全体干部员工的健康安全。

国外疫情暴发之后，中远海运重工在做好内部防疫工作的同时，积极开展客户关怀工作，第一时间了解国外客户防疫物资需求情况，并安排专人跟进口罩邮寄工作，先后分 6 批为美国、英国、希腊、新加坡等超过 70 家公司 / 个人邮寄超过三万只 N95 或同等级防护口罩，得到客户盛赞。受全球疫情蔓延，多国签证停发、航班熔断等多重因素影响，许多国外船东无法及时获得签证来华开展工作。公司积极协调集团公共关系本部，申请为有紧急入华需求的船东客户开具邀请函，协助办理来华签证。2020 年全年，收集汇总并开具船东客户邀请函共涉及 1529 人，为公司生产经营、项目推进起到了重要的支撑作用。在国内疫情得到有效控制而国外疫情蔓延的时刻，公司第一时间收集相关素材，制作了《口袋防疫书》群发船东客户，提醒客户做好工作、生活中的日常防疫，公司主要领导还给公司重要客户发去中 / 英文慰问信，起到了良好的客户关怀和品牌宣传作用。

【经营效益】

2020 年，中远海运重工经营生产稳步向好，完成集团下达的利润奋斗目标。全年实现营业收入目标，同比增长 7%；完成净利润考核目标，同比继续大幅减亏；完成经营接单，同比增长 92%，创历史新高；修船收入国内继续保持第一，造船接单量（载重吨）居全球第三；海工 FPSO 改装量国内领先；项目按时交付率达到 98%，同比上升 2 个百分点；安全环保形势保持平稳，无因工死亡事故发生。8 家船厂中 7 家经营活动净现金流为正。除政策和改革因素外，配套公司全面实现盈利，且整体有较大幅度增长。

中远海运重工 2019、2020 年主要财务状况对照见表 14–6。

中远海运重工 2019、2020 年主要财务状况对照表 表 14–6

类　别	项　目	2019 年	2020 年	差额
财务状况（亿元）	总资产	495.87	386.27	–109.60
	净资产	–31.15	–49.93	–18.78
	总收入	205.94	220.99	15.05
	利润总额	–49.72	–35.79	13.93
板块收入（亿元）	船舶建造	98.65	95.32	–3.34
	船舶修理	56.05	67.34	11.29
	海工建造	31.57	39.16	7.59
	船舶配套	16.51	15.89	–0.63

【企业改革】

综合改革方面，制定并推进公司综合改革实施方案：一是建设精简高效总部，强化构建总部“运营管控”功能。公司总部部门从 14 个压缩为 11 个，减幅 21%；岗位编制从 144 人减少到

100 人，精简 31%；总部部门领导职数从 32 人减少到 20 人，减幅 38%。二是规范公司所属企业董事会建设，调整 6 家全资子公司董事会，改设为 1 名重工公司领导兼任的执行董事，完善“总部—董（监）事会—经理层”分工明确、运作规范的管控机制。三是推进实施提质增效方案，运用国企分配机制改革工具包，激发企业活力和创效动力。四是推动资本结构优化，推进完成 7 个遗留海工项目划转工作，累计实现出口退税 7.12 亿元，在各央企中走在前列，得到国务院国资委充分肯定。五是继续推动压减工作，法人实体压减 4 家，超额 3 家。“一企一策”地推进亏损企业治理工作，亏损户数压减至 9 户。自成立以来，公司已累计清理关闭 11 家法人单位，完成中远造船、南京船配等企业改制，完成“处僵治困”和“三供一业”分离移交，现代企业治理工作不断完善。

供给侧结构性改革方面，以战略为引领，多措并举去产能、去杠杆、减负债，总体运营能力显著提升。一是持续推进资源整合，进一步将造船产能向扬州中远海运重工和两家川崎集中，其他修造并举企业的制造资源加大力度向修理改装业务转化，造修船产业链进一步得到优化。其中，舟山中远海运重工、广东中远海运重工坚决贯彻公司整体战略部署，抢抓修船机遇，积极开展对外合作，盘活厂内闲置资源，经营业绩大幅攀升，取得良好的盈利业绩；上海中远海运重工积极盘活立新三林、东沟土地资源，年内实现了出租签约；上海中远川崎坚定推进传统业务关闭重组，使公司整体资源配置得到进一步优化。二是充分利用复工复产金融政策，多渠道争取政策性贷款、税费减免和金融优惠，推进高成本贷款置换，全年共取得低息贷款 80.83 亿元，贷款成本从 4% 降至 3.8%。同时进一步压减融资规模，全年减少利息支出 4.41 亿元。三是“两金”压控成效显著，全面落实海工项目划转方案，减少两金净额 70.43 亿元。自成立以来，公司产能规模压缩至 748 万载重吨以下；“两金”余额较 2016 年底降低 217.58 亿元，带息负债规模下降 213 亿元；处置海工遗留项目 34 个，回收资金约 100 亿元。

【科技创新】

2020 年，中远海运重工全力推进科技创新，核心竞争力逐步增强。设计研究院根据公司造船战略和“做实研究院”的发展要求，推进业务转型，完善组织架构，加强和航运公司间的产品设计交流。10 月 15 日，公司与上海交通大学船建学院签署战略合作协议，在基础学科研究、科技成果转化、人才教育培养等方面建立全面战略合作关系。公司编制重工“十四五”科技发展规划和设计研究院发展规划，明确科技研发和设计研究院的发展路径和目标，积极争取国家部委科研项目。其中，公司所属南京船配的《高端船舶和海工装备动力系统关键核心部件自主创新能力提升及产业化项目》荣获国家发展改革委 2020 增强制造业核心竞争力专项；上海中远海运重工的《海洋工程装备行业标识解析二级节点应用服务平台项目》中标工业和信息化部信息通信管理局 2020 年工业互联网创新发展工程；启东中远海运海工的《海上天然气大流量处理工艺关键技术研究》荣获工业和信息化部高技术船舶科研项目。围绕 LNG 产业链和集团 LNG 船开发，公司成立专门组织机构，对 LNG 船舶建造、修理、改装等业务进行全方位的调研分析，并与沪东中华船厂签署 LNG 船舶修造一体化框架合作协议。

公司所属大连中远海运重工于 2020 年 4 月在大连建造交付 28 000 立方米液化天然气（LNG）运输船“中技伟能环球”轮。该船集成了当今世界 LNG 运输船最先进的技术，采用 C 型液货舱型式和双燃料主机推进系统，该船型满足中国船级社（CCS）Green Ship II 船级标准。南通中远海运船务“深远海多功能原油转驳船自主开发与工程应用”项目及“圆筒型浮式海上油气生产储卸平台设计与制造”项目双双获得中国航海学会科学技术奖一等奖。大连中远海运重工“深水海底油气工程船设计与建造关键技术研究与应用”项目获得中国航海学会科学技术奖二等奖。南通中远海运川崎“绿色智能型 2 万箱级集装箱船关键技术研发及应用”项目获得江苏省科学技术奖三等奖。南通中远海运船务“圆筒型浮式生产储卸油平台”项目荣获中国工业经济联合会第六届中国工业大奖表彰奖。上海中远海运重工“论修造船行业设备的全生命周期管理”荣获第四届全国设备管理类创新成果二等奖。南通中远海运川崎的“基于提高船舶管子加工效率的智能制造设备应用研究”和舟山中远海运重工的“压缩空气系统节能研究及技改”分别荣获第四届全国技术类创新成果二等奖。

2020 年，中远海运重工编制《中远海运重工数字化转型发展专题报告》。报告分析了国内船舶行业数字化动态，提出重工数字化现状，制定重工“十四五”数字化发展三方面工作任务，初步明确了重工数字化发展指导思想及目标愿景，为“十四五”发展构建了愿景蓝图。

【智能制造】

2020 年，中远海运重工科技研发与智能制造再获丰硕成果。南通中远海运川崎在船舶海工行业率先建设和应用工业互联网，大大提升企业的全流程优化能力，被评为 2019 年江苏省工业互联网标杆工厂。公司设计研究院联合舟山中远海运重工申报的“绿色节能支线集装箱船关键技术研究与产业化”项目获得中国航海学会 2019 年度科学技术奖一等奖。南通中远海运船务“圆筒型浮式生产储卸油平台”项目荣获第六届中国工业大奖表彰奖、2019 年江苏省科技进步一等奖。大连中远海运重工建造的 6.2 万吨多用途纸浆船入选英国皇家造船学会 2019 年杰出船型，自 2019 年 1 月首制“中远海运开拓”轮以来，已累计交付该型船舶 10 艘。

在推进智能制造方面，拟定了公司“十四五”智能制造专项发展规划。继续实施智能制造专项计划，2020 年制定了 57 个计划项目，同比增长 35.7%。在管理过程中，积极促进数字化生产转型，提升生产组织效率，加大智能制造投入，推动智能建造单元、智能生产线建设，研究 5G、VR 等关键新技术在智能建造生产线和安全管理等领域的示范应用，保持行业领先和示范地位。特别是两家川崎智能制造水平继续在国内同行业中保持领先。

2020 年 10 月，公司与中国船舶工业集团公司第十一研究所采用“线上 + 线下”同步方式联合举办了第二届暨2020船舶工业智能制造论坛，共计 60 多家单位 160 多人参与现场活动，进一步增强了公司智能制造的知名度和影响力。

【风险管控】

为了提升公司职业健康安全管理水平和风险管控能力，保证职业健康安全管理体系符合 ISO 45001：2018 标准要求，中远海运重工开展了职业健康安全管理体系换版工作。分析现有体系与新版 ISO 45001 的差距，修订《安全环境管理手册》，并进一步细化安全环境管理方针。通过开展安全环境法律法规合规性评价、风险评估、内审、安全管理制度修订和培训等工作，进一步加强员工职业健康安全风险意识、岗位熟悉程度；发现公司日常安全运行管理中的不足，优化安全风险管控措施。2020 年 6 月，公司通过 DNV-GL 认证公司的审核，取得了新版职业健康安全管理体系证书。

组织开展年度内控评价和风险评估工作，编制年度内控体系及全面风险管理工作报告。根据《关于做好 2021 年中央企业内部控制体系建设与监督工作有关事项的通知》、集团《关于做好 2020 年度内控评价工作有关事项的通知》，以及《中国远洋海运集团有限公司风险评估管理规定》的要求，公司总部及所属各企业组织开展了 2020 年度内控评价、2021 年度风险评估和年度内控体系及全面风险管理工作报告编制等工作。结合新冠疫情的突然暴发及蔓延等外部因素对公司经营管理的影响，重点对合规风险、疫情风险和宏观经济风险等进行全面跟踪、分析。

根据集团要求和公司《中远海运重工有限公司规章制度管理办法》的规定，由法险部组织各部门对公司总部现有规章制度进行梳理和评估，制定 2020 年度规章制度的制订、修订与废止计划，并经公司主要领导批准，按要求已报送集团。2020 年度，公司共制定、修订规章制度27个。其中，新制定《中远海运重工总部人员专业化能力提升奖励细则》等16个规章制度，修订《中远海运重工董事会议事规则》等11个规章制度。

根据集团统一要求，公司法险部组织开展集团《客户资信和应收账款管理办法》执规自查，会同经营中心、财务部对客户资信和应收账款管理规章制度制定和执行、风险管控及监督考核等情况进行了自查。根据集团《关于组织开展集团投资项目风险评估专项评估工作的通知》的要求，会同战企部对固定资产投资、长期股权投资、无形资产投资等项目进行了梳理，并按照集团要求对公司投资管理组织机构、规章制度建设和执行情况、风险评估以及重点项目的风险管理情况进行了总结。公司制定并加强企业经营性现金净流入指标跟踪管理，深挖企业主观能动性，积极应对疫情对企业资金的影响，统筹调配资金，确保了整体资金安全。

为培养公司全员风险意识和合规意识，提升专业人员业务能力，促进主动防范风险和依法治企的观念，根据年度重点工作，公司开展了各类风险、合规知识及操作实务培训。其中包括对公司领导、相关部门、所属企业法务与风控全体人员进行的合规体系管理培训，参加集团组织的法治大讲堂等，使各级管理人员的综合能力有所提高。

【安全环保】

2020年，中远海运重工未发生上报等级生产安全事故，一般等级事故和小事故总量控制在考核指标内，各项安全指标取得历史最佳，为深化改革和经营指标的完成提供了坚强保障。

为促进党建与安全管理的深度融合，在全系统开展基层支部安全改善评选活动。各企业以支部为单位，推进实施“每月一善”、定期评比，全年实施安全改善项目3400余项，有12项优秀安全改善项目荣获公司2020年度安全改善最佳案例。2020年，按照集团领导提出的学川崎要“全面复制、不走样”、要“真想、真信、真学、真干”的指示要求，公司深入推进安全管理“学川崎”工作，从组织机构设置、作业基准导入、现场统括安全管理运行及班组自主安全管理等方面全面推行川崎安全管理模式，并不断取得成效。舟山中远海运重工获评国家安全生产标准化一级企业（机械）及全国安全文化建设示范企业称号。

公司坚持绿色发展理念，有效推进生态环保工作，进一步加大生态环保投入，全年共投入资金1.64亿元。一是重点推进超高压水除锈绿色修船工艺取得阶段性成果；二是推进挥发性有机物（VOCs）治理工作，制定“一企一策”方案；三是加强环保专项培训和行业对标交流，邀请环保专家开展专项培训，到振华重工、华润大东和大船重工等企业交流借鉴同行业企业环保治理的经验和工艺技术，不断提升生态环保管理水平。

【队伍建设】

为凝聚深化三项制度改革工作共识，中远海运重工率先推动总部三项制度改革工作。完成总部组织机构和正副职的调整。加强对所属企业改革方案的审核指导，组织三项制度改革工作推进会、座谈会，推动工作落实。公司坚持“好干部”标准，严格干部选拔任用程序，大力选拔使用年轻干部，全年对所属15家企业和2个中心的领导班子进行了调整，涉及干部45人次。持续推动干部“能上能下”，根据年度综合考核情况，提拔使用7名工作业绩突出、群众公认度高的干部，对符合条件的9名干部予以退出领导岗位，对考核排名末尾的2名干部予以降职，树立选人用人的鲜明导向。

围绕“十三五”人才发展规划任务，公司加大专业人才库建设力度，发挥人才聚集效应，建立高级人才库4个。做好领军人才选拔推荐工作，累计推荐6批14人次（团体）申报国家及省部级各类领军人才工程。编制印发《中远海运重工专业化能力提升奖励细则》，鼓励干部员工提升个人专业素养。按照2020年教育培训工作计划，全年组织开展40多项业务培训和专题培训。

【企业党建】

2020 年，中远海运重工党委认真学习贯彻党的十九大和十九届二中、三中、四中、五中全会精神，以习近平新时代中国特色社会主义思想为指导，坚决贯彻落实党中央和集团党组的决策部署，切实加强党的领导和党的建设，落实全面从严治党要求，贯彻“三做”党建工作理念，深入开展“四史”学习教育，巩固“不忘初心、牢记使命”主题教育成果，围绕“四个坚定不移”“提升六大关键能力”工作重点，统筹推进疫情防控和生产经营，各项工作取得显著成效。

面对突如其来的新冠肺炎疫情，公司党委把疫情防控工作作为当前最重要的政治任务来抓，扎实推进疫情防控和复工复产，最大限度降低疫情给企业带来的冲击和影响。各级党组织动员广大党员干部率先垂范、冲锋在前，在疫情防控和复工复产中发挥重要作用。多个抗疫先进集体和个人受到上级表彰，大连中远海运重工王彧荣获中央企业抗击新冠肺炎疫情先进个人称号。公司党委划拨专项经费 60 万元支持疫情防控重点企业；全系统 3680 名党员自愿捐款 29.3 万元。

为持续强化政治建设，公司共组织开展 12 次党委中心组集中学习，持续深入学习贯彻习近平新时代中国特色社会主义思想、党的十九届五中全会和中央经济工作会议精神，深入开展“四史”学习教育，重点学习《习近平谈治国理政》第三卷，强化理论武装，指导工作实践。修订完善《中远海运重工党委议事决策规则》，把党委研究讨论重大问题作为董事会、总经理办公会决策重大问题的前置程序。2020 年，召开党委会共 39 次，其中疫情防控专题会 2 次；研究议题 124 项，其中前置研究讨论事项 43 项，切实做到把方向、管大局、促落实。

持续深化“月度 – 季度 – 年度”党建工作推进机制，强化工作部署和落实。年初，召开党建工作会，下发党建工作责任书；每季度，召开季度书记例会和专题工作会；年中，召开七一大会，表彰“两优一先”；全年，积极开展党建工作日常督查、年中抽查和年度考核，组织基层单位党组织书记抓党建年度述职评议。规范基层党支部“三会一课”和主题党日活动，推广“党课开讲啦”活动，增强党员教育管理的针对性和有效性。2020 年，受疫情影响，公司以视频形式组织开展所属单位党委（党总支）书记、党工部门负责人培训班和基层党支部书记、党务工作者示范培训班。

2020 年，公司纪委深入学习贯彻习近平新时代中国特色社会主义思想，将监督执纪融入企业中心工作，聚焦价值创造，以高质量监督护航企业高质量发展。开展疫情防控监督，构建适用于船舶修造企业的应急监督响应机制。落实集团“八项监督”“八个到位”要求，开展自查自纠和整改“回头看”。成立“三项制度”改革监督小组，深化全过程监督。深化巡察监督，全年开展巡察项目 6 个。实施各类审计项目 111 项，促进增收节支 5 624.17 万元。坚持“三不”一体推进，探索实施“一案三推进”，从严执纪问责，日常监督挽回经济损失 75.65 万元。严防“四风”反弹，巩固拓展作风建设成效。开展业务招待费抽检，加大整改力度。针对形式主义、官僚主义整治进行常态化监督。制定 18 条行动公约，推动总部机关作风建设。开展制止餐饮浪费行为监督，狠刹奢侈浪费歪风。推进纪检监督“三基”建设，提升监督能力。制定修订制度 114 项，建立完善监督长效机制。加强人才队伍建设，组建党群纪检、巡察人才库，更新审计人才库。打造培训矩阵，推进“三能”建设。创新开发监督信息系统，推进监督信息化。

【企业文化】

2020 年，针对疫情防控需要，中远海运重工第一时间组织开展系列宣传工作，加强疫情防控知识教育；围绕统筹做好疫情防控和复工复产，组织开展系列专题报道，宣传先进典型，弘扬抗疫精神，增强全系统打赢疫情防控和复工复产“双胜利”的决心和信心。在全系统组织开展“众志成城，同心战疫”主题书画摄影文学作品征集活动，共征集作品 220 余件，为系统同心抗疫汇聚正能量。

围绕“学川崎”“保交付”等重点工作，开展深度报道，努力构建舆论宣传新格局。在“新重工、新品牌、新形象”及“先进典型风采”栏目，对获得各类表彰的先进集体和个人进行专题报道。加强对外宣传，2020 年公司新闻宣传工作再次获集团“优秀组织奖”和“新媒体创新奖”。11 月 3 日，公司再度亮相央视。央视财经频道《经济半小时》栏目，对大连中远海运川崎进行深度报道，进一步展示了公司的企业品牌和形象。

落实集团工作部署，协同完成多项企业文化建设工作。积极组织人员参加国务院国资委、交通运输部举办的各类主题摄影和微视频大赛等活动。完成了集团品牌架构信息的收集整理，配合开展品牌战略规划访谈。按期举办公司 2020 年宣传报道工作表彰会暨通信员培训班。召开党建思想政治研究年会，总结工作，交流成果，多项政研成果获得集团表彰。在 2019 年至 2020 年精神文明创建工作的基础上，顺利完成上海市第二十届文明单位的申报和审核。

2020 年，公司群团组织围绕企业中心任务和持续深化改革的实际，以创新创优工作为重点，主动融入中心，贴近基层，贴近一线，贴近员工需要，扎实做好工作，团结引导广大职工在促进企业改革发展中适应新体制、担当新使命、展现新作为，通过学“四史”活动、“光盘行动”、暖心关爱活动等，工会和团委的桥梁纽带作用得到最大程度发挥。

公司三家劳模创新工作室荣获集团级劳模创新工作室称号。南京船配一项创新成果被中远海运集团推荐参评全国水运系统科技创新成果，并获得三等奖。公司全年消费扶贫的任务是 75 万元，实际以 137.5 万元超额完成任务指标。全年，公司下属 18 家企业根据自身特点，分别开展了劳动竞赛活动。在“安康杯”竞赛活动中，上海中远海运重工表现优异，荣获全国“安康杯”（上海赛区）优胜单位称号。

公司团委在全系统积极开展“寻找身边的雷锋”“疫后花开·青年心愿”等主题活动。开展“倾力提质增效、勇当青年先锋”专项行动，形成 KPS 提案 147 项，降本 570 余万元。10 月 14—16 日，按计划组织开展了公司团干部培训班。

（蒋玉生　梁静　马嵘）

中远海运资产经营管理有限公司

中远海运资产经营管理有限公司

【公司概述】

中远海运资产经营管理有限公司（简称“中远海运资产”，英文简称COSCO SHIPPING Property），原名中海集团资产经营管理有限公司，是经上海市工商行政管理局虹口区分局批准，由中国海运（集团）总公司、广州海运（集团）有限公司、上海海运（集团）公司、大连（海运）集团公司于2014年6月10日共同出资设立的有限责任公司。2016年9月13日，公司更名为中远海运资产经营管理有限公司。2017年，中国远洋海运集团有限公司和香远（北京）投资有限公司共同向公司增资30亿元。增资后，公司注册资本由200 000.00万元增至411 553.00万元。公司经营范围：资产管理、投资管理、实业投资、投资咨询、商务咨询、企业管理、企业管理咨询、企业形象策划、市场营销策划、自有房产经营。

【目标定位】

中远海运资产积极融入集团“3+4”产业生态，赋能集团产业布局，践行集团产业链经营战略，打造不动产统一开发经营平台，创造增值服务，努力建设国内优秀资产经营管理公司。按照集团战略发展规划，制定公司发展规划、投资计划，具体在不动产领域开展各项投资和经营活动。公司按照集团统一部署，稳步推进集团存量土地、房产盘活开发和运营，以及集团内兄弟单位办公楼新造任务。

【经营效益】

中远海运资产秉承集团“提质增效保增长、盘活存量促发展”总体工作目标，聚焦集团内存量资源专业开发，通过增加科技创新、商业物业等优质供给，创建不动产运营新业态，培育集团战略性新兴产业和现代服务业，推动产业转型升级。

截至2020年年底，公司资产总额1 390 551.15万元，负债总额423 092.85万元，净资产967 458.30万元，资产负债率30.43%，较年初上升3.51个百分点。2020年，实现营业收入29 636.57万元，完成年度预算的61.88%；发生营业成本6 425.46万元，占年度预算的33.01%；管理费用10 277.70万元，占年度预算的77.21%；财务费用6 457.53万元，占年度预算的77.13%；利润总额3 539.36万元，完成年度预算的81.35%；净利润188.25万元，考核净利润895.47万元，超额完成集团151万元考核目标。

2020年底纳入中远海运资产合并报表范围的企业情况见表14–7。

2020年底纳入中远海运资产合并报表范围的企业情况一览表　　表14–7

（单位：万元）

序号	企业名称	级次	公司性质	实收资本	法人代表	持股比例（%）	合并日期
1	中远海运资产经营管理有限公司	2	本部	411 553	严李浩	—	—

续上表

序号	企业名称	级次	公司性质	实收资本	法人代表	持股比例（%）	合并日期
2	中海工业建设（上海浦东）有限公司	3	项目公司	90 000	金备军	100	2014 年 10 月
3	上海长兴中远海运资产经营管理有限公司	3	平台公司	4000	严李浩	80	2015 年 3 月
4	中海海运（上海）资产经营管理有限公司	3	平台公司	52 000	金备军	0	2015 年 4 月
5	广州中远海运资产经营管理有限公司	3	平台公司	12 000	金备军	51	2015 年 4 月
6	上海超昆实业有限公司	3	房产项目公司	3000	金备军	100	2015 年 4 月
7	上海越昆实业有限公司	3	房产项目公司	3000	金备军	100	2015 年 4 月
8	上海峥锦实业有限公司	3	房产项目公司	8000	金备军	100	2015 年 4 月
9	广州海鸿房地产经营有限公司	4	项目公司	10 000	周立杰	70	2015 年 8 月
10	上海卓昆实业有限公司	3	房产项目公司	500	金备军	100	2016 年 7 月
11	上海海璟置业有限公司	3	项目公司	75 000	金备军	0	2017 年 6 月
12	上海海瑄置业有限公司	3	项目公司	70 000	金备军	0	2017 年 9 月

【存量物业房产运营】

中远海运资产积极履行央企社会责任，响应对小微企业减免租金的号召，2020 年累计减免公司租金收入 706.74 万元（不含税），惠及企业 100 户。国客中心六号楼租户入场进度受疫情影响不及预期，本年实现 6 个月租金收入，较年初预算减少 2 个月；深圳国商中心 51 ~ 53 层，根据集团内租户华南集运诉求，租金水平下调；在集团主管部门指导下，本年完成博鳌合作项目垫付费用结算。

中远海运大厦塔楼 1 ~ 2 层和裙楼 1 层推出联合办公产品，于 2020 年 11 月逐步投入运营，年末出租率为 97.07%。

广州海尚明珠智慧园项目，为改变园区经营状况，努力提质增效，培育自身的营运团队和能力。2020 年，在公司营销团队的共同努力下，园区招商运营效果和业绩稳步提升，累计出租面积 34 396.31 平方米，园区出租率 92.94%。年末，园区入驻企业 89 家，已初步打造成以设计、科技研发、生物医药等行业为重点的新型智慧产业园区，被列为广州市提质增效试点产业园区。

【项 目 建 设】

上海世界路项目：该项目坐落于上海市杨浦区世界路 201 号：闸殷路以南、世界路以西，项目宗地面积为 26 633.7 平方米，地上建设用地规划性质为商务办公（含养老设施），地上建筑限高 24 米。地上建筑面积为 53 267.4 平方米，地下建筑面积 28 000 平方米，规划总建筑面积为 81 267.4 平方米。2019 年 5 月 1 日完成闸殷路 309 号项目的外立面改造和售楼中心精装修，并通过了联合验收；7 月 30 日完成项目整体结构封顶，完成外立面精装修，水电安装、市政景观工程等，顺利通过消防、民防、环保、交通等专业验收；2020 年 10 月 8 日成功取得预售证；12 月 23 日取得项目竣工备案；12 月 25 日完成物业整体交付，投入运营。项目先后获评上海市金刚奖、市文明工地等，并通过白玉兰奖初审。

上海商城路项目：该项目位于上海市浦东新区，东临源深路，南临松林小区，西临松林路，北临商城路。项目用地面积约 26 692 平方米，总建筑面积约为 93 684 平方米。其中地上建筑面积约为 55 684 平方米，地下建筑面积约为

38 000平方米。2019年1月21日取得施工图审查合格证；3月15日取得建设工程规划许可证；2020年3月11日复工后，实施赶工计划等措施；9月4日完成深坑区主体结构封顶；12月18日完成浅坑区主体结构封顶，进入全面机电安装、粉刷阶段。项目获评金刚奖、市文明工地等奖项，参评市优质结构奖。

栖山路项目：该项目位于上海市浦东新区，北至上海港教育培训中心，南至栖山路，西至友林路，东至益凯小区。本项目主要建设内容为新建商办楼和人才公寓，总用地面积约30 605平方米，总建筑面积为119 447平方米。其中地上建筑面积为77 447平方米，地下建筑面积为42 000平方米。2019年3月9日完成桩基施工；5月6日按期完成基坑围护工程；11月8日完成深坑区基础大底板施工。2020年受新冠疫情影响于3月12日复工，于9月14日浅坑区出正负零；深坑区人才公寓于11月2日主体结构封顶。项目获评金刚奖，已参评区优质结构奖。

广州国际航运大厦项目：2020年9月15日按期完成大底板混凝土浇筑。项目获得省、市领导高度评价，并被评为广州市示范工地。当地电视台予以报道。

博鳌亚洲论坛永久会址论坛公园项目：2020年9月完成项目竣工验收，正式移交投用，项目获得国家部委、海南省以及集团领导的高度评价。

青岛企业大学项目：2020年7月3日挂牌，8月19日获集团立项批复，12月2日取得工规证，12月15日取得施工证，12月30日正式开工建设。各项工作齐头并进，创造公司项目前期工作新速度，得到集团、企业大学一致认可。

天津远洋大厦二期项目：概念方案及策划报告已获区政府认可，并获集团批复开展项目前期工作。项目团队已组建，正积极推进项目前期各项工作，计划2021年底正式动工建设。

中远海运大厦项目：2020年10月底完成海尚空间、农商行装修工作；完成空调管理和功能提升改造，项目总体节约投资2137万元。

城安围园区品质提升项目：根据园区现状及客户需求，进一步完善品质提升方案，12月30日工程招标开标，品质提升工作取得实质性进展。

黄浦江地块收储项目：相关工作已重启，徐汇厂区两地块已签署土地收储框架协议，资产评估工作已启动，正重点协调浦东东沟厂区地块收储价格，为集团争取经济效益。

【管理提升和改革发展】

2020年，中远海运资产上下团结一心，同舟共济，积极落实集团各项工作任务，围绕“三个聚焦”，打造国内优秀资产经营管理公司战略目标，全面推进深化改革，疫情防控、项目建设、经营创效等各项工作均取得了积极成效。全年营业收入同比增加22.29%，完成营业成本年度预算33.01%，利润总额同比增加14.97%，均超额完成年度经营指标。公司净资产收益率、总资产报酬率、营业收入利润率、成本费用率同比均有提升，整体经营质量持续改善。

推进项目建设。公司贯彻落实集团对项目建设的部署要求，2020年重点推进上海世界路项目、上海商城路项目、上海栖山路项目、广州国际航运大厦项目、青岛企业大学项目、天津远洋大厦二期项目、中远海运大厦项目、城安围园区品质提升项目、博鳌亚洲论坛主题公园项目、黄浦江地块收储项目十个项目建设。此外，青岛江西路老校区项目、厦门邮轮母港项目、宝山川崎项目、能源大连项目、广州火村、广裕码头项目也稳步推进项目前期工作。3月25日和12月3日，董事长、党组书记许立荣先后深入上海三项目施工现场以及广州城安围园区调研指导，对公司项目建设品质、疫情防控、复工复产及园区改造运营工作给予了充分肯定和高度评价。

推进管理提升。精心编制战略规划。2020年5月29日初步完成“十四五”规划纲要编制，9月3日通过公司董事会战略与投资委员会审议，完善后的规划将提交公司年度董事会审议。规范董事会建设，梳理完善董事会相关制度，报经党委会前置程序后，提交董事会审定施行。全年共召开董事会4次，审议议案24项，成功举行董事会首次战略与投资、提名与薪酬、审计与风险等专业委员会会议。持续做好信息化建设。编制2019—2025 年科技发展规划，明确公司数字化转型愿景与实施路径；推进智慧园区运营管理系统建设，组织案例项目调研，形成公司园区数字化方案，为公司“智慧运营”模式提供方案；进一步做好网络安全保障。落实集团科信部要求，公司对各项信息资产进行排查，形成台账上报集团，并及时传达集团各项网安预警信息，圆满完成 2020 年护网演习行动。

全面推进深化改革。推进国企深化改革和对标体系建设，制定完成综合改革实施方案并上报集团，具体分解为 10 项改革举措，稳步推进落实；制定了 9 个维度 34 项指标的对标体系建设工作实施方案，先后前往华润置地、招商蛇口、东方资产等业内同行对标学习，组队前往华为大学、阿里园区实地考察。深化三项制度改革方案，研究制定改革实施方案，突出履职表现和业绩贡献，强化“干部能上能下、员工能进能出、收入能增能减”机制，从源头增强企业活力。全年司管干部调整 9 名，异地交流 3 名，免职 1 名，提任部门助理 4 名。做好组织机构设置和职责调整。按照“精简高效、协调运营、监督有序”的总体原则，对公司总部机构设置进行调整，增设招标采购部 / 档案管理中心，将原企业管理部更名为战略与企业管理部，工程管理部更名为工程管理部 / 安全监督管理部；并对部门职责进一步优化调整，管控边界更加清晰，总部运营效率与管控效果得到进一步提升。加强员工绩效考核管理。优化员工考核工作，实施员工季度绩效考核表 1.3 版本，深化全年四个季度公司员工绩效考核，不断提高员工考核结果的公平性与客观性。

【内 部 管 控】

中远海运资产进一步优化内部控制管理体系建设，落实全面风险体系建设，重点推进“项目建设、租售管理、运营管理”信息化流程建设，着力夯实风险管理基础、传导风控合规理念，切实提升管理能力。加强合规检查，强化履约过程管控，开展内控评价，积极组织缺陷整改；聚焦职能职责，持续强化重要领域监督制约；推进监督体系健全，构建内部控制、职能管理、审计巡察等相互衔接、协同配合的大监督格局。

公司董事会专设审计与风险管理委员会，负责监督公司内控和风险管理体系的有效运行，审核内部控制、合法合规等基本制度和程序，办理董事会授权的有关风险管理等事项。2020 年，公司董事会认真履职，梳理完善包括授权规则、议事规则、工作规则等董事会相关制度。召开董事会审计与风险专业委员会会议，专题听取全面风险管理工作情况汇报，进一步有效控制高风险环节。

公司党政积极履行法治建设第一责任人职责，坚持依法治企战略导向，健全公司治理体系和管理制度，严格执行重大决策法定程序，充分发挥总法律顾问和法律事务机构作用，不断强化法律审核论证，完善法律风险防范机制。

法务与风险管理部门严格落实工作职责，不断完善内控与全面风险管理体系建设，积极开展内部合规性检查，落实疫情防控法律风险防范，规范制度流程建设管理，重点推进合同全生命周期管理，制定发布《标准化范式合同体系》文本，形成 58 份标准合同、81 份配套文件和使用说明，进一步强化合同风险防控。

【安 全 生 产】

2020 年，中远海运资产围绕集团在安全生产和生态环境保护工作部署，根据“五个完善五个提升”的安全管理工作要求，以全面落实安全生产责任制、强化企业安全生产责任主体为重点开展安全隐患排查治理和安全教育培训工作，不断提升公司安全生产管理水平。

公司始终认真贯彻安全发展理念，增强红线底线意识，履行安全管理职责。2020 年，公司未发生考核统计范围内的一般及以上安全生产事故、污染事故及火灾事故，安全生产工作总体平稳可控。

强化安全生产主体责任，明确安全工作总体思路。完成与集团签订的 2020 年安全责任书履约条款，实现公司年初制定的安全管理目标。

疫情常态化下，夯实安全工作。2020 年，受新冠肺炎疫情影响，疫情防控和生产经营压力交织叠加，安全生产形势复杂严峻。疫情防控期间，公司认真贯彻集团关于疫情防控和复工复产的决策部署，在抓实抓细疫情防控工作的同时，积极为复工复产做准备，加强落实公司所属各单位在建项目复工复产安全工作，坚持疫情防控与安全生产“两手抓、两不误、两促进”，利用信息化管控平台，科学防疫，安全复工。

加大安全隐患排查整治力度，提升事故风险管控能力。2020 年 3 月 12 日，公司成立安全生产监督检查专项工作小组，通过分阶段开展以工程项目生产作业现场、物业楼宇项目管理等为重点的安全生产监督检查工作，对安全巡检中发现的问题、隐患进行分析，查找短板，聚焦难点，采取针对性的管控措施，以安全生产基础管理、项目现场团队安全管理基层建设为抓手，提升安全生产保障能力，减少和避免重复性问题的发生。

践行问题导向，开展深化安全生产三年行动活动。认真贯彻落实习近平总书记关于安全生产重要论述，特别是“从根本上消除事故隐患”的重要指示精神，根据国务院安委会《全国安全生产专项整治三年行动计划》、集团《中国远洋海运集团安全生产专项整治三年行动实施方案》，起草编制了《中远海运资产经营管理有限公司安全生产专项整治三年行动实施方案》，以树牢安全发展理念，强化底线思维和红线意识，坚持问题导向、目标导向和结果导向，聚焦安全生产过程中的重点、难点问题，防范化解安全风险尤其是重大安全风险为总体要求，围绕五个基本任务，分四个阶段持续推进公司安全生产专项整治三年行动活动开展，认真梳理汇总“两张清单”，为公司聚焦高质量发展、突破性发展和一体化发展提供坚实的安全保障。

落实开展“安全生产月”等专项活动，提高应急处置能力。公司紧紧围绕安全生产月“消除事故隐患、筑牢安全防线”、节能宣传周“绿水青山、节能增效”、“119”消防日“关注消防、生命至上”活动主题，以上海三项目、广州海尚明珠智慧园、广州国际航运大厦项目为重点，组织开展各项专题活动。通过活动启动仪式、综合应急演练、观看安全警示教育片、发放宣传手册、知识竞赛等方式，宣传安全常识和知识，不断增强员工安全、消防安全意识；结合生产和经营实际，以提高员工应急实操能力，提升企业应急处置组织能力为重点，组织开展了消防灭火、人员疏散等各类应急救援演练，不断提高应急管理能力和水平。

本年度共组织开展各类安全应急演练 15 次，累计参演 727 人次。

【党 建 工 作】

2020 年，中远海运资产党委以习近平新时代中国特色社会主义思想为指引，持续巩固“不忘初心、牢记使命”主题教育成果，认真贯彻落实集团 2020 年工作会和党建工作会议精神，紧扣集团“三大聚焦”和“三个不低于”的目标任务，统筹疫情防控和公司高质量发展，切实履行党建责任，团结带领广大党员干部职工攻坚克难、逆势而为，使公司经营管理和党建工作质量取得新成效。

提高政治建设水平。以党委会和党委中心组学习为平台，召开 34 次党委（扩大）会、7 次党委中心组（扩大）集体学习，将《习近平谈治国理政》第三卷学习、“四史”学习教育、习近平总书记最新讲话精神等贯通起来，重点突出学习贯彻习近平总书记对疫情防控最新指示精神和重要讲话精神，以及学习宣传贯彻党的十九届五中全会精神，推动学习不断走深、走细、走实。

团队建设。2020 年，集团党组调整任命公司董事长，提任两名副总。公司调整班子成员分工，更好发挥班子成员的专长，班子成员积极践行国企领导人员“二十字”标准。加大年轻干部培养，提任 4 名部门总经理助理。完成 30 名公司管理干部考核、网上多维度测评，免职 1 名不称职管理干部并与其解除劳动合同；对年度考核不称职、基本称职的 3 名员工进行降级、调整岗位和谈话提醒。组织 91 名党员和司管干部参加

“学习贯彻党的十九届四中全会精神”线上学习，提高政治理论水平；举办4期“高质量发展讲坛”。全年累计开展专题讲座或网络培训900多人次。

党建工作保障。班子成员履行“一岗双责”，带头执行“三会一课”制度、双重组织生活制度等。班子成员结合分管工作，落实党建工作任务与业务经营工作同研究、同规划、同部署、同检查、同考核要求。机关党支部和项目党支部分别进一步推动“五个走在前”和“五个战斗堡垒”落地见效活动。组织30名党员干部参加“悟初心、强党性、见行动”古田党性教育专题培训。组建文化理念工作小组和讲好资产故事编写小组，编制完成企业文化纲要和资产故事集初稿。积极塑造企业形象，履行社会责任，疫情期间为100家租户减免合同租金760万。加强宣传报道，微信公众号推送200余篇，集团报纸刊登21篇，党建要情采纳11篇。选树先进典型3个集体和20名个人，积极弘扬正能量。

党风廉政建设。严格执行中央八项规定精神，持之以恒反对“四风”，坚决克服形式主义、官僚主义。强化纪法思维，组织集体廉洁谈话4次73人，任前廉洁谈话5次9人。贯彻落实集团2020年党风廉政建设和反腐败工作会议精神，细化五方面重点工作，明确29项具体任务。积极配合审计署工作，同时做好自身全面体检。按授权审计要求落实跟踪审计2项，所属单位总经理经济责任审计2项，提出审计意见建议54条。推动政治巡察，按照“四个落实、一个加强”的工作要求，结合审计和合规检查，完成所属浦东建设和长兴资产两家单位常规巡察工作，发挥巡察对中心工作促进作用。

【企业文化】

2020年，在党政领导的关心和支持下，中远海运资产成立企业文化纲要编写专项工作小组和讲好资产故事专项工作小组，深入归纳总结公司特色文化，提炼出“创造增值服务、提升资产价值”的企业使命，“专业、敬业、创业”的企业精神，“诚信、智慧、卓越、共赢”的核心价值观，“追求品质、涵养品味、打造品牌”的企业经营理念，“阳光、协同、高效”的企业组织氛围，“顾大局、重协同，建团队、重融合，勇担当、重作为，创价值、重效益，尊客户、重服务，守规矩、重廉洁”的企业行为准则……形成4000余字的企业文化纲要；从领导关怀、项目建设、技术赋能、管理服务等方面，梳理汇总优秀案例、先进典型，汇编资产故事集，展现公司良好形象，进一步提升了公司竞争力和软实力。

（王钰涛）

中远海运（广州）有限公司

中远海运（广州）有限公司

【公司概况】

中远海运（广州）有限公司（简称“广州中远海运”，英文简称COSCO SHIPPING（Guangzhou）），是中国远洋海运集团全资子公司，注册资本319 120.240 6万元，注册地广州市海珠区滨江中路308号。公司成立于1949年10月22日，企业名称和管理体制多次变更。2016年6月28日，公司正式更名为中远海运（广州）有限公司。2020年，公司团委获评广东省“五四红旗团委”；公司下属广州新海医院航海医学科被评为广东省抗击新冠肺炎疫情先进集体，广州中远海运健康管理有限公司广州江南颐养苑获评广东省五星级养老机构，广州海建工程咨询有限公司荣获国家优质工程奖。截至2020年年末，公司总资产482.54亿元，总负债104.38亿元，资产负债率21.63%。

【公司治理】

公司为国有控股企业，不设股东会。董事会是公司的最高决策机构，对股东负责。董事会下设专门工作委员会，设有审计与风险管理委员会、战略与投资委员会，其成员全部由董事组成。公司董事会推动建立以董事会、经理层、法务部、监审部、其他各职能部门及各单位共同构成的公司内部控制和风险管理组织架构，分别履行内部控制和风险管理相关的决策、监督、执行等方面职责，形成科学有效的职责分工和协作机制。2020年，董事会共召开12次会议。其中4次为定期会议（受新冠肺炎疫情影响，均以书面形式召开）；8次为临时会议，其中1次涉及公司引入战略投资方的重大决策事项以现场会议形式召开，其余为书面会议。董事会审计与风险管理委员会召开1次现场会议。董事会共审议议案23项，主要包括公司年度经营计划、非金融股权投资、公司金融投资及处置、风险管理体系、董事会授权改革试点、规章制度、调整战略与投资委员会成员、扶贫（援藏）捐赠、利润分配方案、综合改革实施方案、企业年度工作报告、员工招录计划、计提固定资产减值准备、计提退休人员社会化管理统筹外费用等。

公司设总经理一名，总经理对董事会负责；设副总经理若干名和总会计师一名，负责协助总经理工作。公司经理层5人均为公司党委委员。坚持民主集中制，落实“三重一大”决策制度，全年召开总经理办公会49次、党委会38次。2月，集团调整公司董事长、党委书记，寿健任公司董事长、党委书记、总经理（公司原党委书记、副总经理柴逸退休）。

公司总部设10个部门：董事会办公室/总经理办公室、战略规划与企业管理部、运营部/安全环保部/船管部、资产管理部/信息部、法律与风控部、财务金融部、组织部/人力资源部、党委工作部/武装部/团委、纪委工作部/监督审计部、工会办。公司下设7个管理主体：新海医院、远海健康、海星旅游、物业公司、海船工程、海宁公司、海建公司。

公司坚持全心全意依靠职工群众办企业，全面落实党务公开、司务公开制度。召开2020年工作会议、党建工作会议、第一届职工代表大会第四次会议暨安全环保工作会议，听取总经理工作报告、党委工作报告、职代会报告和安全生产、生态环保工作报告；书面审议公司职工解困救急基金会工作报告，开展公司领导班子及成员民主评议，通报2019年公司领导履职待遇业务支出情况，签订2020年经营业绩责任书、基层党建工作责任书及安全生产、环境保护工作责任书，表彰了先进集体和个人。与会代表进行了分组讨论。会议采用视频会议形式，在各单位设置了分会场，让更多职工参与，凝聚发展共识。

【战略发展】

广州中远海运成立“十四五”规划编制工作领导小组和工作小组，聘请外部咨询机构，于2020年5月6日启动公司“十四五”发展规划的编制工作，形成广州中远海运“十四五”期间的战略主题和发展目标，明确产业生态体系和相关保障机制。

“十四五”期间，公司发展愿景：丰富产业链综合服务能力，打造以航运环保和航运数字为特色的增值服务产业，发展成为集团增值服务板块核心支柱，引领构建国内航运服务产业生态；确立三大战略：服务主业、构建生态、新业务孵化；五大战略转型：核心定位是回归集团航运主业，发展航运相关的环保和科技等产业；发展聚焦：立足湾区，积极参与政府关系维护及资源获取整合；发展模式：做产业，回归行业价值链构筑逻辑，聚焦价值链环节进行重点突破布局；业务方向：明确两大聚焦领域，集中企业的资源和精力，打造板块内的头部企业；运营模式：打造集团要求的运营型总部，深度参与重点领域的战略方向制定和重大项目谈判。

“十四五”期间，公司将发挥三大作用：一是赋能主业，紧密把握集团“3+4”产业生态协同发展，为集团主业发展提供支持；二是创新沙盒，快速捕捉区域市场趋势、识别新业务机遇，选择开展符合业务边界的新业务，成为集团尝试、跑通新业务的试炼场和创新沙盒；三是政府大使，与当地政府部门建立和保持良好关系，成为集团业务发展的“区域大使”。公司将实现两大产业突破：一是航运环保服务，以船舶废水处理、船舶危险品处理和其他危险品、废水处理为业务切入点，努力打造国内领先的绿色航运处理业务，拥有综合性处理能力的业务平台；二是航运数字服务，以电子海图为基础，加快推进船舶智慧平台、智能路径规划和预见性维护业务实施，搭建国内领先、世界一流的航运数字化服务业务与航运综合科技平台。

公司紧抓“十四五”规划落地前18个月的关键期，以价值链整合和数字技术引领为抓手，高度关注目标市场的潜在标的，积极推进重点项目开展，通过外延式发展加快产业实体布局。建立重点项目日报机制，以考核监督倒逼建设效率，净海公司船舶油污水处理升级改造进入试运行阶段，自2020年10月试运行至年底累计接收油污水2.15万吨，为服务航运主业夯实基础。海船工程主动迎接绿色生态型港口发展趋势，探索开拓船舶岸电改造业务，盾构机刀具加工生产线已进入试产阶段。新海医院新业务大楼建设工作有序推进。海星旅游开展珠江新能源游船建造考察工作，与广州公交集团签订码头停靠意向书，将适时启动游船建造工作。

【深化改革】

2020年，广州中远海运全面落实国企改革各项重点任务。一是全面完成董事会规范建设，公司7家直属经营单位已全面建立董事会或管委会。二是全面覆盖“三项制度”改革。公司按照激励与约束对等的原则，积极深化人事、劳动用工和考核分配改革，逐步形成公司发展和个人收入挂钩的激励约束机制。其一，试点推行职业经理人制度。在具备条件的下属企业经营班子成员退出后空缺的岗位引入职业经理人，运作成熟后全面实行职业经理人制度。其二，逐步优化薪酬分配机制。在以综合规模、人均创利、所处产业、市场收入比例为区分依据的差异化薪酬机制基础上，引入超额利润提成机制，对于超额完成利润指标、实现盈利并且有效益增量的经营单位予以一定比例的奖励。同时探索建立激励与约束相结合的中长期激励机制。其三，全面建立健全工资总额决定机制。按照“工资总额管理要与劳动力市场基本适应，与企业经济效益和劳动生产率挂钩”原则，全面建立健全工资总额内部决定机制，明确工资总额要与效益增长保持同向变动，增减幅度结合所属单位劳动生产率和人工成本投入产出率综合计算。增人不增工资总额、减人不减工资总额。其四，全面建立适应市场化的人员流动机制。三是落实中央企业“总部机关化”问题整改，对具有行政色彩的机构名称和职务职级称谓进行调整。四是积极推进广州迪施清算工作，完成工商注销手续。

【经营管理】

受新冠肺炎疫情影响，2020 年一季度广州中远海运生产经营情况较为严峻，经营实体效益同比出现较大程度下滑。公司坚持科学统筹做好疫情防控和复工复产工作。在国内疫情渐趋稳定后，严格落实防疫工作常态化措施，各经营实体不断自我加压，全力追赶生产经营任务进度。

经营实体方面，海宁公司以“市场＋研发”双轮驱动，持续扩大电子海图服务市场份额，全年累计实现软件装船 303 艘，服务集团内、外船公司 42 家，同时注重产品的迭代更新，着力开发平台二期建设。海船工程疫情期间主动为集团各船公司和客户提供防疫物资累计超过 200 万元，利用船舶维修回暖期，逆势实现营业利润同比增长 400%。远海健康持续强化品牌建设，全年实现收入同比增长 29%，居家护理服务签约人数增长 159%。物业公司响应国家关于减免中小微企业经营用房租金的政策，因地制宜制定减免方案，切实履行社会责任。海建公司成功中标广州中远海运空运花都仓储基地监理项目及广州地铁 12 号线监测项目，全年新签合同额达 4391 万元。新海医院大力推进航海远程医疗，全年为在航船员提供医疗诊治和指导服务 1500 余次，提供船舶配药服务 270 余船次。海星旅游紧抓旅游复苏商机，大力推行“特色产品”全员营销，线上线下联动，创新营销模式，同时启动“地摊经济”，实现增收创收。

产融结合方面，投入资金 1.88 亿元参与招商证券配股，实现股权增值 3.48 亿元，增值率达 185%。继续参与网下新股申购，全年实现收益 161 万元。

根据集团开展亏损企业治理工作的要求，按照“一企一策”的治理方针制定治亏方案，强化目标与考核激励挂钩，坚持定期指导及动态监督相结合。至年末，下属 13 家法人单位中无法人单位亏损，实现年度扭亏目标。

截至年底，公司实现营业收入 6.58 亿元，投资收益 9.98 亿元，考核利润总额 9.16 亿元，超额完成了集团下达的考核指标。管理费用 1.52 亿元，资产减值损失 1.02 亿元，国有资本保值增值率为 115.34%。受股价上涨影响，金融资产市值增加其他综合收益 44.45 亿元，增加所有者权益，净资产收益率为 2.27%。对外扶贫捐赠 450 万元，计提离退休人员统筹外费用 2.63 亿元。

【信息化建设】

2020 年，广州中远海运投资 410 万元，开工信息化项目 10 个，网络安全项目 1 个。至年底，下属各单位主要生产业务实现信息系统全覆盖，公司整体信息化与网络安全防护能力稳步提升。

公司下属海宁公司启动航海保障信息服务平台一期建设，成功地自主研发国内首款电子海图服务软件 Haining Chart。软件实现电子海图选图、下单、海图更新等全流程智能服务，经过权威机构英国海道测量局（UKHO）多次测试检验，获得其正式签发的软件授权书和认可函。公司引入深信服安全态势感知平台，通过与公司核心防火墙与网络设备的对接，实现网络流量深度分析、威胁检测及防御联动，强化网络防护人员对内网流量的监测，帮助网络管理人员快速发现内网各种安全隐患，有效提高公司整体网络安全防护能力。

公司主要使用的信息系统有：泛微 OA 系统、A8 协同办公系统、PPM 投资管理系统、财务管理系统、费控系统、集团的法务管理系统、人力资源管理系统，覆盖公司及下属单位的日常办公、规章制度管理、合同管理、投资管理、财务管理、费用管控、案件管理、人员管理等相关管理事项，基本满足公司的经营管理需要。同时，公司下属单位根据行业类别和业务发展需要，单独开发具有行业特色的业务系统，如医院运营管理系统、旅游管理系统、物业管理系统等、海图销售系统等，为相关业务的管控提供信息化技术支持。

公司财务核算统一应用集团 NC 系统，财务报表应用集团久其报表系统，并且实现 NC 系统数据导入久其系统的功能。积极配合集团推动会计核算标准化项目的建设，提前做好会计信息化系统建设的前期工作。核算中心完成费控管理系统和影像系统的 App 上线运行，新海医院新开发完成的 HRP 系统中财务功能模块实现与集团 NC 系统数据同步，从而实现会计、物资、预算管理、成本核算、人力资源、绩效管理以及临床业务的一体化管理，提高医院精细化管理水平；海船工程完成一期生产经营管理信息系统建设项目，初步实现与财务系统、集团智能优选采购平台、税局金税系统等的对接，实现全面业财融合和全流程数字化。

公司积极做好国家与集团部署的各项网络安全保障工作，多措并举加强公司及下属单位网络安全防护能力，确保公司在春节、全国两会、博鳌亚洲论坛、第三届进博会等重大节日、会议活动及网络攻防实战演练、检查期间的网络安全防护保障。全年未发生网络与信息安全事件。

【法 务 风 控】

广州中远海运积极探索法务风控工作融入产业发展和经营工作的方式和路径。法务部门参与重点项目和重要经营活动的前期论证和谈判沟通，做到提前介入、过程参与、依法合规、保驾护航，为公司重大经营和投资项目的合规管理与风险防控提供更具针对性的解决方案。公司指导和协调经营单位处理诉讼案件 36 件，审理且执行完结案件 19 件。

公司开展内控评价及缺陷整改工作，制定相应的工作计划和管理策略，采用自查和聘请外部咨询机构相结合的方式，对公司总部和基层单位开展评价。公司重点加强内部控制依据的制度建设和专项风险评估工作的落实。一是制定各项内控、风险管理和合规管理相关制度，并建立涵盖 166 项三级风险点的公司风险数据库，梳理公司四级风险数据。新建和完善 38 项规章制度，废止 14 项不再适用的规章制度。二是继续做实重大项目、重点领域的风险评估工作，对下属单位海船工程增资项目开展专项风险评估工作；及时组建风险评估小组，组织开展 2021 年度风险评估工作，分析和确定公司 2021 年度前五大风险情况以及制定应对措施。同时，加大合规管理力度，加强合同全生命周期管理，开展 7 家经营单位的商务合同检查，检查合同签订和履约情况；继续开展年度范式合同计划制定工作；加强法律纠纷案件的跟踪指导，重点督办海星旅游历史遗留案件，积极寻求有利于案件处理的途径，开展应收账款案件处理工作。

【干部人才队伍建设】

广州中远海运公司党委坚持党管干部、党管人才，抓好内部人才的选任考察，注重培养选拔优秀年轻干部，并用好各年龄段干部。2020 年，调整交流提拔干部 17 人，其中兼任 1 人，平级调整交流 9 人，提拔 7 人；续聘 2 名职业经理人。

一是加快高素质专业人才引进力度，配合总部机构改革，深化与第三方人力资源服务机构的合作，向社会公开招聘 5 名 80 后职业经理人。二是加强干部人才培养锻炼，注重多领域、多层次、多岗位历练干部，先后选派 2 名总部年轻干部到基层单位海宁公司、远海健康挂职担任总经理助理，1 名资深纪检干部挂职担任纪工部 / 监审部部长助理，2 人借调到集团交流学习，1 人挂职船舶政委，1 名公司管理干部到脱贫攻坚一线去历练。三是开展员工培训，邀请南航培训中心师资分三期讲授服务礼仪培训课程；继续与暨南大学合作举办旅游产业培训班；采取线上和线下相结合的方式举办英语培训，为企业培育储备国际商务人才。四是持续推行专务、专员职业发展通道，9 名公司管理干部转任非领导职务，发挥经验优势，做好传帮带、督办推进重点工作落实和协调解决生产经营中出现的问题，为优化干部人才队伍结构和加快青年人才培养探索新路子、实践新措施。

截至 2020 年年底，公司共有职工 1357 人，平均年龄 39 岁。工资总额 21 963 万元，公司强化薪酬发放监督管理，督促直属单位进一步规范薪资运作、完善薪酬分配机制，确保薪酬发放工作规范开展。

【疫情防控】

面对突如其来的新冠肺炎疫情，广州中远海运成立以党委主要领导为组长的疫情防控领导小组和工作小组，多次组织学习习近平总书记关于疫情防控工作的重要指示精神，根据集团党组和地方政府有关工作要求，研究部署防疫工作，制定应急管理措施和常态化防疫方案，全面落实疫情防控措施，实现“零疑似、零感染”的目标。公司为员工购买发放口罩、测温仪、消毒水、酒精、洗手液等防疫物资，做好防疫物资补充储备保障等工作，协助集团在穗相关单位员工搭乘专列返岗复工。通过员工行程动态申报、体温监测、扫描健康码等方式实施全员筛查；采取个体防护、分散就餐、视频会议、公共场所定期消毒、接触人员居家隔离、养老院封闭管理、新海医院设立专门发热诊室和隔离区等方式，做到防控机制、员工排查、设施物资、内部管理、宣传教育“五个到位”，降低员工感染风险，保障员工的生命安全。

公司党委向各单位党组织下拨支持疫情防控工作经费 15 万元，并从留存的党费中划拨 5 万元支援集团驻武汉和湖北单位的防疫工作；4998 名党员捐款 395 540.47 元，上缴广东省委支持防疫工作。各单位党组织充分发挥战斗堡垒作用，物业公司大厦服务中心坚持为客户复工复产提供周到服务；远海健康两个颐养苑在封闭 141 天期间，坚持每天 24 小时悉心照护每位长者，广州江南颐养苑被评为中远海运集团抗击新冠肺炎疫情先进集体。在口罩“一罩难求”“有钱买不到”等一度极端稀缺的市场环境下，海船工程在 2 月 25 日前累计为兄弟单位提供 5.5 万只口罩，解决船公司的燃眉之急。新海医院在做好医疗服务及防疫工作的同时，积极做好船员健康防疫工作；并组织医院专家编写《船舶船员新冠肺炎疫情防控操作指南（V1.0）》，刊登于《中远海运安全》杂志，作为中远海运集团船员防疫指南。该指南还被作为中国政府提交的防疫方案，得到了国际海事组织（IMO）的高度认可，于 3 月 18 日，国际海事组织（IMO）以第 4221 号通函形式向其 174 个成员组织推荐使用，为全球航运业抗疫贡献了“中国力量”。

【安全生产和生态环保】

广州中远海运积极践行“绿水青山就是金山银山”发展理念，坚决贯彻“党政同责、一岗双责”要求，全面落实企业生态环保主体责任，安全生产和生态环保工作保持稳定，没有发生生产安全事故和突发环境事件，全面完成集团下达的安全生产、生态环保任务。全年累计开展安全生产、生态环保检查 71 次，发现隐患 131 项，各项隐患均限期整改，整改完成率达 100%。

优化组织架构，将安全监管部从与组织人事部合署办公调整为与运营部合署办公，更名为安全环保部，进一步明确生态环保的管理职能。制定《安全生产专项整治三年行动细化实施方案》，制定未来三年安全生产的总体目标、重点任务、进度安排和保障措施，明确公司安全生产的长远发展方向和目标。向下属 15 个责任主体下达了年度工作任务指标，逐一签署安全生产、生态环保责任书；各下属单位与本单位重点岗位、重点部门签署责任书 129 份、承诺书 331 份，将安全生产和生态环保主体责任层层落实到基层、落实到岗位。

将安全风险预控关口前移，继续推进安全风险分级管控预防机制建设，进一步完善安全风险辨识评估、四色图绘制，修订完善两项管理制度，梳理危险源 92 项、制度措施 196 项，完成《危险源清单》和《制度措施清单》两项清单的编制，将安全风险管控责任落实到人，阶段性完成“双控”建设任务。继续坚持对安全隐患“零容忍”

的高压态势，严格排查安全生产隐患，在元旦、春节、全国两会、五一、十一、安全生产月、“119”等重要时间节点实施全面的安全检查。组织开展安全生产月、“119”消防宣传月、危险化学品专项检查等多项活动，营造人人关注安全的良好氛围。

保障安全投入，全年投入578万元用于建筑物维护、设备设施保养、安全设施完善，为全体员工投保交通意外伤害保险。改善设备设施，投入1 923万元对净海公司的油污水处理设施进行升级改造，将排放水质从“二时段二级”提升到“二时段一级”，极大地减少了污染物排放总量，为华南地区船舶油污水处理行业和船舶环保服务产业树立新的标杆；广州迪施分3批将58.56吨电镀废液全部移交给有资质的单位进行处理，消除潜在环保隐患。夯实人才根基，组织145名安全生产管理人员参加视频课程学习，全部通过考试并取得培训证书，安全管理人员百分百持证上岗；组织开展环保法律法规和环保督察有关实务的培训；派员参加集团消防培训、广东省交通运输厅船舶安全培训，不断提高消防安全、船舶安全管理水平。

【党工团工作】

广州中远海运公司党委以加强“三基”建设为切入点，聚焦中心任务、强化“三做”理念，为打赢防疫阻击战、推进企业转型发展、完成年度各项任务目标提供了坚强的政治和组织保证。

强化思想引领、深化理论武装，坚持中心组学习制度，把理论学习研究与促进企业改革发展稳定结合起来，全年共组织中心组集体学习12次。扎实开展“四史”学习教育、深入学习《习近平谈治国理政》第三卷和党的十九届五中全会精神，班子成员到所在党支部或联系点讲专题党课、指导中心组学习；通过中心组学习、“三会一课”、主题党日，参加宣讲报告会、网络培训班等形式，开展党性党纪教育、党员亮身份活动，在公司媒体刊发系列学习和评论文章70篇，掀起学习贯彻落实的热潮。认真学习贯彻《党委（党组）意识形态工作责任制实施办法》，专题研究意识形态工作，贯彻执行公司党委意识形态工作责任制实施细则，每月开展舆情调查与分析工作。公司政研会着力推进8项重点课题研究，择优向集团报送5篇课题研究报告，获二等奖1篇。

坚持把方向、管大局、保落实，编制“十四五”发展规划报集团审批；决定申请参与集团直属单位董事会试点工作；积极做好股权引资工作，在上海产权联合交易所挂牌公示；推进新海医院改革，并针对改革过程产生的职工思想问题，多措并举做好矛盾化解和舆情管控工作。

以提升组织力为重点，全面加强基层党的建设。公司党委召开年度党建工作会议部署全年工作，与直属单位签订党建工作责任书；修订《公司基层党建工作责任考核细则》，把推进生产经营任务、重点项目落实和企业转型发展等工作纳入考核体系，将党建工作考核纳入党员领导干部综合考评体系。坚持党建工作“书记抓、抓书记”，召开党组织书记抓基层党建工作现场述职评议考核会；公司党委书记逐一约谈直属各单位党组织负责人，强化各单位党组织主体责任意识。认真学习《中国共产党党员教育管理工作条例》《中国共产党支部工作条例（试行）》《中国共产党国有企业基层组织工作条例（试行）》，制定贯彻落实措施。完成公司第一次党代会筹备工作，指导7个基层党组织完成换届选举、委员增补或组织设置调整。推动党建工作信息化，用好集团党建信息平台功能并做好数据维护。2019年，发展党员75名，选送24人参加发展对象培训班，58名预备党员转正（含属地化管理党组织）。创新党务干部业务培训方式，派员深入各单位现场解疑释惑；开展3次专题培训共计165人次；选派7人次参加上级组织的党务干部培训学习。践行“三做”理念，推进“品牌支部”建设。坚持“党建搭台、业务唱戏”，通过开展党建共建、对标学习交流等活动，拓展业务合作。

按要求做好武装战备、拥军优属、民兵后备力量建设、适龄青年兵役登记等工作。落实人民防线建设工作，制定工作计划，开展国家安全教育。落实保密工作责任制，加强学习培训，严格做好涉密人员和载体管理。认真落实企业主要负责人履行法治建设第一责任人职责，中心组专题学习习近平法治思想、企业合规管理，开设普法宣传专栏，强化全员依法合规经营管理意识。认真履行党群属地化管理责任，公司领导带队到党群组织关系在所属管理单位交流，稳妥推进退休人员社会化管理工作，完成4117名退休人员档案和1580名退休党员组织关系移交工作，协助集团驻穗专业公司移交4493名退休人员、转出1826名退休党员，实现两个100%，做到一个不漏。

公司工会服务大局、服务职工，坚持职工代表大会制度，充分履行职代会代表团长联席会议职能，征集、落实职代会提案4条，审议关于企业发展、职工权益的议题3项。开展 “聚焦产业发展、强化经营创效”劳动竞赛活动；开展合理化建议征集活动，征集建议217条，同时对2019年128条被采纳合理化建议的实施情况进行检查督促落实。积极参加“安康杯”竞赛，推动“工匠创新工作室”创建。关心关爱职工，坚持解困帮扶，充分发挥公司医疗互助保障基金、职工解困救急基金、帮扶维稳基金作用，并通过集团帮困基金会为退休船员申请帮困金。关心关爱抗疫、扶贫一线和困难员工，开展各类慰问帮扶，全年共慰问9453人次，发放慰问金544.51万元。

公司团委以“团组织建设规范年”为主线，以“坚持围绕中心，岗位建功体现团青工作价值”为切入点，全面推进团的各项工作。全面加强团委班子建设，将委员数从原来的5名增加至9名。倡议团员青年 “立即行动起来，坚决打赢防疫阻击战”，动员各级团组织围绕全面复工复产开展青年志愿服务活动，先后成立志愿突击队18支。开展青年大讲堂、青年微课堂、青年学习日等青年培训，召开纪念五四运动101周年视频直播会。充分利用“青春广海”“发现广海”微信公众平台，讲好青年故事、传播青年声音；举办青年商务英语培训和比赛活动，成立了第一支商务英语翻译志愿服务队；充分运用网络直播的方式同步开展团内活动，提高青年的参与度；增设共青团工作月刊。举办第五届“创新发展·青年担当”青年创新创效比赛活动，共收到21个参赛项目。开展2018—2019年度五四先进评选，并推荐先进集体和个人参评集团和广东省五四先进评选。

【企业文化建设】

疫情期间，广州中远海运在“发现广海”微信平台开设“战疫”和复工复产专栏，及时宣传在防疫复工中涌现出来的先进典型和感人事迹，及时向集团媒体提供“身边的战疫者”新闻稿件。召开公司抗击疫情优秀新闻作品表彰会，对21篇优秀新闻报道进行表彰。积极配合集团做好《中国远洋海运发展史》《中国海运集团志》及企业年鉴等编纂工作。完善公司评比表彰活动管理办法，弘扬劳模精神、劳动精神、工匠精神，组织集团劳模和公司优秀党员开展“身边榜样讲党课”活动。开展新闻报道培训，推出接地气、聚人气的新闻报道，公司及下属单位全年在集团媒体刊发宣传报道163篇次，公司获得集团2019—2020年度新闻报道优秀组织奖。

公司召开职工文体协会研讨会，指导各分会结合疫情防控，创新文体活动形式。文艺分会举办青年商务英语比赛，并开展“美文”朗读分享的线上交流活动；文学分会组织职工积极投稿，持续深耕《广州海运报》“海韵”副刊文学园地；书法分会开展“中国梦·海员情”书画挥毫活动。疫情进入常态化防控后，乒乓球和羽毛球协会与兄弟单位开展友谊赛，其他分会有序开展篮球、足球等训练活动。拨付职工文体设施费用，支持各单位因地制宜设置职工书屋及活动场地，公司总部职工书屋被命名为“中远海运集团工会职工书屋”。

深入开展青年大讲堂活动，邀请企业党政领导、劳模、优秀青年干部、行业专家教授为青年职工传授经验，促进素质提升；连续6年开展“悦读·悦青春”青年读书活动，联合关工委向团员青年推荐优秀读物，并组织开展读书活动月、读书报告会等活动。充分利用“I志愿”广东省志愿服务平台，优化青年志愿服务流程，做好志愿者注册工作和服务记录工作，引导更多青年成为注册志愿者。结合公司退休人员社会化移交重点项目，组建青年志愿突击队协助做好档案整理工作。继续做好集团“浪花·心愿”结对助学活动，通过网络、电话、书信等增进资助人与受助人之间的日常沟通了解，激励受助学子；各单位团组织积极推进青年志愿服务专业化、品牌化，有计划、分层次地开展各类志愿服务活动，引导团员青年继承和弘扬雷锋精神，结合生产经营实际开展志愿服务行动。

【党风建设和纪检审计】

公司党委、纪委认真落实全面从严治党要求，努力做到明责、履责、查责、追责，构建全面从严治党一级抓一级、层层抓落实的工作格局。

全面深入开展自查自纠。认真落实集团党组关于开展五个专项整治工作自查自纠工作的要求，成立工作机构，制定工作方案，提出落实措施，明确职责时限，逐条逐项开展全面深入的自查自纠与监督检查，全年未发现相关违纪违规问题。认真总结 2017 年以来公司扶贫工作情况，迎接集团党组对公司扶贫工作开展专项巡视。深化巡审结合监督机制的实践，尝试“审计先行、巡察跟进”的新模式，并开展 2 轮巡察。对中央巡视反馈意见、集团开展的“六项自查”整改情况进行督查，26 项长期整改的措施得到进一步加强。对 2019 年度公司审计项目未完成整改的问题进行统一管理，建账销号，共核销问题 27 个。对 2 家单位整改情况开展“回头看”检查，制定完善制度 45 项。驰而不息推动中央八项规定精神贯彻落实，使监督之网越织越密，成为新常态。召开党风廉政建设和反腐败工作会议，开展集体廉洁谈话；坚持每半年召开党风建设工作专题会，听取各单位落实“两个责任”情况。制定《“8+3”监督工作实施方案》，在开展 8 项规定动作的基础上，自我加压经营奖励、疫情防控物资、重点项目 3 个专项监督的自选动作。对干部选用各环节严格把关，共回复党风廉政意见 7 人次，对 14 名交流、提拔的干部进行任前廉洁谈话。充分运用“四种形态”，党内警告处分 1 人，诫勉谈话 1 人，提醒谈话 2 人，开展工作约谈和教育提醒 30 人次。向两家党委建制的直属单位派驻纪检干部，变“同级监督”为“上级监督”，使监督工作更加“快、准、实”。

全年完成审计项目 18 项，为年初计划的 200%；审计发现问题 302 个，当年完成整改 261 个；提出并被采纳审计意见和建议 71 条，被审计单位完善规章制度 18 项。对公司及下属单位疫情防控物资管理开展专项审计，及时规范特殊时期决策审批程序、资金使用和物资管理等。开展扶贫资金、项目专项审计，持续跟踪监督扶贫资金的使用、重点项目落实等情况，推动扶贫工作内控管理建设。对下属 7 家直属经营单位开展应收账款专项审计，推动各单位完善制度建设、加强客户资信管理、强化应收账款考核，着力防范资金风险。强化主要领导人员审计监督力度，年内开展 4 个离任经济责任审计项目，做到“离任必审”，推动权力规范运行和反腐倡廉建设。建立审计整改长效机制，推动“本质整改”。坚持审计整改“回头看”，对整改不到位的单位进行督办。通过整改，共纠正事项 30 项，完善制度 94 项，建立长效机制 26 项。重点关注公司重点工程、重大项目投资，不断加强新海医院新业务大楼建设项目全过程跟踪审计管理，及时发现问题，督促建设单位即知即改，规范项目管理，保证工程质量；及时跟进 23 个投资工程项目进展情况，合理有序安排审计工作，共完成 9 个工程项目竣工决算审计和 1 个项目开工前审计。

【扶 贫 工 作】

广州中远海运响应党中央决战脱贫攻坚战号召，落实集团扶贫工作部署，按照集团扶贫（援藏）资金募集计划，拨付扶贫（援藏）资金 400 万元；集中采购集团受援地农产品 56.03 万元，超额完成集团下达的年度消费扶贫任务指标；协办“感恩中远海运”安化黑茶走进中远海运巡回品鉴活动，以实际行动助力集团扶贫产业发展。

围绕第三轮扶贫工作目标，做好新任驻村第

一书记选派工作，保持帮扶工作不断不乱。深入推进扶贫项目实施工作，落实公司捐赠广东省湛江市遂溪县洋青镇文相村50万元扶贫资金的预算；持续巩固文相村脱贫成果，向文相村合作社购买扶贫产品27.56万元。组织开展“6·30广东扶贫济困日”捐款活动，将筹得的爱心款15.53万元全部用于文相村扶贫攻坚项目。以2020年“国际档案日”为契机，举办“档案见证小康路、聚焦扶贫决胜期”扶贫工作档案展，全面展示公司30多年扶贫事业的工作历程、成效。

截至2020年12月，公司定点扶贫村脱贫效果突出，5年来共投入文相村扶贫资金982.52万元，实施并完成扶贫项目85项。在各方大力支持下，文相村在湛江市2019年度“乡村振兴”考核中获得优秀村（社区）和县、镇“平安村”称号；公司驻村工作队被评为湛江市2019年度脱贫攻坚工作先进集体，并被推荐参评广东省2019—2020年全省脱贫攻坚突出贡献集体。

（李文娜　严妙群　陈晓艳）

中远海运（上海）有限公司

中远海运（上海）有限公司

【公 司 概 况】

中远海运（上海）有限公司（简称“上海中远海运”，英文简称 COSCO SHIPPING（Shanghai）），坐落于上海市虹口区北外滩，是一家主要从事液体化学品仓储与运输，兼顾资产管理、投资经营、航运海事技术及陆岸业务等综合服务的国有控股有限责任公司。

公司的前身可追溯到清末时期的招商局。1949 年 5 月 27 日上海解放后，市军事管制委员会接管招商局。此后历经多次变革，其主要变革为：1953 年 5 月 1 日，更名为交通部上海海运管理局；1993 年 6 月 18 日，改组为上海海运（集团）公司；2016 年 7 月 28 日，更名为中远海运（上海）公司；2017 年 12 月 13 日，由全民所有制综合性企业改制为有限责任公司，更名为中远海运（上海）有限公司。

上海中远海运是中国远洋海运集团的全资子公司。公司总部机关设置办公室 / 政策研究室、党委工作部、战略与企业管理部、财务部、法务与风险管理部、人力资源部 / 组织部、安全监督管理部、纪委工作部 / 监察审计部、液化储运营运部、置业运营部、信息管理部 11 个部门；设立离退休人员服务中心 / 社保中心、信访接待中心 / 综治管理中心、档案管理中心 / 集采中心 3 个中心；代管上海市航海学会、人民武装部 / 集团人武部。上海中远海运下属有 5 家企业：上海亿升海运仓储有限公司 / 上海海运船舶污水处理厂、中海化工运输有限公司、福州江阴建滔化工码头有限公司、上海中远海运资产经营管理有限公司、上海海运海事技术有限公司。

2020 年，上海中远海运以集团“三大发展”理念为指引，围绕“疫情防控和生产经营两手抓两不误”的方针，圆满完成全年各项任务目标，取得“十三五”以来最好业绩。公司从一家社会化地区公司起步转型，初步成为有主业、有产业链、有平衡可持续发展战略的专业化物流企业，为“十四五”良好开局奠定坚实基础。

【公 司 治 理】

全面加强董监事会建设，发挥企业经营决策核心作用。上海中远海运在集团的指导下不断完善董监事会决策支持系统，修订完善管理制度和决策程序，规范董事会行权，发挥各专门委员会管理职能与专业特长，促进公司董事会高效运作和科学决策。2020 年 2 月 26 日，根据集团《关于赵邦涛、叶伟龙任免职的意见》，上海中远海运总经理、原董事赵邦涛接任公司董事长，叶伟龙不再兼任董事长、董事职务。公司第二届董事会在任董事 6 名，赵邦涛任董事长，蔡震洲、林尊贵、赵劲松、朱媚任董事，周万勤任职工董事。2020 年，公司召开董事会 12 次、董事会专门委员会 2 次，审议议案 21 项。公司进一步明确董事会审计与风险管理委员会及董事会战略与投资委员会职责职能，切实有效发挥专门委员会在研究公司战略规划、审议重大投融资项目、监督内控和风险管理体系、指导和监督内部审计部门工作、指导公司法治建设等方面的作用。按照集团直属公司董事会授权事项和法治建设的工作要求，公司董事会、总经理办公会在授权范围内合规行权，落实决策责任，推动董事会真正成为企业经营决策的核心。同时，深入推进法治顶层设计有效引领，切实将履行法治建设第一责任人职责落到实处。

紧扣“2+N”模式（“2+N”模式的 2 指两

项改革规定动作必须完成，即直属公司规范治理全到位和系统内部三项制度全覆盖；N 指国有企业体制机制改革工具包全放开，各直属公司依法合规、自主选择包括不限于混合所有制、职业经理人、中长期股权激励、岗位分红、项目跟投、超额利润分红、供给侧结构性改革等措施），深入推进三项制度改革。上海中远海运根据集团三项制度改革指导意见，制定公司三项制度改革工作方案，推进“总部去机关化”整改，着力整治形式主义、官僚主义，推动市场化改革。公司总部完善和创新市场化用工制度，扩大选聘通道，在项目管控、液化储运产业链建设、财务管理等方面加强外引力度，引进专业人才，提升总部专业化素质和经营管控能力。通过完善公司管理干部转任制度、加强干部轮岗等手段，推进三项制度改革，盘活人才存量，提升干部队伍综合素质能力。亿升海运通过退养、转岗、分类定岗等举措大幅精简员工队伍；通过突出岗位价值，采用定量和定性相结合的考核方式，鼓励员工多劳多得，打造精简高效的人才队伍。中海化运试点推行职业经理人制度，提升企业创效能力。海运资产重新整合相关业务板块并优化组织架构，推行差异化薪酬、完善内部退养机制和引进市场人才方案。海运技术扩大对主营业务的考核力度和提成分配，实现利润分配向奋斗者、实干者倾斜。

结合专业化发展需要，推进组织架构调整。上海中远海运在完成公司改制的基础上，不断突出企业本质，全面转变观念，立足发现问题、解决问题，全力完成集团的各项决策部署和公司转型发展的重大任务。一是发展重心从存续求稳向盈利创效转变，坚持用市场化理念审视全局，全力以赴抓好经济运行和产业升级。二是运营模式从传统经营向平台型运营转变，通过践行“一主一基”战略，做强做优核心主业，整体提升运营能力、盈利能力、风险控制能力和可持续发展能力。三是管理理念从“职能管理型”向“战略管控运营相结合”转变，初步改变原有服务保障单位的固化思维和管理惯性，为公司转型发展增添新动力。在集团的指导下，公司形成对下属单位海运仓储、中海化运、海运资产的增资方案并进行分批注资。公司各经营创效平台在优化产业结构、加强市场营销、提升管控能力等方面形成良好发展势头，为实现收入利润双增长和专业化发展奠定基础。年内，公司不断优化制度体系和组织架构，顺利在香港设立全资子公司上海中远海运（香港）有限公司；完成战略与企业管理部、法务与风险管理部、信息管理部三个部门的科室调整，并做好上海海运服务公司船员服务中心的注销工作。

强化财务管控能力，为战略落地提供充足保障。上海中远海运紧紧围绕集团财务管理目标，提升财务管控能力水平。一是扎实推进 2019 年度财务决算，对公司会计信息质量和财务管理问题进行全面自查，落实整改。二是发挥预算引领作用，推进全面预算管理，科学设定预算目标，完成 2021 年度预算编报。三是组织开展提质增效专项行动，定期开展跟踪督导，确保措施落地、目标达成。四是加强经济运行分析监测，对生产经营数据和财务数据进行综合性分析，形成经济运行分析报告，提升公司经营决策科学性。五是推进 SAP 财务信息系统上线及“业商财”一体化建设，提升财务信息质量。六是深化“两金”压控，加强应收账款催收，制定2020—2022年“两金”管控三年工作方案，合理分解目标，提升资产运营质效。七是持续加强资金管控，妥善处理新亿升一体化运营后的财务整合事宜，落实拟收购福州江阴建滔化工码头有限公司股权的相关财务支持工作，全力保障化学品船新造船等项目的资金需求。

推进集中采购管理。上海中远海运持续规范和优化集中采购管理，搭建“公司－基层单位”两级网络化管理采购执行流程，组织召开采购业务专题培训会，全年通过线上流程完成非招标采购项目 70 余项。结合公司年度采购需求，建立二级商品库，与智能优选平台供应商统一洽谈，有效降低采购成本。全年开发 37 家单位准入公司合格供应商库，召开竞争性谈判会议 30 场，公示并完成项目 54 个。加强对基层单位采购工作的监督指导，从立项审批、组建采购项目组、细化评分表、台账管理、确定意向供应商、履行结果报告决策程序、公示等各环节提出意见建议。疫情防控期间，积极开发防疫物资供应商，圆满完成口罩、酒精、洗手液、消毒液和防护服等紧急防疫物资采购工作，确保物资及时到位，投入使用。

推进退休人员社会化改革，妥善解决历史遗留问题。一是上海中远海运根据上级关于退休人员社会化管理的工作要求，制定《退休人员社会化管理工作方案》，建立健全退休人员信息表单，将6468名退休人员底数摸清。调整离退休党支部设置，建立联络员制度，完成退休人员组织关系转接。加强宣传引导，使退休职工从思想上理解、行动上支持改革工作。推进退休人员档案电子化移交，将中远海运标准打造成为上海市标准。年内，顺利完成退休人员社会化管理的各项任务。二是完成上海市长阳路138弄“三供一业”施工改造移交。根据集团要求，公司于5月底取得城投水务单位、施工方、居委会等六方确认的验收报告，经报集团审计组审核通过后，长阳路138弄供水职能完全移交给上海市城投水务集团。该项工作历时2年多时间，最终顺利完成国务院国资委和集团交办的任务。三是于3月17日正式完成上海海员医院《收购储备补偿合同》的签订工作，通过减免租金、增加安置收入、剔除资产处置等方式，收储价格较2015年增长7.4%。

【经营效益】

“十三五”规划顺利收官，经营效益稳步提振。2020年是上海中远海运向“十三五”目标奋力冲刺，谋划好“十四五”规划开篇布局的关键时期。在集团和公司董事会的正确领导下，公司聚焦集团“三个发展”“三个不低于”的目标要求，强化战略执行、持续深化改革、夯实基础建设、奋力创效攻坚，经营成效显著，收入利润实现双增长。全年，公司累计实现营业收入4.59亿元，同比增长15.02%，较“十二五”末增长89.75%；营业收入增幅高于营业成本增幅7.67%；剔除解决历史遗留问题计提的各项费用后，全年累计实现净利润1.59亿元，为年度基础指标的189.52%，较“十二五”末年上涨25倍，各项指标完成情况均较大幅度超过集团下达的年度奋斗指标。“十三五”期间，公司营业收入复合增长率达13.67%，业绩显著。

【战略目标】

上海中远海运立足集团“十四五”战略发展整体布局，积极把握战略窗口期的重要契机，突出主责主业，启动“十四五”发展规划编制工作。公司通过强化顶层设计与内外结合，加强与行业专家及头部企业对标分析，顺利完成规划编制，形成“争创一流，依托环保资源优势赋能核心业务发展，成为国内领先的液体化工物流端到端一体化解决方案服务商”，确立“一主一基”发展战略。此规划获得集团认可和吸纳，公司从“十三五”时期的集团社会服务产业集群跃升至“十四五”时期集团三大核心主业之一的“物流产业平台”，对未来发展具有重要战略意义。“十四五”期间，公司将紧扣“液体化工品物流产业链经营”，快速扩大规模，推动核心业务发展。

上海中远海运坚持围绕中长期战略发展规划目标，落实战略举措、推动投资项目、实现战略落地。

一是推进新造船投资项目。公司积极履行新设上海中远海运（香港）有限公司国家部委备案审批程序，推进香港公司注册和资本金实缴事宜。开展新造8000载重吨化学品船投资项目可行性研究论证，8月经集团批复同意，已进入新造船实施阶段。

二是有序推进福州江阴建滔化工码头有限公司股权收购。组织第三方机构进驻该公司，以4月30日为基准日启动股权收购项目资产评估及专项审计，项目的顺利收购将加快推进二、三期建设，用足用好码头仓储用地这一稀缺资源，尽早实现整体盈利，以及为引入重要合作伙伴和战略投资者打好基础。

三是积极开拓新项目。公司将污水处理环保项目作为“十四五”期间推动上海国际航运中心建设的重大任务，逐步探索环保业务的拓展方向和自身定位。与美商运安、天辰化工、恒基达鑫等就液氨项目合作事宜进行商讨，基本形成合作框架；与恒基达鑫深化战略合作意向，为液化仓储板块发展提供支撑。

上海中远海运在落实“一主一基”战略过程中，积极探索以客户需求驱动的经营模式，围绕客户对液体化工物流端到端差异化、个性化的服务需求，加强对仓储、水运、陆运等重要环节控制，致力于从“节点孤立”向“打造物流生态、构建资源平台”转变。公司化学品运输板块加强与外部企业协同，积极开展船舶期租工作，在开拓市场的同时，实现企业运营从重资产向轻量化转变。

【一主一基】

公司围绕“一主一基”，扎实推进各项工作，取得较好成效。“一主”即以主业发展平台为“主”，依托环保资源优势发展国内领先的液体化工物流“端到端”服务；“一基”即以支撑服务平台为“基”，提供资产置业及增值服务，助推主业业务全面发展，快速提升经营效率。

主业发展平台：液化仓储环保板块

上海中远海运液化仓储环保业务主要分布在上海外高桥地区和福建江阴地区，包括：上海亿升海运仓储有限公司（简称“亿升海运”）、福州江阴建滔化工码头有限公司（简称“福州建滔”）、上海海运船舶污水处理厂等三家单位。2020年，公司液化仓储环保平台坚持“一手抓疫情防控、一手抓安全生产”，坚定落实企业本质，坚决贯彻规划目标，坚持抓好安全管理，确保防疫与生产“两手抓、两不误、两促进”。

亿升海运位于上海外高桥，拥有储罐84个、罐容11.6万立方米，配备2个3万吨和1个3000吨泊位。2020年，亿升海运围绕“重实效、强执行、严考核”的工作方针，在主要大客户受疫情影响业务量萎缩的不利情况下，全年实现收入利润双增长。一是有序推进一体化运营。海运仓储、亿升海运在“双品牌”运作的基础上有序推进一体化运营，进一步突出专业化在资源配置中的决定性作用。5月6日，新亿升正式揭牌，实现一体化运营，企业在盈利创效、员工思想转变、行业影响和品牌塑造等方面大幅提升。截至年底，亿升海运租罐率达65%，同比增加59.5%，连续多月维持相对高位运行，实现吸收合并“1+1>2”的效果。二是坚持以客户为中心。围绕客户需求，通过与政府主管部门充分沟通，在最短时间内打通危险化工品“单罐单品种”管理审批链，在受疫情持续影响的特殊时期内，有效发挥外高桥地区的区位优势和品牌影响力，并把临时租赁业务作为突破方向，实现租罐率逆势上升。年内，结合实际启动罐区改造项目，计划在未来三年内，按照分步实施计划，在基本维持现有罐区污水处理、油品仓储作业的前提下，对原污水厂罐区自动控制、工艺过程、储罐本体、罐区道路、土建及辅助设施等进行逐项改造，最终完成成品油及油污水罐区改造。

福州建滔位于福州江阴港保税园区，占地约294 664平方米拥有码头岸线325米，是福州地区最大的公共液体石化码头之一，连续五年被列为“福建省重点建设项目”。项目建设分三期实施，一期已正式投产，拥有储罐38个、罐容18.1万立方米，配备1个5万吨和1个3000吨泊位。2020年，公司积极主动作为，克服疫情导致的码头吞吐量与作业量剧减影响，有效采取应对措施，化解难题，转危为机，全年营业收入同比增长15.48%。公司以大客户营销为抓手，扩大客户覆盖面，提升优质客户占比，努力实现库区租罐从“租满”向“又好又满”转变。紧紧抓住市场格局重塑契机，成功签约上海宝钢、厦门建发、厦门象屿等15家新客户，帮助公司在行业形势严峻的压力下效益实现逆势增长，并连续多月实现租罐率100%。4月18日，福州建滔携手中海化运，完成宁波环洋新材料股份有限公司的粗甘油运输业务，充分展现“储运结合”优势。7月31日，巴拿马籍化工船“太阳公主号”轮靠泊，标志着福州建滔顺利开启与日本东曹（瑞安）聚氨酯有限公司的粗MDI项目合作。该项目以4%的总库容创造了年度总收入20%以上的贡献，有效提升了福州建滔在精细化工品业界的知名度和在化工品业务上的议价能力，也为公司在氮气填充置换、储罐温控、伴温进出仓等高难度精细化工品操作提供实践经验。以日本东曹公司项目为基础，可极大激励福州建滔的发展活力，推动其打造成为福建地区服务与盈利水平最优秀的液化仓储企业之一。年内，福州建滔不断加强技术应用，开创性地将自有 ERP 系统与中石油油气管理系统对接，实现一卡通行，在大幅提高数量质量管控水平和作业效率的同时，帮助中石油达到一体化物流链库区盘盈的管控目标，牢牢锁定了与中石油签订三年长协的良好合作关系。

上海海运船舶污水处理厂是由上海中远海运投资并吸收世界银行贷款和全球环保基金组织赠款共 1.9 亿元人民币建成的港口环保企业，专门为客户提供船舶油污水接收处置服务。2020 年，公司环保产业自身运营服务能力和技术处理能力提升，逐步实现从单一船舶油污水处理向船舶污染物接受处置转变，可持续发展能力不断增强。生活污水处理方面，顺利取得政府关于船舶生活污水处置业务的批准，并完成船舶生活污水接收处理改造及价格备案。目前，污水转运方已正式收水、开始运作，预计 2021 年处理量达 2 万吨。油污泥处理方面，积极推进以热裂解处理技术为主的油污泥减量化处置。2020 年 12 月，该项目已获浦东新区发展改革委核准批复，下一步将逐步开展各项评估工作，力争2021年6月投入运营，预计年处理能力达 1000 吨。

主业发展平台：化学品运输板块

主业发展平台下属中海化工运输有限公司成立于 1988 年 12 月，是我国第一家专门从事散装化学品国际国内运输的专业化学品运输公司，也是集团内目前唯一一家液体化学品运输船公司。2020 年，公司努力克服新冠肺炎疫情以及因疫情导致的市场需求低迷、船舶非生产性停泊等泊时间加长等因素影响，深入推进提质增效，全年油轮等价期租租金、企业毛利率等核心指标均处于市场领先水平，实现扭亏为盈。截至 2020 年年底，公司自有“金海涛”轮、“金海澜”轮 2 艘7900 载重吨不锈钢化学品船，另期租“泓广 1”轮、“丰海 23”轮、“丰海 30”轮 3 艘化学品船，合计运力 3.47 万载重吨。2020 年，公司化学品运输平台首次实现整体盈利，实现收入 1.01 亿元，企业毛利率等核心指标均处于市场领先水平。

公司在确保 2 艘 13 800 载重吨外贸化学品船和 1 艘 8000 载重吨内贸化学品船建造工作按时间节点顺利推进的同时，加强与外部协同，积极开展船舶期租，7 月和 10 月连续租入 2 艘船舶，推动运力规模逐步从拥有向控制、整合和共享转变，企业运营从重资产向轻量化转变。10 月，公司再次获批一艘 8000 载重吨内贸化学品船运力，成为唯一一家连续两年获得内贸化学品运力的国有企业。

公司以船舶 TCE 水平实现突破性发展为抓手，不断提升船队营运和盈利能力。立足内贸化学品和台海直航市场，优化航线布局、丰富货源结构，提高回程货比例，船舶“三率”和运输收入稳步上升。合理调配船舶摆位，灵活采取长短航线相结合的方式开展经营，优化航次舱容利用率，加快船舶周转，减少在港停时。全年船舶周转效率显著提升，平均航次周转期同比减少 23.71%，平均每航次在港停时同比减少 15.64%。自有船舶全年平均 TCE 同比上涨 58.4%，运营效率明显提升。2020 年 5 月，对“金海澜”轮热油系统进行改造，通过技改提升服务附加值，扩展承运高端货物的运输能力，以适应国内化工产业升级和高端化工品产能提升需要。

公司聚焦优质大客户和大项目，年内新增浙石化、大连福佳、浙江物产、天津渤化、海湾石油等多家客户。顺利与大型炼化企业恒力、中科炼化、海南炼化、烟台万华等公司签订 COA 合同，大客户业务量和收入总和占比超业务总量 70%。2020 年，公司货运量同比增加 83.5%，营业收入同比增加 70.66%。

公司深耕华南项目，在中标海南炼化多条航线基础上，联合广州中远海运物流以议标形式获得 10 月投产的中科炼化湛江至洋浦航线 COA 合同；同时，获得湛江至宁波、古雷、上海金山、泉州等航线运输合同，既满足运力增长的商务需求，也为船队增加航线选择。10 月下旬起，“金海涛”轮、“泓广 1”轮运营效率大幅度增长，单月营收、利润和 TCE 屡创新高，航线价值和效益凸显。

支撑服务平台：置业发展板块

受新冠肺炎疫情影响，2020 年上海中远海运置业发展平台业务开拓面临一定难度，租赁收入出现下滑。为应对不利条件，平台下属上海海运物业管理有限公司主动调整发展模式，着力构建以资产管理为创效抓手、物业服务为品牌窗口、餐饮装潢为增值配套的“三维一体”新格局，当好企业发展“压舱石”。

公司以重点物业管理服务项目为抓手，增强品牌形象、提升品牌价值。年内，公司在管物业项目中国远洋海运集团总部大楼顺利获得“上海市物业管理优秀示范项目”称号；成山路项目部荣获浦东新区机管局物业服务“流动红旗”称号。2020 年 12 月，公司顺利承接世界路“海尚智慧广场”物业管理项目，为后续承接和拓展业务打下坚实基础。面对新冠肺炎疫情防控的严峻形势，置业发展平台全力筑牢疫情防控防线，认真有序做好各项目点的常态化疫情防控工作，确保服务对象安全。上海中远海运的物业服务品牌形象与竞争力得到有效提升。

2020 年，上海中远海运顺利完成湖北路等 4 套资产处置工作，处置价格高于评估价 16.4%；积极对接虹口土发中心推动虹口区高阳路 147 号收储工作。有序推进海运大楼改扩建工程，着手挖掘客户资源，做好营销工作；完成海厦旅馆整体出租和启动雁荡宾馆整体出租工作。此外，相继完成扬州路房产整体租赁及安国路、柳营路、四川北路等空置房产租赁，并对标市场提高租赁收益。

支撑服务平台：浦江旅游观光板块

上海中远海运浦江旅游观光平台下属上海巴士旅游船务有限公司成立于 2001 年 12 月 12 日。该公司发挥 10 多年从事浦江游览行业的优势和老航运企业良好的品牌效应，为公司带来稳定的投资收益。截至 2020 年年底，公司浦江旅游观光平台共经营管理 4 艘游船，分别是“振宇”轮、“金灿灿”轮、“康宁”轮、“蓝森”轮，客位总量为 1698 位。2020 年上半年，新冠疫情对游船运营带来较大冲击，浦江旅游观光平台通过借助政策红利、申请企业补贴、减免社保缴付等措施积极应对。2020 年 3 月起，根据上海市政府通知，黄浦江水上旅游企业复工复产，游船“振宇”轮、“金灿灿”轮、“蓝森”轮投入运营。与此同时，配合码头管理要求，引入电子出入证系统，顺利完成船舶水路运输许可证年度审核。下半年，充分利用旅游市场回暖和上海举办第三届进博会的契机，平台逐步摆脱疫情影响，9 月起每月利润突破百万元，全年游船效益扭亏为盈。12 月，“康宁”轮和“蓝森”轮经上海市黄浦江游览星级评定委员会复审，分别获得三星级游船和四星级游船等级评定。

【安全生产】

上海中远海运持之以恒筑牢安全防线，以习近平总书记关于“层层压实责任，狠抓整改落实，强化风险防控，从根本上消除事故隐患”① 的重要指示精神为指引，不断深化本质安全核心思想，营造健康可持续发展环境。2020 年，公司未发生上报统计范围内的一般及以上的安全生产事故、污染事故、火灾事故以及船舶 PSC/FSC 被滞留事件，安全生产工作实现总体平稳可控。

公司强化安全生产主体责任，部署、分解、细化安全生产重点工作，签订安全生产及环境保护工作责任书，开展履职情况监督考核，层层压实工作责任。持续加大安全生产投入，按规定计提和使用安全费用。评定和改进管理体系，年内修订完善安全管理制度 85 项，整体安全绩效切实提高。

公司重点抓好危险化学品安全工作。液化仓储和化学品运输两大主业平台认真贯彻落实《关于全面加强危险化学品安全生产工作的意见》要

① 《习近平对安全生产作出重要指示强调　树牢安全发展理念　加强安全生产监管　切实维护人民群众生命财产安全》，新华网，2020年04月10日，http://www.xinhuanet.com/2020-04/10/c_1125837983.htm.

求，树立“隐患即事故”的理念，以上级安监部门及相关大油公司检查为契机，自查自改保安全。以开展安全生产专项整治三年行动和“双控”机制建设为抓手，落实隐患排查整治。按照“关口前移、风险导向、源头治理、科学预防、持续改进”要求，深入推进“双控”预防体系运行和维护。制定《安全生产专项整治三年行动实施方案》，于 2020 年 5 月起全面实施。截至 2020 年年底，所属单位均已完成一、二阶段工作，有效降低安全生产风险。公司以“安全生产月”“安康杯”等活动为契机，推进安全管理宣传教育工作，提高员工处置突发应急事故和防止事故扩大的能力。全年，公司共组织开展职工岗位安全教育培训 37 次 /200 人次，安全应急培训 76 次 /1624 人次，各类应急演练 74 次 /1812 人次。

【合规风控】

法务与风险管理方面。2020 年，上海中远海运认真贯彻落实集团法治建设工作部署和公司工作会议要求，立足服务企业深化改革、转型发展，着力重塑公司法治工作组织架构，完善法务风控垂直一体化管控模式，以提升法治文化、法治素养和法治能力为重点，牢牢把握供应商和采购管理、合同管理和内部控制，推动依法经营、合规管理，为加快企业专业化转型提供法治支撑保障。围绕责任落实，推动法治建设第一责任人履职长效机制建设；围绕管理提升，持续加强合同集中管理，严控合同法律风险；围绕合规管理，进一步加强制度建设计划管理和落实，确保规章制度得以有效落地执行；围绕防控风险，建立健全风险管理和内控体系；围绕权益维护，加强法律纠纷案件管理；围绕文化建设，扎实开展法治宣传教育。

监督审计方面。2020 年，上海中远海运认真贯彻落实集团工作要求，积极稳妥开展内部审计。认真落实年度审计计划，新建、修订审计制度 6 项，完成经济责任审计 4 项，建设项目审计 1 项，机务审计 1 项，发现各类审计问题 71 个，促进增收节支 191.36 万元。建立“双整改”“双督办”工作机制，按要求推进“建账销号”工作，督促指导所属单位对 2016 年以来审计问题整改情况逐一甄别、建立台账，全面实现审计整改闭环。截至 2020 年年底，两级企业整体问题核销率达 85%，有力推动“本质整改”。公司充分运用联网审计手段，紧盯防疫物资管控等重点，挽回经济损失 1.64 万元。

【科技信息】

上海中远海运坚持创新驱动战略，积极做好创新管理工作，加快推动公司转型发展。组织召开公司科技创新工作推进会，制定公司科技创新工作管理办法，加大科研投入，推动各业务板块落实科技创新项目。开展业务创新，推进福州建滔公司探讨上下游合作、股权结构多元化发展新模式，推进部分罐区成为国内液化品期货交易所交割定点储罐；联合相关央企、福建地方国企深度合作，提升产业规模和效益。推进含油污泥无害化、减量化等环保技术创新合作。

2020 年，上海中远海运结合实际突出数字化变革，从借助外力向自我提升转变，围绕智能运营、主营增长、商业创新的数字化转型三大维度，推进信息化建设，管理质效、服务质量和业务绩效不断提升。全年，公司信息化投入达 728.88 万元，创历年新高。

公司全面推动各单位 ERP 建设，夯实信息化基础工作。优化、升级中海化运航运管理信息标准化平台，船舶运营及船舶管理两大模块也于年内正式上线，有效提升船舶运营管控能力；海运技术 ERP 与海运资产置业管理平台于年内正式上线，实现业务流程标准化运作。公司全力打造业商财务一体化经营管控平台，打通数据壁垒。加快 SAP 财务核算、财务报表模块实施部署，拓展 OA 系统应用深度，陆续对接主营业务系统，初步实现数据流与业务流无缝衔接。加强数据综合治理能力建设，可视化平台仓储板块正式上线，标志着公司初步实现仓储板块罐区安全生产监控预警、生产运营过程透明可视等目标，开启公司数据治理之路。公司重视智能生产与产品服务创新：研发拥有自主知识产权的液化仓储一体化平台，充分利用亿升海运20多年服务世界高端客户的经验，推动设备自动化升级，为客户创造价值；推进两艘13 800吨化学品船智能船舶认证事宜。持续优化IT运营体系，全年服务台共完成各类服务3409次，满意度达99.2%；顺利获得ISO 20000（信息技术服务管理体系标准）国际认证。

【服务管理】

信访接待和综治维稳工作。上海中远海运履行中远海运集团上海地区综治、信访、维稳、内保工作牵头单位职责，2020年未发生任何群体性上访事项和极端信访事项，未发生任何治安或刑事案件，为集团高质量发展营造平安和谐稳定的环境。公司认真做好每一起信访事项的登记、受理、答复、转办、交办、督办、调处事宜，全年接待各类信访292次/341人次，成功调处一般信访事项20起，未发生矛盾激化或扩大现象。面对集团教育资源整合、船员薪酬改革、企业退休人员社会化管理改革等情况，公司坚持预防为主，前瞻性地做好分析研究判断、防范预控，全年排查不稳定因素26项。同时，根据上级关于开展集中治理重复信访、化解信访积案专项工作的要求，精准排查梳理重复信访、信访积案4起，做到全覆盖、底数清、情况明、认定准、不遗漏。节假日期间，对重点信访群体及主要信访人员开展走访慰问合计95人次，有效避免重点信访群体、信访事项反弹。公司以“创安复验”和“平安单位”创建为抓手，强化人防、技防、物防和制度防等综合性防范措施，新增安保人员配置，有针对性地开展现场实操演练，有效提高治安防范和处置突发事件能力。全年，配合集团重要领导来访、外事活动和会议现场做好安保稳控工作199次。2020年，集团上海地区共26家单位获评“平安单位”，21家单位获评上海市“平安示范单位”。

公司根据上级要求，在新形势下着重做好离退休人员服务管理和社保管理工作。公司加强和改进老干部服务管理。通过主题征文、聆听讲座、组织培训、答题竞赛等形式，引导广大老干部坚定理想信念、抗击新冠疫情，以实际行动支持企业转型发展。截至2020年年底，公司在册离休干部91名，平均年龄88.9岁。同时，做好退休人员管理，以“细致关心、全面关爱、特殊关注”为目标，坚持“好事要办好，实事须办实”，服务管理好公司退休职工。开展“家访送关怀，困难扶一把”工作，积极帮助外地退休、支农、北归等生活困难职工解读法规、政策，协助解决生活难题，为集体户口家住外地的退休职工办理上海市老年补贴卡。

公司严格履行社保服务管理职能，做好本单位和集团上海地区兄弟单位在职及离退休人员的社保服务工作。截至2020年年底，集团上海地区有77家补充医疗保险参保单位，全年参保人数达28 340人，基金支出6 620.68万元。2020年，公司足额缴纳养老保险、基本医疗保险、失业保险、生育保险、工伤保险等各类保险基金，未发生任何欠缴情况。

公司坚持把档案管理作为一项重要的基础性工作，全力确保档案管理规范化、标准化、科学化。一方面，推进人事档案移交。根据《关于印发本市国有企业退休人员人事档案分类移交操作办法的通知》要求，完成集团总部、公司退休移交人员档案数字化扫描任务，并配合退休人员社会化管理改革，牵头负责集团上海地区人事档案移交工作，主动与上海市政府主管部门、各区人事社保局和档案馆协调，9月顺利向上海市档案馆完成3403本实体档案的移交工作。中国远洋海运集团有限公司成为向上海市档案馆移交全部档案实体的第一家中央企业。另一方面，抓好日常档案管理，实施档案库房调整。围绕“档案见证小康路、聚焦扶贫决胜路”主题，开展国际档案日宣传活动，发放宣传手册、开展主题征文、参加线上讲座、参观主题展览，有效增强员工的档案利用意识。截至2020年年底，公司共存放人事档案13 186本，文书存放案卷类档案38 006卷、案件类档案36 321件，财务档案61 498本，基建、实物、照片、病史档案140 759件。

【疫情防控】

面对突如其来的新冠肺炎疫情，上海中远海运上下切实提高政治站位，齐心协力抗疫情，慎终如始抓防控，筑牢公司坚强战斗堡垒。公司突出组织保障和制度保障优势，组建业务指导组、防疫防控组、物资保障组和宣传工作组四个专项工作组，加强对总部及各单位的防疫指导和实施。各级领导干部经常性深入一线，确保各单位防疫措施落实到位。全年，公司职工队伍健康稳定，未发现确诊及疑似病例人员。公司以“一盘棋”思维，统筹推进疫情防控和改革创效工作，确保实现“两手抓、两不误”，各经营创效平台科学有序理性应对疫情，结合生产实际和业务特点，抓实抓细各项防疫措施，超额完成经营效益目标。公司积极履行央企政治责任、社会责任、经济责任，坚决响应党中央号召，公司党员自觉踊跃捐款，向奋战抗疫情最前沿的集团驻湖北单位捐赠党费 5 万元；减免受疫情影响租户租金 1200 万元；向属地管理党组织下拨党费 4.5 万元。

上海中远海运卫生所积极履行内部设立非营利性医疗机构的职能，为集团广大职工提供基本公共卫生服务、基本职业卫生服务和基本医疗服务。疫情防控期间，全力以赴协助集团、公司开展物资采购、常态化防疫工作，切实有效发挥专业技术优势。卫生所全年接待门诊量 669 人，配合公司完成综合检查、随队医疗保障、中医诊疗等任务。2020 年，卫生所成功获得“上海市企事业内设医疗机构能力提升评价等级公示 A 级单位”。

【队伍建设】

上海中远海运坚持党管干部原则，严格选用标准，始终把树立正确的选人用人导向，作为公司改革发展的关键性、根本性问题来抓，公司人才队伍活力持续得到激发。截至 2020 年年底，上海中远海运领导班子成员共 6 人，其中：董事长、总经理、党委副书记赵邦涛，董事、党委书记、副总经理蔡震洲，总会计师、党委委员周利民，副总经理、党委委员顾宇民，副总经理、党委委员张振华，党委委员、纪委书记左振永。公司职工队伍人数 625 人，其中女职工 164 人。

公司严格按照新时期好干部标准选人用人。积极发现和使用对党忠诚、勇于创新、治企有方、兴企有为、清正廉洁的干部，树立良好的选人用人导向。围绕主营板块，选优配强干部。根据主营业务发展需要，优化总部职能部门、所属单位领导班子结构，激发干部潜力，增强整体合力。2020 年，公司根据发展需要，优化中海化运、海运资产、海运技术领导班子结构，并通过公开招聘加强液化仓储板块专业人才引进力度，全面提升船岸联动能力。公司加大培养力度，深挖干部潜能，积极落实集团党组关于加强年轻干部队伍建设的工作要求，针对年轻后备干部紧缺情况，以一线重要岗位为平台，加大岗位实践锻炼。通过内外部竞聘、岗位轮换、交流挂职等方式，使年轻干部在企业转型发展的实践中积累岗位经验，提升能力素质，加快锻炼成长。

【党群工作】

党建工作方面。上海中远海运党委紧密围绕集团“党建融合发展年”和“四个融合”要求，践行“三做”理念，弘扬“三舱精神”，做到“四个坚守”，以高质量党建为公司“十四五”发展开局起步提供坚强政治保证。一方面，狠抓政治建设，服务大局能力进一步提升。公司党委把深入学习贯彻习近平新时代中国特色社会主义思想作为各级党委会和中心组学习的第一议题，全年开展中心组学习 15 次，以沉浸式党课、电影党课、专题授课等形式学习“四史”。举办党务干部培训班，前往嘉兴南湖领悟初心使命。坚持把方向、管大局、促落实，完善“三重一大”议事决策规则，做到重大事项决策前置研究，落实安全责任。坚持标本兼治做好巡视“后半篇文章”，自觉抓好巡视整改，严肃查处整改“不作为、乱作为、不负责任”典型问题，提升整改成效。另一方面，矢志融合发展，党建引领作用进一步彰显。公司党委切实履行主体责任，召开 2020 年度党建工作会，部署党建重点任务，制定《2020—2022年基层党建工作规划》，开展2020年度党组织书记抓基层党建工作述职评议考核，不断强化主体责任意识。公司把“四史”学习教育作为全年学习教育重点内容，广泛宣传动员，将学习读本、历史故事、典型人物、红色资源转化为学习“四史”的生动教材，掀起学习党史、新中国史、改革开放史、社会主义发展史热潮，引导公司广大党员将初心薪火相传、把使命永担在肩。坚持夯实基础、筑牢根基，严格落实党员领导干部双重组织生活、讲党课、基层联系点工作制度，抓紧抓实“三会一课”等党内组织生活基本要求，开展党务干部轮岗，强化党建信息化全覆盖和常态长效管理。

党风廉政建设和反腐败工作方面。2020年，上海中远海运认真落实党的十九届二中、三中、四中、五中全会精神和中央纪委四次全会精神，旗帜鲜明一体推进反腐倡廉工作，推动公司纪检监督高质量开展。公司召开2020年党风廉政建设和反腐败工作会议，贯彻全面从严治党要求，凝聚廉洁从业共识。综合运用纪检监督、巡察、审计多种措施，开展“六项检查”和“八项监督”专项监督检查。开展制止餐饮浪费专项监督检查，加强对安全生产领域监督。对“海运大楼”改扩建工程进行突击检查和监督。印发《关于强调疫情防控及时如实报告制度和报告纪律的通知》，提出七项“如实报告”的纪律要求，切实发挥监督职责。2020年，公司对所属单位中海化运、海运技术开展常规巡察，坚持政治巡察与集团巡视整改、总经理离任审计、问题线索核查与“六项检查”“八项监督”形成合力，促进形成良好政治生态。精准运用监督执纪“四种形态”，保持反腐高压态势。2020年受理处置线索26件，追缴违规违纪所得2.13万元。公司坚持以案为鉴、以案促教、以案促改，召开警示教育大会对典型案件进行原因剖析。扎紧制度篱笆，建立健全《纪委问题线索管理办法》等9项制度，切实将制度优势转化为治理效能。

工会工作方面。公司工会紧紧围绕中心任务，在服务职工、助力脱贫、民主管理、加强自身建设等方面积极作为。在陆地产业，开展保生产、保供给竞赛活动，组织职工加油快干，积极投入生产。在船舶运输领域，通过多形式、多渠道竞赛活动，助力打通人流物流堵点。在物业管理领域，比服务、比质量、比态度、比协调，树立窗口形象。在安全消防领域，结合“安全生产月”“安康杯”活动载体，强化安全生产专项治理。规范民主管理，通过任前公示、录用公示、群众监督，拓宽民主监督渠道，深化厂务公开。以“四季歌”为载体，开展“夏送凉爽、冬送温暖、一年四季送关爱”等慰问活动，打造帮扶品牌，极大鼓舞一线职工士气。坚持以文化聚合力，开展“三八节”线上趣味活动、摄影作品征集、线上职工徒步、读书会等群众性文体活动，丰富职工群众精神文化生活。公司扶贫领导小组赴定点扶贫县湖南沅陵县开展扶贫考察，向借母溪乡村医疗站捐赠一辆救护车，向军大坪学校捐赠一批课桌椅及学习用品，全年捐赠30万元。同时，积极采购对口帮扶地区农产品，为当地社会经济发展、实现脱贫脱困贡献力量。

共青团工作方面。上海中远海运各级团组织积极响应共青团中央、公司党委和集团团委号召，广大团员青年全力投入到打赢疫情防控攻坚战，保障公司正常运行的各项工作中，用实际行动诠释初心和使命。公司各级团组织推动“青年大学习”常态化，开展“四史”学习教育，深入学习贯彻习近平总书记五四寄语精神，开展主题团日、青年典型选树活动。聚焦公司发展，激发青年创效能力。坚持建设“青”字号品牌，发挥青年在公司深化改革工作中的生力军和突击队作用。突出重点项目，提升服务青年实效。开展第八届“书香海运”读书活动。开展学雷锋志愿服务月活动，打造志愿服务品牌。开展“浪花・心愿”爱心助学结对活动。巩固基层基础，提升工作规范。召开工作例会和团委委员例会，扎实做好团的基础工作。组织所属及属地管理各单位团组织负责人参加公司党务干部培训班，引领团干部学习弘扬“红船精神”，提升理论水平和专业能力。

【企业文化】

2020 年，上海中远海运认真贯彻落实宣传思想工作和企业文化建设要求，紧紧围绕公司改革转型大局开展工作，宣传思想和企业文化建设质量不断提高，主流意识形态呈现健康态势。一是把加强党的思想理论建设作为宣传工作的根本任务，推动学懂弄通做实。二是坚决落实意识形态工作责任制，坚持党管阵地原则不动摇，全年无网络信息安全事件发生。规范信息发布管理，严格落实信息发布管理职责，推动信息发布审核管理规范化、常态化运作，有效筑牢意识形态领域安全防线。三是广泛凝聚职工思想和行动共识。坚持文化赋能、文化育人，建立年度荣誉评选体系，发挥先进典型在铸魂育人方面的示范引领作用，开展年度先进、抗疫典型评比活动。深入开展 2019—2020 年精神文明创建工作，上海中远海运第五次成功蝉联“上海市文明单位”荣誉称号。研究制定《企业文化管理暂行办法》《2020—2022 年企业文化建设工作规划》，从机制层面浇灌企业文化发展土壤。四是建强宣传阵地。充分发挥公司“一刊一网一号一屏”作用，开展宣传工作，积极为《中国远洋海运报》撰文投稿，进一步打响上海中远海运经营品牌，展现公司改革转型新成效。

（潘奕　周敏励　周涵聪）

中远海运客运/中远海运（大连）有限公司

中远海运客运／中远海运（大连）有限公司

【公司概述】

中远海运（大连）有限公司〔简称“大连中远海运”，英文简称COSCO SHIPPING（Dalian）〕，为集团直属二级企业；中远海运客运有限公司（简称“中远海运客运”，英文简称COSCO SHIPPING Ferry），是大连中远海运的全资子公司，为专业化客滚运输船队，集团按二级公司管理。两个公司实行“一套班子、两块牌子”，机关合署办公的管理模式。

大连中远海运注册资本89 843.9万元。公司主要承担物业租赁管理、离退休人员管理，代管部分驻连单位人员社保及党组织关系，并为客运业务经营提供配套服务。公司法人层级共分3级，除母公司外共有各级子企业5家，其中四级子企业2家，即中远海运客运有限公司、大连海运船舶服务有限公司；五级子企业3家，分别为大连中远海运国际旅行社有限公司、中海港联航运有限公司、大连万益房屋开发有限公司。截至2020年年末，公司资产总额29.30亿元，所有者权益13.98亿元；营业收入5.31亿元。

中远海运客运注册资本118 970.46万元，法定代表人丁农。经营大连至烟台、大连至威海、旅顺至东营3条航线。公司有客滚船9艘（含合资公司2艘、光租船舶2艘）、总客位12 182个、总载车线12 033米，分别占渤海湾运力总量的34.6%、35.9%和26.8%。截至2020年年末，公司资产总额25.15亿元，所有者权益12.83亿元；营业收入5.20亿元。

【发展战略】

大连中远海运／中远海运客运战略维度目标方面，“十三五”期间，公司渤海湾客滚业务受益于市场向好，经营稳步增长，利润率总体保持平稳，船舶利用率符合市场运营水平。但受船型限制，载车线利用率从经营角度接近满负荷，几乎再无增长空间，加之运营成本无法通过规模效应降低，在市场上的竞争力和企业盈利水平较主要竞争对手处于劣势。公司保持稳健经营策略，船队规模和经营状况相对稳定，资产波动率、营收波动率等保持了与市场良性发展一致的基本方向，符合市场抗周期性特点。

运力发展目标方面，公司制定了“三步走”的运力滚动更新计划。在集团支持下，投资建造两艘新型客滚船计划2021年上线运营，意味着集团对渤海湾客滚运输市场投资价值和公司价值创造能力的认可，传达了集团支持做强做优渤海湾客滚运输产业坚定决心的信号。后续配合船队滚动更新，航线布局也将进行有效拓展，渤海湾客滚运输主业将进入新一轮发展周期。

公司积极介入海上旅游上下游产业。“十三五”期间，公司经营布局“走出渤海湾”，投资1.7亿元合资成立三沙南海梦之旅邮轮有限公司，成功开通西沙航线。试水海上旅游产业，以三沙南海梦之旅邮轮有限公司为平台，全力进入海上旅游经营业务，实现了公司经营布局的有效拓展，在战略意义上实现了“三个一”目标，即组建了一家央企国资背景海上旅游公司、搭建了一个爱国主义教育平台、培养了一支复合型海上旅游客运服务团队的目标。通过两年多的规范运营，已逐渐摸索出适合南海海上旅游的管理模式，培养出体现特殊航区特点的海上旅游文化，打造出主打爱国之旅、浪漫之旅、海洋之旅、环保之旅为主题的体验式旅游产品，经营业绩逐年改善。致力深度开发南海海上旅游产品，努力打造海上旅游产业链的信心更加坚定。

航线布局目标方面，公司巩固提升旅顺至东营、大连至烟台、大连至威海客滚航线经营，适时开通旅顺至蓬莱、旅顺至潍坊客滚航线。公司与广州港集团、海南海峡股份公司签订了关于开通广州至海口客滚旅游航线项目合作框架协议，三方联合完成了前期可研报告。蓬莱港客运码头完成工程主体验收，全面做好投产准备。开展旅顺至潍坊航线的安全评估，西部航线拓展工作顺利推进。

【企业管理】

贯彻落实党的十九大重大决策部署。公司增强“四个意识”，从深化国企改革的战略高度，充分认识肩负的重大责任，贯彻落实党的十九大精神和集团各项部署，推进企业转型发展和提质增效。

贯彻落实“五大发展理念”。公司积极融入国家产业战略，大力发展旅游业，符合党中央提出的“五大发展理念”，是国家“十三五”重点扶持的产业之一。公司拥有60多年海上客运安全运营的历史，产业链完整，团队经验丰富，具备介入海上旅游产业的基本条件。中远海运客运与港中旅邮轮公司加强沟通协调，共同协助做好合资公司三沙南海梦之旅邮轮公司的经营，现经营效益逐步改善，下步将进一步扩大合作成效，研究拓展其他旅游航线或旅游目的地开发等业务。

【企业改革】

公司理顺中远海运客运股权关系，完成了大连中远海运全民所有制企业改制。建立起规范的董事会运行机制。充分行使集团授权，审议运力更新等重点项目议案50余件，发挥董事会在经营决策中的核心作用。通过治理机制公司化、市场化，提高决策效率、增强经营活力，确保企业规范化运营。

制定公司综合改革实施方案，试点运管中心模拟公司制改革。建立全员KPI考核机制，加大经营型单位奖励力度，试点超额利润分红，实现绩效与薪酬激励的有机挂钩。通过机构职能整合，形成“机关＋两个中心”的“一体两翼”管理架构。

完成“三供一业”分离移交和厂办大集体改革，为集团完成国务院国资委考核任务作出贡献，卸下长期困扰发展的历史包袱，保证企业轻装参与市场竞争。

【经营效益】

1. 大连中远海运

大连中远海运2017年将所属两艘3.5万吨散货船“石龙岭”“青峰岭”轮转让给中远海运散运后，目前无主营业务。

其他业务收入为房租租赁、船舶多种经营、投资收益，档案管理等。大连中远海运二级单位中，除负责船舶客运服务及多种经营的船管中心是盈利单位外，其余为费用型单位，企业整体持续发展能力不强。

2. 中远海运客运

渤海湾共有4家船公司从事客滚运输。10年来，各公司都致力于运力更新，截至2020年年末，渤海湾共有26艘滚装船舶（23艘客滚船和3艘货滚船）。其中23艘为2005年及以后投入营运的新船，仅中远海运客运“棒棰岛”轮、“海洋岛”轮2艘客滚船与渤海轮渡“明珠”轮为老旧船舶。新船趋于大型化，运能大幅增加，远高于市场增幅。渤海湾现有运力总客位33 955人、总载车线44 868米。

2020年，中远海运客运经营客滚船9艘（其中光租2艘其他公司客滚船），客位12 182个、载车线12 033米，分别占渤海湾营运船舶总艘数的34.62%、总客位的35.88%、总载车线的26.82%。与2019年同期相比，中远海运客运营运船舶无变化。客位和载车线占渤海湾总量的比例分别下降2.00和4.05个百分点。2020年度，客运船队运力无变化。

2020年，渤海湾客运总量241.79万人，同比减少357.4万人，下降59.65%；车运总量 119.70 万辆，同比减少 19.18 万辆，下降 13.81%。

2020 年，中远海运客运完成客运量 71.57 万人，同比减少 129.19 万人，下降 64.35%；客运周转量 0.68 亿人海里，同比减少 1.25 亿人海里，下降 64.57%；客运市场份额为 29.60%，同比下降 3.91 个百分点；完成车运量 39.66 万辆，同比减少 3.89 万辆，下降 8.94%；车运市场份额为 33.13%，同比提高 1.7%；货运量 3 496.8 万吨，同比下降 9.48%；货运周转量 33.13 亿吨海里，同比减少 4.12 亿吨海里，下降 11.06%。

【安全生产】

2020 年，公司认真贯彻落实集团安全生产和生态环境保护工作会议精神，以安全管理体系为主线，积极开展疫情防控工作，认真开展安全生产专项整治工作。制定了公司“安全生产月”“安全生产专项整治三年行动”“全国低碳日、节能宣传周”。“119 消防宣传月”等主题活动方案，筹备并牵头组织开展公司各项主题活动，督导各部室、船舶做好活动方案的落实工作；定期对陆岸单位进行安全督导、巡查工作，对各单位的安全工作管理情况进行了督导和巡查，对存在的问题和不足及时提出了整改要求或建议。通过公司上下的不懈努力，安全生产和生态环境保护工作指标完成良好，全年没有发生上报事故，安全工作平稳。

2020 年，公司按照安全管理体系文件改版工作计划和时间要求，组织人员进行安全管理体系文件改版修订工作，对公司体系文件进行修订和完善；通过安全管理体系、质量管理体系内审和日常监督检查，对体系运行进行监控；通过安全生产标准化自评工作，对公司安全生产标准化建设情况进行总结。协同海事局、CCS 完成公司安全管理体系外审、质量体系换证审核及船舶 SMC、保安证书审核，保持公司 DOC、SMC、保安、质量管理等证书有效。

认真开展安全生产专项整治三年行动活动。按照集团下发的《中国远洋海运集团安全生产专项整治三年行动实施方案》要求，公司高度重视，认真研究，将该项工作作为一项重要的政治任务，要求全公司员工加强学习，认真领会文件精神，周密部署，按照集团要求的时间节点完成各项任务，并在每季度安委会例会时对各部室工作开展情况进行汇报，查找问题，妥善布置。

继续抓好航行安全、汽车舱安全、靠离泊安全、机械设备安全等重点安全领域工作；加强船舶现场监督管理；严格落实季节性安全管理措施；严格执行国家和集团开展的专项安全管理活动及船舶成本控制和技术保障工作。

自年初突发疫情以来，2020 年变成极为不平凡一年，公司认真落实集团和属地的疫情防控要求，组织好陆岸员工在各阶段的疫情防控排查，整理发放防控指南，严格落实重点地区来连、返连的报告制度，做好相关信息的统计上报和公司内部发布工作，汇总公司总体疫情防控情况，形成防控应急预案。做好疫情期间船员上船资质审核，组织填写复工登记表，查验行程码，避免船员换班导致的疫情传播。

【风险防控】

公司内控体系建设工作始于 2013 年 7 月。通过培训、访谈、调研、修订、测试等方式，公司建立了包括《风险管理手册》《内部控制管理手册》《内部控制评价手册》《廉洁风险防控手册》在内的内控和风险管理体系，其后按集团要求逐年完善。早在 2017 年年初，公司就结合风险管控实际工作制定风控规划，按照集团内控工作要求做好内控缺陷整改、风险评估、内控季度监测、内控评价等工作，切实保证公司内控规划有效落实。

2020 年 10 月，公司召开风险评估及培训专项会议，成立风险评估工作小组，对风险评估工作作出了统一部署，评估出 2018 年公司面临的前五大风险，即市场竞争风险、改革与业务转型风险、健康安全环保风险、财务管理风险、投资风险。对上述风险的风险源和影响进行评估，并制定相应措施降低风险发生率和影响程度。

11月，公司进行了内控评价工作，引入北京迪博风控技术有限公司对公司进行为期一周的内控评价工作。项目组出具了《2020年内部控制评价报告》，其中2个运行缺陷。公司以发现的内控缺陷为目标，分阶段系统检查和改进，切实揭示和防范风险，进而合理配置资源，优化公司管理效能。

【疫情防控】

疫情发生以来，公司充分发挥联防联控工作机制，坚持把“人民群众生命安全和身体健康放在第一位”，早部署、早准备、早落实。科学预判，提前采购了4万只一次性医用口罩、60瓶酒精洗手液、100瓶消毒液、9台体温枪等防疫用品。根据不同时期的疫情进展，召开一系列专题会议，编发一系列防控指南，发布一系列防控知识。有机制、有预案、有日报、有反馈、有检查，船岸齐心，携手抗“疫”，在年初疫情高峰和大连地区2次疫情突发事件中，确保了全体船岸员工和每一位旅客的安全。

弘扬抗疫精神，凝聚发展力量。为了激励广大干部员工在常态化疫情防控持久战和企业发展中，大力弘扬“同舟共济”的企业精神和伟大的抗“疫”精神，公司及时在企业微信中发布员工抗疫感言、文学作品和抗疫先进事迹，拍摄《抗疫航迹》宣传片，编印《记忆》抗疫纪念册，并举办发布仪式，表彰抗疫先进个人，有效发挥企业文化的凝聚力，激发员工的爱国爱企业热情。

【客户服务】

2020年，面临突如其来的疫情，公司一手抓疫情防控、一手抓生产经营，以“做好服务、降低损失”为目标提前谋划，稳定客源、车源。一方面做好旅客与车辆的退、改签工作，并协调医疗检测机构为团体旅客与车辆司机进行核酸检测，解决旅客及车辆的出行困难；另一方通过媒体和微信公众号，及时发布疫情期间大连、烟台、威海及东营地区的疫情防控措施，并通过客户响应中心及时解决旅客诉求，协助旅客做好购票计划及行安排。

【员工队伍】

公司落实三项制度改革要求，制定实施方案，明确11大项改革措施。制定和修订12项人事、劳动、分配制度，先行落实“干部能上能下、员工能进能出、收入能增能减”的制度保障。制定年轻干部培养使用实施方案，通过应届毕业生招聘，接收集团人员安置，实施纳优等引进6人，拓宽加大年轻干部人才引进、培养、锻炼的工作路径。实施社会公开招聘，引进3名有管理经验的客运经理，4名军转干部纳入拟聘用船舶政委范围。推进校企合作，探索形成大中专院校学生到公司船舶实习的工作机制。截至2020年年末，公司陆岸在职职工325人，其中在岗职工303人，不在岗职工22人，另有劳务派遣员工82人；船员507人，其中自有船员69人，劳务派遣405人。公司中层干部35人，平均年龄49.6岁。

持续推进人事制度和薪酬绩效改革工作。编制陆岸员工月度奖金系数确定办法，强化员工个人收入与企业效益联动机制。调整陆岸员工绩效考核流程，增加横向考核的覆盖面，增加部门考核，考核结果运用上与个人绩效挂钩。推进公司自有船员和劳务派遣船员薪酬结构调整，理顺船员业绩奖金制度，拓展劳务用工性质客运船员业绩奖金的晋升空间。积极参与公司船员管理系统建设，按时间节点实现船员薪酬管理、动态管理等工作流程上线试用。

【党群工作】

2020年，大连中远海运/中远海运客运党委在集团党组和大连市委的正确领导下，坚持以习近平新时代中国特色社会主义思想为指引，以党的政治建设为统领，持续深化全面从严治党。把方向、管大局、保落实，聚焦高质量党建推动高质量发展，构建规范化党建体系，强化党员教育监督管理，强队伍、聚合力、优作风、促工作，为打赢疫情防控阻击战、推动生产经营持续向好提供坚强的思想、政治和组织保证。

坚持把思想政治建设放在首位，通过党委会、中心组学习、教育培训、上党课，引领全面深入学习贯彻习近平新时代中国特色社会主义思想，增强“四个意识”、坚定“四个自信”、做到“两个维护”。学习《习近平谈治国理政》第三卷，党的十九届四中、五中全会、中央纪委四次全会，全国两会，习近平总书记关于疫情防控和复工复产讲话，“海洋强国、航运强国”重要批示指示精神等。

加强领导班子建设。坚持把方向、管大局、保落实，认真履行主体责任，坚持民主集中和集体决策原则，严格党委会议事规则、党委会前置程序要求和“三重一大”决策制度实施办法，把党的领导贯穿公司治理全过程。全年研究审议重大事项 47 项，前置研究董事会、总经理办公会议题 8 项，领导和推动公司按照集团“三个聚焦”“三个不低于”、实现高质量发展的目标要求，深化改革，激发活力，确保安全，提质增效。完成“十四五”发展规划编制，明确聚焦客滚运输主业，坚持“两优两回两融”的发展定位。领导班子围绕生产中心工作，深化内部改革，推动高质量发展不动摇，不断提升领导班子引领带头作用。认真抓好基层班子建设，通过细化分解、签订《党建工作责任书》，压紧压实任务责任。加强干部培训，全年组织召开中心组学习 15 次，分两批全覆盖地开展 108 名党员干部在线培训，组织支部书记集中培训 53 人次。

坚持全面从严，强化纪律约束。持续深化“两个责任”落实，进一步细化党委主体责任和纪委监督责任内容，把“两个责任”落实情况纳入班子成员及党员干部的岗位职责和业绩考核，开展常规谈话 45 人次。驰而不息纠“四风”，深入推进正风严纪工作。

召开职代会，加强企业民主管理和厂务公开。通过工会、共青团组织开展各类活动，关心职工身心健康，坚持做好送温暖活动。2020 年共走访慰问职工 10 211 人次，发放慰问金（品）共 65.79 万元。

做好企业的稳定工作。成立平安建设协调小组，完善应急处置预案，落实信访和维稳工作措施。强化全国两会、国庆等重要时段稳控工作，努力化解内部存在的不稳定因素，妥善处理职工群众的合理诉求，保持企业的和谐稳定。

【企 业 文 化】

2020 年，公司坚持守正创新，强化宣传教育。坚持党管意识形态、党管宣传、党管舆论阵地。办好《大连中远海运报》和企业微信。制作发布 2020 版企业《形象宣传片》，推出公司“抖音公众号”，加强“企业文化核心价值理念”宣传，利用新媒体推进服务文化、安全文化、团队文化、廉政文化建设协调开展。做好“四史”《中国远洋海运发展史》的学习宣传。持续深化企业《管理论坛》和党建思想政治工作研究，完成政研论文和《管理论坛》论文 45 篇。公司继续保有“辽宁省文明单位标兵”称号。

（杨健　刘福阁　王芳）

中远海运（天津）有限公司

中远海运（天津）有限公司

【公司概况】

中远海运（天津）有限公司（简称“天津中远海运”，英文简称 COSCO SHIPPING（Tianjin）），是中国远洋海运集团有限公司全资子公司，注册资本 799 000 万元。天津中远海运的前身是 1970 年李先念亲自批准成立的中国远洋运输公司天津分公司（天津远洋），至今已经走过 50 年的发展历程。2019 年，天津中远海运经历改革转型后正式揭牌成立。目前，公司主要业务包括无船承运、货代船代、船舶供应、船舶监造、船舶管理、船舶通信导航和冷藏集装箱的检验维修保养等航运、服务业务；大厦物业、酒店公寓、房产管理等社会化业务；物联网、新能源技术服务等新拓展业务。

【发展战略】

按照集团统一部署，天津中远海运成立“十四五”规划编制领导小组，立足于为集团主业发展增值赋能、公司可持续发展以及员工价值创造能力提升。结合集团对天津地区公司的定位，公司组织专项小组，努力发挥自身能力和区域资源优势，持续探索与集团专业公司的合作发展机制，积极推进“十四五”规划编制工作，并制定落实方案按计划推进实施。在已有的产业探索成果基础上，明确奋斗目标及业务方向，将“产业链经营”“改革驱动”“投资培育”和“技术创新”作为未来战略行动的关键主题，确定总体战略定位：做集团综合物流供应链服务的价值创造者，立足增值服务，以改革激发存量资产和业务的活力，实现效益改善和提升；做集团国有资本投资公司改革的创新者，开拓互补产业，为集团稳健抗压蓄势，以转型促进增量投资和产业拓展，强化可持续发展；做集团贯彻国家区域发展战略的有力支撑者，发挥区域资源优势，为集团产业布局谋篇，以集团京津冀区域规划为纲，推动中国北方供应链生态的战略投资；做集团与地方战略合作关系的牵引示范者，维护公共关系，为集团品牌形象增彩，以共建共享的集约服务，保障集团核心利益，更好履行社会责任。通过紧抓战略客户和高价值客户营销，多方寻找投资合作机会，围绕航运产业链相关的集团系统内外战略客户，逐步产生广泛、积极影响，扩大集团在京津冀地区的影响力，为集团与天津市的深入合作贡献力量。

产业结构调整方面，2020 年，公司按照“十四五”战略规划，结合地区公司转型发展实际，与行业技术龙头合作成立了鲲鹏信息公司和新能源公司两家联合营企业，并将上述两家企业产业作为公司“十四五”期间战略规划重点产业方向。这是天津中远海运转型发展中迈出的重要一步。鲲鹏信息公司以物联网感知技术为基础，由公司与天津先进技术研究院等于 2020 年 1 月合资成立。鲲鹏信息公司依托股东方资源优势，开展智慧港航建设业务，荣获天津市市级重点“项目 + 团队”。同时，顺利完成青岛箱厂智慧资产管理等项目，完成中国电子技术标准化研究院、清华大学等多家单位智能物联网感知测试业务，与青岛箱厂、普博消防、常州天宁开发区等签订合作协议。新能源公司由公司与金风科技合资成立，重点围绕“绿色港航”，开展分布式智慧能源项目及风电、光伏新能源开发服务业务。新能源公司于 2020 年 8 月举行揭牌仪式，现场与金风科技、新港船厂、创新集团等 7 家重要合作伙伴签订了合作协议。同时，积极拓展储备优质项目，与天津港、山东港达成战略合作协议，重点推进天津港C段自动化码头项目。针对集团系统内高耗能企业，与青岛箱厂、锦州箱厂签订光伏发电建设合同，为扬州船厂、连云港箱厂、大连中远海运重工等6家单位出具项目建议书，年底前签署2份售电协议、3份共计17兆瓦的合同能源管理协议（EMC）。

【改革重组】

根据集团整体工作部署，天津中远海运积极贯彻落实国企改革要求，围绕企业现状和发展实际，研究制定《中远海运（天津）有限公司综合改革实施方案》，2020年4月得到集团正式批复。公司全面深化国企改革领导小组和工作小组按照方案开展实施，积极推进混合所有制改革、内部机构改革和三项制度建设等多项改革。

在混合所有制改革方面，基于引入外部资源打破发展瓶颈的目的，公司有序推动有关所属企业实施混改：开展船管公司混合所有制改革试点，指导船管公司做好天津远洋基马克斯国际船舶管理有限公司股权回购前期工作，组织中介机构对基马克斯开展资产评估及备案；指导协助海上电子与意向战略投资方沟通对接，推进海上电子股权多元化改革。根据集团改革工作安排，从有利于企业发展、提升企业竞争力和盈利能力角度出发，遴选出4家所属企业列入集团混合所有制改革项目，在国务院国资委举办的央企混合所有制改革推介会上，予以正式发布。

在内部机构改革方面，优化组织体系，切实落实集团“去机关化”改革要求。公司结合转型发展管理实践，对公司机构职能作出全面优化调整。以“做大做强前台业务，做小做实后台职能”为目标，新设并整合业务职能，压缩保障职能中心，形成新的“7部室+2中心”的组织结构，强化向公司投资开拓、规划改革和企业运营领域倾斜；处室数量由39个减少到23个，职能平稳交接，公司组织进一步扁平化；打造高效务实的组织体系，提升决策效率，强化服务意识，为企业高质量发展提供坚持的组织保障。

在三项制度建设方面，根据集团《关于深化三项制度改革的指导意见》，公司制定《深化三项制度改革的实施方案》。自公司成立至2020年年底，已先后制定下发《员工职业发展体系实施办法》《员工薪酬管理办法》《员工管理办法》《员工考核管理办法》《劳动用工管理规定》，并制定下发《所属企业负责人年薪管理办法》《特别奖励管理规定》，完善了《职业经理人管理办法》《项目开发人员激励管理办法》，建立并全面推行所属企业超额利润分享机制，通过任期激励等长效机制与S级企业评级标准，优化奖金分配方式，强化考核结果运用，引导企业可持续、向上发展。对集团改革三年行动实施方案及清单等反馈意见，按计划组织开展学习，结合实际情况做好任务分解落实。

【经营创效】

2020年，天津中远海运全体干部员工上下一心、迎难而上、奋力拼搏，深入贯彻落实集团“三会”部署，以及“三个聚焦”“三个不低于”“目标不降、任务不减”等要求，坚持防疫和经营“两手抓、两手硬”，抢抓时间积极复工复产，确保公司顺利完成年度任务目标。2020年，公司合并口径实现考核净利润－8880万元，超额完成集团下达的奋斗指标，较好地完成2020年集团下达的经济增加值、期间费用占营业收入比重等基本指标，以及项目出资、可行性研究报告和专项调研报告等分类指标、特殊奖惩指标等任务目标。2020年，公司总资产49.5亿元，净资产41.3亿元，营业收入8.13亿元。

【风险管控】

天津中远海运认真落实集团风险管控工作的部署，深入开展全面风险管理和内部控制建设，在转型期间通过制度的有效建设和执行，确保改革期间的平稳过渡及改革转型后公司的规范有序、合法运营。

内控制度建设方面，与地区公司改革同步，

推进制度体系基础建设，制定《规章制度管理办法》和《规章制度编写规范》，以内部控制基本规范和指引为理论依据，科学搭建了天津中远海运规章制度体系框架，制定并落实年度规章制度计划。截至 2020 年年底，共计发布规章制度 72 项，完成公司基础制度体系搭建，范围涵盖公司主要的经营管理，推进公司规范高效运行。为规范内控工作，制定和发布多项内部控制和风险管理专项制度，制定实施《内部控制和风险管理办法》，深入建设内控机制，在公司运行过程中完善内部控制的重点工作；制定实施《风险评估管理规定》，严格落实国务院国资委和集团工作要求，开展年度风险评估和专项风险评估，对重大风险实施全过程管理。

内控制度执行方面，公司严格落实《企业内部控制基本规范》及发布的各项规章制度，将内部控制管理要求纳入业务制度和流程，对重点领域开展专项管理，严格防控重大风险。加强公司治理体系和治理能力，充分发挥董事会、监事会和管理层在决策、监督、执行方面的职责作用。进一步深化所属单位风险管理和内部控制建设，实施所属单位年度风险评估、控制、信息报送的闭环管理，指导完善各单位内部控制体系。以董事会管理为基础，对所属各公司合理授权，形成精简高效、合理制衡的母子公司管理模式。开展试点的所属单位董事长由本单位领导担任，对重大项目、重点业务、重要环节开展专项风险管理。开展对公司年度实施的各类股权投资、股权转让、资产盘活、创新创效等重大项目，认真做好项目调研、风险识别及防控，有力推进项目落地。2020 年初，公司首个增量项目——物联网项目落地；2020 年 8 月，新能源项目落地，V 项目稳步推进。结合上级部署，公司先后开展贸易类风险自查、国际制裁风险应对、“两主动”专项巡察、安全隐患排查、财税风险管控等专项业务风险管理工作，进一步深化风险管控，充分发挥对业务经营的支撑保障作用。

落实依法治企，强化企业法律风险防控。规范合同管理，建立合同授权分级管理机制，年度审核各类经济合同协议并开展对合同流程关键环节的风险排查活动。突出疫情风险应对，重点帮助业务部门设计审核合同中“不可抗力”条款，实现合同风险有效规避。

【服务客户】

2020 年，天津中远海运积极发挥自身优势，努力为集团航运主业排忧解难，增值赋能。

全力服务客户复工复产。疫情期间，公司全力配合海关、边防、港航局、海事、码头等相关部门开展疫情排查和防控工作，及时高效地处理突发事件。公司“想船员之所想，急企业之所急”，得到船东、货主及疫情防控主管部门的高度肯定。在天津港、黄骅港等北方主要港口，协助集团内兄弟公司完成共计 88 艘船舶 1380 余名船员的换班，此外，累计完成外部客户船员换班 19 艘船舶 3800 余人次。克服疫情港口管控的困难，在陆岸相关人员不让上船办公的情况下，坚持到船边，与船长、轮机长等在码头上进行安全管理的交流和指导，确保沿海、海进江船舶百分之百的安全。同时，克服因高速公路封闭和疫情严格管控工程师无法上船的困难，通过代理将备件送到船上，确保工程师在港口附近远程指导客户船舶成功排除雷达设备故障，有效保障疫情期间船舶的正常运营。积极助力小微企业和个体工商户复工复产。2020 年上半年，公司总计对 43 家服务业小微企业和个体工商户减免租金，共计减免金额 255.8 万元。全力服务客户复工复产，为多家长期合作的优质重点客户提供职工复工前集中观察点，根据疫情防控要求及时为客户提供工作餐配送服务。

稳定物流供应链服务。疫情期间，境内外港口人力、机械不足，公司协调各方做到不压车，保船期。风电成套设备海上运输业务共计执行 89 套，其他配件共计 54 套，受到客户一致肯定。

增值服务提升竞争力。探索参与印度尼西亚至国内的铝矾土全程供应链项目。公司在为客户提供海运服务和紧密合作基础上，满足客户所提出的需求，为客户提供全程供应链的服务方案。天津港 C 段码头业务共执行 12 艘船舶的接货、卸船、仓储及提货等相关事宜。

【企业管理】

2020年，天津中远海运深化改革，多措并举，不断推动企业发展转型，通过优化管理降本增效，较好地完成全年工作目标。

公司多方开拓投资合作，推进产业优化布局。合资成立鲲鹏信息公司和新能源公司，推动绿色智慧港航产业发展；攻坚克难，确保增量重点项目顺利落地，启动大厦二期续建、大厦综合体基建项目；抓住机遇广泛储备优质项目，前后挖掘系统内外包括纸浆船、通航服务、疏浚工程、冷链产业、港口投资、可循环包装等10余个项目；加强系统内外战略客户营销，先后与中交天津航务局、天津市气象局等单位签署战略合作协议，抢抓机遇，开拓合作空间。

公司全面加强绩效管理，通过持续完善超额利润分享等制度，发挥考核引导作用。认真落实集团下达的各项重点工作，扎实推动本部和所属单位绩效考核。各部门引入了“导向型指标”，从重点创新举措、降本增效、协同所属企业创效、公司项目拓展、服务所属企业5个方面，引导鼓励各部门为公司转型创效做出实绩。

公司着力推动对标管理，提升经营管理水平。结合对标体系建设和对标考核的有关要求，制定公司对标提升实施方案，协调和督促各部门、中心、各单位按照计划进度完成对标提升行动各项任务。

【财务管理】

天津中远海运积极推进全面预算管理持续深化，做好预算指标分解下达及预算执行管控工作，着力压减成本费用，持续做好年度利润滚动测算，提前谋划，为顺利完成公司年度目标提供保障。

公司克服疫情影响，高效推进决算等会计管理工作。积极研究新金融工具准则、收入准则、租赁准则，做好2021年1月1日执行新准则的准备工作。持续完善制度体系，制定发布其他往来、存货、资金管理等5项制度。

公司强化“两级预警”资金管控，建立健全对各单位应收账款回收、存货占用及企业现金流的动态跟踪、预警机制，持续关注汇率市场走势，指导各单位做好汇率风险评估及应对，确保公司资金链安全。通过精细测算，增加存量资金收益。

公司推进税务管理工作，跟进落实税收优惠政策。协同人力资源部完成首次年度个人所得税汇算清缴工作。妥善应对税务局各项检查，积极落实国家及天津市的财税优惠及减免政策，助力企业减亏创效。

公司扎实推进亏损企业治理、“两金”压控、公司整体财务信息化建设、季度经济运行分析及提质增效等专项工作。2020年，公司亏损额及亏损户数均控制在集团下达指标范围内。制定公司3年“两金”行动方案，持续关注所属企业“两金”情况，定期跟踪、督促所属企业尤其是重点企业以考核指标为指挥棒，有的放矢做好“两金”管控。扎实推进季度经济运行分析、提质增效等各项工作。

发挥财务专业优势，全面参与新项目开拓，支持公司存量资产盘活。2020年，财务管理部参与金风新能源、大厦二期、中通服供应链、鲲鹏公司、海直、疏浚船舶等新项目拓展，全面参与可行性研究报告、财税政策、融资安排及估值测算等工作，为公司重大项目决策提供了重要参考。同时，组织人员对广州越洋清算、上海浦远、天津船员公司塘沽大院房屋租赁、中远里优家公寓项目银行账户管理等事项，研究提出财税建议，确保存量资产盘活顺利推进。

【产业发展】

2020年，公司集中力量推动重点项目成功实施。年初，公司与天津先进技术研究院合资成立拥有物联网技术背景的天津鲲鹏信息技术有限公司。该公司是专业从事自主信息技术研发、推广与应用的国有控股高科技信息技术企业，总部位于天津市滨海新区，在北京、长沙多地设有分公司及研发中心，是自主物联网感知领域的国家队和信息技术应用创新的主力军之一，致力于智慧产业、智慧城市、智慧工业、仓储物流信息化、资产管理信息化等物联网相关产品研发、制造、销售与系统集成服务。年中，公司与国内风电头部企业金风科技合作成立的新能源公司顺利落地。新能源公司是天津中远海运落实中远海运集团“十四五”规划目标以及增值服务板块的定位要求，正式落地的重要产业培育项目。公司定位于深耕港航物流生态圈相关领域，以分布式光伏、分散式风电等新能源开发为基础，为港航物流领域和制造业园区提供新能源替代、节能改造、船舶清洁能源等综合绿色智慧能源服务，努力成为社会、政府和客户充分信赖的卓越的能源服务专家。

公司继续做大做强业务。在航运服务板块方面，截至 2020 年年底，船舶管理数量 51 艘，船舶监造数量 30 艘；为中远海运散运 11 艘船舶安装智能网关及船舶北斗终端；探索参与印度尼西亚至国内的铝矾土项目，为客户提供 12 艘船舶的全程供应链服务。酒店物业板块，远洋大厦写字楼整体出租率稳定在 93% 以上；滨海远洋宾馆加大客户的营销力度，与携程旅行网签订服务协议，克服疫情影响，维持较高的入住率。

2020 年，公司启动大厦二期续建、大厦综合体项目。天津中远海运与天津远洋大厦有限公司在中远海运资产经营管理有限公司的协同支持下，聘请专业咨询设计机构完成大厦综合体优化方案上报工作并获得集团批复。

在存量资产盘活方面，2020 年，公司资产盘活项目成效明显，中远里青年人才公寓经营情况稳定，已达到预期目标，后续将通过不断提升公寓品质，提升租赁价格；顺利完成中远里 765 平方米底商的出租盘活工作。天实大楼项目和龙门大厦项目均在按照装修改造计划稳步推进。同时，持续梳理论证公司整体存量资产情况，邀请多方现场查看新河庄和天津海校项目，论证盘活方案。

【所属公司简介】

天津中远海运航运服务有限公司 成立于 1993 年，是国家级技术先进型服务企业。公司主营无船承运业务；海上、航空、陆路国际货物运输；国际船舶代理、航空票务销售、船舶工程技术服务、集装箱修理和仓储服务等，是中国海油、上海打捞局、国家科考船“向阳红 03”、中科院“探索一号”等客户的全面综合服务商。

天津远洋船舶供应有限公司 成立于 1970 年，是原中远集团最早设立的五大船舶物资供应基地之一。公司主营物料、备件、食品、免税烟酒、油漆、滑油和药品等的船舶供应。公司供应服务范围广阔，包括天津港及环渤海地区的锦州港、鲅鱼圈、秦皇岛、曹妃甸、唐山港、黄骅港、日照、烟台等，以及天津及周边各大船厂。此外，公司在广州设立了分支机构，具备在黄埔、蛇口、湛江等各个港口服务船东的能力。

天津中散船舶管理有限公司 成立于 2009 年，是美国海岸警卫队“21 世纪诚信公司”企业，中国北方较具规模和影响力的船舶管理公司。主要从事国内沿海和国际船舶管理、船舶买卖与租赁等业务。公司拥有良好的历史管理记录，现管理船舶超过 40 艘，船型有好望角型、巴拿马型和灵便型等散货船，以及杂货船和特种船（半潜船）。所属船级社包括中国船级社（CCS）、挪威船级社（DNV）、日本船级社（NK）、英国船级社（LR）、美国船级社（ABS）、法国船级社（BV）、意大利船级社（RINA）等国际知名船级社，营运航线为全球和国内沿海。公司具备相应的管理资质，有一支优秀的管理团队，通过科学化和专业化的管理，赢得同行的关注和船东的认可。

天津天惠船务企业有限公司 成立于 1993 年，是集远洋货物运输、租船揽货、船舶运营管理、航运相关产业投资等业务为一体的综合性航运企业。多年来，经营效益在天津地方航运企业中处于领先行列，多次被天津市政府评为“先进外商投资企业”和天津市保税区“百强企业”荣誉。

天津中散国际贸易有限公司 成立于 1998 年，是中远海运（天津）有限公司与中远海运国际（香港）有限公司共同投资创建的合资企业。公司主要经营船舶监造、二手船买卖、新船中介和设备代理。同时，为船东提供技术谈判、商务谈判、图纸审核、设备验收等技术服务。公司已为国内外船东监造各种吨位船舶110余艘、1000多万载重吨，先后在国内外二十多个著名大、中型造船厂派驻监造组，积累丰富的监造经验和知识。同时，背靠中远海运（天津）公司和中远海运（香港）公司，具有船舶营运过程的航运管理、船舶管理、风险控制、狭窄航道、抗风抗台、体系文件、商务仲裁、船员管理等各个方面的管理经验和服务优势。

天津远昌冷藏集装箱服务有限公司 成立于2005年，是天津远洋运输有限公司与美国联合技术旗下开利公司等共同投资创建的合资企业。公司主营冷藏集装箱的检测、维修、监控和冷藏集装箱备件销售、备件翻修等业务。公司总部设在天津，在青岛和上海设有分公司，同时在宁波、连云港、威海、烟台、秦皇岛、北海、大连等地建立服务网点，形成辐射全国的冷藏集装箱服务网络。公司目前与全国20多家堆场签订服务协议，为全球50多家船公司和6家冷藏集装箱制造厂提供冷藏集装箱服务。

天津海上电子有限公司 成立于1994年，是天津远洋运输公司与香港远通海运设备服务有限公司共同投资创建的合资企业。公司专业从事海上设施的无线电通信导航系统、电子信息系统的研发销售、安装调试、维护检验，被相关主管部门认定为“国家级高新技术企业”。公司是日本无线株式会社（JRC）、日本横河电机株式会社（Yokogawa）、丹麦泰纳（Thrane & Thrane）、挪威西姆拉德（Simrad）、海兰信（Highlander）、斯莱顿（Sealantern）、海德威（Headway）等国内外知名公司电子产品的销售和服务代理，同时也是中国船级社（CCS）、美国船级社（ABS）、英国劳氏船级社（LR）、挪威船级社（DNV）、日本船级社（NK）、韩国船级社（KR）、法国船级社（BV）、德国船级社（GL）等船级社授权进行海上船舶/平台的无线电/VDR设备检验的机构。公司具有签发全球海上遇险与安全系统（GMDSS）岸基维修协议证书的资质。

天津远洋大厦有限公司 天津市“亿元楼宇”企业，首批5A级智能写字楼，租售率连续多年保持在95%以上。远洋大厦坐落于天津市海河之畔，紧临天津的母亲河——海河，处于天津市著名风景区——“沽水流霞”海河风景线内，与天津市最著名和平路商业街和解放路金融区隔河相望，背靠具有异国情调的意式风情区，地理位置优越。

天津远洋宾馆 成立于1997年9月，是一家集餐饮、住宿、会议、宴会接待等多功能配套于一体的国家三星级酒店。宾馆于1998年被天津市旅游局正式批准为天津市旅游涉外定点酒店，也是天津市政府采购定点酒店之一。成立至今，宾馆已有20余年经营历史，具有鲜明的远洋文化特色。

天津远洋房地产开发有限公司 成立于1993年，主营房地产开发及商品房销售、室内外装修装饰、建筑材料销售、房屋租赁、物业管理、房屋修建等。

天津中远海运滨海远洋宾馆 1988年开业，2010年晋升为三星级酒店，2019年进行了改造升级。宾馆主楼高八层，占地面积16 754平方米，建筑面积9 890.06平方米；拥有商务套房和标准单人间、双人间共116套；餐厅面积260平方米，可同时接待80人就餐。

【安全生产】

2020年，天津中远海运及各所属单位未发生责任性生产安全事故和突发环境事件，各项安全环保指标完成情况良好。

年初，公司召开2020年安全环保工作会，下发《天津中远海运2020年安全生产、生态环境保护工作报告》，与11家所属单位签订《安全环保工作责任书》。面对突如其来的新冠肺炎疫情，公司第一时间成立疫情防控工作小组，正月初三就紧急召开疫情防控专题会议，研究疫情防控各项工作，陆续制定下发《天津中远海运疫情防控工作方案》等9个疫情防控相关文件，对各单位落实疫情防控责任提出明确要求。2月10

日起，公司实现全面复工，各单位持续落实常态化防控各项举措，针对重点岗位员工开展核酸检测排查，配备红外测温仪，提高检测效率，切实保障职工生命安全和身体健康。公司及各所属单位均无疑似或确诊病例发生。

在复工复产、安全生产月、法定节假日、全国两会和进博会等重大活动期间，公司总经理或主管安全的领导均带队开展安全督导检查，加强重点单位以及天实大楼、龙门大厦两处施工现场安全检查，全年达 30 余次。针对国内危险化工品行业事故频发的严峻形势，根据集团统一部署，组织供应公司先后开展对挥发性有机物检查治理和危化品储运专项安全检查；针对夏季防台防汛、冬季防火防冻等季节性安全重点，公司安委办也组织各单位做好充分应对准备。

6 月，公司制定下发《安全生产风险管理规定》，并组织各单位加快推进双控机制建设。先后召开双控机制建设培训交流会、安全风险分级管控工作交流会两次全公司范围的会议，选取供应公司作为先行示范单位，安委办全程指导协助，推动解决实际问题。其他各单位也按照公司总体部署积极行动，完成安全风险分级管控清单、安全风险评估表、四色分布图的编制，并对照风险清单开展安全自查和隐患排查。

按照集团统一部署，制定下发公司《安全生产专项整治三年行动细化实施方案》，明确 7 个方面 19 项具体工作措施。6 月和 11 月，分别组织各单位开展了 2020 年“安全生产月”和“119 消防宣传月”活动。各单位广泛开展安全宣教和应急演练活动。

11 月，公司制定下发《生态环境保护管理办法》，组织各单位落实制度要求，每月填报《能源节约与生态环境保护统计表》，倡导和提升全员安全环保意识，为企业和社会的可持续发展贡献力量。

【员 工 队 伍】

天津中远海运立足人员队伍现状，以集团方案为指引制定《天津中远海运深化三项制度改革方案》，提出具体举措与计划安排。以方案为指引，积极在“三能”机制上探索尝试：接近退休年龄、在同一岗位任职时间过长的 4 名干部退出现岗位，从事专项工作、巡视工作和专职董事；11 名室经理转为经理级专员，在新的岗位上持续为公司转型发展发挥作用、提供助力，“干部能上能下”有了良好开端。完善用工管理机制，规范劳动合同管理及不同用工方式的管理流程，强化劳动合同到期、试用期满等关键节点考核工作；完成 2020 年招聘工作，择优接收应届毕业生 3 人、社会人员 5 人。贯彻落实“以奋斗者为本，坚持结果导向”的考核机制，加强经营业绩与薪酬联动，根据地区公司经营业绩，确定公司本部室（副）经理及以上人员业绩抵押兑现系数，强化个人绩效与企业效益联动；根据所属单位年度经营业绩，落实超额分享机制，实现工资总额向创效多的企业倾斜、薪酬向奋斗者与贡献者倾斜。“干部能上能下、员工能进能出、收入能增能减”机制得到有力落实，市场化经营活力不断激发。

根据集团干部人才工作会精神和公司实际，加大年轻干部培养与使用力度。年内选拔任用干部 22 人，平均年龄 40.80 岁，其中部门助理及以上人员平均年龄 43.4 岁、室（副）经理人员平均年龄 33.7 岁。通过所属单位及公司本部负责人后备人选推荐，结合公司业务开展及人员实际，研究形成由 53 人组成的《天津中远海运优秀年轻干部及后备人员名单》，其中 80 后 29 人，占比超过 1/2。

公司以“服务转型、赋能成长”为目标，结合疫情发展的新变化和新形势，通过“深耕一个资源、依托两大平台、推动三个转变”的工作模式，统筹开展公司人才培养和教育培训工作。2020 年，公司组织各类线上线下培训班 102 个班次，参训人员 1466 人次，实现员工教育培训“全覆盖”。

截至 2020 年年末，公司在岗职工 520 人。其中，本部在岗职工 152 人，所属单位在岗职工 368 人。

【党群工作】

2020年，天津中远海运党委深入学习贯彻习近平总书记关于疫情防控和经济社会发展系列重要讲话精神以及中远海运集团党组的部署要求，坚持在新冠肺炎疫情防控、推进生产经营双重任务中强化党的领导、加强党的建设，带领各级干部员工坚决打好疫情防控阻击战和转型发展攻坚战。公司党委始终强化以高质量党建引领推动高质量的转型发展，主动找准党建与中心工作的结合点，努力实现党建与业务发展的相融合、互促进。公司先进个人和集体获天津市表彰，中散国贸副总经理方小安荣获“天津市劳动模范”荣誉称号，航服公司船运业务中心荣获“天津市模范集体”荣誉称号。

发挥党的领导核心作用，坚强有力领导地区公司平稳转型。认真落实两个“一以贯之”，严格执行“党组织研究讨论作为董事会、经理层决策重大问题前置程序”，2020年共召开党委会42次，研究审议重大和重要事项124项。持续探索推进党委书记、董事长“一肩挑”，党委书记对企业党建工作负总责，既“挂帅”，又“出征”。以高度政治责任感做好集团第二轮内部巡视迎检工作，公司党委召开专题会议，学习习总书记关于巡视工作重要讲话精神以及集团党组有关要求，就配合做好集团巡视工作进行部署。相关职能部门通过现场会、巡视自查督导、基层党建调研等不同方式对基层党组织问题查找和对照整改进行跟踪指导，坚持问题导向，确保立行立改，突出特色做法，以本次巡视为重要契机，提升公司党建工作水平。着力推进党的领导作用发挥上下贯通，把党的领导融入公司治理，督促指导所属单位认真落实党组织议事决策规则。

天津中远海运纪委以十九届中央纪委四次全会精神为指导，按照集团纪检监察组部署要求，协助公司党委深化全面从严治党，全年共召开党风廉政建设和反腐败工作会、党风廉政建设和反腐败工作协调小组会、纪委会9次，细化并落实党风廉政建设和反腐败工作具体任务，扎实推进“8+N”监督工作，为公司防抗疫情、改革转型、提质增效提供坚强的纪律保障。

公司强化形势任务教育，聚焦中心任务，全面推动宣传思想工作，积极营造上下齐心、防抗疫情的舆论氛围。围绕公司成立一周年、天津远洋成立50周年做好宣传策划，精心推出《转型发展这一年那些令人难忘的故事瞬间》《图说50年》等精品。深入挖掘转型发展中的典型事迹，策划“提质增效”“2020抗疫故事”等专题栏目，讲好身边故事，激发创效创业创新正能量。加强对外宣传，塑造良好形象，公司董事长、党委书记、总经理王然在集团报刊登学习习近平总书记比港讲话精神体会文章。公司多项政研会成果获得集团表彰。其中，《学习焦裕禄精神　强化“七种能力”建设——浅谈对学习贯彻习总书记在2020年秋季学期中央党校（国家行政学院）中青年干部培训班重要讲话精神的思考》荣获一等奖，《贯彻十九届中央纪委四次全会精神一体推进不敢腐、不能腐、不想腐体制机制建设助力国有企业转型发展——天津中远海运一体推进“三不”体制机制建设的实践与思考》和《传承薪火守初心　明鉴历史担使命——深入推进“四史”学习教育四个层次浅析》荣获三等奖。

公司强化凝心聚力，打造和谐发展环境。召开第一次工会会员代表大会、第一届二次职代会，严格落实制度，推进厂务公开民主管理。部署开展“当好主人翁、建功新时代”劳动竞赛活动，着力搭建提升职工岗位技能平台。组织开展2020年两节和暑期慰问活动，开展疫情期间职工慰问工作，共向会员职工发放N95口罩、免洗洗手液等防疫物资约6万元。为18位会员申请天津市职工重病关爱资金共计79 500元。举办趣味羽毛球比赛、职工气排球比赛，丰富职工文化生活。

公司积极履行企业社会责任，按照集团部署，积极推进对口帮扶天津市武清区陈咀镇庞庄村的扶贫工作；同时，做好接洽相关消费扶贫任务，采购对口永德县扶贫茶叶1000饼。

公司积极推进党建带团建，发挥好“团聚”作用。公司组织召开首次团员大会，选举产生第一届团委，做好团员青年工作规范化管理。倡议青年员工发挥生力军和突击队作用，全力投入疫情防控和复工复产。青年员工自愿为抗疫工作捐款数额达 4470 元。开展“绽放战疫青春　坚定制度自信”主题宣传教育实践活动，组建青年宣讲人队伍。抓好队伍建设，组织团干部开展能力培训，着力提升团干部素质水平。

公司领导亲自挂帅，完善信访“维稳管控”处置体系，重点关注组织机构调整、离退休人员社会化、教育资源整合及所属单位改革涉及个人利益的敏感问题，做好问题化解和内控保障工作。

【企业文化】

天津中远海运聚焦旗帜引领，全面部署文化建设做精做细。结合集团发展史发布，特邀史志编审委员会专家作专题辅导，深入解读集团“四个一”理念。组织开展纪念天津远洋成立 50 周年纪念活动，赓续半个世纪薪火相传的精神血脉。公司传承弘扬半个世纪的文化传统，编纂完成《中远海运（天津）有限公司发展史（1970—2020）（征求意见稿）》，梳理历史脉络，深化历史积淀。结合“十四五”规划，开展公司企业文化建设 2021—2025 年规划编制工作，为系统推进企业文化建设打下坚实基础。成功举办首次企业文化拓展暨 2020 年团干部履职力培训。结合具体工作实际，初步研究搭建公司企业文化核心价值理念体系。充分挖掘企业文化价值，推动文化建设，同船务码头、供应公司文创项目、中远里青年公寓等单位创业实践紧密结合，助力公司改革发展。（张磊）

中远海运（青岛）有限公司

中远海运（青岛）有限公司

【公 司 概 述】

中远海运（青岛）有限公司（简称“青岛中远海运”，英文简称COSCO SHIPPING（Qingdao））,是中国远洋海运集团有限公司直属的二级单位。2020年，公司认真贯彻习近平新时代中国特色社会主义思想和党的十九大、十九届二中、三中、四中、五中全会精神，面对突如其来的疫情挑战，牢固树立“在危机中育新机、于变局中开新局”的改革意识，坚持迎难而上，砥砺前行，以中远海运集团2020年总体工作部署和公司2020—2025中长期发展战略规划为“主心骨”，以重点项目为“开山斧”，深化思想解放，提振“精气神”，变危为机，在LNG产业链主线建设、现有业务项目拓展、资源整合提质增效、内部管理赋能提升等方面取得显著成效，经营情况较2019年更上新台阶，公司高质量发展基础进一步夯实。

【公 司 机 构】

2020年，青岛中远海运本部设8个职能部门，分别为董事会办公室/总经理办公室、安全监督管理部/安委办、战略及企业管理部/法律风险部、财务管理部、人力资源部/组织部、党委工作部、纪委工作部/监审部、工会；设3个共享中心，分别为资产/项目管理中心、后勤保障中心和人力资源中心/保险统筹中心。

【生 产 经 营】

2020年，青岛中远海运累计实现营业收入90 457万元，发生营业成本69 025万元，完成集团考核利润 -7568万元，在集团下达的年度任务指标基础上实现了大幅度减亏，超额完成集团下达的奋斗指标。截至2020年12月底，公司资产总额38.37亿元，资产负债率27.54%。

【安 全 管 理】

2020年，青岛中远海运认真落实集团安全生产的各项部署，认真贯彻“党政同责、一岗双责、齐抓共管、失职追责”的要求，始终把安全稳定作为企业转型发展的第一要务，坚持以“预防为主、突出重点、分类分级、狠抓落实”的工作原则，严格企业安全生产主体责任的全面落实，全年未发生上报等级责任性生产安全事故，保持公司安全生产持续稳定。

2020年，公司积极应对疫情给企业带来的困难和风险，根据企业面临的内外部安全生产形势和特点规律，强化监督、落实风险防范及管控措施，保证疫情防控和安全稳定良好局面。认真落实安全生产专项整治三年行动措施，加强安全生产各专题板块目标任务的集中攻坚。坚持以深化安全生产风险管控和隐患排查双重预防机制为抓手，盯紧盯牢易发多发时段和领域的风险防范，动态识别、辨识和管控环境变化及各类危险因素。建立安全视频监控平台，提升监管效率，强化监督指导和跟踪考核管理，举一反三抓管理促提高，提升公司及各所属企业本质安全的能力和水平。

【人 事 管 理】

2020年，青岛中远海运面对新形势、新任务、新挑战，认真贯彻落实国务院国资委《国企改革三年行动方案（2020—2022年）》要求，按照集团改革总体部署和“十四五”人才发展规划，围绕公司中长期发展战略规划报告（2020—2025），以“用好人、用好物、用好策”为工作主基调，把“用好人”摆在首位，解决员工队伍在结构、能力、活力等方面存在的问题，为推动公司实现转型发展提供坚强的组织保障和有力的人才支撑。

坚持“人才是第一资源”理念，加大干部调整和交流工作力度。2020 年，公司共调整干部 11 批次、143 人次，努力做到人岗匹配、人事相宜、人尽其才。科学制定公司人力资源开发的三到五年总体规划，建立“市场经营、企业管理、财务风控、党群综合、技术研发、安全管理”6 支专业人才库。

实施“穿透式”考核，建立定性与定量相结合、日常考核与年度考核相结合的考核体系，分层级、有步骤地反馈考核结果，强化考核评价的制度刚性，将考核结果与选拔任用、评优评先等紧密挂钩，激发干部担当作为。围绕集团人力资源管理信息系统（SAP HR），推进公司人力资源信息化管理工作，借助大数据对人员信息、考勤、绩效、薪酬、培训等不同信息开展统计分析，有效整合各项人力资源数据，为重要决策提供有力支持。

优化年轻干部培养选拔，把群众公认的高素质、重实干、能作为、有闯劲的实干家和年轻干部纳入后备干部管理当中，并有计划地安排在 LNG 物流供应链等新产业领域。与集团企业大学密切合作，围绕党建、LNG 技术、董监事业务等多个领域，统筹规划好全年培训工作，培训工作质量稳步提升。

【企业管理】

加大公司资源整合，推动挖潜增效取得实效。完成资产公司、商业公司、劳务公司关闭及祥和工贸公司吸收合并工作，优化公司资源，缩短管理链条，进一步优化公司资源配置。实施连云港中远海运与流体公司整合，组成新连云港公司，形成统一体，使两家单位的优势充分融合，提升在连云港地区的竞争力和影响力，拓宽业务范畴，加快推进两家单位转型发展。实施完成大厦公司业务整合，公司建设项目管理、房产 / 土地管理及经营由资产中心统一负责，进一步提升经营效率。青岛中远海运在亏损企业治理、“两金”严控等关键领域持续发力，成立亏损企业治理工作小组，在科学研究亏损源、亏损成因的基础上，形成改革、调整、提升、合并、转型、退出等措施相融合的综合减亏扭亏方案，多管齐下，圆满完成集团下达的亏损企业户数及亏损额控制指标。结合集团“两金”严控管理要求，编制公司应收账款和存货精细化管理指导规则，指导重点单位做好“两金”管控工作，成效显著。

结合公司精细化管理和成本管控的整体部署，制定具体实施方案，从资金统筹管理、预算管理、风险控制等六方面建立长效机制，紧抓“安全资金存量”指标的预测和控制，确保资金畅通。进一步优化绩效考核管理，修订《直属企业负责人薪酬及绩效考核办法》等考核制度，按照激励与增量同步、激励与约束对等等原则，建立与企业类型、业绩挂钩的企业负责人薪酬绩效体系。

公司明确以信息化提升管理的理念，形成信息化建设整体方案。以新 OA 系统为基础，持续推进现有业务流程的优化创新，并认真总结疫情防控期间居家办公经验，充分利用云编辑功能，提高信息化办公的效率，并实现 OA 系统、邮件系统等的统一步调。公司以 SAP 人力资源（HR）系统为核心，扎实推进基础数据库维护工作，根据集团要求及公司实际，对系统 28 项信息类型中数十万条数据进行校对完善，在集团的数据质量检查工作中，连续以 4 项指标均为满分的成绩，名列前茅。启动财务 SAP 系统上线工作，完成蓝图设计、主数据梳理、财务需求调研等第一阶段的实施工作，进一步加强公司财务信息化管理，实现平台统一核算。

持续完善内控风险管理体系，坚持问题导向，以不断丰富内控体系工作建设的深度、广度为目标，坚持“先手棋、快出子”原则，有效防范化解疫情系列风险，加强内控覆盖、深化内控有效性建设。进一步完善规章制度体系，对规章制度进行“查缺补漏”，优化各主要业务工作流程，从而优化管理资源和配置，以此提高公司管理系统的效率和柔性。2020 年，新建规章制度 21 项，内容涉及绩效考核、信息化建设、客户资信与应收账款、制裁风险管理等内容；修订规章制度 18 项，内容涉及合同管理规定、采购系列管理办法、企业主要负责人履行推进法治建设第一责任人职责实施办法等，确保规章制度符合公司转型发展的实际，进一步增强了制度的可操作性并严格落实。

坚持“早介入、早防范、早化解”的工作思路，加强对各类风险的识别与监管，将动态监控与持续监控相结合，将日常监管与专项监管相结合，重在提升风险防控的精准度、前瞻性，积极采取有效措施为公司发展“排雷清障”。加强对新业务、新项目的风险监测，对实施过程中出现或发现的问题，及时提出法律意见或风险防范建议，确保新项目覆盖率 100%、法律事务全程参与率 100%。2020 年，公司各项风险防控有效，未发生重大风险事件。

【党 群 工 作】

把方向、抓重点，党的领导作用充分发挥。2020 年，青岛中远海运抓住“关键少数”，务实开展“党政同责、一岗双责”专题教育。制定《关于开展“党政同责、一岗双责”专题教育的实施方案》，组织召开专题教育启动大会、工作推进会和专题教育总结会。举行以“强化责任意识、抓好工作落实”为主题的党委中心组（扩大）学习并开展现场交流研讨。公司领导结合党员领导干部基层联系点工作制度和安排，多次深入基层单位调研指导，专题教育领导小组办公室加强工作指导，发布《工作提示》4 期，编发《简报》7 期，在公司内部网站和微信公众号上开设专题教育专栏，总结推广各基层党组织在开展专题教育期间形成的好做法好经验。通过专题教育，党员领导干部进一步认清肩负的责任，持续推进管理机制改革，扎实推进战略规划实施；在完善 LNG 产业主线和新项目布局、启动现有产业整合升级、强化精益管理等方面取得阶段性成效；党的建设与疫情防控、安全生产、经营管理有机结合，实现党建工作和生产经营“双抓双促双赢”，获得职工群众高度认可。

2020 年，青岛中远海运认真贯彻习近平总书记重要批示精神，组织开展“厉行节约、反对浪费”专项活动，制定专项活动的工作方案，召开专项活动启动会，围绕“深入学习贯彻《习近平谈治国理政》第三卷，厉行节约、反对浪费，以艰苦奋斗精神推动公司高质量发展”主题，以“读书班”形式举行 2020 年第九次党委中心组（扩大）学习。专项活动领导小组和工作小组密切跟踪，分赴重点单位现场调研，及时督导各项工作进展情况，有力推动专项活动开展。在公司内部网站和微信公众号上开设专栏，广泛宣传，并征集“反对浪费我先行，厉行节约作表率”主题案例 20 余个，推动“人人讲节俭、事事讲节约”的良好风气。各基层党组织开展“五个一”活动，认真查摆“厉行节约、反对浪费”工作中存在的问题并逐项制定措施，严格整改，推动专项活动取得实效。

2020 年，青岛中远海运切实发挥党组织作用，积极响应中央号召，担当防控生产使命。督促指导各基层党组织在疫情防控期间创新形式开展党内组织生活，学习贯彻《中国共产党国有企业基层组织工作条例（试行）》。认真做好从公司党费中划拨疫情防控专项费用工作，组织开展广大党员自愿捐款支持疫情防控工作。供应公司党总支多方寻求货源，采购船舶物资及时安全供船。物业公司党支部带领全体党员认真做好远洋广场公共区域消毒、人员体温检测、进出车辆登记等工作。中韩轮渡党支部发挥航运平台优势，积极发现化解疫情防控和生产经营的矛盾。远洋华林党支部加强对船舶疫情防控工作指导，细化防控措施，确保所管船舶运营正常、船员身体健康。通导科技公司党支部切实抓好精准防控工作，强化登轮人员防护措施，确保疫情防控落实到位。

夯基础、强根基，党建工作水平切实提升。2020 年，公司制定深入开展“四史”学习教育工作方案，组织各基层党组织开展“七个一”系列活动，深化“四史”学习教育，引导全员总结历史经验、把握历史规律，汲取开拓前进的勇气和力量。有序发放《习近平谈治国理政》第三卷、《中国远洋海运发展史》等学习材料，为做好学习教育提供有力支撑。落实集团“区域党建”工作要求，组织召开集团驻青岛区域企业的党建沟通交流会，打造相通联动、优势互补。七一前夕，协调组织集团驻青岛单位与胶州市烈士纪念馆开展“中远海运集团爱国主义教育基地”共建活动。

青岛中远海运落实“四同步、四对接”要求，及时建立、调整部分基层党组织，科学合理调整基层党组织设置，有序开展各项党建工作。船务公司党支部、船贸公司党支部打通党建工作到基层最后一公里，在修船、监造、基建项目现场成立党小组，将党旗插在工地上，通过抓实党建工作促进项目建设。统筹中心党支部积极推进国有企业退休人员社会化管理，认真做好退休党员组织关系转移等工作。公司修订完善《公司党委落实全面从严治党主体责任实施细则》《公司党建工作责任制实施细则》，制定《公司党委落实全面从严治党主体责任清单》，推动公司全面从严治党向纵深发展。下发《关于规范加强党支部学习的通知》，把“三述”作为党支部学习的重要方式，通过找问题、查原因、定措施，提高党支部学习质量。抓实党建工作精细化管理，根据《公司精细化管理工作实施方案》，梳理党群工作制度 52 个，扎实推进党群工作制度精细化。

抓引领、兴文化，思想建设工作全面深化。2020 年，公司加强统筹，牢牢把握意识形态教育，把意识形态工作作为党的政治建设重要内容纳入党建工作责任制考核，与经营管理共同谋划、共同实施、共同考核，并总结形成公司意识形态工作报告，为公司决策提供智力支持。公司精神文明工作成效显著，被交通运输部授予全国交通运输行业文明单位称号。不断探索新形势下企业思想政治工作思路新方法，开展思想政治工作研究，采用网络形式组织召开党建思想政治工作交流会暨企业文化促进会。公司连续三年获得集团年度优秀成果表彰一等奖。

2020 年，青岛中远海运紧跟形势，宣传主线突出。推出 LNG 物流供应链项目、疫情防控复工复产、“新香雪兰”轮接船首航、精细化管理等具有代表性的专题报道。改版升级公司内外部网站，拓展微信公众号模块功能，开设抖音官方账号，配备楼层影像设备，放大多媒体联动传播效应。同时，积极加强与集团媒体中心、《青岛日报》、青岛电视台等内外部多家媒体的沟通联系，加大媒体采访报道力度，发布多篇报道和视频新闻。全年公司内部网站发表各类通信报道 2400 余篇，外部媒体发布信息近 50 篇，微信平台推送宣传信息 1000 余篇。为公司 LNG 业务拓展营造良好的社会舆论氛围，展示公司转型升级、开拓进取的外部形象。公司制定《青岛中远海运年度先进典型评比表彰管理办法》，确保重大典型评比表彰工作规范化、制度化，进一步调动广大干部员工学先进、赶先进、争先进的积极性和创造性。LNG 罐箱项目组、“新香雪兰”轮造船技术支持团队等集体和个人分别受到中远海运集团、青岛市等表彰。

优结构、重培养，人力资源管理优化升级。2020 年，公司把建设高素质专业化董监事队伍摆在突出位置，建立与现代企业制度和市场经济相适应的管理机制，充分发挥董事会在公司治理中的核心作用。共调整配备 15 家全资、合资企业董监事会成员，专职外部董监事队伍水平持续提升，公司已有专职外部董事 6 名，专职外部监事 1 名。为贯彻落实国务院国资委及集团有关工作部署，制定《青岛中远海运关于开展“总部机关化”问题专项整改工作方案》，明晰职能定位，优化组织体系，改进工作作风，强化服务意识。

积极配合集团加大直属公司董事会授权试点工作，制定《青岛中远海运董事会选聘经营班子副职试点实施方案》，推进公司董事会对经营班子考核与薪酬分配，以及经营班子副职选聘试点相关工作。按照国务院国资委规定，公司制定《公司直属企业工资总额管理办法》，完善公司调控与企业自主分配相结合的工资总额管理方式，推动工资总额管理方式由公司“分额度”向企业“挣薪酬”转变，有效激励各单位发展积极性。建立用工管理新思路，加快构建市场化选人用人机制，积极盘活内部人力资源，有效激发干事创业内生动力。选优配强 11 家直属单位领导班子，加大本部和基层间双向干部交流力度，选拔 8 名公司管理干部从事安全督导、巡察及专职外部董监事等工作。年内调整公司管理干部 10 批次共 118 人次，调整使用 75、80 后年轻干部 43 人次，公司中层干部平均年龄降低 1.8 岁。高质量完成新员工招聘，依法依规解除不在岗人员的劳动合同，树立良好的用工导向。搭建全方位、多形式的立体考核机制和评价体系，进一步完善现代化测评手段和分析工具，细化干部个体画像和干部群像的绘制，充分发挥“指挥棒”的正向引领作用。以 SAP 人力资源（HR）系统为核心，扎实推进基础数据库维护工作，经集团数据质量检查，公司位列集团第一。

强监督、促落实，党风廉政建设全面推进。公司深入贯彻落实集团党风廉政建设和反腐败工作会精神，召开公司年度党风廉政建设和反腐败工作会议，研究部署年度重点工作任务；制定下发《2020 年党风廉政建设和反腐败工作要点》，梳理出 54 项具体工作任务；研究制定纪检巡察审计三年工作规划，明确政治监督、执纪问责、日常监督、审计增值、巡察工作全覆盖等 9 条路径，提出具体保障措施，实现纪检巡察审计工作的标准化、规范化。

融合开展巡察监督和审计监督，对 5 家单位进行巡察。其中开展巡审结合有 3 家，同时整理归纳中央巡视、集团巡视提出的问题及已完成巡察项目中发现的共性问题，做到举一反三，促进自查自纠。积极落实两到三年经济责任审计全覆盖的要求，按计划完成经济责任审计 7 项、基建项目审计 24 项，提出审计意见 45 条。完善有效发挥派出监事职能机制，组织召开监事工作业务会议，研究制定监事业务指导意见等。促进基层党组织纪检委员履职，明确 20 项具体监督履职重点，同步建立三级保障机制，促进监督触角向基层延伸。

推进政治监督常态化，督促各级党组织加强政治理论学习，督导党员领导干部严格遵守政治纪律和政治规矩，做到“两个维护”；落实疫情防控监督工作全面化，“厉行节约、反对浪费”专项监督深入化，制定下发指导规范性文件，适时提出工作建议。深入开展“八项监督”暨第三阶段合规性清查工作，按照检查、督导、总结三阶段推进实施，督促各级党组织履行好“两个责任”。认真开展利益输送、设租寻租、化公为私和关联交易问题专项整治，全面自查自纠，审核巩固整治成果，推进长效机制建设。聚焦关键少数、关键项目、关键岗位，精准开展日常监督，回复干部廉政情况 20 人次，开展廉洁谈话 297 人次，集体谈话 267 人次。

添动力、增活力，群团合力效能持续强化。公司工会制定联系基层工会组织工作办法，确立“马上办　要办好”的工作信条，在工作中向“实”处谋事。多措并举推动“消费扶贫、支持沅陵”工作，参与青岛市对口贵州定点扶贫社会捐助。召开弘扬劳模精神交流会，指导推动劳模工匠创新工作室创建，组织 16 家单位开展劳动竞赛、职业技能竞赛等，开展安全 1000 班组创建和“安康杯”竞赛活动。召开公司一届二次职代会，签订集体合同；配合集团教育资源改革，组织召开会议，全票通过原青岛远洋船员管理中心教培人员安置方案。制定厂务公开管理实施细则并成立工作机构，落实厂务公开民主管理工作。加强职工文化建设，设立公司员工“茶歇室”，组织开展“疫”站到底抖音直播女职工知识竞赛、“致敬奋斗者”摄影比赛、演讲主持类才艺比赛、东亚海博会讲解员选拔培训等。结合疫情防控扎实开展“面心实”活动，全年慰问基层一线 13 家次，慰问职工 3334 人次，帮扶职工 87 人次。

团委强化组织规范化建设，组织召开公司第一次团员大会，明确公司团员青年工作的未来努力方向和工作部署。完善基层团组织设置，实现团的组织网络及团的工作、活动覆盖全体团员青年。强化理想信念教育，组织广大团员青年学习宣传贯彻习近平总书记五四寄语精神，转化为实实在在的行动。依托青年文明号、青年突击队等形式，为坚决打赢疫情防控阻击战贡献青春力量。开展五四表彰，做好先进典型宣传引导，在青年员工间营造崇尚先进、学习先进、争当先进的良好氛围。组织开展青春作“战”主题系列活动，集中展示广大团员青年的良好精神风貌，引导广大团员青年领悟战略规划，为企业转型发展贡献青春智慧和力量。

【企业文化】

强化文化宣传贯彻工作。针对新的企业文化理念体系，发布《中远海运（青岛）有限公司2020年企业文化理念体系宣贯方案》，组成企业文化宣贯调研组，到各直属企业现场宣传公司企业文化理念体系，总结、诊断公司企业文化现状，分析公司转型发展趋势及与之相适应的文化需求。

开展文化培训。特邀外部专家结合公司战略规划，从企业文化的内涵与作用、企业文化与管理的融合等方面，解读公司企业文化体系及其内涵逻辑，强化企业文化理念渗入，以文化生根推动战略落地。

宣传文化引领。设计制作文化VI手册、文化展板，系统化、全方位、分层级、有步骤实施“二上二进”“四个一”工程，推进企业文化贯彻落地工程。

强化文化融入。着力把企业文化理念体系渗透到公司战略推进和生产经营管理的方方面面，使之成为企业管理不可分割的有机构成，为公司转型发展、开拓创新提供强大的精神动力和力量源泉。突出显性化，制作宣传片、宣传册，实施文化嵌入，提升公司对外形象。

【直属企业】

2020年，青岛中远海运加强形势研判，主动把握市场机遇，超前谋划，创新思维，统筹做好疫情防控和生产经营各项工作。资产中心及远洋韩国城在因受疫情影响而出现业户退租的严峻形势下，采取多项措施稳定老租户，并在疫情防控进入常态化后，多办法多渠道地揽招新客户，出租率稳步提升。供应公司发挥平台服务优势，多方采购防疫物资，承担起对集团内外部企业的疫情防控物资储备和供应任务。中韩轮渡在客运业务完全停顿的情况下，充分拓展防疫用品、小商品等货运业务新货源，货运量同比增长16.26%。船贸公司克服疫情影响，完成“新香雪兰”轮监造工作。远洋华林以客户需求为出发点，优质服务，成功揽取多艘优质船舶的管理业务，船队规模和客户结构均达到历史最优。

公司聚焦主业发展，LNG产业链建设稳步推进。低温科技公司于12月21日完成全球首座“三合一”型的LNG陆地储罐模拟舱搭建，并顺利通过法国GTT公司的完工验收。特装公司大胆创新，将厂区基建工程建设全面提速，通过方案优化，节省基建费用约800万元，并完成多项技术的研发与试验，取得实用新型专利授权5项，申报待审核专利14项。同时，公司充分利用LNG薄膜舱和LNG罐箱制造的布局优势，持续推进LNG产业链信息研究、上中下游产业和LNG及低温装备与服务主线的拓展工作。

【荣　誉】

国家级荣誉：中远海运（青岛）有限公司荣获全国交通运输行业文明单位。

【大事记】

1月3日　青岛中远海运与青岛远洋船员职业学院签署业务协同战略合作协议。

1月10日　青岛中远海运与启迪教育集团签署战略合作协议，盘活青远山庄存量资产。

年初　青岛中远海运坚决贯彻党中央和集团防疫工作的各项要求，统筹安排疫情防控和复工复产，多渠道紧急外购防护用品，重点部署疫情期间生产经营，切实维护全体员工的生命健康安全。

1月17日　青岛中远海运完成对原出租商场“贞花韩国服装城”的全面接管，首次涉及商场经营领域。

4月20日　青岛中远海运启动“党政同责、一岗双责”专题教育。

5月　连云港中远海运特种装备制造有限公

司顺利通过低温性能型式实验，获得特种设备型式实验证书。

6 月 29 日 青岛中远海运与胶州市政府、集团驻青岛单位共建“中远海运集团爱国主义教育基地”。

7 月 3 日 青岛中远海运全力支持中国远洋海运大学顺利完成揭牌仪式。

9 月 7 日 青岛中远海运启动“厉行节约、反对浪费”专项活动。

9 月 9 日 青岛中远海运在连云港召开连云港公司领导班子宣布会暨连云港公司董事会启动会，连云港公司正式整合。

9 月 17 日 青岛中远海运获批连云港公共保税仓储基地项目。

9 月 22—27 日 青岛中远海运圆满完成集团 2020 东亚海洋博览会参展组织工作。

12 月 2—4 日 集团党组副书记、董事、总经理付刚峰调研青岛中远海运所属连云港地区企业。

12 月 9 日 天津新港船舶重工有限责任公司为青岛中远海运建造的 700 客位客滚船“新香雪兰”轮命名交付，于年底正式投入营运。

12 月 11 日 青岛中远海运党委课题组撰写的《基于习近平担当论述，谈如何完善担当作为的激励机制》论文荣获集团一等奖（公司政研会工作成果丰硕连续三年荣获集团一等奖）。

12 月 14 日 根据交通运输部决定，青岛中远海运被授予全国交通运输行业文明单位称号。

12 月 21 日 青岛中远海运低温工程科技有限公司成功搭建陆罐模拟舱，取得法国 GTT 资质认证。

（高原）

中远海运大连投资有限公司

中远海运大连投资有限公司

【公司概述】

中远海运大连投资有限公司（简称“中远海运大连投资”，英文简称 COSCO SHIPPING Investment Dalian），成立于 2019 年 2 月 15 日，是中远海运集团新设的二级地区公司，其前身是 1975 年国务院批复筹建、1978 年成立的大连远洋运输公司。中远海运大连投资注册资本 114 700 万元，法定代表人朱迈进。业务主要包括 LPG 船舶运输、化学品仓储、航运配套服务、酒店及写字楼租赁等。

在大连市不断拓展航运、物流、贸易三大枢纽功能的全新赛道上，中远海运大连投资顺应集团“3+4”战略布局，衔接大连城市发展拼图，聚力“十四五”规划，确立了“打造一流的 LPG 端到端物流服务商”的发展愿景，致力于发展 LPG 海上运输国家队，构建 LPG 产业链发展新生态。中远海运大连投资总部设有 10 个部门和 1 个区域服务中心。截至 2020 年年底，公司合并范围内共有 7 家单位，公司本部及大厦公司、供应公司、龙鹏公司、电子公司、希云公司、昌盛公司，另有非并表参股企业一家大仁公司。龙鹏公司主营 LPG 运输业务，共有 6 艘 LPG 船舶，总舱容量 21 913 立方米。

2020 年，中远海运大连投资深入贯彻落实集团党组各项决策部署，全体员工齐心协力，攻坚克难，用顽强的拼搏意志和创业精神开辟出公司发展 LPG 运输的美好方向。疫情防控、风险管控、巡视整改、经营管理、人才建设等均取得了良好成果，公司步入了健康发展的良性轨道。

【改革重组】

“十三五”期间，中远海运大连投资顺应集团改革部署，完成各项改革任务，由原大连中远海运油品运输公司转型为集团大连地区公司，并于 2019 年 2 月 15 日注册成立，正式成为中远海运集团二级公司。

根据集团地区公司改革方案，公司承接了 LPG 运输、酒店及写字楼租售、航运配套服务等业务，油运等主营业务并归中远海运能源公司，并于 2020 年 7 月完成了与中远海运能源公司的资产交割、过户和股东变更登记全部工作，理顺了产权与管理关系。面对成立初期的主业不明、整体亏损的情况，公司经过客观理性评估、充分集思广益，确立了“围绕航运谋发展，依托集团谋发展，融入东北谋发展”的基本发展思路，并在全面分析当前面临市场外部环境、行业趋势和自身实际情况的基础上，立足集团赋予的战略定位，明确了以 LPG 为战略主业、危化品仓储物流业务为战略补充的业务布局。公司主业方向一经确定，业务开拓、管理提升、改革创新等各项工作均进入崭新发展阶段。

【公司治理】

2020 年 1 月，中远海运大连投资成立了新一届领导班子。公司实行董事会、监事会、高级管理层共同治理的结构设置。7 家所属企业中，大厦公司、供应公司、昌盛公司实行执行董事、监事、高级管理层共同治理的结构设置；龙鹏公司、电子公司、希云公司、大仁公司实行董事会、监事、高级管理层共同治理的结构设置。2020 年 7 月，公司完成对所属企业希云公司 100% 股份收购工作。截至2020年年底，公司共有全资所属企业4家：大厦公司、供应公司、希云公司、昌盛公司；控股所属企业2家：龙鹏公司、电子公司；参股企业1家：大仁公司。

2020年，公司全力推进船管公司清算关闭工作，2020年4月17日，取得注销登记核准证明，压减子公司一家，完成压减必保目标。2020年，公司在原有的董事会战略委员会基础上，成立了审计与风险委员会，负责推进公司法治建设、风险控制、内部审计等各项重点工作。同时，公司启动相关程序，根据集团要求对职工董事人选进行调整，完成聘任公司董事会秘书工作并报备集团。

公司严格执行“三重一大”决策制度，根据集团《“三重一大”决策制度实施办法》修订情况，以及集团直属公司董事会授权清单（2.0版本）相关内容调整情况，修订并下发《“三重一大”决策制度实施办法》，2020年执行情况良好。2020年，公司召开党委会47次，审议各类决策事项182项；召开总经理办公会35次，审议各类决策事项94项；召开董事会7次，确保各项决策科学、合规、高效，为科学治理提供坚实政治保障。

【发展战略】

2020年，中远海运大连投资卡位集团战略，围绕集团“3+4”产业生态布局，立足集团对增值服务产业集群的定位目标及任务，聚焦LPG主业，形成以LPG为主业、危化品仓储物流业务为战略补充的产业布局。同时优化调整存量产业，加快转型发展，为公司主业发展减负助力。

LPG主业方面，把握当前沿海LPG运输市场运力分散、船东运力规模小、准入门槛高、供需相对均衡的特点，通过股权并购、买旧造新等手段积极提升行业领先的运力规模，加快公司LPG主业架构搭建，并进一步探索从单纯的LPG船公司向LPG端到端全流程物流解决方案服务商转变。

危化品仓储物流方面，将长兴岛化学品物流园项目打造成为公司与中远海运化工物流开展业务协同合作、产业链协同经营、共建集团产业生态的样板工程。

大厦酒店业务方面，加大引入战略合作者力度，制定工作方案，推进股权结构优化和资产盘活；同时抓好生产经营和安全管理，推进配套会议中心项目建设，积极采取减亏措施。

航运配套业务方面，按照“业务独立性、业务开放性、市场化合作”三大原则，逐步转变现有的、依靠集团内部发展的态势，立足自身技术及经营管理优势，向科技型企业转型，做优存量业务。同时探索体制机制创新改革举措，激发企业活力，打造企业新形象。

【财务管理】

系统建设方面，2020年，在集团财务信息系统落地规划小组的统一部署下，中远海运大连投资启动了SAP财务信息系统建设工作。自2020年9月，历经筹备、蓝图、准备、实施、测试和数据收集导入等多个阶段，以及两次现场终端用户培训会，截至2020年年底，基本实现了SAP财务信息系统上线运行的前置工作。公司总部及所属共6家公司于2021年1月1日起，正式启用SAP财务信息系统。

制度建设方面，公司制定并发布了《资金支付审批手续及审批权限规定》《公司大额资金调动和支付审批程序管理办法》及“三重一大”相关制度，对大额资金金额、有权签字人、操作流程及附件均作明确规定。

经济效益方面，截至2020年年底，公司财务报表编报范围包含七家单位，公司资产总计188 569万元，较年初204 374万元减少15 805万元；负债总计122 481万元，较年初121 144万元增长1337万元；年末资产负债率约为64.95%。（资产负债变动主要因2020年公司完成与中远海运能源股权资产交割，资产及合并范围股权单位数量增加导致。）全年公司合并口径净利润亏损8863万元，较2019年减亏 2583 万元；营业总收入发生 27 809 万元，较 2019 年增长 1742 万元。

【重点项目】

2020 年，中远海运大连投资认真编制“十四五”发展规划，明确了“打造 LPG 端到端物流服务商为转型目标，并构建协同服务平台，融合创效，形成可以持续发展的产业生态，补足集团在 LPG 气体化工品物流领域的产业布局，力争成为集团新的产业支柱之一”的战略发展愿景。

LPG 业务方面，一是广泛调研 LPG 产业客户，提供主业方向发展建议。2020 年，公司明确了以 LPG 运输及上下游产业为主业的发展方向，积极走访行业客户，与金联创、隆众、卓创等国内知名资讯机构建立沟通机制，为公司专业建设累积数据基础。二是组建研究团队，开展市场研究。2020 年 3 月，公司组建了 LPG 专项研究团队，围绕 LPG 产业链进行市场研究，发布了 3 期 LPG 专项市场研究报告，制作了 10 期大连投资公司 LPG 市场研究报告。三是扩张运力规模，完成龙鹏公司一艘二手船的购置。2020 年 7 月，公司完成了二手 LPG 船“吉祥源”的购入。四是绑定战略合作伙伴，稳步推进招港项目。2020 年 6 月，公司与上海链接者签署战略合作协议，启动了 LPG 航运公司收购项目全面尽职调查工作，年内完成了项目论证。五是推进前期股权投资项目的实施，积极推进项目落地。

长兴岛化学品物流园项目方面，长兴岛化学品物流园是公司组建后落实与长兴岛经济区战略合作框架协议的第一个项目，主要经营化学品仓储物流业务。项目地处大连市长兴岛西部产业园，占地 11.8 万平方米，计划总投资约 2 亿元，建成后将是长兴岛乃至大连市最大的现代化、多功能、综合性的大型危化品运输、仓储服务中心。2019 年 7 月，确认项目投资合同；2019 年 10 月 30 日，完成土地竞拍摘牌；2019 年 12 月 24 日，完成土地出让合同的审签工作；2020 年 3 月 13 日，取得建设用地规划许可证；2020 年 5 月，完成整体规划设计；2020 年 11 月，成立长兴岛危化品物流园项目合资公司筹备组，全面推进化学品物流园项目建设及合资公司筹备工作。

会议中心项目方面，会议中心是大连中远海运洲际酒店配套会议功能区域，2020 年获批大连市人防建设甲类防空地下室设计条件、工程单体方案等，并于 5 月正式取得关键性审批手续工程施工许可证。6 月中旬正式开工建设，完成了土建、监理、室内装饰设计和施工单位的挂牌公开招标工作。截至 2020 年年底，完成了地下二层和地下一层主体结构施工。

【安全生产】

2020 年，中远海运大连投资确定了“三个强化、两个重点、一个完善”的安全工作主线，紧密结合安全生产专项整治三年行动，逐级压实安全责任，有效传导安全压力，稳步提升安全管理水平。

落实主体责任方面，着力提升全员安全意识，层层落实主体责任。通过组织召开安全工作会、安委会和安全专题会议等，分析解决安全生产工作中存在的重大问题，确定安全环保工作思路、方针和目标，并细化了 213 项具体工作进行层层分解，对具体部门岗位人员落实完全情况进行跟踪，推动公司安全发展战略有效落实，为安全生产工作提供了强有力的保障。扎实开展各项安全活动，以“安全生产月”和“119 消防宣传月”活动为契机，结合公司实际制定方案，开展了安全隐患随手拍活动、安全和生态环保知识竞赛、“人人都是安全员”岗位体验等活动。深入贯彻执行集团要求，成立船舶船员新冠疫情防控专项工作小组负责指导和监督龙鹏公司及大仁公司大连办的船舶船员疫情防控工作，坚守防疫“病例零上船、感染零输入、疫情零输出”的目标，有序推进疫情期间船员换班，保证船员身体健康和船舶安全运营。

安全团队建设方面，公司根据业务发展需要改革了组织架构。2020 年 9 月，以船长、轮机长为骨干成立了专职安全管理部门“安全监管部”，下设体系运维室和安全监管室，加强了公司安全管理力度，尤其是对所属企业及船舶的安全监管；强化专业人才教育培养，2 人考取中级注册安全工程师资质，并发布年度 HSE 培训计划，全年开展培训 15 次，发布培训材料 45 份。认真落实年度应急演练和演习计划，公司总部组织开展办公楼消防疏散演习；龙鹏公司开展“船体损害、舵机故障、应急拖带”等船岸联合演习；供应公司开展消防应急疏散、危险品运输车辆应急处置、防汛抢险等演习；大厦酒店公司组织开展灭火、消防疏散、防盗防破坏、楼体高空坠物应急演练，提高了船岸员工应对突发事件的处置能力。

安全制度建设方面，修订和出台覆盖各项安全生产管理规章制度 13 项，结合《中国远洋海运集团安全生产专项整治三年行动实施方案》和集团“安全大检查”活动，有效落实安全督查和隐患整改工作，深入各单位、船舶开展安全督查并监督整改。

2020 年，公司总部和所属企业没有发生任何责任性生产安全事故和环境事件。船舶方面，公司所属龙鹏公司船舶未发生其他上报等级机损、海损、火灾爆炸和污染事故，船舶防海盗和防台成功率 100%。龙鹏公司“平安源”轮荣获交通运输部2020年度“安全诚信船舶”荣誉称号，获得 5500 方 LPG 船舶运力指标。陆岸单位没有发生任何责任性生产安全事故，陆岸办公、经营、作业场所无重大隐患，生态环保和社会综合治理全面达标，安全管理和生态环保机制有序实施。供应公司获评大连市安全生产重点监管先进企业称号，在 119 家连锁企业中名列第 32 位。

【风险防控】

2020 年，中远海运大连投资以加强领导、强化理念、转变思路、提升能力为引领，于 9 月新设法险部，不断夯实公司法务和风控工作基础，积极融入生产经营，为公司转型创业有效发挥了保驾护航的作用。

主体责任方面，公司制定发布了《企业主要负责人履行推进法治建设第一责任人职责实施办法》，落实公司“一把手”法治建设职责，设立了董事会审计与风险委员会，全力推动公司法治工作领导责任体系的完善和公司治理结构的健全；完善了总法律顾问制度，设立了法务与风险管理部，推动公司依法经营能力与风险管理水平逐步提升。

法治建设方面，公司坚持以习近平新时代中国特色社会主义思想为指导，深入贯彻全面依法治国战略，以“法治伴你远航、风控创造价值”为主题，以合规管理为主线，组织开展法治宣传与培训工作，以加强对新冠肺炎疫情防控法律宣传，重点做好“七五”普法的收官和“八五”普法的谋划工作，不断提高公司干部职工的法治意识、法治观念，进一步提升依法治企水平。

法律事务方面，2020 年公司各类合同法律审核把关率实现 100%，并对所属企业重要合同进行法律审核，涉及合同金额约 44 240.9 万元；加强法律风险防控工作，对全部所属企业开展法律风险专项调研和年度合同情况摸底排查工作，重点关注法治队伍建设、合同管理、印章使用管理、授权管理等多个领域的风险和管理缺陷，防控所属企业运营中的法律风险，提升经营管理效率；将防范疫情法律风险和制裁风险作为合同管理的重中之重，认真落实集团相关要求，加强对合同重点条款的审核，有针对性地研究合同风险的应对措施，完善了合同付款、不可抗力等关键条款；加强法律纠纷案件管理力度，对包括所属企业在内的案件实行全面管理，促进管理提升。2020 年，公司总部未发生涉诉案件。

风控管理方面，公司以准确识别年度风险作为管控要点，逐项制定了相应的控制措施定期跟踪；狠抓内控评价和缺陷整改，2020 年实现对 5 家所属企业内部控制自评价全覆盖，并对发现的各项缺陷进行深入研究和有效整改；制定发布了《国际制裁风险管理规定》和《国际制裁风险管理操作流程》，建立了制裁风险防控的联合防线，实施了制裁信息动态跟踪、合规风险提示、风险排查等配套机制，多渠道为公司及所属企业合规生产经营提供保障；前移法务风控关口，法务人员全程参与重点项目进展，及时对相关事项提供法律支持。截至 2020 年年底，公司共发布实施 85 项规章制度，新建和修订规章制度 53 项。

【党 群 工 作】

中远海运大连投资党委班子由 4 人组成。公司总部及所属企业建有党委 2 个，党总支 1 个，党支部 21 个，党员数 178 人。公司党委坚持围绕中心，服务大局，紧扣转型发展中心任务，以开展“四史”学习教育为主线，扎实开展党建各项工作，为公司改革发展提供强有力的政治保障。

以党建引领为重点，保证企业党组织领导核心作用。积极发挥党委会前置程序作用，在公司深化改革、业务拓展、选人用人等重大决策方面把方向、管大局、保落实；推进党组织建设和制度建设，制定《2020—2022 年基层党建工作规划》，新发布《党建工作责任制实施办法（试行）》《党员领导干部双重组织生活制度实施办法（试行）》《基层党支部组织生活会制度实施细则》等共计 7 项制度；制定年度信访维稳工作计划，定期开展信访维稳隐患集中排查及整治工作；充分发挥区域党建协同作用，持续按照集团对公司有关属地化服务平台的定位，积极联系集团各驻连单位开展联合大党课、驻连单位集体交流等主题活动，进一步释放驻连单位协同效应。

以党建入章程为起点，强化基层党组织建设。按照集团党组部署，组织干部群众开展第二批“不忘初心、牢记使命”主题教育测评；全面开展退休党员组织关系转移工作，累计完成退休党员组织关系转移 536 人，完成进度 99%，在集团内名列前茅，受到了大连市和集团主管部门的充分肯定；开展庆祝建党 99 周年系列活动，组织基层党支部开展“四史”学习教育 20 余次，进一步增强“四个意识”、坚定“四个自信”、做到“两个维护”。通过主题宣传、主题党日、专题培训等形式强化党员队伍建设，累计参与学习 300 余人次。

以巡视整改为契机，夯实全面从严治党。2020 年 11 月 25 日—12 月 23 日，集团党组第四巡视组对公司党委开展了常规巡视，以及对公司党委内部巡察工作专项检查、选人用人工作专项检查，同步开展公司原董事长、党委书记杨世成的离任经济责任审计。公司党委高度重视，把接受集团巡视监督作为讲政治、守规矩的全面检验，坚持立行立改，制定整改措施并推进整改落实工作；压实责任，确定年度监督工作重点，对新提拔干部、重点工程建设项目人员开展廉洁从业集体谈话 3 次，涵盖 47 人次；扎实开展巡察工作，制定巡察工作规划（2020—2022 年），并于 2020 年 8 月 31 日—9 月 11 日，完成对两家所属企业党支部巡察工作。

以规范群团活动为抓手，凝聚干事创业力量。经过细致筹备，公司取得工会法人资格证书，并于 4 月召开一届一次工代会，选举公司工会委员会及领导机构，标志公司工会正式成立。办好“职工之家”，为员工提供工作之余阅读、健身、娱乐的场所，陶冶情操。深入推进“送温暖”工程，开展基层单位、劳模、困难职工、职工家属走访慰问，全年累计“送温暖”28.1 万元。积极做好消费扶贫工作，超额完成消费扶贫任务指标；召开一届团员大会，选举产生第一届共青团委员会，标志着公司团委成立，为群团工作提供组织保障。组织开展职工和青年团建拓展、室内猜谜游戏等活动，增进沟通互动，提升团队凝聚力。

【队 伍 建 设】

机构改革和干部选任方面，中远海运大连投资顺利完成公司总部机构改革相关工作，结合业务重心，新设运营部、安管部、法险部，初步实现了“职能更加合理，对接集团更加顺畅，推动发展更加有力”的目标；重点选拔在重要工作中表现突出的优秀年轻干部，提拔使用室经理级及以上干部 16 人，80 后年轻干部 13 人，占比 81.25%，调整前公司室经理级及以上人员平均年龄为 45.9 岁，调整后为 43.1 岁。

人才制度建设方面，立足公司转型发展、机构改革等工作实际，坚持废改立，持续完善组织人事管理有关制度，先后修订员工管理办法、干部管理办法，出台公司驻外员工管理规定等，持续完善组织人事管理相关制度。对所属企业选人用人情况进行现场抽查，促进所属企业选人用人工作规范化。

人才队伍培养方面，全面推进人才强企战略，以员工知识转型、技能转型为重点，多层次、多形式、多渠道地开展员工培训。组织安排各类培训 55 批次，培训员工 763 人次；研究制定了公司高级人才库建设实施方案、公司危化品仓储物流人才库建设实施方案等，3 人入选集团级人才库，17 人入选公司高级人才库；研究制定了员工挂职交流工作方案，深化员工挂职交流工作，有计划地安排年轻干部到基层一线、艰苦岗位锻炼，为事业发展奠定坚实基础。

体制机制建设方面，加强公司总部及所属企业工资总额、人工成本管控，认真做好经济效益与工资总额比较分析工作，逐级落实工资总额管理责任。紧紧围绕公司转型发展实际需要，以“突出效益，兼顾公平”为原则，深化收入分配制度改革，优化薪酬分配机制。积极探索科学合理的季度考核、年度考核评价指标体系，使绩效考核逐步科学化、系统化、规范化。

【企业文化】

开展全员创业活动。精挑细选 15 人，组建了一支富有激情、头脑灵活的以 80 后为主力的年轻创业团队，分为航运业务组、集团业务组和属地业务组，围绕 LPG 主业全力开拓市场。制定《全员创业奖励管理办法》，设立了创业奖励基金，对在全员创业活动开展期间，参与创业活动的专业团队和保障团队给予奖励。

强化正能量宣传报道。坚持正面宣传引导，规范信息传播秩序，抢占宣传阵地，努力构建公司转型发展“价值创造”的良好舆论氛围；在“全员创业”活动中，征集创业口号，筛选“创业赢未来”为最佳口号，极大地调动了员工的创业热情，进一步凝聚了创业共识；深入一线，挖掘生动素材，展现职工风貌，营造积极创业，奋力学习的工作氛围；在宣传上充分运用图片、视频、音频等多媒体元素，拓宽宣传方式，增强宣传趣味性，强化宣传效果。

打造企业品牌形象。针对公司“十四五”规划战略定位，设计制作公司全新宣传片、宣传册，展示公司全新形象；借助第十四届中国大连国际海事展览会平台，组织多家所属企业参加展会，对公司的发展愿景、产业布局等进行了集中宣传，吸引了众多意向客户，有效地推动了业务交流。

2020 年中远海运大连投资基本情况见表 14-8。

2020 年中远海运大连投资有限公司基本情况（运营部、财务部、人力部）　　表 14-8

类　别	项　目	单　位	数　据
船　队	船舶艘数	艘	6
	载重吨	万吨	1.8
生产情况	运量	万吨	19.95
	周转量	亿吨海里	0.9
财务情况	总资产	亿元	18.86
	净资产	亿元	6.61
	总收入	亿元	2.78
	利润总额	亿元	−0.82
人力资源	员工总数	人	549

中远海运船员管理有限公司

中远海运船员管理有限公司

【公司概况】

中远海运船员管理有限公司（简称“中远海运船员”，英文简称COSCO SHIPPING Seafarer），是中国远洋海运集团有限公司从事船员管理的专业化公司。公司于2017年12月26日挂牌成立，总部设在上海，在北京、上海、广州、大连、天津、青岛、深圳地区设立分支机构。公司坚持以集团为中心，全心全意服务船员和船公司，为集团主营船队和集团合资合营船队提供可靠、优质、集约、专业、高效的船员管理服务，打造具有国际竞争力的全球领先船员队伍，为集团建成世界一流企业提供战略支持和人才保证。截至2020年年底，公司配员船舶达1084艘，服务船型覆盖集装箱船、油船、干散货船、特种船、客船、液化气船等各类型船舶，是目前世界规模第一的船员管理公司，也是目前国内最大的船员劳务外派公司。公司兼营船舶引航试航业务，主要为集团内部各主营船公司及合资合营公司船舶提供海事技术服务和移泊作业业务，同时为多家造船厂新建船舶提供试航业务。2020年，公司所属海技中心引航业务逐步扩大，船舶进出长江引航4542艘次、新船试航85艘次。

2020年，中远海运船员坚持以习近平新时代中国特色社会主义思想为指导，认真贯彻落实党的十九大和十九届五中全会精神，按照集团党组工作部署，统筹推进疫情防控和改革发展稳定等各项工作，较为圆满地完成了各项年度工作任务。公司直属各单位、总部各部门和全体船岸职工面对各种困难挑战，牢记初心使命，知重负重、砥砺前行，两级党委三级班子领导有力，各级领导干部指挥得力，广大船岸职工工作给力，全力推进疫情防控、风险防范、教育改革等重大任务，从而交出了令人满意的答卷，经受住了严峻的考验。

【公司治理】

公司董事会组织健全。2020年，中远海运船员董事会设董事长1人、董事7人，监事3人。董事会组成、职权和义务明确，董事会治理体系健全、行权运作机制规范、行权主体责任明确。尤其在2020年公司新董事长就任以来，各项工作在原有基础上得到提升。

加强董事会制度建设。按照集团关于董事会建设的相关要求，经公司董事会审议通过，建立完善公司董事会治理相关制度，包括修订《公司章程》，制定公司《董事会运作管理办法》《董事会议事规则》《董事会授权规则》《“三重一大”决策制度实施办法》《总经理办公会议事规则》等，推进公司董事会建设制度化、规范化水平。

规范董事会议事规则。严格执行董事会制度要求，每年至少举行4次定期会议，规范议事规则，确保董事会严格实行集体审议、独立表决、个人负责的决策制度，平等充分发表意见，一人一票表决，保障董事会会议记录和提案资料的完整性，建立董事会决议跟踪落实以及后评估制度，做好与集团董事会管理归口主管部门的联系沟通，规范董事会建设和运作。

规范履行董事会相关授权事项的决策程序。按照集团关于中远海运船员董事会授权事项清单，2020年提交公司董事会审议授权事项11个议题，规范公司董事会对董事长、总经理的授权管理，有序推动公司董事会对直属单位的转授权，促进董事会高效运作和科学决策。

【经营效益】

2020年，中远海运船员全年实现营业收入769 131万元，发生营业成本733 193万元，管理费用54 854万元，账面净利润-64 538万元，剔除计提过渡期退休人员统筹外等费用约43 651万元、支付清冗补偿金约754万元、冲减预估船员增量薪酬清算收入20 762万元后，考核净利润为629万元，完成集团下达的考核指标（集团净利润考核指标0万元）。账面营业收入利润率为-2.85%，剔除上述考核调整因素后，营业收入利润率为0.16%，完成集团下达的考核指标（集团营业收入利润率考核指标-0.01%）。

【疫情防控】

新冠疫情发生以来，中远海运船员突出政治统领，坚决贯彻“坚定信心、同舟共济、科学防治、精准施策”指示精神和“外防输入、内防反弹”抗疫要求，认真落实党中央、国务院和集团党组关于做好疫情防控的系列部署，全年通过党委会、领导班子碰头会等形式共34次研究部署疫情防控。

疫情之初，公司反应迅速，坚定信心、同舟共济。2020年1月23日上午接到集团主要领导电话明确指示后，公司立即部署落实，设立专项工作小组，明确抓住“三个关键环节”，落实“三个确保”，要求岸上全体管理人员迅速投入到紧张工作状态，开展大范围排查梳理，全系统共排查船员18 000余人次、提醒船员8000余人次；组织编印《疫情防控手册》，坚决把病毒拦在船舷之外，确保船舶安全运营。

公司坚持以船员为中心，科学防治、精准施策。专题分析研究部署船员疫情防控工作，把习近平总书记与“玫瑰”轮通话精神和集团对船员的关心关爱落到实处。公司两级党委、三级班子落实责任纵向到底、横向到边，防控工作有力、有序、有效。先后两次向集团主船队船舶下发伙食专项补贴共768万元，采购防疫物资288万元。

根据疫情变化和集团确定的“三零”目标，在重重困难之下及时复工复产，配合船公司实施“一人一计划”“一船一方案”“一港一疏通”等系列精准措施。在集团指导和船公司配合下，集团主营合资船舶在国内外港口换班4800艘次、上下船44 700人次，船员换班既紧张又平稳。公司为船员超期服役、换班隔离、港口费用等持续投入资金3.66亿元。经过不懈努力，公司疫情防控局面平稳，经受住严峻的突如其来的疫情考验，守住“三零”目标，确保船员身心健康，为集团船舶安全平稳运营创效提供了保障。在“大战”“大考”中展现出责任与担当，达到党中央和集团党组的部署要求，得到集团高度赞誉。

【干部人才队伍建设】

中远海运船员领导班子自身建设。公司坚持辩证思维、底线思维，强化目标导向、问题导向，围绕推进船员管理体系和管理能力现代化，在进一步“坚守初心、勇担使命”把船员队伍建设得更加强大美好、“大事要事”上提高班子的洞察力和掌控力、运用底线思维防控一切重大风险等三个维度上深入思考研究，统筹改革发展稳定大局。公司两级党委围绕“三提高一降低”总目标，正确认识、准确把握“提高无止境、降低相对性”内涵实质，牢牢把握“船员管理、党的建设、干部人才”三个基本问题，全面推进改革发展稳定工作，统筹疫情防控和船员换班，全面完成各自年度目标任务。同时加强船舶领导班子建设，充分发挥“支部建在船上”优势，740多个船舶党支部班子坚强有力。

陆岸干部人才队伍建设。公司全面贯彻落实新时代党的组织路线，加强司管干部队伍建设，坚持“忠诚干净担当”标准，严格履行干部选拔任用程序，年内提任公司管理干部6人，调整交流6人，6人按时到龄退休，干部工作做到“组织放心、群众满意、干部服气”。深化三项制度改革，优化公司总部职级体系，建立健全双通道职务职级发展体系，加强公司总部员工管理，高标准严要求完成总部年度员工招聘工作。推荐13名陆岸员工参加挂职政委培训并上船任职，推荐多名船岸员工参加集团“启航班”“远航班”学习。平稳推进退休人员社会化工作，完成人事档案移交。完成公司首次政工、工程系列中级职称评审工作，10 名参评人员获评中级职称，82 人获评初级职称。

持续推进“五十百千”人才工程。公司制定并下发《中远海运船员管理有限公司“五十百千”人才工程实施方案》《直属单位实施船岸人才“双栖制”指导意见（试行）》《2020 年度“五十百千”人才选拔评定工作方案》；以制度体系为依托，经过多轮资格审核、评审专家集中评议，确定入库人选 1073 名，其中名家 4 名、名人 31 名、名匠 525 名；结合“五十百千”人才库建设，指导各直属单位建立“双栖制”人才库，逐步完善“双栖制”人员管理制度，促进“双栖制”落实落地。

【船 员 管 理】

截至 2020 年年底，中远海运船员拥有和管理船员 45 237 人。其中高级船员 23 020 人，占比 51%；普通船员 22 217 人，占比 49%；自有船员 25 232 人，占比 56%；劳务、外聘船员 25 005 人，占比 44%。2020 年，公司签约 2021 届航海类毕业生 1490 人，比 2019 年增长 18%。这批毕业生数量质量均有提高，招录工作创历年最好。公司为集团主船队派员船舶 732 艘，年内新接派员船舶 15 艘；为集团外派员船舶 400 艘。

2020 年，中远海运船员坚持发挥党委领导下建立的船员管理“十项”工作制度体系优势，持续打赢“一降低”成本费用创造经济价值，持续实现“三提高”提升船员素质价值，实现“三提高一降低”总目标。年内转岗上岗富余和超休船员 2510 人，清退 1574 人，合计 4084 人；签约 2021 届航海类毕业生 1490 人，比 2019 年增长 18%；三自船员增量 196 人，但总数已达到 2806 人；集、油、散、特船员库自有高级船员后备系数分别为 1.78、1.71、1.88、1.71；下发并严格执行《船员管理若干重要事项补充规定》，集团自有高级船员队伍建设逐步趋于稳定；集团船舶平均单船配备人数减至 38.4 人；2020 年度全员劳动生产率比上年度高 8 216.56 元 / 人；公司待上岗集团自有高级船员从 2813 人下降到 1926 人；集团船舶套派率增至 92.9%，套派调配船员身体和心理健康“两排查”69 020 人次；纪法教育 66 000 人次，上船船员全部签署“遵纪守法”承诺书；从船长到服务员 17 个职务都制定《基本技术技能“三应”培训清单表》；制定 42 634 人次年度培训计划、考证晋升计划。创新“红蓝共建”模式，全面推进船员公休支部的“红色堡垒”和船员家属的“蓝色港湾”一体化建设，实现船员党员在船和公休的闭环管理，进一步稳定“后方”安定“海上”；制定《公司信息系统和船员全生命周期管理系统建设规划方案》，在做好船员管理信息系统试运行的同时，继续做好原有系统维护，保障日常工作运行、数据规范准确；把船员信息系统建设与《船员管理体系手册》执行落实结合起来。

【党 建 工 作】

中远海运船员党的基本组织为“两级党委、三级班子和 26 个特设机构”。“两级党委”即公司和直属单位两级党组织，“三级班子”即公司、直属单位和船舶三级领导班子，“26 个特设机构”就是为了加强船舶党建在直属单位内设的党工委或党总支。截至 2020 年年底，公司共有基层党组织 1032 个，其中党委 11 个、党总支 1 个、党支部 1021 个（其中船舶党支部 739 个、公休党支部 210 个、陆岸党支部 71 个）；特设机构 26 个，其中船员库党工委 18 个、劳务事业分部党总支 8 个。公司坚持和发扬中远海运“支部建在船上”优良传统，船舶基层支部组建率 100%。按照“应建必建、按期换届、届中增补、规范选举”的要求，认真组织船岸支部开展换届选举和届中委员补选工作，重点选优配强船舶支部班子。坚持“四同步、四对接”，做到业务工作开展到哪里、党组织就建设到哪里、党的工作就开展到哪里。

公司党建基本队伍是陆岸党务工作人员队伍、船舶政委队伍、党员队伍。截至2020年年底，公司陆岸专兼职党务工作人员共164人（其中负责船舶党建专职党务工作人员52人，兼职62人）；船舶政委共1221人，其中现职船舶政委926人、后备船舶政委295人；党员队伍共11 371人，其中陆岸党员972人、船员党员10 399人。公司分层分类加强党务干部和党员队伍建设，重点抓陆岸党务、船舶政委和党员三支队伍建设，通过党建基础知识培训、支部书记和党员轮训等多种方式，提升能力素质，建强基本队伍。

公司成立以来，党委坚持制度遵守，始终将纪律和规矩挺在前头。按照“不立不破、先立后破”原则，在梳理和执行好原有规章制度的同时，按照“于法周延、于事简便”要求不断加强党建基本制度建设，推动基层党建常态长效。尤其针对公司党建工作的重中之重——船舶党建，建立了船舶党建“一主三辅一配套”制度体系，搭建好船舶党建主体责任的“四梁八柱”；同时以“操作表”和“流程图”的形式制定了船舶党支部10项关键业务操作细则。截至目前，共新建党建制度42项。

【纪检监察】

2020年，中远海运船员纪委在集团纪检监察组和公司党委的领导下，认真贯彻落实集团、公司党风廉政建设和反腐败工作会议精神，持续推进全面从严治党，强化监督执纪问责，为公司深化改革提供了坚强的纪律保障。

精准有效实施监督。制定2020年监督工作实施方案，确定“8+6+2”监督重点内容。突出政治监督，围绕年度中心工作，深入开展“国际制裁风险管理”“船员生产性工作服装采购”“船员供方管理情况”“集团教育资源整合”和“集团船员薪酬整改统一综合方案执行情况”等专项监督，做实做细日常监督。2020年，共开展监督检查236次，发现问题169个并督促完成整改。其中，督促完成疫情防控问题整改30个，中央巡视整改、审计问题整改3个，关键少数、关键岗位问题整改32个。

持续加强作风建设。协助公司党委开展“强化作风建设、提升服务质量”专项活动，共查摆相关问题及具体表现208条，制定相关整改措施258条，并督促落实整改。紧盯重要时间节点，开展提醒提示、案例剖析、定期检查，加强对各级党员干部监督。深化“吃拿卡要”专项治理，开展廉洁谈话624人次，公开承诺1019人，访谈船岸员工1527人次，问卷调查603人次。

强化船员纪法教育。深入贯彻集团“五条禁令”“十项规定”，完善船员教育管理机制，提升船员纪法教育精准性和有效性，实现船员派前教育和签订廉洁承诺书全覆盖；以集团船舶政委集中轮训为平台，系统开展船舶政委纪法教育培训。2020年，公司系统共开展廉洁教育79 951人次，其中船员派前教育32 390人次。全面启动船员违法违纪专项治理，进一步强化纪法教育和监督执纪问责，最大限度遏制船员违法违纪问题发生。

严肃高效执纪问责。对违规违纪违法行为坚持“零容忍”，发现一起，查处一起。全年各级纪检组织共收到信访举报27件，办结25件，办结率92.6%。严肃查处涉及“吃拿卡要”行为的问题线索1件，对责任人员从严从重处理。精准运用监督执纪“四种形态”，注重在第一种形态上下功夫，提醒谈话4人次。

【企业文化】

中远海运船员注重发挥劳动模范的典型榜样作用，建设7个公司级劳模创新工作室，引导职工岗位创优。各单位全面建成和不断增强船员“一站式”服务大厅的服务功能，服务船员4万多人次；大力开展船员“家”文化建设，完成全国各地海嫂联络站整合，船员家庭服务覆盖数增加9200余户。做好困难船员帮扶工作，走访困难职工2514人次，发放帮困慰问金302万元。聚焦疫情防控，组织开展“同舟共济、助力战‘疫’”等主题慰问活动，累计采购防疫物资295万元，慰问船舶816艘次，慰问抗疫一线人员 12 919 人次，发放防疫健康包 4000 余套，投入慰问金 669 万元；在线举办“抗击疫情、风雨同舟”主题书画展。评审通过王新全劳模创新工作室“远洋船舶伙食保鲜技术项目”，在集团主营船舶推广试点。推进海嫂联络站整合工作，整合后海嫂站共 267 个，船员家庭服务覆盖数增至近 20 000 户。深化船员健康管理工程建设，编发《海上心理健康 ABC》之新冠疫情防控专辑、电信网络防骗专辑、船舶疟疾防治专辑，编制《船员心理健康自助与危机应对手册》，推进船员心理健康专项工作。积极响应党中央打好脱贫攻坚战号召，贯彻落实集团党组关于扶贫工作部署要求，持续有效开展海员劳动力扶贫工作，圆满完成消费扶贫各项任务。建设“海员书屋”，开展“家书朗读”活动。

先进典型选树工作成效突出。上海分公司轮机长程邦武获评全国劳动模范，公司总部董新获评中央企业抗击新冠肺炎疫情先进个人，6 名船员获评省级劳动模范，一个集体获评省级劳动模范集体，4 名船员获评郑和航海风云榜杰出海员称号，13 名船员获评集团劳动模范，4 个集体获评集团先进集体，15 名个人获评集团先进个人，3 个集体获评集团抗击新冠肺炎疫情先进集体，10 名个人获评集团抗击新冠肺炎疫情先进个人，761 名船舶“三长”获集团“星级金牌三长”表彰。

（卫影）

海南港航控股有限公司

海南港航控股有限公司

海南港航控股有限公司（简称“海南港航”，英文简称 Hainan Harbor & Shipping），是对海口港集团公司和海南省海运总公司的国有资本权益及马村港岸线资源进行三港重组而组建的，于 2005 年 1 月 24 日正式挂牌成立。2006 年 3 月 13 日，公司由海南省政府国有资产监督管理委员会移交海口市政府国有资产监督管理委员会管理；2018 年 10 月 29 日，公司重归海南省政府国有资产监督管理委员会管理；2019 年 11 月 27 日，公司完成股权重组工作，隶属中国远洋海运集团有限公司管理。

公司组织机构健全，股东会下设党委会、董事会、监事会，经营层受董事会管理，下设 13 个部门、5 个共享中心、10 个专业委员会、41 家下属公司（含参股企业 15 家）。公司主营业务包括码头（集装箱、散件杂货）装卸业务、客滚运输、临港物流、航运旅游、港航服务等。下属航运旅游、集装箱、散杂货、临港物流、港航服务五大业务板块。截至 2020 年 12 月 31 日，公司资产总额 118.82 亿元，注册资本 10 亿元，员工 3500 余人。

【深化改革】

2020 年是公司的改革年，股权重组改革和三项制度改革同步推进，深化改革工作贯穿全年。根据国家及集团相关政策和指导意见，海南港航制定了《海南港航控股有限公司综合改革实施方案》和《海南港航控股有限公司综合改革工作台账》报集团批复后实施。按照“精简高效、按需设岗”的原则，公司总部及各直属单位实行组织机构扁平化，精简管理层级，有步骤、分阶段地组织实施机构改革和全员竞聘上岗工作。在法人治理结构方面，公司重组后的新一届董事会、监事会和经营层已成立，董事会下设审计与风险委员会、战略与投资委员会，经营层下设招标采购委员会、全面预算管理委员会。

在三项制度改革方面，自 2019 年 12 月完成总部正副部门长选聘工作后，2020 年 2 月在防控疫情的关键时期，公司启动了总部机关员工岗位选聘工作。仅用一个月时间机关部门人员全部到位，富余人员分流到二级单位。从 3 月起，五大基层单位深化改革工作也拉开序幕。物流集团筹备组、通用码头筹备组、集装箱公司筹备组、服务公司筹备组相继组建并开展工作，各筹备组对人员、业务、资产进行全面清查，每周出版简报汇报工作进度。海峡股份也重新调整和完善公司组织机构设置，完善公司法人治理建设和制度流程体系。6 月底，公司进行直属单位领导班子岗位选聘工作。7 月，五大基层单位领导班子到位后，分层级逐步开展岗位选聘工作，10 月底岗位选聘工作基本结束。全员竞聘共有 3058 人次报名，1808 人参加笔试、2082 人次参加面试，聘任 1427 人。公司中层干部交流比例达 26.27%，平均年龄由 47 岁下降至 41 岁，本科及以上学历比例由 69.77% 提升至 80.18%。有效促进了总部与直属单位之间，以及不同业务板块之间职工的有序流动。对于竞聘后的富余人员，通过回收部分外包业务、设立辅助岗位、放宽离岗退养等多种方式分流，充分保障员工利益，维持和谐劳动关系。根据“以岗定级、以岗定薪、人岗匹配、易岗易薪”原则，实施薪酬制度改革，优化薪酬分配制度。通过薪酬改革，公司基本建立了与企业效益挂钩、个人绩效联动的具有市场化、差异化的薪酬分配制度。改革完成后，公司年人均收入同比增幅超过 30%。

海南港航积极探索多元激励方式，创造条件先行先试。制定了职业经理人试点管理方案，并根据下属单位法人治理结构和业务特点，选择通用公司、信通公司作为试点单位实行职业经理人制度，目前通用公司职业经理人已到位。下属上市公司海峡股份的股权激励实施方案已编制完成，经请示集团后建议待琼州海峡两岸一体化完成后启动实施。海之峡旅行社的混改方案正在编制完善中。

【港口生产】

2020 年受疫情严重影响，世界经济陷入第二次世界大战结束以来最严重的衰退，中国成为全球唯一实现经济正增长的主要经济体。一年来，海南港航紧紧围绕集团“三个跑赢”“三个聚焦”“三个不低于”工作目标，依靠集团力量，利用协同效力，扎实抓好港口主业生产。港口生产随着国家的经济形势先抑后扬，虽然出现较大波动，但全年港口主要生产经营指标完成良好。全年共完成货物吞吐量 10 260.79 万吨，占年度计划的 101.8%，再次突破亿吨大关，超额完成全年生产任务。其中，集装箱吞吐量完成 284.4 万 TEU，同比增长 14.39%；轮渡旅客进出口人数 831.25 万人次，同比下降 18.74%；轮渡进出口车辆完成 272.92 万辆次，同比增长 3.34%。

轮渡板块受疫情影响最为严重，第一季度进出岛车客量出现断崖式下降。第二季度随着疫情得到有效控制和武汉解封，各省区市疫情风险等级不断下调，国家相继出台相关政策和措施，全国各地切实做好“六稳”工作，全面落实“六保”任务，经济形势逐渐回暖，人员、车辆流动大幅增加。4 月 27 日，海南及时出台了 2020 年重大节假日期间对非琼籍、非营运小客车实施免费过海政策，吸引全国各地游客自驾游海南，尽快恢复海南旅游业。海峡股份紧紧把握住经济形势和利好政策，在不同时期采取不同的经营举措，不断巩固市场份额。在五一 5 天长假，国庆、中秋双节 8 天长假全力以赴做好生产组织工作，提高服务质量，两个假期车、客生产都取得不俗的成绩。疫情防控工作进入常态化后，海峡股份加强两岸协同，优化作业流程。根据港内车场区域特点进行科学规划，制定预约及非预约车辆分道划分方案，增设港外自助购票点、咨询处及港外小车循环交通组织，优化装载流程，大大缩短了大客户待渡时间，服务质量明显提高。特别是 9 月完成机构改革后，强化绩效考核正向激励和体现了多劳多得的差异化分配原则，使全体干部职工的生产积极性、主动性得到充分调动，船员们争相上岗，争创效益，即使在生产淡季依然保持车客流量的稳定。

集装箱板块是港口主业生产表现最为亮眼的板块。海南港航按“一套管理体系、两块牌子、两本账、两条线”的管理模式对秀英港和洋浦国际进行重组，成立了海南港航集装箱码头有限公司，理顺了两港的管理关系，也更有利于港口生产资源和航线的统一调配。根据战略规划调整两港箱量结构，开航布线重点向洋浦国际倾斜。在集团的统筹指导和兄弟单位的积极配合下，加快推进集装箱内外贸航线布局，织密航线网络。新增海口—湛江—泉州—湛江—海口干线 1 组，小铲滩 / 海口—钦州支线路径 2 条；联合华南集运铺设外贸航线 12 条，同时，增开海口、南沙、锦州、汕头、天津内外贸同船航线 5 条。洋浦国际全年实现新增集装箱内贸航线 4 条、外贸航线 7 条，还新打通了小铲滩至海口、南沙、天津、锦州 4 条内外贸同船路径。值得一提的是开通海南自由贸易港首条洋浦—南太—澳洲洲际航线，洋浦区域国际集装箱枢纽港从“近海”迈入“深蓝”，洋浦枢纽港模式逐步建立。

散杂货板块在大力推进“散改集”、传统货物分流和周边港口压价竞争的不利形势下艰难前行，全年累计完成 930.98 万吨，同比下降 3.9%，与上年度相比波动不大，实属不易。能取得这样的成绩，一是加大市场开发力度。以自贸港重点项目为抓手推进市场新货源开发，先后开发了水泥管桩、洋浦百万乙烯项目重件、越南进口重晶石粉、碎石、方解石、进口河砂、湛江海砂、中海油采油树、中外运补给船、檀溪新材料水渣和华裕茂出岛散水泥等一批新货源。此外，还积极配合进口商开展澳牛进口业务。马村港澳牛进境指定口岸已于 2019 年 1 月 15 日通过海关总署专家组验收，全年共有两批澳牛进口。二是加强区域港口合作。与新兴港、马村油服基地进行业务合作，全年新增重件设备和油气勘探物资装卸 53 批次，水渣装卸完成 14.07 万吨，油气勘探船靠泊 35 艘次，拖轮服务 11 个航次，新增收入共 379 万元。三是配合相关企业，拓展出口业务。着重培育发展河砂、散水泥、碎石等出口业务，初步形成以马村港区为中心的琼北地区大宗建材分拨中心，为临港产业发展奠定了坚实的基础。

【生 产 经 营】

企业的本质和目的归根结底是追求经济效益，实现净利润最大化是企业经营的最终成果。海南港航不仅注重开源，更是想方设法节流，采取各种措施加强经营管理，提高经济效益。在全体员工的共同努力下，重组第一年就实现净利润转正目标。一是加强全面预算管理，确保完成全年目标任务。严格遵照集团预算编制指导思想和预算编制要求，制定了《海南港航 2020 年预算编制指导文件》，通过与各预算主体几轮审核和集团最终审核，完成公司全面预算目标的编制工作。强化预算跟踪，优化管理流程，开展月度预算控制，对预算调整及预算追加进行了严格的把控。超额完成全年利润预算目标，预算管理成效显著。二是拓宽经营渠道，增创效益。五大业务板块模式已建立，各板块积极拓宽经营渠道，发挥协同效应，营业收入基本保持稳定。三是建立采购管理体系，加强集中采购。公司成立采购管理部后，先后完成了搭建采购管理组织架构、制定采购管理制度、建立公司采购内部评审专家库和二级合格供应商库、发布公司二级集中采购名录、开展供应商年度动态评价及资质年检和专项采购工作考核等基础性工作，重点项目及材料物资集中采购统一归口管理，大大降低了成本开支。公司年度采购总成本降本 17.94%、办公用品实现降本 25.22%、生产备件降本 13.49%，招标项目采购成本不高于行业标准，各项采购管理指标均达到考核要求。四是开展成本管控、降本节支工作，严格控制成本开支。面对新冠肺炎疫情给生产经营带来的冲击，公司将第二季度定为成本管控季，全面开展成本管控工作。5 月 10 日集团下发《关于进一步加强降本节支、挖潜增效工作的通知》后，公司又按要求开展降本节支、挖潜增效工作，成立专项工作小组，制定工作方案，明确工作措施，以“可压降、可量化、统筹考虑”为原则，千方百计控制成本。通过开展“成本管控季”活动、推行实施示范性项目等，减少成本费用几千万元。五是积极与政府沟通协调，维护公司合法利益。充分利用疫情期间税费优惠政策，做到应享尽享，减少税费几千万元。顺利收到 3363 万元邮轮包船补贴。六是享受自贸港企业所得税红利。各主要生产单位暂按 15% 预缴企业所得税，节约大量的企业所得税。七是持续推进存量债务置换工作，并结合贷款银行与公司合作紧密度和贷款到期等因素，制定置换或下调贷款利率计划。八是开展治亏压减工作。加强亏损企业治理力度，亏损企业户数由 13 户减至 6 户，亏损额约 1.5 亿元。九是加强风险管理，风险控制成效显著。认真落实集团 2020 年风险管理重点任务分解，着力做好风险控制工作，有效应对安通、安盛公司司法重整事件和其他债务纠纷，避免公司所属单位损失 4000 多万元，避免托管单位经济损失 2600 多万元。

【制 度 建 设】

海南港航完成股权重组工作后，立即对标集团开展建章立制工作。成立规章制度修订工作组，制定制度修订流程、文本格式要求、制度编号等内容，明确和强化制度归口法务部管理的职能。机关总部各职能部门组织编写人员，参照集团相关制度内容和实际工作情况进行全面修订。在编写和修订过程中，多次召开专题会和汇报会，明确管理架构和边界，不断提高制度修订质量。经过反复修改、审核，全年共修订发布了 165 项制度，涵盖人事、薪酬、客户薪资、投资管理、风险控制等方面。为确保制度能顺利落地，公司还制定2020年制度宣贯实施方案，按多形式、集散结合的原则，组织开展12个板块14场次的制度宣讲和制度考试，提高干部职工对制度的理解。并在公司OA办公系统首页建立“现行规章制度”专栏，按管理板块发布已实施的制度文件，放置现行制度清单，列明制度名称、文号、制定部门、解释部门、联系电话等信息，便于干部职工在工作中查阅和执行使用。

【安全管理】

海南港航以集团“安全为基”的企业价值观为指引，认真贯彻落实“安全第一、预防为主、综合治理”方针，坚决执行集团和地方政府有关安全生产各项工作部署和要求，强化主体责任，筑牢安全防线。全年安全生产总体形势平稳运行，未发生工亡事故和一般及以上事故，事故总起数较2019年减少3起，下降33.3%，事故直接经济损失47.8万元，较2019年下降65.69%，各项安全指标控制在考核范围内。

在机构改革中，公司将原来的安全质量部改制为安全监督部，并成立应急中心，安全管理层次更加分明，职责更加清晰。总部安全部门职责从“安全管理”向“安全监督”转变，通过过程监督和结果考核的方式督促各单位落实安全主体责任，监管效果更加明显。一是对接集团安全管理体系和责任目标考核要求，重新建立安全目标考核机制。综合考虑各单位业务特点和风险程度，推行安全生产过程考核与结果考核、定量考核与定性考核、目标指标和工作任务相结合考核方式。二是改变安全绩效考核方式。针对不同岗位在承担安全风险和安全职责方面的不同，对安全绩效考核进行改革，推行岗位安全绩效差异化考核，打破以往安全绩效奖励“普惠制”形式，有效调动和提升员工主动参与安全管理工作的积极性。三是加大随机抽查频次和隐患考核力度，持续提升生产单位自查自纠能力。公司多次外聘专家参与安全检查，弥补部分高危领域公司专业技术力量不足的缺陷。四是抓住安全高风险区域，加大监管力度。针对客滚船事故频发问题，组织研究制定船舶靠离泊安全防范措施，降低船舶擦碰事故率，全年船舶擦碰事故比上年减少4起；组织船舶随机抽查18次，督促船舶发现并及时纠正缺陷63项。“危险品无证经营”一直是公司痛点、难点。在集团的督导和支持下，公司促使政府主管部门为秀英港14#泊位无证从事危险品滚装运输业务下发行政命令，作出政府背书，减轻无证经营压力。同时推动政府主管部门加快秀英港14#泊位搬迁，着手规划建设危险品车辆待渡车场和危险品专业码头，持续推进危险品滚装运输依法依规生产。五是改变培训考核监管方式，提高安全培训质量。推进专业对口、业务对口的针对性考核机制，根据岗位和业务需求进行培训，提高安全培训质量。六是发挥应急中心作用，减少突发事件造成的损失。全面修订应急管理制度和应急预案，完善应急响应机制，特别是理顺防台应急程序，提前做好防台部署。全年应对受影响台风8次，未造成破坏性损失。

【重点项目】

为推进集团与海南省委省政府签订战略合作协议的重点项目建设，海南港航建立重点工作推进机制。一是整体统筹规划洋浦国际码头建设，打造西部陆海新通道国际航运枢纽。公司落实国家《西部陆海新通道总体规划》，编制《洋浦港总体规划小铲滩区域规划调整》报告，通过超常规举措先行取得环评批复，超常规报建获批招标，项目建设稳步推进。投资7.8亿元的小铲滩起步工程能力提升项目于6月29日开工建设，目前已完成工程进度约4亿元，占总投资的51%。根据集团建设西部陆海新通道的战略要求，公司还组织编制洋浦港小铲滩码头扩建工程可行性报告，项目议案已于11月9日经公司审议通过，项目实施取得阶段性进展。二是优化完成海口新海滚装码头客运综合枢纽站工程项目方案设计，重新启动客运综合效能枢纽站建设。经过积极、艰苦的协调与谈判，清理海口新海港客运综合枢纽PPP项目。从优化设计、节约成本方面对初步概算进行审核，经参建单位、设计单位、概算审核单位多次讨论，从原来的16.7亿元（设计单位报送）核减至14.5亿元，核减金额2.2亿元。项目搁置一年后，海口新海港客运综合枢纽建设于2020年11月重启，第一中标候选单位提前进场施工，基本完成集散区和南指廊工程建设，年度累计完成形象投资4000万元。三是编制秀英港能力提升项目（一期）建设方案。初步完成工可研（工程可行性研究报告）、建设方案初稿、工程量清单估算和控制价编制。方案经过多次修改及不断完善，于11月9日通过公司审批，项目实施取得初步性进展。四是稳步推进琼州海峡一体化工作。在海口市政府的协助下，公司主动对接海口能运公司和海南祥隆公司，经过反复权衡交易条件和艰难谈判，近期已完成了海口能运公司3艘船舶的尽调工作，同时与海南祥隆公司签订《船舶委托管理协议》，由海峡股份托管海南祥隆公司2艘船舶，整合工作实现重大突破。

【党建工作】

2020年，海南港航党委充分发挥把方向、管大局、保落实作用，在企业改革发展中提供坚强政治和组织保证，较好地完成了全年党建工作任务。一是党组织的领导核心和政治核心作用得到充分发挥。公司党委高度重视政治建设，全年组织召开了14次理论中心组学习，深入学习贯彻习近平新时代中国特色社会主义思想和党的政治理论。落实党委在公司重大决策中的决定权、把关权、监督权，共召开党委会43次，研究议题共158项。二是党的领导与公司治理有机融合。党建工作总体要求纳入公司章程，明确了党组织的机构设置，党委、纪委的职责。实行党委书记、董事长“一肩挑”，实现党的领导与公司治理有机融合。三是党的组织建设更加完善。在改革过程中同步健全各级党组织的机构和人员配置，实现党组织在各级单位全覆盖。特别是公司党委，机关党委和二级单位党委今年都顺利召开党员代表大会，选举产生了新一届党委委员会和纪委检查委员会。四是党建思想政治工作研究初见成效。根据集团党组要求，公司成立了党建思想政治工作研究会，深入开展理论研究和实践性研究，共收到论文48篇。经公司党委评选表彰后又从中选送8篇优秀论文参加集团评选，1篇获得二等奖，3篇获得三等奖。五是党组织战斗堡垒作用明显增强。各级党组织围绕生产经营开展工作，严格党的组织生活，坚持“三会一课”制度，组织开展庆祝七一系列活动、开展“四史”学习教育、建立“不忘初心、牢记使命”主题教育长效机制等，增强党组织战斗堡垒作用和党员先锋模范作用，特别是在疫情防控和改革工作中两个作用更加彰显。六是宣传工作开展得有声有色。公司党委牢牢把握住宣传工作主动权，引导正确的舆论方向，充分利用《海南港航》《远航》、订阅号、微信群等宣传阵地，扎实做好企业宣传工作。全年出版7期《海南港航》，出版《远航》3期，订阅号发布新闻478篇。建立通讯员队伍和编辑队伍，每周制定宣传工作计划，在做好日常宣传工作的同时，先后进行了春运、疫情防控、成本管控季、提质增效、安全生产月、重组一周年专题、党代会、企业文化月等专题报道，宣传工作有声有色。公司党委还加大对外宣传力度，树立公司良好形象。全年共有60篇稿件被集团及17家媒体等报刊刊登发表，其中《中央企业学习强国》刊登3篇、《中国远洋海运报》刊登27篇、《中国远洋海运杂志》刊登2篇、《集团党建要情》刊登5篇、《人民日报》《中国水运报》《海南日报》《海口日报》《南国都市报》等报刊刊登23篇。七是文化融合激发企业活力。公司党委大力宣传和倡导集团“四个一”文化理念，打破文化差异，以文化融合推动重组改革和企业各项工作，以“四个一”文化目标凝聚人心。“四个一”文化仿佛润物细无声慢慢渗透到职工的心中，同一个团队、同一个文化、同一个目标、同一个梦想理念初步形成，职工的追求目标和奋斗方向与集团一致，广大职工对集团文化完全认同。重组改革后，职工精神面貌发生了根本性的变化，广大职工支持改革、参与改革。改革过程中没有发生一起阻碍工作，也没有出现一例员工上访事件。八是首届企业文化月凝聚人心。为深入贯彻集团“四个一”文化理念，庆祝公司重组成立一周年，公司 11 月成功举办了第一届“企业文化月”。“职工书画、摄影展”“趣味运动会”“青歌赛”“年度十大新闻评选”“企业宣传片发布”和“重组一周年晚会”等系列活动，让职工在欢声笑语中感受到集体力量，在才华展示中体现个人价值，在寓教于乐中凝聚了人心。

【疫情防控】

2020 年春，突如其来的新冠肺炎疫情迅速在全国蔓延。1 月 21 日，公司下发做好防控疫情的紧急通知。1 月 23 日武汉封城，疫情如军令。1 月 23 日，公司党委立即召开专题会，成立疫情防控工作指挥部和防控工作办公室，全力以赴开展疫情防控阻击战。在疫情防控工作中，公司始终把职工生命安全和身体健康放在首位，免费向员工发放口罩等防护用品，要求员工做好个人防护工作。3000 多名职工没有一例感染，抗疫工作成绩显著。

对于疫情防控，一是领导高度重视，高效组织防控工作。面对新冠肺炎的高传染风险，公司领导以高度的责任感和使命感，高效组织防控工作。公司班子成员和各部门负责人放弃春节假期，从 1 月 23 日起安排 24 小时轮流值班，及时了解每天的疫情和生产情况，指导各单位防控工作。自 1 月 26 日（正月初二）起，公司领导每天召开一次值班工作远程视频会议，安排生产、疫情防控、防控物资使用、库存和采购等工作。二是成立应急服务队，组织党员干部支援轮渡生产一线。公司党委在春节前夕发出倡议书，号召党员干部报名参加应急服务队，冲锋在前，在防控工作中发挥党员先锋模范带头作用。广大党员干部讲政治、顾大局，带头参与，党旗高高飘扬在抗疫一线。春运期间，公司共组织应急服务人员 1215 人次，累计检测体温 40.2 万人次。三是通过向政府、集团申请支援和市场采购，有力地保障了防控物资的供应。四是加强对客运站、船舶等人群密集场所的通风、消毒和卫生清洁工作。五是在客运站、客滚船船舱设置专门疫情隔离室，要求使用后立即做好消毒工作。六是加大对客运站和船舱客舱的巡查力度，发现旅客异常及时处理和上报。七是利用客运站和船舶广播滚动播音、LED 屏和宣传海报等多样化方式，做好疫情提示和防范知识宣传工作。八是全面加强职工食堂管控，禁止堂食，每天做好消毒、员工体温检测和信息报送。九是发挥国企担当，积极履行社会责任。开设绿色通道，保障防疫及救灾物资的运输，进出口累计免费运送装载应急物资车辆 256 车次、共计 8140.1 吨。组织党员为疫情防控自愿捐款，共有 1298 名党员捐款 113 415.00 元。根据上级批示，公司还安排专轮到海安港免费迎接援鄂抗疫医疗队胜利归来。（曾涛）

中远海运（厦门）有限公司

中远海运（厦门）有限公司

中远海运（厦门）有限公司〔简称“厦门中远海运”，英文简称 COSCO SHIPPING（Xiamen)〕，是中国远洋海运集团有限公司在福建地区的直属航运企业。公司主要从事对台客货运输业务、国际货物运输业务和邮轮产业投资，拥有高速客船、客滚船、散杂货船、邮轮等类型船舶。

【经营情况】

2020 年，面对世界经济形势急剧变化和突如其来的新冠肺炎疫情影响，以及对台客运和合资邮轮停运的不利局面，厦门中远海运积极应对，做精做细远洋货运业务。公司紧紧围绕“固根本、强执行、保安全、促发展”这一主线，一手抓疫情防控，一手抓经营发展，全面提质增效，公司安全生产稳定，企业经营管理有序，保持健康可持续发展的良好势头。

按照集团的总体部署，公司坚持以客户为中心，秉持“有货租船”的经营策略，努力构建自身营销优势，积极开发直接客户，发掘新的利润增长点，全面推进提质增效。在市场行情低迷、经营利润不断压缩的情况下，公司积极探索新的营销思路，高度重视直接货源客户的开发，先后开发宝美公司、铜陵有色、Arauco、Glencore、中林新加坡、华电等直接客户，不断提升企业效益贡献。同时，致力于维护好项目高价值货源的客户，不断提升公司专业化服务水平，增强客户信任度和相连性。2020 年，运价在 60 美元 / 吨以上高价值货量占总货量的 17.5%、收入占总收入的 44.3%。

厦门中远海运通过强化与集团内兄弟单位的合作，交流市场信息，共同开发项目客户，为客户提供全程物流服务，提升公司竞争力。并且加强与央企客户合作，推进大客户合作工作，保持与中国邮政、中铝国际、宝武、北方工业、中国铁建等央企客户开展实质性业务洽谈并取得成效。

2020 年，公司实现远洋货运量 191.6 万吨，周转量 145.9 亿吨海里，基础货源比例 37.7%，同比增加 0.5%；受疫情影响，厦门—金门航线从 2 月 1 日起减少班次、2 月 10 日全面停航，“新五缘”轮共运营 124 个航次，载客 1.14 万人次；船队安全生产总体平稳，对台航线安全面保持 100%。接受港口国检查 18 艘次，无批注通过 16 艘次，无批注通过率 88.9%。全年公司（不含星旅）累计利润 328 万元，保持连续盈利。

【企业管理】

2020 年，厦门中远海运坚持依法治企、强化风险控制，将风险管理与内部控制的职能与法律事务、规范管理、制度管理共同整合到法律事务部；对规章进行梳理和评估，建立健全经营管理制度，强化规章制度合规性审查和执行检查；加强对疫情影响下的法律风险防控，加强对疫情防控有关法律法规及政策规定的研究，组织对正在履行的合同及客户的资信进行全面筛查，对新洽谈的业务加强事前预防，切实防范疫情引发的合同风险，有效防范业务经营风险。

公司进一步强化风险控制管理，推进内控评价和缺陷整改，落实重大风险监测与应对，加强国际制裁风险防范，组织编制制裁风险管理规定和风控手册，促进涉制裁风险有效管控。公司成立对标提升行动领导小组和工作小组，按照集团要求，结合公司自身实际，组织研究选取对标对象及关键性对标指标，研究制订对标提升行动实施方案和对标提升工作清单。

同时，公司扎实推进亏损企业治理，加强与湖南省方面沟通，就公司退出湖南远洋股权达成共识，着手履行退出湖南远洋运输公司股权的相关程序。

稳步推进信息化项目建设，协调集团财务中心和中远海科，开发适合公司的生产管理系统。该系统一期项目已正式上线使用，二期项目也在开发过程中。公司积极推进企业“十四五”发展规划的编写工作，完成发展规划初稿。

【企业改革】

2020 年，厦门中远海运按照集团部署要求，围绕公司转型升级发展目标，完善董事会运行相关制度，深化国有企业改革，推进三项制度改革工作。

根据集团下发的最新版《授权事项清单》和《直属公司董事会运作管理办法》，公司重新梳理评估现有董事会相关制度，完成《总经理工作规则》《董事会授权规则》《董事会议事规则》等制度修订；根据公司《关于开展“总部机关化”问题专项整改工作实施方案》和工作落实清单，制定公司董事会决策事项清单，促进董事会有效履行职责；根据集团要求组织编制公司综合改革实施方案和工作台账，围绕公司治理结构，按照实施方案和工作台账推进相关重点任务举措，并定期编制综合改革半月报上报集团。

进一步推动三项制度改革工作，梳理部门和岗位职责，开展岗位价值评估，并对公司人力资源管理体系现状进行诊断分析；进一步优化完善公司薪酬管理办法，制定绩效考核管理规定及职务职级管理办法。

协调推动中远海运集团、中旅集团与厦门市签订关于邮轮产业的三方协议，并跟踪推进邮轮产业链的相关业务。

【人力资源】

2020 年，厦门中远海运党委坚决贯彻党的干部路线方针政策，坚持党管干部、党管人才原则，把加强干部人才队伍建设作为公司转型升级、提质增效工作的重要抓手，为公司各项改革发展工作提供坚实的人力资源保障。

截至 2020 年年底，公司拥有正式员工共 72 人，机关借调员工 2 人，劳务用工 3 人，从集团船员公司借调船员 8 人，共计从业人员 85 人；退休人员 24 人；机关员工党员 58 人，退休员工党员 18 人。

机关员工中，公司领导 6 人；中层管理人员 14 人，其中总经理助理 1 名，部门正职 10 名，部门副职 3 名（其中 1 名负责部门工作）；高级经理 / 室经理及室副经理、业务经理 16 人；高级主管 10 人；普通员工 39 人。

公司员工平均年龄 45 岁。其中 35 岁以下员工 20 人，占比 24%；36 ~ 45 岁 19 人，占比 22%；46 ~ 54 岁 31 人，占比 37%；55 岁及以上 15 人，占比 17%。

公司具有硕士及以上学位的员工 13 人，占比 15%；具有本科学历的员工 53 人，占比 62%；具有中级及以上职称的人员 48 人，占比 56%。

公司包括领导岗位、通用类管理、业务类管理及操作类四种岗位。中层及以上领导人员 20 人，占比 24%；陆岸通用类管理岗位人员 26 人，占比 30%。其中具有中高级职称人员 13 人，在通用类岗位中占比 50%；陆岸业务类管理岗位 36 人，占比 42%。其中市场营销 13 人，船舶管理人员 15 人。具有中高级职称人员 19 人，在业务类岗位中占比 53%；操作类岗位即陆岸后勤服务保障岗位 3 人，占比 4%。

公司坚持德才兼备、以德为先的选人用人标准，树立注重品行、崇尚实干、鼓励创新和群众公认的选人用人导向。2020 年选拔任用 2 名干部，其中 1 名晋升为部门正职，1 名晋升为部门副职（负责部门工作）。

公司党委始终把加强干部人才队伍建设作为公司转型升级、提质增效工作的重要抓手，不断深化人才发展体制机制改革，着重抓好三方面工作：一是加强绩效目标管理，强化任职条件和业绩联动，建立以绩效合约为主要措施的绩效管理体系；二是拓展人才发展通道，构建管理序列和业务序列人才双向流动的制度通道，为员工提供更多的平等晋升的机会；三是多措并举引进人才，充分发挥集团人力资源平台优势，加大紧缺型专业人才的引进力度，逐步建立起一支专业素质过硬的经营管理和船舶管理专业化人才队伍。

公司结合防疫要求，围绕员工日常素质能力和国务院国资委确立的主题，充分运用网络学习、云课堂、微课程、“互联网 +”等新技术，全面提升各级干部员工的自身素养和业务能力。2020 年共开展 59 项培训，其中 24 项为外部培训，其余为内训及网络培训，参训员工 729 人次。

【企 业 党 建】

厦门中远海运党委坚持“三做”理念、弘扬“三舱”精神，持续推进党建工作和企业中心工作深度融合，抢抓机遇、深化改革、加快转型、防范风险，以高质量党建引领高质量发展。

公司党委切实发挥把方向、管大局、保落实的领导作用，制定“落实三个到位、严把三个关口、做到三个清楚”的防疫方略。分阶段突出公司邮轮、客轮和南美航线货船的重点防控，因船分类施策，统筹把握国内和国外防疫两条线，并采取有效措施，重点做好春节、五一、中秋、国庆等重要节假日防控工作，制定邮轮客运防疫手册，配备必需的防疫物资和设备，确保船舶“零感染、零输入、零输出”的“三零”目标。

2020 年，公司党委共开展 10 次中心组学习，党委书记定期授课，撰写体会文章，有关论文在《国企党建杂志》《中国党政干部论坛》等核心期刊发表；深入开展多形式、分层次、全覆盖的学习培训和宣传宣讲活动，组织“深化大学习、提振精气神”专项活动，并特邀专家开展学“四史”和传统文化等专题讲座，持续深化主题教育长效机制建设。

公司党委全面梳理党建制度体系，配强支部书记和船舶政委，建立支部工作标准绩效考核，激发党建新活力，增强堡垒战斗力。制定《加强基层党建工作 2020—2022 年实施方案》，对照《中国共产党国有企业基层组织工作条例（试行）》开展对标自查及整改，进一步明确支部重点工作任务，明确船舶支部工作目标是“保安全、创效益、树品牌”，对台运输的党建工作重点是“树安全优质高效品牌，做两岸融合发展桥梁”，进一步推动新时代国企党建工作。

【企业文化与社会责任】

2020 年是夺取疫情防控和经济社会发展“双胜利”战役的攻坚之年，也是全面建成小康社会和“十三五”规划的收官之年。公司党委始终高举习近平新时代中国特色社会主义思想伟大旗帜，全方位、多角度报道公司经营管理、党建工作、精神文明建设等方面的“闪光点”，公司公众号平均每月发布微信 17 条以上。公司积极组织各支部和党员参与党员教育微视频大赛、“学习身边榜样”等活动，通过微信公众号、宣传轻骑兵等媒体矩阵，讲好奋战疫情的故事，总结推广船舶管理的好经验好做法，并在不断完善“党建 e 家”的基础上，落实集团党建信息化系统的推广运用。

厦门中远海运围绕 " 精细管理、提质增效 " 开展劳动竞赛活动，弘扬以“拼搏进取”为主要特征的企业文化，激发各轮船员的劳动热情，展现全体船岸员工打赢“防疫和生产”两条战线的精气神；围绕“中国梦生活美、航运梦榜样美”主题，开展员工“抖音大赛”，鼓励员工通过自己的视角，以创新的表达方式展现拼搏奉献、昂扬向上的工作精神，以及业余文化生活中的精彩瞬间。公司还开展企业文化建设调研工作，收集公司文化管理现状、共性认识、员工满意度测评和改革发展建议等方面的资料，推动集团企业文化核心价值理念落实落地，不断增强公司文化软实力。

公司切实履行央企的政治责任、社会责任，组织开展两批次的“党员双报到”活动，充分发挥支部和党员在疫情防控工作中的先锋表率作用；与湖里交警大队开展共建，分批次组织党员和员工参加“交通文明劝导”志愿服务，以实际行动助力文明城市建设；“中远之星”轮顺利复航恢复货运业务，为助力两岸防疫开辟绿色通道，得到两岸的高度关注，各大媒体予以充分报道，树立央企积极复工生产的正面形象。

公司当年获得省部级以上奖项的先进集体和先进个人 公司船管部被评为中国远洋海运集团2020年度先进集体；公司所属船舶“中远之星”轮被评为中国远洋海运集团2020年度抗疫先进集体；厦门闽台轮渡公司被评为中国远洋海运集团2019—2020年度青年文明号。

（姚兆羽 朱姝蕾）

中国船舶燃料有限责任公司

中国船舶燃料有限责任公司

【公 司 概 述】

中国船舶燃料有限责任公司（简称“中国船燃”，英文简称 CHIMBUSCO），其前身是中国船舶燃料供应总公司，1972 年 4 月经国务院批准成立，先后隶属于交通部、中远集团。2003 年 12 月 26 日，中国远洋、中石油两大世界 500 强企业携手，共同改制组建中国船舶燃料有限责任公司。作为中国船舶燃料行业的龙头，中国船燃表现出强劲的发展势头。2020 年，中国船燃总资产达 93.9 亿元。在国内溯长江而上，沿海岸线南下，中国船燃在境内各主要港口设立了 23 家子公司，并在中国香港、新加坡、韩国、荷兰、美洲等地设有专业公司和网点。公司拥有和控制储油能力近 200 万立方米，各类船舶 59 艘、8.36 万载重吨（其中自有供油船 30 余艘），以及设施完备的油码头和火车装卸线，构建了集约化的物流管理体系和一体化的营销网络，业务由海上扩展到陆地，形成辐射全球的船舶燃料销售网络。公司与世界各国的船东、租船人、投资者和贸易伙伴建立了合作共赢的良好关系。

【发 展 战 略】

中远海运集团成立以后，新集团领导层从企业发展大局出发，提出“集团所需船舶燃油均从中国船燃和中石化中海燃供采购”的要求，为中国船燃带来历史性的发展机遇。2020 年，面对突如其来的新冠疫情和油价跌宕起伏的市场行情，公司以习近平新时代中国特色社会主义思想为指引，深入学习贯彻党的十九届四中、五中全会和中央经济工作会议精神，充分落实国家、北京市及集团关于疫情防控的要求措施，积极践行两大股东年初工作会和年中工作会的工作部署，秉承集团提出的“把好舵、定好锚、扬起帆、拧成绳”的指示精神，按照集团牢牢抓住疫情过后产业链供应链转移、产业要素重新聚集的新机遇，深化结构调整，不断改善资产运营效率，围绕“提质增效”和“对标管理”开展工作，实现公司经营创效突出和安全生产稳定的局面。

【经 营 效 益】

2020 年，中国船燃保持战略定力，坚持稳经营、强管理、防风险、保安全的工作方针，团结带领全体干部员工做好疫情防控和复工复产等工作。公司在 2019 年业绩创八年新高的基础上，坚持保税油、内贸油，以及润滑油及 LNG 业务三管齐下，再创历史最好业绩，保持了稳定发展的良好大局。

2020 年，公司全球燃油销售总量 1942 万吨，同比增加 2.2%；实现净利润 1.93 亿元，完成全年考核指标 1.58 亿元的 122.2%，完成全年奋斗目标 1.9 亿元的 101.6%，创 9 年以来的新高；实现销售收入 367 亿元。全系统全年未发生一般等级及以上安全事故，油库、码头、船队实现安全平稳运行。

【风 险 管 控】

面对复杂多变的市场环境，中国船燃加强风险防控，保持公司安全持续稳定。在经营风险防控方面，加强对内贸燃油供应商库的管控力度。2020 年修订下发了《中国船燃内贸燃油采购管理规定》和《中国船燃内贸燃油供应商管理规定》，重点审核供应商的实力规模、经营状况及合作情况。基本构建应对突发事件的全面风险防控体系。积极发挥风险管控职能，对相关风险进行辨识、细化、分解，提出应对策略和管控措施，责任到岗，责任到人。

在防范国际制裁风险管控方面，对 2018 年前建立的防范国际制裁风险合规管理体系再次梳理，发布《中国船舶燃料有限责任公司制裁风险管理实施细则》。形成《关于美国出口管制与经济制裁风险防范的专项合规咨询备忘录》，指导各公司在对中交等用油企业的业务开展进行风险防范工作。

在安全风险防控方面，巩固偷盗油等违法违纪的风险防控。将船舶、油库、车队等单位油品和废旧物资管控作为年度重点监督工作进行部署实施，通过细化管控、强化监督、问责查处等举措，有效堵塞在职责机制、风险体系、监管措施、落实执行等方面的漏洞隐患。

实施专项审计，促进转型发展。聚焦经营管理中问题易发领域和环节，重点对系统公司实施了三个专项审计项目：低硫油保障供应专项审计、废旧物资处置管控专项审计和审计发现问题整改专项审计。

【服务客户】

树立“资源为王”的经营理念，统筹好国内外两种资源和两个市场。

保税油业务 在与国际上重要供应商签订长约采购合同的同时，积极做好国内炼厂资源的无缝对接。强化新加坡实体供油能力建设，为客户提供跨市价格管理服务，形成了稳定的供应规模。实施“大客户”战略，持续推进大客户营销团队建设，建立对重点客户的价格回溯机制。完善联动销售机制，提升高硫油小品种创效能力，强化境内外联动销售，坚持全球营销团队一体化运营，推动区域联动销售。恢复重点区域保税油供应。2020 年 4 月开始，公司陆续恢复深圳、广州和北部湾保税低硫船燃供应。推进区域驳船和油库的整合，稳步推进环渤海区、珠三角、北部湾等区域的供应物流一体化，积极增加大吨位供油驳船数量和运力。

内贸油业务 全力降低采购风险和采购成本。推进内贸燃油集采。加强供应商走访调研，在北方和山东地区筛选重点供应商作为未来开展战略合作的考察对象。积极落实内河流域超低硫资源渠道，提升内贸营销能力。为客户提供增值服务，增加客户黏性。深化与中谷物流的合作，科学评估信保额度，为企业增加可观的业务量和效益。积极开拓陆地业务新市场，重点聚焦内河、沿江市场，积极寻求新的业务增长点。积极参与招投标为内贸业务增量增效作贡献。2020 年，总部发布内贸燃油招标需求信息 202 条。其中，中标项目 75 个，包括交通运输部长江口航道管理局船用燃料油（低硫 RME180）采购项目、自然资源部第一海洋研究所 2020 年船舶燃油采购项目、长江南京航道工程局一季度船舶燃油采购项目、交通运输部救助打捞局船用燃油和润滑油国内采购供应项目等。并成功入围多个政府及优质船东年度供应商目录。

润滑油及 LNG 业务 克服疫情影响，为客户提供优质服务。第一时间组织建立业务微信联系群，各公司滑油负责人每日更新上报各地区情况，汇总后每天分别发送给油公司等主要客户。因地制宜采取多种方式，全力以赴供应每个订单。此工作得到客户的认可，美孚、壳牌、海湾等公司专门发来邮件对宁波、广州、青岛等公司表示感谢。以完善智库系统为抓手，持续提升仓库管理水平。润滑油业务仓储配送系统 2019 年 6 月底已经完成项目验收，在南通公司等供应量较大的 8 个仓库上线使用。2020 年，在维护好大客户的基础上，新客户开发取得成效，相继与福建海运集团、福建海通船务、宁波远洋、浙海集团、中谷等船东签订年度合同，特别是与救捞局合作取得重大进展。以现有客户为重点，LNG 业务也保持稳定发展。

【企业管理】

做好“十四五”发展规划编制工作。根据集团规划目标持续修改调整完善，形成公司“12231”

的战略规划目标。加强公司法治建设，推动公司健康持续发展。大力提升全员法治意识，实现法治公司建设与普法工作相互嵌入、深度融合。加大法商融合和法治维权意识在管理决策与业务运营上的应用。创新扩大融资渠道，助力公司资金流动平稳。加强对标体系建设，弥补短板和不足，成立对标体系建设专项工作小组，有序开展对标体系建设，提升基础管理水平。

着力推动实施专项审计，有效促进转型发展。聚焦经营管理中问题易发领域和环节，重点对系统公司实施三个专项审计项目：低硫油保障供应专项审计、废旧物资处置管控专项审计和审计发现问题整改专项审计。以信息化建设为抓手，推动数字化转型，启动中国船燃业务一体化数字平台项目（Chimbusco Business Integration Digital Platform，以下简称“CDP 项目”）建设项目，完成项目的可行性研究，并按照项目计划开展全面调研、流程梳理、蓝图设计和系统开发等工作。

以科技创新为动力，驱动公司科学发展，利用公司内部研发力量及与专业大学院校合作研发，解决船用燃油系列性问题，保障船舶安全用油。加大质量流量计的推广应用力度，扩大供油船舶安装数量。

【安 全 生 产】

中国船燃紧紧围绕安全发展的总体目标，全面加强安全和生态环保工作，安全环保形势保持稳定。精准施策，集中整治航行中的习惯性违章。及时开展航行安全和事故报告集中整治工作，系统内各公司制定工作方案并逐一落实。同时加大船舶视频抽查力度， 2020 年执行视频抽查、管理抽查 358 单位次，船舶、油库等现场视频抽查 8550 分钟，管理抽查 132 项，指出问题 59 项，印发安全通报 12 次。

打好基础，切实抓好常规性安全工作。引入风险分级管控理念和方案，密切关注季节性及特殊敏感时段安全风险，认真分析危险因素，充分利用安全警示日活动，针对冬季雾航及时印发《关于切实做好船舶雾航安全工作的通知》，有效指导系统各公司做好船舶雾航安全工作。精心部署“安全生产月”活动，大力开展“习近平关于安全生产工作的重要论述”宣传学习活动，开展“星级”船舶管理验收和安全大检查工作，组织观看典型案例警示片和“安全大讲堂”活动。“疫”结同心，“零接触”供油守好海上国门。努力营造良好的安全文化氛围。

面对疫情，中国船燃确立顺利保障港口燃油供应是第一要务观念，迅速成立疫情防控领导小组和工作小组，坚决贯彻党中央、国务院的决策部署，坚决落实集团疫情防控要求，认真部署疫情防控措施，保障公司在疫情下稳健运营。公司成为国内首家发布《保税油业务疫情防控零接触供油操作指南》的船供油企业，确保一线作业病毒“零输入”，牢牢守好海上国门。

【员 工 队 伍】

根据集团规划目标持续修改调整完善，形成了公司“12231”的战略规划目标。大力提升全员法治意识，实现法治公司建设与普法工作相互嵌入、深度融合。加强公司法治建设，推动公司健康持续发展。2020 年，公司员工在册人数 2611 人。

在人才队伍建设上，首先是突出领导班子建设，统筹抓好各级领导班子和领导干部队伍建设，配齐配强系统各单位班子成员；完成对境内 20 家企业领导班子和党委管理干部的考核。在干部人事冻结的情况下，加强与集团的请示与沟通，全年共调整干部 4 批次，累计调整党委管理干部 46 人次。其中提拔使用干部 20 人，基本解决干部人事冻结五年来总部个别部门及部分二级公司主要负责人缺位的问题，较好地稳定了全系统的领导干部队伍。

其次是突出后备干部和骨干人才培养，大力推进人才强企战略，全面梳理系统各二级公司后备干部培养情况，初步完成二级公司领导干部后备人才库建设；加快海外干部人才队伍建设，完成 3 批次海外公司人员的轮岗，组织外派后备人员考试，共有 8 人新进入集团外派后备人才库，推荐 1 名青年干部参加集团组织的处级干部远航班。严把进口关，按计划招录 76 名新员工，为员工队伍输入了新鲜血液。

再次是突出三项制度改革，根据国务院国资委和集团党组部署，制定《中国船燃三项制度改革实施方案》，持续深化人事、劳动、分配等三项制度改革，梳理制度文件 21 项，努力建立与现代企业相匹配的选人用人制度和激励约束机制。按照"战略 + 运营管控型"总部定位，完成总部定岗定编工作。修订二级企业负责人薪酬和绩效考核管理办法。加强与地方社保、党组织沟通协调，顺利完成系统退休人员社会化工作。系统 1703 名退休员工全部转入社会化管理。此项工作得到了集团党组的肯定。

【党 群 工 作】

注重政治建设提升理论素养。党委注重思想建设，注重思想武装巩固教育成果。持续深入学习贯彻习近平新时代中国特色社会主义思想、党的十九大和十九届四中、五中全会精神。加强基层一线党员思想武装，在全系统广泛开展"四史"学习教育，结合工作实际开展"学'四史'、守初心、担使命、创一流"学习教育交流研讨，做到以"史"强信念、以"史"促发展、以"史"增效能。注重围绕中心推动企业发展，积极贯彻集团董事、总经理付刚峰到中国船燃调研提出的 7 个方面要求，将公司发展定位融入集团产业链经营，与集团内企业协同发展，全力以赴做好集团"保供、保质、保价"工作。注重加强党的领导和完善公司治理有机结合，推动两个"一以贯之"落实落地，坚持重大事项决策前置研究。

夯实基层组织建设基础。压实党建工作责任制，把责任"扛起来"。召开年度党建工作会，与系统各单位党组织签订党建工作责任书；以书面述职和现场述职相结合的方式，开展党组织书记抓基层党建工作述职考评；开展党建重点工作对照检查，结合党委巡察和调研工作，对青岛、上海中船燃、江苏、日照、连云港等公司进行现场检查，增强过程监控；组织党建工作责任制考核评价，压实党建责任。

建立健全党建工作机制，让基层"强起来"。组织全系统认真学习贯彻《中国共产党国有企业基层组织工作条例（试行）》，对标自查，整改提升。开展党建信息化平台上线培训，进一步提升了基层党建标准化、规范化、信息化水平。制定印发《中国船燃（2020—2022）基层党建工作规划实施意见》，推进基层组织规范化建设；印发《关于持续深入整顿软弱涣散基层党组织的通知》，强化排查整顿软弱涣散党组织，建立长效机制；编发了《党建工作制度汇编（2020 年度）》，组织编纂《党支部工作规范手册》，为基层组织提供便捷的制度规范参考。

【企 业 文 化】

中国船燃突出思想引领，文化引领。制定印发 2020 年度重点政研会研究课题，组织政研课题论文评选，共收集论文 85 篇，在集团表彰的 2020 年度政研会优秀论文评选中，分别荣获一等奖 1 篇、三等奖 3 篇。突出文化宣传，树形象。组织新版公司形象宣传片的拍摄制作和"十三五"成就展览，制作完成公司简版宣传册；创新宣传形式，通过各类宣传平台及时开展专题宣传。围绕"保供战疫"主题，制作了"抗疫情、防风险、保供应、稳经营"宣传视频；举办"抗疫情、保供应"图片展活动。以电子杂志模式编辑《碧血丹心　海上"油"我——中国船燃保供抗疫事迹专刊》。充分利用内外宣传渠道宣传公司改革发展成果。系统各单位在《中国远洋海运报》共刊发稿件 102 篇，《中国远洋海运报》杂志刊发 18 篇，集团报微信公众号 18 篇，集团微信公众号 3 篇，集团学习强国号 4 篇，再获集团新闻报道优秀组织奖。突出典型评选，立标杆。制定《中国船燃年度先进典型评比表彰管理办法》，开展 2020 年先进典型评选工作，宁军和张燕分获上海市和集团劳动模范称号。深入挖掘先进典型事迹，对系统内先进典型事迹进行专题宣传，及时开辟"疫线故事""青春战疫""V 观船燃""榜样力量"等专栏，其中 4 篇先进事迹推广到学习强国平台，1 篇入围中央企业抗疫故事集。（郭静）

中石化中海船舶燃料供应有限公司

中石化中海船舶燃料供应有限公司

【公司概述】

中石化中海船舶燃料供应有限公司(简称“中石化中海燃供”，英文简称 SINOBUNKER)，由中国石油化工股份有限公司(简称“中国石化”)与中国海运(集团)总公司(简称“中海集团”)于 2003 年 12 月共同出资组建的合资公司。中石化中海燃供注册资本 87 666 万元，注册地广州市黄埔区港前路 195 号 4 楼。公司总部设在广州，在深圳、湛江、海口、厦门、宁波、南京、上海、青岛、天津、秦皇岛、大连和香港等地设分(子)公司。公司主要经营燃料油、成品油、保税油、润滑油和化工品等石油产品的销售、仓储和运输，在沿海港口为船舶提供各种燃料油、柴油、保税油、润滑油、物料、备件和淡水供应，以及专业的船舶救生筏和消防系统检修、舱容检定等配套服务，供应网点覆盖国内沿海、长江中下游 58 个港口。截至 2020 年年底，公司总资产 19.46 亿元。

【发展战略】

根据中远海运集团将中石化中海燃供与中国船燃重组整合的整体部署，中石化中海燃供将重组整合列入企业深化改革计划。依据集团“十三五”规划“航运服务产业集群分规划”，公司编制三年滚动规划及年度经营计划，作为过渡期临时战略发展规划。

“十三五”期间，中石化中海燃供贯彻落实董事会决策部署和集团对航运服务板块提出的“专业、先进、安全、高效”总要求，围绕“打造国内一流船舶燃料及物资综合服务商”的愿景目标，全面加强党的建设，坚持以生产经营为中心，努力克服世界经济复苏缓慢、国内油品市场需求疲软、行业竞争异常激烈等不利因素影响，奋力拼搏、开拓进取，合计实现油品经营总量 1318 万吨，营业收入 346.33 亿元，确保中远海运集团船舶供应，安全局面稳定，未发生安全事故及责任性数量或质量投诉事件，客户满意度 90% 以上。

2020 年，公司结合行业发展趋势，认真贯彻上级部署，综合考虑，凝聚共识，完成“十四五”发展规划编制工作，进一步明确了企业未来发展的核心要素和指导思想，为公司全力“打造国内一流船舶燃料及物资综合服务商”提供方向指引，制定切实可行的任务措施。

【经营效益】

2020 年是 IMO 低硫转换的元年，年初全球各大资讯机构预测全球低硫燃油需求量约 2.5 ~ 3 亿吨，产能约 1.5 亿吨，缺口约 1 亿吨。为确保集团内船公司低硫燃油供应，公司进行充分的资源备货。由于新冠疫情的突然暴发，导致需求骤减、国际原油市场供需失衡等一系列衍生效应，造成国际国内油价暴跌，对公司油品经营业务形成巨大冲击，其中保税油业务首当其冲。

中石化中海燃供落实股东年度工作会议要求和工作部署，坚持“三个聚焦”，把握战略机遇，持续深化改革；以供需关系为纽带，以服务客户为核心，不断推进与产业链上下游单位深层次合作，全力保供，体现燃供企业价值。积极推进救生消防、清污防备等专项技术服务项目业务开拓。攻坚克难，挖潜增收，降本压费，努力克服和降低疫情带来的影响。公司全年账面净利润 -34 403 万元，较公司董事会下达的年度利润指标3400万元差距37 803万元，其中保税油业务全年亏损2.95亿元，是造成公司整体经营亏损的主要原因。

中石化中海燃供全年实现油品销量349.3万吨，同比增长16%（董事会当年未下达年度销量指标）。全年对集团内供应油品98.8万吨，同比增长18%；其中供应保税油53.0万吨，同比增长64%。物资销售收入5.7亿元，同比增长24%；其中集团内物资销售收入为4.6亿元，同比增长54%。

2020年末资产负债率为75%，较年初的61%增加14%。公司2020年末所有者权益为48 851万元，较年初减少34 780万元。

【风险管控】

面对复杂多变的市场环境，中石化中海燃供强化风险管理。召开首届法治工作会议，组织成立法律保障专项小组，加强疫情期间经营风险梳理和油价波动风险防范工作，历史商务案件取得阶段性成果。全面梳理公司103项管理制度中的277个节点，发布新版《内控手册》，重点学习落实集团关于金融衍生业务专题会议精神及相关办法要求，颁布实施公司油品套期保值业务管理规定（暂行）和操作细则，强化公司内部高风险业务的风险防控。2020年，公司未发生合规风险事件。

2020年，中石化中海燃供完成内部审计项目9个（其中单位负责人离任审计6项，工程项目审计1项，机务审计1项，专项审计项目1项），发现问题128个，提出意见建议83条，增收节支金额为41.2万元。公司积极推动股东方联合审计发现问题的整改落实，整改完成率100%。强化审计成果运用，创新审计“双整改、双督办、双考核、双问责”工作机制，推动“本质整改”，获得股东方充分肯定。

【服务客户】

中石化中海燃供认真落实集团“三保”要求，以保供为己任，积极储备资源，加强内部协同，以优质服务赢得客户信任，圆满完成全年保供任务。积极走访集团内部各大船东，做好配套设施保障，及时在华东、华南区域寻找签租仓储设施及供应驳船，与船东共商布局保税供应网点。做好锁价保障，与船东共享市场信息，对接客户需求，全年为集团船公司锁定低价资源31.9万吨，同比增长60%。做好船用物资保障，克服疫情期间港口管控升级限制，做足预案，确保物资按时顺利配送到船。未发生断供、漏供和错供事故，服务满意度维持在95%以上。公司贯彻“诚信服务、客户满意、以人为本、追求卓越”的质量方针，2020年公司体系内11家经营单位顾客满意度为99.84%。

【企业管理】

中石化中海燃供积极践行服务航运的初心使命，全面落实“深化改革年”目标要求，外盯市场抓机遇，内强管理补短板，围绕主业发展，结合行业对标，推进重大发展战略落地，改革成果不断显现，企业价值获得股东双方高层领导重视。

1. 调整优化运营模式

结合公司发展战略，通过网点分类、功能分区、客户分层、业务分流等策略，专题研究区域整合的可能性及可行性。梳理公司信息系统决策程序，科学制定授权，提高决策效率。推进传统业务与信息技术有效融合。借助集团大数据实施的契机，建设好大数据，用好大数据。

2. 全力落实低硫资源

2020年初高低硫切换期间，全球预测低硫燃油供不应求，价格飙升，公司全力以赴抢订资源，加强与境外供应商和四大主营国企业务合作，提前备货。与国际油商签订供货长约，与国内炼厂锁定首批来料加工低硫资源。同时，公司依托石化股东优势，发挥桥梁纽带作用，多维度沟通对接，成功建立资源保障机制和渠道，全年接卸石化低硫资源11.3万吨，轻质燃料油配置资源2.98万吨，资源储备进一步充实，保供能力大幅提升。

3. 主动融入集团海南战略

中石化中海燃供作为集团在海南的唯一燃油加注平台，积极践行“服务航运”的初心使命，认真落实股东指示，主动融入海南自贸港建设。积极对接地方政府，向海南省商务厅等提出支持海南建设保税油加注中心工作思路，提供规范指引参考，密切关注地方保税牌照。加强产业链协同，落实海南低硫资源和仓储设施。与海南港航控股签订战略协议，深化燃油物资及港口加油设施合作，建立常态化工作机制，共同打造以保税油供应为核心的综合服务平台。推进先行先试，与海南国盛上下协同，深度对接洋浦管委会、海关海事等部门，商议制定内外贸同船运输境内船舶加注保税油的操作流程，于6月4日成功为泛亚航运“飞云河”轮试验加注第一船。至年底，公司已在海南洋浦港为集团内船公司供应10单累计6500吨保税船燃，为后续的政策细则及管理办法制定提供了可依之据、可循之章。

4. 加快推进网点建设

中石化中海燃供持续完善经营网络。舟山船燃于2020年3月正式注册成立，与宁波船燃/舟山燃供实行“一套人马、三块牌子”运作，5月获得开展不同税号下保税燃料油混兑调经营资质，舟山地区保税油市场布局取得阶段性成果。此外，公司积极推进保税出口监管仓、保税仓及“两仓合一”等资质申办。舟山盘峙油库、大连新港油库出口监管仓已通过验收并正式运营。

5. 提升资金运营效率

加强逾期应收账款管理，重点监控关键环节，提高票据流转效率。推动股东建立内部结算机制。2020年末，应收账款余额同比减少19.35%；存货余额同比增加3.73%。年底内部逾期应收账款余额与年初峰值相比大幅下降70%。争取融资支持，保障资金供应，向董事会申请调增授信额度至15亿元，向金融机构申请增加授信额度2亿元。科学核定资金规模，提高资金使用效率，实现油品销量同比增长7%的情况下，资金占用同比降低49%。公司坚持成本管控，制定《降本压费工作实施方案》，努力内部挖潜增收，严控公务费用支出，全年公务性可控费用同比减少26%。争取利率优惠，利息支出降幅明显，人民币贷款利率同比降幅6.96%，美元贷款利率同比降幅45.7%。盘活资产运营，提高资产收益，出租创收2900万元。争取政策优惠，申请到疫情期间政策优惠734万元，申请税收返还197万元。获得各类退税、政策扶持及专项补贴共397万元。

6. 加快数字化转型发展

中石化中海燃供落实数字化转型要求，加大投入，启动“为船服务”平台优化升级，推进费用管理与资金管理优化项目、数字营销平台项目等7个科技信息项目，以数字化手段为生产经营提供服务支持。疫情期间，互联网信息交换频繁，公司进一步加强数字化信息的技术防控，规范网络软件使用，加强保密安全教育，增强员工信息安全意识。

7. 强化数量质量管理

在疫情影响供受油船舶实行船员零接触的特殊时期，公司坚持以“零容忍”的态度和“四不放过”的原则，狠抓油品数量和质量管理，自有配送船舶全部安装质量流量计，租赁配送船委托第三方检验机构全过程检测，采用视频监控，及时向船东客户提供检验报告，实现可追溯管理。建立现场争议响应机制，发现问题早介入早处理，保证公司和船东双方利益，维护燃供品牌良好形象，得到集团各大船东一致好评。

【安全生产】

面对突如其来的新冠疫情，中石化中海燃供认真落实上级疫情防控和安全管理工作要求，严密部署，实现全系统在岗及退休人员无疑似、无确诊、无密切接触被隔离的“三零”目标。公司树立“大安全”意识，构筑“大安全”格局，全面开展安全风险分级管控体系建设，融入工班组管理，加强现场指导，重点管控火灾、爆炸、污染等重大风险，认真总结经验教训，强化安全管理薄弱环节，确保风险分级管控落实到位。整合公司质量、健康、安全、环境（QHSE）综合管理体系，夯实安全管理基础。公司加大安全投入，全年安排884.18万元安全维修资金，完善安全基础设施。全系统组织安全培训3552人次；组织综合演练、专项演练、现场处置演练共316次。开展安全生产专项整治行动，及时排除隐患。2020年，公司没有发生人身伤害和污染事故，没有发生突发生态环境保护事件。

【廉政建设】

中石化中海燃供党委深入贯彻党的十九大和十九届四中、五中全会精神，推进落实全面从严治党各项要求，坚持“一岗双责”，压实“两个责任”，搞好党风廉政和风险防控等工作。公司纪委精准开展专项监督，为公司发展保驾护航。聚焦燃油物资经营业务的廉洁风险防控，梳理出易发廉洁风险的8个业务环节、26个廉洁风险点、30个对应管控制度和1个亟需完善的制度漏洞，督导各单位重点做好廉洁风险防控工作。公司加强对“三重一大”事项的监督检查力度，组织相关人员强化对各单位“三重一大”事项的决策环节、实施环节、后续监督环节的情况实施检查。

【机构改革】

2020年，中石化中海燃供稳步推进组织机构改革，强化顶层设计，理顺总部职能。组建物资管理部，将集采中心职能整体划入，强化物资板块统筹力度；将经营管理部更名为油品管理部，经营管理线条更加清晰；调整财务部、法务风控部、油品管理部及安技部相关部门管理职能，明晰职责、强化担当；试点区域整合，将广州、佛山两地三家下属单位整合为广东分部，实现人、财、物资源优化配置，成效初显。

【员工队伍建设】

2020年，中石化中海燃供深化三项制度改革，推动下属9家分子公司、4个部门的24名干部进行任职交流，推动公司内训师、宽带薪酬体系、干部选拔任用和员工退出等机制落地。优化所属单位领导班子年薪考核内容及规则，引入超额利润分享机制；出台公司员工薪酬管理规定，全面推进所属单位职务职级和宽带薪酬体系建设；优化总部绩效考核机制，全面推行个人绩效与薪酬挂钩机制，激发员工创新创效动力。不断加强人才的引进培养力度，2020年累计招聘59人；盘活内部人才资源，通过公开竞聘从基层选拔6名优秀员工到总部工作；积极推进公司年度培训重点工作任务落地落实，2020年共组织实施系统性培训项目252项，培训3153人次。

【企业文化】

中石化中海燃供注重文化引领，积极推进精神文明建设，大力培育优秀企业文化。充分发挥“一刊一网一平台”宣传阵地作用，聚焦中心工作，策划开展“战疫保供”“提质增效”“奋战120天”效益攻坚等主题宣传，为公司改革发展稳定营造良好的舆论环境。制作公司新版宣传片《为美好航程加油》，策划开展海南国盛成立25周年宣传活动，展示企业良好形象；积极参与低硫燃料油期货上市云访谈，彰显公司的行业影响力。修订公司《新闻宣传工作管理办法》，进一步明确管理部门和职责，强化宣传媒体和阵地管理，规范信息公开，加强舆情监控，确保意识形态安全。深入开展形势任务教育，积极宣传集团和公司年度工作会议精神，组织开展员工思想动态问卷调查和专题讨论活动，引导广大干部员工在深化改革、提质增效中担当作为。针对企业面临的新情况、新问题，深入开展思想政治工作研究，积极推动研究成果转化。

【党群工作】

2020年，中石化中海燃供党委班子由4人组成：鄂宏达任党委书记、总经理，李智任党委副书记、副总经理、工会主席，李小挺任党委委员、纪委书记，刘汉坤任党委委员、总会计师。公司领导班子由5人组成：除了公司党委班子成员外，康翔任副总经理。公司党委所属各级基层党组织共计 47 个，其中党委 4 个、党总支 3 个、党支部 41 个（含 5 个直属党支部），共有党员 407 人（约占职工总数的 44.8%）。公司坚持“党要管党”和“两手抓、两手都要硬”的原则，抓好党委和基层党组织建设、工会、共青团等工作，推进公司两个文明建设同步发展。

公司党委以习近平新时代中国特色社会主义思想为指导，全面贯彻党的十九大和十九届二中、三中、四中、五中全会精神，全面贯彻集团党建工作部署，进一步强化“三做”理念，以落实巡视整改为契机，聚焦企业深化改革、提质增效中心任务，坚持党的领导，加强党的建设，团结带领广大干部职工攻坚克难、拼搏进取，为公司疫情防控和改革发展稳定提供了坚强的政治、思想和组织保障。

发挥党建引领企业高质量发展优势。坚持围绕中心抓党建、抓好党建促发展，把企业生产经营、改革发展的重点难点，作为谋划推进党建工作的着力点，将党建工作与业务工作一起部署、一起实施、一起检查，做到紧密结合，相互渗透，相互促进，促进党建工作与中心工作深度融合，推动政治优势转化为企业发展优势。建立健全党建工作目标管理责任考核体系。结合年度和任期考核开展，将考核评价结果纳入企业领导班子及领导干部经营业绩考评体系，与班子评价、干部任免、薪酬待遇、评先评优等工作紧密挂钩，确保党建考核的整体性、科学性、权威性，一级抓一级、层层传导压力，形成落实党建责任、抓好党建工作的生动局面。

积极选优配强党务干部。严格按照党建工作“四个同步”“四个对接”的具体要求，配齐配强专职党务工作者，确保党建工作有人抓、有人管，为国有企业坚持和加强党的全面领导，切实落实“两个责任”提供坚实的基础和保障。突出抓好支部“三基”建设。以《公司标准化党支部建设考评细则》为抓手，推动党支部工作全面进步、全面过硬，确保党的组织和党的工作“两个覆盖”，消除基层党组织建设空白点，充分发挥党员的先锋模范作用。

各级工会、共青团千方百计采购配备防疫物资，组织动员抗疫捐款，保证企业复工复产需求；组织开展“深化改革、提质增效”职工合理化建议征集活动，发起“奋战 120 天”效益攻坚专项行动倡议，动员广大职工和团员青年投身扭亏脱困攻坚战，群团组织号召力、凝聚力进一步提升。修订《公司职工救助基金管理办法（试行）》，扩大救助范围和救助标准，常态化开展夏送清凉、冬送温暖、金秋助学活动，组织参与地方二次医保计划，有效传递了组织的关心关爱。积极履行社会责任，积极参与集团扶贫援藏、消费扶贫，组织员工参与“广东扶贫济困日”、集团“浪花心愿”爱心助学等活动，为脱贫攻坚作出积极贡献。

【社 会 责 任】

根据中远海运消费扶贫就业扶贫视频会议精神，编制《中石化中海燃供落实集团 2020 年消费扶贫、就业扶贫任务分解表》并组织落实，公司工会系统共完成湖南安化消费扶贫采购金额 10.82 万元，为集团工会下达指标的 108.2%。对外捐赠和赞助方面，公司通过中远海运慈善基金会转账 100 万元，圆满完成集团下达的年度扶贫工作指标。组织公司广州地区职工 256 人自愿参加 2020 年“广东扶贫济困日”活动，共捐款 1.79 万元；公司工会派人参与广州中远海运对口扶贫点湛江遂溪洋青镇文相村现场扶贫慰问，为实现国家脱贫攻坚目标作出积极贡献。

公司严格执行国家环境保护各项法律和法规制度，严格落实环境保护责任制，持续改进环境管理体系运行，开展生态环境保护问题自查活动，加强环境污染隐患排查治理工作，梳理存在环保设施问题，制定治理计划，确保油库、船舶环保防污染工作符合国家和行业标准。加强节能减排管理工作，积极推动使用低碳和环保能源，落实环保节能措施，防止空气、水域、土壤污染，做到合格排放、低污染。一年来，公司未出现环保污染事故和重大环保隐患。

中石化中海燃供主要情况（2019—2020 年）见表 14-9。

中石化中海燃供主要情况（2019—2020 年）　表 14–9

类　别	项　目	2019 年	2020 年	备　注
船舶	艘数（艘）	13	10	—
	总载重吨（吨）	19 444	17 259	—
油库	座	6	7	—
	容积（万立方米）	22.44	59.19	—
	吞吐量（万 TEU）	235	198	—
仓库	座	3	3	—
	面积（万平方米）	3.25	2.96	—
财务状况	总资产（亿元）	21.24	19.46	—
	净资产（亿元）	8.36	4.89	—
	总收入（亿元）	92.17	86.15	—
	利润总额（亿元）	–1.97	–3.71	—
员工队伍	年末员工总数（人）	935	951	含我方委派到合资企业及上海中燃员工

（李怀东　李晓春）

中国远洋海运大学

中国远洋海运大学

【学校概况】

中国远洋海运大学（简称“中远海运大学”，英文简称CSU），于2020年7月3日在青岛揭牌成立，是集团直属的专业教育培训机构。该大学由集团分布于广州、上海、天津、青岛、大连五地的11家教育培训机构（11家教育培训机构分别是：重组整合而成青岛远洋船员职业学院、中共中国海运集团党校、上海海事职业技术学院、广州海员学校、广州海运技工学校、天津海员学校、上海远洋海事培训中心、青岛远洋运输有限公司船员培训中心、大连中远海运油运船员培训基地、中海国际大连培训中心、中远散运船员中心教培部），是集教育培训、战略品宣、文化传承、科技创新四项职能为一体的企业大学和国有公办普通高校。大学实行“一套班子、四块牌子”管理模式，即“中共中国远洋海运集团有限公司党校”“中国远洋海运大学”“中国远洋海运研究院”“青岛远洋船员职业学院”。

大学老校区坐落于青岛市市南区，地处青岛市政治、经济、文化核心地段，占地11.2万平方米；新校区位于青岛市西海岸新区，占地54万平方米。大学建筑面积17.16万平方米，拥有国际先进水平的航海操纵模拟器和国内领先水平的轮机模拟器等先进设备、设施，共有各类实训室110余个，图书馆藏书30万余册。

大学下设企业管理学院/党校工作部、职业培训学院、职业教育学院、网络教育学院4个二级学院，科研创新中心、服务保障中心2个中心，以及综合事务部、战略发展部（法律与风险管理部）、开发与合作部、培训教学部、财务管理部、人力资源部/组织部、党委工作部（党校办公室）、纪委工作部/监督审计部、工会9个职能部门。

大学是集团人才赋能的重要平台，服务集团发展战略，以建设“具有鲜明中远海运特色的世界一流企业大学”为目标，以教育培训为主业，为集团健康持续发展培养培训具有国际视野、战略思维、专业能力的高端航运人才队伍，输送高素质、专业化的船员队伍。

大学以干部教育培训、职业技术培训、职业学历教育为主体，将人才培养作为首要和核心任务，聚焦人才培养，发挥教育培训职能；依托教学平台，聚焦战略发展能力，发挥战略品宣职能；借助干部培训，聚焦文化软实力建设，发挥文化传承职能；打造科创基地，聚焦科技研发能力，发挥科技创新职能。

大学教育培训坚持全员培训理念，培训对象涵盖党员干部、专业人才、普通员工等各层级，培训项目涵盖党性教育、业务管理、企业文化等各类别，年培训量约3万人次。其中，拥有海船船员培训等39项国际认可的证书培训资质，培训项目140余个，具备37种国家职业技能鉴定资质。目前学历教育在校生2600余人。拥有国家级教学改革试点专业2个、国家级精品专业1个、省级特色（示范）专业7个、市级重点专业5个；建设了国家级精品课程2门、国家级精品资源共享课程2门、省（部）级精品课程16门、省级精品资源共享课7门。

大学肩负着重大历史使命和战略目标，致力于统一集团意志、弘扬集团发展战略、传承集团企业文化，以高端化办学、国际范校园、领先性理念，为人才赋能、为企业增值，对标一流，展现鲜明中远海运特色，为集团永续发展提供源源不断的智力支持和人才保障。

【战略发展】

2020年初，集团2020年第1次党组会和总经理办公会审议批准《集团教育资源整合及组建党校／企业大学／研究院／青岛船院总体方案》，成立由集团董事长、党组书记许立荣亲自挂帅的重组整合领导小组和以韩超为组长的重组整合筹备组。经过近半年的筹备，2020年7月3日，中共中国远洋海运集团有限公司党校／中国远洋海运大学／中国远洋海运研究院／青岛远洋船员职业学院在青岛西海岸新区挂牌成立，标志着集团教育培训事业翻开了新的篇章。

大学成立后，教育改革持续推进。在大学党委的领导下，大学中层选配、员工选聘有序完成，"纵队制、师徒制、项目制"三大机制落地执行，新校区建设全力加速，"人文、绿色、智慧"三大校园有序开展。"五地六校"教学培训平稳有效（六校指大学青岛总部和五家分支机构，分支机构分别是上海远洋海事培训中心、上海海事职业技术学院、天津海员学校、大连中远海运油运船员培训基地、广州海运技工学校）。

大学成立后，从根本制度、基本制度、重要制度三个方面，确定了18个大类158项规章制度组成的大学规章制度框架体系，大学管理科学有序，大学制度建设、依法治校和风险管理逐步规范。大学以打造"具有鲜明中远海运特色的世界一流企业大学"宏伟蓝图为目标，把握发展定位和价值创造着力点，启动了大学"十四五"发展规划编制工作。

大学加强与集团各单位战略合作，深化学校在集团生态链中的地位，与集团各单位实现优势互补、互利共赢、携手共进、开创未来，与中远海运船员、中远海运集运、中远海运特运、天津中远海运等签订战略合作协议或达成战略合作意向，为学校战略目标的实现和集团软实力的提升奠定坚实基础。

投资管理方面，严格按照集团2020年法务与风控工作要点要求，大学结合实际情况创新性开展工作。2020年，集团批复学校投资计划17 877.54万元，完成投资13 005.57万元，投资完成率72.75%。全年审核签订合同223份，加强对合同履约情况的监督检查，全年无合同纠纷。

2020年，青岛远洋船员职业学院通过国家海事局质量管理体系换证审核和附加审核、船员培训许可证现场核验。

【在职培训】

在疫情常态化防控形势下，大学充分利用网络化、信息化手段和技术，通过在线学习、网络直播、海内外视频连线等形式，推进重点培训项目的有序展开，满足集团战略发展和人才培养的需要。2020年，共完成培训828期、36 563人次。其中陆岸培训43期、2630人次，船员培训653期、24 294人次，学生培训86期、2663人次，网络培训46期、6976人次。企业对大学培训的总体满意率为95%，学员总体满意率95.8%。

大学坚持"党校姓党"的政治担当，聚焦主责主业，努力打造"集团党建的坚强阵地，人才培养的核心基地，学习提升的修身福地"。2020年，大学完成"陆岸人员挂职船舶政委培训班""政委轮训班""新员工培训班""驻外后备干部派前素质能力提升班""集团启航 & 远航培训班""集团国企改革和三年行动方案专题培训班""西藏洛隆／类乌齐县中青年干部专题培训班"等集团一系列重点培训项目。

大学以"持续提升船管人员的专业水准，增强船管人员在实际工作中的英语应用能力"为己任，以深圳远洋"陆岸船管人员专业英语精英培训项目"为试点，开创线上英语培训的新形式——情境化培训，借助英语人工智能学习软件和平台，深入学员一线工作场景，构建了一种不同于课堂学习的全新、有效的英语学习环境。

2020年，学校与集团下属各公司、青岛万通海运有限公司、青岛智动精工科技有限公司、山东双元教育管理有限公司、青岛鑫三利集装箱服务有限公司、洲际船务集团有限公司、山东东弘国际船员管理有限公司、青岛鼎世国际货运代理有限公司、青岛中和全运物流有限公司、青岛易通致远国际物流有限公司、青岛国恩建设管理有限公司、青岛港湾国际物流有限公司等企业保持良好沟通，在开展“订单班”培养、共建实训基地、学生实习、毕业生就业等方面达成合作共识。

2020 年，大学接待了马来西亚国际文化交流中心来访。双方就东南亚国际交流合作领域深入探讨并就下一步建立合作关系达成一致意见。2020 年 11 月，大学参与山东省教育厅与特定国家或区域交流合作研究项目的申报工作。

【学 历 教 育】

大学深入推进职业教育教学改革，在集团教育培训资源重组整合完成后，启动制定教学管理、学生工作等相关的制度文件，制定《中国远洋海运大学实训（验）室管理规定》《中国远洋海运大学教室管理规定》《中国远洋海运大学教学督导工作条例》等教学管理文件；组织开展混合式教学模式改革课程验收工作，组织编写《职业教育创新发展实施方案》；推动“订单班”人才培养模式改革，促进学校专业人才培养与集团人才需求的主动对接。

加强专业与课程建设 积极推进市校共建重点专业，“海洋工程技术专业”以优秀等级通过青岛市高职重点专业验收，并获得青岛市政府拨付重点专业建设资金 200 万元。“轮机工程技术技能传承创新平台”入选山东省第三批职业教育技术技能传承创新平台。《船舶柴油机》《船舶电站与高压电力系统》两本教材入选“国家‘十三五’职业教育国家规划教材”。大学开设的六个专业全部与集团主业密切相关。基于航海技术、轮机工程技术、船舶电子电气技术等专业，组建“航海专业群”，并申报青岛市“扬帆计划”立项建设；基于航海技术、轮机工程技术、船舶电子电气技术、船舶工程技术、港口与航运管理、国际邮轮乘务管理等专业，组建“海上运输专业群”，申报山东省高等职业教育高水平专业群立项建设，不断激发组团效应，打造集群优势。

推进“双师型”师资队伍培养 2020 年，教师持双证书率同比大幅提高，水上专业教师持有效双证书比例为 76%，陆上专业教师持有效双证书比例为 90%。涂志平获得“第五届青岛高校教学名师”荣誉称号，高兴斌荣获“青岛市 2019 年度五一劳动奖章”荣誉称号，马鸿雁荣获“山东省水运系统女职工建功立业标兵”荣誉称号，张彩霞荣获“第二届在青高校十佳思政名师”荣誉称号，公共英语教研团队被命名为“2019—2020 年度青岛市青年文明号”，龚安祥团队获得首届全国航海模拟器教学大赛三等奖。

提高人才培养质量 2020 年，2017 级航海类专业学生参加海船船员全国适任证书统考一次性通过率 26.01%，参加考试人数及总体通过率高于全国平均及格率。其中，航海技术专业一次性通过率为 28.26%；轮机工程技术专业一次性通过率为 22.52%，位列全国第二。2020 年，全日制在校生人 2986 人（含上海海事职业技术学院 488 人），年内招生 729 人（含上海海事职业技术学院 139 人），毕业 1763 人（含上海海事职业技术学院 450 人），总体就业率 95.6%。

抓好学生教育管理 2020 年，大学重点围绕疫情防控做好学生教育管理。按照山东省教育厅有关通知要求，6 月 4 日起，学校学生分批分地区安全返校，返校后进行封闭管理，每日排查上报。调整半军事化管理关注点，取消聚集性活动，重点关注学生内务、军容风纪等检查，并根据山东省教育厅通知要求，于 10 月 9 日恢复一日生活制度。开展优秀宿舍评比、叠军被比赛、队列会操比赛、军训分列式暨总结表彰大会等活动。做好疫情防控期间学生资助工作，完成 2020 年国家奖助学金评选发放。开展丰富的文体活动，举办征文比赛、主持人大赛、迎新晚会、中秋晚会、足球赛、篮球赛、第十届职业技能大赛等十余项大型活动，丰富学生校园生活。关注学生心理健康，开展全院心理普查一次，举办“‘疫’路有你，携手并进”第十三届大学生心理健康教育月系列活动，编写《大学生心理防疫手册》。做好共青团工作，组织抗击疫情捐款 13 877.16 元，鼓励学生参加抗击疫情志愿服务并选树 50 名先进典型，组织团员青年开展“青年大学习”网上主题团课、“五四精神·传承有我”网络话题、学习贯彻党的十九届五中全会精神主题团日、业余团校培训、开展团学干部作风整顿等活动。

【科 技 研 发】

大学成立以来，积极探索为集团和各兄弟单位提供研究支撑和智力支持的服务路径、方式方法，赴青岛中远海运物流有限公司等多家驻青企业调研，了解研究机构运营模式，学习先进科研创新理念，形成企业典型案例库，撰写了《青岛中远海运物流有限公司调研报告》等多份调研报告。梳理三年来的科研成果，确定 30 项有推广应用转化价值的项目，在科研项目管理中落实“项目制”。在中远海运集团技术中心青岛船院分中心、山东省高等学校工程技术研发中心、山东省省级科技成果转移转化服务机构等高端科研平台的基础上，积极申报交通运输部航海科普教育基地、山东省与东南亚国家航海教育交流合作研究中心、山东省新型研发机构。主动开发服务集团战略的研究课题，初步形成物流、安全管理两个科技创新与研发团队。

2020 年，大学全年管理在研科研项目 30 项，组织完成 12 项课题验收鉴定。30 项成果申报 2020 年度交通运输重大科技创新成果库，有 2 项成果成功入选，5 项成果获得 2019 年度山东省高校优秀科研成果奖，4 项成果获得 2020 年度山东省高校优秀科研成果奖，3 项成果获得中国交通教育研究会 2017—2019 年度交通教育科学研究优秀成果奖；评选 2019 年度院级优秀科研成果奖 11 项，取得实用新型专利 3 项。组织教师向《技术前沿》投稿 5 篇，刊发 1 篇；撰写报送《中远海运青岛船院技术分中心工作动态》6 期。加强与省市教育主管部门、省市区科协、省市社科联，以及中国交通教育研究会、山东航海学会等行业学会的联系，促进学术、科协工作交流与合作。

【人才队伍建设】

做好学校机构设置及岗位编制工作。根据《集团教育资源整合及组建党校 / 企业大学 / 研究院 / 青岛船院总体方案》和集团领导指示要求，大学制定《集团党校 / 企业大学 / 研究院 / 青岛船院机构设置方案（试行）》，明确学校的组织架构、机构职能、岗位编制。学校设置 9 个职能部门，编制为 57 名；设置 4 个学院和 2 个中心，编制为 393 名。

做好人员的选聘工作。根据员工的信息征询和岗位意愿选择等，大学完成了中层干部和普通员工的选聘工作。截至 2020 年 12 月 31 日，学校共有员工 440 名（不含劳务用工）。另外，学校与 217 名各地教培机构员工签订借调合同。

做好薪酬管理工作。大学严格执行集团薪酬管理相关规定，控制工资总额的使用，精益管理，降本增效。按时编制劳动工资统计年报、人工成本预（决）算，调整工资计划，做好职工人员工资变动、职称职务变动调整的审核、发放工作等。

重视人才队伍建设，建立和完善多层次、开放式的培养体系。因新冠肺炎疫情影响，员工培训主要以网络培训为主，线下培训主要以青岛市内培训为主。2020 年，大学共选派员工参加各类校内、外培训及外出调研学习等 170 余人次；职能部门、学院、中心参加上级培训或会议，以集体学习、学术讲座等形式开展的各类学习达 530 余人次。

做好专业技术任职资格评审工作。大学严格按照职称评审文件规定，完成副教授 1 人、研究员 1 人、副研究员 1 人、高级工程师 1 人的专业技术职务任职资格材料整理、申报、推荐评审及上报工作。除工程系列外，其他系列申报人员均通过评审。

完成退休人员社会化档案移交工作。根据《中国远洋海运集团退休人员社会化管理的有关要求》的通知及青岛市国资委要求，大学委托青岛市人力资源集团有限公司整理装订 380 余份退休人员人事档案，完成档案移交工作。

【党 群 工 作】

大学党委坚持以习近平新时代中国特色社会主义思想和党的十九大精神为指导，认真贯彻落实党中央及集团党组重大决策部署，积极助力集团高质量发展，全面推进改革任务落地，努力打造世界一流企业大学，为集团落实“三个聚焦”“三个不低于”目标贡献力量，为大学改革发展提供坚强政治保证。

严格落实“第一议题”制度和党委理论学习中心组学习制度，强化理论武装，夯实政治根基。共组织开展党委理论学习中心组集体学习11次，深入学习集团“不忘初心、牢记使命”主题教育总结大会等重要会议精神，认真自学《习近平新时代中国特色社会主义思想三十讲》等学习读本，做到精神领会不停步、理论学习不松懈。深入学习习近平新时代中国特色社会主义思想、党的十九届五中全会精神等。组织召开党委会14次，审议学校改革实施方案、大学机构设置及编制事宜等议题40项，确保改革各项任务落实落细。

认真贯彻集团教育资源重组整合决策部署，强化大局意识，落实改革任务。主动参与集团教育资源重组整合，成立学院教育资源重组整合领导小组，召开学院教育资源重组整合宣贯会，召开教育资源重组整合专题教代会，审议并通过《青岛远洋船员职业学院改革实施方案》，进一步统一思想、凝心聚力。集团教育资源重组整合战略正式启动后，筹备组坚持以党的领导为根本遵循，认真履行把方向、管大局、保落实主体责任，找准“总依据”“指南针”“计时器”，研究确定69项工作职责配套，梳理制定78大类工作计划，克服诸多困难，制定出台筹建期、过渡期、中长期三类计划表和任务书，在不断不乱的前提下，有序推进“关、停、并、转”。坚持“一总分、三先后”和“稳中求进”，通过“三上三下”，完成38名中层干部选配和390名基层员工选聘，在既定时间内圆满完成大学挂牌运行、班子配备和人员转隶、机构和职能调整等重大改革任务，确保重组整合顺利完成。

明确“大学大事”，激励担当作为。大学党委坚持将党的领导作为大学改革发展的生命线，将加强党的政治建设摆在突出位置，将坚守政治标准作为第一标准，明确“坚守初心、勇于担当、不辱使命”的班子建设总要求，抓学习、强纪律、找差距、明方向，坚持率先垂范，坚持以身作则，当好“主心骨”“顶梁柱”“领头雁”，扎实推动每一项任务落实落地。对标大学新形势新使命，明确“教学、党建、管理、改革、建设、搬迁”六大任务、“纵队制、师徒制、项目制”三大机制、“人文、绿色、智慧”三大校园等大学大事，组织召开干部大会，动员全体教职员工勇担历史使命、奋力担当作为，确保了大学平稳开局、顺利起步。

持续贯彻全国国有企业党的建设工作会议精神，强化党建意识，做实党建工作。推进“两学一做”学习教育常态化制度化，严格落实双重组织生活制度，抓好基层党组织书记述职评议考核、民主测评等工作。发动308名党员自愿捐款近3万元支持疫情防控工作，党费转账5万元支援集团驻武汉和湖北单位疫情防控工作；完成组织关系转移47人、档案社会化移交172人。大学党委积极推动党建与业务工作同频共振、有机结合、深入融合，以“四同步、四对接”为原则，建立和完善党建、纪检、群团等党群机构，完成大学本部7个党总支、24个党支部的选举工作，明确外地分支机构的基层党组织架构和属地化管理原则，制定《中国远洋海运大学贯彻落实全面从严治党主体责任实施细则》等多项规章制度，配齐配足基层党务工作人员，进一步推动党建工作全面进步、全面过硬。完成发展党员50人，完成预备党员转正46人；强化纪律意识和规矩意识，印发《关于加强纪律建设的意见》等制度；成立大学党委巡察工作机构，制定4项巡察制度，提出大学党委2021—2022年巡察项目计划。

坚守“党管宣传、党管媒体”的工作原则，加强思想引领，做好正面宣传。充分利用网站、微信平台、校园宣传栏、专题党课等多种方式，加强对习近平新时代中国特色社会主义思想、党的十九届五中全会精神、集团教育资源重组整合等党中央和集团重大决策部署的宣传与解读；加强疫情期间舆情监控等，进一步号召广大师生员工齐心协力、凝心聚力，共同打赢疫情攻坚战。加强外宣力量，共向集团报送新闻通讯 17 篇，官方微信发布新闻通讯 128 篇。传承集团“四个一”文化理念，通过加强“人文校园、绿色校园、智慧校园”建设，加强先模人物的宣传，进一步激发全体教职员工的使命感、责任感、荣誉感和归属感。做好 12 个政研课题的结题工作，形成研究报告及政研论文 21 篇，其中 2 项成果分获集团 2020 年度党建思想政治工作优秀研究成果二等奖和三等奖。

认真落实“党建带工建”“党建带团建”工作要求，激发创新活力，促进凝心聚力。大学成立后，组织开展“书香校园”读书活动，举办大学第一届教职工趣味运动会，开展教师节、中秋节、国庆节慰问活动、走访慰问困难教职工、慰问来青工作新职工等活动，进一步凝聚人心、汇聚力量。成立大学工会筹备工作组，认真做好第一届教职工代表大会、第一届工会会员代表大会的前期准备工作。按照程序向集团工会上报推荐大学第一届工会委员会主席、副主席、经审委主任候选人人选。及时办理大学工会更名事宜。研究制定《中国远洋海运大学基层团组织机构设置方案》，组织策划大学基层团组织选举工作，进一步健全团的组织，提升团组织凝聚力。积极动员团员青年投身疫情防控，向中国青少年发展基金会捐款共计 13 877.16 元。持续深化团员青年思想政治教育，组织开展“青年大学习”“五四精神·传承有我”“学生社团巡礼月”等主题活动。

牢固树立“安全第一、生命至上”的工作理念，认真贯彻落实集团党组和地方政府的各项疫情防控要求，做好校园管理、健康检测、防疫用品购置、防疫措施落实等工作，及时向上级单位报告校园情况。同时做好教育资源重组整合筹备组青岛集中办公的后勤保障工作，严格要求，严格标准，全力营造安全舒适的工作环境。加大对集团教育资源重组整合战略的宣传力度，及时深入基层一线走访调研，面对面地进行答疑释惑，确保了改革期间的校园人心稳定、思想稳定。深入学习全国抗击新冠肺炎疫情表彰大会会议精神，以“内防反弹、外防输入”为原则，持续加强疫情防控各项安排部署，确保疫情防控措施执行不变形，落实不走样，进一步保障校园和谐安全稳定。严格落实意识形态工作责任制，做到认识到位、责任到位、落实到位，牢牢掌握意识形态工作的领导权、管理权、话语权，进一步巩固马克思主义在意识形态领域的指导地位。将安全生产作为第一要务，召开大学安委会例会 10 次，重点做好校园安全隐患排查、2020 年度护网行动及国庆、中秋、进博会等重要时间节点期间的校园安全稳定工作。坚持新时代“枫桥经验”，自觉履行维稳主体责任，主动做好矛盾纠纷化解，切实维护职工群众的根本利益。

【纪检监督审计】

大学纪委在集团纪检监察组和大学党委的领导下，聚焦主责主业，突出政治监督，强化责任担当，不断推进党风廉政建设和反腐败各项工作开展。

1. 梳理工作思路，明确工作重点

大学成立以来，大学纪委深入分析大学党风廉政建设面临的现状，研究确定纪委工作基本思路，明确纪委工作开局的基本遵循。大学纪委以纪律建设为切入点，以增强党员干部的纪律意识为突破口，积极协助大学党委推进全面从严治党和从严治校，营造风清气正的政治生态，为大学改革建设发展保驾护航。制定下发《关于加强纪律建设的意见》，全面分析大学当前党风廉政建设面临的新形势、新任务，阐述了加强纪律建设的必要性、紧迫性和实现途径，结合大学工作实际，进一步明确六大纪律的底线，向教职工释放出全面从严治党和从严治校的强烈信号。同时，纪委组织在全校党员中开展增强纪律意识专题学习教育，强化纪律意识，增强纪律自觉，推进全面从严治党，以党风带校风，以纪律促发展，持续营造大学风清气正的政治生态。

2. 强化政治监督，细化日常监督

落实集团“八项监督”工作要求，加强对“关键少数”的监督。将贯彻落实集团党组和大学党委重大决策作为政治监督的重要任务，在教育资源整合改革和集团大学组建过程中，把纪律和规矩挺在前面，通过强化纪律的刚性约束和纪律监督，协助党委抓好工作推进和保持职工思想稳定。组织开展中层管理人员和重点岗位人员约谈，采取“一对一”或“一对多”的形式开展，听取约谈对象对加强纪律建设的认识和思考，梳理所在单位和岗位的廉洁风险点排查及防控措施，有针对性地进行廉洁谈话，共约谈 35 名中层干部和重点岗位人员。同时，组织 38 名中层领导干部签订廉洁承诺书，就落实全面从严治党主体责任、严格遵守各项纪律要求、执行集团和大学廉洁从业相关规定等三大方面 19 项具体内容进行承诺。细化日常监督，把审计监督融入日常管理。完成物资设备类合同审计 221 项 3949 万元，完成工程结算审计 25 项 682 万元，完成物资采购结算审计 437 项 3302 万元，完成招标采购现场监督 46 项；完成投资项目管理审计、教学经费管理审计、后勤经营管理审计等 4 个审计项目，实施审计发现问题“建账销号”制度，确保问题整改落实。

3. 加快构建监督基本制度体系，发挥制度治本作用

研究制定《关于落实全面从严治党监督责任的实施办法（试行）》《党风廉政意见回复工作实施细则》《党委巡察实施办法》《内部审计管理办法》等 12 项纪委、巡察和审计制度。同时，加强党风廉政宣传教育，营造廉洁文化氛围。纪委对公众号进行改版，公众号更名为“大学·清风”，旨在宣传党规党纪，展现工作动态，弘扬大学新风，加强警示教育，传播廉洁能量。

【新校区建设】

2020 年，大学按照大学党委确定的“改革、建设和搬迁”三大攻坚任务，以建设“人文校园”“绿色校园”“智慧校园”为总目标，以 2021 年 9 月学历教育搬迁、2022 年实现全部搬迁为总时间控制节点，精心策划，群策群力，全力做好新校区建设相关工作。

根据《集团教育资源整合及组建党校 / 企业大学 / 研究院 / 青岛船院总体方案》，在集团教育资源整合工作筹备组的领导下，由中远海运资产有限公司牵头，青岛船院新校区建设指挥部、教学工作部、航海系、机电系等相关部门组建成立校区建设组（下设航海组、机电组、公共组），全面展开新校区项目定位、建设内容、开发计划等建设前期工作。

根据集团下发的《关于将青岛船院新校区改建为中远海运企业大学并调整投资总额的批复》，大学新校区一期、二期建设项目获得集团立项批复。大学分三期建设，其中一期、二期建筑面积约 17.07 万平方米，投资总额调整为约 181 217 万元（其中集团增资 179 717 万元，政府补贴 1500 万元），三期视大学未来发展需要另行研究审批。

先后召开智慧校园建设务虚会、绿色校园建设专题会、人文校园建设专题会，为新校区建设明确目标，指明方向；成立建设搬迁指挥部，建立“1+3+N”监督保障机制；与中远海运资产有限公司签订《青岛远洋船员职业学院西海岸新校区项目委托协议书》；编制完成《中远海运企业大学项目可行性研究报告》《中远海运企业大学项目风险评估报告》；上报集团《青岛船院关于投资建设中远海运企业大学项目的请示》；集团党校 / 企业大学 / 研究院 / 青岛船院挂牌仪式在新校区成功举行；办理完成新校区门牌号，登记地址为青岛市黄岛区海军路 1166 号；取得企业投资项目备案证明，新校区一期、二期建设项目正式备案；新校过渡期集装箱办公区顺利落成并投入使用；国家（青岛）军民融合创新示范区古镇口核心区管理委员会下发《关于中远海运企业大学项目规划建筑方案的办理意见》，新校区一期、二期工程建设规划方案获批，新校区规划设计工作取得阶段性成果，新校区建设工作取得实质性推进；与中远海运资产有限公司签订《建设管理移交协议》《项目管理费协议》；新校区一期、二期工程启动工程总承包及工程监理招标，工程总承包由上海建工集团股份有限公

司 / 上海建工七建集团有限公司中标，中标金额为 88 952.8 882 万元；工程监理由青岛建通浩源集团有限公司中标，中标金额为 908.419 5 万元；新校区一期新建工程取得建设工程规划许可证、建筑工程施工许可证；由中远海运资产有限公司牵头召开大学新校区建设项目启动会；12 月 30 日，大学新校区建设项目开工仪式在新校区成功举行。项目报批报建历时仅 4 个月，创造了西海岸新区乃至青岛市同等规模建设项目报建审批的最快纪录。（孙明霞　张文明）

上海船舶运输科学研究所 / 中远海运科技股份有限公司

上海船舶运输科学研究所 / 中远海运科技股份有限公司

上海船舶运输科学研究所（简称“上海船研所”，英文简称 SSSRI），成立于 1962 年，位于上海浦东陆家嘴功能区，占地面积 8.67 万平方米，注册资本 3.5 亿元，资产总额 28.5 亿元，净资产 17.77 亿元，是我国最大的交通运输综合技术研究开发基地。

中远海运科技股份有限公司（简称“海运科技”，英文简称 COSCO SHIPPING Technology），成立于 2001 年，总部设在上海，主要从事智能交通系统，交通和航运信息化，工业自动化，安全防范工程领域的软、硬件产品科研、开发、销售、系统集成，承揽相关工程项目的设计、施工和工程承包；网络技术开发，互联网信息服务；自营技术产品的进出口业务，以及技术咨询、技术开发、技术转让和技术服务。2010 年 5 月，公司在深圳证券交易所成功挂牌上市。

【历 史 沿 革】

上海船研所原为交通部直属科研事业单位，2000 年转制为中央科技型企业，改由中央企业工作委员会领导。2003 年，转由国务院国资委管理。2010 年，整体并入中海集团，成为其全资子企业。2014 年，按照中海集团的战略规划整体部署，原中海集团直属单位中海电信有限公司和中海信息系统有限公司整体划归船研所管理。2016 年，随着中远集团与中海集团合并成立中国远洋海运集团有限公司，上海船研所成为其全资子企业。

海运科技原系船研所控股子公司，2010 年随上海船研所整体并入中海集团后，更名为中海网络科技股份有限公司。2016 年随上海船研所整体进入中国远洋海运集团有限公司后，更名为中远海运科技股份有限公司。2017 年 8 月，根据中远海运业务重组工作安排，上海船舶运输科学研究所与中远海运科技股份有限公司实施战略重组（简称“船研所 / 公司”）。

【组 织 架 构】

上海船研所的组织架构由管理部门和基层部门 2 部分组成，其中管理部门包含十部一办；开展科研生产经营业务的基层部门（公司）主要包含 1 个国家工程研究中心、1 个国家重点实验室、1 个行业重点实验室、3 个事业部和 4 个二级公司。2020 年底上海船研所组织架构见图 14-2。

时任领导：所长 / 董事长、党委副书记蔡惠星；党委书记、副所长夏蔚；总会计师、工会主席戴静；纪委书记陈学恩；副所长瞿辉；团委书记朱辰初。

海科科技的组织架构由管理部门和基层部门 2 部分组成，其中管理部门包含十部一办；开展科研生产经营业务的基层部门（公司）主要包含 6 个事业部、2 个中心、1 个二级公司、5 个分公司和 1 个办事处。按照上市公司要求，公司设置股东大会、董事会和监事会，董事会下设战略委员会、提名委员会、薪酬与考核委员会、审计与风险委员会。2020 年底公司组织架构见图 14-3。

上海船舶运输科学研究所
董事会/所长办公室
战略发展部/法律事务部
市场经营部
科技管理部
运行管理部/质量安全部
条件保障部
财务管理部
人力资源部/组织部
纪委工作部/监督审计部
党委工作部
工会
航运技术与安全国家重点实验室
航运技术交通行业重点实验室
船舶运输控制系统国家工程研究中心
中海电信有限公司
中海环境科技（上海）股份有限公司
上海交通设计所有限公司
上海运昌商贸发展公司
舰船自动化系统事业部
航运技术与安全事业部
置业发展事业部

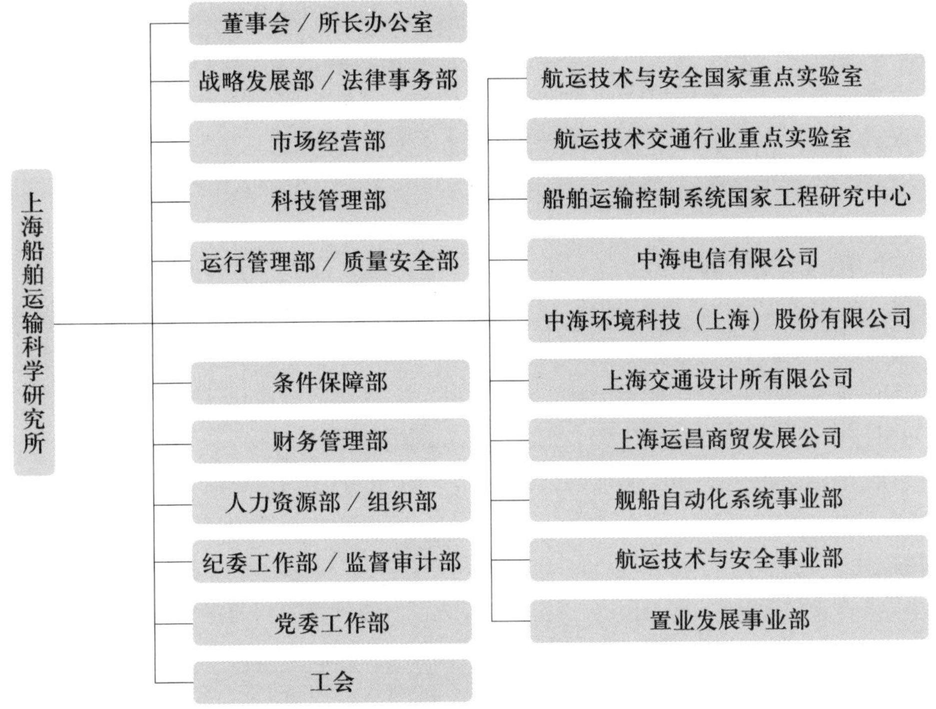

图14-2　2020年底上海船研所组织架构

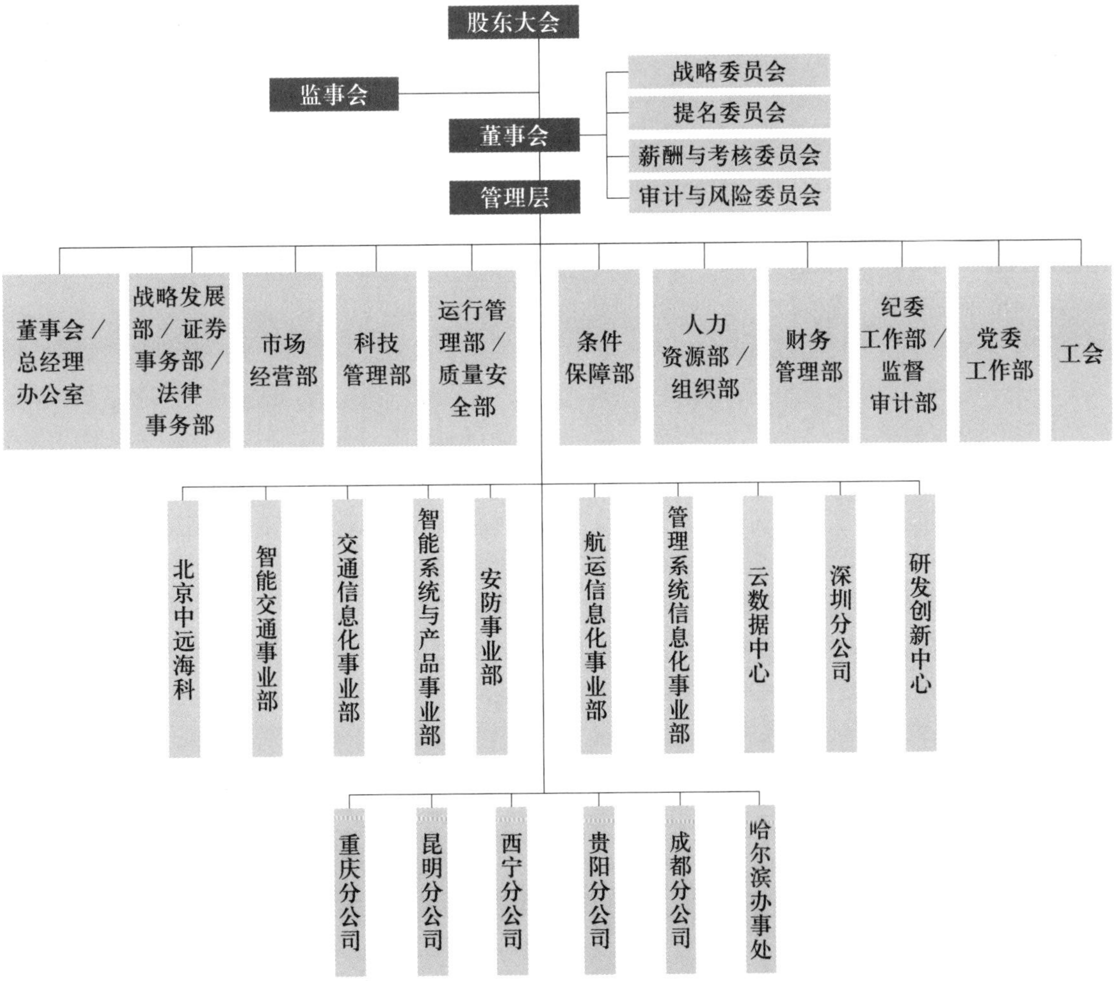

股东大会
监事会
董事会
管理层
战略委员会
提名委员会
薪酬与考核委员会
审计与风险委员会
董事会/总经理办公室
战略发展部/证券事务部/法律事务部
市场经营部
科技管理部
运行管理部/质量安全部
条件保障部
人力资源部/组织部
财务管理部
纪委工作部/监督审计部
党委工作部
工会
北京中远海科
智能交通事业部
交通信息化事业部
智能系统与产品事业部
安防事业部
航运信息化事业部
管理系统信息化事业部
云数据中心
深圳分公司
研发创新中心
重庆分公司
昆明分公司
西宁分公司
贵阳分公司
成都分公司
哈尔滨办事处

图14-3　2020年底海运科技组织架构

时任领导：董事长、党委副书记蔡惠星；党委书记、副董事长夏蔚；总经理、党委副书记周群；副总经理、总工程师吴中岱；总会计师、工会主席戴静；纪委书记陈学恩；副总经理王新波；副总经理林亦雯；总法律顾问杨阳；团委书记朱辰初。

【主要业务】

经过多年的发展，船研所 / 公司形成具有专业特色的主营研究开发领域，在舰船自动化、船舶水动力及海事技术试验研究、环境工程、智能交通系统、交通与航运信息化等研究领域内，研究开发及技术服务水平均处于国内领先地位。

1. 舰船自动化

主要从事舰船机舱自动化、驾驶自动化和舰船管理信息系统等技术及其产品的研发、生产和系统集成。研制的各型机舱监控系统技术性能处于国内领先地位，被应用于舰船及各类民用船舶，国防业务约占国内同类市场份额的 55%。

2. 船舶水动力及海事技术试验研究

主要从事船型优化与性能预报技术研究、推进器研究与节能技术开发、船舶能效与安全评估、海事安全研究与防撞技术开发、船型论证评估与开发等。通过航运技术与安全国家重点实验室和航运技术行业重点实验室承担国家科研项目和行业共性技术的研究开发。作为 ITTC（国际拖曳水池会议）会员及顾问委员会成员单位，在行业内具有较大的影响力和核心竞争力，业务约占国内同类市场份额的 60%。

3. 智能交通系统

主要从事智能交通、智能交通产品、工业及港航电气自动化、智慧城市和安防、软硬件系统运营维护等领域技术研发和系统集成，包括高速公路、大桥、隧道、轨道交通、城市道路等监控、通信、收费系统机电工程项目的设计、施工和总承包。

4. 交通与航运信息化

主要从事智能交通信息化建设、航运信息化建设，开展规划设计和研发实施，提供高质量、多方位、深层级的行业解决方案和运维保障、系统集成服务。

作为中远海运集团内部提供专业信息服务的公司，船研所承担了集团本部及下属各专业公司信息化建设的规划设计、研发实施、运维保障、系统集成等工作，以及集团数据中心的建设与运营。承建了集团综合管理平台、集团辅助决策系统（DSS）、集团内网门户、SAP 财务系统、船东 IMIS 系统、集装箱代理系统、全球资金管理系统、集中采购管理平台、海员管理系统等建设、咨询和服务，并负责运营中海数据中心和灾备中心，为集团信息化建设提供了有力的技术支撑和运维保障。

5. 船舶通信导航

主要从事船舶通信导航与通信工程专业技术服务，开展船舶通导设备的技术设计与检验服务、海上通信代理、通导信息技术服务、船舶通导产品销售代理和各类通信系统、有线和无线通信工程等综合服务。

6. 环境工程

主要从事建设项目和区域开发项目的环境影响评价，港口、工矿企业的油污水、化学污水、生活污水、工业废水的治理及高速公路、城市高架轨道交通噪声治理。

【经济指标】

2020 年，面对新冠肺炎疫情的严重冲击和艰巨繁重的发展任务，船研所 / 公司在集团领导下，准确判断形势，精心谋划部署，果断采取行动，坚持“三个聚焦”，以推动高质量发展为主题，以经营创效为主线，以创新改革为动力，积极应对风险挑战，有力推动重点工作落实落地，实现营业收入 214 229 万元，同比增长 20.59%，完成全年指标的 120%；净利润 25 370 万元，同比增长 81.85%，完成全年指标的 169.54%，各项经济指标均再创历史新高。

【科技研发】

数据应用为导向推进智慧航运创新 围绕“智慧航运”发展主线，以“智能船舶产业一盘棋”为原则，智能船舶创新与产业化发展形成“船端物联网收集→船端平台应用→通信网络→岸基DMC→数据中台→场景应用服务→商业模式”的整体工作目标和行动路线计划。在智能船舶数据中心建设方面，加大对创新项目“智能船舶岸基数据中心开发建设”的研发投入，完成了数据中心一期规划设计与初步开发搭建，DMC平台春节前上线试运行。在智能船舶产业推进方面，2020年成功签订智能船舶系统合同23份，涉及新造船舶25艘，为推进智能船舶标准智能化实施奠定了良好基础。

数字产业化为导向推进平台化运营 深化研发“船视宝”平台。围绕产业应用场景，基于航运数据中台技术框架，推出了服务航运业务数字化转型的核心产品——“船视宝”，提供探索、船位、航线、港口、大数据五大类可视化数据产品集，已在集团总部及特运、能源、自保、海发、上海海运等8家单位启动场景应用；依托平台快速研发的“船舶健康码”功能在集团、宁波海事局和广州港务局部署上线。

“船货易”平台3.0优化升级 以内贸沿海散货运输“船货交易更高效、船东货主都容易”为目标，在第三方船东SaaS服务、配套电商业务运营、数字化场景应用和用户体验四个方面，开展平台优化升级工作。在干散货市场下行的不利形势下，与集团散运公司联合策划市场推广，平台年度成交额高达32.91亿元，保持持续增长态势。

数字化转型为导向赋能其他产业板块 智慧交通板块在“政策导向＋市场需求”的双重驱动下，聚焦“智慧公路”发展主线，以“平台＋产品＋服务”为模式推进创新工作。依托宁夏高速公路运行监测与应急调度系统、青海省高速公路运营管理集中监控专项工程开展智慧公路云平台的研发工作，完成了高速公路视频云联网的整体研发，并成功在宁夏、青海推广应用。立项开展基于国产化、跨平台、智能边缘管理的高速公路联网收费系统平台研发，力争在“新基建”布局中发挥行业领头作用，助力交通强国建设。

智慧安防板块围绕“雪亮工程”“一网统管”对海量图像高频次、智能化的共享应用需求，基于中台架构结合场景应用开发了天瞳2.0图像智能应用系统，在浦东公安分局“雪亮工程二期”项目上线试运行，使用效果良好。

智慧环保板块以行业数字化转型为契机，为政府部门、园区街镇、生产企业提供多层次环保信息化服务，开发了浦东城市大脑－重点企业污染物监管平台应用场景，实现重点企业排污智能化、精准化、协同化监管。围绕“绿色制造”，以工业园区环保服务为抓手，研发了企业数字化环保管家系统，取得了良好的市场效果。

【科技成果】

2020年，船研所／公司获批国家级科技创新项目6项，省市级科研项目3项；获得发明专利授权6件、实用新型专利12件；登记软件著作权82件；发表科技论文82篇，其中核心期刊论文12篇，EI收录会议论文13篇；发布主编国内标准2项。船研所4项研究成果入选交通运输部2019年度交通运输重大科技创新成果库。由船研所牵头的中压电力系统应用研究项目成功完成样机示范应用试验，获得DNV-GL颁发的国内首张闭环电力系统设计认可证书。

凭借在科技创新方面的出色成绩，公司荣获2019年度中国高速公路机电市场系统集成商十大优秀企业、中国公路学会2020年中国高速公路信息化优秀集成商奖，入选“2020上海软件和信息技术服务业百强”；“智能船舶体系架构及关键系统技术研究”项目荣获中国航海学会科技进步一等奖，“高速公路收费综合业务平台ITSN”荣获中国公路学会2020中国高速公路信息化创新技术奖。

航运技术交通行业重点实验室着力在研究方向调整优化、科研成果提升、人才队伍建设等方面补齐短板弱项，2020年8月5日顺利通过交通运输部整改复评。

【数字化建设】

推进集团数据集成平台建设 为推动集团产

业数字化转型，优化集团数据集成平台，通过梳理统建系统打通集团数据链，集成内外部数据源，开发完善了管理驾驶舱、大屏展示、移动 App 等前端应用，实现集团各产业集群核心财务、运营的可视化，以及数据的共建共享，为集团管控决策提供了有力支撑。

航标平台建设 以“确保航行安全、船岸一体化、打通上下游企业数据链路”为目标，按照“应装尽装”“应用尽用”“用要有效”原则，深入挖掘航运公司业务需求，开展平台功能优化和推广，新需求发布上线率达 97.1%，确保船岸信息实时联动，全面提升服务便捷性。集团外市场先后中标宁波海运航运管理平台等建设项目，在产品化、市场化发展中取得进一步突破。

推广集团税务管理信息平台 集运、物流、特运、散运、海发、博鳌、东方海外等 10 个业务板块 96 家集团下属单位申请部署税务系统，2020 年，累计上线 84 家单位。

【“十四五”规划】

2020 年，船研所 / 公司开展“十四五”发展规划编制工作，在总结“十三五”期间五大产业板块发展取得良好成效的基础上，围绕集团“十四五”规划，根据未来发展成为“交通强国与海运强国国家战略的践行者、国有科技企业改革发展与创新创业的先行者、交通与航运科技生态建设的领航者”的愿景，形成“交通与航运科技创新和数字化产业标杆”“集团科技和数字化平台”两大战略定位。

【深化改革】

完善法人治理结构 公司召开股东大会3次，审议通过了股权激励方案、公司 2019 年年度报告、吸收合并全资子公司等 18 项议案；召开董事会 10 次，审议通过授予限制性股票等 35 项议案；召开监事会 7 次；船研所召开董事会 6 次，审议通过年度财务预决算、利润分配方案等 14 项议案。

推进部署“科改示范行动” 作为国有科技型企业，船研所 / 公司把“科改示范行动”作为重要突破口，进一步聚焦主责主业，在既有改革方案和台账的基础上，进一步完善方案、细化措施，确定主要改革举措实施路线，形成“科改示范行动”总体实施方案，在治理、投入、人才和转化等方面筑牢支撑，争取在推动形成新发展格局、落实国企改革三年行动上更好发挥引领示范作用。

推动激励机制落实落地 在上市公司股权激励方面，2020 年 2 月 21 日，海运科技首次限制性股票完成授予登记并正式上市，12 月 29 日完成了预留股份的对象确认、授予和登记。两批共有 119 名员工参与上市公司股权激励。在科技型企业岗位分红激励方面，上海船研所制定岗位分红实施方案，共选择 85 名骨干员工参与岗位分红计划，完成了 2019 年度分红兑现工作。

【抗击疫情】

船研所 / 公司坚决贯彻党中央重大决策部署，严格落实集团防疫要求，成立疫情防控应急指挥领导小组，以“分级分类、精准精细”为原则，聚焦重点区域、重点环节和重点人员，全面部署疫情防控工作。

做好总部园区疫情防控 严格执行园区出入口、公共场所的卫生消毒，以及食堂供餐、员工宿舍等重点区域防控措施落实，党工团组织 69 名志愿者提供 293 人次志愿服务，营造了安全有序的工作环境。

员工实施动态管理 建立“对上对下一条线”的沟通联络机制，依托企业微信组织开展员工线上动态填报，问卷填报率基本实现每日 100% 填报，全体员工保持“零感染、零疑似”。

建立防疫保障，集中采购防疫物资 1 月 28 日起，组织直属公司和各地项目部发放防疫物资 21 次，总部防疫物资发放 5 次。为加速复工复产，针对员工学习培训，推出“云课堂”，快速上线 12 个方面 93 项培训课程，共有 1357 人通过“云课堂”参与了学习，课程访问量达到 33.23 万次。

支持集团和其他用户复工复产等业务需求 向

集团提供优质高效“云服务”，确保信息化系统运维和视频会议系统正常运行；高质量完成浦东新区部分隔离酒店监控联网的整体接入；在高速公路、城市安防以及海军护航等项目现场提供“云防控”技术支持和运维工作。

【人力资源】

船研所/公司共有在职职工1392人，具有高级技术职称人员251人，中级以上职称人员600人，本科以上学历人员1194人，享受政府特殊津贴的高级专业技术人员5人。船研所员工学历构成见表14-10。

经人事部备案同意，船研所/公司拥有两个系列高级专业技术职务任职资格评审权（自然科学研究系列的研究员、副研究员；工程技术系列的研究员级高工、高级工程师）。经国务院学位委员会批准，设有四个硕士研究生培养点（通信与信息系统、交通信息工程及控制、船舶与海洋结构物设计制造、轮机工程），不仅为船研所科研生产提供了技术支撑，也为社会培养输送了大量人才。船研所员工技术职务构成见表14-11。

2020年上海船研所员工队伍学历构成比例　　表14-10

学　历	人数（人）	比　例
博士研究生	9	1%
硕士研究生	267	19%
本科	918	66%
专科及以下	198	14%

2020年上海船研所员工队伍技术职务构成比例　　表14-11

技术职务	人数（人）	比　例
正高职称	38	3%
副高职称	213	15%
中级职称	349	25%
初级及以下	792	57%

【队伍建设】

船研所/公司持续推进整合后干部队伍建设，紧密贴合当前业务工作开展急需，进一步选优配强干部队伍。严格遵守选人用人的原则、标准、条件、程序和纪律，全年提任中层干部2人，中层干部平级交流1人，1名中层干部退出。制定并印发船研所/公司《外派干部管理暂行规定》《竞争性选拔中层干部管理规定》和《直属单位领导人员选拔任用工作－报告两评议实施规定》。

编制《年轻干部培养使用工作方案》和《陆岸人员挂职船舶政委工作实施细则》；推荐赴海南洋浦开发区、船舶政委挂职锻炼人选；对三名部门长助理进行为期一年的考核，结合考核情况一名助理通过谈话、推荐、考察、公示后，被安排到部门长副职岗位上。通过择优推荐选拔、立体式教育培训、实践历练、考核鞭策等方式，打造年轻干部选拔、培养、管理、使用、激励工作的全链条机制。

按照科技创新和数字化转型要求和发展战略，结合业务板块发展实际，认真分析人才引进需求，因地制宜采取公开遴选、公开招聘、竞争性选拔、委托人才中介机构等方式，考量中强化高端人才招录岗位的供需匹配性、针对性和有效性，成功引进信息化高端人才2人，并与其签订绩效协议，明确一定时期内实现岗位绩效目标的主要举措及时间进度安排，旨在充分发展高端人才综合效用。通过实践逐步形成一套规范、统一的高端人才引进及管理办法。

根据集团开展党群工作人才库建设的有关要求，制定党群工作高级人才库入库实施方案，经过推荐和遴选，组建以党建组织工作、干部人才工作、宣传文化工作、纪检监察工作、巡视巡察工作、工会团青工 6 个方面，共 37 名具有较高国有企业党建工作实践能力、理论研究水平和教育培训技能的本单位党群工作高级人才库。

【提质增效】

为进一步提高运营效率，降低管理成本，根据集团信息化资源整合方案和压减工作安排，海运科技吸收合并网络航科，并设立深圳分公司；北京中远海科吸收合并北京数字科技。在工作组的共同努力下，2020 年 12 月，网络航科、北京数字科技顺利完成工商注销，如期完成压减任务。

为建立规范的参股合资公司管理体系，船研所 / 公司制定《参股公司管理办法》；向中远海运古野、宁夏交投科技、贵州中南交科、贵州新思维 4 家参股公司委派董监高（指上市公司董事、监事、高级管理人员），初步建立决策意见征求和沟通管理机制。依托智慧交通板块、中海电信，在市场开拓、研发创新、产品代理等方面不断加强与合资公司的业务协同，有效推动共同发展和效益创造。

【风险管控】

落实“全员参与、全过程管理、全要素配置”的管理要求，提高预算质量与水平，充分发挥预算作为管理工具在提质增效中的作用。加强预算执行的监控、分析，采取措施，确保预算落地。所部相关职能部门要切实履行预算管理职责，对主管的预算项目要进行编制指导、统计分析、监督控制、考核评价的全流程管理，试行重要预算项目年度内执行评估考核制度。

优化集中采购的管理职能，强化对现有集中采购的执行监控，抓好“两金”压降，加大应收账款催收和存货管理。各业务部门、单位也从源头抓起，建立“两金”的清收清欠目标，着力抓好“冻结”项目的清理工作，责任落实到人。

【质量安全】

船研所 / 公司继续推进 GJB 5000A 体系试运行，年内达到预评价要求。持续改进质量管理体系，消除“两张皮”现象，切实把质量管理工作落到实处，产品质量得到提升。坚持“业务谁主管、保密谁负责”的原则，完善保密制度，严格保密纪律，确保国家秘密安全。

2020 年未发生一般以上等级事故，保持安全环保形势的持续稳定。重点抓安全风险分级管控，通过引入技术专家、创新检查手段、细化检查内容，逐步强化对重点区域、重点部位、重点环节、重点人群的安全检查和隐患排查，确保复工复产和安全生产的有序推进。针对外部形势严峻、内部制度不健全的情况，认真吸取 2020 年初卫星通信平台开发项目中“海莲花”安全事件教训，重点推进网络安全制度体系建设，进一步明确网络安全管理职责及要求。强化底线思维，建立自有系统和承建系统的应急处理机制，全面推进等保定级工作。在各相关部门、直属单位的共同努力下，圆满完成 2020 年网络安全攻防 HW 演习（护网行动）。

【党建工作】

船研所 / 公司党委坚持把方向、管大局、保落实，充分发挥党委统揽全局、协调各方的领导作用。严明纪律和规矩，修订完善党委议事决策规则，结合实际制定研究讨论的事项清单，开好专题民主生活会，落实领导班子双重组织生活制度，坚持民主集中制，严格执行“三重一大”决策制度。共召开 32 次党委会，研究讨论党的建设、战略实施推进、组织架构优化、重大投资、干部任免等事项 111 项，确保科学决策、民主决策。贯彻落实《关于新形势下党内政治生活的若干准则》，制定《领导班子基层调研工作台账》，党委领导班子成员先后到联系点以面对面座谈、参加组织生活、讲专题党课等形式深入调研指导150次，党委书记、所长、总经理及党委班子成员分别带头讲党课5次，有效发挥党委领导作用。

党委坚持以政治思想建设为统领，认真学习贯彻《中共中央关于加强党的政治建设的意见》和上级有关文件精神，督促推动各级党组织和广大党员干部在思想上、行动上增强“四个意识”、坚定“四个自信”、做到“两个维护”。坚持党委中心组学习制度，制定年度理论学习计划，结合中心组集体学习会，通过专家讲座、“电影党课”示范课等形式，强化政治理论教育和党的宗旨教育。开展中心组集体学习10次，及时传达贯彻中央、集团重大决策部署，引导各级党组织在学懂弄通做实上下功夫。通过OA“学习园地”专栏，上传学习材料31篇，利用微信公众号、企业微信群等平台，不定时分享各类学习资料，便于广大党员和党员领导干部学习。

根据《关于广泛深入开展党史、新中国史、改革开放史、社会主义发展史学习教育的通知》，各级党组织把“四史”学习教育和深入学习《习近平谈治国理政》第三卷作为理论中心组学习、“三会一课”、读书班和主题党日等党的组织生活的重要内容，发挥党员领导干部领学促学作用。学习教育开展以来，党委及所属33个基层党支部累计开展“四史”学习教育主题党日234次；其中，围绕学习党的十九届五中全会精神81次，围绕学习《习近平谈治国理政》第三卷共50次。各级党组织开展“党课开讲啦”活动12次；基层党组织书记讲专题党课共41次。

【落实整改】

船研所/公司党委高度重视集团党组第一巡视组对船研所/公司在加强党的领导、推动全面从严治党、贯彻新时代党的组织路线、强化巡视整改主体责任和监督责任4个方面存在的问题和不足，切实担负巡视整改主体责任，班子领导主动认领，以身作则，带头整改。党委书记认真履行第一责任人对巡视整改工作负总责的职责，先后组织召开党委会、党委班子专题民主生活会、巡视整改工作小组会议、书记例会等11次会议，专题研究部署和推动落实巡视整改工作。《巡视整改工作方案》逐一明确责任领导、责任部门、责任单位及完成时限，将巡视反馈的75个具体问题，细化明确整改措施160条，建立起问题、责任、任务、时限等清单，实行销号管理。此外，结合理论学习、基层党建、制度建设、采购管理、流程管理等方面开展专项调研检查11次，通过领导示范带动，自觉刀刃向内，层层压紧压实责任，统筹推动整改工作向基层延伸，构建起一级抓一级的整改工作责任体系和齐抓共管的工作格局。

各基层单位、部门党组织也根据船研所/公司巡视整改方案要求，结合自身实际制定巡视整改工作计划，并通过“双周报”“月报”等形式上报整改落实推进情况，从紧、从严、从实推动巡视整改各项工作的开展。经过集中整改，目前75项整改问题已完成71项，整改完成率94.7%；160项整改措施已完成155项，整改措施完成率96.9%。对集团要求落实核查的五项纪检监察建议中六个问题，严肃认真对待，一一进行了核查。

【廉政建设】

为落实反腐倡廉建设责任，所党委书记、所长和所纪委书记分别代表所党委、行政和纪委与设立党委纪委的直属单位的党、政、纪的主要负责人签订党风建设《主体责任书》《“一岗双责”责任书》和《监督责任书》；所党委书记与下属单位、所属基层部门党政主要负责人签订《党风建设责任书》。同时把党风廉政建设和反腐败工作责任传导给各直属单位、所属部门，全所所管干部及关键岗位人员签订《廉洁承诺书》，签订率100%。切实履行反腐倡廉责任，形成横向到边、纵向到底、上下联动的责任机制。

为深入落实中央八项规定精神，编印《贯彻落实中央八项规定精神要点汇编》一书，该工具书收录26个党内法规和制度规定，选取14个典型案例，达到制度约束与反面警示教育合二为一的效果，为各级党员、干部严格遵规守纪划“红线”、明“底线”。年内，召开 1 次专题会，开展 1 次集体廉洁谈话，举办 2 场纪检监督业务培训，推动中央八项规定精神落到实处。继续开展“三合一”公车检查。开展业务招待费使用管理专项检查，坚决纠正“为了业务就可以规避制度监管”的错误认识。年内，共收到信访举报和受理问题线索 8 件，已开展诫勉谈话 4 人，提醒谈话 2 人，批评教育 3 人，行政警告 1 人，挽回经济损失 139 455 元。

【企 业 文 化】

船研所 / 公司贯彻中央和集团党组的工作要求，坚持“两手抓、两手硬、两手赢”，使宣传思想、企业文化精神工作始终服务经济建设和科研生产大局。为体现新集团元素和“四个一”理念，及时制作大型喷绘宣传展板，在大食堂营造集团的新氛围、新气象、新面貌；为体现“创新、协调、绿色、开放、共享”五大理念，为展示企业精神、工作目标和员工风采，经与设计师多次沟通落实航运科研大厦 11、12 楼墙面布置设计方案，努力为船研所 / 公司顺利实现年度各项科研生产经营目标营造积极的舆论氛围。发布《船研所 / 公司企业文化建设规划（2019—2021 年）》，并制定关于船研所 / 公司企业精神的提炼方案。根据集团党组 2020 年宣传思想工作要点，结合船研所 / 公司实际，制定“船研所 / 公司 2020 年度宣传思想暨企业文化工作要点”，指导基层单位、部门开展企业文化建设。

党委总结近年来“文明单位”建设工作，对照新版全国文明单位创建工作标准和《上海市文明单位创建管理规定（2016 版）》，夯实各项工作基础，始终保持创建工作常态长效，有力提高“文明单位”创建水平。11 月 20 日，中央召开全国精神文明建设表彰大会，经所申报、中央和地方两级复查通过，上海船研所通过三年复评，继续保持全国文明单位荣誉称号。

【群 团 工 作】

工会开展以“读书启迪智慧，智慧引领创新”为主题的“书香船研”职工读书节活动，通过“读”（阅读美文，有指定书籍和推荐书籍）、“写”（围绕制定书记撰写读书心得）、“讲”（开展“我的读读书故事”讲演活动）系列活动，开展“优秀读书心得”“读书之星”评比，为职工搭建一个读书、感悟、交流的互动平台，多渠道引导职工多读书、读好书，有效提升职工文化素质。组织 1047 名职工参与“一日捐”，奉献爱心 58 027 元；为 51 名困难员工发放援助金 9.63 万元；继续为全体会员提供专享保障和互助保障。推进 2020 年度“提质增效”劳动竞赛，提升职工综合技能水平；扎实开展劳模、技师、巾帼创新工作室的创建工作，提升团队影响力；组织三八节线上知识竞赛，开展六一儿童节云上才艺展示活动，持续开展“书香船研”读书分享活动，引导职工广泛阅读，宣传职工文化；引进职工智能健康管理系统，开展“同舟共济”智能龙舟赛、“信仰的召唤——学‘四史’智能骑行赛”，提升职工活动室功能体验，进一步引导职工健康生活、健康工作。

团委组织引导广大青年围绕中心，服务大局，发挥优势，主动作为，充分发挥共青团联系青年职工桥梁纽带作用。在五四期间，由船研所 / 公司团委牵头，与中远海运物流、中远海运船员及上港集团共同开展 4 期“青春聚力齐抗疫，同心创效勇担当”——青年五四直播大学堂活动，其间特别邀请公司副总经理林亦雯作为直播嘉宾，以“创新，你也可以”为主题，为青年做专题分享。认真组织开展青年员工需求调研，准确把握青年思想动态。由船研所 / 公司团委牵头成立联合调研组，采取座谈交流、单独访谈、填写调查问卷等多种形式，共收到网络问卷 455 份，针对调研成果进行数据分析并完成政研论文《围绕企业发展中心、突出科技青年特点——中远海运科技 / 上海船研所青年思想调研分析报告》，为党委进一步做好青年工作建言献策。

【社会责任】

为加强社区共建，船研所/公司与中远海运重工、中远海运集运合作开展主题为“科技战疫、创新强国”国家重点实验室开放活动，共组织30余名集团内青年员工参观船研所国家重点实验室；在3月志愿者服务月及重阳节期间分别开展“最美食物包捐助活动”“九九重阳节、浓浓敬老情”敬老爱老活动；组织员工参与集团“浪花心愿”云南永德爱心助学活动。（吴勤范）

中远海运集团财务有限责任公司

中远海运集团财务有限责任公司

【公司概况】

中远海运集团财务有限责任公司（以下简称“中远海运财务”，英文简称COSCO SHIPPING Finance），为中国远洋海运集团有限公司（以下简称“中远海运集团”或“集团”）直属二级公司，前身中海集团财务有限责任公司（以下简称“中海财务”），是经中国银行保险监督管理委员会批准成立的企业集团财务公司。公司于2009年12月30日成立，2018年吸收合并中远财务有限责任公司，2019年1月18日正式更名为中远海运集团财务有限责任公司。2019年4月22日，成立中远海运集团财务有限责任公司北京分公司。同年6月10日，北京分公司正式开业。

中远海运集团为公司实际控制人。2020年3月，公司资本充足率接近10.5%监管红线，集团批准启动增资工作，6月完成股东等比例增资，注册资本从28亿元（含美元2500万元）增至60亿元（含美元2500万元），资本充足率从2019年年底的11.49%提高至2020年6月底的20.08%。2020年年底，公司资本充足率为16.01%，满足监管要求。根据股权结构优化的监管要求，公司配合中远海运能源运输公司收购大连中远海运油品运输公司持有的财务公司1.920 7%股权，公司股东数量由16家变为15家。

作为非银行金融机构，公司主要经营范围为：对成员单位办理财务和融资顾问、信用鉴证及相关的咨询、代理业务；协助成员单位实现交易款项的收付；经批准的保险代理业务；对成员单位提供担保；办理成员单位之间的委托贷款及委托投资；对成员单位办理票据承兑与贴现；办理成员单位之间的内部转账结算及相应的结算、清算方案设计；吸收成员单位的存款；对成员单位办理贷款及融资租赁；从事同业拆借；承销成员单位的企业债券；有价证券投资；代客普通类衍生品交易业务（仅限于由客户发起的远期结售汇、远期外汇买卖、人民币外汇掉期产品的代客交易）。

【重点业务】

信贷业务　2020年12月末，中远海运财务信贷余额358.55亿元。其中自营贷款余额352.48亿元，贴现余额6.07亿元，与上年相比新增信贷规模59.61亿元，协助集团降低整体负债率0.68%。2020年平均贷款利率3.36%，与上年3.89%相比降低了53个基点，与上海市金融机构平均贷款利率4.26%相比少90个基点，帮助成员企业降低融资成本1.46亿元。

投资业务　中远海运财务投资业务坚持绝对收益理念，严控风险，组合品种结构进一步向货币及债券类资产倾斜，并对存量资产做好收益兑现操作，大幅压降风险敞口。2020年12月末，公司投资业务会计口径余额27.70亿元，较上年末下降7.9亿元；2020年投资日均规模27.95亿元，同比减少3.5亿元，平均收益率7.42%，同比增加158个基点。投资组合中的非货币基金资产规模较年初下降了68%。2020年，投资收益（含公允）1.89亿元，同比增加0.26亿元。

2020年，公司同业业务（含存放央行）平均规模378.24亿元，同比增加61.34亿元；全年同业利息收入8.45亿元，平均收益率2.23%，同比减少42个基点。其中同业存单日均余额57.58

亿元，全年累计利息收入 1.69 亿元，平均收益率 2.93%；债券逆回购业务日均规模 0.76 亿元，平均收益率 3.35%。

结算业务 中远海运财务按照“做全做齐归集”管理要求，对集团成员企业和账户坚持做到“应归尽归、实时归集”。2020 年年末，公司集中境内成员单位 1239 家，归集银行账户 3413 个，统计在外账户 1693 个，企业集中度 99.84%，境内可归集资金集中度 87.59%，全口径资金集中度 50.48%，外汇业务集中度 92%。全年累计完成本外币结算 324 万笔，同比降低 0.61%；结算金额 2.55 万亿元，同比增长 12.33%。公司结算业务不落地比例超过 90%，未发生责任性差错。2020 年重点加强海南港航、胜狮货柜、东方海外、中石化燃供等新成员单位的资金集中工作，增加归集资金近 20 亿元；通过跨境资金集中运营全年累计归集海外美元资金 18.23 亿美元，人民币资金 8.8 亿元。

结售汇业务 2020 年，中远海运财务丰富完善外汇交易模式，增加实时成交汇率查询、为大额交易提供实时盯盘和挂单服务；设计增加 T+1/T+2 交割的即期外汇交易模式，进一步拓展外汇交易服务的个性化方式；推出代开信用证业务，累计办理代开信用证业务 16 笔，合计金额 740 万美元，减少保证金占用人民币 4905 万元。通过财务公司对接多家合作银行办理国际结算业务，让成员企业享受最低开证费率，有效降低资金成本，提高资金集中度。

2020 年，公司结售汇业务总量同比增长 238%，实现中间业务收入 506 万元，为集团节省交易成本约 3238 万元人民币。全年远期结汇业务累计发生额 2.6 亿美元，当前余额 2.28 亿美元；12 月末存续远期交易估值浮盈 1.1 亿元人民币，造船企业未来收汇利润得到有效保值。

票据管理 中远海运财务在做好日常开票、贴现业务的基础上，针对成员企业票据统筹管理、盘活票据资产的管理需求，学习借鉴商业银行做法，开发推出财务公司的票据池产品。2020 年 9 月实现票据池服务的首家落地。2020 年，公司累计开票 1411 笔，金额合计 31.07 亿元；贴现 102 笔，金额 6.83 亿元。

【业务创新】

中远海运财务通过完善创新研究机制体制，强化创新激励，以“项目、课题、业务讲坛、金点子、期刊”为抓手，积极推进公司创新改革。2020 年，公司实体资金池、票据池建设、代开信用证 3 个创新项目的落地，为成员企业解决存贷双高的问题，释放了外部保证金，盘活了成员企业资金，充分体现金融创新促进集团产业发展的作用。同时，公司重点加强信息系统规划、海外财资管理政策和实现方式研究，以及供应链金融、票据池业务探讨，推进公司业务转型升级的基础建设。此外，公司还非常重视创新基础研究和员工创新能力的培养，2020 年，开展《自贸区内全球资金集中管理》等 5 项课题研究，举办业务讲坛 29 次，征集金点子 12 个，内部期刊投稿 21 篇。

【企业管理】

2020 年，中远海运财务牢牢把握习近平总书记对国有企业改革重要指示和集团“三个跑赢”“三个切换”“三个聚焦”总要求，贯彻新发展理念，落实高质量发展要求，坚持稳中求进工作总基调。

根据集团落实推进国企改革三年行动的工作部署，公司按照《中国远洋海运集团有限公司改革三年行动实施方案（2020—2022 年）》和实施方案工作清单，进一步聚焦公司治理、活力效率、科技创新等重点问题，压实主体责任和工作举措，制定公司改革三年行动工作清单。共计细化 49 项具体工作任务，责任明确到具体部门和分管领导，确定任务完成时间节点，以确保全面完成各项改革任务。

根据上海银保监局的监管要求，公司于 2020 年 6 月末顺利完成了原中远财务广州、大连、天津、青岛四地延伸柜台的撤销工作，共归并企业 643 家、内部账户 2182 个、银行账户 1874

个。结算单元由 6 个减少为 2 个，结算银行账户由 48 个减少为 21 个，结算备付本外币资金占用从迁移前的 20 亿元减少为 12.28 亿元，活期存款备付率从 6% 降低为 3.08%，资金调拨笔数从月均 120 笔降低至 46 笔；资金调拨从月均 220 亿元降低为 34 亿元。四地延伸柜台 39 名员工均得到妥善安置。

为加强对成员单位的服务力度，助力集团实体经济发展，公司优化组织架构和工作机制，于 2020 年 5 月新设票据业务部 / 产业链金融部、国际业务部和财资管理部。新部门成立以来，公司金融服务质效明显提升。在金融服务方面，企业授信、票据承兑、贴现和分离式保函等业务得到有效开展，同时强化客户服务意识，积极为成员单位提供本外币资金归集方案，以及涵盖结算、贷款、票据、外汇等业务的综合金融服务方案。在国际业务方面，积极为成员单位提供结售汇、跨境资金集中运营、代开信用证等业务，为成员单位降低汇率风险和资金成本发挥积极作用。

【经营效益】

2020 年，中远海运财务积极落实集团“优先使用内部资源”的管控要求，充分发挥内生持牌金融机构的信息、资源优势，结合集团各重点产业集群发展融资需求，以央行 LPR 为指引，不断深化改革，加强创新机制建设，助力集团成员企业实体经济发展，协助集团降本增效。截至 2020 年年末，公司总资产 821.12 亿元，总负债 733.68 亿元，所有者权益 87.43 亿元。全年营业总收入（含投资收益）19.32 亿元，实现利润总额累计 6.52 亿元，净利润 5 亿元。

【疫情防控】

中远海运财务坚决贯彻落实习近平总书记关于新冠疫情防控系列重要指示精神，按照集团统一防控部署要求，全力以赴落实新冠疫情防控工作，在第一时间实现复工复产、生产经营常态。疫情期间为集团成员企业提供更加精准的金融服务支持，助力集团成员企业快速复工复产的正常运转。

公司主动对接各成员企业，充分了解其在安全生产、疫情防控等方面的金融服务需求，专门下发了疫情防控期间《信贷业务操作指引》，由专人负责对接，提供信贷、票据、保函、结售汇等金融服务。按照急事急办原则，开辟业务快速审批通道，结合利率市场实际情况，给予优惠利率贷款，全年发放复工复产专项贷款 100 亿元，让利 5000 万元。配合各成员企业利用在财务公司存量贷款规模，更加顺利获得外部低利率复工复产贷款申请，协助各成员企业提前还款，进行债务置换等。实施实体资金池上线运作，以助于优化融资结构，为成员企业节约财务费用。

新冠疫情发生后，公司及时配备、发放应急防疫物资，第一时间成立疫情防控应急工作小组；各级党组织成立党员突击队，承担应急突发工作，主动担起复工复产重任，带头落实和执行防控措施，充分发挥战斗堡垒和先锋模范作用，实现了人员“零感染”和集团正常运营的资金安全零风险目标。

【风险管控】

2020 年，中远海运财务针对新冠疫情影响，就信贷、票据、投资、同业等业务的交易对手，金融产品的信用及市场风险等进行对照排查，加强对业务合同履行情况的跟踪监测。根据监管要求，组织开展监管数据自查自评工作，就公司监管数据治理的组织架构，制度建设，系统保障和数据标准，数据报送、存储和共享应用，以及数据质量控制等进行评估，对存在的问题进行梳理和整改落实。公司坚持把风控合规、防范风险放在首位，开展金融业务全面风险自查，进一步强化风险维度审计，着力揭示风险，抓严整改落实，在健全机制、完善制度、改进管理、改革创新等方面取得阶段性成效。推进“纪审巡”联动检查工作，开展资金结算管理情况审计及对北京分公司党总支常规巡察，形成监督合力与实效，确保“两个责任”工作落实到位。

2020 年，中远海运财务共召开 5 次资产负债管理委员会，对存贷款定价、资产负债结构、信贷政策进行具体指导；召开 11 次投审会、41 次贷审会、1 次衍审会，审议 129 项议案。2020 年，公司信贷资产、票据资产、投资资产（除荣盛泰发划分为可疑外）五级分类均为正常。

公司全年完成资金监控 12 期，联网审计 4 期，审计项目 18 项，审计资产总额累计 2 376.75 亿元，促进增收节支 0.28 万元，共发现问题 51 个，提出并被采纳的审计建议 61 个，管理建议 11 个。截至 2020 年年末，已制定整改措施，初步完成整改的审计问题 36 个，未满集中整改期的审计问题 15 个，初步完成整改率 70.59%。已核销的审计问题 21 个，已落实的审计建议 40 个。

【人力资源管理】

2020 年，中远海运财务积极贯彻落实集团深化国企改革工作要求，制定《中远海运集团财务有限责任公司关于深化三项制度改革的实施方案》，细化落实措施，加快构建市场化选人用人和激励约束机制，有效激发广大员工干事创业的内生动力，不断焕发公司改革发展的生机活力。

不断完善公司干部人才发展制度，修订完善《中远海运集团财务有限责任公司干部管理办法》《中远海运集团财务有限责任公司干部综合考核评价办法》等规定；制定《中远海运集团财务有限责任公司后备干部管理办法（试行）》，建立公司各层级后备干部库，形成后备干部动态管理机制。

开展公司管理干部考核调整工作。根据考核结果和日常工作表现，对干部进行岗位调整，包括税务晋升、岗位交流、转任技术岗位，以及降职、撤职等。通过持续干部调整，真正形成“能上能下、能进能出”的动态管理机制。同时稳妥做好涉及职务调整和岗位变动的干部思想工作，确保工作不断不乱，规范有序。

开展市场化干部人才建设。制定《中远海运集团财务有限责任公司市场化选聘人才管理办法（试行）》，招聘市场化干部 2 位，进一步提升公司干部队伍专业化、全面化水平，为公司下一步干部队伍结构优化进行了有益探索。

结合新公司业务发展需求，开展应届毕业生和社会公开招聘人员的选聘工作。共招聘新员工 5 人，确保公司人才队伍年轻化、专业化，为公司下一步专业人才队伍建设做好储备。

【信息化建设】

2020 年，中远海运财务对核心系统 TMS 系统共计 6 个大小版本进行升级上线；完成电票系统验收并定级为等保二级，保障公司电票业务顺利开展；为提高集团整体数据协同、强化资金管理能力，启动财企直连项目；根据监管要求进行综合报送平台制度包升级，启动征信二代调研、开发、测试；引入 RPA 机器人，实现结算凭证电子化，为在外账户管理提供有效手段。

【党 群 工 作】

2020 年，中远海运财务党委把深入学习贯彻习近平新时代中国特色社会主义思想作为公司各级党组织学习第一课题，不断强化理论武装，全面系统学习习近平总书记最新重要讲话精神、习近平总书记对本行业本企业的重要指示批示精神，自觉运用党的最新理论成果武装头脑、指导实践，切实增强贯彻落实中央重大决策部署的政治自觉、思想自觉和行动自觉。

按照集团授权清单要求，完成《公司董事会授权规则》《公司党委议事决策规则》《公司“三重一大”决策制度》等相关制度修订。在重大问题决策上，严格落实民主集中制，履行党委会前置程序，把党组织的政治优势与建立现代企业制度、规范法人治理结构的优势结合起来，保证重大决策的科学制定和有效实施。全年共召开党委会 28 次、党委专题会 8 次，研究讨论公司“三重一大”议题 55 项，着力研究、推进和解决公司改革发展稳定中的重大事项和问题。

坚持问题导向，开展巡视整改工作。对集团巡视反馈意见逐项列出问题清单、责任清单、措施清单和完成清单，从决策体制、工作机制、完善制度、根治问题等方面细化分解，提出有针对性的整改要求，做到整改工作可跟踪、可评价、可问责。切实做到即知即改、立行立改、真改实改，确保整改工作按期完成。

开展“四史”学习教育。根据集团党组关于“四史”学习教育通知要求，结合公司党建实际情况，制定《中远海运财务关于开展党史、新中国史、改革开放史、社会主义发展史学习教育的实施方案》，并坚持以上率下、层层压实主题教育工作责任。全年各级党组织开展多种形式的“四史”学习教育16次，党组织书记、委员分别带头上党课，各级党组织开展主题教育活动12次。

强化“三基”建设。公司党委与各级党组织签署《2020年度党建工作责任书》，进一步完善党建工作责任考核评价机制，积极推动基层党组织切实担负起党建工作主体责任。通过对标《中国共产党国有企业基层组织工作条例（试行）》内容，完善《中远海运集团财务有限责任公司基层党支部工作指引》，进一步提升基层党组织党建工作标准化、规范化管理。根据集团巡视反馈意见和公司党建实际情况，下发《关于进一步加强基层党建工作的通知》，明确支部“三会一课”、主题党日、特色活动、党员学习教育等关键要素反馈机制，切实发挥基层党建工作的实效。重视党员发展工作，严格党员发展程序和政审关口，确保发展质量。2020年，公司发展党员4人，共有12人提交入党申请，充分体现公司党建引领的效果和党员先锋模范的示范作用。

持续开展公司“新时代新作为—我是共产党员”特色党建活动。对党员的评价用分数进行量化，用积分记录党员变化、衡量党员作用、评定党员表现，促使党员肩上有责、争先有标、行为有尺、考核有据，有效促进党员管理失之于宽、失之于软的问题解决。开展“结对登高”成果分享。各党支部自活动开展以来，已有38个结对登高项目，通过结对的形式，积极发挥支部党员的先锋模范作用，带领支部党员群众结合业务工作，务实创新、不断登高，全面提升公司职工队伍的创造力、凝聚力和战斗力。

2019—2020年中远海运财务主要情况见表14-12。

2019—2020年中远海运财务主要情况　　表14-12

（单位：亿元）

类　别	项　目	2019年	2020年	备　注
财务状况	总资产	763.37	821.12	—
	净资产	53.95	87.48	—
	营业总收入	17.83	17.39	—
	利润总额	8.23	6.52	—
业务规模	存放同业	400.97	406.17	—
	信贷资产	298.94	358.55	—
	投资理财	35.6	27.7	—
	吸收存款	705.66	728.5	—
员工队伍	年末员工总数（人）	153	134	—

（赵燕青）

中远海运港口有限公司

中远海运港口有限公司

中远海运港口有限公司（简称“中远海运港口”，英文简称 COSCO SHIPPING Ports），前身为中远太平洋有限公司（简称“中远太平洋”），于 1994 年 12 月在香港联合交易所（即今日的香港交易所）上市，当时仅从事集装箱租赁业务。中远太平洋于 2015 年 12 月 11 日签订协议，以 76.32 亿元人民币收购中海集团旗下港口业务，同时以 77.84 亿元人民币向中海集装箱运输有限公司出售佛罗伦集团全部股权。2016 年交易完成后，中远太平洋业务集中于码头港口营运，并正式更名为中远海运港口有限公司。

【经 营 效 益】

中远海运港口控股股东为中远海运控股股份有限公司（股份代号：1919）（简称“中远海控”），其母公司为全球最大的综合航运企业集团中国远洋海运集团有限公司（简称“中远海运”）。截至 2020 年 12 月 31 日，公司持有权益的 45 家全资及合资码头公司经营管理共计 357 个泊位，其中集装箱泊位 210 个，散杂货泊位 142 个，汽车泊位 3 个，托盘泊位 2 个。设计年处理能力 13 557 万 TEU，散杂货 53 339 万吨，汽车 78 万辆，水果托盘 60 万 PLT。码头组合遍布中国沿海五大港口群及西北欧、地中海、东南亚、中东、南美等主要海内外枢纽港。

2020 年新冠疫情为全球经济带来不确定性，全球经济和贸易前景遭遇较大挫折。但得益于下半年全球生产经营活动逐渐恢复和“宅经济”的刺激，全球港口业务量第三季度开始触底反弹，全年码头运营商吞吐量表现好于预期，但各家码头运营商的运营表现出现分化，盈利水平整体承压。2020 年，中远海运港口完成集装箱总吞吐量 12 382.5 万 TEU，与 2019 年基本持平；权益吞吐量 3 845.6 万 TEU，同比下降 3.1%（2019 及 2020 年，公司按照战略部署分别出售了南京龙潭、张家港永嘉及扬州远扬三家码头，若剔除上述三家码头出售因素，2020 年全年完成权益吞吐量 3 745.3 万 TEU，同口径增长 4.4%，表现优于全球港口集装箱吞吐量下降 1.1% 的行业大势）。2020 年受新冠肺炎疫情影响，港口公司实现营业收入 70.06 亿元，同比减少 2.93%；实现净利润 25.80 亿元，完成了集团下达的 25.5 亿元净利润考核指标。2020 年年底，公司总资产 731.56 亿元，资产负债率 43.23%，公司财务状况健康稳定。

【企 业 管 理】

2020 年，全球暴发新冠肺炎疫情，各行业均受到了严重冲击。中远海运港口在疫情暴发初期，立即成立了中远海运港口疫情防控领导小组和工作小组，统筹公司总部及境内外控股码头的防疫工作。公司坚持整体一盘棋的思想，加强内外联动，实现防疫物资的及时投放和全面覆盖最大化。3 月境外疫情蔓延后，公司坚决贯彻执行国务院国资委、集团以及公司有关境外防疫防控工作指示精神，根据当地法律许可、员工接受程度，通过采取按比例居家办公等措施，尽最大可能做好各项疫情防控工作，持续做好员工在岗期间及非工作时间的疫情防控，储备足够的应急物资，对员工加强关心关爱，强化防疫工作责任，确保了码头疫情防控形势的稳定。

在公司治理、经营决策方面，中远海运港口坚决落实集团直属单位董事会授权 3.0 版本，完善重大事项决策程序，强化风险防控体系和内控机制建设，加强董事会行权能力建设，确保对集团授权接得住、接得稳。按照把方向、管大局、保落实总要求，在公司“三重一大”决策制度的前提下，遵循“行动力就是执行力”的原则，积极推动提升决策执行效率。根据工作需要，及时调整制定规章制度，从公司整体流程的最优角度去校准和优化各部门制度，将各部门关联性制度和流程串联起来，形成公司整体最优工作流程，整肃工作作风，提高工作效率。加强管理创新，加强总部部门间及部门与所属单位高效沟通协调机制，努力打造定位准确、权责清晰、精简高效的中远海运港口总部，秉承职责清晰、权责统一、专业分工、监督有效的原则，调整优化了公司总部部门管理架构和职能，成立运营管理中心，专门负责下属码头生产运营管理职能；合并香港、上海两地的营销岗位，成立统一的营销部，构建了总部、区域及码头三位一体的营销体系；另外，合并香港、上海两地的投资管理和项目开发职能，成立投资及项目管理部；原综合事务部岗位并入人事行政部，统一两地的行政事务管理职能；为开拓码头产业链延伸业务，新成立供应链开发部，部门数由原 16 个调整为 14 个，有效强化了总部对下属企业的管控能力，推动公司总部实现从“管公司”向“管业务”的模式转变，以便更好贴近公司发展要求。

【企 业 改 革】

为认真贯彻党中央国务院、国资委和中远海运关于深化国企改革的工作部署，加快中远海运港口深化改革的步伐，2020 年，中远海运港口组织召开深化国企改革专题会，传达集团对该项工作的指导意见，并对具体工作进行了部署。在征求总部及各下属控股公司意见及建议的基础上，中远海运港口完成了《中远海运港口综合改革实施方案》《中远海运港口深化三项制度改革实施方案》，提交集团并收到了回复。中远海运港口根据两个方案的实施路径在年内逐步展开各项工作。总体来说，2020 年是中远海运港口深化国企改革工作的“行动年”，各项具体的任务举措有条不紊地向前推进，并取得了实质性的进展。

中远海运港口要求境内各下属控股公司按照总部的总体部署，规划及落实国企改革的工作，相关的要求亦体现在 2020 年各下属控股公司的经营业绩考核中，并作为重要指标之一。境内各下属控股公司改革工作的总体目标是：全力解决企业发展中的体制和机制问题，规范及完善董事会职能建设；深化三项制度改革，有效激发企业、员工的内在活力和积极性，实现利润与业务增长中心的核心竞争力。

与此同时，中远海运港口按照集团要求学习集团三年行动的实施方案及工作台账，并借鉴集团的经验因地制宜地制定符合中远海运港口实际情况的《中远海运港口三年行动实施方案》。

【码头布局、重点建设项目】

中远海运港口以布局“一带一路”为主线，不断开拓新项目，完善优化公司全球码头布局。

一是钦州大榄坪集装箱码头整合项目。2020 年 11 月 30 日，中远海运港口以广西钦州国际集装箱码头有限公司（简称“钦集司”）40% 股权及现金 48 682.40 万元增资，取得广西北部湾国际集装箱码头有限公司（简称“北集司”）26% 的股权。项目以北集司为主体吸收合并钦集司的方式，实现钦州港大榄坪南作业区 1#–6# 集装箱泊位的整合；待钦州港大榄坪南作业区 7#–10# 集装箱自动化泊位建成后，北集司通过不限于收购、租赁或托管等方式对 7#–10# 集装箱自动化泊位统一运营和管理，从而将北集司打造成为钦州港唯一的集装箱码头运营平台。

二是青岛港国际股份增持。2020 年 2 月下旬，中远海运港口成功增持收购青岛港国际（06198）70 107 000 股股份。目前公司持有青岛港国际 19.79% 股权。

在重点建设项目方面：

一是秘鲁钱凯码头工程建设。该项目是公司目前最大的海外绿地建设项目，工程投资额较大，项目面临的自然环境和政治经济环境复杂。2020

年受秘鲁政局动荡和新冠疫情影响，公司项目推进面临困难。为此，公司成立了专项小组统筹协调，当地委派团队全力跟进落实，与合作方及设计单位紧密协作，2020 年内完成了海侧临时围堤、隧道陆侧洞口、营地工程建设及隧道工程招标，项目环评（MEIA）也于 12 月 22 日获得批准许可，为项目顺利推进夯实了基础。

二是武汉码头铁水联运项目。该项目作为国家“长江经济带”的重点项目，省市高度重视，密切关注。2020 年武汉码头公司积极克服疫情影响，利用多种信息化手段跟进项目方案，在疫情最严重的时候就开始项目设计并如期完成设计工作，疫情有所好转后快速推进项目报批与工程施工、监理、设备的招标工作。2020 年 8 月 1 日，项目顺利开工，并通过有效的招标投资节省 1.4 亿元，较概算降幅达 14.7%，为下一步运营打下了良好的基础。

此外，公司提前参与了尚未完成投资手续的广西钦州大榄坪自动化集装箱码头及防城港赤沙散货码头项目工程建设方案研究；厦门海铁联运项目经过多年酝酿和推进，终于在 2020 年 9 月正式开工。

【市场营销】

2020 年，新型冠状病毒肆虐，对世界经济和国际贸易及航运市场影响深远。根据 2021 年 3 月德鲁里发布的集装箱预测报告，2020 年全球集装箱装卸活动较 2019 年下降了 1.1%。中远海运港口作为全球领先码头运营商，在全球各地都有投资码头。面对系统性风险并无法独善其身，公司加大市场开发力度，大力引进航线。2020 年剔除年初出售的码头，中远海运港口控股码头完成计费箱量 21 864 196 TEU，较 2019 年上升 0.6%，取得了优于市场整体表现的业绩。

外部营销工作：一是加大力度引进航线。2020 年，公司合计引进 45 条航线，其中 PCT 引进 6 条、阿布扎比引进 3 条、厦门远海引进 5 条、南通引进 3 条等。通过新航线引进，减少了上半年由于疫情导致大面积停航给码头带来的箱量减少。二是做好内部协同。2020 年，集运双品牌和在港口控股码头完成箱量 811.2 万 TEU，同比上升 27.1%。其中自 2018 年 OOCL 加入中远海运体系，双品牌航线网络铺设持续发挥协同，港口公司也争取机会利用自身网点，完善与双品牌的合作，谋求业务拓展机会。2020 年，OOCL 在港口公司完成箱量 102.6 万 TEU，同比上升 39.3%，连续维持高增长水平。

内部营销管理：营销着重与客户的长远关系合作，客户服务专业化。2020 年，中远海运港口大力推行客户经理制，根据贡献度、合作潜力等维度制定大客户名单，分别指派总部与码头专人担任客户经理 A/B 角。客户经理制推动以来，港口公司与码头一道加强了与大客户的日常沟通及信息交流，建立了更为畅通的沟通与反馈渠道，中远海运港口的品牌与业界影响力随着客户经理制的推行不断提升。

另外，公司建立客户贡献值分析模型，通过从客户单箱收入切入，整合船东在所有控股码头的收入及其对应所摊占的成本，计算其对公司的整体客户贡献值。通过实现对客户价值贡献值的可视化，便于总部和码头商务人员了解港口公司船东客户在港口的总体贡献值情况，方便公司在后续客户判断中有针对性采取措施，如加强对高收益、高贡献值客户的航线箱量吸引。

【风险管控】

2020 年，中远海运港口在规模扩张的同时，着力抓好风险管理及内部控制，夯实企业管理基础，不断增强风险防控能力。

一是强化风险防控文化及意识。2020 年度，公司邀请外部法务专家组织两期风险防控培训，培训对象包括公司管理层和总部各部门员工、控股码头总经理、财务总监和相关业务人员、参股码头中总部派出相关人员，通过对培训工作有效开展，提高了公司风险管理防范意识以及管理人员自身素质。

二是以考核作为风险管理的重要抓手。公司持续将风险管理纳入绩效考核体系，并将风险管理归类于约束性指标范畴。公司风险管理考核具体分为总部各职能层面和附属公司层面开展。总部各职能部门方面，公司通过下达总部绩效考核指标对各职能部门提出“风险管理与内部控制”指标，指标审视各部门“年度内控评价是否出现重大不符合项及缺陷情况；年度是否发生重大风险事故、违法违规行为；配合公司提升整体风险管理与内部控制水平”。

三是细化主体责任，实化风险防控。2019年11月，深圳迪博公司评估出2020年公司面临的6个重大风险，包括：经济波动风险、国际贸易格局变化风险、政治形势风险、应收账款风险、投资决策风险及公共突发卫生事件风险。结合公司各码头的资质条件、生产经营状况，公司于2020年将上述六大风险具体细化，三道防线共同协作，并分散落实到各责任部门。

四是定期排查重大风险。2020年开始，公司按照集团要求，按季度排查公司重大风险、追踪缺陷，每季度定期将检查结果上报集团。持续加强公司重大风险防控。针对2020年公司面临的上述六大风险，各部门将风险管控与具体业务管控相结合，均采取积极有效的措施予以应对。以国际政治和政策变化风险为例，公司结合政治及政策背景，针对战略执行开展了详细的运行回顾分析工作，并在航运及投资政策、集装箱市场、竞争对手对标分析等方面开展即时研判与应对策略研究。2020年，公司未发生重大风险事件。

五是加强专项风险管理。公司加强专项风险管理评估工作方面的制度约束，确保各部门、各下属码头在提交公司审议的重要事项议案必须经过风险评估。2020年，在集团的领导下，公司就2016—2019年期间公司的投资项目风险评估工作进行了梳理回顾，并上报集团。

六是加强内控缺陷整改工作。公司分别于2020年2月、7月，针对2016—2019年内控评价所查找出的缺陷，组织相关职能部门就问题进行跟踪及总结，对于制度设计的问题，建议相关部门完善制度；对于制度执行问题，则进行反思并整改。2020年11月，公司聘请了第三方专业机构对各职能部门开展内控评价。截至2020年12月31日，中远海运港口建立了较为完善的内部控制体系。内部控制基本能够适应公司的管理要求和发展需要，能够保证本公司生产经营等各项工作的有序进行，能够保证本公司的会计资料的真实性、合法性、完整性，能够保证本公司的财产物资的安全、完整，能够合理保证本公司发展战略和经营等目标的实现，未发现对本单位治理、经营管理及发展有重大影响的缺陷及异常事项。

【安全生产】

2020年，中远海运港口按照国家和上级主管部门部署，全面贯彻落实集团2020年安全工作会议和集团领导对安全工作的重要指示精神，严格执行集团各项安全管理制度和公司安全管理体系，强化和落实安全生产主体责任，实现中远海运港口2020年安全生产工作会议提出的安全工作目标和《中国远洋海运集团有限公司2020年安全生产工作责任书》下达的安全生产各项考核指标，确保了公司安全形势持续稳定。

一是公司主要负责人与各层级签订《2020年安全生产责任书》。做到安全责任“横向到边、纵向到底”，层层传导安全责任，确保安全生产责任体系有效运行并落实执行到位。

二是进一步完善安全管理制度体系。年内制定《安全生产风险辨识管控指导意见》《生态环境保护管理规定》和《突发环境事件应急预案》，修订完善《安全生产绩效考核办法》《安全管理职责规定》等制度，进一步强化制度在实际生产中的执行力。

三是突出主题、制定方案。组织开展各个专项活动，如“安全生产月”“安全生产专项整治三年行动”，以及“119消防宣传月”活动等。

四是认真做好季节性防台防汛工作。组织召开“2020年防台防汛工作电话会议”，密切关注台风动态，及时下发《台风预警》，加强与控股码头紧密联系，指导协调防抗台工作，形成公司总部、控股码头及防抗台前沿三级责任机制，做到责任到人，监督到位，确保防抗台成功。

五是牢固树立“隐患就是事故”的理念，安全隐患排查治理工作形成长效机制。2020年，公司安全部门共开展了两次季度安全综合督查和两次危化品安全管理专项检查，效果显著。

六是进一步加强港口大型设备的安全管理。制定出台《大型设备运行工况统计表》，及时了解设备的现状及运行情况并指导各下属公司按照设备管理办法，建立和完善设备维保体系，坚决杜绝因设备老化、失修等原因造成生产安全事故。

七是强化安全生产风险管控工作。组织召开安全风险管控专题研讨会，明确港口十三个作业单元，并根据作业单元制定公司《安全生产分级管控清单》，并对风险项逐条研讨完善；按照风险源分类分级标准，各作业单元风险源基本特性和管控措施特点，制定采取防范措施，实施安全风险分级管控，从而降低生产作业的固有风险。

八是持续开展安全教育培训工作，确保全员安全培训到位。通过培训，全面提升员工安全意识和安全防范技能，达到本质安全。

九是组织应急预案演练，提高应急处置能力。通过演练及时修改完善预案，使预案更具可操作性，从而提高了企业应急救援队伍自救能力和整体应对港口突发事件应急处置能力。

【人力资源】

2020年，中远海运港口在人力资源管理方面，重点抓好以下八个方面：

一是深化人事、劳动、分配三项制度改革。以集团《关于深化三项制度改革的指导意见》为指导，公司有关部门制定了《深化三项制度改革实施方案》及工作台账，并上报集团。加快推进以“管理人员能上能下、员工能进能出、收入能增能减”为核心的三项制度的改革，在完善现有人力资源管理制度体系的基础上，重点围绕职业经理人制度建设、超额利润分红制度建设，把改革向纵深推进。为更有效地深化人事制度改革，促进以岗位胜任力为核心的选人用人机制的进一步完善，推进管理人员任职资格体系建设。目前，公司已完成《公司总部管理层职业经理人实施方案》及《公司董事会选聘经营班子副职实施方案》的初稿。方案内容包括职业经理人的选聘管理、契约管理、考核评价、薪酬激励、退出管理等，并已开始总部部门负责人职业经理人方案制定。已完成《公司超额利润分红方案》初稿。此项制度旨在激励码头委派人员与中层员工，绑定核心员工与企业的利益。完成总部及码头中层管理人员胜任力模型及码头总经理培养学习地图初稿。修订码头岗位分级管理制度，以优化码头委派人员岗位的薪酬分配。

二是做好绩效考核以发挥激励约束作用。公司在2020年初开展了总部和下属公司委派人员2019年度绩效考核工作。考核主要围绕岗位职责、任职能力及工作绩效开展，突出个人绩效考核结果与单位业绩紧密联动，把总部部门KPI考核成绩及下属码头公司经营业绩考核成绩分别作为总部员工及下属码头公司委派员工个人绩效考核评优等级的先决条件，以达到通过考核使资源向绩优人员倾斜、把公司战略发展目标与员工个人工作表现紧密结合，促进员工与公司共同发展的目标。依据员工绩效考核结果，核定了员工年度花红及调薪，同时，对总部19名优秀员工进行了职务晋升，对总部连续两年绩效考核结果为称职的4名员工（其中1名解雇）实施绩效改进计划。同时，在总结近年绩效考核工作的基础上，根据实际，公司对总部员工绩效考核办法和委派人员绩效考核办法进行了修订。

三是落实中长期激励以激发员工积极性。为了进一步激发下属码头委派负责人的工作积极性，在公司领导的指导下，公司于年初制定了下属公司委派负责人年度任务目标达成奖励方案。根据公司股票期权激励计划，在股票期权归属的业绩指标均达标的情况下，经履行相关程序，公司有关部门牵头完成了2018年6月19日首次授予的股票期权的第一批期权于2020年6月19日归属、2018年11月29日授予的股票期权的第一批期权于2020年11月29日归属，并聘请专业的行权服务供应商为激励对象提供行权在线培训。为配合公司建立以财务管控为核心、以单箱成本为抓手的成本管控体系，激励各营运中的控股码头完成及超额完成年度成本管控指标，切实提升公司成本管控水平，公司还制定发布了《中远海运港口控股码头成本控制专项奖励办法（试行）》。通过各种激励，促进人员工作积极性的不断提升。

四是强化人才引进，为公司战略发展提供人才保障。①加大践行推进市场化人才选聘机制的力度。公司充分发挥香港总部在金融、财务、投资、法律等方面与国际接轨的人才优势，继续践行市场化选聘、契约化管理的高端专业人才市场化选聘机制，通过不断完善市场化选聘机制，促进国际化高端专业人才的引进。②继续实施管理培训生计划。在总结 2018 年及 2019 年两届管培生工作的基础上，公司 2020 年在香港继续实施第三届管培生计划。根据管培生计划的职业发展路径设计及培养目标，同时进一步结合公司业务发展需要，把招聘选拔第三届管培生的学历专业背景拓展至侧重工程、管理、经济、投资、物流、机械、航运、信息科技等类别。第三届管培生已入职并开始在香港总部的轮岗工作。③继续做好控股码头人才引入工作。公司第一批控股码头引入人才挂职期满，按控股码头人才引入管理办法进行考核，根据考核结果与相关人员签订上海总部劳动合同并定岗，对于考核不合格的退回其原劳动关系所在公司。此次正式引进码头操作、设备管理、市场营销等 6 名人才，为公司后备人才梯队建设进一步夯实基础。

五是优化岗位配置及加强总部与码头一线人员交流。根据实际，公司以员工年度绩效考核为依据，对总部及下属码头人员岗位做进一步调整，加强总部机关与码头一线岗位人员的交流和锻炼，以优化人力资源和干部岗位的配置。根据码头项目工作需求及公司人员岗位实际情况，通过考核选拔并履行任职程序，把最符合相关岗位任职要求的人员选拔任用到所需岗位，及时、有效地做好人员岗位的调整配置。根据公司海豚项目的安排，长江区域的相关下属码头公司除长江石化、太仓码头外基本完成交割。此次涉及的长江区域码头包括张家港永嘉、扬州远扬、南京龙潭、长江石化、太仓码头，共 15 名公司码头委派人员需进行安置，其中码头高层管理人员 10 名、中层管理人员 5 名。面对人员安排的压力，公司根据个人意愿安排 1 名符合条件人员提前退休，安排 1 名接近退休年龄的人员到总部职能部门任顾问从事专项工作，其他人员则根据专业及经验，安排到总部或其他下属码头公司的合适岗位工作以进一步充分发挥其作用。据统计，2020 年以来，公司共进行了 84 人次的干部人才岗位调整，同时，还做好了委任下属公司兼职董监事的相关工作。

六是加大人才培养力度，推进人才培养体系建设。①成功举办国际化后备人才英语强化培训班。根据加快培育国际化、专业化的经营管理团队及全面提升员工英语水平的实际需求，年初组织了第二期中远海运港口国际化后备人才英语强化培训班。此次培训班，进一步将培训资源向合资公司码头一线的属地员工倾斜，选拔码头一线生产运营、操作、工程、技术等专业骨干人员参加英语强化培训。经过近两个月的全脱产、高强度培训，参训人员通过集团海外后备人才库入库英语考试的合格率达 64.7%，成为公司海外业务拓展的储备人才。②继续做好管培生轮岗锻炼。根据对后继管理人才的培养定位，结合管培生的职业生涯发展规划，做好 2018 届首期管培生轮岗结束后的考核定岗安排，经考核，首届管培生已在定岗岗位正式工作。2019 届管培生已完成在香港总部、八号码头的轮岗阶段，并已赴上海总部轮岗锻炼。本着为公司培养年轻化管理人才，全面跟进管培生计划，长期关注管培生的工作表现和职业成长动态，促使其尽快成长为具备码头运营经验的综合管理人员，为公司的全球化发展战略提供年轻化的人才保障。③配合集团海外后备人才库建设。按照集团部署，积极推荐、组织人员参加集团海外后备人才库的选拔，目前公司共 61 人纳入集团海外后备人才库（含已外派人员）。④推进“港口领英人才交流计划”。为进一步加快培养一批具有国际化视野、全面熟悉和掌握公司码头业务、综合素质及能力较高的中青年骨干人才，公司着手制定计划，将选派总部各部门、境内各控股码头的优秀专业人才到海外码头进行短期工作交流，为公司“十四五”战略目标落地培育和储备优秀人才。⑤开展专业人才库建设及各层级员工培训。根据集团各职能部门推出的人才库建设要求，结合公司战略发展规划，进行港口公司航运人才库、党群工作高级人才库建设工作。同时，健全分层分类培训体系。据统计，2020 年，公司总部举办的培训共 590 人次参加，培训时数达 1977 小时；码头举办的培训共 19 383 人次参加，培训时数达 15 628 小时。

七是完成退休人员社会化管理阶段性工作。根据集团的部署，在集团人力资源本部的大力支持和指导下，公司分期分批地持续推进退休人员社会化管理工作，包括计提退休人员统筹外费用、推进组织关系移交，以及档案移交等。做好退休人员人事档案的电子化工作，并按上海市政策，完成退休人员人事档案及其电子版交付工作。至此，公司完成退休人员社会化管理的年度工作任务。

八是完成总部部门管理架构及职能调整优化。根据工作实际，为适应公司“全球领先的综合港口运营商”的发展定位，秉承职责清晰、权责统一、专业分工、监督有效的原则，公司于 9 月初完成了总部部门管理架构及职能调整及优化。经调整，公司总部职能部门由原 16 个调整为 14 个。调整优化后的部门管理架构及职能，更加适应公司向码头运营管理转变的需要，解决了原有部门架构存在的职能交叉重叠问题，为“十四五”战略目标落地提供组织保障。

【企业党建】

2020 年，中远海运港口党委坚持以习近平新时代中国特色社会主义思想为指导，全面贯彻新时代党的建设总要求和新时代党的组织路线，践行党建“三做理念”、弘扬“三舱精神”，团结和带领干部职工积极应对新冠肺炎疫情暴发和全球经济调整下行所带来的压力和挑战，努力抵御内外风险，深化改革发展，促进精益运营，为实现公司的持续健康稳定发展，提供坚实的政治保障和组织保障。

一是举旗定向，政治赋能，引领公司正确健康发展。公司党委发挥政治引领作用，做到抗疫防疫和精益运营“两手抓、两手硬”，全方位落实公司抗疫防疫工作，保障各地区职工安全复工复产，公司境内无员工感染新冠肺炎，境外疫情持续稳定可控；履行好党委对攻坚发展的把关定向作用，多次召开精益运营及应对疫情专题会议，制定成本管控方案，尽最大努力将疫情对港口生产经营的影响降到最低，并施以“四重”保障机制来推动精益运营成效落地；保持对 PCT 的重点打造势头，落实 PCT 和 PPA 集装箱码头的统筹经营，持续推进全球化网络布局和建设，确保“一带一路”项目建设高质量推进；牢牢把握两个“一以贯之”，正确处理党的领导和公司治理的关系，加强对下属控股码头建立“三重一大”决策制度的指导、调研和审批，年内审批泽布吕赫码头、南通通海码头“三重一大”制度；推动顶层布局，突出战略引领要求，编制公司“十四五”发展规划，确立了以“全球布局”和“精益运营”为双轮驱动，以总部“信息化和数字平台”“产业链延伸支持中心”“组织管控和人才体系”三大变革为支撑，将公司打造成为以客户为本的全球领先综合港口运营商，成为集团三大核心业务之一的战略举措和目标。

二是理论武装，思想赋能，党建筑心激发进取力量。积极推进学习型党组织的建设，带领广大干部重点学习习近平新时代中国特色社会主义思想、党的十九届五中全会精神、《习近平谈治国理政》第三卷等，并把理论学习成效体现在积极贯彻新发展理念要求上，“自动化码头技术交通运输行业研发中心”“5G 智慧港口全业务场景应用”等引领自动化码头技术新发展；重点开展“四史”学习教育，通过策划开展中心组扩大学习、参观红色教育基地、主题党日活动、电影党课、党组织负责人上党课等，带领党员重温红色历史，坚定理想信念；落实党管意识形态原则，注重分析研判意识形态领域情况，加强国家安全和形势任务教育，引导职工增强政治鉴别力，坚决做到“两个维护”。

三是强化“三基”，组织赋能，全面提升基层党建工作质量的“四梁八柱”。顶层推动部署，制定了《2020 年党建工作要点》，带领各基层党组织对标支部建设“六条标准”开展自查自纠；注重发挥基层党建特色，推进党建工作与企业项目融合发展；并加强党的领导和党务干部、党建人才建设，推动落实“双向进入、交叉任职”的企业领导体制；向泉州太平洋码头、武汉码头等基层单位选派专职党委书记，建立了公司党群工作高级人才库，并充实人才入库，以一系列积极有效的举措使党建工作目标更为明确，基础打得更牢靠，自身建设更为完善、基层组织力更显实效。

四是选贤任能，人才赋能，坚持正确用人导向，打造高素质精英队伍。建立了公司科技人才库、航运人才库、物流人才库、航运金融人才库、航运服务人才库、党群人才库等，逐步建立完善公司知事识人体系；严格贯彻执行干部选拔任用与岗位职责、任职能力及工作绩效相关联的联动机制，全年共进行了 93 人次的干部人才调整配置；抓好奋斗者激励机制建设，修订码头岗位分级管理制度以及发布控股码头成本控制专项奖励办法等，有效促进各层面人员的工作积极性；持续推进控股码头人才引入和践行高端人才的市场化选聘、引进，开展“港口领英人才交流计划”等，着力打造一批具有国际化视野、全面熟悉和掌握公司码头业务、综合素质及能力较高的中青年骨干人才。

五是涵养企魂，文化赋能，唱响企业发展的主旋律。挖掘抗疫典型线索，展现公司抗疫工作成效，根据疫情发展的不同阶段，收集抗疫工作素材并集中相关报道 50 多篇；做实文化宣传阵地，陆续推出“武汉水铁联运开工”“PCT 十周年”“5G 智慧港口成果发布”等专题报道，塑造公司良好的品牌形象；多方位拓展外宣平台，提升外宣内涵质量，接受《英才》杂志专访，向大众展现港口公司的新发展理念和战略前行方向，公司的品牌影响力持续提升。

六是从严治党，监督赋能，全力推进党风廉政建设和反腐败工作。党风廉政方面，抓住“责任制”这个牛鼻子，与各基层党组织签订 2020 年党建工作责任书，对基层党组织书记述职评议考核，督促基层单位发现问题、整改提高；加强纪检监察队伍建设，年内补充了专职纪委书记，同时将具有一线码头管理经验的优秀干部安排担任公司纪委委员和审计监督部负责人；持之以恒纠“四风”，强化监督管理，开展境外企业腐败治理工作，进一步加强对境外码头和“一带一路”投资项目的监督；开展廉政谈话、纪检约谈和教育宣传，全年开展领导干部谈话、约谈 87 人次，诫勉谈话 1 人次，提醒谈话 6 人次，批评教育 4 人次，警示谈话 3 人次。审计监督方面，分别开展了控股码头费收减免管理专项审计，以及对 10 家控股码头开展码头生产成本控制专项审计，积极发挥审计在“精益运营”方面的引领和保障作用；通过开展海外工程管理专项审计调查，探索建立境外工程审计管理模式，促进工程成本控制和管理规范。经统计，全年完成审计项目共计 18 个，累计发现问题及需要改善的环节共 56 个，提出审计意见建议 56 条，促进增收节支 30.21 万元。

七是贴近职工，群团赋能，凝心聚力共画企业发展的同心圆。工会组织下属码头参加集团职工技能竞赛，推荐上报“内燃装卸机械司机龙门吊操作”等优秀技能项目；关心关爱劳模，向系统内 14 名市级以上劳模发放荣誉金；推动开展为职工办实事项目、职工文娱活动，以及持续做好多种形式的慰问工作，公司党委书记亲自到武汉、厦门等码头向一线高温慰问；团委以组织学习习近平总书记五四寄语精神为契机，开展宣讲报告、座谈交流等，激发青年将寄语精神转化为使命担当；做好“港口青年抗击疫情的典型代表”推荐工作，共向中国港口协会推荐了 4 名优秀青年；继续做好“浪花·心愿”结对助学活动，为 5 名家中困难学生提供资助；持续健全稳定风险管控和矛盾化解协调机制，向各直属码头传达综治、信访、反恐等预控布置和风险隐患排查要求，在重要节日和重大会议期间，公司管理层全程带班值班，确保全年无重大影响性维稳事件发生。

【企业文化与社会责任】

中远海运港口围绕“The Ports for ALL”品牌定位，聚焦“全球化”“精益运营”“创新发展”“企业公民”四大核心内涵，将企业文化、品牌建设与战略和商业目标更明确和更紧密地联系起来，打造“全球领先的综合港口运营商”品牌形象。

2020 年，面对突如其来的新冠肺炎疫情以及肆虐全球态势，中远海运港口始终以人为本，缔造安全健康的工作环境。公司坚持全局一盘棋、内外联动、亲如一家的大局意识，国内国外联动，关心关爱员工，做到中外方各类员工一视同仁提供防护。截至 2020 年年底，共支援境外下属码头公司 25 万只口罩、48 副防护眼镜、100 件防护服，并发放了连花清瘟胶囊等防疫物资。同时作为负责任的企业公民，中远海运港口以极强的业务韧性，为畅通全球贸易供应链提供服务和解决方案。公司协调下属码头公司开通“绿色通道”，让装载防疫物资的船舶优先直靠、优先作业及优先装车，并向受疫情影响严重的海外码头所在地国家及当地医疗机构捐赠防疫物资，驰援全球抗疫。

公司在数字化、智能化新技术方面持续投入，继完成全国首个 5G 全场景示范应用智慧港口落地后，持续开展技术创新，升级智慧港口建设，触发行业变革。与此同时，践行“绿色港口”建设，通过设定科学减排目标，加大“碳中和”产品和服务投入，加强生态环境保护、污染防治、防台防汛、环境污染事故的应急处理和管理制度等措施实现自身运营层面的节能减排，提升监督规范，消除隐患，推动绿色发展。

公司继续聚焦社会责任、可持续发展等长期重要事项，积极推动 ESG 发展，提高执行和管理能力，为社会各界创造正面及长远的价值。公司可持续发展模式也得到市场的认同。2020 年，首次获得 *Global Business Outlook* 杂志颁发的“最佳社会责任港口运营商”奖；荣获香港社群创客基金等颁发的“InnoESG Rrize 2020”；荣获本识顾问有限公司颁发的“最佳 ESG 报告嘉许奖 – 中型市值”“最佳 GRI 报告嘉许奖”“卓越ESG管治嘉许奖”及“卓越环境正面影响大奖”；连续两年荣获《财资》杂志颁发的“最佳环保、社会责任及企业管治钛金奖”。

期内，公司依法合规开展公益捐赠，积极承担企业公民责任，回馈社会。具体包括：①向中远海运慈善基金会捐赠人民币 1000 万元，定向用于中国中西部地区美好家园建设；②向香港当地两家慈善机构捐款，关心支持自闭症和长者协会项目；③支持旗下控股的希腊比雷埃夫斯集装箱码头公司、广州南沙海港集装箱码头公司继续向当地慈善机构进行捐赠。

2019—2020 年中远海运港口主要情况见表 14–13。

2019—2020 年中远海运港口主要情况表　　表 14–13

类别	项　目	2019 年	2020 年	备　注
吞吐量	总吞吐量（万 TEU）	12 378.4	12 382.5	—
	权益吞吐量（万 TEU)	3 967.1	3 845.6	2019 及 2020 年，公司按照战略部署出售了南京龙潭、张家港永嘉及扬州远扬三家码头。若剔除上述三家码头出售因素，公司全年完成 3 745.3 万 TEU，同口径增长 4.4%
财务状况	总资产（亿元）	731.58	731.56	—
	净资产（亿元）	401.30	415.29	—
	营业收入（亿元）	72.17	70.06	—
	利润总额（亿元）	28.00	28.21	—
人力资源	员工总数（人）	163	179	总部员工

注：1. 以上财务数据为中国企业会计准则下数据；

2. 2019年金额采用平均汇率1美元：6.892人民币计算；2020年金额采用平均汇率1美元：6.900 4人民币计算。

（黄莉　朱逸斐）

中远海运财产保险自保有限公司

中远海运财产保险自保有限公司

【公司概述】

2017年1月25日，中远海运财产保险自保有限公司（简称“中远海运自保”，英文简称COSCO SHIPPING Insurance）获得监管部门保险法人机构的批复，2月8日完成工商注册，2月17日正式开业。中远海运自保是中国第六家、内地第三家自保公司和国内首家航运企业的自保公司，也是上海市唯一的自保公司，已纳入上海市重点金融法人机构名录。公司的成立得到了上海市有关部门的高度重视，还被评为上海浦东改革开放40年创新成果之一。公司成立4年来总体发展稳健，专业能力水平不断提高，在业务规模、服务水平、信息科技化程度不断突破，逐渐在集团内发挥出保险对于产业发展的“稳定器”和“助推器”作用。同时，公司注重自身内部控制和风险管理，成效显著。自2017年三季度起到2020年，公司已连续14个季度获得中国银保监会行业风险综合评级A级。2018年，公司在集团19家二级单位的内控成熟度评估中排名第一。2018年10月，国际著名信用评级机构A.M.Best授予公司“A级（卓越）”财务实力评级（FSR）和“a级”长期发行人信用评级（ICR）。公司所有评级展望均为稳定，到2020年已经连续三年保持A级（卓越）评级。

自2017年7月1日起，中远海运自保正式承保集团所有船舶的保险业务。2017年，中远海运自保实现保险业务收入2亿元，实现利润总额6234万元，充分发挥了集团赋予的风险管理工具、保险管理平台、风险成本中心的三大职能，顺利实现集团成立自保公司的阶段性目标。

2020年，中远海运自保根据集团“三个聚焦”发展的工作要求，开拓进取，努力在业务、服务、数字化等领域谋求突破。2020年实现保险业务收入6.32亿元，其中船舶保险（含远洋船舶险和增值险、战争保险、集装箱保险等）5.73亿元，占总保费收入的90.6%。责任保险保费收入2317万元，企业财产险保费收入1908万元。全险种整体保费分出比例为91%。当年保险资金运用收益1.05亿元。实现净利润1.13亿元。

【发展战略】

根据集团“十四五”规划编制工作部署总要求，公司及时开展“十四五”规划编制工作。在集团“6+1”产业集群战略实践成果的基础上，公司提出“十四五”期间达到“物流航运保险深耕者”和“中国自保行业翘楚”的发展愿景，继续以做好集团内部服务为主，发挥风险管理工具职能，努力为集团“十四五”期间“3+4”产业生态发展提供更全面、优质的赋能服务和保险保障。公司将在更多领域提升自保公司对集团的价值贡献，成为中国自保行业的典范和翘楚。此外，公司还根据总体发展目标，开展战略资产配置中长期规划、信息化中长期规划、人才规划、企业文化提升规划等工作。

【业务经营】

2020年，中远海运自保一手抓疫情防控，一手抓生产经营，着力在业务、服务、数字化等重点领域谋求突破。公司加强与集团各产业的业务协同，为航运产业重点项目提供专属保险保障，助力打造全程物流供应链服务体系；积极为集团重大战略项目提供保障，加强与集团各产业的业务协同；承接集团海外码头财产险和责任险业务，助力集团参与“一带一路”建设；全力支持集团推进海南自由贸易港建设，积极参与集团各类新项目建设，提供专属保险保障；为航运产业重点项目提供专属保险保障，助力打造全程物流供应链服务体系。根据集团重点工作分解，公司主要开展以下工作：

为散运中铝几内亚项目提供保险保障。根据散运中铝几内亚项目第二批的设备运输风险状况，公司及时牵头组建共保体，安排保险，全力支持几内亚项目顺利完成。

承保海南港航拖轮及码头业务。为全力支持集团推进海南自由贸易港建设，公司及时对接海南港航业务，对各港区进行实地勘察，提供承保建议和风险提示，并最终承保其拖轮保险以及海口港、洋浦港和通用三个码头的保险业务。

整合优化东方海外船舶保险条款。2019 年，OOCL 船舶险业务按原条件转入公司，今年续保过程中公司协同经纪公司，在原费率下对部分条款进行了优化。

提供专业服务输出。为能源船管职业责任保险制定两种方案提供决策；积极参与胜狮货柜旗下集装箱箱厂转入寰宇后的保险安排；及时跟进物流总部的保险整合工作，为物流仓储保险统保项目提供技术支持。

推动责任险在集团内的覆盖率。随着各种法律法规的出台落地，责任风险受到越来越多的重视。公司继续加大责任保险的宣传力度，扩大雇主责任险、董监高责任保险在集团内各公司的覆盖面。今年，有 22 家公司新投雇主责任险，2 家公司新投董监高责任险。同时，针对网络安全风险的增加，进一步深化对网安险的研究，针对各公司的不同需求制定相应的保险方案。同时，根据集团全程物流链服务需求，创新服务，组建特运物流责任险共保体，为特运量身定制了物流责任险保险方案，助力其业务拓展。

【企业管理】

发挥公司专业价值，努力实现服务能力突破。中远海运自保与集团内各航运企业研究船舶险年度续保机制。根据集团付刚峰总经理 2019 年 11 月在自保公司的调研指示精神，公司在内部业务合作中加强市场化经营的理念，在集团运营部的要求和指导下，对船舶险续保模式进行创新性研究。通过研究行业优秀做法、分析历年保险业务情况、随机模拟和情景测算分析，结合公司经营情况，与集团内各主要航运公司、保险经纪公司共同研究制定船舶险续保机制方案。该机制将在 2021 年度船舶险续保工作中启用执行。

建立信息发布及分享机制。今年公司成立信息与资讯小组，每月整理并汇总保险及航运圈内重大信息，推送给集团主管部门及全部客户。同时，公司根据行业热点、焦点问题，发布 3 期自保通函，为船东提供指引和建议。2 月发布的《2019 年新型冠状病毒——对航运企业的一些防控建议》，是全集团、全行业范围内最早的综合性防损通函之一。6 月发布的《船舶闲置安全和保险指南》，为疫情期间船东安排船舶临时停航提供指引。

开展不同形式保险防灾防损服务。由于今年疫情原因，公司虽未举办大规模的现场防损会，但防损服务依然做得有声有色。一方面开展一对一交流会，针对不同客户的不同风险提供个性化的风险提示和防损建议，做到有的放矢；另一方面与客户共同编写相关防损手册，提供最佳实践指导。上述工作安排获得了客户的欢迎和认可。

推出集团船壳险续保新机制。在集团运营部的协调推动下，公司按照市场化费率确定原则，形成集团船壳险续保机制，为赔付情况良好的船东提供更具优惠的续保条件。

积极参与集团关于风险防范及相关法律制度的研究。公司向集团法风部及海商法修改课题组专家反馈了关于《中华人民共和国海商法》修改的建议，并在 6 月初中国船东协会的专题会上作了发言，对海商法修改提出了意见和建议。公司积极参与了集团关于《船舶海上事故处理指南》的编撰工作。

【公 司 治 理】

中远海运自保进一步规范董事会建设，提升公司治理能力。规范董、监事会议及授权事项管理。2020 年，公司召开董事会 5 次、监事会 2 次、董事会审计与风险控制委员会 3 次、董事会战略与决策委员会 2 次，审议通过 90 项议案，董事会职能得到有效发挥。公司认真履行董事会授权，根据集团董事会授权清单 3.0 版本，按要求月度上报董事会、董事长、总经理办公会行权情况。

2019 年 5 月，上海银保监局对公司开展了为期三周的公司治理现场评估工作，针对股东治理、董事会治理、监事会和高管层治理、风险内控、关联交易治理、市场约束等 49 个板块，从合规性和有效性两个维度开展共计 170 各项目的评估，审查 1056 份文件。检查过程整体效果良好，后续公司将根据现场评估情况及反馈结果，积极推动相关问题的整改工作。稳步推动公司董、监事任职资格核准；依法合规完成董事长变更的各项程序，并根据银保监会关于董监高任职考试安排，积极推进董监高人员任职资格核准等合规工作。

【疫 情 防 控】

新冠疫情发生以来，中远海运自保高度重视疫情防控，在保障员工健康、安全的前提下，及时复工复产，全力以赴保障公司生产经营及集团各项保险安排不受影响，做到疫情期间防疫不乱、工作不断。加强员工教育，发布疫情期间工作指南，倡导尽可能用远程视频手段取代拜访、会议等活动。为确实需要出差的员工提供必要、充分的防疫保障。通过持续深入疫情常态化防控管理，公司全体 44 名员工无感染新冠肺炎确诊病例、疑似病例等情况，公司各项业务顺利开展，未出现异常波动，顺利完成全年各项重点工作。

国内疫情暴发后，公司及时评估疫情对集团内各参保单位业务的影响，针对相关风险出具安全提示和防损建议。为协助各企业抗击疫情，推进全面复工复产，公司第一时间推出了保障感染新冠肺炎责任的保险产品，为武汉集运 1000 多名职工及集团外派的 500 多名海外员工提供了有力保障。主动为客户着想，积极帮助相关企业降低风控成本。在疫情影响下，星旅“鼓浪屿”邮轮业务受到巨大冲击，公司及时为船东办理了相关停航退费手续，有效减轻客户的经营压力。公司还积极响应应急部倡议，为投保安全生产责任险和环境污染责任险的企业免费扩展保险期限。公司以简报形式每日整理收集世界各国对船舶进出港口的疫情防控要求，供集团相关部门、各航运公司、经纪公司参考。

【人力资源管理】

2020 年，中远海运自保根据干部管理规定并结合实际工作需要，认真开展干部选拔任用工作。修订完善人事管理制度，健全人力资源管理机制。以更清晰明确员工招录标准和任职要求，严格员工日常行为规范管理，完善以岗位胜任力为核心的选人用人机制，为员工的发展成长提供制度保障。持续开展员工劳动合同续签工作。整个合同续签工作继续坚持平等自愿、双向选择的原则，由公司根据员工历年绩效考核结果、日常工作表现等情况，与员工进行访谈沟通后确定续签意见，在公司内进一步深化了市场化选人用人导向。通过考核，干部员工能上能下、能进能出成为常态。加强对工资总额统筹、动态管控，完善优化薪酬管理方案。根据集团关于 2020 年工资总额管理的具体要求和标准，组织人事部门持续跟踪公司经营效益和工资总额变化情况，严格落实集团规定。

结合深化三项制度改革工作要求，公司积极完善薪酬管理方案，健全工资效益同向联动机制，切实提高公司投入产出效能。

【信息化建设】

中远海运自保在信息化建设方面加大投入，不断提升数字化管理水平。业务端，特战险自动申报平台等系统的开发应用，大大提升承保、理赔的工作效率。管理端，产品管理、风控管理、数据治理等系统有效推动管理精细化。科技赋能方面，船舶风险画像等重点项目不断推进。网络安全管理水平也得到一定提升。

【审计监督】

加强审计制度建设，促进审计工作高质量发展。中远海运自保根据集团相关制度要求制定《中远海运财产保险自保有限公司审计整改工作实施细则》《中远海运财产保险自保有限公司违规经营投资责任追究实施细则（试行）》两项制度，为审计工作高质量开展提供制度依据。

围绕公司中心工作，开展各类专项审计。2020 年，公司内部审计专注于内部控制管理、偿付能力风险管理体系运行、再保险业务、保险资金运用、反洗钱、关联交易等审计重点项目。

主动用好审计成果，及时整改存在的缺陷。公司对审计发现的问题进行梳理，组织相关部门研究制定审计整改措施。建立审计整改建账销号制度，建立审计整改台账，明确整改措施，落实整改责任，持续跟踪审计整改情况，不断促进审计成果的落实。

全力配合审计署经责审计。公司高度重视、谨慎对待，专门成立审计配合工作组，指定有关部门及个人积极协调，按要求全力配合完成审计。

【企业文化】

大力开展公司企业文化建设。中远海运自保始终秉承保险事业宗旨，以服务集团主业为己任，最大发挥金融保险职能和自保公司优势，竭力为集团“3+4”产业生态高质量发展保驾护航。公司引入外脑为公司系统化建立文化体系及具体落地举措，以根植保险事业、强化风险保障、赋能产业发展为使命，以全球航运保险的领航者为愿景，通过以服务客户为宗旨、以追求卓越为动力、以科技创新为引领、以价值创造为根本四个核心价值观的植入，在市场化基础上打造更具有中远海运自保特色的企业文化理念，使得员工将市场化理念、合规文化理念、价值创造理念入脑入心。

【企业党建】

从公司筹建到 2020 年，中远海运自保党组织历经了临时党支部到党委的完善过程。党建工作始终坚持高标准严要求，不断强化制度建设，基层党组织建设日趋规范；持续加强干部队伍建设，制定公司深化三项制度改革实施方案；扎实推进党建信息化平台上线；强化党风廉政建设，抓好“四史”学习教育等学习，指导群团工作开展。公司党委严格落实把方向、管大局、保落实的职责，从严治党在公司得到坚决贯彻落实。今年集团第三巡视组对公司进行巡视检查。根据巡视审计反馈意见，公司党委及时召开扩大党委会研究部署整改工作，细化分解发现问题，制定《整改任务分解表》，对每项问题明确责任领导、责任部门、整改时间，确保完成各项整改工作。在公司党委的正确领导下，公司上下克服了新冠肺炎疫情带来的不利影响，增强了战胜疫情的信心，党建和业务两个工作都取得了显著成效。

（昝斯韬）

中远海运（香港）有限公司

中远海运（香港）有限公司

【公司概述】

中远海运（香港）有限公司（以下简称“香港中远海运”，英文简称 COSCO SHIPPING（Hong kong））的前身是原中远集团旗下的中远（香港）集团有限公司（以下简称“中远香港集团”），是原中远集团在境外重要的区域管理公司和经营实体。公司业务经营范围是以海洋运输为主及围绕运输业开展的其他业务，拥有并统一管理中远香港集团在中国内地、中国香港、新加坡、美国、德国及日本地区所有独资、合资企业。2016 年 5 月 10 日，原中远集团按照整合重组的工作安排向中远香港集团下发了《关于中远（香港）集团有限公司名称变更的通知》，确定中远香港集团的中文名称变更为中远海运（香港）有限公司，并从2016年11月1日起正式生效。

【公司沿革】

1994 年 8 月 28 日，中远（香港）集团有限公司在香港成立。

1997 年经过架构调整，中远香港集团组成中远（香港）航运有限公司（简称“中远香港航运”）、中远太平洋有限公司（简称“中远太平洋”）、中远国际控股有限公司（简称“中远国际”）、中远（香港）工贸有限公司和中远（香港）货运控股有限公司五家行业归口管理公司，同时还拥有包括置业、保险、科技资讯等，以及旅游、酒店在内的其他产业。

2004 年 12 月 28 日，中远香港集团与原中远集团的中远太平洋投资控股有限公司签订协定，将持中远太平洋已发行股本约 52.4% 的权益转让中远太平洋投资控股有限公司；2004 年 12 月 31 日，中远香港集团的中远（香港）货运控股有限公司将中远货柜代理有限公司（简称“中远货柜”）100% 股权和深圳市景华峰国际货运代理有限公司的股权转让中远集运。自 2005 年 8 月 1 日起，中远香港集团对中远太平洋、中远货柜行使区域管理职能。

2005 年 5 月，原中远集团决定将中远实业公司、幸福大厦和北京远洋酒店划归中远香港集团，并将三家公司的所有股份委托给中远香港集团管理。完成三家公司接收后，中远香港集团于 2005 年 11 月在北京成立了香远（北京）投资有限公司。2006 年，中远香港集团通过香远（北京）投资有限公司完成了三家公司改制和股权转让工作。

2006 年 6 月 30 日，为配合中国远洋推进集装箱境外网点收购项目，中远香港集团与中远集运（香港）有限公司签订协定，将中远菲律宾代理有限公司 55% 股权转让中远集运（香港）。2006 年 9 月 13 日，中远香港集团的中远（香港）货运控股有限公司与中远集运（香港）签署协议，将中远（香港）货运服务有限公司 100% 股权转让予中远集运（香港）。

2006 年 12 月 27 日，中远香港集团与中国远洋签署了《中国远洋驻港机构区域管理框架协定》。

2007 年 8 月，原中远集团批准中国远洋收购香港航运和深圳远洋 100% 股权，中远香港集团自 2008 年 1 月起，对香港航运行使区域管理职能。

2008 年 12 月 29 日，中远香港集团收购中国船舶燃料有限责任公司持有的中燃（新加坡）有限公司 65% 股权，并相应承担 2008 年燃油套期保值合同的盈亏，于 2009 年 4 月完成转让手续。2009 年 6 月 1 日，中远香港集团收购中远控股（新加坡）有限公司持有的中燃（新加坡）有限公司 30% 股权，中燃（新加坡）有限公司成为中远香港集团的所属全资公司。2009 年 11 月 19 日，中远香港集团在新加坡注册成立中远石油有限公司（简称“中远石油”）。2010 年 1 月 1 日起，中远石油正式运作并逐步承接原由中燃（新加坡）有限公司承担的中远船队燃油集中采购业务、执行原中远集团批准的年度套期保值计划；中燃（新加坡）有限公司转为存续公司，2012 年注销。

2010 年 11 月 6 日，中远香港集团与大连远洋就寰宇船务企业有限公司股权转让及区域管理签署了《寰宇船务企业有限公司交接备忘录》和《委托代管协议》。自 2010 年 11 月 6 日，中远香港集团的寰宇船务企业有限公司 100% 股权转让予大连远洋，中远香港集团对寰宇船务企业有限公司行使区域管理职能。

2010 年 3 月，原中远集团对中远香港集团退出远洋地产进行了部署并提出要求。中远香港集团于 2010 年 12 月 16 日一次性全数出售持有的远洋地产股权。

2010 年 7 月，中远国际完成对中国香港、新加坡和日本三个地区中远系内境外备件供应网点的重组工作，建立船舶备件供应平台。

2011 年，中远香港集团获独家受让济菏高速有限公司 40% 股权。

2011 年 3 月 18 日，中远香港集团、中远控股（新加坡）有限公司签署《中远菲律宾代理有限公司区域管理职能交接备忘录》，标志着自 2011 年 3 月 18 日起，中远香港集团再次对中远菲律宾代理有限公司行使区域管理职能。

2012 年，中远香港集团以锚定投资者身份及每股 3.93 港元的价格认购了中铝国际工程 IPO 共 59 210 000 股（市盈率约 7.5 倍）。中远香港集团通过所属中远海运（香港）置业有限公司出资 150 万元人民币持有泸州老窖香港公司的 15% 股份。

2013 年 6 月 10 日，中远国际旗下主要从事船舶设备和备件供应业务的全资附属公司远通海运设备服务有限公司与中远欧洲有限公司就收购其全资附属公司汉远技术服务中心有限公司全部已发行股本签署了股权购买协议，收购代价为 1 180 000 欧元（约 11 977 000 港元）。

2013 年 6 月 27 日，中远香港集团所属全资子公司长誉投资有限公司（Long Honour Investments Limited）以 12.2 亿美元的价格受让中远太平洋所持有的中远集装箱工业有限公司 100% 股权和债权。2016 年 3 月 31 日，中远香港集团与中海集装箱运输（香港）有限公司签订股权转让书，中远香港集团将其下属子公司长誉投资有限公司的全部股权转让给中海集装箱运输（香港）有限公司，转让价为 277 097.26 万元人民币。

2013 年，根据原中远集团 2013 年第 12 次总经理办公会决议，中远香港集团所属裕航投资有限公司以 20.58 亿元人民币的价格受让青岛远洋持有的青岛远洋资产管理有限公司 81% 的股权；中远香港集团所属领惠投资有限公司以 16.8 亿元人民币的价格受让中远集装箱有限公司持有的上海天宏力资产管理有限公司 81% 的股权。

2014 年，中远香港集团所属中远（香港）置业有限公司以受让股权方式，投资 18 067 万元人民币，分阶段购入香港九龙贸易中心 B 座部分物业。

2014 年，中远香港集团所属中远（香港）工贸有限公司与英达公路再生科技（集团）有限公司在香港设立合资公司英达智能道路重策划投资有限公司，中远（香港）工贸有限公司持有 49% 股权。

2014 年 8 月 6 日，中远国际全资控股的附属公司远通公司以 472 800 美元（约 3 668 000 港元）作价收购中远美洲公司全资附属公司远华技术与供应公司 51% 股权。

2014 年 9 月 5 日，中远（香港）工贸有限公司与河北交通投资原集团公司在石家庄市举行了京石改扩建项目合作合同签约仪式。京石改扩建项目道路总里程达 225 千米，双向八车道，于 2012 年 9 月 28 日开工建设，投资总额 188.8 亿元人民币，是原中远集团迄今为止在互补产业领域单体投资额最大的项目。同年 12 月 21 日，京石高速新路全线顺利开通运行，该项目的成功推进是原中远集团互补板块投资的重要成果。

2015 年，中远香港集团认购中集集团定向增发 H 股 65 099 638 股，认购价格 13.48 港元/股，实际投资金额 69 864 万元人民币。在认购中集集团定向增发 H 股的基础上，中远香港集团按照原中远集团批复，增持中集集团 H 股 7200 万股，实际投资金额 7540 万元。

2016 年，中远香港集团将持有的长誉投资有限公司 100% 股权出售中海集装箱运输（香港）有限公司，为集团改革重组和搭建金融产业集群作出贡献。

2016 年 4 月 8 日，中远香港集团与希腊共和国发展基金正式签署比雷埃夫斯港务局股权的转让协议和股东协议，以 3.685 亿欧元（约 27.145 亿元人民币）收购比港管理局 67% 的股权。2016 年 8 月 10 日股份交割后，香港中远海运持有该公司 51% 的股份，为第一大股东。

2016 年 5 月 10 日，中国远洋海运集团下发了《关于中远（香港）集团有限公司名称变更的通知》，确定公司更名为中远海运（香港）有限公司，并于 2016 年 11 月 1 日起生效。

【经营效益】

2020 年，新冠疫情肆虐全球且持续反复暴发，中国及世界经济遭受重大打击并陷入持续萎缩。面对前所未有的困难，香港中远海运以集团重大战略部署为指导，落实“三个聚焦”，立足价值创造，以转型升级、战略联动为思路，持续打造公司核心竞争力，团结一心，攻坚克难，统筹做好疫情防控和生产经营，想方设法降本增效，经营形势逐月好转，圆满完成全年指标任务。

香港中远海运 2020 年营业收入共 1 848 710 千美元，净利润 164 995 千美元，资产总额为 9 880 629 千美元。剔除 PPA 公司、海南港航及当年一次性特殊因素后，香港中远海运 2020 年考核净利润 177 656 千美元。

2020 年，香港中远海运面对不利形势，各业务单位统一思想，坚定信心，坚持客户至上理念，加强市场开拓、科技创新、产品优化力度，全力以赴拼搏经营质效，力保效益稳增长。

奋力稳住创收基本盘。航服企业均在第一时间内顺利复工复产，大部分企业后起直追，超额完成指标进度，盈利贡献远超预期。中远关西抢抓市场机遇，努力创收创效，箱漆和工业漆均出现量价齐升态势，中远关西整体销售量为 56 372 吨，同比增加 9.9%，实现营业收入 97 826 万元人民币，同比增加 9.5%；船舶贸易克服疫情影响，与多家船厂协调，终于在严格的交船期前将中铝几内亚项目订造的 29 艘船全部准时交付；船贸船舶代理业务实现营业额 1099 万美元，同比增加 5.7%；船舶保险顺利完成东方海外货柜航运有限公司（OOCL）船队水险续保工作，成功引进“无辜船东利益保险”及“物流责任险”，并安排中远海特投保，成为新的利润增长点，2020 年营业收入 1200 万美元，同比增加 11%；远通平台克服重重困难，为集团船队提供保障设备和备件，同时还想尽办法为船员提供防疫物资，完成系内船队集中采购备件同比增加 14%，全年完成船舶备件供应业务营业额为 16 957.6 万美元，同比增加 4%；中远佐敦克服疫情影响，全年销售超越 2019 年，销售额达 20 亿元人民币，销售额创近三年新高。

市场拓展全面推进。公司船舶备件及保险经纪业务充分利用渠道优势，不断丰富产品种类，深挖新的盈利点，争取系统外核心大客户，扩大市场占有率；箱漆产品质量和服务获业内认可，系统外业务收入同比增长近两成，市场占有率稳定保持在行业前三；深圳新世纪坚持“营销冲得出、成本管得住”的理念，市场份额连续两年保持增长，在上半年市场需求下滑 35% 的情况下，年度内实现市场份额再增长 3.5%，达到近年历史最高水平 37%；有船公司在市场受到重创的情况下危中寻机，将租金锁定在市场相对高位，为效益稳增长奠定基础。

大客户战略稳步实施。箱漆业务成功拓展 10 家系统外核心大客户，订单总量占比超过 30%。国贸顶住压力，重新优化市场布局，持续推进大客户营销战略，全年完成沥青销售量 22.3 万吨，创造历史新高；江门铝业深化与宜家的全球战略合作，由“供应商”关系转为“合作伙伴”，共同开发新产品系列生产线。货运代理成功开拓美国嘉吉公司和大疆国际等系统外大客户；泉州公司持续推进客户结构多样化，实现利润同比提升。

科技成果转化亮点纷呈。制造企业加大技术创新力度，推动企业从传统制造业向智能制造业转型。涂料业务完成冷箱水性产品设计试用，综合性能位于行业一流水平；成功改进溶剂型工业漆产品性能，实现每升降本 30% 目标；铝加工在科技型企业分红激励方案和国家高新技术企业认定工作的带动下，年初确立的 7 个研发项目均已完成成果转化，两项成果获得实用新型专利授权，新开发产品的销售占总销售额的 50% 以上，提升了公司整体创效能力。

公路板块受政策影响，收益大幅减少。但各单位克服困难，通过引进增值服务、降低成本等措施，由亏损转为盈利，齐鲁高速超额完成净利润指标，为公司整体利润增长作出了贡献。

本港物业经营力保“双稳”，在同级写字楼租金下跌 23% 的情况下，出租率和新签合同租金均远高于市场水平，利润总额同比增加 151.8%。

香远北京公司坚持疫控、经营“两手抓”，净利润完成奋斗指标 102.2%。

【发展战略、改革重组】

2020 年是“十三五”收官之年，也是不平凡的一年。新冠疫情肆虐全球且持续反复暴发，中国及世界经济遭受重大打击并陷入持续萎缩。面对前所未有的困难，公司以集团重大战略部署为指导，落实“三个聚焦”，立足价值创造，以转型升级、战略联动为思路，持续打造公司核心竞争力，团结一心、攻坚克难，统筹做好疫情防控和生产经营，想方设法降本增效，经营形势逐月好转，圆满完成全年指标任务。

香港中远海运以深化三项制度改革为抓手，紧密围绕“2+N”改革有效落地，牢牢把握“提高效率、激发活力”的改革目标，制定《关于深化三项制度改革的工作方案》，明确各单位在全面深化人事制度、劳动制度、分配制度改革方面的 11 项工作任务，规范并尝试创新“能进能出”渠道，多渠道探索收入“能增能减”机制。“能进能出”方面，出台境外《员工招聘管理实施细则（试行）》，规范并已全面推行公开招聘制度；按照“市场化、契约化、差异化”原则起草了《职业经理人管理实施细则（试行）》，为下一步创新公司管理干部发展通道做了积极准备。“能增能减”方面，正式实施股权激励计划并完成股票期权激励计划的首次授予工作。江门铝业成功试点科技型企业长效激励机制建设，制定落实《科技型企业岗位分红激励方案》。方案有效调动公司骨干、技术人才干事创业的积极性，促进自主创新和科技成果转化。香港远通、中远关西、香远北京公司等直管公司也在公司统一部署下，结合各自实际情况，在选人用人、人力资源配置、股权架构、分配激励机制等方面因地制宜推进改革，增强企业内生动力。

立足全新定位科学编制“十四五”规划。香港中远海运积极思考公司定位和发展规划，通过多种形式听取各方意见和建议，对公司未来发展进行反复研究讨论。在集团指导下，香港中远海运顺利完成集团“十四五”规划第一、二阶段布置工作，确定公司战略定位为“集团重大投资项目运作平台”及“集团新产业孵化平台”。同时根据集团 2019—2025 科技发展专项规划，编制完成公司《2020—2025 年科技发展规划》上报集团备案。

【企 业 管 理】

香港中远海运脱困治僵，为企业减负。一是全面推进亏损企业治理。认真分析和梳理系统内企业亏损原因，有针对性地采取不同措施止亏扭亏。针对疫情导致的非结构性亏损企业，协助其做好市场研判、业务拓展，加强节能降耗、控制成本支出等扭亏工作；针对账面亏损的架构企业或特殊目的公司，结合压减工作进行清理关停。

重点推进京华高尔夫的破产清算，想方设法确保项目顺利推进，破产清算已被法院受理。2020 年，在各相关单位的共同努力下，公司亏损企业治理工作取得了成效。年内公司亏损企业户数 7 家，亏损额为 7 994.54 万元人民币，较好完成了集团下达的“亏损户数不超过 11 家、亏损额不超过 12 668 万元人民币”的治理目标。二是压减层级，瘦身健体。公司积极落实集团压减工作任务，克服疫情等诸多不利因素影响，完成 5 家公司关闭、1 家公司更名的工作，全面完成集团下达的压减必保指标。

严抓增收节支、“两金”压降工作。在 2020 年特殊形势下，香港中远海运财务管理工作重点突出节流降本工作，一以贯之树立成本控制与创效同等重要的理念，牢固树立“过紧日子”思想，立足自身、眼睛向内，强化管理。以一切成本皆可控的理念，坚持实施全员、全要素、全过程成本管控，层层分解任务、落实责任，可控费用按月追踪，严控各项费用性开支以及生产性支出，严格预算刚性约束。2020 年，成本费用占营业收入比重为 92.67%，比 2019 年同期（93.08%）下降 0.41 个百分点。公司可控管理费用（不含 PPA 公司及海南港航）同比减少 21%，为全年预算的 52.9%。其中，差旅费、会议费、业务招待费、办公费、邮电通讯费五项费用同比减少 25.9%，为全年预算的 51.9%。

香港中远海运坚持财务稳健原则，提高财务风险防控意识。一是加强运营资金动态管理，确保资金链安全；二是发挥公司融资优势，合理筹划资金，加强与金融机构紧密合作，提高存量资金收益；三是强化资金集中统筹使用，挖掘内部资源，减低对外融资风险；四是加强对汇率、利率风险的监察和控制，合理筹划资金安排，有效控制汇率、利率风险。

香港中远海运切实做好“两金” 压控工作。一是应收账款管理，于年末时加强账款催收工作，特别针对一年以上及超期款项，有效防范拖欠和损失风险，做到“应收尽收”。二是强化存货源头控制，从实际需求出发，在不影响生产经营的前提下，按照“以销定采、以耗定采”的原则合理安排采购量和采购时点。三是注重工作实效，坚持严格实行“黑名单”制度，对集团下发的应收账款客户黑名单内的企业不再开展业务，加强防范客户风险。按照 2020 年集团下达的“两金”压控工作目标共五项，剔除系内燃贸业务的结构性特殊因素后五项指标都顺利完成。

摸准脉搏，科学规划对标体系建设工作。根据国务院国资委及集团统一部署，香港中远海运成立对标提升行动专项工作小组，结合体系框架和实际情况，搜集整理市场潜在对标目标资料，测算分析公司过去三年的经营数据，研究制定了对标提升行动工作方案和清单；在战略管理、组织管理等九个方面分析问题，明确提升目标、工作措施、时间节点及责任单位，补齐短板和弱项，提升公司生产经营和管理水平，提高公司盈利能力。

提升效率促效益，推进“总部机关化”整改工作。根据集团要求，并结合公司实际工作，香港中远海运对公司“总部机关化”突出问题及具体表现形式进行摸底调研，根据调研结果制定八项有效整改措施，制定了分类施策的工作方案，推行“一站式”服务等三项工作机制，明确了责任部门及整改时限，以实现向管理要效率、以效率促效益的目标。与此同时，公司各部门的职责调整工作正在抓紧推进中。

香港中远海运开展了供应商年度评价工作及采购管理专项评估工作。针对供应商管理、管理系统运行、采购计划执行、招标和非招标采购执行、采购质量管控、采购成本等方面进行分析和评估，公司针对薄弱环节制定了整改工作计划并加以落实。2020 年，公司完成了本部供应商库建设工作。本年度供应商库包括 193 家供应商和 108 家意向供应商，所含信息包括各家供应商的类别、业务简述、联系方式、业务开展统计，以及年度评价结果等，可通过供应商名称、业务种类、采购量、评级等条件进行检索。为规范供应商库的使用和维护，公司制定了《香港中远海运供应商库管理细则》并予以实施。

香港中远海运原有的 SIMS 系统主要作为业务部门处理客户信息之用。为了扩大系统的功能和使用范围，更好地使用经营数据作比较分析，作为公司领导和管理人员的决策依据，2020年公司对SIMS系统进行功能升级改造，在各直管公司进行推广运用。通过提升SIMS系统的用户数量，扩大数据库基础，把各业务单位每月的财务数据和主要经营指标完成数据通过系统进行上报；结合数据分析功能，使公司领导和各业务部门主管人员能一站式获取第一手的生产经营情况，了解各单位每月的财务数据和经营状况及变化情况；并通过图表趋势分析功能，更全面、更及时地掌握各业务单位的生产经营数据信息，节省向各业务单位收集数据和资料的时间，提升公司的管理效率和决策分析能力。

【经营管理】

各单位面对疫情对生产经营造成的前所未有的冲击，按照集团“三个聚焦”和“三个不低于”要求，始终坚持客户驱动、价值营销、市场导向的理念，不断推进提质增效工作。

航运服务业务板块主动调整营销工作策略，充分发挥远程办公的效率，利用线上方式与客户和厂家保持沟通，维护好客户关系。船贸积极推进二手船买卖业务，代理出售广东海电两艘二手船及受唐山合德海运委托代购700箱集装箱船项目，不仅获得了系统外船东对其专业性的好评，亦实现系统外业务的实质性突破，系统外业收入332万元，保持了上年水平；香港远通开拓日本客户，获得订单，中标中粮主机备件订单等，初步完成系统外客户的进口主机国产缸套开发等业务，系统外客户同比新增35家，同比增长7.4%；深圳保险与船贸合作共同开发系统外船舶建造险业务，把握2020年海工风电市场热度不减的良好机遇，实现海工类经纪费同比增长40%。虽然受疫情影响，年度客户拜访活动锐减，但仍实现系统外业务收入2395万元，同比增加35万元，占业务比例30%，与上年持平；中远佐敦再次牺牲市场份额获取高盈利项目，净利润同比增加154%；中远关西箱漆市场份额为21.58%，名列市场第三，系统外订单上升到34.43%，箱漆销量和销售收入同比提升3%，毛利率上升到16.7%，工业漆销量同比实现双位数增长，创历史新高；国贸为保证执行手持订单，在严格控制采购风险与存货规模的前提下，坚持以销定采，控制敞口，通过均匀采购，做好库存储备，缓解资源供应紧张局面；国贸共完成沥青销售量22.3万吨，同比增加5.9万吨，上升36.3%，销售收入70 111万元，同比增加2.6%。

基础设施业务板块克服高速公路暂停收费政策影响，加强管理，降低成本，提升服务，把经营重点转移到公路专项养护、工程建设和员工培训上，为恢复收费后打造更好的经营环境。公路企业按照国家政令暂停收费达79天，通行费收入大幅减少；公路企业将经营重点转移到发展多元产业、公路专项养护工作、工程建设和员工培训，以不断提升服务水平，为恢复收费后打造更好的经营环境和条件，增收创效，同时全力做好取消省界收费站及新旧收费模式转换工作，下半年实现扭亏为盈。

制造业业务板块积极应对疫情影响，通过从产品、技术、客户等多个方面着手积极自救，在恢复生产后，各企业均实现了盈利。江门铝业积极开发新产品、新服务，并加大技术创新力度，制定实施《江门铝业科技型企业分红激励方案》，进一步鼓励调动企业的创新研发能力，推动企业从传统制造业向智能制造业转型。其自主研发的“一种环保节能耐腐蚀铝合金封闭车厢”“一种环保节能耐腐蚀栏板车厢”两项成果2020年获得实用新型专利授权，同时加强营销，开发客户，争取订单，全年效益更胜2019年；深圳新世纪以自动化生产线建设为切入点，加大自动化设备建设和自动化设备的应用，实施了车间自动化工程线路改造等多个项目。同时不断推进多元化业务开发，细化营销手段，把握下半年航运市场复苏的机遇，抢占市场份额，不但继续保持箱标行业市场占有率第一的领先地位，市场份额更实现逆势增长，达到35%，较2019年上升2个百分点。

物业经营业务板块经过不懈努力，营业收入和经营状况保持相对平稳。本港物业经营克服香港和内地疫情管控带来的影响，主动营销工作不间断，实现租金和出租率“双稳”；中远海运香港置业永丰大厦改造项目逆市锁定收益，稳健操作，规避风险，从内部使用转为向外创收，挖掘存量资产潜力，大大提升资产创效回报；在年初完成招商、签约，并收到对方支付的项目履约金800万港元，操作规范有序、测算科学审慎，为公司提前锁定了收益，不但规避了香港经济持续下滑而会带来的风险，而且最大程度挖掘出存量资产的创效潜力，大大提升了公司存量资产回报率；香远北京公司加强租户信息摸排，管理层人员带头与关键客户逐一洽谈，提供增值服务来稳定客户关系，确保租务平稳。

在其他业务方面，货运外代继续秉持“以客为先”的理念，通过远程方式加强与客户的沟通联系，确保服务质量，最大程度减少疫情影响；中远旅行社努力克服种种不利因素的影响，抓住一切机遇积极开发新客户，努力向客户推销服务，新增了中理检验、中航油、中航天集团等系统外客户，系统外业务占比增加到95.1%；中远宾馆努力降低疫情负面影响，在稳固现有业务经营的同时，灵活改变销售策略，因时制宜转型推出长期住宿计划，以“安全、清洁”的优质服务吸引商务公司长租酒店公寓，使公寓出租率达100%，在全球酒店分销平台（Hotelbeds）网站客户评分中获得8分的良好成绩（最高10分），获颁发“深受客人喜爱的获奖者”奖牌；泉州公司疫情期间加强与当地政府的公关和协调，经过努力争取，取得各项税收减免多达80多万元。

【资 本 运 作】

香港中远海运合规、高效完成海南中远海运投资有限公司的注册资本实缴，为增资海南港航做好前期准备；密切跟进港航解决PPP协议等增资所涉及问题的进展，配合集团统筹推进。

香港中远海运稳步实施鼎晖基金项目投资，走实资本运作新路径。鼎晖产业基金通过及早布局、紧抓国内外参股和并购机会，年内共完成7项投资，部分项目已增值。公司以“借船出海”战略，实现集团主业以外的抗周期性及新兴产业投资，开局良好、起步有力。

香港中远海运继续配合富通资产管理有限公司业务拓展计划，本年度内股东双方按股比完成四次追加投资，公司资产规模持续扩大，经营效益持续提升，协同效应不断增强，助力集团设备租赁业发展。

香港中远海运与中远海运东南亚积极对接，协同推进集团境外燃油采购平台整合，顺利完成股权交割取得中远海运石油（新加坡）有限公司49%股权，并及时完成增资。项目整体实施过程稳健，不仅较好地完成集团交代的任务，也确保集团航运船队燃油供应服务不受影响。

香港中远海运与交通运输部天津水运工程科学研究院签署了战略合作协议和深化合作备忘录，合作达成后将享有科技成果转化优先权，为公司在高新技术领域拓展奠定了坚实基础。

为落实集团“打造世界一流的全球综合物流供应链服务平台”的战略，香港中远海运配合北美中远海运开发了美国物流设施项目，年内就收购控股权益共同完成了投资可行性论证。

根据集团《关于开展亏损企业治理工作的通知》要求，香港中远海运成立了专项工作组推进公司处置。经充分调研后，公司决定对京华公司开展破产清算，并在实施过程寻求破产重整的机会。2020年7月，京华公司向廊坊市中级人民法院递交了破产清算申请书；一审裁定不予受理后，京华公司于9月向河北省高级人民法院提请上诉。12月，河北高院做出终审裁定：撤销一审裁定、并由廊坊中院受理京华公司的破产清算申请。破产清算申请的受理，标志着京华公司处置工作迈出了重要一步，为最终落实集团要求打下了坚实的基础。

【安 全 生 产】

香港中远海运层层传导压力，全面落实主体责任。在新冠肺炎疫情常态化形势下，公司全面落实企业主体责任和员工岗位责任。年初，公司召开年度安全工作会议，认真分析安全形势，研究落实集团安全工作整体部署，结合实际对全年安全工作作出具体布置；组织全系统签署三级安全管理责任书，传导工作压力，压实、压紧各单位主体责任、各级领导及员工岗位责任。按照集团安全工作会议精神，公司结合实际，下达了年度重点工作任务分解表，悉心指导各企业抓住、抓好重点工作，牢牢把握安全工作的主动权。香远北京公司按照“谁主管、谁负责”的原则，坚持“一岗双责、齐抓共管”，层层落实安全生产主体责任；江门铝业在1月3日参加集团安全生产会议后，立即组织签署各级安全管理责任书；深圳新世纪在压实部门、车间安全责任的同时，安全领导小组主动加压、自觉担责，体现了良好的大局观。

精准科学施策，确保复工复产安全。公司成立防抗新冠肺炎疫情领导小组，多次召开专题会议，按照精准科学施策要求，制定预案，落实各项人员防疫与应急保障措施。公司安委办结合实际，指导企业制定复工复产期间的安全保障方案，认真落实防控措施，做到复工复产和疫情防控“两手抓、两不误”；香远北京公司创新运用党政纪协同督查工作机制，推进落实“24字”防控要求；中远关西克服工厂分散、管理难度大的困难，精准指导各工厂科学防控，确保了复工复产期间人员安全；泉州公司高度重视疫情防控工作，将打球客户纳入防控统一管理，确保不发生交叉感染的恶性事件；船贸加强对外服人员的防疫管理，确保外服人员外出期间防疫安全。

强化现场管理，严格防范安全事故。公司继续推进“现场工班组”专项整治，强化“5S”现场管理，由自发阶段、规范阶段、激活阶段努力过渡到自觉阶段，通过员工安全素养的积累，不断提升现场管理水平和能力，减少违章行为，遏制安全事故。2020年，公司先后组织了复工复产安全“六查”、危化品专项自查、消防安全专项检查，以及集团安排的三个阶段安全检查。总计开展督查36次，安全自查1697次，参加人员9779人次，排查各类安全隐患2357项。中远关西认真做好对上级部门、第三方检查的迎检工作，对查出问题认真整改，按时反馈；香远北京公司针对物业多、楼龄长、设备老旧的痼疾，有计划、有步骤地对老旧设备设施进行更新改造，消除不安全因素；国贸对存在较高风险等级的场所、部位、环节、岗位，进行重点排查，查出安全隐患140项，完成整改140项；香港外代建立和完善了ISO 45001职业安全健康管理体系，认真、务实开展现场安全检查，扎实做好员工安全培训，管理水平有较大提升。

聚焦重点工作，坚决守住安全底线。一是深入开展危化品安全专项整治活动。2020年，公司按照集团要求，组织开展了《工贸行业危险化学品使用安全》专项整治，落实各项安全防范预控工作和自查整改措施，并对危化品企业开展了多次安全检查；中远关西认真落实《上海市高危行业领域安全技能提升行动计划实施方案》要求，开展全覆盖、多途径、高质量的安全技能提升行动，主要负责人、安全管理人员、特种作业人员100%持证上岗，新招录人员及在岗人员100%培训考核合格后上岗；对照国务院安委办重点危险化学品企业和港口专项检查督导问题隐患清单，结合实际生产情况进行类比排查；中远佐敦以HSEQ体系为指南，持续强化5S现场管理，持续提升员工安全素养。二是做好防抗灾害性天气工作。2020年，公司防台工作继续坚持集团“以防为主，适时早避，留足余地”的方针，针对影响公司的2个热带风暴，提前部署，防抗100%成功；针对北方超低温天气，及时做好预警提示，对相关企业落实情况进行现场检查指导。

抓好劳动密集型企业消防安全。公司坚持做好劳动密集型企业消防安全规管工作，避免因消防安全事故引发群死群伤恶性事件。对所辖写字楼、住宅物业，在疫情常态化下继续加强日常消防安全管理和检查，及时发现和整治事故隐患；香远北京公司清理、更新了一批消防设备、设施；天昂公司对管理中心、各收费站、服务区电气设备、消防自动报警系统、消防设施设备、电动自行车综合治理和员工宿舍进行综合性检查308次。

落实上级要求，组织开展专项活动。一是按照集团要求，制定风险评估专项方案，分级、分类部署推进，加快构建安全风险评估和隐患排查双控机制。所有企业按照公司部署完成了年度风险评估专项工作任务，并将进一步完善工作机制，推进风险评估常态化。二是制定并下发《中国远洋海运集团安全生产专项整治三年行动实施方案》，指导各单位认真开展活动，梳理、上报“两张清单”，对活动进行总结。三是做好岁末年初和重大节日、重大活动期间安全保卫和维稳工作，组织系统内各单位认真开展专项安全隐患排查，不稳定因素自查，加强重点时段安全值班，对北京、上海地区企业，组织专项安全和稳定督查，确保万无一失。四是积极组织开展“安全生产月”和“消防宣传月”活动，以月促年，全面提升公司安全管理水平。五是组织开展应急演练。全年共开展应急演练 170 多次，参加人员 4327 人次。

坚持全程管理，持续抓好船舶安全。在疫情常态化下坚持全程管理，持续开展以防碰撞和防工伤为中心的“驾驶台班组和现场工班组”专项治理活动，规范值班瞭望，严肃驾驶台值班纪律和交接班制度，确保航行安全；按照集团《船舶防海盗工作指南》，坚持“宁可防而不来，不可来而无备”的工作总要求，指导航经亚丁湾等高风险区船舶 26 艘次，航行印度洋等海盗袭扰区船舶 101 艘次，为 4 艘次航经亚丁湾的船舶安排武装保安随船护卫、并加入海军护航编队；加强船舶安全检查和现场办公，在疫情情况下，仍然对 8 艘次船舶登轮检查，落实“现场安全检查制”，保证年度船舶登轮安全检查全覆盖；加强船舶维护保养，防止船舶被滞留，2020 年共接受 12 艘次 PSC 检查，无缺陷 10 艘次，发现一般性缺陷 4 项，无缺陷批注通过率 83.3%；接受 FSC 检查 4 艘次，全部无缺陷通过。

践行绿色发展，推进节能环保工作。为落实生态环境保护要求，各单位按照国家法律法规规定，以及《生态环境保护检查标准》《生态环境保护管理指南》和《企业挥发性有机物治理专项检查指南》的指引，不断提高做好生态环境保护工作的主动性和积极性。2020 年，公司综合能耗指标优于考核指标，完全达到排放标准；中远佐敦被工业和信息化部评为国家级绿色工厂；江门铝业取得国家排污证书；国贸、深圳新世纪完成部分环保设备改造，污染物处理能力大幅度提升。

【法 务 风 控】

在集团的统一部署和指导下，香港中远海运按照国务院国资委关于全面推进法治央企建设的总体目标，认真贯彻落实企业提升依法合规经营、加强风险全面防范的工作要求，优化公司管治框架和工作管理机制，完善风险管控体系和工作流程，加强法治建设宣贯工作力度，积极、稳妥地推进“法治央企”各项工作的全面落实。

一是依法治理结构不断优化。对照《中远海运集团企业主要负责人履行推进法治建设第一责任人职责实施办法》的工作要求，推进和落实法治建设顶层设计，完善并加强了董事会的管理职责，按照董事会议事规则和经营决策程序履行依法合规经营的管理职能，将法治建设各项工作融入经营管理的实际运作环节。

二是合规风控体系不断完善。以促进提升合规经营管理能力、提升全面风险防控为目标，建立健全了《内部控制和风险管理办法》《风险评估管理规定》等相关的规章制度，加强经营风险管控力度和监督考核实际效用，构建科学的风险防控体系，全面筑牢风控防火墙。

三是开展合同管理风险排查。2020 年初，新冠肺炎疫情突然暴发，给公司的生产经营带来严重冲击。面对严峻形势，各级公司认真贯彻落实集团工作部署，积极开展合同管理依法防控风险的工作，重点对正在履行的合同进行了全面梳理，及时跟踪各项业务收款进度，与客户加强沟通，并通过多渠道了解、掌握客户公司经营状况，提前做好风险防范。公司整理下发了《关于开展境外法律风险排查的通知》《关于做好疫情下应收账款后续管理工作的通知》《关于加强资金管理及资金风险防控工作的通知》等一系列文件，要求提高风险防控意识和能力，对可能存在的风险问题做到早发现、早防控。

四是推进风险管控专项检查的整改落实。针对 2019 年开展的沥青大宗贸易风险排查及内控评价项目，根据项目报告中提示的风险点，公司对相关风险提示进行专项研究，落实风险管控责任并积极整改，于2020年初完成靖州库收购项目协议签署及产权变更，实现靖州库财务数据并表、财务核算、银行账户、资金监控的一体化，降低库区资产安全风险和财务报告及信息披露风险；积极跟进因北海沥青库搬迁需开展的广西新建沥青库调研方案，降低沥青业务可持续经营风险；深入研究多个航运服务配套业务，以落实业务转型，将沥青业务的中长期发展与公司的规划和资源投放方向结合起来。

五是积极应对突发风险。公司组织各所属单位全面梳理生产经营业务可能涉及制裁风险的业务范围和领域、识别潜在的制裁风险。经梳理排查，香港中远海运可能涉及国际制裁风险的业务包括船舶设备及配件贸易、船舶贸易代理、船舶保险顾问服务、石油贸易，以及船舶和货运代理等。根据不同业务性质和特点，香港中远海运所属单位分别制定了制裁风险管理实施细则，逐渐建立起制裁风险管理体系，健全管理流程，着力防范化解合规风险。

六是加强法治建设宣贯工作。香港中远海运围绕“依法经营、合规管理”的主题开展了多种形式、不同内容的宣传和培训工作，包括组织参加国务院国资委及集团法务部举办的“法治讲堂”和其他各种“法务与风险管理”讲座和培训，下发文件通知、修订规章制度、梳理工作流程、开展风险评估和排查等。公司各级领导高度重视全体员工的教育培训工作，运用在线培训、云培训等方式进行适岗职业技能和业务能力培训；有些公司聘请外部律师到公司进行现场咨询等，活动内容丰富，贴近工作实际，效果显著。

【审计监督】

香港中远海运围绕中心工作，充分发挥监督和服务功能，努力克服新冠疫情影响，想方设法推进年内审计工作进度。在疫情刚暴发时已着手安排调整审计项目实施顺序，优先开展香港当地审计项目；在年中内地情况许可时协调香远北京公司、借调其财务部人员配合北京分部人员一同开展北京地区的审计项目；下半年采取北京分部现场审计和审计监督部本部远程审计相结合的方式，克服重重困难，圆满完成了当年的工作任务。全年共实施集团审计分部年度计划内各类审计项目14项，计划完成率100%；审计总资产625 039万元；审计发现问题87个，提出并被采纳审计意见和建议87条；直接挽回公司经济损失37万元，促进增收节支1898万元；促进建立和完善制度30项。

香港中远海运在完善机制建设的基础上，以“解决根本问题，实现本质整改”为工作目标，开展了专项“回头看”梳理工作，强化审计整改闭环管理。2016年至2020年12月共474条问题纳入台账管理，2020年当年已完成初步核销431条。通过审计整改共促进效益增长4312万元，挽回损失305万元，促进完善制度189项，纠正事项248条。此项工作是公司历年来程度最深、范围最广的一次审计问题整改落实全面梳理核实工作。

按照集团审计协同机制指导意见，香港中远海运创新审计方式，在审计项目开展前，通过工作联系单向相关职能部门提出审计协同需求。相关职能部门就职责范围内的协同事项，向审计监督部门提供有关线索及材料，配合开展有关工作，发挥了本部各职能部门的协同效应。

【队伍建设】

香港中远海运根据集团关于深化三项制度改革的指导意见，编制形成了《关于深化三项制度改革的工作方案》，制定和修订《公司管理干部管理办法（试行）》《香港当地员工薪酬管理办法（试行）》《境内员工招聘管理实施细则（试行）》《境外员工招聘管理实施细则（试行）》《境外员工考核评价实施细则（试行）》《内派及内地公司管理干部综合考核评价实施细则（试行）》《境外公司管理干部选拔任用管理规定（试行）》等8项制度。起草《职业经理人管理实施细则（试行）》《超额利润分享管理规定》2项规定，就“2+N”改革工具包的落地途径进行了积极探讨。

在员工激励机制建设方面，香港中远海运根据国务院国资委批复，按香港联合交易所证券上市规则，正式实施上市公司股权激励计划。经上市公司董事会、薪酬委员会审议通过股票期权激励计划，公司完成首次授予工作，向71名合资格对象发出正式授予通知；在10月6日完成预留股票期权补充授予工作；指导江门铝业制定并正式获批实施《科技型企业岗位分红激励方案》，积极推进科技型企业长效激励机制建设。激励方案采取岗位分红激励方式，在江门铝业现有"两大类别、五大序列"岗位中筛选出合资格激励对象，以净利润和净利润增长额组合计提的模式，根据不同的岗位系数，基于公司业绩和个人考核结果，重点偏向科研技术型人才进行分红激励，进一步促进自主创新和科技成果转化；按照市场化原则，出台《香港当地员工薪酬管理办法（试行）》，建立具有竞争优势的薪酬体制。

在人才库建设方面，香港中远海运推进高级人才库建设工作。公司制定17个专业人才类别的准入范围和遴选标准，统筹部署本部及境内外直管公司人才申报，确定了170人次的"高级人才库"入库人选，并从中择优向集团航运服务专家人才库推荐13位人选，有力加强了人才队伍建设。2020年，公司完成齐鲁高速副总经理、华南工委专职副书记、公司安全管理专员、香港保险公司总经理助理、远通公司副总经理及专职财务总监的选配工作，完成本部21人提拔、7人职务调整、16人调岗/定岗工作；调整39家实体公司董事、监事99人次，做好选人用人工作。

香港中远海运完成退休人员社会化管理工作，通过委托兄弟单位代为办理的形式，平稳有序地完成了境内172位退休人员社会化管理工作，完成率100%；推进远通系统改革重组，保证香港远通对各网点公司实施"五个统一"和"两个统筹"的总部管理职能；对网络公司员工进行成建制转移，完成组织架构调整、人员成建制转入、劳动合同改签、薪酬保险转移等。

【企业文化】

香港中远海运继续通过举办不同形式的活动，传递关爱社会、服务社群的信息，发扬"热心服务、造福社群"的精神，多方面加强义工队伍建设。中远海运国际香港荣获香港社会服务联会颁发的2019/2020年度"商界展关怀"标志证书。

一是与联合国儿童基金会合作。资助"童你抗疫"项目。9月，公司捐款3万港元支持该会儿童项目，为香港基层儿童提供抗疫包，为基层儿童应对病毒提供了更好的保障；10月5日，加入"在职妈妈母乳育婴（Say Yes to Breastfeeding）"运动，在公司设置母乳喂哺友善工作间，并参加相关义工活动；设置专属抗疫捐款网站，向员工及合作伙伴发出呼吁，募捐款项以公司名义向基金会捐款；联合国儿童基金会通过提供防疫的医疗用品、教育小区和实施预防计划，以防止新冠肺炎病毒的传播，自2020年10月起至2021年6月为期半年。

二是与世界自然基金会继续合作。成为该会纯银会员，捐款资助该机构在香港地区开展环境保育和教育工作。

三是赞助苗圃行动相关项目。赞助内地助学项目，与苗圃行动签署赞助协议书，捐款8万港元为中国贫困山区学生提供资助及其他助学项目，让他们能重返校园；资助"有脑童行"计算机上网计划，捐款5万港元为香港基层学生提供平板计算机，使他们在疫情下继续网上学习；支持"挑战12小时"慈善越野马拉松活动，中远海运国际香港获苗圃行动颁发的"苗圃挑战12小时慈善越野马拉松2019企业杰出参与金奖"。

四是与邻舍辅导会继续合作。1月11日，参加邻舍辅导会的寒冬义工探访活动，公司39名义工向37名居住在公共屋村的独居长者和同住长者们送去节日礼品包，送去节日的关怀与祝福；10月31日，公司30位义工向110名居住在深水埗石硖尾白田村的长者派发防护面罩、口罩、消毒酒精等防疫包，以缓解他们的日常防疫需要；捐款购买防疫用品，向邻舍辅导会捐款2.3

万港元，购买防护面罩、消毒酒精和长者陪诊费，为有需要长者提供资助。

五是完成海员会（退休员工分会）筹建工作。大力推动中远海运驻港单位退休员工成立了海员会，作为退休员工活动组织。该会的正式成立，将有效促进退休员工间的交流，更好地团结退休员工以实际行动共同维护香港的长期繁荣稳定，从而有力推动香港中远海运的企业文化建设，切实履行好企业社会责任。

六是认真做好新冠肺炎疫情防控工作。年初，新冠肺炎疫情暴发并在全球扩散，香港的防疫形势严峻。在公司领导的高度重视和统筹部署下，人力部切实提高政治站位，坚持把境内外各直管、代管企业的防疫工作作为最重要的一项工作来抓。公司境内外共 18 家直管公司、在港 13 家代管公司，以及日、美、德、新 4 国所属机构的近 3000 名员工（内地员工 1899 人、香港内派员工 76 人，当地员工 631 人、海外员工 318 人），其中直管公司全年保持“零确诊、零疑似”的“双零”目标，防控工作取得了一定成效。

香港中远海运一直积极组织公司义工参加各类社会公益性和慈善性的活动，传递关爱社会、服务社群的信息，发扬“热心服务、造福社群”的精神，不但加强了员工之间的沟通了解，增进互信、凝聚力量，而且也在社会上有效地彰显中远海运企业的品牌和影响。（朱月芳）

中远海运博鳌有限公司

中远海运博鳌有限公司

【公司概况】

中远海运博鳌有限公司（简称“博鳌公司”，英文简称 COSCO SHIPPING BOAO），成立于 2001 年 8 月，是中国远洋海运集团直属二级单位，属于集团“6+1”产业集群社会化服务板块，是博鳌亚洲论坛核心服务商和基建投资商。

博鳌公司一方面服务于博鳌亚洲论坛，另一方面积极参与市场竞争，核心业务主要集中在会议和度假两大产业。业务范围包括会务、酒店餐饮和客房、高尔夫、景区观光、温泉等。客户广泛分布于汽车、医药、IT、金融、保险、制造、教育等行业。

截至 2020 年，博鳌公司成功完成 19 届博鳌亚洲论坛年会的服务保障任务，先后接待了 10 位中方领导人、147 位外方领导人、2.7 万余名嘉宾代表。习近平总书记分别参加了 2010、2013、2015、2018 年年会。公司还参与服务保障了首届、第二届、第三届中国国际进口博览会，以及深圳经济特区建立 40 周年庆祝大会、首届中国国际消费品博览会等重大活动。博鳌公司全力服务国家外交大局，擦亮集团“金字招牌”。

【深化改革】

2020 年，在优化调整公司组织机构、分清业务范畴、明晰业务权限、理顺管理条线的基础上，博鳌公司综合评估各经营单位、共享中心的业务需求、治理能力和管理水平，将公司“三重一大”权限进行分类授权，进一步明晰公司与经营单位、共享中心的权责边界和重点事项审批路径，实现管理更加扁平化，提升公司响应市场的效率和运营决策的科学性。

博鳌公司继续稳步推进子公司董事会建设和三项制度改革工作，开展业务轻资产化运作研究，推动子公司混改工作。一是完善子公司董事会建设。会务公司作为公司全资子公司，按董事会规范运作的要求，结合会务公司行业属性，对会务公司董事会成员进行了完善和调整，选聘了具有会议会展行业资源的董事、监事人选，并配套修订完善了四项董事会制度。二是推进三项制度改革。结合公司实际，以为客户创造更高价值为导向，重构“精简、扁平、高效”的组织机构，建立劳动合同到期考核评价率，并修订招聘管理办法，深化劳动制度改革，实现员工能进能出；深化分配制度改革，实现收入能增能减。会务公司、度假区中心、后勤中心三个业务单位在公司方案的统一指导下，细化制定三项制度改革实施子方案，重视关键岗位和后备人才梯队的平台搭建，并在工资总额范围内，加大激励及考核力度，激发员工工作积极性。三是完善各业务法人治理可行性方案。为落实公司“四个增长极”战略目标，抢抓市场和发展机遇，结合集团分管领导指示精神要求，系统性研究并拟定了公司业务轻资产化运行的方案。四是充分运用混改新动力。为进一步解决会务公司长远发展所需的资金、人才和技术的瓶颈，启动会务公司的混合所有制改革工作，完成了会务公司混改方案。拟首先从增强会议销售渠道、做强做大定期定址和自办合办论坛（会议）角度引入会议行业发展比较好的龙头企业，互相借助优势共同发展，下一步将进一步完善会务公司改革方案。

【发展战略】

为了从本质上提升公司的抗风险能力、可持

续发展能力和经营创效能力，博鳌公司在 2020 年疫情暴发后不久，提出了“四个增长极”的发展思路。经过近一年的不断深化完善，成效明显。

强基固本。将东屿岛大本营提质升级作为“第一增长极”。2020 年，公司进一步在“一个打造和两个服务”（即打造东屿岛旅游度假区和服务会议、服务度假）方面持续发力，正式获评海南省省级旅游度假区。充分挖掘资源潜力，以度假区理念配置使用资源，实现套餐产品收入 464 万元。积极与港航、乐城、青岛旅游集团、南方航空、南海博物馆等方面开展合作，积极寻找合作机遇。首次独立策划主办千人以上论坛。9 月 18—21 日，由会务公司组织、策划、主办的“2020 年博鳌旅游发展论坛暨旅游商品博览会”成功举行。

模式创新。将输出品牌实现新跨越作为“第二增长极”。公司品牌输出更进一步，在成功服务三届上海进博会的基础上，战胜行业领先企业，成功中标深圳前海国际会议中心项目，实现了公司品牌输出从“借船出海”向“驾船出海”的跨越。

强化布局。将抓住海南机遇实现新突破看作“第三增长极”。公司充分发挥和利用区位优势，积极与博鳌乐城管理局共同寻找双方共同发展的合作点，签署战略合作协议；与乐城管理局合资成立国际医学交流中心，为公司深度链接乐城、前端介入合作、掌握发展机遇创造了无限的可能；推进与海南港航控股战略合作。

攻坚克难。“第四增长极”——资源盘活取得新进展。

【经 营 效 益】

2020 年，面对新冠肺炎疫情黑天鹅事件，博鳌公司全体员工上下一心、全力以赴科学防疫，成功防控了新冠肺炎疫情，实现了公司“零感染、零疑似”的目标。下半年在防疫不松懈的同时，公司竭力促复产拼效益。但受疫情的严重影响，公司收入大幅下滑，全年实现营业收入 16 682 万元，同比下降 37%。疫情期间，公司业务基本停摆，会议大幅取消，旅游人数断崖式下滑。下半年疫情逐步得到有效控制，公司在战略引领下，加大市场开拓， 8—12 月经营超过同期水平。公司全年实现净利润 –101 676 万元，同比增亏 1072%。主要原因：一是疫情影响收入下降；二是公司长期非市场化的高额投资，形成较重的经营负担，经济效益大幅度下滑，公司资产存在减值迹象，经评估测试确认计提固定资产减值准备 83 437 万元，造成了净利润大幅增亏。

博鳌公司以满足客户需求为出发点，逐步建立起资源综合利用的度假区经营理念。充分挖掘资源潜力，配置使用资源，综合利用酒店客房、餐饮、景区、高尔夫及温泉资源，利用疫情后本地市场恢复契机，通过打造预售、短期促销、年度淡旺季等系列套餐，定制亲子游、研学产品，实现套餐产品收入 464 万元。会务公司进一步打造“博鳌 +”会议品牌，为会议客户创造独有的品牌影响力，赋予了会议业务核心能力，自办合办和定期定址论坛在数量和规模上保持了稳定，整体收入占当年会议总收入比例达 46%，自办合办和定期定址论坛的优势凸显。2020 年，公司在成功服务三届上海进博会的基础上，战胜行业领先企业，成功中标深圳前海国际会议中心项目，实现收入 2014 万元，占公司全年收入 12%，有效缓解公司受疫情冲击，实现了公司品牌输出从“借船出海”向“驾船出海”的跨越，获得了品牌形象和经济价值的双丰收。

【风 险 管 控】

2020 年年初，博鳌公司在 2019 年底组织架构调整优化及新建立度假区中心、后勤中心以及采购统一管理的基础上，对各架构所需制度进行全面梳理，制定了 166 项制度的新建或修订计划，通过强化制度管理确保改革工作有序推进。截至 10 月底，已发布 131 项制度，正在审批流转 34 项制度，剩余 1 项资金管理规定待集团上位制度发布后对标制定。

博鳌公司高度重视重大风险管理工作，聚焦年初评估的聚焦关键生产指标完成风险、战略规划实施风险、组织架构风险、业务协同风险、营销政策与策略风险前5大风险，按季度跟踪监测，全面评估风险可能或已造成的损失及影响，认真剖析原因，针对性地研究应对措施。

针对疫情及疫情造成企业停业、2020年度博鳌亚洲论坛年会取消、深圳前海重大国事活动推迟举行等重大风险事件，公司第一时间研究应对措施，将风险损失控制在最低水平。

博鳌公司在投资项目实施过程中，高度重视项目风险评估实施，并根据项目具体情况及需要开展项目事前、事中及事后全过程风险评估实施管理。严格依照集团和博鳌公司的相关规章制度，对项目的风险管理进行严格把关，同时根据项目具体特殊情况，有针对性地制定相关规章制度及管理措施，为项目风险的具体管理工作提供了制度支持。

切实加强投资项目决策的科学性，努力从源头上预防和减少各类风险及不稳定因素的发生。坚持以项目立项工作与风险评估工作同步启动、项目责任人与风险评估责任同步确定、项目可研报告与项目风评报告同步决策的工作思路为指导。

10月，在集团法务与风险管理本部的指导下，开展了投资项目风险评估自评价工作。通过全面评价，深刻认识到博鳌公司自身缺少项目全过程管理人员及风险评估人员，只能依靠外部服务采购填补自身不足。未来，博鳌公司将加强自身人才队伍的建设，丰富和充实人才队伍，进一步提高公司在投资项目中风险管理的管理能力。

7月，博鳌公司风控管理部门组织对上年度及前几年发现的内控缺陷进行整改自查，此后每季度第一个月组织跟进检查。截至目前，前几年发现的缺陷问题均已落实整改，2019年发现的5项缺陷中，已落实整改4项，只剩一项“销售策略未能支撑业务指标完成”正在结合公司全面深化改革工作，整改工作有序推进。

【年会服务】

3月9日，论坛秘书处正式发布推迟召开2020年论坛年会，但博鳌公司贯彻集团要求，仍按原定召开时间抓紧抓实2020年论坛年会各项筹备工作，全力服务国家外交大局。软件服务上，公司制定印发《公司筹备和服务保障博鳌亚洲论坛年会机制化服务保障工作方案》和《2020年论坛年会专项任务表》，明确10个工作组的任务清单、完成时限和责任人；公司党委制定印发《论坛年会党建工作机制化方案》，进一步提升基层党组织组织力，在筹备服务保障论坛年会过程中充分发挥基层党组织战斗堡垒作用和党员先锋模范作用。下属东屿岛旅游度假区运营管理中心充分利用培训学院平台，开展线上培训89场次、61.77学时、2806人次，不断提升专业化、标准化、国际化服务水平。硬件工程建设方面，受新冠肺炎疫情和春节假期影响，博鳌亚洲论坛公园、金海岸酒店外方政要团别墅改造和博鳌亚洲论坛大酒店及主会场相关设施大修三个论坛年会工程项目面临着施工人员返岗、建设材料运输、人员集中管理等困难挑战。春节过后，公司对外积极与海南省有关职能部门、琼海市当地政府加强沟通协调，在优先招聘当地施工人员、购买卫生防疫物资方面取得支持和帮助，强化现场疫情防控知识和政策宣传力度，确保全覆盖。防疫、施工各个环节井然有序，确保2020年论坛年会投入使用。

【服务客户】

优质的服务是企业核心竞争力之一。2020年，博鳌公司成功接待各类会议184场、千人大会19个，OTA满意率95.33%，行业内处于领先地位，高尔夫球会斩获“中国十佳度假高尔夫球场”荣誉；上海国家会展中心接待会议1232个、13万人次；深圳前海国际会议中心接待国家级、省部级等各类考察685个。三个战场分头作战，服务品牌影响力不断扩大。

在博鳌公司大本营，开展“旺工淡学”集训，狠抓服务标准化体系建设，形成拥有独立知识产权系列文库，走在同行前列，成功申报创建2020年度国家级服务业标准化试点项目。全员开展服务技能培训，打造联络员、国宾班等特色服务队伍，圆满保障深圳、上海和港航外拓项目同时运营，兼顾保障6000人中康西普会；主会场翻台和高尔夫晚宴恢复速度均创造最快纪录，展示过硬的服务技能，赢得客户的信任和认可。

在外拓项目上，打造了一套项目机制化标准体系，形成有力支撑。一是量身打造培训课程，培训44场次、121课时，确保所有人员在出发前均通过系统培训考核。二是采取异地培训形式，疫情期间选派内训师前往院校，加强志愿者培训力度，为外拓项目提供源源不断的人力支援保障。三是启动飞行质检机制，专项质检2批次，抓好深圳项目现场服务质量；明确进博会质检负责人，把控服务细节，以“高标准、执行快、纪律严、作风高”的标准，展示博鳌团队风采。

深圳前海项目，是公司管理服务输出由“借船出海”向“驾船出海”转变的标志性事件，呈现五个特点：一是公司上下高度重视，全力支持，为项目成功提供强有力的保障。二是克服疫情不利因素，确保项目有序推进和全体外派人员的平安。三是首创前后方联动机制，支撑项目管理机制高效运转。四是外派团队高度敬业、专业、负责，对外展现博鳌铁军风采。五是真正意义上实现了项目管理服务输出全产业链模式的突破，项目总收入2135万，利润率超过50%，在服务品牌提升的同时效益可观。当前，前海博鳌会展公司已进入经营阶段，未来将为重大主场外交、高端政务、商务及国际交流活动提供高质量运营服务。

上海进博会，日常经营收入175万元，第三届进博会国事活动利润率39.4%。争做疫情的“逆行者”，以度假区为主体的163人服务团队圆满保障了178场会议活动，统筹管理17间VIP休息室，接待总人次过万。高效优质的服务保障工作，得到了商务部、上海市政府、国家会展中心、钓鱼台等单位的高度评价。服务现场，集团董事长许立荣勉励大家继续做好第三届进博会服务保障工作，要求进一步提升博鳌服务品牌知名度，为集团增光添彩；集团党组副书记王海民强调博鳌团队服务影响力不断扩大，知名度不断提高。从自由贸易港海南，到改革开放的前沿深圳，再到国际化城市魅力上海，都有博鳌团队的身影。较前两届不同，第三届进博会的意义重点体现在三方面：一是项目输出模式更加成熟。创新多兵种分区域培训，自有员工和院校志愿者融合到位，使整体队伍实现服务意识、服务行为和服务水平的统一。二是服务团队更加从容自信。服务团队连续作战，三个月内转战海南、深圳、上海三地，无缝衔接，展示铁军形象。三是服务实践更加有意义。服务要求和标准出现新变化，服务团队充分实践，为年会谋划练兵，确保参会嘉宾服务体验。

港航合作项目，在集团系统内有效发挥协同优势，实现由高端会务服务向基础性餐饮服务的跨越，开拓了新的业务板块。辅业方面，港航食堂自7月1日开餐以来，用餐人数平均433人/餐，较接管食堂前增幅43%，经营情况良好，并得到集团、公司及港航相关领导的高度评价；以此为基础，加紧开拓，寻求新突破。旅游板块，对海峡控股港区40平方LED屏幕、18艘船舶、新海港游客出口处等重点区域投放广告，并在拥有100万粉丝的新海港公众号上宣传度假产品，总阅读量近25万，取得良好成效。

【安全生产】

在集团的正确领导和大力支持下，博鳌公司深入学习贯彻习近平总书记关于安全生产重要论述，牢固树立“以人为本”的安全发展理念，坚持“安全第一、预防为主、综合治理”的方针，坚持“党政同责、一岗双责、齐抓共管、失职追责”的要求，坚持安全生产和疫情防控工作“两手抓、两手硬”，不断调整完善安全生产及生态环境保护制度体系，加强员工安全三级教育培训，认真组织开展安全风险分级管控识别、隐患排查治理和各项应急预案演练，认真组织开展“安全生产月”“119消防宣传月”等专项活动，有效应对防汛防台工作，为公司生产经营提供了有力保障。

2020年，公司安全、生态环境形势总体稳定，未发生重大安全生产事故、重大财产损失事件及严重环境污染事故，全年实现了“零伤亡、零事故、零污染”的“三零”目标。职业健康方面，职业病预防率 100%。公司 2020 年初确定的 12 项安全工作主要任务基本完成。新冠肺炎疫情防控整体取得较好效果，实现公司员工“零感染”，区域范围内未发生一例疫情。集团年初下达的各项安全工作控制指标和琼海市安全生产工作目标责任书基本完成，公司荣获琼海市 2019 年度安全工作优秀企业称号。

【队伍建设】

2020 年，根据集团关于贯彻落实大力选拔使用年轻干部的有关工作部署及围绕“完成 45 岁以下年轻干部配比不少于 1/3 的直属单位领导班子配备”工作目标，博鳌公司完成了东屿岛旅游度假区运营管理中心及会务公司配备 1 位总经理助理的工作。公司选送 3 位中层管理干部以挂职、轮岗的方式，到公司其他部门及下属单位领导岗位进行轮岗挂职锻炼，优化干部履历和队伍结构，提升综合能力；公司针对干部队伍老龄化的实际，完成东屿岛旅游度假区运营管理中心 1 位领导班子成员退任非领导岗位的相关工作。

深入贯彻落实集团《关于加强人才队伍建设的指导意见》和集团《专业人才库建设管理办法（试行）》要求，结合公司业务特点与人才需求实际，博鳌公司制定公司人才库方案、人才入库标准等，并逐级推荐选定组建公司人才库。在库人员中，高级人才库在库 15 人、高潜人才库在库 16 人、后备人才库在库 7 人。组建课题研究小组，成功形成 7 个课题研究成果。

根据集团有关开展“总部机关化”问题专项整改的部署，结合公司干部队伍建设实际，公司制定轮岗交流三年行动方案，安排第一批次 6 人（含中层管理干部 3 人）到本部部门及下属单位挂职交流。

扎实推进三项制度改革工作。一是完善人才培养体系基础。搭建本部分级分类能力体系，并依托线上平台落实，营造良好的学习成长和能力提升氛围，在职级和序列管理中充分运用，为本部甄别人才提供基础。二是依法合规申报特殊工时制和用工备案。公司劳动合同签订率实现 100%，并依法合规办理劳动合同和劳动用工备案手续，明确劳动合同签署与续签流程；同时完成就业见习基地挂牌。三是在现有薪酬与绩效管理办法的基础上，结合公司改革实际，就改革后新机构重新制定中心及单位负责人薪酬细则、本部薪酬管理细则等；结合各中心、各单位运营和管理需要等实际，共同探索建立工资总额与劳动力市场基本适应、与企业经济效益和劳动生产率挂钩的管理机制。

2020 年，博鳌公司总结公司管理培训生人才计划推进经验，持续优化改进管理培训生人才培养方案，开展管理培训生职业生涯规划座谈会，制定“1 对 1 导师计划”持续跟踪了解管培生思想动态，帮助管培生建立与公司的信任并融入，在管培期能快速成长进步争取早日定岗；2020 年，有 10 名管培生入职，截至 2020 年年底尚余 7 名，其中 1 名完成定岗。

【企业文化】

突出论坛年会宣传。制定《主题公园集团品牌宣传策划方案》《参与主题公园布展内容实施方案》，在公园标识标牌上印制集团 LOGO，更新远洋大道一侧集团品牌广告“链接全球 · 中远海运欢迎您”，展示集团品牌形象。在金海岸酒店外方政要别墅悬挂 120 幅美术书法名家作品，营造论坛 20 周年文化氛围，提升酒店品味和服务品质，推动未来发展。

突出公司内部宣传。制定《关于提升公司在集团系统内企业形象展示和文化宣传效果的方案》，助力生产经营。向集团报送深圳前海项目抗击疫情宣传报道材料和项目党建材料，被集团党组推荐至国务院国资委党委。在中远海运报官微、公司官微刊发疫情防控、政策理论、生产经营、党的建设等稿件 180 余篇，国家级旅游度假区创建、管理服务输出、对外合作等重大生产经营和战略推进报道同比增加 20 篇。开展“同舟共济、共同战疫”系列报道 11 期，创作抗疫题材文艺作品被集团《为远征扬帆》收录。成立修订小组，开展调查问卷、座谈访谈、学习借鉴，印发《企业文化核心价值理念纲要》升级版，内聚人心、外树形象。

举办第三届东屿岛迷你马拉松比赛。特邀海南港航控股、海南海盛和海南中远海运集运等驻琼兄弟单位40余人参加，展示东屿岛健康、安全、激情、活力的形象。开展座谈交流、主题团日、“健康东屿岛、骑行再出发”“温暖童心·快乐六一”志愿服务，以及疫情防控青年大讲堂等“五个一”系列活动，展示了团员青年共克时艰、敬业奉献的精神风貌。制定节目编排方案，加强人员统筹和排练，组织团员青年自编自导自演参加海南港航重组一周年晚会，通过特色“煎堆”、海南港航船模献上美好祝福，展示博鳌青年风采。组织 20 名青年参加海南省青年联谊活动，搭建交友平台。开展志愿服务，组织团员青年到定点扶贫点开展“温暖童心·快乐六一”扶贫慰问活动。

【党群工作】

2020 年，公司党委始终把学习贯彻习近平新时代中国特色社会主义思想作为党委会和党委中心组学习第一议题，全年举行公司党委中心组（扩大）学习 6 次。组织中层以上领导干部参加党组书记、董事长许立荣学习贯彻党的十九届五中全会精神宣讲会。召开综合管理提升研讨会，对集团党组副书记王海民对博鳌公司工作要求进行研究落实，提升班子理论水平和政策研判能力。坚持重大事项请示报告制度，及时向集团党组报送《统筹推进疫情防控和复工复产工作情况报告》。面对突发疫情，印发《关于加强党的领导，为打赢疫情防控阻击战提供坚强政治保证的通知》《关于划分党员责任区，为打赢疫情防控阻击战提供坚强思想政治保证的通知》，以党支部为单位划分了 118 个党员责任区，实行网格化管理，与公司防疫领导小组协同联动，织密织牢疫情防控网。制定印发《论坛年会党建工作机制化方案》，组建项目党支部，发挥战斗堡垒和先锋模范作用，推动深圳经济特区建立 40 周年庆祝大会和第三届进博会圆满完成。结合企业实际确定前置决策清单，规范重大经营管理决策党委会前置研究程序，全年召开 19 次党委会，完成议题 71 项，其中前置议题 11 项，“三重一大”议题 22 项。组织党员突击队和团员预备队 90 人次服务保障 5800 人次的 2020 西普会圆满召开，助力公司在海南省行业内率先复工复产。召开 2 次党委会等会议专题研究扶贫工作，党委班子成员先后 6 人次率队到扶贫点调研慰问指导工作；投入资金近 30 万元开展产业、就业、健康、消费、智力扶贫。此项工作受到省国资委和当地群众的一致好评。（王庆标）

中远海运（日本）株式会社

中远海运（日本）株式会社

【公司概述】

中远海运（日本）株式会社〔简称“日本公司”，英文简称COSCO SHIPPING（Japan）〕，由原中远日本株式会社和中国海运日本株式会社整合而来，于2016年4月正式运营，是中国远洋海运集团有限公司的直属全资子公司。公司是在日大型中国企业之一，也是在日中国企业协会副会长单位。公司注册资本4000万，注册地日本东京都千代田区。

1977年，原中远总公司经交通部批准在东京设立办事处，并派出航运代表到日本工作，该办事处隶属中国驻日大使馆经济商务处领导。1994年6月，中远日本株式会社成立，是在日本的全资子公司，也是直属的日本区域公司。该公司统一管理中远集团驻日所有机构，并担负着对中远系统派驻日本的其他机构和合资企业进行内部指导和管理的责任。1993年9月，中远还在日本成立中远正和船务株式会社，2001年更名为樱花物流株式会社，2006年7月更名为中远服务株式会社。1994年4月，成立中远东方轮船株式会社。2002年7月，成立中铃海运服务株式会社。2005年1月，成立中远集运日本株式会社，由中远集运100%控股，其业务为中远日本株式会社原有集装箱业务划转而来。2010年，配合集团备件供应业务重组，中远日本公司将中铃海运服务株式会社业务和工作人员转让到由远通公司（中远国际所属企业）在日本设立的新中铃株式会社。2017年6月7日，中铃海运服务株式会社注销关闭。

1996年4月，上海海运局成立上海海兴轮船株式会社，1997年更名为中国海运日本株式会社。1997年12月，中国海运日本株式会社和日本海运株式会社合资成立中海集装箱日本株式会社，股比分别为60%和40%。2000年12月，中国海运日本株式会社收购日本海运株式会社持有的股份，中海集装箱日本株式会社变为中国海运日本株式会社全资子公司。2007年9月，中国海运日本株式会社与日本运通株式会社合资成立中日世界物流有限公司。日本区域重组整合后，2016年11月29日中海集装箱日本株式会社注销关闭，2017年6月28日中日世界物流有限公司注销关闭，2019年1月1日中国海运日本株式会社注销关闭。

2016年2月，中国远洋海运集团有限公司成立，对海外机构实施重组整合。根据新集团的安排，对中远日本株式会社和中国海运日本株式会社进行整合。4月，中远海运（日本）株式会社成立，成为中远海运集团直属的日本区域管理公司。公司设有行政人事部、财务管理部、战略发展部和油料业务部4个部门，承担区域管理职能，具体负责区域内行政人事管理、财务管理、集团发展战略落地、油料供应业务、码头投资经营和管理、房地产经营和管理业务等。作为在日大型中国企业，日本公司还在“在日中国企业协会”中任副会长单位。日本公司直管全资子公司2家，代管公司3家，代管代表处3个。公司企业管理架构见图14-4。

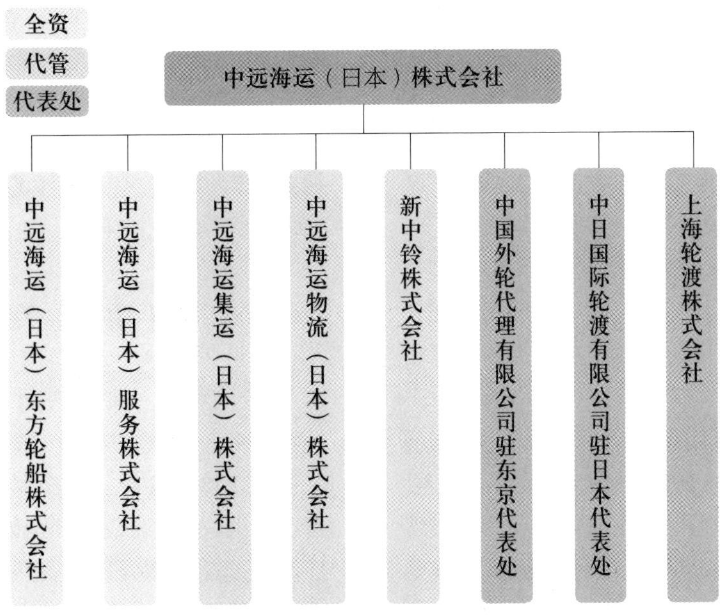

图14-4　中远海运（日本）株式会社管理架构

【各公司简介】

中远海运（日本）东方轮船株式会社，成立于1994年4月，前身为中远东方轮船株式会社。公司主要负责散货船舶、杂货船舶、油轮船舶代理及揽货等业务。2017年1月1日，公司正式更名中远海运（日本）东方轮船株式会社。

中远海运（日本）服务株式会社，成立于1993年9月，前身为中远服务株式会社。公司主要负责公司房产的管理、租赁等业务。经营范围涵盖货物运输代理、保险代理、劳务派遣、旅行代理、小型货物快递、进出口贸易、集装箱修理，以及不动产的投资、经营、管理、租赁等。2017年11月16日，公司正式更名为中远海运（日本）服务株式会社。

中远海运集运（日本）株式会社，成立于2005年1月，前身为中远集运日本株式会社。公司主要负责日本地区集装箱船的代理、揽货等业务，下辖大阪支店、福冈营业所，以及海虹国际货运有限公司一个合营公司。2017年1月1日，公司正式对外更名为中远海运集运（日本）株式会社。

中远海运物流（日本）株式会社，成立于2008年11月，前身为中远物流（日本）株式会社，由中远物流有限公司与中远集运（日本）株式会社合资成立，股比分别为55%和45%。公司主要负责日本区域物流业务、无船承运人、进出口拼箱和日本沿海、内陆、铁路、航空利用运输等业务。2017年6月19日，公司正式更名为中远海运物流（日本）株式会社。

新中铃株式会社，成立于2010年，负责日本地区船舶备件物料供应、船舶修理，以及化工品贸易等业务。

海虹国际货运有限公司，成立于2001年。2016年，中远海运集运（日本）株式会社占该公司股30%，中远海运国际货运代理有限公司占股70%。公司成立之初，由中远日本株式会社和中货总公司合资成立，中远日本株式会社所属中远服务公司拥有该公司30%的股权。2007年，为理顺中远日本地区集装箱业务管理体制，中远服务公司将所持30%的股份转让给中远集运日本株式会社（现已更名为中远海运集运（日本）株式会社）。

【经营效益】

2020 年，中远海运（日本）株式会社深入贯彻落实国务院国资委、中远海运集团和中国驻日使馆对境外疫情防控工作的决策要求，坚持“两手抓、两手都要硬”，带领员工坚持科学防控，慎终如始，确保员工生命健康安全，全力开展生产经营工作。日本区域无员工感染，切实保证了员工生命健康安全，区域整体生产效益情况好于预期。

2020 年，中远海运（日本）株式会社实现营业收入 18.15 亿元（合并全额口径人民币收入，下同），全年实现利润总额 660.40 万元，实现净利润 438.26 万元。其中，净利润超额完成集团下达的年度指标，为指标的 122.76%，同比增长 7.35%。

【生产经营】

集装箱业务。完成销售箱量 36.1 万 TEU，同比减少 9.8%；完成销售收入 27 490 万美元，同比减少 0.9%；完成 local 箱量 22.2 万 TEU，同比减少 11.9%；完成 local 箱量收入 14 310 万美元，同比减少 2.5%。

物流业务。完成出口整箱 5729TEU，同比下降 32%；完成进口整箱 10 055TEU，同比下降 21%；完成出口拼箱 1086 运费吨，同比下降 44%；完成进口拼箱 1134 运费吨，同比下降 46%；完成综合物流新签合同金额 9275 万日元，同比增长 3%。全年实现营业收入 9.96 亿日元，实现经营毛利 1.51 亿日元，完成物流业务板块全年利润指标。

杂货业务。完成件杂货揽货量 53 万计费吨，同比持平。其中，第三国业务量完成 10.4 万计费吨，超额完成指标 108%。

散货业务。全年完成 83 万计费吨，同比增长 2.4%。其中，第三国业务量 23 万计费吨，超额完成指标 53%。

船用燃油业务。完成业务量 68.8 万吨，同比增加 0.21%；受国际油价下降影响营业收入 2.55 亿美元，同比减少 23.08%。在遭受新冠疫情影响，整体船供油市场供应量下降、国际油价屡创新低的情况下，跑赢了市场，业务保持稳定。

非集装箱船舶代理业务。全年完成非集装箱船舶代理 92 艘次，同比减少 25.8%；完成船舶 135 港次，同比持平。

【领导关怀】

1 月 14 日，中国驻日本大使馆大使孔铉佑、经济商务公使宋耀明等一行 4 人走访了中远海运（日本）株式会社，与日本公司中方驻外员工进行了座谈，并代表使馆向全体员工致以春节慰问。日本公司社长谭兵、党委书记盛钢及全体在东京中方驻外员工参加了座谈。

座谈会上，日本公司社长谭兵简要汇报了中远海运集团和日本公司的情况及中远海运在日本的发展历程，党委书记盛钢就海外党建工作进行了简要汇报。孔大使高度评价了中远海运所做的各项工作，称赞中远海运作为世界 500 强企业，越做越大、越做越强，作为“国家队”在国际上打出了金字招牌；在国际社会复杂的局势下，赢得了竞争，赢得了荣誉；在践行国家战略、维护国家经济安全方面起到了重要的屏障作用；未来发展过程中要继续练好内功，加强内部队伍建设，对外经营更上一层楼。孔大使还参观了日本公司办公室，与日籍员工进行了亲切的交流，饶有兴趣地观看了海运船舶模型展台和“燎原”轮首航日本的珍贵照片。

3 月 24 日，中远海运（日本）株式会社董事长谭兵、党委书记盛钢在东京办公室会见来访的中国驻日本大使馆经商处公使宋耀明一行。宋耀明代表使馆对疫情防控期间中远海运（日本）株式会社对使馆工作的支持表示感谢，对日本公司前期防疫工作取得的成效表示肯定，并传达了大使馆党委对下一步防疫工作的指示要求。日本公司防疫应急应对小组部分成员参加了会议。会后，董事长谭兵和党委书记盛钢又一同前往在日中国企业协会，就近期防疫工作与部分骨干会员单位进行了沟通交流。

【疫情防控】

及时传达、认真贯彻落实国务院国资委、集团党组和中国驻日大使馆关于疫情防控的各项指示要求，结合中远海运（日本）株式会社实际情况，扎实细致做好疫情防控工作。在全体员工奋勇拼搏、不懈努力下，日本区域无员工感染，切实保障了员工生命健康安全。

压实主体责任，加强组织保障。日本公司第一时间成立日本区域防疫应急应对工作小组，明确各单位防疫工作第一责任人，充分发挥区域中方人员集中统筹管理，共享资源、共同协防。做到精准防控精准施策。结合日本当地疫情发展情况，召开日本区域疫情防控会议 35 次，及时布置整个区域的疫情防控工作，实行动态调整机制，及时调整日本区域员工远程办公比例。统筹防疫资源共享。在集团和集运及各兄弟公司的大力支持下，日本区域防疫物资储备充足。区域防疫物资采取统一采购、统一管理、统筹发放，全年日本区域累计发放口罩 14 次，共计 42 243 只；为系统内抵日船舶 19 艘次送上防疫物资；为东京、大阪、福冈三地办公区域集体消毒各 5 次。

积极响应集团和中国驻日使馆号召，向灾区捐款捐物。自疫情暴发以来，日本公司紧急抓抢防疫物品，第一时间支援武汉等集团系统国内单位，支援到日船舶船员，支援东方海外货柜航运有限公司（OOCL），助力国内客户。日本区域捐款捐物共计价值约 50.6 万人民币。其中，向国内输送口罩、体温计、消毒棉等各类防疫物资 3 万 9 千余件，共计 660 万日元（约合 41 万元人民币）。特别针对香港疫情动态，为香港 OOCL 发送口罩 1 万只；向“中国驻日本大使馆抗击新型冠状病毒感染肺炎疫情专用捐款账户”捐赠 50 万日元（约合 3.1 万元人民币）；日本公司党员干部自发缴纳“特殊党费”1788 元人民币，支援疫情防控。

关心关爱员工，加强心理疏导和人文关怀，稳定员工队伍。一是注重在第一时间加强与员工沟通，向员工宣贯公司防疫措施，确保员工生命健康为首要任务，取得员工的理解，达到了较好的效果。二是关心关爱中方员工及家属。防疫应急应对工作小组成立之时正值中国春节长假，中方外派党员干部勇于担当，区域公司领导带头坚守一线，中方外派员工取消或提前结束休假，提前返回工作岗位，加入抗疫最前线。日本公司为中方员工开通了班车，减少上下班通勤过程中感染概率。针对日本疫情暴发可能出现物资紧缺情况，为中方员工采购生活必需品，并慰问中方外派员工的家属。

加强疫情防控应急预案及风险排查。按照集团要求，日本公司制定《中远海运（日本）株式会社疫情防控应急应对工作方案》并及时补充完善，在驻外员工中建立了常态化联络机制，指定专人负责落实每日签到制度，确保突发事件时联络通畅。密切关注日本及全球各地“带疫解封”后的经济复苏节奏，按照集团依法防疫工作要求，认真梳理排查疫情引发的各类风险及衍生风险，制定防控措施，并且动态跟踪、及时调整。加强舆情风险管控，与中国驻日使领馆保持沟通，对各类不当言论予以有力有礼有节驳斥，营造良好的舆论氛围，维护中远海运品牌形象。高度关注疫情以来日本政府推出的疫情补助政策。向日本政府申请了“持续经营补助金”“房租补助金”“远程办公补助金”，全区域共申请到 1 235.9 万日元政府补助金。

关心关爱船员。在做好日本公司及区域各单位自身防控的同时，协助兄弟单位共同严防境外疫情上船，为抵达日本的日本公司船舶送上防疫物资。疫情防控期间，全区域根据集团布置要求，始终加强与日本区域挂靠船舶的联系，充分利用微信群、邮件等通信手段，了解船舶实际困难。全年区域统一组织先后向 19 艘船舶共计提供防疫物资 2000 余件。同时急船员之所急，疫情期间想方设法克服困难，保障患病船员（非新冠）下船就医 5 人次。

【提质增效】

集装箱业务。通过抢抓机遇、细致工作，成功中标客户，提早锁定了基础货源。同时，紧盯国内复工复产和第三地市场变化，加强第三国及生鲜冷箱货源的揽取。全年第三国航线销售箱量同比增长 1.7%，在全部销售箱量中的占比为 33.5%，同比提升 3.8%。新兴市场开发方面，在南非和加勒比流向的销售箱量上分别取得了同比 50.3% 和 79.3% 的增幅。区域市场开发方面，在南亚进出口流向的销售箱量取得了同比 29.2% 的增幅。

面对疫情带来的进出口箱量显著影响，进一步加强与东方海外货柜航运有限公司（OOCL）协同力度，2020 年与东方海外货柜航运有限公司（OOCL）开展互用箱 3500TEU，较 2019 年增加 166%，共计实现协同效应 40 万美元。强化双方支线服务网络的协同。完成了以东京、横滨、大阪、神户四港为中转枢纽的支线延伸服务费率，为后续进出口营销揽货打下基础。

物流业务。依托多式联运平台打通国际物流绿色通道。为国内外客户的物资制定了应急运输方案，助力防疫物资第一时间精准投入到国内防疫一线。布局供应链重构，挖潜第三国流向需求。充分依托集团的网络优势，运用多式联运等手段，创新业务模式，延伸服务链条，深入挖掘替代市场转移的物流需求，强化第三国市场营销。厚植日本境内市场，拓展全程综合物流能力。以高质量、高性价比的多式联运方案，再次中标拿到竹岛铁工项目 2020 年全年 233 件大型钢架铁骨新合约，并成功承运。发挥属地优势，助力兄弟公司一线营销。充分发挥口岸外代在日营销突击队作用，穿针引线斡旋协调力助舟山外代、唐山外代成功揽取修船等船代业务。与南通物流通力合作，再度成功中标日本东丽株式会社（Toray）株式会社 2020 年 10 月至 2021 年 3 月半年度中日、东南亚至日本标段 2000 余 TEU 海运段业务。协助太仓外代再度成功中标宝洁公司（P&G）中日线，首次中标日本至中国香港、中国台湾、越南三条新增海运段业务。

杂货业务。持续拓展“冰上丝绸之路——北极航线”业务，成功拿下三菱商社 2020 年首船北极航线业务订单 15 000 吨饲料货物运输业务；成功拿下客户北美液化天然气（LNG）项目半潜船业务部分。加大第三国揽货，在红海回程化肥、欧洲回程饲料，以及越南运输至中国台湾的风电项目等多项第三国业务中取得突破，总承运量达到 25 万计费吨，同比增长 10%。

散货业务。继续坚持以多渠道方式加强与重点客户沟通联系，尤其是针对重点客户如三菱商事、三井物产、JFE 物流、宇部兴产等，及时掌握客户的最新贸易动态，为中远海散提供最新的市场信息，推动与日本区域重要客户的合作。

燃油贸易业务。积极贯彻落实集团对于低硫燃油“保供、保质、保价”的指示要求，系统内订单 27 艘次，合计完成供应约 14 366 吨（占总业务量约 2%），同比增长 1.75%。抢抓低硫油单价上涨时机，与优质客户签约二、三季度低硫油供保长约。支持武汉复工复产，为武汉直航日本船舶供应燃油。

【落实重大战略部署】

按照集团做好第三届进博会的要求，日本公司高度重视，第一时间启动、部署第三届进博会的准备工作。结合前两届进博会的经验，克服疫情不利影响，积极开展第三届进博会招展、宣传、展品物流运输等工作。区域内部各业务板块紧密协同，开展物流服务营销。针对参展客户需求进行摸排，尽全力为客户做好服务，解决、处理好客户提出的问题和存在的顾虑，确保参展客户顺利参展。其中，中远海运物流（日本）株式会社凭借专业、安全、高效、成本最优的物流方案，作业范围涵盖集装箱整、拼箱海运、空运等多式联运服务，以及相关业务。日本公司通过无微不至的优质服务，确保了所有展品安全，及时运抵进博会指定地点，受到了客户的充分肯定与好评。特别是在距第三届进博会开幕一周前临危受命，日本公司精心筹划运作，紧急协调、调度一切资源，成功承运了进博会现场首次出展的由日本资深藏家提供的五件明清古画文物展品，最终确保五件展品安全、如期参展，彰显了央企海外公司守土尽责、拼搏市场的智慧勇气和专业实力，受到了日本参展客户的充分肯定和好评。

面对日本、欧洲两端疫情严重的恶劣局面，日本公司筹划早、动作快，抢抓“窗口期”，成功揽取并完成运输日本三菱商社北极航线欧洲至日本东行 15 000 吨饲料的货运业务，圆满完成了2020年北极航线——冰上丝绸之路货运任务。实现了连续 4 年成功揽取北极航线货运及连续 4 年挂靠日本港口的成果，夯实了“冰上丝绸之路”日本北线航线产品和业务模式基础。

在疫情期间日本与欧洲贸易受阻、需求下降的不利情况下，日本公司强化营销，成功开发了住友橡胶（Sumitomo Rubber）等日本新客户，努力提升“一带一路”沿线和比港 / 中欧陆海快线货量，取得成效。全年比港箱量取得同比 7.6% 的增幅，其中中欧陆海快线箱量同比增长 11.6%。

【规划编制】

日本公司认真贯彻落实中远海运集团“十四五”规划编制工作统一部署，围绕集团“十四五”发展总体规划及其“3+4”布局，于 2020 年年中开启了日本区域“十四五”发展规划的编制工作。回顾日本区域“十三五”规划落实情况，总结取得的经验和存在的不足，结合集团“十四五”期间的愿景和战略，日本公司重点围绕全程物流供应链能力建设、三项制度改革等，对区域内各业务板块进行系统梳理，明确“十四五”期间日本区域业务发展方向、目标、策略和措施，各项工作按计划推进。

【综合改革】

在集团统一部署下，日本公司积极统筹推进综合改革工作。拟定并上报了日本区域综合改革实施方案，明确在董事会治理、三项制度改革及改革工具包选用等主要改革措施上，确定了时间任务表，并积极推进落实国企改革三年行动方案。根据集团指示和要求，并根据情况变化等，抓紧启动实施，边实施边修改、完善方案。

进一步完善公司治理结构。完善了公司董事会成员构成及董事会运行机制，修订了董事会授权管理制度，按照集团有关工作部署和通知要求，切实提升董事会在公司治理中的作用。

积极推进三项制度改革。制定三项制度改革方案并稳步、有序推进；加强人力资源管理体系，以市场化为导向，推行契约化管理，逐渐优化员工结构；进一步完善考评机制，推动公司效益与个人绩效更加紧密挂钩，充分调动员工积极性、主动性。

探索推进职业经理人机制、超额利润分红激励机制。结合当地客观环境和日本公司实际情况，因地制宜、量体裁衣，探索研究制定《职业经理人实施方案》《超额利润分红实施方案 》。

【协同效应】

加大集团系统内协同力度。集团境外区域公司的主要职能和重要工作内容之一，就是协调协同，管理、统筹各种资源，开拓、发展集团在当地的业务，确保集团发展战略的有效落地和集团总体效益的最大化，实现集团资产的保值增值。日本区域各板块进一步提高大局意识，与集团各相关单位加强沟通联系、密切合作，有力推动了工作的开展，取得了成效。日本区域内部，所有业务板块之间、多板块之间加强协同，互相促进业务的发展。集运板块，与东方海外货柜航运有限公司（OOCL）加大在日本的协同力度，在当地支线、集装箱互用、信息系统建设、提升客户服务质量、供应商管理等多方面加大协同合作力度，提升了集运的效益。还在能源板块日本布局、船舶备件和修船板块改革等方面，协同中远海运能源、中远海运国际（香港）有力推进了相关工作。

推进全球化，积极拓展第三国市场和新兴市场。2020 年，加大新兴市场和第三国市场开发力度取得成效。日本公司揽取的第三国航线集装箱箱量在总销售箱量中占比达 33.5%，同比提高 3.8%；杂货第三国揽货 25 万吨，同比增长 10%；散货拿下两家日本大客户美国西海岸至中国的谷物货载 13 万吨，同比增长 3%；在东南亚、非洲、中美等新兴市场开发取得成效，其中，在南非和加勒比流向的揽货箱量同比分别增长 50.3% 和 79.3%。

【队伍建设】

日本公司进一步加强中方外派员工和当地员工的管理，稳步推进员工结构的优化调整。加强人才库建设，完善了《中远海运（日本）株式会社专业人才库建设实施办法（试行）》，对入库标准重新审议，动态调整入库人才。继续实行年轻干部和骨干员工的考察物色、选拔、培养、加压使用，公司员工队伍在知识结构、年龄结构等方面得到一定改善。结合集团对区域公司的授权，日本公司进一步加强了中方外派干部的推优选强工作。

加强人才梯队建设，培养推荐年轻干部，重点培养，加压使用；推动高素质专业化人才培养，为推动集运业务全球化提供人才保障；持续优化调整人员结构，结合岗位实际需求，通过市场化招聘、劳务派遣、借调等多种方式，调整人员结构，充实员工队伍；不断加强员工培训，组织员工进行中文、日文培训，取得良好效果；完成人力资源管理信息系统的上线工作，提高日本公司人力资源管理效率和数字化水平。

【安全工作】

日本公司始终重视安全工作，坚持常抓不懈，打牢底线思维、红线意识，落实集团全面提升走出去的综合管控能力的要求，始终保持高度政治敏锐性，不断健全安全生产责任、安全检查和隐患排查治理体系，不断强化风险思维和文化，努力做到安全责任到位、安全投入到位、安全培训到位、隐患排除到位、安全管理到位。明确各单位安全生产职责，不断提高安全生产保障能力和水平，提高从业人员安全知识和专业技能，完善安全生产应急预案，加强安全文化建设，加强应急值守，努力保障疫情防控期间日本区域安全生产工作的稳定。公司全年未发生任何安全事故。

区域所属各航运单位，发挥总部大数据、信息化管理优势，除依靠传统的安全监管措施外，注重发挥科技手段在安全管理中的保障和安全发展战略中的作用。集运日本依托总部危险品大数据平台，积极发动当地员工，强化危险品货物漏报、瞒报甄别力度，助力安全管理。累计分析可疑数据七起，并以此为契机，会同客服部、营销部，在教育、宣传、培训的基础上，狠抓对危险货物不实申报的宣传和管理力度，向重点客户强化灌输安全意识，通过特殊名单、专项筛查等措施努力防止货物瞒报、谎报、漏报给安全生产带来的巨大风险和隐患，积极运用科技手段将安全工作推上新台阶，切实提高公司在履行安全稳定方面的主体责任和社会责任的能力。

应急预案的制定补充和完善。疫情暴发以来，日本区域及时制定了防疫应急预案，通过演练和吸取国内外经验，不断完善应急预案。每年春末日本进入台风季，日本公司牵头区域内各单位就台风、地震等防灾应急预案再次进行梳理补足并组织员工进行演练，力求做到有备无患。

疫情期间，区域各航运代理单位积极采用多种方式，联系提示区域内各码头、代理，强调科学制定计划，确保安全生产。区域统一组织先后向 17 艘船舶共计提供防疫物资 1625 件，急船员兄弟之所急。疫情期间想方设法克服困难，保证患病船员下船就医， 7 月 16 日安排“密云河”轮船员王广欣在东京下船就医，10 月 13 日安排“新湛江”轮大副郭江在占小目港下船就医。特别是“新湛江”轮，由于在北海道津轻海峡一带集运船舶无挂靠，在代理、入管、检疫方面克服了重重障碍，最终顺利就医。积极努力解决船舶实际问题，促进常态化疫情防控期间船舶船员的平稳。

日本公司高度重视网信安全，认真贯彻落实集团网络安全工作专题视频会议指示精神，按照集团的统一部署，年初开始全面核查日本区域网络安全相关情况，及时上报集团。组织专业人员参加集团网络安全培训、安全问答等，向当地员工宣传网络安全重要性，不断提高网信安全意识。按照集团的统一部署，做好 2020 年网络安全应急演练相关工作和全国两会期间网络安全保障工作，做好参加集团组织开展的网络安全攻防演习的准备工作。

【财 务 工 作】

日本公司不断完善财务基础工作。从基础工作入手，集体讨论各项工作的岗位性质、工作内容及彼此的相关度，现金提取和保管的安全性，外来及自制原始凭证的有效程度及财务的标准要求，报销的时间要求和处理顺序，以及原始凭证、记账凭证、账簿和报表之间衔接及钩稽等一系列基础工作，并对各项工作进行了人员之间的调整和程序、标准的规定。对各项基础工作进行了进一步完善，基本满足了财务工作对时效、效率、质量、内控和风险管理的要求。加强货币资金管理。加强对各相关国家经济走势的关注和研究，提高对持有各种货币汇率走势判断的准确性，尽量减少汇兑损失，力争取得汇兑收益。强化预算与成本费用管理。在 2015 年初步规范成本费用开支行为的基础上，强化了成本费用开支管理办法的执行和预算约束力度。做到了成本费用开支事先有预算约束、事中有审批控制、事后有检查分析。工作规范的同时，做到了成本费用开支的有计划、有控制、有节约。

【风 险 防 控】

在严峻疫情和复杂艰难的形势下，日本公司充分认识疫情等各种因素带来的重大影响，进一步强化风险管控工作。严格贯彻实施集团指示要求和相关规章制度，组织风险培训、开展法治宣传，法治观念和风险意识持续提高；公司制度和流程建设与实施等管控继续加强；采取动态管控的方式，定期梳理、排摸、调整主要风险点，特别是疫情及疫情带来的员工管理、健康安全、市场动荡、资金和应收账款、制裁管控、法律合规等各类风险，制定并实施防控措施，实施萌芽管控，将风险化解在萌芽之中，有效控制了一些事态的发生扩散、放大，避免产生经济损失和声誉损失。加大力度，严控“两金”，年末应收账款总额较年初下降 38.7%，超额完成年度“两金”压控指标。特别是错综复杂、多方交织、历时 4 年、被索赔 1.7 亿日元赔偿的日本扣船被诉案，取得了好于预期的结果。（郭梁梁）

中远海运（比雷埃夫斯）港口有限公司

中远海运（比雷埃夫斯）港口有限公司

希腊比雷埃夫斯港（简称“比港”）位于希腊东南沿海萨罗尼科斯湾东北岸，濒临爱琴海西南侧，是希腊第一大港，也是全球50大集装箱港口之一及东地中海地区第一大港口，年集装箱吞吐量占希腊全国箱量的90%以上。

【历史沿革】

中远海运（比雷埃夫斯）港口有限公司（简称“中远海运比港”，英文简称PPA），是中远海运集团第一家海外控股的港口有限公司。中远海运比港前身为比雷埃夫斯港务局，成立于1930年，是希腊一家大型国有公共服务企业，1999年改为股份有限公司。2002年，比雷埃夫斯港务局与希腊政府签订了为期50年的特许经营权协议，并依据该协议对比港进行经营。2003年，比雷埃夫斯港务局股份有限公司在雅典证券交易所挂牌上市。

2008年6月12日，中远集团在希腊比雷埃夫斯港集装箱码头私有化招标中成功中标，获得了其35年特许经营权。该项特许经营权包括运营、发展及以商业方式利用和改造2号码头，兴建、运营3号码头。同年11月25日，在时任国家主席胡锦涛和希腊总理的共同见证下，中远集团与希腊比雷埃夫斯港务局签署了上述码头经营权的转让协议。

2009年4月，希腊国会通过中远集团与希腊比雷埃夫斯港务局签署码头专营协议。这是中国企业首次在国外获得港口的特许经营权。9月30日，中远集团与比雷埃夫斯港务局签署比雷埃夫斯港集装箱码头35年特许经营权的接管协议及附件。该协议于10月1日零时正式生效。2009年10月1日起，中远太平洋有限公司根据协议正式接管比雷埃夫斯港2号码头。2010年希腊当地时间6月1日零时，由7名中远人和7名希腊当地经理组成的管理团队完成对比雷埃夫斯港2号、3号集装箱码头的全面接管。

2013年2月，比雷埃夫斯码头正式接入希腊全国铁路系统并与欧洲铁路系统相连，开创了比雷埃夫斯港海铁联运历史。2014年6月，第一列满载中国货物的列车驶出比雷埃夫斯集装箱码头（Piraeus Container Terminal，PCT）火车站。这条路线比传统的西北欧路径节约7～10天的时间。

2014年3月5日，希腊宣布启动比港私有化项目，出售PPA 67%的股权。中远集团以中远（香港）集团有限公司作为竞标主体参与竞标。2016年1月20日，希腊共和国资产发展基金正式宣布中远（香港）集团有限公司中标。

2016年2月，中远集团和中海集团重组合并成立中远海运集团。同年4月8日，中远海运集团与希腊共和国资产发展基金在希腊总理府正式签署PPA项目股权买卖协议和股东协议。2016年7月4日，中远海运集团和希腊共和国资产发展基金在北京人民大会堂签署确认函，宣布此前签署的股权转让协议中列明的交易交割前提条件已经全部满足。2016年8月10日，中远海运集团通过中远（香港）集团有限公司与希腊国有资产开发基金正式签署股权转让协议，收购比雷埃夫斯港务局67%股权（其中16%股权有条件延期交割），并将其改组成为中远海运（比雷埃夫斯）港口有限公司。

中远海运比港注册地为希腊比雷埃夫斯市，注册资本5000万欧元。主要经营业务包括：邮轮码头、渡轮码头、滚装船（汽车）码头、集装箱码头、船舶修理物流仓储业务。截至2020年年底，公司从业人员 989 人。

【经营发展】

中远海运比港顶住疫情和希腊经济衰退的压力，通过加强一体化发展、协同效应和内部管理，稳住公司效益盈利基本盘，并为未来获得更大发展创造有利条件。

稳步推进集装箱码头一体化经营。中远海运比港与PCT 签署委托管理协议并制定合规手册，完成管理架构、操作系统、生产模式的统一，优化人员配备和用工方式，产能提升效果明显。比港全年吞吐量完成 544 万 TEU。年内 PPA 与 PCT 继续保持高度协同，1 号集装箱仍保持相对良好的成绩，吞吐量同比增长 10.5% 左右。

强制性投资核心项目取得实质性进展。中远海运比港全年完成强制性投资 2600 万欧元，累计完成强制性投资 8800 万欧元。其中，邮轮码头扩建、1 号集装箱码头场地改造和修船区域基础设施升级改造项目等重点工程相继开工建设，继续推进落实比港总体规划。

深挖修船潜力，实现逆势增长。中远海运比港成功承接特运“祥云口”轮、集运“新上海”轮两艘大工程量船舶修理，并为其他 6 艘集团船舶提供紧急修理服务，协同效应进一步显现。公司 2020 全年修理船舶 122 艘，同比增长 12%；实现营业收入 1540 万欧元，同比增长 20%。

持续开拓市场对冲疫情影响。中远海运比港充分利用比港航线网络优势和稳定的服务能力，通过与集运配合，推出延迟运输服务（Delay in Transit），不断加强市场营销力度。2020 年先后引入 6 条集装箱新航线，2020 年为比港增加 40 万 TEU 吞吐量。邮渡轮板块深受禁航、限航影响，靠泊船舶数量断崖式下降，但中远海运比港仍通过提供靠泊费优惠等方式，吸引邮渡轮公司停航船舶补给和修理等，尽可能减少收入损失。公司全年共争取到 76 艘邮轮停泊，并配合当地卫生部门和船公司完成船员换班 1500 人次，实现收入 200 万欧元。

标准化管理体系首次实现全覆盖。中远海运比港利用疫情苦练内功，接受了劳氏船级社实施 ISO 能源管理体系、修船板块纳入 ISO 质量和环境管理体系，以及邮轮码头扩建项目纳入质量管理体系的外审，最终成功获得能源管理证书；在邮轮、渡轮、滚装、集装箱、物流、项目管理六大内容基础上增加了修船质量管理和环境管理证书，涵盖公司所有业务板块；年内还获得海关 AEO 高级认证，使公司服务客户能力和行业竞争力进一步增强。

有效管控成本，加强财务合规操作。中远海运比港牢固树立“过紧日子”思想，强化成本费用预算控制。疫情期间，公司跟踪落实当地减税降费政策，同步坏账管理与客户信用管理任务，首次引入第三方提供专业坏账认定和催收服务，并主动与当地各银行沟通，利用延长高利率存款解锁期和选择高息银行归集资金等方式，提高存量资金收益率。在参与集团财务大检查和配合国审等专项工作中，公司认真自查，通过发现问题、整改问题，继续提升财务管理水平。

妥善疏导工会，降低劳工风险。中远海运比港与三大工会建立了多层次的沟通渠道，定期交流，消除误解，化解矛盾；对于工会提出的合理诉求，公司及时加以解决；而对于劳资结构性问题，耐心做好解释，管理好冲突。公司各大工会年内未举行任何针对公司的大规模罢工。公司还与雇员工会完成新集体劳动合同谈判，取得双方均可接受的结果，有助于疫情期间稳定人心、提高效率，并为未来三年的劳资关系和人力成本提供稳定预期。

【经营效益】

2020 年，中远海运比港累计实现收入总额 13 290 万欧元，比 2019 年同期的 14 922 万欧元减少 1632 万欧元，降幅 10.9 %；全年经营成本和管理费用合计 9372 万欧元，比 2019 年同期 10 267 万欧元减少 895 万欧元；全年累计实现利润总额 3693 万欧元，比 2019 年同期的 4761 万欧元减少 1068 万欧元，降幅 22.4%；全年实现净利润 2641 万欧元，比 2019 年同期的

3545 万欧元减少 904 万欧元，降幅 25.5%。

影响全年损益的主要因素包括：收入合计减少 1632 万欧元。其中受新冠疫情影响较为严重的板块为国际邮轮板块，收入减少了 1050 万欧元，降幅 84%；同时，渡轮码头业务收入减少 297 万欧元、滚装船码头收入减少 282 万欧元。收入增加的板块为修船业务板块，收入增长 193 万欧元，增幅 16%。此外，全年来自 PCT 特许权收入为 6649 万欧元，较 2019 年增加了 72 万欧元。

营业成本和管理费用 2020 年较 2019 年减少 895 万欧元。其中，因业务量减少降低生产经营性费用 260 万欧元，减少行政性办公和招待费用 364 万欧元，法律诉讼结案转回净减少费用 127 万欧元。2020 年，人工成本总额 5801 万欧元，与 2019 年基本持平。

2020 年，公司实现其他经营性净收入为 346 万欧元，与 2019 年 467 万欧元比较减少 121 万欧元，降幅 26%。其中租金收入减少了 88 万欧元。

【财务状况】

截至 2020 年 12 月 31 日，中远海运比港资产总额 48 028 万欧元，比 2019 年底的 47 249 万欧元增加 779 万欧元。主要为货币资金增加 462 万欧元。同时，资产减少方面主要为资产折旧和使用权资产摊销等减少 458 万欧元。年末货币资金余额 11 135 万欧元。

截至 12 月 31 日，公司负债总额 23 427 万欧元，比 2019 年底的 23 904 万欧元减少 477 万欧元。其中，国际邮轮码头扩建项目已收到欧盟补贴计入负债项目增加 928 万欧元，根据新计提劳动合同经精算师计算确认，增加计提长期辞退福利 229 万欧元；负债减少项目包括：按照计划偿还借款减少债务余额 600 万欧元本金，应交增值税等税金支付减少负债 290 万欧元，经营性应付供应商款减少 310 万欧元，预计负债因部分案件结案转回前期拨备净额 167 万欧元，递延收益转入当期收入部分减少负债 124 万欧元，客户预收款减少约 90 万欧元。

公司年末权益总额 24 601 万欧元，比 2019 年末的 23 345 万欧元增加 1256 万欧元。其中当期实现净利润增加 2641 万欧元，支付 2019 年度分红 1347 万欧元。

根据经董事会批准的 2020 年财务预算数据，全年预算收入 1.63 亿欧元，利润总额预算为 5062 万欧元。全年实际收入完成预算 82%，利润总额完成预算的 71%。

2020 年中远海运比港年度财务完成情况见表 14–14。

2020 年中远海运比港年度财务完成情况表　　表 14–14

（单位：万欧元）

项　目	2020 年度预算	2020 年度实际完成	完成预算百分比
收入总额	16 266.62	13 290.22	82%
营业成本	8 400.82	7 270.35	87%
毛利	7 865.80	6 019.87	77%
管理费用	2 509.34	2 537.21	101%
财务费用净额	294.60	303.86	103%
其他收益	—	514.17	—
利润总额	5 061.86	3 692.97	73%
所得税费用	1 476.80	1 051.56	71%
净利润	3 585.06	2 641.41	74%

【债务管控】

截至2020年年底，中远海运比港持有现金1.11亿欧元，有两笔银行借款合计余额5050万欧元。2020年度公司经营性净现金流入量4200万欧元，能够满足投资和还款需要。

中远海运比港2019年11月11日与欧洲投资银行（EIB）、中国进出口银行达成融资框架协议，总额1.4亿欧元。首期1亿欧元20年贷款协议于同日签署。2020年因疫情影响，公司投资项目未能按计划进度执行，投资资金需求较小，未按预期融资提款计划完成提款。公司及时与欧洲投资银行（EIB）进行沟通，达成推迟最晚提款期和豁免未提款承诺费的协议。2021年预计将根据资金需要量和存量情况做提款。

在经营性债务管控方面，中远海运比港充分利用自然对冲的方式，把控好公司流动性指标。同时，与银行中介机构保持良好的沟通协调获得流动性信贷额度，以应对不可预知的临时性资金需求。

【安全合规】

中远海运比港作为希腊上市公司和欧洲海港组织成员，秉持“安全第一、以人为本”的理念，把安全工作放在公司工作的首要位置，根据各个业务板块特点，有针对性地开展安全管理工作。2020年未发生死亡、重伤、重特大污染、火灾事故。公司定期组织召开安委会，专门针对安全方面布置相关工作。公司高度重视节能环保，努力打造“绿色”港口。质检部门牵头通过ISO认证，从流程设置入手，把污染防控工作进行规范。公司不断明确和完善安全管理职责和流程，但仍存在一些问题和难点，主要有责任分散、制度落实有待加强、安全管理制度需持续优化等方面。

中远海运比港利用疫情苦练内功，接受了劳氏船级社实施ISO能源管理体系、修船板块纳入ISO质量和环境管理体系，以及邮轮码头扩建项目纳入质量管理体系的外审，最终成功获得能源管理证书，并在邮轮、渡轮、滚装、集装箱、物流、项目管理六大内容基础上增加了修船质量管理和环境管理证书，涵盖公司所有业务板块，加上年内还获得海关AEO高级认证，公司服务客户能力和行业竞争力进一步增强。

【疫情防控】

新冠肺炎疫情在希腊出现后，中远海运比港坚决落实国务院国资委、集团疫情防控要求，严格执行当地卫生防疫措施，全力以赴做好各项疫情防控工作，确保该公司未发生任何集聚性感染或停工停产，巩固了比港在产业链供应链中的枢纽港地位，也为当地物资转运保供作出了贡献。

提高认识，做好组织领导。中远海运比港第一时间成立了新冠肺炎疫情防控应急指挥领导小组，将外籍中高层员工纳入领导小组，认真制定了新冠肺炎疫情防控总体工作预案，并先后3次进行更新完善。全体中方外派人员和当地经理积极配合，建立24小时值守和重要事项报告制度，为后续及时和妥善处置提供重要保障。

明确要求，做好措施落实。中远海运比港提出不同等级疫情风险下的应对举措，根据当地疫情和管控举措，及时采取居家办公举措。针对港口生产特点，与当地卫生部门、航运公司建立了有效协调机制，始终保持沟通畅通，对客轮大厅、渡轮码头、港口接驳车等重点区域定期进行认真、全面消毒，确保港口公共场所卫生安全，并做好人群分流安排，港口内未发生任何聚集性疫情。

及时响应，做好应急处置。中远海运比港累计确诊6例本地员工，身体状况良好。发现病例后，公司疫情防控领导小组立即启动相应的应急响应机制，妥善安排确诊员工和有接触史的员工居家隔离，适时接受检测，做好跟踪和慰问，并对办公场所进行全面消毒，向全体员工通报情况，反复提醒做好个人防护，避免不必要的恐慌。由于应对及时和举措有力，确诊病例均未出现传染他人的情况。

稳在当地，做好纪律执行。按照国务院国资委和集团要求，中远海运比港严格管控中方外派人员流动，严控员工出入境，同时做好思想工作。

对于确有需要回国的中方人员，提前上报审批，并在获批和取得检测阴性证明后方可出发。

履行责任，做好物资保障。在集团的支持和协调下，中远海运比港储备了充足的防疫物资，并多次向中外员工发放口罩和洗手液等。同时，公司先后五次向希腊部委、周边城市和医院捐赠防疫物资，总价值超 25 万欧元，体现了中远海运主动履行社会责任的良好品牌形象。

【队伍建设】

2020 年，按照中远海运集团指示要求，结合中远海运比港实际情况，公司认真开展各项人事制度建设、干部队伍优化、绩效考核、教育培训等基础性工作，同时不断通过变革，深化三项制度改革，改变公司原来老国企的人才管理模式，使得有关干部人才工作更加适应中远海运接管后的各项公司经营、投资和发展的需要，取得了一定成效。

建立健全干部才管理规章制度。参照当地适用私企的法律和做法，中远海运比港通过谈判与雇员工会就新集体劳动合同达成共识，在疫情对公司经营业绩造成重大影响的情况下，有效控制公司人工成本增长，并结合制定新的岗位职责手册，使得员工管理工作有章可循。公司还根据绩效考核，对 2 人次的优秀中层干部进行了提拔，对 4 人次不适岗人员进行了调整，体现出公司的私企性质和市场化导向；不断增加签订个人合同的员工人数，以免受到工会影响，营造了稳定的用工环境。公司还根据业务操作和控制成本需要，引入外包用工模式，有效减少了单位人工成本。

完善优化部门设置和人员配置。通过部门改革，中远海运比港从原来的 54 个部门精简为 22 个部门，部门经理人数也相应减少至 48 人。公司还实施了提前退休激励机制，已有 134 人选择提前离开；今年年底前预计还会有 10 人左右离开，使得公司可以通过招聘年轻员工，公司员工平均年龄已从接管时的 52 岁降低到 49 岁。目前，公司总人数已从接管时的 1097 人减少至 984 人，其中包括 14 名中方外派人员。

加强抓好培训考核工作。中远海运管理团队一改 PPA 以往作为老国企不重视培训的做法，迄今共举行了约 120 次培训活动，覆盖公司所有员工，包括税务、质控、合规指导，以及中文、电脑技能培训等内容，旨在不断提高员工素质和工作能力，更好地为客户提供优质的服务。公司继续开展了针对公司经理层和全体员工的绩效考核，考核采用 360 度网上测评的方式，重点了解员工素质、履职和积极性等方面的情况，并将有关考核结果作为培训、提拔等事项的重要参考。

【文化融合】

中远海运比港结合海外工作要求，以社会责任为抓手、以公关工作为依托，领导做好舆论引导和比港形象建设，传播中国方案、讲好比港故事，有效加强了比港的社会形象和社区融合。完成比港宣传片制作和发布，获得当地社会和媒体的积极评价，主动开展对外宣传，刊发专访和通稿 6 篇，引导当地媒体报道 225 篇次、在公众号发布信息 90 余条。完成第三届进博会云参展活动、国务院国资委对外文化宣传专项工作、《数星星的孩子》翻译出版、湖南电视台《相遇丝绸之路》节目制作等工作。开展向萨拉米斯社区贫困人群的生活援助，与中远海运慈善基金会和希腊红十字会成功完成“Children included”助学项目，对当地体育组织、政府机构、教堂开展慈善帮扶活动等，强化与当地社区的融合，营造更加和谐的社会氛围。（徐陶然）

中远海运（南美）有限公司

中远海运（南美）有限公司

【公司概况】

中远海运（南美）有限公司〔简称“南美公司”，英文简称 COSCO SHIPPING（South America）〕，是中远海运集团直属二级单位。其前身为2013年5月27日中国海运（集团）总公司注册成立的中国海运南美控股有限公司。2016年3月，中远海运集团决定对原中远集团、原中国海运集团在南美地区的资产和业务进行重组整合，成立中远海运（南美）有限公司。2016年9月，公司正式投入运营（2017年5月公司正式完成更名），是中远海运集团在南美的区域管理公司。

南美公司注册资本合计250万美元，折合585万巴西雷亚尔。其中中远海运集团持有95%的股份，中远海运（北美）有限公司持有5%的股份。

南美公司的组织结构见图14-5。

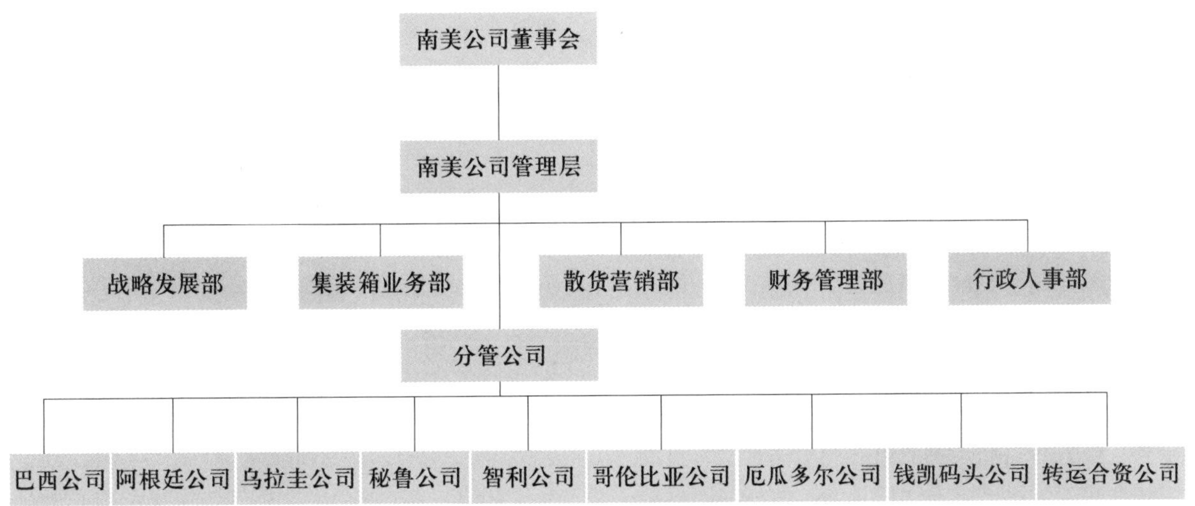

图14-5　南美公司的组织结构

【经营业务】

南美公司经营的业务主要包括船舶代理、货运代理、集装箱买卖修理、船舶配件及修造船业、船舶加油及综合贸易、码头及仓储投资等。

【管理职能】

2020年，南美公司实际履行的管理职能包括集运业务和非集运业务两大块。

1. 集运业务

南美公司下设集装箱业务部行使集运南美分部管理职责，管理集运总部下属的中远海运集运（巴西）有限公司、中远海运集运（阿根廷）有限公司、中远海运集运（乌拉圭）有限公司、中远海运集运（秘鲁）有限公司、中远海运集运（智利）有限公司、中远海运集运（哥伦比亚）有限公司和中远海运集运（厄瓜多尔）有限公司。主要负责南美区域内市场营销和开发、供应商协议谈判和管理、供应链物流、箱管操作、船舶码头操作、客户服务、分代理管理、财务结算、考核等各方面的工作。

2. 非集运业务

南美公司管理的业务主要包括：非集装箱船舶代理、非集装箱业务的市场开发和营销、集装箱买卖业务，退租和调运、船舶配件及修造船业、船舶加油及综合物流和贸易、码头及仓储投资等生产业务。

【公司组成与员工】

2020 年，南美公司设有集装箱业务部、战略发展部、行政人事部、财务管理部、散货营销部 5 个部门。截至 2020 年年底，公司共有雇员 27 人，其中中方外派人员 5 人，当地员工 22 人。

中远海运（南美）有限公司（南美分部）常务副总经理为陈珲，党委书记、副总经理为叶敬彪。

【发 展 战 略】

南美公司的发展战略是立足南美市场，依托海外业务协同平台，强化以客户需求为导向的综合营销管理模式，创造价值，实现集团利益最大化。围绕航运主业，做实集运，培育发展非集运业务，服务综合航运物流供应商战略转型；打造集团在南美地区的业务协同平台；依托集团品牌效应及整合各专业公司在南美业务的规模优势，协助各专业公司在散货、件杂货、综合物流上积极拓展南美地区业务。

【经 营 效 益】

中远海运（南美）区域内各公司汇总口径 2020 年营业总收入为 22 523 万元，比上年 23 588 万元减少 4.52%；2020 年各公司合计利润总额为 2377 万元，比上年 1869 万元增加 27.18%；净利润 1562 万元，比上年 1175 万元增加 32.94%。

【所管公司概况】

1. 中远海运集运（巴西）有限公司

1994 年 6 月 8 日，中远美洲公司和巴西当地 CORY 公司共同出资成立中远巴西公司，公司主要从事船舶代理业务和集装箱货运代理业务。1998 年 10 月，CORY 公司退出。2007 年 12 月，中远集团和中远美洲公司将股份分别转予中远集运和中远集运美洲公司。2016 年 7 月 1 日，原中远巴西公司和原中海巴西公司正式合署办公，并顺利完成业务切换。2016 年 10 月，“COSCO SHIPPING Lines（Brasil）S/A”的工商登记完成，注册资本 52 万巴西雷亚尔。公司设市场营销部、操作部、客服部、财务部、综合部 5 个部门，在圣保罗和桑托斯设有办公室。截至 2020 年年底，公司现有员工 55 名，其中中方外派员工 3 名，巴西籍员工 52 名，总经理为李政。

2. 中远海运集运（秘鲁）有限公司

中远海运集运（秘鲁）有限公司的前身是中远秘鲁公司，于 1996 年 6 月成立。2001 年初，中远秘鲁公司被中远集运美洲公司并购。从 2012 年开始，秘鲁公司注册资本增至 50 万美元，2016 年 9 月 28 日正式更名为中远海运集运（秘鲁）有限公司。目前秘鲁公司股权结构是中远海运集运（北美）有限公司占股 99%，中远海运（北美）有限公司占股 1%。公司负责中远海运集运在秘鲁各口岸的船舶代理和货运代理业务，总部位于秘鲁首都利马市，有市区和卡亚俄港区两个办公场所，设有市场营销部、客服部、操作部、财务部、行政部等部门。公司现有在职员工 42 人，其中外派员工 3 人，集运精英计划 1 人，现任总经理谢梓凯。

3. 中远海运集运（乌拉圭）有限公司

1996 年 10 月 1 日，中远南美公司与 Agencia Maritima Repremar S. A. 合资成立中远乌拉圭公司，注册资本为 200 万乌拉圭比索（按当时汇率折 25 万美元），中远南美公司占股 55%，

Repremar 占股 45%。1999 年 9 月，中远南美公司收购了对方股份解除合营，成为中远乌拉圭公司的全资母公司。2003 年 7 月 1 日，中远南美公司撤销，中远乌拉圭公司 100% 的股权转让给中远美洲公司。2011 年 1 月，中远美洲公司将所持中远乌拉圭公司 100% 股份转给中远集运美洲公司。2016 年，中远集运美洲公司更名为中远海运集运（美洲）公司。2018 年 7 月 16 日，中远乌拉圭公司更名为中远海运集运（乌拉圭）公司，该公司是中远海运集运（美洲）公司的全资子公司。公司下设操作部、市场销售部、客户服务部、财务部和行政部，现有员工 20 名，其中中方外派人员 3 名，现任总经理陈宁。

4. 中远海运集运（智利）有限公司

中远海运集运（智利）有限公司位于智利首都圣地亚哥，前身是中远智利公司。公司成立于 1996 年 9 月 6 日，由中远南美公司与智利当地代理 Somarco 合资组建，注册资本为 20 万美元。其中中远南美公司股比为 51%，代理公司 Somarco 股比为 49%。2016 年 9 月，新集运智利公司向合资方收购了 24% 股权，中远海运股比提高到 75%。公司现设有销售部、操作部、财务部、单证客服部、行政部 5 个部门，业务范围包括中远海运集运船舶代理、市场营销、客户服务、供应商管理、集装箱设备管理等。截至 2020 年年底，公司现有员工 42 人，其中中方员工 4 人。总经理殷勇。

5. 中远海运集运（阿根廷）有限公司

中远海运集运（阿根廷）有限公司成立于 1995 年 9 月 25 日，前身是中远阿根廷海运股份有限公司，是由中远集团投资控股的独资公司，注册资本 10 万美元，固定资产 150 万美元。公司在阿根廷首都布宜诺斯艾利斯市 Paseo Colón 大街 221 号一楼购 700 平方米办公楼一层作为办公地址。2011 年 1 月，中远集运美洲公司以 220.8 万美元收购其 98% 的股份，股份分配为中远集运北美有限公司（CCLA）98%，中远北美有限公司（CAI）2%。2016 年整合更名为中远海运集运（阿根廷）有限公司，中远海运北美有限公司控股 2%，中远海运集运北美有限公司控股 98%。公司主营船舶代理业务和集装箱进出口货运代理服务。公司设有市场营销部、客服部、操作部、财务部和综合部五个部门，无下属分支机构和外派办事处。截至 2020 年年底，公司有员工 30 名，其中中方外派员工 3 名，本地籍员工 27 名，总经理万铁根。

6. 中远海运集运（厄瓜多尔）有限公司

中远海运集运（厄瓜多尔）有限公司成立于 2020 年 12 月 2 日，是中远海运集运（巴西）有限公司和厄瓜多尔当地代理 Delpac 合资组建，注册资本 30 万美元。其中中远海运集运巴西公司股比为 70%，合资方 Delpac 股比为 30%，总经理陈凯。

7. 中远海运集运（哥伦比亚）有限公司

中远海运集运（哥伦比亚）有限公司成立于 2019 年 7 月 13 日，于 2020 年 2 月 28 日正式启动运营，由中远海运集运（巴西）公司占股 70%，原本地代理 Oceanica SAS 占股 30%，注册资本 20 万美元。公司设立在哥伦比亚首都波哥大，地址位于波哥大市 113 街 7–21 号 A 座八楼。公司主营中远海运和东方海外双品牌的船舶代理业务和集装箱进出口货运代理服务，设有市场营销部、客户服务部、操作部和财务综合部四个部门，以及东方海外哥伦比亚办公室，并在麦德林、卡利和卡塔赫纳三地设有专职销售。公司有员工 31 名，其中中方外派员工两名，本地籍员工 29 名，现任总经理王明辉。

8. 中远海运特种运输（南美）有限公司

中远海运特种运输（南美）有限公司于 2020 年 1 月 14 日注册成立，由中远海运（南美）有限公司和中远航运（香港）投资发展有限公司合资组建。注册资金 144 万巴西迪拉姆，股份分配为中远航运（香港）投资发展有限公司 55%，中远海运（南美）有限公司 45%。公司代表中远海运特运在南美地区开展揽货业务，协助其开展南美市场开发、客户维护、营销网络管理和船舶现场服务。公司位于巴西圣保罗市。截至 2020 年年底，公司有员工 2 名，其中中方外派总经理 1 名、本地籍公司副总经理 1 名。按照规划，公司拟设财务行政部、市场营销部和操作部三个部门，总经理吴家达。

9. 中远海运港口秘鲁钱凯公司

中远海运港口秘鲁钱凯公司于2019年5月成立，由中远海运港口有限公司和秘鲁Volcán Compañía Minera S.A.A.两家公司共同持股。其中，中远海运港口有限公司持股60%，Volcán Compañía Minera S.A.A.持股40%。公司办公地址为Av. Manuel Olguin 375 Surco，11 floor，Lima，Peru。中远海运港口秘鲁钱凯公司属于港口绿地项目，主要投资建设并运营秘鲁钱凯码头，项目总投资预计为12.98亿美元（不含税），主要建设四个主要泊位，以及后方辅建区和连接隧道，其中1～2号为多用途散货码头，共约620万吨吞吐能力；3～4号为集装箱码头，共约100万TEU吞吐能力，项目投产运营期预计到2024年。公司管理实行董事会领导下的总经理负责制，下设行政部、人事部、采购部、安全部、社区环境部、法律部、内部审计部、公共关系部、工程部和财务部。截至2020年12月31日，公司总资产4.07亿美元，在职员工63人，其中外派人员4人，总经理陈铿。

【所管公司经营情况】

1. 中远海运集运（巴西）有限公司

2020年，在集运总部及中远海运（南美）公司的正确指导下，中远海运集运（巴西）有限公司各项业务顺利开展，并取得了较好的成绩。2020年，公司完成销售出口箱量66 506TEU，local出口箱量完成72 795TEU，均完成上级下达的任务指标。

2. 中远海运集运（秘鲁）有限公司

2020年，中远海运集运（秘鲁）有限公司顶住新冠肺炎病毒在秘扩散的压力，一方面做好疫情防控工作，确保员工身体健康；另一方面坚持居家办公，为客户提供有限的现场服务，确保业务不断不乱。在全体员工的共同努力下，2020年逆势完成中远海运集运总部年初下达的主要考核指标。全年共完成销售箱量3.291 8万TEU，指标完成率81%，同比持平；完成local箱量3.759万TEU，达到预算指标100%，比上年增长11.68%；完成销售收入2011万美元，比上年增长22%。

3. 中远海运集运（乌拉圭）有限公司

2020年，中远海运集运（乌拉圭）公司各个部门密切配合，全体员工共同努力，克服新冠疫情全球暴发的巨大困难，各项业务得以顺利开展，并取得了较好成绩。全年完成销售箱量15 664TEU，完成预算指标102%；local出口箱量完成15 551TEU，完成预算指标105%；local收入1812万美元，完成预算指标110%。

4. 中远海运集运（智利）有限公司

2020年，中远海运集运（智利）有限公司按上级要求一方面加强疫情防控，确保公司财产和员工健康安全；另一方面以各项经营指标为指引，狠抓生产经营，在品牌推广方面取得较好效果。全体员工努力拼搏市场、拓展客户群体，较好完成各项生产任务指标。2020年，local出口箱量完成80 734TEU，销售箱量完成91 933TEU，均完成上级下达任务指标。

5. 中远海运集运（阿根廷）有限公司

2020年，中远海运集运（阿根廷）有限公司各项业务顺利开展，并取得了较好的成绩。全年local（中远侧）出口箱量完成21 532TEU，完成预算指标101.8%；销售箱量完成18 355TEU，完成预算指标113%。在协同效应上取得明显成果，公司利润实现扭亏为盈。

6. 中远海运集运（厄瓜多尔）有限公司

2020年，中远海运集运（厄瓜多尔）有限公司已完成工商登记，但是尚未取得船代经营许可，没有经营情况数据。

7. 中远海运集运（哥伦比亚）有限公司

2020年，中远海运集运（哥伦比亚）有限公司的开业启动和各项业务顺利开展，并取得了较好的成绩。受疫情影响，市场总体货量下滑严重，但公司全年local箱量完成37 403TEU，同比下滑程度低于市场竞争对手。公司成立元年即完成了48 385美元的利润总额，同时在协同效应、local charge管理、应收账款回收等方面也取得了显著的成绩。

8. 中远海运特种运输（南美）有限公司

2020 年，中远海运特运（南美）有限公司组建和各项业务顺利开展。年内完成公司组建相关程序和手续，完成总经理和副总经理聘任、公司组织章程第一次修订和报备等一系列工作，完成签订纸浆长签合同（3+2 年）一个，板材 COA 合同（2+1 载 7 ~ 10 万吨）和 2.1 万吨纸浆现货运输，较好地完成上级下达的任务。

9. 中远海运港口秘鲁钱凯公司

截至 2020 年年底，钱凯公司仍处于在建期间，没有从事生产经营。（葛昊）

中远海运（非洲）有限公司

中远海运（非洲）有限公司

【公司概述】

中远海运（非洲）有限公司（简称“非洲公司”，英文简称COSCO SHIPPING（Africa）），是中国远洋海运集团有限公司在南非投资成立的全资子公司，是集团直属的二级公司，集团拥有其100%股权。非洲公司注册资本1000兰特，注册地南非约翰内斯堡市，注册时间为1994年5月7日（中远非洲公司注册时间）。2016年7月，根据集团的统一部署，中远非洲公司和中国海运非洲控股公司完成了整合并开始合署办公，后续又完成一系列变更手续，即以中远非洲公司为基础，变更公司名称、董事及股东，成立中远海运（非洲）有限公司。2016年7月4日，中远非洲公司更名为中远海运（非洲）有限公司。中国海运非洲控股公司在2018年完成注销。

非洲公司主要经营范围：船舶代理、货运代理、中非及第三国与非洲间全程物流供应链相关产业服务、船舶配件及服务、贸易、融资租赁和投资等非集团负面清单业务。

非洲公司业务及区域事务管辖范围：非洲西海岸自毛里塔尼亚及以南地区，和非洲东海岸自肯尼亚及以南地区的所有非洲区域，区域内管辖7家公司。其中，中远海运非洲直属公司2家（以上均是包含区域本部），现有人员227人，其中外派人员20人。

非洲公司实际履行的职能包括两大块：集运业务和非集运业务。

集运业务：非洲公司目前代行集运非洲分部职能，通过肯尼亚、南非和尼日利亚三个国家公司作为东、南、西非分中心，为集运督促管理非洲区域内市场营销和开发、供应商协议谈判和管理、供应链物流、箱管操作、船舶码头操作、客户服务、业务专业服务（BPS）、分代理管理、财务结算、考核等各方面的工作。

非集运业务：主要业务包括非集装箱船舶代理、非集装箱业务的市场开发和营销、船舶配件加油及航修等服务、内陆综合物流、仓储投资等业务。非洲公司以直属的远南船务打造非洲区域船舶服务平台；以区域本部散运部为散、特运打造非洲区域的营销网络。

【企业组织形式和法人治理结构】

非洲公司是集团按南非公司法，在南非豪登省、约翰内斯堡市全资注册的有限责任公司。公司管理层有董事长1名、副总经理1名、财务总监1名。公司设有财务管理部、战略发展部、行政人事部、散货业务部共4个部门。截至目前，区域本部共有雇员11人。其中，中方外派人员6人，当地员工5人。

非洲公司是集团直属二级公司，设有董事会，为公司经营决策最高机构。董事会共由5名董事组成，其中含董事长1名、董事1名、外部董事3名，均为集团派出董事。非洲公司董事会还设有负责审计与风险和推进法治建设的专门委员会，并聘任非洲公司副总经理兼任公司总法律顾问。

非洲公司设有中共中远海运非洲区域党委，由非洲公司董事长兼任党委书记。区域党委下设中共中远海运（西非）党支部和中共中远海运（东南非）党支部。在非洲公司重大事项上充分发挥区域党委的前置商议和最终决策的领导作用。

根据非洲公司章程规定，目前非洲公司日常决策由董事长办公会行使总经理办公会职能。

根据非洲公司“三重一大”决策制度要求，

在集团对直属公司的授权范围内，非受限事项的重大事项按董事长办公会、党委会、董事会分级审批。受限事项先经公司内相应的会议审议后报集团审批。公司本部各职能部门及下属公司为具体决议的执行层；公司财务部还兼具区域内监督审计职能。

【区域内各公司简介】

区域内公司及股权架构见表 14–15。

区域内公司及股权架构情况表 表 14–15

公司名称	股东名称	持股比例
中远海运（非洲）有限公司	中远海运集团	100%
中远海运（非洲）远南船务有限公司	中远海运（非洲）有限公司	100%
中远海运物流非洲公司	中远海运物流香港公司	55%
	中远海运非洲公司	45%
中远海运集运南非公司	中远海运集运	100%
中远海运集运尼日利亚公司	中远海运集运南非公司	70%
	Comet Shipping	20%
	Bollore 尼日利亚公司	10%
中远海运集运肯尼亚公司	中远海运集运南非公司	50%
	中坦公司	30%
	Rais Shipping Services（Kenya）Ltd.	20%
中远海运集运加纳公司	中远海运集运南非公司	60%
	Bollore 加纳公司	40%

区域内主要企业情况。

（1）中远海运（非洲）远南船务有限公司

中远海运（非洲）远南船务有限公司原名为远南海事技术服务中心，注册时间为 1999 年 5 月 28 日，注册地约翰内斯堡，办公场所位于德班。按照非洲区域公司的部署，整合集团内非集装箱船靠泊非洲地区的船代业务，公司于 2020 年 8 月更名为中远海运（非洲）远南船务有限公司（简称“远南公司”）。远南公司是中远海运（非洲）有限公司下属全资单位，注册资本 1000 兰特。远南公司现设有船代业务部、财务管理部。目前公司共有雇员 4 人，其中中方外派人员 1 人、当地员工 3 人。远南公司主要负责中远海运船舶在南非各港口的机务现场管理及机务保障，为中远海运及国内地方船东在南非地区的船舶提供修理、备件物料供应、消防救生检验，以及为中远海运系统内非集装箱班轮在西非、南非相关区域提供船舶代理及其他海事、技术咨询等服务。

远南公司 2020 年为 274 艘次船舶提供了现场服务，与 2019 年 135 艘次相比，增加 103%。其中，船舶航修 8 艘次，同比减少 3 艘次；船舶物料供应 31 艘次，同比减少 2 艘次；船舶备件转运 34 艘次，降低幅度较大，同比减少 30 艘次；代理业务 215 艘次，大幅增加，同比增加 157 艘次；刮船底 11 艘次，同比减少 12 艘次；总服务 274 艘次，系统内为 241 艘次，占总艘数的 88%。

2020 年，公司收入 4881 万兰特，比 2019 年同期 3200 万兰特增加 1561 万兰特；经营利润（税前）为 712 万兰特，比 2019 年同期 590 万兰特增加 122 万兰特。远南公司 2017—2020 年资产、收入和利润情况见表 14–16。

远南公司 2017—2020 年资产、收入和利润情况表　　表 14–16

年　份	总资产（万元）	收入（万元）	利润总额（万元）
2017 年	620.76	610.89	91.46
2018 年	639.81	802.45	210.29
2019 年	921.76	1 711.90	279.63
2020 年	2 639.56	2 175.55	445.50

（2）中远海运集运（南非）有限公司

中远海运集运（南非）有限公司（简称“南非公司”），是中远海运集装箱运输有限公司下属全资单位，注册资本 100 兰特。南非公司本部设在南非德班市，在约堡、开普敦和伊丽莎白港分别设有办事处。

南非公司的前身是中远非洲公司 1995 年 9 月在南非合资成立的考斯瑞尼（COSREN）航运代理公司。2016 年 7 月 1 日，在中远、中海两大集团重组整合的背景下，考斯瑞尼航运代理公司和中海南非代理公司完成了重组整合工作。2016 年 8 月 31 日，中远海运集运从中远海运非洲公司收购了南非公司的全部股权。南非公司从 9 月开始向集运上报财务报表，并于 9 月 7 日在当地完成了公司更名。

2016 年 11 月 30 日，南非公司从中海非控收购尼日利亚公司 60% 的股权，12 月开始合并尼日利亚公司财务报表。2017 年 2 月，南非公司又从当地合资方 Comet Shipping 收购了尼日利亚公司 10% 的股权。南非公司拥有尼日利亚公司 70% 的股权，尼日利亚当地的两家合资方 Comet 公司和 Bollore 公司分别拥有 20% 和 10% 的股权。

为完善中远海运海外代理网络，集运总部 2017 年 6 月在肯尼亚成立新的合资公司中远海运集运（肯尼亚）有限公司。公司股东由集运南非公司、中坦公司和原肯尼亚代理 Rais Shipping Services（Kenya）Ltd. 三方组成，所占股份分别为 50%、30% 和 20%，南非公司按股比出资 10 万美元。该公司注册完毕，已于 2021 年 4 月 1 日正式对外营业。

2018 年 6 月，新设中远海运集运（加纳）有限公司，由中远海运集运（南非）公司持股 60%，Bollore 公司持股 40%。据此，南非公司按股比、以自有资金现金实际出资 30 万美元入股。该公司注册完毕，已于 2019 年 3 月 1 日正式对外营业。

南非公司服务于中远海运集运的集装箱航线经营，主要负责南非地区的集装箱业务海内外的协调和管理，负责在当地市场调研揽货、船舶代理、运使费审核结算、集装箱调运、信息跟踪、集装箱维修，以及集装箱货物在南非和周边地区的内陆运输等业务。经营远东至南非集装箱航线有 4 条，分别为 ZAX1、ZAX2、ZAX3 和 WAX4。内陆延伸服务扩展至南非境内各主要内陆点。公司业务区域除南非地区外，还负责东起莫桑比克、西至刚果（布）以南的非洲地区的各项业务。此外，公司在南部非洲的跨境业务也取得快速发展，全程供应链服务延伸至津巴布韦、赞比亚、博茨瓦纳和莫桑比克等主要网点。

南非公司下设行政部、市场部、客服部、操作部、财务部和箱管部六个部门。目前公司共有雇员 72 人，其中中方外派人员 4 人，当地员工 68 人。

南非公司 2020 年全年 local 出口箱量实际值 42 401TEU，比目标值超出 1396TEU；local 进口箱量实际值 91 447TEU，比目标值少 26 142TEU；销售箱量实际值 51 929TEU，比目标值超出 839TEU。2020 年全年收取的滞期费为 280.15 万美元，比目标值多出 120.15 万美元。

2020 年，公司净利润 220 万元，比目标值小 136 万元，主要是受疫情影响，船舶减少挂靠，进口箱量骤减所致。2020 年年末，超期应收账款余额为 380 万元，比目标值小 20 万元；应收账款回收天为 9.5 天，比目标值少 0.5 天，超额完成了应收账款各项指标。南非公司 2017—2020 年资产、收入和利润情况见表 14–17。

南非公司 2017—2020 年资产、收入和利润情况表 表 14–17

年　份	总资产（万元）	收入（万元）	利润总额（万元）
2017 年	4 562.97	4 178.01	1 645.49
2018 年	6 321.29	4 042.00	1 006.15
2019 年	6 564.29	4 034.35	323.46
2020 年	7 412.35	4 320.74	1 438.77

（3）中远海运物流（非洲）有限公司

中远海运物流（非洲）有限公司（简称“非洲物流”），成立于 1995 年 10 月 20 日，执行物流业务的区域管理职能，管辖地域为除北非外的其他非洲地区和国家。

非洲物流是物流总部直属三级公司。2018 年 9 月 1 日起成立合资公司，中远海运物流有限公司控股 55%，中远海运（非洲）有限公司控股 45%，注册资金 850 万美元（260 万美元加 8440 万兰特）。非洲物流注册资本 1000 兰特，注册地南非豪登省约堡市 City Deep 区，注册时间为 1995 年 10 月 20 日。非洲物流现设有业务部、财务部、商务部、行政人事部、战企部、仓储部共 6 个部门。公司共有雇员 9 人，其中中方外派人员 1 人，当地员工 8 人。公司地址位于南非的豪登省，No1 Merino Ave. C/O Angus road, City Deep，Johannesburg。

非洲物流业务范围以综合性物流业务为发展方向，包括货代、船代、现代物流等，具体包括：①工程物流，包括公路运输、大件运输、吊装、安装；②船舶代理业务；③货物海运，包括陆运、航空、无船承运业务（NVOCC）、多式联运、货物进出口清关、国内国际货运代理和订舱服务；④物流咨询服务，包括方案设计、技术咨询、供应链管理咨询、会展物流服务；⑤货物堆场、仓库、集装箱堆场。

非洲物流 2020 年完成内陆物流运输集装箱 2584TEU，件杂货 1340 计费吨，净利润为 62.65 万元；营业收入较上年增加 2831 万元，增幅 1205%。非洲物流 2019—2020 年营收情况见表 14–18。

非洲物流 2019—2020 年营收情况表 表 14–18

（单位：万元）

项　目	2019 年	2020 年	增　减　数	增减幅度
一、营业总收入	234.93	3 066.24	2 831.31	1 205.17%
二、营业总成本	461.53	2 977.4	2 515.87	545.12%
其中：营业成本	188.88	2 650.42	2 461.54	1 303.23%
管理费用	321.19	561.62	240.43	74.86%
财务费用	–48.55	–234.64	–186.09	–383.30%
加：投资收益	—	—	—	—
三、营业利润	–226.6	88.84	315.44	–139.21%
加：营业外收入	—	—	—	—
减：营业外支出	—	—	—	—
四、利润总额	–192.7	88.84	281.54	–146.10%
减：所得税费用	–57.1	26.18	83.28	–145.85%
五、净利润	–135.65	62.65	198.30	–146.19%

【经营效益】

除 2017 年受两大集团合并影响之外，非洲区域公司每年的总资产和收入都是递增状态。2018—2020 年，公司总资产、收入和利润总额总体递增，总资产平均增长率 9.78%，收入平均增长率 20.94%，利润总额平均增长率 104.37%。今年一季度末总资产降低，主要原因是当地货币贬值。

2020 年度，非洲公司合并实现利润总额 453 万元，比上年增加 108 万元，增幅 31%；净利润 328 万元，增幅 51%；营业收入较上年增加 221 万元，增幅 6%，不同业务板块对营业总收入的影响如下：

（1）公司本部营业总收入较上年减少 211 万元，是由于本年度收取集运南非公司及下属公司管理费较上年减少了 221 万元。

（2）船舶技术服务业务营业收入较上年增加 464 万元，增幅 27%，变动的主要原因是：经过艰苦努力，船舶技术服务业务较 2019 年同期有所上升。 2020 年为 274 艘次船舶提供了现场服务，与 2019 年 135 艘次相比，增加 203%。其中代理业务 215 艘次，比 2019 年增加 157 艘次。总服务 274 艘次中，系统内为 241 艘次，占总艘数的 88%。

非洲公司的主要财务数据见表 14–19、表 14–20、表 14–21。

非洲公司（合并） 表 14–19

年　份	总资产（万元）	收入（万元）	利润总额（万元）
2017 年	11 847.07	5 573.91	302.07
2018 年	8 051.88	2 842.37	130.30
2019 年	9 411.00	3 863.00	157.00
2020 年	9 663.38	4 093.64	452.54

非洲公司（本部单户） 表 14–20

年　份	总资产（万元）	收入（万元）	利润总额（万元）
2017 年	10 268.40	1 394.79	28.57
2018 年	7 412.11	1 915.45	1 201.56
2019 年	8 201.20	2 199.90	65.54
2020 年	7 032.89	1 988.20	177.77

非洲公司生产经营情况 表 14–21

项　目	2020 年	2019 年	同　比	完成年预算	备注
经营总收入 / 万元	4328	3873	12%	129%	—
净利润 / 万元	740	345	142%	296%	—
承揽出口箱量 Teu	69 525	85 435	–19%	75%	—
承揽散杂货量 / 万吨	68	34.4	100%	100%	—
非集运船舶代理现场服务	274	135	103%	完成	—

非洲公司 2020 年实现经营收入 4328 万元，同比增长 12%，完成年度预算 129%；实现净利润 740 万元，同比增长 142%，完成年度预算的 296%。但受到前期国内疫情影响，进出口大幅下降；后期本土疫情蔓延，各国长时坚封国封城措施、部分国家骚乱等前后叠加影响，本土集装箱进出口市场大幅下滑，区域全年承揽出口货量同比下降 19%。

【疫情防控】

非洲公司强化主体责任和监督责任，坚决做好本土疫情防控工作。

（1）根据集团部署和本地疫情发展情况，及时成立党委区域疫情防控工作组和监督小组，强化主体责任，加强对区域内疫情防控工作的组织领导；认真学习贯彻习近平总书记关于疫情防控工作的重要指示及集团多次海外防疫防控专题会议精神，制定区域防疫防控三级预案并根据疫情发展态势及时完善。区域内所有国家公司均积极与所在地央企结成防疫防控对子，签订互防共控协议，做到信息共享和资源共享，守望相助、共克时艰。党委纪检员积极对所属各公司防疫措施和防疫用品储备等进行检查监督，确保防控预案做实、落地。

（2）在国内疫情暴发之时，从本土组织采购并积极向集团内集运、特运、船员公司等兄弟公司支援口罩等防疫用品；组织向在国内外派员工家属寄送口罩；积极通过当地使领馆、中资商会和国内红十字会等渠道，自发向武汉等疫情重灾地区捐款 86 800 元。

（3）广大党员干部进一步发扬初心使命，勇于担当，坚决做到“守土有责、守土尽责”。在疫情期间，集运尼日利亚总经理（党员）季晴和区域远南公司总经理（党员）赵国祥不幸亲人去世、集运肯尼亚总经理(党员)王华太太生产等，他们均主动放弃回国，请求家人代为处理或照料，坚决留守防疫阵地，以确保本土防疫防控和生产经营稳定有序。

（4）加强一体化防护，确保公司员工健康安全。根据本地疫情发展态势，建立员工 A/B 轮班和部分或全部居家办公工作制度和家庭人员健康状况零报告制度；为本地员工发放口罩、消毒洗手液等防疫用品；鉴于非洲地区通信等基础条件差的问题，各公司及时为有困难的员工配备移动 WIFI 等办公设备，以满足居家办公需要，确保公司经营秩序稳定。

到目前为止，区域内没有发生一例中方员工及家属确诊感染；居家办公感染的 3 名本地员工也均已康复。

（5）协助集团到非船舶做好防疫防控，坚决保护船员兄弟健康生命安全。及时向到非集团船舶发布本地疫情形势，提醒船舶及时做好预案，积极为船舶组织采购防疫物资；集运南非将总部支援的连花清瘟胶囊，集运尼日利亚在本土采购困难的前提下，将公司有限的储备防疫用品优先提供给到港所需船舶船员，以确保船员兄弟健康安全。

（6）积极履行社会责任，讲好中国故事。区域内各公司积极听从所在地使领馆和中资商会的安排，并通过商会平台积极向所在地社会捐赠口罩等防疫用品。区域公司专门向南非港口运输管理集团（Transnet）捐赠 10000 只医用口罩和 200 瓶消毒洗手液，受到使领馆和当地媒体的高度赞扬，Transnet 集团 CEO 亲自给公司发来感谢信。集运尼日利亚、加纳和肯尼亚公司也积极向本地港口码头合作伙伴捐赠口罩、消毒液等防疫用品，携手合作伙伴共克时艰。

【提质增效】

1. 集装箱业务

（1）集运各国家公司在进一步巩固现有市场的基础上，加强本国及周边内陆市场开发，进一步扩大市场腹地，努力提升本土出口货源。集运尼日利亚加强内陆重镇卡诺市场开发，并积极组织协调铁路 / 公路和保安公司等相关资源，在确保拉各斯—卡诺延伸服务通畅基础上，全年卡诺内陆进出货量呈现 10 倍以上增长；集运肯尼亚在积极筹备合资公司的同时，协同合资方加强对乌干达等内陆国家市场调研与开发，设立乌干达代理并选定堆场，填补中远海运在乌干达市场历史空白；面对疫情及导致封境的不利影响，自 9 月启动至今，目前每月承揽乌干达内陆货源超 100TEU。集运加纳及时开设内陆城市库马西堆场服务，并加强对本地资源整合，积极探索到布基纳法索、马里和尼日尔三个内陆国家延伸服务业务。

（2）进一步深度研究本土集装箱进出口市场，在重视传统优势市场——远东主场市场的同时，加强对新兴市场——东南亚和南亚等第三国流向的市场挖掘和货源开发。集运南非全年自东南亚 FOB 进口箱量上升 14%，本土冷箱出口箱量上升 42%。

（3）重视区域市场，努力帮助航线提升收益。集运尼日利亚面对受疫情影响远东市场需求大幅下滑、欧地航线频繁脱班、取消等不利因素，充分利用现有干线、支线网络，加强非洲区域内区间业务开发，在增加本土出口货量同时，努力提升船舶重箱装载率和航线效益。

（4）加强“双品牌”在市场上的宣传推广力度，并借助利用好“双品牌”资源优势，不断提升 COSCO SHIPPING 在本地区的品牌影响力；全年东方海外货柜航运有限公司（OOCL）在本区域进、出口提单箱量均逆势呈现数倍增长。

（5）借助和发挥公共代理资源，不断提升本土出口货量。面对非洲地区国家多、货量分散，加强对公共代理培训和日常工作的监督与考核，建立代理工作汇报沟通机制。在市场和本区承揽货量大幅下降的情况下，全年多哥代理承揽货量分别上涨 45%，科特迪瓦代理货量也呈现逆势正增长。

2. 物流业务

在面对南非封国封城严控措施，做好防疫防控措施的前提下，区域物流公司加快约翰内斯堡仓储项目的修建改造工作，加强与政府各相关部门的沟通协商，积极申请保税等经营资质；加强人员选聘与培训、系统安装与测试、业务流程和操作规范制订等内部繁琐基础工作。9 月，集团在非洲大陆第一个自有仓储基地——约翰内斯堡仓储中心正式投入营运。

与此同时，区域物流公司依托并服务集运“端到端”战略，加强与集运国家公司的协同力度，在一手抓仓储中心建设的同时，一手努力开拓业务，全年共为集运承揽门箱量 1716TEU 及进出刚果（金）等内陆国家项目件杂货物流业务 1340 吨；净利润 300 万元，一举扭亏并超额完成预算目标。

3. 散杂货业务

区域散运部放眼非洲，充分利用地区各国家公司、公共代理的资源渠道，积极搭建区域散货营销网络，搜集本地大宗散货及件杂货货源信息，及时向本地市场推广宣传散运、特运船期信息，密切与各方的协调沟通，全年为散运和特运承揽散杂货共 68 万吨，同比增长 100%。

4. 船舶代理服务业务

区域远南公司加快集团在非洲非集运船舶统一提供代理和技术保障统一服务平台建设，在逐一与特运、散运、能源签订服务协议基础上，加快自身核心服务团队建设，不断完善服务规范；建立统一服务标准和操作流程，加强对区域内服务代理的资源整合，真正实现对集团船舶在区域内服务的全覆盖；加强对服务代理的监督与考核，确保服务质量，不断提升服务品牌和影响。

与此同时，密切保持与国家海洋、科考、海军等船队的沟通联系，确保国字号船队在非服务业务的不流失；在 2019 年成功开拓的基础上，进一步加强对远洋渔业代理服务业务的开拓，以进一步增加业务规模和营收水平。全年完成船舶代理等服务 274 艘次，比上年同期增加 103%；实现经营收入 4881 万兰特，比 2019 年同期 3200 万兰特增长 52.5%；经营利润为 712 万兰特，比 2019 年同期 590 万兰特增长 20%，超额完成年度预算目标。

5. 新业务拓展

根据后疫情时期南非经济复苏计划，南非政府加大本地港口、铁路等基础设施建设，公司积极向南非非国大中央执行委员会和交通运输管理局提交“关于在南合作建设深水中转港设想和建议”。协同特运与阳光战略合作框架，积极与阳光集团在南合伙人密切沟通、联系，并深入矿区进行实地调研，掌握第一手资料，为后期实质性合作及早做好准备。

【政治责任和担当】

（1）公司党委始终把政治建设放在首位，利用参加中心组学习、网络学习、支部集中和个人自学等多种方式相结合，进一步深入学习贯彻党的十九届四中和五中全会、习近平视察中远海运希腊比雷埃夫斯港重要讲话和全国两会精神等；积极参加使领馆和中资商会组织的学习等活动；加强“四史”学习教育，深入学习企业发展史，进一步强化政治站位和使命担当，增强“四个意识”、坚定“四个自信”、做到“两个维护”。

（2）各支部围绕中心工作，坚持与发扬“三做”理念，充分发挥党支部在市场开拓、经营生产中的战斗堡垒作用。加强企业文化建设，在全区域组织开展争创“销售明星”“客服明星”“优秀员工”等劳动竞赛活动，营造积极向上工作氛围。区域党员干部积极奋战在防疫、抗疫第一线，充分发挥先锋模范作用。

（3）认真学习习近平总书记在十九届中纪委四次全会重要讲话和集团 2020 年党风廉政建设工作会精神，持续加强党风廉政建设。严格落实中央八项规定精神，坚决贯彻集团“五个禁令”。紧盯重要岗位和敏感环节，重点加强供应商采购、运价和免费用箱天审批等流程制度的建立和督促执行；积极利用审计和巡察工具，加强监督检查，确保区域内风清气正。

【规划制定】

非洲公司根据集团“十四五”规划纲要，结合公司实际情况，相继制定《中远海运（非洲）有限公司“十四五”发展规划》《中远海运（非洲）有限公司“十四五”规划战略落地方案》等文件，明确非洲公司“十四五”指导方针：一是继续深耕非洲市场，依托集团全球综合供应链服务优势，夯实“一带一路”非洲沿线物流服务基础；二是充分发掘非洲市场的潜力和资源优势，为集团拓展非洲市场发挥“前沿阵地”作用，寻求在非洲市场实现突破性发展；三是重点聚焦在非中资企业建设项目，有效结合集团内专业公司资源，开发非洲大陆的工程物流项目和内陆物流延伸业务；四是利用并根植当地优势，把握场站、仓库等物流设施投资机遇，做好相应布局安排，寻求在非洲市场实现突破性发展。抓重点、补短板、强弱项，确保集团“十四五”规划在本区域的落地、落实。

【综合改革】

为全面贯彻落实党中央、国务院关于国有企业改革决策部署，扎实推进《中国远洋海运集团有限公司改革三年行动实施方案（2020—2022年）》落实落地，根据集团总体安排，非洲公司全面推行经理层成员任期制和契约化管理，制定上报《经理层任期制和契约化管理工作推进时间表》，并按时间节点抓紧制定相关工作方案，完成相关工作。

同时，公司充分运用好“2+N”改革工具包，研究制定远南“超额利润分享激励机制”，进一步完善区域激励机制，最大程度调动员工为公司增收创利的积极性和主动性；优化内部资源，抓紧研究区域本部和远南“财务一体化”体制改革，进一步释放远南开拓市场、服务船东的活力。

【协同效应】

（一）协同集运端到端战略

（1）通过租赁、收购及合资等多种方式，在关键性城市和重要港口建设和发展自主管控运营的物流仓储中心。在约翰内斯堡仓储中心一期基础上，正在推进二期铁路专用线沿线地块的收购谈判，以进一步提升、扩大约翰内斯堡仓储中心的服务能力。

与此同时，积极在德班寻找合适标的，采用租赁、合资或收购等形式，通过前期的调研，加快筛选和谈判，加快集仓储、配送、装拆箱和堆场功能于一体的德班仓储中心的推进；通过筛选，通过银行、中介公司等渠道帮助提供相关投资信息。

（2）加强区域内部协同（区域、集运、非洲物流），并通过整合社会资源，积极拓展非洲内陆国家的延伸服务。

计划开辟南非—津巴布韦、南非—赞比亚、

南非—刚果（金），以及肯尼亚—乌干达内陆延伸服务，并逐步建成有中远海运特色品牌和一定影响力的非洲内陆国家延伸服务产品。在协同和帮助集运扩大市场腹地和覆盖面的同时，实现区域自身的价值。

（二）协同散运和特运，积极拓展散杂货全程一体化服务

结合非洲本土矿产的独特资源优势（南非的锰、铬储产量世界第一，且市场份额均在70%以上，可左右行业市场），协同散运、特运，积极拓展散、杂货全程一体化服务，发展本土配套的装运场站及陆上运输等服务设施和能力。

目前区域正积极推进南非锰矿物流供应链现状的调研，同时也对在合作、且有意向深度合作的潜在锰矿项目客户AMG和阳光进行深度调研；与此同时，也积极与其他相关中资矿业公司进行沟通，力争与散运、特运携手能发掘出1～2个项目客户。

（三）协同集团航运主业，加强自身常规服务网络和服务能力提升

（1）以远南为服务平台，加强区域内所有国家、港口代理服务资源的整合，提升对集团专业公司船舶的服务能力和水平，逐步形成品牌及影响力，积极拓展和扩大公共船舶服务业务。

（2）以区域综合业务部为平台，加强区域内国家公司和公共代理相关资源的整合，继续推进散、杂货营销代理平台的建设。

（3）结合集、散、特运在非洲区域的业务发展，加快区域内科特迪瓦、喀麦隆及莫桑比克等沿海，以及乌干达、津巴布韦、赞比亚等内陆自有代理服务点建设；不断完善区域代理服务网络和能力。

（4）非洲区域公司本部是集团直属公司，为规避非洲区域复杂多变的政治、经济形势及法律环境欠完善的风险，特别是要避免牵连到集团总部，不适宜用区域公司本部作为操作业务的直接主体。非洲公司一直在积极寻找机会争取能捕获在东南部非洲具备一定服务网络及仓储、车队服务资源，与公司发展战略相匹配的中等规模本地物流公司，收购和控股经营，以进一步提升区域公司在本土物流延伸服务能力和盈利能力。

【队伍建设】

非洲公司重视当地员工的培训和培养。当地员工分别在财务、法务、物流、系统操作等方面成为公司的骨干，为公司的健康发展、风险防控及业务开拓方面作出积极贡献。非洲公司还进一步建立健全本土员工考核与激励机制，在依法用工的基础上，加强本土优秀人才的选拔与培养。同时，非洲公司一直坚持关心关爱本土员工，区域各公司多次为本土员工提供口罩和消毒洗手液等防疫用品；集运尼日利亚公司还为困难员工家庭提供大米／食油等生活必需品，帮助困难员工共渡难关。

【安全工作】

非洲公司始终牢固树立安全发展的理念，坚持以人为本、生命至上，始终把安全生产放在重要位置。从政治高度上认识和抓好安全生产工作，把做好安全生产工作作为"不忘初心"的重要实践和历史使命，作为非洲公司实现中长期规划的重要保障。同时，在区域内也不断号召并督促所有公司，要把安全发展贯穿到企业发展全过程，要求所有外派人员要自觉提高政治站位，主动适应新发展阶段、贯彻新发展理念。促进各公司在长期规划中构建新发展格局，正确处理好安全和发展的关系、安全与效益的关系，始终把安全作为头等大事来抓，不断增强做好安全生产工作的紧迫感、责任感和使命感，牢牢把安全生产工作抓在手上，为集团、集运和非洲公司的规划在非洲区域顺利落地落实作出有力支撑。

【财务工作】

（1）非洲公司把资金管理工作为财务管理的重点，严格审批程序，控制预算外资金支出，并积极做好汇率风险的控制。

（2）不断加强内部协作，提升应收账款管理。应收账款的管理始终是资金管理的重点，公司努力在业务流程的完善和强化监督方面下功夫。公司明确财务部牵头作为应收账款管理的第一责任部门。公司每周召开区域范围内各业务板块的应收账款专题会，督促催收工作，并仔细分析欠费产生的内部原因，从内部流程完善方面堵塞漏洞。在各方努力下，应收账款管理取得良好效果，全面超额完成上级确定的考核目标，整个区域公司范围内各业务板块的应收账款管理得到有效提升。

（3）2020 年，集团财务和审计部门对非洲公司及下属公司进行了一系列内部财务检查。针对发现的问题，相关单位均按要求及时进行整改，公司内部的会计核算质量得到了提高，内部财务管理工作更加规范。

【风 险 防 控】

非洲投资的最主要问题是面临着各种各样的风险，这些风险大多与其落后的经济发展水平相关。经过非洲公司地认真研判，“十四五”期间公司最主要五大风险为：政治风险、债务风险、法律风险、劳工风险和卫生风险。其中债务、法律和劳工风险是在全球其他国家和地区投资普遍存在的风险，而政治风险和卫生风险在非洲尤为显著，需特别注意。

（一）政治风险

由于东道国内部或外部的原因，政府所采取的政策或行动给大多数跨国公司的经营带来的负面影响。由于非洲国家多数是发展中国家，政治环境极为复杂，政府更迭频繁、区域矛盾冲突频发，存在很高的政治风险。中国企业对非洲投资面临的政治风险主要表现形式包括：战争及暴乱风险、国有化风险、第三国干预风险等。例如：2011 年，利比亚爆发内战，导致中国在利比亚的大量在建工程被迫终止，损失超数十亿元；2015 年，马里首都巴马科的丽笙蓝标酒店发生事件，致 3 名某中资企业高管不幸遇难。

（二）债务风险

由于非洲国家越来越依赖国际债券市场为发展项目融资，加上原材料超级周期结束，以及经济增长和出口收入放缓，也导致对于依赖原材料出口的国家债务风险提高。新冠疫情暴发之前，非洲开发银行（African Development Bank）公布的 2020 年非洲经济展望报告指出，2008—2018 年 10 年间，非洲各国公共债务占非洲大陆 GDP 的比例从 38% 飙升至 56%。疫情令这一局面雪上加霜，该行 2021 年初估计，2020 年新冠肺炎疫情使非洲国内生产总值减少 2.1%，是 20 年以来的最差表现。受疫情影响，非洲大陆债务率从疫情前较为稳定的 60% 升至 70%—75%。38 个拥有债务可持续性评级的非洲国家中，有 14 个国家属于债务压力高风险国家，6 个国家已经处于债务压力之下。

（三）法律风险

这种风险当然有部分属于企业违规操作的类型，但更多的时候是因为企业不了解国外的法律而误犯，还有一些则是东道国执法不当甚至故意借法律形式制造障碍而导致的。需要注意的是，法律风险是中国企业对非投资过程中经常遭遇的风险，随时都可能发生，并且可能因为某个员工或者具体事务等引起企业的整体法律风险，还会对企业造成财务和社会声誉上的损失。

（四）劳工风险

主要包括劳资纠纷、与工会关系的处理、对劳工权益保障不足等。例如，南非、莫桑比克、津巴布韦等南部非洲国家都对不同行业的最低工资标准、工作时间和休息休假等作出相关规定。这也是中国企业投资非洲时容易忽视的风险之一。中国企业在非洲市场投资如果存在明显的“路径依赖”，也就是照搬国内经验，容易引发劳工风险。

（五）卫生风险

新冠疫情对非洲的影响是最为迫在眉睫的卫生风险。2020年年初评级机构穆迪发布报告指出，2021年撒哈拉以南非洲地区财政收入和经济增长仍将深受疫情影响，该地区将不得不继续与低增长、低收入、高负债和脆弱的偿债能力做殊死斗争。非洲开发银行行长Akinwumi Adesina在2021年1月表示，2020年和2021年新冠肺炎疫情对非洲大陆国内生产总值造成的累计损失预计分别为1730亿美元和2360亿美元。该行预计，非洲大陆额外需要1250亿—1540亿美元应对截至2020年底的经济损失。此外，国际货币基金组织预计，截至2023年，非洲需要3450亿美元的资金支持。

除新冠疫情之外，非洲地区也长期面临卫生风险。受气候潮热、经济落后和医疗资源匮乏等因素影响，撒哈拉以南的中非和西非地区迄今依然是流行性传染病传播最广、最严重的地区。疟疾、黄热病、登革热、霍乱、埃博拉、艾滋病、伤寒、昏睡病等，每年都会在部分国家暴发和流行，夺走数万人的生命。（张向光）

中远海运（澳洲）有限公司

中远海运（澳洲）有限公司

【公司概况】

中远海运（澳洲）有限公司〔简称“澳洲公司”，英文简称COSOC SHIPPING（Oceania）〕，由原中远集团旗下的中远（澳洲）有限公司（简称“中远澳洲”）和原中海集团旗下的中国海运（澳大利亚）代理有限公司（简称“中海澳大利亚”）重组合并而成，于2016年6月2日正式完成公司更名。

澳洲公司是中远海运集团的全资子公司，是集团海外区域管理公司之一，代表集团行使对澳、新等大洋洲地区所有企业的管理及业务协调、市场研发、投资决策及资产经营等职能。澳洲公司前身中远澳洲和中海澳大利亚分别于1995年8月和1998年12月在澳大利亚新南威尔士州注册登记成立，注册资本分别为254.83万澳元和8万澳元。截至2020年年底，改革重组后的澳洲公司，管辖大洋洲范围内的7家公司，净资产规模达到27 530.59万元人民币。中远海运（澳洲）有限公司六大业务板块见图14–6。

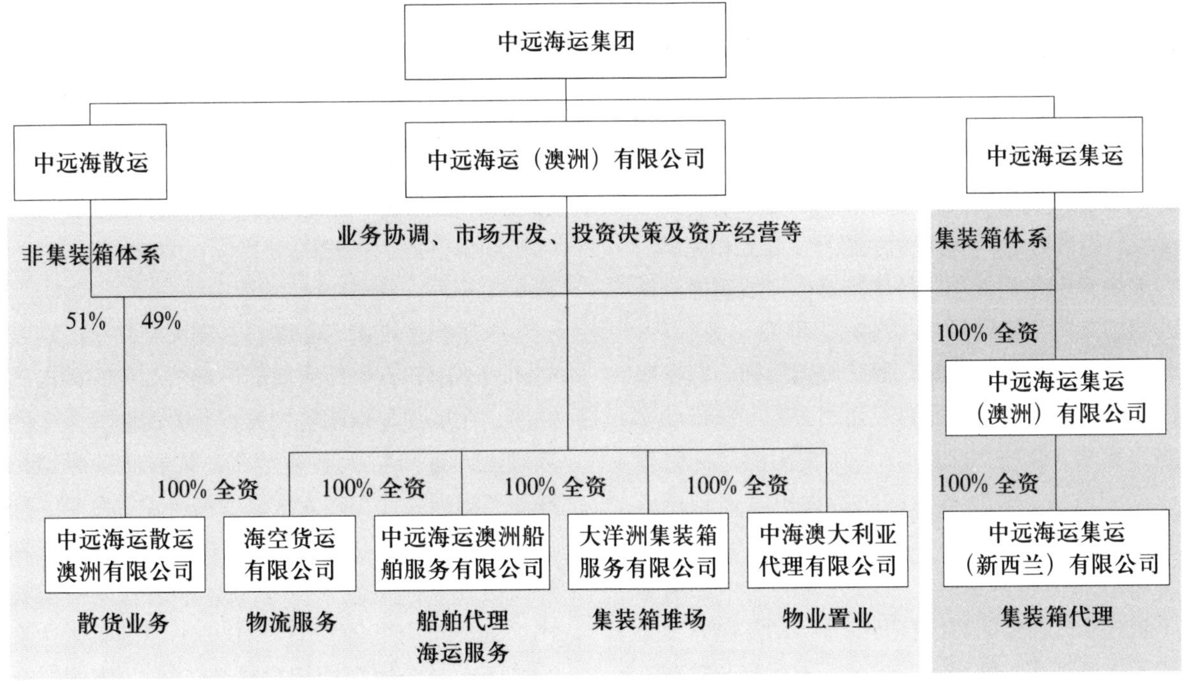

图14–6　六大业务板块

【改革重组】

2020年是澳洲公司改革重组后经历的最具挑战性的一年。新冠肺炎疫情猝然来袭，叠加中澳经贸摩擦愈演愈烈，公司经营发展面临严峻的考验。澳洲公司坚决贯彻集团决策部署，效益攻坚战和抗疫大战中挺身而出，大力实施国企改革三年行动，扎实推进提质增效专项行动，防范化解重大风险稳健有效，为“十三五”圆满收官打下坚实基础。

一是积极制订改革方案，推动重点领域改革走深走实。遵循集团《中国远洋海运集团有限公司改革三年行动实施方案（2020—2022 年）》实施路径，结合公司实际，研究制定了《中远海运（澳洲）有限公司改革三年行动任务清单》，明确了路线图和时间表，统筹推进改革工作。在董事会规范建设、三项制度改革、对标提升管理、风险防控体系和内控监管机制健全等方面，确立了 45 项重点任务，研究制定了 70 项改革举措。

二是现代企业制度持续完善。按照集团《董事会运作管理办法》，稳步推进董事会规范性建设。首先，完成外部董事占多数的董事会队伍建设。董事会外部董事占比达到 75%，打造了以内部董事、外部董事相结合且外部董事占多数的董事会新格局。其次，全力推进董事会应建尽建。建立董事会战略规划委员会和预算、决算委员会，全力打造治理完善、经营合规、管理规范的法治企业，进一步提升了董事会的决策效率和决策能力。最后，提升董事会运作效率，扎实推进董事会规范性建设。按照集团 3.0 版授权清单，优化扩大董事会授权力度，并对《董事会议事规则》《投资管理办法》等规章制度进行了建立和完善。为加快健全各司其职、各尽其责、形成有效制衡的治理结构，提供了有力的制度保障。

三是引入对标管理，提升经营质效。根据集团《中国远洋海运集团有限公司改革三年行动实施方案（2020—2022 年）》中提出的对标管理理念和方法，以加强纵向对标为出发点和切入点，以解决和提升运营管理中的突出问题和薄弱环节为重点，制定了区域公司的《中远海运（澳洲）有限公司对标管理提升行动实施方案》和《中远海运（澳洲）有限公司对标提升管理工作清单》，将对标管理作为提高发展质量和效益的关键抓手。澳洲公司从强化组织落实出发，由领导班子牵头组建了对标提升工作小组，统筹兼顾公司各项战略规划与举措，全面开展对标提升行动，提升经营管理水平。

四是扎实开展专项治理，全面完成治亏目标。澳洲公司以“全面清理、分类治理、因企施策、对症下药”为原则，采取治亏和压减相结合的方式，通过将中海澳大利亚所属办公楼资产划转至澳洲公司本部，实现同类资产集中管理，提升管理效率。截至 2020 年年底，澳洲公司及所属企业均实现盈利，未发生亏损情况。其中 2019 年亏损单位中国海运（澳大利亚）代理公司全年实现净利润 5.81 万元人民币，成功完成扭亏为盈治理目标。

【发展战略】

2020 年是“十三五”规划的收官之年。澳洲公司立足于集团“6+1”发展战略、着眼海外公司五大平台功能定位，围绕“规模增长、盈利能力、抗周期性、全球公司”四个维度，大力推进海外管控模式变革，创新进取、砥砺奋进，成长为中远海运集团在大洋洲地区的经济效益增长点、客户营销着眼点、优质资产蓄水池、潜在产业孵化器，积极践行国家海外战略、切实提高集团全球化水平、充分参与当地市场竞争、有效提升行业影响力。“十三五”规划实施以来，公司各项改革发展工作推进有序、战略举措项目执行比较到位，四大维度关键目标在 2020 年末得到基本实现。

一是经营规模不断增长。澳洲公司全面落实集团战略部署，依托大洋洲市场资源和国内市场需求，在加强与集团各相关专业公司协同合作的基础上，逐步扩大服务范围，拓展业务领域，推动了澳洲公司在南太区域取得跨越式发展，创收能力得到大幅提升。截至 2020 年年底，澳洲公司资产总额达到 4.41 亿元，较规划期初增长 16.53%，年均复合增长率 3.08%；营业收入达到 2.16 亿元，较规划期初增长 27.11%，年均复合增长率达到 4.92%。

二是盈利能力稳步提升。澳洲公司积极落实“一带一路”国家倡议，把握南向延伸发展的契机，通过合理分配资源，不仅优化了产业结构，同时加快加强了向产业链两端延伸，盈利能力取得了质的飞跃。2020 年度澳洲公司实现净利润 2 874.72 万元，较规划期初增长 31.33%，年均复合增长率达 5.60%；营业收入利润率达到 19.10%，每年实现稳定增长，完成规划目标。

三是抗周期能力继续增强。澳洲公司以“强化现有业务、优化产业结构、提高公司抗周期能力”为发展目标，通过整合重组，对区域内的产业结构进行了优化整合，巩固优势、稳步拓展，为客户提供更加专业化的高质量服务，主业竞争力日益凸显。澳洲公司净资产收益率在整合重组后连续 4 年稳步提升，截至 2020 年年底，净资产收益率达到 11.08%，资产负债率维持在合理区间。

四是全球化进一步走深走实。澳洲公司加强了区域内空白市场和第三国市场的开拓和网络铺设。2020 年，澳洲公司克服疫情影响，紧随全球产业链、供应链的转移步伐，坚定不移地开拓第三国转移替代市场，全年累计开发第三国货量 16.06 万 TEU，第三国箱量占比超过 56%。中远海运散运澳洲有限公司优化货源结构，积极开拓“一带一路”沿线新兴市场，累计完成第三国揽货量 91.5 万吨，超额完成 20 万吨年度目标要求。海空货运积极拓展第三国业务，成功开发第三国空运项目货源，累计完成运输批次超 50 票，大幅改善疫情期间的营收水平，为全年目标任务完成提供了坚强支撑。

五是持续发挥综合供应链服务平台作用。2020 年，澳洲公司着力强化产业链配套业务服务保障能力，加强配套服务能力建设、提升延伸服务水平，在助力集团内专业公司提升澳、新市场竞争力的基础上，同步保障各项业务平稳运营。海空货运将提高为客户提供全程物流解决方案的能力作为重要的战略抓手，积极应对疫情冲击的同时，始终主动跟进客户物流需求，全年端到端业务量突破 8155TEU；综合物流开发达 500 万美元，超额完成指标进度。大洋洲集装箱公司（OCS）深入推进堆场功能性建设，不断提升业务服务能力和运营管理水平；疫情期间及时实行轮班工作制，在做好疫情防控的同时，堆场各项业务仍维持高效运作，全年堆场进出场业务量将突破 33.5 万 TEU，同比增长 13.48%，充分发挥了自有堆场优势，保证了疫情期间客户的用箱需求。中远海运澳洲船舶服务有限公司主动强化疫情期间信息搜集，助力船舶防疫，降低输入性感染风险；2020 年船务公司完成船舶代理任务 648 艘次，全力以赴保障抵澳、新船舶安全运行。

六是认真做好“十四五”发展规划编制前期准备工作。2020 年，面对前所未有的困难挑战，澳洲公司在生产经营、改革创新等方面取得了明显成效。在实现“十三五”圆满收官的同时，公司同步做好对“十四五”新形势的研判，围绕集团“以航运、物流为核心，世界一流的全球供应链综合服务国有资本投资平台”为发展愿景，结合实际，研究制定“十四五”发展纲要，乘势而上，开启新征程。

【经营效益】

2020 年，澳洲公司围绕集团“三个聚焦”工作目标，并继续坚持“三个跑赢”“三个切换”“三个不低于”工作主线，面对危机困局，不等不靠，坚持产业链经营，筑牢底线思维，在变局中开新局，确保全面实现“两手抓、两手都要硬”工作目标。

一是巩固优势、稳步拓展，经营效益跃上新台阶。全年累计实现营业收入 2.16 亿元，同比增长 12.77%；发生营业成本 1.29 亿元，管理费用 4 101.99 万元，财务费用 512.13 万元。成本费用共计 1.75 亿元，同比增长 5.48%，低于收入增幅 7.29 个百分点。全年累计实现利润总额 4 150.38 万元，净利润 2 874.72 万元，利润总额和净利润同比分别增长 52.12% 和 51.76%，净利润预算完成率为 153.33%，取得重组整合以来的最好成绩。2020 年度澳洲公司净资产收益率为 11.08%，同比增长 2.94 个百分点，营业收入利润率为 19.10%，盈利能力保持良好态势。截至 2020 年年底，澳洲公司资产总额 4.41 亿元，负债总额 1.66 亿元，所有者权益总额 2.75 亿元，资产负债率为 37.65%，同比减少 3.14 个百分点，公司财务状况继续保持稳健。

二是坚持“三个聚焦”，攻坚克难，实现稳

经营、稳效益。面对前所未有的严峻形势，澳洲区域内各单位一手抓抗疫、一手抓经营，全力稳生产、稳经营、稳市场。在极端困难的条件下，区域内各单位坚持咬定目标不放松，加强疫情期间业务开发和服务营销。OCS实现营业收入9 393.98万元，同比增长27.58%；实现净利润1 843.23万元，同比增长106.71%。海空货运全年实现营业收入7 437.76万元，同比增长12.39%；实现净利润391.73万元，未出现大幅下滑。中远海运澳洲船舶服务有限公司受疫情影响，抵澳船舶数量大幅下降，全年实现营业收入3 701.77万元，较年初预算增长14.14%；全年实现净利润380.35万元，降幅较年初明显收窄。

三是做优做强航运主业、做大做好延伸服务。以协同优势带动区域航运服务业务的发展，成效明显。全面推进延伸产业链经营，整体业务规模、经营效益稳步上升，高质量、可持续的发展态势得到巩固和持续。大洋洲集装箱和海空货运围绕产业链延伸发展，不断提升航运服务的能力。其中，OCS墨尔本堆场进出场业务量将突破33.5万TEU，同比增长13.48%；全年完成粮食箱升级1.49万箱，同比增长31.87%。海空仓储配送业务规模大幅提升，全年完成拆装箱1366TEU，同比实现倍增，完成境内配送1792单，同比增长27%。作为澳洲公司在大洋洲地区综合物流供应链服务的主要平台，延伸服务能力得到了进一步增强。集运澳新分部密切跟踪货物流向和流量，不断加强高附加值客户揽货力度，全年累计完成出口箱量突破28.5万TEU，同比增加9.62%；全年出口运费收入16 449.59万美元，同比增长超7%，量价齐升的同时，也实现了回程货量创重组整合以来的新高。中远海运散运澳洲有限公司充分发挥“快、准、灵”优势，共揽取货载641万吨，同比实现倍增。同时，通过“现船现货”和“船货分线”创新举措，实现逆势创效。

【服务客户】

澳洲公司坚持以客户为中心，积极寻找和建立特殊时期下的商业模式、合作模式的创新，不断改善服务品质，发力推进服务、营销双驱动效应。

一是加强基础客户跟踪维护。集运澳新分部紧盯高价值客户的跟踪维护，基础货源和核心客户收获稳定支持。集运澳洲全年成功开发冷箱货源17 349TEU，基本完成指标。集运新西兰开发冷、特、危箱源销量21 011TEU，基本完成指标。投标客户方面，集运澳洲完成年度投标工作，中标箱量达到6.65万TEU，同比稳中有升，已成为澳洲零售商最主要承运船东。中远海运散运澳洲有限公司以客户需求为导向，全力推动与货主在运输领域的深度融合，完成六次现船现货操作，帮助客户打通航运物流障碍，成为客户物流供应链中不可或缺的一环。

二是全面围绕客户需求提升服务保障力。澳洲公司根据客户需求的变化，不断加强个性化服务的制定。疫情期间，想方设法为客户打通物流运输中的难点、痛点。OCS以服务客户为中心，延长运营和作业时间，保障船东用箱需求。全年外部客户收入（仅船东）占营业总收入比重达到6.79%，第三方收入同比稳步上升。集运澳新分部紧随客户产业链、供应链的转移步伐，针对中转港拥堵和支线舱位不足等问题，通过支线包舱及增设国内中转路径等个性化服务，保障了客户供应链的畅通性，带动了航线装载率进一步提升。全年累计开发第三国货量16.06万TEU，第三国箱量占比超过56%。澳新分部第三国市场的开发成果显著，获得了集运先进集体。

三是加强延伸业务的培育和开发，为客户传递价值。海空货运积极落实“端到端”战略，根据市场变化，制定替代货源开发的预案，不断拓展服务范围，多元化服务产品，布局完整的链式服务。通过提供全程物流服务，为客户打造具有时效、成本合理平衡的物流产品，用专业、高效的服务为客户保障产业链、供应链稳定。海空货运以墨尔本仓库为支点，为客户提供装拆箱、报关、堆存、配送等服务，更好地满足客户供应链服务需求。墨尔本仓库全年完成装、拆箱1366TEU，实现出库订单4444份，完成全澳配送服务1792份，延伸服务规模和能力进一步提升。船务公司圆满完成中国卫星海上测控部、国家极地中心等多家单位访问澳新、南太地区期间的公务船舶代理任务，共计服务6艘次，包括“远望系列”船舶4艘次、“雪龙”号2艘次，以高效优质的服务获得船东的好评。

【企业管理】

2020年，受新冠疫情影响，全球产业链受到冲击，澳洲公司在面临疫情防控、效益攻坚双重考验下，坚决做好“六稳”工作，落实“六保”任务，牢牢坚持“两手抓、两不误”和价值创造，持续推进航运主业优势巩固提升，全面推进延伸产业链经营，整体业务规模、经营效益稳步上升，高质量、可持续的发展态势得到巩固和持续。

一是确保疫情防控和生产经营“两不误”。疫情防控方面，澳洲公司做细做实疫情防控工作，第一时间构建了区域内各单位的24小时应急沟通和值守制度，先后召开疫情防控专题会议11次，传达贯彻集团有关疫情防控的文件和精神42次，下达疫情防控工作针对性文件45份。区域内所属各部门、单位全年无感染病例，守住了“零感染”底线。效益攻坚方面，澳洲公司全年实现营业收入首次突破2亿元大关，达到2.16亿元，同比增长12.77%；营业收入利润率达到19.10%，超额完成指标要求；累计实现净利润2 874.72万元，同比增长51.76%，完成指标进度153.32%。在经营风险和困难挑战明显增多的形势下，经营效益保持了稳中有进、进中有质，高质量发展的态势。

二是发挥协同优势，助推产业链经营。充分发挥海外平台作用，加强内部协同，形成发展合力，为集团业务全面发展提供必要的协调支持和服务保障。其中，海空货运深化与集运澳新分部的协同合作，将端到端建设向纵深推进，并结合客户需求，利用澳新地区全程供应链各物流节点优势，为客户提供更多增值服务。大洋洲集装箱堆场加强与双品牌协同，克服堆场容量饱和困难，全力保障船东疫情期间的用箱需求。集运澳新分部和中远海运散运澳洲有限公司加大市场排摸力度，加强与核心客户的对接，充分了解出货态势，帮助内部船东做好替代货源开发和运力调整预案。船务公司主动联系码头运营商、海事局和港务局，了解掌握港口最新的防控措施和细则，协助内部船东规避特殊时期的滞留风险。

三是以提质增效贯穿生产经营全过程。澳洲公司以问题为导向，做好成本管控工作，确保成本可控，保持成本增长率低于收入增长率。2020年，澳洲公司产生营业成本12 867.74万元，同比增长9.73%，低于营业收入增幅。同时，加强供应商管理，实现供应商管理的优胜劣汰。有效规范供应商管理和采购行为、节约采购成本。2020年产生管理费用4 098.16万元，同比降低8%，实现集团提出的管理费用同比下降5%的目标要求，成本压控成效显著。船务公司提升自代船舶艘次，压缩经营成本32万美元，完成指标进度160%。

四是着力加强投资风险、商务风险防范。2020年受疫情影响，合同风险、投资风险加剧，澳洲公司严格按照集团“压规模、保重点、防风险”的投资原则，适时调整了部门投资项目的推进节奏。同时，加强了商务风险的日常管理，保障公司资金安全和风险可控。

五是着重抓好“两金”压控。“两金”压控是提质增效、强化风险防控的内生需求。疫情期间，澳洲公司认真梳理本区域“两金”现状，理清“两金”形成原因，有针对性地制定有效措施，明确工作责任，加快资金回流。2020年底，澳洲公司应收账款余额1 725.03万元，同比增长9.8%，低于营业收入增长近3个百分点；应收账款周转率13.12，同比提升0.28，“两金”压控见到实效。

【安全生产】

2020年，澳洲公司按照集团年度生产安全工作的总体要求，加强组织领导，牢固树立底线思维和红线意识，坚持新发展理念，认真履行澳洲公司安全生产和生态环境保护主体责任，严格执行集团安全管理制度，分三阶段开展安全检查自查工作，以安全检查为抓手，加强隐患排查和防范，确保各项安全举措有效落实。2020 年全年未发生任何一起责任性生产安全一般及以上等级事故，同时，为全面实现“零感染、零输入、零输出”的目标和保护全员生命安全和身体健康做了大量扎实的工作，营造了安全稳定的生产工作环境。

一是落实安全生产主体责任。澳洲公司安全生产委员会坚持把安全生产责任制建立和落实作为做好安全生产工作的出发点和着力点来抓。面对突如其来的严峻疫情形势，坚决贯彻执行集团的统一部署，始终把安全稳定工作放在重要位置，始终坚持“两手抓、两手硬”，按照“生命重于泰山，疫情就是命令，防控就是责任，坚决打赢疫情防控阻击战”总体要求，把疫情防控作为最紧迫、最重要工作抓紧抓细抓实。澳洲公司贯彻落实“四个到位”，坚决扛起疫情防控的重大责任，坚持守住安全生产无事故底线目标。

二是按照“一企一策”原则，职责分工到位。分别与区域内各单位签订了《安全生产责任书》，在加强岗位风险管理的基础上，推动安全职责划分清晰化、目标化。通过量化安全生产指标，采取自查、检查和督查相结合的方式，加大安全监督管理力度，深入推进安全生产隐患排查治理，不断加强风险隐患的预防、防控能力。

三是抓协调对接，物资保障到位。澳洲公司积极储备防疫物资，疫情初期，先后往总部发送各类口罩 7.8 万只、测温枪 24 支。目前常备防疫物资储备量在 4 ~ 5 个月，可以满足口罩每人每天 1 只、测温枪每个部门 1 支、洗手液和消毒液随时使用的需求，同时还配备了血氧仪、连花清瘟、防护服、护目镜等特殊防疫应急物资，确保做好在岗员工的健康防护工作。

四是抓应急预案，防控意识到位。澳洲公司第一时间完成了《新冠肺炎疫情防控总体工作预案》和配套管理细则，建立了分级响应机制，还指导下属 6 家公司细化了具体实施方案和应急工作流程。按照集团要求，公司逐项对照，排查各类风险，先后又对应急预案进行了 3 次系统性完善，形成了以区域公司总体工作预案为核心、各单位应急工作流程为支撑的整体预案体系。应急预案确立后，区域内各单位定期组织应急处置方案演练，对特殊情况进行全面模拟，达到了良好的操作效果。

【风险管控】

2020 年，澳洲公司按照全面推进法治央企建设和集团制度管理建设工作的要求，结合澳洲区域的实际，在区域法治建设领导小组和总裁的统一部署下，通过制定和实施区域年度制度制定计划，不断修订、增补和完善区域的各项规章制度和运行机制。先后制定和修订了各项规章制度累计 61 项，其中 2020 年新增制定各项规章制度 11 项，修订 12 项。澳洲公司还将法治建设、风险管理作为约束性指标纳入所属公司企业负责人经营业绩责任书中实施考核。

新冠疫情发生后，澳洲公司密切跟进疫情形势、客户供应链复工情况和澳新政府的有关限制措施，认真评估对区域各项业务经营带来的影响，并采取相应的应对措施。澳洲公司在疫情初始就按集团统一部署，要求各所属公司通过对现有合同条款，包括不可抗力或情势变更条款的梳理，严格预防合同履约风险；组织开展客户资信和应收账款管理专项检查，从业务开展和付（欠）费情况入手，源头管理、动态分析、实时跟踪客户经营情况、资信变动，按“谁的客户谁负责”的原则，责任到人，并将应收账款管理工作列入年度考核。对于预判存在风险的客户，及时采取措施回收款项。同时，加强对中小微客户的识别，有选择地取消或缩短信用期；对疫情期间开发的客户，原则上不授予信用期，后续视情再作调整。

澳洲公司还认真组织研究澳新政府疫情期间出台的各项纾困政策，争取为我所用。在维多利亚州获得了 2019—2020 年度工资税免除，并退回了已缴工资税 17.5 万澳元；针对新南威尔士州政府对房东土地税的部分返还政策，在按法律规定向受疫情影响租户提供租金减免后，向新南威尔士州税务局提出土地税返还申请，先后两次收到了土地税返还金额约 7.4 万澳元。

2020 年，澳洲公司围绕集团法治宣传与培训工作，以“法治伴你远航、风控创造价值”这一主题，组织了关于国家基本法律法规、国际制裁、税务合规、数据安全、公司规章制度、内控评价、合同审核等实务培训 18 次，将合规理念覆盖到公司治理、生产经营、规范管理等各方面。鉴于严峻的中美关系和集团严防国际制裁风险的要求，澳洲公司结合自身实际制定了《制裁管理手册》，并组织员工参加了集运的 4 次国际制裁培训，真正让制裁风险意识覆盖到业务一线员工。

2020 年，澳大利亚、新西兰地区没有任何新增重大案件，亦无因企业本身违规引发的重大案件。

【员 工 队 伍】

2020 年，在疫情防控常态化和中澳贸易争端复杂化的背景下，澳洲公司坚定践行集团“三个领军”“三个领先”的工作要求和集团干部人才会议精神，坚持疫情防控和生产经营“两手抓、两手硬”，整体形势保持平稳，实现了员工“零感染”。在人才队伍建设工作上，认真贯彻集团“十四五”人才发展规划的总体部署，始终坚持“人才强企”战略，深化三项制度改革，为实现集团“十四五”总体战略目标提供高质量的人才支撑和保障。

推进职业经理人选聘工作。认真组织公司相关部门学习集团《直属单位实施职业经理人制度指导意见（试行）》，研究职业经理人的薪酬、考核、责任制度，在把握任职条件基本原则的基础上，从澳洲公司内部、外部，按照市场水平，严格筛选，形成选一考多、好中选优的良好选人用人环境，实现市场化管理人才和管理团队选聘。

经理层任期制和契约化管理工作。按照集团指示要求，扎实推进集团改革三年行动实施方案落实落地，积极推行经理层成员任期制和契约化管理。根据集团对全面推行经理层任期制和契约化管理的工作安排，澳洲公司制定了实施方案，完成了“三书”的起草，按照时间节点有序推进，2021 年底之前完成整体工作。

薪酬分配和激励机制。为吸引并留住人才，降低人员流失的损失，采取激励、奖励、约束相结合的方式，加强对当地员工工作业绩的考核，将员工的业绩与薪酬挂钩。区域公司年初与各下属公司负责人签订经营管理责任书，对各公司经营管理责任和指标提出具体要求。

澳洲公司把本地员工队伍视为集团人才的重要部分，高度重视人才国际化。对优秀的当地人才，公司积极提供平台，发挥其才能。2020 年，晋升 2 名下属公司副总经理为总经理；向集运总部推荐晋升 1 名销售总监为副总经理；9 名本地员工在部门担任主要职务。

2020 年，澳洲区域管辖 4 家直属公司、1 家合营公司、2 家代管公司，共有员工 197 人。其中硕士研究生 52 人，大学本科生 86 人，大专生 22 人，大学以上文化程度占员工总数的 68%；30 岁以下 50 人，31 ~ 40 岁 54 名，41 ~ 50 岁 67 名；外派中方人员 12 名。2020 年，中远海运（澳洲）有限公司董事长、总裁、党委书记是陈哲瑜。

【企 业 文 化】

在日常工作中，澳洲公司通过宣传视频、线上媒体、电子邮件等，多渠道、多角度讲好中国故事、集团故事。持续开展年度优秀员工和明星员工的选树宣传工作，达到用身边事带动身边人的积极作用，充分调动全体员工的干事创业热情。澳洲公司高度重视当地文化建设，积极组织员工参与澳洲中国总商会的各项线上活动，如歌咏比赛、春节晒美食大赛等，丰富中外员工的生活，促进中外员工的团队融合，增强公司的凝聚力。

表 14-22 为中远海运（澳洲）有限公司（2019—2020）。

中远海运（澳洲）有限公司主要情况（2019—2020）

表 14–22

类　别	项　目	年　份		增　幅	备　注
		2019 年	2020 年		
服务保障	堆场容量（TEU）	6000	6000	不变	—
	仓库堆场面积（m^2）	5000	5000	不变	—
	综合物流开发（万美元）	450	500	11.11%	—
	船舶代理艘次	710	648	–8.73%	—
服务营销	本地出口箱量（万 TEU）	26	28.5	9.62%	—
	投标客户箱量（万 TEU）	7.8	6.65	–14.74%	—
	干散货揽货箱量（万吨）	335.5	641	91.08%	—
财务状况	总资产（万元）	41 162.27	44 402.16	7.87%	—
	净资产（万元）	24 371.72	27 530.59	12.96%	—
	总收入（万元）	19 169.58	21 608.56	12.72%	—
	净利润（万元）	1 894.29	2 882.36	52.16%	—
员工队伍	区域公司年末员工总数（人）	—	—	—	—
抗周期	第三国箱量占比（%）	49.9	56	12.22	—

（张古强　孙铁　周宏）

中远海运（北美）有限公司

中远海运（北美）有限公司

【公司概况】

中远海运（北美）有限公司（简称“北美公司”，英文简称 COSCO SHIPPING（North America）），是中远海运集团有限公司全资子公司，注册资本 50 万美元，注册地在美国特拉华州。北美公司业务主要涉及：航运代理、货运代理、散货运输、油轮运输、物流服务、码头经营、燃油供应、技术服务、房地产、设备租赁等业务。

1982 年 8 月 6 日，中国远洋运输总公司在美国加利福尼亚州注册成立“中远美国公司”。1996 年 6 月 27 日，“中远美国公司”正式更名为中远（美洲）公司，成为中国远洋运输（集团）总公司在美洲地区的区域管理中心，履行北美洲、中美洲、南美洲和西印度群岛地区的管理职能，业务网点分布于美国、加拿大、巴拿马、巴西、阿根廷、秘鲁、乌拉圭、智利、墨西哥 9 个国家。

2000 年 2 月，中国海运（集团）总公司在美国特拉华州注册成立中海（北美）控股公司，注册资本 50 万美元。公司主要负责管理美国、加拿大、巴西、阿根廷、智利、墨西哥等地区的集装箱代理业务。

2016 年 4 月 12 日，根据集团的统一部署，中远海运（北美）有限公司宣布成立。原中国远洋运输（集团）总公司的中远（美洲）公司和原中国海运（集团）总公司的中海（北美）控股公司开始整合重组，历时 5 个月时间，于同年 9 月底全面完成整合，实现了合署办公。

改革重组后的北美公司成为集团的全资子公司和区域公司，是集团在北美地区业务拓展的唯一平台。北美公司对包括美国、加拿大、墨西哥、巴拿马等北美、中美及加勒比地区公司实施区域管理。公司业务范围涉及投资及区域管理、集装箱、码头、物流、设备租赁、社会化服务、散运、能源运输、船代、无船承运人、燃料供应、船舶备件与技术供应、特种船及多用途船等多个领域，形成了多元化产业布局，成为集团航运主业及相关专业公司在北美的现场服务支持和保障中心的业务基础。同时，作为集团的驻外窗口，北美公司积极履行社会责任，积极配合区域内中国使领馆，服务广大中资企业，促进与当地企业经贸合作。北美公司 2020 年组织结构见图 14–7。

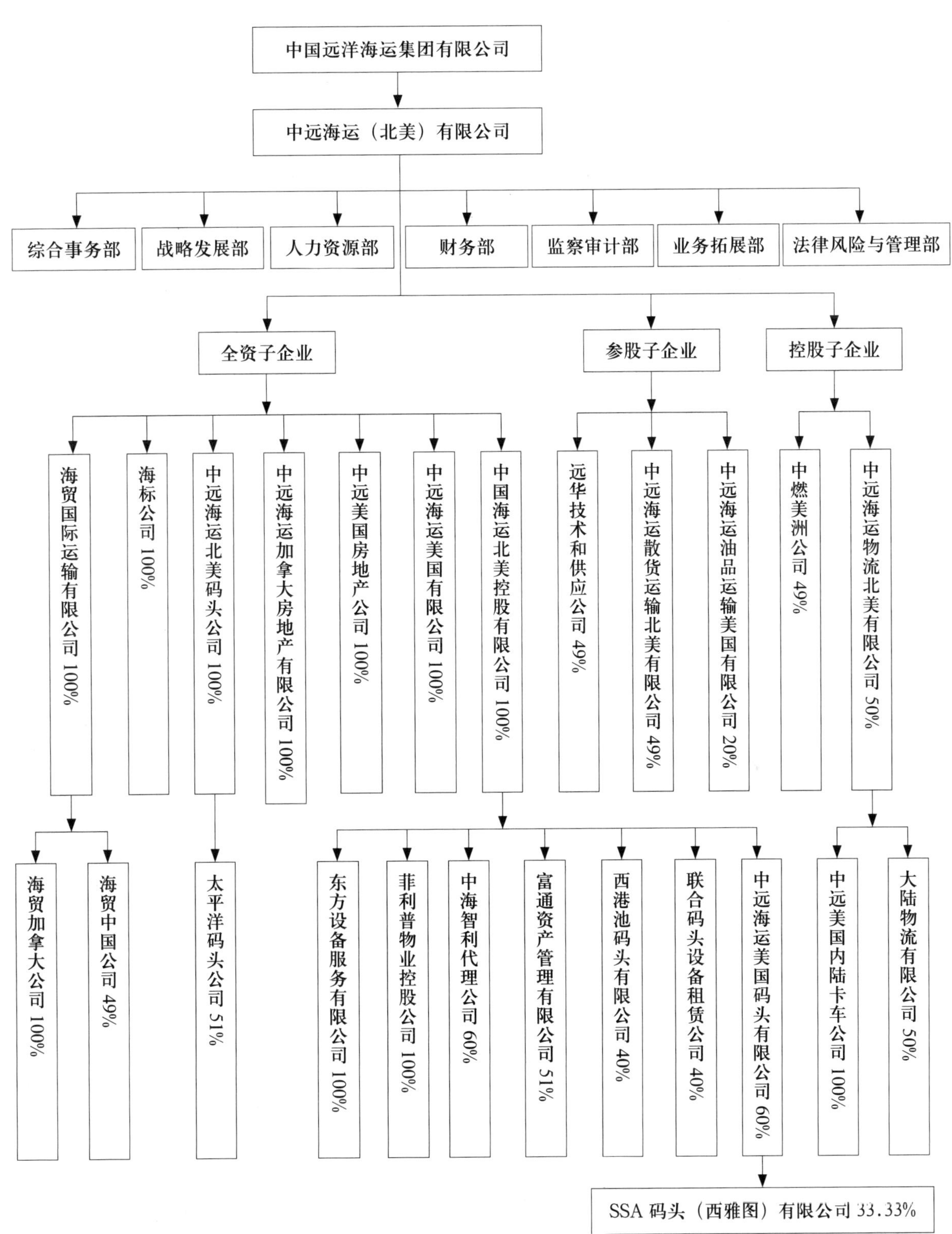

图14-7 北美公司2020年组织结构图（按法人层级）

2020 年，中远海运(北美)有限公司总裁为冯波。

【发展战略】

2020 年，北美公司着手编制“十四五”发展规划。规划按照集团提出的“十四五”总体发展战略要求，结合北美“十三五”发展建设奠定的基础和取得的成就，遵循投资发展三要素及立足本土化和区域化原则，根据集团“十四五”发展规划对海外区域公司的定位，明确了北美区域以发展综合物流供应链为主，码头业务、设备租赁业务为支撑的“一主两支”的战略目标。

2020 年，北美公司加快物流业务发展，支持集团、集运、物流等业务海外发展，提升集运业务延伸服务能力；提升北美地区仓储配送、陆上运输等业务为一体的综合物流供应链服务能力；配合集运、物流总公司开拓北美物流业务，提升业务协同规模。稳步推进物流资源并购项目，完成尽职调查报告、资产评估报告、风险评估报告、税务架构筹划分析报告和可行性研究报告。为优化集运在巴拿马全程供应链服务、打造端到端业务，2020 年上半年，大陆桥物流公司在巴拿马注册成立并正式运营，按照规划逐步开展集运在巴拿马的门到门和港到港业务。大陆桥物流公司积极开拓综合物流业务，积极开发仓储配送业务，与小米公司洽谈仓储合作项目，争取在 2021 年为小米公司设立中美洲中心库，包括海运、拖车、仓储、分拨、清关等业务环节，为客户提供端到端全程供应链服务。设备租赁业务加大投资力度，实现业务规模快速提升，截至 2020 年 12 月底，北美公司设备租赁板块管理的设备规模累计为 35 475 台，比 2019 年底增加 9527 台，其中底盘车 14 884 台，冷箱发电机 955 台，冷藏集装箱 19 636 台，扩大了业务规模和效益，强化了对集运的服务能力，积极助力集运降低设备租赁成本。

【经营效益】

2020 年，北美公司持续深化改革，在集团总体部署下，坚持贯彻落实“防疫工作与生产经营两手都要抓、两手都要硬”的工作方针，实现营业收入 39.18 亿元，发生营业成本 32.94 亿元；投资收益 7 605.86 万元，实现利润总额同比增加 6.17%，净利润同比增加 2.92%，完成集团下达的年度盈利考核指标。2020 年，公司净资产收益率比集团下达考核值高 2.37 个百分点，“两金”压控各项考核指标均达标：应收账款周转率 12.25 次，完成集团不低于 2019 年末 11.86 次考核要求，应收款净额降幅 14%，超过收入降幅；一年以上应收账款为零。

北美公司持续大力发展设备租赁业务，利润总额实现大幅增长，规模效益不断显现。设备租赁业务利润占北美公司利润总额 33.29%，全面实现了“十三五期末设备租赁板块利润贡献占比 15%”的发展目标，公司业务结构得到了优化，生产经营抗风险能力得到大幅提升。

截至 2020 年年末，北美公司资产总额 46.47 亿元，同比增加 12.41%，其中固定资产同比增加 24.73%，原因是公司持续发展设备租赁业务，购置冷箱、底盘车、发电机等设备。负债总额 24.21 亿元，同比增加 20.52%，其中银行借款增加 28.58%，主要原因是设备投资产生的外部借款总额上升。所有者权益 22.56 亿元，同比增加 4.74%，主要是经营积累和汇率变动的影响。

【企业管理】

(1)加强在经营管理过程中运用对标工具，提升综合管理能力。根据集团开展对标世界一流管理提升行动的部署和要求，北美公司 2020 年成立了对标世界一流管理提升行动领导小组和工作小组，研究制定对标体系建设工作方案、对标提升行动实施方案和“对标提升工作清单”。按照集团统一部署，按时完成实施方案和“对标提升工作清单”的制定，并根据对标提升行动实施方案和“对标提升工作清单”所确定的目标，定期进行对标分析，通过对标查找自身短板弱项，学先进、抓落实，不断提升经营管理水平和经济效益。

（2）强化产权交易监督管理。年内严格执行集团关于国有资产交易的有关规定，履行资产、产权对外转让、增资扩股等事项的逐级审批决策流程，确保相关操作依法合规进行，加强对产权交易的监督管理。

（3）保持压减常态化管理。根据企业发展需要，在2020年继续做好对存续企业的压减工作，研究、制定实施方案，积极推进压减工作；严格审批新设企业，控制公司法人层级和管理层级，进一步优化管理链条，守住管理层级不超过4级的底线。

（4）加强投资管理。北美公司按照集团下达的投资管理规定和投资授权细则，2020年制定了相关董事会议事规则和北美公司投资管理规章制度，严格按照上述规定开展相关投资工作，履行逐级决策审批流程。严格遵守国务院国资委及集团的海外投资负面清单，限制非主业投资项目。继续优质高效地完成投资系统的填报工作，做好2020年北美公司投资和资产处置调整计划及2021年北美公司投资和资产处置计划的编制，全面高质量地完成集团的各项工作任务。

（5）加强北美所属公司董事会建设规范运作工作。2020年，北美公司进一步完善了董事会的机构设置，对照集团新的要求，修订3项制度，新制定1项制度。全年共召开7次董事会，讨论议题25项，涵盖企业战略、投资、融资、规章制度、风险控制等企业经营发展的主要方面，切实履行了董事会在企业管理中的职责，提升了企业治理能力和水平。梳理北美公司下属实体企业董事会构成情况，及时更新、登记下属公司董事会成员变动情况。严格按集团对下属公司董事会管理规定及当地企业治理要求，根据《北美公司下属公司董事会管理办法》的规定，做好下属公司董事会管理工作，督促下属公司按照董事会运作管理办法的规定安排召开董事会会议，规范董事会会议材料。

（6）加强企业考核管理工作。按照集团考核规定，认真落实考核责任，及时跟踪考核进展情况，督促各方完成考核指标，真正发挥考核的激励与约束功能。2020年初完成北美公司2019年考核自评工作，配合集团完成2020年北美公司考核方案制订工作。认真做好北美下属公司经营业绩考核工作，完成2019年度考核结果核定工作，签署2020年考核责任书，落实了考核激励机制。

（7）配合集运总部做好中南美国家公司股权交易项目。根据集运总部关于部分中南美国家公司股权调整框架方案，北美公司积极配合集运总部做好交易标的涉及集运6家海外国家公司（中远海运集运（巴西）有限公司、中远海运集运（墨西哥）有限公司、中远海运集运（乌拉圭）有限公司、中远海运集运（阿根廷）有限公司、中远海运集运（秘鲁）有限公司、中远海运集运（智利）有限公司）股权交易的各项准备公司，包括准备分红文件、草拟转股协议、起草关于股权转让方案报告等。北美公司会同集运巴西、集运乌拉圭和集运阿根廷分别拟定了转股方案并经北美公司总裁办公会审议批准，三家公司的股权转让方案上报集运总部审批，并签署了股权转让协议。

【海外营销】

（1）积极协调好防疫与经营关系，确保海外营销工作不断不乱。北美公司一边积极做好防疫工作，一边通过各种途径与客户保持紧密联系，营销队伍通过网络会议系统等方式与客户建立固定联系，定期与客户回顾合作情况，保证了与客户稳定关系，获得了客户货量的支持。

（2）圆满完成2020年签约工作，取得了量价齐升的成效。面对疫情、贸易战、美国大选等多重因素，北美营销队伍坚定信心，成功实现年度目标任务，圆满完成2020年签约任务：共完成FOB签约箱量109万TEU，同比增长4.8%；签约运价获得了推涨，剔除燃油后，FOB客户签约基本海运费美西上涨50～100美元/英尺、美东上涨150～200美元/40英尺，特别是战略客户沃尔玛 2020 年签约箱量增加 1.5 万 TEU，签约运价美西上涨 140 美元、美东上涨 225 美元、美湾上涨 130 美元；新客户开发获得成效，全年成功开发东行 FOB 新客户 42 家，获得新客户 MQC（Minimum Quantity Commitment，最小货量承诺）40 658TEU。

（3）大力拓展第三国市场，进一步优化货流和货源结构。北美公司持续发力第三国货量市场开发，全年北美出口东南亚地区的货量完成 16 万 TEU，出口越南、马来西亚、新加坡和泰国四国合计实现同比 13% 的增幅；中国以外地区进口货量 30 万 TEU，同比增长 9%，占比进口货量的 36.8%，同比 2019 年提升 8 个百分点；从东南亚及南亚进口的货物实现箱量 27 万 TEU，同比提高 10%。

（4）深化北美冷箱市场开发，推动冷箱工作再上新台阶。全年北美出口冷箱 4.68 万 TEU，同比增长 27%；单收 1369 美元 /TEU，同比提高 115 美元 /TEU，增幅 9%；单贡三（单项贡献第三种指标）476 美元 /TEU，同比提高 146 美元 /TEU，增幅 44%。北美公司冷箱出口 2019/2020 连续两年量价齐升，2020 年向中国承运出口冷箱 2.7 万 TEU，同比增长 145%，对国内疫情期间冷箱货物保障工作发挥了积极作用；积极推动出口冷箱运价上涨，征收了 200 ~ 300/40RH（冷冻高箱）的 GRI（综合费率上涨附加费），效益大幅改善；出口冷箱活跃客户数从 2019 年的 225 家到今年 241 家，增长 16 家。

（5）完成新系统切换准备工作，启动 SAIL 模块的应用。北美公司在 IRIS-4 订舱正式切换前完成了所有销售人员的系统内设置，并做好了北美 5 个销售区域客户与销售的区域关联工作；在年初 SAIL 功能开放之际大力推动 SAIL 模块在全美销售人员中的使用，替换老旧的 GOLD MINE，并明确 SAIL 的应用将作为区域销售经理考核内容的一部分；北美集运上线两周之内成功将 SAIL 的使用频率提升至境外领先水平。

（6）精准把握市场发展态势，全力推动出口运价上涨。经过努力，北美成功先后推涨了海湾出口 GRI（USD 80/100），美国出口废塑料 GRI（USD 120/150），北美出口到所有远东、中东、非洲、澳洲地区干箱 GRI（USD 120/150）、冷箱 GRI（USD 200/300），美国出口到西非尼日利亚的 GRI（USD 800/FEU）等。

（7）持续创新端到端业务开发，不断提升端到端货量。北美公司充分利用客户、供应商和公司自身的优势资源，成功开发了路易达孚 Lubbock 棉花出口端到端业务，共获得箱量 4100TEU，节约出口空箱调运成本 51 万美元；完成特斯拉美国出口端到端业务 8264TEU，货量同比大幅提升。虽然 2020 年在受疫情影响下市场整体货量下滑明显，但是北美公司仍然完成端到端销售箱量 764 640TEU，同比增长 0.4%。

（8）实施航运数字化战略，推动 SynCon Hub 在北美上线。北美公司深入思考 SynCon Hub 在北美区域的推进模式，完成内部研讨和推进方案，实现了 SynCon Hub 电商平台在北美西行加拿大路径的销售段尽快落地，为向未来数字化的进一步开展打好基础。

【客 户 服 务】

（1）全力提升集运业务客户服务质量，全体员工远程办公系统稳定有效。集运北美操作中心进出口客服人员在家通过网络 IP 电话，实现了客服电话的顺畅接听，系统应用和数据质量同比 2019 年有所提高。2020 年，公司开始在美国地区全面推广使用 Portal 系统，90% 的客户已经改为使用 Portal 网页提交 Ticket，Portal 系统中的询洽都能够在 2 小时内得到解决。IRIS-4 上线工作平稳有序，2 月中旬开始北美地区切换 IRIS-4，3 月 8 日全部进出口订舱均在 IRIS-4 中创建，标志着 IRIS-4 在北美的完全实施。从 8 月份开始，公司通过调研探讨等，制定方案积推进集运 SynCon Hub 电商平台，确保 SynCon Hub 在北美试运行成功。

（2）强化为客户提供优秀的运输解决方案能力。特斯拉北美客服团队在疫情期间确保了客户用箱保障、舱位管理、拖车安排等各项工作有序进行，解决了客户的燃眉之急，保障了客户临时出货计划顺利完成，赢得了特斯拉3月中旬开始的电池货承运业务。通过努力，承运特斯拉北美至中国的箱量份额占特斯拉总箱量的95%。同时，集运北美联合中远海物流北美公司下属拖车及仓储供应商共同为特斯拉整合北美地区拖车及铁路资源，提供特斯拉北美内陆门点全程多式联运服务，进一步提高客户对公司服务的依赖，增加了服务的黏性。除了特斯拉客服团队外，集运北美还设有专门的VIP客服团队，为35家出口KA（重点客户，如上汽集团等）和32家进口KA（重点客户，如沃尔玛等）提供一站式服务。

（3）积极做好客户服务工作，提升品牌形象。2020年是北美客服的转型发展年，北美公司将原先“标准化、单一化”客服产品向“个性化、数字化”方向转型。为此，公司在往年客服质量提升的基础上，围绕客服满意度调查中发现的问题，确定了6个方面9项服务的改进举措，落实了时间计划、责任主体和后续跟踪方案。同时，公司结合实际着重在KA客服改进，网页客服系统替代传统电话、邮件客服模式两个方面加大了探索力度。受新冠疫情影响，很多客户在业务过程中都出现不同于以往的各种诉求，对此，公司结合实际研究推进了灾害期间的客户关爱计划，取得良好效果。

（4）推进非集装箱船舶代理工作。积极协助各非集装箱船舶公司拓展海外市场，为非集装箱船舶公司提供现场支持，满足非集装箱船舶公司对北美公司的船舶服务业务需求。北美公司业务拓展部加强与各非集装箱船公司联系互动，不断完善和拓展非集装箱业务，做好与各非集装箱船舶公司的业务协同。

【员工队伍】

北美区域是集团发展海外事业的重要区域之一。北美公司始终围绕“选才、留才、育才、用才”，开展国际化人才建设工作，努力打造高质量的国际化人才队伍，为集团拓展北美区域产业布局提供人力资源保障，为区域年轻干部提供事业发展与工作历练的平台。

（1）建立人员选拔聘任机制。北美公司拓宽了员工招聘渠道，利用广告招聘、校园招聘、猎头招聘，以及从同行业公司招揽人才等招聘渠道，同时打破唯学历的思维框架，坚持依岗定人，将合适的人安排到合适的岗位上，使每位员工都能充分发挥主观能动性和创造力，提高公司员工的工作积极性和企业归属感，吸引、留住优秀人才。

（2）营造契约式用人环境。针对关键岗位，公司打破了劳资双方“自愿”式的雇佣关系，建立了合同制聘用关系，明确任期、职责，与19名关键岗位员工签订雇佣合同。同时，公司共与30名员工签署了绩效合约，根据各自岗位职责制定个性化的年度绩效责任书，指标完成率低于80%的没有绩效奖金，完成指标100%的可获得基本奖金，超额完成将加大奖励力度、最高可获得2倍基本奖金的奖励。雇佣合同的签署有效解决了关键岗位员工离职及不适岗人员调整难的问题，2020年以来，未发生关键岗位人员离职，合同到期公司调整了1名员工。2020年，签订绩效合约的员工及其所在部门均超额完成了年度任务指标。

（3）加强绩效考核。公司建立了行政等级、工作资深度、现实工作表现等多维度薪酬等级调整体系；在部分符合条件的公司试点推行与公司自身年度指标完成情况挂钩的员工奖金兑现方案；根据员工所在岗位设定奖金基数，根据公司年度考核得分设定绩效奖金系数，同时规定考核得分低于85分绩效奖金系数为0；不考虑剔除因素，若公司年度净利润亏损，则企业绩效系数为0；不考虑剔除因素，若公司未完成年度净利润指标，则企业绩效系数最高按照0.77核定。试点推行的超额利润分配方案使员工享受到了创造增量效益的实惠；新的奖金兑现方案将员工奖金与企业经营情况紧密联系在一起。新的绩效考核方案的实施调动了员工干事创业主动性的同时，增强了员工为企业创效的紧迫感。

（4）开展平台式管理。公司通过跨部门、跨业务的平台式、矩阵式管理，及时发现、大胆启用各类优秀人才。北美公司战略项目推进工作采用并不断深化项目组工作机制，抽调各单位、部门优秀员工进入战略项目推进工作组，并根据项目推进的不同阶段动态调整各项目组的组员。北美公司 4 个战略项目推进工作组共有组员 56 人次，涉及业务、财务、法律、人事、公关等领域，其中 38 人有过在不同项目组工作的经历。此举不仅最大限度地发挥人力资源的效能，还为优秀员工提供了更多接触、参与公司发展项目的机会。

【内 控 建 设】

2020 年，北美公司不断建立健全和有效实施内部控制。公司董事会全面负责企业内控工作的管理；公司经理层负责组织领导企业内部控制的日常运行；总部部门管理层及下属单位领导负责内控工作的下达及执行；公司内审部负责监督。同时，考虑到北美公司及下属公司地缘环境的特殊性、业务种类复杂等实际情况，公司结合以往的工作经验，不断完善法务与风险管理部门的职责，确保公司重大项目均有专业人员参加工作组、明确工作组组员职责，全面做到各尽所职，切实发挥事前风险防范的作用。

2020 年，因受疫情影响，北美公司及时调整工作计划，抓住年度风险重点，坚持做好对现有制度的完善与补充，进一步强化与提高管控能力及执行力。截至 2020 年年底，北美公司共修补、完善、新定制度 12 项；针对美国联邦监管部门对企业制裁合规监督力度的提升及国际形势的日益复杂，北美公司于 2020 年 7 月正式颁布《规避国际制裁风险管理办法》，明确要求全公司员工严格执行该制度中的相关要求，并于 7 月与 10 月对重要岗位员工进行了培训与抽查。

按照集团《风险评估管理规定》要求，北美公司根据内外部环境的变化、年度特殊情况，在做好疫情防范工作的同时，对影响企业目标实现的各类合规风险进行评估，形成风险评估报告，编制风险评估情况评估表。在此基础上，针对风险评估结果积极开展合规风险应对，最大限度防范和降低风险损失。针对各战略投资项目，北美公司积极研究、落实各项重点战略推进项目、有效规避潜在风险，严格按照项目组工作机制推进工作，责任主体明确。各项目组以战发、业务、财务、法律四位一体的方式稳步推进，确保公司利益得到最大的保障。

在监督管理方面，北美审计分部 2020 年全年实施审计项目 5 项，包括财务收支审计 2 项，管理效益审计 3 项，审计资产总额 32.28 亿元人民币，发现问题 24 个，指出其他关注事项 8 个，提出意见建议 16 条，并建立审计发现问题跟踪整改和核销台账，督促有关单位认真落实本质整改。

【信息化建设】

（1）集运业务顺利实施 IRIS-4。IRIS-4 是集团和集运近年来最重要的信息化建设项目，在北美地区的实施是整个项目的收官之战。北美公司技术团队组织业务人员在 IRIS-4 测试环境中进行大规模演练，在 IRIS-4 生产环境中进行实战试运行，确保系统实施万无一失。面对国内和北美新冠疫情的影响，北美公司技术团队迎难而上，精心筹划，在中美疫情发展的时间差中挤出了一个系统实施的窗口，于 2020 年第一季度将北美地区进出口业务顺利切换至 IRIS-4 操作，为 IRIS-4 全球实施画上了圆满句号。

（2）提供远程办公能力，做好紧急应对。2020 年，随着新冠疫情的暴发，北美公司技术团队进一步优化远程办公解决方案，提高远程办公网络的可靠性和接入能力，为全体人员配备笔记本电脑，为所有笔记本电脑安装虚拟 IP 电话，完成邮箱 O365 升级和云部署，为相关公司和业务部门配备 Zoom Meeting 软件许可，实现总部 VPN 和当地 VPN 互为备份，不断强化远程办公场景下的网络安全防范能力；北美公司远程办公解决方案在一年多的新冠疫情居家办公期间发挥了积极作用，有效保障了疫情期间北美公司各类管理工作和业务活动的正常有序。

（3）做好系统安全升级，强化网络安全防范。针对北美公司全员因疫情远程办公情况，

2020 年北美公司持续升级网络安全措施，对于网络安全风险严防死守。通过制定《北美公司信息系统运维和使用管理规定》，规范信息系统日常使用和管理；利用多种方式加强员工的网络安全意识，不定期向用户发送网络风险提示，定期向用户发送系统更新安装提示；按照总部要求做好 IT 架构和网络标准化建设，按照时间节点做好老旧设备更新工作；持续升级网络防火墙以确保网络安全防范能力，为各主要办公地点配备第三条网络接入线路，完成北美地区所有集运办公点的 SD-WAN 网络切换。

【安 全 生 产】

安全工作无小事、安全工作无终点，北美公司始终将安全工作视为一项长期重点工作来抓，持之以恒地常抓不懈。按照集团有关安全生产工作的总体部署，北美公司严格遵守当地安全生产的法律法规，不断完善公司的安全工作管理办法、规章制度，以及应急和灾备响应工作机制，健全安全工作管理体系。2020 年，北美公司认真履行安全生产主体责任和监督管理责任，共召开 7 次安委会暨新冠疫情防控工作领导小组扩大会议，学习贯彻集团安委会对境外公司做好安全生产、严控安全风险的指示要求，研究部署安全生产和疫情防控工作，共发送通知、报告、请示 30 余次。

北美地区安全工作主要涉及船舶岸基支持、应急和灾备、陆地单位安全生产、疫情防控及网络安全等项工作。2020 年，各单位继续落实“一把手”安全管理责任，没有发生上报等级生产安全事故，员工人身安全处于可控状态。

【公 共 关 系】

海外社交媒体是集团全球化品牌形象传播的重要渠道，北美公司配合集团打造海内外一体化新媒体矩阵；疫情期间制作的“居家办公、心系客户”的视频宣传材料被国务院国资委 FACEBOOK 转载；进一步加强与公关公司合作，密切与核心媒体的沟通，持续开展对美国相关机构的拜访和关系维护；密切与核心行业媒体的沟通，加深媒体对集团和公司品牌的了解；持续开展对美国联邦海事委员会等机构的拜访和关系维护，及时获取反馈和指导性意见。

加强与当地政府和社区的合作，通过捐赠抗疫物资等方式回馈社会，树立负责任的企业形象。2020 年，北美公司为集团购买防疫物资 25 万件；协助接受合作伙伴向集团慈善基金会捐款 7.51 万美元；代表集团向合作伙伴捐助防疫物资 4.75 万件；为集团内船舶提供防疫物资 16 批次、防疫物资近万件。接收集团通过集运船舶支援北美地区内部防疫物资 25 万件。向当地社区和医疗机构捐款 3.5 万美元，捐赠防疫物资 2000 件。7 月 29 日，北美公司被总部所在地新泽西斯考克斯市长 Michael Gonnelli 及哈德逊地方医院授予“2020 英雄奖”。北美公司 2020 年主要情况见表 14-23。

北美公司 2020 年主要情况 表 14-23

类　别	项　目	2020 年	备　注
业务量	集装箱销售箱量（万 TEU）	158.62	—
	集装箱 local 箱量（万 TEU）	80.25	—
	码头吞吐量（万 Unit）	749 113	注 1
	租赁设备保有量（台）	35 475	—
	干散货揽货量（万吨）	106.18	注 2
	件杂费揽货量（计费吨）	55 297	—
	船舶燃油供应量（万吨）	35.59	—
	船舶代理（艘次）	424	—

续上表

类 别	项 目	2020 年	备 注
业务量	物流卡车业务运输量（Move）	112 734	—
	物流内陆运输量（Unit）	8766	—
	物流货运业务量（TEU)	16 133	—
财务状况	总资产（亿元）	46.47	—
	净资产（亿元）	22.26	—
	总收入（亿元）	39.18	—
	利润总额（亿元）	2.58	—
员工队伍	年末员工总数（人）	935	—

注：1. 按照三个码头的权益箱数计算；

2. 为自揽货量，不包括协同揽货数据。

（王金山）

中远海运（韩国）有限公司

中远海运（韩国）有限公司

【公司概况】

中远海运（韩国）有限公司〔以下简称“中远海运韩国公司”或“韩国公司”，英文简称 COSCO SHIPPING（Korea）〕，是中国远洋海运集团有限公司的全资子公司，注册资本 52.8 万美元。

中远海运韩国公司的前身是原中国远洋运输（集团）总公司 1995 年 6 月在韩国首尔成立的中远韩国有限公司（COSCO KOREA CO.,Ltd. 以下简称“中远韩国公司”），是中国远洋运输（集团）总公司的全资子公司，注册总资本 52.8 万美元。1996 年 9 月，中远韩国公司代表中远集团收购了京汉海运公司韩方股东 50％股份，由中远集团和中远韩国公司分别持有 99% 和 1% 的股份。1998 年 6 月，中远韩国公司出资 1 亿韩元收购了远城海运公司原韩方持有的 40％股份，使之成为中远韩国公司的全资子公司。为配合航运主业和相关业务拓展的需要，1998 年 12 月，中远韩国公司投资 3 亿韩元成立了中远韩国物流公司；2000 年 10 月，投资 3.5 亿韩元成立中远韩国旅游公司（2007 年注销）。2005 年 1 月，为整合中远集团的海外集装箱运输资源，理顺当时的集装箱管理体制和管理架构，中远韩国公司持有的 100% 远城海运公司和中远韩国物流公司的股权分别转让给中远集装箱运输公司和远城海运公司。2007 年，中远韩国公司与中燃有限公司在韩国成立了合资公司——中燃韩国有限公司，开展燃油供应和相关业务。

2016 年，中远集团和中海集团实施合并重组。2016 年 2 月 18 日，中国远洋海运集团有限公司成立。中海韩国代理公司的非集装箱业务并入中远韩国公司。2016 年 8 月，中远韩国公司更名为中远海运（韩国）有限公司；同年 8 月，中远海运（韩国）有限公司的股东也变更为中国远洋海运集团有限公司。中远海运（韩国）有限公司作为中远海运集团在韩国地区的新的区域公司。

中远海运韩国公司是中国远洋海运集团在韩国的区域管理公司，是中远海运集团在韩国地区的综合管理中心和对外形象宣传窗口，负责韩国区域内各项综合管理及中远海运集团在韩国地区航运业务的开拓，为区域内所有中远海运集团企业的经营活动提供必要的支持，并代表集团协调不同业务单元的关系，促进合作。中远海运韩国公司还负责具体生产经营活动，主要包括集团非集装箱船舶在韩国的代理及揽货业务、京汉航运公司集装箱船舶代理及揽货业务。

2020 年，公司设 7 个部门 2 个办事处，即代理部、运输部、散运部、物流部、财务部、行政人事部、战略发展部，釜山及仁川办事处。其中，釜山办事处于 2020 年初划归集运韩国公司管理。截至 2020 年年底，公司共有 43 名员工，其中中方外派人员 8 人，韩国当地员工 35 人。公司负责人尹为宇。公司组织机构图见图 14–8。

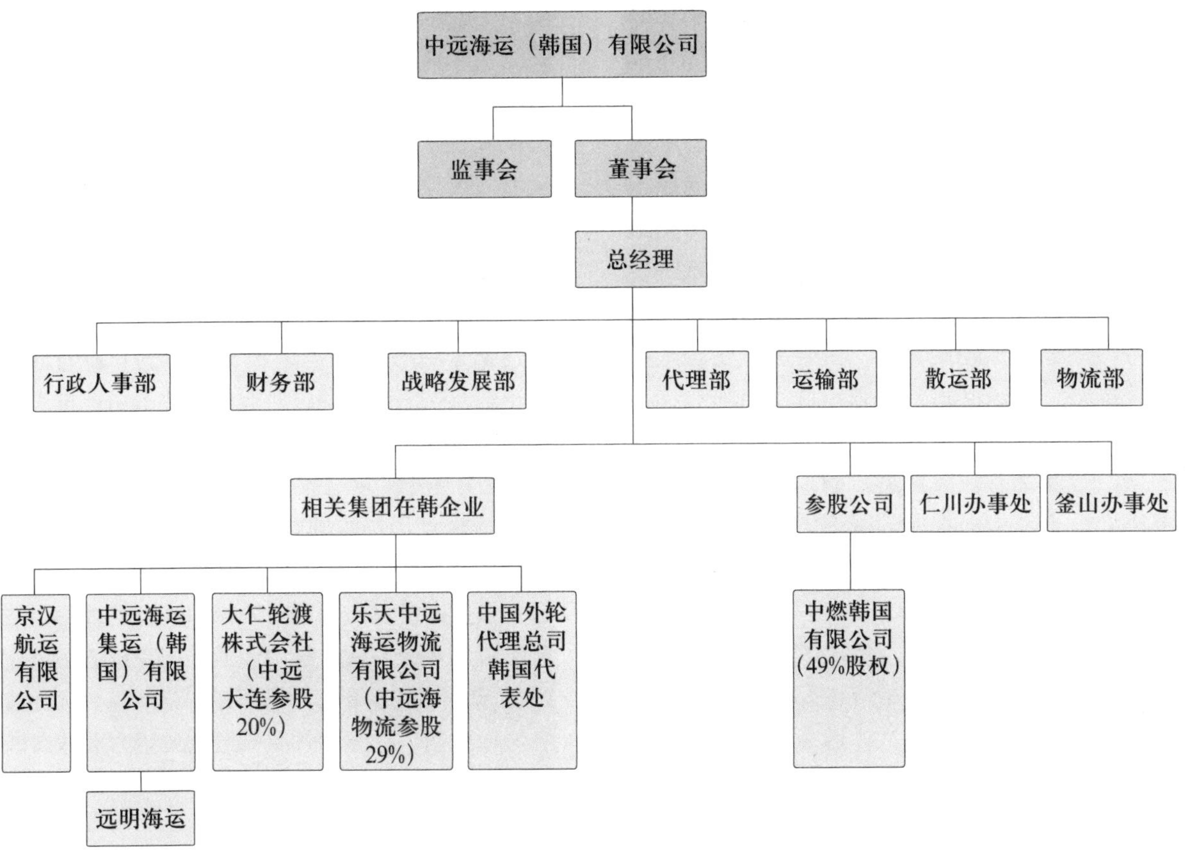

图14-8　中远海运（韩国）有限公司组织机构图

【完成“十三五”规划】

“十三五”期间，2016年按照集团部署顺利完成区域公司改革重组，2018年原中海韩国公司顺利完成清算关闭。2020年年底，公司较好完成“十三五”规划目标。

1. 业务规划目标完成情况

按照公司“十三五”规划，2020年当年，集运业务板块：京汉航运计划完成46万箱运量，中远海运集运（韩国）有限公司出口箱量超21万TEU、进口箱量超11.5万TEU、中转箱量超7.5万TEU、年代理总箱量超40万TEU。非集运业务板块：特种运输货量计划达到50万吨、散货直接揽货量实现170万吨，非集运代理船舶完成580艘，船舶燃料供应业务完成80万吨目标；专业物流业务协同物流总部择机介入仓储、堆场和配送等业务，协同发展项目物流、工程物流和冷链物流业务。

“十三五”期间，公司紧盯任务目标，把握改革重组带来的契机，克服航运市场持续低迷、韩国经济走弱、中美贸易争端、新冠肺炎疫情影响等诸多不利因素，通过持续深化改革，优化经营业务流程，调动员工积极性，提高运营效率，较好地完成了“十三五”规划各项关键任务目标：

2020年，代理业务板块，京汉航运完成54.3万箱运量，中远海运集运（韩国）有限公司出口箱量24.9万TEU、进口箱量17.6万TEU、中转箱量10.9万TEU、年代理总箱量53.5万TEU，已超额完成规划目标；非集运代理船舶完成292艘，距规划目标还有一定差距，主要由于2020年初以来新冠疫情影响导致在韩国挂靠的散杂货船舶减少所致。非代理业务板块，特种运输货量实现 27.3 万吨、散货直接揽货量实现 419 万吨，船舶燃料供应业务完成 37.9 万吨。其中，散货直接揽货量已大幅超额完成规划目标；特种 2019 年起对揽货量统计口径由原来韩国全部出口货量调整为韩国公司自揽货货量；按历史数据，韩国公司自揽货量占全部出口货量 50%，因此按同口径，2020 年已完成规划目标；燃供业务离规划目标差距较大，主要由于随着限硫政策推进，低硫油货源紧张，且疫情影响挂靠韩国港口船舶数量，导致供油业务量增长不及预期。专业物流业务推进方面，公司与物流总部密切配合，积极把握韩国市场机会，完成危险品货物——冷冻剂项目，从韩国光阳港至巴基斯坦卡拉奇，非洲阿尔及利亚的贝贾亚和埃及萨德港的第三国运输及空箱的回运；安全完成由美国福陆公司（Fluor）主导的科威特 Al-Zour 项目首个测试性航次（远鉴 V.0883）马山至珠海的 9 个反应器的运输；积极推进仁川、平泽保税仓储有色金属业务，实现保税货物分批次门到门配送业务；完成了韩国—菲律宾设备项目的门到门韩国段的全程仓储、堆场和配送物流业务，以及长兴岛海工设备项目韩国端物流业务；协同物流中标三星重工 2020 年中韩钢材 COA 运输项目。实现项目物流、工程物流等专业物流领域在韩业务的重大突破。

2. 财务规划目标完成情况

按照“十三五”规划，公司 2020 年营业收入达到 5900 万元，年利润总额达到 500 万元。“十三五”期间，通过各业务板块的协调推进，公司 2020 年实现营业收入 6197 万元，利润总额 1451 万元。营业收入方面，集装箱代理业务已完成规划目标；非集装箱代理业务因新冠疫情影响在韩挂靠船舶数量导致代理费收入未达目标、杂货揽货收入因业务统计口径调整较目标数额有较大差距，其他各项业务均已完成或超额完成目标，说明近年来公司通过锐意改革，优化业务流程机制，在运营效率和经营质量方面取得较大的提升。公司具体营业收入、利润总额和实现情况见表 14-24。

2020 年中远海运韩国公司营业收入、利润总额和实现情况　　表 14-24

（单位：万元人民币）

项　目	目　标	实　绩
营业收入	5900	6197
1. 集装箱代理业务	3650	4569
2. 非集装箱业务	1500	1290
其中：船舶代理收入	600	552
散货揽货收入	300	401
杂货揽货收入	600	337
3. 其他收入	750	336
利润总额	500	1451

截至 2020 年年末，公司资产总额达到 9000 万元，负债总额 5400 万元，所有者权益总额 3600 万元。截至 2020 年年底，公司实际总资产 1.22 亿元，总负债 7166 万元，所有者权益 5028 万元。公司整体规模增长，偿债能力有所增强。

【发 展 战 略】

2020 年，按照集团统一部署，在对“十三五”发展规划完成情况进行全面总结的基础上，中远海运韩国公司积极推进“十四五”规划编制。根据集团的具体要求，公司采用专业咨询公司的建议方法，组织各部门群策群力，立足“第三方物流”

定位，深入研究区域特点，认真研判外部环境，经过反复修改完善，形成“十四五”发展规划初稿。主要内容包括公司现状综述、发展环境分析、发展愿景及目标、发展举措、重点工作专项规划、核心保障措施等。规划通过对全球经济环境总体分析判断，结合韩国区域的具体特点，客观分析公司发展机遇和挑战、公司竞争力方面的优势和劣势，提出“服务创造价值，集成物流产业链条，打造韩国区域综合物流供应链管理服务平台”的发展愿景。具体内涵为：定位第三方物流，专注代理服务业务，通过整合综合物流供应链提供增值服务，实现为集团业务板块提供高质量服务，努力开拓外部客户，实现能力、规模、利润稳定增长的发展目标。

【经营效益】

2020 年，韩国区域公司及下属公司效益继续保持稳定，公司全年实现营业收入 6197 万元，完成年度预算 5100 万元的 121.51%，较 2019 年同期 5469 万元增长 13.32%；利润总额 1587 万元，完成年度预算 1340 万元的 118.43%，比上年同期 1527 万元增加 3.93%；净利润 1111 万元，完成年度考核指标 980 万元的 113.37%，比上年同期 1194 万元降低 6.95%。由于年内韩元兑美元汇率波动剧烈，汇兑损益对公司效益影响较大，剔除汇兑因素公司全年完成利润总额 1451 万元，同口径同比增长 28.86%。公司 2020 年预计主要财务指标完成情况见表 14–25。

中远海运韩国公司 2020 年预计主要财务指标完成情况　　表 14–25

（单位：万元人民币）

项　　目	2020 年全年完成	2020 年全年预算	完成全年预算	2019 年全年实际完成	增　　减
营业收入	6197	5100	121.51%	5469	13.32%
利润总额	1587	1340	118.43%	1527	3.93%
净利润	1111	980	113.37%	1194	–6.95%
利润总额（剔除汇兑损益）	1451	940	154.36%	1126	28.86%

公司 2020 年净利润完成全年指标的 115.2%；营业收入利润率 31.17%，完成考核指标 27.22% 的 114.51%；散货第三国揽货量 400 万吨，完成全年指标的 571.43%；杂货第三国揽货量 15.20 万吨，完成全年指标的 126.66%；集运韩国公司全年完成箱量 23.36 万 TEU，同比逆势增长，完成集运年度下达指标的 97.63%。韩国区域公司 2020 年考核指标完成情况见表 14–26。

韩国区域公司 2020 年考核指标完成情况表　　表 14–26

序号	公　　司	指 标 项 目	2020 年考核目标	2020 年完成情况	完成全年指标程度
1	中远海运（韩国）有限公司	净利润	980 万元	1129 万元	115.20%
2	中远海运（韩国）有限公司	营业收入利润率	27.22%	31.17%	114.51%
3	中远海运（韩国）有限公司	第三国揽货量	散货：70 万吨 杂货：12 万吨	散货：400 万吨 杂货：15.20 万吨	散货：571.43% 杂货：126.66%
4	中远海运集运（韩国）有限公司	集装箱箱量（销售）	23.93TEU	23.36 万 TEU	97.63%

【客户开发】

散货方面，大力做好客户公关工作，积极维护韩国浦项钢铁公司（POSCO）等重要客户关系；积极做好包运租船合同（COA）客户的二次营销，努力维持并力争扩大合作份额；克服困难，为合同执行及分线操作提供最大能力的支持；协同散运总部开展定点营销；落实公司大客户战略，积极开拓浦项钢铁能源公司（POSCO Energy）等新客户。

件杂货方面，通过每周例行客户拜访，推介中远海特的服务、航线及最新的运力安排变化，组织所有分代理开会群策群力进行揽货，同时直接参与一些韩国 EPC 公司海外工程的运输投标工作；协调中远海特汽车船公司与韩国现代格洛维斯（Glovis）公司签订“中远腾飞”与“中远盛世”两艘船的期租合同；在沥青厂家大量减产的情况下，依然与韩国 SK 控股集团公司签订并承运 5 个沥青船航次，加上中远海特沥青船挂靠韩国装货的航次，共计沥青货量 86 500 吨；稳定执行与韩国泰雄物流株式会社（Taewoong Logistics）签署的 220 台火车机车到巴生的 COA 合同；签订一个吉大港钢管 COA 合同，2020 年从韩国港口到吉大港的装货量接近 40 000 计费吨，几乎每个月都有去吉大港的船挂靠韩国，为后续重启韩国—吉大港班轮服务做好铺垫；成功揽取韩国浦项国际（POSCO International）、三星物产（Samsung C&T）等客户的钢材，主要是中东和南美方向；加大第三国（非韩国装卸港）揽货力度，11、12 月相继签订 12 000 吨和 22 000 吨东南亚去东非的钢材，该货是长期稳定的第三国钢材货源；在纸浆业务方面，协调海特与韩国泛洋海运（Pan Ocean）进行了纸浆船租船合作，坚持不断拓展此项业务。

物流方面，通过加大市场营销协同国内物流专业公司，充分利用集团各方专业资源，物流业务中标三星重工 2020 年 COA 钢板运输项目，在疫情影响等不利因素下，仍旧取得运输 11 航次、收入 250 万元的良好业绩。同时，协同物流大连区域和防城外代，完成了厦门国贸全程散货物流项目——提供了韩国光明港精铜矿仓库到国内厂家的全程散货运输，并为该项目的后续执行打下了良好的基础。

【提质增效】

韩国公司认真贯彻落实集团关于提质增效的工作部署，成立了区域公司主要领导挂帅的提质增效领导小组，制定 2020 年提质增效专项行动方案，明确各部门职责分工，严格落实方案要求；组织修订公司 2020 年分部门预算，制定进一步压缩成本费用的管理措施，加强预算完成情况的跟踪分析，全面压减公司各项行政及管理费用；排查客户信用风险，努力压降“两金”。通过专项活动，生产经营管理各项指标分解到部门到岗位，并按季度跟踪检查，有效促进任务目标达成。经过各部门的共同努力，专项活动取得较好成效，进一步开拓了市场，创造了综合物流等新的收入增长点；加大了运营成本管控力度，经营管理风险进一步得以控制；管理水平和发展质量持续提升，较好地完成公司全年绩效指标。

【疫情防控】

自疫情暴发以来，韩国公司与中国驻韩国大使馆、当地商会等机构保持密切联系，参照当地政府防疫指南，及时有力响应，第一时间成立以董事长、总经理为组长的疫情防控工作领导小组并设立工作小组，全面部署落实一体化防疫工作措施。3 月之前，千方百计在当地采购防疫物资支援国内抗疫。3 月以后，韩国疫情蔓延，疫情防控工作领导小组及工作小组迅速组织制定《新型冠状病毒防控应对方案》《应对细则》及《疫情防控应对细化预案》，针对韩国疫情变化情况制定细化分级预案，并制定《居家办公管理规定》《疫情期间应急工作流程》等配套管理规定。经过三次不同层面演练，不断完善并确保预案能够有效应对不同程度疫情蔓延，确保人员安全健康，确保公司各项经营业务不断不乱。

针对韩国疫情持续波动的疫情态势，公司适时分级启动防疫预案，精准落实防疫措施。严格执行日常防疫准则，严格落实保持社交距离、戴口罩、测体温、环境通风消杀、异常情况报告隔离等防控措施，及时排查公司在首尔、釜山和仁川密接人员和感冒发热症状人员 15 例，经医院检测全部为正常。当公司所在地疫情响应进入二级时，及时启动 AB 班轮流宅勤，全年共执行 21 周轮流宅勤，有效降低感染风险。为履行社会责任，树立中资企业良好形象，向当地红十字社捐款支援韩国抗疫，为促进中韩近邻友好关系作出应有贡献。与各方积极沟通，依法合规防抗疫情，及时向集团、集运防抗疫情工作组报送疫情防控信息，按照集团和集运发布信息和要求组织防疫工作；防抗疫情重要工作事前与大使馆沟通，征求法律顾问的意见，确保各项措施依法合规；与包括东方海外在内的区域内各单位保持沟通，了解其工作动态并保持协同。密切关注疫情引发的经济风险，加强合作伙伴信用管理，严控应收账款风险。

在整个疫情防控过程中，公司始终认真落实“打好防疫持久战”的指导精神，慎终如始、科学应对、精准抗疫，严守“三零”底线，确保公司员工“零感染”，生产经营不断不乱，全面完成全年各项任务指标，疫情防控和生产经营取得较好成效。

【改革行动】

在制定“2+N”全面深化改革方案的基础上，中远海运韩国公司根据集团对综合改革实施方案的批复精神，有序推进全面深化改革台账各项具体措施。持续完善公司治理体系，修订《公司章程》和《董事会授权规则》，更新细化董事会授权清单，明确授权各类事项的决策程序；完善“三重一大”事项决策规则，按照《“三重一大”决策管理办法》，依托“三重一大”信息管理系统，规范“三重一大”决策管理流程；修订《总经理工作规则》，对经营班子分工进一步调整明确，进一步完善经营班子工作机制程序。制定《三项制度改革方案》并稳妥推进，实施以贡献与能力为导向的全员绩效考核制度，巩固员工人事薪酬制度改革成果，制定《员工招聘、入职和离职管理细则》，畅通员工“出”“入”渠道并规范流程；继续落实驻外员工管理体制改革，完善驻外员工考核、轮换、任期管理等管理流程，克服疫情影响，顺利按计划完成两个驻外员工岗位的轮换，保持工作平稳衔接；积极探索“超额利润奖励”长效激励机制，研究职业经理人制度，推进人才库建设。

中远海运韩国公司认真学习领会集团《中国远洋海运集团有限公司改革三年行动实施方案（2020—2022 年）》，选派业务骨干参加集团国企改革三年行动在线学习，成立以公司董事长为组长的改革三年行动工作组，对照集团改革三年行动实施方案工作清单，对公司各项改革推进情况进行梳理，启动制定公司改革三年行动实施方案，为统筹推进未来三年公司深化改革工作制定纲领并细化方案，力图通过持续深化改革推动公司各项业务突破性发展。

【对标提升】

中远海运韩国公司积极推进对标体系建设工作，制定《对标体系建设方案》，动员各部门按照方案逐项推进对标体系建设；按照集团《对标体系框架指引》，通过对公司各项业务指标进行梳理，制定“对标指标体系框架表”，按照经营和管理两类一级指标，财务、绩效和战略等六类二级指标，整理与公司经营管理关联度密切的具体对标指标（三级指标）共 21 项，明确指标的对标方式和责任部门；认真贯彻落实集团“对标世界一流管理提升行动启动会”精神，以前期对标体系建设工作为基础，以加强管理体系和管理能力建设为主线，以解决企业经营管理中的突出问题和薄弱环节为重点，结合公司具体实际，研究制定《对标提升行动实施方案》，积极推动实施，并作为公司持续深化改革的重要抓手，借鉴同类企业先进经验寻求管理创新提升的突破，以充分挖掘潜能，促进经营业绩稳定持续提升。

【制度建设】

公司以制度建设为抓手加强规范化管理。根据集团有关制度及管理要求，结合实际管理需要，梳理公司规章制度体系，查缺补漏，完成公司治理制度、人事管理、采购与供应商管理、资金管理、法律风险管理等方面 17 项制度的新建与修订工作。截至 2020 年年底，共梳理 84 项规章制度；结合境外公司实际，对其中 38 项规章制度进行翻译，将其汇编印发，要求全体员工遵照执行。

【监督风控】

根据集团下发的《关于印发中远韩国、中远海运韩国原总经理离任经济责任及中远海运韩国 2018 年度财务收支审计报告的通知》，按照集团“双整改、双督办”的要求制定整改方案和工作计划，对审计问题进行整改，完成全部 11 项审计问题的整改工作，整改完成率为 100%。通过整改，进一步完善相关管理流程，达到通过审计整改促进管理提升的目的。

在风险防控方面，建立健全违规经营投资责任追究制度，认真落实反腐败专项治理工作，认真梳理排查关联企业，落实财务大检查专项工作，完善各项内部业务管理流程，重点梳理完善采购业务流程，建立健全采购和供应商管理制度体系。充分发挥法律顾问团队作用，认真研究当地法律法规，研判合规经营风险，积极预防劳动用工违规风险，坚决规避国际制裁相关风险，妥善应对反垄断调查，严格防控违规风险。继续保持与律师事务所的紧密合作，有效防范境外企业经营风险，重点做好产业安全风险管控；落实集团年度风控工作要点，加强重点风险管理，加强风险的辨识和评估，制定风险应对措施，重点防范新冠疫情引发的系统性风险，通过加强客户信用管理严控坏账风险。

【安全生产】

中远海运韩国公司高度重视安全工作，坚持本质安全、安全发展，严格落实安全生产责任制，强化安全宣传和培训，抓住重点领域、重点环节、重点岗位、重点时期，用好视频、现场检查手段，推进检查整改，持续提升安全工作水平。2020 年，韩国区域无生产安全事故和人员安全事故发生，区域内各单位员工无感染新冠肺炎病例。

公司进一步完善安全管理制度体系，制定《生产安全事故报告和调查处理规定》，汇编总结韩国公司安全管理文件，对公司安委会和安委办机构和人员进行补充调整完善，进一步明确安全管理机构的职责分工。严格落实集团的安全措施要求，制定 2021 年应急演习计划以及安全培训计划。积极协助做好疫情期间集团船舶在韩接受 PSC 检查，协助做好在韩进行船员的轮换事务，保障船舶安全适航。（祝孝福）

中远海运（欧洲）有限公司

中远海运（欧洲）有限公司

【企 业 概 况】

中远海运（欧洲）有限公司（以下简称“欧洲公司”，英文简称 COSCO SHIPPING（Europe）），是中国远洋海运集团有限公司在欧洲地区的区域管理公司，管辖范围包括欧洲、北非、中亚、地中海及黑海沿线地区，覆盖 60 多个国家和地区，是集团海外业务发展的重要组成部分。

【历 史 沿 革】

欧洲公司原名称为中远欧洲有限公司，成立于 1989 年 2 月 15 日，注册地为联邦德国汉堡市。其前身是中远驻汉堡代表处，注册资本 50 万西德马克，2009 年增资至 378 万欧元。2017 年 9 月 11 日，中远欧洲有限公司更名为中远海运（欧洲）有限公司。2018 年 6 月 27 日，欧洲公司无偿受让中国海运欧洲（控股）有限公司的全部股份，注册资本增至 419 万欧元。

【经 营 情 况】

经营效益。公司 2020 年度实现营业总收入 9.33 亿元，实现净利润总额 7187 万元，完成全年指标的 126%。

集装箱业务。公司完成销售箱量 233 万 TEU，同比增长 1%；完成 local 出口箱量 196 万 TEU；其中：欧地东行（即欧洲、地中海和黑海出口到远东地区）local 出口箱量 138 万 TEU，欧洲区域 IET 货约 40 万 TEU，同比增长 7%。

非集装箱业务。公司散货业务完成揽货总量 494 万吨，其中第三国市场揽货量 420 万吨，完成全年指标的 263%。杂货业务完成揽货总量 299 万计费吨，其中第三国市场揽货量 128.8 万计费吨，完成全年指标的 215%。油运业务完成揽货总量 500 万吨，其中第三国市场揽货量 126 万吨，完成全年指标的 157%。代理业务完成非集装箱船舶代理 850 艘次，同比增加 10.4%。燃供业务完成燃油销售量 120 万吨，净利润同比增长 14%，完成必保指标的 152%，完成奋斗指标的 127%。物流业务因疫情影响经受较大冲击，完成空客 A320 项目 39 架，同比减少 40.9%；海运综合物流业务量 7.65 万 TEU，同比减少 12.4%；内陆拖车运输量 11.92 万 TEU，同比减少 5.2%。

推进中欧陆海快线建设。欧洲公司协同中远海运集运、中远海运物流、中远海运比港及中远海运港口等兄弟公司，积极推进中欧陆海快线建设，在疫情特殊时期，抢抓机遇，化危为机，2020 年中欧陆海快线运输总箱量 12.22 万 TEU，完成集团下达的 12 万 TEU 的奋斗指标。一季度末欧洲新冠肺炎疫情暴发，中欧陆海快线沿线各国均推出多项防控措施，中欧陆海快线有限公司精心制定各类应急预案，在极端困难情况下一直保证比雷埃夫斯港口主通道和里耶卡辅助通道的畅通，为后续国内复工复产和确保国际大循环顺畅奠定基础；此后更是抓住疫情期间拖车运输大幅受限的时机，充分发挥海铁联运的优势，货量逆势上扬，大幅增长超 45%。

发展区域航线业务。2020 年，欧洲区域支线独立品牌“钻石快航有限公司”正式成立并独立运营，成为中远海运集运旗下继泛亚、新鑫海后的又一个航线经营平台，全年完成操作箱量

318 万 TEU，实现运输总收入 4.3 亿美元，其中第三方公共支线业务收入 4200 万美元。面对欧洲新冠肺炎疫情暴发，钻石快航有限公司抢抓机遇、创新服务，推出欧版“水水中转、水铁联动”，解决欧洲新冠肺炎疫情期间卡车跨境运输的不确定性，针对客户痛点提供及时的备选方案；全面优化现有航线配置，紧密围绕“一带一路”的桥头堡“比雷埃夫斯港”，形成每周“11 组支线 16 次挂靠”的完善网络；升级现有航线船型和运力，将船型从 4250TEU 提升到 IET 市场上最大的 8500TEU 船型，大幅提升钻石快航在 IET 市场的影响力和品牌价值。

协同开发欧洲市场。欧洲公司全力配合与支持兄弟专业公司开发新兴市场、区域市场和第三国市场，并取得良好业绩。中远海运特运欧洲有限公司首次开发芬兰到东地中海的板材货源，成功介入欧洲短程运输市场；中远海运散运欧洲有限公司成功开发地中海到美湾、地中海到南美的化肥摆位航线货源，与北非卸粮航次有序衔接，为后续大灵便船型拓展大西洋区域组合航线迈出坚实的一步；中远海运油品运输英国有限公司成功开拓美洲到欧洲航线，完成葡萄牙国家石油公司的巴西货载。

拓展综合物流业务。依据发展规划，欧洲公司不断加强欧洲区域综合物流供应链服务能力建设。中远海运英国水晶物流公司继续做强建材仓储配送类业务，新拓展伦敦门户港（London Gateway Port）新经营场地，与海底捞（伦敦）签署协议开展仓配业务，与中货总公司等签订拼箱业务合作协议等，获得英国海关的 ETSF 资质认证；公司所属仓库开始操作进出口拼箱货物。中远海运法国有限公司抓住防疫物资运输需求，携手法国铁路，成功开行了南昌—巴黎的中欧班列，这也是抵达巴黎的第一班中欧班列；积极协助中远海运集装箱运输有限公司顺利完成巴黎地铁盾构机项目两个批次的交货任务。中远海运埃及物流有限公司克服疫情困难，继续支持在埃中资企业的正常生产，例如新希望、中兴通讯、巨石集团、江苏牧羊、中建等。

【企业管理】

欧洲公司强化顶层设计，优化完善企业“十四五”发展规划，推动企业高质量发展；压实疫情防控主体责任，确保疫情防控和生产经营两不误；积极推动压减工作，有效处理历史遗留问题；加强内部制度建设和监督检查，进一步防范企业风险，重点完成以下 7 项工作：

（1）编制“十四五”发展规划。按照集团对欧洲公司发展第三方物流的战略定位，修订欧洲公司“十四五”发展规划，提出“优先发展东欧及北非物流中心”战略重心，确定欧洲公司在铁路货运、区域仓干配物流、全周期物流供应链平台等发展策略。

（2）做好疫情防控和生产经营的统筹部署。自 2 月 24 日欧洲大规模暴发新冠肺炎疫情以来，欧洲公司深入贯彻落实国务院国资委和集团对境外疫情防控工作的决策要求，成立欧洲区域防疫工作领导小组和工作小组，及时把握欧洲地区疫情防控变化，专项安排部署欧洲疫情防控和生产经营重点工作，开展疫情防控视频巡检，有效确保海外队伍稳定和业务发展稳定，确保生产经营不断不乱。

（3）加强重点项目投资管理。2020 年 4 月，中欧陆海快线有限公司顺利完成收购比雷埃夫斯欧亚铁路物流公司（PEARL）60% 的股权交割，并于 5 月开始派驻中方管理人员，参与生产经营管理，逐步提升了 PEARL 铁路物流公司的运营管理水平，从而提高中欧陆海快线公司的经营管理水平和经济效益。2020 年 10 月，匈牙利必优刻（BILK）铁路堆场公司完成股份变更，中欧陆海快线有限公司拥有其 15% 的股份，欧洲公司派驻人员进入监事会。

（4）持续解决海外网络整合的历史遗留问题。加强历史未终结案件的处置力度，强化案件跟踪机制与汇报机制，提出综合应对策略，有效维护公司利益，降低案件对经营管理可能的负面影响。2020 年，英国养老金案、原阿尔及利亚分代理纠纷案等 4 个案件达成和解，案件终结。

（5）稳妥推进中国海运英国代理有限公司

的处置关闭。欧洲公司财务管理部协同中远海运英国有限公司、中国海运英国代理有限公司成立工作组，以成本最低、风险可控为原则制定公司清算关闭方案。2020 年完成方案中最关键的房产内部转移，中国海运英国代理有限公司及其子公司中国海运英国房产有限公司于年底前正式启动清算程序。

（6）全力治理中远海运租船与经纪（英国）有限公司的经营亏损。欧洲公司所属中远海运租船与经纪（英国）有限公司以扭亏为盈为目标，克服疫情封城、市场低迷带来的困难和挑战，不断在深耕现有客户、挖掘新客户方面取得突破性进展和成效，剔除汇兑损失的影响，实现净利润 44.35 万元，完成经营扭亏为盈的目标。

（7）以风险和问题为导向，加强风险管理和内部控制建设。坚持“适度风险、适度回报”的风险偏好，推动建设治理完善、职责明确、功能协调、内控高效、监督有力的全面风险管理体系，着力防范化解各类风险。2020 年编制《制裁风险管理手册》，对制裁情况、合规政策、风险评估识别、合规要求进行全面规范。按照集团的制度建设要求，欧洲公司不断健全完善公司治理、财务管理、合同管理、投资管理、违规责任追究等制度流程，全年累计制定、修订制度 21 个（其中制定 15 个，修订 6 个）。欧洲公司加强内部监督，全年累计实施审计项目 7 项，审计发现问题 59 个，提出审计意见和建议 42 条，机务审计核减 248 万元；同时推进审计整改工作机制建设、复核 2016 年以来 337 个审计问题整改情况，提升审计问题整改成效。

【企业改革】

根据集团部署，欧洲公司结合“十四五”发展规划，推进欧洲公司改革任务落实：

（1）制定深改方案和对标方案。初步拟定欧洲公司的深改方案，明确在董事会治理、三项制度改革，以及改革工具包选用主要改革措施，确定了时间任务表；拟定了欧洲公司对标指标、对标提升管理方案。

（2）探索推进职业经理人机制。根据欧洲公司实际情况，拟定《经营班子副职选聘实施方案》；启动中燃欧洲公司职业经理人方案的制定，重点研讨薪酬激励与考核方式、退出机制等重要环节。

（3）制定超额利润分红激励预案。以体现激励与约束相结合、按贡献合理分配的原则，结合欧洲公司历史数据，按照不同假设进行测算后，制定超额利润分红激励预案。

【人力资源】

截至 2020 年年末，欧洲公司管辖中外员工总数约为 3100 人（不计代管单位中非集团控股单位的当地员工），其中欧洲公司 279 人，中远海运集运（欧洲）有限公司 1908 人；中方外派员工 115 人（其中代管单位 26 人），占员工总数的 3.55%。中方外派员工平均年龄 45 岁。

欧洲公司重视海外人才干部队伍建设，积极推动建设一支政治过硬、业务优良、忠实勤勉的国际化人才队伍，为集团全球化战略实现、欧洲公司可持续发展提供坚强有力的人力资源支撑。根据集团专业人才库建设管理办法，结合欧洲公司人才队伍建设实际情况和需求，欧洲公司制定了《高级人才库人才选拔实施方案》，在欧洲区域范围内设立海外发展国际综合人才库，下设航运、物流、航运服务、财务、审计和国际化 6 个子库，对海外经营管理人才、专才的管理进行了全面、细致的规范和完善，全年累计评选了 5 个子库 8 名高级人才。在加强中方外派人员人才队伍建设的同时，欧洲公司还加强当地员工的培养使用。根据当地员工的工作业绩和管理表现，从欧洲公司和中远海运集运欧洲有限公司的所属 20 家单位中遴选了 43 名骨干员工，通过区域内交流、轮岗学习、出国赴华培训等方式，不断提升其协助中方外派人员履行管理职责的能力，并对表现特别优秀的当地员工给予职级调整和薪酬待遇方面的优先考虑，以激励当地员工为中远海运的航运事业做出自己的贡献，让优秀的当地员工与企业共同成长。2020 年度，欧洲公司所属公司已提拔 3 名当地员工为公司高管。

【企业文化与社会责任】

欧洲公司遵循集团“一个团队、一个文化、一个目标、一个梦想”文化目标，发扬同舟共济企业精神，开展跨文化建设，营造积极向上的企业文化，积极履行社会责任。

守望相助、患难与共，支援国内防疫工作。国内新冠肺炎疫情暴发初期，欧洲公司和所属各单位积极响应“筹措防疫物资”的号召，通过援助物资、爱心捐赠、共享资源、分享经验等多种形式，支援国内防疫工作。各单位累计向集团和国内兄弟单位发送防疫物资共计近 9 万件，货值 10 万欧元。中远海运集运土耳其有限公司全力协助集团定点帮扶单位湖南阮陵、安化当地政府采购运输医用口罩 6 万只，帮助沅陵克服渡过防疫物资紧缺的最困难时期。各单位注重发挥业务相关方、协同方的合力，第一时间与区域内合作方、业务伙伴及重要供应商等通报国内疫情防控情况，寻求得到支援。12 个当地单位或个人向集团慈善基金会捐款共计约 20 万欧元、5 万美元；两个分代理向集运总部捐赠口罩约 3 万只。

风雨同舟，责任担当，与当地政府和民众共克时艰。欧洲地区新冠肺炎疫情陆续暴发后，欧洲公司和所属各单位与当地政府和民众风雨同舟，共克时艰，积极向当地社区公众、医院、客户提供物资支持和爱心捐助。欧洲公司和中远海运集运（欧洲）有限公司在德国、意大利、乌克兰、法国、西班牙等国的下属公司及中远海运物流欧洲有限公司等单位向所在地医院、客户捐赠一次性医用口罩；中远海运集运德国有限公司给汉堡及不来梅两家儿童医院赠送爱心巧克力；欧洲公司和中远海运集运（欧洲）有限公司在土耳其、英国等国的下属公司向中资商会捐赠防疫物资，帮助总商会及部分中资企业开展疫情防控；中远海运集运芬兰有限公司收到芬兰政府“保障和供应安全中心”发来的感谢信，感谢集团优先保障芬兰政府从中国采购的 7000 万只口罩等防疫急需物品的运输需求。

同舟共济，共克疫情，积极协助解决各方困难。欧洲公司和所属各单位发挥自身优势，积极主动作为。强化与当地使领馆的沟通，各单位积极落实使领馆对海外疫情防控工作的协同要求，并积极向当地使领馆和华人团体提供防疫物资。

配合做好海外船员换班工作。在比利时、法国、荷兰、埃及、西班牙、波兰等地完成 30 余艘艘次船舶、700 余名船员换班任务；配合中远海运船员有限公司、中远海运重工有限公司等单位，做好劳务外派船员和在外短期工作人员防疫物资供给，以实际行动支持兄弟单位；组织开展各种慰问到港船员的工作，欧洲公司班子成员利用节假日分批次对靠泊在德国汉堡港作业的自有船舶进行慰问。欧洲公司和所属各单位共慰问近 70 艘次船舶，为船员兄弟们送上防疫物资、水果蔬菜等慰问品，传达集团和中远海运集装箱运输有限公司的防疫、安全工作要求，解决船员在港的实际困难；协助中远海运散货运输有限公司完成“丰德海”轮船员病故善后处置及处理“狮子峰”轮偷渡事件；协助中国驻埃及使馆做好船员换班检测工作，中国驻埃及大使馆委托中远海运集运埃及有限公司作为中国船员换班检测代理机构办理经埃及搭乘民航回国的中国船员换班业务。

2020 年度中远海运（欧洲）有限公司基本情况见表 14–27。

2020 年度中远海运（欧洲）有限公司基本情况 表 14–27

类　别	项　目	单　位	数　据	备　注
船队	船舶艘数	艘	7	—
	载重吨	万吨	48.38	—
生产情况	干散货揽货量	万吨	494	第三国市场货量 420
	件杂费揽货量	万计费吨	299	第三国市场货量 128.8

续上表

类　别	项　　目	单　　位	数　　据	备　　注
生产情况	油品揽货量	万计费吨	500	第三国市场货量 126
	中欧陆海快线	万 TEU	12.22	—
	海运综合物流业务量	万 TEU	7.6	—
	内陆拖车业务	万 TEU	11.9	—
	船舶代理	艘次	850	—
财务情况	总资产	亿元人民币	22.3	—
	净资产	亿元人民币	14.34	—
	总收入	亿元人民币	9.33	—
	利润总额	万元人民币	8453	—
人力资源	员工总数	人	279	—

（郑颖国　马江峰　郑宗　夏洪刚　李震宇　龚韶明）

中远海运（西亚）有限公司

中远海运（西亚）有限公司

【公司概况】

中远海运（西亚）有限公司（以下简称“西亚公司”，英文简称 COSCO SHIPPING West Asia），为中国远洋海运集团全资子公司。

西亚公司前身为中远西亚有限公司和中国海运（西亚）控股有限公司。中远西亚有限公司 1997 年 3 月成立于阿联酋迪拜，注册资本 300 万阿联酋迪拉姆，注册地在迪拜的杰贝阿里（Jebel Ali）自由贸易区，员工 56 人，旗下有合资公司中远阿联酋瑞斯代理公司（西亚公司占股比 49%）。中国海运（西亚）控股有限公司 2006 年 4 月 18 成立于迪拜海运城自贸区，注册资本 50 万美元，员工 76 人，旗下有合资公司中海（阿联酋）代理有限公司（西亚公司占股比 49%）、绿洲物流有限公司（西亚公司占股比 49%）和中海（印度）代理有限公司（西亚公司占股比 60%）。中远、中海集团整合之初，中海（印度）代理公司划转集团东南亚公司管理，相应的公司员工 23 人划转东南亚公司。

西亚公司 2016 年 7 月实现重组合署办公。公司主要经营范围为船舶代理、货运代理、物流、空运、船管、供贸和投资等业务，代表集团管理辖区下属合资子公司；行使对下属公司和集团外派人员实施管理、监督、协调、服务的职能；对区域内的集装箱代理服务业务进行统筹管理和运营，负责监督、指导、协调各代理的日常工作；依托集团下属各板块业务单位，拓展散货、油轮、物流等业务在区域内的发展。

西亚公司负责统一协调管理集团在西亚和东北非 14 国（阿联酋、沙特阿拉伯、卡塔尔、阿曼、巴林、科威特、也门、约旦、黎巴嫩、叙利亚、伊拉克、伊朗、苏丹、吉布提）和 20 多个港口的业务揽货和代理工作。经过整合，西亚公司在西亚地区拥有、新设和管理西亚区域公司本部、阿联酋代理合资公司、约旦代理合资公司、沙特合资代理公司、伊朗合资代理公司及区域内其他代管公司和近 10 家公共代理公司。

截至 2020 年年末，公司中方外派人员 13 人（含代管机构中方外派人员 10 人），公司代管机构外方人员 118 人。

2020 年，公司负责人（董事长、党委书记兼总裁）为邱晋广。公司组织架构图见图 14-9。

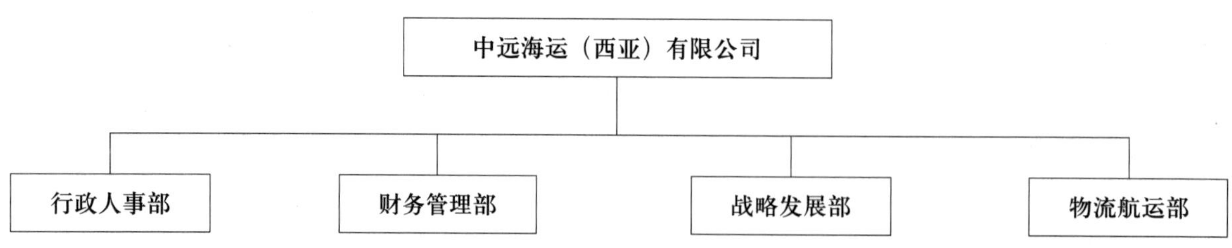

图14-9　中远海运（西亚）有限公司组织架构

【经营效益】

2020年，公司资产总额1.45亿元，比上年增加1358万元，增幅10.7%；负债总额3150万元，比上年增加1939万元，增幅160%；公司所有者权益总额11.32亿元，比上年减少456万元，降幅4.6%。2020年实现利润总额为184万元，比上年增加56万元，增幅44%。

【经营业务】

2020年揽取散杂货17.5万计费吨，大幅超额完成年度指标。2020年代理挂靠区域内港口作业船舶142艘次；代理油轮合计386艘港次，同比减少44艘次。

2020年local出口箱量完成34.12万TEU，完成指标的115.3%（考虑核减因素，下同），同比增长18.6%。出口收入完成1.15亿美元，完成指标的105.8%，同比增长17.0%。销售箱量完成25.87万TEU，完成指标的118.7%，同比增长17.4%。进口箱量完成75.37万TEU，完成年度指标的101.5%。操作量共计219.9万标箱，同比略有减少。节省集装箱码头装卸作业费（THC）约430.4万美元。滞期费实收4025万美元，完成指标的111.8%。

在项目开发方面，开发吉布提—埃塞俄比亚端到端服务通道，并在电商平台上线；公路联运、铁路联运同比大幅度增长；中标贵州电建在卡塔尔光伏电站项目。

截至2020年年底，公司累计服务护航舰队编队36批次、462艘次。公司努力克服疫情严重影响，满足护航编队的泊位挂靠、锚泊安排和补给需求，在协助处理应急事件中发挥了重要和积极作用，得到护航编队上级的高度认可。

【制度建设】

西亚公司大力加强制度建设，坚持将所属单位规章制度执行情况纳入单位负责人经营业绩考核体系和员工年度考核评价。注重开展制度培训，强化全员制度意识和制度执行力，把制度宣贯和培训作为党委中心组学习、干部培训、员工教育的重点内容。

严格制度执行的审核把关，严格运费管理、投资管理、银行资金往来、各项费用支出管理，落实逐级审签。加强合同管理，对于自有业务和委托管理业务，严格执行上级合同管理办法，健全完善合同全生命周期管理，发挥业务部门与法务部门的协同作用，严格落实经济合同的法律审核制度。贯彻执行业务合同《制裁合规条款》，防范和规避国际制裁风险。根据集团《中国远洋海运集团有限公司直属公司董事会运作管理办法》，制定《中远海运（西亚）有限公司董事会及董事长授权事项清单》，进一步完善董事会制度建设；修订《中远海运（西亚）有限公司内部控制和风险管理办法》，进一步梳理公司风险管理和内部控制的组织机构、职责分工和管理体系。将法治工作与企业发展规划同步实施、同步推进，并纳入“十四五”发展规划的研究制定过程，将法治与合规管理作为“十四五”规划实施的战略保障措施。同时，公司还进一步完善公司党委议事决策制度，结合党委规范性文件合法合规性审查和备案要求，研究制定《中共西亚有限公司委员会议事决策规则（试行）》。（刘剑）

中远海运（东南亚）有限公司

中远海运（东南亚）有限公司

【公司概述】

中远海运（东南亚）有限公司（简称“中远海运东南亚”或“东南亚公司”，英文简称 COSCO SHIPPING（South East Asia）），是代表中远海运集团在东南亚和南亚地区行使区域管理职能的公司。中远海运东南亚为中远海运集团全资子公司，注册资本 10 238 万新加坡元；2017 年 4 月 13 日，股东由中国远洋运输有限公司变更为中国远洋海运集团有限公司。2020 年，中远海运东南亚共有直属、代管公司 70 家。其中，中远海运东南亚拥有 9 家全资子公司、5 家控股子公司和 6 家参股公司。除中远海运国际（新加坡）有限公司（简称“中远海运国际新加坡”）等直属 25 家公司外，作为区域管理公司，中远海运东南亚还有代管公司 23 家。公司经营范围包括物流及仓储、集装箱堆场、船舶及航线运营、船舶及货运代理、燃油采购及供给、油品贸易、油品仓储、油品检验、海事咨询、房产及物业管理、海工制造、船舶物料供应、劳务和租船中介等。其中，燃油采购及供给、代理业务和船舶供应等业务的客户主要是集团内成员单位；油品存储是公司主要业务之一，在马来西亚巴西古当拥有当地最大的油库，总容积达 23.1 万立方米。

【股权收购与业务整合】

2020 年 5 月 29 日，集团下发《关于下发集团境外燃油采购平台重组整合方案的通知》《集团境外燃油采购平台重组整合建议方案》，整合路径为中远海运（香港）有限公司按照评估值向中远海运东南亚协议收购中远海运石油（新加坡）有限公司（简称“中远海运石油新加坡”）44% 股权，向中远海运能源下属中海发展（香港）航运有限公司协议收购中远海运石油新加坡 5% 股权。中远海运国际新加坡对马来西亚新物流项目股权收购于 2020 年 2 月 14 日完成交割。收购完成后，中远海运东南亚在马来西亚的物流设施布局更加完善。公司将新收购业务与高昇马来西亚公司、鑫陆物流有限公司及在巴生西港的仓库业务进行整合，深化区域产业布局，提高资源利用效率，提升服务客户能力，增强了集团在东南亚区域的影响力。

【经营效益】

2020 年，东南亚公司积极拓展海外业务，积极履行区域管理职能，同时深化落实精细化管理理念，圆满完成了集团下达的各项财务考核指标。全年完成营业收入 87.19 亿元人民币，净利润 2 412.90 万元，超额完成全年 1 655.00 万元的考核指标。坚持协同发展，提升整体创效水平。2020 年，东南亚公司把区域内各业务板块的协同作为一项重点工作来抓，坚决贯彻落实集团有关“要把集团内部资源优先使用作为政治纪律和经营纪律”的指示要求，明确目标、严格举措，持续督导；区域内各企业间协同效益显著，其中东南亚公司所属堆场与集运协同效果尤为突出。2020 年，泰国堆场提升服务质量，协同箱量同比增长 263%，扭亏为盈。马来西亚堆场对集运“双品牌”给予进一步优惠，一方面堆场协同箱量显著增长，另一方面集运降低了成本，实现了双赢。缅甸堆场协助集运开发了新的空箱驳船调运路径，协同箱量同比增长 30%。2020 年，集运在东南亚区域出口箱量同比增长了 14%，其中东南亚区域内箱量增长了 16%，东南亚至美加（第三地）箱量增长了 32%，“三个市场”布局进一步得到优化。

【发展战略】

按照集团要求，中远海运东南亚完成了“十四五”发展规划编制工作。明确了公司未来五年的发展定位，确定了坚持以客户为中心，积极推进数字化转型，强化协同互动，稳步健康发展，依托集团“3+4”产业，积极参与集团打造世界一流全球综合供应链服务生态建设。未来，公司将按集团整体发展战略，优化业务结构，完善产业布局，重点研究越南、印度、印度尼西亚、马来西亚等国家加快物流网络建设的可能性，强化效益专精，突出价值创造，推进区域高质量发展，着力将公司打造成资本运营、资产管理、生产经营、管理服务为一体的优秀综合发展平台。

【疫情防控】

2020 年，中远海运东南亚坚持从严从紧，全面防控新冠疫情。针对区域内各国政治、经济、宗教、文化多元且状况复杂，国民素质、卫生习惯参差不齐，以及大部分国家的医疗体系、疫情防控基础薄弱等特点，中远海运东南亚采取了一系列严格有效的防控举措，主要包括 5 个方面：

一是高度重视，超前部署。中远海运东南亚及时建立防控体系和防控例会制度，形成 600 多份有针对性的疫情防控文件和应急预案，参照中国和集团行之有效的防控举措，第一时间制定了疫情防控三级应急预案，区域内迅速地停止了一切跨国旅行、面对面会议、聚会等，实施员工在办公室内佩戴口罩、明确安全距离等举措，坚持常态化巡检。各项举措均早于各驻在国政府规定。事实证明，上述举措是有效的。

二是生命至上，关爱员工。区域内各公司定期发放防控物资、对办公场所进行消毒，并于 3 月 11 日启动二级应急预案，分 AB 组居家办公。在部分公司出现当地员工确诊后，立即启动相关预案，帮助员工康复、帮助员工家庭渡过难关。强化岸基支持，确保船舶防疫物资充足，大幅度增加船舶通信流量，以方便船员与家人联系。中远海运集运（越南）有限公司克服疫情带来的诸多困难，争分夺秒，成功挽救了“远宝海”轮病危船员的生命。中远海运集运（兰卡）有限公司及时协助受伤船员登陆救治，取得了很好的成效。

三是全力以赴，协助船员换班。公司密切联系新加坡各政府部门，提出船舶在锚地互换船员的方案，并被采纳，为船员换班打开了突破口。2020 年，东南亚区域共为集团各航运公司办理船员换班 132 艘次，共计 1000 多名船员得到及时、安全换班。

四是责任担当，回馈社会。公司积极履行社会责任，配合新加坡政府，克服困难，短短十天内将所有 3400 辆汽车从场地撤离，提前两天将场地交予政府，保证了 15 000 个床位的大型方舱医院的建设，为新加坡疫情防控作出积极贡献。7 月，公司协调内外部资源，以最快的速度，无偿承运了新加坡商会援助江西的抗洪物资，有力维护了中远海运集团的社会形象。

五是平稳有序，复工复产。公司积极配合国务院国资委和集团的境外疫情防控巡检工作，秉持从严从紧从全的原则，持续抓好抓实疫情防控、复工复产工作。按照防疫巡检常态化，重点领域全覆盖的原则，及时发现问题、督促有关单位认真整改。

截至 2021 年 1 月 20 日，区域内所有确诊当地员工均已康复，全部 84 名中方外派人员无一例感染，没有出现公司内部传播情况，未发生聚集性疫情，取得了“将疫情拒之门外”的阶段性防控成果。孙晓艳荣获国务院国资委中央企业抗击新冠肺炎疫情先进个人，区域疫情防控小组及相关人员荣获集团疫情防控先进集体和先进个人。

【企业改革】

在完善法人法理结构方面，根据集团 2020

年5月发布的《中国远洋海运集团有限公司直属公司董事会运作管理办法》《关于印发集团直属公司董事会授权事项清单的通知》及附件《中远海运（东南亚）有限公司中远海运国际（新加坡）有限公司董事会、董事长及总经理办公会授权事项清单》，中远海运东南亚制定、修订了《中远海运（东南亚）有限公司董事会议事规则》《中远海运（东南亚）有限公司董事会授权规则》《中远海运（东南亚）有限公司董事会审计委员会、风险管理委员会议事规则》《中远海运（东南亚）有限公司总裁工作规则》《中远海运（东南亚）有限公司董事会秘书工作规则》等制度。这些制度已经通过2020年董事会审议，明确了管理体系中决策层、监督层、管理层和执行层的责任义务。在改革领域“推进股权激励落地”方面，中远海运国际新加坡特别股东大会2020年6月26日批准股权激励方案的实施。7月，股权激励方案已经推进实施。在深化三项制度改革方面，按照集团《关于全面实施〈驻外员工管理若干事项调整方案〉的通知》要求，公司完善了《中远海运（东南亚）有限公司驻外员工管理办法（试行）》《中远海运（东南亚）有限公司驻外员工职务管理规定（试行）》《中远海运东南亚有限公司驻外员工绩效考核实施细则（试行）》等制度并发布实施。

【风险管控】

中远海运东南亚按国务院国资委和集团要求，及时指定公司领导担负总法律顾问和首席风险官职责，明确董事会秘书工作职责，制定《中远海运（东南亚）有限公司董事会秘书工作规则》。在合规管理方面，为加强中远海运东南亚涉及制裁业务风险管控，维护经营安全，制定了《中远海运（东南亚）有限公司制裁风险管理办法》《中远海运（东南亚）有限公司制裁风控手册》。根据企业自身特点和业务需求，完善了《内部控制和全面风险管理手册》，编制了年度《中远海运（东南亚）有限公司2020年度公司内控体系工作报告》。按照集团关于风险控制与执行部门分开的原则，将风险控制与法律部门整合到一起，内审部门负责内控评价。风控部门加强人员配备，设立了符合国务院国资委要求的专职风险控制人员，并由具有律师资格的当地员工专职负责法律事务，制定年度工作计划，指导所属公司风控工作，提高了风险控制能力。公司通过制定、修订规章制度，完善了业务管理流程，强化对业务活动监督管理，加快法律、业务管理的规范化和制度化，做好业务、管理流程梳理再造工作，提高工作效率，避免因管理链条不衔接而出现风险控制漏洞，从加强制度建设的角度进一步增强管控能力，降低发展中的风险。由于按照集团要求建立、完善和实施了风控评估等各项工作机制，结合企业实际，围绕三道防线建设要求，建立了风控体系并有效运行，不断完善对系统内各单位进行内控评价工作，积极督促落实上一年度内控缺陷的整改工作，保证了发展和整合目标的实现。中远海运东南亚坚持依法合规，在开展投资收购、合资管理、日常经营等活动中，全面评估和规避风险。2020年，公司修订和完善了30余项管理制度。年初新冠疫情突发后，中远海运东南亚将“新冠疫情及其他健康安全环保风险”纳入风控范围，明确责任，自查自纠，为公司的可持续发展提供了有力保障。公司全年完成审计项目7项，提出并被采纳审计意见和建议32条，帮助被审单位完善制度8项。中远海运东南亚按照分类分级、重点跟踪的原则，持续健全公司安全规章，重点推进了船舶、油库、车间、仓库、车队、危化品领域等的专项排查，坚持目标导向和问题导向，重点围绕防抗重大安全风险，督促做好防碰撞、防火防爆、防工伤、防海盗和防污染工作，狠抓责任落实和制度完善，突出主要领导的履职尽责和一线班组的遵章守纪，落实责任，保持区域安全生产形势的持续稳定。中远海运东南亚旗下的中国矿运和航运公司荣获了新加坡海事局颁发的2020年海事安全奖。

【员 工 队 伍】

截至 2020 年年底，中远海运东南亚及所属企业员工 1032 人，区域内代管公司员工 1628 人，合计 2660 人。

【船舶运力情况】

截至 2020 年年底，公司自有船舶 3 艘、16.3 载重吨，完成货运量 297.07 万吨，货运周转量 121.89 亿吨海里。 （梁键锋　朱春辉）

CHINA COSCO SHIPPING
CORPORATION LIMITED
YEARBOOK

中国远洋海运集团有限公司

年鉴

第十五篇

代管公司

中波轮船股份公司

中波轮船股份公司

中波轮船股份公司（简称“中波公司”，英文简称 CHIPOLBROK），总部位于上海，分公司位于波兰格丁尼亚，在美国休斯敦设有子公司，在新加坡设有合资代理公司，在北京等地设有代理机构，在世界各主要港口拥有完善的代理网络。2016 年 6 月，国家主席习近平访问波兰前夕，在波兰《共和国报》发表署名文章中指出，“1951 年成立的中波轮船公司是新中国第一家中外合资企业，至今运营良好”[①]。

【历史沿革】

中波公司是根据 1951 年 1 月 29 日中波两国政府《关于组织中波轮船股份公司协定》，于 1951 年 6 月 15 日正式成立的新中国第一家中外合资企业，是在新中国成立初期应毛泽东建设“海上铁路”号召而诞生，由中国和波兰两国政府以平权合股形式创立，股东为中国交通部和波兰航运部。中波公司的创建，得到党和国家领导人的大力支持和亲切关怀。当初，毛泽东指示要“好好办”。政务院总理周恩来为中波公司制定了“平等互利、协商一致”的工作方针并视察中波公司。政务院副总理兼财经委员会主任陈云亲自为中波公司签发营业执照。

中波公司最初成立时，总公司设在天津，分公司设在波兰格丁尼亚，先后在黄埔、海防等地成立办事处，双方股东投入 9 艘老式蒸汽机旧货船，平均船龄 15 年，计 9.12 万载重吨。出于新中国成立之初反禁运封锁的需要，当时中波公司是以“中波海运公司”的名称对外，名义上是波兰远洋公司在远东的总代理行，直至 1977 年 1 月 1 日才启用公司原名“中波轮船股份公司”，明确船东身份。

1957 年起，中波公司业务迅速发展，船舶航行区域、航线、挂靠港口日益扩展。为适应业务发展需要，1962 年 2 月，总公司正式由天津迁往上海中山东一路 18 号。1965 年 9 月 6 日，公司波兰籍船舶“希望”轮在波兰格丁尼亚港换挂中国旗，改名“嘉定”轮，成为中波公司第一艘悬挂中华人民共和国五星红旗的船舶。1979 年，随着我国实行改革开放的政策，中波公司的发展进入一个新时期，逐步实现船舶及运输管理的现代化。至 1989 年年底，公司 1974 年以前建造的旧船全部退出营运，平均船龄 8.9 年，当时是我国远洋最年轻和自动化程度较高的船队之一。中波公司 1977 年在德国建造的“永兴”轮是中国第一艘全自动机舱远洋船，1978 年在上海船厂建造的“绍兴”轮是中国出口的第一艘万吨远洋巨轮，也是中波公司拥有的第一艘中国造船舶。1984—1990 年，中波公司货运量连续 7 年突破 100 万吨，至 1990 年，累计上缴双方股东利润是公司创立时投资总额的 3 倍，固定资产总额已是成立时的 9 倍。

进入 21 世纪，中波公司围绕“全球重大件设备货专业承运人”的战略定位，深入推进“两个转变”经营策略，即由传统件杂货运输向重大件、设备货专业化运输转变，由亚欧航线区域性运输向全球运输转变，在巩固传统亚欧航线的基础上，成功开辟美湾、波斯湾航线。通过新建和改造并举，对船舶结构持续进行优化调整，经营

① 《习近平在波兰媒体发表署名文章》，新华网，2016年06月17日，http://www.xinhuanet.com/world/2016-06/17/c_1119065774.htm.

船舶全部为重吊船，船队服务特色鲜明，船舶性能优良，市场竞争优势明显，为公司发展成为世界一流的重大件设备货专业承运人奠定了坚实的硬件基础。2020年，公司坚持创新驱动，强化战略引领，稳步推进由“航运业”向“航运+物流”战略布局转变，在有效平抑航运周期性风险的同时，促进企业实现新发展；突出创效驱动，以市场为导向，一方面坚持以客户为中心，积极推进“代理”向“代理+直客”揽货方式转变；另一方面创新运营模式，积极推进“自有船”向“自有+租船”经营模式转变，有效提升企业经营创效能力。坚持以精细化管理为抓手，全面加强制度建设、风险防控及人才队伍建设等工作，不断夯实企业发展基础，保持企业健康稳定发展。持续打造好中波品牌、弘发品牌，着力推动企业在高质量发展道路上行稳致远。

【经营情况】

2020年，面对全球新冠疫情下的新挑战，中波公司坚持稳中求进的工作总基调，贯彻新发展理念，落实高质量发展要求，贯彻“六稳”要求，落实“六保”任务。坚持以创新解难题，积极拓展市场、转变战略思维和经营策略，最大化利用好现有资源，落实好各项战略规划，达成战略目标，提质增效取得明显效果。中波公司2020年货运量120.39万吨，货物周转量121.93亿吨海里。

公司根据航运市场和国际贸易形势的变化，调整航线和揽货策略，提升航线经营效果；加强同下属单位协同效应，实现信息共享，共同规划航线运力布局，进一步促进整体经营效益的提升。公司通过新造船项目和适时买入二手船，补充运力，获取市场竞争优势，抓住市场机遇。

公司紧抓精细化管理，做好预算规划和严控成本管理，加强各项成本分析和控制，编制季度经济运行分析报告，优化经济活动分析。2020年，公司自有船固定费用实现了全面低于预算计划的目标要求。此外，公司还对标集团相关单位，做好重大风险跟踪监测，提升风险管理水平。

针对2020年限硫令的要求，公司提前部署，从2019年年底逐步改用符合要求的低硫燃油，在满足公约的同时，减少硫氮化物的排放。2020年度，公司对5艘船舶生活污水舱进行改造，杜绝船舶靠泊期间生活污水的排放，并严格落实船舶《垃圾管理计划》，杜绝污染。

【改革创新】

2020年，中波公司坚持改革创新，合作双方经营体制改革取得成效。美湾航线统一经营运行一年时间，经营效益大幅改善。公司以缩短回程航次时间为切入点，尽可能实现“短平快”经营，全年美湾回程平均航次时间同比大幅下降34%。同时积极开发回程新货源，使船队营运效率得到提升，充分体现出统一经营优势，为进一步推动双方改革奠定基础。“航运+物流”战略转型实现突破；积极推进全程物流运输服务，向客户提供差异化和附加值更高的全程物流解决方案。在黑海市场积极打造以罗马尼亚康斯坦察为中转点，前往多瑙河及里海主要港口的支线运输服务，以及相关国家的陆运延伸服务，为多个“一带一路”沿线项目提供“海运+物流”全程解决方案，获得客户一致好评。

【船队建设】

2020年，中波公司加强船队建设。一方面是建造新船，2020年4月签订4艘62 000载重吨（DWT）多用途重吊船建造合同。新船型适货性更强，载重能力更大，具有明显的市场竞争优势；作为公司未来主力船型，将更好地服务客户，为公司经营发展作贡献。首制船11月正式开工建造。另一方面购入二手船，中方抓住市场机遇先后购入3艘二手船舶，有效补充运力，取得良好经营效果，实现中波双方共赢局面。疫情期间，中波公司开创船舶买卖“云交接”新模式，与德国卖方借助远程视频，顺利完成3艘船舶交接。

【营销工作】

2020 年，面对突如其来的疫情影响，传统客户拜访、展会搭台、交流活动等形式几乎停滞。为最大程度缓解疫情对营销工作的影响，中波公司积极组织力量开展营销工作线上化、数字化。以微信公众号、视频号、领英等国内外宣传管道为平台，策划了一系列宣传文案、项目实景拍摄和专题活动。其中策划的“乘风破浪”中波 lady 活动，结合热点题材，展示了航运部女性员工优雅坚韧、勇敢担当的形象，也向大众展示了企业新形象。

随着东南亚市场蓬勃兴起，以及产业转移的趋势，公司加快代理的再布局工作，考察、引入一批有实力的当地企业，先后签约了新的中国台湾代理和日本代理，并与泰国船公司 WESHIP 达成合作协议，实施互为对方代理模式，以进一步完善公司的国际代理网络。

【人力资源】

2020 年，中波公司围绕招录聘用、绩效考核、薪酬激励、教育培训、职业发展等方面，着力推进各项管理措施的有效衔接，构建了一体化人力资源管理选用育留体系。

积极推进经营管理和专业技术两支队伍建设，依据逐步积累的船岸员工绩效考核数据，建立生产经营、专业技术、财会金融、综合管理及党务政工四类专业人才库，180 余名船岸员工分类入库。

以岗位任职管理和绩效管理为主线，强化考核结果运用，切实推进“干部能上能下、员工能进能出、收入能增能减”，同时出台《中波公司关于加强岸基人事管理的实施意见》，进一步细化明确岸基人事管理改革举措。

【风险防控】

中波公司设有内部控制和风险管理领导小组及工作小组，形成科学有效的职责分工协作机制。为规范公司内部控制和风险管理工作，健全内部控制和风险管理组织架构与职能，明确工作目标、原则、内容与方法，完善内控和风险管理体系并使之有效运行提供制度保障，公司分别于 2017 年 3 月和 11 月制定《中波公司内部控制和风险管理办法》《中波公司风险评估管理规定》作为内部控制基本制度。

2020 年，除了年度总体内控评价之外，公司首次组织进行具体业务领域的内控专项评价工作；通过有针对性对管理薄弱环节开展专项内控评价工作，有效解决制度、流程中存在的问题与隐患，并督促整改，提升管理效能，实现公司精益管理、降本增效的目标。2020 年年末，公司按照规范流程实施了内控评价。

【安全生产】

中波公司 2020 年安全形势总体平稳，船舶防台防汛和防海盗成功率 100%，船员疫情防控实现“零感染”，船岸安全基本面 100%，为公司深化机制改革、致力于高质量发展提供了稳定的安全局面。中波公司在上海市安监局安全履职考核中被评为“上海市 2020 年度安全生产工作达标单位”。加强驾驶台班组和现场工班组管理，全年共进行 29 艘次现场视频检查和 6 艘次远程抽查。保持对船舶在狭水道航行、防台防汛和恶劣天气航行等跟踪、监控和提醒，全年进行安全提示 400 余次。全年共有 60 艘次船舶通过印度洋和菲律宾南部高风险区域，安排武装保安 48 艘次、船舶自防 9 艘次，由中国海军护航 3 艘次，所有船舶均平安通过防海盗高风险区域。

【疫情防控】

面对突如其来的严重疫情，中波公司坚决贯彻落实习近平总书记关于统筹推进新冠肺炎疫情防控和经济社会发展系列重要讲话精神、党中央决策部署及集团党组要求，把疫情防控作为重大政治任务，把船岸员工生命安全放在第一位，及时成立公司疫情防控领导小组，制定疫情防控预案，建立疫情协调机制，统一领导、全面部署、有序组织，层层压紧压实疫情防控责任，切实做到守土有责、守土负责、守土尽责。公司党委印发了《关于加强党的领导、为打赢疫情防控阻击战提供坚强政治保证的通知》，切实发挥各级党组织战斗堡垒作用和广大党员先锋模范作用，主动作为、主动谋划，严格落实疫情防控各项措施，筑牢疫情防控坚固防线，确保了公司船岸员工“零感染”。

疫情期间，公司加大关心关爱船员力度，统筹协调各方资源，在全面排摸船员情况的基础上，千方百计做好船员换班工作，确保应换尽换。其间，“永安”轮在青岛成功完成19名外籍船员换班，成为国内第一条全船外籍船员完成换班的船舶；随后“长安”轮在上海成功完成全套外籍船员换班，成为上海首例，《中国交通报》对此进行专题报道。坚持定期向船舶发放疫情防控伙食专项补贴，各船舶党支部专款专用；组织开展文体娱乐、甲板烧烤、厨艺展示、知识讲座等系列活动，丰富船舶文化，活跃海上生活，舒缓船员压力，助力船舶疫情防控。面对疫情持续影响，公司加大走访慰问和帮扶力度，积极主动为船员及船员家庭解决实际困难，切实为船员办实事、办好事、办成事。

【企业党建】

2020年，中波公司党委以习近平新时代中国特色社会主义思想为指导，深入学习贯彻党的十九届四中、五中全会精神，认真贯彻落实中远海运集团党组决策部署，坚持党的领导，加强党的建设，紧紧围绕“三个聚焦”，积极践行“三做理念”，扎实推进“四史”学习教育，持续夯实党建基础，不断提升党建质量，切实把党的政治优势转化为企业发展优势、竞争优势，为公司统筹推进疫情防控和生产经营，持续深化改革创新，保持安全形势稳定提供了坚强组织保证。

公司把加强党的领导和完善公司治理统一起来，推动党的领导融入公司治理各环节，召开党委会19次，研究议题35项，其中前置研究总经理办公会等议题7项。对党委班子成员党建工作联系点进行优化调整，领导班子成员深入基层走访调研30余次。把“四史”学习教育作为一项重要的政治任务抓实抓好，推动全体党员、干部知史爱党、知史爱国、知史爱企、知史爱船。各船岸党支部紧密结合具体工作实际和学习教育重点，开展主题党日活动150余场，其中党员领导干部讲党课70余场，做到学习教育有声有色、入脑入心，抓在经常、融入日常。开展党组织书记抓基层党建工作述职评议，推进党建主体责任层层落实。稳步推进党建信息化平台上线，形成党建常态化信息化工作机制。严格规范发展程序，按计划发展党员16名。组织70余名基层党支部书记和党务干部开展集中轮训，实现全覆盖。组织开展特色党支部评选，对6个优胜党支部进行表彰和成果展示。加强政委队伍培训，分批选派参加集团党组举办的集中轮训班。强化船舶政委上船前谈话和下船后述职，强化船舶党建现场检查，注重航次跟踪指导，促进船舶党建工作质量提升。

公司压紧压实责任，认真贯彻落实十九届中央纪委四次全会及集团会议精神，分解任务，细化落实，逐级传导责任压力。深化体制改革，成立公司党风廉政建设和反腐败领导小组及协调小组，制定工作规则，加强内部协同，提升监督实效，形成监督合力。完善廉洁风险防控和反腐制度机制，出台《中波公司（中方）船舶发生严重违纪违法问题责任追究办法（试行）》。加强作风建设，坚持对“四风”问题紧盯不放、寸步不让，持续对落实中央八项规定精神进行跟踪监督。

【企业文化】

中波公司作为新中国第一家中外合资企业和第一家远洋运输企业，精彩亮相上海电视台《上海贸易百年》大型纪录片。公司成立70周年LOGO发布，取得良好反响。全年在中国新闻社、国际在线、“学习强国”平台、《中国交通报》《中国水运报》《中国航务周刊》《新民晚报》等多家外部媒体共推出新闻报道70余篇。

2020 年，周菁徕航运经营改革劳模创新工作室正式挂牌，这是公司首个以劳模个人名字命名的创新工作室，示范引领作用明显。2020 年度，1 名个人荣获集团劳动模范，12 名船员被授予集团船舶“金牌三长”，2 个集体和 1 名个人分获集团先进集体和先进个人，1 个集体和 1 名个人分获集团抗击新冠肺炎疫情先进集体和先进个人。2 名船员获 2019—2020 年度世界海员日上海地区优秀海员。2 个集体和 8 名个人获集团工会表彰，2 个青年集体和 3 名团员青年获集团团委表彰，1 名团员青年获上海市交通委表彰。公司评选表彰了5个先进集体和30名先进个人，以及 5 个抗击新冠肺炎疫情先进集体和 10 名先进个人。6 个基层党支部被评为特色党支部并进行成果展示。政研工作成绩显著，公司党委关于船舶党建思想政治工作课题研究荣获集团政研论文二等奖，23 篇优秀政研成果获公司表彰。

公司团委关注青年现实生活需求，加强对青年的人文关怀，组建成立中波“青年之家”，注册开通“青春中波”微信公众号，组织开展“青年忆史”讲座、校企团建及青年读书等系列活动，以创新举措在服务团员青年中助力青年成长、助推企业发展。

【社会责任】

2020 年，面对突如其来的严重疫情，中波公司积极响应党中央号召，各级党员领导干部带头，船岸党员及离退休老同志踊跃参加自愿捐款。其中 93 岁离休干部陈令晨自愿捐款 20 万元。公司党委积极响应集团党组倡议，从管理党费中专项划拨 10 万元，支援集团驻武汉和湖北单位的疫情防控。中波双方员工同舟共济、守望相助，国内疫情形势严峻时期，波兰分公司千方百计采购防疫物资并由波方员工带回总公司；随着波兰疫情形势严峻，总公司发动各方力量紧急采购，定向捐赠波兰滨海省总价约 25 万美元医疗防护物资，在共同抗疫中彰显双方友谊，促进双方合作。

公司助力脱贫攻坚，推进乡村振兴，持续开展好与上海崇明三星镇协进村的结对帮扶工作。集中采购定点帮扶地区特色产品，完成消费扶贫任务；持续做好“浪花・心愿”结对助学活动；与上海黄浦区外滩街道孤老结对助老活动已连续开展 24 年。（陈晓波）

中国—坦桑尼亚联合海运公司

中国—坦桑尼亚联合海运公司

【公 司 概 况】

1966 年 4 月 22 日，在国务院总理周恩来和坦桑尼亚总统尼雷尔倡议下，中坦两国政府签署《备忘录》，决定成立中国—坦桑尼亚联合海运公司（简称“中坦公司”，英文简称 SINOTASHIP）。1967 年 6 月 22 日，尼雷尔总统在达累斯萨拉姆亲自宣布中坦公司成立。

根据双方协议，中坦两国政府于 1967 年和 1971 年先后两次投资 150 万英镑，总计 300 万英镑，作为公司注册资金（折合 857.8 万美元），双方政府各占公司 50% 股份。中坦公司是两国政府合资经营企业，也是中国政府最早对坦投资企业。公司本着“友好合作、平等互利”的原则，旨在不断加强中坦两国在航运方面的联系和合作，为增进中坦两国人民友谊作出积极贡献。公司曾被誉为“两国政府间企业合作的典范”。

中坦公司主要从事远东至东非的散杂货海上运输。2009 年，公司首艘新造船 5.7 万 DWT 散货船“长顺 II”轮投入运营，进入散货运输市场。2013 年年底，公司作为中远海运集运在坦桑尼亚指定代理，涉足集装箱代理业务，逐步融入中远海运大家庭，推动业务多元化和公司转型发展。自开展集装箱代理业务以来，公司积极助力中远海运集运不断扩大东非航线的市场份额，其自身的代理业务量也持续快速增长。

【经 营 情 况】

2020 年，中坦公司拥有船舶艘数 1 艘、5.7 万吨载重吨，货运量 48.5 万吨，周转量 17.98 亿吨海里。公司总资产 1.98 亿元，净资产 1.47 亿元，总收入 0.4 亿元，利润总额 0.08 亿元。

【发 展 战 略】

加大协同合作，借助中远海运的全球网络和品牌优势，努力将中坦公司打造成中远海运在东部非洲的桥头堡。公司业务从现有“航运 + 船代”的“双轮驱动”稳步发展为“航运 + 船代 + 物流 + 资产管理”的“四轮驱动”，不断增强公司经营能力和防抗风险能力。公司船队发展采取“稳健经营、审慎投资”策略，在确保稳健经营的基础上，努力提高经营绩效，不断积累资金，为推进船队发展奠定基础。

【公 司 业 务】

中坦公司长期从事远东至东非的散杂货海上运输。除航运业务外，公司是集团旗下在坦桑尼亚唯一指定代理，主要代理两大类业务：一是集装箱船舶代理。公司是中远海运集运和 OOCL 双品牌在坦桑尼亚的共同代理，为抵港集装箱船舶提供代理和揽货服务，每周操作 2 艘抵港集装箱船舶；二是散杂货船舶代理。公司是中远海运特运在坦桑尼亚代理，为抵港件杂货和特种船舶提供代理和揽货服务，每月操作 2 ~ 3 艘抵港船舶。得益于中远海运集团大力开发新兴市场的良好机会，近年来公司船舶代理业务持续快速发展。

为深入践行“一带一路”倡议，公司开拓了陆路延伸运输及综合物流业务，搭建由坦桑尼亚至刚果（金）、赞比亚、卢旺达等内陆邻国的陆路延伸运输网络，满足集运公司和系统内其他企业，以及外部客户到东中部非洲国家的货运需求，推进中远海运品牌不断走向非洲腹地，为客户提供更加满意的端到端全程物流服务。

【服 务 客 户】

2020 年，中坦公司认真贯彻落实中远海运集团工作会要求，积极克服全球新冠疫情以及经济下行压力，坚持做到防疫抗疫和生产经营“两手抓、两手硬”，保持生产经营和安全形势的稳定局面，营业收入和净利润持续稳步增长，年度净利润同比增长 8.2%。

作为中远海运集运和 OOCL 双品牌在坦桑尼亚的统一代理，公司努力为船东提供满意服务。公司在年内协助集运公司顺利完成东非航线改造，携手东非市场份额第一的马士基共同投船经营 EAX2 航线，业务稳定增长。

经过前期开发和试用，公司在年内完成本地业务操作系统上线运行，显著提高工作效率和业务处理能力，规范操作流程，防范业务风险；不断加强进出口客服培训和人员配置调整，对客户要求的响应速度大幅提升，集装箱周转效率明显提高，公司集装箱业务管理、操作能力和客户服务整体水平不断提高。

【企业管理与风险管控】

中坦双方员工在各项重大事务和生产经营中，按照“友好合作、平等互利”的原则，求同存异，合作共处，注重加强双方合作和团队建设。中方员工顾全大局、以身作则，认真落实集团战略目标和工作部署，围绕公司工作重点，加强与坦方的交流合作，团结和带动坦方员工，形成良好的工作氛围。

公司强化内部管理，认真贯彻落实集团提质增效和管理提升各项要求，梳理和补充完善《中坦公司“三重一大”决策程序规定（中方）》《中坦公司员工绩效考核办法》《中坦公司投资管理规定》等一批管理制度，不断健全和完善公司治理环境，规范业务流程和内部监督。

2020 年，坦桑尼亚大选带来政治动荡，加之全球新冠疫情蔓延，导致各类风险和不确定因素相互叠加，公司经营环境变得十分复杂。对此，公司在认真抓好疫情防控基础上，时刻关注当地安全形势，切实做好包括人员、商务履约、资产和资金安全在内的各类风险管控，确保公司安全平稳健康发展。

【安 全 生 产】

中坦公司在安全管理方面始终以如履薄冰的心态，认真抓好船舶运输安全生产和船舶代理业务的操作安全。

在船舶安全生产方面，公司保持与船管公司和船员公司的良好沟通，加强对自有船舶航行安全和货物安全的督察检查，督促船管公司和船员认真做好防抗海盗、防抗台、防污染等重要安全工作，避免各类事故的发生，确保船舶安全。新冠疫情以来，公司积极为船舶采购防疫物资，关心关爱船员，克服种种困难及时安排换员，增强船员认同感和归属感，确保船舶正常生产秩序和船员身心健康，保障船舶安全。

在船舶和集装箱代理业务方面，公司需在日常业务中与众多良莠不齐的当地小型货代公司打交道。对此，公司不断加强商务审核与财务调查，加大对客户背景和业务环节的调查监督力度，重点盯住存在商务履约风险和支付风险的客户，努力避免商务履约风险。认真执行集团有关国际制裁和客户合规风险，避免从事任何可能涉及各类制裁、敏感业务、高风险业务和特殊关联企业的业务，避免突发事件的发生，筑牢风险防火墙，确保合规经营。

【员 工 队 伍】

中坦公司员工队伍由中、坦双方员工组成。按照对等合作原则，公司管理部门和关键业务岗位实行双方对等设置。中方员工为集团外派干部，基本操作岗位主要为坦方员工。中方干部队伍始终是公司转型发展的中坚力量，而随着集装箱代理业务快速发展和综合物流业务增长，公司不断调整充实当地员工队伍，坦方员工人数不断增加。公司认真组织并抓好当地员工的教育培训，不断提高他们的服务意识和业务能力，努力建设适应公司发展需求的人才队伍。

【企业文化】

中坦公司高度重视企业文化建设和中坦文化交流融合工作，倡导“友好合作、平等互利”。公司双方员工不断增强大局意识、合作意识、发展意识和创业意识，双方员工团结一致，加强合作，相互支持，努力拼搏，共同推动公司健康稳定发展。（顾菊根）

CHINA COSCO SHIPPING CORPORATION LIMITED YEARBOOK

中国远洋海运集团有限公司

年鉴

第十六篇

大事记

一月

1月10日 由中远海运集团主办的“中远海运集团暨海洋联盟2020年港航交流会”在海南博鳌举行。其间，17家港航企业举行主题为“服务全球贸易、创造客户价值”的港航合作座谈会，共同发布“博鳌合作倡议2020”。

1月16日下午 中远海运集团与上海建工集团签署战略合作框架协议。中远海运集团副总经理、总会计师孙云飞，上海建工集团副总裁叶卫东代表双方在协议上签字。中远海运集团董事长、党组书记许立荣，上海建工集团董事长、党委书记徐征等出席签约仪式并见证签约。

二月

2月11日 中远海运港口参股的瓦多集装箱码头迎来了首次商业船舶挂靠。瓦多码头由中远海运港口与马士基集装箱码头公司（APM Terminals）共同投资运营（其中中远海运港口占股40%），于2019年12月12日正式开港。瓦多集装箱码头是意大利第一个半自动化码头，可以在不考虑任何其他因素的情况下接收并作业当前世界上最大的集装箱船。

2月26日 由中远海运散运衢山海轮承运的中铝几内亚博法项目的首船铝土矿接卸仪式在日照港石臼港区举行，标志着中铝几内亚博法项目喜结硕果，顺利完成首船运输。

三月

3月20日下午 中远海运集团与光大集团以视频形式签署了战略合作协议。根据协议，双方将持续深化产融结合，发挥各自优势，探讨业务创新，加强战略落地。

四月

4月3日 中远海运集团支援乌拉圭抗击新冠肺炎疫情防疫物资捐赠仪式在乌拉圭驻上海总领事馆举行。中远海运集团副总经理王海民代表中远海运向乌拉圭驻上海总领事馆捐赠了包括10 000只一次性医用口罩、20套防护服、20副护目镜在内的防疫物资，以支持乌拉圭政府的疫情防控工作。乌拉圭驻上海总领事莱昂纳多·奥利维拉·德·安德烈代表乌拉圭政府接受了捐赠。

4月13日 海南自由贸易试验区（港）建设两周年集中开工和签约活动在海口主会场及海南各市县分会场举行。中远海运集团应邀参加活动并签署四项协议。

4月14日 中远海运空客项目第500架次飞机大部件成功运抵天津。

4月20日 由中远海运物流下属大连中远海运物流自主开发的海上风电运输项目——辽宁大连庄河Ⅲ第二批次三峡海上风电项目正式启动。庄河三峡海上风电项目是东北地区首个海上风电项目，也是我国北方地区最大的海上风电项目。

4月30日 中远海运集团向多米尼加共和国驻华大使馆捐赠10 000只一次性医用口罩用于支持当地抗击疫情，多米尼加共和国驻华大使亲自接受了捐赠。

五月

5月9日下午 中远海运集团与上海华谊集团在上海签署新一轮战略合作协议。双方将以此次签约为契机，在巩固前期合作成果的基础上，进一步发挥各自优势，实现优势互补、协同发展，为新一轮战略合作开创广阔空间。

5 月 11 日 中远海运集团与中国移动、东风公司联合在北京、上海、武汉、十堰、香港和厦门六个城市，通过中国移动 5G+ 云视讯系统举行“5G+ 无人驾驶赋能智慧港口”云发布会，共同见证全国首个 5G 全场景应用智慧港口在厦门远海码头由试验阶段进入落地使用阶段。

5 月 13 日上午 中远海运集团与交通银行在上海签署战略合作协议。根据合作协议，双方将本着平等互利、共同发展的原则，在多领域开展务实合作，努力构建金融业与航运物流协同发展的战略伙伴关系。

5 月 14 日 上海期货交易所与中远海运集团在上海签署战略合作框架协议，未来双方将在发展航运衍生品、推动期货市场国际化、做精做强期货交割仓储及综合物流服务等方面开展全面、深入、务实合作。

5 月 15 日 为深化“央地合作”、扩大有效投资，武汉市以“携手央企、共赢发展”为主题举办“云招商”央企专场活动。本场活动采取“线上 + 线下”相融合的创新模式。中远海运集团董事长许立荣等 20 家央企主要负责人通过视频连线在武汉以外的分会场出席活动并发言。

5 月 20 日 中远海运集团向吉尔吉斯共和国驻华大使馆捐赠 10 000 只一次性医用口罩和 30 个护目镜用于支持当地抗击疫情，使馆商务参赞接受了捐赠。

5 月 30—31 日 中共中央政治局常委、国务院副总理韩正海南调研时，到中远海运所属新海港进行视察，了解港口规划及建设进展情况。

六月

6 月 4 日 “中远海运兴旺”轮成为首艘获“中国洋浦港”船籍证书货船。

6 月 12 日 中远海运集团与天津市政府在天津签署战略合作框架协议。根据协议，双方将发挥各自优势开展合作，共同为推进京津冀协同发展发挥更大作用。

6 月 18 日 应中国国际经济交流中心邀请，中远海运集团董事长许立荣参加了在“中美工商领袖和前高官对话”框架下举办的“中美工商领袖‘云对话’”线上视频会。中国国际经济交流中心理事长曾培炎和美国商会会长托马斯・多诺霍率领双方代表出席了会议。

七月

7 月 3 日 中国远洋海运大学在青岛成立。

7 月 6 日 中远海运集团与阿里巴巴、蚂蚁集团签署三方战略合作协议，将共同推动航运物流区块链合作和应用，开展未来基于全球航运物流网络的深度合作。

7 月 10 日下午 交通运输部副部长刘小明一行到中远海运集团，参观了集团应急指挥中心，听取了集团有关情况介绍，对集团在积极应对疫情、落实“六稳”“六保”、实现企业平稳健康发展所做的各项工作和取得的成绩作了充分肯定。

7 月 11 日 2020 年中国航海日系列活动在上海拉开序幕。交通运输部副部长刘小明、上海市人民政府副市长汤志平、中远海运集团董事长许立荣、交通运输部安全总监李天碧、上海市人民政府副秘书长黄融等参加启动仪式。

7 月 22 日 金砖国家工商理事会通过视频方式召开专题会议，审议并发布《金砖国家工商理事会联合抗疫宣言》。会议由金砖轮值主席国俄罗斯理事会谢尔盖・卡特林主席主持，五国理事会主席和理事受邀参会。中远海运集团董事长许立荣作为中方理事会主席参加会议并发言。

7 月 30 日 中远海运集团总经理付刚峰、副书记王海民在集团总部会见了 IBM 大中华区首席执行官包卓蓝一行，双方就现有业务合作情况及未来数字化领域发展等话题进行了交流。

八月

8 月 10 日 中远海运集团在 2020 年《财富》

世界500强排名再次提升15位。

8月21日 惠普全球海运招标结果正式公布，中远海运集团再次成功中标惠普中欧陆海快线业务。在双方多年良好合作基础上，此次中标实现了合作航线数量及总箱量上的突破，充分体现惠普对中远海运集团全程服务的信赖。

九月

9月1日 上海市委副书记、市长龚正一行到中远海运集团调研座谈，他对集团改革发展所取得的成绩作了充分肯定，同时希望中远海运集团在上海国际航运中心建设中继续发挥重要作用。

9月3日 新加坡驻上海总领事蔡蝥合先生到访中远海运集团总部。中远海运集团董事、党组副书记王海民与对方进行了会见，双方就中远海运集团在新加坡业务发展、数字化经济、疫情防控等方面进行了交流。

9月8日 由福建省人民政府、中国航海学会主办的第二届“丝路海运”国际合作论坛在厦门举行。作为“丝路海运”联盟的发起单位，中远海运集团董事、总经理、党组副书记付刚峰应邀出席论坛，并作了题为《全球物流供应链高质量发展的实践思考》的主旨演讲。

9月28日 由中远海运集团下属中远海运集装箱运输有限公司运营的海南自由贸易港首条洲际航线——“洋浦—南太平洋—澳洲”集装箱航线在洋浦小铲滩码头正式开通运营，这是海南自由贸易港开通的首条洲际航线，进一步完善了洋浦外贸航线布局。

十月

10月19日 中远海运集团2020年扶贫援藏工作会议在集团总部召开。会议对集团扶贫援藏工作给予了充分肯定，同时强调，脱贫摘帽不是终点，而是新生活、新奋斗的起点，中远海运集团要继续和帮扶地区干部群众携手并进，为决战决胜脱贫攻坚作出新的更大的贡献。

10月28日 中远海运集团董事长许立荣作为金砖国家工商理事会中方主席应邀参加为期四天的金砖国家工商论坛闭幕式，并代表中方工商界就金砖五国工商界如何进一步加强合作、共同助力五国经济复苏等相关话题与来自其他四国的嘉宾进行了交流。

十一月

11月4日 第三届中国国际进口博览会开幕式在上海举行，国家主席习近平以视频方式发表主旨演讲。中远海运集团董事长、党组书记许立荣，董事、总经理、党组副书记付刚峰，董事、党组副书记王海民，副总经理、党组成员黄小文等在国家会展中心（上海）出席开幕式，聆听了习近平总书记的主旨演讲。

是日 希腊驻华大使乔治·伊利奥普洛斯先生到访中远海运集团总部。中远海运集团董事长许立荣与对方进行了会见。双方回顾了希腊比雷埃夫斯港和中欧陆海快线业务的发展，并就双方未来进一步深化合作进行了交流。

是日 乌克兰驻华大谢尔盖·卡梅舍夫先生到访中远海运集团总部。中远海运集团董事、总经理付刚峰与对方进行了会见。双方回顾了中远海运集团在乌克兰的业务开展情况，并就中乌经贸发展、乌克兰投资环境、乌克兰基础设施建设等话题进行了交流。

11月6日 秘鲁驻华大路易斯·克萨达先生到访中远海运集团总部。中远海运集团董事、总经理付刚峰与对方进行了会见。双方回顾了中远海运在秘鲁的业务发展，并就进一步加强钱凯码头项目的合作进行了沟通。

11月6日 中远海运集团荣获“上海航运建设特别贡献企业奖”。

11月10日 金砖国家工商理事会2020年度会议以视频形式举行，来自中国、俄罗斯、巴西、印度、南非的工商理事会成员视频出席了本次会议。中远海运集团董事长许立荣作为金砖国家工商理事会中方主席，代表中方在会上发言并签署年度报告。

11 月 12 日 浦东开发开放 30 周年庆祝大会在上海举行。中共中央总书记、国家主席、中央军委主席习近平在会上发表重要讲话。中远海运集团董事长、党组书记许立荣，董事、总经理、党组副书记付刚峰参加庆祝大会。

11 月 19 日 商务部副部长王炳南一行到博鳌亚洲论坛永久会址调研，详细了解论坛年会服务保障、设施设备保障、人员培训等情况，现场观看了国宾班服务演练。

11 月 20 日 浙江荣盛集团与中远海运集团签署了战略合作框架协议。双方将以此次签约为契机，充分发挥各自优势，取得更加丰硕的合作成果。

11 月 25 日 普洛斯集团与中远海运集团签署了合作备忘录。根据合作协议，双方将进一步在产业链、物流链等多个领域开展全方位合作，有利于充分发挥各自优势，实现协同发展。

11 月 27 日 第十七届中国—东盟博览会和中国—东盟商务与投资峰会（简称“东博会”）在广西南宁开幕。中远海运集团董事、总经理、党组副书记付刚峰应邀出席开幕式并参加相关活动。集团在北部湾国际门户港展区中设置独立展示区。

11 月 28 日 中远海运所属中远海运特运“大富”轮装载着首批供印度尼西亚雅万高铁建设使用的钢轨从广西防城港启航，这是中国首次大批量出口长定尺钢轨，也是中国高铁“整体出口”的第一单。

十二月

12 月 11 日 中远海运集团与巴西金鱼集团通过视频方式签署战略合作框架意向书。

12 月 22 日 中远海运集团与首钢集团战略合作协议签约仪式在北京举行。根据协议，双方将进一步发挥各自优势，本着平等互利、合作共赢、共同发展的原则，建立全面战略合作伙伴关系，在航运、物流、金融、采购和海外合作等方面开展合作，促进双方在国际国内市场实现合作共赢。

12 月 23 日 中远海运集团与中盐集团战略合作协议签约仪式在北京举行。根据协议，双方将在多年友好合作的基础上，进一步发挥双方业务优势，建立全面战略合作伙伴关系，通过优势互补、资源共享，按照市场化原则在航运、物流、供应链服务领域开展合作，不断深化扩展合作空间，推动双方实现高质量发展。

12 月 29 日 中国国有企业混合所有制改革基金有限公司在上海揭牌成立。中国国有企业混合所有制改革基金是经国务院批准设立的国家级基金，总规模 2000 亿元，首期募集资金 707 亿元。作为主要股东之一，中远海运集团出资 50 亿元参与发起，并向基金派出一名董事。

12 月 30 日 中国远洋海运大学新校区建设开工仪式在青岛西海岸新区举行。中国远洋海运集团、青岛市政府、西海岸新区政府、上海建工集团、山东省港口集团的领导共同推杆，挖掘机正式启动作业，宣告中国远洋海运大学新校区建设正式开工。

CHINA COSCO SHIPPING
CORPORATION LIMITED
YEARBOOK

中国远洋海运集团有限公司

年鉴

第十七篇

光荣册

2020年中国远洋海运集团获得荣誉奖项

2020 年中国远洋海运集团获得荣誉奖项

（1）2020 年 4 月，中国远洋海运集团入选国务院国资委“科改示范企业”名单。

（2）7 月 20 日，国务院国资委公布 2019 年度中央企业负责人经营业绩考核 A 级企业名单。中远海运集团获评 A 级。至此，中国远洋海运集团自 2016 年重组成立以来已连续 4 年获得 A 级。

（3）7 月 6 日，中远海运（比雷埃夫斯）港口有限公司参与的欧盟绿色 C 港口项目获得了国际港口协会（IAPH）“2020 年世界港口可持续发展奖”。

（4）8 月 10 日下午，2020 年《财富》世界 500 强排行榜发布，中国远洋海运集团有限公司排名第 264 位，比上一年度提升 15 位。自 2016 年重组以来，中国远洋海运集团连续上榜《财富》世界 500 强，排名逐年提升，已累计上升 201 位。

（5）9 月，中远海运集运因积极致力于保护海洋环境和海洋生物，被美国环保署授予 2019 年度“保护蓝鲸　保护蓝天”项目综合金奖。作为全球班轮业中致力于生态环境保护的先行者，中远海运高度重视海洋生态环境保护。集团下属中远海运集运 2018 年主动加入美国环保署认可的“保护蓝鲸　保护蓝天”激励项目，在取得丰硕成果的基础上，2019 年再次参与该项目，并以积极的举措和显著的成效被授予项目综合金奖。

（6）10 月，中远海运集团北京地区疫情防控工作小组及办公室被国务院国资委评为“中央企业抗击新冠肺炎疫情先进集体”。

（7）11 月 6 日，2020 年 Seatrade 海贸国际海事颁奖典礼在上海举办，中国远洋海运集团受邀参加典礼，并获颁“上海航运建设特别贡献企业奖”。

（8）11 月 30 日，中远海运散运“远神海”轮荣获 2020 年国际海事组织（IMO）“海上特别勇敢奖”。

2020 年中国远洋海运集团获省部级及以上先进集体荣誉一览表

2020 年中国远洋海运集团获省部级及以上先进集体荣誉一览表

表 17–1

序号	直属单位名称	先进集体名称	先进集体所在单位	所获荣誉称号	受表彰时间	表彰单位
1	中远海运集运	“中远圣保罗”轮	上海远洋运输有限公司	全国“安康杯”竞赛优胜船舶	2020 年 11 月	全国“安康杯”竞赛组委会
2		新鉴真轮客运部	上海远洋运输有限公司	2019 年度上海市巾帼文明岗	2020 年 2 月	上海市妇女联合会、上海市总工会
3		上海远洋船舶供应公司	上海远洋船舶供应公司	2019 年度全国水路公路行业安全生产竞赛优秀班组	2020 年 8 月	中国海员建设工会
4		“中远亚洲”轮	上海远洋运输有限公司	2019 年度全国水路公路行业安全生产竞赛船舶	2020 年 8 月	中国海员建设工会
5		“中海印度洋”轮	上海远洋运输有限公司	2019 年度全国水路公路行业安全生产竞赛船舶	2020 年 8 月	中国海员建设工会
6		中远海运集运亚太贸易区	中远海运集装箱运输有限公司	2020 年上海市模范集体	2020 年 12 月	中共上海市委、上海市人民政府
7		“中远海运玫瑰”轮	中远海运集装箱运输有限公司	2020 年上海市模范集体	2020 年 12 月	中共上海市委、上海市人民政府
8	中远海运能源	“远大湖”轮	中远海运能源有限公司	全国模范职工小家	2020 年 12 月	中华全国总工会
9		VLCC 部	中远海运能源有限公司	2020 年上海市模范集体	2020 年 12 月	中共上海市委、上海市人民政府
10		“新金洋”轮	中远海运能源有限公司	全国“安康杯”竞赛优胜船舶	2020 年 11 月	全国“安康杯”竞赛组委会
11	中远海运散运	“远神海”轮	中远海运散运有限公司	海上特别勇敢奖	2020 年 1 月	国际海事组织
12		《航运企业“支部建在船上”党建实践与创新研究》	中远海运散运有限公司	2019 年度优秀课题研究成果一等奖	2020 年 12 月	全国党建研究会国有企业党建研究专业委员会
13		《关于国有企业在“一带一路”建设中加强跨文化融合的思考》	中远海运散运有限公司	2018—2019 年度全国交通运输行业优秀政工论文优秀奖	2020 年 6 月	中国交通职工思想政治工作研究会
14	中远海运特运	广州中远海运建设实业有限公司	广州中远海运建设实业有限公司	2018—2019 年度全国“安康杯”竞赛优胜集体	2020 年 11 月	全国“安康杯”竞赛组委会
15		中远海运特运女工委	中远海运特运工会	2015—2019 年广东省工会女职工工作先进集体称号	2020 年 11 月	广东省总工会

续上表

序号	直属单位名称	先进集体名称	先进集体所在单位	所获荣誉称号	受表彰时间	表彰单位
16	中远海运特运	广州远洋宾馆有限公司职工书屋	广州远洋宾馆有限公司	2020年全国工会职工书屋示范点	2020年11月	中华全国总工会
17		蔡连财创新工作室	中远海运特运	广东省劳模和工匠人才创新工作室	2020年12月	广东省总工会
18	中远海运发展	东方国际集装箱（广州）有限公司生产设备技术部打砂班	东方国际集装箱（广州）有限公司	2019年全国公路水路行业班组、船舶安全生产竞赛“成绩优异集体”	2020年8月	中国海员建设工会全国委员会、交通运输部安全委员会办公室
19		中远海运发展股份有限公司	中远海运发展股份有限公司	全国文明单位	2020年11月	中央精神文明建设指导委员会
20		东方国际集装箱（锦州）有限公司	上海寰宇物流装备有限公司	全国文明单位	2020年11月	中央精神文明建设指导委员会
21		东方国际集装箱（锦州）有限公司	上海寰宇物流装备有限公司	2018—2019年度全国交通运输行业精神文明建设先进集体	2020年12月	交通运输部
22	中远海运物流	上海外轮代理有限公司班轮代理分公司	上海外轮代理有限公司	2020年上海市模范集体	2020年12月	中共上海市委、上海市人民政府
23		中远海运物流有限公司	中远海运物流有限公司	2018—2020年度首都文明单位标兵	2020年11月	北京市人民政府
24		上海中远海运物流有限公司	中远海运物流有限公司	2019—2020年度上海市文明单位	2020年12月	上海市人民政府
25		中远海运船务代理有限公司	中远海运物流有限公司	2019—2020年度上海市文明单位	2020年12月	上海市人民政府
26		中远海运化工物流有限公司运输部英威达业务班组	中远海运化工物流有限公司	全国“安康杯”竞赛优胜班组	2020年11月	全国“安康杯”竞赛组委会
27		中远海运物流有限公司	中远海运物流有限公司	第四届“全国文明单位”复核通过	2020年12月	全国精神文明办
28		中远海运物流仓储配送有限公司党群工作部	中远海运物流仓储配送有限公司	山东省水运系统女职工建功立业标兵岗	2020年11月	山东省总工会
29		厦门中远海运物流有限公司	中远海运物流有限公司	国务院国资委“第三届中央企业QC小组成果发表赛”三等奖	2020年12月	国务院国资委
30		大连中远海运物流有限公司	中远海运物流有限公司	交通运输部优秀质量小组成果奖	2020年12月	交通运输部
31		大连中远海运物流有限公司仓配分公司	大连中远海运物流有限公司	交通运输部优秀质量小组成果奖	2020年12月	交通运输部
32		中国大连外轮代理有限公司	中国外轮代理有限公司	交通运输部优秀质量小组成果奖	2020年12月	交通运输部
33		中国唐山外轮代理有限公司	中国外轮代理有限公司	交通运输部优秀质量小组成果奖	2020年12月	交通运输部
34		中国连云港外轮代理有限公司	中国外轮代理有限公司	交通运输部优秀质量小组成果奖	2020年12月	交通运输部
35		日照港中远海运物流有限公司	中远海运物流有限公司	交通运输部优秀质量小组成果奖	2020年12月	交通运输部

续上表

序号	直属单位名称	先进集体名称	先进集体所在单位	所获荣誉称号	受表彰时间	表彰单位
36	中远海运物流	中国上海外轮代理有限公司班轮分公司	中国外轮代理有限公司	交通运输部优秀质量小组成果奖	2020 年 12 月	交通运输部
37		常熟中远海运物流有限公司	上海中远海运物流有限公司	交通运输部优秀质量小组成果奖	2020 年 12 月	交通运输部
38		靖江外轮代理有限公司	中国外轮代理有限公司	交通运输部优秀质量小组成果奖	2020 年 12 月	交通运输部
39		南通中远海运物流有限公司	上海中远海运物流有限公司	交通运输部优秀质量小组成果奖	2020 年 12 月	交通运输部
40		中国张家港外轮代理有限公司	中国外轮代理有限公司	交通运输部优秀质量小组成果奖	2020 年 12 月	交通运输部
41		宁波中远海运物流有限公司	中远海运物流有限公司	交通运输部优秀质量小组成果奖	2020 年 12 月	交通运输部
42		中远海运物流仓储配送有限公司	中远海运物流有限公司	交通运输部优秀质量小组成果奖	2020 年 12 月	交通运输部
43		中远海运船务代理有限公司	中远海运物流有限公司	交通运输部优秀质量小组成果奖	2020 年 12 月	交通运输部
44		广州中远海运船务代理有限公司	中远海运船务代理有限公司	交通运输部优秀质量小组成果奖	2020 年 12 月	交通运输部
45		连云港中联理货有限公司	中联理货有限公司	交通运输部优秀质量小组成果奖	2020 年 12 月	交通运输部
46		广州中远海运航空货运代理有限公司	中远海运航空货运代理有限公司	交通运输部优秀质量小组成果奖	2020 年 12 月	交通运输部
47		中远海运化工物流有限公司	中远海运物流有限公司	交通运输部优秀质量小组成果奖	2020 年 12 月	交通运输部
48		苏州中远海运化工物流有限公司	中远海运化工物流有限公司	交通运输部优秀质量小组成果奖	2020 年 12 月	交通运输部
49		大连中远海运物流有限公司	中远海运物流有限公司	交通运输部信得过班组奖	2020 年 12 月	交通运输部
50		宁波中远海运物流有限公司	中远海运物流有限公司	交通运输部信得过班组奖	2020 年 12 月	交通运输部
51		厦门中远海运物流有限公司	中远海运物流有限公司	交通运输部信得过班组奖	2020 年 12 月	交通运输部
52		中国湄洲湾外轮代理有限公司	中国外轮代理有限公司	交通运输部信得过班组奖	2020 年 12 月	交通运输部
53		常熟中远海运物流有限公司	上海中远海运物流公司	交通运输部信得过班组奖	2020 年 12 月	交通运输部
54		江阴中远海运物流供应链有限公司	上海中远海运物流公司	交通运输部信得过班组奖	2020 年 12 月	交通运输部
55		日照中联理货公司	中联理货有限公司	交通运输部信得过班组奖	2020 年 12 月	交通运输部
56		中远海运工程物流有限公司	中远海运物流有限公司	交通运输部信得过班组奖	2020 年 12 月	交通运输部
57		昆明中远海运核电班组	中远海运工程物流公司	交通运输部信得过班组奖	2020 年 12 月	交通运输部
58		苏州中远海运化工物流有限公司	中远海运化工物流有限公司	交通运输部信得过班组奖	2020 年 12 月	交通运输部

续上表

序号	直属单位名称	先进集体名称	先进集体所在单位	所获荣誉称号	受表彰时间	表彰单位
59	中远海运重工	中远海运重工有限公司	中远海运重工有限公司	2017—2019年度上海市厂务公开民主管理工作先进单位	2020年12月	上海市厂务公开工作领导小组
60		大连中远海运重工有限公司	大连中远海运重工有限公司	2020年度全国"安康杯"优胜单位	2020年11月	全国"安康杯"竞赛组委会
61		上海中远海运重工有限公司	上海中远海运重工有限公司	2018—2019年度全国"安康杯"优胜单位	2020年11月	全国"安康杯"竞赛组委会
62		经营部	上海中远海运重工有限公司	2015—2019年度上海市模范集体	2020年12月	中共上海市委、上海市人民政府
63		卜育才轴舵系工程劳模创新工作室	广东中远海运重工有限公司	卜育才劳模和工匠人才创新工作室	2020年3月	广东省海员工会
64	上海中远海运	中远海运（上海）有限公司	中远海运（上海）有限公司	爱国拥军模范单位	2020年3月	上海市拥军优属、拥政爱民工作领导小组
65	广州中远海运	广州新海医院航海医学科	广州新海医院	广东省抗击新冠肺炎疫情先进集体	2020年10月	中共广东省委、广东省人民政府
66		物业公司大厦服务中心	广州中远海运物业发展有限公司	广东省文明单位（复查确认继续保留荣誉称号）	2020年12月	中共广东省委、广东省人民政府
67		广州中远海运社会保障服务中心	中远海运（广州）有限公司	广东省文明单位（复查确认继续保留荣誉称号）	2020年12月	中共广东省委、广东省人民政府
68		广州中远海运工会女工委	中远海运（广州）有限公司工会	2015—2019年度广东省工会女职工工作先进集体	2020年11月	广东省总工会
69		中远海运（广州）有限公司团委	中远海运（广州）有限公司	2019—2020年度广东省五四红旗团委	2020年5月	共青团广东省委员会
70		广州江南颐养苑	广州中远海运健康管理有限公司	广东省五星级养老机构	2020年5月	广东省民政厅
71	天津中远海运	天津中远海运航运服务有限公司船运业务中心	天津中远海运航运服务有限公司	2020年天津市模范集体	2020年12月	中共天津市委、天津市人民政府
72		天津中远海运航运服务有限公司工会	天津中远海运航运服务有限公司	2017—2019年度天津市模范职工之家	2020年6月	天津市总工会
73	青岛中远海运	青岛中远海运物业管理公司工会	青岛中远海运物业管理公司	全国模范职工小家	2020年12月	全国总工会
74		中远海运（青岛）有限公司	中远海运（青岛）有限公司	全国"安康杯"活动优秀组织单位	2020年11月	全国"安康杯"竞赛组委会
75		青岛中远海运财务管理部	中远海运（青岛）有限公司	山东省水运系统女职工建功立业标兵岗	2020年3月	山东省海运工会
76		青岛中远海运工会	中远海运（青岛）有限公司	山东省水运系统女职工建功立业标兵岗	2020年3月	山东省海运工会
77		烟台中韩轮渡船舶经营服务部	中远海运（青岛）有限公司	山东省水运系统女职工建功立业标兵岗	2020年3月	山东省海运工会
78		中远海运（青岛）有限公司	中远海运（青岛）有限公司	全国交通运输行业文明单位	2020年12月	交通运输部

续上表

序号	直属单位名称	先进集体名称	先进集体所在单位	所获荣誉称号	受表彰时间	表彰单位
79	中远海运船员	船员服务一站式大厅	中远海运船员上海分公司	2020 年上海市模范集体	2020 年 12 月	中共上海市委、上海市人民政府
80	中远海运船员	高正捍劳模和工匠人才创新工作室	中远海运船员广州分公司	广东省海员系统劳模和工匠人才创新工作室	2020 年 12 月	广东省海员工会
81	中远海运船员	中远海运船员青岛分 / 子公司财务部会计财税室	中远海运船员青岛分公司	山东省水运系统女职工建功立业标兵岗	2020 年 3 月	山东省海员工会
82	中远海运船员	中远海运船员上海分公司集运船员管理一库	中远海运船员上海分公司	2018—2019 年度全国“安康杯”竞赛优胜班组	2020 年 11 月	全国“安康杯”竞赛组委会
83	中国船燃	中国船舶燃料广州有限公司	中国船舶燃料有限责任公司	2020 年度全国“安康杯”优胜单位	2020 年 11 月	全国“安康杯”竞赛组委会
84	中石化燃供	中石化中海船舶燃料供应有限公司	中石化中海船舶燃料供应有限公司	全国“安康杯”竞赛安全文化宣传活动先进单位	2020 年 11 月	全国“安康杯”竞赛组委会
85	中石化燃供	海南国盛石油有限公司马村油库	海南国盛石油有限公司	全国公路水运行业先进班组	2020 年 8 月	中国海员建设工会全国委员会、交通运输部安全委员会办公室
86	中石化燃供	中石化中海船舶燃料供应有限公司广东分部 / 广州燃料分公司油品储运部生产三班	中石化中海船舶燃料供应有限公司广东分部 / 广州燃料分公司	2018—2019 年度全国“安康杯”竞赛广东省优胜班组	2020 年 11 月	全国“安康杯”竞赛组委会
87	上海船研所	金允龙航运技术与安全劳模创新工作室	上海船舶运输科学研究所	第十批“上海市劳模创新工作室”	2020 年 12 月	上海市总工会
88	中远海运财务	中远海运集团财务有限责任公司	中远海运集团财务有限责任公司	上海市文明单位	2020 年 11 月	上海市人民政府
89	中远海运博鳌	中远海运博鳌有限公司	中远海运博鳌有限公司	2018—2019 年度全国交通运输行业文明单位	2020 年 12 月	交通运输部
90	中远海运自保	中远海运财产保险自保有限公司职工书屋	中远海运财产保险自保有限公司	2020 年全国工会职工书屋示范点	2020 年 12 月	中华全国总工会
91	中远海运港口	厦门远海集装箱码头有限公司	厦门远海集装箱码头有限公司	自动化行业研发中心试验基地	2020 年 12 月	交通运输部
92	中远海运港口	连云港新东方国际货柜码头有限公司	操作部运行中心岸桥班	全国青年安全生产示范岗	2020 年 6 月	共青团中央青年发展部
93	中远海运港口	厦门远海码头	通达事业部	2020 年福建省工人先锋号	2020 年 8 月	福建省总工会
94	中远海运港口	泉州太平洋集装箱码头有限公司	小虎队工会小组	2020 年福建省模范职工小家	2020 年 12 月	福建省总工会
95	中远海运港口	泉州太平洋集装箱码头有限公司	郭培昌等 6 人	福建省百万职工“五小”创新大赛三等奖	2020 年 7 月	福建省总工会

续上表

序号	直属单位名称	先进集体名称	先进集体所在单位	所获荣誉称号	受表彰时间	表彰单位
96	中远海运港口	中国港口协会	中远海运港口有限公司	中国港口协会科技进步奖二等奖	2020年1月	中国港口协会
97		中国港口协会	中远海运港口有限公司工程采购部 王敏	中国港口协会科技进步奖二等奖	2020年11月	中国港口协会
98		通达事业部	厦门远海集装箱码头有限公司	福建省工人先锋号	2020年8月	福建省总工会
99		锦州新时代集装箱码头有限公司	锦州新时代集装箱码头有限公司	2020年度全国“安康杯”竞赛优秀组织单位	2020年11月	全国“安康杯”竞赛组委会
100		厦门远海集装箱码头有限公司	厦门远海集装箱码头有限公司	全国物流行业先进集体	2020年12月	人力资源和社会保障部、中国物流与采购联合会
101	中远海运大连投资	“平安源”轮	深圳中远龙鹏液化气运输公司	安全诚信船舶	2020年9月	海事局
102	中国远洋海运大学	思政教研室	基础部	山东省水运系统女职工建功立业标兵岗	2020年3月	山东省海员工会
103		轮机基础教研室	机电系	山东省水运系统女职工建功立业标兵岗	2020年3月	山东省海员工会
104	厦门中远海运	“广安城”“平安城”轮	中远海运（厦门）有限公司	2020年安全诚信船舶	2020年9月	海事局

2020 年中国远洋海运集团获省部级及以上先进个人荣誉一览表

2020 年中国远洋海运集团获省部级及以上先进个人荣誉一览表

表 17–2

序号	直属单位名称	先进个人姓名	先进个人所在单位	所获荣誉称号	受表彰时间	表彰单位
1	中远海运集运	吴士泉	武汉集装箱有限公司	全国抗击新冠肺炎疫情先进个人	2020 年 9 月	中共中央、国务院、中央军委
2		吴怀宇	中远海运集装箱运输有限公司	2020 年上海市劳动模范	2020 年 12 月	中共上海市委、上海市人民政府
3	中远海运能源	陈建荣	中远海运能源有限公司	2020 年上海市劳动模范	2020 年 12 月	中共上海市委、上海市人民政府
4		王小虎	中远海运能源有限公司	上海市职工先进操作法创新奖	2020 年 8 月	上海市总工会、上海市科学技术委员会、上海市经济和信息化委员会
5		邵　山	中远海运能源有限公司	上海市职工先进操作法创新奖	2020 年 8 月	上海市总工会、上海市科学技术委员会、上海市经济和信息化委员会
6		楼于海	中远海运能源有限公司	全国“安康杯”竞赛先进个人	2020 年 11 月	全国“安康杯”竞赛组委会
7		方明晓	中远海运能源有限公司	全国“安康杯”竞赛先进个人	2020 年 11 月	全国“安康杯”竞赛组委会
8	中远海运发展	邢万程	东方国际集装箱（锦州）有限公司	2020 年度全国“安康杯”竞赛先进个人	2020 年 11 月	全国“安康杯”竞赛组委会
9		孙　涵	中远海运发展股份有限公司	2019—2020 年度全国交通运输行业优秀思想政治工作者	2020 年 12 月	中国交通职工思想政治工作研究会
10	中远海运物流	钱龙君	宁波中远海运物流有限公司	2019—2020 年度全国交通运输行业优秀思想政治工作者	2020 年 12 月	中国交通职工思想政治工作研究会
11		田　征	中远海运物流有限公司法务部法务管理室	中央企业法律事务先进工作者	2020 年 12 月	国务院国资委
12		唐文嫣	中远海运船务代理有限公司党委工作部	第三届中央企业优秀故事征集展示活动优秀奖	2020 年 12 月	国务院国资委
13		司　南	大连中远海运物流仓配分公司	辽宁省优秀党务工作者	2020 年 6 月	中共辽宁省委
14		段跃东	昆明中远海运物流	云南省交通运输厅直属机关党委新冠肺炎疫情防控工作优秀党务工作者	2020 年 12 月	云南省交通运输厅

续上表

序号	直属单位名称	先进个人姓名	先进个人所在单位	所获荣誉称号	受表彰时间	表彰单位
15	中远海运物流	刘　娟 叶美云	中远海运仓配安全监管部、中远海运仓配武汉分中心	山东省水运系统女职工建功立业标兵	2020 年 4 月	山东省海运工会
16		李　强	昆明中远海运物流	云南省交通运输厅直属机关党委新冠肺炎疫情防控工作优秀共产党员	2020 年 12 月	云南省交通运输厅
17	中远海运重工	徐启明	中远海运重工有限公司	全国交通建设系统“最美娘家人”	2020 年 4 月	中国海员建设工会全国委员会
18		邵　峰	启东中远海运海洋工程有限公司	江苏工匠	2020 年 1 月	江苏省人民政府
19		王　彧	大连中远海运重工有限公司	中央企业抗击新冠肺炎疫情先进个人	2020 年 10 月	国务院国资委
20		艾力江	大连中远海运重工有限公司	辽宁省五一劳动奖章	2020 年 4 月	辽宁省总工会
21		张莉娟	舟山中远海运重工有限公司	浙江金蓝领	2020 年 2 月	浙江省总工会
22		曾奇真	舟山中远海运重工有限公司	浙江金蓝领	2020 年 2 月	浙江省总工会
23		陈文营	舟山中远海运重工有限公司	浙江金蓝领	2020 年 2 月	浙江省总工会
24		王少昕	舟山中远海运重工有限公司	浙江省技术能手	2020 年 11 月	浙江省人力资源和社会保障厅
25		刘　源	舟山中远海运重工有限公司	浙江省技术能手	2020 年 11 月	浙江省人力资源和社会保障厅
26		刘丽萍	舟山中远海运重工有限公司	浙江省技术能手	2020 年 11 月	浙江省人力资源和社会保障厅
27		端耿伟	舟山中远海运重工有限公司	浙江省技术能手	2020 年 11 月	浙江省人力资源和社会保障厅
28		张鲁达	舟山中远海运重工有限公司	浙江省技术能手	2020 年 11 月	浙江省人力资源和社会保障厅
29		管新用	舟山中远海运重工有限公司	浙江省技术能手	2020 年 11 月	浙江省人力资源和社会保障厅
30		王　怡	上海中远海运重工有限公司	2019 年度上海市巾帼建功标兵	2020 年 2 月	上海市巾帼建功活动小组、上海市妇女联合会、上海市总工会
31		沙小飞	广东中远海运重工有限公司	广东省海员系统优秀职工之友	2020 年 3 月	广东省总工会
32	中远海运资产	王晟弘	中远海运资产经营管理有限公司	2020 年度全国“安康杯”竞赛先进个人	2020 年 11 月	全国“安康杯”竞赛组委会
33		张　鸿	中远海运资产经营管理有限公司（上海项目管理部）	全国“安康杯”竞赛先进个人	2020 年 11 月	全国“安康杯”竞赛组委会

续上表

序号	直属单位名称	先进个人姓名	先进个人所在单位	所获荣誉称号	受表彰时间	表彰单位
34	上海中远海运	崔　豪	中远海运（上海）有限公司	中央企业先进信访工作者	2020年6月	国务院国资委党委办公厅
35		陈燕萍	上海亿升海运仓储有限公司	2019—2020年度全国交通运输行业优秀思想政治工作者	2020年12月	中国交通职工思想政治工作研究会
36	广州中远海运	谢金益	中远海运（广州）有限公司	2019—2020年度全国交通运输行业优秀思想政治工作者	2020年12月	中国交通职工思想政治工作研究会
37	天津中远海运	方小安	天津中散国际贸易有限公司	2020年天津市劳动模范	2020年12月	中共天津市委、天津市人民政府
38		苏　航	中远海运（天津）有限公司	2017—2019年度天津市优秀工会工作者	2020年6月	天津市总工会
39		王桂荣	中远海运（天津）有限公司	2017—2019年度天津市优秀工会积极分子	2020年6月	天津市总工会
40		施　玮	中远海运（天津）有限公司	2020年度全国“安康杯”竞赛先进个人	2020年11月	全国“安康杯”竞赛组委会
41	中远海运船员	程邦武	中远海运船员上海分公司	2020年全国劳动模范	2020年11月	中共中央、国务院
42		吴文峰	中远海运船员上海分公司	2020年上海市劳动模范	2020年12月	中共上海市委、上海市人民政府
43		倪　迪	中远海运船员上海分公司	2020年上海市劳动模范	2020年12月	中共上海市委、上海市人民政府
44		安万兵	中远海运船员上海分公司	2020年上海市劳动模范	2020年12月	中共上海市委、上海市人民政府
45		任德福	中远海运船员上海分公司	2020年上海市劳动模范	2020年12月	中共上海市委、上海市人民政府
46		高正捍	中远海运船员广州分公司	2020年广东省劳动模范	2020年12月	中共广东省委、广东省人民政府
47		刘金智	中远海运船员广州分公司	2020年广东省五一劳动奖章	2020年10月	广东省总工会
48		赵厚长	中远海运船员大连分公司	2020年辽宁省五一劳动奖章	2020年5月	辽宁省总工会
49		张子龙	中远海运船员管理有限公司天津分公司	2020年天津市劳动模范	2020年12月	中共天津市委、天津市人民政府
50		王建营	中远海运船员青岛分公司	2019年全国公路水运行业、船舶安全生产竞赛先进个人	2020年10月	中国海员工会
51		温　健	中远海运船员青岛分公司	山东省技术能手	2020年5月	山东省人力资源和社会保障厅
52		杜景明	中远海运船员青岛分公司	山东省优秀船员	2020年6月	山东省海事局、山东省海员工会
53		胡学文	中远海运船员青岛分公司	山东省优秀船员	2020年6月	山东省海事局、山东省海员工会
54		孙传利	中远海运船员青岛分公司	山东省优秀船员	2020年6月	山东省海事局、山东省海员工会

续上表

序号	直属单位名称	先进个人姓名	先进个人所在单位	所获荣誉称号	受表彰时间	表彰单位
55	中远海运船员	赵元善	中远海运船员青岛分公司	山东省优秀船员	2020年6月	山东省海事局、山东省海员工会
56		吴建青	中远海运船员青岛分公司	山东省水运系统女职工建功立业标兵	2020年3月	山东省海员工会
57		董　新	中远海运船员管理有限公司	中央企业抗击新冠肺炎疫情先进个人	2020年10月	国务院国资委党委
58		李清奎	中远海运船员上海分公司	中央企业优秀党务工作者	2020年6月	国务院国资委党委
59		周作友	中远海运船员管理有限公司	2019—2020年度全国交通运输行业优秀思想政治工作者	2020年12月	中国交通职工思想政治工作研究会
60	中国船燃	宁　军	上海中船燃石油有限公司	2020年上海市劳动模范	2020年12月	中共上海市委、上海市人民政府
61	上海船研所	王　敏	中远海运科技股份有限公司	2015—2019年度上海市劳动模范	2020年11月	中共上海市委、上海市人民政府
62		郑元璋家庭	上海船舶运输科学研究所	2020年度全国最美家庭	2020年12月	中华全国妇女联合会
63	中远海运港口	王沈元	中远海运港口有限公司工程采购部	中国港口协会科技进步奖二等奖	2020年11月	中国港口协会
64		林磊鑫	泉州太平洋集装箱码头有限公司	福建省五一劳动奖章	2020年8月	福建省总工会
65		孙　亮	连云港新东方国际货柜码头有限公司	2019年度全国水路交通安全先进个人	2020年8月	全国总工会
66		葛　斌	中远海运港口有限公司工程采购部	中国港口协会科技进步奖二等奖	2020年11月	中国港口协会
67		李华斋、张国忠、南璐、张庆华、王影、杨川	锦州新时代集装箱码头有限公司	第四届全国设备管理与技术创新成果二等奖	2020年8月	中国设备管理协会
68	中远海运客运	刘　俊	中远海运客运船舶管理中心	2020年度全国“安康杯”竞赛先进个人	2020年11月	全国“安康杯”竞赛组委会办公室
69	中远海运大连投资	朱迈进	中远海运大连投资有限公司	2019—2020年度全国交通运输行业优秀思想政治工作者	2020年12月	中国交通职工思想政治工作研究会
70	中国远洋海运大学	王凤鸣、钱芳、高伟、贾俊龙、吴书爱、李佳静、杨晓娜、陈晓华、庄群	青岛远洋船员职业学院物流与航运管理系	“传统仓储配送企业向电商物流企业转型研究”项目获2020年山东省高等学校人文社会科学优秀成果奖一等奖	2020年12月	山东省教育厅（科研项目）

续上表

序号	直属单位名称	先进个人姓名	先进个人所在单位	所获荣誉称号	受表彰时间	表彰单位
71	中国远洋海运大学	林毅、李先强、崔刚、惠子刚、高世龙、周振路、伊善强、林斌、张钢	青岛远洋船员职业学院航海系	“商船中国沿海渔区安全航行技术研究”项目获2020年山东省高等学校人文社会科学优秀成果奖二等奖	2020年12月	山东省教育厅（科研项目）
72		陈爱玲、姚文龙、殷志飞、刘柱、刘媛、姜萌、邱力强、涂志平、曾东、王强、高兴斌、李福海、孙化栋、韩加卓、姜波、田东方	青岛远洋船员职业学院机电系	“基于虚拟现实的船用MAN电喷柴油机模拟器研制”项目获2020年山东省高等学校科学技术奖二等奖	2020年12月	山东省教育厅（科研项目）
73		朱文琦	青岛远洋船员职业学院基础部	“‘改革是中国的第二次革命’的三重意蕴分析”项目获2020年山东省高等学校优秀科研成果奖（思想政治教育类）二等奖	2021年1月	山东省教育厅（科研项目）
74		高　健	综合服务中心	山东省水运系统女职工建功立业标兵	2020年3月	山东省海员工会
75		马鸿雁	人力资源部	山东省水运系统女职工建功立业标兵	2020年3月	山东省海员工会

中国远洋海运集团 2020 年度钻石团队、劳动模范、先进集体、先进个人、抗疫先进集体、抗疫先进个人名单

中国远洋海运集团2020年度
钻石团队、劳动模范、先进集体、先进个人、
抗疫先进集体、抗疫先进个人名单

钻石团队（7个）

1. 中远海运集装箱运输有限公司领导班子

杨志坚、钱卫忠、张炜、隋军、辜忠东、肖启豪、陈帅、于涛、袁健、郑琦、冯振奋、朱涛、钱明

2. 中远海运（北美）有限公司领导班子

丁农、冯波、张登辉、顾泉林、巩青、王明峰、伋凤鸣、Paul Nazzaro

3. 集团教育资源重组整合筹备工作组

韩超、邹乐文、石庆贺、周明顺、林毅、吕欣、姜少虎、胡寅鹏、王喆、齐晖、王玥、鲁志杰、刘柱、耿旭辉、鲁珏林、卫桂荣、王新全、戴达

4. 集团防范化解美国制裁风险工作小组

叶红军、许超、杨磊、纪海东、张艳、张俊鸿、汪洋、杨智祥、陈鑫、刘汉波、朱迈进、罗宇明、李倬琼、李叙华、陈建荣

5. 集团数据集成平台项目组

刘一凡、金颖、梁俊、吴晓锋、胡嘉航、李云浩、王平、燕凯、魏明明、张立鑫、杨大伟 、刘鑫

6. 中远海运集运（越南）有限公司

苗光锋、江洪波、卢杰、董自勋 、肖坤、陈鉴钊、傅伊

7. 中远海运散货运输有限公司“远神海”轮

何海山、梁栋、谢家雄、宋敬科、牛旭军、陈鹏东、杨永亮、郝朝利、王少民、李举善、崔裕坤、庄英能、庄清平、张志杰、王晓明、肖建旋、倪怀明、杨恩建、廖道设、谭青云、张良、许建煌、周冠桦、曹大勇、翁进宝、王煌伟

劳动模范（49个）

集团总部

1. 陈　冬　财务管理本部总经理

中远海运控股股份有限公司

2. 胥　东　组织 / 人力资源部综合管理室经理

中远海运集装箱运输有限公司

3. 吴士泉　武汉分部总经理

4. 程　菁　航线网络规划部总经理

5. 王坤辉　拉美 / 非洲贸易区总经理

6. 周敢飞　厦门中远海运集装箱运输有限公司总经理

7. 鞠　伟　青岛中远海运集装箱运输有限公司总经理、党委副书记

8. 孙卓群　配套设施投资发展部经理

中远海运散货运输有限公司

9. 李志强　益丰船务总经理

10. 钟潮海　船管中心兼营船舶管理部机务二室副经理

中远海运能源运输股份有限公司

11. 刘汉波　党委书记、董事长

12. 赵宇光　总经理助理

中远海运特种运输股份有限公司

13. 林浩亮　广州中远海运船舶技术工程有限公司监造部经理

中远海运发展股份有限公司 / 中远海运投资控股有限公司

14. 李前敏　上海寰宇物流装备有限公司总经理

中远海运物流有限公司

15. 屈连峰　大连中远海运物流总经理兼党委副书记

16. 张保民　广州中远海运物流有限公司总经理、党委副书记

17. 倪　明　中国宁波外轮代理有限公司总经理

18. 柳国旗　上海中远海运物流有限公司总经理、党委副书记

19. 徐　伟　中远海运船务代理有限公司副总经理、党委委员

中远海运重工有限公司

20. 许迎春　南通中远海运川崎制造本部 副本部长

21. 孙英水　经营中心党总支书记、副总经理

22. 张　灿　威海科技环境事业部科长

23. 鲁　宏　南京船配总经理

24. 丁长青　大连中远海运川崎舾装部副部长

中远海运资产经营管理有限公司

25. 陈　虹　副总经理

中远海运（青岛）有限公司

26. 杨贤军　战企部 / 法风部总经理

中远海运船员管理有限公司

27. 王小强　上海分公司船舶船长

28. 操胜平　上海分公司船舶轮机长

29. 卢书亮　上海分公司船舶水手长

30. 田建锋　广州分公司船舶船长

31. 余万军　广州分公司船舶政委

32. 黄海明　广州分公司船舶政委

33. 余运增　广州分公司船舶轮机长

34. 丛云邦　大连分公司船舶船长

35. 王红军　大连分公司船舶船长

36. 刘云飞　天津分公司船舶船长

37. 马建忠　青岛分公司船舶船长

38. 胡丁山　青岛分公司船舶轮机长

39. 丁文平　深圳分公司船舶船长

中波轮船股份公司

40. 汤红兵　船长

中远海运（厦门）有限公司

41. 庄绍煌　战略发展部总经理

中国船舶燃料有限责任公司

42. 张　燕　舟山中燃公司总经理

中石化中海船舶燃料供应有限公司

43. 汪迪云　上海物资分公司总经理、党委书记

上海船舶运输科学研究所 / 中远海运科技股份有限公司

44. 张　宇　中远海运科技（北京）有限公司总经理、党委书记

中国远洋海运大学

45. 鲁志杰　综合事务部部长

中远海运（香港）有限公司 / 中远海运国际（香港）有限公司

46. 温忠民　江门中远海运铝业有限公司总经理

中远海运港口有限公司

47. 李华斋　锦州新时代集装箱码头有限公司总经理

中远海运（北美）有限公司

48. 杨　博　人力资源部总经理

中远海运（欧洲）有限公司

49. 苏旭东　中欧陆海快线公司、中远海运集运（希腊）有限公司总经理

先进集体（99 个）

集团总部

1. 战略与企业管理本部
2. 审计中心

中远海运控股股份有限公司

3. 财务管理部

中远海运集装箱运输有限公司

4. 美洲贸易区
5. 欧洲贸易区
6. 亚太贸易区
7. 拉美 / 非洲贸易区
8. 上海泛亚航运有限公司近洋运营中心
9. 上海中远海运集装箱运输有限公司船代部

10. 青岛分部客户销售部

11. 宁波分部客户服务部

12. 华南中远海运集装箱运输有限公司西南区域

13. “中海亚洲”轮

14. “中远亚洲”轮

15. “中远圣保罗”轮

16. “中远海运白羊座”轮

17. “中海印度洋”轮

中远海运散货运输有限公司

18. 国电投几内亚项目小组

19. 租船部 / 远洋业务部

20. 财务管理部资金管理团队

21. “合瀛”轮

22. “宏元”轮

23. “新柳林海”轮

24. “玉霄峰”轮

25. “安国山”轮

26. “义达”轮

27. “风华”轮

28. “远真海”轮

中远海运能源运输股份有限公司

29. 船舶管理中心

30. 大连营销中心

31. “连喜湖”轮

32. “瑞金潭”轮

33. “新龙洋”轮

中远海运特种运输股份有限公司

34. 退休人员社会化管理工作小组

35. “永盛”轮

36. “大彩云”轮

37. “金广岭”轮

中远海运发展股份有限公司 / 中远海运投资控股有限公司

38. 证券和公共关系部

39. 中远海运发展保障集团主业用箱联合工作组

40. 上海寰宇连云港箱厂生产设备技术部

41. 中远海运发展服务集团租运协同工作组

42. 中远海运租赁引战项目组

中远海运物流有限公司

43. 改革办公室

44. 博世项目组

45. 原油船代项目组

46. 法务 / 风险管理部

47. 日照外代矿产品事业部

48. 宁波中远海运物流“双百行动”工作小组

49. 中国茂名外轮代理有限公司铁运中心

50. 广州中远海运空运白云机场仓储项目甲方现场项目部

中远海运重工有限公司

51. 南通中远海运川崎船舶工程有限公司营销技术团队

52. 大连中远海运川崎制造本部 舾装部

53. 南通中远海运船务 / 启东中远海运海工研发中心科技管理团队

54. 舟山中远海运重工有限公司经营部

55. 上海中远海运重工有限公司生产管理部

56. 经营中心修船部

中远海运资产经营管理有限公司

57. 成本合约部

中远海运（上海）有限公司

58. 中远海运大厦物业管理部

中远海运（广州）有限公司

59. 党委工作部 / 武装部 / 团委

中远海运客运有限公司 / 中远海运（大连）有限公司

60. “永兴岛”轮

中远海运（天津）有限公司

61. 天津中散船舶管理有限公司纸浆船接船项目组

中远海运（青岛）有限公司

62. 青岛中远海运国际船舶贸易有限公司“新香雪兰”轮技术支持团队

中远海运大连投资有限公司

63. 战略及企业管理部 / 投资管理部

中远海运船员管理有限公司

64. 广州分公司船员资源开发部

65. 大连分公司能源船员一库

66. 天津分公司船员库（1）
67. 青岛分公司 / 劳务子公司船员管理库

中波轮船股份公司

68. “东海”轮
69. 航运部调度室

中远海运（厦门）有限公司

70. 船管部

中国船舶燃料有限责任公司

71. 总部组织 / 人力资源部
72. 大连公司油库
73. “中燃 36”轮

中石化中海船舶燃料供应有限公司

74. 河北分公司成品油经营部

上海船舶运输科学研究所 / 中远海运科技股份有限公司

75. 智能交通第三事业部宁夏取消高速公路省界收费站项目团队
76. 研发创新中心全球船舶地理信息位置数据服务平台项目团队

中远海运集团财务有限责任公司

77. 国际业务部

中远海运博鳌有限公司

78. 东屿岛旅游度假区运营管理中心前海项目团队

中国远洋海运大学

79. 企业管理学院 / 党校工作部
80. 战略发展部

中远海运财产保险自保有限公司

81. 财务会计部

海南港航控股有限公司

82. 财务管理部
83. 洋浦国际集装箱码头有限公司操作部

中远海运（香港）有限公司 / 中远海运国际（香港）有限公司

84. 香港中远海运所属船公司“防疫情，保安全，拼效益”工作小组
85. 置业业务部业务经营处
86. 新世纪标志（深圳）有限公司生产经营团队

中远海运港口有限公司

87. 5G 智慧港口团队
88. PCT 统一经营比港集装箱码头团队
89. 广州南沙一、二期管理团队

中远海运（比雷埃夫斯）港口有限公司

90. 财务部门（资产财务部 + 财务信息披露部 + 单证部）

中远海运（北美）有限公司

91. 财务部

中远海运（欧洲）有限公司

92. 中远海运集运（欧洲）有限公司全球销售部

中远海运（东南亚）有限公司

93. 新鑫海航运有限公司

中远海运（澳洲）有限公司

94. 行政人事部

中远海运（日本）株式会社

95. 中远海运集运日本公司操作部

中远海运（韩国）有限公司

96. 京汉航运韩国分公司

中远海运（西亚）有限公司

97. 中远海运集运（阿联酋）有限公司

中远海运（非洲）有限公司

98. 中远海运集运（南非）公司市场部

中远海运（南美）有限公司

99. 中远海运集运（巴西）有限公司

先进个人（100 名）

集团总部

1. 朱耀华　纪检监察组监督检查室副主任
2. 张　进　工会权益保障部 / 扶贫办主任
3. 朱莉勇　安全监管本部应急指挥中心 / 总值班室高级经理

中远海运控股股份有限公司

4. 时佩雯　人力资源部员工管理室高级业务经理

中远海运集装箱运输有限公司

5. 戈和悦　美洲贸易区总经理
6. 徐　淏　采购管理部总经理

7. 张　宁　双品牌箱管中心副总经理

8. 秦江平　上海远洋运输有限公司总经理

9. 李红光　上海泛亚航运有限公司副总经理

10. 徐飞攀　上海分部总经理

11. 黄晓晖　华南分部总经理

12. 王俊伟　厦门分部福州分公司总经理

13. 董会彬　天津分部河北分公司总经理

14. 田志新　大连分部副总经理

中远海运散货运输有限公司

15. 吴如成　运营调度部总调度室经理

16. 常红军　航运商务部 / 采购管理部燃油管理室员工

17. 崔东星　中远海运散运（北美）有限公司总经理

18. 张洪文　香港航运调度部副总经理

19. 刘　娜　深圳远洋行政人事部企业管控室 / 客服室经理

中远海运能源运输股份有限公司

20. 张　勇　VLCC 部总经理

21. 张多学　油轮部总经理

22. 应海波　船管中心综合管理室经理

中远海运特种运输股份有限公司

23. 吴钢声　广州中远海运建设实业有限公司工程管理总监

24. 雷　雨　半潜船港口船长

中远海运发展股份有限公司 / 中远海运投资控股有限公司

25. 林为民　中远海运发展安全环保监管部副总经理

26. 高　杲　佛罗伦国际有限公司市场部高级经理

27. 汤　皓　中远海运租赁战略总监兼战略企划部部门经理

中远海运物流有限公司

28. 高维齐　大连中远海运物流法务总监

29. 高桂东　南通中远海运物流总经理

30. 李银健　宁波中远海运冷链物流有限公司总经理

31. 黄明波　广州中远海运航空货运代理有限公司党委委员、副总经理

32. 刘克武　中远海运化工物流有限公司总经理、党委副书记

33. 栾智俊　苏州化工党支部书记、常务副总经理，金港化工副总经理

34. 隋井军　上海中远海运工程物流有限公司总经理、党委副书记

35. 方泽豪　中远海运船务总经理助理、中远海运船务华南片区总经理兼党委副书记

36. 张振伟　北京中理检验认证有限公司总经理、党支部书记

中远海运重工有限公司

37. 徐文宇　南通中远海运川崎船舶工程有限公司副总经理兼营业本部长

38. 钱天龙　扬州中远海运重工制造本部本部长兼建造部部长

39. 甄　峰　大连中远海运重工经营部业务经理

40. 郭建强　广东中远海运重工修船事业部部长

41. 田　杨　南通中远重工三级设计师

42. 沈绍骅　上海丰昌船务工程有限公司艉轴密封工程部经理

43. 贺德阳　设计研究院详细设计部科室负责人

中远海运资产经营管理有限公司

44. 卢　海　集团企业大学项目部总经理兼党支部书记

中远海运（上海）有限公司

45. 赵春波　福州江阴建滔化工码头有限公司总经理

中远海运（广州）有限公司

46. 贺　明　广州中远海运健康管理有限公司董事、总经理

中远海运客运有限公司 / 中远海运（大连）有限公司

47. 孙少春　中远海运客运有限公司葫芦岛轮客运经理

中远海运（天津）有限公司

48. 黄维春　天津远昌冷藏集装箱服务有限公司副总经理

中远海运（青岛）有限公司

49. 王春亮　资产 / 项目管理中心总经理

中远海运大连投资有限公司

50. 赵庆男　财务管理部综合管理室 / 预算管理室副经理

中远海运船员管理有限公司

51. 金林兴　上海分公司船长
52. 叶吉祥　上海分公司船长
53. 蔡　勋　广州分公司轮机长
54. 丁　益　广州分公司轮机长
55. 王月廷　大连分公司船长
56. 薛建华　大连分公司政委
57. 陈黎明　天津分公司船长
58. 赵坤政　天津分公司党委工作部部长
59. 张荣刚　青岛分公司船长
60. 彭志惠　深圳分公司船长
61. 胡美波　中远海运对外劳务服务有限公司天津劳务事业分部船长
62. 毛文雪　上海海事职业技术学院培训干事
63. 曾冬苟　广州教育培训中心科长
64. 徐龙根　中远海运船员海事技术服务中心引航船长
65. 陈志豪　战略与企业管理部信息室副经理

中波轮船股份公司

66. 刘松涛　二副

中远海运（厦门）有限公司

67. 王坚毅　厦门闽台轮渡有限公司董事总经理、党支部书记

中国船舶燃料有限责任公司

68. 宋业勤　总部保税油部总经理 / 中燃美洲公司总经理（兼）
69. 李子堂　青岛实业银达公司总经理

中石化中海船舶燃料供应有限公司

70. 应志鸿　中石化中海燃供辽宁分公司总经理、党总支书记

上海船舶运输科学研究所 / 中远海运科技股份有限公司

71. 季　盛　航运技术与安全事业部副总经理
72. 刘　海　智能交通第二事业部总经理、党支部书记

中远海运集团财务有限责任公司

73. 王玉洲　党群工作部部长

中远海运博鳌有限公司

74. 张福庆　扶贫驻村干部
75. 周德高　东屿岛旅游度假区运营管理中心副总经理

中国远洋海运大学

76. 李先强　职教学院党总支书记、副院长
77. 孙明霞　党委工作部副部长
78. 王业民　服务保障中心党总支书记、副主任

中远海运财产保险自保有限公司

79. 韩培学　风险与合规部 / 董事会办公室总经理、职工监事、公司律师

海南港航控股有限公司

80. 陈　力　业务运营部总经理
81. 林阿勇　海南港航物流集团有限公司总经理

中远海运（香港）有限公司 / 中远海运国际（香港）有限公司

82. 许怡敏　财务管理部会计管理处副经理
83. 程晓霞　香远（北京）投资有限公司财务经理
84. 单顺阳　中远关西涂料化工（上海）有限公司销售经理

中远海运港口有限公司

85. 萧剑珊　财务部常务副总经理
86. 罗世军　运营管理中心总经理助理
87. 诸汉良　中远国际货柜码头（香港 8 号码头）

中远海运（比雷埃夫斯）港口有限公司

88. 田　超　总裁助理

中远海运（北美）有限公司

89. 徐孜操　中远海运集运（中美洲）有限公司、中远海运集运（巴拿马）有限公司、巴拿马大陆桥物流有限公司总经理
90. 苏爱军　中远海运集运（北美）有限公司全球销售部副总经理

中远海运（欧洲）有限公司

91. 李震宇　财务管理部总经理

92. 陈　磊　钻石快航操作中心副总经理

中远海运（东南亚）有限公司

93. 梁键锋　财务部总经理

94. 杨　剑　中远—新港码头有限公司总经理

中远海运（澳洲）有限公司

95. 吴昊远　战略发展部副经理

中远海运（日本）株式会社

96. 郭梁梁　行政人事部副总经理

中远海运（韩国）有限公司

97. 邱松林　部门总经理

中远海运（西亚）有限公司

98. 徐　佩　中远海运集运（约旦）有限公司高级船长

中远海运（非洲）有限公司

99. 赵国祥　中远海运（非洲）远南船务有限公司总经理

中远海运（南美）有限公司

100. 赖庆冕　中远海运集运秘鲁公司市场部经理

抗疫先进集体（60 个）

集团总部

1. 人力资源本部

2. 运营管理本部

3. 党组工作部宣传室 / 企业文化室

中远海运集装箱运输有限公司

4. 疫情防控武汉现场组

5. 防控新冠肺炎 IT 技术支持小组

6. 防控新冠肺炎防疫保障组

7. 防控新冠肺炎船舶保障组

8. 冷箱贸易区

9. 防控新冠肺炎综合组

中远海运散货运输有限公司

10. 益丰船务企业有限公司

11. 中海散货运输（武汉）有限公司

12. “宇华海”轮

13. “华盛海”轮

14. “时代 8”轮

中远海运能源运输股份有限公司

15. 船舶监造团队

16. 疫情防控应急指挥领导小组办公室（人力资源 / 组织部）

17. “飞池”轮

中远海运特种运输股份有限公司

18. 船舶管理部船员政调管理单元

19. “致远口”轮

中远海运发展股份有限公司 / 中远海运投资控股有限公司

20. 中远海运投资综合管理部

21. 上海寰宇疫情防控工作组

22. 佛罗伦国际有限公司

中远海运物流有限公司

23. 中远海运物流疫情防控应急指挥领导小组办公室

24. 中国上海外轮代理有限公司船务部邮轮服务中心

25. 宁波中远海运冷链物流有限公司

26. 中海集团物流湖北有限公司

中远海运重工有限公司

27. 大连中远海运重工“7・22”疫情防控紧急情况处置工作组

28. 南通中远重工俄罗斯起重机项目组

29. 南通中远海运川崎船舶工程有限公司防疫执行小组

30. 舟山中远海运重工有限公司人力资源部

31. 扬州中远海运重工事务部

中远海运资产经营管理有限公司

32. 广州中远海运资产经营管理有限公司

中远海运（上海）有限公司

33. 人力资源部 / 组织部

中远海运（广州）有限公司

34. 广州中远海运健康管理有限公司江南颐养苑

中远海运客运有限公司 / 中远海运（大连）有限公司

35. 公司办公楼体温检测组

36. “龙兴岛”轮

中远海运（天津）有限公司

37. 天津中远海运航运服务有限公司船员换班项目组

中远海运（青岛）有限公司

38. 青岛中远海运物业管理有限公司

中远海运大连投资有限公司

39. 大连中远海运大厦酒店有限公司大连中远海运洲际酒店

中远海运船员管理有限公司

40. 上海分公司疫情防控办

41. 深圳分公司船员管理库

42. 中远海运对外劳务合作公司北京劳务事业分部

中波轮船股份公司

43. 中波船员公司

中远海运（厦门）有限公司

44. “中远之星”轮

中国船舶燃料有限责任公司

45. 总部疫情防控工作小组

46. 航运（大连）公司环渤海区域中心

中石化中海船舶燃料供应有限公司

47. 上海中燃船舶管理中心

上海船舶运输科学研究所／中远海运科技股份有限公司

48. 疫情防控工作团队

中远海运博鳌有限公司

49. 东屿岛旅游度假区运营管理中心安保部应急指挥中心

中国远洋海运大学

50. 职业培训学院

海南港航控股有限公司

51. “五指山”轮

52. 海口新海轮渡码头有限公司客运部

中远海运（香港）有限公司／中远海运国际（香港）有限公司

53. 中远海运（香港）有限公司防抗新冠肺炎工作团队

中远海运港口有限公司

54. 武汉中远海运港口码头管理团队

55. 中远海运港口阿布扎比码头和场站委派管理团队

56. 中远海运港口秘鲁码头管理团队

中远海运（比雷埃夫斯）港口有限公司

57. 安全环境保护部

中远海运（北美）有限公司

58. 中远海运集运（北美）休斯敦操作中心

中远海运（欧洲）有限公司

59. 中远海运英国有限公司疫情防控小组

中远海运（东南亚）有限公司

60. 中远海运（东南亚）有限公司新型冠状病毒肺炎防控小组

抗疫先进个人（80 个）

集团总部

1. 马晓静　公共关系本部品牌管理与媒体关系室经理

2. 夏传英　人力资源／社会保险管理中心卫生保健业务室经理

中远海运控股股份有限公司

3. 陶　勇　董事会／总经理办公室综合管理室副经理

中远海运集装箱运输有限公司

4. 郑旭红　中远海运国际货运有限公司纪委书记

5. 李文俊　武汉分部副总经理

6. 石　磊　武汉分部行政事务部／企业策划部总务

7. 常　晖　武汉分部供应链合同发展部总经理、武汉中远海运集装箱供应链管理有限公司总经理

8. 李　鹏　上海中远海运集装箱运输信息服务有限公司单证中心主任、上海中远海运集装箱运输信息服务有限公司武汉分公司副总经理

9. 罗德锦　武汉鑫三利集装箱服务有限公司总经理

10. 汪　斌　湖北中远储运有限公司总经理

中远海运散货运输有限公司

11. 詹　坚　运营调度部副总经理

12. 彭　宁　组织部／人力资源部人才发展

室／员工培训室经理

13. 黄少玲　工会权益保障部／女工部部长

14. 易达途　广州共享中心综合管理室／党群工作室员工

15. 李万宝　北京分部大连船管服务部员工

中远海运能源运输股份有限公司

16. 叶　军　总经理办公室主任

17. 黄　新　船舶管理中心船工主管

中远海运特种运输股份有限公司

18. 所英钦　海南中远海运沥青运输有限公司船员主管

19. 徐凤花　广东东海大厦有限公司经理

中远海运发展股份有限公司／中远海运投资控股有限公司

20. 高　原　中远海运投资董秘兼综合管理部副总经理

21. 陈建军　寰宇东方国际集装箱（启东）有限公司总经理

中远海运物流有限公司

22. 郑慧扬　安全监管部总经理

23. 何　欢　中远海运工程物流有限公司员工（越南市场国家经理）

24. 叶潇潇　台州中海船务代理有限公司船务部副经理（主持工作）

25. 苗　锋　舟山中联理货有限公司业务部副经理

中远海运重工有限公司

26. 杨宝泰　大连中远海运川崎船舶人力资源部人事／组织科科长

27. 顾晓华　南通中远海运船务保健站站长

28. 沈红峰　上海中远海运重工总经办／党办副主任

29. 陈海泉　广东中远海运重工人力资源部、组织部经理、部长

中远海运资产经营管理有限公司

30. 许晓东　人力资源部总经理／组织部部长

中远海运（上海）有限公司

31. 宣　岚　档案管理中心／集中采购中心主任、党支部书记

中远海运（广州）有限公司

32. 谢金益　组织部／人力资源部部长

中远海运客运有限公司／中远海运（大连）有限公司

33. 时　运　船管中心卫生监管主管

34. 王殿富　总经理助理

35. 张茂松　龙兴岛轮客运员

中远海运（天津）有限公司

36. 朱　晖　人力资源中心主任

中远海运（青岛）有限公司

37. 田鹏祯　后勤保障中心总经理

中远海运大连投资有限公司

38. 周立波　行政事务部／董事会办公室总经理

中远海运船员管理有限公司

39. 李振虎　上海分公司总经理助理

40. 查晓枫　上海分公司二副

41. 晏星辉　广州分公司总经办副经理

42. 郁华强　广州分公司电机员

43. 艾洪忠　大连分公司政委

44. 白银奇　天津分公司政委

45. 吕江科　青岛分公司船长

46. 王广奇　深圳分公司船长

47. 时海锋　深圳劳务事业一分部船长

48. 潘艳萍　工会副主席

中波轮船股份公司

49. 周纪方　安全总监兼安监部总经理

中远海运（厦门）有限公司

50. 方金云　船管部副总经理

中国船舶燃料有限责任公司

51. 周祎阳　总部人力资源部科员

52. 利亚进　连悦有限公司／中燃远邦（香港）有限公司副总经理

中石化中海船舶燃料供应有限公司

53. 王　伦　安全技术监管部副总经理

上海船舶运输科学研究所／中远海运科技股份有限公司

54. 曹军民　置业发展事业部副主任、党支部书记

中远海运集团财务有限责任公司

55. 张青峰　业务经理

中远海运博鳌有限公司

56. 王庆利　投资发展部安全经理

中国远洋海运大学

57. 王志伟　综合服务中心总支书记、副主任

中远海运财产保险自保有限公司

58. 陈　惠　人力资源部总经理 / 组织部部长

海南港航控股有限公司

59. 符永师　海南港航通用码头有限公司综合事务部副经理

60. 高　雷　海南海峡航运股份有限公司海务主管

61. 林　淳　海口新海轮渡码头有限公司轮渡部经理

中远海运（香港）有限公司 / 中远海运国际（香港）有限公司

62. 李　昕　香远（北京）投资有限公司党委书记兼副总经理

63. 张耀成　远通海运设备服务有限公司总经理

中远海运港口有限公司

64. 韩　伟　比雷埃夫斯码头有限公司人事部经理

65. 刘　蓬　泽布吕赫码头有限公司董事总经理

66. 王　军　人事行政部副总经理

中远海运（比雷埃夫斯）港口有限公司

67. 克里桑斯·弗拉格考　信息技术部副经理

68. 徐陶然　行政部总经理

中远海运（北美）有限公司

69. 夏春光　中远海运集运（加拿大）公司总经理、支部书记

70. Paul Nazzaro　中远海运（北美）有限公司副总裁、中远海运集运（北美）有限公司副总裁

中远海运（欧洲）有限公司

71. 胡　华　中远海运集运（意大利）有限公司总经理

72. 杜海平　行政管理部副总经理

中远海运（东南亚）有限公司

73. 辛春安　中远东方（新加坡）有限公司、远东第一油库总经理

74. 瞿德胜　中远海运船员管理有限公司青岛分公司船长

中远海运（澳洲）有限公司

75. 张　卿　行政人事部副经理

中远海运（日本）株式会社

76. 江　平　财务部总经理

中远海运（韩国）有限公司

77. 祝孝福　行政人事部总经理

中远海运（西亚）有限公司

78. 周雄恺　中远海运集运（阿联酋）有限公司市场营销经理

中远海运（非洲）有限公司

79. 宋振宇　中远海运尼日利亚有限公司市场部经理

中远海运（南美）有限公司

80. 蔡春华　行政人事部兼集装箱业务部总经理

中国远洋海运集团2020年度船舶“金牌三长”表彰名单

中国远洋海运集团 2020 年度 船舶“金牌三长”表彰名单

（排名不分先后）

五星“金牌三长”（77 人）

王晓兵　谢子龙　李金弟　秦善武　赵建林　孙杰标　徐景春　胡建良　陈云山　赵建新　邬红海
王新全　毛新生　鞠和林　刘世斌　陈雷辉　赵宗团　黄家林　顾明章　仇伟良　顾正中　茅慧权
郜海生　邓海云　黄富清　孙景顺　谷士军　陈芝健　何志刚　张文先　程　航　郑志坚　许亦凡
张徐良　李胜亚　何　堃　谢文桐　沈家钢　贺传杰　张　晨　游泽群　杨伟东　李长安　常　滨
崔高明　初敬福　祝基鸿　徐长坤　黄捷敏　邓荣明　吴贤宗　顾新平　孟金爱　宋伟国　周少麟
彭新华　陈中儒　李玉根　汤水龙　王　忠　戴　进　张红元　杨高峰　王国弟　周建国　孙仲加
徐海滨　王善仲　袁立峰　许　峰　顾晓龙　赖国培　黄士兵　王银兴　方敏儿　高国东　陈利中

四星“金牌三长”（184 人）

黄　敏　吕均富　郭　宏　吴义和　顾春明　沈文伟　胡小旺　黄志卫　李学山　王银山　丁文平
吴伟棠　孙玉杰　段会然　李贵鸿　田增贵　于令昌　黄秀礼　冯　新　丛佩斌　吕国范　张国森
宫国利　蔡　骥　尤晓波　严生党　徐　忠　吴新中　吴宝林　黄少敏　詹代淦　王利群　高正捍
陈卫红　何忠良　康建存　黄强平　周奕隆　栗双君　曹景洪　闫永义　吴丛义　王忠全　文　心
李树宝　高国增　严正平　黄学年　刘　雷　左永根　郁琦纯　眭兴逢　黄文武　刘　文　王春晓
叶吉祥　雷　高　陈学文　张建清　周　勤　俞根云　沈忠义　黄培刚　顾发明　王　丹　钟成友
张勤国　许章荣　陆泉东　尹　炜　刘成洪　王　新　徐德祥　陈来富　杨国萍　闲德均　宋丹华
张宏达　苏德权　曲世福　林煌章　隋仁峰　蔡成春　张有志　王景家　陆伟荣　王永全　汪　颖
耿明堂　尹东跃　李海峰　冯镇洲　郭　波　张群国　沈永安　叶　琦　薛新伟　宋剑国　吕战信
陆志晨　闫花中　张　毅　汤自辉　施惠明　林加付　刘卫东　杨登峰　黄新堂　唐四清　王　伟
王东海　郑爱军　徐德海　于国团　朱永穗　吴德华　金民安　于洪杰　胡孝鲁　郑建乡　王　朋
胡长友　林天全　张壮徐　贾廷丰　田桂松　龚建瑞　徐逸如　杨东水　宋秀成　於载逸　叶方楚
王国文　黎军龙　谢家雄　镇智勇　张　方　程书海　张庆华　迟　军　张英圣　陈文斌　乔德志
贾信福　祝丁忠　厉伟荣　金海江　曹有生　张朝阳　陆忠斌　金海华　周文平　赵洪宽　张世信
薛永章　付金浩　袁　飞　陆宝喜　林茂盛　段全平　王　翀　佟永佳　胡　兵　柯建纯　王维良
索璟馨　王振伟　郭洪发　薛印森　崔　炯　李长林　王国明　陈景旭　倪　标　臧　强　程邦武
周晓明　徐克俭　王永高　朱海明　朱　玉　齐维恩　薛洪献　王志勇

三星“金牌三长”（514 人）

余永茂　黄福平　刘　勇　张　魁　于雪生　李永军　关　强　丛云邦　陆伟勇　袁　强　张增光
张树广　沈建新　阎守波　孙文涛　何兆锋　刁志军　陈正华　刘　宝　刘　勇　刘兴军　袁春沛
赵立新　陈祥武　何云会　张智勇　温汝雷　王仁斌　王　东　强振明　李金华　孙建军　张庆东
陈华童　朱振安　蔡　福　张　凯　潘玉宝　王长虹　陈　斌　张双建　黄晓峰　程广忠　艾军徽
吕国辉　张士钢　樊军祥　王自刚　滕　勇　胡建清　姚凌峰　郑　伟　刘玉玺　郑洪臣　张成亮
徐季东　武丰良　王晓东　王　俊　齐　祥　聂勇飞　何永进　程显朋　卢连芳　马洪安　张铁鹰
王滨海　周国先　陶向荣　黄家才　朱延栋　邱瑞刚　耿　沂　蒋世龙　侯　涛　赵振德　沈晓兴
孙亚平　梅长龙　路　众　王　斌　汪　平　孙旭东　时　斌　沈伟平　张子龙　魏晓君　朱秋文
贺志坚　张国斌　徐　建　李进广　邓正泉　陈　军　陈成水　赵丽中　张永刚　吴根良　李志林
赵爱军　金林兴　蔡　鑫　刘卫国　黄法斌　杜志荣　程　越　陈文杰　蔡章添　周永光　徐　旭
程文班　王永胜　黄晓亮　蔡成伟　朱全红　沈阳彪　程忠贤　谢叶军　王世通　施永飞　李鹏程
高友松　孙宝勇　杜　亮　伍应泽　王伟斌　谢卫国　陈建芳　吴卫星　郑仕翅　汤俭兵　施连荣
赵　勇　韩建斌　吴　俊　徐文艺　赵　丹　沈剑勇　殷玉赟　朱晨旭　侯志刚　闻保利　张海红
於顺明　冯　青　李怀光　杜建军　朱永祺　范沛冉　徐　胜　黄永华　郑锦堂　尹西万　王建营
陈炳昌　简立年　钱亚军　赵　勇　韩民庆　陈可松　吴荣添　沃恒久　齐建军　柴　利　赵元善
方律明　张荣刚　辛洪义　王宗宝　朱允青　马建忠　张剑峰　陈晓杰　李金峰　邓导宏　胡金伟
黄　平　张兆连　高　冬　童　义　刘仁川　杨秋岭　陈伟平　仲海鹰　李发中　韩景民　郭卫刚
李　忠　董书雨　王柏祥　赵廼峰　刘元利　刘文友　陈沂水　丁庆有　王庆忠　姚灵好　安佰杰
吴　琛　孟宪文　于克鲲　王云涛　李文彬　曲　东　王连波　海玉林　曲福贵　王崇岩　丁以泓
谷红卫　陈　勇　李德桥　黄杰飞　孙忠义　李洪广　姜文超　申立山　洪连勇　韩海岗　阮沛明
徐国军　吴玉峰　陆志忠　陈华林　李映辉　李　森　张善义　刘　杰　刘红江　卢德泉　葛　勇
黄怡胄　张忠宏　马　谦　胡旦华　汤红兵　陈新军　朱国辉　黄科明　王菜华　黄海明　王裕和
田代早　沈胜利　崔春胜　张育科　余金贤　李与利　任加林　朱海靖　周晓强　张树军　付德清
陈建刚　曹学林　白银奇　张开印　徐之波　魏印谦　魏开志　郭锐利　付春江　王　星　蔡宝伟
居则刚　王　义　费树军　朱海友　张太明　杨茂德　李增明　李荣光　赖惠民　张玉忠　袁炳权
夏洪斌　梁耀付　陈达强　姜　舟　沈斌华　陈　晖　郭洪飞　沈文天　李浩波　王杰峰　崔广民
孙巨林　鲍同举　张　建　吴建荣　曹义生　孙龙颖　祁锦军　鲍杨勇　李春播　鲁文江　赵鹫飞
张　云　郁武斌　尤林华　龙云翔　蒋震勇　高洪喜　方　晨　张志富　张建成　张　峰　杨　川
薛亚子　金光耀　姜　杰　黄志林　何志刚　方伟挺　陈进俄　蔡丹平　龙乃旺　刘连起　陆卫荣
费　骏　丁　清　姚永杰　李迎胜　赵上齐　吴明生　刘正桥　李柏青　李洪刚　林　旗　高　峰
倪麟坚　邹爱钧　郑志强　黄进展　姚永亮　罗小红　朱荣立　李　波　蔡清溪　林清海　郭仲春
陈勇新　何发述　胡艳雄　张光明　孙光耀　蒋志强　倪国强　谭小军　张育良　何自武　任瑞柱
廉国兴　宋学全　张青山　于洪月　谈卫国　潘树成　刘秀庆　刘士军　黄　雷　朱学全　高宝剑
董希胜　阮洪广　李春峰　黄正军　庄家祥　吴家胜　刘伟强　林练飞　蓝增林　钱振超　袁　震
王友安　韩　勇　曹文起　尚　卫　赵洪亮　王国忠　罗盛立　黄立进　张　忠　石树刚　韩飞玲
周红华　刘汉华　轩诗印　周春明　杨金龙　周垂忠　武洪生　王术勋　范日华　孙　利　尹家洪
魏　斌　金　军　董立军　赵爱民　赵广军　王　旭　庄双庆　张宝军　吴世梁　贺军涛　程义志
包启强　张　赟　叶连君　薛　伟　徐文杰　贺叶明　顾春辉　苏仕强　刘　涛　李克春　钱国春

许钦忠	刘玉林	李咸福	常　涛	张宏保	潘继胜	李树江	林旭川	李文侠	肖承相	鲁子军
张　泳	付羊明	曲　涛	杜绍庆	王永珠	刘国强	陈嘉琪	孙文轩	贾勇林	闫茂杰	杨立明
索传岭	王　鑫	陆晓辉	张友洪	程献忠	贾柏青	谭业贵	谢茂勇	史宝良	华　舸	郑汝强
王军坡	李兴权	蒋文东	李建东	赵栋梁	李　柏	申云龙	凌冬明	季　勇	纪执友	祁　明
王　强	姚占军	刘增义	迟国建	沈松芳	冯宝军	赵晓影	佟绍德	盖军华	祝　军	喻荷章
蔡祖国	高延军	薛春华	雷文锋	董晓明	吕祥桂	陆纪忠	陈乐东	张　勇	陈忠胜	赵琪琪
倪新军	李广德	江其军	王耀光	丁士结	陈　彪	沈加亮	徐云东	俞建飞	陆金宏	蒋文军
丁荣画	曹　进	顾　评	孙守强	任振东	武长森	汪　明	黄伟新	陈世材	梁芝灼	蓝团枝
杨新焰	祝国华	朱春平	王蜀广	孙茂林	孙长军	朱振华	欧阳春晖			

CHINA COSCO SHIPPING CORPORATION LIMITED YEARBOOK

中国远洋海运集团有限公司

年鉴

第十八篇

统计资料

船队统计

船队统计

（截至 2020 年 12 月 31 日）

2020 年中国远洋海运集团集装箱船队自有船船名录

表 18–1

序号	所属二级公司 / 所属公司（经营）	中文船名	英文船名	船型细分 – 按大小	出厂日期	建造国家或地区	船旗	总载重量（吨）	载箱量 (TEU)
1	中远海运英国公司	中远费利克斯托	COSCO FELIXSTOWE	3000 ~ 5999TEU	2002–04–01	中国	英国	69 107	5446
2	中远海运英国公司	中远鹿特丹	COSCO ROTTERDAM	3000 ~ 5999TEU	2002–02–01	日本	英国	69 098	5446
3	中远海运英国公司	中远上海	COSCO SHANGHAI	3000 ~ 5999TEU	2001–07–25	日本	英国	69 098	5446
4	中远海运英国公司	中远香港	COSCO HONGKONG	3000 ~ 5999TEU	2002–04–01	日本	英国	69 098	5446
5	中远海运英国公司	中远新加坡	COSCO SINGAPORE	3000 ~ 5999TEU	2001–12–01	日本	英国	69 098	5446
6	中远海运英国公司	中远汉堡	COSCO HAMBURG	3000 ~ 5999TEU	2001–10–01	日本	英国	69 098	5446
7	中远海运英国公司	中远安特卫普	COSCO ANTWERP	3000 ~ 5999TEU	2001–09–01	中国	英国	68 910	5446
8	中远海运集运	中远海运人马座	COSCO SHIPPING SAGIT	15 000TEU 以上	2018–10–17	塞浦路斯	中国香港	199 934	20 119
9	中远海运集运	中远海运宇宙	COSCO SHIPPING UNIVE	15 000TEU 以上	2018–06–12	中国	中国香港	198 485	21 237
10	中远海运集运	中远海运星云	COSCO SHIPPING NEBULA	15 000TEU 以上	2018–10–23	塞浦路斯	中国香港	198 485	21 237
11	中远海运集运	中远海运银河	COSCO SHIPPING GALAXY	15 000TEU 以上	2019–04–18	中国	中国香港	198 485	21 237
12	中远海运集运	中远海运太阳	COSCO SHIPPING SOLAR	15 000TEU 以上	2019–04–25	中国	中国香港	198 485	21 237
13	中远海运集运	中远海运恒星	COSCO SHIPPING STAR	15 000TEU 以上	2019–06–27	中国	中国香港	198 485	21 237
14	中远海运集运	中远海运行星	COSCO SHIPPING PLANET	15 000TEU 以上	2019–09–06	中国	中国香港	198 485	21 237
15	中远海运集运	中远海运金牛座	COSCO SHIPPING TAURUS	15 000TEU 以上	2018–01–29	中国	中国香港	198 030	20 119
16	中远海运集运	中远海运双子座	COSCO SHIPPING GEMINI	15 000TEU 以上	2018–04–10	中国	中国香港	198 030	20 119
17	中远海运集运	中远海运室女座	COSCO SHIPPING VIRGO	15 000TEU 以上	2018–05–29	中国	中国香港	198 030	20 119
18	中远海运集运	中远海运天秤座	COSCO SHIPPING LIBRA	15 000TEU 以上	2018–07–17	中国	中国香港	198 030	20 119

续上表

序号	所属二级公司 / 所属公司（经营）	中文船名	英文船名	船型细分 – 按大小	出厂日期	建造国家或地区	船旗	总载重量（吨）	载箱量 (TEU)
19	中远海运集运	中远海运摩羯座	COSCO SHIPPING CAPRICORN	15 000TEU 以上	2018–07–18	中国	中国香港	197 087	19 273
20	中远海运集运	中远海运白羊座	COSCO SHIPPING ARIES	15 000TEU 以上	2018–01–15	中国	中国香港	197 021	19 273
21	中远海运集运	中远海运狮子座	COSCO SHIPPING LEO	15 000TEU 以上	2018–04–23	中国	中国香港	197 021	19 273
22	中远海运集运	中远海运天蝎座	COSCO SHIPPING SCORPIO	12 000 ~ 14 999TEU	2018–08–20	中国	中国香港	197 021	19 273
23	中远海运集运	中远海运双鱼座	COSCO SHIPPING PISCES	15 000TEU 以上	2019–01–17	中国	中国香港	196 996	19 273
24	中远海运集运	中远海运宝瓶座	COSCO SHIPPING AQUARIUS	15 000TEU 以上	2019–06–05	中国	中国香港	195 521	19 273
25	中远海运集运	中远海运茉莉	COSCO SHIPPING JASMINE	15 000TEU 以上	2018–08–07	中国	中国香港	192 369	13 800
26	中远海运集运	中远海运玫瑰	COSCO SHIPPING ROSE	12 000 ~ 14 999TEU	2018–09–26	塞浦路斯	中国香港	192 369	13 800
27	中远海运集运	中远海运樱花	COSCO SHIPPING SAKURA	12 000 ~ 14 999TEU	2018–12–13	塞浦路斯	中国香港	192 369	13 800
28	中远海运集运	中远海运杜鹃花	COSCO SHIPPING AZALEA	12 000 ~ 14 999TEU	2019–04–26	中国	中国香港	192 369	13 800
29	中远海运集运	中远海运荷花	COSCO SHIPPING LOTUS	12 000 ~ 14 999TEU	2019–05–08	中国	中国香港	192 369	13 800
30	中远海运集运	中远海运山茶	COSCO SHIPPING CAMELLIA	12 000 ~ 14 999TEU	2019–05–10	中国	中国香港	192 369	13 800
31	中远海运集运	中远海运兰花	COSCO SHIPPING ORCHID	12 000 ~ 14 999TEU	2019–08–30	中国	中国香港	192 369	13 800
32	中远海运集运	中远英格兰	COSCO ENGLAND	12 000 ~ 14 999TEU	2013–08–30	中国	中国香港	156 618	13 386
33	中远海运集运	中远意大利	COSCO ITALY	12 000 ~ 14 999TEU	2014–04–29	中国	中国香港	156 610	13 386
34	中远海运集运	中远葡萄牙	COSCO PORTUGAL	12 000 ~ 14 999TEU	2014–07–07	中国	中国香港	156 610	13 386
35	中远海运集运	中远丹麦	COSCO DENMARK	12 000 ~ 14 999TEU	2014–09–24	中国	中国香港	156 610	13 386
36	中远海运集运	中远比利时	COSCO BELGIUM	12 000 ~ 14 999TEU	2013–02–28	中国	中国香港	156 605	13 386
37	中远海运集运	中远法国	COSCO FRANCE	12 000 ~ 14 999TEU	2013–05–24	中国	中国香港	156 596	13 386
38	中远海运集运	中远西班牙	COSCO SPAIN	12 000 ~ 14 999TEU	2014–02–14	中国	中国香港	156 572	13 386
39	中远海运集运	中远荷兰	COSCO NETHERLANDS	12 000 ~ 14 999TEU	2013–11–18	中国	中国香港	156 549	13 386
40	中远海运集运	中远海运喜马拉雅	COSCO SHIPPING HIMALAYAS	12 000 ~ 14 999TEU	2017–07–25	中国	中国香港	153 812	14 566
41	中远海运集运	中远海运乞力马扎罗	COSCO SHIPPING KILIMANJARO	12 000 ~ 14 999TEU	2017–12–22	中国	中国香港	153 812	14 566

续上表

序号	所属二级公司 / 所属公司（经营）	中文船名	英文船名	船型细分 – 按大小	出厂日期	建造国家或地区	船旗	总载重量（吨）	载箱量 (TEU)
42	中远海运集运	中远海运阿尔卑斯	COSCO SHIPPING ALPS	12 000 ~ 14 999TEU	2018-01-03	中国	中国香港	153 811	14 566
43	中远海运集运	中远海运德纳里	COSCO SHIPPING DENALI	12 000 ~ 14 999TEU	2018-06-13	中国	中国香港	153 811	14 566
44	中远海运集运	中远海运安第斯	COSCO SHIPPING ANDES	12 000 ~ 14 999TEU	2018-09-12	中国	中国香港	153 811	14 566
45	中远海运集运	中远海运牡丹	COSCO SHIPPING PEONY	12 000 ~ 14 999TEU	2018-05-31	中国	中国香港	146 587	13 800
46	中远海运集运	中远太仓	COSCO TAICANG	8000 ~ 11 999TEU	2009-03-03	韩国	中国香港	111 499	10 020
47	中远海运集运	中远海运塞纳河	COSCO SHIPPING SEINE	8000 ~ 11 999TEU	2017-06-13	中国	中国香港	111 401	9092
48	中远海运集运	中远高雄	COSCO KAOHSIUNG	8000 ~ 11 999TEU	2008-10-16	韩国	中国香港	111 315	10 020
49	中远海运集运	中远海运多瑙河	COSCO SHIPPING DANUBE	8000 ~ 11 999TEU	2016-11-29	中国	中国香港	111 290	9092
50	中远海运集运	中远海运伏尔加河	COSCO SHIPPING VOLGA	8000 ~ 11 999TEU	2017-01-18	中国	中国香港	111 290	9092
51	中远海运集运	中远海运泰晤士河	COSCO SHIPPING THAMES	8000 ~ 11 999TEU	2017-04-11	中国	中国香港	111 290	9092
52	中远海运集运	中远海运莱茵河	COSCO SHIPPING RHINE	8000 ~ 11 999TEU	2017-09-04	中国	中国香港	111 244	9092
53	中远海运集运	中远亚洲	COSCO ASIA	8000 ~ 11 999TEU	2007-08-06	中国	巴拿马	109 968	10 062
54	中远海运集运	中远欧洲	COSCO EUROPE	8000 ~ 11 999TEU	2008-01-01	韩国	巴拿马	109 968	10 062
55	中远海运集运	中远美洲	COSCO AMERICA	8000 ~ 11 999TEU	2008-03-13	中国	巴拿马	109 968	10 062
56	中远海运集运	中远非洲	COSCO AFRICA	8000 ~ 11 999TEU	2008-07-14	韩国	巴拿马	109 968	10 062
57	中远海运集运	中远大洋洲	COSCO OCEANIA	8000 ~ 11 999TEU	2008-04-03	中国	中国香港	109 920	10 020
58	中远海运集运	中远太平洋	COSCO PACIFIC	8000 ~ 11 999TEU	2008-07-09	中国	中国香港	109 920	10 020
59	中远海运集运	中远波士顿	COSCO BOSTON	3000 ~ 5999TEU	2007-07-27	韩国	巴拿马	68 241	5089
60	中远海运集运	中远纽约	COSCO NEW YORK	3000 ~ 5999TEU	2007-09-20	韩国	巴拿马	68 235	5089
61	中远海运集运	泛亚宁德	FAN YA NING DE	3000 ~ 5999TEU	2006-04-01	韩国	塞浦路斯	68 030	5060
62	中远海运集运	泛亚广州	FAN YA GUANG ZHOU	3000 ~ 5999TEU	2006-09-01	韩国	五星旗	68 030	5060
63	中远海运集运	天畅河	TIAN CHANG HE	3000 ~ 5999TEU	2005-02-28	日本	五星旗	67 209	5816

续上表

序号	所属二级公司 / 所属公司（经营）	中文船名	英文船名	船型细分－按大小	出厂日期	建造国家或地区	船旗	总载重量（吨）	载箱量 (TEU)
64	中远海运集运	天祥河	TIAN XIANG HE	3000 ~ 5999TEU	2005-06-06	日本	五星旗	67 209	5816
65	中远海运集运	天顺河	TIAN SHUN HE	3000 ~ 5999TEU	2005-03-31	日本	五星旗	67 209	5816
66	中远海运集运	泛亚天津	FAN YA TIAN JIN	3000 ~ 5999TEU	2005-01-01	韩国	五星旗	67 025	5029
67	中远海运集运	泛亚上海	FAN YA SHANG HAI	3000 ~ 5999TEU	2004-01-02	韩国	五星旗	67 025	5029
68	中远海运集运	天康河	TIAN KANG HE	3000 ~ 5999TEU	2010-06-17	中国	五星旗	63 296	5089
69	中远海运集运	天盛河	TIAN SHENG HE	3000 ~ 5999TEU	2010-05-06	日本	五星旗	63 292	5089
70	中远海运集运	天庆河	TIAN QING HE	3000 ~ 5999TEU	2010-07-05	中国	五星旗	63 258	5089
71	中远海运集运	天丽河	TIAN LI HE	3000 ~ 5999TEU	2010-04-15	中国	五星旗	63 253	5089
72	中远海运集运	天隆河	TIAN LONG HE	3000 ~ 5999TEU	2010-01-29	中国	五星旗	63 195	5089
73	中远海运集运	天秀河	TIAN XIU HE	3000 ~ 5999TEU	2010-03-25	日本	五星旗	63 188	5089
74	中远海运集运	天锦河	TIAN JIN HE	3000 ~ 5999TEU	2010-05-14	日本	五星旗	63 187	5089
75	中远海运集运	天安河	TIAN AN HE	3000 ~ 5999TEU	2010-06-07	中国	五星旗	63 165	5089
76	中远海运集运	天福河	TIAN FU HE	3000 ~ 5999TEU	2010-07-12	中国	五星旗	63 143	5089
77	中远海运集运	天兴河	TIAN XING HE	3000 ~ 5999TEU	2009-12-03	韩国	五星旗	63 001	5089
78	中远海运集运	天宝河	TIAN BAO HE	3000 ~ 5999TEU	2009-10-31	中国	五星旗	62 997	5089
79	中远海运集运	天运河	TIAN YUN HE	3000 ~ 5999TEU	2009-11-19	韩国	五星旗	62 997	5089
80	中远海运集运	中远奥克兰	COSCO AUCKLAND	3000 ~ 5999TEU	2012-04-25	中国	中国香港	49 963	4253
81	中远海运集运	中远亚丁	COSCO ADEN	3000 ~ 5999TEU	2012-04-05	中国	中国香港	49 963	4253
82	中远海运集运	中远休斯敦	COSCO HOUSTON	3000 ~ 5999TEU	2012-05-31	中国	中国香港	49 963	4253
83	中远海运集运	中远科伦坡	COSCO COLOMBO	3000 ~ 5999TEU	2012-06-13	中国	中国香港	49 963	4253
84	中远海运集运	中远德班	COSCO DURBAN	3000 ~ 5999TEU	2012-06-22	中国	中国香港	49 963	4253
85	中远海运集运	中远福斯	COSCO FOS	3000 ~ 5999TEU	2012-06-27	中国	中国香港	49 963	4253
86	中远海运集运	中远热那亚	COSCO GENOA	3000 ~ 5999TEU	2012-08-10	中国	中国香港	49 963	4253
87	中远海运集运	中远海法	COSCO HAIFA	3000 ~ 5999TEU	2012-09-06	中国	中国香港	49 963	4253

续上表

序号	所属二级公司 / 所属公司（经营）	中 文 船 名	英 文 船 名	船型细分－按大小	出厂日期	建造国家或地区	船旗	总载重量（吨）	载箱量 (TEU)
88	中远海运集运	中远吉达	COSCO JEDDAH	3000 ~ 5999TEU	2012–10–25	日本	中国香港	49 963	4253
89	中远海运集运	中远伊斯坦布尔	COSCO ISTANBUL	3000 ~ 5999TEU	2012–09–28	中国	中国香港	49 963	4253
90	中远海运集运	中远比雷埃夫斯	COSCO PIRAEUS	3000 ~ 5999TEU	2013–03–22	中国	中国香港	49 963	4253
91	中远海运集运	中远桑托斯	COSCO SANTOS	3000 ~ 5999TEU	2013–03–28	日本	中国香港	49 963	4253
92	中远海运集运	中远瓦伦西亚	COSCO VALENCIA	3000 ~ 5999TEU	2013–04–25	中国	中国香港	49 963	4253
93	中远海运集运	中远圣保罗	COSCO SAO PAULO	3000 ~ 5999TEU	2013–04–15	中国	中国香港	49 963	4253
94	中远海运集运	中远惠灵顿	COSCO WELLINGTON	3000 ~ 5999TEU	2013–06–18	中国	中国香港	49 963	4253
95	中远海运集运	中远威尼斯	COSCO VENICE	3000 ~ 5999TEU	2013–06–04	中国	中国香港	49 963	4253
96	中远海运集运	中远阿什杜德	COSCO ASHDOD	3000 ~ 5999TEU	2013–08–12	中国	中国香港	49 963	4253
97	中远海运集运	中远伊兹密尔	COSCO IZMIR	3000 ~ 5999TEU	2013–08–02	中国	中国香港	49 963	4253
98	中远海运集运	中远亚喀巴	COSCO AQABA	3000 ~ 5999TEU	2013–09–16	中国	中国香港	49 963	4253
99	中远海运集运	中远泗水	COSCO SURABAYA	3000 ~ 5999TEU	2013–09–03	中国	中国香港	49 963	4253
100	中远海运集运	凌云河	LING YUN HE	2999TEU 以下	2000–09–02	中国	五星旗	25 723	1702
101	中远海运集运	飞云河	FEI YUN HE	2999TEU 以下	2000–07–12	中国	五星旗	25 723	1702
102	中远海运集运	腾云河	TENG YUN HE	2999TEU 以下	2000–04–24	中国	五星旗	25 723	1702
103	中远海运集运	青云河	QING YUN HE	2999TEU 以下	2000–05–29	中国	五星旗	25 679	1702
104	中远海运集运	奇云河	QI YUN HE	2999TEU 以下	2001–01–18	日本	巴拿马	24 261	1432
105	中远海运集运	彩云河	CAI YUN HE	2999TEU 以下	2000–09–14	日本	巴拿马	24 259	1432
106	中远海运集运	峰云河	FENG YUN HE	2999TEU 以下	1998–11–20	日本	巴拿马	24 251	1432
107	中远海运集运	锦云河	JIN YUN HE	2999TEU 以下	2000–06–27	日本	巴拿马	24 244	1432
108	中远海运集运	松云河	SONG YUN HE	2999TEU 以下	1998–09–29	日本	巴拿马	24 237	1432
109	中远海运集运	密云河	MI YUN HE	2999TEU 以下	2001–03–28	日本	巴拿马	23 853	1432
110	中远海运集运	中远菊花	COSCO KIKU	2999TEU 以下	2002–01–31	日本	巴拿马	9294	542
111	中远海运发展股份有限公司	中海环球	CSCL GLOBE	15 000TEU 以上	2014–08–23	韩国	中国香港	184 320	18 982

续上表

序号	所属二级公司 / 所属公司（经营）	中文船名	英文船名	船型细分 – 按大小	出厂日期	建造国家或地区	船旗	总载重量（吨）	载箱量 (TEU)
112	中远海运发展股份有限公司	中海太平洋	CSCL PACIFIC OCEAN	15 000TEU 以上	2014–12–23	韩国	中国香港	184 320	18 982
113	中远海运发展股份有限公司	中海印度洋	CSCL INDIAN OCEAN	15 000TEU 以上	2015–01–23	韩国	中国香港	184 320	18 982
114	中远海运发展股份有限公司	中海北冰洋	CSCL ARCTIC OCEAN	15 000TEU 以上	2015–03–20	韩国	中国香港	184 320	18 982
115	中远海运发展股份有限公司	中海大西洋	CSCL ATLANTIC OCEAN	15 000TEU 以上	2015–04–29	韩国	中国香港	184 320	18 982
116	中远海运发展股份有限公司	中海之星	CSCL STAR	12 000 ~ 14 999TEU	2011–01–15	韩国	中国香港	155 470	14 074
117	中远海运发展股份有限公司	中海金星	CSCL VENUS	12 000 ~ 14 999TEU	2011–04–29	韩国	中国香港	155 470	14 074
118	中远海运发展股份有限公司	中海木星	CSCL JUPITER	12 000 ~ 14 999TEU	2011–05–20	韩国	中国香港	155 470	14 074
119	中远海运发展股份有限公司	中海水星	CSCL MERCURY	12 000 ~ 14 999TEU	2011–07–15	韩国	中国香港	155 470	14 074
120	中远海运发展股份有限公司	中海火星	CSCL MARS	12 000 ~ 14 999TEU	2011–10–28	韩国	中国香港	155 470	14 074
121	中远海运发展股份有限公司	中海土星	CSCL SATURN	12 000 ~ 14 999TEU	2011–12–21	韩国	中国香港	155 470	14 074
122	中远海运发展股份有限公司	中海天王星	CSCL URANUS	12 000 ~ 14 999TEU	2012–03–09	韩国	中国香港	155 470	14 074
123	中远海运发展股份有限公司	中海海王星	CSCL NEPTUNE	12 000 ~ 14 999TEU	2012–05–22	韩国	中国香港	155 470	14 074
124	中远海运发展股份有限公司	中海之春	CSCL SPRING	8000 ~ 11 999TEU	2014–01–08	中国	中国香港	121 849	10 036
125	中远海运发展股份有限公司	中海之冬	CSCL WINTER	8000 ~ 11 999TEU	2014–04–18	中国	中国香港	121 839	10 036
126	中远海运发展股份有限公司	中海渤海	CSCL BOHAI SEA	8000 ~ 11 999TEU	2014–06–09	中国	中国香港	121 824	10 036

续上表

序号	所属二级公司 / 所属公司（经营）	中文船名	英文船名	船型细分 – 按大小	出厂日期	建造国家或地区	船旗	总载重量（吨）	载箱量 (TEU)
127	中远海运发展股份有限公司	中海之夏	CSCL SUMMER	8000 ~ 11 999TEU	2014–03–07	中国	中国香港	121 805	10 036
128	中远海运发展股份有限公司	中海之秋	CSCL AUTUMN	8000 ~ 11 999TEU	2014–05–09	中国	中国香港	121 270	10 036
129	中远海运发展股份有限公司	中海黄海	CSCL YELLOW SEA	8000 ~ 11 999TEU	2014–06–27	中国	中国香港	121 194	10 036
130	中远海运发展股份有限公司	中海东海	CSCL EAST SEA	8000 ~ 11 999TEU	2014–09–02	中国	五星旗	121 186	10 036
131	中远海运发展股份有限公司	中海南海	CSCL SOUTH SEA	8000 ~ 11 999TEU	2014–11–13	中国	五星旗	121 186	10 036
132	中远海运发展股份有限公司	新洛杉矶	XIN LOS ANGELES	8000 ~ 11 999TEU	2006–06–20	中国	中国香港	111 889	9572
133	中远海运发展股份有限公司	新上海	XIN SHANGHAI	8000 ~ 11 999TEU	2006–10–09	中国	中国香港	111 889	9572
134	中远海运发展股份有限公司	新香港	XIN HONG KONG	8000 ~ 11 999TEU	2007–02–01	中国	中国香港	111 889	9572
135	中远海运发展股份有限公司	新北京	XIN BEI JING	8000 ~ 11 999TEU	2007–04–19	中国	中国香港	111 889	9572
136	中远海运发展股份有限公司	新欧洲	XIN OU ZHOU	8000 ~ 11 999TEU	2007–11–11	中国	五星旗	102 461	8533
137	中远海运发展股份有限公司	新美洲	XIN MEI ZHOU	8000 ~ 11 999TEU	2008–04–01	中国	五星旗	102 453	8533
138	中远海运发展股份有限公司	新大洋洲	XIN DA YANG ZHOU	8000 ~ 11 999TEU	2009–04–20	中国	五星旗	102 418	8533
139	中远海运发展股份有限公司	新亚洲	XIN YA ZHOU	8000 ~ 11 999TEU	2007–08–01	中国	五星旗	102 396	8533
140	中远海运发展股份有限公司	新非洲	XIN FEI ZHOU	8000 ~ 11 999TEU	2008–04–01	中国	五星旗	102 379	8533
141	中远海运发展股份有限公司	中海亚洲	CSCL ASIA	8000 ~ 11 999TEU	2004–07–07	中国	中国香港	101 612	8468

续上表

序号	所属二级公司 / 所属公司（经营）	中文船名	英文船名	船型细分 – 按大小	出厂日期	建造国家或地区	船旗	总载重量（吨）	载箱量 (TEU)
142	中远海运发展股份有限公司	新青岛	XIN QING DAO	3000 ~ 5999TEU	2003–05–09	中国	五星旗	69 423	5668
143	中远海运发展股份有限公司	新宁波	XIN NING BO	3000 ~ 5999TEU	2003–08–25	中国	五星旗	69 323	5668
144	中远海运发展股份有限公司	新秦皇岛	XIN QIN HUANG DAO	3000 ~ 5999TEU	2004–07–01	中国	五星旗	69 308	5688
145	中远海运发展股份有限公司	新浦东	XIN PU DONG	3000 ~ 5999TEU	2003–02–15	中国	五星旗	69 303	5668
146	中远海运发展股份有限公司	新赤湾	XIN CHI WAN	3000 ~ 5999TEU	2004–06–01	中国	五星旗	69 271	5688
147	中远海运发展股份有限公司	新厦门	XIN XIA MEN	3000 ~ 5999TEU	2004–03–03	中国	五星旗	69 259	5668
148	中远海运发展股份有限公司	新福州	XIN FU ZHOU	3000 ~ 5999TEU	2004–09–10	中国	五星旗	69 235	5688
149	中远海运发展股份有限公司	新常熟	XIN CHANG SHU	3000 ~ 5999TEU	2005–06–01	中国	五星旗	69 229	5688
150	中远海运发展股份有限公司	新烟台	XIN YAN TAI	3000 ~ 5999TEU	2005–01–01	中国	五星旗	69 225	5688
151	中远海运发展股份有限公司	新大连	XIN DA LIAN	3000 ~ 5999TEU	2001–10–01	中国	五星旗	69 023	5668
152	中远海运发展股份有限公司	新天津	XIN TIAN JIN	3000 ~ 5999TEU	2003–05–25	中国	五星旗	69 023	5668
153	中远海运发展股份有限公司	新盐田	XIN YAN TIAN	3000 ~ 5999TEU	2004–03–24	中国	五星旗	68 961	5668
154	中远海运发展股份有限公司	新连云港	XIN LIAN YUN GANG	3000 ~ 5999TEU	2003–01–01	中国	五星旗	68 944	5668
155	中远海运发展股份有限公司	新兰州	XIN LAN ZHOU	3000 ~ 5999TEU	2012–08–10	中国	五星旗	67 061	4738
156	中远海运发展股份有限公司	新温州	XIN WEN ZHOU	3000 ~ 5999TEU	2013–03–01	中国	五星旗	67 053	4738

续上表

序号	所属二级公司 / 所属公司（经营）	中 文 船 名	英 文 船 名	船型细分－按大小	出厂日期	建造国家或地区	船旗	总载重量（吨）	载箱量 (TEU)
157	中远海运发展股份有限公司	新郑州	XIN ZHENG ZHOU	3000 ~ 5999TEU	2012–07–10	中国	五星旗	67 041	4738
158	中远海运发展股份有限公司	新杭州	XIN HANG ZHOU	3000 ~ 5999TEU	2012–05–19	中国	五星旗	67 040	4738
159	中远海运发展股份有限公司	新沧州	XIN CANG ZHOU	3000 ~ 5999TEU	2013–05–01	中国	五星旗	67 001	4738
160	中远海运发展股份有限公司	新惠州	XIN HUI ZHOU	3000 ~ 5999TEU	2013–07–23	中国	五星旗	66 967	4738
161	中远海运发展股份有限公司	新徐州	XIN XU ZHOU	3000 ~ 5999TEU	2013–03–01	中国	五星旗	66 926	4738
162	中远海运发展股份有限公司	新钦州	XIN QIN ZHOU	3000 ~ 5999TEU	2012–03–01	中国	五星旗	66 904	4738
163	中远海运发展股份有限公司	新湛江	XIN ZHAN JIANG	3000 ~ 5999TEU	2006–02–18	中国	五星旗	52 279	4250
164	中远海运发展股份有限公司	新黄埔	XIN HUANG PU	3000 ~ 5999TEU	2005–08–09	中国	五星旗	52 247	4250
165	中远海运发展股份有限公司	新太仓	XIN TAI CANG	3000 ~ 5999TEU	2008–07–07	中国	五星旗	52 245	4250
166	中远海运发展股份有限公司	新洋山	XIN YANG SHAN	3000 ~ 5999TEU	2005–04–01	中国	五星旗	52 242	4250
167	中远海运发展股份有限公司	新武汉	XIN WU HAN	3000 ~ 5999TEU	2008–10–20	中国	五星旗	52 233	4250
168	中远海运发展股份有限公司	新北仑	XIN BEI LUN	3000 ~ 5999TEU	2005–09–23	中国	五星旗	52 223	4250
169	中远海运发展股份有限公司	新威海	XIN WEI HAI	3000 ~ 5999TEU	2006–01–03	中国	五星旗	52 219	4250
170	中远海运发展股份有限公司	新泉州	XIN QUAN ZHOU	3000 ~ 5999TEU	2005–05–12	中国	五星旗	52 216	4250
171	中远海运发展股份有限公司	新漳州	XIN ZHANG ZHOU	3000 ~ 5999TEU	2008–11–01	中国	五星旗	52 216	4250

续上表

序号	所属二级公司 / 所属公司（经营）	中文船名	英文船名	船型细分 – 按大小	出厂日期	建造国家或地区	船旗	总载重量（吨）	载箱量 (TEU)
172	中远海运发展股份有限公司	新长沙	XIN CHANG SHA	3000 ~ 5999TEU	2005–11–06	中国	五星旗	52 214	4250
173	中远海运发展股份有限公司	新海口	XIN HAI KOU	3000 ~ 5999TEU	2005–09–03	中国	五星旗	52 212	4250
174	中远海运发展股份有限公司	新丹东	XIN DAN DONG	3000 ~ 5999TEU	2006–04–16	中国	五星旗	52 210	4250
175	中远海运发展股份有限公司	新洋浦	XIN YANG PU	3000 ~ 5999TEU	2008–07–22	中国	五星旗	52 200	4250
176	中远海运发展股份有限公司	新南沙	XIN NAN SHA	3000 ~ 5999TEU	2005–10–16	中国	五星旗	52 191	4250
177	中远海运发展股份有限公司	新日照	XIN RI ZHAO	3000 ~ 5999TEU	2005–11–22	中国	五星旗	52 191	4250
178	中远海运发展股份有限公司	新营口	XIN YING KOU	3000 ~ 5999TEU	2006–03–12	中国	五星旗	52 186	4250
179	中远海运发展股份有限公司	新防城	XIN FANG CHENG	3000 ~ 5999TEU	2005–07–12	中国	五星旗	52 160	4250
180	中远海运发展股份有限公司	新汕头	XIN SHAN TOU	3000 ~ 5999TEU	2005–11–05	中国	五星旗	52 157	4250
181	中远海运发展股份有限公司	新重庆	XIN CHONG QING	3000 ~ 5999TEU	2003–07–10	中国	五星旗	50 188	4051
182	中远海运发展股份有限公司	新南通	XIN NAN TONG	3000 ~ 5999TEU	2003–11–24	中国	五星旗	50 151	4051
183	中远海运发展股份有限公司	新扬州	XIN YANG ZHOU	3000 ~ 5999TEU	2004–03–29	中国	五星旗	50 137	4051
184	中远海运发展股份有限公司	新苏州	XIN SU ZHOU	3000 ~ 5999TEU	2004–02–15	中国	五星旗	50 137	4051
185	东方海外	—	OOCL JAPAN	15 000TEU 以上	2017–09–11	韩国	中国香港	191 688	21 413
186	东方海外	—	OOCL UNITED KINGDOM	15 000TEU 以上	2017–09–29	韩国	中国香港	191 688	21 413
187	东方海外	—	OOCL INDONESIA	15 000TEU 以上	2018–01–18	韩国	中国香港	191 688	21 413
188	东方海外	—	OOCL HONG KONG	15 000TEU 以上	2017–05–18	韩国	中国香港	191 422	21 413

续上表

序号	所属二级公司 / 所属公司（经营）	中文船名	英文船名	船型细分 – 按大小	出厂日期	建造国家或地区	船旗	总载重量（吨）	载箱量 (TEU)
189	东方海外	—	OOCL GERMANY	15 000TEU 以上	2017-08-24	韩国	中国香港	191 422	21 413
190	东方海外	—	OOCL SCANDINAVIA	15 000TEU 以上	2017-11-28	韩国	中国香港	191 343	21 413
191	东方海外	—	OOCL POLAND	12 000 ~ 14 999TEU	2013-01-22	韩国	中国香港	144 342	13 208
192	东方海外	—	OOCL EGYPT	12 000 ~ 14 999TEU	2013-07-26	韩国	中国香港	144 179	13 208
193	东方海外	—	OOCL FRANCE	12 000 ~ 14 999TEU	2013-04-30	韩国	中国香港	144 162	13 208
194	东方海外	—	OOCL MALAYSIA	12 000 ~ 14 999TEU	2013-10-16	韩国	中国香港	144 162	13 208
195	东方海外	—	OOCL SINGAPORE	12 000 ~ 14 999TEU	2014-05-23	韩国	中国香港	144 159	13 208
196	东方海外	—	OOCL BRUSSELS	12 000 ~ 14 999TEU	2013-03-26	韩国	中国香港	144 150	13 208
197	东方海外	—	OOCL BERLIN	12 000 ~ 14 999TEU	2013-03-26	韩国	中国香港	144 143	13 208
198	东方海外	—	OOCL KOREA	12 000 ~ 14 999TEU	2014-04-17	韩国	中国香港	144 131	13 208
199	东方海外	—	OOCL CHONGQING	12 000 ~ 14 999TEU	2013-06-28	韩国	中国香港	144 060	13 208
200	东方海外	—	OOCL BANGKOK	12 000 ~ 14 999TEU	2013-09-13	韩国	中国香港	144 043	13 208
201	东方海外	—	OOCL SEOUL	8000 ~ 11 999TEU	2010-01-15	韩国	中国香港	105 563	8063
202	东方海外	—	OOCL EUROPE	8000 ~ 11 999TEU	2006-07-26	韩国	中国香港	105 545	8063
203	东方海外	—	OOCL ASIA	8000 ~ 11 999TEU	2006-03-17	韩国	中国香港	105 530	8063
204	东方海外	—	OOCL ROTTERDAM	8000 ~ 11 999TEU	2004-01-15	韩国	中国香港	105 450	8063
205	东方海外	—	OOCL TOKYO	8000 ~ 11 999TEU	2007-01-05	韩国	中国香港	105 423	8063
206	东方海外	—	OOCL SOUTHAMPTON	8000 ~ 11 999TEU	2007-05-30	韩国	中国香港	105 400	8063
207	东方海外	—	OOCL LUXEMBOURG	8000 ~ 11 999TEU	2010-04-30	韩国	中国香港	105 374	8063
208	东方海外	—	OOCL WASHINGTON	8000 ~ 11 999TEU	2010-01-11	韩国	中国香港	105 358	8063
209	东方海外	—	OOCL LONDON	8000 ~ 11 999TEU	2010-04-13	韩国	中国香港	105 350	8063
210	东方海外	—	OOCL ATLANTA	8000 ~ 11 999TEU	2005-02-28	韩国	中国香港	105 337	8063
211	东方海外	—	OOCL BEIJING	8000 ~ 11 999TEU	2011-04-29	中国	中国香港	101 589	8888
212	东方海外	—	OOCL MIAMI	8000 ~ 11 999TEU	2013-01-16	中国	中国香港	101 566	8888

续上表

序号	所属二级公司/所属公司（经营）	中文船名	英文船名	船型细分－按大小	出厂日期	建造国家或地区	船旗	总载重量（吨）	载箱量(TEU)
213	东方海外	—	OOCL MEMPHIS	8000 ~ 11 999TEU	2013-03-28	中国	中国香港	101 544	8888
214	东方海外	—	OOCL CANADA	8000 ~ 11 999TEU	2011-07-18	中国	中国香港	101 412	8888
215	东方海外	—	OOCL UTAH	8000 ~ 11 999TEU	2015-03-31	中国	中国香港	101 279	8888
216	东方海外	—	OOCL TAIPEI	8000 ~ 11 999TEU	2015-01-07	中国	中国香港	101 147	8888
217	东方海外	—	OOCL GENOA	8000 ~ 11 999TEU	2015-08-27	中国	中国香港	101 115	8888
218	东方海外	—	OOCL HO CHI MINH CITY	8000 ~ 11 999TEU	2015-10-30	中国	中国香港	101 047	8888
219	东方海外	—	OOCL HAMBURG	8000 ~ 11 999TEU	2004-02-26	韩国	中国香港	99 517	8063
220	东方海外	—	OOCL CALIFORNIA	3000 ~ 5999TEU	1995-08-29	日本	中国香港	67 765	5344
221	东方海外	—	OOCL AMERICA	3000 ~ 5999TEU	1995-11-28	日本	中国香港	67 741	5344
222	东方海外	—	OOCL NEW YORK	3000 ~ 5999TEU	1999-12-10	韩国	中国香港	67 660	5770
223	东方海外	—	OOCL SHANGHAI	3000 ~ 5999TEU	1999-12-30	韩国	中国香港	67 584	5770
224	东方海外	—	OOCL SAN FRANCISCO	3000 ~ 5999TEU	2000-09-15	中国	中国香港	67 313	5714
225	东方海外	—	OOCL CHICAGO	3000 ~ 5999TEU	2000-10-27	中国	中国香港	67 278	5714
226	东方海外	—	OOCL AUSTRALIA	3000 ~ 5999TEU	2006-11-30	中国	中国香港	52 217	4583
227	东方海外	—	OOCL ZHOUSHAN	3000 ~ 5999TEU	2006-09-15	中国	中国香港	52 214	4583
228	东方海外	—	OOCL YOKOHAMA	3000 ~ 5999TEU	2007-07-25	韩国	中国香港	50 634	4578
229	东方海外	—	OOCL PANAMA	3000 ~ 5999TEU	2008-04-25	韩国	中国香港	50 633	4578
230	东方海外	—	OOCL TEXAS	3000 ~ 5999TEU	2008-02-05	韩国	中国香港	50 610	4578
231	东方海外	—	OOCL HOUSTON	3000 ~ 5999TEU	2007-10-22	韩国	中国香港	50 585	4578
232	东方海外	—	OOCL LE HAVRE	3000 ~ 5999TEU	2010-01-05	韩国	中国香港	50 580	4578
233	东方海外	—	OOCL BRISBANE	3000 ~ 5999TEU	2006-07-20	韩国	中国香港	50 575	4578
234	东方海外	—	OOCL GUANGZHOU	3000 ~ 5999TEU	2010-05-17	韩国	中国香港	50 575	4578
235	东方海外	—	OOCL BUSAN	3000 ~ 5999TEU	2008-01-04	韩国	中国香港	50 567	4578
236	东方海外	—	OOCL JAKARTA	3000 ~ 5999TEU	2010-06-08	韩国	中国香港	50 560	4578

续上表

序号	所属二级公司 / 所属公司（经营）	中文船名	英文船名	船型细分 – 按大小	出厂日期	建造国家或地区	船旗	总载重量（吨）	载箱量 (TEU)
237	东方海外	—	OOCL KOBE	3000 ~ 5999TEU	2007–06–29	韩国	中国香港	50 554	4578
238	东方海外	—	OOCL CHARLESTON	3000 ~ 5999TEU	2010–01–05	韩国	中国香港	50 518	4578
239	东方海外	—	OOCL NAGOYA	3000 ~ 5999TEU	2009–11–23	韩国	中国香港	50 501	4578
240	东方海外	—	OOCL NEW ZEALAND	3000 ~ 5999TEU	2009–09–04	韩国	中国香港	50 490	4578
241	东方海外	—	OOCL SAVANNAH	3000 ~ 5999TEU	2010–06–08	韩国	中国香港	50 490	4578
242	东方海外	—	OOCL NORFOLK	3000 ~ 5999TEU	2009–02–13	韩国	中国香港	50 489	4578
243	东方海外	—	OOCL DALIAN	3000 ~ 5999TEU	2009–11–10	韩国	中国香港	50 464	4578
244	东方海外	—	OOCL MONTREAL	3000 ~ 5999TEU	2003–05–19	韩国	中国香港	47 828	4402
245	东方海外	—	OOCL BELGIUM	2999TEU 以下	1998–09–30	韩国	中国香港	40 972	2992
合计								24 161 355	2 133 179

2020年中国远洋海运集团干散货船队自有船舶船名录

表18–2

序号	所属二级公司（经营）	所属公司（经营）	中文船名	英文船名	船型细分–按大小	出厂时间	建造国家或地区	船旗	船龄（年）	总载重量（吨）
1	中远海运散运	中远海运散运	宇中海	YU ZHONG HAI	超大型矿砂船（VLOC）	2010–02–10	中国	巴拿马	10.90	297 959
2	中远海运散运	中远海运散运	宇华海	YU HUA HAI	超大型矿砂船（VLOC）	2010–04–09	中国	巴拿马	10.74	297 846
3	中远海运散运	中远海运散运	中腾海	ZHONG TENG HAI	好望角型	2009–07–17	中国	五星旗	11.47	178 242
4	中远海运散运	中远海运散运	远信海	YUAN XIN HAI	好望角型	2009–09–02	中国	五星旗	11.34	178 076
5	中远海运散运	中远海运散运	百安海	BAI AN HAI	好望角型	2008–09–19	中国	五星旗	12.29	178 023
6	中远海运散运	中远海运散运	年丰海	NIAN FENG HAI	好望角型	2008–12–10	中国	五星旗	12.07	177 878
7	中远海运散运	中远海运散运	新发海	XIN FA HAI	好望角型	2004–02–22	中国	五星旗	16.87	174 766
8	中远海运散运	中远海运散运	新旺海	XIN WANG HAI	好望角型	2003–10–22	中国	五星旗	17.21	174 733
9	中远海运散运	中远海运散运	天宝海	TIAN BAO HAI	好望角型	2004–12–08	中国	五星旗	16.07	174 505
10	中远海运散运	中远海运散运	天禄海	TIAN LU HAI	好望角型	2005–03–07	中国	五星旗	15.83	174 398
11	中远海运散运	中远海运散运	梅花海	MEI HUA HAI	巴拿马型	2013–10–18	中国	五星旗	7.21	115 198
12	中远海运散运	中远海运散运	桃花海	TAO HUA HAI	巴拿马型	2012–05–18	中国	五星旗	8.63	115 184
13	中远海运散运	中远海运散运	兰花海	LAN HUA HAI	巴拿马型	2013–11–26	中国	五星旗	7.10	115 118
14	中远海运散运	中远海运散运	荷花海	HE HUA HAI	巴拿马型	2012–06–20	中国	五星旗	8.54	115 079
15	中远海运散运	中远海运散运	菊花海	JU HUA HAI	巴拿马型	2012–06–26	中国	五星旗	8.52	115 075
16	中远海运散运	中远海运散运	德新海	DE XIN HAI	巴拿马型	2008–09–17	中国	五星旗	12.30	76 528
17	中远海运散运	中远海运散运	文竹海	WEN ZHU HAI	巴拿马型	2008–09–18	中国	五星旗	12.29	76 463
18	中远海运散运	中远海运散运	银竹海	YIN ZHU HAI	巴拿马型	2009–06–26	中国	五星旗	11.52	76 463
19	中远海运散运	中远海运散运	金竹海	JIN ZHU HAI	巴拿马型	2009–05–27	中国	五星旗	11.61	76 450
20	中远海运散运	中远海运散运	德明海	DE MING HAI	巴拿马型	2008–06–10	中国	五星旗	12.57	76 432
21	中远海运散运	中远海运散运	武竹海	WU ZHU HAI	巴拿马型	2008–12–09	中国	五星旗	12.07	76 381

续上表

序号	所属二级公司（经营）	所属公司（经营）	中文船名	英文船名	船型细分－按大小	出厂时间	建造国家或地区	船旗	船龄（年）	总载重量（吨）
22	中远海运散运	中远海运散运	月观峰	YUE GUAN FENG	巴拿马型	2010-09-15	中国	五星旗	10.30	75 581
23	中远海运散运	中远海运散运	日观峰	RI GUAN FENG	巴拿马型	2010-08-11	中国	五星旗	10.40	75 566
24	中远海运散运	中远海运散运	玉柱峰	YU ZHU FENG	巴拿马型	2011-01-03	中国	五星旗	10.00	75 519
25	中远海运散运	中远海运散运	翠屏峰	CUI PENG FENG	巴拿马型	2011-06-21	中国	五星旗	9.54	75 486
26	中远海运散运	中远海运散运	芙蓉峰	FU RONG FENG	巴拿马型	2011-08-22	中国	五星旗	9.37	75 444
27	中远海运散运	中远海运散运	云密峰	YUN MI FENG	巴拿马型	2011-11-07	中国	五星旗	9.16	75 421
28	中远海运散运	中远海运散运	集贤峰	JI XIAN FENG	巴拿马型	2012-03-07	中国	五星旗	8.82	75 410
29	中远海运散运	中远海运散运	玉霄峰	YU XIAO FENG	巴拿马型	2012-12-25	中国	五星旗	8.02	75 398
30	中远海运散运	中远海运散运	朝阳峰	ZHAO YANG FENG	巴拿马型	2012-04-20	中国	五星旗	8.70	75 396
31	中远海运散运	中远海运散运	凤凰峰	FENG HUANG FENG	巴拿马型	2012-06-19	中国	五星旗	8.54	75 396
32	中远海运散运	中远海运散运	云龙峰	YUN LONG FENG	巴拿马型	2012-01-03	中国	五星旗	9.00	75 394
33	中远海运散运	中远海运散运	远智海	YUAN ZHI HAI	巴拿马型	2005-09-23	中国	五星旗	15.28	74 272
34	中远海运散运	中远海运散运	远慧海	YUAN HUI HAI	巴拿马型	2006-04-13	中国	五星旗	14.73	74 272
35	中远海运散运	中远海运散运	巨大	JU DA	巴拿马型	2005-05-16	中国	五星旗	15.64	73 604
36	中远海运散运	中远海运散运	海皇星	HAI HUANG XING	巴拿马型	2005-06-23	中国	五星旗	15.53	73 581
37	中远海运散运	中远海运散运	鹏锦	PENG JIN	大灵便型	2013-01-04	中国	五星旗	7.99	64 542
38	中远海运散运	中远海运散运	鹏利	PENG LI	大灵便型	2013-12-06	中国	五星旗	7.07	64 509
39	中远海运散运	中远海运散运	鹏安	PENG AN	大灵便型	2013-12-06	中国	五星旗	7.07	64 494
40	中远海运散运	中远海运散运	鹏德	PENG DE	大灵便型	2014-01-02	中国	五星旗	7.00	64 464
41	中远海运散运	中远海运散运	嘉顺山	JIA SHUN SHAN	大灵便型	2005-10-31	中国	五星旗	15.18	59 394
42	中远海运散运	中远海运散运	中海昌运 1	ZHONG HAI CHANG YUN 1	大灵便型	2009-01-03	中国	五星旗	12.00	57 796
43	中远海运散运	中远海运散运	中海昌运 2	ZHONG HAI CHANG YUN 2	大灵便型	2009-04-12	中国	五星旗	11.73	57 791
44	中远海运散运	中远海运散运	安泰山	AN TAI SHAN	大灵便型	2011-12-21	中国	五星旗	9.04	57 784

续上表

序号	所属二级公司（经营）	所属公司（经营）	中文船名	英文船名	船型细分－按大小	出厂时间	建造国家或地区	船旗	船龄（年）	总载重量（吨）
45	中远海运散运	中远海运散运	安锦山	AN JIN SHAN	大灵便型	2011–06–15	中国	五星旗	9.55	57 714
46	中远海运散运	中远海运散运	安国山	AN GUO SHAN	大灵便型	2009–04–25	中国	五星旗	11.69	57 700
47	中远海运散运	中远海运散运	安华山	AN HUA SHAN	大灵便型	2011–09–16	中国	五星旗	9.30	57 695
48	中远海运散运	中远海运散运	安诚山	AN CHENG SHAN	大灵便型	2010–04–16	中国	五星旗	10.72	57 691
49	中远海运散运	中远海运散运	安茂山	AN MAO SHAN	大灵便型	2011–02–28	中国	五星旗	9.85	57 684
50	中远海运散运	中远海运散运	安盛山	AN SHENG SHAN	大灵便型	2011–01–13	中国	五星旗	9.97	57 679
51	中远海运散运	中远海运散运	安康山	AN KANG SHAN	大灵便型	2011–11–29	中国	五星旗	9.10	57 672
52	中远海运散运	中远海运散运	安惠山	AN HUI SHAN	大灵便型	2010–02–11	中国	五星旗	10.89	57 668
53	中远海运散运	中远海运散运	安强山	AN QIANG SHAN	大灵便型	2009–12–10	中国	五星旗	11.07	57 667
54	中远海运散运	中远海运散运	安绣山	AN XIU SHAN	大灵便型	2011–08–15	中国	五星旗	9.39	57 662
55	中远海运散运	中远海运散运	安悦山	AN YUE SHAN	大灵便型	2011–06–08	中国	五星旗	9.57	57 654
56	中远海运散运	中远海运散运	安民山	AN MIN SHAN	大灵便型	2009–09–20	中国	五星旗	11.29	57 652
57	中远海运散运	中远海运散运	安永山	AN YONG SHAN	大灵便型	2010–04–29	中国	五星旗	10.68	57 652
58	中远海运散运	中远海运散运	安顺山	AN SHUN SHAN	大灵便型	2010–08–02	中国	五星旗	10.42	57 644
59	中远海运散运	中远海运散运	盛发海	SHENG FA HAI	大灵便型	2009–11–27	中国	五星旗	11.10	57 631
60	中远海运散运	中远海运散运	盛荣海	SHENG RONG HAI	大灵便型	2010–06–29	中国	五星旗	10.52	57 631
61	中远海运散运	中远海运散运	安裕山	AN YU SHAN	大灵便型	2010–09–19	中国	五星旗	10.29	57 617
62	中远海运散运	中远海运散运	安隆山	AN LONG SHAN	大灵便型	2011–01–02	中国	五星旗	10.00	57 617
63	中远海运散运	中远海运散运	盛达海	SHENG DA HAI	大灵便型	2010–05–13	中国	五星旗	10.64	57 614
64	中远海运散运	中远海运散运	嘉安山	JIA AN SHAN	大灵便型	2005–06–05	中国	五星旗	15.58	57 605
65	中远海运散运	中远海运散运	嘉宁山	JIA NING SHAN	大灵便型	2005–08–01	中国	五星旗	15.43	57 599
66	中远海运散运	中远海运散运	嘉和山	JIA HE SHAN	大灵便型	2005–04–01	中国	五星旗	15.76	57 596
67	中远海运散运	中远海运散运	盛昌海	SEHNG CHANG HAI	大灵便型	2010–11–22	中国	五星旗	10.12	57 563
68	中远海运散运	中远海运散运	安信山	AN XIN SHAN	大灵便型	2010–01–15	中国	五星旗	10.97	57 559

续上表

序号	所属二级公司（经营）	所属公司（经营）	中文船名	英文船名	船型细分－按大小	出厂时间	建造国家或地区	船旗	船龄（年）	总载重量（吨）
69	中远海运散运	中远海运散运	嘉诚山	JIA CHENG SHAN	大灵便型	2004–09–28	中国	五星旗	16.27	57 520
70	中远海运散运	中远海运散运	嘉永山	JIA YONG SHAN	大灵便型	2005–06–14	中国	五星旗	15.56	57 501
71	中远海运散运	中远海运散运	嘉祥山	JIA XIANG SHAN	大灵便型	2005–01–01	中国	五星旗	16.01	57 301
72	中远海运散运	中远海运散运	盛兴海	SHENG XING HAI	大灵便型	2009–08–18	中国	五星旗	11.38	57 291
73	中远海运散运	中远海运散运	盛旺海	SHENG WANG HAI	大灵便型	2009–10–28	中国	五星旗	11.18	57 208
74	中远海运散运	中远海运散运	嘉信山	JIA XIN SHAN	大灵便型	2004–12–15	中国	五星旗	16.05	57 134
75	中远海运散运	中远海运散运	远安海	YUAN AN HAI	大灵便型	2009–12–23	中国	巴拿马	11.03	56 957
76	中远海运散运	中远海运散运	远顺海	YUAN SHUN HAI	大灵便型	2009–08–28	中国	巴拿马	11.35	56 956
77	中远海运散运	中远海运散运	盛恒海	SHENG HENG HAI	大灵便型	2013–11–08	中国	五星旗	7.15	56 649
78	中远海运散运	中远海运散运	中海昌运 6	ZHONG HAI CHANG YUN 6	大灵便型	2012–05–11	中国	五星旗	8.65	56 639
79	中远海运散运	中远海运散运	盛诚海	SHENG CHENG HAI	大灵便型	2013–11–08	中国	五星旗	7.15	56 633
80	中远海运散运	中远海运散运	狮子峰	SHI ZI FENG	大灵便型	2011–07–27	中国	五星旗	9.44	56 605
81	中远海运散运	中远海运散运	盛安海	SHENG AN HAI	大灵便型	2012–11–19	中国	五星旗	8.12	56 564
82	中远海运散运	中远海运散运	盛平海	SHENG PING HAI	大灵便型	2012–11–19	中国	五星旗	8.12	56 564
83	中远海运散运	中远海运散运	远平海	YUAN PING SEA	大灵便型	2004–03–08	中国	巴拿马	16.83	55 646
84	中远海运散运	中远海运散运	康弘	KANG HONG	大灵便型	2005–05–31	中国	五星旗	15.60	55 589
85	中远海运散运	中远海运散运	远宁海	YUAN NING SEA	大灵便型	2004–03–08	中国	巴拿马	16.83	55 580
86	中远海运散运	中远海运散运	康顺	KANG SHUN	大灵便型	2004–05–26	中国	五星旗	16.61	55 566
87	中远海运散运	中远海运散运	新安远	XIN AN YUAN	大灵便型	2009–04–30	中国	五星旗	11.68	55 277
88	中远海运散运	中远海运散运	新安平	XIN AN PING	大灵便型	2009–02–16	中国	五星旗	11.88	55 259
89	中远海运散运	中远海运散运	新安宁	XIN AN NING	大灵便型	2009–02–16	中国	五星旗	11.88	55 256
90	中远海运散运	中远海运散运	安昌	AN CHANG	大灵便型	2009–04–30	中国	五星旗	11.68	55 217
91	中远海运散运	中远海运散运	雁荡海	YAN DANG HAI	大灵便型	2008–11–28	中国	五星旗	12.10	53 443
92	中远海运散运	中远海运散运	武夷海	WU YI HAI	大灵便型	2008–06–05	中国	五星旗	12.58	53 443

续上表

序号	所属二级公司（经营）	所属公司（经营）	中文船名	英文船名	船型细分－按大小	出厂时间	建造国家或地区	船 旗	船龄（年）	总载重量（吨）
93	中远海运散运	中远海运散运	九华海	JIU HUA HAI	大灵便型	2008–01–03	中国	五星旗	13.00	53 377
94	中远海运散运	中远海运散运	普陀海	PU TUO HAI	大灵便型	2007–11–28	中国	五星旗	13.10	53 377
95	中远海运散运	中远海运散运	康誉	KANG YU	大灵便型	2004–09–22	日本	五星旗	16.28	52 988
96	中远海运散运	中远海运散运	康满	KANG MAN	大灵便型	2004–07–02	日本	五星旗	16.51	52 818
97	中远海运散运	中远海运散运	康寰	KANG HUAN	大灵便型	2004–07–30	日本	五星旗	16.43	52 810
98	中远海运散运	中远海运散运	鹏宇	PENG YU	大灵便型	2013–11–29	中国	五星旗	7.09	49 998
99	中远海运散运	中远海运散运	鹏龙	PENG LONG	大灵便型	2012–10–25	中国	五星旗	8.19	49 970
100	中远海运散运	中远海运散运	鹏福	PENG FU	大灵便型	2013–11–20	中国	五星旗	7.12	49 926
101	中远海运散运	中远海运散运	鹏泰	PENG TAI	大灵便型	2013–11–25	中国	五星旗	7.10	49 837
102	中远海运散运	中远海运散运	宝德岭	BAO DE LING	大灵便型	2015–06–26	中国	五星旗	5.52	47 830
103	中远海运散运	中远海运散运	宝日岭	BAO RI LING	大灵便型	2013–10–30	中国	五星旗	7.18	47 829
104	中远海运散运	中远海运散运	宝广岭	BAO GUANG LING	大灵便型	2015–03–16	中国	五星旗	5.80	47 821
105	中远海运散运	中远海运散运	宝源岭	BAO YUAN LING	大灵便型	2015–05–26	中国	五星旗	5.61	47 807
106	中远海运散运	中远海运散运	宝辰岭	BAO CHEN LING	大灵便型	2015–03–16	中国	五星旗	5.80	47 805
107	中远海运散运	中远海运散运	宝达岭	BAO DA LING	大灵便型	2015–03–16	中国	五星旗	5.80	47 801
108	中远海运散运	中远海运散运	宝仁岭	BAO REN LING	大灵便型	2015–06–15	中国	五星旗	5.55	47 761
109	中远海运散运	中远海运散运	宝星岭	BAO XING LING	大灵便型	2014–12–11	中国	五星旗	6.06	47 753
110	中远海运散运	中远海运散运	宝月岭	BAO YUE LING	大灵便型	2013–10–12	中国	五星旗	7.22	47 732
111	中远海运散运	中远海运散运	宝瑞岭	BAO RUI LING	大灵便型	2014–08–19	中国	五星旗	6.37	47 521
112	中远海运散运	中远海运散运	宝祥岭	BAO XIANG LING	大灵便型	2013–11–26	中国	五星旗	7.10	47 514
113	中远海运散运	中远海运散运	宝安岭	BAO AN LING	大灵便型	2014–03–28	中国	五星旗	6.77	47 483
114	中远海运散运	中远海运散运	宝宁岭	BAO NING LING	大灵便型	2014–12–20	中国	五星旗	6.04	47 443
115	中远海运散运	中远海运散运	宝和岭	BAO HE LING	大灵便型	2015–05–26	中国	五星旗	5.61	47 442
116	中远海运散运	中远海运散运	七仙岭	QI XIAN LING	小灵便型	2012–06–15	中国	五星旗	8.55	34 551

续上表

序号	所属二级公司（经营）	所属公司（经营）	中文船名	英文船名	船型细分－按大小	出厂时间	建造国家或地区	船旗	船龄（年）	总载重量（吨）
117	中远海运散运	中远海运散运	石龙岭	SHI LONG LING	小灵便型	2013-12-12	中国	五星旗	7.06	34 510
118	中远海运散运	中远海运散运	青峰岭	QING FENG LING	小灵便型	2013-11-15	中国	五星旗	7.13	34 473
119	中远海运散运	中远海运散运	九峰岭	JIU FENG LING	小灵便型	2011-08-15	中国	五星旗	9.39	32 034
120	中远海运散运	中远海运散运	玉龙岭	YU LONG LING	小灵便型	2011-04-26	中国	五星旗	9.69	32 005
121	中远海运散运	神华中海	神华 811	SHEN HUA 811	巴拿马型	2013-12-03	中国	五星旗	7.08	76 150
122	中远海运散运	神华中海	神华 812	SHEN HUA 812	巴拿马型	2014-04-10	中国	五星旗	6.73	76 124
123	中远海运散运	神华中海	神华 808	SHEN HUA 808	巴拿马型	2014-07-01	中国	五星旗	6.51	75 411
124	中远海运散运	神华中海	神华 803	SHEN HUA 803	巴拿马型	2013-11-14	中国	五星旗	7.13	75 403
125	中远海运散运	神华中海	神华 802	SHEN HUA 802	巴拿马型	2013-10-28	中国	五星旗	7.18	75 380
126	中远海运散运	神华中海	神华 805	SHEN HUA 805	巴拿马型	2014-04-08	中国	五星旗	6.74	75 347
127	中远海运散运	神华中海	神华 801	SHEN HUA 801	巴拿马型	2013-10-18	中国	五星旗	7.21	75 331
128	中远海运散运	神华中海	神华 806	SHEN HUA 806	巴拿马型	2014-06-06	中国	五星旗	6.58	75 285
129	中远海运散运	神华中海	宁骅	NING HUA	巴拿马型	1993-11-01	中国	日本	27.18	69 607
130	中远海运散运	神华中海	新世纪 198	XIN SHI JI 198	大灵便型	2010-07-01	中国	五星旗	10.51	57 690
131	中远海运散运	神华中海	新世纪 128	XIN SHI JI 128	大灵便型	2009-12-01	中国	五星旗	11.09	57 662
132	中远海运散运	神华中海	新世纪 188	XIN SHI JI 188	大灵便型	2010-09-01	中国	五星旗	10.34	57 587
133	中远海运散运	神华中海	新世纪 168	XIN SHI JI 168	大灵便型	2010-03-01	中国	五星旗	10.84	57 587
134	中远海运散运	神华中海	神华 561	SHEN HUA 561	大灵便型	2014-03-31	中国	五星旗	6.76	47 727
135	中远海运散运	神华中海	神华 515	SHEN HUA 515	大灵便型	2014-03-12	中国	五星旗	6.81	47 691
136	中远海运散运	神华中海	神华 518	SHEN HUA 518	大灵便型	2014-07-01	中国	五星旗	6.51	47 676
137	中远海运散运	神华中海	神华 562	SHEN HUA 562	大灵便型	2013-07-25	中国	五星旗	7.44	47 676
138	中远海运散运	神华中海	神华 516	SHEN HUA 516	大灵便型	2014-04-16	中国	五星旗	6.72	47 640
139	中远海运散运	神华中海	神华 563	SHEN HUA 563	大灵便型	2013-12-31	中国	五星旗	7.01	47 566
140	中远海运散运	神华中海	神华 536	SHEN HUA 536	大灵便型	2013-10-15	中国	五星旗	7.22	47 555

续上表

序号	所属二级公司（经营）	所属公司（经营）	中文船名	英文船名	船型细分－按大小	出厂时间	建造国家或地区	船旗	船龄（年）	总载重量（吨）
141	中远海运散运	神华中海	神华 533	SHEN HUA 533	大灵便型	2014-03-10	中国	五星旗	6.82	47 525
142	中远海运散运	神华中海	神华 535	SHEN HUA 535	大灵便型	2014-03-10	中国	五星旗	6.82	47 525
143	中远海运散运	神华中海	神华 532	SHEN HUA 532	大灵便型	2014-03-10	中国	五星旗	6.82	47 509
144	中远海运散运	神华中海	神华 538	SHEN HUA 538	大灵便型	2014-07-02	中国	五星旗	6.50	47 500
145	中远海运散运	神华中海	神华 531	SHEN HUA 531	大灵便型	2013-11-15	中国	五星旗	7.13	47 476
146	中远海运散运	神华中海	神华 511	SHEN HUA 511	大灵便型	2013-11-15	中国	五星旗	7.13	46 116
147	中远海运散运	神华中海	神华 512	SHEN HUA 512	大灵便型	2013-11-15	中国	五星旗	7.13	46 116
148	中远海运散运	神华中海	神华 513	SHEN HUA 513	大灵便型	2013-11-15	中国	五星旗	7.13	46 116
149	中远海运散运	神华中海	神华 501	SHEN HUA 501	大灵便型	2011-12-01	中国	五星旗	9.09	46 032
150	中远海运散运	神华中海	神华 522	SHEN HUA 522	大灵便型	2013-11-20	中国	五星旗	7.12	45 948
151	中远海运散运	神华中海	神华 505	SHEN HUA 505	大灵便型	2013-10-10	中国	五星旗	7.23	44 942
152	中远海运散运	神华中海	神华 506	SHEN HUA 506	大灵便型	2013-10-10	中国	五星旗	7.23	44 942
153	中远海运散运	神华中海	神华 525	SHEN HUA 525	大灵便型	2013-10-25	中国	五星旗	7.19	44 942
154	中远海运散运	神华中海	神华 502	SHEN HUA 502	大灵便型	2013-06-19	中国	五星旗	7.54	44 899
155	中远海运散运	神华中海	神华 508	SHEN HUA 508	大灵便型	2013-10-25	中国	五星旗	7.19	44 849
156	中远海运散运	神华中海	神华 503	SHEN HUA 503	大灵便型	2013-08-08	中国	五星旗	7.40	44 842
157	中远海运散运	神华中海	神华 526	SHEN HUA 526	大灵便型	2013-09-11	中国	五星旗	7.31	44 831
158	中远海运散运	神华中海	神华 523	SHEN HUA 523	大灵便型	2013-07-05	中国	五星旗	7.50	44 826
159	中远海运散运	神华中海	神华 528	SHEN HUA 528	大灵便型	2013-10-25	中国	五星旗	7.19	44 806
160	中远海运散运	神华中海	神华 521	SHEN HUA 521	大灵便型	2012-03-01	中国	五星旗	8.84	44 799
161	中远海运散运	香港航运	合平	HE PING	超大型矿砂船（VLOC）	2009-12-08	中国	中国香港	11.07	297 759
162	中远海运散运	香港航运	合永	HE YONG	超大型矿砂船（VLOC）	2009-10-02	中国	中国香港	11.25	297 738

续上表

序号	所属二级公司（经营）	所属公司（经营）	中文船名	英文船名	船型细分－按大小	出厂时间	建造国家或地区	船旗	船龄（年）	总载重量（吨）
163	中远海运散运	香港航运	中远鞍钢	COSCO ANSTEEL	超大型矿砂船（VLOC）	2009-10-14	日本	中国香港	11.22	297 719
164	中远海运散运	香港航运	合瀛	HE YING	超大型矿砂船（VLOC）	2010-07-30	日本	中国香港	10.43	297 679
165	中远海运散运	香港航运	合通	HE TONG	超大型矿砂船（VLOC）	2009-07-01	中国	中国香港	11.51	297 633
166	中远海运散运	香港航运	合恒	HE HENG	超大型矿砂船（VLOC）	2008-12-16	中国	中国香港	12.05	297 592
167	中远海运散运	香港航运	新鞍钢	NEW ANSTEEL	超大型矿砂船（VLOC）	2009-02-13	日本	中国香港	11.89	297 488
168	中远海运散运	香港航运	合利	HE LI	超大型矿砂船（VLOC）	2010-12-22	日本	中国香港	10.03	297 381
169	中远海运散运	香港航运	恒盛	HENG SHENG	好望角型	2011-01-18	中国	中国香港	9.96	207 987
170	中远海运散运	香港航运	恒茂	HENG MAO	好望角型	2011-03-09	中国	中国香港	9.82	207 980
171	中远海运散运	香港航运	中兴海	ZHONG XING HAI	好望角型	2011-05-06	中国	巴拿马	9.66	207 978
172	中远海运散运	香港航运	恒顺	HENG SHUN	好望角型	2011-09-25	中国	中国香港	9.27	207 941
173	中远海运散运	香港航运	远旺海	YUAN WANG HAI	好望角型	2011-06-16	中国	巴拿马	9.55	207 906
174	中远海运散运	香港航运	天发海	TIAN FA HAI	好望角型	2014-02-18	中国	巴拿马	6.87	207 891
175	中远海运散运	香港航运	津达海	JIN DA HAI	好望角型	2014-04-23	中国	巴拿马	6.70	207 811
176	中远海运散运	香港航运	港寰	CHS WORLD	好望角型	2006-01-02	中国	中国香港	15.01	174 232
177	中远海运散运	香港航运	港生	CHS CREATION	好望角型	2006-09-28	中国	中国香港	14.27	174 110
178	中远海运散运	香港航运	港宇	CHS COSMOS	好望角型	2006-03-02	中国	中国香港	14.84	174 091
179	中远海运散运	香港航运	港丰	CHS HARVEST	好望角型	2006-04-19	中国	中国香港	14.71	173 624
180	中远海运散运	香港航运	港华	CHS MAGNIFICENCE	好望角型	2006-09-19	中国	中国香港	14.29	173 541
181	中远海运散运	香港航运	港辉	CHS SPLENDOR	好望角型	2006-01-13	日本	中国香港	14.98	170 000
182	中远海运散运	香港航运	康馨海	KANG XIN HAI	巴拿马型	2014-06-10	中国	巴拿马	6.56	115 339

续上表

序号	所属二级公司（经营）	所属公司（经营）	中文船名	英文船名	船型细分－按大小	出厂时间	建造国家或地区	船旗	船龄（年）	总载重量（吨）
183	中远海运散运	香港航运	马莲海	MA LIAN HAI	巴拿马型	2014-05-08	中国	巴拿马	6.65	115 297
184	中远海运散运	香港航运	郁香海	YU XIANG HAI	巴拿马型	2014-03-10	中国	巴拿马	6.82	115 088
185	中远海运散运	香港航运	宏景	HONG JING	巴拿马型	2008-08-21	日本	中国香港	12.37	82 354
186	中远海运散运	香港航运	宏元	HONG YUAN	巴拿马型	2009-12-03	中国	巴拿马	11.08	76 574
187	中远海运散运	香港航运	宏泰	HONG DAI	巴拿马型	2010-04-30	中国	巴拿马	10.68	76 556
188	中远海运散运	香港航运	宏兴	HONG HING	巴拿马型	2010-07-26	中国	巴拿马	10.44	76 549
189	中远海运散运	香港航运	宏盛	HONG SHENG	巴拿马型	2010-07-30	中国	巴拿马	10.43	76 546
190	中远海运散运	香港航运	宏富	HONG FU	巴拿马型	2009-11-20	中国	中国香港	11.12	76 402
191	中远海运散运	香港航运	宏宇	HONG YU	巴拿马型	2009-09-15	中国	中国香港	11.30	76 364
192	中远海运散运	香港航运	舟山海	ZHOU SHAN HAI	大灵便型	2009-10-20	中国	巴拿马	11.21	56 988
193	中远海运散运	香港航运	金州海	JIN ZHOU HAI	大灵便型	2009-11-30	中国	巴拿马	11.09	56 976
194	中远海运散运	香港航运	普兰海	PU LAN HAI	大灵便型	2010-03-12	中国	巴拿马	10.81	56 966
195	中远海运散运	香港航运	衢山海	QU SHAN HAI	大灵便型	2010-05-06	中国	巴拿马	10.66	56 965
196	中远海运散运	香港航运	岱山海	DAI SHAN HAI	大灵便型	2010-01-05	中国	巴拿马	10.99	56 946
197	中远海运散运	香港航运	顺欣	SHUN XIN	大灵便型	2010-01-30	中国	中国香港	10.93	56 933
198	中远海运散运	香港航运	长山海	CHANG SHAN HAI	大灵便型	2010-06-29	中国	巴拿马	10.52	56 907
199	中远海运散运	香港航运	慈云山	CI YUN SHAN	大灵便型	2010-11-10	中国	中国香港	10.15	56 687
200	中远海运散运	香港航运	嘉盛山	JIA SHENG SHAN	大灵便型	2011-06-30	中国	中国香港	9.51	56 632
201	中远海运散运	香港航运	嘉茂山	JIA MAO SHAN	大灵便型	2011-11-07	中国	中国香港	9.16	56 623
202	中远海运散运	香港航运	嘉惠山	JIA HUI SHAN	大灵便型	2011-04-18	中国	中国香港	9.71	56 611
203	中远海运散运	香港航运	太平山	TAI PING SHAN	大灵便型	2011-09-28	中国	中国香港	9.27	56 607
204	中远海运散运	香港航运	嘉隆山	JIA LONG SHAN	大灵便型	2011-05-09	中国	中国香港	9.65	56 603
205	中远海运散运	香港航运	新柳林海	XIN LIU LIN HAI	大灵便型	2004-06-23	中国	巴拿马	16.53	55 676
206	中远海运散运	香港航运	—	PLACID SEA	大灵便型	2004-07-19	中国	巴拿马	16.46	55 604

续上表

序号	所属二级公司（经营）	所属公司（经营）	中文船名	英文船名	船型细分－按大小	出厂时间	建造国家或地区	船旗	船龄（年）	总载重量（吨）
207	中远海运散运	香港航运	笔架山	BI JIA SHAN	大灵便型	2012–01–01	中国	中国香港	9.01	56 625
208	中远海运散运	香港航运	恒隆	HENG LONG	好望角型	2011–11–18	中国	中国香港	9.13	207 900
209	中远海运散运	香港航运	倚龙山	YI LONG SHAN	巴拿马型	2013–10–15	中国	中国香港	7.22	56 637
210	中远海运散运	香港航运	福全山	FU QUAN SHAN	大灵便型	2013–10–22	中国	中国香港	7.20	56 621
211	中远海运散运	香港航运	锦泰峰	JIN TAI FENG	巴拿马型	2012–06–27	中国	中国香港	8.52	93 758
212	中远海运散运	香港航运	锦文峰	JIN WEN FENG	巴拿马型	2012–06–27	中国	中国香港	8.52	93 696
213	中远海运散运	香港航运	锦华峰	JIN HUA FENG	巴拿马型	2013–01–10	中国	中国香港	7.98	93 738
214	中远海运散运	香港航运	五桂山	WU GUI SHAN	巴拿马型	2013–11–08	中国	中国香港	7.15	56 625
215	中远海运散运	香港航运	寿臣山	SHOU CHEN SHAN	大灵便型	2013–11–18	中国	中国香港	7.12	56 621
216	中远海运散运	香港航运	中海祥和	CS SERENITY	好望角型	2014–03–18	中国	中国香港	6.79	180 364
217	中远海运散运	香港航运	锦霞峰	JIN XIA FENG	巴拿马型	2014–02–18	中国	中国香港	6.87	81 537
218	中远海运散运	香港航运	中粮 1	COFCO 1	巴拿马型	2014–01–23	中国	中国香港	6.94	81 531
219	中远海运散运	香港航运	中海顺和	CS GRACE	好望角型	2014–06–06	中国	中国香港	6.58	180 429
220	中远海运散运	香港航运	中海康和	CS SALUBRITY	好望角型	2014–09–03	中国	中国香港	6.33	180 301
221	中远海运散运	香港航运	中海泰和	CS HARMONY	好望角型	2015–06–25	中国	中国香港	5.52	180 193
222	中远海运散运	香港航运	丰德海	FENG DE HAI	大灵便型	2015–11–30	中国	中国香港	5.09	63 356
223	中远海运散运	香港航运	京津海	JING JIN HAI	巴拿马型	2015–09–21	中国	中国香港	5.28	77 872
224	中远海运散运	香港航运	京鲁海	JING LU HAI	巴拿马型	2015–11–03	中国	中国香港	5.16	77 927
225	中远海运散运	香港航运	珍珠海	ZHEN ZHU HAI	小灵便型	2015–09–02	中国	中国香港	5.33	39 746
226	中远海运散运	香港航运	琥珀海	HU PO HAI	小灵便型	2015–11–06	中国	中国香港	5.16	39 781
227	中远海运散运	香港航运	蓝宝海	LAN BAO HAI	小灵便型	2015–12–29	中国	中国香港	5.01	39 779
228	中远海运散运	香港航运	珊瑚海	SHA HU HAI	小灵便型	2016–08–30	中国	中国香港	4.34	39 765
229	中远海运散运	香港航运	新富海	XIN FU HAI	好望角型	2016–12–15	中国	中国香港	4.05	178 332
230	中远海运散运	香港航运	丰和海	FENG HE HAI	大灵便型	2016–11–16	中国	中国香港	4.13	63 244

续上表

序号	所属二级公司（经营）	所属公司（经营）	中文船名	英文船名	船型细分－按大小	出厂时间	建造国家或地区	船旗	船龄（年）	总载重量（吨）
231	中远海运散运	香港航运	丰秀海	FENG XIU HAI	大灵便型	2016–11–28	中国	中国香港	4.09	63 409
232	中远海运散运	香港航运	绿松海	LV SONG HAI	小灵便型	2016–11–24	中国	中国香港	4.10	38 863
233	中远海运散运	香港航运	岫玉海	XIU YU HAI	小灵便型	2016–12–16	中国	中国香港	4.04	38 836
234	中远海运散运	香港航运	建国海	JIAN GUO HAI	小灵便型	2016–12–08	中国	中国香港	4.07	38 767
235	中远海运散运	香港航运	华盛海	HUA SHENG HAI	巴拿马型	2017–04–26	中国	中国香港	3.68	81 233
236	中远海运散运	香港航运	复兴海	FU XING HAI	小灵便型	2016–12–22	中国	中国香港	4.03	38 801
237	中远海运散运	香港航运	广元海	GUANG YUAN HAI	好望角型	2017–05–12	中国	中国香港	3.64	207 392
238	中远海运散运	香港航运	宁静海	NING JING HAI	大灵便型	2017–04–11	中国	中国香港	3.73	63 573
239	中远海运散运	香港航运	丰惠海	FENG HUI HAI	大灵便型	2017–06–16	中国	中国香港	3.55	63 261
240	中远海运散运	香港航运	丰丽海	FENG LI HAI	大灵便型	2017–08–29	中国	中国香港	3.34	63 424
241	中远海运散运	香港航运	丰茂海	FENG MAO HAI	大灵便型	2017–06–28	中国	中国香港	3.51	63 413
242	中远海运散运	香港航运	安定海	AN DING HAI	小灵便型	2017–05–16	中国	中国香港	3.63	38 801
243	中远海运散运	香港航运	宁悦海	NING YUE HAI	大灵便型	2017–04–20	中国	中国香港	3.70	63 562
244	中远海运散运	香港航运	新丽海	XIN LI HAI	好望角型	2017–05–05	中国	中国香港	3.66	178 302
245	中远海运散运	香港航运	丰收海	FENG SHOU HAI	大灵便型	2017–11–28	中国	中国香港	3.09	63 366
246	中远海运散运	香港航运	德胜海	DE SHENG HAI	小灵便型	2017–05–16	中国	中国香港	3.63	38 822
247	中远海运散运	香港航运	广亨海	GUANG HENG HAI	好望角型	2017–06–06	中国	中国香港	3.57	207 389
248	中远海运散运	香港航运	华兴海	HUA XING HAI	巴拿马型	2017–07–28	中国	中国香港	3.43	81 108
249	中远海运散运	香港航运	宁泰海	NING TAI HAI	大灵便型	2017–07–11	中国	中国香港	3.48	63 475
250	中远海运散运	香港航运	新昌海	XIN CHANG HAI	好望角型	2017–09–12	中国	中国香港	3.30	178 361
251	中远海运散运	香港航运	广利海	GUANG LI HAI	好望角型	2017–06–30	中国	中国香港	3.51	207 241
252	中远海运散运	香港航运	新达海	XIN DA HAI	好望角型	2017–12–28	中国	中国香港	3.01	178 438
253	中远海运散运	香港航运	丰泽海	FENG ZE HAI	大灵便型	2018–06–28	中国	中国香港	2.51	63 413
254	中远海运散运	香港航运	康诚	KANG CHENG	大灵便型	2004–04–30	中国	中国香港	16.68	55 541

续上表

序号	所属二级公司（经营）	所属公司（经营）	中文船名	英文船名	船型细分－按大小	出厂时间	建造国家或地区	船旗	船龄（年）	总载重量（吨）
255	中远海运散运	中国矿运	远识海	YUAN SHI HAI	超大型矿砂船（VLOC）	2013-07-22	中国	新加坡	7.45	399 983
256	中远海运散运	中国矿运	远见海	YUAN JIAN HAI	超大型矿砂船（VLOC）	2013-11-22	中国	新加坡	7.11	399 686
257	中远海运散运	中国矿运	远卓海	YUAN ZHUO HAI	超大型矿砂船（VLOC）	2014-07-11	中国	新加坡	6.48	399 665
258	中远海运散运	中国矿运	远福海	YUAN FU HAI	超大型矿砂船（VLOC）	2019-08-16	中国	新加坡	1.38	398 407
259	中远海运散运	中国矿运	远津海	YUAN JIN HAI	超大型矿砂船（VLOC）	2019-01-25	中国	新加坡	1.93	398 316
260	中远海运散运	中国矿运	远河海	YUAN HE HAI	超大型矿砂船（VLOC）	2018-01-11	中国	新加坡	2.97	398 229
261	中远海运散运	中国矿运	远穗海	YUAN SUI HAI	超大型矿砂船（VLOC）	2019-11-18	中国	新加坡	1.12	398 199
262	中远海运散运	中国矿运	远千海	YUAN QIAN HAI	超大型矿砂船（VLOC）	2020-01-16	中国	新加坡	0.96	398 152
263	中远海运散运	中国矿运	远谊海	YUAN YI HAI	超大型矿砂船（VLOC）	2018-09-17	中国	新加坡	2.29	398 093
264	中远海运散运	中国矿运	远宝海	YUAN BAO HAI	超大型矿砂船（VLOC）	2018-10-26	中国	新加坡	2.18	398 087
265	中远海运散运	中国矿运	远华海	YUAN HUA HAI	超大型矿砂船（VLOC）	2019-10-15	中国	新加坡	1.21	398 075
266	中远海运散运	中国矿运	远神海	YUAN SHEN HAI	超大型矿砂船（VLOC）	2019-05-31	中国	新加坡	1.59	398 017
267	中远海运散运	中国矿运	远谷海	YUAN GU HAI	超大型矿砂船（VLOC）	2018-05-16	中国	新加坡	2.63	397 936
268	中远海运散运	中国矿运	远真海	YUAN ZHEN HAI	超大型矿砂船（VLOC）	2013-03-29	中国	新加坡	7.76	395 687
269	中远海运散运	中国矿运	南沙荣耀	NANSHA HONOR	超大型矿砂船（VLOC）	2020-12-16	中国	新加坡	0.04	324 294

续上表

序号	所属二级公司（经营）	所属公司（经营）	中文船名	英文船名	船型细分－按大小	出厂时间	建造国家或地区	船旗	船龄（年）	总载重量（吨）
270	中远海运发展股份有限公司	中远海运发展股份有限公司	惠智海	HUI ZHI HAI	好望角型	2020-12-18	中国	中国香港	0.04	210 918
271	中远海运发展股份有限公司	中远海运发展股份有限公司	清平山	QING PING SHAN	大灵便型	2015-10-01	中国	中国香港	5.25	63 473
272	中远海运发展股份有限公司	中远海运发展股份有限公司	清泉山	QING QUAN SHAN	大灵便型	2016-12-02	中国	中国香港	4.08	63 473
273	中远海运发展股份有限公司	中远海运发展股份有限公司	清华山	QING HUA SHAN	大灵便型	2016-08-18	中国	中国香港	4.37	63 457
274	中远海运发展股份有限公司	中远海运发展股份有限公司	清云山	QING YUN SHAN	大灵便型	2016-03-01	中国	中国香港	4.84	63 442
275	中远海运散运	中远发展	富恒山	FU HENG SHAN	小灵便型	2011-11-14	中国	五星旗	9.14	67 681
276	中远海运（新加坡）有限公司	中远海运（新加坡）有限公司	—	COS PROSPERIYT	大灵便型	2006-03-28	中国	新加坡	14.77	55 550
277	中远海运（新加坡）有限公司	中远海运（新加坡）有限公司	—	COS ORCHID	大灵便型	2006-02-23	中国	新加坡	14.86	55 539
278	中远海运（新加坡）有限公司	中远海运（新加坡）有限公司	—	COS LUCKY	大灵便型	2003-03-28	日本	新加坡	17.78	52 395
279	中远海运（广州）有限公司	中远海运（广州）有限公司	新粤顺	XIN YUE SHUN	大灵便型	2011-08-15	中国	五星旗	9.39	57 534
280	中远海运散运	中海散运（香港）维利公司	中海繁华	CSB PROSPERITY	超大型矿砂船（VLOC）	2012-02-08	中国	中国香港	8.90	315 279
281	中远海运散运	中海散运（香港）维利公司	中海韶华	CSB BRILLIANT	超大型矿砂船（VLOC）	2012-04-27	中国	中国香港	8.68	315 228
282	中远海运散运	中海散运（香港）维利公司	中海英华	CSB HERALD	超大型矿砂船（VLOC）	2012-06-20	中国	中国香港	8.54	315 145
283	中远海运散运	中海散运（香港）维利公司	中海年华	CSB YEARS	超大型矿砂船（VLOC）	2012-06-26	中国	中国香港	8.52	315 085
284	中远海运散运	中海散运（香港）维利公司	中海荣华	CSB GLORY	超大型矿砂船（VLOC）	2011-12-28	中国	中国香港	9.02	315 063
285	中远海运散运	中海散运（香港）维利公司	中海才华	CSB TALENT	超大型矿砂船（VLOC）	2013-01-30	中国	中国香港	7.92	315 042

续上表

序号	所属二级公司（经营）	所属公司（经营）	中文船名	英文船名	船型细分－按大小	出厂时间	建造国家或地区	船旗	船龄（年）	总载重量（吨）
286	中远海运散运	中海散运（香港）维利公司	中海吉祥	CSB PROPITIOUSNESS	超大型矿砂船（VLOC）	2011–02–25	中国	中国香港	9.85	229 127
287	中远海运散运	中海散运（香港）维利公司	中海希望	CSB HOPE	超大型矿砂船（VLOC）	2010–09–10	中国	中国香港	10.32	229 008
288	中远海运散运	中海散运（香港）维利公司	中海兴旺	CSB FORTUNE	超大型矿砂船（VLOC）	2010–02–05	中国	中国香港	10.91	228 990
289	中远海运散运	中海散运（香港）维利公司	兴隆	FLOURISH	超大型矿砂船（VLOC）	2011–11–11	中国	中国香港	9.15	228 694
290	中远海运散运	中海华润	中海华润 1	ZHONG HAI HUA RUN 1	巴拿马型	2013–09–09	中国	五星旗	7.32	75 397
291	中远海运散运	中海华润	华润电力 3	HUA RUN DIAN LI 3	大灵便型	2012–11–19	中国	五星旗	8.12	45 567
292	中远海运散运	中海华润	华润电力 6	HUA RUN DIAN LI 6	大灵便型	2013–04–15	中国	五星旗	7.72	45 560
293	中远海运散运	中海华润	华润电力 5	HUA RUN DIAN LI 5	大灵便型	2013–02–22	中国	五星旗	7.86	45 555
294	中远海运散运	中海华润	华润电力 2	HUA RUN DIAN LI 2	大灵便型	2012–08–30	中国	五星旗	8.34	45 541
295	中远海运散运	中海华润	华润电力 10	HUA RUN DIAN LI 10	大灵便型	2013–12–24	中国	五星旗	7.02	45 536
296	中远海运散运	中海华润	华润电力 9	HUA RUN DIAN LI 9	大灵便型	2013–11–15	中国	五星旗	7.13	45 536
297	中远海运散运	中海华润	华润电力 7	HUA RUN DIAN LI 7	大灵便型	2013–08–27	中国	五星旗	7.35	45 523
298	中远海运散运	中海华润	华润电力 8	HUA RUN DIAN LI 8	大灵便型	2013–10–18	中国	五星旗	7.21	45 500
299	中远海运散运	香港海宝	仁达	REN DA	超大型矿砂船（VLOC）	2010–06–18	中国	中国香港	10.55	228 888
300	中远海运散运	香港海宝	义达	YI DA	超大型矿砂船（VLOC）	2010–11–30	中国	中国香港	10.09	228 850
301	中远海运散运	香港海宝	礼达	LI DA	超大型矿砂船（VLOC）	2011–11–03	中国	中国香港	9.17	228 771
302	中远海运散运	香港海宝	智达	ZHI DA	超大型矿砂船（VLOC）	2012–01–16	中国	中国香港	8.96	228 749
303	中远海运散运	香港海宝	风华	FENG HUA	好望角型	2013–07–29	中国	中国香港	7.43	180 010
304	中远海运散运	香港海宝	光华	GUANG HUA	好望角型	2013–09–25	中国	中国香港	7.27	179 872

续上表

序号	所属二级公司（经营）	所属公司（经营）	中文船名	英文船名	船型细分－按大小	出厂时间	建造国家或地区	船旗	船龄（年）	总载重量（吨）
305	中远海运散运	香港海宝	铭德	MING DE	巴拿马型	2014-01-20	中国	中国香港	6.95	82 111
306	中远海运散运	香港海宝	文德	WEN DE	巴拿马型	2013-12-10	中国	中国香港	7.06	82 097
307	中远海运散运	上海友好	友好 1	YOU HAO 1	大灵便型	2012-05-18	中国	五星旗	8.63	47 715
308	中远海运散运	上海友好	友好 2	YOU HAO 2	大灵便型	2012-08-28	中国	五星旗	8.35	47 664
309	中远海运散运	上海友好	友好 3	YOU HAO 3	小灵便型	2014-09-25	中国	五星旗	6.27	44 972
310	中远海运散运	上海银桦	银桦 1	YIN HUA 1	大灵便型	2013-11-05	中国	五星旗	7.16	48 413
311	中远海运散运	上海银桦	银桦 2	YIN HUA 2	大灵便型	2014-06-06	中国	五星旗	6.58	48 843
312	中远海运散运	上海时代	时代 20	SHI DAI 20	巴拿马型	2010-10-01	中国	五星旗	10.26	115 663
313	中远海运散运	上海时代	时代 21	SHI DAI 21	巴拿马型	2010-11-01	中国	五星旗	10.17	115 496
314	中远海运散运	上海时代	时代 1	SHI DAI 1	巴拿马型	2007-09-01	中国	五星旗	13.34	76 610
315	中远海运散运	上海时代	时代 2	SHI DAI 2	巴拿马型	2007-12-01	中国	五星旗	13.09	76 509
316	中远海运散运	上海时代	时代 11	SHI DAI 11	巴拿马型	2012-12-28	中国	五星旗	8.01	75 467
317	中远海运散运	上海时代	时代 8	SHI DAI 8	巴拿马型	2012-09-01	中国	五星旗	8.34	75 458
318	中远海运散运	上海时代	时代 9	SHI DAI 9	巴拿马型	2012-11-06	中国	五星旗	8.16	75 458
319	中远海运散运	上海时代	时代 10	SHI DAI 10	巴拿马型	2012-12-28	中国	五星旗	8.01	75 414
320	中远海运散运	上海时代	银致	YIN ZHI	大灵便型	2009-09-01	中国	五星旗	11.34	57 924
321	中远海运散运	上海时代	银远	YIN YUANG	大灵便型	2010-06-01	中国	五星旗	10.59	57 674
322	中远海运散运	上海时代	银连	YIN LIAN	大灵便型	2010-01-01	中国	五星旗	11.01	57 664
323	中远海运散运	上海时代	银杰	YIN JIE	大灵便型	2010-04-01	中国	五星旗	10.76	57 586
324	中远海运散运	上海时代	银顺	YIN SHUN	大灵便型	2009-04-01	中国	五星旗	11.76	53 496
325	中远海运散运	上海时代	银能	YIN NENG	大灵便型	2010-06-01	中国	五星旗	10.59	53 478
326	中远海运散运	上海时代	银宁	YIN NING	大灵便型	2008-01-01	中国	五星旗	13.01	53 380
327	中远海运散运	上海时代	银平	YIN PING	大灵便型	2010-05-01	中国	五星旗	10.68	53 380
328	中远海运散运	上海时代	银彩	YIN CAI	大灵便型	2012-12-18	中国	五星旗	8.04	48 929

续上表

序号	所属二级公司（经营）	所属公司（经营）	中文船名	英文船名	船型细分－按大小	出厂时间	建造国家或地区	船旗	船龄（年）	总载重量（吨）
329	中远海运散运	上海时代	银浩	YIN HAO	大灵便型	2012-10-25	中国	五星旗	8.19	48 910
330	中远海运散运	上海时代	银福	YIN FU	大灵便型	2012-05-01	中国	五星旗	8.67	48 909
331	中远海运散运	上海时代	银禄	YIN LU	大灵便型	2012-06-01	中国	五星旗	8.59	48 886
332	中远海运散运	上海时代	银浦	YIN PU	大灵便型	1997-04-01	日本	五星旗	23.77	46 663
333	中远海运散运	上海时代	银宝	YIN BAO	大灵便型	1996-03-01	中国	五星旗	24.85	45 513
334	中远海运散运	上海时代	银鹤	YING HE	小灵便型	2014-01-20	中国	五星旗	6.95	44 952
335	中远海运散运	上海时代	银瑞	YIN RUI	小灵便型	2012-12-20	中国	五星旗	8.04	44 945
336	中远海运散运	上海时代	银雪	YIN XUE	小灵便型	2013-01-26	中国	五星旗	7.93	44 945
337	中远海运散运	上海时代	银年	YIN NIAN	小灵便型	2013-11-18	中国	五星旗	7.12	44 926
338	中远海运散运	上海时代	天龙星	TIAN LONG XING	小灵便型	1995-08-01	德国	五星旗	25.44	35 683
339	中远海运散运	上海时代	银绣	YIN XIU	小灵便型	1995-08-01	日本	五星旗	25.44	28 730
340	中远海运散运	上海嘉禾	嘉禾航运 1	JIA HE HANG YUN 1	大灵便型	2012-02-29	中国	五星旗	8.84	53 106
341	中远海运散运	上海嘉禾	嘉禾航运 2	JIA HE HANG YUN 2	大灵便型	2012-07-18	中国	五星旗	8.46	53 007
342	中远海运散运	上海嘉禾	友谊 20	YOU YI 20	小灵便型	1992-05-10	巴基斯坦	五星旗	28.66	20 698
343	中远海运散运	广州京海	京海昌	JING HAI CHANG	小灵便型	2010-01-26	中国	五星旗	10.94	15 034
344	中远海运散运	广州京海	京海兴	JING HAI XING	小灵便型	2017-09-16	中国	五星旗	3.29	6588
345	中远海运散运	广州京海	京海旺	JING HAI WANG	小灵便型	2017-12-05	中国	五星旗	3.07	6584
346	中远海运散运	广州京海	京海盛	JING HAI SHENG	小灵便型	2017-10-13	中国	五星旗	3.22	6574
347	中远海运散运	广发航运	广州发展 1	GUANG ZHOU FA ZHAN 1	大灵便型	2010-01-28	中国	五星旗	10.93	57 732
348	中远海运散运	广发航运	广州发展 2	GUANG ZHOU FA ZHAN 2	大灵便型	2010-05-12	中国	五星旗	10.65	57 708
349	中远海运散运	广发航运	广州发展 3	GUANG ZHOU FA ZHAN 3	大灵便型	2010-09-25	中国	五星旗	10.27	57 114
350	中远海运散运	广发航运	广州发展 4	GUANG ZHOU FA ZHAN 4	大灵便型	2011-03-23	中国	五星旗	9.78	57 025

续上表

序号	所属二级公司（经营）	所属公司（经营）	中文船名	英文船名	船型细分－按大小	出厂时间	建造国家或地区	船旗	船龄（年）	总载重量（吨）
351	中远海运散运	广发航运	广州发展 5	GUANG ZHOU FA ZHAN 5	大灵便型	2010–01–22	中国	五星旗	10.95	56 971
352	中远海运散运	大唐航运	中海昌运 3	ZHONG HAI CHANG YUN 3	大灵便型	2009–08–19	中国	五星旗	11.38	57 858
353	中远海运特运	广东省远洋	毓麟海	YU LIN HAI	巴拿马型	2012–03–27	中国	五星旗	8.77	75 380
354	中远海运特运	广东省远洋	毓鹏海	YU PENG HAI	巴拿马型	2010–11–30	中国	五星旗	10.09	76 000
355	上海远望航运有限公司	上海远望航运有限公司	锦瑞峰	JIN RUI FENG	巴拿马型	2012–06–20	中国	五星旗	8.54	93 755
356	上海远望航运有限公司	上海远望航运有限公司	嘉裕山	JIA YU SHAN	大灵便型	2015–02–12	中国	五星旗	5.89	58 054
357	中国—坦桑尼亚联合海运公司	中国—坦桑尼亚联合海运公司	长顺 2 号	CHANG SHUN II	小灵便型	2009–09–25	中国	巴拿马	11.27	67 681
358	厦门远洋	湖南远洋	韶山 8	SHAO SHAN 8	巴拿马型	2014–01–01	中国	中国香港	7.00	75 365
359	厦门远洋	湖南远洋	韶山 1	SHAO SHAN 1	巴拿马型	1997–01–01	日本	中国香港	24.01	74 009
360	国投海运	国投海运	国投 109	GUO TOU 109	大灵便型	2015–02–12	中国	五星旗	5.89	58 089
361	国投海运	国投海运	国投 108	GUO TOU 108	大灵便型	2014–03–10	中国	五星旗	6.82	57 076
362	国投海运	国投海运	国投 101	GUO TOU 101	大灵便型	2010–10–29	中国	五星旗	10.18	56 936
363	国投海运	国投海运	国投 001	GUO TOU 001	大灵便型	2010–08–21	中国	五星旗	10.37	56 916
364	国投海运	国投海运	国投 102	GUO TOU 102	大灵便型	2010–01–03	中国	五星旗	11.00	56 901
365	国投海运	国投海运	国投 103	GUO TOU 103	大灵便型	2011–02–10	中国	五星旗	9.90	56 879
366	国投海运	国投海运	国投 105	GUO TOU 105	大灵便型	2012–01–28	中国	五星旗	8.93	56 704
367	国投海运	国投海运	国投 106	GUO TOU 106	大灵便型	2012–06–28	中国	五星旗	8.52	56 704
368	国投海运	国投海运	国投 107	GUO TOU 107	大灵便型	2013–11–01	中国	五星旗	7.17	56 704
合计（船龄为平均数）									9.16	36 690 889

2020 年中国远洋海运集团油、气船队原油及成品油运输船队自有船舶船名录

表 18–3

序号	所属二级公司（经营）	所属公司（经营）	中文船名	英文船名	船型细分 – 按类型	船型细分 – 按大小	出厂日期	建造国家或地区	船旗	总载重量（吨）
1	中远海运能源	海南能源运输	远盛湖	COSGRAND LAKE	原油运输船	巨型油轮（VLCC）	2006–02–01	日本	巴拿马	298 997
2	中远海运能源	海南能源运输	远惠湖	COSGRACE LAKE	原油运输船	巨型油轮（VLCC）	2006–07–31	日本	巴拿马	299 118
3	中远海运能源	海南能源运输	远怡湖	COSMERRY LAKE	原油运输船	巨型油轮（VLCC）	2006–12–11	中国	巴拿马	298 920
4	中远海运能源	中远海运能源	榕林湾	RONG LIN WAN	原油成品油兼营船	阿芙拉型	2017–07–18	中国	新加坡	109 783
5	中远海运能源	中远海运能源	楠林湾	NAN LIN WAN	原油成品油兼营船	阿芙拉型	2017–04–20	中国	新加坡	109 700
6	中远海运能源	中远海运能源	新龙洋	XIN LONG YANG	原油运输船	巨型油轮（VLCC）	2017–05–19	中国	新加坡	308 376
7	中远海运能源	中远海运能源	新威洋	XIN WEI YANG	原油运输船	巨型油轮（VLCC）	2017–07–20	中国	新加坡	308 313
8	中远海运能源	中远海运能源	新惠洋	XIN HUI YANG	原油运输船	巨型油轮（VLCC）	2018–04–24	中国	新加坡	307 664
9	中远海运能源	中远海运能源	新茂洋	XIN MAO YANG	原油运输船	巨型油轮（VLCC）	2018–10–08	中国	新加坡	307 573
10	中远海运能源	中远海运能源	山鹰座	SHAN YING ZUO	原油成品油兼营船	巴拿马型	2010–11–05	中国	新加坡	75 588
11	中远海运能源	中远海运能源	孔雀座	KONG QUE ZUO	原油成品油兼营船	巴拿马型	2011–06–27	中国	新加坡	75 579
12	中远海运能源	中远海运石油运输有限公司	辽油 123	LIAO YOU 123	成品油船	通用型	2007–11–26	中国	五星旗	10 968
13	中远海运能源	中远海运石油运输有限公司	辽油 128	LIAO YOU 128	成品油船	通用型	2007–03–29	中国	五星旗	12 819
14	中远海运能源	中远海运石油运输有限公司	辽油 602	LIAO YOU 602	成品油船	通用型	2006–07–24	中国	五星旗	6640
15	中远海运能源	中远海运石油运输有限公司	辽油 126	LIAO YOU 126	成品油船	通用型	2006–08–04	中国	五星旗	12 768
16	中远海运能源	中远海运石油运输有限公司	辽油 121	LIAO YOU 121	成品油船	通用型	2007–03–22	中国	五星旗	10 968

续上表

序号	所属二级公司（经营）	所属公司（经营）	中文船名	英文船名	船型细分－按类型	船型细分－按大小	出厂日期	建造国家或地区	船旗	总载重量（吨）
17	中远海运能源	北海船务	滨海 608	BIN HAI 608	原油成品油兼营船	通用型	1999-08-26	中国	五星旗	4178
18	中远海运能源	中远海运石油运输有限公司	昆仑油 003	KUN LUN YOU 003	成品油船	灵便型	2008-01-29	中国	五星旗	12 929
19	中远海运能源	中远海运石油运输有限公司	昆仑油 202	KUN LUN YOU 202	成品油船	通用型	2011-12-30	中国	五星旗	30 046
20	中远海运能源	中远海运能源	远池	YUAN CHI	原油成品油兼营船	灵便型	2009-07-27	中国	五星旗	42 005
21	中远海运能源	北海船务	北海凤凰	BEI HAI FENG HUANG	原油成品油兼营船	巴拿马型	2019-12-18	中国	五星旗	64 900
22	中远海运能源	中远海运能源	远莲湾	YUAN LIAN WAN	原油成品油兼营船	阿芙拉型	2019-12-13	中国	五星旗	113 826
23	中远海运能源	海南能源运输	大理湖	DA LI HU	原油运输船	苏伊士型	2004-12-20	中国	五星旗	159 549
24	中远海运能源	中远海运能源	连平湖	LIAN PING HU	原油运输船	巴拿马型	2005-01-01	中国	五星旗	71 940
25	中远海运能源	中远海运能源	连运湖	LIAN YUN HU	原油运输船	巴拿马型	2006-05-30	中国	五星旗	75 493
26	中远海运能源	海南能源运输	连欢湖	LIAN HUAN HU	原油成品油兼营船	灵便型	2015-12-16	中国	五星旗	50 239
27	中远海运能源	中远海运能源	远樟湖	YUAN ZHANG HU	原油运输船	巴拿马型	2020-04-08	中国	五星旗	64 825
28	中远海运能源	北海船务	北海鲲鹏	BEI HAI KUN PENG	原油成品油兼营船	巴拿马型	2020-06-23	中国	五星旗	64 810
29	中远海运能源	中远海运能源	远荷湾	YUAN HE WAN	原油成品油兼营船	阿芙拉型	2020-04-03	中国	五星旗	113 642
30	中远海运能源	中远海运石油运输有限公司	鄱阳湖	PO YANG HU	成品油船	巴拿马型	1994-03-08	中国	五星旗	61 957
31	中远海运能源	海南能源运输	连松湖	LIAN SONG HU	原油成品油兼营船	巴拿马型	2015-12-04	中国	五星旗	72 745
32	中远海运能源	海南能源运输	连柏湖	LIAN BAI HU	原油成品油兼营船	巴拿马型	2015-12-04	中国	五星旗	72 745
33	中远海运能源	海南能源运输	洋宁湖	YANG NING HU	原油成品油兼营船	阿芙拉型	2009-08-01	中国	五星旗	109 815
34	中远海运能源	海南能源运输	洋丽湖	YANG LI HU	原油成品油兼营船	阿芙拉型	2010-05-01	中国	五星旗	109 892
35	中远海运能源	中远海运能源	远山湖	YUAN SHAN HU	原油运输船	巨型油轮（VLCC）	2010-04-01	中国	五星旗	297 316
36	中远海运能源	海南能源运输	大明湖	DA MING HU	原油运输船	苏伊士型	2003-11-01	中国	五星旗	159 149
37	中远海运能源	海南能源运输	大源湖	DA YUAN HU	原油运输船	苏伊士型	2004-06-10	中国	五星旗	159 149
38	中远海运能源	洋浦公司	连安湖	LIAN AN HU	原油运输船	巴拿马型	2005-05-12	中国	五星旗	71 960

续上表

序号	所属二级公司（经营）	所属公司（经营）	中文船名	英文船名	船型细分－按类型	船型细分－按大小	出厂日期	建造国家或地区	船旗	总载重量（吨）
39	中远海运能源	海南能源运输	连顺湖	LIAN SHUN HU	原油运输船	巴拿马型	2005-06-01	中国	五星旗	71 956
40	中远海运能源	中远海运能源	连兴湖	LIAN XING HU	原油运输船	巴拿马型	2006-08-01	中国	五星旗	75 504
41	中远海运能源	中远海运能源	连盛湖	LIAN SHENG HU	原油运输船	巴拿马型	2006-09-01	中国	五星旗	75 499
42	中远海运能源	中远海运能源	远桉湖	YUAN AN HU	原油运输船	巴拿马型	2020-06-23	中国	五星旗	64 898
43	中远海运能源	中远海运能源	远棠湾	YUAN TANG WAN	原油成品油兼营船	阿芙拉型	2020-07-16	中国	五星旗	113 684
44	中远海运能源	北海船务	北海麒麟	BEI HAI QI LIN	原油成品油兼营船	巴拿马型	2020-09-04	中国	五星旗	64 926
45	中远海运能源	海南能源运输	远东海	YUAN DONG HAI	原油运输船	苏伊士型	2020-08-30	中国	五星旗	158 677
46	中远海运能源	海南能源运输	远华洋	YUAN HUA YANG	原油运输船	巨型油轮（VLCC）	2020-09-23	中国	五星旗	319 786
47	中远海运能源	海南能源运输	远兰湾	YUAN LAN WAN	原油成品油兼营船	阿芙拉型	2020-11-19	中国	五星旗	109 844
48	中远海运能源	海南能源运输	远贵洋	YUAN GUI YANG	原油运输船	巨型油轮（VLCC）	2020-11-12	中国	五星旗	319 702
49	中远海运能源	海南能源运输	远南海	YUAN NAN HAI	原油运输船	苏伊士型	2020-12-01	中国	五星旗	158 694
50	中远海运能源	洋浦公司	洞庭湖	DONG TING HU	原油运输船	巴拿马型	1994-04-08	中国	五星旗	61 957
51	中远海运能源	海南能源运输	远秋湖	YUAN QIU HU	原油运输船	巨型油轮（VLCC）	2014-10-21	中国	五星旗	308 581
52	中远海运能源	海南能源运输	远花湖	YUAN HUA HU	原油运输船	巨型油轮（VLCC）	2015-12-08	中国	五星旗	308 000
53	中远海运能源	海南能源运输	远月湖	YUAN YUE HU	原油运输船	巨型油轮（VLCC）	2014-10-13	中国	五星旗	308 000
54	中远海运能源	中远海运能源	柳林湾	LIU LIN WAN	原油成品油兼营船	阿芙拉型	2004-05-20	中国	五星旗	109 181
55	中远海运能源	中远海运能源	杨林湾	YANG LIN WAN	原油成品油兼营船	阿芙拉型	2004-08-18	中国	五星旗	109 411
56	中远海运能源	中远海运能源	榆林湾	YU LIN WAN	原油成品油兼营船	阿芙拉型	2004-11-18	中国	五星旗	109 277
57	中远海运能源	中远海运能源	新金洋	XIN JIN YANG	原油运输船	巨型油轮（VLCC）	2004-11-28	中国	五星旗	297 376
58	中远海运能源	中远海运能源	新宁洋	XIN NING YANG	原油运输船	巨型油轮（VLCC）	2005-04-11	中国	五星旗	297 439

续上表

序号	所属二级公司（经营）	所属公司（经营）	中文船名	英文船名	船型细分－按类型	船型细分－按大小	出厂日期	建造国家或地区	船旗	总载重量（吨）
59	中远海运能源	中远海运能源	新安洋	XIN AN YANG	原油运输船	巨型油轮（VLCC）	2007-11-10	中国	五星旗	297 491
60	中远海运能源	中远海运能源	新甬洋	XIN YONG YANG	原油运输船	巨型油轮（VLCC）	2010-07-10	中国	五星旗	309 266
61	中远海运能源	中远海运能源	新申洋	XIN SHEN YANG	原油运输船	巨型油轮（VLCC）	2010-12-09	中国	五星旗	309 189
62	中远海运能源	中远海运能源	新厦洋	XIN XIA YANG	原油运输船	巨型油轮（VLCC）	2011-02-11	中国	五星旗	309 140
63	中远海运能源	北海船务	北海名望	BEI HAI MING WANG	原油成品油兼营船	阿芙拉型	2013-07-05	中国	五星旗	116 166
64	中远海运能源	北海船务	北海展望	BEI HAI ZHAN WANG	原油成品油兼营船	阿芙拉型	2008-11-05	中国	五星旗	104 324
65	中远海运能源	北海船务	北海奋进	BEI HAI FEN JIN	原油成品油兼营船	巴拿马型	2017-09-02	中国	五星旗	63 508
66	中远海运能源	北海船务	北海威望	BEI HAI WEI WANG	原油成品油兼营船	阿芙拉型	2007-08-02	中国	五星旗	104 405
67	中远海运能源	北海船务	北海开拓	BEI HAI KAI TUO	原油成品油兼营船	巴拿马型	2017-05-18	中国	五星旗	63 401
68	中远海运能源	北海船务	北海厚望	BEI HAI HOU WANG	原油成品油兼营船	灵便型	2011-08-30	中国	五星旗	56 168
69	中远海运能源	北海船务	北海众望	BEI HAI ZHONG WANG	原油成品油兼营船	灵便型	2011-06-18	中国	五星旗	56 192
70	中远海运能源	北海船务	北海远望	BEI HAI YUAN WANG	原油成品油兼营船	灵便型	2004-01-02	中国	五星旗	45 828
71	中远海运能源	北海船务	滨海 607	BIN HAI 607	原油成品油兼营船	通用型	1999-07-28	中国	五星旗	4850
72	中远海运能源	中远海运能源	平池	PING CHI	原油成品油兼营船	灵便型	2002-12-25	中国	五星旗	42 196
73	中远海运能源	中远海运能源	安池	AN CHI	原油成品油兼营船	灵便型	2003-04-27	中国	五星旗	42 196
74	中远海运能源	中远海运能源	昌池	CHANG CHI	原油成品油兼营船	灵便型	2003-08-27	中国	五星旗	42 196
75	中远海运能源	中远海运能源	盛池	SHENG CHI	原油成品油兼营船	灵便型	2003-12-18	中国	五星旗	42 147
76	中远海运能源	中远海运能源	兴池	XING CHI	原油成品油兼营船	灵便型	2004-03-15	中国	五星旗	42 017
77	中远海运能源	中远海运能源	旺池	WANG CHI	原油成品油兼营船	灵便型	2004-04-14	中国	五星旗	42 003
78	中远海运能源	中远海运能源	腾池	TENG CHI	原油成品油兼营船	灵便型	2005-01-16	中国	五星旗	42 047
79	中远海运能源	中远海运能源	达池	DA CHI	原油成品油兼营船	灵便型	2005-01-16	中国	五星旗	42 047
80	中远海运能源	中远海运能源	新埔洋	XIN PU YANG	原油运输船	巨型油轮（VLCC）	2010-01-07	中国	五星旗	309 362

续上表

序号	所属二级公司（经营）	所属公司（经营）	中文船名	英文船名	船型细分－按类型	船型细分－按大小	出厂日期	建造国家或地区	船旗	总载重量（吨）
81	中远海运能源	中远海运能源	天鸿座	TIAN HONG ZUO	原油成品油兼营船	巴拿马型	2016-09-02	中国	五星旗	64 986
82	中远海运能源	中远海运能源	天鹰座	TIAN YING ZUO	原油成品油兼营船	巴拿马型	2016-11-29	中国	五星旗	64 982
83	中远海运能源	中远海运能源	天鹤座	TIAN HE ZUO	原油成品油兼营船	巴拿马型	2017-03-28	中国	五星旗	64 984
84	中远海运能源	中远海运能源	麒麟座	QI LIN ZUO	原油成品油兼营船	巴拿马型	2009-05-05	中国	五星旗	75 568
85	中远海运能源	中远海运能源	飞马座	FEI MA ZUO	原油成品油兼营船	巴拿马型	2009-10-22	中国	五星旗	75 579
86	中远海运能源	中远海运能源	羚羊座	LING YANG ZUO	原油成品油兼营船	巴拿马型	2010-01-15	中国	五星旗	75 573
87	中远海运能源	中远海运能源	海豚座	HAI TUN ZUO	原油成品油兼营船	巴拿马型	2010-03-23	中国	五星旗	75 571
88	中远海运能源	中远海运能源	金牛座	JIN NIU ZUO	原油成品油兼营船	巴拿马型	2005-08-05	中国	五星旗	75 493
89	中远海运能源	中远海运能源	狮子座	SHI ZI ZUO	原油成品油兼营船	巴拿马型	2005-09-06	中国	五星旗	75 447
90	中远海运能源	中远海运能源	天龙座	TIAN LONG ZUO	原油成品油兼营船	巴拿马型	2006-04-07	中国	五星旗	75 484
91	中远海运能源	中远海运能源	凤凰座	FENG HUANG ZUO	原油成品油兼营船	巴拿马型	2006-06-13	中国	五星旗	75 514
92	中远海运能源	中远海运能源	瑞金潭	RUI JIN TAN	原油运输船	灵便型	2007-04-01	中国	五星旗	52 687
93	中远海运能源	中远海运能源	黎平潭	LI PING TAN	原油运输船	灵便型	2007-06-25	中国	五星旗	52 670
94	中远海运能源	中远海运能源	遵义潭	ZUN YI TAN	原油运输船	灵便型	2007-09-09	中国	五星旗	52 662
95	中远海运能源	中远海运能源	泸定潭	LU DING TAN	原油运输船	灵便型	2007-12-06	中国	五星旗	52 682
96	中远海运能源	中远海运能源	珊瑚座	SHAN HU ZUO	原油成品油兼营船	巴拿马型	2010-05-22	中国	五星旗	75 596
97	中远海运能源	中远海运能源	鲸鱼座	JING YU ZUO	原油成品油兼营船	巴拿马型	2010-07-19	中国	五星旗	75 577
98	中远海运能源	中远海运能源	百池	BAI CHI	原油成品油兼营船	灵便型	2007-07-19	中国	五星旗	41 983
99	中远海运能源	中远海运能源	年池	NIAN CHI	原油成品油兼营船	灵便型	2008-11-05	中国	五星旗	41 956
100	中远海运能源	中远海运能源	荣池	RONG CHI	原油成品油兼营船	灵便型	2012-04-05	中国	五星旗	48 698
101	中远海运能源	中远海运能源	华池	HUA CHI	原油成品油兼营船	灵便型	2012-08-21	中国	五星旗	48 743
102	中远海运能源	中远海运能源	富池	FU CHI	原油成品油兼营船	灵便型	2012-07-20	中国	五星旗	48 769
103	中远海运能源	中远海运能源	贵池	GUI CHI	原油成品油兼营船	灵便型	2012-10-25	中国	五星旗	48 801
104	中远海运能源	中远海运能源	秀池	XIU CHI	原油成品油兼营船	灵便型	2012-11-26	中国	五星旗	48 781

续上表

序号	所属二级公司（经营）	所属公司（经营）	中文船名	英文船名	船型细分－按类型	船型细分－按大小	出厂日期	建造国家或地区	船旗	总载重量（吨）
105	中远海运能源	中远海运能源	丽池	LI CHI	原油成品油兼营船	灵便型	2012-10-08	中国	五星旗	48 653
106	中远海运能源	中远海运能源	河池	HE CHI	原油成品油兼营船	灵便型	2013-01-04	中国	五星旗	48 698
107	中远海运能源	中远海运能源	山池	SHAN CHI	原油成品油兼营船	灵便型	2013-01-08	中国	五星旗	48 739
108	中远海运能源	中远海运能源	华川	HUA CHUAN	成品油船	通用型	2013-01-08	中国	五星旗	6323
109	中远海运能源	中远海运能源	桃林湾	TAO LIN WAN	原油成品油兼营船	阿芙拉型	2012-09-20	中国	五星旗	109 533
110	中远海运能源	中远海运能源	梅林湾	MEI LIN WAN	原油成品油兼营船	阿芙拉型	2012-11-02	中国	五星旗	109 485
111	中远海运能源	中远海运能源	桦林湾	HUA LIN WAN	原油成品油兼营船	阿芙拉型	2012-12-07	中国	五星旗	109 475
112	中远海运能源	中远海运石油运输有限公司	昆仑油 106	KUN LUN YOU 106	成品油船	通用型	2010-04-29	中国	五星旗	13 085
113	中远海运能源	中远海运石油运输有限公司	昆仑油 201	KUN LUN YOU 201	成品油船	通用型	2011-12-15	中国	五星旗	30 119
114	中远海运能源	中远海运石油运输有限公司	华海 5	HUA HAI 5	成品油船	灵便型	2001-09-01	中国	五星旗	40 643
115	中远海运能源	中远海运石油运输有限公司	华海 6	HUA HAI 6	成品油船	灵便型	2002-12-01	中国	五星旗	40 643
116	中远海运能源	中远海运石油运输有限公司	华海 21	HUA HAI 21	成品油船	灵便型	2013-03-01	中国	五星旗	48 764
117	中远海运能源	海南能源运输	远春湖	YUAN CHUN HU	原油运输船	巨型油轮（VLCC）	2014-06-25	中国	五星旗	308 013
118	中远海运能源	海南能源运输	洋美湖	YANG MEI HU	原油成品油兼营船	阿芙拉型	2010-02-01	中国	五星旗	109 855
119	中远海运能源	中远海运能源	远洋湖	YUAN YANG HU	原油运输船	巨型油轮（VLCC）	2010-01-01	中国	五星旗	297 305
120	中远海运能源	中远海运石油运输有限公司	昆仑油 203	KUN LUN YOU 203	成品油船	通用型	2012-07-09	中国	五星旗	30 032
121	中远海运能源	中远海运石油运输有限公司	昆仑油 205	KUN LUN YOU 205	成品油船	通用型	2012-07-27	中国	五星旗	30 032
122	中远海运能源	中远海运石油运输有限公司	昆仑油 206	KUN LUN YOU 206	成品油船	通用型	2012-10-19	中国	五星旗	30 032

续上表

序号	所属二级公司（经营）	所属公司（经营）	中文船名	英文船名	船型细分－按类型	船型细分－按大小	出厂日期	建造国家或地区	船旗	总载重量（吨）
123	中远海运能源	广州三鼎	三鼎长乐		原油运输船	巴拿马型	2013-04-18	中国	五星旗	75 507
124	中远海运能源	广州三鼎	三鼎长春		原油运输船	巴拿马型	2012-06-18	中国	五星旗	75 461
125	中远海运能源	海南能源运输	远大湖	COSGREAT LAKE	原油运输船	巨型油轮（VLCC）	2002-12-01	中国	巴拿马	298 833
126	中远海运能源	海南能源运输	远荣湖	COSGLORY LAKE	原油运输船	巨型油轮（VLCC）	2003-01-01	日本	巴拿马	299 145
127	中远海运能源	海南能源运输	远明湖	COSBRIGHT LAKE	原油运输船	巨型油轮（VLCC）	2003-04-01	中国	巴拿马	299 079
128	中远海运能源	中远海运能源	飞池	FEI CHI	原油成品油兼营船	灵便型	2005-12-11	中国	中国香港	42 036
129	中远海运能源	中远海运能源	跃池	YUE CHI	原油成品油兼营船	灵便型	2006-03-16	中国	中国香港	42 053
130	中远海运能源	中远海运能源	千池	QIAN CHI	原油成品油兼营船	灵便型	2008-06-30	中国	中国香港	45 541
131	中远海运能源	中远海运能源	新通洋	XIN TONG YANG	原油运输船	巨型油轮（VLCC）	2009-01-04	中国	中国香港	297 183
132	中远海运能源	中远海运能源	秋池	QIU CHI	原油成品油兼营船	灵便型	2009-01-15	中国	中国香港	45 484
133	中远海运能源	中远海运能源	中池	ZHONG CHI	原油成品油兼营船	灵便型	2009-03-03	中国	中国香港	41 968
134	中远海运能源	中远海运能源	伟池	WEI CHI	原油成品油兼营船	灵便型	2009-06-22	中国	中国香港	45 854
135	中远海运能源	中远海运能源	新润洋	XIN RUN YANG	原油运输船	巨型油轮（VLCC）	2009-07-07	中国	中国香港	297 244
136	中远海运能源	中远海运能源	新岳洋	XIN YUE YANG	原油运输船	巨型油轮（VLCC）	2009-09-03	中国	中国香港	297 232
137	中远海运能源	中远海运能源	业池	YE CHI	原油成品油兼营船	灵便型	2009-11-18	中国	中国香港	45 740
138	中远海运能源	中远海运能源	新汉洋	XIN HAN YANG	原油运输船	巨型油轮（VLCC）	2009-12-12	中国	中国香港	297 293
139	中远海运能源	中远海运能源	白鹭座	BAI LU ZUO	原油成品油兼营船	巴拿马型	2011-11-18	中国	中国香港	75 595
140	中远海运能源	中远海运能源	天鹅座	TIAN E ZUO	原油成品油兼营船	巴拿马型	2012-02-23	中国	中国香港	75 594
141	中远海运能源	海南能源运输	远兴湖	COSGLAD LAKE	原油运输船	巨型油轮（VLCC）	2010-01-29	中国	中国香港	297 388

续上表

序号	所属二级公司（经营）	所属公司（经营）	中文船名	英文船名	船型细分－按类型	船型细分－按大小	出厂日期	建造国家或地区	船旗	总载重量（吨）
142	中远海运能源	海南能源运输	远富湖	COSRICH LAKE	原油运输船	巨型油轮（VLCC）	2011-10-14	中国	中国香港	297 163
143	中远海运能源	海南能源运输	远金湖	COSGOLD LAKE	原油运输船	巨型油轮（VLCC）	2009-05-05	中国	中国香港	297 163
144	中远海运能源	海南能源运输	远翠湖	COSJADE LAKE	原油运输船	巨型油轮（VLCC）	2009-01-01	日本	中国香港	298 216
145	中远海运能源	海南能源运输	远珍湖	COSPEARL LAKE	原油运输船	巨型油轮（VLCC）	2008-01-01	日本	中国香港	298 195
146	中远海运能源	中远海运能源	新丹洋	XIN DAN YANG	原油运输船	巨型油轮（VLCC）	2013-11-20	中国	中国香港	322 829
147	中远海运能源	中远海运能源	新连洋	XIN LIAN YANG	原油运输船	巨型油轮（VLCC）	2014-01-06	中国	中国香港	322 861
148	中远海运能源	中远海运能源	桐林湾	TONG LIN WAN	原油成品油兼营船	阿芙拉型	2014-05-23	中国	中国香港	109 615
149	中远海运能源	海南能源运输	远翔湖	COSFLYING LAKE	原油运输船	巨型油轮（VLCC）	2015-04-16	中国	中国香港	310 421
150	中远海运能源	海南能源运输	远智湖	COSWISDOM LAKE	原油运输船	巨型油轮（VLCC）	2015-11-18	中国	中国香港	308 019
151	中远海运能源	海南能源运输	远腾湖	COSRISING LAKE	原油运输船	巨型油轮（VLCC）	2015-12-23	中国	中国香港	310 595
152	中远海运能源	海南能源运输	远尊湖	COSDIGNITY LAKE	原油运输船	巨型油轮（VLCC）	2015-11-26	中国	中国香港	308 085
153	中远海运能源	海南能源运输	连喜湖	LIAN XI HU	原油成品油兼营船	灵便型	2015-12-16	中国	中国香港	50 252
154	中远海运能源	海南能源运输	远誉湖	COSHONOUR LAKE	原油运输船	巨型油轮（VLCC）	2015-12-18	中国	中国香港	307 953
155	中远海运能源	海南能源运输	远喜湖	COSLUCKY LAKE	原油运输船	巨型油轮（VLCC）	2015-12-17	中国	中国香港	310 574
156	中远海运能源	海南能源运输	连乐湖	LIAN LE HU	原油成品油兼营船	灵便型	2015-12-16	中国	中国香港	50 239
157	中远海运能源	海南能源运输	远旺湖	COSFLOURISH LAKE	原油运输船	巨型油轮（VLCC）	2015-12-10	中国	中国香港	308 152

续上表

序号	所属二级公司（经营）	所属公司（经营）	中文船名	英文船名	船型细分－按类型	船型细分－按大小	出厂日期	建造国家或地区	船旗	总载重量（吨）
158	中远海运能源	海南能源运输	远贺湖	COSWISH LAKE	原油运输船	巨型油轮（VLCC）	2015-12-10	中国	中国香港	318 737
159	中远海运能源	海南能源运输	连杨湖	LIAN YANG HU	原油成品油兼营船	巴拿马型	2015-12-23	中国	中国香港	72 712
160	中远海运能源	海南能源运输	远新湖	COSNEW LAKE	原油运输船	巨型油轮（VLCC）	2015-12-10	中国	中国香港	318 803
161	中远海运能源	海南能源运输	连杉湖	LIAN SHAN HU	原油成品油兼营船	巴拿马型	2015-12-23	中国	中国香港	72 780
162	中远海运能源	海南能源运输	连桂湖	LIAN GUI HU	原油成品油兼营船	巴拿马型	2015-12-23	中国	中国香港	72 822
163	中远海运能源	中远海运能源	远昆洋	YUAN KUN YANG	原油运输船	巨型油轮（VLCC）	2020-08-28	中国	中国香港	310 297
合计										21 784 343

2020 年中国远洋海运集团油、气船队 LNG/LPG 自有船舶船名录

表 18–4

序号	所属二级公司（经营）	所属公司（经营）	中文船名	英文船名	船型细分 – 按类型	出厂日期	建造国家或地区	船旗	总载重量（吨）	LNG/LPG 立方数（立方米）
1	中远海运能源	CLNG	—	BORIS DAVYDOV	LNG 运输船	2019–01–18	韩国	塞浦路斯	98 000	172 610
2	中远海运能源	CLNG	—	NIKOLAY ZUBOV	LNG 运输船	2019–02–22	韩国	塞浦路斯	98 000	172 610
3	中远海运能源	CLNG	—	FEDOR LITKE	LNG 运输船	2018–01–08	韩国	塞浦路斯	98 000	172 610
4	中远海运能源	CLNG	—	BORIS VILKITSKY	LNG 运输船	2017–12–26	韩国	塞浦路斯	98 000	172 610
5	中远海运能源	CLNG	—	GEORGIY BRUSILOV	LNG 运输船	2018–12–10	韩国	塞浦路斯	98 000	172 610
6	中远海运能源	CLNG	—	EDUARD TOLL	LNG 运输船	2018–01–09	韩国	巴哈马群岛	98 000	172 610
7	中远海运能源	CLNG	—	RUDOLF SAMOYLOVICH	LNG 运输船	2018–09–06	韩国	巴哈马群岛	98 000	172 610
8	中远海运能源	CLNG	—	NIKOLAY YEVGENOV	LNG 运输船	2019–06–03	韩国	巴哈马群岛	98 000	172 610
9	中远海运能源	CLNG	—	VLADIMIR VORONIN	LNG 运输船	2019–08–13	韩国	巴哈马群岛	98 000	172 610
10	中远海运能源	CLNG	—	GEORGIY USHAKOV	LNG 运输船	2019–11–06	韩国	巴哈马群岛	98 000	172 610
11	中远海运能源	CLNG	泛亚	PAN ASIA	LNG 运输船	2017–10–13	中国	中国香港	83 312	147 000
12	中远海运能源	CLNG	泛美	PAN AMERICAS	LNG 运输船	2018–01–31	中国	中国香港	83 312	147 000
13	中远海运能源	CLNG	泛欧	PAN EUROPE	LNG 运输船	2018–07–10	中国	中国香港	83 312	147 000
14	中远海运能源	CLNG	泛非	PAN AFRICA	LNG 运输船	2019–01–08	中国	中国香港	83 312	147 000
15	中远海运能源	CLNG	大鹏昊	DAPENG SUN	LNG 运输船	2008–04–03	中国	中国香港	83 050	147 236
16	中远海运能源	CLNG	大鹏月	DAPENG MOON	LNG 运输船	2008–07–10	中国	中国香港	83 050	147 236
17	中远海运能源	CLNG	申海	SHEN HAI	LNG 运输船	2012–09–20	中国	中国香港	82 625	147 000
18	中远海运能源	CLNG	闽鹭	MIN LU	LNG 运输船	2009–03–11	中国	中国香港	82 598	147 236
19	中远海运能源	CLNG	大鹏星	DAPENG STAR	LNG 运输船	2009–12–10	中国	中国香港	82 428	147 236
20	中远海运能源	CLNG	闽榕	MIN RONG	LNG 运输船	2009–08–17	中国	中国香港	82 359	147 236
21	中远海运能源	CLNG	—	YAKOV GAKKEL	LNG 运输船	2019–12–04	韩国	巴哈马群岛	79 880	172 610

续上表

序号	所属二级公司（经营）	所属公司（经营）	中文船名	英文船名	船型细分－按类型	出厂日期	建造国家或地区	船旗	总载重量（吨）	LNG/LPG 立方数（立方米）
22	中远海运能源	LNG 公司（联合营）	北斗星	BEIDOU STAR	LNG 运输船	2015-11-30	中国	中国香港	84 480	171 825
23	中远海运能源	LNG 公司（联合营）	巴布亚	PAPUA	LNG 运输船	2015-01-31	中国	中国香港	84 444	171 859
24	中远海运能源	LNG 公司（联合营）	天堂鸟	KUMUL	LNG 运输船	2016-04-29	中国	中国香港	84 379	171 877
25	中远海运能源	LNG 公司（联合营）	南十字星	SOUTHERN CROSS	LNG 运输船	2015-06-30	中国	中国香港	84 318	171 859
26	中远海运能源	LNG 公司（联合营）	天枢星	LNG DUBHE	LNG 运输船	2018-10-19	中国	中国香港	80 155	174 089
27	中远海运能源	LNG 公司（联合营）	天璇星	LNG MERAK	LNG 运输船	2020-01-09	中国	中国香港	80 155	174 089
28	中远海运能源	LNG 公司（联合营）	天玑星	LNG PHECDA	LNG 运输船	2020-08-31	中国	中国香港	80 155	174 089
29	中远海运能源	LNG 公司（联合营）	天权星	LNG MEGREZ	LNG 运输船	2020-10-31	中国	中国香港	80 155	174 089
30	中远海运能源	LNG 公司（联合营）	—	VLADIMIR RUSANOV	LNG 运输船	2018-03-26	韩国	中国香港	79 970	172 410
31	中远海运能源	LNG 公司（联合营）	—	VLADIMIR VIZE	LNG 运输船	2018-10-19	韩国	中国香港	79 970	172 410
32	中远海运能源	LNG 公司（联合营）	—	NIKOLAY URVANTSEV	LNG 运输船	2019-08-30	韩国	中国香港	79 970	172 410
33	中远海运能源	上海 LNG	中能福石	CESI GLADSTONE	LNG 运输船	2016-10-18	中国	中国香港	84 065	174 059
34	中远海运能源	上海 LNG	中能青岛	CESI QINGDAO	LNG 运输船	2017-01-06	中国	中国香港	84 064	173 999
35	中远海运能源	上海 LNG	中能北海	CESI BEIHAI	LNG 运输船	2017-06-01	中国	中国香港	84 000	173 999
36	中远海运能源	上海 LNG	中能天津	CESI TIANJIN	LNG 运输船	2017-09-26	中国	中国香港	84 000	173 999
37	中远海运能源	上海 LNG	中能温州	CESI WENZHOU	LNG 运输船	2018-01-31	中国	中国香港	84 000	173 999
38	中远海运能源	上海 LNG	中能连云港	CESI LIANYUNGANG	LNG 运输船	2018-05-31	中国	中国香港	84 000	173 999
39	大连投资	龙鹏公司	百花源	BAI HUA YUAN	LPG 运输船	1997-10-07	日本	五星旗	3338	3500

续上表

序号	所属二级公司（经营）	所属公司（经营）	中文船名	英文船名	船型细分－按类型	出厂日期	建造国家或地区	船旗	总载重量（吨）	LNG/LPG 立方数（立方米）
40	大连投资	龙鹏公司	平安源	PING AN YUAN	LPG 运输船	2011-11-28	中国	五星旗	3218	3700
41	大连投资	龙鹏公司	吉祥源	JI XIANG YUAN	LPG 运输船	2012-06-13	中国	五星旗	3176	3700
42	大连投资	龙鹏公司	芙蓉源	FU RONG YUAN	LPG 运输船	1996-02-13	日本	五星旗	2854	4013
43	大连投资	龙鹏公司	同心源	TONG XIN YUAN	LPG 运输船	2008-05-31	中国	五星旗	2736	3500
44	大连投资	龙鹏公司	同德源	TONG DE YUAN	LPG 运输船	2007-12-28	中国	五星旗	2706	3500
合计									3 309 546	6 336 863

2020 年中国远洋海运集团杂货特种船队自有船舶船名录

表 18–5

序号	所属二级公司 / 所属公司（经营）	中文船名	英文船名	船型细分 – 按类型	出厂日期	建造国家或地区	船旗	总载重量（吨）	载箱量 (TEU)	车位数（个）
1	中远海运特运	新光华	XIN GUANG HUA	半潜船 / 甲板船	2016–12–08	中国	中国香港	97 692	0	0
2	中远海运特运	中远海运开拓	ZHONG YUAN HAI YUN KAI TUO	纸浆船	2019–01–11	中国	五星旗	62 051	0	0
3	中远海运特运	中远海运进取	ZHONG YUAN HAI YUN JIN QU	纸浆船	2019–06–15	中国	五星旗	62 045	0	0
4	中远海运特运	中远海运创新	ZHONG YUAN HAI YUN CHUANG XIN	纸浆船	2019–04–18	中国	五星旗	62 042	0	0
5	中远海运特运	中远海运兴旺	COSCO SHIPPING XING	纸浆船	2020–06–12	中国	五星旗	62 014	0	0
6	中远海运特运	中远海运锦绣	COSCO SHIPPING JIN XIU	纸浆船	2019–11–12	中国	五星旗	62 003	0	0
7	中远海运特运	中远海运鹏程	COSCO SHIPPING PENG CHENG	纸浆船	2020–07–15	中国	五星旗	62 002	0	0
8	中远海运特运	中远海运长青	COSCO SHIPPING CHANG QING	纸浆船	2020–04–15	中国	五星旗	62 001	0	0
9	中远海运特运	中远海运卓越	COSCO SHIPPING ZHUO YUE	纸浆船	2019–09–29	中国	五星旗	61 991	0	0
10	中远海运特运	祥瑞口	XIANG RUI KOU	半潜船 / 甲板船	2011–07–13	中国	五星旗	48 293	0	0
11	中远海运特运	祥云口	XIANG YUN KOU	半潜船 / 甲板船	2011–01–20	中国	五星旗	48 232	0	0
12	中远海运特运	祥和口	XIANG HE KOU	半潜船 / 甲板船	2016–05–05	中国	中国香港	48 163	0	0
13	中远海运特运	天乐	TIAN LE	多用途船	2015–12–12	中国	五星旗	38 146	1015	0
14	中远海运特运	天福	TIAN FU	多用途船	2015–12–12	中国	中国香港	38 146	1015	0
15	中远海运特运	天寿	TIAN SHOU	多用途船	2016–01–26	中国	中国香港	38 134	1015	0
16	中远海运特运	天禄	TIAN LU	多用途船	2015–12–16	中国	中国香港	38 122	1015	0
17	中远海运特运	天禧	TIAN XI	多用途船	2016–01–26	中国	中国香港	38 098	1015	0

续上表

序号	所属二级公司 / 所属公司（经营）	中文船名	英文船名	船型细分－按类型	出厂日期	建造国家或地区	船旗	总载重量（吨）	载箱量(TEU)	车位数（个）
18	中远海运特运	天真	TIAN ZHEN	多用途船	2016-03-22	中国	五星旗	38 007	1015	0
19	中远海运特运	致远口	ZHI YUAN KOU	半潜船 / 甲板船	2012-08-20	中国	五星旗	38 000	0	0
20	中远海运特运	天健	TIAN JIAN	多用途船	2016-11-17	中国	五星旗	37 979	0	0
21	中远海运特运	天祺	TIAN QI	多用途船	2016-10-19	中国	五星旗	37 940	0	0
22	中远海运特运	天惠	TIAN HUI	多用途船	2017-12-04	中国	五星旗	37 130	1015	0
23	中远海运特运	天恩	TIAN EN	多用途船	2017-11-03	中国	五星旗	37 125	1015	0
24	中远海运特运	天佑	TIAN YOU	多用途船	2018-05-15	中国	五星旗	37 077	1015	0
25	中远海运特运	中远武夷山	COSCO WUYISHAN	木材船	2010-01-19	中国	中国香港	31 956	0	0
26	中远海运特运	中远昆仑山	COSCO KUNLUNSHAN	木材船	2010-10-25	中国	中国香港	31 917	0	0
27	中远海运特运	金远岭	JIN YUAN LING	木材船	2009-11-02	中国	中国香港	31 907	0	0
28	中远海运特运	金兴岭	JIN XING LING	木材船	2010-06-18	中国	中国香港	31 907	0	0
29	中远海运特运	中远太行山	COSCO TAIHANGSHAN	木材船	2010-06-30	中国	中国香港	31 898	0	0
30	中远海运特运	中远井冈山	COSCO JINGGANGSHAN	木材船	2010-06-30	中国	中国香港	31 898	0	0
31	中远海运特运	金广岭	JIN GUANG LING	木材船	2009-07-29	中国	中国香港	31 830	0	0
32	中远海运特运	金旺岭	JIN WANG LING	木材船	2010-09-27	中国	中国香港	31 775	0	0
33	中远海运特运	大康	DA KANG	重吊船	2013-07-17	中国	中国香港	29 863	0	0
34	中远海运特运	大良	DA LIANG	重吊船	2014-09-29	中国	五星旗	29 636	0	0
35	中远海运特运	大智	DA ZHI	重吊船	2014-08-14	中国	五星旗	29 496	0	0
36	中远海运特运	乐里	LE LI	多用途船	2000-09-13	中国	五星旗	29 161	1089	0
37	中远海运特运	乐宜	LE YI	多用途船	2000-09-13	中国	五星旗	29 161	1089	0
38	中远海运特运	大泰	DA TAI	重吊船	2013-09-11	中国	中国香港	29 041	0	0
39	中远海运特运	大安	DA AN	重吊船	2013-05-28	中国	中国香港	29 000	0	0
40	中远海运特运	大德	DA DE	重吊船	2014-08-10	中国	五星旗	28 738	0	0

续上表

序号	所属二级公司 / 所属公司（经营）	中文船名	英文船名	船型细分－按类型	出厂日期	建造国家或地区	船旗	总载重量（吨）	载箱量(TEU)	车位数（个）
41	中远海运特运	大信	DA XIN	重吊船	2014-07-10	中国	五星旗	28 738	0	0
42	中远海运特运	大贵	DA GUI	重吊船	2017-12-07	中国	五星旗	28 621	1035	0
43	中远海运特运	大吉	DA JI	重吊船	2016-12-19	中国	五星旗	28 612	1035	0
44	中远海运特运	大庆	DA QING	重吊船	2017-04-12	中国	五星旗	28 604	1035	0
45	中远海运特运	大祥	DA XIANG	重吊船	2017-06-28	中国	五星旗	28 577	1035	0
46	中远海运特运	大昌	DA CHANG	重吊船	2013-10-31	中国	中国香港	28 500	0	0
47	中远海运特运	大丹霞	DA DAN XIA	重吊船	2009-10-15	中国	中国香港	28 451	1706	0
48	中远海运特运	大紫云	DA ZI YUN	重吊船	2010-02-05	中国	中国香港	28 451	1706	0
49	中远海运特运	乐从	LE CONG	多用途船	2000-12-01	中国	五星旗	28 450	1089	0
50	中远海运特运	乐和	LE HE	多用途船	2001-02-01	中国	五星旗	28 450	1093	0
51	中远海运特运	大彤云	DA TONG YUN	重吊船	2011-11-25	中国	中国香港	28 378	1706	0
52	中远海运特运	大虹霞	DA HONG XIA	重吊船	2012-05-10	中国	中国香港	28 377	1706	0
53	中远海运特运	大彩云	DA CAI YUN	重吊船	2012-09-18	中国	中国香港	28 377	1706	0
54	中远海运特运	大翠云	DA CUI YUN	重吊船	2011-05-20	中国	中国香港	28 367	1706	0
55	中远海运特运	大玉霞	DA YU XIA	重吊船	2011-01-14	中国	中国香港	28 348	1706	0
56	中远海运特运	大青霞	DA QING XIA	重吊船	2011-07-26	中国	五星旗	28 341	1706	0
57	中远海运特运	杜鹃松	DU JUAN SONG	多用途船	2011-08-18	中国	中国香港	27 438	1371	0
58	中远海运特运	芙蓉松	FU RONG SONG	多用途船	2011-11-09	中国	中国香港	27 421	1371	0
59	中远海运特运	莲花松	LIAN HUA SONG	多用途船	2011-10-21	中国	中国香港	27 412	1371	0
60	中远海运特运	牡丹松	MU DAN SONG	多用途船	2012-03-19	中国	中国香港	27 410	1371	0
61	中远海运特运	紫荆松	ZI JING SONG	多用途船	2012-11-12	中国	中国香港	27 403	1391	0
62	中远海运特运	孔雀松	KONG QUE SONG	多用途船	2010-02-01	中国	中国香港	27 382	1391	0
63	中远海运特运	木棉松	MU MIAN SONG	多用途船	2012-08-20	中国	中国香港	27 372	1371	0
64	中远海运特运	吉祥松	JI XIANG SONG	多用途船	2011-12-29	中国	五星旗	27 352	1391	0

续上表

序号	所属二级公司 / 所属公司（经营）	中文船名	英文船名	船型细分 – 按类型	出厂日期	建造国家或地区	船旗	总载重量（吨）	载箱量 (TEU)	车位数（个）
65	中远海运特运	平安松	PING AN SONG	多用途船	2012–06–18	中国	五星旗	27 352	1391	0
66	中远海运特运	麒麟松	QI LIN SONG	多用途船	2010–08–30	中国	中国香港	27 307	1391	0
67	中远海运特运	如意松	RU YI SONG	多用途船	2012–03–22	中国	五星旗	27 302	1371	0
68	中远海运特运	凤凰松	FENG HUANG SONG	多用途船	2009–04–28	中国	中国香港	27 300	1391	0
69	中远海运特运	幸福松	XING FU SONG	多用途船	2012–09–17	中国	五星旗	27 292	1391	0
70	中远海运特运	卧龙松	WO LONG SONG	多用途船	2010–11–25	中国	中国香港	27 000	1391	0
71	中远海运特运	康盛口	KANG SHENG KOU	半潜船 / 甲板船	2003–08–15	中国	五星旗	20 275	0	0
72	中远海运特运	泰安口	TAI AN KOU	半潜船 / 甲板船	2002–11–28	中国	五星旗	20 247	0	0
73	中远海运特运	永盛	YONG SHENG	多用途船	2002–09–04	罗马尼亚	中国香港	19 462	1226	0
74	中远海运特运	大华	DA HUA	重吊船	1998–07–01	日本	巴拿马	16 957	685	0
75	中远海运特运	大富	DA FU	重吊船	1998–10–01	日本	巴拿马	16 957	685	0
76	中远海运特运	新大强	XIN DA QIANG	重吊船	1998–11–30	日本	五星旗	16 957	685	0
77	中远海运特运	新大中	XIN DA ZHONG	重吊船	1998–06–30	日本	五星旗	16 957	685	0
78	中远海运特运	中远盛世	ZHONG YUAN SHENG SHI	汽车船	2011–02–12	中国	巴拿马	14 868	0	5 381
79	中远海运特运	中远腾飞	ZHONG YUAN TENG FEI	汽车船	2011–06–01	中国	巴拿马	14 707	0	5381
80	中远海运特运	玉衡先锋	YU HENG XIAN FENG	汽车船	1998–01–01	日本	五星旗	13 418	0	5380
81	中远海运特运	广州湾	GUANG ZHOU WAN	沥青船	2017–05–10	中国	五星旗	13 307	0	0
82	中远海运特运	金州湾	JIN ZHOU WAN	沥青船	2017–06–10	中国	五星旗	13 265	0	0
83	中远海运特运	常安口	CHANG AN KOU	汽车船	1999–08–06	克罗地亚	五星旗	12 781	0	4100
84	中远海运特运	常荣口	CHANG RONG KOU	汽车船	2000–01–10	希腊	五星旗	12 781	0	4310
85	中远海运特运	天王之星	TIAN WANG ZHI XING	多用途船	2007–03–28	中国	五星旗	9106	630	0
86	中远海运特运	海王之星	HAI WANG ZHI XING	多用途船	2008–03–20	中国	五星旗	9106	630	0
87	中远海运特运	荣华湾	RONG HUA WAN	沥青船	2018–05–09	中国	五星旗	7939	0	0

续上表

序号	所属二级公司 / 所属公司（经营）	中文船名	英文船名	船型细分－按类型	出厂日期	建造国家或地区	船旗	总载重量（吨）	载箱量 (TEU)	车位数（个）
88	中远海运特运	泰华湾	TAI HUA WAN	沥青船	2018-04-12	中国	五星旗	7652	0	0
89	中远海运特运	康华湾	KANG HUA WAN	沥青船	2018-09-19	中国	五星旗	7651	0	0
90	中远海运特运	盛华湾	SHENG HUA WAN	沥青船	2018-09-19	中国	五星旗	7641	0	0
91	中远海运特运	澎湖湾	PENG HU WAN	沥青船	2008-11-02	中国	五星旗	6327	0	0
92	中远海运特运	珍珠湾	ZHEN ZHU WAN	沥青船	2008-07-28	中国	五星旗	6315	0	0
93	中远海运特运	安海湾	AN HAI WAN	沥青船	2009-11-16	中国	巴拿马	6165	0	0
94	中远海运特运	星海湾	XIN HAI WAN	沥青船	2010-01-02	中国	巴拿马	6 123	0	0
95	中远海运特运	宁海湾	NING HAI WAN	沥青船	2010-04-08	中国	巴拿马	6118	0	0
96	中远海运特运	平海湾	PING HAI WAN	沥青船	2009-08-12	中国	巴拿马	6115	0	0
97	中远海运发展股份有限公司	中远海运辉煌	COSCO SHIPPING GLORY	纸浆船	2020-11-20	中国	中国香港	60 216	—	0
98	中远海运发展股份有限公司	中远海运荣耀	COSCO SHIPPING HONOR	纸浆船	2020-11-21	中国	中国香港	60 216	—	0
99	中波轮船股份公司	帕德雷夫斯基	PADEREWSKI	重吊船	2016-12-21	中国	塞浦路斯	31 673	1919	0
100	中波轮船股份公司	诺沃维耶斯基	NOWOWIEJSKI	重吊船	2016-04-06	中国	塞浦路斯	31 664	1919	0
101	中波轮船股份公司	中波大西洋	CP ATLANTIC	重吊船	2016-07-05	中国	中国香港	31 661	1919	0
102	中波轮船股份公司	中波太平洋	CP PACIFIC	重吊船	2015-12-16	中国	中国香港	31 616	1919	0
103	中波轮船股份公司	中波明月	CP MOON	重吊船	2004-05-04	中国	中国香港	30 460	1904	0
104	中波轮船股份公司	奥尔坎	ORKAN	重吊船	2003-11-12	中国	马耳他	30 435	1904	0
105	中波轮船股份公司	斯塔夫	STAFF	重吊船	2004-12-11	中国	马耳他	30 435	1904	0
106	中波轮船股份公司	中波太阳	CP SUN	重吊船	2004-02-05	中国	中国香港	30 397	1904	0
107	中波轮船股份公司	帕兰道夫斯基	PARADOWSKI	重吊船	2010-11-26	中国	马耳他	30 346	1904	0
108	中波轮船股份公司	中波恒星	CP STAR	重吊船	2010-07-09	中国	中国香港	30 346	1904	0
109	中波轮船股份公司	阿斯尼克	ADAM ASNYK	重吊船	2009-12-10	中国	马耳他	30 332	1904	0
110	中波轮船股份公司	中波寰宇	CP GALAXY	重吊船	2010-12-22	中国	中国香港	30 330	1904	0

续上表

序号	所属二级公司 / 所属公司（经营）	中文船名	英文船名	船型细分－按类型	出厂日期	建造国家或地区	船旗	总载重量（吨）	载箱量 (TEU)	车位数（个）
111	中波轮船股份公司	克拉舍夫斯基	KRASZEWSKI	重吊船	2011-10-25	中国	塞浦路斯	30 300	1904	0
112	中波轮船股份公司	乾坤	QIAN KUN	重吊船	2011-12-12	中国	五星旗	30 280	1904	0
113	中波轮船股份公司 上海弘发航运	中波长江	CHIPOL CHANGJIANG	重吊船	2015-01-05	中国	中国香港	36 947	1880	0
114	中波轮船股份公司 上海弘发航运	中波黄河	CHIPOL HUANGHE	重吊船	2015-03-31	中国	中国香港	36 947	1880	0
115	中波轮船股份公司 上海弘发航运	中波太湖	CHIPOL TAIHU	重吊船	2015-08-11	中国	中国香港	36 947	1880	0
116	中波轮船股份公司 上海弘发航运	中波东海	CHIPOL DONGHAI	重吊船	2016-03-18	中国	中国香港	36 947	1880	0
117	中波轮船股份公司 上海弘发航运	中波长安	CHIPOL CHANGAN	重吊船	2010-05-15	中国	利比里亚	33 217	0	0
118	中波轮船股份公司 上海弘发航运	中波永安	CHIPOL YONGAN	重吊船	2010-07-16	中国	利比里亚	33 217	0	0
119	中波轮船股份公司 上海弘发航运	中波宝安	CHIPOL BAO AN	重吊船	2009-10-26	中国	利比里亚	32 486	0	0
120	中波轮船股份公司 上海弘发航运	中波泰安	CHIPOL TAI AN	重吊船	2010-02-04	中国	利比里亚	32 486	0	0
121	中波轮船股份公司 上海弘发航运	中波雄安	CHIPOL XIONG AN	多用途船	2012-07-01	中国	利比里亚	28 262	0	0
122	中波轮船股份公司 上海弘发航运	中波广安	CHIPOL GUANG AN	重吊船	2011-07-11	中国	利比里亚	28 259	1699	0
123	中波轮船股份公司 上海弘发航运	中波瑞安	CHIPOL RUI AN	重吊船	1998-04-14	希腊	利比里亚	22 258	1094	0
124	中波轮船股份公司 上海弘发航运	弘发上海	HONG FA SHANG HAI	重吊船	1997-09-26	南斯拉夫	五星旗	21 963	1094	0
125	上海海运 中海化工运输	金海涛	JIN HAI TAO	散装化学品船	2013-04-01	中国	五星旗	7914	0	0
126	上海海运 中海化工运输	金海澜	JIN HAI LAN	散装化学品船	2013-04-19	中国	五星旗	7900	0	0

续上表

序号	所属二级公司 / 所属公司（经营）	中文船名	英文船名	船型细分－按类型	出厂日期	建造国家或地区	船旗	总载重量（吨）	载箱量(TEU)	车位数（个）
127	厦门远洋 中远海运（厦门）	荣安城	RONG AN CHENG	多用途船	2015-06-03	中国	五星旗	38 557	264	0
128	厦门远洋 中远海运（厦门）	长安城	CHANG AN CHENG	多用途船	2017-11-02	中国	五星旗	37 971	264	0
129	厦门远洋 中远海运（厦门）	瑞安城	RUI AN CHENG	多用途船	2015-12-02	中国	五星旗	37 930	264	0
130	厦门远洋 中远海运（厦门）	广安城	GUANG AN CHENG	多用途船	2017-06-21	中国	五星旗	37 917	264	0
131	厦门远洋 中远海运（厦门）	平安城	PING AN CHENG	多用途船	2017-02-28	中国	五星旗	37 899	264	0
132	厦门远洋 中远海运（厦门）	都安城	DU AN CHENG	木材船	2011-05-09	中国	中国香港	31 775	0	0
133	厦门远洋 中远海运（厦门）	宁安城	NING AN CHENG	木材船	2010-12-23	中国	中国香港	31 761	0	0
134	广州中远海运工程物流	远景	YUAN JING	特种船－其他	2009-07-17	中国	五星旗	12 626	0	0
135	广州中远海运工程物流	远鉴	YUAN JIAN	特种船－其他	2007-07-11	中国	五星旗	6546	0	0
合计								4 048 638	95 306	24 552

2020年中国远洋海运集团客轮船队自有客船船名录

表 18-6

序号	所属二级公司（经营）	所属公司（经营）	中文船名	船型	出厂日期	建造国家或地区	船旗	总载重量（吨）	载箱量(TEU)	车位数（个）	客位数（个）
1	中远海运青岛	烟台中韩轮渡有限公司	香雪兰	客箱船	1996-03-25	德国	巴拿马	6526	293	0	392
2	中远海运客运	中远海运客运	普陀岛	客滚船	2005-04-21	中国	五星旗	3873	0	100	1428
3	中远海运客运	中远海运客运	葫芦岛	客滚船	2005-08-29	中国	五星旗	3873	0	100	1428
4	中远海运客运	中远海运客运	长山岛	客滚船	2012-06-10	中国	五星旗	7671	0	197	1400
5	中远海运客运	三沙南海梦之旅邮轮有限公司	南海之梦	客滚船	2011-12-05	中国	五星旗	5995	0	197	893
6	中远海运客运	中远海运客运	棒棰岛	客滚船	1995-09-03	荷兰	五星旗	4228	0	105	1200
7	中远海运客运	中远海运客运	海洋岛	客滚船	1995-12-07	荷兰	五星旗	4228	0	105	1200
8	中远海运客运	中远海运客运	龙兴岛	客滚船	2010-12-01	中国	五星旗	7744	0	197	1400
9	中远海运客运	中远海运客运	永兴岛	客滚船	2011-03-22	中国	五星旗	7744	0	197	1400
10	中远海运集运	中日轮渡	新鉴真	客箱船	1994-04-02	日本	五星旗	4321	250	—	345
11	中远海运集运	中日轮渡	苏州号	客箱船	1992-04-13	日本	五星旗	3721	229	—	316
12	厦门远洋	中远海运（厦门）有限公司	新五缘	客船	2016-06-17	中国	五星旗	47	0	0	322
13	厦门远洋	厦门闽台轮渡有限公司	中远之星	客滚船	1993-09-01	日本	中国香港	10 326	256	0	683
14	厦门远洋	星旅远洋邮轮	鼓浪屿	邮轮	1995-01-01	德国	英国	6715	0	0	2014
15	海南港航控股有限公司	海南海峡股份有限公司	信海 11 号	客滚船	2002-12-15	中国	五星旗	989	0	38	499
16	海南港航控股有限公司	海南海峡股份有限公司	铜鼓岭	客滚船	2014-03-14	中国	五星旗	2393	0	46	999
17	海南港航控股有限公司	海南海峡股份有限公司	尖峰岭	客滚船	2014-01-17	中国	五星旗	2404	0	46	999
18	海南港航控股有限公司	海南海峡股份有限公司	鹦哥岭	客滚船	2014-01-14	中国	五星旗	2555	0	46	999
19	海南港航控股有限公司	海南海峡股份有限公司	黎母岭	客滚船	2014-02-18	中国	五星旗	2546	0	46	999

续上表

序号	所属二级公司（经营）	所属公司（经营）	中文船名	船　型	出厂日期	建造国家或地区	船　旗	总载重量（吨）	载箱量(TEU)	车位数（个）	客位数（个）
20	海南港航控股有限公司	海南海峡股份有限公司	五指山	客滚船	2013-12-27	中国	五星旗	2513	0	46	999
21	海南港航控股有限公司	海南海峡股份有限公司	白石岭	客滚船	2013-12-24	中国	五星旗	2529	0	46	999
22	海南港航控股有限公司	海南海峡股份有限公司	六连岭	客滚船	2014-12-08	中国	五星旗	2556	0	46	999
23	海南港航控股有限公司	海南海峡股份有限公司	棋子湾	客滚船	2009-10-28	中国	五星旗	3200	0	69	844
24	海南港航控股有限公司	海南海峡股份有限公司	长乐公主	客滚船	2017-01-10	中国	五星旗	2191	0	0	466
25	海南港航控股有限公司	海南海峡股份有限公司	凤凰岭	客滚船	2014-11-25	中国	五星旗	2641	0	46	999
26	海南港航控股有限公司	海南海峡股份有限公司	海棠湾	客滚船	2014-12-30	中国	五星旗	2764	0	46	999
27	海南港航控股有限公司	海南海峡股份有限公司	信海 12 号	客滚船	2004-12-31	中国	五星旗	1404	0	40	790
28	海南港航控股有限公司	海南海峡股份有限公司	信海 16 号	客滚船	2007-09-21	中国	五星旗	2298	0	41	963
29	海南港航控股有限公司	海南海峡股份有限公司	信海 19 号	客滚船	2011-12-27	中国	五星旗	2511	0	41	972
30	海南港航控股有限公司	海南海峡股份有限公司	宝岛 12 号	客滚船	2010-01-25	中国	五星旗	2238	0	41	986
31	海南港航控股有限公司	海南海峡股份有限公司	宝岛 16 号	客滚船	2012-06-20	中国	五星旗	2511	0	41	972
32	海南港航控股有限公司	海南海峡股份有限公司	海峡一号	客滚船	2012-01-18	中国	五星旗	1222	0	30	600
合计								118 477	1028	1953	30 504

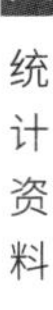

2018—2020 年中国远洋海运集团货运量统计表

2018—2020 年中国远洋海运集团货运量统计表

表 18–7

类　别	单　位	2018 年	2019 年	2020 年
货运	万吨	120 204.74	131 162.64	134 229.36
	亿吨海里	31 607.83	35 751.71	37 082.66
客运	万人	225.22	253.66	363.24
	亿人海里	2.18	2.35	1.40
内贸货运	万吨	62 857.70	65 250.72	68 540.82
	亿吨海里	4 313.60	4 411.23	4 533.58
外贸货运	万吨	57 347.04	65 911.92	65 688.54
	亿吨海里	27 294.23	31 340.48	32 549.08
煤炭	万吨	26 396.59	26 171.13	26 288.35
石油及天然气	万吨	20 552.42	22 542.69	22 721.80
其中：原油	万吨	15 561.20	14 862.38	14 719.41
金属矿石	万吨	13 345.63	15 019.79	14 877.30
钢铁	万吨	1 144.76	1 131.78	1 039.76
矿材	万吨	517.51	782.13	1 068.58
水泥	万吨	405.21	522.44	667.48
木材	万吨	210.42	228.62	151.59
非金属矿石	万吨	269.23	244.37	295.54
化肥及农药	万吨	166.57	141.27	227.10
盐	万吨	119.93	91.23	106.17
粮食	万吨	2 144.10	2 096.16	1845.84
机械	万吨	3 994.29	4 120.25	3 758.89
化工原料	万吨	102.01	84.42	204.35
有色金属	万吨	6.13	8.53	2.70
轻工医药	万吨	123.23	230.57	281.63
农副产品	万吨	8.91	5.00	7.78
集装箱运量	万吨	50 324.74	57 299.67	58 937.64

续上表

类　别	单　位	2018 年	2019 年	2020 年
箱量	TEU	41 685 621	48 807 445	53 484 770
其中：重箱	TEU	32 136 655	37 356 102	42 288 625
车辆数	辆	747 846	825 250	1 714 536

2018—2020 年中国远洋海运集团运输及生产统计表

2018—2020年中国远洋海运集团运输及生产统计表

表18-8

指　　标	单　位	2018年	2019年	2020年
船舶艘数	艘	1285	1315	1387
船队载重吨	万吨	10 218.96	10 455.61	11 138.17
平均船龄	年	8.61	9.12	9.67
自有船舶单船平均载重吨	万吨	8.59	8.69	9.10
货运量	万吨	120 204.74	131 162.64	134 259.64
货运周转量	亿吨海里	31 607.83	35 751.71	37 097.96
集装箱重箱运量	万TEU	3 213.67	3 735.61	4 228.86
全球投资码头	个	55	61	58
全球集装箱码头数	个	51	53	51
全球集装箱码头吞吐能力	万TEU	11 469	12 905	12 940
全球集装箱码头吞吐量	万TEU	12 627.7	13 395.34	13 354.74
新造船产能	万载重吨	748	748	748
装备制造业新造船交付量	艘	32	66	60
装备制造业新造船交付吨位	万载重吨	445.00	293.58	579.16
海工产品产能数量	个	9	6	6
全球船舶燃料销量	万吨	2600	2900	2770
一带一路沿线航线布局	条	172	189	189
中欧快线箱运量	万TEU	5.10	8.30	12.22
中欧班列箱运量	万TEU	2.35	5.24	5.54

2007—2020 年中国远洋海运集团世界 500 强排名一览表

2007—2020 年中国远洋海运集团世界 500 强排名一览表

表 18–9

年　　份	世界 500 强排名	年收入（百万美元）
2007 年	488	15 413.5
2008 年	405	20 840.0
2009 年	327	27 430.3
2010 年	未进入	—
2011 年	399	24 249.7
2012 年	384	28 796.5
2013 年	401	28 736.0
2014 年	451	26 805.5
2015 年	432	27 483.0
2016 年	465	22 965.4
2017 年	366	29 743.1
2018 年	335	34 667.8
2019 年	279	42 607.7
2020 年	264	44 655.1

注：1. 2007—2016年为中远集团数据；

2. 年份是《财富》杂志公布的年份，年收入为上一个年度的数据。

2020 年末中国远洋海运集团员工队伍统计表

2020 年末中国远洋海运集团员工队伍统计表

表 18–10

（单位：人）

类　别	合　计	陆地员工		船　员	
		小计	其中中方	小计	其中中方
劳务合同职工	92 254	68 290	58 723	23 964	23 964
其中在岗职工	89 999	66 351	56 807	23 648	23 648
派出职工	469	219	219	250	250
其他人员	1786	1720	1697	66	66
劳务派遣用工	31 621	7691	7690	23 930	23 930
其他从业人员	1010	925	744	85	61
总　计	124 685	76 767	67 018	47 918	47 894

注：1. 其他从业人员包括返聘人员、外部董事、直属单位派出人员等；

2. 员工总数：（劳务合同职工 + 劳务派遣用工 + 其他从业人员）– 集团内部派出人员重复计算部分。

2020 年末中国远洋海运集团船员队伍统计表

2020年末中国远洋海运集团船员队伍统计表

表 18–11

（单位：人）

类　别	合　计	运输船员	港作船员	客服船员
船员总量	47 918	46 928	468	522
高级船员	24 115	23 834	246	35
其中船长	2596	2555	40	1
轮机长	1260	1258	2	0
政委	2720	2672	47	1
大副	2560	2517	42	1
大管轮	2296	2265	31	0

2018—2020 年中国远洋海运集团社会责任投入统计表

2018—2020年中国远洋海运集团社会责任投入统计表

表 18–12

指　标	单　位	2018年	2019年	2020年
集团及下属单位投入帮扶资金	万元	5 506.60	6 932.82	11 264.82
中远海运慈善基金会投入扶贫资金	万元	928	1063	883
累计扶贫投入	万元	—	9 064.97	12 147.82
教育扶贫投入	万元	1723	1 446.60	2014
助学人数	人次	—	2905	2813
购买及帮助销售贫困地区产品	万元	—	985.98	1 632.14
慈善基金会筹集社会捐赠	万元	6 691.75	7849	8250
公益慈善支出	万元	6 378.74	10 155	14 899
组织慈善公益项目	个	78	80	79

CHINA COSCO SHIPPING CORPORATION LIMITED YEARBOOK

中国远洋海运集团有限公司

年鉴

年鉴索引总稿

使用说明

一、本索引按汉语拼音音序排列。具体如下：数字开头的，排在最前面；以英文字母开头的排在其次；汉字标目则按首字的音序、音调依次排列，首字相同时，则以第二字排序，依次类推。

二、索引标目后的数字，表示索引内容所在的年鉴正文页码；数字后面的英文字母 a、b，表示年鉴正文的栏别，合在一起即指该页码及左右两个版面区域。年鉴中用表格反映的内容，则在索引标目后面用括号注明（表）字，以区别文字标目。

三、为反映索引款目间的隶属关系，对于二级标目，采用上一级标目下缩两格的形式编排，之下再按汉语拼音音序、音调排列。

0—9

17 家港航企业再聚博鳌 54a

2007—2020 年中国远洋海运集团世界 500 强排名一览表（表） 769

2018—2020 年中国远洋海运集团货运量统计表（表） 764

2018—2020 年中国远洋海运集团社会责任投入统计表（表） 775

2018—2020 年中国远洋海运集团运输及生产统计表（表） 767

2020 年中国远洋海运集团获得荣誉奖项 680

2020 年中国远洋海运集团获省部级及以上先进集体荣誉一览表（表） 682

2020 年中国远洋海运集团获省部级及以上先进个人荣誉一览表（表） 689

2020 年集团控股上市公司股价表现（表） 233

2020 年集团控股上市公司市值（表） 236

2020 年集团控股上市公司业绩（表） 233

2020 年末中国远洋海运集团船员队伍统计表（表） 773

2020 年末中国远洋海运集团员工队伍统计表（表） 771

2020 年中国远洋海运集团干散货船队自有船舶船名录（表） 725

2020 年中国远洋海运集团集装箱船队自有船船名录（表） 712

2020 年中国远洋海运集团客轮船队自有客船船名录（表） 761

2020 年中国远洋海运集团油、气船队 LNG/LPG 自有船舶船名录（表） 751

2020 年中国远洋海运集团杂货特种船队自有船舶船名录（表） 754

2020 年中国远洋海运集团油、气船队原油及成品油运输船队自有船舶船名录（表） 742

“6+1”产业集群 091a

A—Z

CCS Ice Class B1 106b

《EEXI 相关导则草案的评论》 340a

Finance Derivate 杂志 105a，230b

GRI 认证 A+ 334b

GSBN 051a 176a

International Business 杂志 105a 230a

LNG/LPG 运输船队 144a

Seatrade 颁奖活动 177b

A

安全活动 182a
安全检查 183a
安全生产 179
安全生产责任制 181a
安全文化建设 183b
安全制度体系建设 181b
案件管理 215b

B

保护海洋生物 341b
报纸 321a
比港公司向希腊医院捐赠防疫物资 063b
编制信息化建设规划 248a

C

财税管理 192b
财务公司实体资金池上线 111a
财务管理 190
采购管理 207
参与重要论坛及国际组织 177a
产业集群 099
成立安全管理专家队伍 181b
“处僵治困”专项工作 203b
船舶疫情潜在风险防控系统上线 062a
船队建设 135
船队统计 711
船队综述 138a
船员管理 199b
创新实践活动 303b

D

打造花园船厂 341b
大连中远海运川崎最新一代 VLCC 建成交付 119a
大连中远海运重工“云”交付钻井平台 119a
大连中远海运重工交付 FPSO 改装船舶 119b
大事记 671
一月 673a
二月 673a
三月 673a
四月 673b
五月 673b
六月 674a
七月 674b
八月 674b
九月 675a
十月 675a
十一月 675b
十二月 676b
党风廉政建设 286
党风廉政建设和反腐败工作会议 287a
党建工作 259
党建工作会 004,265b
党建入章程 262b
党内培训 264b
党务信息 268b
党组会议 261a
党组理论学习中心组学习 270a
低碳环保 339
董事会及专门委员会会议 093a
董事会制度建设 093a
队伍建设 290b

F

发运法、德防疫物资专列 064b
发展四个维度 090a
发展愿景 090a
法律服务机构管理 216b
法律研究与规章制度梳理 216b
法务与风险管理 214
防海盗工作 183a

防台防汛工作 182b
风险管理 217b
扶贫工作 335
扶贫工作概况 336a
扶贫援藏工作 300b
服务国家战略 085b

G

概况 081
概述（安全生产） 181a
概述（产业集群） 101
概述（船队建设） 137
概述（工会工作） 298a
概述（共青团和青年工作） 303a
概述（国际化经营） 165
概述（科技信息） 239
概述（内部巡视工作） 292a
概述（企业管理） 187
概述（企业社会责任） 333
概述（企业文化） 307
概述（投资者关系） 221
工会工作 297
工作报告 003
工作规划 260a
公司律师管理 216a
供给侧结构性改革 097b
共青团和青年工作 302
关心关爱职工 299b
贯彻落实 260a
贯彻党的十九届五中全会精神 272b
光荣册 677
国际化经营 163
国际交流与合作 174
国企改革 096
国有资本投资 097a

H

海南港航控股有限公司 500
海南港航物流集团有限公司成立 115b
海南海峡轮渡运输有限公司船队简介 159b
海上救助 344
海峡股份 227b
海洋联盟发布 2020 年航线产品 54a
夯实集团产权管理基础 205a
航运产业集群 103
航运服务产业集群 121
航运金融产业集群 109
合同管理 215a
核心价值理念 310b
“贺州—北部湾港”海铁联运班列成功首发 116a
湖南定点扶贫 338a
“互联网 +”产业 130
混合所有制改革 097b

J

机房网络及硬件运维 249a
机关党委工作 267a
基层党建 263b
集采制度建设 208a
集团保赔险续保工作 203b
集团参加浦东开发开放 30 周年庆祝大会 058a
集团出席金砖国家工商理事会会议 057b
集团出席首届“丝路友好使者”盛典 059b
集团董事会 093
集团概述 083
集团简介 083a
集团控股上市公司股票代码及上市地（表） 224
集团领导 087a
集团荣获“上海航运建设特别贡献企业奖” 057a
集团完善内部审计制度 211b
集团武汉地区公司加快复工复产 063a
集团与上交所签署战略协议 110b
集团展示厅 315b

集团总部信息化系统建设 248a
集团组织机构 087b
集团组织结构图 088
集运联合发布"航运提单区块链平台" 059a
集运上海分部发展智慧航运和电商业务 132b
集装箱船队 140
技术创新活动 252b
技术创新体系建设 252a
技术中心 251
加强船舶压载水管理 342a
加强海洋废物与废水管理 342a
加强金融股权管理 205b
加强审计人才库队伍建设 212b
加强中波公司中方管理 173a
监督检查 287b
建立集团巡视人才库 293b
建设绿色港口 340a
健全审计整改工作机制 212a
健全完善环境管理机制 340a
健全制度 262b
借重大活动平台推广集团品牌 318a
紧急承运海外采购的支援武汉物资 062b
经营业绩 085a
精神文明建设 313a
境外财务管理 172a
境外人事管理 172a
境外业务管理 171
境外资产管控 172a
举办全系统巡视业务培训 293b

K

开展违规责任追究工作 212a
抗疫先进个人 702b
抗疫先进集体 701a
科技创新 242
科技创新成果 245b
科技创新管理 244a
科技发展战略 243a
科技信息 237
会计管理 193a
客轮船队 157
客运合营公司船队 160a
跨文化建设 314a

L

劳动模范 695b
离退休人员管理 200a
理念建设 310a
理想信念教育 303a
历史沿革 084a
领导班子和干部队伍建设 196a
陆海综合物流 169a
落实巡视工作规划和任务 293a

M

民主生活会 261b

N

内部巡视工作 291
油、气船队 143
年中工作会 025,034

P

派驻境外员工管理 198b
培育选树典型 281a
品牌建设 317
普法宣传 217a

Q

其他财务工作 193b
其他公司市场荣誉 230b
企业党建 255
企业管理 185
企业民主管理 298b

企业社会责任 331
企业文化 305
企业文化产品 313b
企业文化活动 312
企业文化建设活动 313a
企业文化理念 309
强化巡视整改落实和成果运用 293a
青岛远洋船舶供应公司中标海油项目 123b
区域海上运输 168a
群团工作 295

R

人才队伍建设 197b
人才工作会 025
人力资源管理 195

S

“三舱精神”与“四个坚守” 310b
“三会一课” 264a
三星“金牌三长” 707
“三做”理念见效 266a
散运运输船队 147
上海船舶运输科学研究所 / 中远海运科技股份有限公司 533
上海船研所打造卫星通信与综合服务平台 131a
上海海运物业 BIM 系统一期顺利落地 128a
上市公司大事记 226
上市公司股票代码及上市地 223
上市公司市值 235
上市公司业绩 232
社会化产业集群 125
深化纪检监察体制改革 288b
审计监督 210
审计理论研讨与审计论文获奖 212b
生产经营 085a
市场化选聘 096a
首批 5G 无人驾驶集卡在厦门远海码头运营 133b
首艘“中国洋浦港”船籍港货船交付启航 106a
述职考核 264b
思想政治工作 277b
“四史”学习教育 274a
四星“金牌三长” 706

T

淘汰老旧运力 139b
特运船队 153
“天恩”轮开启 2020 年的北极航行 106b
调整风险区域相关产业 172b
统筹实施内部审计项目 211b
统计资料 709
统战工作 265a
投资决策与管理 094a
投资者关系 219
图书、音像制品 326b
推动水性油漆改造 342b
推进环保数字化、智能化 342b
推进审计信息化建设 212b
推进巡视巡察上下联动 292b
推进巡视巡察信息化建设 293b
推进专项集中采购 208a
推进资本运作项目 202a
退休党员社会化管理 268a

W

完善供应链系统功能 208a
完善网络安全保障体系 249a
文化传媒 320
文明单位创建 315a
五星“金牌三长” 706
物流产业集群 112

X

西藏定点扶贫 337a
先进个人 698b
先进集体 696b
新技术推广应用 246a
新媒体 325a
新造船接收 138a
新造船投资计划 139a
薪酬分配差异化 096b
薪酬与绩效管理 199a
信访维稳工作 284a
信息化建设 247
信息化平台建设 266a
形势任务教育 275a
“岫玉海”轮救起 2 名英国帆船遇险人员 345a
宣传工作 275b
宣传思想工作 269,278a
选树先进典型 304a
“学习强国”平台 280b
巡视工作领导小组会议 292a

Y

沿线港口经营 168b
沿线项目投资 169a
研究会工作 278a
扬州中远海运重工建造的首艘 21 万吨散货船顺利命名 120b
要事特辑 053
“一带一路”建设 167
一体推进“三不” 289a
疫情防控 067
疫情防控和复工复产 298a
疫情防控专辑 061
意识形态工作 276b
舆情管理与外宣品牌建设 318b
预算管理 191b
援藏工作 073
“远神海”轮救起 23 名遇险人员 345b
云南定点扶贫 337b

Z

杂志 322b
战略规划 089
长效机制建设 262a
召开审计委员会二次会议 211a
直属党委工作 266b
直属企业董事会建设 094a
职代会 004
职工队伍 085b
职工劳动竞赛 299a
职业健康 183b
职业经理人制度改革 096b
志愿服务活动 304b
制定集团“十四五”品牌战略规划 318a
“智能航运与新基建” 050
中波轮船股份公司 661
中波轮船股份公司船队 156b
中国船舶燃料有限责任公司 512
中国船燃广西公司助力北部湾海域搜救 123a
中国船燃首创零接触供油方式 123a
中国船燃与广西签订战略合作协议 123b
中国航海日 047
中国—坦桑尼亚联合海运公司 667
中国远洋海运大学 524
中国远洋海运大学在青岛成立 128b
《中国远洋海运发展史》首发式 044
《中国远洋海运发展史》正式出版 055b
中国远洋海运集团 2020 年度钻石团队、劳动模范、先进集体、先进个人、抗疫先进集体、抗疫先进个人名单 694
中国远洋海运集团 2020 年度船舶“金牌三长”表彰名单（排名不分先后） 705
中国远洋海运集团船队运力基本情况统计表（表） 138
中国远洋海运集团干散货船队运力表（表） 148

中国远洋海运集团客轮船队运力表（表） 158
中国远洋海运集团油、气船队运力表（表） 144
中国远洋海运集团全集装箱船队运力表（表） 141
中国远洋海运杂货特种船队概述 154a
中石化中海船舶燃料供应有限公司 517
“中腾海”轮装载几内亚铝土矿起航回国 105b
中央媒体理论文章 282a
中远海发 226a
中远海科 227a
中远海控 226a
中远海控市场荣誉 230a
中远海能 226a
中远海特 227a
中远海运（澳洲）有限公司 618
中远海运（北美）有限公司 627
中远海运（比雷埃夫斯）港口有限公司 594
中远海运（东南亚）有限公司 654
中远海运（非洲）有限公司 606
中远海运（广州）有限公司 441
中远海运（韩国）有限公司 637
中远海运（南美）有限公司 600
中远海运（欧洲）有限公司 645
中远海运（青岛）有限公司 479
中远海运（日本）株式会社 585
中远海运（厦门）有限公司 507
中远海运（上海）有限公司 451
中远海运（天津）有限公司 469
中远海运（西亚）有限公司 651
中远海运（香港）有限公司 565
中远海运“东南亚冷链海陆快线”班列首发运营 116a
中远海运10万吨级集装箱船起航钦州港 107a
中远海运比港（PPA） 228b
中远海运博鳌服务保障6000人规模会议 129a
中远海运博鳌公司中标深圳前海项目 127b
中远海运博鳌有限公司 578
中远海运博鳌做好深圳40周年大会服务保障 129b
中远海运财产保险自保有限公司 560
中远海运出席中国—东盟博览会 058b
中远海运船员管理有限公司 494
中远海运船员建设“五十百千”人才库 124a
中远海运慈善基金会 336a
中远海运打通巴拿马物流服务“最后一公里” 115b
中远海运打造航运贸易区块链平台 134a
中远海运大连投资有限公司 487
中远海运发展发行10年期公司债券 111b
中远海运发展发行超短期融资券 111b
中远海运发展股份有限公司 392
中远海运发展投资项目上市 111a
中远海运港口 227b
中远海运港口获“最佳港口运营商”等6奖项 105a
中远海运港口市场荣誉 230a
中远海运港口有限公司 550
中远海运工作会 004,014
中远海运国际香港 227b
中远海运国际新加坡 228a
中远海运积极支持参加第三届进博会 056b
中远海运集团财务有限责任公司 544
中远海运集团第一届董事会各专门委员会成员（表） 093
中远海运集运 141a
中远海运集装箱吞吐总量持续全球第一106b
中远海运集装箱船队概述 141a
中远海运集装箱运输有限公司 355
中远海运科技获高速公路信息化大奖 133b
中远海运科技首创车载智能养护系统上线 132a
中远海运客运/中远海运（大连）有限公司 463
中远海运客运有限公司船队简介 158a

中远海运控股股份有限公司 349
中远海运能源 31.9 万吨 VLCC 命名交付 107b
中远海运能源开启成品油班轮运输新模式 107b
中远海运油、气船队概况 144a
中远海运能源运输股份有限公司 145a,365
中远海运散货运输有限公司 149a,374
中远海运干散货船队概述 148a
中远海运散运首艘 32.5 万吨矿砂船命名交付 108a
中远海运世界 500 强排名提升 15 位 056a
中远海运特运“天”字号船舶首装超大驳船 116b
中远海运特运承运斯里兰卡“豪华小火车” 114b
中远海运杂货特种船队运力表（表） 154
中远海运特运开辟巴西钢材准班轮航线 105b
中远海运特种运输股份有限公司 383
中远海运特种运输股份有限公司船队 154a
中远海运投资控股有限公司 / 中远海运金融控股有限公司 398
中远海运物流进军大商所期货交割业务 114b
中远海运物流首发中俄国际班列 114a
中远海运物流为世界最大运输机提供包机服务 115a
中远海运物流有限公司 402
中国外轮代理有限公司 418
中国外轮理货有限公司 421
中远海运向海外多地捐赠防疫物资 064a
中远海运向疫情防控重点地区捐款 062a
中远海运与蚂蚁集团签署战略合作协议 132a
中远海运与中国邮政开辟新邮路 055a
中远海运云计算平台荣膺工信部典型案例 133a
中远海运重工成功交付 N808 FPSO 项目 118b
中远海运重工创新项目入选全国创新成果名单 119b
中远海运重工有限公司 425
中远海运资产经营管理有限公司 434
“中远马来西亚”轮成功营救遇险帆船 345b
重大科技攻关 243a
重点管控 181b
重要出访 176a
重要外事会见 175a
主要签约活动 176a
主要业务（“互联网 +”产业） 131a
主要业务（航运产业集群） 104a
主要业务（航运服务产业集群） 122a
主要业务（航运金融产业集群） 110a
主要业务（社会化产业集群） 126a
主要业务（物流产业集群） 113a
主要业务（装备制造产业集群） 118a
助推中欧班列常态化运营 064b
抓好境外疫情防控 173b
专记 066
专论 043
专文 001
装备制造产业集群 117
资本市场荣誉 229
资本运营管理 201
资金管理 191a
自身建设 300a
综述（企业党建） 258
综治内保工作 284b
综治信访和维稳工作 283
总部员工管理 198a
总体规划 310a
组织建设 303a
组织结构 086
钻石团队 695a
作风建设 290a
做好减排工作 340b